Formação do império americano

Outras obras do autor publicadas pela Civilização Brasileira

As relações perigosas: Brasil-Estados Unidos (De Collor a Lula). Rio de Janeiro, Civilização Brasileira, 2004.

O feudo – A Casa da Torre de Garcia d'Ávila: da conquista dos sertões à independência do Brasil, Rio de Janeiro, Editora Civilização Brasileira, 2000.

De Martí a Fidel – A Revolução Cubana e a América Latina, Rio de Janeiro, Editora Civilização Brasileira, 1998.

Luiz Alberto Moniz Bandeira

Formação do império americano

da guerra contra a Espanha à guerra no Iraque

CIVILIZAÇÃO BRASILEIRA

Rio de Janeiro
2005

CAPA
Evelyn Grumach

PROJETO GRÁFICO
Evelyn Grumach e João de Souza Leite

FOTOS DE CAPA
Cogumelo da bomba atômica sobre Nagasaki. Stock photos.
Estátua da liberdade: Photodisc

CIP-BRASIL. CATALOGAÇÃO-NA-FONTE
SINDICATO NACIONAL DOS EDITORES DE LIVROS, RJ

B166f Moniz Bandeira, Luiz Alberto, 1935-
Formação do império americano: da guerra contra a Espanha à guerra no Iraque / Luiz Alberto Moniz Bandeira. – Rio de Janeiro: Civilização Brasileira, 2005.

Inclui bibliografia
ISBN 85-200-0719-8

1. Estados Unidos – História. 2. Estados Unidos – Relações exteriores. I. Título.

05-3224 CDD – 973
CDU – 94(73)

Direitos desta edição adquiridos
EDITORA CIVILIZAÇÃO BRASILEIRA
Um selo da
DISTRIBUIDORA RECORD DE SERVIÇOS DE IMPRENSA S.A.
Rua Argentina 171 – 20921-380 – Rio de Janeiro, RJ – Tel.: 2585-2000

PEDIDOS PELO REEMBOLSO POSTAL
Caixa Postal 23.052 – Rio de Janeiro, RJ – 20922-970

Impresso no Brasil
2005

In Memoriam
meus antepassados,
o filósofo Antônio Ferrão Moniz de Aragão
Francisco Moniz Ferrão de Aragão,
bem como meus tios, os professores
Egas Carlos Moniz Sodré de Aragão
Gonçalo Moniz Sodré de Aragão
Antônio Ferrão Moniz de Aragão
Antônio Moniz Sodré de Aragão
Edmundo Ferrão Moniz de Aragão
Alberto Moniz da Rocha Barros.

O exemplo deles constituiu estímulo e desafio na minha formação.

A Margot e Egas, esposa e filho,
com amor e gratidão.

"Não acredito que haja um só país civilizado onde a idéia de provocações e de guerras seja tão popular como nos Estados Unidos."

SÉRGIO TEIXEIRA DE MACEDO, CHEFE DA LEGAÇÃO DO BRASIL EM WASHINGTON, 1849.[1]

"Viví en el monstruo y le conozco las entrañas: — y mi honda es la de David".[2]

JOSÉ MARTÍ, APÓS VIVER 15 ANOS EM NOVA YORK, ONDE ORGANIZARA A LUTA ARMADA PELA INDEPENDÊNCIA DE CUBA EM 1898.

"I am an anti-imperialist. I am opposed to having the eagle put its talons on any other land..."

MARK TWAIN, VICE-PRESIDENTE DA ANTI-IMPERIALIST LEAGUE, AO REGRESSAR AOS ESTADOS UNIDOS, EM OUTUBRO DE 1900.[3]

"Procuremos precisar quais os interesses em jogo na questão. Petróleo! Exclamam de todos os lados. O petróleo opera prodígios, tem ditado a política internacional das grandes potências, assentou e derrubou governos, abalou uma dinastia, criou fortunas fabulosas e conta entre os seus servidores estadistas dos mais notáveis."

EMBAIXADOR JOSÉ JOAQUIM MONIZ DE ARAGÃO, SECRETÁRIO-GERAL DO ITAMARATY, DURANTE A GUERRA DO CHACO, 1934.[4]

"...Em matéria de petróleo, tudo o que a nossa imaginação sugerir é pouco em face do que pode acontecer."

GETÚLIO VARGAS, QUANDO SENADOR, DEFENDENDO O MONOPÓLIO ESTATAL DO PETRÓLEO NO BRASIL, EM 1947.[5]

[1]"Política externa dos Estados Unidos e o perigo que ela representa para o Brasil", Ofícios, Sérgio Teixeira de Macedo ao Visconde de Olinda, Washington, 6/8/1849. Arquivo Histórico do Itamaraty — 233/3/5.
[2]Martí, 1992, tomo III, p. 604.
[3]Apud Foner, 1966, p. 239.
[4]Circular nº 907. às Missões Diplomáticas Brasileiras. Confidencial. A Questão do Chaco — Os títulos dos contendores. Embaixador José Joaquim Moniz de Aragão, secretário-geral do Itamaraty. Rio de Janeiro, 28/8/1934. AHI — Guerra do Chaco — 9(31).(45)5. Arquivo do Embaixador Moniz de Aragão.
[5]Discurso do ex-presidente Getúlio Vargas, no Senado, em 3/7/1947, in Vargas, 1950, p. 281.

Sumário

Prefácio

Jan Knippers Black
Monterey Institute of International Studies

Logo após as pouco edificantes eleições de 2004 nos EUA, perguntaram ao famoso ator norte-americano de cinema Dustin Hoffman, que se encontrava na Inglaterra, se fora até lá para fugir de George Bush. Ele respondeu que isso não fazia sentido; não havia lugar na Terra onde se pudesse escapar a Bush. A consciência da ameaça representada pelo governo Bush não se limita, de modo algum, aos "*blue states*" dos EUA (aqueles que votam tradicionalmente no Partido Democrata), como ficou claríssimo para mim durante um ano de viagens extensas pela América do Sul. Parece sensato, portanto, que o ônus de analisar e tentar resolver o problema que agora é global não pode ser confiado apenas a cidadãos dos EUA.

Boa parte do mundo está agora de vigília, num alerta laranja, contra a invasão do "Novo Século Americano". No entanto, os latino-americanos, que ainda sofrem os efeitos do Velho Século Americano de invasão imperial, estão bem adiantados na sua aprendizagem. Assim, não admira que um dos livros mais importantes das últimas décadas a tratar da face obscura do Império Norte-Americano seja redigido por um especialista brasileiro.

Luiz Alberto Moniz Bandeira está entre os mais prolíficos e respeitados historiadores brasileiros contemporâneos. Há mais de meio século, vem registrando e analisando as relações do seu país com os vizinhos e o mundo, achando sempre difícil fazê-lo sem admitir e compreender o contexto onipresente da hegemonia dos EUA. O ponto de vista brasileiro, entretanto, não é o único que surge em seu trabalho. Moniz viajou muito e morou no exterior como exilado político e professor, passando mais de uma década na Alemanha. Sua visão e sua competência histórica, assim como suas fontes de dados e inspiração, são globais.

Na introdução, Moniz observa que foi levado a escrever este livro para entender e explicar o processo de perversão da democracia que desintegra a vida civilizada, deixando em seu lugar um estado permanente de guerra e terror. Ele vê este sórdido estado de coisas, hoje orquestrado pelo governo Bush, como epílogo da globalização do sistema capitalista, que começou com as façanhas ibéricas de circunavegação nos séculos XV e XVI.

Formação do império americano talvez seja a descrição mais abrangente da história pouco diplomática dos EUA, de sua sustentação econômica e política doméstica e de seu resultado não admitido a sair desde a publicação, em 1979, da edição em dois volumes de *The Political Economy of Human Rights*, de Noam Chomsky e Edward Herman. Moniz acompanha, desde os primeiros anos pós-independência, tanto o orgulho dos EUA com seu papel de farol da liberdade a inflamar os candidatos a democratas do mundo todo quanto o messianismo nacional do país, que tantas vezes feriu e minou aqueles mesmos candidatos a democratas. E acompanha a expansão sistemática do império, com todas as guerras iniciadas com falsos pretextos e a edificação da base industrial bélica para mantê-las, desde a tomada de metade do México, em meados do século XIX, e das ilhas do Havaí e das colônias remanescentes da Espanha, na virada do século XX, até a ocupação do Iraque no século XXI.

Parece-me urgente que este livro seja traduzido para o inglês. Devia ser lido pelos patriotas nacionais de todo lugar, assim como pelo número crescente daqueles que se vêem como cidadãos do mundo. Mas, acima de tudo, devia ser lido por aqueles norte-americanos, privados há tanto tempo de sua própria *glasnost*, que não conseguem entender que o impacto destrutivo do império começa e termina em casa.

Introdução

"(...) The eternal surge
Of time and tide rolls on, and bears afar
Our bubbles; as the old burst, new emerge,
Lash'd from the foams of ages, while the graves
Of empires heave but like some passing waves."

Lord Byron[1]

Na introdução à sua obra *Elementos de mathemáticas*, publicada em 1858, um antepassado meu, o filósofo Antônio Ferrão Moniz de Aragão, que foi discípulo de Auguste Comte e o primeiro introdutor do positivismo no Brasil, ensinou que "em todas as épocas de seu desenvolvimento, o espírito humano precisa de uma teoria qualquer para ligar os fatos observados, e poder fazer novas observações".[2] Na *Classificação methódica e encyclopédica dos conhecimentos humanos*, de 1878, ressalvou, porém, que a prática e a teoria sucedem-se continuamente uma à outra, e aperfeiçoam-se juntamente, e enfatizou que "a teoria principia por sugerir algumas vistas, algumas intenções à prática impelida por qualquer precisão natural, e esta, de sua vez, fornece à teoria novas vistas, e uma e outra estendem-se e crescem indefinidamente pelos socorros mútuos que se prestam"[3].

A prática, entendida como o curso da história, não confirmou a teoria de Lenin, segundo a qual o imperialismo representava a fase superior do capitalismo, o capitalismo em "decomposição", o "capitalismo de transição, capitalismo agonizante"[4], "o prelúdio da revolução social do proletariado", pois estava "às portas de sua ruína, maduro até ao ponto de ceder o posto ao socialismo"[5]. O critério da verdade não pode consistir em comparar as diferentes teorias, mas em compará-las com a realidade. E o que a realidade comprovou foi que a política imperialista, conforme Kautsky previra, foi desalojada por outra nova, ultra-imperialista, em que a exploração de todo o mundo pelo capital financeiro, unido internacionalmente, globalizado, substituiu a luta entre si dos capitais financeiros nacionais, a competição que se desdobrava por meio das armas no mercado mundial[6].

A guerra de 1914-1918 permitiu que os Estados Unidos conquistassem a preeminência no sistema capitalista, embora contestada durante algum tempo pela Alemanha nazista. Todavia, a partir da Segunda Guerra Mundial, derrotado o nazi-fascismo, ninguém mais podia imaginar uma guerra entre as grandes potências capitalistas, não obstante as contradições que subsistissem ou pudessem ocorrer. A política imperialista fora realmente substituída por uma nova, ultra-imperialista, implementada pelos Estados Unidos, como potência hegemônica, capaz de modelar a vontade de outros Estados e de conduzir a política internacional, de conformidade com seus interesses, através de um sistema de alianças e de pactos, que passaram a construir a partir de 1945.

Após a desintegração do Bloco Socialista e o esmaecimento do comunismo, o Grupo dos Sete (G-7) — composto não pelos vencedores da Segunda Guerra Mundial, mas pelos vencedores da Guerra Fria, as grandes potências industriais do Ocidente — tornou-se o conselho de governadores, responsável pela segurança do sistema global capitalista. E os Estados Unidos, que até então, com poucas exceções, haviam preferido exercer o domínio indireto e manter um império informal[7], desnudaram a essência imperialista e agressiva de sua política internacional. Sem os constrangimentos que o conflito com a União Soviética e o Bloco Socialista impunha, no contexto da Guerra Fria, os *neo-conservative*, os acadêmicos da Heritage Foundations, American Enterprise Institute e outros *think tanks*, o *Wall Street Journal*, *Washington Times* e outros jornais passaram a defender a *full spectrum dominance*, i.e., a imposição da *Pax Americana*, se necessário, pela força de suas armas. Esse propósito foi que prevaleceu e se expressou, sem pejo, na administração de George W. Bush.

Os Estados Unidos configuram uma sociedade extraordinariamente complexa, dinâmica e rica em contradições internas. Ao lado do elevadíssimo desenvolvimento científico e tecnológico, do alto nível de suas universidades, enorme parcela da população, a América profunda ignora o que ocorre no resto do mundo, imagina que as leis dos Estados Unidos são universais, e as universidades requerem apenas um ano de aprendizado de língua estrangeira para o bacharelado e nenhum para os que estudam administração e negócios. Menos de 10% dos milhares de estudantes de colégio aprendem alguma língua estrangeira e somente cerca de 5% alcançam qualquer nível de competência e fluência. Porém, não se pode desconhecer o contributo da revolução na América — a guerra de independência das treze colônias (1776-1783) — à cultura democrática, que terminou por influir também sobre a Revolução Francesa de 1789-1793, e que há nos Estados Unidos uma plêiade de brilhantes acadêmicos, intelectuais e jornalistas, que não se cansam de denunciar e criticar as mazelas da sociedade e da política interna e externa dos Estados Unidos. Eles têm escrito e publicado obras das mais lúcidas, criticando a política doméstica e a política exterior dos Estados Unidos, particularmente com respeito ao golpe de Estado no Irã (1953), à invasão da Guatemala (1954) e da Baía dos Porcos (Cuba, 1961), aos golpes militares no Brasil (1964) e no Chile (1973), à guerra no Vietnã etc. Não obstante, os governos, quer democratas ou republicanos, continuaram a praticar os mesmos abusos e a cometer os mesmos erros. Realmente, como Hegel observou, embora se recomende "aos governantes, estadistas, povos preferivelmente o ensinamento através da experiência da história, o que a experiência e a história ensinam é que os povos e governos nunca aprenderam qualquer coisa da história nem se comportam de acordo com suas lições"[8].

Thomas Paine (1737-1809) proclamou, em *Common Sense*, pequena brochura, da qual se esgotaram 120.000 exemplares entre março e junho de 1776, em um país com menos de 3 milhões de habitantes, que *"the cause of America is in a great measure the cause of the mankind"*[9]. Libertário e internacionalista, nascido em Norfolk (Inglaterra), ele defendeu a democracia política e se bateu não apenas pela independência das 13 colônias da Inglaterra, como também pela Revolução Francesa. Foi um dos *founding fathers* dos Estados Unidos. A tendência para o messianismo nacional, que marcou a formação e impregnou a cultura do povo americano, renovou, entretanto, uma tradição judaica resgatada pelo fundamentalismo bíblico dos puritanos que emigraram para a América, imaginada como a terra prometida. O povo americano, do mesmo modo que os israelitas, passou a considerar-se o mediador, o vínculo entre Deus e os homens na Terra. Essa aliança bíblica entre Deus e os israelitas foi que inspirou o contrato firmado entre si pelos peregrinos a bordo do *Mayflower*, em 21 de novembro de 1620, para criar um organismo civil, que faria "leis justas e igualitárias"[10]. Esses peregrinos viam a si próprios como exceções ao que consideravam a traição dos europeus ao cristianismo e eram os protagonistas de um exercício de "excepcionalismo", dispostos a fundar um tipo diferente de comunidade[11], e crentes de que suas vantagens e qualidades peculiares lhes conferiam um papel que outros povos não poderiam desempenhar. O sentimento de grandeza e superioridade conformou desde os primórdios parte da identidade dos Estados Unidos.

A predestinação constituiu a substância real do protestantismo, daqueles que criam estar em comunhão direta com Deus e ter alcançado o estado de graça. E as seitas evangélicas, que emigraram para a América ou lá se formaram, desenvolveram um protestantismo peculiar, fundamentalista, que se diferenciava e ao mesmo tempo se identificava com a forma do judaísmo, ao buscar inspiração na Bíblia, para atribuir ao povo americano o *destino manifesto* de expandir suas fronteiras e a missão de guiar a humanidade, como se fosse o povo eleito de Deus. Por volta de 1850, o notável escritor americano Herman Melville proclamou:

> *"(...) We Americans are the peculiar, chosen people — the Israel of our time; we bear the ark of the liberties of the world. Seventy years ago we escaped from thrall; and, besides our first birthright — embracing one continent of earth — God has given to us, for a future inheritance, the broad domains of the political pagans, that shall yet come and lie down under the shade of our ark, without bloody hands being lifted. God has predestinated, mankind expects, great things from our race; and great things*

> *we feel in our souls. The rest of the nations must soon be in our rear. We are the pioneers of the world; the advance-guard, sent on through the wilderness of untried things, to break a new path in the New World that is ours.*"[12]

Ao observar que o povo americano, formado com o concurso de tantos povos, julgava-se diferente de todos eles e superior a eles, o embaixador do Brasil em Washington, Domício da Gama, comentou, em 1912, que "o duro egoísmo individual ampliou-se às proporções do que se poderia chamar de egoísmo nacional"[13]. Conforme Domício da Gama comentou, os Estados Unidos sempre tenderam e tendem a não aceitar normas ou limitações jurídicas internacionais, o Direito Internacional, não obstante o trabalho de Woodrow Wilson para formar a Liga das Nações e de Franklin D. Roosevelt para constituir a ONU[14].

Em janeiro de 2003, o embaixador Richard N. Haass, diretor do Policy Planning Staff, do Departamento de Estado, indagado sobre até que ponto os Estados Unidos se dispunham a delegar sua soberania, ao juntar-se a instituições multilaterais ou tratados internacionais, declarou categoricamente: "*It depends*". Entretanto, mais adiante, ressaltou que um dos mais significativos desenvolvimentos das décadas passadas era a emergência de um consenso global (naturalmente entre os Estados Unidos e as grandes potências capitalistas), de que a soberania nacional "*is not a blank check*". E reiterou:

> "*Sovereignty is not absolute. It is conditional. When states violate minimum standards by committing, permitting, or threatening intolerable acts against their own people or other nations, then some of the privileges of sovereignty are forfeited.*"[15]

Com base nas suas palavras, infere-se que a única soberania intangível é a dos Estados Unidos e somente os Estados Unidos têm o direito de decidir o que devem ou não internacionalmente respeitar, dependendo de seus interesses e conveniências. Os Estados Unidos são o único país para o qual a soberania representa um "*blank check*". Tudo podem fazer, tudo podem praticar, tudo podem violar, inclusive os direitos humanos. De acordo com a Doutrina Bush, a "*American sovereignity was to remain absolute uhqualified*", comentou Anatol Lieven[16]. Contudo, para as demais nações, sobretudo as nações mais fracas, a soberania não é absoluta. É condicional. Aos Estados Unidos, como potência ultra-imperial, cabe o julgamento de quando devem ou não nelas intervir, cumprindo, ao mesmo tempo, o papel de juiz e a função de gendarme e carrasco, responsável pela segurança do capital financeiro globalizado. E assim são derrogados os dois princípios fundamentais em que se assentava a frágil estrutura do Direito Internacional, havia mais de 300 anos, desde a paz de Westphalia, em 1648: soberania nacional e igualdade legal das nações.

Os Estados Unidos freqüentemente ignoraram esses princípios, quando conveniente. E sempre oscilaram, ao longo de sua história, entre o isolacionismo e o expansionismo. Porém, o fato de consolidar, como doutrina oficial, que não mais reconhecem o direito de todas as nações à autodeterminação e independência política, de não mais aceitar o princípio democrático da igualdade de todas as nações, evidencia claramente o propósito de instituir uma ditadura global do capital financeiro, em que os Estados Unidos, como potência política e militarmente poderosa, não mais tenham de guardar consideração com os interesses contrários de outros Estados, ao formular sua política econômica e comercial, e possam arrancar dos Estados mais débeis tratados vantajosos e outras concessões, e exercer sua influência, sem limitação ou contestação, de forma a converter o mundo todo em zona de investimentos e garantir-lhes segurança e proteção.

O cientista político alemão Herfried Münkler observou que os impérios não reconhecem que os vizinhos tenham direitos iguais (*gleichberechtigt*) aos seus[17]. Os Estados Unidos, aliás, não reconhecem os direitos de qualquer país. E, na concepção do Pentágono, expressada em "*The National Defense Strategy — 2005*", a força dos Estados Unidos como estado-nação "*will continue to be challanged by those who employ a strategy of the weak using international forum, judicial processes, and terrorism*". O Direito Internacional, que se desenvolveu exatamente como proteção dos mais fracos, afigura-se como uma das vulnerabilidades dos Estados Unidos para Donald Rumsfeld, signatário do documento, e demais extremistas do Pentágono, que o elaboraram. Contudo, quando as grandes potências desprezam a força do Direito e impõem o direito da força, os povos mais fracos, oprimidos, são levados a recorrer ao terrorismo, como ferramenta de luta, no processo de insurgência. Foi através do terrorismo que os judeus inviabilizaram, em 1946/1947, a continuidade do domínio da Grã-Bretanha sobre a Palestina.

Este desprezo dos Estados Unidos pela soberania dos outros povos, o unilateralismo de sua política internacional, o militarismo, a prepotência e a arrogância, a pretensão de reformar o mundo à sua imagem e semelhança, o pretexto de promover a democracia como *rationale* para a deflagração ou participação em guerras não afloraram como conseqüência dos atentados de 11 de setembro de 2001. Não surgiram repentinamente. São tendências que remontam não há mais de meio século, como alegou Robert Kagan, associado *sênior* da Carnegie Endowment for International Peace e um dos ideólogos da extrema-direita americana[18], mas aos primórdios da fundação dos Estados Unidos. Essas tendências, no entanto, exacerbaram-se, no correr das décadas de 1980 e 1990, e se expressaram, neuroticamente, quando George W. Bush foi instaurado na presidência pelo complexo industrial-militar-petrolífero e passou a comportar-se como um *Rex sacrorum*, com o *dominium mundi*. O desprezo pela soberania de outros Estados, o unilateralismo e o militarismo, que eram latentes e por vezes se manifestavam, converteram-se em normas oficiais de sua política internacional. A prepotência, a arrogância e a mentira tornaram-se o apanágio de sua administração.

A fim de compreender e explicar esse processo de perversão da democracia, que rompeu a vida civilizada e estabeleceu um estado de guerra permanente e constante terror, incrementado pela administração de George W. Bush, foi que me propus a escrever sobre a formação do Império Americano, como epílogo da globalização do sistema capitalista, iniciada com as viagens de circunavegação, nos séculos XV e XVI. A história dos Estados Unidos confundiu-se com a história da própria economia de mercado, com o desenvolvimento do sistema capitalista, que é um todo mundial e não uma soma de economias nacionais, pois foi a única formação econômica com suficiente capacidade de expansão para abarcar todas as regiões do planeta. E não se pode conhecer o caráter de um Estado sem conhecer sua história, da mesma forma que não se pode conhecer um indivíduo sem saber sobre seu passado, seus antecedentes, seu *curriculum vitae* ou ficha policial. O conhecimento concreto é sempre o conhecimento histórico. E, como Benedetto Croce ponderou, conhecer (julgar) um fato equivale a pensá-lo em sua essência e, portanto, em sua gênesis e desenvolvimento, entre as condições que por sua vez variam e evoluem[19]. Foi o que tentei, ao escrever *Formação do império americano.*

Esta obra representa o resultado de pesquisa, estudo e acompanhamento da política interna e externa dos Estados Unidos, que comecei a fazer há quase 50 anos. Como sempre, pautei-me pelo princípio de que o conhecimento do presente depende do conhecimento do passado, i.e., do conhecimento histórico, considerando que os fenômenos políticos dimanam de tendências que ao fluir do tempo se encadeiam, desenvolvem-se, transformam-se, quantitativa e qualitativamente, e amadurecem, até que irrompem. Sem desprezar a cronologia, que geralmente permite a revelação dos nexos entre os acontecimentos internacionais, procurei explicá-los em seu encadeamento, a interação de causas e efeitos, e descortinar a influência que sobre esses fatos históricos exerceram todas as circunstâncias internas, e externas, às nações[20]. Os fatos históricos nada valem, são logogrifos indecifráveis, se não se desvendam as leis que os regem, as condições que os determinaram, se não se descobrem suas articulações, se não são interpretados, e se suas mútuas relações não são compreendidas. É necessário penetrar no âmago dos acontecimentos, conhecer a causa e a essência dos fenômenos, o que é real e racional por trás da aparência.

Não se trata de ver a história pelo ângulo das conspirações, conquanto elas quase sempre ocorreram, e ocorrem, mas de desvendar os fios ocultos que determinaram os acontecimentos. Como Hamlet disse a Horácio, depois que o fantasma do pai lhe apareceu e contou a história do seu assassinato, "*there are more things in heaven and earth,* (...), *than are dreamt of in your philosophy*"[21]. Se nada é absolutamente propositado, nada também é absolutamente fortuito. O maior problema em desenredar uma trama por trás de certos acontecimentos na política internacional é a *secrecy* que os envolve. Gary Sick, oficial da Marinha americana, que trabalhou no Conselho de Segurança Nacional durante a administração de Carter, assinalou que há uma cultura da *secrecy* circundando as operações encobertas empreendidas pela CIA e outros serviços de inteligência, como aparelhos de política internacional dos Estados Unidos, uma compartimentalização, e ninguém pode ou deve ter o quadro completo do que determinou o fenômeno político, tais como um golpe militar, um atentado terrorista, uma guerra, etc.[22] Mas os fatos históricos, analisados e comparados com os acontecimentos em diversos Estados, possibilitam sua coordenação em um vasto sistema, em que se acham todos encadeados, ligados uns aos outros por todas as relações possíveis. Sobre essa base, de conformidade com os ensinamentos de Antônio Ferrão Moniz de Aragão, pude avançar para um estudo ainda mais importante, o esforço de esclarecer esses fatos, esses acontecimentos, pela investigação de suas causas, aplicando à história concreta os princípios da filosofia da história[23].

Dentro dessa moldura teórico-metodológica, além de documentos, fontes impressas, disponíveis nos Estados Unidos, vali-me de extensa bibliografia, não apenas de livros acadêmicos, mas, sobretudo, das memórias dos presidentes americanos, como Ulysses Grant, Theodore Roosevelt, Harry Truman, Dwight Eisenhower, Lyndon B. Johnson, Richard Nixon e Bill Clinton, bem como dos secretários de Estado, assessores de segurança nacional e outras personalidades militares e civis, participantes do governo e da vida política em Washington. As informações aí colhidas tratei de cruzar umas com as outras, e também com aquelas obtidas em documentos, depoimentos perante as comissões do Congresso e diversas outras obras, como memórias de funcionários e diretores da CIA e do Mossad, e de outros personagens que participaram dos diversos acontecimentos políticos e militares dos Estados Unidos. Também recorri a memórias e depoimentos de *mobsters*, chefes da máfia, como Sam Giancana e Frank Ragano, dado que com eles alguns presidentes dos Estados Unidos, entre os quais John Kennedy, tiveram envolvimento. E foram de grande utilidade obras escritas por grandes jornalistas, profissionais de imprensa sérios, como Seymour Hersh.

Aproveito aqui para agradecer a colaboração de meu filho, Egas, que me ajudou a organizar algumas tabelas, bem como de Gilberto Calcagnoto, do Institut für Amerikanische-Kunde, de Hamburg, com quem troquei idéias sobre questões econômicas e, principalmente, de meu querido amigo de infância, como um irmão, Paulo Fernando de Moraes Farias, professor da Universidade de Birmingham, profundo conhecedor da civilização islâmica, sobretudo na África, e da língua árabe, homem de vasta cultura humanística, que teve o imenso trabalho de gentilmente rever todos os meus originais, com uma visão crítica, fazendo muito valiosas sugestões.

Esta colaboração não significa, necessariamente, que concordem com todas as minhas idéias e opiniões.

St. Leon (Alemanha), primavera de 2005
Luiz Alberto Moniz Bandeira

Notas

1. Byron, Lord George Gordon. *Don Juan.* "Canto 8th", XV, XCIX, in Byron, 1948, vol. III, p. 441.
2. Moniz de Aragão, 1858, p. xvii.
3. Moniz de Aragão, 1878, p. 50.
4. Lenin, "El Imperialismo, fase superior del capitalismo", in *Lenin*, 1948, Tomo I, pp. 956, 955-956, 1040-1043, 1066-1067.
5. Lenin, "El oportunismo y la bancarrota de la II Internacional", id., ibid., Tomo I, pp. 936-937.
6. Kautsky ,"Zwei Schriften zum Umlernen. Die Abwirtschaftung des Kapitalismus". (Schluß). *Die Neue Zeit* , 03/04/1915, p. 144.
7. Ferguson, 2004, p. 12.
8. "Man verweist Regenten, Staatsmänner, Völker vornehmlich an die Belehrung durch die Erfahrung der Geschichte. Was die Erfahrung aber und die Geschichte lehren, ist dies, dass Völker und Regierungen niemals etwas aus der Geschichte gelernt und nach Lehren, die aus derselben zu ziehen gewesen wären, gehandelt haben." Hegel, 1994, Band 1, p. 19.
9. Paine, 1997, p. 2.
10. Johnson, 2002, p. 52.

11. Id., ibid., pp. 52-53.
12. Melville, 1950, p. 114.
13. Carta de Domício da Gama ao Presidente Hermes da Fonseca, Washington, 29/12/1911. Arquivo do Instituto Histórico e Geográfico Brasileiro — CDG, L.
14. É interessante notar que até o American Kennel Club não aceita os padrões de raça canina estabelecidos pela Fédération Cynologique Internationale, à qual nunca se filiou, e estabeleceu seus próprios padrões, que são válidos apenas nos Estados Unidos.
15. Richard Haass on the Changing Nature of Sovereignty. "Existing Rights, Evolving Responsibilities" By Ambassador Richard N. Haass director of the State Department's Policy Planning Staff, to the School of Foreign Service and the Mortara Center for International Studies at Georgetown University in Washington U.S. Department of State. International Information Program. 14 January 2003.
16. Lieven, 2004, p.13.
17. Münkler, 2005, p. 17.
18. Kagan, 2003, p. 93.
19. Croce, 1942, p. 168.
20. Moniz de Aragão, 1878, pp. 377-378.
21. Shakespeare, *Hamlet.* Scene V, Act I, in Shakespeare, 1975, p. 1080.
22. Sick, 1991, pp. 9-10. Bainerman, 1994, pp. 157-158.
23. Moniz de Aragão, 1878, p. 378.

Capítulo I

O CAPITAL MERCANTIL, AS VIAGENS DE CIRCUNAVEGAÇÃO E A GLOBALIZAÇÃO DO CAPITALISMO • O PAPEL REVOLUCIONÁRIO DA BURGUESIA • A AMÉRICA DO NORTE VISTA POR MARX • ADVENTO DO CAPITALISMO FINANCEIRO • A CONCENTRAÇÃO DA RIQUEZA E A *GILDED AGE* • A CONQUISTA DO HAVAÍ • CUBA E A GUERRA CONTRA A ESPANHA • A CONQUISTA DAS FILIPINAS • MARK TWAIN E OS ANTIIMPERIALISTAS

O capitalismo, ao longo da história, foi a única formação econômica com capacidade de expansão mundial. Sua evolução, desde o mercantilismo, constituiu um *processus* de contínua globalização da economia, que começou com as viagens de circunavegação, no final do século XV e começo do século XVI. Banqueiros florentinos, entre os quais Bartholomeu Marchioni, Girolamo Frescobaldi, Lucas Geraldi, Giovanni Battista Rovelasca, Filippo Gualterotti, agente de Giovanni Francesco de Allfaiati (Flandres), e Girolamo Sernigi financiaram os navegantes, que se lançaram ao mar, a serviço de Portugal e Espanha. Também banqueiros e mercadores alemães forneceram recursos para a consecução de tais empreendimentos. Simon Seitz, Antonio Welser e Conrad Vöhlin, em 1503, receberam licença de Dom Manuel I, rei de Portugal, para estabelecer casas comerciais em Lisboa e promover seus negócios sob as condições mais liberais. Os recursos financeiros da casa comercial de Jacob Fugger, de Augsburg (Alemanha), que se tornara credora dos reis de Portugal e Espanha, contribuíram para as expedições de Pedro Álvares Cabral, em 1500, quando ocorreu o achamento do Brasil[1], bem como de Cristóvão de Haro ao Rio da Prata, em 1514, e de Fray Garcia Jofre de Loaisa a Maluco (Molucas), em 1525[2]. E a classe mercantil em Portugal, cujo núcleo era fundamentalmente de extração judaica, ganhava então enormes fortunas e adquirira superioridade nos negócios, devido à rapidez com que fazia circular os fundos obtidos com as letras de câmbio e à capacidade de transferir com presteza, aproveitando a instalação, no século XVI, das ligações postais ordinárias, grandes créditos de Lisboa para Sevilha, Madri, Antuérpia, Flandres, Lyon, Gênova e Burgos. Bancos holandeses, no século XVII, e ingleses, após a Revolução Industrial, no século XVIII, já se engajavam em negócios no exterior.

Em 1748, Benjamin Franklin (1706-1790), posteriormente um dos *founding fathers* dos Estados Unidos, exprimiu o *Geist des Kapitalismus*[3], segundo Max Weber, ao proclamar, na *Advice to a Young Tradesman*, carta dirigida ao jovem A.B., que ganhar dinheiro era expressão de virtude e proficiência e que "*time is money*", "*credit is money*" e "*money is of the prolific, generating nature, (...) can beget money, and its offspring can beget more, and so on*"[4]. E Lord Byron, por volta 1818/1819, quando escreveu *Don Juan*, alertou que o dinheiro, "*that most pure imagination, gleams only through the dawn of its creation*"[5], e apontou os banqueiros ingleses, o "*jew Rothschild and his fellow-Christian Baring*", como os verdadeiros senhores da Europa, "*who hold the balance of the world*", acentuando que

> "*... every loan*
> *is not a merely speculative hit,*
> *but sets a nation or upsets a throne*"[6].

O filósofo, historiador e teólogo Bruno Bauer escreveu, em 1843, que o judeu, que em Viena era apenas tolerado, decidia, com seu poder monetário, a sorte do Império Austro-Húngaro. "Um judeu, que pode não ter direitos no menor dos Estados alemães, decide a sorte da Europa", salientou[7]. Mas os judeus, que preservaram, durante a Idade Média, a economia monetária e reis e outros nobres deles dependiam, haviam-se emancipado, segundo Karl Marx, não somente ao apropriar-se do dinheiro, senão porque o próprio dinheiro se convertera, através deles ou sem eles, em potência mundial, e o espírito prático dos judeus tornou-se o espírito prático dos povos cristãos[8]. De fato, os empréstimos bancários, no decurso do século XIX, tiveram não só objetivo econômico e comercial, mas também uma função política, concorrendo decisivamente para a conformação dos Estados nacionais, que surgiram e se desenvolveram, como o outro verso da moeda, no decurso da divisão internacional do trabalho e, paralelamente, da criação do mercado mundial, promovidas pelo capital mercantil, com a implantação do sistema colonial nas Américas, África e Ásia. Eles concorreram para destruir as formas de Estado, remanescentes dos tempos da economia natural e da economia simples de mercado, e foram indispensáveis à organização dos Estados modernos, apropriados ao fim da produção capitalista, e ao mesmo tempo o meio mais eficiente com que as velhas potências, como a Grã-Bretanha, puderam exercer sua tutela sobre os novos países, controlar sua economia e fazer pressão sobre sua política exterior, bem como sobre sua política comercial e alfandegária.

Karl Marx e Friedrich Engels ressaltaram, no *Manifest der Kommunistischen Partei*, de 1848, que a burguesia desempenhou o "mais alto papel revolucionário"[9]: criara, no processo de expansão do capital, maravilhas completamente diversas das pirâmides do Egito, dos aquedutos romanos e das catedrais góticas", dera um "caráter cosmopolita à produção e ao consumo de todos os países", através da exploração do mercado mundial, e, "com grande pesar para os reacionários", retirara da indústria sua base nacional[10]. Marx e Engels então previram que as antigas indústrias eram ou seriam ainda diariamente destruídas, suplantadas por novas, cuja introdução se convertia em "questão vital para todas as nações civilizadas" e que não mais empregavam matérias-primas domésticas, porém oriundas das mais longínquas regiões e cujos produtos se consumiam não só no próprio país, senão em todas as partes do mundo[11]. Assim, arruinando gradativamente as economias naturais e pré-capitalistas, o capitalismo vinculou todos os povos em um sistema de vasos comunicantes e tornou as sociedades interdependentes, apesar e/ou em conseqüência da diversidade de seus graus de progresso e civilização, ao mesmo tempo em que gerava o Estado-nação, forma histórica imprescindível sob a qual a burguesia passou da defesa nacional a posições de ofensiva, da autoproteção e da concentração da própria nacionalidade à política de usurpação e dominação de outras nacionalidades[12]. Não foi por outra razão que Marx e Engels lançaram o apelo: "*Proletarier aller Länder, vereinigt euch!*"[13].

Àquele tempo, 1848, Marx e Engels concebiam que a revolução na Alemanha, onde as condições de progresso e civilização eram as mais avançadas, não poderia ser senão o prelúdio da revolução proletária, nos países industrializados da Europa. Essa perspectiva não se efetivou, sobretudo porque, como o próprio Marx concluíra e enunciara, no prefácio de *Zur Kritik der Politischen Ökonomie*, uma formação social nunca desmorona sem que as forças produtivas dentro dela estejam suficientemente desenvolvidas, e as novas relações de produção superiores jamais aparecem, antes que as condições materiais de sua existência sejam incubadas nas entranhas da própria sociedade antiga[14]. E o capitalismo não esgotara suas possibilidades de desenvolvimento, nem na Alemanha nem nos demais países industrializados da Europa, muito menos nos Estados Unidos. Ao expandir-se a outras regiões, o processo de acumulação continuou, eliminando, progressivamente, todos os demais modos de produção, as formações pré-capitalistas, economias naturais e economias simples de mercado, das quais o capitalismo podia dispor para a colocação do seu excedente econômico, como fonte de meios de produção e reservatório de força de trabalho. E o progresso da indústria pesada, a descoberta da energia elétrica, a transmissão à distância, o navio a vapor e as estradas de ferro, na segunda metade do século XIX, impulsionaram ainda mais a internacionalização ou globalização da economia, através de uma rede de transações comerciais, movimentação de bens e capitais, vinculando as mais remotas regiões, de economia natural ou pré-capitalista, aos centros industriais mais avançados. Essas conquistas tecnológicas não somente reduziram o tempo de circulação das mercadorias como também modificaram as formas e os métodos de guerra, o que favoreceu a monopolização da força armada pelos Estados nacionais, cujo avigoramento político e militar a expansão internacional do capitalismo exigia. A partir da crise econômica de 1873, que durou mais de vinte anos, o processo de concentração e centralização de capitais intensificou-se, sobretudo na indústria pesada, e os bancos passaram a desempenhar decisivo papel no fomento da produção, na medida em que forneciam às indústrias os recursos financeiros de que elas careciam.

E a união entre o capital industrial e bancário converteu-se em um dos fatores mais importantes que estimularam o desenvolvimento de novas formas de organização empresarial. Trustes, cartéis, sindicatos de empresas e consórcios de bancos constituíram-se e trataram de estabelecer o monopólio ou a reserva de mercado, a fim de sustentar internamente os preços dos produtos, ao mesmo tempo em que se lançavam no comércio de exportação[15]. E não foi o país de livre comércio, Inglaterra, mas os países com barreiras protecionistas que se converteram em modelo do desenvolvimento capitalista, se tomado como medida o grau de centralização e concentração de capital, i.e., o grau de desenvolvimento dos trustes e cartéis, do domínio dos bancos sobre a indústria, enfim, da transformação de todo o capital em capital financeiro[16].

A monopolização dos mercados domésticos impeliu os grandes conglomerados (*Konzern*) a buscarem a monopolização dos mercados no exterior, reativando a expansão colonial, adormecida ao tempo em que o *laissez-faire*, ou seja, o liberalismo de Manchester, predominou na economia. O capitalismo, que antes se opunha ao Estado, passou a utilizá-lo, na sua expansão, demandando a superação das formas débeis de Estado, geradas na época da economia natural e da economia simples de mercado, i.e., a reorganização das superestruturas políticas, mediante o robustecimento de um poder central, com a formação de um Estado unitário, que servisse como alavanca para a abertura de mercados e assegurasse a continuidade do processo de acumulação. A indústria pesada — não mais a têxtil — adquiriu importância cada vez maior na economia, na medida em que corrida armamentista se intensificou, na luta pelos mercados e fontes de matérias-primas. O capitalismo, ao mesmo tempo em que assumia caráter financeiro e gerava formas monopolísticas de organização empresarial, necessitou de Estados poderosos, para garantir o mercado nacional, mediante proteção, e conquistar mercados no exterior, transformando todas as regiões do mundo em zonas de investimento. Em 1854, o comodoro Mathew Perry, dos Estados Unidos, estacionou poderosa esquadra no litoral do Japão e, com tal demonstração de força, compeliu-o a abrir dois portos aos comerciantes americanos.

E os Estados Unidos começaram a desenvolver a estratégia da *Open Door*, que se tornou parte essencial de sua política exterior no século XX. Abrir as portas, ou seja, mercados, era o que pretendiam. E isto implicava a liquidação dos velhos impérios como Grã-Bretanha e França.[17]

O poder político e militar tornou-se elemento decisivo na concorrência econômica, que não mais se limitava ao mercado para a colocação de manufaturas, nos quais apenas se decidia o preço. Ela se estendia ao mercado de capitais, com a oferta de empréstimos, condicionados à posterior absorção de produtos industriais, não mais somente de tecidos e/ou bens não-duráveis de consumo, mas de equipamento ferroviário, canhões e outros petrechos bélicos, necessários à formação de um moderno aparelho de Estado. Essas exportações de bens de capital contribuíram para o surgimento da indústria de bens de consumo nos países mais atrasados. As estradas de ferro e os armamentos, facilitados pelos empréstimos externos, tanto constituíram a argamassa com que os Estados-nações sedimentaram a sua unidade quanto, contraditoriamente, assinalaram nova etapa na internacionalização da economia. Os investimentos de capital nos países agrícolas, economicamente atrasados, constituíram, assim, um fator determinante na promoção do imperialismo. As estradas de ferro foram construídas para desenvolver as minas e outras fontes de matérias-primas, em regiões escassamente povoadas. E, a fim de proteger e assegurar suas operações, os governos das potências industriais cada vez mais se armaram para competir no mercado mundial. O poder militar representou então seu último trunfo.

O nacionalismo, como ideologia, recresceu, contraditoriamente, na medida em que as forças de produção geradas pelo capitalismo desbordavam da moldura dos Estados-nações, dentro da qual não mais podiam desenvolver-se. A aspiração nacional, que havia gerado o Estado moderno para unificar a nação e reconhecia o direito de cada uma ter sua própria forma de Estado, demarcado por fronteiras, transformou-se na aspiração de domínio de uma nação sobre as outras, conforme Hilferding observou, ao ressaltar que o capital se convertera em "conquistador do mundo" (*Erober der Welt*), e estabelecia com cada novo território conquistado uma nova fronteira, que havia de superar[18]. Esse processo implicou o fortalecimento do poder do Estado, aumento do Exército e da Marinha, e da burocracia em geral, e consolidou a solidariedade dos interesses do capital financeiro com o latifúndio[19]. Assim, como Friedrich Engels constatara, em 1892, a *grande industrie* tornou-se uma "necessidade política" (*eine politsche Notwendigkeit*)[20], uma vez que a guerra se convertera em um setor da *grande industrie*[21], que sem ela não poderia produzir (tanques, canhões, balas, fuzis de repetição, granadas, pólvora, etc.). O militarismo passou a constituir um meio de primordial importância para a realização do excedente econômico (*Mehrwerts*), possibilitando o advento do imperialismo, que Rosa Luxemburg definiu como a expressão política desse processo de acumulação do capital, em sua luta para conquistar as regiões não-capitalistas, ainda não dominadas e integradas no sistema capitalista mundial[22].

O imperialismo, segundo Karl Kautsky, foi um produto do capitalismo altamente industrializado, encorajado particularmente pelo sistema de exportação de capitais para as regiões agrárias[23]. Tornara-se, em tais circunstâncias, uma necessidade econômica (*ökonomische Notwendigkeit*) do capitalismo[24]. E a guerra de conquista foi o método através do qual o imperialismo, como política do capital financeiro, tratou de reproduzir as relações de produção. O imperialismo implicou, portanto, o militarismo e ruinosas guerras, quer como política de expansão quer para a manutenção pela Grã-Bretanha do seu domínio sobre vastas terras tropicais, demarcadas como sua esfera de influência, na segunda metade do século XIX[25]. Entre 1872 e 1914, as grandes potências conquistaram 25 milhões de quilômetros quadrados, duas vezes e meia a superfície da Europa[26]. A teoria de Marx sobre o colapso do capitalismo, por conseguinte, falhou, foi "*irrtümlich*" (errônea), conforme Rosa Luxemburg demonstrou em *Die Akkumulation des Kapitals*, porque ele fizera sua análise "em uma época na qual o imperialismo ainda não havia aparecido no cenário mundial"[27]. E o que impulsionou o imperialismo, acirrando a concorrência no mercado mundial, já assinalada por Friedrich Engels em notas inseridas no terceiro tomo de *Das Kapital*[28], foi o rápido desenvolvimento da indústria, em todos os países civilizados (*Kulturländern*), sobretudo na América do Norte e na Alemanha, a partir da segunda metade do século XIX.

A América do Norte, ou seja, os Estados Unidos, considerada por Marx "o país mais avançado" (*das vorgeschrittenste Land*")[29], sem o qual, se fosse riscado do mapa, "haveria a anarquia, a completa decadência do comércio e da moderna civilização"[30], tinha, em meados do século XIX, grande dívida externa, devido, sobretudo, à expansão para o oeste. Construíra sua primeira ferrovia graças a financiamento da casa Baring Brothers, da Grã-Bretanha[31]. O alargamento da malha ferroviária, que aumentara para 14.151 quilômetros, em 1850, saltara para 85 mil quilômetros, em 1880, e 278.409 quilômetros, em 1890. A conquista de novo território, com zonas de economia não-capitalista, a construção das ferrovias e a especulação de terras ampliaram, porém, o círculo de consumo para o capital, possibilitando sua reprodução e acumulação, e atraíram grandes contingentes de imigrantes europeus. Em apenas 23 anos, i.e., entre 1869 e 1892, mais de 4 milhões de imigrantes chegaram aos Estados Unidos e avançaram na direção do oeste, onde se apropriaram das terras pertencentes aos indígenas, após exterminá-los com armas de fogo, cães, bebidas alcoólicas e sífilis. E os novos fazendeiros que surgiram logo se adaptaram às técnicas agrícolas mais modernas, com a introdução do arado a vapor, assim como fazendeiros do sul tiveram de fazê-lo, em virtude da emancipação dos escravos. De 1883, ano em que ocorreu a primeira onda de imigração maciça de judeus, fugindo dos *pogrooms* na Rússia, até 1914, mais de 9 milhões de imigrantes chegaram aos Estados Unidos[32].

Os Estados Unidos saltaram do quinto lugar, que em 1840 ocupavam no *ranking* das potências industriais, para o quarto, em 1860, para o segundo, em 1870, e para o primeiro, em 1895[33]. Em 1856, fabricantes americanos estavam fazendo querosene a partir de carvão importado da Escócia, a um custo de US$ 20 a US$ 25 a tonelada, e buscavam especialistas como Benjamin Silliman Jr. para analisar petróleo, na esperança que dali pudessem obter algum suprimento. Em 1874, já havia 20 oleodutos instalados no país. Cerca de 80% morreram naquele ano e no ano seguinte. Os oleodutos, não, os proprietários que os haviam construído, ironicamente ressaltou Henry D. Lloyd, indicando que foram assassinados a mando dos concorrentes mais fortes[34]. Entre o fim da Guerra de Secessão (1860-1864) e o final do século XIX, período que Mark Twain chamou de *Gilded Age*, sua produção de aço, carvão, maquinaria e manufaturas, madeira, ouro, aumentou de tal maneira que produziu profunda transformação em sua estrutura econômica, em meio dos mais violentos choques entre trabalhadores e empresários da história do capitalismo[35]. Em 1914, em Ludlow, ao sul do Colorado, pistoleiros contratados por John D. Rockfeller e outros proprietários de minas travaram batalha contra trabalhadores armados e atearam fogo em seu acampamento, provocando a morte por asfixia de 13 mulheres e crianças[36]. A violência no oeste se prolongou de 1850 até cerca de 1920. Homens de negócio, como John D. Rockefeller (petróleo) e Andrew Carnegie (aço), conhecidos como *robber barons*, fizeram enormes fortunas. "*La passion de l'egalité*", que Alexis de Tocqueville ressaltara, já havia, no entanto, desaparecido[37]. Em 1890, 11 milhões de 12 milhões de famílias ganhavam menos de US$ 1.200 por ano, e desse grupo a média de renda anual era de menos de US$ 380,00, bem abaixo da linha de pobreza. E a concentração de riqueza, ao alcançar uma proporção inaudita, sem precedentes, degradou o processo político, conforme em 1894 o jornalista e escritor americano Henry Demarest Lloyd assinalou em sua obra *Wealth Against Comonwealth*, demonstrando como a Standard Oil Company não somente manipulava o mercado, para acabar com a competição, como também subornava os congressistas e zombava da democracia política. "*Liberty produces wealth, and wealth destroys liberty*" — escreveu Henry D. Lloyd[38], reconhecendo que "*liberty and monopoly cannot live together*"[39]. O americanos, opulentos, acreditavam estar "*sur le chemin de la saintité*", que a riqueza era recompensa pelas suas virtudes, segundo observou o diplomata francês Octave Homberg, acrescentando: "*A ses yeux l'argent se divinise peu à peu*"[40]. E as grandes corporações, que então emergiram nos Estados Unidos, passaram a influenciar as atividades dos maiores partidos políticos e o processo de decisão ao nível local, estadual e nacional. Os legisladores freqüentemente deixaram de distinguir interesses privados e dever público, e com essa mudança nos Estados Unidos iniciou-se desavergonhada corrupção parlamentar da União, desaparecendo freqüentemente a linha entre os deveres públicos e os interesses privados, conforme assinalou F. W. Taussig, professor de política econômica da Universidade de Harvard, em 1890. Grandes fortunas foram feitas com a mudança na legislação pelos que a requereram e promoveram. O país assistiu com tristeza que a honra e a honestidade dos homens públicos não permaneceram imaculadas.[41] E recrudesceu a manipulação aberta e inescrupulosa das eleições, da legislação e da imprensa, como instrumento dos interesses particulares do grande capital. Em 1872-1873, estourou o escândalo da companhia Credit Mobilier, formada por Oakes Ames, Thomas C. Durant e outros acionistas da Union Pacific Railroad, que deram ao vice-presidente Schuyler Colfax, ao senador James W. Patterson, de New Hampshire, ao deputado James Brooks, de Nova York, e outros congressistas participação na construção da ferrovia, e eles se locupletaram com os lucros da empresas, aprovando subsídios federais, sem considerar as despesas da obra. E Henry D. Lloyd, em 1894, reconheceu que o sistema nos Estados Unidos, "*so fair in its theory and so fertile in its happiness and prosperity in the first century*", estava a seguir o destino dos sistemas, "*becoming artificial, technical, corrupt*"[42].

A magnitude do espaço econômico, facilitando extraordinária especialização dos estabelecimentos industriais, e a fabricação em série, ao reduzir custos de produção, haviam possibilitado que os Estados Unidos, sob um regime protecionista, rapidamente se desenvolvessem e, em alguns decênios, se tornassem uma potência econômica, antes mesmo de emergirem como potência política e militar. E, ademais de dispor de enorme espaço econômico, suficiente, inclusive, para a era do imperialismo, seu campo de expansão estava geograficamente determinado[43], pela Doutrina Monroe[44]. Foi James G. Blaine, secretário de Estado no governo do presidente Benjamin Harrison (1889-1893), que convocou a 1ª Conferência Pan-Americana, instalada em Washington em novembro de 1889. O objetivo fora formar com os Estados latino-americanos uma comunidade comercial, sob sua égide, de modo a alijar do continente a competição da Grã-Bretanha e de outras potências industriais da Europa. O que os Estados Unidos então pretendiam era conquistar os mercados da América do Sul. E a Doutrina Monroe, sintetizada no lema "a América para os americanos", funcionou como cobertura ideológica e o fato de que os Estados Unidos se tornavam a primeira potência industrial do mundo deu-lhe maior densidade econômica e a mais ampla dimensão política. A proposta da união aduaneira, entretanto, não foi aceita e o resultado mais concreto da 1ª Conferência Pan-Americana foi a instituição do Bureau Internacional das Repúblicas Americanas. Mas em 1896 Charles Emory Smith, líder do Partido Republicano na Filadélfia e editor de jornal, declarou que "*our spirit, if not our flag will rule the hemisphere*"[45].

A esse tempo, os Estados Unidos já se defrontavam com o problema da *closing frontier*, i.e., o desaparecimento da última fronteira livre no continente e a necessidade de mais terras para atender à demanda de sua crescente população. E a depressão de 1890-1893 levou-os a voltar-se cada vez mais para a Ásia, o que tornava necessário o estabelecimento de uma base no Pacífico ocidental, bem como o controle das Filipinas, de modo que pudessem disputar os ricos mercados da China e do sudoeste da Ásia. Muitos *business men* estavam convencidos de que o mercado doméstico não era mais suficiente para absorver sua vasta produção industrial. O crescimento da indústria americana tornou a conquista de mercados no exterior não somente uma possibilidade, mas uma necessidade, duramente sentida. O militarismo constituiu, então, o elemento indispensável, primeiro sob a forma de poderio naval, no seu processo de expansão imperial. "*We want a navy to protect commerce, but we want a commerce in advance for the navy to protect*", proclamara James G. Blaine em 1879[46]. E, em 16 de janeiro de 1893, o navio *USS Boston* aportou no Havaí, onde as tropas dos Estados Unidos desembarcaram, a pretexto de "*to secure the safety of American life and property*", conquanto as ruas estivessem tranqüilas e não houvesse qualquer ameaça à vida ou propriedade de cidadãos americanos, e acamparam em frente ao palácio Iolani, onde residia a rainha Lili'uokalani[47], que herdara o trono do seu irmão, o rei David Kalakaua, falecido em 1891[48]. Os *haole* (brancos estrangeiros, no caso, americanos), plantadores de ananás e cana-de-açúcar, constituíram então um Comitê de Salvação Pública e a república foi proclamada, sob a presidência de Sanford B. Dole, rico plantador de ananás, de família oriunda de New England. Em 1898, o Congresso americano, após alguma relutância interna, aprovou, enfim, a resolução, anexando formalmente o Havaí aos Estados Unidos, i.e., ratificando uma situação de fato preexistente. Houve uma crescente demanda popular pela anexação. Os anexionistas urgiram que os Estados Unidos necessitavam dessas ilhas para a sua defesa, no interesse do comércio no Extremo Oriente, e que o Havaí era "*the key to the Pacific*"[49]. A Igreja Presbiteriana considerou a expansão comercial uma aliada e parte necessária "*of the great outward impulse of civilization*"[50]. E o jornal *Honolulu Advertiser*, dirigido Lorrin Andrews Thurston, plantador de ananás e filho de missionário americano, proclamou: "*Hawaii Becomes the First Outpost of a Greater America*"[51]. Com efeito, desde então o Havaí transformou-se em crucial centro militar dos Estados Unidos.

A luta pela libertação de Cuba ensejou aos Estados Unidos a grande oportunidade para lançar-se outra vez à guerra de conquista do que ainda restava do império colonial de Espanha, do qual já se haviam apossado de vastas extensões, ao expandir continuamente suas fronteiras, desde a anexação da Flórida, em 1819[52], até a conquista da Califórnia[53], em 1848, após a guerra contra o México, que eles mesmos haviam provocado. No início de 1898, o presidente William McKinley (1897-1901), do Partido Republicano, enviou a Cuba o encouraçado *USS Maine*, aparentemente em visita amigável (*courtesy call*), mas com o propósito de exibir o poderio naval dos Estados Unidos e pressionar a Espanha a retirar-se da ilha, que os estadistas americanos, desde Thomas Jefferson e John Quincy Adams, sempre consideraram como sua fronteira natural. Em 15 de fevereiro de 1898, porém, o *USS Maine* misteriosamente explodiu, quando se preparava para deixar o porto de Havana. Essa provocação, executada ou pelos próprios americanos ou pelos rebeldes cubanos, visando a envolver os Estados Unidos na luta, acarretou a morte de dois oficiais e 266 membros da tripulação, e serviu como pretexto para a guerra contra a Espanha.

A imprensa americana acusou prontamente a Espanha pela explosão do *USS Maine*, sem que houvesse qualquer prova ou evidência de que ela tivera qualquer participação no acontecimento, o que nem era provável, pois não lhe interessava um conflito com os Estados Unidos quando se empenhava em sufocar a luta pela independência de Cuba. Mas o slogan *Remember the Maine* converteu-se no grito de batalha dos militaristas americanos. E McKinley enviou a mensagem ao Congresso, com o pedido de autorização para intervir militarmente em Cuba, em 11 de abril de 1898, dois dias depois que o governo da Espanha já havia atendido a quase todas as suas exigências e ordenara a cessação das hostilidades, concedendo armistício aos insurrectos cubanos. Este fato levou James Ford Rhodes a dizer que a "*splendid little war*", dado que os Estados Unidos a venceram, facilmente, em dez semanas, foi uma "*unnecessary war*"[54]. Desnecessária não foi.

Os Estados Unidos tinham interesses diretos nas ilhas pertencentes à Espanha[55]. Esses interesses não eram meramente econômicos, relacionados com o açúcar, café e tabaco. Eram também estratégicos. O governo americano percebia o domínio de Cuba, da mesma forma que de Porto Rico e das Ilhas Virgens, cuja cessão o presidente McKinley buscara obter da Dinamarca com o objetivo de ali estabelecer uma base naval e um depósito de carvão, como fundamental para a segurança das rotas no Golfo do México e a defesa do canal, que projetava abrir no istmo do Panamá, havia quase cinqüenta anos. Também o arquipélago das Filipinas, onde os nativos lutavam desde 1896 contra o domínio de Espanha, revestia-se de enorme importância estratégica, porquanto possibilitava a preponderância dos Estados Unidos nos populosos mercados da Ásia. Entretanto, embora o Congresso americano, juntamente com a declaração de guerra à Espanha, houvesse aprovado a *Teller Amendment*, pela qual os Estados Unidos renunciavam qualquer intenção de exercer "soberania, jurisdição e controle" sobre Cuba, salvo para o fim de a pacificar, McKinley tratou de apoderar-se de tudo o que restava do império espanhol, tanto no Caribe quanto no Pacífico. E conseguiu-o, o que sem a guerra não seria possível. Derrotada nas batalhas de El Caney e San Juan, em 1° de julho de 1898, a Espanha, ao firmar o Tratado de Paris, em 10 de dezembro de 1898, não só renunciou definitivamente à soberania sobre Cuba, que alcançou uma independência apenas formal, como cedeu por US$ 20 milhões aos Estados Unidos, na condição de colônias, tanto o resto das Índias Ocidentais, inclusive Porto Rico, no Caribe, quanto Guam e o arquipélago das Filipinas, no Oceano Pacífico. A importância do potencial comércio com a China foi o fator subjacente no interesse dos Estados Unidos pelo poder naval no Pacífico e o que determinou finalmente a anexação do Havaí e Samoa, e a decisão de sustentar a ocupação das Filipinas[56].

Embora os Estados Unidos somente controlassem Manila e seus subúrbios, quando o Tratado de Paris foi assinado[57], McKinley, dez dias depois (21 de dezembro de 1898), anunciou sua decisão de ocupar as Filipinas como possessão colonial e promover o que denominou eufemisticamente de "*benevolent assimilation*". Os filipinos, que lutaram pela independência sob o comando de Emílio Aguinaldo, dominavam, no entanto, o resto do arquipélago, onde haviam proclamado a República das Filipinas. E os Estados Unidos, pretendendo subjugá-los, deflagraram outra guerra, o que provocou enérgica oposição por parte dos americanos anti-imperialistas, apodados por Lenin como os "últimos mohicanos da democracia burguesa"[58], entre os quais os mais proeminentes foram o escritor Mark Twain, o ex-presidente Grover Cleveland e o industrial Andrew Carnegie. Esses antiimperialistas, muitos veteranos da luta pela abolição da escravatura, entendiam que democracia e império não eram verdadeiramente compatíveis[59]. William Jennings Bryan, ao aceitar a sua designação como candidato do Partido Democrata à presidência dos Estados Unidos, na campanha eleitoral de 1900, denunciou que

> *"Imperialism would be profitable to the Army contractors; it would be profitable to the shipowners, who would carry live soldiers to the Philippines and bring dead soldiers back; it would be profitable to those who would seize upon the franchises, and it would be profitable to the officials whose salaries would be fixed here and paid over there; but to the farmer, to the laboring man, and to the vast majority of those engaged in other occupations, it would bring expenditure without return and risk without reward."*[60]

Ao opor-se ao imperialismo emergente, que o Partido Republicano defendia, Bryan afirmou que os Estados Unidos deixariam de ser um fator moral para o progresso do mundo, quando abandonavam a doutrina do autogoverno, uma vez que "*she cannot preach the doctrine that governments come up from the people, and, at the same time, practice the doctrine that governments rest upon brute force.*" Em artigo intitulado "*The Election of 1900*" e publicado no *North American Review* 171 (Dez. 1900), ele acusou os líderes do Partido Republicano de pregarem descaradamente a doutrina do comercialismo e advogarem uma carreira imperial, sob a alegação de expandir o comércio e contribuir para a riqueza da nação. "*This is by far the most influential argument given in defense of imperialism*", disse ele. E acentuou que o argumento do dólar tinha influência e que "*some powerful financial interests which protect industrial trusts at home will attempt to force the nation to join the international land-grabbing trust*".

Bryan, combatendo a anexação das Filipinas, criticou a doutrina, segundo a qual os Estados Unidos eram comandados "*by the Almighty to sacrifice our own citizens and slaughter Filipinos, in order to establish a carpet bag government over a distant people*", comparou-a à doutrina do direito divino dos reis, e ao argumento, condenado pelo presidente Abraham Lincoln, de que "*the inferior race are to be treated with as much allowance as they are capable of enjoying, that as much is to be done for them as their condition will allow*". Também declarou que os imperialistas necessitavam do imperialismo não apenas para proteger seus investimentos no estrangeiro, mas também para ameaçar outros povos e recordou o uso do Exército para atacar os operários em greve nos Estados Unidos. A pressão gerada pelas indústrias, pelos militares, os políticos e os interesses pessoais, de fato, tornaram penetrante a atmosfera de racismo e chauvinismo. Nas Filipinas, suas tropas, espargindo petróleo nas *jungles*, incendiaram vilas inteiras, e exterminaram homens, mulheres, crianças e velhos. O apoio da população às forças de Aguinaldo irritava os militares americanos. Eles não faziam prisioneiros e torturavam, para obter informações e confissões, mesmo aqueles que nenhum vínculo tinham com a resistência à ocupação[61]. Alguns eram forçados a ingerir continuamente água (*water cure*), outros amarrados a cavalos e arrastados a galope, ou eram pendurados pelo dedos polegares, ou permaneciam suspensos sobre fogueiras acesas. Após um choque armado em Samar, em que 47 soldados americanos morreram e 22 foram feridos, dos 74 integrantes da companhia, outros enfurecidos voltaram para Balaginga, incendiaram a cidade e toda a ilha, comandados pelo general Jacob W. Smith, que uma década antes havia massacrado centenas de indígenas e ganhara o apelido de "*Hell Roaring Jake*". Sua ordem foi: "*I want no prisoners. I wish you to kill and burn. The more you kill and burn, the better it will please me*". O general Smith determinou que Samar fosse convertida em uma "*howling wilderness*" e que os soldados matassem todos os habitantes com idade acima de dez anos. Em 11 dias 255 casas foram queimadas, 39 filipinos indefesos, mortos, além de 13 bois (*carabaos*). A população da ilha caiu de 300.000 para menos de 257.000[62].

A guerra nas Filipinas, a primeira para atender aos interesses imperialistas das grandes corporações, trustes e sindicatos, constituiu a primeira experiência dos Estados Unidos em contra-insurgência. E os Estados Unidos trataram de reafirmar seu complexo de superioridade racial, contra os bárbaros, assim como alcançar um status de potência mundial, maior do que o da Grã-Bretanha. Aguinaldo foi capturado em março de 1901. Contudo, a guerra prosseguiu, sob o comando do general Miguel Malvar, de Batanga, dada a residência de todo o povo e a sua completa unidade de ação. Essa guerra, que oficialmente os Estados Unidos sempre chamaram de insurreição das Filipinas, durou quatro anos, custou a vida de 4.000 soldados americanos[63], muitos mortos por doenças tropicais, bem como do general Henry C. Lawton na batalha de San Mateo (23/12/1899), e produziu maior impacto sobre os Estados Unidos, cujas despesas alcançaram o montante de US$ 600 milhões. E mesmo após o presidente Theodore Roosevelt haver proclamado, em 4 de julho de 1902, que a "*insurrection*" nas Filipinas havia terminado, muitas cidades e vilas permaneceram rebeladas e guerrilhas regionais e levantes esporádicos, promovidos pelas tribos em Luzon e muçulmanos nas ilhas do sul, continuaram a ocorrer até a década seguinte, ou seja, até por volta de 1914.

Os Estados Unidos, cujo povo cria ser eleito de Deus e que seu *manifest destiny*[64] era projetar-se através do Pacífico, sobre a Ásia, haviam entrado em mais uma fase de expansão territorial, de caráter essencialmente imperialista, com a conquista de mais 250.000 quilômetros quadrados[65]. "*This great pressure of a people moving always to new frontiers, in search of new lands, new power, the full freedom of a virgin world, has ruled our and formed our policies like a Fate"*, — assim o presidente Woodrow Wilson explicou a expansão dos Estados Unidos[66], seu *manifest destiny*, que implicava a anexação de todas as terras adjacentes, cumprindo a virtual e inevitável missão moral delegada por Deus. E essa expansão territorial e econômica não cessara com a conquista da Califórnia, em 1848. Continuou. De 1898 a 1903, os Estados Unidos anexaram formalmente o Havaí, Porto Rico, Guam e Filipinas, bem como se assenhorearam do istmo do Panamá, onde abriram o canal para facilitar o comércio entre os dois oceanos — o Atlântico e o Pacífico —, de conformidade com a doutrina do comandante Alfred T. Mahan, segundo a qual a grandeza de uma nação dependia do seu comércio no além-mar, o comércio dependia do poder marítimo e o poder marítimo, de colônias. O militarismo assumiu papel fundamental na expansão imperialista, inicialmente sob a forma de poderio naval. E o arquipélago das Filipinas tornou-se o centro logístico de fundamental importância para a projeção dos Estados Unidos na Ásia, que uma rota comercial e militar integrada favorecera, mediante a instalação de bases e depósitos de carvão, desde a costa leste até suas possessões na Ásia, Tutuila, no arquipélago de Samoa, e Guam, ao sul do Pacífico.

Os anos 90 do século XIX marcaram decisivamente a política exterior dos Estados Unidos. A política de expansão refletiu seu desenvolvimento econômico. E o militarismo constituiu o elemento indispensável à construção do império. Seu exército, que antes da guerra contra a Espanha possuía 30.000 efetivos, elevou o contingente para 65.000 e, depois, para 80.000, reduzindo-o apenas para 58.000, ao término da guerra nas Filipinas[67]. Os créditos militares, que até 1898 não ultrapassavam US$ 20 a US$ 24 milhões, foram elevados para US 80,4 milhões, em 1900, e em 1902 já ultrapassavam US$ 115 milhões[68]. Mas o mar era o grande espaço para a sua expansão imperial. "*We want a navy to protect commerce, but we want a commerce in advance for the navy to protect*" — proclamara James G. Blaine em 1879[69]. O presidente Theodore Roosevelt entendia que a Doutrina Monroe não podia ser sustentada senão com base no poderio naval, e proclamou que os Estados Unidos deveriam possuir "*the best, the most powerful in the world*"[70]. E o arquipélago das Filipinas tornou-se o centro logístico de fundamental importância para a projeção dos Estados Unidos na Ásia, que uma rota comercial e militar integrada favorecera, mediante a instalação de bases e depósitos de carvão, desde a costa leste até suas possessões na Ásia, Tutuila, no arquipélago de Samoa, e Guam, ao sul do Pacífico.

O economista inglês J. A. Hobson, na sua obra clássica *Imperialism*, que apareceu em Londres e Nova York em 1902, assinalou que a entrada dos Estados Unidos, "*powerful and progressive nation*", na luta imperialista, com a anexação do Havaí e a conquista das relíquias da velha Espanha, não apenas agregava novo formidável competidor como também mudava e complicava várias questões[71]. Como o foco de sua atenção e atividade política voltava-se mais e mais para o comércio com as ilhas do Pacífico e a costa da Ásia, onde as potências européias também estavam a atuar, esse confronto induzia os Estados Unidos a abandonar, virtualmente, o princípio do isolacionismo, que tinha até então dominado sua política exterior[72]. Sua capacidade de produção industrial crescera no final do século XIX tão rapidamente que superava as demandas do mercado interno. O valor de suas exportações de manufaturas saltou de US$ 31,4 milhões, em 1890, para US$ 88,2 milhões, em 1900, enquanto a de produtos agrícolas, no mesmo período, apenas aumentou de US$ 125,7 milhões para US$ 180,9 milhões[73]. "*Her manufactures were satured with capital and could absorb no more*" — comentou J. A. Hobson, ao indicar que a abrupta demanda por mercados estrangeiros para as suas manufaturas e investimento determinou a adoção do imperialismo como política e prática do Partido Republicano, ao qual "*the great industrial and financial chiefs belonged, and wich belonged to them.*" Conforme advertiu,

> "*the adventurous enthusiasm of President Theodore Roosevelt and his 'manifest destiny' and 'mission of civilization' party must not deceive us. It was Messrs. Rockffeller, Pierpont Morgan, and their associates who needed Imperialism and fastened ir upon the shoulders of the great Republic of the West. They needed Imperialism because they desired to use the public resources of their country to find profitable employment for their capital which otherwise would be superfluous*"[74].

O mais forte e mais direto controle sobre as políticas exercido na América pelos *business men* capacitara-lhes dirigi-las mais rapidamente e sem rodeios do que na Grã-Bretanha — Hobson explicou, concluindo que o "*American Imperialism*" foi o produto natural da pressão econômica de um rápido avanço do capitalismo que não podia encontrar ocupação nos Estados Unidos e necessitava de mercados externos para seus bens e investimentos[75]. O abandono do princípio do isolacionismo tornara-se inevitável, substituído pela crença no "*manifest destiny*" e de que os Estados Unidos tinham "*the mission to carry 'canned' civilization to the heathen*"[76].

Assim, no começo do século XX, a predominância dos Estados Unidos não mais se limitava ao hemisfério, onde eram, praticamente, "soberanos" e seu *fiat* tinha força de lei[77], conforme o Secretário de Estado, Richard Olney, proclamara em 1895. Com efeito, enquanto, entre 1876 e 1915, cerca de um quarto da superfície da Terra fora distribuído ou redistribuído, como colônia, entre meia dúzia de Estados, as Américas constituíam a única região do mundo onde não houve rivalidade séria entre as grandes potências, pois nem os britânicos nem qualquer das outras nacionalidades via boa razão para hostilizar os Estados Unidos, desafiando a Doutrina Monroe[78]. Essa doutrina, expressão de uma política unilateral, o presidente Theodore Roosevelt (1901-1909) rejuvenesceu com um corolário, racionalizando o direito de intervenção em outros Estados latino-americanos, aplicado com agressiva determinação na América Central e no Caribe, de modo a proteger a segurança do Canal do Panamá e consolidar no continente o *imperium* informal dos Estados Unidos. Em 1904, reiterou que a adesão à Doutrina Monroe podia forçar os Estados Unidos, embora relutantemente, a exercer "*an international police power*", em casos de "*wrong-doing or impotence*", em países do hemisfério ocidental[79].

Naquele ano, 1904, Joseph Patouillet, em tese de doutorado, defendida na Faculdade de Direito da Universidade de Dijon (França), ressaltou que

> *"La richesse de la nation américaine lui a donné de nouveaux pouvoirs: elle a augmenté l'égoïsme ambitieux et les aspirations de ce peuple dont toutes les forces vives sont dirigées avec excès vers l'accroissement indéfini des biens matériels. L'Américain est fier des chiffres de son commerce: il*

> *est amené naturellement à penser que son pays est le premier du monde. Ne trouvant pas chez lui d'aliment au rêve d'expansion et de constante ascension vers la fortune, il va le chercher en dehors de l'Amérique. La diplomatie des Etats-Unis est faite de ces intérêts contingents; le mobile de ses actes, c'est l'amour de la spéculation, la haine de la concurrence, la prétention à la domination commerciale universelle. Ainsi s'expliquent l'esprit de conquête, la politique coloniale, la recherche de débouchés et l'expansion économique, enfin les tentatives de rajeunissement et l'adaptation au nouvel état de choses de la doctrine Monroe*"[80].

A Doutrina Monroe, formulada em 1823 por James Monroe, quinto presidente dos Estados Unidos, exprimia a tendência para isolacionismo, que George Washington definira em seu discurso de despedida — "a Europa tem um conjunto de interesses elementares sem relação com os nossos, senão remotamente"[81] — e consolidava a frase de Thomas Jefferson, seu terceiro presidente (1801-1809) — "a América tem um hemisfério para si mesma"[82] — que indicava a pretensão expansionista. A expressão "manifesto destino", denominado o primeiro grande surto expansionista dos Estados Unidos, implicava a idéia de que Deus estava ao seu lado. E, após a guerra de 1812-1814 contra a Inglaterra, tornou-se corrente que a dilatação do seu território e domínio significava "*extended the area of freedom*"[83].

A convicção manifestada por Theodore Roosevelt e outros líderes americanos era de que a segurança dos Estados Unidos estava a depender de efetiva hegemonia sobre seu próprio hemisfério[84]. Com a segunda maior força naval do mundo, antes mesmo de concluída a abertura do Canal do Panamá (1914), os Estados Unidos, sob a presidência de Theodore Roosevelt, consolidaram sua posição como potência mundial e o social-darwinismo constituiu a *rationale* da política de expansão imperial, interpretada como o avanço da civilização contra a selvageria[85]. Theodore Roosevelt, entretanto, atacou o poder dos "*mighty industrial overlords*", que havia crescido a passos largos, enquanto os métodos de controlá-los, ou verificar seus abusos, por parte do povo, através do governo, permaneciam arcaicos[86]. E, após acusar os "*big reactionaries of the business world*" e seus aliados e instrumentos, entre políticos e editores de jornais, de tirar vantagem da divisão da opinião, em nome da liberdade, declarou que de todas as formas de tirania a menos atrativa e a mais vulgar era "*the tyranny of mere wealth, the tyranny of a plutocracy*"[87]. Sua oposição não impediu que os "*big reactionaries of the business world*" consolidassem mais e mais a sua tirania, nos Estados Unidos, e tratassem de estendê-la ao resto do mundo. E ele, com o corolário da Doutrina Monroe e a política do *big stick*, serviu aos seus interesses. Como concluiu Warren Zimmermann, os dois mandatos de Theodore Roosevelt configuraram a "*first imperial presidency*" dos Estados Unidos, no sentido de que pela primeira vez foram administradas possessões perto e longe do seu território, havia alcançado influência dominante no Caribe e na América Central e transformado sua Marinha na segunda mais poderosa do mundo, convencendo os demais países a levarem seriamente seus conselhos e suas políticas[88].

Notas

1. Mathew, 1997, pp. 70, 151-155.
2. " (...) Os Fugger e os Welser participaram quase com três quartos da armação dos navios com que Fray Garcia de Loaisa nesse ano saiu para as Molucas". Kellenbenz, Hermann — "Os mercadores alemães de Lisboa por volta de 1530", in *Revista Portuguesa de História*, vol. IV, Faculdade de Letras da Universidade de Coimbra, 1961, p. 5 a 20.
3. Weber, 1988, v. I, pp. 180-181.
4. Benjamin Franklin — "Advice to a Young Tradesman" (1748).
5. Byron, Lord George Gordon. *Don Juan*, "Canto 2nd", II, p. 347, in Byron, 1948, vol. II, p. 347.
6. Id., ibid., "Canto 12th, V & VI", p. 348.
7. "Der Jude, der in Wien z. B. nur toleriet toleriert ist, bestimmt durch seine Geldmacht das Geschick des ganzen Reichs. Der Jude, der in dem kleinsten deutschen Staat rechtlos sei kann, entscheidet über das Schicksal Europas". Bauer, Bruno. Die Judenfrage (Braunschweig, 1843), apud Marx. "Zur Judenfrage", 1981, Band 1, p. 373.

8. "Der Jude hat sich auf jüdische Weise emanzipiert, nicht nur, indem er sich die Geldmacht angeeignet, sondern indem durch ihn und ohne ihn *das Geld* zur Weltmacht und der praktische Judengeist zum praktischen Geist der christlichen Völker geworden ist." Segundo Marx, o senhorio prático do judaísmo sobre o mundo cristão ("*die praktische Herrschaft des Judentums über die christlische Welt*") havia alcançado inequívoca e normal expressão na América do Norte. Id., ibid., p. 373.
9. "Die Bourgeoisie hat in der Geschichte eine höchst revolutionäre Rolle gespielt". Marx, Karl — Engels, Friedrich — "Manifest der Kommunistischen Partei", *in* Marx & Engels, 1980, Band 4, p. 464.
10. "Die Bourgeoisie hat durch ihre Exploitation des Weltmarkts die Produktion und Konsumtion aller Länder kosmopolitisch gestaltet. Sie hat zum großen Bedauern der Reaktionäre den Nationalen Boden der Industrie unter den Füßen weggezogen". Id., ibid., p. 466.
11. "Die uralten nationalen Industrien sind vernichtet worden und werden noch täglich vernichtet. Sie werden verdrängt durch neue Industrien, deren Einführung eine Lebensfrage für alle zivilisierten Nationen wird, durch Industrien, die nicht mehr einheimische Rohstoffe, sondern den entlegensten Zonen angehörige Rohstoffe verarbeiten und deren Fabrikate nicht nur im Lande selbst, sondern in allen Weltteilen zugleich verbraucht werden". Id., ibid., p. 466.
12. Luxemburg, 1979, p. 66.
13. "Proletários de todo o mundo, uni-vos". Marx, Karl — Engels, Friedrich — "Manifest der Kommunistischen Partei", *in* Marx & Engels, 1980, Band 4, p. 493.
14. "Eine Gesellschaftsformation geht nie unter, bevor alle Produktivkräfte entwickelt sind, für die sie weit genug ist, und neue höhere Produktionsverhältnisse treten nie an die Stelle, bevor die materiellen Existenzbedingungen derselben im Schoß der alten Gesellschaft selbst ausgebrütet worden sind." Marx, Karl, Zur Kritik der Politischen Ökonomie — Vorwort, in Marx & Engels, 1980, Band 13, pp. 8-9.
15. Hilferding, 1968, Band II, pp. 411-420.
16. Id., ibid., p. 411.
17. Williams, 1972, pp. 19-27, 59-66.
18. "Das Kapital wird zum Erober der Welt, und mit jedem neuen Lande erobert es die neue Grenze, die es zu überschreiten gilt". Hilferding, 1974 Band II, p. 457.
19. Hilferding, 1974, Band II, p. 468.
20. Engels an Nikolai Franzewitsch Danielson in Petersburg, London, 22/09/1892, *in* Marx, Karl & Engels, Friedrich. Werke. Berlin: Dietz Verlag, 1974, Band 38, p. 467.
21. Em francês, no original de Friedrich Engels.
22. "Der Imperialismus ist der politische Ausdruck des Prozesses der Kapitalakkumulation

in ihrem Konkurrenzkampf um die Reste des noch nicht mit Beschlag belegten nicht kapitalistischen Weltmilieus". Luxemburg, 1990, Band 5, p. 391.

23. Kautsky, 1915, p. 15
24. Hobson, 1975, p. 130.
25. Id., ibid., p. 17-22.
26. Boukharine, 1928, p. 81.
27. Luxemburg, 1990, Band 5, p. 518.
28. Marx, Karl. *Das Kapital.* Kritik der politischen Ökonomie, Dritter Band, *in* Marx & Engels, Band 25, 1981, pp. 130, 453-454. Marx não chegou a concluir o terceiro tomo de *Das Kapital*, cujos últimos apontamentos escreveu em 1865.
29. Marx an Pawel Wassiljewitsch Annenkow, Brüssel, 28/12. [1846], in Marx & Elgels, Band 27, 1976, p. 458.
30. "Man streiche Nordamerika von der Weltkarte, und man hat die Anarchie, den völligen Verfall des Handels und der modernen Zivilisation". Id., ibid., p. 458.
31. Von Schulze-Gaevernitz, "Amerikas Überimperialismus", in Bonn & Palyi, 1925, Erster Band, 110. Luxemburg, 1990, Band 5, p. 371.
32. Lloyd, 1963, p. 9.
33. Johnson, 2002, p. 484.
34. Ribeiro, 1970, p. 487.
35. Foner, 1998, p. 116.
36. Johnson, 2002, p. 494.
37. Tocqueville, 1968, p. 121.
38. Lloyd, 1963, p. 9
39. Homberg, 1929, pp.6-7.
40. Apud Foner, 1998, p. 17.
41. Taussig, 1890, pp. 166-167.
42. Lloyd, 1963, p. 170.
43. Hilferding, 1974, Band II, pp. 445 e 446.
44. A Doutrina Monroe, enunciada na mensagem ao Congresso de 2 de dezembro de 1823, fora inspirada pelo isolacionismo de George Washington, segundo o qual "a Europa tinha um conjunto de interesses elementares sem relação com os nossos ou senão muito remotamente", e desenvolvia o pensamento de Thomas Jefferson — "a América tem um Hemisfério para si mesma" — que tanto poderia significar o continente como o seu próprio país. Discurso de despedida do presidente George Washington, em 17/09/1796, apud Morris, 1964, p. 98. Conell-Smith, 1966, pp. 2 e 3. A Doutrina Monroe representava séria advertência não só à Santa Aliança como também à própria Grã-Bretanha, embora seu efeito imediato, quanto à defesa dos novos Estados americanos, fosse puramente moral, dado que os interesses econômicos e a capacidade política e militar dos Estados Unidos não ultrapassa-

vam a região do Caribe. De qualquer forma, a Doutrina Monroe ajudou a Grã-Bretanha a frustrar os planos de recolonização da América e permitiu que os Estados Unidos continuassem a dilatar suas fronteiras na direção do Oeste, dizimando as tribos indígenas que lá habitavam.

45. Apud Schirmer, 1972, p. 20.
46. Id., ibid., p. 27.
47. Seu nome cristão era Lydia Lili'uokalani. Ela foi presa em 1895 e liberada em 1896. Faleceu em 1917.
48. O Rei Kalakua perdera grande parte do poder, em 1887, quando um golpe, desfechado pelos plantadores americanos, forçou-o a aceitar uma constituição, apelidada Bayonette.
49. Dulles, 1965, p.185.
50. Id. Ibid., pp. 190-191.
51. Wing, Cristine. "The United States in Pacific", in Gerson & Birchard, 1991, pp. 123-124. Bell, 1984, pp. 8-37.
52. "Quando os Estados Unidos se constituíram, em 1776, seu território estendia-se do Atlântico ao Mississipi, mas não abrangia a Flórida e o porto de Nova Orleans. Vinte anos depois, o Presidente Thomas Jefferson duplicou-o. Por US$ 15 milhões, comprou da França, então sob domínio de Napoleão Bonaparte e a necessitar de recursos para enfrentar a Grã-Bretanha, todo o território da Louisiania, com mais de 2,5 milhões de quilômetros quadrados". Vide Moniz Bandeira, 1998, pp. 13-15.
53. O México, uma vez derrotado, firmou o Tratado de Guadalupe-Hidalgo, cedendo aos Estados Unidos a Califórnia e toda a região até o Texas. Esse território tinha uma área total de 2,4 milhões de quilômetros quadrados, onde as ricas jazidas de ouro foram descobertas. Era maior que o Império Alemão (Deutsche Reich). Kautsky, 1915, p. 27.
54. Rhodes, J. F. — The McKinley and Roosevelt Administrations, Nova York, 1922, apud Jenks, 1928, p. 41.
55. Sobre a percepção russa da guerra entre a Espanha e os Estados Unidos, com referência a documentos diplomáticos da época, vide Vladimirov, 1960, p. 162 a 245.
56. Dulles, 1965, p. 204.
57. O Senado americano ratificou o Tratado de Paris por 57 a 27 votos em 6 de fevereiro de 1899. E o povo americano endossou-o, ao reeleger McKinley para um segundo mandato, em 1900. Em 1901, porém, Leon Czolgosz, anarquista americano de 28 anos, influenciado pela doutrina de Emma Goldman (1869-1940), abateu McKinley (1843-1901), a tiros de revólver, durante a Exposição Pan-Americana, em Búfalo (Nova York).
58. Lenin, *El Imperialismo*, *Etapa Superior del Capitalismo*, *in* Lenin, 1948, Tomo I, pp. 1051-1052.

59. Foner, 1998, p. 134.
60. Official Proceedings of the Democratic National Convention Held in Kansas City, Mo., July 4, 5 and 6, 1900, Chicago, 1900, pp. 205-227. Vide também Schirmer, 1972, pp. 205-206.
61. Schirmer, 1972, pp. 145-147, 233-234, 236-238.
62. Id., ibid., pp. 237-239. O general Nelson A. Miles escreveu ao secretário da Guerra, Elihu Root, protestando contra a "marked severity", com que a guerra estava sendo conduzida e o general Jacob W. Smith bem como major Edwin F. Glen e outros militares foram submetidos à Corte Macial.
63. Em 31 de janeiro de 1899 havia cerca de 20.032 efetivos e 819 oficiais alistados na U.S. Expeditionary Force, nas Filipinas. Porém, mais tropas chegaram nos meses subseqüentes. E, por volta de 16 de abril de 1902, mais de 120 mil soldados americanos haviam lutado ou servido nas Filipinas, durante os três anos da guerra.
64. A expressão *destino manifesto*, que justificou a expansão territorial dos Estados Unidos em meados do século XIX, foi cunhada pelo jornalista John O'Sullivan.
65. Hobsbawm, 1988, p. 89-91.
66. Apud Weinberg, 1963, pp. 1-2.
67. Paatouillet, 1904, pp. 150-151.
68. Id., ibid., p. 154.
69. Schirmer, 1972, p. 27.
70. Apud Patouillet, 1904, p. 158.
71. Hobson, 1975, p. 22.
72. Id., ibid., p. 22.
73. Id., ibid., p. 79.
74. Id., ibid., pp. 77-78.
75. Id., ibid., pp. 78-79.
76. Id., ibid., pp. 74, 275.
77. "The United States is practically sovereign on this continent, and its fiat is law upon the subjects to which it confines its interposition". Nota à Grã-Bretanha, 20/06/1895, apud Hill, 1943, p. 602. Perkins, 1963, p. 175. Nevins & Commager, 1986, p. 396.
78. Hobsbawm, 1988, pp. 90-91.
79. Apud Perkins, 1963, p. 240. Vide Weinberg, 1963, pp. 428-429.
80. Patouillet, 1904, p. 62.
81. Sobre a tendência isolacionista, desde George Washington, vide Perkins, 1963, pp. 3-13.
82. Connel-Smith, 1966, pp. 2-3.
83. William, 1972, p. 60.

84. Zimmermann, 2002, p. 496.
85. Id., ibid., p. 458.
86. Roosevelt, 1985, pp. 437-438
87. Id., ibid., p. 439.
88. Zimmermann, 2002, p. 474.

Capítulo II

A ALEMANHA UNIFICADA E A *WELTPOLITIK* DE BISMARCK • A LUTA PELO ESPAÇO ECONÔMICO • ALEMANHA E ESTADOS UNIDOS • A GUERRA DE 1914-1918 • A TEORIA DE KAUTSKY SOBRE O ULTRA-IMPERIALISMO • A REVOLUÇÃO RUSSA • CRÉDITOS E EXPORTAÇÃO DE MATERIAL BÉLICO DOS ESTADOS UNIDOS PARA A EUROPA • A POLÍTICA EXTERIOR DE WOODROW WILSON E A ENTRADA DOS ESTADOS UNIDOS NO CONFLITO

A Alemanha, unificada em 1871 por Otto von Bismack, entrara, da mesma forma que os Estados Unidos, em uma etapa superior de industrialização, impulsionada pela conquista da Alsácia e Lorena, com suas ricas jazidas de minério de ferro e os cinco bilhões de francos-ouro que a França, após a derrota na batalha de Sedan, durante a guerra franco-prussiana (1870), pagara como indenização de guerra. Em 1874, sua rede ferroviária (mais de 20.000 km) estava praticamente concluída, o volume de seu comércio, no mercado mundial, era apenas inferior ao da Grã-Bretanha. Cerca de 25 anos depois, em 1900, a Alemanha, cuja população saltou de 41,6 milhões de pessoas, em 1873, para 52 milhões, em 1895, e 67 milhões, em 1913[1], tornar-se-ia a segunda potência industrial do mundo, suplantada apenas pelos Estados Unidos. Entre 1907 e 1913, em apenas seis anos, sua produção de carvão aumentou de um terço, subindo de 143 para 191 milhões de toneladas, e a produção de aço cresceu cerca 50%, ao saltar de 13 para 19,3 milhões de toneladas[2]. Também as indústrias de material elétrico, representadas pela Siemens e AEG, assim como as indústrias de produtos químicos (BASF, Bayer e Hoechst) e de motores alcançaram, no mesmo período, extraordinárias taxas de crescimento. E o volume do comércio exterior da Alemanha elevou-se de 15,6 bilhões de marcos, em 1907, para 20,9 bilhões, em 1913[3].

A situação na Europa, entretanto, era diversa da existente na América. As diferentes condições naturais, que dentro do amplo espaço econômico dos Estados Unidos lhes favoreceram o rápido desenvolvimento, estavam na Europa repartidas de maneira casual, entre uma grande quantidade de pequenos países, e este fator compeliu as potências industriais, como Grã-Bretanha e França, à conquista e ampliação de seus impérios coloniais, com a ocupação de territórios na Ásia e na África. Também Estados menores, a exemplo da Bélgica e da Holanda, possuíam consideráveis possessões em outros continentes. Ao contrário de seus principais competidores, Grã-Bretanha, França e, sobretudo, os Estados Unidos, para os quais todo o continente americano tinha o caráter de colônia, a Alemanha, porém, não possuía qualquer domínio importante, um novo território, com grandes áreas de economia não-capitalista, ao qual pudesse estender o círculo de consumo para o capital, possibilitando-lhe o incremento da reprodução, i.e., a continuidade da acumulação. A fim de evitar conflito com a Grã-Bretanha e a França, Bismarck opusera-se à idéia de um Império Central Africano (*Mittelafrika*), proposta, em 1882, por Carl Peters, dirigente da Gesellschaft für deutsche Kolonisation[4], e rechaçara energicamente a sugestão de encorajar a formação de um Estado alemão independente, no sul do Brasil, quando a república foi proclamada em 1889, por não querer um enfrentamento com os Estados Unidos[5]. Apenas se assenhoreou, em 1884, de Togo e Camarões, na costa ocidental da África, e de Tanganica, ao lado do Oceano Índico, em 1885[6]. A *Weltpolitik* de Bismarck não significou a conquista mundial, mas, segundo René Girault, a "*mondialisation de la politique extérieure allemande*"[7], i.e., a emergência da Alemanha como potência mundial[8]. Não obstante, com a ascensão ao trono de Wilhelm II, em 1888, e a queda de Bismarck, a *Weltpolitik* tomou outro impulso. Wilhelm II, em 1896, anunciou a vontade de fazer o *Reich* alemão um *Reich* mundial (*Weltreich*)[9]. A Alemanha já estava então a sofrer de excesso de capital e superprodução de bens industriais. Necessitava de novos mercados. Tivera de promover uma política de colonização e protetorados na Ásia Menor, na África Oriental e na África Ocidental, bem como na China e em outras regiões, a fim de expandir seu comércio[10]. Mas a contradição entre a extraordinária expansão de suas forças produtivas e a relativa estreiteza do espaço econômico que possuía, e impeliu a Alemanha, em meio de tensões sociais e políticas domésticas, a uma solução violenta, como Rudolf Hilferding previra[11].

Nenhum país, isoladamente, podia ser responsabilizado pela guerra na Europa, em 1914[12]. Diversos e complexos fatores (econômico, político, moral, ideológico) concorreram para a sua deflagração. O nacionalismo, como expressão ideológica do Estado-nação, exacerbara-se, entre os fins do século XIX e início do século XX. Contudo, a competição comercial concorreu decisivamente para induzir as principais potências industriais a deflagrarem o conflito, que elas desejavam e para o qual se haviam preparado. Arthur James Balfour, líder do Partido Conservador na Grã-Bretanha, disse a Henry White, secretário da Legação dos Estados Unidos em Londres, que "*we are probably fools not find a reason for declaring war on Germany before she bilds too many ships and takes away our trade*"[13]. A Grã-Bretanha queria guerra. Uma guerra preventiva. Por outro lado, a necessidade de expandir constantemente seus mercados de exportação foi o *leitmotiv* da Alemanha. Vitoriosa nas guerras de 1870 e crendo na superioridade do seu povo e na invencibilidade dos seus soldados, ela tratou de ampliar seu espaço econômico pela força das armas. A Krupp, desde que se formou, como indústria bélica, até 1912, havia produzido 53.000 canhões, dos quais vendera 26.000 à Alemanha e 27.000 a 52 outros países[14]. O problema de mercado, porém, configurou-se. Com extraordinário excedente de material bélico, a Krupp manobrou para provocar um conflito armado[15], que se estenderia "*nécessairement au reste de l'Europe*", conforme previra, em 5 de julho de 1914, o líder socialista francês Auguste Marie Joseph Jean Jaurés (1859-1914), advertindo:

> *"Songez à ce que serait le désastre pour l'Europe: ce ne serait plus, comme dans les Balkans*[16]*, une armée de trois cent mille hommes, mais quatre, cinq et six armées de deux millions d'hommes. Quel massacre, quelles ruines, quelle barbarie!"*

Com efeito, depois que a Áustria declarou guerra à Sérvia, em 28 de julho de 1914, a Alemanha, em seguida, declarou guerra à Rússia (1° de agosto) e à França (3 de agosto), bem como invadiu a Bélgica (4 de agosto). A Grã-Bretanha, que estabelecera com a França e a Rússia uma *Entente Cordiale*, desde 1904, não tardou em declarar guerra à Alemanha (4 de agosto). E, conforme Jaurés previra, a conflagração abrangeu toda a Europa, envolvendo virtualmente cerca de 57 Estados, nos quatro continentes, e possibilitando que as grandes potências, com o avanço da tecnologia, experimentassem novas armas e recorressem ao terror, em uma escala sem precedentes na história. A Alemanha, cuja indústria química era a mais adiantada, introduziu o gás venenoso nos campos de batalha[17]. E tanto os Aliados quanto a Alemanha empregaram pela primeira vez aeroplanos para bombardeios, assim como submarinos, torpedeando navios de passageiros e aterrorizando os civis.

Um mês depois da deflagração das hostilidades, em *Die Neue Zeit* de 11 de setembro de 1914, Karl Kautsky, o mais importante teórico da II Internacional ou Internacional Socialista, publicou um artigo, intitulado "Der Imperialismus", no qual salientou que se podia aplicar ao imperialismo o mesmo que Karl Marx dissera sobre o capitalismo, i.e., que o monopólio gerava a concorrência e a concorrência gerava o monopólio[18], ponderando que, da mesma forma que a furiosa competição das firmas gigantes, dos bancos gigantes e multimilionários, que absorviam os menores, levaram os grupos financeiros a conceber a idéia do cartel, a guerra mundial poderia compelir as potências imperialistas a formar uma federação e pôr fim à concorrência na produção de armamentos[19]. Segundo sua opinião, não era impossível, do ponto de vista puramente econômico, que o capitalismo entrasse em nova fase, marcada pela transferência dos métodos dos cartéis, para a política internacional, a fase do ultra-imperialismo, que também devia ser, energicamente, combatido e cujo perigo jazia em outra direção e não na corrida armamentista e na ameaça à paz[20].

A livre concorrência, na economia capitalista, equivalia à lei da selva, i.e., ao princípio da seleção das espécies através da lei do mais forte. A guerra, na concorrência, era conduzida por meio da redução dos preços, o que dependia da produtividade do trabalho, e este da escala da produção, de modo que vencia a empresa que possuísse mais recursos tecnológicos, mais capital, e/ou outras vantagens.[21] "*Die größeren Kapitale schlagen daher die kleineren*" (os grandes capitais derrotam os pequenos), disse Marx, explicando que a concorrência se acirrava em relação direta com o número e em relação inversa à grandeza dos capitais, que se rivalizavam, e terminava sempre com a derrota dos pequenos capitalistas, cujas empresas ou iam a pique ou passavam para as mãos dos vencedores[22]. O mercado, no qual os capitalistas faziam a conversão monetária do excedente econômico, era o campo de batalha, a selva, onde somente os mais aptos, os mais fortes, podiam sobreviver. Por essa razão, em 1862, Marx escreveu a Engels que se deleitava com o fato de Charles Darwin reconhecer, entre as plantas e os animais, a própria sociedade inglesa, com a sua divisão do trabalho, competição, abertura de novos mercados, invenções e a "luta pela existência", conforme a teoria de Thomas Robert Malthus[23] sobre o crescimento populacional. Era o *bellum omnium contra omnes*[24], de Thomas Hobbes, que lhe fazia lembrar a *Phänomenologie*[25], de Hegel, na qual a sociedade burguesa se apresentava como o "*geistiges Tierreich*" (reino animal espiritual), enquanto na teoria de Darwin o reino animal figurava como a sociedade burguesa[26]. Contudo, da mesma forma que, a partir de 1870, a concorrência entre as firmas, possibilitando a concentração e a centralização do capital, havia gerado os monopólios e novas formas de organização empresarial, como os trustes e sindicatos, já se afiguravam nas potências imperiais tendências para a cooperação, com a formação de estruturas cartelizadas e o potencial controle das crises internas, tal como Rudolf Hilferding indicara[27], demonstrando que o progresso do capitalismo tornava cada vez mais intensa a interdependência internacional dos processos econômicos, razão pela qual os fenômenos de um país, com todas as suas particularidades do seu estágio de desenvolvimento temporal, técnico e organizatório, influenciavam também a crise de outros países[28]. Essa percepção levou Kautsky a aventar a possibilidade de que as grandes potências também estendessem e aprofundassem sua cooperação, em parte como resposta à ameaça da revolução ou dos movimentos de libertação nacional nos países coloniais. E em artigo publicado em *Neue Zeit*, em 30 abril de 1915, sob o título "Zwei Schriften zum Umlernen"[29], explicou:

> "O movimento para revogar a proteção aduaneira na Grã-Bretanha, o rebaixamento das tarifas na América, a tendência para o desarmamento, o rápido declínio nas exportações de capital da França e da Alemanha, nos anos anteriores à guerra, e, por fim, o crescente entrelaçamento entre as várias cliques do capital financeiro levam-me a considerar se não é possível que a atual política imperialista seja superada por uma nova política ultra-imperialista, que estabeleça a exploração conjunta do mundo pelo capital financeiro internacional, no lugar da luta entre os capitais financeiros nacionais. Essa nova fase do capital financeiro é, em todo caso, concebível"[30].

Kautsky especulou com prováveis conseqüências que a guerra mundial, em curso, produziria sobre a evolução do capitalismo, e admitiu, inclusive, a possibilidade de que o imperialismo evoluísse para uma fase que ele denominou de ultra-imperialismo, embora reconhecesse a ausência de premissas suficientes para afirmar que ela se realizaria. E sua avaliação era consistente com a análise do processo de concentração e centralização do capital, feita por Marx, pois a guerra mundial, deflagrada em 1914, desdobrava por meios militares a concorrência econômica e comercial entre as potências industriais da Europa. Nikolai Bukharin, um dos principais teóricos bolcheviques, qualificou como utópica essa hipótese do ultra-imperialismo, em que a *heilige Allianz* (Santa Aliança) das potências imperialistas promoveria a cartelização de sua política exterior, para explorar as regiões agrícolas e economicamente atrasadas[31]. Entretanto, ao comentar que o processo de centralização capitalista se processava no nível internacional, tanto horizontal quanto verticalmente, admitiu que os limites econômicos e políticos da competição entre as economias nacionais, transformadas em uma "espécie de truste nacional de Estado"[32], eram a conformação de um "truste universal, um único Estado mundial, sujeito ao capital financeiro dos vitoriosos, que assimilaria todo o resto — um ideal que os espíritos mais audaciosos de épocas passadas jamais sonharam"[33].

E, conceituando o imperialismo como a política do capital financeiro, i.e, do capitalismo altamente desenvolvido, com certo nível de maturidade da organização produtiva[34], apontou como tendência geral de sua evolução, agravada pela guerra mundial de 1914, o desenvolvimento acelerado da centralização do capital, com a entrada em cena de um dos maiores trustes capitalistas nacionais, ou seja, os Estados Unidos, que possuíam enorme organização interna e configuravam um "exemplo clássico" de desenvolvimento econômico moderno, em que as formas centralizadas de monopólios — os trustes, tais como a Standard Oil Co. e a United States Steel Co. — tinham raízes profundas[35]. "Os Estados Unidos fornecem um exemplo de consolidação e desenvolvimento de um vasto truste capitalista nacional em via de assimilar países e territórios, antes dependentes da Europa", apontou Bukharin[36].

Vladimir I. Lenin, em sua famosa obra *O Imperialismo, fase superior do capitalismo*[37], rechaçou, categoricamente, a hipótese de que o imperialismo evoluísse para o ultra-imperialismo, dizendo que as "abstrações mortas" e as "divagações inconsistentes" de Kautsky estimulavam, entre outras coisas, a "idéia profundamente errônea" de que "a dominação do capital financeiro *atenua* a desigualdade e as contradições da economia mundial, quando, em realidade, o que faz é acentuá-las"[38]. Sua percepção era a de que o imperialismo configurava o capitalismo em "decomposição", o "capitalismo de transição ou, mais propriamente, agonizante"[39], que conduzia à plena socialização da produção, em seus mais variados aspectos, e arrastava os capitalistas, apesar de sua vontade e consciência, a um certo novo regime social, de transição entre a plena liberdade de concorrência e a socialização completa[40]. "O imperialismo é prelúdio da revolução social do proletariado", Lenin pontificou, aduzindo que esse seu entendimento fora confirmado, em escala mundial, desde 1917[41], ao contrário de Kautsky, que não considerou o imperialismo como a fase final do capitalismo, da qual a revolução socialista resultaria, em um prazo histórico relativamente curto, e formulou outras hipóteses, como a do ultra-imperialismo, sobre o seu desenvolvimento.

A atitude de Lenin, acusando Kautsky de romper "irremediável e decididamente com o marxismo"[42], etc., não decorreu de uma reflexão teórica, com base científica, mas de uma paixão política. O objetivo das diatribes, com que ele contribuiu para dogmatizar o marxismo, não consistiu em convencer, mas em vencer, em estigmatizar os que pensavam diferentemente, pois todo o seu esforço visava, acima de tudo, a promover a revolução na Rússia, com a esperança de que ela se estendesse ao resto da Europa. O próprio Kautsky reconheceu que Lenin fora um homem dos mais persistentes, inabaláveis, com uma vontade desafiante, e comparou-o a Bismarck[43], inclusive por compreender muito bem o significado da força armada, na política, e aplicá-la, implacavelmente, no momento decisivo. Ponderou, no entanto, que, ao contrário de Bismarck, que estudava cuidadosamente os Estados, com os quais tinha de lidar, seu poder e as relações de classe neles existentes, Lenin nunca conseguiu entender completamente as peculiaridades sociais e políticas da Europa ocidental, embora lá houvesse vivido, como emigrante, várias décadas. Sua política, adaptada completamente às peculiaridades da Rússia, foi, com respeito aos países estrangeiros, baseada na expectativa da revolução mundial, a qual, desde o começo, devia ter parecido uma ilusão para qualquer um que conhecesse a Europa ocidental, Kautsky aduziu[44]. Com efeito, a política de Lenin, sua concepção de partido e seu comportamento político, marcado pelo voluntarismo, refletiram as idiossincrasias culturais da Rússia, onde em 8 de março de 1917 (23 de fevereiro pelo calendário gregoriano[45]) a revolução finalmente irrompeu, possibilitando o ressurgimento do Soviete de Deputados Operários e Soldados e compelindo o Tsar Nicholas II a abdicar do trono.

A revolução na Rússia, aliada da Grã-Bretanha e da França, ocorreu dentro de um contexto em que o general Erich Ludendorff, substituto do general Erich von Falkenhayns, na chefia do Alto Comando (Oberste Heeresleitung) da Reichswehr, estava a desenvolver uma estratégia, baseada no conceito de condução da guerra absoluta (*absolute Kriegsführung*), mediante a mobilização econômica (*wirtschaftliche Mobilmachung*) e a guerra submarina irrestrita (*uneingeschränkten U-Boot-Krieg*), o que implicava também o afundamento de navios mercantes. Em poucas semanas, no início de 1917, cerca de oito navios norte-americanos, com suprimentos militares e alimentícios para a Grã-Bretanha e a França, foram postos a pique, afetando os interesses econômicos dos Estados Unidos, que lhes forneciam minério de ferro, zinco, cobre, algodão, lã, óleo, assim como armas e munições. E esses ataques levaram o presidente Thomas Woodrow Wilson a solicitar ao Congresso, em 2 de abril de 1917, autorização para declarar guerra à Alemanha, por considerar que a "*submarine warfare against commerce is a warfare against mankind*". "*The world must be made safe for democracy* " — proclamou Woodrow Wilson[46]. Ele, que tinha poderes maiores do que os de um "*monarque constitutionel*", estava convencido de "*sa mission qu'un monarque de droit divin*", segundo o diplomata francês Octave Homberg (*1876-1941*)[47]. Entretanto, o senador americano George W. Norris (republicano liberal, Nebraska), opondo-se ao seu pedido, denunciou, em discurso pronunciado em 4 de abril de 1917, que o objetivo da preparação para a guerra era "*to make money*", que a Wall Street não importava o sacrifício de vidas, pois considerava "*only the dollars and the cents*". "*We are going into war upon the command of gold*", disse o Senador Norris, acrescentando: "*We are going to run the risk of sacrificing millions of our countrymen's lives in order that other countrymen may coin their lifeblood into money*"[48].

Segundo o senador Norris, milhões de americanos deviam sofrer, milhões de seres humanos deviam derramar seu sangue, milhões de mulheres deviam chorar, milhões de crianças deviam sofrer com o frio e morrerem de fome, apenas "*to preserve the commercial right of American citizens to deliver munitions of war to belligerent nations*"[49]. "O Shylock americano forneceu à Europa os engenhos de destruição"[50], assim Leon Trotsky, em 1918, se referiu aos Estados Unidos, apodando-os com o nome do judeu usurário e maligno de *The Merchant of Venice*[51]. Em outro documento, também datado de 1918, Trotsky acusou a indústria americana de preparar o militarismo como artigo de exportação para a Europa e atribuiu a entrada dos Estados Unidos na guerra, de um lado, ao desejo de estrangular a Alemanha, e com ela toda a Europa, e, do outro, à necessidade de atender aos interesses diretos da indústria bélica[52]. Conforme observou, somente quando os submarinos alemães começaram a ameaçar seu comércio e a impedir as exportações de canhões, projéteis e fuzis para a Grã-

Bretanha[53], os Estados Unidos, "*the champions of the rights of mankind*"[54], decidiram participar diretamente do conflito, após quase três anos em que trataram de "converter metodicamente em dólares o sangue dos 'loucos' na Europa"[55]. Também Adolf Hitler, ao pronunciar um discurso programático (*Weltjude und Weltbörse als Urschuldige am Kriege*), para o Nationalsozialistische Deutsche Partei (NSDAP)[56], em 13 de abril de 1923, acusou o grande capital e o círculo de judeus do Partido Democrata (*jüdisch-democratische Kreise*)[57] de compelirem os Estados Unidos à guerra, com o objetivo de assegurar o reembolso dos financiamentos concedidos aos Aliados, para a compra de munições, suprindo o "*war-market*" em tal medida que nem eles próprios talvez houvessem sonhado: uma gigantesca colheita[58].

A guerra mundial realmente colocara os Estados Unidos em condições excepcionais e exclusivas. A cessação das exportação de grãos pela Rússia determinara o aumento da demanda de produtos agrícolas americanos, bem como de armamentos pelos países beligerantes. Sua indústria bélica adaptara-se às necessidades da guerra na Europa e obtivera enormes lucros com exportações de armamentos e munições para a Grã-Bretanha, França e Bélgica. Suas exportações de aço haviam quadruplicado, pulando de US$ 25 bilhões, em 1914, US$ 1,1 bilhão em 1917. O valor das exportações de munição saltara de US$ 40 milhões, em 1914, para US$ 330 milhões, em 1915, e US$ 1,3 bilhão, em 1916. O valor das exportações de explosivos também ascendera de US$ 6 milhões, em 1914, para US$ 1,7 bilhão entre janeiro de 1916 e março de 1917[59]. Somente a firma E.I. du Pont de Nemours supriu os países da *Entente* com dois quintos da munição que usaram durante a guerra e o valor de suas ações na bolsa aumentou de US$ 20, em 1914, para US$ 1.000, em 1918, quando foi celebrado o armistício[60].

Também a procura de créditos e financiamentos externos orientara-se para Nova York e os Estados Unidos rapidamente se transformaram de devedores em credores da Europa, e de países como Canadá, Argentina, Panamá, Bolívia, Costa Rica e outros, que antes recorriam ao mercado de Londres. Até abril de 1917 os bancos americanos, entre os quais o de J. P. Morgan & Co.[61], já haviam concedido à Grã-Bretanha e à França créditos que atingiam o montante de US$ 10 bilhões, para a compra de munições[62], apesar da neutralidade formal dos Estados Unidos, decretada pelo presidente Woodrow Wilson, em 4 de agosto de 1914[63]. Essas exportações e empréstimos propiciaram e mantiveram, até então, sua prosperidade, que passou a depender de que os Aliados continuassem a comprar material bélico e alimentos no mercado americano[64]. E temor houve de que a Alemanha, com a poderosa arma dos submarinos, pudesse conquistar a supremacia no oceano Atlântico e terminasse por derrotar a Grã-Bretanha e a França, o que absolutamente não convinha aos Estados Unidos. A Washington afigurou-se então que permanecer fora da guerra acarretaria, no mínimo, um colapso econômico, que deixaria os banqueiros e exportadores americanos imobilizados com incobráveis empréstimos concedidos à Grã-Bretanha e seus aliados[65]. E daí por que, entre outros fatores, Woodrow Wilson não mais pôde manter a neutralidade do país, à espera de que os beligerantes se esvaíssem e ele pudesse mediar a "*peace without victory*". Somente a participação dos Estados Unidos no conflito tornaria tecnicamente possível a completa vitória dos Aliados[66].

Notas

1. Wehler, 1993, pp. 35-40.
2. Id., ibid., p. 43.
3. Id., ibid., p.43.
4. Wehler, 1993, 175. Westphal, 1991, pp. 61-65, 242-247.
5. Brunn, 1971, pp. 16-18.
6. Por volta de 1900, a competição entre a França, Grã-Bretanha e Alemanha, bem como entre outras potências menores, Japão e Rússia, teve como objetivo a conquista de mercados para seu excedente de capital e manufaturas, bem como o domínio de fontes de matérias-primas. Essas potências estabeleceram colônias, semicolônias, protetorados e esferas de influência e negociaram tratados, mediante os quais obtiveram direitos monopolísticos, tal como fizeram com a China, em 1897-98, antes da rebelião dos Boxers. Os Estados Unidos, então sob a presidência de

William McKinley, protestaram contra esses privilégios especiais para investimentos e reserva de Mercado, alegando que violavam as provisões dos tratados que firmaram com a China e desde então começaram a opor-se à política de mercados fechados desenvolvida pelos impérios como a Grã-Bretanha, França e Alemanha.

7. Id., ibid., p. 187.
8. Wehler, 1993, p. 165.
9. Girault, 1997, p. 187.
10. Hobson, 1975, p.80.
11. Hilferding, 1974, Band II, p. 452.
12. Kissinger, 1994, p. 168. Renouvin & Duroselle, 1967, p. 373.
13. O diálogo completo, reproduzido pelo historiador americano Allan Nevins, em seu livro *Henry White, Thirty Years of American Diplomacy*, foi o seguinte:
Balfour (somewhat lightly): "*We are probably fools not find a reason for declaring war on Germany before she bilds too many ships and takes away our trade.*"
White: "*You are very high-minded man in private life. How can you possibly contemplate anything so politically immoral as provoking a war against a harmless nation which has as good a right to a navy as you have? If you wish to compete with German trade, work harder.*"
Balfour: "*That would mean lower of our stand of living. Perhaps would simple for us to have a war.*"
White: "*I am shocked that you of all men should enunciate such principles.*"
Balfour (again lightly): "*It is a question of right or wrong? Maybe it is just a question of keeping our supremacy.*" Apud Wedemeyer, 1958, pp. 13-14.
14. Engelbrecht & Hanighen, 1934, p. 83.
15. A Krupp, para a qual Maxilian von Brandt conseguira subtrair inúmeros documentos do Ministério da Defesa, financiou na imprensa francesa ataques à Alemanha, com o objetivo de fomentar o patriotismo em Berlim e instigar o espírito de guerra. Manchester, 1968, pp. 264-268. Liebknecht, 1973, pp. XIII, XXI e 38.
16. Jaurès referia-se às duas guerras ocorridas nos Bálcãs, em 1912-13 e 1913.
17. Proibido em 1925 pela Convenção de Geneva, não foi usado na Segunda Guerra Mundial.
18. Marx, K. *Das Kapital*. Kritik der politischen Ökonomie, Dritter Band, in Marx & Engels, Band 25, 1981, pp. 130, 235, 453-454.
19. Kautsky, Karl. "Der Imperialismus". In *Die Neue Zeit*, 11/09/1914, II, p. 921 — o.O.u.J. Friedrich-Ebert-Stiftung Bibliothek — Signatur(en): A 26315; FA 26315.
20. "*Vom rein ökonomischen Standpunkt ist es also nicht ausgeschlossen, daß der Kapitalismus noch eine neue Phase erlebt, die Übertragung der Kartellpolitik auf die äußere Politik, eine Phase des Ultraimperialismus, den wir natürlich ebenso energisch bekämpfen müßten wie den Imperialismus, dessen Gefahren aber in anderer Richtung*

lägen, nicht in des Welttrüstens und der Gefährdung des Weltfriedens." Kautsky, Karl. "Der Imperialismus". In *Die Neue Zeit*, 11.09.1914, II, p. 921- o.O.u.J. Friedrich-Ebert-Stiftung Bibliothek — Signatur(en): A 26315; FA 26315.

21. Marx, K. *Das Kapital*, Erster Band, in Marx & Engels, Band 24, 1982, pp. 654-655.
22. Id., ibid., p. 655,
23. Marx und Engels, Londres, 18/06/1862, in Marx & Engels, 1974, Band 30, p. 249.
24. Guerra de todos contra todos.
25. Alusão à obra de G. W. F. Hegel, *Phänomenologie des Geistes*. Vide "Das geistige Tierreich und der Betrug oder die Sache selbst", in Hegel, 1986, pp. 294-323.
26. Marx und Engels, Londres, 18/06/1862, in Marx & Engels, 1974, Band 30, p. 249.
27. Hilferding, 1974, Band II, pp. 389-404.
28. "*...Als mit dem Fortschreiten des Kapitalismus die internationale Verflechtung der Wirtschaftsvorgänge immer inniger wird, und daher auch bei den Krisen die Erscheinungen des einen Landes mit all seinen Besonderheiten des zeitlichen, technischen und organisatorischen Entwicklungsstadiums zurückuwirkem auf die Krise des anderen Landes.*" Id., ibid., Band II, p. 389.
29. O artigo é dividido em partes, publicadas em quatro edições de *Die Neue Zeit*. Kautsky, Karl. "Zwei Schriften zum Umlernen" — *Die Neue Zeit*, 09/04/1915; 16/04/1915; 23/04/1915; 30/04/1915. o.O.u.J. Friedrich-Ebert-Stiftung Bibliothek — Signatur(en): A 26315; FA 26315.
30. Id., ibid., p. 144.
31. Boukharine, 1928, p. 135. Kautsky, Karl. "Der Imperialismus". In *Die Neue Zeit*, 11/09/1914, II, p. 921- o.O.u.J. Friedrich-Ebert-Stiftung Bibliothek — Signatur(en): A 26315; FA 26315.
32. Boukharine, 1928, p. 106.
33. Id., ibid., p. 119.
34. Id., ibid., p. 134.
35. Id., ibid., p. 58.
36. Id., ibid., pp. 146-147.
37. Essa obra foi escrita em Zurich, entre janeiro e julho de 1916, e publicada, pela primeira vez em abril de 1917, em Petrogrado, com o título: *N. Lênin (V. Ilin), O imperialismo, novíssima etapa do capitalismo*.
38. Lenin, V. I. *El imperialismo, fase superior del capitalismo*, in Lenin, 1948, Tomo I, p. 1033-1035. Lenin também atacou a concepção de Kautsky em seu panfleto "El oportunismo y la bancarrota de la II Internacional", id., ibid., pp. 936-948.
39. Id., ibid., pp. 1040-1043 e 1066-1065.
40. Id., ibid., p. 967.
41. Id., ibid., p. 956.

42. Id., ibid., pp. 1035, 1051-1053.
43. Após o falecimento de Lenin, em 21 de janeiro de 1924, Panski-Solski, correspondente do *Izvestia,* em Berlim, enviou a Karl Kautsky, em Viena, uma carta convidando-o a contribuir com um artigo para as homenagens que lhe seriam prestadas. O texto de Kautsky, sob a forma de carta a Panski-Solski, datada de 28 de janeiro de 1924, saiu no *Izvestia* e posteriormente foi reproduzido na publicação teórica dos austro-marxistas *Der Kampf* (vol.17, no.5, May 1924, pp.176-9). Revolutionary History/Brian Basgen — 2000.
44. Ibid.
45. O governo bolchevique, posteriormente, substituiu o calendário gregoriano, adotado na Rússia ao tempo da monarquia, pelo calendário ocidental.
46. Homberg, 1929, pp. IV-V.
47. Woodrow Wilson, War Messages, 65th Cong., 1st Sess. Senate Doc. no. 5, Serial no. 7264, Washington, 1917; pp. 3-8, passim.
48. Congressional Record, 65th Cong., 1st Sess., Vol. LV, p. I, pp. 212-214, 223-236. Lens, 2003, p. 260.
49. Ibid.
50. Extrait d'un rapport fait le 3 octobre 1918, in Trotsky, Leon. Europe et Amérique, Librarie de L'Humanité, 1926, pp. 107-108. Outro dirigente bolchevique, S.S. Zorin (1890-1937), membro do Tribunal Revolucionário, também previu que "*quant à la Amérique, elle est l'inventeur des destructions de l'humanité les plus modernes. Elle a profité de quatre ans de guerre, tout l'univers lui doit de l'argent. Ce pays de millionaires vient prendre sa place à la battoir au moment où, comme la hyène, il sent l'odeur du cadavre*". Vaucher, Robert. L'Enfer Bolchevik. Paris: Librairie Academique Perrin , 1920, pp. 389-390.
51. Personagem criado por William Shakespeare em *The Merchant of Venice*, uma de suas primeiras comédias (escrita entre 1596 e 1598), Shylock era um judeu usurário, que vivia em Veneza e acumulara imensa fortuna, emprestando dinheiro a juros elevados a mercadores cristãos. Certa vez, pretendendo parecer generoso, dispôs-se a emprestar 3 mil ducados a Antônio, sem cobrar qualquer juro, mas exigiu que ele assinasse um título, obrigando-se a pagar-lhe a multa de uma libra de carne, cortada da parte do seu corpo, onde Shylock quisesse, caso não pagasse a dívida no dia do seu vencimento. Como o dia do pagamento passou, Shylock cobrou a multa, exigindo que o grama de carne fosse cortado perto do coração de Antônio, que ele odiava, não porque fosse cristão, mas porque emprestava dinheiro gratuitamente e fazia cair a taxa de juros em Veneza. Na hora do julgamento, Portia, noiva de Bressanio, para quem Antônio tomara o empréstimo, mostrou que o documento se referia apenas a uma libra de carne, que não poderia ser cortada sem verter sangue. Nesse caso, derramando o sangue de um cristão, Shylock, de

acordo com as leis de Veneza, deveria ter suas terras e seus bens confiscados. Shakespeare, William. *The Merchant of Venice*, in Shakespeare, William. *Complete Works*. New York: Gramercy Books, 1990, pp. 203-228.

52. Extrait d'un rapport fait le 18 novembre 1918, in Trotsky, 1926, pp. 108-110.
53. Extrait d'un rapport fait le 3 octobre 1918, in Trotsky, 1926, pp. 107-108.
54. Woodrow Wilson, *War Messages*, 65th Cong., 1st Sess. Senate Doc. No. 5, Serial No. 7264, Washington, D.C., 1917; pp. 3-8, passim.
55. Trotsky, 1926, p. 23.
56. Partido Nacional-Socialista dos Trabalhadores Alemães.
57. A emigração de judeus para a América do Norte começou em 1654, logo depois que os holandeses foram expulsos do Brasil. Cerca de 23 sefarditas (judeus portugueses e espanhóis), temendo a Inquisição, fugiram de Pernambuco para New Amsterdam. No ano seguinte, 1655, chegaram outros, procedentes da Holanda e, nove anos depois (1664), New Amsterdam, ao passar para o domínio da Inglaterra, tomou o nome de New York. Na segunda metade do século XVIII, havia cerca de 2.500 judeus na América e muitos participaram do Exército Continental, nas lutas pela independência dos Estados Unidos (1776-1783). Vários judeus também participaram da invasão do Canadá pelos Estados Unidos, em 1775, e entre eles o coronel Solomon Bush, comandante da milícia do Estado da Pensilvânia, e o capitão Lewis Bush. A expedição foi financiada por Levy Solomons, um mercador judeu de Montreal. Depois que a Constituição americana, em 1787, assegurou a liberdade religiosa, a emigração de judeus para os Estados Unidos recresceu, intensificando-se a partir de 1820, e tornou a sua comunidade judaica, da ordem de 3 mil pessoas, na segunda década do século XIX, mil vezes maior, seguramente a maior do mundo. Por volta de 1840, a população judaica nos Estados Unidos já estava em torno de 15.000 pessoas. E continuou a aumentar, a partir de 1850, com a chegada de judeus alemães (*asquenazin*), entre os quais vários banqueiros, como Joseph Seligman, Solomon Loeb, August Belmont, representante da Casa Rothschild, Paul Warburg, Jacob Schiff, Otto Kahn, e o comerciante Isidor Straus. Metade da população judaica, de origem alemã, dedicava-se a negócios nos Estados Unidos, em 1890, ano em que a imigração começou a ter outro impulso, em virtude dos pogroms na Rússia, e até 1910 cerca de 1,5 milhão de judeus entraram nos Estados Unidos, onde em 1897 foi fundada a primeira Federação Sionista. Essa imigração alcançou o ápice em 1914, quando declinou, em conseqüência da guerra. Porém, ao fim da década, mais do que 3 milhões de judeus, dos 13 milhões existentes no mundo, viviam nos Estados Unidos, quase a metade em Nova York. E essa poderosa comunidade já estava a controlar os principais setores da economia americana.
58. Apud Schmied, Jürgen Peter. "Hitlers Amerikabild vor der 'Machtergreifung'", in Geschichte in Wissenschaft und Unterricht (GWU) 53, 2002, pp. 714-717.

59. Pratt, 1955, p. 469. Lens, 2003, p. 241.
60. Id., ibid., p. 241.
61. Id., ibid. pp. 243-262.
62. Renouvin & Duroselle, 1967, p. 104.
63. A proclamação formal da neutralidade dos Estados Unidos foi emitida pelo presidente Woodrow Wilson em 4 de agosto de 1914.
64. "*That prosperity was dependent upon a continuance of Allied purchases in the United States*". Pratt, 1955, p. 470.
65. Hudson, 2003, p. 2.
66. Kissinger, 1994, p. 221.

Capítulo III

A GUERRA E OS NOVOS MILIONÁRIOS AMERICANOS • A DESTRUIÇÃO DE QUATRO IMPÉRIOS • O MASSACRE NA EUROPA • LAWRENCE DA ARÁBIA E O NACIONALISMO ÁRABE • A FRUSTRAÇÃO DA INDEPENDÊNCIA DOS ÁRABES • A BALFOUR DECLARATION • ORIGEM DOS CONFLITOS NA PALESTINA • OS *FOURTEEN POINTS* DE WOODROW WILSON E O TRATADO DE VERSAILLES • WILSON E LENIN COMO PRÍNCIPES DO APOCALIPSE

Quando o armistício foi firmado em 1918, havia 21.000 novos milionários nos Estados Unidos[1], cujas tropas sofreram apenas 116.000 baixas[2]. Porém, ao fim dos quatro anos de guerra, quatro impérios — alemão, russo, austro-húngaro e otomano — estavam arruinados. E Jean Jaurés, se estivesse vivo[3], teria podido outra vez exclamar: "*Quel massacre, quelles ruines, quelle barbarie*!". A Alemanha perdera 1,8 milhão de homens; a França, 1,6 milhões; a Grã-Bretanha, 800.000. A Turquia matara cerca de 1,5 milhão, ou mais, de armênios. E os árabes, que o capitão Thomas E. Lawrence, oficial do Military Intelligence (MI5), da Grã-Bretanha, celebrizado como Lawrence of Arábia, levantara contra o domínio da Turquia, não conquistaram a independência e a autodeterminação, apesar da promessa "definida e clara" feita pelo governo britânico[4]. E, quando Lawrence defendeu o cumprimento da promessa, foi acusado de "pôr em risco os *royalties* britânicos no petróleo da Mesopotâmia e arruinar a política colonial francesa no Levante"[5]. "Estávamos lançando-os (os árabes) ao fogo, aos milhares, para a pior das mortes, não para vencer a guerra, apenas para podermos ficar com o trigo, o arroz e o petróleo da Mesopotâmia", comentou Lawrence, acrescentando que, ao invés de sentir-se orgulhoso, estava "constante e amargamente envergonhado", pois "era evidente, desde o início, que se vencêssemos a guerra as promessas seriam tratadas como papel sem valor"[6].

A Grã-Bretanha efetivamente logo demonstrou que não tinha a intenção de conceder aos árabes a independência e o direito à autodeterminação, após a derrota do Império Otomano. E o secretário do *Foreign Office*, Lord James A. Balfour, já anunciara ao Lord Lionel W. Rothschild, em 2 de novembro de 1917, que o governo britânico, atendendo à aspiração da Zionist Federation[7], se comprometia a favorecer "*the establishment in Palestine of a national home for the Jewish people (Eretz Yisrael)*". Ele deixou claro que nada seria feito que pudesse prejudicar "*the civil and religious rights of existing non-Jewish communities in Palestine, or the rights and political status enjoyed by Jews in any other country*". E o Supremo Conselho dos Aliados endossou a Balfour Declaration, na Conferência de San Remo (24/04/1920), quando decidiu desmembrar a Mesopotâmia do Império Otomano[8]. E, em 1922, a Liga das Nações outorgou à Grã-Bretanha o mandato para administrar a região, onde, desde 1920, já instituíra a Occupied Enemy Territory Administration (O.E.T.A.), bem como facilitar a imigração dos judeus e o estabelecimento do seu lar nacional. Os muçulmanos formavam, porém, a maioria esmagadora da população da Palestina. Eram 568 mil, aproximadamente, contra 74 mil cristãos e apenas 58 mil judeus[9].

Lawrence da Arábia, que estimulara o nacionalismo entre os árabes, na campanha de guerrilhas contra as tropas do Império Otomano e transformara uma necessidade tática em virtude estratégica[10], advertiu o coronel Sir Gilbert Clayton, diretor do Military Intelligence (MI5), da Grã-Bretanha no Egito[11], e previu um conflito sem-fim na Palestina, pois que os camponeses árabes não se dispunham a ceder suas terras para os colonos judeus[12] e assim se estava a criar uma situação, em que "*the Jewish influence in European finance might not be sufficient to deter the Arabs from refusing to quit — or worse!*"[13]. As previsões de Lawrence logo se confirmaram. Apesar de que o emir Faysal, filho do *sharif* Hussayn, de Mecca, e Chaim Weizmann, chefe da Comissão Sionista, houvessem acordado, em 1919, colaborarem para estabelecer o Estado árabe e facilitar a imigração de judeus para a Palestina, os conflitos tornaram-se inevitáveis.

Em julho de 1919, o Congresso Nacional Sírio proclamou a independência do país, que abrangia a Palestina e a Transjordânia, e, em 11 de março de 1920, proclamou o emir Faysal rei da Síria. À mesma época, março de 1920, as primeiras explosões de violência contra os sionistas ocorreram em Jerusalém (Páscoa Sangrenta), depois que a Grã-Bretanha anunciou a admissão de 16.500 imigrantes judeus. No mês seguinte, em 4 de abril, os palestinos, que habitavam a cidade e outras vilas ao redor, e até em Nablus, afluíram às ruas, clamando pela unidade árabe, independência e exigindo o fim da imigração de judeus, quando os peregrinos entraram em Jerusalém para visitar Hevron, o túmulo dos Patriarcas, como anualmente faziam[14]. Outros confrontos sangrentos ocorreram na alta Galiléia, fronteira da Síria, onde os árabes atacaram e destruíram as colônias judaicas de Metullah, Hamrah, Kfar Giladi e Tel Hai[15], fundadas por volta de 1918, para reconquistar Eretz-Israel (Terra de Israel), a Palestina. E, cerca de quatro anos depois, em 24 de julho de 1920, as tropas da França, a quem coube o mandato sobre a Síria de conformidade com os Acordos Sykes-Picot, esmagaram a resistência árabe, na batalha de Meysalun, e conquistaram Damasco[16]. No ano seguinte, em maio de 1921, outra vez conflitos sangrentos eclodiram na Palestina. Os árabes atacaram os sionistas em Jaffa e colônias agrícolas que eles haviam implantado em Khedera.

Esses ataques levaram Sir Herbert Samuel, Alto Comissário da Palestina, a determinar a abertura de inquérito para investigar suas causas. Eles, entretanto, não decorreram de diferenças religiosas ou étnicas, mas do crescente receio dos habitantes da Palestina, dos quais 4/5 de 700.000 eram muçulmanos[17], de que os judeus se assenhoreassem de suas terras. E Sir Thomas Haycraft, que dirigiu a investigação, como chefe da Justiça, concluiu que a causa fundamental dos conflitos em Jaffa e dos subseqüentes atos de violência foram o descontentamento entre os árabes e a hostilidade aos judeus, devido a causas econômicas e políticas, relacionadas com a imigração e com a concepção da política sionista, como preconizada por seus líderes.[18] Diante de tais acontecimentos, Winston Churchill, então secretário de Estado para as Colônias, no governo britânico, decidiu suspender temporariamente a imigração[19] de judeus para a Palestina, aonde já haviam chegado cerca de 25 mil, desde 1918, e entrar em negociações com o Comitê Executivo Árabe[20].

Diversas razões haviam induzido a Grã-Bretanha a emitir a Balfour Declaration, com a qual, ao que tudo indicou, o presidente Wilson, cuja confissão presbiteriana era favorável ao sionismo[21], anuiu, previamente, sob a influência, *inter alia*, de Louis D. Brandeis[22], militante sionista e membro da Suprema Corte de Justiça, sem sequer dar ciência desse fato ao secretário de Estado, Robert Lansing[23]. Além do problema comercial, relativo ao escoamento da produção bélica, e do objetivo de dominar a Europa, também interessava aos Estados Unidos exercer influência sobre a Palestina, e convinha à Grã-Bretanha, que firmara acordos com a França para dividir o Oriente Médio (Sykes-Picot Agreement)[24], obter o seu respaldo para reservar aquela região, como parte da zona de proteção do Canal de Suez, de vital importância, inclusive, para a comunicação com a Índia, da qual a economia britânica em larga medida dependia, e com a África Oriental.

Aos Estados Unidos convinha a dissolução do Império Otomano, embora não lhe houvessem declarado guerra, assim como dos impérios da Alemanha, seu principal concorrente no mercado mundial, Áustria-Hungria, Rússia, liquidando os sistemas coloniais com que a Grã-Bretanha, França e outros Estados europeus expandiram seu espaço econômico, na África e na Ásia, a partir de 1880. A retórica democrática e liberal dos *Fourteen Points*, estabelecidos, em 8 de janeiro de 1918, pelo presidente Woodrow Wilson, como programa de paz, entremostrou as verdadeiras pretensões dos Estados Unidos, máxime, *inter alia*, a absoluta liberdade de navegação, em tempos de paz ou de guerra, remoção, tanto quanto possível, de todas as barreiras econômicas e igualdade de condições comerciais entre as nações, permitindo a paz e ajustamento das reivindicações coloniais aos interesses das populações atingidas. Esta era a forma que lhes permitiria descerrar aqueles mercados, até então fechados, para o escoamento de sua produção e capitais, e organizar novo sistema de segurança, denominado "*collective security*", mediante o Pacto da Liga das Nações, cujo propósito seria o de proporcionar mútuas garantias de independência política e integridade territorial aos grandes e aos pequenos Estados, igualmente.

Embora acenasse a autodeterminação para os povos, subjugados pelos Impérios Centrais, Wilson, entretanto, evitou, conscientemente, mencionar a independência para os povos da África, Ásia e Oriente Médio. Como observou Eric Foner, o significado da liberdade para os Estados Unidos, desde o triunfo da guerra contra a Espanha, mais e mais se havia vinculado à noção da superioridade anglo-americana, deslocando, em parte, a primitiva identificação da nação com as instituições políticas democráticas ou definindo essas instituições de maneira mais explicitamente racial[25].

O Tratado de Versailles criou, na Europa, 17 novos Estados e territórios mais ou menos independentes, cerca de 7.000 quilômetros de novas fronteiras. No Oriente Médio, foram também criados novos países, mas entregues, sob a forma de mandatos, à administração da Grã-Bretanha (Palestina e Iraque) e França (Síria-Líbano), que ainda se apossaram das colônias alemãs na África. Japão e Itália também participaram da partilha. E Wilson, com a expectativa de que os americanos pudessem livremente negociar nos países administrados por mandato, tratou de conservar a América Latina como área de influência exclusiva dos Estados Unidos, e cada vez mais inconteste, ao incluir no Pacto da Liga das Nações, durante a Conferência de Versailles (1919), o art. XXI, determinando que nada seria considerado que pudesse "afetar a validade de acordos internacionais tais como tratados de arbitramento ou entendimentos regionais, a exemplo da Doutrina Monroe"[26], que viessem a assegurar a manutenção da paz[27]. Destarte, identificando a Doutrina Monroe, o pan-americanismo, como um acordo regional, Wilson conseguiu excluir a América Latina da jurisdição da Liga das Nações. No entanto, como o historiador norte-americano Gadd Smith observou, era "absurdo" considerar a Doutrina Monroe um entendimento regional, quando jamais passara de uma declaração política, unilateral, dos Estados Unidos[28].

Com os *Fourteen Points*, Wilson desenhou o modelo de relações internacionais que os Estados Unidos, como potência associada à Grã-Bretanha, França e Itália, pretendiam implantar, sob a égide da Liga das Nações, substituindo as alianças e o equilíbrio de poderes, fundamento da concertação na Europa, durante século XIX, por um sistema de segurança coletiva. Ela funcionaria por meio da Assembléia Geral, da qual todos os países signatários do Pacto participariam, e de um Conselho executivo, composto por quatro membros permanentes e quatro (mais tarde nove) eleitos pela Assembléia Geral, a cada três anos. A composição do Conselho da Liga, com quatro membros permanentes (Grã-Bretanha, França, Itália, e Estados Unidos, substituídos depois pelo Japão), institucionalizava, de conformidade com o art. IV do Pacto, o Supreme Council of the Principal Allied and Associated Powers, formado pelas potências vitoriosas (*Big Four*[29]) na guerra contra a Alemanha e o Império Austro-Húngaro. Em outras palavras, o Conselho da Liga das Nações equivalia ao cartel das principais potências, que se comprometiam, conforme o artigo X do Pacto, a defender-se mutuamente contra agressões externas e assim preservar a paz mundial. E sua constituição refletia as *realen Machtverhältinisse* (relações reais de poder), ao pretender consolidar o predomínio de algumas potências, dentro de nova moldura, que representava uma versão atualizada do Concerto da Europa, i.e., da ordem internacional fundada no equilíbrio de poderes. *Natura non facit saltus*. Cerca de um ano e meio após o fim da guerra, em julho de 1920, Leon Trotsky, durante o segundo Congresso da Internacional, salientou que, sob a bandeira da Liga das Nações, os Estados Unidos estavam a fazer "uma tentativa de estender ao outro lado do Atlântico sua experiência com uma unificação federalizada de grandes massas multinacionais — uma tentativa de prender ao seu carro os povos da Europa e outras partes do mundo e trazê-los sob o domínio de Washington". E acrescentou: "Em essência, a Liga das Nações foi intentada para ser uma corporação monopolística mundial, 'Yankee & Co'."[30]

A hipótese de Kautsky pareceu assim confirmar-se, embora Lenin já estivesse à frente da revolução na Rússia, cujo desdobramento, com a captura do poder pelos bolcheviques, causara apreensão em Washington, onde receio houve de que aqueles acontecimentos pudessem influenciar os rumos da revolução no México[31]. Wilson, que saudara a derrubada do regime tzarista, como "*wonderful and heartening things*"[32], quando a revolução começou em março de 1917, teve um procedimento ambíguo em relação à realidade do Poder Soviético. Os Estados Unidos intervieram na Sibéria, ordenada por Woodrow Wilson com a intenção de projetar sua influência nos acontecimentos internacionais, mas não concordaram com o plano britânico de penetrar na Rússia, através de Murmansk, e retiraram suas tropas[33]. E Wilson reconheceu que não podia evitar pela força a ameaça revolucionária. Seu programa de *Fourteen Points* contrapusera-se ao apelo de Lenin em favor da revolução, pela paz e autodeterminação dos povos. E o Tratado de Versailles, do qual fora um dos principais artífices, obrigou os países signatários a adotarem uma legislação social, ao mesmo tempo em que propunha a criação da Organização Internacional do Trabalho, estabelecida pela Conferência de Washington, em 1919. Não sem razão, ao perceber o panorama que então se configurava, Leon Trotski, gracejando, comentou, quando Wilson desembarcou na Europa para a Conferência de Versailles: "Lenin e Wilson, eis os dois príncipes apocalípticos da história contemporânea"[34]. "O bolchevismo e o americanismo imperialista", Trotski profetizou, eram os "dois fatores da história contemporânea"[35]. Esse confronto, a médio prazo, tornava-se inevitável.

Notas

1. Engelbrecht & Hanighen, 1934, p. 173
2. Hobsbawm, 1996, p. 26.
3. Em 31 de julho, três dias depois de deflagrada a guerra, um nacionalista francês, Raoul Villain, em Paris, assassinou Jaurés, a bala, no Café du Croissant, em Montmartre.
4. Lawrence, s/d, p. 21.
5. Id., ibid., p. 21.
6. Id., ibid., p. 22. Em carta a *The Times*, de Londres, publicada em 22 de julho de 1918, ele advertiu: "The Arabs rebelled against the Turks during the war not because the Turk government was notably bad, but because they wanted independence. They did not risk their lives in battle to change masters, to become British subjects or French citizens, but to win a show of their own". Apud James, 1995, p. 376.
7. O movimento sionista começou com a publicação em 1896 de *The Jewish State*, por Theodor Herzl, que convocou o primeiro Congresso sionista para 1897. Theodor Herzl faleceu em 1906.
8. O desmembramento foi consumado com o Tratado de Sèvres (1920).

9. Em 1919, havia na Palestina cerca de 65.000 judeus, em uma população estimada em 700 mil habitantes. Reouvin, Pierre & Durosell, Jean-Baptiste. *Introduction to the History of International Relations*. Nova York: Frederick A.Praeger, Publishers, 1967, p. 47. Hourani, Albert. *History of the Arab Peoples*. New York: Warner Books, 1992, p. 323.
10. James, 1995, pp. 203, 229-233.
11. Depois da guerra, promovido a brigadeiro-general, Sir Gilbert Clayton exerceu o cargo de Alto Comissário da Grã-Bretanha na Palestina.
12. Os árabes ocupavam a Palestina por mais de 1.200 anos, ou seja, desde o século VII A.D. A aquisição de terras por imigrantes judeus da Europa começou no século XIX e após a Primeira Guerra Mundial continuou com recursos do Jewish National Fund, em nome do povo judaico e nunca poderiam ser vendidas ou arrendadas de volta aos árabes. Mas o projeto sionista já poderia concretizar-se sem o suporte militar da Grã-Bretanha.
13. James, 1995, pp. 275-391.
14. Ze'ev (Vladimir) Jabotinsky (1880-1940), judeu russo, criou em Jerusalém grupos de autodefesa de Eretz Yisrael, milícias clandestinas integrantes de uma organização denominada Haganah, que constituiu a base para a formação do Exército de Israel, em 1948.
15. O fundador de Tel Hai fora o judeu russo Joseph Trumpeldor (1880-1920), que integrara o exército do Czar. Ele tombou durante o confronto (01/03/12), dizendo: *Ein davar, tov lamut be'ad arzenu* (Não se preocupe; é bom morrer pelo nosso país).
16. Uma das primeiras organizações secretas dos árabes foi Al Jamiyyah al Arabiyah al Fatat (Jovem Sociedade Árabe), conhecida, na época, como Al Fatat, da qual o príncipe Faysal, filho do sharif Husayn, de Mecca, participava. Outro grupo foi Al Ahd (Covenant), formado por militares árabes. Dos nacionalistas árabes, em Damasco, partiram os apelos para que os Hashimites assumissem a liderança da revolta contra o domínio da Turquia. Husayn aceitou e, em 5 de junho de 1916, a tribo Hijazi, chefiada pelos filhos de Husayn, assessorado, principalmente, pelo capitão T.E. Lawrence, insurgiram-se contra os turcos. Em outubro de 1918, Faysal entrou em Damasco como herói popular. Entretanto, na Conferência de San Remo, em abril de 1920, os Aliados repartiram a Arábia em mandato, conforme os Acordos Sykes-Picot, celebrados entre a Grã-Bretanha e a França (1916). A França ficou com o mandato da Síria e suas tropas marcharam de Beirute para reprimir a resistência árabe e derrubar o Rei Faysal, que fugiu para a Europa e não retornou ao Oriente Médio, senão em 1921, quando a Grã-Bretanha o fez rei do Iraque. O irmão de Faysal, Abdullah, foi reconhecido pela Grã-Bretanha emir da Transjordânia.

17. Apenas cerca de 77.000 dos habitantes da Palestina eram cristãos, na maioria de lingua árabe e pertencentes à Igreja Ortodoxa. *An Interim Report on the Civil Administration of Palestine, during the period 1st July, 1920—30th June, 1921. Sir Herbert Samuel, High Commissioner and Commander-in-Chief. 30th July, 1921.*
18. *Reports of the Commission of Inquiry, Palestine, Disturbances in May, 1921, Command # 1540, London, 1921 (Haycraft Report). Statement of British Policy in Palestine, Command # 1700, London, 1922 (The Churchill White Paper).*
19. As restrições à imigração não somente reduziram o número de judeus na Palestina como induziram muitos a emigrarem para outros países. Cerca de 7.000 deixaram a Palestina em 1926, e 5.000, no ano seguinte. As tensões assim diminuíram.
20. *The White Paper of 1922 (the Churchill White Paper) — British White Paper — June 1922.*
21. Em 1916, a Assembléia Geral Prebisteriana, confissão a que Wilson pertencia, aprovou uma resolução favorável ao estabelecimento de um lar nacional para os judeus na Palestina, resolução esta endossada pela Federação Americana do Trabalho.
22. Louis Dembitz Brandeis, nascido em Praga, em 30 de agosto de 1914, assumiu a chefia do Provisional Executive for general Zionist Affairs, tornando-se líder do Zionist Central Office, que foi a transferido da Alemanha para os Estados Unidos pouco antes da eclosão da Primeira Guerra Mundial. Em 28 de janeiro de 1916, o presidente Woodrow Wilson nomeou-o para a Suprema Corte dos Estados Unidos. Brandeis desempenhou importante papel nos entendimentos com Balfour, através do poderoso banqueiro, Lord Rothschild, que dirigia o movimento sionista na Grã-Bretanha.
23. Em 21 de setembro de 1922, o Congresso norte-americano endossou a Balfour Declaration, comprometendo-se a favorecer o estabelecimento na Palestina de um "national home" para os judeus, deixando claro que nada seria feito que prejudicasse os direitos civis e religiosos dos cristãos e de outras comunidades não judaicas, e que os lugares e os prédios religiosos seriam adequadamente protegidos. *Public Resolution No. 73, 67th Congress, Second Session.*
24. Sir Mark Sykes e Georges Picot, representando, respectivamente, a Grã-Bretanha e a França, concluíram, em maio de 1916, acordos secretos, com a aprovação da Rússia, para o desmembramento do Império Otomano, aliado da Alemanha e o Império Austro-Húngaro, durante a guerra mundial. De acordo com os entendimentos, a região compreendida entre o mar Negro, o Mediterrâneo, o oceano Índico, e o mar Cáspio, que a Turquia dominava, seria dividida entre a Grã-Bretanha e a França. 1 — zona — Líbano e Cicília — ficaria sob a administração direta da França; 2 — Uma zona árabe A — Síria do norte e a Província de Mossoul — sob influência francesa; 3 — Uma zona vermelha — Kuwait e Mesopotâmia — sob a administração direta da Grã-Bretanha; 4 — Uma zona árabe B — Síria do sul,

Jordânia e Palestina, sob influência britânica; 5 — Uma zona parda — St-Jean d'Acre, Haiffa e Jerusalém — sob a administração internacional. Em janeiro de 1918, a Rússia, sob o governo bolchevique, divulgou os acordos Sykes-Picot, em sua tentativa de acabar com a diplomacia secreta.

25. Foner, 1998, p. 134.
26. "*The French and English texts, it was to turn out, though both of them official, were inconsistent with one another. One declared the Doctrine was not 'to be considered as incompatible with any one of the provisions of the present pact'. The other declared the Doctrine to be 'not affected by the engagement of the Convenant'. One subordinated the Doctrine to the Convenant; the other the Convenant to the Doctrine*". Perkins, 1963, p. 297.
27. Carvalho, 1959, p. 305. Smith, 1994, pp. 30 e 31. Perkins, 1963, pp. 296-297.
28. Id. ibid., pp. 30 e 31. Ao opor-se ao Pacto da Liga das Nações, o próprio Senador Henry Cabot Lodge (Republicano, Massachussets), presidente do Comitê de Relações Exteriores do Senado, declarou expressamente que a Doutrina Monroe "*is to be interpreted by the United States alone and is (...) holly outside the jurisdiction of said League of Nations*".
29. Eram chamados de *Big Four* os chefes de governo da Grã-Bretanha, David Lloyd George, França, Georges Clemenceau, Itália, Vittorio Orlando, e Woodrow Wilson, dos Estados Unidos.
30. Apud Lens, 2003, p. 266.
31. Bartlett, 1984, p. 121.
32. Woodrow Wilson, War Messages, 65th Cong., 1st Sess. Senate Doc. No. 5, Serial No. 7264, Washington, D.C., 1917; pp. 3-8, passim.
33. Kennan, 1958, pp. 381-404, 419.
34. Trotski, 1926, p. 48.
35. Id. ibid., p. 47.

Capítulo IV

A REJEIÇÃO DO TRATADO DE VERSAILLES PELO SENADO AMERICANO • DESLOCAMENTO DO EIXO DE GRAVITAÇÃO ECONÔMICA E POLÍTICA DA EUROPA PARA OS ESTADOS UNIDOS • OS ESTADOS UNIDOS COMO CREDORES DA EUROPA • INAUGURADA A ERA DO *ÜBERIMPERIALISMUS* • AS CONSEQÜÊNCIAS DA REVOLUÇÃO RUSSA • LENIN E A NOVA POLÍTICA ECONÔMICA • A SITUAÇÃO MUNDIAL E O COLAPSO ECONÔMICO DE 1929

O projeto de Woodrow Wilson, com os *Fourteen Points*, não correspondia, entretanto, aos interesses econômicos e objetivos políticos de todo o *establishment* nos Estados Unidos. O Senado americano, com a preponderância dos conservadores do Partido Republicano, não ratificou o Tratado de Versailles e rejeitou o Pacto da Liga das Nações, para não assumir qualquer compromisso que limitasse seu poder de decidir unilateralmente o que convinha ao país[1]. Muitos consideravam o pacto da Liga das Nações incompatível com a Doutrina Monroe. O compromisso com a segurança coletiva requeria, de um lado, que a Liga se intrometesse em problemas dentro do hemisfério e, do outro, obrigava os Estados Unidos a se envolverem em questões fora do hemisfério, contrariando o princípio do isolacionismo, um dos fundamentos da política exterior americana[2]. Não obstante, conquanto rechaçasse qualquer aliança militar ou pacto multilateral, os Estados Unidos não se isolaram. Nem poderiam fazê-lo. Gerhart von Schulze-Gaevernitz avaliou, em 1925, que o resultado mais importante da guerra mundial de 1914-1918 não foi nem a queda das três dinastias (Habsburg, Hohenzolern e Romanov), nem a ascensão da França como potência dominante no continente, nem o aniquilamento do equilíbrio de poder sobre o qual a Grã-Bretanha desde o século XVI encontrou a sua segurança, mas o deslocamento do centro de gravitação mundial, da Europa para os Estados Unidos[3]. De fato, os Estados Unidos, que deviam à Europa cerca de US$ 4 bilhões a US$ 5 bilhões[4], antes de 1914, liquidaram sua dívida, com as exportações de dois anos, e emergiram da guerra, em 1918, não somente como o maior credor mundial, mas também o credor de governos estrangeiros. Os créditos que concederam somavam cerca de US$ 25 bilhões[5]. E, de um total nominal de US$ 28 bilhões dos débitos entre os Aliados, o governo americano era credor de US$ 11 bilhões, dos quais cerca de US$ 4,7 bilhões devidos pela Grã-Bretanha. Assim, com a Alemanha derrotada, os Estados Unidos, durante a guerra de 1914-1918, sobrepujaram tanto econômica como politicamente a Grã-Bretanha. E, conquanto não participassem da Liga das Nações, os Estados Unidos, ao mesmo tempo em que prosseguiam com a diplomacia dos canhões e o intervencionismo nos países da América Central e do Caribe[6], continuaram mais e mais empenhados em promover políticas liberais, consubstanciadas nas palavras de ordem "Liberdade dos mares" e "Portas abertas". Durante os anos 1920, a difusão do *laissez-faire* foi o vetor da política tanto interna quanto externa dos Estados Unidos[7], com o objetivo de assegurar a expansão e a consolidação de sua hegemonia econômica e política. Com isso, Schulze-Gaevernitz observou, abriu-se uma perspectiva que se podia chamar, com prudência, de "*Überimperialismus*"[8], i.e., de superimperialismo ou, conforme a expressão de Kautsky, ultra-imperialismo. Lenin, que apodou Kautsky de "renegado", foi negado pela história.

A Rússia, ao contrário dos Estados Unidos, emergiu da guerra civil, em 1921, com a renda nacional equivalendo a 1/3 do nível de 1913. Sua indústria, ameaçada de paralisação pela falta de aço, carvão e máquinas, fabricava menos de 1/5 das mercadorias produzidas antes da Guerra Mundial; as minas de carvão, menos de 1/10, e as fundições de ferro, apenas a quadragésima parte de sua produção normal, havendo a produção de aço despencado de 4,2 milhões de toneladas para 183.000, isto é, 1/3 do que havia sido antes da guerra. As ferrovias estavam completamente destruídas, a agricultura, arrasada, as aldeias, despovoadas e, em fins de 1921, o número de famintos elevou-se a 36 milhões, o que fez o canibalismo reaparecer[9]. E o comércio exterior caíra de 2,9 bilhões de rublos para 30 milhões. "A estrutura social da Rússia não fora apenas derrubada, fora esmagada e destruída", Isaac Deutscher observou. E a Rússia, como Kautsky ressaltou, estava mais distante do socialismo do que antes da guerra[10]. Lenin sabia-o. Havia esperado que a revolução se alastrasse aos países industrialmente mais adiantados, sobretudo à Alemanha. E ele próprio proclamou que constituía "uma verdade absoluta o fato de que, sem a revolução alemã, estamos perdidos"[11].

A comparação do sistema capitalista com uma corrente, que se partira com a revolução na Rússia, evidenciava que Lenin, da mesma forma que Trotsky, compreendia a economia mundial como um todo, uma poderosa realidade viva e independente, criada pela divisão internacional do trabalho e pelo mercado mundial, que passara a dominar os próprios mercados nacionais, e não como um amálgama de economias nacionais[12]. Por isso, uma vez abortada a revolução social no resto da Europa, Lenin, constatando que a corrente não se desintegrara, recuou do comunismo militar ou comunismo de guerra, instaurado durante os anos da guerra civil, e restabeleceu o funcionamento da economia de mercado, com a adoção da NEP (*Novaia Ekonomitcheskaia Politika*), a partir de 1922, não como tática, devido às dificuldades momentâneas[13], porém como estratégia de desenvolvimento das forças produtivas, necessária ao socialismo, pois concebia o capitalismo de Estado como capitalismo privado, permitido pelo Estado, e não como a propriedade e a operação das empresas pelo Estado[14].

A legalização do mercado, juntamente com a reorganização do sistema monetário, possibilitou que a produção duplicasse em 1922 e 1923 e alcançasse, por volta de 1926, o nível de antes da guerra, i.e., crescesse cinco vezes em comparação com 1921[15]. Em 1928, porém, Joseph Stalin liquidou a experiência da NEP, ao resgatar, sob a capa do que chamou de marxismo-leninismo, a teoria dos *narodniki* (populistas), segundo a qual a Rússia poderia evoluir diretamente para o socialismo, sem atravessar a etapa do capitalismo. Com tal perspectiva, a de construir o socialismo dentro das fronteiras nacionais da União Soviética, estatizou a economia e passou a executar o Plano Qüinqüenal (1928-1933). Promoveu radical coletivização das terras e, restringindo o consumo a um mínimo absolutamente intolerável, o Estado apropriou-se do excedente econômico, com o qual tratou de criar e organizar usinas, centrais de energia elétrica, indústrias de máquinas e equipamentos, assim como de outros bens de capital, a fim de acelerar o processo de industrialização. Essa acumulação primitiva de capital, em que se concebeu a socialização como via de desenvolvimento e não de distribuição de riqueza, só foi possível mediante também a socialização do terror. Porém, nos meados dos anos 1930, a economia na União Soviética começou a defrontar-se com uma série de graves dificuldades, em conseqüência não só do atraso que herdara do passado, mas, sobretudo, do seu isolamento, que não lhe permitia aproveitar os recursos da economia mundial, nem de acordo com os princípios socialistas, conforme Lenin e Trotsky esperavam, caso a revolução triunfasse na Alemanha, nem mesmo de acordo com os princípios capitalistas, sob a forma de crédito internacional normal, do financiamento, cuja importância era decisiva para os países atrasados[16]. As crises agudas da economia soviética, Trotsky ponderou por volta de 1935, lembravam que as forças produtivas, criadas pelo capitalismo, não podiam adaptar-se à moldura nacional e só podiam ser coordenadas e harmonizadas, de forma socialista, em um plano internacional. Essas crises, ele acrescentou, representavam "alguma coisa de infinitamente mais grave que as moléstias infantis ou de crescimento": constituíam "severas advertências" do mercado internacional, ao qual a União Soviética estava subordinada e ligada e do qual não podia separar-se[17]. Conforme previa, seu prolongado isolamento levaria inevitavelmente não a um comunismo nacional, mas à restauração do capitalismo[18].

A União Soviética não conseguiu propagar a revolução na Europa. E a Internacional Comunista, sem maior penetração entre o proletariado das potências industriais, voltou-se para os povos da Ásia, África e América Latina, capitalizando os ressentimentos nacionais contra a dominação econômica quer da Grã-Bretanha e da França quer dos Estados Unidos, cujas políticas eram estigmatizadas como imperialistas. O aparente isolacionismo dos Estados Unidos, por outro lado, não constituiu mais do que uma expressão do unilateralismo real, inerente à sua política exterior, sempre refratária a alianças, pactos e compromissos, exatamente o que Pacto da Liga das Nações e o Tratado Versailles representavam. A não-ratificação do Pacto da Liga das Nações e do Tratado Versailles pelo Senado americano, porém, não significou que os Estados Unidos estavam a abdicar de maior envolvimento nas questões internacionais. Os presidentes Warren G. Harding (1921-1923), Calvin Coolidge (1923-1929) e Herbert Hoover (1929-1933), do Partido Republicano, continuaram tentando, por outros meios, influenciar os acontecimentos na Europa, porém, conservando as mãos livres, na política internacional, para negociar e barganhar com outros países, que julgassem, no momento, vantajoso para seus interesses nacionais[19]. E esvaziada, pela deserção dos Estados Unidos, a Liga das Nações enfraqueceu-se e não teve condições de cumprir sequer uma de suas finalidades básicas, que consistiu em convencer seus membros a aplicar o Artigo VIII, promovendo a redução dos armamentos. A Liga das Nações nada pôde fazer, efetivamente, contra o Japão, que a abandonou, após intervir na China e transformar três antigas províncias da Manchúria no Estado de Manchukuo, por ele controlado. E não conseguiu sequer controlar a Alemanha, admitida como membro permanente do Conselho, em 1926, ano em que o Brasil renunciou ao seu assento como membro temporário e retirou-se da Liga das Nações, sob a alegação de que ela, em vez de "preparar o futuro", parecia que se propunha a "perpetuar o passado", permitindo que as grandes potências lhe imprimissem a marca de uma "associação dominada pela força"[20].

A Alemanha, apesar de admitida no Conselho da Liga das Nações, ressentia os termos punitivos do Tratado de Versailles, mediante o qual as potências vitoriosas jogaram-lhe toda a responsabilidade pela guerra (art. 231). Retiraram-lhe todas as colônias, amputaram 13% do seu território, bem como lhe impuseram o pagamento de pesada indenização (ocupação do Ruhr por tropas da França e da Bélgica, em 1923), da ordem de £6,6 bilhões, o equivalente a US$ 33 bilhões[21], que ela não tinha capacidade de cumprir, despojada que fora das minas de carvão do Saar (assenhoreadas pela França), da Upper Silesia (cedida à Polônia) e de 65% de suas reservas de ferro, em Alsace-Lorraine (Elsaß-Lothringen). Winston Churchill reconheceu, em suas memórias, que até 1931 "os vencedores, especialmente os Estados Unidos, concentraram seus esforços em extorquir, através de controles externos vexatórios, suas reparações anuais da Alemanha"[22]. Entre 1924 e 1931, a Alemanha pagara, a título de reparações de guerra, cerca de 10,8 bilhões de marcos e recebera, no mesmo período, empréstimos, a curto e a longo prazos, no montante de 10,5 bilhões, 55% dos quais eram originários dos Estados Unidos[23]. E, a fim de efetuar esses pagamentos e atender ao sistema de seguridade social, o governo alemão, sem recursos suficientes, não teve alternativa senão emitir continuamente papel-moeda. Em abril de 1922, Herbert Hoover, secretário do Comércio na administração do presidente Harding, solicitou então a J. P. Morgan, líder da comunidade financeira dos Estados Unidos, a elaboração de um plano multinacional de empréstimos, mediante o qual a Alemanha pudesse pagar as reparações de guerra exigidas pelos poderes Aliados (Grã-Bretanha e França) e Associados (Estados Unidos)[24]. Essas reparações anuais da Alemanha e as dívidas de guerra, contraídas pela Grã-Bretanha e França com os Estados Unidos, conformaram, assim, um círculo vicioso. Os Estados Unidos, através do grupo Morgan, concediam os empréstimos à Alemanha, que transferia os recursos, a título de reparações, para os Estados Unidos, Grã-Bretanha e França, e estes para os Estados Unidos, a fim de pagar as dívidas de guerra, o que desencadeou uma hiperinflação, fazendo o dólar saltar de 1:10 marcos, em 1919, para 1:22.000 marcos, em 1922[25], em meio de enorme especulação financeira. Em dezembro de 1922, já se podia comprar o dólar por 4 milhões de marcos, em Berlim, e vendê-lo por 7 milhões, em Nova York[26]. Esse fato levou Adolf Hitler a ressaltar que só em Nova York viviam 2 milhões de judeus e que a Alemanha estava na dependência da especulação que eles faziam[27].

Em tais circunstâncias, de 11 de novembro de 1918 a 30 de junho de 1931, os pagamentos das reparações de guerra atingiram o montante de US$ 21,4 bilhões. E só puderam ser efetuados por meio dos empréstimos que os Estados Unidos concediam. Entretanto, em 29 de outubro de 1929, a *Black Tuesday*, o colapso derrubou a Bolsa de Valores de Nova York (New York Stock Exchange). Os valores despencaram ao seu mais baixo nível e cerca de US$ 30 bilhões (montante igual ao que o governo gastara na guerra de 1914-1918) desapareceram da economia americana. Milhões de investidores individuais empobreceram e milhares de bancos e outras instituições financeiras tornaram-se insolventes nos Estados Unidos. Mesmo a casa bancária de J. P. Morgan, com seus imensos recursos, foi abalada, os créditos secaram e os Estados Unidos não mais tiveram condições de financiar o pagamento das reparações devidas pela Alemanha. Os Aliados, em conseqüência, não puderam também cumprir seus compromissos, amortizando as dívidas contraídas nos Estados Unidos. E, diante de tal situação, alternativa não restou ao presidente Herbert Hoover senão propor, em 20 junho de 1931, a moratória tanto para o pagamento das reparações quanto das dívidas dos Aliados.

A iniciativa do presidente Hoover não evitou que a propagação da debacle de 29 de outubro de 1929, em Nova York, atingisse profundamente os países da Europa, evidenciando o profundo entrelaçamento de suas economias, no sistema capitalista mundial. O padrão-ouro internacional, que se tornara, durante o século XIX, o fundamento de todo o sistema monetário internacional e no início dos anos 1920 facilitava o comércio, os pagamentos e o movimento de capitais, foi o mecanismo através do qual a depressão se espraiou e se intensificou. A França não socorreu a tempo de evitar a quebra do maior banco da Áustria[28], o Credit-Anstalt, do qual dependiam 70% do financiamento às suas exportações, os investidores ficaram nervosos e o pânico, nos círculos financeiros de Viena e de Budapest, alastrou-se à Alemanha, onde a crise econômica se aprofundou, com a bancarrota do German Danat-Bank, compelindo os bancos, em 13 de julho de 1931, a fechar suas portas e suspender as operações até 5 de agosto.

A Grã-Bretanha também sofreu forte impacto. Tentou manter o padrão-ouro, mas teve de abandoná-lo, em setembro de 1931, depois que £200 milhões de ouro fugiram de Londres, durante o mês julho, e desvalorizou a libra em 18%, fazendo-a de £1: US$ 4,86 para £1:US$ 3,40 e de Fr125 para Fr75[29]. Todos os países da Commonwealth (exceto o Canadá), Irlanda, os países da Escandinávia, Austrália, Nova Zelândia, Iraque, Portugal, Tailândia, e alguns países da América do Sul (Brasil, Chile, Paraguai, Peru, Uruguai e Venezuela) acompanharam a Grã-Bretanha, abandonando o *gold standard* em 1931. O governo da França, cujo comércio fora afetado pela desvalorização da libra e a perda do controle cambial na Alemanha, recorreu ao aumento de tarifas e estabeleceu quotas de importação, com o intento de estabilizar a situação. No início de 1932, o Japão, sob o governo do primeiro-ministro Inukai Tsuyoshi[30], do Seiyukai[31], suspendeu a conversão das notas bancárias por ouro, proibiu sua exportação e terminou por abandonar esse padrão monetário. O desequilíbrio no seu balanço de pagamentos, a depreciação da libra esterlina, a desvantagem em alguns mercados no exterior e o temor que o conflito na Manchúria, ao longo da fronteira com a China, causou aos investidores concorreram para essa decisão. Alguns meses depois, o governo britânico promoveu radical mudança no sistema de tarifas e, a partir da Imperial Economic Conference (Ottawa, julho/agosto de 1932), estabeleceu um sistema de comércio, com base no princípio "*home producers first, empire producers second, and foreign producers last*", concedendo *Imperial Preferences* aos seus *Dominions*, dentro da Commonwealth, mediante acordos bilaterais. Outros países adotaram políticas protecionistas, bem como suspenderam o pagamento da dívida externa, desvalorizaram a moeda, em relação às outras, de modo a aumentar a competitividade de seus produtos e estabeleceram o controle do câmbio. O comércio mundial implodiu e o mercado de capitais entrou em colapso. A instabilidade econômica solapou a confiança no dólar. O Federal Reserve Board (FED), que administrava o Federal Reserve System[32], teve de elevar as taxas de juros, agravando a depressão nos Estados Unidos. Franklin D. Roosevelt (1933-1945), do Partido Democrata, após assumir a presidência do país, em 1933, proibiu a circulação do ouro (comprar, vender ou possuir) nos Estados Unidos, enquanto o governo continuou a vendê-lo para os bancos centrais estrangeiros. E o Congresso americano, em 1934, aprovou o US Gold Reserve Act, desvalorizando o dólar em 65%, em relação ao ouro, que saltou de US$ 20,67 para US$ 35 por onça. A ruptura com o padrão-ouro esgarçou a economia mundial mais do que as barreiras tarifárias então levantadas. E a competição, por meio da desvalorização das moedas, nacionalizando os sistemas monetários, configurou uma das formas da guerra econômica, ao aguçar, de forma inaudita, a competição pelos mercados externos.

Os Estados Unidos, durante a 17ª Conferência Internacional dos Estados Americanos, realizada em Montevidéu, entre 3 de 26 de dezembro de 1933, propuseram a redução das barreiras tarifárias, por meio de um tratado multilateral, ou acordos bilaterais, mas as condições oferecidas pelo secretário de Estado, Cordell Hull, desapontaram os países da América Latina. Esse novo intento de estabelecer uma área de livre comércio no hemisfério, desdobrando a Doutrina Monroe em sua dimensão econômica, não teve êxito. Os diversos governos da América Latina, enfrentado graves dificuldades financeiras, não estavam dispostos a reduzir suas tarifas alfandegárias, abrindo mercado para as exportações dos Estados Unidos, que trataram então de concluir acordos bilaterais, com base no Reciprocal Trade Agreement Act, aprovado em 1934 pelo Congresso Americano[33]. Mas seus resultados não foram significativos, apesar da criação do Export-Import Bank (1934). O desastre no comércio mundial expôs os reais problemas do sistema de livre mercado. As tensões, desencadeadas pela internacionalização da economia, reacenderam e avultaram, tanto na Europa como no resto do mundo, as tendências nacionalistas, para o Estado autárquico. E a Alemanha foi o país, na Europa, mais afetado pela a Grande Depressão, que perdurou ao longo dos anos seguintes, após o *crash* na Bolsa de Valores de Nova York. Com o pagamento das reparações de guerra estava a transferir capital para os Aliados, inibindo a formação de um capital adicional necessário aos investimentos domésticos[34] e, em 1933, o número de desempregados ascendeu a 6 milhões, ao mesmo tempo em que o processo inflacionário voltava a recrudescer. Adolf Hitler explorou, então, os ressentimentos do povo alemão, humilhado pela derrota na guerra e pela punição que os Aliados lhe impuseram. Atacou continuamente a Liga das Nações, criada, segundo ele, para garantir o cumprimento do Tratado de Versailles, e acusou a Grã-Bretanha de querer a balcanização da Europa, para que sua supremacia não fosse ameaçada, e a França, de desejar a balcanização da Alemanha. E em *Mein Kampf* (*Minha luta*), obra escrita em 1924, defendeu o fortalecimento da Alemanha como potência continental, por meio da conquista de território na Europa e ao mesmo tempo da aquisição de colônias. Embora Hitler apontasse a França e a Grã-Bretanha como inimigos, a expansão territorial, por ele prevista, era evidentemente na direção do Leste, à custa da Polônia e da União Soviética.

Notas

1. O Senado não ratificou o Tratado de Versailles e rechaçou o Pacto, por causa, sobretudo, do Artigo X, que comprometia os Estados membros a respeitar e a preservar contra a agressão externa à integridade territorial e a existente independência política de todos os membros da Liga. O Artigo X da Covenant of League of Nations estipulava: "*The Members of the League undertake to respect and preserve as against external aggression the territorial integrity and existing political independence of all Members of the League. In case of any such aggression or in case of any threat or danger of such aggression the Council shall advise upon the means by which this obligation shall be fulfilled*".
2. Kissinger, 1995, p. 372.
3. von Schulze-Gaevernitz, "Amerikas Überimperialismus", in Bonn & Palyi, 1925, p. 110.
4. Id., ibid., p. 111.
5. Hudson, 2003, pp. 49-51.
6. Os Estados Unidos, àquele tempo, mantinham tropas no Haiti, República Dominicana, Nicarágua e controlavam Cuba.
7. Trubowitz, 1998, p. 99.
8. "*Es eröffnet sich damit der Ausblick in eine neue Ära der Weltpolitik, welche man — mit Vorsicht — Überimperialismus nennen könnte*". von Schulze-Gaevernitz, "Amerikas Überimperialismus", in Bonn & Palyi, 1925, p. 12.
9. Deutscher, 1968, pp. 15-16.
10. Kautsky, 1990, pp. 232-233.
11. Lenin. V. I. "Informe sobre Ia Paz", pronunciado el 26 octubre de 1917; "Informe sobre la Paz", discurso de conclusión (26 de octubre de 1917), in Lenin, Tomo II, 1948.p. 371.
12. Trotsky, 1979, p. 4.
13. Gorbachev também concluiu que a NEP não constituiu um recuo tático, como os stalinistas alegaram. Gorbachev, 1999, p. 17.

14. Fischer , vol. 2. pp. 846-847 e 894.
15. Trotsky, 1936, p. 35.
16. Id. ibid., p. 11.
17. Id. ibid., p. 12.
18. Id. ibid., p. 338.
19. Bartlett, 1984, p. 117. Schuulzinger, 1994, p. 125.
20. Exposição de motivos do governo brasileiro, 10/6/1926, sobre a renúncia do Brasil ao seu lugar no Conselho da Liga das Nações; Relatório do MRE (1926), Anexo A, n. 1, pp. 3-13. Apud Garcia, 2000, p. 123. Essa obra de Garcia é deveras importante para compreender a posição assumida pelo Brasil, que se retirou da Liga das Nações, dado que a Grã-Bretanha favorecia a entrada da Alemanha como membro permanente do Conselho, enquanto essa mesma condição lhe era negada. Vide também Carvalho, 1959, pp. 385-389.
21. As reparações de guerra impostas à Alemanha totalizavam 132 bilhões de marcos-ouro.
22. Churchill, 1995, p. 12.
23. Truman, vol. 2, 1986, p. 111.
24. O plano finalmente preparado, em 1924, pelo banqueiro americano Charles Dawes, prevendo a concessão de US$ 200 milhões, destinado à estabilização do marco, e a Alemanha teria de pagar US$ 250 milhões, anualmente, a título de reparações de guerra. Esse plano se mostrou inviável. A Alemanha não tinha condições de fazer esses pagamentos, durante um tempo indefinido. E, em 1929/30, um comitê presido do Owen D. Young apresentou outro plano (Young Plan), fixando o total das reparações em US$ 26,4 milhões, a serem pagos em um período de 58 anos e ½. Esse plano, entretanto, não pôde ser executado, devido ao impacto da depressão, provocada pelo *crash* na Bolsa de Valores de Nova York e a moratória proposta pelo então presidente Herbert Hoover para o ano fiscal 1931-32. Hitler, quando assumiu o poder, declarou o *default*.
25. Haffner, 1989, p. 186.
26. Hitler, Rede (21. Aug. 1923); AS, Dok. 561 (b), S. 987. apud, Schmied, 2002, pp. 117-718.
27. Hitler, Rede (2.Nov. 1922); AS, Dok. 416 (a), S. 717, Id. Ibid., p. 717-718.
28. A França condicionara a ajuda ao Credit-Anstalt ao cancelamento do projeto de união aduaneira entre a Áustria e a Alemanha.
29. Na última quinzena de julho fugiram £35 milhões. Maurois, s/d, p. 439.
30. O Primeiro-Ministro Inukai Tsuyoshi (1855-1932) foi assassinado em 15 de maio de 1932, por um grupo de jovens oficiais e cadetes da Marinha, ultranacionalistas. Hall, 1997, pp. 312-214.

31. Seiyukai significa Associação de Amigos Políticos. Fundado em 1900, foi o partido mais poderoso do Japão. Era geralmente conservador, mais identificado com os interesses financeiros do banco Sumitomo Mitsui e favoreceu mais a expansão econômica que a militar.
32. O Federal Reserve System foi criado em 1913.
33. Connel-Smith, 1966, pp. 86-93.
34. Turner Jr., 1985, p. 159.

Capítulo V

A ASCENSÃO DE HITLER • A CAPTURA DO PODER E A CONSTRUÇÃO DA TIRANIA • A REORIENTAÇÃO DA POLÍTICA EXTERIOR DA ALEMANHA • CONTRADIÇÃO ENTRE AS POLÍTICAS ECONÔMICAS E COMERCIAIS DE HITLER E ROOSEVELT • A REPARTIÇÃO DO MUNDO EM ESFERAS DE INFLUÊNCIA COMO OBJETIVO DE HITLER • A BUSCA DE "ESPAÇO VITAL" • O PACTO MOLOTOV • RIBBENTROP • A CRENÇA DE STALIN EM HITLER

Leon Trotski, em 1931, previu que a vitória do nazismo levaria inevitavelmente a Alemanha à guerra contra a União Soviética[1], e admoestou Stalin para que mobilizasse o Exército Vermelho, caso Hitler assumisse o governo em Berlim[2]. Ernst Thälmann e demais dirigentes do *Kommunistische partei Deutschlands* (*KPD*) argumentavam, entretanto, que o nazismo logo se desmoralizaria, possibilitando a unidade do proletariado sob a bandeira da revolução social, e passaram a fazer concorrência aos nazistas, recorrendo aos mesmos slogans de teor nacionalista, que começaram a aparecer nas faixas de ambos os partidos. Em tais circunstâncias, Adolf Hitler, em 30 de janeiro de 1933, procedeu à *Machtergreifung*, i.e., à captura do poder. Designado pelo presidente Paul von Hindenburg, assumiu legalmente o governo da Alemanha, como líder de uma coalizão parlamentar, e do seu gabinete, composto por onze membros, somente dois eram nazistas[3]. E cerca de um mês depois, em 28 de fevereiro, começou a construção da tirania. Agentes da Geheime Staatspolizeiamts (Gestapo) induziram Marinus van der Lubbe, doente mental e fichado como comunista, a empreender o incêndio do Reichstag (Parlamento alemão), conforme a idéia de dois próceres do nazismo, Joseph Goebbels e Hermann Goering, fato esse que permitiu a Adolf Hitler obter poderes extraordinários, mediante lei (*Ermächtigungsgesetz*) aprovada pelo Parlamento, e implantar um regime totalitário, legalmente, sem revogar uma linha sequer da Constituição de Weimar[4]. Ao mesmo tempo, Hitler mudou o curso da política exterior, com o objetivo explícito de conquistar para a Alemanha o *Lebensraum*, ou seja, o "espaço vital", concebido, inicialmente, como a expansão territorial, à custa da União Soviética, para garantir a sua auto-suficiência na agricultura[5]. Em 21 de outubro de 1933, retirou a Alemanha da Liga das Nações, inaugurando, secretamente, o programa de rearmamento (4/4/1934)[6], e, em 16 de março de 1935, denunciou, unilateralmente, as cláusulas do Tratado de Versailles, relativas ao desarmamento de suas forças terrestres, introduziu o serviço militar obrigatório (proibido pelo Tratado), aumentou o poderio da Wehrmacht para 36 divisões, intensificou o treinamento militar, iniciado, secretamente, após ter sido celebrado com a União Soviética o Tratado de Rapallo, em 16 de abril de 1922[7].

A política exterior da Alemanha foi reorientada, igualmente, em sua vertente econômica e comercial. Em outubro de 1934, Hans Luther, embaixador da Alemanha em Washington, entregou ao secretário de Estado, Cordell Hull, uma nota, comunicando a decisão de denunciar o Tratado de Comércio com os Estados Unidos, que vigorava desde 1925, com base no tratamento de nação mais favorecida. Devido à enorme escassez de divisas, que restringia drasticamente a capacidade de importação da Alemanha, a estratégica econômica do *Neuer Plan*, aplicado pelo ministro da Economia, Hjalmar Schacht, foi afastá-la do mercado mundial, libertá-la dos "*Wallstreet Diktatoren*"[8], transformá-la em uma autarquia e expandir seu comércio por meio de acordos de trocas bilaterais (*bilateraler Tauschhandel*), ou seja, mercadorias contra mercadorias (*Tausches Ware gegen Ware*). Com esse objetivo, tratou de deslocar as importações de matérias-primas e produtos primários para os países que se dispusessem a favorecer as exportações de suas manufaturas e, de conformidade com esse princípio, instituiu um sistema de pagamento bilateral, mediante compensação (*clearing*) de marcos (ASKI-mark)[9], cujo valor se limitava à realização de compras no mercado alemão. Privada de suas possessões coloniais na África, das minas de carvão e ferro, situadas nos territórios desmembrados ou cedidos, a Alemanha voltou-se para o Sudeste da Europa e para a América Latina, também afetada pela escassez de divisas, permitindo que ela efetivasse acordos de compensação com vários outros países e assim obtivesse as matérias-primas indispensáveis à economia alemã, em troca de produtos manufaturados, sem dispêndio de divisas[10].

As políticas de Hitler colidiram com as de Roosevelt, que inaugurara o *New Deal*, visando a tirar os Estados Unidos da depressão a econômica, mediante a realização de obras públicas e outros programas, sobretudo armamentistas, e tratava de celebrar tratados de comércio com base na cláusula de nação favorecida, disseminando as políticas liberais, tais como câmbio livre, comércio multilateral e livre circulação de mercadorias e capitais. O governo americano, através de *Aide-mémoire* encaminhado ao Itamaraty, expressou sua preocupação com o fato de que muitos países estavam buscando "*temporary illusory advantages*", através de acordos bilaterais, e acusou "*the principle of compensation and narrow bilateralism*" de constituírem alguns dos principais obstáculos à recuperação e expansão do comércio mundial[11]. O *Aide-mémoire* deixou claro que o comércio regulado por acordos bilaterais, inter-governamentais, entrava em conflito com o regime multilateral de comércio que os Estados Unidos buscavam promover, com a sua própria prática e apelando para que os outros países cooperassem, evitando exceções[12].

Os acordos bilaterais de compensação, que a Alemanha estava a firmar com alguns países, constituíam, de fato, alguns dos principais obstáculos à recuperação e à expansão, não do comércio mundial, mas dos Estados Unidos, que pretendiam consolidar a hegemonia do dólar, como moeda de circulação, por meio do comércio multilateral. Segundo um *memorandum*, também entregue ao Itamaraty pela Embaixada Americana, uma análise das importações do Brasil, em 1935, demonstrou que o sistema dos marcos de compensação afetara seriamente todas as classes de manufaturas exportadas pelos Estados Unidos, lamentando "o enfraquecimento de longas e tradicionais relações comerciais e a política comercial exterior do Brasil, determinada não por seus próprios desejos, mas por ação unilateral de outros países que impõem medidas dessa natureza"[13]. O embaixador dos Estados Unidos no Rio de Janeiro, Hugh Gibson, previu que o acordo dos marcos compensados, se efetivado, "acentuaria o pronunciado progresso da Alemanha, já realizado à custa dos interesses dos Estados Unidos"[14]. "Em período relativamente curto" — ele previu — "veremos a Alemanha ocupando o primeiro lugar, em vez dos Estados Unidos, e a expulsão de vários empreendimentos norte-americanos do mercado brasileiro[15]". E, realmente, seu prognóstico se confirmou. Como resultado do sistema de marcos compensados (*Verrechnungsmark*), a Alemanha, em quatro anos, conquistou o primeiro lugar como fornecedor do Brasil, ultrapassando os Estados Unidos. Ela não apenas pôde abastecer-se dos produtos agrícolas e matérias-primas de que necessitava, como abriu mercados para o escoamento de sua produção industrial, Sua participação nas importações brasileiras, da ordem de 14,02%, em 1934, saltou para 20,44%, em 1935, e elevou-se a 25%, em 1938[16], enquanto a dos Estados Unidos, apesar do Tratado de Comércio, apenas subiu de 23,67% para 24,02% e a da Grã-Bretanha despencava de 17,14% para 10,04%, no mesmo período[17].

O que aconteceu no comércio da Alemanha com o Brasil não constituiu caso isolado. Sua ofensiva comercial, na América Latina, obteve êxito, a tal ponto que, em 1937, Nelson Rockfeller, alarmado com a influência nazista na América Latina, urgiu que Roosevelt lançasse uma contra-ofensiva de propaganda[18]. As exportações da Venezuela para a Alemanha, na primeira metade de 1935, somaram 5,8 milhões de bolívares, montante bastante significativo quando comparado com o do ano todo de 1934, e suas importações alcançaram a cifra de 8,4 milhões de bolívares, contra 11,2 milhões de bolívares, nos doze meses anteriores[19]. O mesmo aconteceu no comércio com os outros países, que aceitaram o regime dos marcos de compensação. As exportações do Peru para a Alemanha evoluíram de 27,7 milhões de soles, entre abril e novembro de 1934, para 31 milhões de soles, no mesmo período de 1935, enquanto suas importações saltaram de 9,4 milhões de soles para 18,5 milhões de soles[20]. O intercâmbio com a Nicarágua também aumentou e, embora as exportações da Guatemala para a Alemanha declinassem de US$ 5,4 milhões, em 1934, para US$ 2,7 milhões, em 1935, suas importações tomaram forte ímpeto, ao ascenderem de US$ 930.542 para US$ 2,1 milhões, em apenas um ano[21].

O comércio por meio de *clearing* beneficiou, assim, os países da América Latina, na medida em que lhes possibilitou importar manufaturas, sem o dispêndio de divisas, *im Kompensationswege*. Ao mesmo tempo, o comércio total da Alemanha, não só com a América Latina, mas com todos os países, tomou forte impulso. Suas exportações aumentaram de 4,9 bilhões de marcos (Reichmarks), em 1933, para 5,9 bilhões de marcos, em 1937, e as importações cresceram de 4,2 para 5,5 bilhões de marcos, no mesmo período. E essa competição, através de acordos bilaterais, constituiu, provavelmente, um dos fatores que aguçaram o antagonismo dos Estados Unidos e da Grã-Bretanha com a Alemanha.

O objetivo de Hitler, ao que tudo indicou, era repartir o mundo em *Einflussphären* (esferas de influência) e, enquanto entendia que o conflito com a Grã-Bretanha se restringia à esfera comercial, percebia a França como o principal inimigo da Alemanha, na competição pelo domínio da Europa continental. Em janeiro de 1936, ressaltando que milhões de pessoas na Alemanha necessitavam trabalhar e comer, ele declarou que não podia construir o futuro do país, com a base em garantias dadas por estadistas estrangeiros ou em qualquer ajuda internacional, mas somente com o suporte firme da produção, para a qual devia encontrar mercado, internamente e no exterior. Pouco tempo depois, Hitler informou ao Alto Comando da Wehrmacht que a Alemanha devia preparar-se para a guerra, por volta de 1940, e deu assistência militar (tanques e aviões) ao general Francisco Franco (1892-1975), que desencadeou a guerra civil na Espanha contra o governo da Frente Popular. Em 1938, a Alemanha, violando o Tratado de Versailles, invadiu e anexou a Áustria (*Anschluss*), depois se assenhoreou dos Sudetos (*Sudetenland*), o que Edouard Daladier, primeiro-ministro da França, e Neville Chamberlain, da Grã-Bretanha, admitiram, com a condição de que não ocuparia toda a Tchecoslováquia. Esse avanço permitiu a Alemanha incorporar ao seu domínio cerca de 10,5 milhões de pessoas (7 milhões de austríacos e 3,5 milhões de alemães habitantes dos Sudetos)[22].

Chamberlain e Daladier, ao firmarem com Hitler o acordo de Munique (1938), esperaram, certamente, que a Alemanha atacasse a União Soviética e destruísse o regime comunista, mais temido pelas potências industriais do Ocidente do que o regime nazista. Hitler, desde que escrevera *Mein Kampf*, não ocultara que seu objetivo consistia não só em restaurar as fronteiras e a posição da Alemanha, antes da guerra de 1914-1918, como em ocupar vastas extensões de terra, na Europa Oriental, e colonizar a União Soviética. No entanto, em março de 1939, as tensões internacionais reacenderam-se, quando suas tropas ocuparam Praga e, dois dias depois, a Bohemia e a Moravia, e a Eslováquia proclamou-se formalmente independente, sob a proteção da Alemanha. O compromisso de garantir a integridade territorial da Tchecoslováquia, assumido por Chamberlain, depois da ocupação dos Sudetos, já não tinha validade e ele opção não teve senão anunciar que a Grã-Bretanha prestaria assistência à Polônia, caso a Alemanha a atacasse. Hitler, em 1° de abril, replicou que a Grã-Bretanha não tinha que interferir no *Lebensraum* (espaço vital) da Alemanha, da mesma forma que a Alemanha não intervinha na Palestina, onde os ingleses estavam a abater os árabes, somente porque se levantavam em favor de sua pátria. "Quem deu à Grã-Bretanha o direito de agir assim?", perguntou.

Roosevelt, que alimentava preconceitos contra a Alemanha e julgava que a Grã-Bretanha, França e Estados Unidos erraram por não ocupá-la, após a vitória, em 1918[23], enviou a Hitler, com data de 14 de abril, um longo telegrama[24], no qual manifestou a preocupação do povo dos Estados e de todos os povos do hemisfério ocidental com a possibilidade de uma nova guerra ou série de guerras e pediu que lhe desse 10 anos de garantias de não-agressão a 31 países, mencionando os nomes destes[25]. Cerca de duas semanas depois, 28 de abril, Hitler, no Reichstag, cujo prédio, desde 1933, usava apenas para discursos de propaganda ou exibição de filmes anti-semitas, respondeu, publicamente, ao telegrama de Roosevelt, ressaltando que, depois do Tratado de Versailles, somente entre 1919 e 1938, 14 guerras foram travadas, em nenhuma das quais a Alemanha esteve envolvida, mas certamente estavam os povos do hemisfério ocidental em nome dos quais Roosevelt falava[26]. Acrescentou que, no mesmo período, 26 intervenções violentas e sanções foram executadas por meio da força e derramamento de sangue, e em nenhuma das quais a Alemanha teve qualquer participação, mas os Estados Unidos empreenderam seis intervenções militares, desde 1918, e a Rússia engajou-se em dez guerras e ações militares. Hitler observou que, se Roosevelt tinha tão grande interesse em saber quais as intenções da Alemanha na Europa, ele também se sentia com o mesmo direito de perguntar qual o objetivo da política exterior dos Estados Unidos e quais as suas intenções em relação aos Estados da América Central e da América do Sul. E aí, referindo-se à Doutrina Monroe, com que os Estados Unidos avocavam para si o direito de intervenção nos assuntos internos de outros países do hemisfério, Hitler declarou que "nós alemães sustentamos doutrina similar para a Europa — sobretudo, para o território e os interesses do Grande Império Alemão"[27]. Com respeito à garantia de que as Forças Armadas alemãs não atacariam e, principalmente, não invadiriam o território ou possessões dos países que Roosevelt mencionara, Hitler, observou, ironicamente, que a Síria, constante da sua lista, não tinha liberdade, ocupada pelas forças armadas dos Estados democráticos e, conseqüentemente, privada de seus direitos[28]. E salientou que obviamente Roosevelt não observara que a Palestina estava ocupada, não por tropas alemãs, mas pelas tropas da Grã-Bretanha, que lhe restringiam a liberdade, por meio de brutal recurso da força, roubavam sua independência, submetendo-a ao mais cruel tratamento, em benefício dos "*jüdischer Eindringlinge*" (judeus intrusos). "Os árabes, que vivem naquele país, certamente não se queixaram a Mr. Roosevelt de agressão alemã, mas estão exprimindo constante apelo ao mundo, deplorando os bárbaros métodos com que a Inglaterra tenta reprimir um povo que ama sua liberdade e está simplesmente a defendê-la", Hitler declarou[29].

O telegrama de Roosevelt a Hitler representou um firme respaldo à garantia que Chamberlain dera à Polônia e entremostrou sua intenção de envolver efetivamente os Estados Unidos em uma eventual guerra na Europa. O discurso com que Hitler lhe respondeu implicou uma tomada de decisão, que equivaleu a uma declaração moral de guerra, tanto quanto a garantia dada por Chamberlain à Polônia e o telegrama que Roosevelt lhe enviou. Embora a Grã-Bretanha estivesse de permeio, o conflito que se delineava era, sobretudo, entre os Estados Unidos, que tentavam impor e consolidar sua hegemonia, dentro do sistema capitalista, e a Alemanha, para a qual Hitler pretendia "organizar a Europa", como o Kaiser

Wilhelm II, e conquistar o *Lebensraum*, ou seja, alargar-lhe o espaço econômico, por cima das fronteiras do Estado nacional, cuja estreiteza continuava a obstruir a extraordinária expansão de suas forças produtivas. Seu grandioso projeto supernacional imperialista visava a estender o domínio da Alemanha do Atlântico aos Urais e de Narvik ao Suez, transformar em realidade o refrão do hino nacional — *Deutschland über Alles*[30] — e construir o Grande Império Germânico — III Reich — para organizar todo o planeta e durar pelo menos um milênio.

Diante da posição tomada pela Grã-Bretanha, com o suporte dos Estados Unidos, Hitler tratou de neutralizar a União Soviética, procurando entendimento com Stalin, a fim de obter suprimentos e ter as mãos livres para invadir a Polônia. Esta iniciativa não significou que ele renunciara ao propósito de conquistar as terras férteis da Ucrânia e o resto da União Soviética, como o *Lebensraum* da Alemanha. A invasão da Polônia constituía o *Vorspiel* (prelúdio) para a consecução do seu propósito, que consistia em parar o "eterno movimento dos alemães na direção do Sul e do Oeste e tornar suas vistas para a direção das terras no Leste", conforme revelara na obra *Mein Kampf*[31]. E, para atacá-la, deflagrando a guerra, Hitler explicou ao Alto Comando da Wehrmacht, em 22 de agosto de 1939, que ele daria "uma razão propagandística", acrescentando: "Não importa se é plausível ou não. Ao vencedor não se pergunta depois se ele disse ou não a verdade"[32]. Hitler sonhava com um grande triunfo, mas os generais da Wehrmacht estavam alarmados[33].

No dia seguinte, 23 de agosto de 1939, Joachim von Ribbentrop, ministro dos Negócios Estrangeiros da Alemanha, e Wjatscheslav Molotov, ministro dos Negócios Estrangeiros da União Soviética, assinaram, em Moscou, o Tratado de Não-Agressão (*Nichtangriffsvertrag*). Segundo a versão oficial do Kremlin, Stalin aceitara o entendimento, por temer que a França e a Grã-Bretanha, com os acordos de München, houvessem buscado desviar a belicosidade de Hitler contra a União Soviética[34]. Stalin tomou-o seriamente e, ao assiná-lo, propôs um brinde a Hitler e dirigiu-se a Joachim von Ribbentrop, garantindo, sob palavra de honra, que a União Soviética não trairia sua parceira[35]. O brinde de Stalin a Hitler não constituiu uma frase vazia. O pacto foi muito mais profundo e ultrapassou largamente quaisquer necessidades de segurança e manutenção da paz. Através de protocolos secretos, não só "amorais" como "criminosos", conforme as palavras de Alexander Yakovlev[36], os dois sincronizaram as ações militares, retalharam a Polônia e dividiram a Europa Oriental, "do Báltico ao mar Negro", em "esferas de influência", limitadas pela linha dos rios Narew, Vístula e San[37].

Como qualquer potência imperialista, a União Soviética não somente se apossou pelas armas tanto de parte da Polônia quanto das regiões orientais da Lituânia, Estônia, Letônia, Bessarábia e Finlândia, como abasteceu a Alemanha nazista com os suprimentos de energia e de matérias-primas de que ela necessitava para deflagrar a guerra. Com base em acordo comercial firmado em 11 de fevereiro de 1940, no valor de 640 milhões de Reichsmark, ainda lhe forneceu, depois de deflagrada a guerra com a invasão da Polônia, cerca de 900 mil toneladas de petróleo, um milhão de toneladas de cereais, 500 mil toneladas de farinha de trigo, 100 mil toneladas de algodão, 500 mil toneladas de fosfatos, consideráveis quantidades de numerosas outras matérias-primas, bem como o transporte de um milhão de toneladas de feijão de soja da Manchúria[38]. Desse modo, Stalin permitiu que Hitler superasse o bloqueio imposto à Alemanha pela Grã-Bretanha, atacasse a França, bem como invadisse a Bélgica e a Holanda, após o que ele próprio, Stalin, e Molotov prestaram solidariedade ideológica ao nazismo, congratulando-se com suas vitórias. A Internacional Comunista reorientou os partidos comunistas para que passassem a combater as democracias capitalistas do Ocidente. A NKVD (nova denominação da polícia de segurança da União Soviética) entregou à Gestapo comunistas alemães, muitos dos quais judeus, internados em suas prisões por divergência política[39]. Em 18 de dezembro de 1940, Hitler emitiu a Diretiva n° 21, ordenando que a Wehrmacht preparasse a *Operation Barbarossa*, i.e., a invasão da União Soviética, e poucos dias depois, véspera do Natal, Stalin telegrafou-lhe, afirmando que a amizade entre os povos dos dois países, "cimentada pelo sangue", tinha todos os motivos para ser "duradoura"[40].

Notas

1. Trotski, Leon — "Está na Alemanha a chave da situação internacional", 26/11/1931, in Trotsky, 1979, pp. 30-35.
2. Id., ibid., pp. 30-35.
3. Payne, 1995, p. 174.
4. Schirer, 1992, pp. 267-273.
5. Turner Jr., 1985, pp. 74, 78, 84, 92 e 208.
6. Manchester, 1968, p. 357.
7. A Alemanha foi a primeira nação a reconhecer a União Soviética, assim robustecendo sua própria posição perante as potências vitoriosas, que lhe tinham imposto as afrontosas cláusulas do Tratado de Versailles. O Tratado de Rapallo, celebrado em 1922, revestiu-se de extraordinária importância econômica e política para os dois países, não apenas sob os aspectos econômicos e comerciais. O governo de Berlim encarregou os antigos e excelentes oficiais da Reichswehr, muitos dos quais continuaram desempregados, de dar instruções aos soldados e aviadores do Exército Vermelho, recebendo, em troca, a permissão para que eles também treinassem na Rússia os novos quadros militares da Alemanha, o que constituía igualmente uma forma de evadir as disposições do Tratado de Versalhes.Vide Moniz Bandeira, 2001, pp. 60-61.
8. Hitler, Rede (17 April 1926), apud Schmied, p. 718.
9. Abreviatura de *Ausländer Sonderkonto für Inlandszahlungen*, que significa Conta Especial do Estrangeiro para Pagamentos Internos.
10. Rovan, 1994, pp. 678-679.
11. *Aide-mémoire*, Rio de Janeiro, 2/6/1936. Arquivo Histórico do Itamaraty, Lata 726, maço 10438.
12. Ibid.
13. *Memorandum*, Rio de Janeiro, 16/4/1936. Ibid.
14. Telegrama de Hugh Gibson ao secretário de Estado Cordell Hull, Rio de Janeiro, 1/6/1936. Paper Relating to FRUS, 1936, p. 261.
15. Ibid.
16. *Le Petit Parisien*, Paris, 16/6/1936.
17. Niemayer, s/d, 142. Sobre o tema, vide Moniz Bandeira, 1994, pp. 42-45. Vide também Hilton, 1977, pp. 97-100.
18. Schoultz, 1999, p. 308.
19. *The Financial Times*, London, 6/4/1936. Arquivo Histórico do Itamaraty — Lata 726, Maço 10438.
20. Ibid.
21. Le Petit Parisien, Paris, 16/6/1936.

22. Churchill, 1995, p. 161.
23. Beschloss, 2002, pp. 9-12.
24. Telegram by President Roosevelt to the Chancellor of Germany Adolf Hitler. U.S. Diplomatic Mission to Germany http://www.usembassy.de/usa/etexts/ga3-390414.htm
25. Finlândia, Estônia, Letônia, Lituânia, Suécia, Noruega, Dinamarca, Países Baixos, Belgica Grã-Bretanha e Irlanda, França, Portugal, Espanha, Suíça, Liechtenstein, Luxemburg, Polônia, Hungria, Romênia, Iugoslávia, Rússia, Bulgária, Grécia, Turquia, Iraque, Arábia, Síria, Palestina, Egito e Irã.
26. Adolf Hitlers Antwort an Roosevelt 28. April 1939. Der Führer antwortet Roosevelt. Reichstagsrede vom 28. April 1939. Zentralverlag der NSDAP., F. Eher Nachf., München. Alle Rechte Vorbehalten! Printed in Germany. Druck: Buchgewerbehaus M. Müller & Sohn, München. http://81.6.49.34/bibliothek1/Lifestyle%20Geschichte%20Welt/2WK/(ebook%20german)%20Adolf%20Hilter%20Der%20F%C3%BChrer%20antwortet%20Roosevelt%20Reichstagsrede%201939.pdf.
27. "*Herr Roosevelt wird sich in diesem Falle sicherlich auf die Monroe-Doktrin berufen und eine solche Forderung als eine Einmischung in die inneren Angelegenheiten des amerikanischen Kontinents ablehnen. Genau die gleiche Doktrin vertreten wir Deutsche nun für Europa, auf alle Fälle aber für den Bereich und die Belange des Großdeutschen Reiches*". Ibid.
28. Ibid.
29. "*Die in diesem Lande lebenden Araber dürften sich gegenüber Roosevelt daher sicher nicht über eine deutsche Aggression beschwert haben, aber sie beklagen sich in andauernden Appellen an die Weltöffentlichkeit über die barbarischen Methoden, mit denen England dort ein seine Freiheit liebendes und nur seine Freiheit verteidigendes Volk niederzuzwingen versucht*". Ibid.
30. O hino nacional da Alemanha foi escrito pelo poeta August Heinrich Hoffmann von Fallersleben (1798-1874), no século XIX, e o verso — *Deutschland über Alles* — se referia à unificação da Alemanha, ocorrida em 1871. Porém, foi deturpado pelos nazistas, que lhe deram um sentido expansionista.
31. "*Wir setzen dort an, wo man vor sechs Jahrhunderten endete. Wir stoppen den ewigen Germanenzug nach dem Süden und Westen Europas und weisen den Blick nach dem Land im Osten. Wir schließen endlich ab die Kolonial- und Handelspolitik der Vorkriegszeit und gehen über zur Bodenpolitik der Zukunft. Wenn wir aber heute in Europa von neuem Grund und Boden reden, können wir in erster Linie nur an Rußland und die ihm Untertanen Randstaaten denken*". Hitler, Adolf. *Mein Kampf*. Zweiter Band. 13. Kapitel: Deutsche Bündnispolitik nach dem Kriege, p. 684.
32. Fest, 1974, pp. 594-595. Fest, 1979, p. 82.

33. Gisevius, 1947, p. 378.
34. Autorenkollektiv, 1969, pp. 423-427.
35. Fest, 1974, pp. 592-593. Volkogonov, 1996, p. 386.
36. Yakovkev, um dos conselheiros de Mikhail Gorbatchov, presidente da União Soviética, foi um dos responsáveis pela Perestroika e presidiu a comissão que o Congresso de Deputados do Povo, em 2 de junho de 1989, encarregou de investigar a verdade sobre o Pacto de Hitler-Stalin. Suas conclusões, confirmando a existência dos protocolos secretos, foram encaminhadas ao Politburo do Partido Comunista da União Soviética (PCUS). Os protocolos secretos haviam sido encontrados na Alemanha, depois da Segunda Guerra Mundial, e divulgados no Ocidente pelos Aliados.
37. Gorodetsky, 1999, pp. 3-9.
38. Shirer, 1992, pp. 685-705, 829-837 e 1040-1049.
39. Yakowlew, 1991, pp. 119-120. Volkogonov, 1996, p. 387.
40. Shirer, 1992, pp. 1063.

Capítulo VI

ROOSEVELT E A PREPARAÇÃO DOS ESTADOS UNIDOS PARA A GUERRA • O MILITARISMO COMO ARTIGO DE EXPORTAÇÃO • BERNARD BARUCH E O COMPLEXO INDUSTRIAL-MILITAR • ARMAMENTISMO DE HITLER E ROOSEVELT PARA SUPERAR A CRISE ECONÔMICA • OS ENTENDIMENTOS ROOSEVELT-CHURCHILL • A FORMAÇÃO DO EIXO • PROVOCAÇÕES AO JAPÃO • O ATAQUE A PEARL HARBOR • A ENTRADA DOS ESTADOS UNIDOS NA GUERRA

Os Estados Unidos não podiam ficar fora do conflito na Europa, apesar do isolacionismo que, aparentemente, buscavam preservar. Em 4 de novembro de 1939 o Neutrality Act foi modificado, permitindo autorizar às companhias privadas americanas a exportação de material bélico, com base no princípio de "*Cash and Carry*". Em 31 de maio de 1940, Roosevelt introduziu o "*billion-dollar defense program*", com o objetivo de robustecer a capacidade militar dos Estados Unidos. E de outubro de 1939 a abril de 1940, os Estados Unidos despacharam armamentos para a Grã-Bretanha e a França no valor de mais de US$ 50 milhões[1]. Grande suprimento de rifles e canhões de artilharia para a Grã-Bretanha foi embarcado em 13 de junho de 1940, através da uma companhia de aço, como forma eludir o Neutrality Act. E Roosevelt, em seguida, forneceu à Grã-Bretanha, atendendo ao pedido do seu novo primeiro-ministro, Winston Churchill, cinqüenta destróieres em troca do arrendamento por 99 anos das bases britânicas no Caribe e em Newfoundland. Esses e outros fatos permitiram ao embaixador do Brasil em Washington, Carlos Martins, concluir, em carta ao presidente Getúlio Vargas (1930-1945 e 1951-1954), que a neutralidade já não oferecia garantias aos dirigentes americanos, porém a falta de preparo militar, que tratavam de remediar, ainda continha os Estados Unidos, mas "em futuro próximo teremos uma guerra que eles levarão ao Velho Mundo, como uma cruzada, com o lema de que é a América que irá libertar a Europa do jugo alemão"[2].

Os Estados Unidos já estavam engajados em massivo programa de rearmamento e podiam outra vez tornar o militarismo artigo de exportação para a Europa, tal como o fizeram na guerra de 1914-1918. Em setembro de 1940, Roosevelt deu alguns passos para envolver os Estados Unidos na guerra. Enviou ao Congresso um projeto, pedindo autorização para convocar os reservistas para o serviço militar e mobilizar as indústrias para a produção bélica; convocou as unidades da Guarda Nacional; negociou com a Grã-Bretanha o fornecimento de cinqüenta velhos destróieres em troca do arrendamento das bases em Bermuda, Bahamas, Jamaica, St. Lucia, Trinidad e Guiana Britânica; e destinou US$ 5 bilhões à criação de uma força naval bi-oceânica, que eventualmente incluiria cem porta-aviões[3]. E Roosevelt, através de programa de rádio, continuou a fazer agressiva propaganda contra a Alemanha, exagerando a ameaça para criar um consenso popular em favor da participação dos Estados Unidos na guerra. Alguns meses depois, 29 de dezembro de 1940, ele voltou a falar, através do rádio, e, referindo-se ao Pacto Tripartite, firmado em Berlim em 27 de setembro de 1940, pela Alemanha, Itália e Japão, disse que o objetivo dos nazistas era não somente escravizar a Europa, mas apoderar-se dos seus recursos para dominar o resto do mundo. Afirmou que a experiência do passado havia provado, fora de qualquer dúvida, que nenhuma nação podia apaziguar os nazistas. "*There can be no appeasement with ruthlessness*", acrescentou[4]. Explicou então que os Estados Unidos correriam muito menos risco de entrar na guerra, se ajudassem as outras nações a se defenderem contra o ataque do Eixo, do que se permitissem sua derrota. E anunciou que estava estabelecendo a mais efetiva organização para dirigir os "*gigantic efforts*" visando aumentar a produção de munições, canhões, aviões e outros petrechos bélicos. "*We must be the great arsenal of democracy*", Roosevelt declarou[5]. Em janeiro de 1941, apresentou ao Congresso sua proposta de orçamento, no valor de US$ 17,5 bilhões, dos quais US$ 10,8 bilhões se destinavam à defesa, o que representava um aumento de mais de 1.000% em relação a 1931, quando foram destinados ao Exército e à Marinha o montante de US$ 838.547.144,00[6]. E, ao pedir ao Comitê de Relações Exteriores do Senado americano a aprovação do programa de *Lend-Lease* (Empréstimo-Arrendamento), o secretário de Defesa, Henry L. Stimson, declarou:

> *"We are buying our own security while we prepare. By our delay during the past six years, while Germany was preparing, we find ourselves unprepared and unarmed, facing a thoroughly prepared and armed potential enemy."*

Stimson deixou bem clara a intenção de levar os Estados Unidos a participarem da guerra na Europa e, em março de 1941, o Congresso aprovou o *Lend-Lease Act*, concedendo a Roosevelt ilimitada autoridade para vender, transferir, dar título, trocar, arrendar, emprestar ou dispor de qualquer outra forma de artigos de defesa a qualquer outro país cuja proteção o presidente julgasse de vital importância. Um montante de US$ 7 bilhões foi reservado para financiar esse programa[7], mediante o qual os Estados Unidos forneceriam munição, tanques, aviões, caminhões e alimentos à Grã-Bretanha, sem que os Estados Unidos entrassem diretamente na guerra.

Mais uma vez o "Shylock americano", conforme a comparação feita por Trotsky após a guerra de 1914-1918, preparava-se para ganhar dinheiro, fornecendo à Europa os engenhos de destruição. Bernard M. Baruch, especulador de Wall Street, que em 1918 fora designado por Wilson presidente do War Industries Board (WIB), trabalhara, juntamente com outros empresários e alguns chefes militares, nos anos 1920 e 1930, para desenvolver e consolidar os planos de mobilização e cooperação industrial-militar, nos Estados Unidos[8]. E, em 26 de maio de 1940, Roosevelt, no seu programa de rádio, pôde revelar que desde 1933, quando assumiu o governo, até aquela data — sete anos fiscais — havia gasto cerca de US$ 1,5 bilhão, na Marinha, mais do que durante os sete anos que precederam a sua ascensão à presidência dos Estados Unidos[9], e aumentou de 79.000 para 150.000 o número de efetivos. Durante esse período, 215 navios de guerra — entre os quais 12 cruzadores; 63 destróieres; 26 submarinos; 3

porta-aviões; 2 canhoneiras; 7 navios auxiliares e muitas pequenas embarcações — foram incorporados à frota ou encomendados, um número sete vezes maior do que nos sete anos precedentes à sua administração. Roosevelt ainda informou que

> *"We are constantly improving and redesigning, testing new weapons, learning the lessons of the immediate war, and seeking to produce in accordance with the latest that the brains or science can conceive"*[10].

Assim como Hitler procedeu na Alemanha, Roosevelt, depois da crise de 1929, tratara de reanimar a economia dos Estados Unidos por meio do militarismo, ou seja, da produção de material bélico. De modo a fomentar a produção, adiantava às empresas privadas, das quais o governo dos Estados Unidos adquiria cerca de 95 a 97% dos armamentos[11], o dinheiro necessário para a ampliação das fábricas, o estabelecimento de novas plantas industriais, o emprego de milhares de trabalhadores, o desenvolvimento de novas fontes de suprimento de centenas de matérias-primas requeridas, bem como de meios para transportá-las rapidamente[12]. E Roosevelt abertamente se mostrava disposto a intervir na guerra contra a Alemanha, país que ele detestava desde a juventude[13]. Após a derrota da França, buscou o apoio bipartidário para sua política exterior, nomeando, em julho de 1940, um ativo republicano para a Secretaria da Marinha, William Franklin Knox, que condenou o Pacto Tripartite, mediante o qual se formou, em 27 de setembro, o Eixo Berlim-Tóquio-Roma, e convocou, em 5 de outubro, parte da reserva naval dos Estados Unidos.

A Alemanha, com o Pacto Tripartite, pretendeu dissuadir os Estados Unidos de entrar na guerra em apoio à Grã-Bretanha. E, da mesma forma que os Estados Unidos consideravam as Américas como sua esfera de influência, e a Alemanha buscava na Europa seu *Lebensraum*, o Japão, em guerra com a China desde 1937, tinha o projeto de criar no Extremo Oriente o que chamou de uma "esfera de co-prosperidade", similar à Doutrina Monroe, ocupando na Ásia Oriental as possessões da França, Países Baixos e Grã-Bretanha, ou seja, a Indochina, Dutch East Indies[14] (Indonésia) e Malásia britânica, fontes de petróleo, estanho e borracha.

Seu propósito consistia em levar os Estados Unidos a reconhecerem o que supunha ser seu direito[15]. E, em meados de 1941, invadiu a Indochina francesa (Camboja, Laos e Vietnã), com o assentimento do governo de Vichy, para avançar, em seguida, sobre a Malásia e a Dutch East Indies. Roosevelt, que em 1940 já proibira as exportações de petróleo e seu derivados, bem como de sucata de ferro, para o Japão, percebeu na sua ofensiva para controlar toda a Ásia uma grande ameaça aos interesses estratégicos dos Estados Unidos na região. E, ao tempo em que proclamava a Unlimited National Emergency, convocando os reservistas das Forças Armadas para o serviço ativo, decidiu aplicar sanções ao Japão. Os Estados Unidos, juntamente com a Grã-Bretanha e os Países Baixos (Holanda), congelaram seus ativos financeiros, nos bancos americanos, e cortaram o fornecimento de petróleo. Tais medidas visaram a estrangular economicamente o Japão, que, não mais podendo importar matérias-primas fundamentais para a sua indústria, sobretudo petróleo, só tinha como alternativa ou retirar as tropas da China e da Indochina ou buscar fontes de matérias-primas em outras partes, através da invasão, o que provocaria a guerra contra os Estados Unidos.

Roosevelt já estava a manter íntimo entendimento com Winston Churchill (1874-1965), sucessor de Chamberlain como primeiro-ministro da Grã-Bretanha, e foi ao seu encontro menos de dois meses depois que a Wehrmacht, com mais de 5,5 milhões de soldados e 4.300 Panzer, começara, a executar a *Operation Barbarrosa*[16], invadindo as fronteiras da União Soviética, em 22 de junho de 1941[17]. A conferência ocorreu entre 9 e 12 de agosto de 1941, a bordo couraçado *H.M.S. Prince of Wales*, em Placentia Bay (Newfoundland, Canadá). A Grã-Bretanha já estava então financeiramente exausta, "*completely bankrupt*", conforme Churchill disse a Henry Morgenthau Jr., secretário do Tesouro dos Estados Unidos[18]. Suas reservas em ouro haviam caído de US$ 4 bilhões, em 1938, para somente US$ 1 bilhão em 1940[19]. E Roosevelt comprometeu-se a dar-lhe suporte na guerra contra a Alemanha, como o *Lend-Lease Act* evidenciara, mas não ajudá-la a recuperar-se financeiramente. E exigiu da Grã-Bretanha o compromisso de dissolver o sistema de *Imperial Preference*[20], vigente para a suas colônias, e instituir o regime de "*open door*", que permitisse aos

Estados Unidos acesso aos mercados e às fontes de matérias-primas, na África, Ásia e Oriente Médio[21]. Naquele encontro, Roosevelt provavelmente acertou com Churchil a entrada dos Estados Unidos na guerra contra a Alemanha, mas através da *back door,* i.e., da guerra contra o Japão. E, ao fim das conversações, os dois chefes de governo emitiram um comunicado conjunto, a Carta do Atlântico, cujo artigo 6° dizia que,

> "*after the final destruction of the Nazi tyranny they hope to see established a peace which will afford to all nations the means of dwelling in safety within their own boundaries, and which will afford assurance that all the men in all the lands may live out their lives in freedom from fear and want*"[22].

Em suas memórias, Churchill comentou que foi espantoso o simples fato de que os Estados Unidos, um país ainda tecnicamente neutro, se aliassem a uma nação beligerante, em uma declaração de tal natureza, e ressaltou que a inclusão de uma referência no texto à "*final destruction of the Nazi tyranny*" equivaleu a um ato de guerra[23]. Também equivalera a um ato de guerra a cessão de cinqüenta velhos destróieres à Grã-Bretanha, conforme o senador Gerald Nye observara, ao criticar a transação, condenada também por vários outros congressistas[24]. Aliás, o contra-almirante Robert A. Theobald assinalou, ninguém podia pensar, nem por um minuto, que Roosevelt e Churchill, acompanhados por diplomatas de alto nível e assessores navais e militares, viajaram 250 milhas, com o oceano infestado de submarinos, apenas para fazer um pronunciamento neutral[25]. Roosevelt disse a Churchill que os Estados Unidos estavam determinados a entrar na guerra, no Extremo Oriente, mesmo que não fossem diretamente atacados. E, durante o encontro de Placentia, eles assentaram as bases da cooperação e Roosevelt tomou a iniciativa das provocações, porque, coincidindo com a avaliação do comandante Arthur H. McCollum, responsável pelo Extremo Oriente no Office of Naval Intelligence, percebia a Alemanha como o inimigo estratégico dos Estados Unidos e temia que Hitler, caso conseguisse dominar a Grã Bretanha, estendesse sua ação ao Canadá e ao Caribe[26]. Contudo, durante a campanha eleitoral de 1940, ele havia prometido às mães americanas que não enviaria seus filhos para lutar em guerras estrangeiras. Uma pesquisa da opinião pública, realizada em 1° de fevereiro de 1941 pelo Instituto Gallup, evidenciara que 88% do povo americano se opunham à participação dos Estados Unidos no conflito com a Alemanha. E apenas por um voto a House of Representatives aprovou a renovação do serviço militar obrigatório[27].

Roosevelt queria reverter a tendência isolacionista dos Estados Unidos, a *ile-continent*, no dizer de Raymond Aron[28]. Entendia que a Grã-Bretanha, por si só, não tinha condições de vencer a Alemanha, sem que os Estados Unidos participassem diretamente da conflagração. Ele necessitava, porém, de um motivo que comovesse a opinião pública e a induzisse a apoiar o envolvimento dos Estados Unidos. Necessitava, como Hitler, de uma "razão propagandística", pois "*only a cataclysm happening could move Congress to enact a declaration of war*", conforme ressaltou o contra-almirante Robert A. Theobald, comandante dos destróieres em Pearl Habor, acrescentando: "*This was the President's problem*"[29]. Assim, ao mesmo tempo em que intensificava os preparativos militares e violava as normas da neutralidade, com o propósito de provocar o conflito, Roosevelt fazia constante propaganda contra a Alemanha, em programa de rádio — *Fireside chat* — através do qual falava, freqüentemente, ao povo americano. Em 11 de setembro, anunciando que submarinos alemães haviam atacado um destróier americano, no rumo da Islândia, declarou que os americanos sempre lutaram pela liberdade dos mares e que a irrestrita guerra submarina, em 1941, constituía um ato de agressão contra a histórica política dos Estados Unidos. Avisou que, dali por diante, se um navio alemão ou italiano entrasse em áreas, cuja proteção fosse necessária para a defesa dos Estados Unidos, "*they do so at their own peril*"[30]. Seu objetivo fora fomentar "*false fears*" com respeito à segurança dos Estados Unidos[31].

Apesar das sucessivas violações da neutralidade, que Roosevelt estava a cometer, a Alemanha complacentemente não aceitava as provocações e evitava romper as relações diplomáticas com os Estados Unidos[32]. Hitler sabia que entrada dos Estados Unidos na guerra de 1914-1918 fora decisiva para a derrota do Reich. E Roosevelt, em tais circunstâncias, empreendeu uma estratégia diplomática, engendrada pelo Comandante Arthur McCollum, em *memorandum* datado 7 de outubro de 1940 , de modo a provocar o Japão e o impelir a desfechar o ataque contra a frota americana no Havaí ou as colônias da Grã-Bretanha e dos Países Baixos no Pacífico. A provocação implicou sanções econômicas, que culminaram em 25 de julho de 1941, quando os Estados Unidos, juntamente com a Grã-Bretanha e os Países Baixos, suspenderam todo o comércio com o Japão, submetendo-o a um completo cerco econômico[33]. Em mensagem a Roosevelt, datada de 5 de novembro daquele ano, Churchill comentou que "*our joint embargo is steadily forcing the Japanese to decisions for peace or war*"[34].

O Pacto Tripartite, que a Alemanha firmara com a Itália e o Japão, em 28 de setembro de 1940, comprometendo as três potências à defesa mútua, constituiu o fundamento da estratégia que Roosevelt implementava, porquanto a guerra com o Japão, mais fácil de provocar, significava, conseqüentemente, a guerra contra a Alemanha[35]. Com esse propósito, após regressar da conferência com Churchill, Roosevelt repeliu os esforços de Fumimaro Konoye, primeiro-ministro do Japão, para acertar pacificamente as diferenças com os Estados Unidos. O general Hideki Tojo, em 16 de outubro de 1941, substituiu então Fumimaro Konoye na chefia do governo e ainda tentou um entendimento, de modo a preservar os interesses dos Estados Unidos na Ásia Oriental. Propôs um *modus vivendi* temporário, por três meses. Mas as negociações tornaram-se tão tensas que, em 7 de novembro, Roosevelt e os secretários chegaram à conclusão de que "*the people would back us up in case we struck at Japan down there*" (no Oriente). Ele não tinha dúvida de que o Japão se dispunha a acometer os Estados Unidos, caso não alcançasse um entendimento por meios pacíficos. E, apesar de que o general Marshall, e o almirante Harold R. Stark, chefe das Operações Navais, fossem favoráveis à aceitação do *modus vivendi* com o Japão, a fim de que pudessem completar os planos adequados à guerra no Pacífico, Roosevelt autorizou o secretário de Estado, Cordell Hull, a rejeitar a proposta do general Tojo, em 26 de novembro, dandolhe *ultimatum* para que retirasse as tropas da China e da Indochina, e eventualmente rejeitasse o Pacto Tripartite. Essas condições eram, naturalmente, inaceitáveis para o Japão. Ou ele se rendia ou lutava, e não havia dúvida sobre qual seria a sua reação. A única conclusão era de que Roosevelt queria estar absolutamente certo de que a resposta seria a declaração de guerra[36]. E Hull disse a Stimson: "*I have washed my hands of it, and it is now in the hands of you and Knox, the Army and Navy.*"

Com o *ultimatum* de 26 de novembro, a questão saiu do âmbito da diplomacia e passou para as mãos dos militares, i.e., a política teria desdobramento, por meio da guerra. Era o que Roosevelt esperava. E seu *staff* avaliou três opções: 1 — os Estados Unidos poderiam esperar até que o Japão os atacasse; 2 — poderiam atacá-lo, antes, sem declaração de guerra pelo Congresso; 3 — ou Roosevelt poderia levar ao Congresso a questão da paz ou da guerra. A deflagração da guerra tornou-se tão iminente que Roosevelt, em conferência com Cordell Hull, Stimson, Knox, o general Marshall e o almirante Stark, previu que os Estados Unidos eram "*likely to be attacked perhaps (as soon as possible) next Monday*" (31 de dezembro). A questão que eles discutiram consistiu em "*how we should maneuver them (os japoneses) into the position of firing the first shot without allowing too much dangers to ourselves*", anotou Stimson em seu diário[37]. E em mensagem enviada aos comandantes americanos no Havaí, Filipinas e Canal do Panamá, em 27 de novembro de 1941, informando-os sobre a situação e a iminência do conflito, o Almirante Stark repetiu que, se as hostilidades não pudessem ser evitadas, os Estados Unidos desejavam que o Japão tomasse a iniciativa de deflagrá-las[38].

O escritor americano Gore Vidal contou que, em 15 de novembro, George C. Marshall, chefe do Estado-maior do Exército, reuniu vários chefes de redação de jornais e, após pedir-lhes segredo, informou-os de que os Estados Unidos haviam quebrado o código da Marinha japonesa e que a guerra com o Japão começaria nos primeiros cinco dias de dezembro[39]. O próprio Churchill, em suas memórias, confirmou que "*from the end of 1940 the Americans had pierced the vital Japanese ciphers, and were decoding a large number of their military and diplomatic telegrams*"[40]. Com efeito, o código Purple fora completamente quebrado e o Signal Intelligence Service (SIS), da Marinha americana, estava a executar a operação Magic, interceptando, decifrando as mensagens do governo japonês e retransmitindo-as para Washington[41]. E, conforme o general Albert C. Wedemeyer confirmou, "(...) *thanks to the breaking of the Japanese code, Roosevelt, Admiral Stark, and presumably also General Marshall, were forewarned of the Japanese attack scheduled for December 7*". Não havia dúvida de que Roosevelt e as demais autoridades americanas esperavam que o ataque ocorresse provavelmente na primeira semana de dezembro e, desde de janeiro de 1941, o embaixador dos Estados Unidos em Tóquio alertara Washington de que as hostilidades abertas começariam com um ataque aéreo contra a base naval em Pearl Harbor[42]. Diversas mensagens interceptadas pelo SIS e decodificadas pela Magic[43], nos dias 3, 4 e 5 de dezembro, indicaram inequivocamente o interesse do Japão em saber sobre a frota dos Estados Unidos lá estacionada[44]. Em 6 de dezembro, os serviços de inteligência da Grã-Bretanha perceberam o deslocamento da esquadra japonesa através do golfo do Sião[45]. E, no mesmo dia, criptógrafos americanos decodificaram e traduziram quatro mensagens, uma das quais comunicava a 12 cônsules do Japão a ruptura de relações com os Estados Unidos e outra instruía o embaixador do Japão em Washington, Nomura Kichisaburo, para que a apresentasse ao Departamento de Estado, às 13 horas do dia 7 (domingo), um *memorandum*, dividido em 14 tópicos, na qual o governo japonês dizia lamentar notificar ao governo americano que, em virtude de sua atitude, somente poderia considerar que se tornava impossível um acordo por meio de negociações[46]. Conforme depoimento prestado pelo comandante Lester Schulz ao Joint Congressional Investigations Committee, Roosevelt ao ler as 13 partes da mensagem decifrada, declarou para Harry Hopkin, chefe de sua assessoria: "*This means war*"[47].

Magic não obteve informação que conclusivamente provasse que o Japão atacaria em Pearl Harbor, em 7 de dezembro, mas havia indicações seguras de que algo significativo ocorreria naquele dia, em torno das 13 horas (Washington), ou seja, em torno das 7h30 (Havaí). Porém, a comparação das mais importantes mensagens revelava as tendências — e em conjunção com outras — indicava que o começo das hostilidades estava iminente. Contudo, apesar de que o governo americano, através de Magic, tomasse conhecimento da nota antes de sua entrega ao Departamento de

Estado (dificuldade na decodificação pela Embaixada do Japão retardou a entrega[48]), nem o contra-almirante Husband E. Kimmel, comandante-em-chefe da frota no Pacífico, nem o tenente-general Walter C. Short, Comandante do Exército no Havaí, foram avisados da iminência da ameaça[49]. E a guerra começou quando, na manhã de 7 de dezembro, um destróier americano, o *USS Ward* (DD-139), sob o comando do Lt. William W. Outerbridge, afundou um minissubmarino japonês, nas proximidades de Pearl Harbor, e uma hora depois os aviões do Japão atacaram a base americana[50]. Como resultado, 2.476 marinheiros, soldados e civis americanos mortos, mais de 1.000 feridos, cerca de 200 aviões destruídos, 18 navios de guerra afundados e vários outros avariados[51]. "*The Japs have solved the whole things by attacking directly in Hawaii*" — comentou o secretário da Guerra, Henry L. Stimson[52]. Aí estava o pretexto de que Franklin D. Roosevelt necessitava para vencer as tendências isolacionistas e envolver os Estados Unidos, diretamente, no conflito com a Alemanha. No dia seguinte, ele dirigiu mensagem ao Congresso, com o pedido de declaração de guerra ao Japão, comunicando que "*yesterday, December 7, 1941 — a date which will live in infamy — the United States of America was suddenly and deliberately attacked by naval and air forces of the Empire of Japan*"[53]. E, em seu programa de rádio, Roosevelt, em 9 de dezembro, declarou "*that the United States can accept no result save victory, final and complete*"[54], dizendo que não bastava eliminar o perigo do Japão se o resto do mundo estivesse dominado por Hitler e Mussolini.

"*Japan was provoked into attacking Pearl Harbor*", comentou Oliver Lyttelton, ministro da Produção da Grã-Bretanha, acrescentando que era incorreto dizer que a América foi forçada a entrar na guerra e que fora verdadeiramente neutra, antes de ser atacada[55]. As evidências de que Roosevelt buscara o confronto com o Japão, como forma de impelir os Estados Unidos à guerra contra a Alemanha, foram incontestáveis e também percebidas por muitos americanos, contemporâneos da crise que culminou com o bombardeio de Pearl Harbor. "*He* (Roosevelt) *got us in through the back door*" — o general Robert Wood, fundador do America First Committee[56], disse ao aviador Charles Lindbergh[57], logo que soube do bombardeio de Pearl Harbor[58]. O general Robert Wood e o aviador Charles Lindbergh foram acusados de simpatizantes do nazi-fascismo. Mas o general Albert C. Wedemeyer, autor do Victory Program para a guerra contra a Alemanha, depois adaptado contra o Japão, ressaltou em *Wedemeyer Reports!* que "*the fact that Japan's attack had been deliberately provoked was obscured by the disaster at Pearl Harbor*"[59]. O contra-almirante Robert A. Theobald, testemunha do ataque de 7 de dezembro de 1941, confirmou em *The Final Secret of Pearl Harbor* que foi diplomaticamente um "*complete success*" a estratégia que Roosevelt desenvolveu, pondo constante e crescente pressão econômica sobre o Japão, ao mesmo tempo em que mantinha a frota americana em Pearl Harbor, como um convite a um ataque de surpresa[60]. E Harry Truman, que sucedeu a Roosevelt na presidência dos Estados Unidos, disse ao contra-almirante Sidney W. Souers, primeiro diretor da Central Intelligence Agency (CIA), quando criada em 1947 como sucessora do Office of Strategic Service (OSS), que o "*president Roosevelt got the intelligence and decided to allow the Pearl Harbor attack happen as a way of arousing an otherwise apathetic populace!*"[61].

O jornalista John T. Flynn publicou, em setembro de 1945, um panfleto de 15 páginas, intitulado *The Final Secret of Pearl Harbor*, e que teve enorme repercussão. Ele acusou Roosevelt de aguilhoar o Japão para que desse o primeiro tiro, como aconteceu com o ataque a Pearl Harbor, resolvendo seu problema para entrar na guerra contra a Alemanha, ao lado da Grã-Bretanha[62]. Segundo Flynn, por volta de 1° de janeiro de 1941, Roosevelt decidiu ir à guerra contra o Japão, porém, prometera durante a campanha eleitoral que os Estados Unidos não participariam de guerras estrangeiras, a menos que fosse atacado. "*I shall say it again and again: your boys are not going to be sent into any foreign wars*", declarou. E daí por que tratou de provocar o governo de Tóquio, através de várias médias, agravadas, em novembro, com um *ultimatum* que ele sabia não seria aceito. A conseqüência seria a ruptura de relações diplomáticas e um ataque, provavelmente, contra Singapura, território sob o domínio da Grã-Bretanha[63].

Não restava dúvida de que o Japão deflagraria as hostilidades e Pearl Harbor era o alvo[64]. O almirante James O. Richardson, no início de 1941, fora removido do comando da frota do Pacífico porque se opusera à insistência de Roosevelt para que ela permanecesse ali estacionada[65]. David Ogilvy, funcionário do Intelligence Service na Embaixada Britânica em Washington, contou, em suas memórias, que William Stephenson[66], chefe das operações de espionagem da Grã-Bretanha no hemisfério ocidental, telegrafou a Londres, poucos dias antes do que aconteceu em Pearl Harbor, informando de que um ataque japonês era esperado. E, instado a identificar a fonte do informe, ele laconicamente declarou: "*The President of the United States*"[67]. O próprio almirante Husband E. Kimmel declarou em entrevista a Dean Clarence Manion, do *Historical of Review Historical*:

> "*I believe those who had seen the intercepted and decoded Japanese messages, including the 14 part message received on December 6 and December 7, 1941, knew war with Japan was inevitable. And the almost certain objective of the Japanese attack would be the fleet at Pearl Harbor, on December 7, 1941, at 1 p.m. Washington time*[68]".

Talvez Roosevelt não esperasse que o acontecimento fosse tão trágico. O secretário da Marinha, Frank Knox, recordou que ele ficara branco como a folha de um papel, ao ser informado do devastador ataque a Pearl Harbor. E comentou: "*He expected to get hit but not so hurt*". De qualquer forma, não restou dúvida de que Roosevelt, frustrado pela tendência isolacionista do povo americano e atado à promessa feita durante a campanha eleitoral, manipulou os acontecimentos, tratando de provocar o Japão, e alcançou o seu objetivo de levar os Estados Unidos à guerra na Europa, através da porta traseira (*back door*). Vários militares americanos e historiadores, entre os quais Thomas Fleming, Robert B. Stinnet e John Toland, comprovaram, com base em vasta documentação, que o desastre militar em Pearl Harbor não foi um acidente, nem uma falha dos serviços de inteligência dos Estados Unidos nem um golpe traiçoeiro do Japão, premido pela explosão demográfica e a necessidade de encontrar novas fontes de recursos e mercados[69]. Foi conscientemente provocado e esperado.

Roosevelt queria consolidar a opinião pública ao seu lado. Seria a "razão propagandística" para levar os Estados Unidos à guerra contra o Eixo. E, dois meses após o ataque a Pearl Harbor, Roosevelt emitiu a Executive Order 9.066, autorizando o secretário da Guerra a designar áreas militares das quais "*any or all persons may be excluded*" e a criar campos de concentração, onde foram confinandos todos os americanos, descendentes de japoneses.

Notas

1. Schulzinger, 1994, p. 169.
2. Carta de Carlos Martins, Embaixador do Brasil em Washington, a Getúlio Vargas, Washington, 18/6/1940, doc. 97, vol. 33. Arquivo de Getúlio Vargas.
3. Stinnett, 2000, pp. 24-25.
4. "On National Security" — Radio Address of the President, Delivered from the White House Fireside Chat. White House, Washington, D.C. December 29, 1940 — Franklin D. Roosevelt Presidential Library and Museum — http://www.fdrlibrary.marist.edu/122940.html
5. Ibid.
6. Ibid.
7. O orçamento militar dos Estados Unidos, para o Exército e a Marinha, saltou de US$ 66,6 milhões, em 1890, para US$ 190,7 milhões em 1900, US$ 348,0 milhões, em 1914, US$ 678,2 milhões, em 1923, e US$ 838,5 milhões, em 1931. Os Estados Unidos eram, em 1930, o terceiro maior exportador de armamentos, abaixo da Grã-Bretanha e da França. Esses três países respondiam por cerca de 55% das exportações de armas. Engelbrecht & Hanighen, 1934, pp. 251-260.
8. Em 23 de outubro, o Senado aprovou uma suplementação de US$ 5,98 bilhões para o programa de Lend-Lease.
9. Schwarz, Jordan A. "Baruch, the New Deal and the Origins of the Military-Industrial Complex", in Higgs, 1990, pp. 1-19.
10. "On National Defense" — Radio Address of the President, Delivered from the White House — Fireside Chat. White House, Washington, D.C. May 26, 1940 — http://www.fdrlibrary.marist.edu/122940.html
11. Ibid.
12. Engelbrecht & Hanighen, 1934, pp. 248, 269-270.

13. "On National Defense" — Radio Address of the President, Delivered from the White House — Fireside Chat. White House, Washington, D.C. May 26, 1940 — http:/ /www.fdrlibrary.marist.edu/122940.html
14. Fleming, 2002, pp. 181 e 268. Beschloss, 2002, pp. 9-11.
15. Dutch East Indies, ou Netherlands East Indies (Índias Orientais Holandesas) era o nome da Indonésia sob o domínio dos Países Baixos (Netherlands: Países Baixos), conhecidos como Holanda.
16. Em maio de 1934, o embaixador do Japão em Washington, Hiroshi Saito, propôs a Cordell Hull um acordo de oito pontos com os Estados Unidos, cujo objetivo consistia em definir suas esferas de influência, reconhecendo como "apropriado e legítimo poder de estabelecer o reinado da lei e a ordem nas regiões geograficamente adjacentes aos seus respectivos países". Apud. Pratt, 1955, p. 586.
17. Autorenkollektiv, 1985, pp. 147-155.
18. Roosevelt soube que a Alemanha invadiria a União Soviética, uma semana antes, porque o SIS interceptara em 14 de junho um telegrama em código Purple, enviado para Tóquio pelo embaixador do Japão em Berlim, Barão Hiroshi Oshima. Stinnett, 2000, p. 69.
19. Beschloss, 2002, 2.
20. Hudson, 2003, p. 119.
21. Churchill, 1985, p. 395.
22. Krippendorff, 1987, pp. 190-191.
23. Vide original in Churchill, 1985, pp. 385-386 e 393-395.
24. Id., ibid., p. 394. Vide também Churchill, 1995, pp. 564-565. Wedemeyer, 1958, p. 17-19.
25. Stinnet, 2000, p. 25.
26. Theobald, 1954, pp. 16-17.
27. Stinnet, 2000, pp. 12-13.
28. Churchill, 1985, pp. 535-536.
29. Aron, 1973, p. 15.
30. Theobald, 1954, p. 3.
31. "On Maintaining Freedom of the Seas" — September 11, 1941 — Radio Address of the President, Broadcast from the White House. http://www.fdrlibrary.marist.edu/ 122940.html. A Alemanha não queria que os Estados Unidos entrassem na guerra, uma vez que fortaleceria a Grã-Bretanha e retardaria sua possível vitória. O grande-almirante Eric Raeder, comandante-em-chefe da Marinha alemã, emitira ordens para evitar incidentes navais com os Estados Unidos, ordem esta que Hitler confirmou. Porém, em 4 de setembro de 1941, ocorreu um incidente entre o destróier *Greer*, que seguia rumo à Islândia, e um submarino alemão. Em 11 de setembro, Roosevelt, em seu programa de rádio, deu uma versão distorcida do acontecimento,

omitindo que o *Greer* havia tomado a iniciativa do ataque. No mês seguinte, 16 de outubro, cinco destróieres americanos partiram de Reykjavik (Islândia) para apoiar um comboio britânico-canadense que transportava material de guerra e fora atacado por cinco submarinos alemães. O destróier *Kearny* foi atingido por um torpedo, ao deslocar-se para o meio do combate entre os submarinos e os navios de guerra britânicos e canadenses. A versão do incidente, segundo Roosevelt, fora a de que dera ordens para que os navios americanos atirassem em qualquer navio do Eixo que entrasse em áreas consideradas vitais para a defesa dos Estados Unidos.

32. Vide Wedemeyer, 1958, p. 18.
33. Vide Theobald, 1954, pp. 10-11.
34. Id., ibid., pp. 3-4.
35. Churchill, 1985, pp. 526-527.
36. Theobald, 1954, pp. 3-4.
37. Id., ibid., pp. 20-22.
38. "*There is the complete picture of the Roosevelt strategy for initiation of the war: Japanese action was counted upon to bring an aroused and united American people into the war; a Japanese surprise attack was fully expected; if the surprise attack failed, the Japanese were to be manoeuvred into firing the first shot; all present at the conference fully appreciated that either the surprise attack or the manoeuvre to assure that the Japanese fired the first shot would cause serious U.S. losses*". Theobald, 1954, p. 77. Beard, 1948, p. 517.
39. Top Secret — Naval Message — Priority — From: Chief Of Naval Operations — To: CinCPAC — Date: 28, November 1941. "*The Army has sent the following to commander western defense "negotiations with Japan appear to be terminated to all practical purposes with only the barest possibilities that the Japanese government might come back and offer to continue" x Japanese future action unpredictable but hostile action possible at any moment x if hostilities cannot, repeat, cannot, be avoided the united states desires that Japan commit the first overt act x this policy should not, repeat, should not, be considered as restricting you to a course of action that might jeopardize your defense x prior to hostile Japanese action you are directed to undertake such reconnaissance and other measures should be carried out so as not, repeat not, to alarm civil population or disclose intent x report measures taken x should hostilities occur you will carry out the tasks assigned in rainbow five so far as they pertain to Japan x limit dissemination of this highly secret information to minimum essential officers x unquote xx wpl52 is not applicable to pacific area and will not be placed in affect in that area except as now in force in southeast pacific sub area and panama naval coastal frontier x undertake no offensive action until Japan has committed an overt act x be prepared to carry out tasks assigned in*

wpl46 so far as they apply to Japan in case hostilities occur". Released by: Admiral H.R. Stark, Chief of Naval Operations. Toland, 1972, p. 7.

40. Vidal, 2002, p. 87-88.
41. Churchill, 1985, p. 532.
42. Estações de interceptação de mensagens haviam sido estabelecidas em Shanghai e Oahu, com alguns operadores que haviam aprendido o código Morse em japonês. As mensagens criptografadas no sistema Purple foram decifradas e retransmitidas para Washington. Durante as últimas semanas de novembro e início de dezembro de 1941, as mensagens diplomáticas do Japão foram interceptadas pelas estações nos Estados Unidos (Bainbridge Island e Cheltenham, entre outras) e retransmitidas para Washington. O Exército também interceptou outras mensagens.
43. Pratt, 1955, p. 660.
44. Magic foi o termo geralmente usado para a quebra de todos os códigos japoneses que incluíam o Purple, máquina de cifrar de alto nível usada pela Embaixada do Japão em Washington. Kahn, 1996., pp. 117, 131-132. Theobald, 1954, pp. 32-39.
45. Theobald, 1954, pp. 42-47. Pratt, 1955, p. 662.
46. Churchill, 1985, pp. 534-535.
47. Department of State Bulletin, Vol. V, no. 129, Dec. 13, 1941.
48. Stinnet, 2001, pp. 228-231. Toland, 1972, p. 5. Fleming, 2002, p. 5. Flynn, 1945, p. 9. O escritor americano Gore Vidal, em sua novela histórica *The Golden Age*, que focaliza a década de 1940, reproduziu esse episódio, em que Roosevelt, ao ler a 14ª parte da mensagem decifrada, exclamou: "*This means war*". Vidal, 2000, p. 208.
49. Os funcionários na Embaixada do Japão tiveram dificuldades em decodificar uma parte da nota, de sorte que o embaixador Nomura somente chegou ao Departamento de Estado às 14h25, uma hora e meia depois do ataque a Pearl Harbor, que começara às 13h25 (hora de Washington), ou seja, às 7h55 em Honolulu.
50. Nem Kimmel nem Short receberam qualquer mensagem das que foram interceptadas e decodificadas, pela máquina Purple, desde que em julho de 1941 Roosevelt tomara medidas econômicas contra o Japão. O próprio Kimmel confirmou, no prefácio ao livro do Almirante Theobald, que os comandantes em Pearl Harbor não foram informados nem do texto nem do sumário da nota expedida para o Japão, em 26 de novembro de 1945, nem do compromisso de que os Estados Unidos entrariam na guerra, se o Japão atacasse a Grã-Bretanha. Também não foram retransmitidas para os comandantes da Marinha e do Exército, no Havaí, as mensagens interceptadas, decodificadas e transmitidas a Washington, em 6 de dezembro, véspera do ataque a Pearl Harbor. Theobald, 1954, pp. iv-v. Barnes, 1968, p. 27-31.

51. "Sea Yields a Story of Pearl Harbor — U.S. Fired First Shot, Sinking Enemy Sub" — *The Washington Post*, 31/08/2002.
52. Stinnett, 2000, p. 244.
53. Toland, 1972, p. 326.
54. Joint Address to Congress Leading to a Declaration of War Against Japan — December 8, 1941. Franklin D. Roosevelt Presidential Library and Museum -http://www.fdrlibrary.marist.edu/oddec7.html
55. 140 Fireside Chat. December 9, 1941 — Franklin Roosevelt's Fireside Chats — American Presidency Project — Department of Political Science-University of Califórnia http://www.presidency.ucsb.edu/docs/fireside/120941.php
56. Apud Lens, 2003, p. 322.
57. O general Robert Wood, presidente da Sears & Roebuck, foi o presidente da America First Committee, uma organização de direita, que defendia o isolacionaismo e se opunha à guerra contra a Alemanha. Foi acusado de ter simpatia pelo nazi-fascismo.
58. Charles Lindbergh tornou-se famoso porque realizou o primeiro vôo transatlântico. Em 20 de maio de 1927 pilotou o aeroplano Spirit of St Louis e, voando trinta e seis horas e meia, atravessou 3.500 milhas e aterrissou em Paris.
59. Fleming, 2002, p. 40.
60. Wedemeyer, 1958, pp. 1-2.
61. "*Thus, by holding a weak Pacific Fleet in Hawaii as an invitation to a surprise attack, and by denying the Commander of that Fleet the information which might cause him that attack impossible, President Roosevelt brought war to United States on December 7, 1941*". Theobald, 1954, p. 201.
62. Copeland, 1989, pp. 68-69.
63. Flynn, John T. — *The Final Secret of Pearl Harbor*. Nova York: s/ed, 2a. edição revisada, 1945. O texto foi publicado inicialmente pelo *Chicago Tribune* e o *Washington Times-Herald*, com enorme repercussão nos Estados Unidos.
64. Flynn, 1945, p. 13.
65. Stinnett provou que Roosevelt e outras autoridades americanas acompanhavam a movimentação da frota japonesa no Pacífico e estavam inteiramente certos de que o alvo do ataque era Pearl Harbor. Stinnett, 2000, pp. 30-32, 172, 209-211, 235-237, 261-262.
66. Toland, 1972, p. 262.
67. Durante a guerra, William Stephenson dirigiu as operações de espionagem do Intelligence Service no hemisfério ocidental e coordenou o intercâmbio de inteligência entre a Grã-Bretanha e os Estados Unidos. Serviu como o intermediário de confiança entre Churchill e Roosevelt.
68. Olgivy, 1978, pp. 89-90.

69. "An Interview with Admiral Kimmel" — *Journal of Historical of Review*, Institute for Historical Review — Dean Clarence Manion, December 7. http://www.ihr.org/cgi-bin/htsearch.

70. Além do pequeno livro de John T. Flynn — *The Final Secret of Pearl Harbor* — publicado em 1945, há muitos livros, com base em documentação liberada nos Estados Unidos, mostrando que Roosevelt provocou o Japão e previa o ataque a Pearl Harbor. É vasta a bibliografia, na qual se destacam as seguintes obras: Ogilvy, David — *Blood, Brains, & Beer* (Autobiography of David Ogilvy). Nova York: Atheneum, 1978; .Barnes, Harry Elmer. *Pearl Harbor After a Quarter of a Century.* Torrance, California: Institute for Historical Review, 1968; Beard,Charles A. President. *Roosevelt and the Coming of the War, 1941:* A Study in Appearances and Realities. New Haven: Yale University Press, 1948; Copeland, Miles *The Game Player.* Confessions of the CIA's Original Political Operative Londres: Aurum Press,1989; Current, Richard N. *Secretary Stimson A Study In Statecraft.* New Brunswick: Rutgers University Press 1954; Stinnett, Robert B.. *Day of Deceit:* The Truth about FDR and Pearl Harbor. Nova York: The Free Press, 2000; Theobald, Rear Admiral Robert A. *The Final Secret of Pearl Harbor* — The Washington Contribution to the Japanese Attack. Nova York: Devin-Adair Company, 1954; Toland, John. *Infamy*: Pearl Harbour and Its Aftermath. Nova York: Berkley Books, 1972. "*Since September 1945, many authors and historians have Express the belief that Roosevelt knew of the impending attack by the Japanese. What they didn't know (...) what that a systematic plan had been place long before Pearl Harbor that would climax with attack*". Stinnett, 2000, pp. 258.259. A obra de Stinnett é apoiada em uma vasta documentação obtida através do Freedom of Information Act (FOIA).

Capítulo VII

O ÓDIO DE ROOSEVELT À ALEMANHA • A RESPONSABILIDADE PARCIAL DOS ESTADOS UNIDOS NO DESENCADEAMENTO DA GUERRA • RESISTÊNCIA E COMPLÔ CONTRA HITLER • DESTRUIÇÃO DA ALEMANHA COMO OBJETIVO DE ROOSEVELT • TERRORISMO AÉREO • HIROSHIMA E NAGASAKI • O SAQUE DE BERLIM PELO EXÉRCITO VERMELHO • OS ACORDOS DE BRETTON WOODS E A NOVA ORDEM ECONÔMICA MUNDIAL • A ONU

Os Estados Unidos tiveram "*historiquement une part de responsabilité dans le déclenchement de la double guerre de l'Atlantique et du Pacifique*", conforme Raymond Aron concluiu[1]. Com o território ao abrigo de ataques e enviando tropas para combater em terras longínquas, a "*puissance insulaire*" pretendeu estender ao Velho Continente e à Ásia a preponderância que já exercia no hemisfério ocidental. Seu envolvimento aberto na guerra contra a Alemanha haveria ocorrido, meses antes de Pearl Harbor, se Hitler não houvesse deliberadamente evitado responder às atitudes beligerantes e provocativas que Roosevelt estava a tomar desde pelo menos 1939-40. Como o notável escritor americano Gore Vidal ressaltou, "*today, no one seriously contest that Franklin D. Roosevelt wanted the United States in the war against Hitler*"[2]. E conseguiu-o. No dia 11 de dezembro, às 14h30, Joachim von Ribbentrop, ministro dos Negócios Estrangeiros da Alemanha, entregou a Leland Morris, encarregado de Negócios dos Estados Unidos em Berlim, a declaração de guerra[3], alegando que o governo americano havia violado da maneira mais flagrante e em sempre crescente medida as normas da neutralidade, bem como realizado, continuamente, graves provocações, desde a erupção do conflito na Europa, em 3 de setembro de 1939[4]. Hitler considerou um "trágico encadeamento" ("*eine tragische Verkettung*"), um "infeliz acaso histórico" ("*ein unglücklicher geschichtlicher Zufal*") o fato de que sua ascensão ao poder na Alemanha ocorreu quando "o candidato do mundo judaico" ("*der Kandidat des Weltjudentums*"), Roosevelt, assumiu o governo da Casa Branca[5]. Segundo ele, "sem os judeus e seus representantes teria a história um encaminhamento diferente"[6]. Hitler, porém, precipitou-se. Não esperou que os Estados Unidos declarassem guerra. À noite, compareceu ao Reichstag e, em longo discurso, enumerou as violações das normas de neutralidade, que justificavam a declaração de guerra, e declarou que a política de Roosevelt visava a estabelecer "*unbegrenzte Weltherrschaftsdiktatur*" (ilimitada dominação e ditadura mundial), dos Estados Unidos, juntamente com a Grã-Bretanha, e não recuava diante de quaisquer meios para negar aos alemães, italianos e japoneses suas naturais bases de subsistência[7].

De fato, à parte de motivações e idiossincrasias pessoais, Roosevelt colimava, simultaneamente, alguns objetivos: esmagar a Alemanha, como potência, principal concorrente dos Estados Unidos, e liquidar as possessões da Itália e do Japão; dissolver o império colonial, que a França, Holanda e Bélgica ainda mantinham, e assumir todas as posições e domínios da Grã-Bretanha, proposta feita a Churchill na reunião de Placentia Bay (9 de agosto de 1941); e estabelecer nova ordem mundial, sob a hegemonia dos Estados Unidos. Desde o ataque a Pearl Harbor, ele dissera que os Estados Unidos não aceitariam senão a vitória final e completa, a rendição incondicional, não só do Japão como da Alemanha e da Itália. Ordenara que a Alemanha não deveria ser ocupada com o propósito de liberação, porém como nação derrotada[8]. Ao mesmo tempo em que a aviação americana e britânica arrasava as indústrias e as cidades na Alemanha, Roosevelt, sustentando a doutrina da rendição incondicional, tratou de manter os soviéticos lutando contra as tropas de Hitler[9], e uma segunda frente na Europa continental não foi aberta, apesar dos insistentes apelos de Stalin[10].

A União Soviética permaneceu isolada, mas a resistência, em outubro de 1941, impediu a conquista de Moscou[11] e, entre julho e dezembro de 1942, estancou o avanço das tropas alemãs, que não conseguiram nem alcançar o Cáucaso e capturar o petróleo de Baku, nem dominar Leningrado. Em janeiro de 1943, o Exército Vermelho, com a Operação Uranus, terminou de aniquilar, na batalha de Stalingrado, o 6° Exército alemão, o 4° Exército Panzer e os regimentos romenos, croatas, húngaros e italianos, sitiados desde novembro, e prosseguiu na contra-ofensiva, avançando na direção da Alemanha[12]. A estratégia dos Estados Unidos e da Grã-Bretanha consistiu em deixar que o poderio da Alemanha se debilitasse ao máximo, à custa da União Soviética. Só em 9-10 de julho de 1943, depois do desastre da Wehrmacht em Stalingrado, as forças dos Estados Unidos, Grã-Bretanha e Canadá desembarcaram na Sicília, uma operação de caráter limitado, que não satisfez a Stalin[13]. E um ano ainda transcorreu até que as tropas dos Estados Unidos e Grã-Bretanha, em 6 de junho de 1944, o Dia-D, invadiram a Normandia, costa da França, abrindo, no Ocidente, a segunda frente. Já então, no Leste europeu, o Exército Vermelho entrara no território da Romênia e prosseguia em sua ofensiva, na direção da Alemanha, destroçando a Wehrmarcht.

Hitler queria que a Alemanha resistisse até o último homem. Mas a guerra estava a exaurir-se. Desde 1943, muitos oficiais da Wehrmacht[14], entre os quais o marechal-de-campo Erwin Rommel, e civis estavam a excogitar seriamente sua prisão ou assassinato, por temerem, sobretudo, que o avanço do Exército Vermelho contra Berlim possibilitasse a vitória do comunismo na Europa Central[15]. Alguns pretendiam propor armistício aos Estados Unidos e Grã-Bretanha e continuar a guerra contra a União Soviética[16]. Ao contrário do general Ludwig Beck e do antigo prefeito de Leipzig, Carl Friedrich Goerdeler, mais conservadores, outros, como o general Henning von Tresckow, o coronel Klaus Philip Schenk Graf von Stauffenberg e o advogado Fabian von Schlabrendorff, vincularam-se ao socialista Julius Leber e pretendiam instituir um governo de caráter social-democrata, mais aproximado da União Soviética, conforme propusera o conde Fritz von der Schulemberg[17]. A conspiração, articulada, em larga medida, pelos oficais originários da nobreza alemã, adensou-se depois da invasão da Normandia (6 de junho de 1944). Allen S. Dulles, diretor do Office of Strategic Services (OSS), soube-o. Estava em contato, na Suíça, com Hans Bernd Gisevius, agente do almirante Wilhelm Canaris, que chefiava o serviço de inteligência da Alemanha (*Abwehrabteilung*) e desde 1938-39 se aliara à resistência ao regime de Hitler, juntamente com vários de seus funcionários, tais como Hans Oster, Helmuth von Moltke, Hans Dohnanyi e Peter von Wartenburg.

Em abril de 1943, Canaris, através de Franz von Papen, embaixador na Turquia, e do Barão Kurt von Lesner, estabeleceu contato com o antigo governador da Pennsylvania, George H. Earle, embaixador dos Estados Unidos em Istambul e representante pessoal de Roosevelt, e comunicou-lhe que altos escalões militares da Alemanha, percebendo que Hitler estava levando o país à destruição, propunham uma rendição honrosa da Wehrmacht. Roosevelt, informado, não deu resposta. Cerca de dois ou três meses depois, Canaris teve um encontro secreto com o general Stuart Menzies, chefe do M16, Secret Intelligence Service (SIS), da Grã-Bretanha, e com William J. Donovan, do Office of Strategic Services, dos Estados Unidos, e demandou o cessar-fogo no Ocidente, após a derrocada de Hitler, para que a Alemanha pudesse continuar a guerra contra a União Soviética e evitar que o Exército Vermelho ocupasse a Europa Central[18]. Esta proposta contava com o apoio do General Beck[19]. Também não houve reação da parte dos Aliados. E, um ano depois, começo de julho de 1944, Allen S. Dulles, informado por Hans B. Gisevius, avisou a Roosevelt que "*the next few weeks will be our chance to demonstrate the determination of the German themselves to rid Germany of Hitler and establish a decent regime*"[20]. No dia 20, efetivamente, o coronel Klaus Philip Schenk Graf von Stauffenberg realizou a *Operation Valkyrie*. Plantou uma bomba-relógio no quartel-general onde Hitler se reunia, em Rastenburg, na Prússia Oriental. O atentado falhou. O coronel von Stauffenberg e demais conspiradores foram sumariamente fuzilados no quartel-general, em Berlim, por ordem de superiores que buscaram assim esconder a própria participação na conspiração. O general Beck foi compelido a cometer suicídio. O mesmo aconteceu com o marechal Rommel, em 14 de outubro de 1944. E o almirante Wilhelm Canaris foi enforcado no campo de concentração de Flossenbürg (*Oberpfalz*), em 9 de abril de 1945, pouco antes da chegada das tropas americanas.

O fracasso do complô evitou um problema para Roosevelt. Ele não queria qualquer acordo de paz, que algum governo pós-Hitler eventualmente propusesse aos Aliados ocidentais. Sempre considerou a Alemanha a maior ameaça à segurança dos Estados Unidos[21]. Mas, de um lado, seria difícil convencer Churchill a não aceitar um entendimento que poderia salvar milhares de vidas e evitar o avanço da União Soviética sobre a Europa Central. Do outro, se rechaçasse a proposta de rendição, a Alemanha, libertada de Hitler, poderia alinhar-se com a União Soviética, contra os Estados Unidos e a Grã-Bretanha. O propósito de Roosevelt era levar a Alemanha à "*unconditional surrender*", de modo que pudesse reparti-la, como desejava, em três ou mais Estados, sem indústria de armamento e qualquer atividade militar. E, assim como Hitler, conduziu a guerra com implacável ferocidade e crueldade. O meio empregado foi o terrorismo aéreo, através de intensos bombardeios, não apenas contra alvos militares, mas, sobretudo, contra as cidades, usando bombas incendiárias, para produzir temor e quebrar o moral da população civil[22]. Em cinco anos de guerra, de 1940 a 1945, a Grã-Bretanha e os Estados Unidos despejaram milhares de bombas na Alemanha, destruindo entre 70% e 80% das cidades, atingindo cerca de 30 milhões de pessoas e matando entre 420.000 e 570.000 civis[23], mulheres e crianças, grande parte carbonizada ou sufocada pelos incêndios. Só um ataque aéreo contra Köln (Colônia) arruinou cerca de 10% a 12% das habitações[24]. O bombardeio dessa mesma cidade, em maio de 1944, deixou 25.000 pessoas desabrigadas e 664 mortos, entre os quais 411 mulheres e crianças. Os bombardeios intensificaram-se entre janeiro e maio de 1945, quando a guerra já estava vitoriosa e os Aliados avançavam através da Alemanha. O bombardeio de Pforzheim, em fevereiro de 1945, matou um em cada três habitantes, proporcionalmente mais do que a bomba atômica em Nagasaki, onde a taxa foi de um em cada sete. Ainda em fevereiro, no dia 21, o ataque aéreo contra Worms, cidade com 58.000 habitantes, destruiu 6.490 casas, deixou 35.000 pessoas desabrigadas e matou 239[25]. Até um cemitério judaico, lá existente havia mais de mil anos, foi danificado por um bombardeio, realizado após a rendição da Alemanha.

Muito antes de terminar a guerra, porém, os Estados Unidos, em entendimento com a Grã-Bretanha, já cuidavam de implantar a ordem econômica e política mundial, planejada para o pós-guerra, sob sua hegemonia.

Entre 1° e 22 de julho de 1944, menos de um mês após a invasão da Normandia (6 de junho), realizou-se a Conferência Monetária e Financeira das Nações Unidas, em Bretton Woods (New Hampshire), a fim de reorganizar o sistema econômico e financeiro internacional, evitando os erros cometidos no pós-guerra de 1914-1918, entre os quais a imposição de elevadas reparações de guerra à Alemanha, muito além de sua capacidade de pagamentos, o que terminou por prejudicar os próprios Aliados, desencadear a crise econômica e financeira nos anos 1930 e levá-la a deflagrar outro conflito mundial. Essa nova ordem econômica e financeira refletia, naturalmente, as políticas que desde o fim da guerra de 1914-1918 os Estados Unidos tratavam de implementar: comércio multilateral, livre circulação de mercadorias e investimentos, e conversibilidade das moedas e câmbio livre. Da Conferência de Bretton Woods surgiu o General Agreement on Trade and Tariffs (GATT), instituindo o livre comércio, com a determinação de que seus signatários, que mantivessem livre comércio com qualquer país, estendessem a cláusula de nação mais favorecida a todos os demais. E, na mesma ocasião, foi criado o Fundo Monetário Internacional (FMI), para vigilância do funcionamento do sistema monetário internacional, com a função primordial de conceder ajuda financeira e técnica aos Estados membros que exibissem déficits na sua balança exterior e cuja oferta de reservas fosse escassa. A preocupação foi com a convertibilidade e a estabilidade das moedas. E estabeleceu-se que os Estados a ele associados deveriam conservar suas reservas internacionais na forma de dólar americano ou libra esterlina, instituídas como moedas de reserva, e manter a taxa de câmbio dentro de 1% em torno do "*par value*" fixado. O fator fundamental nas políticas do FMI não emanou, porém, de sua capacidade de decidir que Estado merecia assistência. Emanou do princípio da condicionalidade, segundo o qual o Estado que recebesse a ajuda ficaria obrigado a satisfazer determinados objetivos em matéria de redução do déficit público, inflação, crescimento dos salários etc. Esse princípio outorgava ao FMI um autêntico direito de ingerência — com exigências comumente draconianas — nas políticas internas de cada Estado, que tinham de executar a *good policiy*. Quanto ao International Bank for Reconstruction and Development (BIRD), mais conhecido como Banco

Mundial, gerado igualmente em Bretton Woods, seu objetivo, *inter alia*, foi apoiar a reconstrução e o desenvolvimento dos países membros, facilitando a restauração das economias destruídas ou desorganizadas pela guerra, promover os investimentos privados estrangeiros por meio de garantias ou participação em empréstimos, e promover o crescimento equilibrado do comércio internacional e o equilíbrio nos balanços de pagamentos, etc. Mas o fato de que tais instituições — o FMI e o BIRD — foram sediadas em Washington permitia que os funcionários do Departamento do Tesouro e do Departamento de Estado exercessem decisiva influência para que suas decisões atendessem aos interesses e objetivos da política internacional dos Estados Unidos. O professor Chalmers Johnson qualificou o FMI como "*a covert arm of the U.S. Treasury, yet beyond congressional over sight because it is formally an international organization*", e acentuou: "*Its voting rules ensure that is dominated by United States and its allies*".[26]

Assim como o FMI, o Banco Mundial e o GATT teriam como tarefa evitar outra depressão mundial, como ocorrera em 1929, e promover a prosperidade, através do livre comércio. Roosevelt e Churchill, uma vez derrotada a Alemanha, trataram de conformar a nova ordem política, sob a direção de um cartel integrado pelas potências vitoriosas, que buscariam remover as causas da guerra[27]. Estados Unidos e Grã-Bretanha estavam a entender-se. Não podiam, porém, ignorar, obviamente, a nova realidade, que a União Soviética representava, após destroçar a Wehrmacht e ocupar os países do Leste Europeu. E Roosevelt, resgatando o projeto da Liga das Nações, concebeu uma organização internacional, sob a regência de "*four policemen*", ou seja, dos Estados Unidos e Grã-Bretanha, bem como da União Soviética e China, ainda sob o governo de Chiang Kai-Schek, líder do Kuomintang. A essas potências, que concentrariam todo o poder executivo, caberia a preservação da paz, segundo *memorandum* enviado pelo Departamento de Estado ao Itamaraty, em 14 de julho de 1944. Seus delegados — Edward Stettinius, secretário de Estado americano, Andrey Gromyko, embaixador da União Soviética, Alexander Cadogan, representante da Grã-Bretanha, e V. K. Wellington Koo, embaixador da China em Washington — reuniram-se na localidade de Dumbarton Oaks, subúrbio de Washington, entre 21 de agosto e 7 de outubro de 1944, quando esboçaram o projeto de Carta das Nações Unidas, concordando com a criação de um Conselho de Segurança, uma Assembléia Geral, um Secretariado e uma Corte Internacional de Justiça. Não se alcançou qualquer acordo quanto à divisão de poderes entre a Assembléia Geral e o Conselho de Segurança, quanto ao número e aos direitos especiais dos membros do Conselho de Segurança, nem quanto à questão do veto[28].

O projeto somente assumiu contorno definitivo, entre 4 e 12 de fevereiro de 1945, quando os *Big Three* — Roosevelt, Churchill e Stalin — cerca de seis meses após a Conferência de Bretton Woods, conferenciaram em Yalta, na costa da Criméia, recém-libertada do invasor nazista. Stalin, percebendo o isolamento da União Soviética, pretendeu obter no Conselho de Segurança assentos para duas repúblicas que a integravam — Ucrânia e Bielo-Rússia[29]. Os Estados Unidos opuseram-se, argumentando que esses Estados não eram soberanos, mas Roosevelt também não pôde incluir o Brasil como membro permanente do Conselho de Segurança[30], apesar de sua participação na guerra, enviando tropas para a invasão da Itália. Foi dissuadido pelos seus subordinados, uma vez que União Soviética, percebendo o Brasil como fiel vassalo dos Estados Unidos[31], manifestara-se contrária a essa proposta[32]. Também a Grã-Bretanha se opôs à inclusão do Brasil.[33] E o Conselho de Segurança da Organização das Nações Unidas (ONU) resultou constituído por cinco membros permanentes, com direito a veto — Estados Unidos, União Soviética, Grã-Bretanha, China, aos quais se agregou a França, depois que os Estados Unidos finalmente reconheceram o governo de Charles de Gaulle, exilado em Londres. Nessa ocasião, os *Big Three* decidiram *le partage du monde*[34]. A Europa foi repartida entre os Estados que estavam sob o domínio do Exército Vermelho e aqueles que de uma forma ou de outra se aliariam ao Ocidente, entendido como Estados Unidos e Grã-Bretanha[35]. E Roosevelt instou a União Soviética a tirar "*all it can in manpower and factories*" da Alemanha[36], que deveria pagar as reparações, mas não todo o custo da guerra, a fim de não criar problemas para os Aliados. Stalin pretendia obter US$ 10 bilhões, durante um período de 10 anos[37].

Roosevelt não sobreviveu para assistir ao sepultamento do regime nazista, sob os escombros de Berlim e de quase todas as cidades alemãs, que os bombardeios dos Estados Unidos e Grã-Bretanha devastaram. Faleceu em 12 de abril de 1945, acometido por hemorragia cerebral. Treze dias depois, 25 de abril, seu sucessor, o presidente Harry S. Truman, inaugurou a Conferência de São Francisco, com a presença de delegados de cinqüenta países, que concluíram e firmaram a Carta das Nações Unidas. E às 15h30 de 30 de abril, Hitler suicidou-se[38]. No dia seguinte, dois soldados do Exército Vermelho hastearam a bandeira da União Soviética no topo do Reichstag. Berlim caíra em poder da União Soviética. A resistência exauriu-se. E, em 8 de maio, a Alemanha nazista rendeu-se. Essa vitória, em larga medida, coube ao Exército Vermelho. Mas seus soldados não se portaram como libertadores. Entre 1945 e 1946, na Alemanha oriental, assaltaram, saquearam e violaram centenas de milhares de mulheres, quiçá mais de dois milhões, tanto as refugiadas quanto as habitantes das vilas e cidades[39]. Os estupros tornaram-se parte da história social da Alemanha Oriental, nos primeiros anos da ocupação pelo Exército Vermelho[40]. E a União Soviética, sem considerar que o proletariado alemão sofrera, igualmente, as terríveis conseqüências da guerra, manifestou enorme egoísmo nacional. Saqueou a Alemanha, com a voracidade maior do que a de qualquer das potências imperialistas. Como fora o primeiro a entrar e ocupar Berlim, o Exército Vermelho empreendeu, rapidamente, a pilhagem de tudo o que pôde. Dois meses depois, quando as tropas dos Estados Unidos e da Grã-Bretanha, em 12 de julho de 1945, lá chegaram, o Exército Vermelho já havia removido pelo menos 50% da maquinaria pesada das fábricas existentes na cidade[41]. A remoção de 98% da maquinaria paralisou a fábrica Allgemeine Elektrizitätsgesellschaft e a Henningsdorf, que empregava 8.500 trabalhadores. Cerca de quatrocentas máquinas, a fábrica de radares, além de máquinas de escrever, aparelhos de telefone etc., também foram retiradas da Rheinmetal-Borsie, a fábrica de motores de avião Daimler-Benz[42]. Somente em dois meses, ou seja, entre maio e junho de 1945, cerca de 460 empresas de Berlim foram desmontadas e transferidas para a União Soviética[43]. Durante a Conferência de Potsdam, realizada entre 17 de julho e 1° de agosto, Stalin, sob o pretexto de eliminar seu potencial bélico e o perigo de uma outra guerra, propôs a Churchill e ao Presidente Harry Truman (1945-1953) o completo desmantelamento de todo o parque industrial da Alemanha, mesmo nos casos em que tal política implicasse a redução do nível de vida do povo e criasse um problema econômico[44]. Seu interesse era ter o controle do Ruhr e maior parte das conversações ele ocupou com a exigência de reparações de guerra, principalmente das zonas ocupadas pelas tropas dos Estados Unidos e Grã-Bretanha.[45]

Se problemas já haviam surgido na Europa por causa da Polônia e da Romênia, o temor de que Stalin, avançando sobre a Ásia, passasse também a exigir compensações do Japão, contra o qual a União Soviética havia recentemente declarado guerra, concorreu possivelmente para que Truman ordenasse o lançamento da bomba atômica[46] contra duas cidades japonesas, Hiroshima e Nagasaki, ocorrido em 6 e 9 de agosto de 1945, poucos dias após o término da conferência de Potsdam. O número de vítimas civis do terrorismo aéreo dos Estados Unidos, que já alcançara no Japão o número de 260.000, saltou para cerca 598.000, porquanto pereceram, imediatamente, cerca de 140.000 pessoas em Hiroshima e 74.000 em Nagasaki, aos quais se somaram mais 120.000 que posteriormente morreram em conseqüência da irradiação atômica[47]. Entretanto, Truman, que sempre considerou a bomba atômica como arma de guerra, alegou que o General George C. Marshall calculara que custaria 500.000 vidas americanas a invasão do Japão e a tentativa de forçá-lo a render-se em batalhas travadas dentro do seu território[48]. Porém, além da necessidade de testar a terrível arma em guerra real[49], Truman pretendeu, ao que tudo indicou, compelir o imperador Hirohito a render-se e terminar mais rapidamente o conflito, de modo que, no pós-guerra, só os Estados Unidos pudessem impor sua vontade no Japão, sem participação de quaisquer dos aliados[50]. Com esse feito, inaugurando a "*diplomacie fondé sur la menace atomique*"[51], Truman procurou impressionar, talvez intimidar a União Soviética, para que os Estados Unidos negociassem com ela, a partir de uma posição de força[52]. Ele não estava disposto a conciliar. E o emprego da bomba atômica contra Hiroshima e Nagasaki não apenas assinalou o fim da Segunda Grande Guerra. Constituiu o momento inicial da confrontação Leste-Oeste[53].

Notas

1. Aron, 1973, 29.
2. Vidal, 2002, p. 89.
3. Na mesma hora (9h30 em Washington), o encarregado de Negócios da Alemanha, Hans Thomsen, entregou ao chefe da Divisão de Europa do Departamento de Estado, Ray Atherton, cópia da declaração de guerra, entregue em Berlim, Leland Morris.
4. German Declaration of War with the United States: December 11, 1941 — Department of State Bulletin, December 13, 1941. Washington, DC : Government Printing Office, 1941. As violações das normas de neutralidade, feitas pelo governo de Roosevelt, foram muito mais do que as apontadas na declaração de guerra da Alemanha, assinada pelo Ministro dos Negócios Estrangeiros, Joachim vom Ribbentrop. As mais importantes foram: (1) grande quantidade de material de guerra embarcado para a Grã-Bretanha, imediatamente após a retirada de Dunkirk, quando 350.000 soldados britânicos, franceses e belgas tiveram de ser evacuados, entre 26 de maio e 4 de junho de 1940; (2) a aquisição de bases em território britânico no além-mar, na Groenlândia, Labrador, Newfoundland e Islândia; (3) cessão à Grã-Bretanha de cinqüenta velhos destroieres, durante o estado de guerra com a Alemanha e a Itália; (4) o aviso de Roosevelt, através de programa de televisão de que "*no dictator, no combination of dictators, will weaken*" a sua determinação de ajudar a Grã-Bretanha; (5) a promulgação do Lend-Lease, em 11 de março de 1941, e sua posterior unilateral extensão, em tempo de guerra, para ajudar a Grã-Bretanha, União Soviética, China, Grécia, Holanda, Noruega, e Tchecoslováquia; (6) o fechamento dos consulados da Alemanha e da Itália, bem como o congelamento dos seus ativos financeiros nos Estados Unidos, como represália a ataques contra navios americanos que transportavam armas para a Europa; (7) a declaração pública de Roosevelt de que a ocupação da Islândia pelos Estados Unidos, 1941, fora empreendida para antecipar-se a uma possível captura pelos alemães; (8) o anúncio, também em julho de 1941, de que os Estados Unidos manteriam abertas as rotas para a Islândia e para todas as outras guarnições avançadas, o que significa guerra contra os submarinos alemães no Oceano Atlântico; (9) a declaração pública de Roosevelt, em 11 de setembro de 1941, no sentido de que os navios de guerra e aviões americanos atacariam os navios do eixo que entrassem em áreas vitais para os Estados Unidos.
5. Apud Maser, 1981, pp. 319.
6. "Ohne die Juden und ihren Repräsentaten hätte di Geschichte einen anderen Verlauf genommen". Id. Ibid., pp. 319-320.

7. Rede vor dem Großdeutschen Reichstag (Adolf Hitler) 11. Dezember 1941. *Der großdeutsche Freiheitskampf* (1943) — Der großdeutsche Freiheitskampf. 3. Bd.: Reden Adolf Hitlers vom 16. März 1941 bis 15. März 1942. Zentralverlag der NSDAP., Franz Eher Nachf. / München: 1943. Band III — p. 113
8. Beschloss, 2002, p. 169.
9. Id.,ibid., p. 287.
10. Autorenkellektiv, 1985, pp. 374-376. Churchill, 1995, pp. 548-549, 659, 709-710.
11. "(...) Embora Moscou ficasse cercada por três lados e houvesse alguns bombardeios aéreos, o fim de outubro trouxe um acentuado endurecimento da resistência russa e uma clara interrupção do avanço alemão". Churchil, 1985, p. 557.
12. Os exércitos da Alemanha, entre agosto de 1942 e fevereiro de 1943, perderam, aproximadamente, 1,5 milhão de efetivos, entre mortos, feridos, desaparecidos e aprisionados, um quarto da força empregada na ofensiva dentro da União Soviética. Entre 19 de novembro de 1942 e 2 de fevereiro de 1943, quando terminou a batalha, as forças alemãs haviam perdido mais de 800.000 efetivos. De aproximadamente 290.000 soldados alemães (entre os quais havia romenos, croatas e italianos), cercados em Stalingrado, apenas 91.000 sobreviveram, caindo prisioneiros das forças soviéticas. Também foram capturados 2.500 oficiais, 24 generais, entre eles, o General Arthur Schmidt, e o Marechal-de-campo Friedrich von Paulus. Autorenkollectiv, 1985, pp. 257-259. Beevor, 1999, pp. 281 e 396.
13. Churchil, 1985, p. 781. Atorenkollektiven, 1985, pp. 263-265.
14. A maior parte dos conspiradores era oriunda da velha nobreza da Prússia.
15. Beschloss, 2002, p. 5. Shirer, 1992, pp. 1340-1341.
16. Id., Ibid., pp. 1340-1341. Beschloss, 2002, pp. 35-36.
17. Id., ibid., p.36. Fest, 1974, p. 702. Gisevius, 1947, p. 482-483, 487-488.
18. Wedemeyer, 1958.
19. Id., ibid., pp. 415-418.
20. Beschloss, 2002, p. 5.
21. Gaddis, 1997, p. 87.
22. Friedrich, 2002, pp. 66, 86-88, 93-97. Segundo outros cálculos, o número de vítimas civis chegou a 600 mil, das quais 80 mil foram crianças. Frey, 2004, p. 92-94.
23. Friedrich, 2002, pp. 63-64.
24. Id., ibid., p. 437.
25. Id., ibid., p. 277.
26. Johnson, 2001, p. 210.
27. Gaddis, 1997, p. 36.
28. Sobre o tema vide Gromyko, 1989, pp. 120.
29. Gowan, Peter. US:UN. *New Left Review*. Second Series. November-December 2003, p. 10.

30. A oposição da União Soviética se deveu, provavelmente, ao alinhamento do Brasil com os Estados Unidos, que assim passariam a contar com um voto a mais no Conselho de Segurança.
31. Gowan, Peter. US:UN. *New Left Review*. Second Series. November-December 2003., pp. 14-15.
32. R & A Report 4314, "Analysis of Policies Followed by the Other American Republics in the general Assembly of the United Nations", Sept. 15, 1947, RG 59, National Archives; R & A Report 7433, "Brazil — Recent Development and Probable Trends", Feb. 20, 1957, RG 59, National Archives. Apud Haine, 1987, p. 34. Vide também Carvalho, 1959, p. 396; Garcia, 2000, p. 120.
33. Stethinius, 1975, pp. 111-114.
34. Aron, 1973, p. 45.
35. Smyser, 1999, p. 17.
36. Beschloss, 2002, p. 184.
37. Stettinius, 1979, pp. 166-167.
38. Sobre os últimos dias de Hitler, vide Trevor-Roper, 1992, pp. 226-240, 279-281. Read & Fisher, 1995, pp. 452-453.
39. Os estupros continuaram até mesmo depois da fundação da República Popular da Alemanha, em 1949. Naimark, 1987, pp. 79-80, 85-89, 114-129, 133-140.
40. Id., ibid., pp. 106-107.
41. *Jornal do Comércio*, Rio de Janeiro, 16-17/7/1945, p. 1. Moniz Bandeira, 2001, pp.
42. Id., p. 1.
43. Dennis, 1988, p. 128. Moniz Bandeira, 2001, pp. 75-76.
44 *Jornal do Comércio*, Rio de Janeiro, 16-17/7/1945, p. 1.
45. Smyser, 1999, pp. 21-23.
46. Conforme revelação de Truman, a idéia da bomba atômica fora sugerida a Roosevelt pelo cientista Albert Einstein. O Projeto Manhattan, que a produziu, começou por volta de 1939. Truman, vol. 1, 1955, pp. 419-420.
47. Frey, 2004, pp. 94, 101-103.
48. Truman, vol. 1, 1955, p. 417.
49. O primeiro teste da bomba atômica, produzida pelo Manhattan Project, ocorreu em 16 de julho de 1945, em deserto nos Estados Unidos, sob a supervisão do cientista J. Robert Oppenheimer. Ultrapassou as expectativas. Gerou um excesso de energia equivalente entre 15 mil e 20 mil toneladas de TNT.
50. Beschloss, 2002, p. 258.
51. Aron, 1973, pp. 53-54.
52. Id., ibid. pp. 53-54.Gaddis, 1997, p. 88. Ambrose, 1985, pp. 49.
53. Moniz Bandeira, vol. II, 1998, p. 247. Aron, 1973, p. 53.

Capítulo VIII

O PLANO MORGENTHAU PARA DESMEMBRAR A ALEMANHA • O RECUO DE TRUMAN • A POLÍTICA DE STALIN E SUA PERCEPÇÃO NO OCIDENTE • CHURCHILL E O DESENCADEAMENTO DA GUERRA FRIA • A "*IRON CURTAIN*" ESTENDIDA DOS BÁLCÃS A TRIESTE E AO ADRIÁTICO • DIRETRIZES DE GEORGE F. KENNAN • A ESPOLIAÇÃO DA ALEMANHA PELA UNIÃO SOVIÉTICA • O PLANO MARSHALL E SEUS REAIS OBJETIVOS

O plano do secretário do Tesouro, Henry Morgenthau Jr., consistia no desmembramento da Alemanha, em torná-la uma nação predominantemente agro-pastoril, destruindo sua indústria pesada e internacionalizando o Ruhr e as áreas adjacentes[1]. A Prússia Oriental seria repartida entre a União Soviética e a Polônia, enquanto o Saar e as áreas próximas passariam para o domínio da França[2]. E parte da população alemã seria reassentada em outras partes do mundo, como a África do Norte, segundo dissera a Andrey Gromyko, embaixador da União Soviética em Washington[3]. Os militares americanos estavam determinados a tomar tal iniciativa e, mais ainda, os empresários, que não queriam enfrentar um poderoso competidor no mercado mundial[4]. Roosevelt, inicialmente, endossara esse propósito. Também desejara fatiar a Alemanha em três ou mais Estados soberanos, sem "*all military activities*" e "*armament industries*", ligados apenas por um sistema de serviços. E acertou essas medidas com Churchill, durante a Conferência de Quebec (1943). Entretanto, posteriormente, começou a recuar da idéia. Disse ao secretário de Estado, Cordell Hull, que se opunha à "*complet erradication*" da indústria no Ruh e Saar, embora não pudesse conceber o colapso financeiro da Grã-Bretanha, enquanto a Alemanha, rearmada, poderia desencadear outra guerra em 20 anos[5].

E ao secretário da Guerra, Henry L. Stimson, em 1944, declarou: "*About this pastoral, agricultural Germany, that is just nonsense. I have not approved anything like that. I am sure I have not*". Ao que Stimson, refrescando-lhe a memória, mostrou-lhe cópia de *memorandum* da conversação com Churchill, no qual ele escrevera: "O.K. F.D.R."[6]. Em realidade, forte corrente de opinião, nos Estados Unidos, opunha-se a essa política, por julgar que a aniquilação da Alemanha como potência resultaria em um "*tremendous vacuum*" na Europa Central, dentro do qual o comunismo haveria de florescer[7].

Roosevelt, na conferência com Stalin e Churchill, em Teerã (novembro de 1943), havia excogitado a partição da Alemanha em cinco Estados autônomos: 1 — Prússia (reduzida); 2 — Hanover e o noroeste; 3 — Saxônia e a área de Leipzig; 4 — Hesse-Darmstadt, Hesse-Kassel e a área ao sul do Reno; 5 — Baviera, Baden e Baden-Würtemberg[8].

A possibilidade de que a União Soviética ocupasse o *vacuum* na Europa foi que levou Roosevelt a vacilar e recuar com respeito ao Plano Morgenthau. E Truman, antes da Conferência de Potsdam, reavaliou-o e não anuiu à sua aplicação, levando Morgenthau a renunciar ao cargo de secretário do Tesouro[9]. Ele entendeu que "*such program could starve Germany to death*"[10]. Teria sido um "*act of revenge*" e a Alemanha não teria capacidade de pagar as reparações de guerra, em dinheiro ou espécie, a não ser que restaurasse suas indústrias e recuperasse alguns dos mercados que perdera. E, sem o aço e o carvão da Alemanha, seria difícil, senão impossível, a recuperação da Europa Ocidental. Destarte, Truman não quis que os Estados Unidos incorressem no mesmo erro de 1918, quando os Aliados exigiram o pagamento em dinheiro e depois tiveram de fazer-lhe empréstimos, durante muito tempo, a fim de que ela dispusesse de meios para cumprir as obrigações. Isto ele disse claramente a Stalin, que estava a reclamar US$ 20 bilhões[11]. E a Grã-Bretanha apoiou-o, porquanto também considerava que a desindustrialização da Alemanha retirar-lhe-ia toda a possibilidade de pagar as reparações. Essas razões econômicas entrançavam-se com fortes preocupações políticas e estratégicas tanto dos Estados Unidos quanto da Grã-Bretanha. Roosevelt e Churchill reconheceram eventualmente o direito de a União Soviética expandir suas fronteiras e deixaram claro que não se oporiam à instalação de governos "*friendly*" nos Estados vizinhos — Polônia, Hungria, Tchecoslováquia, Albânia, Romênia e Iugoslávia — o que significava aceitar que ela estendesse seu domínio do Báltico ao Adriático[12]. Mas queriam impedir que sua influência se projetasse sobre a Europa Ocidental, o que provavelmente ocorreria, caso a Alemanha fosse totalmente anulada.

Stalin, na realidade, não tentara valer-se das condições propiciadas pela guerra de 1939-1945 para encorajar, respaldar ou promover a revolução socialista na Alemanha ou em outros países da Europa Ocidental, como França, Itália, Bélgica, Noruega e Dinamarca, onde os comunistas haviam podido tentar a completa captura do poder, se conviesse à União Soviética. Opôs-se também à revolução na Grécia e só não conseguiu evitá-la na Iugoslávia, devido à recalcitrância de Josip Broz Tito, que comandara a luta de guerrilhas contra as tropas nazistas de ocupação[13]. Stalin receava que uma revolução vitoriosa no Ocidente abatesse a preeminência da União Soviética sobre o movimento comunista internacional, cujos partidos se converteram em instrumento de sua política exterior e de seus interesses de Estado. Sua política exterior nada tinha a ver com a militância dos primeiros anos da revolução bolchevique. Em 1920, Georgi Chicherin, que substituiu Trotsky como Comissário de Relações Exteriores, declarou que podia haver diferenças de opinião sobre a duração do sistema capitalista, mas o sistema capitalista existia e, assim, um *modus vivendi* devia ser encontrado[14]. Desde aquela época, a União Soviética buscara um *modus vivendi* com os regimes capitalistas, na medida em que as perspectivas de uma revolução socialista se desvaneceram na Alemanha e em outros países da Europa. Aderira, nos anos 1930, ao sistema de segurança coletiva, com receio de uma guerra que lhe seria desastrosa, e até com a Alemanha nazista firmara o Tratado de Não-Agressão, de 1939, celebrizado como Pacto Ribbentrop-Molotov. Depois que Hitler o rompeu, ordenando a invasão do seu território, Stalin, para demonstrar aos Aliados ocidentais que não se propunha a promover a revolução socialista mundial, dissolvera a Internacional Comunista (Komintern), em maio de 1943. E conduziu a guerra contra a Alemanha nazista em termos estritamente nacionalistas, como "Grande Guerra Patriótica".

Essa "Grande Guerra Patriótica", conquanto causasse imensos danos materiais à União Soviética e custasse a vida de vinte milhões de pessoas, aliviou-lhe, porém, certas dificuldades decorrentes do seu atraso econômico, herdado do passado, e do seu isolamento, porquanto ela não podia aproveitar os recursos da economia mundial, nem de acordo com os princípios socialistas, conforme Lenin e Trotsky esperaram em 1917-1919, nem mesmo de acordo com os princípios capitalistas, sob a forma de crédito internacional normal, do financiamento, cuja importância era decisiva para os países retardatários[15]. Porém, a invasão do seu território pelas tropas de Hitler, cometendo enormes atrocidades, exterminando sistematicamente populações civis, principalmente eslavos, judeus e ciganos, não apenas compeliu o povo a defender o stalinismo[16] como possibilitou que a União Soviética, ao triunfar na guerra, se impusesse como potência política e militar e incorporasse em seu espaço econômico os países do Leste Europeu[17]. Stalin manipulou essa vitória para consolidar o culto de sua personalidade, como líder messiânico e infalível, "o guia genial de todos os povos", "o sol que iluminava a humanidade". E a diplomacia que promoveu não foi nem moral nem politicamente consistente com princípios revolucionários[18]. Foi *Realpolitik*. Acima de quaisquer considerações revolucionárias, pautou-se, como sempre, pelo interesse nacional do Estado soviético, encapado pela concepção do "socialismo em um só país" pelo preceito de que a sua defesa e desenvolvimento favoreceriam a causa do proletariado mundial. O receio de uma guerra com os Estados Unidos, aos quais solicitara empréstimos de US$ 6 bilhões e US$ 1 bilhão[19], e a Grã-Bretanha tornou a política exterior de Stalin, modelada pela *raison d'Etat*, sobremodo defensiva. E ele realmente procurou honrar os compromissos que assumira com Roosevelt e Churchill, na conferência de Yalta (1945). Mesmo nos países do Leste Europeu, onde o Exército Vermelho respaldou a reforma agrária e a expropriação dos grandes monopólios industriais, Stalin não tratou de instituir, depois da derrocada do nazismo, o regime soviético e sim o que chamou de "democracias populares", com pluralismo econômico (empresas públicas e privadas), liberdade de organização dos partidos políticos e eleições livres[20], conquanto os comunistas passassem a exercer de fato a hegemonia, à frente ou por trás de governos simpáticos e obedientes.

O objetivo de Stalin, modelado por interesses geopolíticos, não consistiu, portanto, em expandir o socialismo, mas em consolidar o domínio sobre os Bálcãs, a Polônia e demais países do Leste Europeu, acoplando suas economias às necessidades de acumulação de capital da União Soviética, e construir um sistema de defesa e segurança, a partir do restabelecimento das fronteiras e das posições estratégicas, conquistadas mediante o Pacto Ribbentrop-Molotov de 1939. Assim como fizera quando Hitler lhe propôs, em 1940, a assinatura do Pacto das Quatro Grandes Potências (Alemanha, Itália, Japão e União Soviética), Stalin também reivindicou de Truman e de Churchill, na reunião de Potsdam, a participação da União Soviética, juntamente com a Turquia, no controle sobre o Estreito de Dardanelos, velha aspiração da Rússia dos Tzares. Ainda demandou a partilha das colônias da Itália na África[21]. E, embora dissesse que não se dispunha a retalhar ou a aniquilar a Alemanha, Stalin pretendeu efetivamente liquidá-la como potência industrial, com o propósito de robustecer a União Soviética, à custa dos despojos de guerra, e estender, gradativamente, sua preeminência à Europa Ocidental. Por essa razão, *inter alia*, não lhe convinha a recuperação da Alemanha como potência industrial, ainda que sob a égide do socialismo, se assim fosse possível.

O historiador americano John Lewis Gaddis observou que Stalin, ao fundir o internacionalismo marxista com o imperialismo tsarista, pretendeu equiparar a expansão da influência do Estado soviético com o avanço da revolução mundial[22]. Por sua vez, o historiador russo Dmitri Volkogonov emitiu opinião similar, concluindo que a concepção de Stalin de política exterior se baseava nos "pilares gêmeos" do internacionalismo comunista e o *status* de grande potência da União Soviética[23]. Do internacionalismo marxista ou comunista, porém, só restava, quiçá, pálida retórica. O comportamento da União Soviética não a diferenciava de qualquer potência imperialista. E o que Stalin pretendeu foi estabelecer a sua preeminência na Europa, como grande potência, aproveitando a oportunidade da vitória sobre a Alemanha, assegurada na heróica batalha de Stalingrado (agosto de 1942-fevereiro de 1943), que custou mais de um milhão de vidas e durante a qual o Exército Vermelho aniquilou a 6ª Armée da Wehrmacht e capturou cerca de 90.000 soldados alemães, inclusive 22 generais[24]. Entretanto, a simples emergência da União Soviética como potência militar, imperando sobre parte da Europa, introduziu profundas e inconciliáveis contradições no sistema internacional de poderes. Seu regime econômico, social e político, com base na propriedade estatal, planejamento e coletivismo burocrático, sob o governo de partido único, era essencialmente antagônico ao vigente nos países do Ocidente, fundado sobre a propriedade privada dos meios de produção, livre-iniciativa, economia de mercado e pluripartidarismo. E os comunistas, que se armaram durante a campanha contra as forças nazistas de ocupação, haviam conquistado, com o suporte do Exército Vermelho, a hegemonia na Iugoslávia, Polônia, Albânia, Romênia, Hungria, Tchecoslováquia e parte da Alemanha, e ganharam importantes posições nos governos da França, onde obtiveram cerca de 5 milhões de votos da Itália, apoiados por 20% do eleitorado da Bélgica, Noruega e Dinamarca. O que mais alarmou a Grã-Bretanha e os Estados Unidos foram as pretensões geopolíticas de Stalin, com relação ao estreito de Dardanelos, na Turquia, e ao petróleo do Irã.

Diante de tal situação, Churchill, que jamais escondera sua hostilidade à União Soviética, tomou a iniciativa de desencadear a Guerra Fria, em discursos de 5 de março de 1946, ao proclamar que "*from Settin in the Baltic to Trieste in the Adriatic, na iron curtain has descended across the Continente*". Ele queria que os povos de língua inglesa, Estados Unidos e Grã-Bretanha, se coligassem fora da ONU e, usando a bomba atômica como ferramenta, fizessem as tropas do Exército Vermelho retroceder de todos os países, assim como do Irã e da Turquia, e desmontassem a Cortina de Ferro[25]. Os círculos mais conservadores dos Estados Unidos, que se impuseram como o único pólo de poder no sistema capitalista e pretendiam promover a completa liberdade de circulação de capitais e mercadorias, bem como a livre conversibilidade das moedas, como esteio da nova ordem econômica mundial, temeram também a possibilidade de que o comunismo se espraiasse por toda a Europa. E não estavam dispostos a permitir que a União Soviética ocupasse o *vacuum* aberto pelo colapso da Alemanha. E o Office of Strategic Services (OSS), o serviço de inteligência dos Estados Unidos, passou a proteger e recrutar ativamente altos oficiais da Wehrmacht, entre os quais Reinhard Gehlen e Alois Brunner, bem como da Gestapo, SS e Abwehr (serviço de inteligência da Alemanha) para expandir sua rede de espionagem no combate aos comunistas[26].

Truman entendeu, porém, que o fato de os Estados Unidos possuírem a bomba atômica pouco adiantaria, como instrumento de dissuasão. Não possuíam mais do que 12 artefatos[27]. E o Exército Vermelho, com enorme superioridade numérica em homens e armamentos, poderosa máquina militar, poderia compensar a destruição de Moscou e outras cidades soviéticas com a ocupação de toda a Europa Ocidental, até a Península Ibérica. Os Estados Unidos não tinham condições de conter o seu avanço. Além do mais, Truman "*was always aware that no western army of modern times had ever been able to conquer Russia and China*", conforme reconheceu, acrescentando que "*it would have been folly, and it would been folly today, to attempt to impose our way of life on these huge areas by force*"[28]. Conforme ponderou George F. Kennan, chefe da equipe de planejamento do Departamento de Estado[29], em tais circunstâncias, "*it is clear that the main element of any United States policy toward the Soviet Union must be that of a long-term, patient but firm and vigilant containment of Russian expansive tendencies*"[30]. Mas, se o *rollback* não era militarmente recomendável[31], a política de *containment* do comunismo, que implicava hábil e vigilante aplicação de contraforça, constantemente, em uma série de movediços pontos geográficos e políticos, correspondentes às mudanças da política soviética, requeria o emprego dos meios econômicos, dos quais os Estados Unidos vantajosamente dispunham, na condição de única potência com recursos financeiros para ajudar a reconstrução da Europa Ocidental e evitar que ela inflectisse, mais cedo ou mais tarde, para a órbita da União Soviética.

O general Lucius D. Clay, comandante da *Amerikanische Militäradministration* (Zona de Administração Americana), já decidira, unilateralmente, suspender a remoção de bens de capital das zonas ocidentais, como pagamento das reparações de guerra exigidas pela União Soviética. E o Secretário de Estado, James F. Byrnes, propôs a unificação das zonas ocidentais, que abrangiam as regiões de maior concentração industrial, inclusive o Ruhr (zona britânica), com o propósito de seguir com o plano de recuperar economicamente a Alemanha, ainda que à custa de sua unidade[32], de modo que ela se tornasse auto-suficiente, desenvolvesse as exportações e tivesse recursos para sustentar as tropas necessárias à contenção do Exército Vermelho, poupando o contribuinte norte-americano de maiores encargos financeiros. O grande mérito dos Estados Unidos, com o apoio da Grã-Bretanha, consistiu em não desmantelar as indústrias nem espoliar a Alemanha Ocidental com indenizações, tal como a União Soviética fazia na Sowjetische Besatzungszone ou Alemanha Oriental, e permitir a recuperação de sua capacidade produtiva. Essa diretriz implicava a ruptura dos acordos de Potsdam (1945), mediante os quais, considerando a Alemanha como unidade econômica, Truman e Churchill haviam acertado com Stalin restringir o nível da indústria alemã a 50 ou 55% daquele existente em 1936 e remover toda a maquinaria excedente, a título de reparação de guerra. E, em 11 de janeiro de 1947, os Estados Unidos e a Grã-Bretanha unificaram as administrações das regiões, na Alemanha, ocupadas por suas tropas e formaram Bi-Zone, à qual posteriormente se agregou a da França.

Dois meses depois, em 12 de março de 1947, Truman anunciou que os Estados Unidos estavam dispostos a dar assistência política, econômica e, acima de tudo, militar aos "povos livres", isto é, a qualquer governo anticomunista (não importava se democrático ou ditatorial) ameaçado por uma insurreição, invasão estrangeira ou mesmo pressões diplomáticas (como no caso da Turquia). E lançou o *European Recovery Programme*, que tomou o nome de secretário de Estado americano, George Marshall, com o objetivo de fornecer maciça ajuda econômica à Europa. Arnold J. Toynbee escreveu que o Império Americano, que se conformou após a Segunda Guerra Mundial, foi o primeiro na história no qual o "*imperial power*", em vez de extrair lucros, pagou, e havia pago, voluntariamente, por sua posição dominante[33]. Ledo equívoco. O povo americano não se dispunha a sacrificar suas próprias vidas ou pagar altos impostos para sustentar um vasto aparato militar na Europa, a fim de dissuadir a União Soviética de invadir a Europa Ocidental e conter qualquer suposta ou real comunista, conforme Truman percebeu. O Partido Republicano, com tendência para o isolacionismo, vencera as eleições para o Congresso, em novembro de 1946, e começara a pressionar a administração no sentido de que cortasse as despesas públicas e promovesse a desmobilização das Forças Armadas. A doutrina de *containment* só seria mais viável e eficaz se os Estados Unidos colaborassem com a recuperação econômica da Europa, de modo a superar a ameaça revolucionária, principalmente na França e na Itália, e permitir que a Alemanha, como "a maior potência industrial" do continente[34], e outros países pudessem não apenas recompor e manter suas forças armadas como assumir, pelo menos em parte, as despesas de estacionamento das americanas no seu território. Assim pouparia o *taxpayer* americano de maiores encargos financeiros

A contribuição do Plano Marshal para a reconstrução da Alemanha não foi, na realidade, muito significativa. Ludwig Erhard, ministro de Economia no governo de Konrad Adenauer (1949-1969), assinalou que os Estados Unidos, a título de ajuda econômica, aplicaram nos países da Europa Ocidental, entre 1945 e 1952, o montante de US$ 32 bilhões, dos quais somente US$ 4,5 bilhões, metade dos quais como doação, foram destinados à República Federal da Alemanha[35]. Outrossim, o professor Charles Kindleberger, um dos que elaboraram o Plano Marshall no Departamento de Estado, reconheceu que a Alemanha, entre 1946 e 1953, recebeu apenas o total de US$ 3,6 bilhões e que a ajuda dos Estados Unidos, embora necessária, não foi suficiente para impulsionar a recuperação da Europa Ocidental[36]. No entanto, embora o Plano Marshall não discriminasse, aberta ou formalmente, os países do Leste Europeu, ocupados pela União Soviética, Stalin percebeu-o como um ato de hostilidade, sobretudo porque os comunistas, em maio de 1947, foram excluídos dos governos da França e da Itália. E Vyacheslav N. Molotov, ministro das Relações Exteriores da União Soviética, abandonou a reunião do Conselho de Ministros dos Negócios Estrangeiros, em Paris (julho de 1947), denunciando que os Estados Unidos desejavam dividir a Europa em dois grupos de Estados, e advertiu que a Alemanha, renascida das cinzas, terminaria por dominar a Europa Ocidental[37].

Notas

1 Truman, vol. 1, 1955, pp. 235-236.
2. Beschloss, 2002, pp. 115-17.
3. Gromyko, 1989, p. 44.
4. Id., ibid., p. 44.
5. Beschloss, 2002, p. 148.
6. Id., ibid., pp. 148-149.
7. Wedemeyer, 1958, p. 95.
8. Stettinius, 1949, pp. 40-41, 120-122.
9. Truman, vol. 1, 1955, p. 327.
10. Id., ibid., pp. 235-236.
11. Truman, vol. 2, 1956, p. 111.
12. Gaddis, 1997, p. 16.
13. Bartlett, 1984, p. 143. Abendroth, 1977, p. 119.
14. Apud Kissinger, 1994, p. 260. Gorodetsky, 1999, p. 2.
15. Trotsky, 1936, p. 11.
16. Beevor, 1999, p. 402.
17. Kagarlitsky, 1993, p. 36.
18. Gorodetsky, 1999, pp.4-9
19. Ambrose, 1988, p. 6.
20. Id., ibid., p. 57.
21. Id., ibid., pp. 68-69.
22. Gaddis, 1997, p. 29.
23. Volkogonov, 1999, p. 138.
24. Beevor, 1999, pp. 396-399.
25. Ambrose, 1988, pp. 74-75.
26. Trento, 2001, pp. 23-31.
27. Cerca de vinte cidades da União Soviética haviam sido selecionadas como alvo, em fins de 1945, mas em meados de 1947, os Estados Unidos não possuíam mais do que 12 bombas atômicas. Bartlett, 1984, p. 270.
28. Truman, vol. 2, 1956, p. 91.
29. George F. Kennan cunhou a expressão *containment*, com a doutrina da *deterrence*, que visava a manter as duas superpotências em perpétuo impasse, confinados em esferas separadas e compelidos à paz, pela ameaça de uma guerra nuclear difícil de vencer.
30. X (George F. Kennan). "The Sources of Soviet Conduct". *Foreign Affairs* 25 (July 1947), pp. 566-582.

31. Àquele tempo, o Exército norte-americano fora reduzido de 8 milhões para um milhão de homens, a Marinha, de 3,5 milhões para menos de um milhão, e a Aeronáutica, de mais de duzentos para menos de cinqüenta grupos de combate. Ambrose, 1988, pp. 79-80.
32. Sobre o surgimento das duas Alemanhas (Ocidental e Oriental), vide Moniz Bandeira, 2001, pp. 73-85.
33. Toynbee, 1962, p. 34.
34. Kindleberger, 1987, pp. 13-23.
35. Erhard, 1988, p. 848.
36. Kindleberger, 1987, pp. 196 e 246.
37. Ambrose, 1988, pp. 91-92.

Capítulo IX

OS ESTADOS UNIDOS CONTRA OS IMPÉRIOS COLONIAIS DA INGLATERRA E FRANÇA • DESCOLONIZAÇÃO DA ÍNDIA E PARTIÇÃO DA PALESTINA • INSURGÊNCIA SIONISTA E A FORMAÇÃO DE ISRAEL • O KOMINFORM • CRIAÇÃO DA CIA E AS *COVERT ACTIONS* • O ULTRA-IMPERIALISMO E A OTAN • A VITÓRIA DA REVOLUÇÃO NA CHINA E A GUERRA NA CORÉIA • ALARME EM WASHINGTON • A GUERRA FRIA E A PARANÓIA ANTICOMUNISTA

As tensões no pós-guerra não se limitaram ao relacionamento dos Aliados ocidentais com a União Soviética. Os Estados Unidos, havendo esmagado a Alemanha, seu principal adversário no comércio mundial, emergiram como potência militarmente hegemônica, posição evidenciada pelas explosões atômicas em Hiroshima e Nagasaki, e empenharam-se em destruir também o império colonial que a Grã-Bretanha e França ainda mantinham. Nunca esconderam tal propósito. Na Carta do Atlântico, ao ressaltar o direito de todos os povos escolherem a forma de governo sob a qual desejavam viver, Roosevelt fizera inserir que desejava ver os direitos soberanos e a autodeterminação restaurados para aquele que "*have been forcibly deprived of them*". E, no parágrafo seguinte, enfatizou a necessidade de que todos os Estados, vencedores e vencidos, grandes e pequenos, pudessem desfrutar de acesso, "*on equal terms, to the trade and to the raw materials of the world which are needed for their economic prosperity*"[1]. A pressão sempre fora no sentido de que a Grã-Bretanha desmantelasse sua estrutura tarifária, aceitando a proposta de "*open door*" em todo o mundo, a fim de competir com os Estados Unidos, que assim poderiam controlar a economia mundial, posto que, sem rivais no comércio e com o seu mercado altamente protegido, obtiveram enormes lucros e ainda mais enriqueceram, durante a Segunda Guerra Mundial. Os americanos, como sempre, estavam a seguir "*double Standard*" de comportamento. Enquanto duramente objetavam o sistema de *Imperial Preference*, estabelecido pela Grã-Bretanha, sentiam-se livres para defender suas altas barreiras tarifárias[2]. E tudo fizeram para desalojá-la dos seus mercados tradicionais.

As tensões entre a Grã-Bretanha e os Estados Unidos irromperam, entre 1944 e 1947, não só por causa da descolonização da Índia, mas, particularmente, em torno da Palestina, e estremeceram a aliança entre as duas potências, estabelecida desde a Carta do Atlântico. Após esmagar a revolta árabe, irrompida em Jaffa (1936-1937) sob a liderança do Mufti Hajj Amin al-Husseini, a Grã-Bretanha, com o Mandato da Palestina, outorgado em 1922 pelo Conselho da Liga das Nações, sentiu que não podia privilegiar os judeus, em detrimento dos árabes, do quais dependia a estabilidade e a segurança no Oriente Médio. Não podia perder a amizade dos árabes, que cultivara durante anos, gastando milhões de libras, para dar segurança à linha de transporte do império, através do Canal de Suez. Tais considerações levaram o governo britânico a conter a imigração de judeus na Palestina, a partir de 1939, quando aprovou um *White Paper* (também conhecido como *MacDonald White Paper*[3]), esclarecendo que a Balfour Declaration prometera um *national home*, mas não sua transformação em Estado judeu, e não só limitou ao máximo de 75.000 a entrada de judeus na Palestina como restringiu seu direito de comprar terras na região[4]. Essa política foi mantida até 1947, apesar da crescente pressão dos sionistas no sentido de que fosse relaxada, sobretudo, em decorrência do que sofreram os judeus nos campos de extermínio da Alemanha nazista. A maior pressão, porém, partiu dos Estados Unidos, cujo apoio a Zionist Organization buscou, após a reunião em Nova York (maio de 1942) da Jewish Agency Executive, que lançou o Biltmore Programme, em favor da criação do Estado judeu, como "*a Jewish Commonwealth integrated in the structure of the new democratic world*", através de ilimitada imigração na Palestina.

Roosevelt, que manifestara simpatia pelo sionismo[5], certa vez dissera que "... *it (the Palestinian mandate) did intend to convert Palestine into a Jewish home which might very possibly become preponderantly Jewish within a comparatively short time...*"[6]. Sensível à pressão dos sionistas, que o cercavam, e ante a perspectiva da eleição presidencial de 1944, ele prometeu que justiça seria feita "*to those who seek a Jewish National Home*", pelos quais "*our Government and the American People have always had the deepest sympathy* (...)". Tanto o Partido Democrata quanto o Partido Republicano inseriram a demanda dos sionistas nas suas plataformas eleitorais. E Truman, ao suceder Roosevelt na presidência dos Estados Unidos, manteve a mesma política. Ernest Bevin, secretário do Foreign Office no gabinete trabalhista de Clemente Attlee (1945-1951), embora aprovasse a retirada da Índia, tentou sustentar a influência da Grã-Bretanha na Palestina e opôs-se à criação do Estado judeu. Os sionistas, então, desencadearam sistematicamente uma onda de atentados terroristas, atacando, em diversas cidades da Palestina, as forças britânicas e outros alvos, como carros de polícia, estradas de ferro, ônibus, pontes e a refinaria de petróleo em Haifa[7]. Em 22 de julho de 1946, com a aprovação de Ben Gurion fizeram explodir em Jerusalém o King David Hotel, onde funcionavam o Secretariat of the Palestine Government e o British Army Headquarters, matando 92 pessoas e ferindo 58[8]. Poucos dias depois, 30 de julho, a organização sionista Irgun Zva'i Le'umi (abbr. Etzel[9]), promotora de vários ataques terroristas sob a chefia de Menachen Begin, enforcou dois sargentos ingleses, Mervyn Paice e Clifford Martin, porque dois dos seus membros haviam sido condenados à morte. E as tropas britânicas, como represália, atacaram a colônia judaica de Pardes Hanna e invadiram Tel Aviv, destruindo lojas e matando cinco judeus. Os ataques terroristas, porém, não cessaram e, na noite de 9 de abril de 1948, militantes da Etzel e elementos de outro grupo (Stern) cercaram a vila de Deir Yasin e mataram 254 árabes, a maioria velhos, mulheres e crianças, e feriram mais de trezentos.

A rebelião sionista, com os seguidos ataques terroristas, levou a Grã-Bretanha a gastar mais de £100 milhões, entre 1945 e 1947, o que agravou sua crise financeira e influiu para que a opinião pública percebesse a dificuldade ou impossibilidade de continuar a luta. Truman atuava como se somente o governo americano tivesse simpatia pelos refugiados judeus, enquanto, ao mesmo tempo, recusava a autorização para que mais entrassem nos Estados Unidos e não ajudava a solucionar o problema na Palestina, onde nem os sionistas nem os árabes queriam ser minoria dentro de uma federação que seria organizada pelo British High Commissioner, conforme proposto pelo Anglo-American Committee[10]. O total da população na Palestina era então estimado (fim de 1946) em aproximadamente 1,8 milhão, cerca de três vezes mais do que revelado no censo de 1922, o que equivalia a exatamente a um crescimento de 184%. Mas, enquanto a população muçulmana pouco mais que dobrou, devido ao maior número de nascimentos que de mortes, a dos judeus cresceu mais de sete vezes, saltando de 83.790, em 1922, para 608.225, em 1946, em virtude do aumento do anti-semitismo na Europa, sobretudo na Alemanha nazista, durante os anos 30.

População da Palestina de acordo com a religião

	Muçulmanos	Judeus	Cristãos	Outros	Total
1922	486.177	83.790	71.464	7.617	649.048
1931	493.147	174.606	88.907	10.101	966.761
1941	906.551	474.102	125.413	12.881	1.518.947
1946	1.076.783	608.225	145.063	15.488	1.845.559

Fonte: Nações Unidas[11].

Assim, após o plano de bipartição do subcontinente indiano, anunciado em 7 de junho de 1947, e a declaração da independência da Índia, em 15 de agosto do mesmo ano, o porto de Haifa perdeu importância estratégica para a Grã-Bretanha e o governo de Clement Attlee decidiu retirar suas tropas da Palestina, deixando que os Estados Unidos se defrontassem com a realidade política do Oriente Médio, onde tinham já interesses, como o controle do petróleo, que já se lhes afiguravam vitais[12]. Os especialistas em Oriente Médio, no Departamento de Estado, não eram favoráveis à idéia de um Estado judaico na Palestina. Entendiam que os britânicos se tinham mantido na região cultivando os árabes, e que os Estados Unidos deviam usar a mesma fórmula[13]. E o perigo do apoio ao sionismo consistia na possibilidade de que os árabes se unissem com a União Soviética. Mas Truman, que pretendia contar com os votos da comunidade judaica para a eleição de 1948, não foi convencido pelos argumentos dos diplomatas. E cedeu ao sionismo. Destarte, sob forte pressão dos Estados Unidos e de Chaim Weizmann, dirigente da Jewish League, que recorreram a todos os meios, do suborno à chantagem, a Assembléia Geral da ONU, sob a presidência do embaixador brasileiro Oswaldo Aranha, aprovou, em 29 de novembro de 1947, as recomendações do United Nations Special Committe on Palestine (UNSCOP) no sentido de partilhar a Palestina em dois Estados independentes: um árabe, outro judeu[14]. Em 15 de maio 1948 terminou então o Mandato Britânico e, no mesmo dia, os sionistas tomaram a iniciativa de proclamar a criação do Estado de Israel, imediatamente reconhecido pelo governo de Truman, apesar de desaconselhado pelo Departamento de Estado, e invadido por exércitos de cinco países árabes, o Egito à frente. Uma guerra intermitente foi então desencadeada.

A Grã-Bretanha votou contra, mas a União Soviética somou-se aos Estados Unidos e aprovou a partição da Palestina. Embora por motivos e interesses diferentes, as duas potências eram hostis ao velho colonialismo, que várias nações da Europa ainda tentavam salvar, e competiram para galvanizar os movimentos de emancipação. Os Estados Unidos pretendiam substituir informalmente as antigas potências, como a Grã-Bretanha e a França, estabelecendo o sistema de "*open door*", e empenhavam-se para conter a influência da União Soviética nos países mais atrasados, coloniais e semi-coloniais, onde as propostas revolucionárias da Internacional Comunista, com ênfase na luta anti-imperialista, encontraram sempre maior receptividade do que nos países industrializados do Ocidente. O antigo sistema colonial começou a esbarrondar no Oriente Médio. A Síria e o Líbano, possessões da França, tornaram-se independentes em 1945. No ano seguinte, os Estados Unidos garantiram às Filipinas o *status* formal de independência, que lhe haviam negado em 1898. Em 1947, ocorreu a independência da Índia e sua bipartição, originando o Paquistão. No ano seguinte, Burma e Ceilão (Sri Lanka) tornaram-se independentes, assim as Índias Orientais Holandesas, que se constituíram como Indonésia, os ingleses retiraram-se da Palestina e os sionistas logo proclamaram a formação de Israel. E, a partir de 1954, a luta pela libertação nacional irrompeu na Argélia e em outras partes da África, ao tempo em que os comunistas, sob a liderança de Ho Chi Minh, proclamaram a independência do Vietnã, cujo domínio, após a derrota dos japoneses, a França, apoiada pela Grã-Bretanha e, depois, pelos Estados Unidos, tentava recuperar.

Dentro desse contexto internacional foi que Stalin procurou recriar o Internacional Comunista, sob o nome de Kominform (*Kommunistisches Informotionsbüro*), constituído em setembro de 1947. Ainda que não configurasse, como Internacional Comunista, um partido comunista mundial, formado pelas seções nacionais em funcionamento nos diversos países, o objetivo do Kominform foi colocar sob a tutela de Moscou todos os partidos comunistas, que atuariam como destacamentos de guerrilhas, na retaguarda dos países capitalistas, e instrumentos da política exterior da União Soviética[15]. Stalin passou a dar grande assistência a Mao Zedong, quando não mais podia evitar o avanço da revolução na China contra o governo de Chiang Kai-Schek, já confinado à ilha de Taiwan, e, em mensagem a Palmiro Togliatti[16], datada de 30 de novembro de 1947, lamentou que os comunistas, para não criar uma situação semelhante à da Grécia, onde irrompera a guerra civil e a Grã-Bretanha interveio, não houvessem aproveitado a chance e capturado o poder na Itália, após a retirada das forças de ocupação[17]. Entrementes, os comunistas não só esmagaram a oposição democrática na Hungria como assumiram, mediante um golpe de Estado, o total controle do poder na Tchecoslováquia (fevereiro de 1948), ao mesmo tempo em que os países da Europa Oriental recusavam qualquer assistência econômica dos Estados Unidos. E os Estados Unidos institucionalizaram as ações encobertas (*covert actions*) como forma de intervenção não só nos países comunistas como naqueles que não se ajustassem ou recalcitrassem diante de suas diretrizes estratégicas, pautada pela Guerra Fria. A execução caberia à CIA, em processo de estabelecimento[18], e o congressista republicano Clarence J. Brown, de Ohio, não escondeu seu temor com respeito ao papel que ela poderia desempenhar, dizendo ao secretário da Marinha, James V. Forrestal, na House of Representatives, que

> *"I am very much interested in seeing the United States have a fine a foreign military and naval intelligence, as they can possibly have, but I am not interested in setting up here in United States any particular agency under any President... and just allow him to have a Gestapo of his own if he wants to have".*[19]

O mesmo receio também manifestou, àquela época, o congressista democrata Henderson L. Lanham, de Geórgia. Contudo, em dezembro de 1947, autorizado por Truman, o recém-criado National Security Council emitiu a NSC 4-A, lançando as operações encobertas em tempo de paz, como exclusiva função do Executivo, e encarregou o diretor da CIA de promover a guerra psicológica, dentro de um sistema de poder bipolar, que então se configurava. O propósito das *covert actions* consistia em manipular os acontecimentos e a sua percepção, de tal modo que o resultado fosse alcançado, sem que seus participantes soubessem que tinham sido manipulados ou, se suspeitassem, permitisse que a verdade fosse plausivelmente negada. E, em 18 de junho de 1948, nova diretriz — NSC 10/2 — ampliou e definiu outras atividades clandestinas, além da *covert action* e da guerra psicológica, e incumbiu a CIA de realizar propaganda, guerra econômica, ações preventivas diretas, incluindo sabotagem, demolição, medidas de evacuação, subversão contra governos hostis, inclusive assistência aos movimentos de resistência, guerrilhas e "*refugee liberation (sic) groups*", bem como apoio aos "*indigenous anti-Communist elements in threatened countries of the Free World*"[20]. Assim, nos anos subseqüentes, os Estados Unidos construíram gigantesca máquina militar e de inteligência, em que a "*national security*" se tornou a justificativa para massivos gastos com defesa, operações encobertas realizadas pelo exército secreto da CIA, no exterior, e carta aberta para que J. Edgar Hoover manejasse o FBI e cometesse toda espécie de ilegalidades, em busca de "subversivos" dentro dos Estados Unidos.

Os Estados Unidos, cuja renda nacional mais do que duplicara, saltando de US$ 81 bilhões, em 1940, para US$ 181 bilhões, em 1945, e US$ 241,9 bilhões, em 1950[21], começaram a afigurar-se como um Estado virtualmente totalitário, muito similar à União Soviética. E, conquanto, durante toda a Segunda Guerra Mundial, tenham criticado a concepção de política internacional, fundada em equilíbrio de poderes e esferas de influência, e apregoassem nova era de paz, com base na segurança coletiva da ONU, os Estados Unidos se comportaram do mesmo modo que a União Soviética. Houve perfeita equivalência entre as ações e iniciativas das duas potências. Se a União Soviética instituíra nos países do Leste Europeu as chamadas "democracias populares" e não permitia eleições livres, dado que resultariam na contestação do regime, os Estados Unidos não só estenderam seu predomínio à Europa Ocidental, ao Japão e ao sudeste da Ásia, como também preservaram a América Latina como sua área de influência, através de ditaduras militares, na maioria dos casos, uma vez que eleições livres igualmente levariam ao poder forças antiamericanas[22]. A democracia, que Roosevelt tratara de promover para que os Estados Unidos tivessem moral perante a União Soviética, continuou como desde os tempos de Theodore Roosevelt, identificada com o conceito de "*good government*", que significava não o respeito às liberdades públicas e direitos individuais, mas a manutenção da estabilidade[23]. E o princípio de não-intervenção significava que os Estados Unidos se abstinham de intervir militarmente em outros países da América Latina, mas não de imiscuir-se em seus assuntos internos, através de operações encobertas[24].

Sua política hegemônica, imperialista, assumiu a denominação de globalismo. E em 1947, os Estados Unidos celebraram com os países do hemisfério o Tratado Interamericano de Assistência Recíproca (TIAR), conhecido como Tratado do Rio de Janeiro, cujo texto fora previamente aprovado por Truman e pelos líderes do Congresso, desde os fins de 1945[25]. Através desse pacto, que demarcava a zona de segurança do hemisfério do Pólo Norte até o extremo sul da Patagônia, as partes contratantes se comprometeram a não recorrer à ameaça nem ao uso de força, nas suas relações internacionais, a resolver suas disputas entre si antes de recorrer à ONU, e concordaram em que um ataque armado, por parte de qualquer Estado, contra um Estado americano, seria considerado um ataque contra todos os demais, que reagiriam solidariamente, no exercício do direito imanente e de legítima defesa individual ou coletiva, reconhecido pelo Art. 51, da Carta das Nações Unidas. Com o TIAR, que instituiu a coletivização da defesa, os Estados Unidos conseguiram o invólucro jurídico para arregimentar os países do hemisfério, em caso de guerra contra a União Soviética, e empreenderam a recriação da União Pan-Americana, sob o nome de Organização dos Estados Americanos (OEA), durante a 9ª Conferência dos Estados Americanos, realizada em Bogotá, entre 30 de março e 2 de maio de 1948, em meio de violentos distúrbios provocados pelo assassinato do líder liberal Jorge Eliecér Gaitán. Os países da América Latina, como acontecera quando ocorreu o estabelecimento da Liga das Nações, ficaram virtualmente fora da jurisdição da ONU.

Àquele tempo, as tensões estavam a recrescer na Alemanha. O *Allied Control Council,* do qual se retirara o comandante da Zona de Administração Soviética, General W. D. Sokolowski, promoveu, em 1948, a *Währungsreform* (reforma monetária), que introduziu o Deutsche Mark nas três zonas ocidentais da Alemanha, transformadas em *Tri-Zone*, ao mesmo tempo em que, autorizados pelos Estados Unidos, Grã Bretanha e França, os chefes de governo dos *Länder* (Estados) ocidentais convocavam para 1° de setembro de 1948 uma assembléia-geral constituinte, para a fundação da República Federal da Alemanha. Esses fatores, *inter alia*, concorreram para que a União Soviética desencadeasse a crise de Berlim, estabelecendo o total bloqueio da cidade, situada na Zona de Ocupação Soviética, sob o argumento de que as potências ocidentais não mais deveriam ali manter suas zonas de ocupação, uma vez que abandonaram a idéia de reunificação da Alemanha e romperam os acordos de Yalta e Potsdam, ao tentarem a criação de um Estado separado[26]. A iniciativa da União Soviética concorreu para que os Estados Unidos apressassem sua adesão ao pacto militar de Bruxelas com a formação da Organização do Tratado do Atlântico Norte (OTAN), em 4 de abril de 1949. E suas tropas continuaram na Europa, embora Roosevelt houvesse dito a Stalin, na conferência de Yalta (fevereiro de 1945), que não pretendia lá manter o Exército por longo tempo. "*Two year would be the limit*", disse ele[27].

A OTAN, com a participação dos Estados Unidos, Grã-Bretanha e França, constituiu a expressão militar do cartel das grandes potências capitalistas e outras menores. Concedia garantias mútuas de não-agressão e previa a cooperação na área de segurança, bem como ajuda mútua no caso de uma agressão por terceiros países, o que significava a coletivização da defesa, de modo que ela não se tornasse assunto nacional e sim de interesse da aliança. Com o esmagamento da Alemanha, o capitalismo havia assim evoluído para o ultra-imperialismo, conforme a hipótese de Kautsky. Os Estados Unidos tornaram-se a potência hegemônica e, estabelecendo um sistema de alianças, cujos pactos tinham condições de manter e de cumprir, podiam determinar a vontade de outros Estados, de acordo com seus próprios interesses imediatos e permanentes. A possibilidade de guerras já não mais era entre as grandes potências capitalistas, conforme Lenin imaginara, mas na periferia do sistema, como na Coréia, ou diretamente, contra a União Soviética e a China. Essa possibilidade, sim, afigurou-se iminente, sobretudo durante o bloqueio de Berlim, que se prolongara por quase um ano. No entanto, alguns círculos políticos em Washington, Londres e Paris entenderam que Berlim não valia o risco de uma guerra mundial, e os Estados Unidos e a Grã-Bretanha, embora não estivessem dispostos a não capitular, optaram por organizar uma ponte aérea (*vozdushnyi most*) para abastecer Berlim Ocidental, estabelecendo ao mesmo tempo o contra-bloqueio de toda a Alemanha Oriental. E a União Soviética não teve alternativa senão recuar e ordenar a suspensão do bloqueio em 12 de maio de 1949, após o quê, em 23 de maio, a República Federal do Alemanha se constituiu com a promulgação da Lei Fundamental (*Grundgesetz*). Como resposta, em 7 de outubro, a República Democrática da Alemanha, sob o domínio dos comunistas, foi instituída no território da Zona de Ocupação Soviética, à mesma época em que as forças revolucionárias Mao Zedong triunfavam e proclamavam a República Popular da China.

Truman, segundo a espionagem soviética, avaliara seriamente a alternativa nuclear para impedir a vitória dos comunistas na China[28]. E Stalin estava convencido de que o Pentágono preparava planos para atacar Moscou com a bomba atômica. Evitou, assim, uma confrontação direta com os Estados Unidos e a Grã-Bretanha. Não aceitou eventuais provocações dos antigos Aliados. Embora houvesse realizado sua primeira explosão nuclear, em agosto de 1949, a União Soviética tinha poucos meios, se os tinha, para atingir os Estados Unidos. Assim, por esse e outros motivos, a atitude de Stalin foi de cautela com respeito à invasão da Coréia do Sul pelas tropas da Coréia do Norte, em junho de 1950[29]. Só anuiu em que ela se realizasse depois que Kim II Sung lhe assegurou que envolvia pouco risco de uma guerra com os Estados Unidos[30]. E a luta pela paz, como palavra de ordem, substituiu o preceito da revolução mundial, que já havia muito saíra da agenda dos partidos comunistas. O jornal do Kominform tinha como título o slogan: "*Por Uma Paz Duradoura, por Uma Democracia Popular*". No Brasil, enquanto dava uma guinada à esquerda, demandando a criação de Frente Democrática de Libertação Nacional (FDLN), visando à derrubada do governo, o Partido Comunista (PCB), com o Manifesto de Agosto de 1950[31], passou a organizar entidades como o Movimento Nacional pela Proibição de Armas Atômicas (1950) e o Congresso Brasileiro dos Partidários da Paz (1951), bem como a coletar cerca de três milhões de assinaturas, em favor da paz e encaminhado à Assembléia Geral da ONU[32]. A mesma linha adotaram os demais partidos da América Latina e de outros países do sistema capitalista. Essa ambigüidade de conduta refletiu o ápice da Guerra Fria, quando a União Soviética, imaginando que os Estados Unidos se preparavam para atacá-la, passou a encorajar, de um lado, a radicalização dos partidos comunistas, nos países do Ocidente, enquanto, do outro, alimentava os movimentos em favor da paz mundial.

Os receios de Stalin tinham fundamento. O primeiro teste atômico efetuado pela União Soviética, em agosto de 1949, a proclamação da República Popular da China, em outubro, e a eclosão da guerra na Coréia, em junho de 1950, alarmaram a administração de Truman e Paul Nitze, substituto de George Kennan como diretor do Planejamento Político do Departamento de Estado, propôs que os Estados Unidos tomassem a iniciativa de cercar a União Soviética com uma força militar superior antes que o comunismo erodisse por dentro o "*Free World*". Sua concepção estratégica era extremamente maniqueísta, ao elaborar um mapa em que havia apenas o "*Free World*" e o Bloco Socialista[33]. E fomentou a Guerra Fria, intensificando nos Estados Unidos o clima de repressão, que já se esboçava desde 1947. O Un-American Activities Committee, criado em 1938 pela House of Representatives, para investigar deslealdades e organizações subversivas, incrementara as suas investigações. Em 24 de junho de 1947, o secretário de Estado-Assistente, embaixador John Peurifoy, notificou o Senado que dez pessoas haviam sido demitidas do Departamento de Estado. E, em 1948, o Senado estabeleceu um Subcomitê Permanente de Investigações para continuar o trabalho de um comitê especial, cuja função fora investigar o programa de defesa nacional durante a Segunda Grande Guerra, na época presidido pelo então senador de Missouri Henry Truman. O avanço dos comunistas de Mao Zedong, expulsando do continente as forças de Chiang Kai-Schek, líder do Kuomintang, representava então duro golpe para a política de *containment* e *deterrence*, e os círculos mais direitistas e belicosos dos Estados Unidos passaram a responsabilizar o governo pela perda da China para os comunistas. "*This is the tragic story of China whose freedom we once fought to preserve what our young men had saved, our diplomats and our President have frittered away*" — o congressista John F. Kennedy, do Partido Democrata, acusou, em 25 de janeiro de 1949. E, em fevereiro de 1950, um ano depois, o senador Joseph R. McCarthy, do Partido Republicano (Winscosin), em Wheeling (West Virginia), pronunciou um discurso, no qual atribuiu a supostos comunistas infiltrados no Departamento de Estado a culpa pelos reveses da política exterior dos Estados Unidos. Um Subcomitê Especial sobre Relações Exteriores investigou as acusações, concluiu que eram "*a fraud and a hoax*" e que deviam ser rejeitadas. Mas a erupção da guerra na Coréia, em 1950, e a prisão do cientista Julius Rosemberg e sua esposa Ethel Rosenberg, acusados de espionagem em favor da União Soviética, deram credibilidade a McCarthy e ele chegou ao ponto de acusar o general George C. Marshall de participar de imensa conspiração comunista.

Esses fatos fomentaram a paranóia anticomunista e, durante a guerra da Coréia, houve realmente fortes pressões, inclusive do general Douglas MacArthur, para que os Estados Unidos recorressem à bomba atômica e acometessem a China, cujos soldados, nos primeiros dias de novembro de 1950, ultrapassaram o rio Yalu, e promoveram a contra-ofensiva e alcançaram Seul, quando as tropas norte-americanas se aproximaram de suas fronteiras. Contudo, embora chegasse a admitir essa possibilidade[34], Truman resistiu. Não aceitou as propostas de MacArthur, a quem terminou por demitir do comando, por insubordinação[35]. Truman não queria que o conflito se generalizasse e se convertesse em uma grande guerra na Ásia. Tampouco desejava o envolvimento da União Soviética na guerra da Coréia, o que poderia ocorrer, se a China fosse atacada[36]. Fatores geográficos e políticos impunham severas limitações ao emprego da bomba nuclear. Por mais devastação que ela pudesse causar, difícil depois seria ocupar territórios tão extensos como os da China e da União Soviética, com populações imensas, que os Estados Unidos não teriam meios nem condições de subjugar. Tanto mais aumentara o poderio militar dos Estados, tanto mais se tornava inútil e não podia ser traduzido em vitória política e diplomática. Não sem razão, o chefe do Estado-Maior das Forças Armadas dos Estados Unidos, Omar N. Bradley, declarou que seria "*the wrong war at the wrong place, at the wrong time and with the wrong enemy*"[37].

Notas

1. Esses acréscimos são perceptíveis, comparando-se o texto proposto por Churchill e o que foi finalmente emitido em 12 de agosto de 1941. Churchill, 1987, pp. 383-394.
2. Sked & Cook, 1979, pp. 58-60.
3. Assim conhecido porque fora proposto por Malcolm MacDonald, secretário das Colônias, com o apoio de Lord Halifax, secretário do Foreign Office no governo britânico.
4. The White Paper de 1939 declarou que "*Palestine was not to be converted into a Jewish State might be held to be implied in the passage from the Command Paper of 1922 which reads as follows "Unauthorized statements have been made to the effect that the purpose in view is to create a wholly Jewish Palestine. Phrases have been used such as that 'Palestine is to become as Jewish as England is English.' His Majesty's Government regard any such expectation as impracticable and have no such aim in view. Nor have they at any time contemplated .... the disappearance or the subordination of the Arabic population, language or culture in Palestine. They would draw attention to the fact that the terms of the (Balfour) Declaration referred to do not contemplate that Palestine as a whole should be converted into a Jewish National Home, but that such a Home should be founded in Palestine.*" Palestine. Statement of Policy. Presented by the Secretary of State for the Colonies to Parliament by

Command of His Majesty. May. The Avalon Project at Yale Law School. http://www.yale.edu/lawweb/avalon/mideast/brwh1939.htm.

5. Truman, vol. II, 1956, pp. 132-133.
6. Apud Arakie, 1973, p. 24-25.
7. Truman, vol. II, 1956, pp. 149-153.
8. Sked & Cook, 1979, p. 63. Truman, vol. II, 1956, p. 152-153. Segundo Arakie, foram mortos 41 judeus, árabes e britânicos, e 43 feridos. Arakie, 1973, p. 49.
9. Organização Nacional Militar.
10. Truman, vol. II, 1956, pp. 152-153.
11. Official Records of the Second Session Of the general Assembly A/364 — 3 September 1947 Supplement No. 11 Untied Nations Special Committee on Palestine Report to the general Assembly Volume 1. Lake Success, New York, 1947. Quando Truman, no outono de 1947, decidiu que a política dos Estados Unidos era assegurar o Estado de Israel, o número de habitantes árabes, na Palestina, era de 1,2 milhão, o que representava dois terços de sua população. Arakie, 1973, p. 70.
12. Truman, vol. II, 1956, pp. 132-133.
13. Id., ibid., p. 162.
14. A Assembléia Geral da ONU não aprovou um plano de partilhas, mas apenas aceitou o princípio proposto pelo UNSCOP.
15. Volkogonov, 1999, pp. 131-132. Peralva, 1960, p. 94.
16. Secretário-geral do Partido Comunista da Itália.
17. Volkogonov, 1996, pp. 538-539. Volkogonov, 1999, pp. 129-130.
18. Sob as provisões do National Security Act do 1947, que se tornou efetivo em 18 de setembro de 1947, foram criados o National Security Council e a Central Intelligence Agency.
19. Apud Wise, 1976, p. 187.
20. NSC 4-A, December 17, 1947 & NSC 10/2, June 18, 1948. FRUS, 1945-1950, Emergence of the Intelligence Establishment. Documents 257 e 292.
21. Lens, 2003, p. 336.
22. Ambrose, 1988, p. 63.
23. Schoultz, 1999, p. 317.
24. Weis, 1993, p. 15.
25. The Inter-American Conference for the Maintenance of Continental Peace and Security, held at Rio de Janeiro, August 15 — September 2. Preparations — 710 Consultation. The Assistant Secretary of State for American Republic Affairs (Spruille Braden) to the Under Secretary of State (Dean Acheson). Washington, May 29, 1947. FRUS — 1947, Vol. VIII, The American Republics. Washington: U.S. Government Printing Office, 1972, pp. 1-3.

26. Autorenkollektiv, 1978, pp. 168,172 e 173. Autorenkollektiv, 1971, 2. Teil, pp. 112-117. Autorenkollektiv, 1981, pp. 93-96. Heitzer, 1987, pp. 73-75. Ambrose. 1988, pp. 99-104. Bartlett, 1984, pp. 273-278.
27. Stettinius, 1949, p. 127.
28. Gilbert, 1994, p. 147.
29. Ao fim da Segunda Guerra Mundial, em 1945, a Coréia foi dividida em duas zonas de ocupação — uma norte-americana, ao sul, e outra soviética, ao norte. Os dois setores foram separados pelo paralelo 38º, como se estabelecera em Potsdam. Em 1947, a ONU formou uma comissão, não reconhecida pela União Soviética, para reorganizar o país por meio de eleições nas duas zonas. Dirigentes do partido comunista assumiram o governo na zona soviética. As negociações para a unificação fracassaram e, em 1948, surgiram dois Estados: a Coréia do Norte (República Democrática Popular da Coréia) e a Coréia do Sul (República da Coréia). A primeira, ligada ao Bloco Socialista, e a segunda, ao Ocidente. Os dois governos reivindicaram jurisdição sobre todo o território do país e a fronteira tornou-se uma região de tensões e incidentes. As tropas da União Soviética retiraram-se, em 1948, e as dos Estados Unidos, em 1949. E, em 25 de junho de 1950, tropas da Coréia do Norte, a pretexto de violação do paralelo 38º, invadiram o sul, com o propósito de unificar o país sob o comunismo. O Conselho de Segurança da ONU, aproveitando-se então da ausência do representante da União Soviética, declarou a Coréia do Norte como agressora e nomeou o general americano Douglas MacArthur para comandar as forças da ONU, compostas quase totalmente de soldados dos Estados Unidos, que avançaram através do território da Coréia do Norte. Ao sentir-se ameaçada, a China entrou na guerra, com uma grande ofensiva que forçou o recuo das tropas de MacArthur. E, em 4 de janeiro de 1951, os chineses conquistaram Seul, capital da Coréia do Sul. A União Soviética não se envolveu diretamente no conflito. Limitou-se a dar ajuda militar aos norte-coreanos. E as tropas americanas, entre fevereiro e março de 1951, empurraram as tropas chinesas e norte-coreanas de volta ao paralelo 38º. As posições, durante dois anos, não se alteraram e, em 27 de julho de 1953, foi assinado o armistício de Pan Mun Jom, mantendo a fronteira definida em 1948 e estabelecendo uma zona desmilitarizada entre as duas Coréias.
30. Kissinger, 1994, p. 483. Volkogonv, 1996, p. 540.
31. Falcão, 1988, pp. 378-381. Chilcote, 1973, pp. 58-60.
32. Id., ibid., p. 60.
33. Kupchan, 2002, p. 39.
34. Ambrose, 1988, pp. 125-126. Schulzinger, 1994, pp. 228-29.
35. Kissinger, 1994, pp. 484-485. Truman, vol. 2, 1956, pp. 449-450.
36. Id., ibid., pp. 381- 393. Ambrose, 1988. Pratt, 1955, pp. 742-743.
37. Id., ibid., p. 742.

Capítulo X

A VITÓRIA DE EISENHOWER • O GOVERNO REPUBLICANO E MILITAR • A INQUISIÇÃO MACARTHISTA NOS ESTADOS UNIDOS • COGITADO O USO DE ARMA ATÔMICA NA GUERRA DA CORÉIA • A GUERRA INCONCLUSA • PROGRAMAS DE ASSISTÊNCIA MILITAR A OUTROS PAÍSES • A CIA E A ASCENSÃO DE NASSER NO EGITO • O GOLPE CONTRA MOSSADEQ NO IRÃ • INVASÃO DA GUATEMALA • O TRATADO DE PARIS E A CRIAÇÃO DA CEE

Às 7 horas da manhã de 1° de novembro de 1952, no atol de Eniwetok, nas ilhas Marshall (Oceano Pacífico), os Estados Unidos detonaram a primeira bomba de hidrogênio, com dez megatoneladas e meia, seiscentas vezes mais poderosa do que as que destruíram Hiroshima e Nagasaki. Poucos dias depois, dentro de um clima de tensões internacionais e domésticas, o general Dwight Eisenhower, supremo-comandante das forças aliadas que desembarcaram na Normandia, venceu a eleição para a presidência dos Estados Unidos, como candidato do Partido Republicano. E Oswaldo Aranha, em carta ao presidente do Brasil, Getúlio Vargas, de quem fora chanceler no seu primeiro governo (1930-1935), comentou a vitória, vaticinando:

> "Este será um governo republicano e militar. Entre les deux mon coeur balance sem saber qual o pior. A Wall Street será o Estado-Maior. A reação virá para o mundo destas duas forças conjugadas no maior poderio já alcançado por um povo e na hora mais incerta e insegura para a vida de todos os povos. O capitalismo no poder não conhece limitações, sobremodo as de ordem internacional. O esforço para voltar à ordem mundial é o espetáculo que iremos assistir. A nova ordem, que se iniciava pela libertação dos povos do regime colonial, vai sofrer novos embates. Mas

> terminará por vencer, mesmo porque este povo (americano), conforme me parece, não está unido no sentido de apoiar esta volta violenta a um passado internacional que levará inevitavelmente o país à guerra com quase todos os demais povos."[1]

O temor de Oswaldo Aranha tinha fundamento. De fato, o Partido Republicano afigurava-se essencialmente conservador e representava, mais do que o Partido Democrata, os interesses de Wall Street, das grandes corporações americanas, cujas malhas já se estendiam pelo chamado *Free World*, ou seja, pelo ocidente capitalista e sua periferia, na Ásia e na África. Não lhes interessava a mudança do *statu quo*, uma real descolonização, que o fim da Segunda Guerra Mundial, com a derrota do nazi-fascismo, estava a possibilitar. Eisenhower, com uma *Weltanschauung* maniqueísta, percebia a questão internacional como um conflito básico entre o "*Free World and Communism*". Era, porém, um homem sensato e acreditava na democracia. Desde a campanha eleitoral, procurou distanciar-se e não confundir-se com o Senador Joseph R. McCarthy, que através do Subcomitê Permanente de Investigações do Senado intensificava a inquisição, a pretexto de combater o comunismo, transformado em obsessão nacional, nos Estados Unidos. Opôs-se ao expurgo e à queima de livros, considerados antiamericanos, conforme proposto por McCarthy, pois considerava que não se podia nem devia reprimir as atividades antiamericanas empregando métodos não-americanos e que, para preservar a democracia, era necessário usar as ferramentas da democracia[2]. Nas suas memórias, ele observou que o fenômeno do "*McCarthysm antedated the appearance of McCarthy of Wisconsin and would last longer than the man's power and publicity*"[3].

Eisenhower, na condição de militar, compreendeu também a inutilidade da guerra na Coréia, na qual cerca de 200.000 chineses já lutavam e os Estados Unidos estavam a sofrer pesadas baixas "*for little, if any, gain*"[4]. Em novembro de 1952, quando ele se elegeu presidente, os Estados Unidos já haviam sofrido milhares de baixas: 21.000 mortos, 91.000 feridos e 13.000 desaparecidos.[5] Essas baixas colocavam a guerra na Coréia como a quarta no *ranking*, somente atrás da Guerra Civil de 1860-1864 e das duas guerras mundiais. E a utilização de arma atômica também foi inclusive excogitada, para atacar os santuários dos norte-coreanos e chineses, na Manchúria, conforme o general MacArthur já anteriormente havia sugerido a Eisenhower, antes da inauguração do seu governo[6]. Mas os chefes Estado-Maior Conjunto mostraram-se pessimistas a respeito do uso de armamentos atômicos táticos, em virtude das extensas fortificações que os chineses haviam construído. Os ingleses consideraram essa decisão da maior gravidade. Eisenhower julgava que seria impossível para os Estados Unidos manter seus compromissos militares ao redor do mundo, se não possuíssem as armas atômicas e a vontade de usá-las, quando necessário[7]. Mas a decisão de usá-las, naquelas circunstâncias, geraria fortes sentimentos de repulsa dentro dos Estados Unidos e entre seus aliados. E ainda havia a possibilidade de que a União Soviética, que também possuía grande quantidade de bombas atômicas e estaria para explodir o artefato de hidrogênio, entrasse na guerra. A política constrangeu o poder militar. E Eisenhower, por entender que os Estados Unidos intervieram na Coréia, executando uma "*police action*", apenas para expulsar do sul os comunistas e não para unificar o país, procurou levar a guerra a um "*honorable end*". Em 27 de julho de 1953, os Estados Unidos, a Coréia do Norte e a China assinaram um armistício, terminando a guerra, mas sem estabelecer a paz.

Os Estados Unidos não venceram a guerra da Coréia. O resultado foi restrito e demonstrou que eles não eram onipotentes. Henry Kissinger qualificou como "*inconclusive*" essa guerra, que deixou um saldo de 150 mil americanos mortos, feridos e desaparecidos[8], e a considerou muito grande para os objetivos políticos de Truman e muito pequena para a sua doutrina estratégica, porquanto ele tratava de poupar força para resistir à arremetida da União Soviética contra a Europa, enquanto MacArthur pretendia o *showdown*, mesmo à custa de um conflito com a China[9]. Eisenhower chegara à mesma conclusão. Se a guerra desdobrava a política com a mistura de outros meios, como disse von Clausewitz[10], a política também condicionava e subordinava a guerra aos seus objetivos. A guerra, portanto, não podia continuar. Não convinha aos Estados Unidos, nem política nem militarmente, levar as hostilidades ao território da China.

Assim, a guerra da Coréia apenas concorreu para consolidar o consórcio dos militares com os industriais, que a aproveitaram o acontecimento para promover seus interesses mútuos. O Military Assistance Program (MAP), lançado em 1947, para ajudar a Grécia e a Turquia, e expandido com Mutual Defense Assistence Act em 1949, para inclusão do Irã, Coréia do Sul e Filipinas, bem como da OTAN, foi absorvido pelo Mutual Security Act, um "*omnibus legislative*", que destinou US$ 7 bilhões para assistência militar a países estrangeiros. De acordo com o Pentágono, a política internacional dos Estados Unidos tinha como objetivo conter qualquer agressão da União Soviética, lugar por lugar, onde quer que ela ocorresse, de sorte que o equilíbrio do poder não se inclinasse em favor dos comunistas. Essa foi a *rationale* para o provimento de assistência militar (armas e treinamento) aos aliados dos Estados Unidos, capacitando-os a defender a si próprios contra a agressão externa, a manter a ordem interna e controlar a subversão, pois embora enfrentando grandes problemas econômicos, especialmente na agricultura, a União Soviética estivesse mais interessada em sua própria segurança e não tivesse efetivamente nenhum projeto expansionista, apoiava e encorajava movimentos antiimperialistas, nos países ainda atrasados e/ou ainda submetidos ao jugo colonial.

Com o propósito de efetivar o Mutual Security Act, os Estados Unidos passaram a firmar pactos militares com os mais diversos países, tornando suas Forças Armadas clientes do Pentágono, sob o controle de um Military Assistance Advisory Group (MAAG). Esse conluio possibilitou uma forma sofisticada de intervenção direta nos assuntos internos dos países hospedeiros e, em vários casos, resultou em uma forma de desnacionalização de suas Forças Armadas. Os Estados Unidos estavam então a firmar pactos militares com cerca de quarenta países, assumindo o papel de gendarme, dentro do sistema capitalista de conformidade com a doutrina de *containment* e *deterrence*, triplicaram assim suas despesas militares e transformaram a Aliança Atlântico de uma coalizão política em uma organização militar integrada, chefiada por um supremo comandante americano[11]. E a "muleta do Estado militarista" foi a propaganda, segundo demonstrou o jornalista e historiador americano Fred J. Cook[12]. Ela se alimentou com a pressão da União Soviética sobre a Turquia e o

Irã, em 1946; a Guerra civil na Grécia, em 1947; o golpe dos comunistas na Tchecoslováquia e o bloqueio de Berlim, em 1948; a vitória dos comunistas na China e a detonação da primeira bomba atômica pela União Soviética, em 1949; e, finalmente, a eclosão da guerra na Coréia, em 1950. Suficientemente estrídula, o governo e a mídia denunciando, repetida e interminavelmente a ameaça comunista, a propaganda não tardou a convencer o povo americano de que o Exército Vermelho estava pronto para invadir toda a Europa Ocidental, atacar os Estados Unidos e destruir o "*Free World*", no qual se incluíam as ditaduras fascistas do generalíssimo Francisco Franco, na Espanha, e de Antônio de Oliveira Salazar, em Portugal, além das que vicejavam na América Latina e em outras regiões.

Em tais circunstâncias, o processo de descolonização, que estava, àquele tempo, em pleno andamento e, em larga medida completado, sofreu novos embates, como Oswaldo Aranha previra. A CIA, com agentes trabalhando no Military Assistance Advisory Group, dedicava-se não só à coleta de inteligência, mas também a vários tipos de operações de guerra psicológica e paramilitares, atuando, ampla e sistematicamente, como instrumento de política exterior dos Estados Unidos, e de ingerência na política interna de outros países. Seus agentes especializaram-se em corromper eleições, difundir propaganda anticomunista, manipular greves operárias, sabotar usinas de energia, minar portos, conduzir combates secretos e articular assassinatos[13]. Em síntese, a tarefa da CIA, recomendada em um documento secreto, anexado ao Doolitle Report para a Hoover Commission, em 1950[14], consistiu, sobretudo, em "*to subvert, sabotage and destroy our enemies by more clear, more sophisticated and more effective methods than those against us*"[15]. E, na medida em que "*il problema della conquista e della difesa dello Stato moderno non è un problema politico, ma tecnico*"[16], conforme Curzio Malaparte ressaltou nos anos 1930, a CIA desenvolveu enormemente essa técnica, que se modificara, no curso dos anos, paralelamente à transformação da natureza do Estado[17], articulando e encorajando golpes contra os governos que eventualmente contrariassem os interesses e diretrizes dos Estados Unidos.

Os Estados Unidos favoreciam o processo de descolonização, com o objetivo de solapar o sistema colonial de França e Grã-Bretanha, mas queriam mantê-lo sob controle, evitando que o nacionalismo emergente favorecesse o comunismo e fosse cooptado pela União Soviética. Na Conferência de Casablanca, em 1943, Roosevelt prometera ao rei Muhammad V que Marrocos, então protetorado da França, seria independente, depois de terminada a guerra, o que desagradou visivelmente a Churchill, ao perceber a ameaça que também pairava sobre o domínio colonial da Grã-Bretanha[18], que mesmo após o fim da Segunda Guerra Mundial, apesar do seu programa de outorgar a independência aos países integrantes do Império, relutava em fazê-lo em várias regiões do mundo, inclusive o Egito, onde exercia o protetorado e o nacionalismo estava a recrescer. Lá, entre 1951 e 1952, as tropas britânicas diversas vezes tiveram de reprimir violentamente revoltas e manifestações. O Departamento de Estado, desgostoso com esse procedimento, enviou protesto tanto ao governo da Grã-Bretanha quanto ao rei Farouk, do Egito[19]. E a CIA, segundo Miles Copeland, um dos seus agentes para o Oriente Médio, começou, àquele tempo, a trabalhar em um projeto denominado *The Search for a Moslem Billy Graham*[20], com o objetivo de encontrar um líder carismático que ajudasse a desviar para outros países a hostilidade existente no Egito contra os Estados Unidos e Israel[21]. Ao mesmo tempo, Copeland e Kermit (Kim) Roosevelt, neto do Presidente Theodore Roosevelt e chefe das operações da CIA naquela região, estabeleceram contato com elementos da *Ikhwan el-muslimin*, a Irmandade Muçulmana, e mantiveram vários encontros com o coronel Gamal Abd al-Nasser, o major Abdel Moneim Ra'ouf e outros militares, que integravam a logia conhecida como *zubat al-ahrar* — Oficiais Livres — e conspiravam contra o rei Farouk, sustentado pela Grã-Bretanha[22].

Nasser não era pró-Estados Unidos, em realidade. Era um nacionalista, que estava a negociar uma aliança tática com os Estados Unidos, a fim de obter apoio para alcançar seu próprio objetivo de liquidar o governo ineficiente, inepto e corrupto do rei Farouk, apelidado de *Fat Fucker* dentro da CIA. E Kim Roosevelt, pragmaticamente, aceitou sua ponderação de que seria prematura qualquer tentativa de pressionar em favor de eleições livres no Egito, formar um governo constitucional, etc., após a queda da monarquia. O único ponto sobre o qual Nasser e Kim Roosevelt não chegaram a um acordo foi em torno da Palestina. Nasser declarou-lhe, no entanto, que a questão da guerra contra Israel, cuja vitória na guerra de 1948 ele e os outros militares amargavam, era irrelevante no momento, e que a desocupação do zona do Canal de Suez pelas forças da Grã-Bretanha constituía a sua prioridade, demanda esta encorajada pela CIA. Assim, em 23 de julho de 1952, os militares, denominados Oficiais Livres, derrubaram o rei Farouk e entregaram a chefia do Conselho Revolucionário ao general Muhammad Neguib, escolhido por Nasser, verdadeiro artífice do golpe militar. A república foi instituída em 18 de junho de 1953, ano em que a CIA colaborou na reorganização do *Mukhabarat*, o serviço de inteligência do Egito. Os Estados Unidos encorajaram então o Egito a entrar em entendimento com a Grã-Bretanha, em torno do Canal de Suez[23], e Eisenhower, em novembro de 1954, concedeu-lhe um crédito de US$ 40 milhões para o desenvolvimento de sua economia[24]. Desde aquela época era voz corrente no Cairo que o golpe dos Oficiais Livres fora parcialmente financiado pela CIA[25].

Mas Nasser não podia deixar de refletir o antiamericanismo enraizado no povo egípcio, se quisesse fortalecer-se no governo, e Miles Copeland, como agente da CIA, ajudou-o, escrevendo grande parte de seus pronunciamentos e da propaganda, emitida pela Rádio Cairo, contra os Estados Unidos[26]. A prioridade era mantê-lo no poder[27]. Os Estados Unidos "*are not popular in most parts of the world*", reconheceu Miles Copeland, esclarecendo que grande parte do trabalho da CIA devia permanecer secreta, não porque ela necessitasse do segredo, mas, sim, por causa da necessidade do cliente[28]. E, ao ponderar que mesmo o governo mais pró-americano não atenderia às demandas dos Estados Unidos se não conviessem também aos seus interesses, e não ameaçassem seu controle sobre o país, admitiu que esse foi o item sobre o qual ele, Copeland, e Kim Roosevelt não conseguiram persuadir Washington. Não obstante suas advertências, o Departamento de Estado continuou a reclamar de Nasser ações que o levariam a um suicídio político[29]. Segundo Copeland, o secretário de Estado, John Foster Dulles, não entendeu a regra número um, i.e., de que dificilmente se podia vencer um jogo sem saber que se estava dentro dele[30].

O entendimento entre Nasser e os Estados Unidos não perdurou por muito tempo. Em 27 de setembro de 1955, ele anunciou que concluíra com a Tchecoslováquia uma compra de armamentos, cuja venda Washington se recusara a fazer-lhe nas condições que ele desejava[31], dado representar séria ameaça ao predomínio de Israel na região. E foi Kim Roosevelt que evitou um incidente diplomático mais grave, ao pedir a Nasser que não levasse a sério a carta de Foster Dulles, vazada em termos muito duros: o portador, George W. Allen, secretário de Estado Adjunto para Assuntos do Oriente Médio, não foi expulso do seu gabinete[32]. Porém, na medida em que os armamentos tchecos — tanques e artilharia — começaram a chegar ao Egito, suas relações com os Estados Unidos rapidamente se deterioraram. O Egito reconheceu a República Popular da China, sob o governo de Mao Zedong, e Foster Dulles, em 19 de julho de 1956, suspendeu o apoio financeiro (US$ 100 milhões) à construção da represa de Aswan, que permitiria controlar as águas do baixo Nilo e forneceria energia elétrica ao Egito. A Grã-Bretanha e o Banco Mundial acompanhavam a decisão de Washington. Como conseqüência, uma semana depois, Nasser retaliou, nacionalizando a Universal Suez Canal Company, de capital britânico. E, em 29 de outubro, as forças de Israel invadiram o Egito, através do deserto do Sinai, enquanto pára-quedistas da Grã-Bretanha e França desciam na zona do Suez. O ataque sofreu severas críticas da oposição, dentro dos dois países, bem como no exterior. Os Estados Unidos, embora desaprovassem a nacionalização da Universal Suez Canal Company, uniu-se à União Soviética na condenação ao ataque e as duas superpotências votaram na Assembléia Geral da ONU uma resolução, demandando o cessar-fogo. Poucos dias depois, após ameaça de invadir a Polônia, a União Soviética promoveu sangrenta intervenção em Budapest, quando o governo de Imre Nagy, resultante de uma sublevação popular, pretendeu retirar a Hungria do Pacto de Varsóvia e declarar sua neutralidade.

A erupção do que Eisenhower chamou de "*virulent nationalism*" ocorrera não só no Egito, onde Nasser emergia como líder do pan-arabismo. Em diversos países, no norte da África e na Ásia, movimentos revolucionários, golpes e insurreições estavam a liquidar o velho colonialismo, o que os partidos comunistas e a União Soviética tratavam de capitalizar, ao mesmo tempo em que Estados Unidos instrumentalizavam a CIA, para contê-los e controlá-los, de modo que não transbordassem os limites do sistema capitalista. No Egito, a questão foi contornada, quando Churchill, que outra vez assumira o posto de primeiro-ministro da Grã-Bretanha, concordou em remover as tropas estacionadas na base do Canal de Suez, com a condição de voltar a ocupá-la em caso de ataque a algum país da Liga Árabe ou à Turquia. Mas no Irã o conflito foi mais profundo. Em 15 de março de 1951, o Majlis (parlamento ou assembléia) aprovou a lei que determinava a nacionalização do complexo petrolífero da Anglo-Iranian Oil Company (AIOC), corporação britânica. O primeiro-ministro, general Haji-Ali Razmara, opôs-se e foi assassinado em 7 de março de 1951 por Khalil Tahmasebi, militante da organização fundamentalista *Fadayan-e Islam*. O Majlis elegeu para substituí-lo Muhammad Mossadeq, do Partido Nacional, que gozava de enorme popularidade e poder. O xá Muhammad Reza Pahlavi alternativa não teve senão nomeá-lo primeiro-ministro e uma de suas primeiras iniciativas foi efetivar a lei, nacionalizando a AIOC. A CIA e o Secret Intelligence Service (SIS), conhecido como MI6, da Grã-Bretanha, começaram então a conspirar e instrumentalizaram o general Fazlollah Zahedi para derrubar o governo de Mossadeq, que o Tudeh (Partido Comunista) passara a apoiar. A técnica da *covert action*, cujo codinome fora TP-Ajax, consistiu em promover golpes baixos, como a divulgação de notícias falsas e atentados contra líderes iranianos, perpetrados por agentes da CIA, que se disfarçavam de comunistas, seguidos por manifestação "espontânea" de populares, reclamando o retorno do xá Muhammad Reza Pahlavi, que se auto-exilara em Roma. Essa manifestação, em que não faltaram milhares de cartazes com a foto do soberano, previamente preparados, serviu como base para que o general Zahedi, a pretexto de atender aos anseios populares, colocasse as tropas na rua no dia 19 de agosto de 1953, destituísse Mossadeq e instalasse a ditadura no Irã, logo financiada com US$ 5 milhões, para a sua consolidação[33]. Mossadeq foi preso e os líderes do Tudeh, executados.

Esse golpe de Estado, em que os interesses petrolíferos da Grã-Bretanha se entrançaram com os receios de que o Irã se deslocasse para a órbita da União Soviética, dada a colaboração do Tudeh com o governo de Mossadeq[34], inaugurou o uso de *covert action* pelos Estados Unidos, em tempos de paz, e seu *blueprint* serviu para outras experiências, particularmente na América Latina. O sucesso encorajou o presidente Eisenhower e seu secretário de Estado, John Foster Dulles[35], e eles autorizaram a Operação PBSUCESS para derrubar o presidente da Guatemala, Jacobo Arbenz, que desapropriara três quartos das terras da United Fruit, para promover a reforma agrária[36], interviera na International Railways of Central America (IRCA), e ameaçava nacionalizar a Electric Light and Power Company, subsidiária da American and Foreign Power Co. (Bond and Share)[37]. O Departamento de Estado encarregou-se de convocar a X Conferência Interamericana, realizada entre 1° e 28 de março de 1954 e obter prévia aprovação coletiva dos demais Estados americanos pois os *policy makers* em Washington julgavam necessário criar um clima internacional favorável à intervenção contra o governo de Arbenz[38]. A Declaração de Caracas, conforme proposta por John Foster Dulles e aprovada pela X Conferência Interamericana, estendeu ao campo ideológico a Doutrina Monroe, ao estabelecer que o domínio ou o controle das instituições políticas de qualquer dos Estados americanos pelo movimento comunista internacional, "estendendo a este continente o sistema político de uma potência extracontinental", constituiria ameaça à soberania e independência política dos Estados americanos, poria em perigo a paz da América, e "exigiria uma Reunião de Consulta para considerar as medidas adequadas, de conformidade com os tratados existentes"[39]. O objetivo dos Estados Unidos só não foi plenamente alcançado, porque a Conferência transformou a autorização para uma ação individual, conforme John Foster Dulles pretendia, em convocação de nova consulta, ao aceitar a emenda da Colômbia ao texto da Declaração, introduzindo a expressão "Reunião de Consulta para considerar" entre "exigiria" e "medidas adequadas de conformidade com os tratados existentes"[40].

O governo americano procurou acobertar a intervenção na Guatemala sob o manto da legalidade, com base em Resolução da Reunião de Consulta dos chanceleres da OEA. Porém, estava disposto a agir, unilateralmente. E o receio de não obter a maioria de dois terços na Reunião de Consulta da OEA, para adoção de sanções coletivas contra a Guatemala, devido à resistência da Argentina, Uruguai, México e Chile[41], e a possibilidade de que Arbenz recebesse armamentos induziram Eisenhower a autorizar a operação organizada pela CIA e na qual já havia gasto cerca de US$ 20 milhões[42]. Em 18 de junho de 1954, um Exército formado por mercenários, sob o comando do Coronel Carlos Castillo Armas, um oficial guatemalteco treinado na U.S. Army Command and Staff School, em Fort Leavenworth (Kansas), invadiu a Guatemala, através da fronteira com Honduras, e acampou em Esquipulas, enquanto alguns aviões B-26s (ou C-46) e P-47 *Thunderbolt* — pilotados por norte-americanos, depois de bombardear Puerto Barrios e o porto de San José, na costa do Pacífico — faziam vôos rasantes sobre Guatemala City, disparando rajadas de metralhadoras, lançando panfletos e até mesmo uma ou duas bombas. O objetivo, com a guerra psicológica, fora provocar o levante do Exército, já em conluio com o embaixador dos Estados Unidos, John Peurifoy, articulador político da operação. Jacobo Arbens teve de renunciar. Dois meses depois, em 24 de agosto de 1954, em meio de uma aguda crise militar, fomentada pela CIA, ao que tudo indicou, o presidente do Brasil, Getúlio Vargas, cujas iniciativas nacionalistas colidiam com as políticas que os Estados Unidos tratavam de propagar no campo da economia e do comércio internacional, suicidou-se, denunciando a "campanha subterrânea" dos grupos internacionais e a "violenta pressão" sobre a economia brasileira, para obrigá-lo a ceder. Juan Domingo Perón não resistiu mais do que um ano na presidência da Argentina. Após quatro dias de sangrenta rebelião conjunta da Marinha e do Exército, renunciou, em 19 de setembro de 1955, e refugiou-se na canhoneira *Paraguai*.

A atuação da CIA, empreendendo a guerra secreta contra governos que contrariavam os interesses econômicos e/ou recalcitravam diante das diretrizes políticas de Washington, visou a criar um clima favorável aos investimentos americanos ao redor do mundo. Os objetivos dos Estados Unidos na América Latina eram, principalmente, assegurar as fontes de materiais estratégicos, tais como os campos de petróleo na Venezuela, as minas de estanho na Bolívia, as minas de cobre no Chile, e manter abertas as linhas de acesso[43]. Àquele tempo, o Conselho de Petróleo americano considerava que a participação dos Estados Unidos no desenvolvimento das reservas mundiais de petróleo era do interesse de todas as nações e essencial à sua segurança nacional[44]. Conforme a cientista política americana Jan K. Black muito bem salientou, a política exterior dos Estados Unidos tradicionalmente enfatizou a promoção de mercados abertos, livre empresa e boas-vindas aos investimentos estrangeiros — objetivos geralmente apresentados como do interesse da humanidade[45]. A simbiose dos poder público e os interesses privados continuamente havia sido sempre reforçada pela porta giratória para as pessoas, entre os grandes bancos e corporações e os mais altos escalões do governo[46]. E a política dos Estados Unidos *vis-à-vis* da América Latina sempre foi regularmente usada para promover interesses privados específicos[47].

Por sua vez, outro politólogo americano Lars Schoultz escreveu que, ao completar sua obra *National Security and United States Policy Toward Latina America*, estava convencido de que "*human rights is a residual category in United States policy toward Latin America*" e que somente era enfatizado, juntamente com o desenvolvimento econômico, quando não havia problema de segurança no horizonte[48]. "*If one wants to understand the core of the United States policy toward Latina America, one studies security*", recomendou[49]. Também o historiador americano W. Michael Weis, ao assinalar que a eliminação das barreiras alfandegárias e a promoção do desenvolvimento ofereceram ilimitadas oportunidades para os investimentos das corporações americanas na América Latina, ressaltou que a estabilidade econômica mundial e regional, não o desenvolvimento da América Latina, foi a prioridade dos formuladores de política nos Estados Unidos, os mesmos que construíram o sistema econômico de Bretton Woods[50].

Os Estados Unidos, cuja renda nacional praticamente triplicara, saltando de US$ 81 bilhões, em 1940, para US$ 241,9 bilhões, em 1950[51], com reservas da ordem de US$ 29 bilhões em ouro (77% das reservas mundiais), estavam a intensificar suas exportações de capital. A Grã-Bretanha, porém, perdera com a guerra cerca entre um quarto e 30% de sua riqueza nacional, cerca de £7 bilhões[52]. Como um ato deliberado de política, ela sacrificara aproximadamente dois terços de seu comércio de exportação e sua economia fora distorcida ao máximo pelo esforço militar. O custo desse esforço de guerra excedeu sua renda nacional em 50%, o que acarretou o aumento da circulação monetária e, em conseqüência, a desvalorização da libra. Entrementes, enquanto o padrão de vida declinava drasticamente, a dívida externa triplicou. E a Grã-Bretanha, havendo sacrificado seu comércio de exportação, caiu inteiramente na dependência dos Estados Unidos, que sempre foram hostis à Commonwealth e estavam interessados em consolidar as posições conquistadas durante a Segunda Guerra Mundial. O fato de que muitos países da Commonwealth, que eram exportadores de matérias-primas, passaram a comprar manufaturas fora área da libra esterlina, durante a guerra da Coréia, concorreu para aumentar as dificuldades da Grã-Bretanha, agravar-lhe o déficit no balanço de pagamentos, que por volta de 1949-1950 chegou a £700 milhões, e alimentar a especulação com a libra esterlina, acarretando sua desvalorização. E ela teve de vender aos capitais americanos a maior parte dos investimentos, que possuía nos Estados Unidos, bem como em outras partes do mundo, como África e América do Sul, a fim de obter dólares para as suas importações.

Ao contrário da Grã-Bretanha, a Alemanha Ocidental teve condições de recuperar-se dado o receio de que a União Soviética viesse também a projetar sua influência sobre a Europa Ocidental. Ressurgiu dos escombros, devido, principalmente, à cultura do trabalho e à alta capacitação tecnológica de seu povo, entre outros fatores, uma vez que, durante os anos da reconstrução (1945-1952), recebera dos Estados Unidos, a título de ajuda econômica, apenas US$ 4,5 bilhões (dois terços como doação) do montante de US$ 32 bilhões destinados à Europa através do Plano Marshall[53]. Em 31 de outubro de 1949, ela entrou na Organization for European Economic Cooperation (OEEC), entidade encarregada de coordenar a aplicação do Plano Marshall, após o que aceitou a proposta, formulada em 9 de maio de 1950 por Robert Schuman, ministro dos Assuntos Estrangeiros, da França, no sentido de criar uma autoridade comum para regular a indústria do carvão e do aço na Alemanha Ocidental e França como forma de criar as condições de paz na Europa Ocidental, ao acabar com a rivalidade entre os dois países. A proposta foi estendida a outros países do continente — Itália, Bélgica, Luxemburgo e Holanda — e em

18 de Abril de 1951 os seis celebraram o Tratado de Paris, criando a Comunidade Econômica do Carvão e do Aço (Montaunion), que entrou em vigor em 25 de julho de 1952 e permitiu estabelecer as bases da arquitetura da Comunidade Econômica Européia (CEE), criada em 25 de março de 1957 pelo Tratado de Roma, com a finalidade de levar adiante o processo de integração da Europa, estabelecendo "*os fundamentos de uma união sem fissuras e mais estreita entre os países europeus*".

Ao mesmo tempo, a invasão da Coréia do Sul pelas tropas da Coréia do Norte aguçou o receio de que a União Soviética tentasse desencadear um conflito na Europa, por causa de Berlim. E, diante de tal possibilidade, os Estados Unidos, juntamente com a Grã-Bretanha e a França, concederam à Alemanha Ocidental, em 6 de março de 1951, certa autonomia, permitindo que ela criasse seu próprio Ministério de Negócios Estrangeiros e abrisse embaixadas em outros países. No ano seguinte, em 26 de maio de 1952, firmaram The Contractual Agreement e The Bonn Convention, mediante os quais aquelas potências aliadas restituíram a soberania, ainda que com certas limitações, à Alemanha Ocidental, e a reintegraram na comunidade internacional. O European Defense Comunity Treaty, assinado em Paris na noite daquele mesmo dia 26 de maio de 1952, transformou as tropas de ocupação, estacionadas no território da Alemanha, em forças de defesa, ao mesmo tempo em que a obrigava a fornecer um contingente de 500 mil homens para o Exército europeu, e em 25 de julho de 1952 o tratado da Comunidade Européia do Carvão e do Aço entrou em vigor. Sua adesão à Europäische Verteidigungsgemeinschaft — EVG (Comunidade de Defesa Européia) tornou-se inevitável. Truman entendeu que, sem a Alemanha na aliança militar do Ocidente, as linhas de defesa da Europa deslocar-se-iam para as costas do Oceano Atlântico[54]. Assim, naquele contexto de agravamento da Guerra Fria, os Estados Unidos, apesar das resistências internas e externas, sobretudo da França, consideraram que era preferível uma Alemanha rearmada, embora dividida, a uma Alemanha unificada e neutra. Em 5 de maio de 1955, com a entrada em vigor dos acordos de Paris, os Aliados ocidentais permitiram então o rearmamento da Alemanha Ocidental, constituída como República Federal da Alemanha[55], e sua adesão à OTAN. E o cartel das potências industriais ampliou-se com a sua inclusão, tanto ao nível econômico quanto militar. Como réplica, dias depois, a União Soviética formou o Pacto de Varsóvia, com a posterior inclusão da República Democrática Alemã (Alemanha Oriental)[56].

Notas

1. Carta de Oswaldo Aranha ao Presidente Getúlio Vargas, Washington, 2/12/1952. Pasta de 1952. Arquivo de Oswaldo Aranha.
2. Eisenhower, 1963, pp. 321, 331.
3. Id., ibid., p. 321
4. Id., ibid., pp. 178-179.
5. Id., ibid., p. 171.
6. Id., ibid., p. 180.
7. Id., ibid., p. 180.
8. Um total de 29.557 efetivos militares morreram em batalha ou em conseqüência de ferimentos. Outros 4.184 morreram por diversas causas. A soma dos feridos em ação e que foram evacuados chegou a 92.934. Esse número não inclui os feridos que depois de tratados retornaram ao teatro da guerra. E cerca de 7.245 continuaram como prisioneiros de guerra, sem contar mais de 13 mil desaparecidos.
9. Kissinger, 1994, p. 489.
10. von Clausewitz, 1998, p. 674.
11. Kissinger, 1994, p. 491.
12. Cook, 1964, p. 84.
13. Johnson, 1996, p.
14. A Commission on Organization of the Executive Branch, do governo americano, foi estabelecida pela P.L. 80-162 de 27 de julho de 1947, e criou uma Task Force on National Security Organization, dirigida por Ferdinand Eberstadt, que esboçara o projeto do Security Act of 1947. U.S. War Dept. Board on Officer-Enlisted Man Relationships. The Doolittle Report: The Report of the Secretary of War's Board on Officer-Enlisted Man Relationships. 27 May 1946.
15. Apud Johnson, 1996, p. 60.
16. Malaparte, 2002, p. 31.
17. Id, ibid., p. 47.
18. Hassan II, 1993, pp. 17-18. A descolonização de Marrocos começou a efetivar-se sob a égide de Muhhamad V, que, ao resistir à França, conseguira ganhar a simpatia dos nacionalistas.

19. Copeland, 1989, p. 145.
20. Nome de um pastor evangélico (batista), pregador muito ligado às forças mais conservadoras dos Estados Unidos e que atuava junto com a CIA.
21. Copeland, 1989, pp. 142-157.
22. Id., ibid., pp. 152-153.
23. Apesar de que Nasser se orientasse para o neutralismo, era fortemente anticomunista e John Foster Dulles resolveu mantê-lo no poder. Em 1957, como reação à retirada do financiamento para a represa de Aswan, ele nacionalizou o Canal de Suez, o que levou a um ataque combinado da Grã-Bretanha e da França contra o Egito. Eisenhower apoiou Nasser e obrigou as forças da coalizão a cessarem as hostilidades.
24. Eisenhower, 1963, p. 427.
25. O segredo tornou-se público quando Nasser, fazendo um gesto de desafio, desviou US$ 12 milhões dos controlados e manejados por Kermit Roosevelt para construir na ilha Zamalek a Torre do Cairo, inaugurada em 1957. Ela se tornou conhecida como CIA Monument ou, jocosamente, como Roosevelt' Erection (*intisaab Roosevelt*), referência ao agente da CIA que ajudou o golpe militar.
26. Copeland, 1989, p. 167.
27. Id., ibid., p. 169.
28. Id., ibid., p. 169.
29. Id., ibid., pp. 169-170.
30. Id., ibid., p. 170.
31. Wise & Ross, 1965, pp.118-122.
32. "...Circulou em Washington a incômoda história que um certo Mr. X, alto funcionário da CIA, havia contornado a política externa oficial dos Estados Unidos ao adiantar-se a Allen Dulles e dizer a Nasser que não desse importância à mensagem que lhe era trazida". Id., ibid., p. 120. Nasser confirmou essa versão em discurso pronunciado em Alexandria, em 26 de julho de 1956.
33. O golpe foi sugerido, inicialmente, pelo MI6, da Grã-Bretanha, e orquestrado pelo agente da CIA, Kermit (Kim) Roosevelt, que também atuou no Egito e ajudou os militares a derrubarem o Rei Farouk. Posteriormente ele escreveu um livro, contando a história, sob o título *Countercoup: Struggle for control of Iran*, publicado em 1979 pela New York McGraw-Hill Book Company. Em 2000, *The New York Times* obteve e publicou cópia de um documento ainda classificado, escrito em março de 1954 pelo dr. Donald N. Wilber, "the C.I.A.'s chief coup planner", revelando os detalhes do complô. Reza Pahlevi resistiu em demitir Mossadegh, com receio de perder o trono. Princesa Ashraf Pahlevi, irmã do xá, e o General H. Norman Schwarhzkop serviram como intermediários da CIA para mantê-lo sobre pressão e impedir que recuasse. Risen, James. "Secrets of History: The CIA in Iran."

The New York Times, 16 April. 2000. Segundo Hugo Gouthier, que servia na época servia como ministro-plenipotenciário do Brasil em Teerã e entrou na conspiração, "Reza Pahlevi — um liberal de índole e formação — acabou cedendo, deixando-se envolver pelos generais que o cercavam e exigiam o endurecimento do regime". Gouthier, 1982, pp. 101-110. Mossadegh acusou Gouthier de servir aos americanos e pediu que o Itamaraty o retirasse do Irã. Relatório apresentado pelo Ministro Hugo Gouthier (defesa); Telegrama da Delegação do Brasil à Assembléia-Geral da ONU, a) João Neves da Fontoura, Nova York, 15/11/1952. Minuta sobre o afastamento de Gouthier, datada de 12.11.1952, e bilhete do Embaixador Mario de Pimentel Brandão, 12/11/1952. Pasta de 1952. Arquivo de Getúlio Vargas.

34. Wise, 1965, pp. 114-115.
35. Immerman, 1982, p. 135.
36. Um ano depois da reforma agrária, o Governo Arbenz havia distribuído 296 mil hectares de propriedade nacional (antiga propriedade alemã confiscada durante a Segunda Guerra Mundial) e 151 mil hectares da propriedade privada, mediante indenização paga com Bonos de la Reforma Agraria, beneficiando mais de 110 mil camponeses. Alguns *scholars* calcularam em 138 mil o número de camponeses beneficiados. Gleijeses, 1992, p. 156. Dos 119.680 hectares, 19 ares e 39 centiares, de propriedade da United Fruit Co., foram expropriados 83.929 hectares, 24 ares e 74 ares não cultivados, mediante indenização em Bonos de la Reforma Agraria. Em março de 1953, Arbenz expropriou 234 mil acres de terras não cultivadas pertencentes à United Fruit Company em Tiquisate e, em fevereiro de 1954, mais 173 mil em Bananera. O valor dessas terras foi calculado em US$ 1.185 mil, conforme declarado pela própria United Fruit para efeito de pagamento dos impostos. Imediatamente, porém, ela alegou que o valor era de US$ 19.355.000, o que foi, sem qualquer hesitação e exame, endossado pelo Departamento de Estado. Gleijeses, 1992, p. 164.
37. Gleijeses, 1992, p. 87. Sobre o tema vide também Moniz Bandeira, 1998, pp. 118-138.
38. Immerman, 1982, p. 143
39. Resolução XCIII, Declaração de Solidariedade para a Preservação da Integridade Política dos Estados Americanos contra a Intervenção do Comunismo Internacional", aprovada na X Conferência Interamericana, Caracas, 1° a 28 de março de 1954, in OEA — Segunda Conferência Interamericana Extraordinária — Coletânea de Documentos preparada para a Imprensa, 1° Volume, Rio de Janeiro, outubro de 1965, pp. 8 a 11. A Resolução foi aprovada por 17 votos, 1 contra (Guatemala) e 2 abstenções (México e Argentina).
40. Smith, 1994, p. 81.

41. O pedido da Reunião de Consulta foi subscrito pelos Estados Unidos, Brasil, Nicarágua, Peru, Cuba, Honduras, Panamá, Haiti, República Dominicana e Costa Rica. Argentina, Chile, Uruguai e México recusaram-se terminantemente a firmá-lo.
42. Powers, 1979, p. 108. Segundo Gleijeses, o desencadeamento da Operação PBSSUCCESS já estava previsto para junho e não foi a chegada dos armamentos que a precipitou. Gleijeses, 1992, pp. 296 e 297.
43. Black, 1986, p. 10.
44. Id., ibid., p. 10.
45. Id., ibid., p. 10.
46. Id., ibid., p. 11.
47. Schoultz, 1998, p. 373.
48. Schoultz, 1987, p. ai.
49. I.d., ibid., p. xi.
50. Weis, 1993, p. 15
51. Lens, 2003, pp. 336-337.
52. Sked & Cook, 1979, pp. 27-28. Lens, 2003, pp. 337.
53. Erhard, 1988, p. 848. Segundo Ludwig Erhard, ministro da Economia da República Federal da Alemanha, a importância do Plano Marshall foi mais de caráter moral e político do que material. Também o professor Charles Kindleberger que participara, no Departamento de Estado, da formulação do Plano Marshall, reconheceu que, apesar de necessário, o auxílio dos Estados Unidos não foi suficiente para promover a recuperação econômica da Europa Ocidental e que à Alemanha coube somente o total de US$ 3,6 bilhões, entre 1946 e 1953. Kindleberger, 1987, pp. 196 e 246. Horne, 1956, p. 286. Assim, se bem que importante, o auxílio norte-americano, através do Plano Marshall, não representou, segundo também o Embaixador do Brasil em Bonn, mais do que 6% dos investimentos realizados na Alemanha Ocidental naquele período. Ofício nº 200, embaixador Luiz de Faro Jr. ao chanceler Vicente Rao, Bonn, 24/8/1953, Arquivo Histórico do Itamaraty — Missões Diplomáticas Brasileiras — 7/5/56.
54. Truman, 1956, vol, 2. p. 253.
55. Os Aliados ocidentais se reservaram o direito de assumir as funções governamentais, em caso de emergência interna ou externa. E só em 28 de junho de 1968, com a entrada em vigor, na Alemanha, da legislação sobre o estado de emergência, elas renunciaram a esse direito.
56. Sobre o rearmamento da Alemanha, vide Moniz Bandeira, 2002, pp. 86-108.

Capítulo XI

A EXPANSÃO DAS FRONTEIRAS ECONÔMICAS DOS ESTADOS UNIDOS • OS ESTADOS UNIDOS, A FRANÇA E A GUERRA NA INDOCHINA • A TEORIA DOS DOMINÓS • A DERROTA DA FRANÇA EM DIÊN BIÊN PHU • A OPOSIÇÃO DOS ESTADOS UNIDOS AOS ACORDOS DE GENEBRA • O FMI E O BIRD COMO INSTRUMENTOS DOS ESTADOS UNIDOS • A REVOLUÇÃO CUBANA E OS ESTADOS UNIDOS • A GUERRA FRIA NA AMÉRICA LATINA

Àquela época, auge da Guerra Fria, os Estados Unidos já haviam expandido suas fronteiras econômicas a todas as regiões do sistema capitalista e suas atenções se voltavam para o sudeste da Ásia. Mais e mais dependiam de recursos oriundos do exterior. E a guerra na Indochina, na qual a França se empregara, evidenciou a ambigüidade da política internacional dos Estados Unidos *vis-à-vis* do colonialismo. Roosevelt, em 1944, dissera a Lord Halifax, embaixador da Grã-Bretanha em Washington, que a Indochina, uma vez terminada a guerra, não devia voltar ao domínio da França, mas ser administrada por uma comissão internacional, opinião esta apoiada pelo generalíssimo Chiang Kai-Schek e o marechal Stalin[1]. "*France has had the country — 30 million inhabitants — for nearly one hundred years, and the people are worse off than they were at the beginning*", Roosevelt comentou em carta ao secretário de Estado Cordell Hull[2]. Contudo, em menos de seis anos, a política dos Estados Unidos inflectiu do propósito de liquidar o velho colonialismo para ajuda militar, que poderia consolidar a posição da França na Ásia Oriental. Em 1951, ao viajar na Indochina, John F. Kennedy, senador pelo Partido Democrata, viu com seus próprios olhos que os Estados Unidos se haviam aliado "*with a colonial regime that had no real support from the people*" e, já havendo gasto quase US$ 1 bilhão, estavam a custear 40% da guerra[3]. Não obstante, em 17 de dezembro de 1952, um mês antes de deixar o governo, Truman ainda aprovou a concessão à França de mais US$ 30,5 milhões, dentro do programa de Mutual Security Administration[4]. E Kennedy, em discurso no Congresso (6 de abril de 1954), voltou a opor-se a que os Estados Unidos interviessem para salvar o corpo expedicionário francês em Diên Biên Phu, enquanto a Indochina permanecesse como colônia da França, que controlava todo o sistema político, 100% do comércio exterior, do transporte costeiro e internacional, das exportações de borracha e 66% do arroz[5]. Considerou que derramar dinheiro, material e homens nas selvas da Indochina, sem ao menos uma perspectiva de vitória, "*would be futile and self-destructive*"[6]. E declarou francamente não acreditar que qualquer montante da assistência militar dos Estados Unidos pudesse derrotar um inimigo que contava com a simpatia e o apoio encoberto da população[7].

Conquanto também desagradasse a Eisenhower que a França ainda mantivesse "*certain symbols of the former colonial era*", tais como o controle do comércio exterior e do câmbio, bem como dos assuntos estrangeiros e militares da Indochina, não lhe interessava que a península caísse sob o controle dos comunistas, sob a direção de Ho Chi Minh — codinome de um antigo militante, chamado Nguyen Ai Quoc, um homem com todas as qualidades necessárias a um líder: perseverança, determinação férrea e completamente devotado à causa da revolução, como o definira Hoang Van Chi, autor de *From the colonialism to communism*, que escapara do Vietnã do Norte em 1955[8]. A eleição de Ho Chi Minh evidenciaria um fracasso da política de *containment*. Eisenhower, que percebia o colonialismo e o comunismo como os dois males gêmeos, visualizava o sudeste da Ásia como uma fileira de dominós, em que a derrubada de uma pedra implicaria a queda de todas as demais. "*You have a row of dominoes set up, you knock over the first one, and what will happen to the last one is that it will go over quickly*", explicou Eisenhower em entrevista à imprensa, acrescentando: "*so you have a beginning of a disintegration that would have the most profound influence*". Segundo ele, se a Indochina caísse nas mãos dos comunistas, "*the ultimate effect on our and your global strategic position* (...) *could be disastrous*"[9]. Eisenhower cria que a perda do Vietnã, juntamente com o Laos e Camboja, significaria entregar à "*Communist enslavement*" 24 milhões de habitantes, além de valiosos suprimentos de borracha e de arroz[10], imaginava que, se a Indochina caísse, não somente a Tailândia, como Burma e a Malásia estariam ameaçadas, com risco para o Paquistão oriental, o sul da Ásia, bem como toda a Indonésia[11].

A concepção de Eisenhower era própria de um militar, que estava a travar uma guerra. E, após consultar os líderes do Congresso, ele mandou para a Indochina o general John W. O'Daniel, como chefe do Military Advisory Assistence Group (MAAG), à frente de duzentos assessores[12], apesar de que muitos congressistas receassem que essa iniciativa abrisse as portas para a introdução de tropas terrestres na região[13]. Eisenhower forneceu aos franceses, outrossim, certo número de aviões B-26s e pretendeu apoiar com ataques aéreos. Porém, embora excogitasse, no início de 1954, o envio de tropas terrestres americanas para a Indochina, vacilou. Só o faria se fosse juntamente com a Grã-Bretanha, Austrália e Nova Zelândia, países com os quais firmara um tratado de segurança em 1951[14], e não apenas para reforçar a posição dos franceses[15]. O Congresso, também, só aprovaria o envio de tropas se fosse como parte de uma coalizão, que incluísse a Grã-Bretanha, os países do sudeste da Ásia e Filipinas, e a França concordasse em acelerar a independência dos Estados Associados (Vietnã, Laos e Camboja)[16], i.e., acabar todos os vestígios do sistema colonial. A França, no entanto, insistia em manter a liderança na campanha da Indochina e preservar seu império colonial que incluía a Argélia. Só por temer a intervenção da China, continuou desejando que os Estados Unidos participassem abertamente do conflito, embora evadisse qualquer declaração de que daria completa independência aos Estados Associados. E Allen Dulles, diretor da CIA, escreveu a Eisenhower um *memorandum*, advertindo-o no sentido de que "*we could not afford thus to engage the prestige of the United States and suffer a defeat which would have world-wide repercussions*"[17]. Pouco tempo depois, em 16 de abril de 1954, Richard Nixon, o vice de Eisenhower, pronunciou um discurso na America Society of Newspapers Editor, no qual sugeriu a possibilidade de que os

Estados Unidos um dia viessem a enviar tropas para o Vietnã, com o objetivo de conter o comunismo[18].

Com razão, o ministro dos Assuntos Estrangeiros da República Democrática do Vietnã, Pham Van Dong, denunciou, em discurso durante a conferência de Genebra (1955), que os Estados Unidos, de um lado, haviam transformado a França em instrumento de sua política e, do outro, preparavam-se para expulsá-la da Indochina, enfraquecê-la, com a guerra que eles encorajavam, e subjugá-la em alto grau na Europa[19]. A política dos Estados Unidos apresentava realmente duas faces. E a vacilação de Eisenhower *vis-à vis* do envio de tropas terrestres para o Vietnã refletiu a sua ambivalência, entre a política de forçar a abertura das portas, ou seja, acabar o regime colonial estabelecido pela França, abrindo os mercados fechados, e a necessidade de impedir a queda de um dominó, para conter o avanço comunismo. Mesmo assim, os Estados Unidos gastaram ainda, inutilmente, mais US$ 2,5 bilhões com a política de apoio à França, iniciada ao fim do governo de Truman[20], quando já estavam a aplicar US$ 200 milhões (soma equivalente a US$ 1 bilhão em 1993)[21], arcando com cerca de um terço à metade dos gastos da guerra na Indochina[22]. Entretanto, apesar de sustentada pelos armamentos e recursos financeiros dos Estados Unidos, a França não conseguiu vencer as forças da República Democrática do Vietnã, assim reconhecida em 1950 pela República Popular da China e demais países comunistas[23]. O exército do Viet Minh[24], sob o comando do general Vo Nguyên Giap, considerado por William Colby, ex-diretor da CIA[25], um "gênio militar"[26], atacou o *Corps Expéditionnaire* (CE) francês (16.000 soldados), no seu último baluarte, considerado inexpugnável, em Diên Biên Phu, uma planície de 18 quilômetros de extensão, cercada de montanhas, no noroeste do Vietnã, perto da fronteira com o Laos. O combate durou cerca de 55 dias e 55 noites, de 17 de março a 7 de maio de 1954. Os aviões B-52s dos Estados Unidos bombardearam incessantemente a área, lançando, inclusive, bombas de napalm para queimar a vegetação[27]. Mas não conseguiram salvar os franceses. As forças do Viet Minh, demonstrando enorme espírito de sacrifício, determinação e vontade de vencer[28], contaram com o maciço respaldo da população e, apesar de imensas perdas, infringiram fulminante derrota aos batalhões e companhias do *Corps Expéditionnaire*[29].

A derrota na batalha de Diên Biên Phu, em que morreram 3.000 soldados franceses — 6.000 foram feridos e 10.000, aprisionados[30] — levou a França à mesa das negociações, na conferência de Genebra (1954), onde teve de entregar o baluarte de Hanói e o grande porto de Haiphong, bem como todo o norte do Vietnã, ao Viet Minh, dirigido por Ho Chi Minh[31], após uma campanha que lhe custou aproximadamente 170.000 baixas (um terço de mortos e desaparecidos) e cerca de US$ 5 bilhões[32]. Os acordos lá celebrados, terminando a guerra, previam a realização de eleições em 1955 e a unificação da Indochina. Todas as potências ficaram satisfeitas com a sua elaboração, "*except for the United States* (...)", que mesmo antes do término da conferência já haviam enviado uma equipe de americanos, sob o comando do coronel Edward Lansdale, que trabalhava na CIA, com a missão de promover operações secretas contra o Viet Minh[33]. *Memorandum* de um Special Committee on the Threat of Communism, datado de 5 de abril de 1954, assinalara que a derrota do Viet Minh era essencial para deter o espraiamento da influência comunista no sudeste da Ásia, recomendando que a política dos Estados Unidos nada aceitasse, exceto a vitória na Indochina[34]. E, em outro *memorandum* ao secretário de Defesa, Charles E. Wilson, intitulado "*Studies with respect to possible U.S. action regarding Indochina*" e datado de 26 de maio de 1954, o Almirante Arthur W. Radford, excogitara, inclusive, o emprego de "*atomic weapons, whenever advantageous, as well as other weapons*", em uma ofensiva de operações aéreas, contra alvos militares selecionados na Indochina, assim como na China, Hainan e outras ilhas no litoral, usadas pelos comunistas em apoio às suas ações[35].

O governo de Eisenhower, segundo revelado por estudo do Pentágno, considerou os acordos de Genebra um "*disaster*" e decidiu aprovar ações para prevenir ulterior expansão do comunismo no Vitenã[36]. Quis postergar as eleições, pois sabia que Ho Chi Minh as venceria, tornando-se presidente do Vietnã unificado[37]. E logo tratou de solapar os entendimentos alcançados em Genebra, não se juntando à declaração final, assinada pela França e o Viet Minh. O General Ngo Dinh Diem, em 8 de outubro, declarou que a partição do Vietnã, sobre o paralelo 17°, provavelmente seria prolongada indefinidamente, como na Coréia e na Alemanha[38]. E com o apoio dos Estados Unidos cancelou as eleições, dando um golpe de Estado e implantando uma ditadura. Os assessores do U.S. Military Assistance Advisory Group (MAAG) chegaram a Saigon em 1° de junho e, desde que quase todas as tropas da França partiram do Vietnã, em fevereiro de 1955, passaram a formar e treinar o Exército da República do Vietnã, o Vietnã do Sul. E o secretário de Estado, John Foster Dulles, persuadiu a Grã-Bretanha, Austrália, Nova Zelândia, França, Tailândia, Paquistão e Filipinas a celebrar o Tratado de Manila[39], e formar a Southeast Asian Treaty Organization (SEATO), um pacto militar, para o qual atraíram o Vietnã do Sul mediante outro protocolo, cujo objetivo expresso era defendê-lo, bem como o Laos e o Camboja, contra os comunistas. O princípio da "doutrina asiática", conforme a denominou o senador J. William Fulbright[40], era o mesmo da Doutrina Monroe, ou seja, qualquer intrusão no sudeste da Ásia seria "*dangerous to our peace and security*"[41]. A administração de Eisenhower estava a criar obrigações no sudeste da Ásia, orientando-se pela mesma concepção de Truman, segundo a qual a queda da Indochina em poder dos comunistas ameaçaria a segurança dos Estados Unidos. Quando Ho Chi Minh, por causa do adiamento das eleições, disse em telegrama ao Departamento de Estado, com data de 27 de fevereiro de 1946, que um diplomata americano em Hanói, identificado apenas como Landon, asseverou que o domínio comunista do sudeste da Ásia, quaisquer que fossem os meios, ameaçaria seriamente, a curto prazo, e criticamente, a longo prazo, os interesses de segurança dos Estados Unidos[42].

A segurança dos Estados Unidos abrangia, já então, todo o sistema capitalista. Ela significava segurança de seus interesses e privilégios, fontes de abastecimento e mercados, propriedades e capitais, que adquiriam empresas e concessões e/ou implantavam fábricas, nos mais diversos países. Onde quer que houvesse uma plataforma da Standard Oil, uma fábrica de Coca-Cola, uma fazenda da United Fruit, um frigorífico da Wilson & Sons, uma loja da Sears Roebuck, ou seja, uma instalação de qualquer corporação americana, no Oriente Médio ou na América Latina, na Europa ou na Ásia, ali estavam as fronteiras nacionais dos Estados Unidos.

Desde o fim dos anos 1940, as conquistas tecnológicas possibilitaram que os Estados Unidos, Alemanha, cuja economia rapidamente se recuperava, e outras potências industriais pudessem atender às demandas sociais, particularmente na Europa, de modo a conter a influência da União Soviética e evitar o avanço do comunismo, ao mesmo tempo em que transferiam grande parte do ônus da acumulação para os países exportadores de matérias-primas, mediante o aviltamento dos preços dos produtos primários nas relações de troca por artigos industriais, de modo que, em virtude do fomento da produção de mais-valia relativa e da maior apropriação do excedente econômico nos países coloniais, semicoloniais e em desenvolvimento, o sistema capitalista, cartelizado, pode proporcionar uma situação de bem-estar social, conforto e segurança, nunca antes imaginada, à classe trabalhadora dos Estados Unidos e da Europa Ocidental. Porém, a construção do Estado de bem-estar social, embora promovesse a ampliação do mercado interno nas potências industriais, resultou, também, na redução da taxa de lucro, o que contribuiu para fomentar a emigração de capitais para a periferia do sistema capitalista, onde havia estoques abundantes de força de trabalho e de matérias-primas. A trasladação de plantas industriais para os países atrasados, visando principalmente ao barateamento dos custos de produção e à recuperação da taxa média de lucro, concorreu, juntamente com a substituição da força de trabalho por técnicas intensivas de capital, para o aumento do desemprego na Europa e nos Estados Unidos. Esses fatores, evidenciando que o desenvolvimento do capitalismo continuava a transbordar os limites do Estado nacional, influíram para a transformação das empresas transnacionais e o surgimento dos *new industrialising countries*, com o estabelecimento de nova divisão internacional do trabalho, em que as potências capitalistas mais adiantadas buscaram conservar o monopólio da tecnologia, a produção de bens de capital e o nervo financeiro, enquanto transferiam suas fábricas, sobretudo de bens duráveis de consumo, para alguns países mais atrasados.

Através das instituições criadas em Bretton Woods, como o FMI e o BIRD, os Estados Unidos continuaram a modelar a estrutura da economia mundial, conforme seus interesses e conveniências, forçando total liberdade econômica, responsável pelas crescentes desigualdades entre as nações, dado que, como conseqüência do processo de concentração e centralização do capital, a pobreza crescia ao nível das nações, as mais pobres denominadas como Terceiro Mundo. Essas duas instituições jamais deixaram de obedecer à agenda estabelecida pelo governo americano, que manteve o poder de veto, desde sua fundação, controlando 17% dos votos no Conselho de Governadores. Esse fato lhe dava uma posição preeminente na concessão dos créditos ou assunção de programas de ajuste por algum Estado. O número de votos de cada Estado era proporcional aos recursos fornecidos, havia uma evidente desigualdade na sua capacidade de decisão e influência; esse esquema baseou-se no princípio de que, por ser o FMI uma instituição financeira, o maior poder de decisão devia ser atribuído àqueles que com mais recursos contribuem para seus fundos. Como na Carta da ONU, os acordos que criaram o FMI e o BIRD, em Bretton Woods, visaram a facilitar a preponderância dos Estados Unidos. Entre todas as nações a elas associadas, apenas cinco — Estados Unidos, Japão, Alemanha, França e Reino Unido — ou seja, as grandes potências, que constituíram o cartel ultra-imperialista, tinham o direito de apontar seus diretores executivos, sendo que os outros dezenove eram supostamente eleitos para representar os interesses dos demais países-membros. E os Estados Unidos tinham como política recusar qualquer apoio governamental a empreendimentos econômicos nos países do Terceiro Mundo e insistiam em *free enterprise*, *free market* e redução da intervenção do Estado na economia, com o argumento de que havia suficiente disponibilidade de capital privado e de que se tornava necessária sua maior utilização.

A concessão de financiamentos pelo BIRD, cujo presidente, na prática, era designado pelo governo americano e ratificado pelos diretores executivos da instituição, procurou também promover os capitais privados, em oposição aos investimentos públicos que os Estados demandantes, mais pobres, pretendiam fazer, em obras de fundamental importância econômica, como petróleo e mineração. Suas políticas tenderam geralmente a favorecer os interesses da comunidade dos homens de negócios, enquanto os programas de ajuste, recomendados pelo FMI, tinham fundamento no fetiche do mercado livre (*free market*), como se houvesse concorrência perfeita[43], e sem considerar as tensões sociais que se provocavam. O maior controle no gasto público traduzia-se em políticas que prejudicavam gastos em educação ou saúde, ou suprimiam subvenções aos preços dos produtos de primeira necessidade e exigiam a desvalorização das moedas com o propósito teórico de frear as importações, aumentar as exportações e propiciar a entrada de capitais. A exportações, porém, não aumentavam o suficiente, dada a falta de elasticidade da demanda de grande parte dos produtos exportados pelos países pobres, mas a entrada de capitais estrangeiros implicava crescente desnacionalização da economia e um conseqüente incremento das remessas de lucros, ou seja, de capitais para o exterior, concorrendo para os déficits na conta corrente do balanço de pagamentos e o conseqüente endividamento externo para sua cobertura, como um círculo vicioso. Os empréstimos internacionais, concedidos, na maior parte, pelos bancos americanos e pelo FMI, constituíram, assim, os principais meios de espoliação e subordinação dos países do Terceiro Mundo, dificultando o seu desenvolvimento econômico.

A América Latina foi uma região particularmente afetada pelas políticas dos Estados Unidos, ao promoverem o liberalismo econômico através do autoritarismo político, de governos militares, a serviço da comunidade dos homens de negócios. E, naquele contexto da Guerra Fria, o anti-americanismo exacerbara-se tanto que Eisenhower, durante encontro na capital do Panamá (1957), perguntou ao presidente do Brasil, Juscelino Kubitschek, se ele cria que alguma nação sul-americana pudesse transformar-se brevemente em um Estado comunista, em face da exacerbação do anti-americanismo. “Acredito, se os Estados Unidos persistirem em apoiar e prestigiar as ditaduras de direita e o militarismo”, respondeu Kubitschek[44]. De fato, havia um descontentamento generalizado na América Latina. A efervescência revolucionária continuava na Bolívia e, no Peru, o general Manuel A. Odría teve de renunciar e passar o governo a Manuel Prado y Ugarteche, mesmo havendo contido um levante popular, em dezembro de 1955. O regime militar implantado na Colômbia, desde 1953, pelo general Gustavo Rojas-Pinilla, foi também derrubado por outro golpe de Estado, com apoio civil, em maio de 1957. E, uma insurreição popular, em janeiro de 1958, derrocou, na Venezuela, a ditadura do general Marcos Pérez Jiménez, sustentada igualmente pelos Estados Unidos.

As violentas demonstrações de massa contra o vice-presidente Richard Nixon, quando, em maio de 1958, ele realizava uma visita de cortesia a alguns países da América Latina, revelaram o nível que o ressentimento contra os Estados Unidos atingira. A começar pela Argentina, Nixon foi hostilizado no Uruguai, Equador, Colômbia, Peru e Venezuela. Ao chegar a Lima, a agitação recresceu e os estudantes, cuspindo-lhe e ameaçando-o de agressão, feriram-no com uma pedra e impediram sua entrada na Universidade de São Marcos[45]. Tais manifestações anti-norteamericanas, provocadas pela visita de Nixon, assumiram maior magnitude, ainda, na Venezuela. Trabalhadores e estudantes ocuparam o aeroporto de Maiquetía e o Panteón Nacional, onde hastearam uma bandeira negra, em sinal de luto, e não permitiram que Nixon prestasse homenagem a Bolívar. O carro em que viajava, acompanhado por sua esposa, foi apedrejado pela massa enfurecida e seu rosto ficou ferido. Nixon, sem poder sair à rua e realizar qualquer visita, refugiou-se na sede da Embaixada Americana, onde passou quase todo o tempo de sua permanência (22 horas) em Caracas[46], até que o governo americano enviasse para lá vasos de guerra e quatro companhias de tropas aerotransportadas, a fim de protegê-lo e resgatá-lo[47]. Tais manifestações, conforme compreendeu o secretário de Estado Assistente para os Assuntos Inter-Americanos, William Snow, resultaram de vários fatores combinados, entre os quais as relações passadas e presentes dos Estados Unidos com as ditaduras nos países da região e a outorga de asilo político aos ditadores, entre os quais Pérez Jiménez, da Venezuela[48]. Também o Departamento Político do Itamaraty concluiu que as manifestações de repulsa contra Nixon tinham como "causas remotas", *inter alia*, a própria ditadura de Pérez Jiménez, cujos "pesados tributos" a Venezuela ainda estava a pagar, e "política, evidentemente errada, do Departamento de Estado em relação aos países latino-americanos"[49]. E Kubitschek, que "vinha observando a crescente deterioração do prestígio dos Estados Unidos na América Latina" e não se surpreendera com os acontecimentos em Lima e Caracas, aproveitou a oportunidade para escrever uma carta a Eisenhower, na qual expressou solidariedade em virtude dos agravos que

Nixon sofrera e advertiu-o para a necessidade de rever "fundamentalmente a política de entendimentos deste hemisfério", procedendo a "um exame do que se está fazendo em favor dos ideais pan-americanos, em todas as suas implicações"[50].

O que mais alarmou os Estados Unidos, no entanto, foi a vitória da revolução em Cuba, sob o comando de Fidel Castro, Ernesto Guevara, já conhecido como Che[51], e outros membros do Movimento 26 de Julio (M-26-7), em 1° de janeiro de 1959. E o *New York Times*, logo no dia seguinte, 2 de janeiro, publicou um editorial, advertindo os norte-americanos para que não se iludissem a si próprios, pois a política seguida pelo Departamento de Estado, Pentágono, Embaixada Americana em Havana e larga parte da comunidade de negócios norte-americana criara tal antagonismo que tornaria "*the situation diplomatically difficult*", em face do esmagador sentimento anti-norte-americano que lá havia, tal como na Argentina e na Venezuela[52]. O enfrentamento com os Estados Unidos, que tanto Castro quanto Che Guevara previam, tornou-se inevitável, quando o governo revolucionário, ao promover a reforma agrária, atingiu os grandes latifúndios da United Fruit, nos quais mais de 40% das terras permaneciam ociosas[53], como ocorrera na Guatemala. Assim, naquela conjuntura em que os sentimentos antiamericanos se exacerbavam, a revolução em Cuba alcançou imensa popularidade em toda América Latina, ao refletir suas contradições não solucionadas com os Estados Unidos.

Apesar de simpatizar com o marxismo, nem Fidel Castro nem mesmo Che Guevara eram filiados ou comprometidos com qualquer Partido Comunista, nem seguiam as diretrizes políticas de Moscou. Não era inevitável que a revolução cubana evoluísse para o stalinismo e sua forma de governo. Porém, a União Soviética afigurou-se a Fidel Castro e seus companheiros como a única opção internacional de apoio à defesa da soberania e da autodeterminação de Cuba, *vis-à-vis* das pressões postas pelos Estados Unidos, quando as primeiras medidas da reforma agrária alcançaram as propriedades da United Fruit Co. "*The Soviet Union was one alternative power to which these radical nationalists could turn*", o politólogo americano Cole Blasier reconheceu[54]. Também Martin C. Needler, outro cientista político residente nos Estados Unidos, concluiu que não era inevitável que a revolução cubana evoluísse a ponto de identificar-se com a doutrina comunista e sua forma de governo[55]. A União Soviética nunca aceitara completamente Castro como autêntico comunista, e ele não só de forma irregular atendeu às suas diretrizes na política internacional como introduziu novos elementos de discórdia no Bloco Socialista, já dividido pela dissidência da China[56]. Eisenhower foi que, de fato, compeliu Fidel Castro na direção do comunismo, ao cortar a quota do açúcar, suspender os fornecimentos de petróleo, manter o embargo para a compra de armamentos e preparar a invasão de Cuba. E o conflito ideológico com a China, em que Mao Zedong acusava a União Soviética de revisionismo por defender a via pacífica para o socialismo, concorreu, entre outros fatores, para que Kruchev respaldasse, mais decididamente, o regime revolucionário de Castro não obstante suas heresias. Em realidade, não foram os comunistas que se apossaram de Castro. Foi Castro que se apossou dos comunistas — conforme Cole Blasier salientou[57].

A revolução cubana, diferentemente do que ocorrera nos países do Leste Europeu, após a Segunda Guerra Mundial, não resultou de uma intervenção do Exército Vermelho ou de uma operação encoberta do KGB. As agressões à soberania de Cuba, desde os primeiros anos de sua independência, sempre partiram dos Estados Unidos, que apoiaram desde os anos 30 a brutal ditadura do Sargento Fulgencio Batista. E a ameaça de invasão, após a vitória da revolução de 1959, agravou os ressentimentos históricos e constituiu um fator determinante na política interna e externa de Fidel Castro. A hostilidade dos Estados Unidos, impedindo inclusive que os países da Europa Ocidental lhe vendessem armamentos, não lhe deu alternativa senão identificar-se mais e mais com o comunismo e sua forma de governo, de modo a assegurar o respaldo econômico, político e militar da União Soviética. O Primeiro-Ministro da União Soviética, Nikita Kruchev, embora não confiasse em Fidel Castro[58] nem pretendesse que a União Soviética ocupasse o lugar dos Estados Unidos como principal parceiro comercial de Cuba, não podia, entretanto, abandonar Cuba, naquelas circunstâncias. O fato de Cuba estar apenas 90 milhas distante de Miami e ser único Estado comunista estabelecido na esfera de influência dos Estados Unidos dava-lhe enorme valor geopolítico e convertia-a em importante carta estratégica para a União Soviética. E Kruchev, embora inicialmente hesitasse, tratou de utilizá-la no contexto da Guerra Fria. Seis dias após Eisenhower suspender a importação das 700.000 toneladas restantes da quota de açúcar atribuída a Cuba, ele não só anunciou sua compra pela União Soviética como respaldou o governo revolucionário de Castro com todo o peso do seu poderio nuclear, contra qualquer intervenção armada dos Estados Unidos. Os Estados Unidos — advertiu — não deviam esquecer que já não estavam tão longe, como antes, a uma distância inacessível da União Soviética, cuja artilharia, "figurativamente falando", poderia apoiar o povo de Cuba, com mísseis balísticos, se necessário, caso as "forças agressivas" do Pentágono ousassem empreender qualquer ação militar contra aquele país[59].

Com tal suporte, ainda que verbal, Castro sentiu-se com força para confrontar os Estados Unidos. No começo de junho de 1960, declarou *personae non grata* e expulsou dois diplomatas norte-americanos, Edwin L. Sweet e William G. Friedman, que haviam sido capturados pelo serviço secreto cubano (G-2), quando se reuniam com elementos da contra-revolução[60]. E, entre os dias 29 de junho e 1º de julho, ele determinou a intervenção nas plantas industriais da Texaco, Esso (Standard Oil) e Shell, que se recusavam a refinar o petróleo enviado pela União Soviética, descumprindo a *Ley de Minerales-Combustibles*, de 9 de maio de 1938[61]. Poucos dias depois, 4 de julho, o navio soviético *Chervovci* aportou em Havana, transportando 70 mil barris de petróleo, o segundo carregamento, desde 17 de abril[62]. E mais 17 petroleiros, a caminho, chegaram a Cuba nos dias subseqüentes, transportando cerca de 1,3 milhão de barris, assegurando o seu abastecimento de gasolina e derivados de petróleo[63]. Castro frustrou assim o golpe que o governo de Washington desfechou, recomendando que a Texaco, Esso e Shell não recebessem o petróleo soviético. Em 6 de julho, porém, Eisenhower, de acordo com o *Sugar Act*, determinou o corte de 700 mil toneladas da quota de 3,1 milhões de toneladas, atribuída a Cuba, o que significou, praticamente, a cessação de suas exportações para os Estados Unidos, para onde ela já havia embarcado 2,3 milhões[64].

Essa medida estava prevista desde que Eisenhower solicitara autorização ao Congresso, em março de 1960, para modificar as quotas de açúcar, e seu objetivo foi provocar o colapso econômico de Cuba, desestabilizar o regime revolucionário, criar as condições para o êxito da invasão, já em preparo, e favorecer os grupos paramilitares em ação na serra de Escambray. Castro, no entanto, não se intimidou. Já advertira publicamente que, se Cuba perdesse parte de sua quota de açúcar, os Estados Unidos perderiam parte dos investimentos que lá fizeram. Se Cuba perdesse toda sua quota, eles perderiam o total dos seus investimentos, estimado em US$ 800 milhões[65]. "*Nosotros responderemos a las medidas; no estamos tan indefensos ni mucho menos*", avisou[66]. Com efeito, o presidente Oswaldo Dorticós, no mesmo dia em que Eisenhower suspendeu a importação do açúcar, sancionou a Lei no. 851, autorizando o governo revolucionário, quando julgasse conveniente à defesa do interesse nacional, a expropriação de bens ou empresas pertencentes a pessoas físicas ou jurídicas dos Estados Unidos[67]. Com este decreto, o governo revolucionário armou-se para a escalada na guerra econômica com os Estados Unidos.

A aplicação da Lei nº 851 começou em 6 de julho de 1960. Castro, perante a multidão em delírio, anunciou a nacionalização de 36 usinas de açúcar, entre elas a emblemática United Fruit Company, as duas refinarias de petróleo — Esso e Texaco — e as companhias de telefone e energia elétrica, todas pertencentes a capitais norte-americanos[68]. E, como resposta a cada medida econômica contra Cuba, o processo de expropriação prosseguiu com a nacionalização dos bancos norte-americanos, em 17 de setembro, até culminar, em 13 de outubro de 1960, com a sanção das Leis nº 890 e 891, que autorizaram o governo revolucionário a expropriar empresas açucareiras, destilarias, fábricas de bebida, e todos os demais setores industriais, bem como a nacionalização do sistema bancário[69]. E, entre 5 de agosto e 13 de outubro, cerca de 382 empresas privadas, tantos nacionais como estrangeiras, foram estatizadas[70], a fim de impedir que elas boicotassem as atividades tanto na agricultura quanto na indústria e no comércio. Eisenhower, em 19 de outubro, recorreu então ao *Export Control Act* e embargou a exportação para Cuba de mercadorias (exceto medicinas e alimentos), a primeira medida para promover seu bloqueio econômico. E Fidel Castro, cinco dias depois, 24 de outubro, nacionalizou as duas últimas propriedades norte-americanas, as minas de Moa e Nicaro. As perdas dos Estados Unidos somavam quase US$ 1 bilhão em investimentos[71], soma bem maior que os prejuízos sofridos com as revoluções na Rússia e na China[72] e equivalente a 10% do total dos seus investimentos nas Américas[73]. Sob pressão interna, acusado por John F. Kennedy — candidato do Partido Democrata à sua sucessão — de permitir que o comunismo se instalasse em Cuba, Eisenhower hesitou, talvez devido à sua posição de *lame duck*, mas decidiu romper as relações diplomáticas com Cuba, depois que Castro, ao celebrar em 2 de janeiro de 1961 o segundo aniversário da revolução, acusou a Embaixada dos Estados Unidos em Havana de constituir um centro de subversão e espionagem e exigiu a redução de seus funcionários, da ordem de algumas dezenas, para apenas onze, número equivalente ao que a Embaixada de Cuba mantinha em Washington.

Notas

1 Hull, 1948, vol. 2, p. 1597.
2. Id., ibid., p. 1597.
3. Kennedy, 1960, pp. 57-65. Kennedy, 1964, pp. 284-294. Vide também Kissinger, 1994. p. 648. Walton, 1972, p. 13.
4. Eisenhower, 1963, p. 167.
5. Kennedy, 1964, p. 289.
6. Id., ibid., p. 287. Kennedy, 1960, p. 59.
7. Kennedy, 1964, p. 287.
8. Ambrose, 1988, pp. 142-144. Hoang Van Chi, 1964, pp. 29-33.
9. Apud Schlesinger Jr., 1965, pp. 536-537. Kissinger, 1954, pp. 647-649. McNamara, 1996, p. 31.
10. Eisenhower, 1963, p. 333.
11. Id., ibid., p. 333.
12. Id., ibid., p. 341.
13. Id., ibid., p. 343.
14. ANZUS (Austrália, Nova Zelândia e United States).

15. Eisenhower, 1963,
16. Id., ibid., pp. 346-347.
17. Id., ibid., p. 345.
18. Id., ibid., p. 353.
19. Discurso de Pham Van Dong na Conferência de Genebra in *American Imperialism's intervention in Vietnam*. Hanói: The Foreign Language Publishing House, 1955, p. 12.
20. Karnow, 1997, p. 148.
21. Kissinger, 1994, p. 628.
22. Truman, vol. 2., 1956, p. 519.
23. Giap, 1962, p. 18.
24. Viet Minh: Partido dos Trabalhadores do Vietnã, nome adotado pelo Partido Comunista da Indochina, em 1951. Viet Minh, abreviatura de Viet Nam Doc Lap Dong Minh Hoi, significa Liga pela Independência do Vietnã, que lutou contra as forças de ocupação do Japão e depois contra a tentativa da França de restaurar seu domínio, após a Segunda Guerra Mundial. O Viet Minh, formado na China, em 1941 por Ho Chi Minh e, embora fosse dirigido preponderantemente pelos comunistas, funcionou como frente nacionalista, aberta às variadas tendências. Em fins de 1943, as forças do Viet Minh penetraram no Vietnã, sob o comando do general Vo Nguyên Giap, deflagraram a guerra de guerrilhas e conquistaram várias áreas do norte do Vietnã. Após a expulsão dos japoneses, o Viet Minh capturou Hanói e proclamou a República Democrática do Vietnã. A França havia inicialmente prometido reconhecê-la, mas não o fez, e em 23 de novembro de 1946 a esquadra francesa atacou o porto de Haiphong. A guerra na Indochina então recomeçou e o Viet Minh, que contava com amplo apoio no campo, fundiu-se em uma nova organização, denominada Lien Viet ou Frente Nacional Popular do Vietnã. Forças do Viet Minh, posteriormente, juntaram-se aos Viet Congs para lutar contra os Estados Unidos, na chamada a Segunda Guerra da Indochina.
25. William Colby foi chefe da estação da CIA em Saigon, entre 1959 e 1962, quando passou a dirigir a Divisão do Extremo Oriente: de 1968 a 1971, dirigiu no Vietnam do Sul o programa Phoenix, que visava a matar os militantes comunistas (Viet Congs). Calcula-se que cerca de 60 mil foram assassinados, mas, em suas memórias, ele indicou o número de 20.587. O presidente Richard Nixon nomeou-o diretor da CIA, em 4 de setembro de 1973. Em depoimento perante o comitê de inquérito do Senado, dirigido pelo senador Frank Church, em 1975, declarou que considerava "*deplorable*" e "*wrong*" certas atividades da CIA e as pretendeu parar.
26. Colby, 1978, p. 161.
27. Giap, 1962, p. 185
28. Id. ibid., pp. 86, 181-185.

29. Segundo Giap, em todas as frentes de batalha, cerca de 120 mil soldados franceses foram postos fora de ação e 177 aviões derrubados ou destruídos. Id., ibid., p. 187.
30. Giap referiu-se à captura de mais de 2 mil soldados da guarnição de Bien Bien Phu. Id., ibid., p. 186.
31. A Conferência de Genebra (1954), que pôs fim à ocupação da Indochina pela França, reconheceu a independência do Laos, Camboja e Vietnã, que foi dividido em dois pelo paralelo 17, constituindo-se, ao norte, a República Democrática do Vietnã, pró-União Soviética, e ao sul, a República do Vietnã, pró-Ocidente. Em 1956 deveria realizar-se um plebiscito para promover a unificação do Vietnã.
32. Eisenhower, 1963, p. 337,
33. *Pentagon Papers*, 1971, pp. 15-21.
34. Ibid., pp. 35-38.
35. Ibid., pp. 44-46.
36. Ibid., pp. 1, 13-19.
37. Ibid., pp. 22-23. Eisenhower, 1963, pp. 337-338.
38. Declaração ao *Press Trust India*. 8/10/1954, apud "Statement of the Lawton Collins Mission", Pham Van Dong, in *American Imperialism's intervention in Vietnam*. Hanói: The Foreign Language Publishing House, 1955, p. 12.
39. Southeast Asia Collective Defense Treaty (Manila Pact). 08/09/1954.
40. Fulbright, 1982, pp. 141-144.
41. *Pentagon*, 1971, pp. 26-38.
42. Ibid., p. 27.
43. "A *competição perfeita* prevalece quando a demanda para a produção de cada empresa é perfeitamente elástica. Isto supõe, em primeiro lugar, que o número de vendedores seja tão grande que a produção de cada vendedor represente só uma fração muito pequena da produção total dessa mercadoria, e, em segundo lugar, que os compradores sejam todos equivalentes com respeito à escolha entre vendedores rivais, isto é, que o mercado seja perfeito". Robinson, 1969, p. 45.
44. Kubitschek, vol. III, 1978, p. 64.
45. *Correio da Manhã*, Rio de Janeiro, 9/5/1958, p. 1. Memorandum from the Acting Assistant Secretary of State for Inter-American Affairs (Snow) to the Secretary of State, Washington, May 9, 1958, subject: Vice President Nixon's Trip to South America. Departament of State, Central Files, 003.1100-NI/5-958, in FRUS, 1958-1960, vol. V, American Republics, pp. 224 e 225.
46. Memorandum of a Telephone Conversation Among the Minister-Counselor of the Emabassy in Venezuela (Burrows), the Assistant Secretary of State for Inter-American Affairs (Rubottom) in Caracas, and the Director of the Office of South American Affairs (Sanders) in Washington, May 13, 1958, 2 p.m.; subject: Attack on Vice

President Nixon and His Party. Departament of State, Central Files, 033.1100-NI-1358. Ibid. Memorandum nº Dpo/181, confidencial, Raymundo Nonato L. De Castro, 2° Secretário, chefe da Divisão Política, 17.6.1958, 600 (45) Situação Política Interna — Venezuela — 1951/62 — 6279. AMRE-B.

47. Memorandum of a Telephone Conversation Among Capitain Bettinger and Admiral Miller of the Department of the Navy and the Acting Assistant Secretary of State for Inter-American Affairs (Snow), Washington, May 13, 1958, 10:55 p.m.. Departament of State, Central Files, 033.1100-NI/5-858 in FRUS, vol. 5 Américan Republics, pp. 233 a 235.
48. Memorandum from the Acting Assistant Secretary of State for Inter-American Affairs (Snow) to the Secretary of State; subject: Vice-President's trip to South America. Department of State, Presidential Cabinet Meetings: Lot 68 D 350, CP-7 Eisenhower Cabinet Material-1958. Ibid. Pp. 236 a 238.
49. *Memorandum*, Dpo/181, confidencial, Raymundo Nonato L. de Castro, 2° Secretário, chefe da Divisão Política, 17/6/1958, 600 (45) Situação Política Interna — Venezuela — 1951/62 — 6279. AMRE-B.
50. Carta de Kubitschek a Eisenhower, Rio de Janeiro, 28/5/1958 in Kubitschek, 1978, vol. III, p. 210 a 212.
51. Che é um tratamento de origem guarani muito usado na Argentina, Uruguai e Rio Grande do Sul (Brasil) e que significa "meu caro", "querido".
52. *The New York Times*, New York, January 2, 1959.
53. Discurso de Raúl Roa na ONU, 18/7/1960, in Castro et alt., 1981, p. 173.
54. Blasier, 1987, p. 134.
55. Needler, 1977, p. 33.
56. Id., ibid., p. 34.
57. Blasier, 1987, p. 106.
58. Andrew & Gordievsky, 1991, p. 468.
59. Trecho do discurso in FRUS, vol. VI, 1958-1959, Cuba, p. 996. Vide também Lévesque, 1978, p. 17.
60. Escalante Fon, 1993, p. 64.
61. O artigo 44, parágrafo 3° da lei estabelecia que as empresas seriam obrigadas a refinar petróleo do Estado, quando o Governo necessitasse, devendo ratear-se entre elas as quantidades que a demanda impusesse. Entrevista de Castro ao Canal 2, em 25 de junho de 1960, in Castro et alt., 1981, p. 100.
62. Cotayo, 1992, p. 45.
63. Entrevista de Fidel Castro ante as câmaras da TV Revolución, em 8 de julho de 1960, in Castro et. alt, 1981, p. 132.
64. Notes on the Secretary of State' Staff Meeting, Department of State, Washington, July 5, 1960, 9:15 a.m.; Memorandum of a Discussion, White House, Washington,

July 6, 1960, 11 a.m.. Subject: Meeting with the President on Cuban Sugar, 11:00 a.m., Wednesday, July 6. 1960..FRUS, vol. VI, 1958-1960, Cuba, pp. 976, 979.

65. Entrevista de Castro ao Canal 2, em 25 de junho de 1960, in Castro et alt., 1981, p. 103 e 204. "*Según los datos del Departamento de Comercio de Estados Unidos, las inversiones norte-americanas en Cuba para 1954 arrojaban en sus estimados preliminares, y sin incluir la Nicaro Nikel, US$ 713 millones de pesos, distribuidos en esta forma: agricultura, US$ 272 millones; petróleo, US$ 27 millones; industria, US$ 55 millones; servicios públicos, US$ 303 millones; comercio, US$ 35 millones; y otras industria, US$ 21 millones*". Id., ibid., p. 103.
66. Id., ibid., p. 104.
67. Miranda Bravo, 1996, pp. 31, 103 a 107.
68. A nacionalização foi efetuada mediante a Resolução n° 1 do Poder Executivo, datada de 6 de agosto de 1960. Este documento relaciona apenas 26 empresas norte-americanas. Vide Miranda Bravo, 1996, Apêndice 2, pp. 108 a 103.
69. A Lei n° 891 estabeleceu um sistema compensatório, mediante a emissão de bonus pagáveis em quinze anos, e exclui desta medida os bancos canadenses, para os quais adotou o procedimento de compra dos ativos.
70. Faya & Rodríguez, 1996, p. 108.
71. Os investimentos norte-americanos, em 1959, totalizavam cerca de US$ 850 milhões. Hansen, 1994, p. 22.
72. Welch Jr., 1985, pp. 61 e 62.
73. Text of speech by Major Ernesto Guevara, president of the National Bank of Cuba and head of the Cuban Revolutionary Government Economic Delegation, Peking, Nov. 21, 1960. Report from FBIS (Foreign Broadcast Information Service), Ratner & Smith, 1997, pp. 57 a 60. Sobre esse tema vide Moniz Bandeira, 1998, pp. 217-295.

Capítulo XII

A ELEIÇÃO DE JOHN KENNEDY • ADVERTÊNCIA DE EISENHOWER SOBRE O COMPLEXO INDUSTRIAL-MILITAR • A INVASÃO DE CUBA • PRETEXTOS COGITADOS PELO PENTÁGONO PARA JUSTIFICAR A INTERVENÇÃO MILITAR • OS ATENTADOS TERRORISTAS PRATICADOS PELA CIA • OS COMPLÔS PARA ASSASSINAR FIDEL CASTRO • CONTATOS DE KENNEDY COM A MÁFIA • OS ESTADOS UNIDOS E OS GOLPES MILITARES NA AMÉRICA LATINA

Duas semanas após os Estados Unidos romperem as relações diplomáticas com Cuba, John Fitzgerald Kennedy, do Partido Democrata, assumiu a presidência, eleito por pequena margem de votos, que seu rival Richard Nixon, do Partido Republicano, sempre acreditou haver ele obtido por fraude ocorrida em Chicago, Texas, Illinois e Pensilvânia[1]. E, no seu discurso de despedida, Eisenhower advertiu gravemente contra a "injustificada influência, solicitada ou não, do complexo industrial-militar", nos conselhos do governo. Denunciou que "o potencial para o crescimento desastroso do poder mal colocado" já existia e persistiria nos Estados Unidos. E acrescentou que "*we must never let the weight of this combination endanger our liberties or democratic processes*"[2]. A economia americana já se tornara, porém, dependente do complexo industrial-militar, cujo nascimento ocorrera entre 1880 e 1890, quando o governo dos Estados Unidos, para fortalecer sua esquadra, começou a demandar vários encouraçados à indústria pesada e metalúrgica. Já em 1904-1905, os Departamentos de Guerra e da Marinha receberam cerca de US$ 240 milhões de um orçamento total de US$ 720 milhões, quando a constituição de suas Forças Armadas era ainda um misto de exército permanente e de milícias[3]. O militarismo constituía, então, o meio privilegiado de realização do excedente econômico, i.e., de acumulação de capital, fundamental ao seu crescimento e à expansão. Desde o início do século XX, tornava-se, portanto, necessário alimentar continuamente a indústria bélica e os grandes negócios, nos quais militares e industriais se associavam, forjando um clima de ameaças, um ambiente de medo, de modo a compelir o Congresso a aprovar vultosos recursos para o Pentágono e outros órgãos vinculados à defesa. E essa "injustificada influência, solicitada ou não" do complexo industrial-militar era tão poderosa que levou o senador J. William Fulbright, do Partido Democrata, homem íntegro e lúcido, a suspeitar, muitos anos depois, que alguma força estranha estava por trás dos diversos acontecimentos que fomentavam a Guerra Fria e impediam que os Estados Unidos alcançassem um entendimento com a União Soviética. Todas as vezes que as duas superpotências estavam para melhorar suas relações, "*something unusual happened*", corforme Fulbright comentou. E aduziu:

> "*The U-2 incident*[4], *the death of Kennedy, the shooting down of the Korean airliner at the time of the nuclear-freeze movement*[5], *Watergate — all destroyed any movement toward détente or arms or control. It is difficult for me to accept the idea that such occurrences are always coincidental*"[6].

Fulbright ressalvou que tinha apenas suspeitas, nada podia provar, porém, mesmo se constituíram mera coincidência, tais acontecimentos foram aproveitados por aqueles — "*they call conservatives*" — que criam serem os russos a encarnação do mal e que comprometer-se ou ter qualquer relação com eles era um pecado mortal[7]. Ele lembrou que o próprio Truman certa vez comentara que toda vez que começava a fazer algum progresso nos entendimentos com a União Soviética, "*something seemed to happen*"[8].

Quando John F. Kennedy (1961-1963) inaugurou seu governo, os Estados Unidos tinham reservas nucleares da ordem de 30 mil megatons, o equivalente a dez toneladas de TNT para cada pessoa viva, centenas de mísseis intercontinentais e de alcance intermediário, 80 mísseis Polaris, 1.700 bombardeiros intercontinentais, trezentos porta-aviões carregados com ogivas nucleares e 1.000 aviões supersônicos, estacionados também com ogivas nucleares[9]. Entretanto, não obstante a advertência de Eisenhower sobre a "injustificada influência, solicitada ou não", Kennedy, duas semanas depois, solicitou ao Congresso um adicional de US$ 6 bilhões para o orçamento de defesa, a despeito de que os estudos de inteligência começassem a demonstrar que não havia nenhum "*missile gap*" em relação à União Soviética. Seis meses depois, requereu mais US$ 3,5 bilhões e convocou 150.000 reservistas para o Exército e 100.000 para a Marinha e a Força Aérea[10]. Os gastos militares alcançaram então a soma de US$ 49,6 bilhões, em 1961. E o Pentágono planejou, para ano fiscal de 1961-1962, um orçamento de US$ 52,3 bilhões, o maior montante em tempo de paz na história dos Estados Unidos. A expectativa era de que as despesas subissem ainda mais, nos anos subseqüentes, a menos que as tensões internacionais diminuíssem[11]. Kennedy desejava que o país tivesse um poder estratégico capaz de dissuadir qualquer ataque nuclear e de sobreviver, se fosse primeiramente atacado, embora essa ameaça não existisse. E com esse armamentismo, alarmando a opinião pública, Kennedy intensificou a Guerra Fria e nutriu o complexo industrial-militar.

Vários conflitos regionais concorreram para fomentar as tensões com a União Soviética. Kennedy aproveitou-os. E agravou a questão com o regime de Fidel Castro, empurrando-o ainda mais para o aconchego da União Soviética, ao executar o plano, elaborado na administração de Eisenhower, de invadir Cuba com um contingente de exilados cubanos, recrutados, treinados, armados e alojados pela CIA, em campos secretos na Guatemala e Nicarágua. Ele, porém, preferiu que o ataque se configurasse como um levante interno e instou a Allen Dulles, diretor da CIA, que apresentasse alternativas para a "*full-fledged invasion*", apoiada por aviões, navios e suprimentos dos Estados Unidos. Também se reservou o direito de cancelar o desembarque da Força Expedicionária Cubana na baía dos Porcos[12], até 24 horas antes, e determinou que os seus chefes fossem avisados de que as Forças Armadas norte-americanas não teriam autorização, em nenhuma hipótese, para participar da invasão. De acordo com essa diretriz, o chefe do Estado-Maior Conjunto, general Lyman L. Lemnitzer, deu instruções ao comandante-em-chefe da esquadra no Atlântico, almirante Robert L. Dennison, para que tomasse as precauções necessárias a fim de assegurar que o apoio naval dos Estados Unidos à Força Expedicionária Cubana não se tornasse evidente, possibilitando ao governo a "*plausible denial*"[13], i.e., negar convincentemente sua cumplicidade com o empreendimento.

A invasão de Cuba, planejada pela CIA, fora endossada pelo Estado-Maior Conjunto[14]. E Kennedy tomou uma atitude ambígua. Em 1958, afirmara que o princípio de não-intervenção nos assuntos internos de outras nações era o "*cardinal tenet*" da política exterior dos Estados Unidos, particularmente com respeito à América Latina, mas se qualquer país latino-americano caísse em mãos dos comunistas a atitude "*on nonintervention would change over night*"[15]. O princípio de não-intervenção só era princípio até que os Estados Unidos decidissem não respeitá-lo. Esse princípio de não-intervenção "*merely conceals or excuses a policy of non-actions*", Kennedy declarou, acrescentando que

> "*if the nations of the hemisphere should fail do meet their commitments against outside communist penetration — then I want it clearly understood that this Government will not hesitate in meeting its primary obligations which are to the security of our Nation*"[16].

Com essa ameaça, Kennedy indicou claramente que os povos da América Latina só tinham liberdade de escolher seus próprios governos desde que não fossem comunistas ou contrários aos interesses dos Estados Unidos. O mundo estava assim dividido em esferas de influência, conforme os Estados Unidos já haviam reconhecido tacitamente quando a União Soviética, em 1957, interviera na Hungria, sem qualquer mandato da ONU, e reação efetiva não houve. Kennedy, todavia, não podia ordenar a intervenção unilateral em Cuba, porquanto os Estados Unidos perderiam a autoridade moral e política, que se arrogavam, na competição com a União Soviética, dentro do contexto bipolar da Guerra Fria. Thomas Mann, secretário de Estado Assistente para os Assuntos Interamericanos, ponderou que a intervenção militar dos Estados Unidos, caso fosse requerida, violaria o Artigo 2, § 4, e o Artigo 51, da Carta da ONU, bem como os artigos 18 e 25 da Carta da OEA e o artigo 1° do Tratado do Rio de Janeiro, os quais proscreviam o uso da força armada, salvo em caso de legítima defesa contra um ataque armado. Castro poderia pedir a assistência dos outros Estados latino-americanos, a fim de repelir a agressão, de conformidade com o Artigo 3, § 1 do Tratado do Rio de Janeiro, e solicitar, com base no Capítulo 7 da Carta da ONU, a intervenção do Conselho de Segurança, para que restaurasse a segurança e a paz internacional. Se isto ocorresse, todo o sistema de tratados e alianças, montado pelos Estados Unidos, desmoralizar-se-ia e sofreria um colapso. Os Estados Unidos estariam violando abertamente as obrigações assumidas na Ata de Bogotá, quando promoveu a criação da OEA. Dariam um golpe no sistema interamericano e na rede de tratados e alianças militares, que tecera com diversos outros países. E não havia qualquer possibilidade de apresentar a intervenção militar em Cuba como um *fait accompli* e ela desencadearia manifestações em toda a América Latina, com o objetivo de derrubar os governos favoráveis aos Estados Unidos. Além do mais, o envolvimento aberto dos Estados Unidos no ataque a Cuba, fora das leis internacionais, daria ensejo para que União Soviética retaliasse, invadindo Berlim Ocidental, ou mesmo a Turquia, o que poderia tornar os acontecimentos incontroláveis[17]. Diante de tais ponderações, Kennedy, que buscava uma acomodação com a União Soviética e substituíra a doutrina militar de Eisenhower, baseada na ameaça de *massive retaliation*, pela *flexible response*, pois entendia que a guerra nuclear seria suicídio, não permitiu que a Força Aérea norte-americana se envolvesse abertamente na invasão de Cuba e tornasse inevitável a intervenção direta dos Estados Unidos, como funcionários da CIA e do Pentágono desejavam.

O nervosismo aumentou nos Estados Unidos depois que Castro, para comprometer ainda mais a União Soviética na defesa de Cuba, proclamou haver feito uma "revolução socialista" (16 de abril de 1961), e esmagou em poucos dias a invasão da baía dos Porcos. Dos 1.400 cubanos anticastristas, que a constituíram a Brigada 2506, 100 morreram e 1.189 invasores[18], bem como Manuel Artime, chefe do Movimento de Recuperação Revolucionária, e todo o seu alto comando, entregaram-se em massa às forças de Fidel Castro. Como Che Guevara, ironicamente, diria, esse fora "*el único ejército del mundo que se rindió completo, casi sin bajas*"[19]. E a derrota foi, sobretudo, dos Estados Unidos. Os cubanos, que participaram da invasão, foram recrutados pela CIA, da mesma forma que os guatemaltecos quando promoveram a derrubada do governo Jacob Arbenz. Os planos foram elaborados, nos Estados Unidos, pela CIA, que selecionou os líderes, mantendo-os sob prisão domiciliar e incomunicáveis, na base militar de Opa-Locka (Flórida) até o dia da invasão. "*So when we are talking about the Bay of Pigs* — Piero Gleijeses precisou —, *we are talking about U. S. aggression against Cuba, just like we were talking about Guatemala before*"[20].

Logo que o fiasco da baía dos Porcos se configurou, Robert Kennedy, irmão do presidente e procurador-geral, sugeriu que os Estados Unidos, a fim de justificar intervenção direta em Cuba, alardeassem que um ou dois MiGs soviéticos recebidos pelo governo de Castro atacaram a Base Naval de Guantánamo[21]. Kennedy, ridicularizado pelos superpatriotas americanos como um "*no-win chief*"[22], considerou a derrota da Brigada 2506 uma vergonha e humilhação para os Estados Unidos. E, obcecado com a idéia de castigar Castro e sob a pressão da ultradireita[23], solicitou ao Pentágono, em 20 de abril, a elaboração de um plano para que as Forças Armadas americanas interviessem diretamente em Cuba[24]. O Estado-Maior Conjunto recomendou a criação de um incidente que legitimasse, como um ato de guerra, a aplicação das forças norte-americanas, visando a derrubar o governo revolucionário de Havana[25]. E aí começou o planejamento da Operation Mongoose, autorizado por Kennedy em novembro de 1961, ao designar o general Edward G. Lansdale, chefe-adjunto do Office of Special Operations (SOS), para planejar e chefiar as *covert actions* e *spoiling action*, i.e., guerra econômica, sabotagens, infiltração em Cuba e tentativas de assassinar Fidel Castro, sob a supervisão do procurador-geral, seu irmão, Robert Kennedy[26]. Especialista em contra-insurreição, com experiência nas Filipinas e no Vietnã, o General Lansdale criticou a Operation Zapata por entender que a CIA se afoitara no empreendimento de ações paramilitares, sabotagens, etc., sem criar o clima político que permitisse ao povo cubano aceitá-las[27]. Constituiu-se então a Task Force W (W em homenagem ao flibusteiro norte-americano William Walker, responsável por vários ataques a Cuba e a países da América Central no século XIX), com o objetivo de planejar a Operation Mongoose, o maior programa de ações clandestinas, sem qualquer precedente, elaborado nos Estados Unidos[28]. E, como parte do Cuba Project (*Operation Mongoose*), o Pentágono elaborou, sob o codinome de *Operation Northwoods*, uma série de subterfúgios, para que os Estados Unidos interviessem diretamente em Cuba. Um deles foi a criação de um

> *"incident which will demonstrate convincingly that a Cuban aircraft has attacked and shot down a chartered civil airlines en rout from the United States to Jamaica, Guatemala, Panama or Venezuela".*

Caberia à CIA, através de rádio, acionar a explosão do aparelho, em rota dos Estados Unidos para Jamaica, Guatemala, Panamá ou Venezuela, transportando um *"group of college students off a holiday or any grouping of persons with common interest to support chartering a non scheduled flight"*[29].

Também o General Lyman L. Lemnitzer, chefe do Estado-Maior Conjunto, considerou a possibilidade de fazer explodir, em Cabo Canaveral, o foguete, matando John Glenn, e manufaturar *"various pieces of evidence which would prove electronic interference on the parte of the Cubans"*[30]. Assim, enquanto a NASA se preparava para lançar ao espaço o primeiro astronauta americano, o Estado-Maior Conjunto do Pentágono cuidava de usar a possível morte de John Glem para deflagrar a guerra contra Cuba[31]. Entre vários outros pretextos, o Pentágono também sugeriu a encenação de um ataque à Base Naval de Guantánamo[32], por alguns cubanos "*friendly*", fantasiados com fardamento do Exército Rebelde, "razão propagandística" que Hitler usara para invadir a Polônia. Também foi sugerida a explosão de um navio norte-americano em Guantánamo, para atribuir a culpa ao governo de Fidel Castro, reproduzindo assim o afundamento do Maine, que em 1898 servira como justificativa para os Estados Unidos declararem guerra à Espanha e intervirem em Cuba. A *Operation Northwoods*, aprovada pelo general Lyman L. Lemnitzer, chefe do Estado-Maior Conjunto das Forças Armadas americanas, e por todos os seus membros, conforme James Bamford avaliou, foi o "... *most corrupt plan ever created by the U.S. government*"[33]. Em nome do anticomunismo, os chefes militares pretenderam desencadear "*a secret and bloody war of terrorism*" contra seu próprio país, os Estados Unidos, a fim de enganar a opinião pública americana e induzi-la a apoiar uma "*ill-conceived*" guerra que pretendiam desfechar contra Cuba[34]. Em entrevista a Aaron Brown, durante a reportagem "*How to Start a War: The Bizarre Tale of Operation Mongoose*", apresentada, no dia 29/01/1998, pela televisão Nightline, da rede ABC, nos Estados Unidos, o general (reformado) Alexander Haig, que participara da Operation Mongoose e fora secretário de Estado na administração de Reagan, declarou:

> "Sinto ter de dizer. Mas éramos uma democracia e penso que, quando presidentes se iludem, pensando que podem arriscar vidas e conduzir tais operações arrogantes sem nada dizer ao povo americano, escondendo os fatos da população, é um comportamento disparatado"[35].

Kennedy descartou o plano, declarando ao general Lemnitzer que não havia, virtualmente, possibilidade de que os Estados Unidos viessem a usar abertamente a força militar contra Cuba[36]. Talvez, por essa razão, Robert S. McNamara, então secretário de Defesa, escreveu, cinicamente, nas suas memórias, que o governo de Kennedy não tivera a intenção de invadir a ilha, como se imaginou em Havana e Moscou, no verão de 1962, apesar de todos os planos de contingência elaborados pelo Pentágono[37]. Mas o fato foi que Kennedy e os homens que se propuseram a renovar a política nos Estados Unidos e reivindicavam o idealismo de Camelot, a corte do Rei Arthur, não hesitaram em estender a *New Frontier* até ao extremo da amoralidade, em que o objetivo de destruir o governo revolucionário de Havana serviu como justificativa para a prática de todos os crimes. Limite para imaginação não houve no planejamento dos ardis mais sórdidos e desonestos e, conforme observou Samuel Halpern, que servira como agente de alto nível da CIA na Operation Mongoose, "gente dos escalões superiores não se envolveriam em tais atividades, com as idéias mais idiotas, se não soubesse que o presidente e seu irmão estavam tão envolvidos". O início das *covert actions* foi programado para março de 1962, devendo as atividades clandestinas recrescerem entre abril e julho, de modo que, no curso de agosto e setembro, os atos de resistência e operações de guerrilha começassem e a sublevação generalizada pudesse eclodir, nas primeiras semanas de outubro, possibilitando o estabelecimento de novo governo, ao final do mês[38]. Os generais Lemnitzer e Lansdale defendiam o uso aberto das Forças Armadas norte-americanas, uma decisão vital, a ser tomada, o mais cedo possível, definindo as contingências em que os Estados Unidos estariam prontos para as empregar em apoio à revolta[39].

A Operation Mongoose configurou, uma guerra não declarada, na qual a cúpula do governo norte-americano comportou-se como alguma *famiglia* da máfia, recorrendo aos ardis mais sujos e ignominiosos, e não hesitou diante de qualquer crime, inclusive o terrorismo de todo tipo, com a finalidade de estabelecer o caos em Cuba, gerar uma revolta interna e possibilitar a intervenção armada dos Estados Unidos. O objetivo foi agravar ao extremo o inconformismo e criar, de todas as formas, as condições para um levante interno, que justificasse a intervenção militar em Cuba, e continuou a fomentar os *raids* terroristas contra seu território, como o bombardeio de fábricas, a partir de lanchas canhoneiras manejadas pela organização Alpha 66, e os freqüentes desembarques de pequenos grupos revolucionários, para levar material de sabotagem, e estabelecer estações clandestinas de rádio[40].

O assassinato de Fidel Castro constituiu uma das opções então contempladas pela CIA em conluio com a máfia, Sam Giancana[41] e outros gângsteres, como Joseph Frischetti e Meyer Lansky[42]. A começar em 1960 e continuando através dos períodos da baía dos Porcos e da Operation Mongoose, a CIA empreendeu ações para assassinar Castro "*involving underworld figures*", conforme comprovou o comitê dos Senado americano[43], e desempenhou crítico papel no contrabando internacional e em empreendimentos de lavagem de dinheiro[44]. A primeira tentativa ocorrera em julho daquele ano e, aparentemente, a idéia partira do coronel J. C. King, Chefe da Divisão do hemisfério Ocidental da CIA, de onde o assistente do Diretor de Planejamento, C. Tracy Barnes, com sua ordem, telegrafara à estação em Havana para informar que a "possível remoção dos três principais líderes" de Cuba, ou seja, Fidel, Raúl Castro e Che Guevara, estava recebendo séria consideração no Quartel-general, em Langley, e autorizara-a a entrar em contato com um cubano, que se propusera a "arranjar" um acidente, que envolvesse Raúl Castro[45]. Em agosto, a repartição de Serviços Médicos da CIA recebera também instruções para contaminar com um veneno letal (botulinun toxin) uma caixa que continha os charutos favoritos de Castro e que possivelmente lhe seria entregue quando de seu comparecimento à Assembléia Geral da ONU[46]. O seleto comitê constituído, em 1975, no Senado dos Estados Unidos, para estudar as operações governamentais com respeito às atividades de inteligência encontrou, no mínimo, evidências concretas de envolvimento da CIA em oito complôs para assassinar Fidel Castro[47]. Ao que tudo indicou, porém, houve algumas dezenas ou centenas de tentativas e complôs para matá-lo[48].

John e Bob Kennedy, que sempre mantiveram contatos com *outfits* da máfia, bem como seus colaboradores, não tinham preconceitos contra assassinatos (*executive actions*) ou quaisquer outros atos de terrorismo. Durante sua breve administração, Kennedy autorizou provavelmente mais *covert interventions* que qualquer outro presidente, no pós-Segunda Guerra Mundial, incluindo Ronald Reagan, que fomentou as guerras na América Central[49]. Logo nos primeiros anos, depois que ele assumiu a presidência, a CIA forneceu todos os armamentos — rifles, pistolas e metralhadoras — aos dissidentes que tencionavam assassinar o ditador Rafael Trujillo na República Dominicana. Complô igual fora planejado, simultaneamente, contra o ditador do Haiti, François Duvalier, a fim de apresentar a invasão de Cuba como parte de um movimento mais amplo, com o objetivo de restaurar a democracia representativa nos diversos países do continente, onde quer que ditaduras existissem[50]. Mas, conforme observou o professor Stephen C. Rabe, a administração de Kennedy percebeu os limites do poder militar no Haiti, bem como na República Dominicana, onde, não obstante empregar substancial força armada, reminiscência da *gunboat diplomacy*, não conseguiu evitar o despotismo, nesses dois países do Caribe.[51] Ao mesmo tempo, no entanto, tratou de solapar os governos constitucionais na Argentina, Brasil e Guiana Britânica, apesar de que aparentemente acreditasse que a chave da estabilidade e do anticomunismo era a democracia, o desenvolvimento econômico e a mudança social[52].

Kennedy e sua equipe consideravam os países do chamado Terceiro Mundo como a linha de defesa contra o avanço da União Soviética, e a América Latina como a "*most critical área*" e a "*most dangerous area in the world*". Durante seu governo foi que os Estados Unidos, em tempo de paz, começaram a recorrer mais amplamente ao terrorismo, sob todas as formas, como ferramenta de implementação de política exterior, ao mesmo tempo em que preparavam os grupos especiais de contra-insurreição (CI ou *Green Berets*), com treinamento em táticas militares e paramilitares, bem como em técnicas de guerrilhas, para intervir nos diversos países da América Latina, Ásia oriental e, particularmente, na África, onde as estações da CIA foram aumentadas em cerca de 55,5%[53]. A CIA, com o conhecimento de Kennedy, esteve implicada no assassinato de Patrice Lumumba, líder nacionalista do Congo (Zaire), em 1961. Aos agentes clandestinos da CIA e aos mercenários nativos coube a tarefa de travar, secretamente, a Terceira Guerra Mundial[54]. Na década de 1960, as operações paramilitares tornaram-se a atividade dominante da CIA, sobrepassando a guerra psicológica e a ação política nas dotações orçamentárias até 1967[55].

As ações encobertas (*covert actions*) constituíram um modo de intervir nos assuntos internos de outras nações. As mais brutais, mais diretas, denominavam-se "*special operations*". A execução de tais atividades, a maioria paramilitares ou de caráter bélico, cabia a empregados e mercenários, estrangeiros e/ou americanos, contratados pela CIA[56]. E seus funcionários também se encarregaram de treinar os militares latino-americanos e policiais (se bem que não fosse necessário) na arte de interrogar presos políticos, na Argentina, Peru, e outros países. Ensinavam métodos de tortura, denominados eufemisticamente de "*coercive counterintelligence interrogation of resistant sources*", de acordo com o manual "KUBARK Counterintelligence Interrogation — July 1963", em cuja página 24, referindo-se à aplicação de choque elétrico, indicava que "*the electric current should be known in advance, so that transformers or other modifying devices will be on hand if needed*"[57].

Os golpes de Estado que ocorreram nos mais diversos países da América Latina, após a revolução cubana, não decorreram de fatores endógenos, inerentes aos países da América Latina. Representaram muito mais um fenômeno de política internacional continental, no contexto da Guerra Fria, do que de política nacional argentina, equatoriana, brasileira etc. Eles resultaram, em larga medida, da mutação que os Estados Unidos promoveram na estratégia de segurança do hemisfério, redefinindo as ameaças, com prioridade para o inimigo interno, com fundamento nas doutrinas de contra-insurgência e da *civic action*, que a Junta Interamericana de Defesa (JID), estabelecera através da Resolução XLVII, de dezembro de 1960, e propondo às Forças Armadas, por considerá-las o grupo profissional mais estável e modernizador da América Latina, maior participação "no desenvolvimento econômico e social das nações". O chefe da Delegação do Brasil na OEA, embaixador Ilmar Penna Marinho, advertiu para a possibilidade de que o Colégio Interamericano de Defesa, criado por pressão dos Estados Unidos, viesse a transformar-se em uma "academia de golpes de Estado"[58], onde os estagiários e instrutores americanos tratavam de influenciar seus colegas latino-americanos, manifestando abertamente opiniões sobre a necessidade de criar-se um sistema permanente de ação coletiva, capaz de intervir onde quer que não se pudesse enfrentar, com recursos internos do próprio país, a ameaça comunista[59]. E daí o surto militarista, com a propagação dos golpes de Estado, que tinham a JID como principal fonte de inspiração, tanto assim que os golpes militares visaram, sobretudo, a ditar decisões diplomáticas, a modificar diretrizes de política exterior, em favor dos interesses dos Estados Unidos, e geralmente se produziram nos países cujos governos se recusavam a romper relações com Cuba.

Conquanto Kennedy adotasse, como um dos pressupostos da Aliança para o Progresso, a diretriz de não reconhecer governos que resultassem de golpes militares ou revoluções e não obedecessem às normas do regime democrático-representativo, ou seja, não realizassem eleições livres e periódicas, foi durante sua administração que também os Estados Unidos mais incentivaram a participação das Forças Armadas, percebidas como a organização social mais estável e modernizadora, na política interna em seus respectivos países, através de ações cívicas e da contra-insurreição, a pretexto de impulsionar o desenvolvimento econômico e social e conter o avanço interior do comunismo. O papel de polícia atribuído aos militares latino-americanos, pelo Departamento de Defesa dos Estados Unidos, complementou a mutação da estratégia de segurança do hemisfério, até então baseada na hipótese de uma "agressão extracontinental", em estratégia de contra-insurreição, que apontava como principal ameaça o "inimigo interno" e deveria ser, portanto, mais dinâmica, tanto terapêutica quanto profilática, visando a derrotar a subversão, onde quer que ela se manifestasse, e a impedir que surgissem no continente outros regimes, como o de Fidel Castro. As doutrinas da ação cívica e da contra-insurreição, na medida em que apresentavam a subversão, o "inimigo interno", como principal ameaça à segurança nacional, encorajava as Forças Armadas a se levantarem contra seus respectivos governos, cuja política exterior lhes parecesse acumpliciada ou tolerante com o avanço do comunismo. E Kennedy, embora considerasse a democracia representativa um dos meios mais eficientes para o combate ao comunismo, condenava os golpes de Estado, mas, pouco tempo depois, acomodava-se, sob a pressão do Pentágno, reconhecia e passava a cultivar "relações amistosas com as piores ditaduras de direita", conforme análise da Embaixada do Brasil, chefiada pelo embaixador Roberto Campos, pois "do ponto de vista dos setores militares de Washington tais governos são muito mais úteis aos interesses da segurança continental do que os regimes constitucionais"[60].

As pressões de Kennedy para que os militares preservassem, pelo menos aparentemente, o invólucro democrático-representativo dos regimes por eles instituídos, na América Latina, com o respaldo do Pentágono, visavam a criar condições morais que justificassem a continuidade da campanha não apenas contra Cuba, como também contra qualquer revolução social que viesse a ocorrer no hemisfério. E essa dubiedade da política dos Estados Unidos evidenciou-se *vis-à-vis* dos golpes militares na Argentina (1962), Peru (1962), Guatemala (1963) e Equador (1963).

Notas

1. Haig, 1992, pp. 329-330. Nixon, 1979, p. 334. Dallek, 2003, pp. 312-313.
2. "*In the councils of government, we must guard against the acquisition of unwarranted influence, whether sought or unsought, by the military- industrial complex. The potential for the disastrous rise of misplaced power exists and will persist. We must never let the weight of this combination endanger our liberties or democratic processes*" . President Dwight D. Eisenhower — Farewell Address, January 17, 1961.
3. Liebknecht, 1973, pp. 24 e 109.
4. Um avião de espionagem U-2, com capacidade de voar em uma altitude que não permitia ser facilmente detectado, foi abatido sobre o território da União Soviética, em 1° de maio de 1960. O incidente provocou o colapso da reunião de cúpula, entre Estados Unidos, França, Grã-Bretanha e União Soviética, em Paris. Eisenhower, inicialmente, negou que tivesse conhecimento de tais vôos. Mas a União Soviética apresentou o piloto, Francis Gary Power, que fora capturado. Kruchev exigiu desculpas de Eisenhower, que as apresentou e mandou cancelar os vôos pelos quais, depois, assumiu a responsabilidade. Mas Kruchev não se satisfez e a cúpula de Paris foi cancelada. O piloto Francis Gary Power foi condenado a três anos de prisão e mais sete com trabalhos forçados. Mas só cumpriu 9 meses e 9 dias, pois foi trocado pelo espião soviético Rudolph Ivanovitch Abel.
5. Fulbright referiu-se ao Boeing 747, que voava de Nova York para Seul, com 243 passageiros e 23 tripulantes, e os pilotos não notaram que haviam invadido o espaço aéreo da União Soviética. O Boeing 747 foi então abatido pelos caças Su-15 e MiG-23. Todos os passageiros e tripulantes morreram. O fato ocorreu no início de setembro de 1978. A União Soviética alegou que os pilotos dos caças não perceberam que se tratava de um avião civil. Mas as suas relações com os Estados Unidos sofreram forte abalo.
6. Fulbright, 1989, p. 24.
7. Id., ibid., p. 24
8. Id., ibid., p. 24.
9. Quando assumiu o governo, os Estados Unidos tinham uma vantagem de mais de três vezes em mísseis e mais do que dez vezes em bombardeiros intercontinentais do que a União Soviética. Walton, 1972, pp. 7, 62-67.
10. Walton, 1972, pp. 87, 92-93.
11. Department of Defense, N° 1173-61 — Oxford 53201-53176 — Address by Roswell L. Gilpatric, Deputy Secretary of Defense Before the Business Council, Saturday, Saturday,October 21, 1961. 9:00 P.M. (Est.) — 10:00 P.M. (Edt). National Security Archive.

12. Assim chamada, porque nos pântanos de Zapata, em torno da baía, havia porcos selvagens (*cochinos cimarrones*), que freqüentemente atacavam as pessoas. Durante séculos, cabanas de pescadores apareceram em Playa Larga e Playa Girón, que deve seu nome ao capitão francês Gilbert Girón, derrotado pelos espanhóis, que depois o decapitaram para exibir sua cabeça como evidência da vitória. Os norte-americanos ignoravam que a península de Zapata era o local favorito de Fidel Castro, para as suas pescarias, e fora muito beneficiada após a vitória da revolução.
13. Memorandum from the Chairman of Joint Chiefs of Staff (Lemnitzer) to the Commander in Chief, Atlantic (Dennison), CM-197-61. Subject: "Bumpy Road". Washington, April 7, 1961. FRUS, vol. X, p. 192 a 193.
14. McNamara, 1996, pp. 25-26.
15. Apud Walton, 1972, p. 35.
16. Id., ibid., p. 50.
17. Memorandum from the Assistant Secretary of State (Mann) to Secretary of State Rusk, Washington, February, 15, 1961. Subject: The March 1960 Plan. Ibid., pp. 95 a 99.
18. Segundo os membros do Conselho Revolucionário Cubano, o número de combatentes treinados e mobilizados pela CIA alcançara o total de 2 400, dos quais cerca de 1.200 nem conseguiram desembarcar e retornaram às suas bases. Cinco contra-revolucionários conseguiram escapar e asilaram-se na Embaixada do Brasil e apenas 14 foram resgatados, restando ainda alguns desaparecidos. Qualificados como "mercenários" pelo governo cubano, eles de fato recebiam o pagamento de US$ 175 por mês, com um adicional de US$ 25 por filho. Memorandum of Conversation. Subject: Meeting with Representatives of the Cuban Revolutionary Council. Washington, May 19, 1961, 4 p.m.. FRUS, vol. X, 1961-1962, Cuba, p. 551.
19. Discurso en la Conferencia del Consejo Interamericano Económico y Social de la OEA, Punta del Leste, 8 de agosto de 1961, in Guevara, vol. II, 1991, p. 430.
20. Blight & Kornbluh, 1998, p. 72.
21. Memorandum from the Attorney general (Kennedy) to President Kennedy, Washington, April 19, 1961. Ibid., pp. 302 a 304.
22. Bamford, 2002, p. 82.
23. Notes on the 479th Meeting of the National Security Council — Notes on Cuban Crisis, Washington, April 27, 1961. Ibid., p. 397. Bamford, 2002, pp. 82-83.
24. Memorandum from the Secretary of Defense McNamara to the Chairman of the Joint Chiefs of Staff (Lemnitzer), Washington, April 20, 1961. FRUS, vol. X, 1961-1962, Cuba, pp. 396 a 307.
25. Memorandum from the Joint Chiefs of Staff (Earle G. Wheeler) to Secretary of Defense McNamara. JCSM-278-61. Subject: Cuba. Washington, April 26, 1961. Appendix A — Analysis of Courses of Action, Ibid., pp. 371 a 376.

26. Colby, 1978, p. 190.
27. Memorandum for the Record (J. S. Earman — Exceutive Officer), Washington, December 14, 1961. Ibid., pp. 696 a 699.
28. Sobre o tema vide Moniz Bandeira, 1998, pp. 373-409.
29. Top Secret Special Handling Noform, Memorandum for the Secretary of Defense, 13/3/1962; Subject: Justification for US Military Intervention in Cuba (TS), L. L. Lemnitzer, Chairman, Joint Chief of Staff. 1 Enclosure — Memo for the Chief of Operations, Cuba Project. National Security Archives — http://www.gwu.edu/~nsarchiv/news/20010430/doc1.pdf.
30. Bamford, 2002, p.84.
31. Id., ibid., p. 84.
32. O serviço secreto cubano já desmontara uma trama para assassinar Raúl Castro, durante as comemorações do 26 de julho de 1961, e disparar, em seguida, morteiros contra a Base Naval de Guantánamo. Discurso de Che Guevara en la Conferencia del Consejo Interamericano Económico y Social da OEA, 8 de agosto de 1961, in Guevara, vol. II, 1991, p. 429.
33. Bamford, 2002, p. 83.
34. Id., ibid., p. 83.
35. "How to Start a War: The Bizarre Tale of Operation Mongoose", reportagem apresentada no programa de televisão Nightline, da rede ABC nos Estados Unidos, por Aaron Brown, no dia 29/1/1998. Cf. Ferreira, Argemiro — "Documentos secretos revelam mais truques sujos planejados nos Estados Unidos para derrubar Fidel", in *Tribuna da Imprensa*, Rio de Janeiro, 5/1/1998.
36. Bamford, 2002, p. 87.
37. McNamara, 1996, p. 339.
38. Program Review by the Chief of Operations — Operation Mongoose (Lansdale) — The Cuba Project, Washington, February 20, 1962. FRUS, vol. X, 1961-1962, Cuba, pp. 745 a 747.
39. Ibid., p. 747.
40. Telegrama n° 201, confidencial, da Embaixada do Brasil em Havana (Bastian Pinto), 21-21/8/1963 — 12hs15. Telegramas — Recebidos — Havana — 1962 — 1964.
41. Sam Giancana foi assassinado em 20 de junho de 1975, possivelmente para não depor perante a Comissão do Senador Frank Church, que investigava as atividades de inteligência e os complôs da CIA para assassinar líderes estrangeiros.
42. Hersh, 1997, pp. 303 a 312. Thompson, 1992, p. 141.
43. U.S. Senate — *Alleged Assassinations Plots involving Foreign Leaders* — An Interim Report of the Select Committee to Study Governmental Operations with Respect to Intelligence Activities — November 20, 1975, Government Printing Office, 1975, p. 125.

44. Giancana & Giancana, 1992, p. 310.
45. U.S. Senate — *Alleged Assassinations Plots involving Foreign Leaders* — An Interim Report of the Select Committee to Study Governmental Operations with Respect to Intelligence Activities — November 20, 1975, Government Printing Office, 1975, pp. 72 e 73.
46. Powers, 1981, p. 186.
47. U.S. Senate — *Alleged Assassinations Plots involving Foreign Leaders* — An Interim Report of the Select Committee to Study Governmental Operations with Respect to Intelligence Activities — November 20, 1975, Government Printing Office, 1975, p. 71.
48. Segundo o governo cubano, foram mais de seiscentos complôs e tentativas de assassinato contra Fidel Castro em que a CIA, os exilados cubanos e a máfia estiveram envolvidos. CountryWatch..http://aol.countrywatch.com/aol_print.asp?vCOUNTRY=45 &SECTION=FREE&TOPIC=POPCO&TYPE=TEXT. Steffan, Heinz Dieterich. "Saramago, Galeano and Fidel Castro". Gramma Internacional Havana. April 24, 2003. http://www.granma.cu/ingles/abril03/jue24/17saram-i.html
49. Rabe, 1999, pp. 198-199.
50. Melo Franco, 1968, pp. 83-84. U.S. Senate — *Alleged Assassinations Plots involving Foreign Leaders* — An Interim Report of the Select Committee to Study Governmental Operations with Respect to Intelligence Activities — November 20, 1975, Government Printing Office, 1975, pp. 5.
51. Rabe, 1999, p. 196.
52. Id. Ibid., 196-199.
53. *Supplementary Detailed Staff Reports on Foreign and Military Intelligence.* Book IV, Final Report of the Select Committee to Study Governmental Operations with Respect to Intelligence Activities U. S. Senate. April 23 (under authority of the order of April 14), 1976. U.S. Government Printing Office, pp. 67-68.
54. Johnson, 1996, p. 38.
55. *Supplementary Detailed Staff Reports on Foreign and Military Intelligence.* Book IV, Final Report of the Select Committee to Study Governmental Operations with Respect to Intelligence Activities U. S. Senate. April 23 (under authority of the order of April 14), 1976. U.S. Government Printing Office, pp. 66-68.
56. Marchetti & Marks, 1974, p. 108.
57. A CIA usou dois manuais para ensinar aos militares e agentes de segurança, na América Latina e no Vietnã, métodos de tortura, intitulados *KUBARK Counterintelligence Interrogation — July 1963* e "Human Resource Exploitation Training Manual — 1983." Quando ocorreu um escândalo no Congresso e na imprensa, a CIA, em 1984, reescreveu o manual de 1983. Esses dois documentos foram desclassificados em 1997 como resultado de um requerimento feito em 1994 pelo jornal

Baltimore Sun, com base Freedom of Information Act (FOIA), Cohn, Gary, Thompson, Ginger & Matthews, Mark. "Torture was taught by CIA; Declassified manual details the methods used in Honduras; Agency denials refuted" in *The Baltimore Sun*, 27/1./1997, Final Edition.

58. Telegrama nº 303, confidencial, da Delegação do Brasil junto à OEA, a) embaixador Ilmar Penna Marinho, Washington, 25-25/06/1962, AHMRE-B, Junta Interamericana de Defesa, América, 1961/65.
59. "Política Externa Norte-Americana, Análise de Alguns Aspectos", Anexo 1 e único ao Ofício nº 516, secreto, da Embaixada em Washington, loc. cit.
60. "Política Externa Norte-americana — Análise de Alguns Aspectos", Anexo 1 e único ao Ofício no. 516/900.1 (22), secreto, Embaixada em Washington ao Ministério das Relações Exteriores, Washington, 13/06/1963, AHMRE-B, 900.1(00), Política Internacional, de (10) a (98), 1951/66.

Capítulo XIII

O ANTIAMERICANISMO NA AMÉRICA LATINA • O APOIO DA UNIÃO SOVIÉTICA A FIDEL CASTRO • A INSTALAÇÃO DE MÍSSEIS SOVIÉTICOS EM CUBA • CUBA SOB QUARENTENA • O OBJETIVO ELEITORAL DA CRISE DEFLAGRADA POR KENNEDY • O RISCO DA GUERRA NUCLEAR • A OEA MANIPULADA • RETIRADA DOS MÍSSEIS DE CUBA E DA TURQUIA • O ASSASSINATO DE KENNEDY • A MÁFIA E A SUSPEITA DE ENVOLVIMENTO DA CIA

Os governantes e políticos americanos, em seu extremado nacionalismo, jamais admitiram o nacionalismo nos povos da América Latina ou de qualquer outra região do mundo. Sempre o atribuíram, essencialmente, à inspiração estrangeira (comunista, durante a Guerra Fria), considerando-o grave ameaça à segurança dos Estados Unidos[1]. Não percebiam que o ressentimento contra os Estados Unidos, expressado pelos povos latino-americanos, resultava da antiga política do *Big Stick*, da qual os países centro-americanos e o México foram sempre as primeiras vítimas, bem como "da conduta arrogante de certas companhias norte-americanas, como a Standard Oil e United Fruit Company, no trato com os governos e os nacionais dos países latino-americanos, e do sistema de corrupção posto em prática para a obtenção de seus propósitos monopolistas"[2], conforme observara, em 1950, o ministro Carlos da Silveira Martins Ramos, então chefe da Legação do Brasil na Guatemala.

"*What makes American nationalism so dangerous to itself and to the world, ist that it does not recognize the validity of other peoples nationalisms*" — escreveu o historiador americano Frank McCann[3]. Com efeito, os Estados Unidos contribuíram para incrementar e robustecer o ressentimento e a animosidade dos povos latino-americanos, ao não aceitarem e combaterem o seu nacionalismo, identificando-o como sinônimo de comunismo, no contexto bipolar da Guerra Fria. O ressentimento com a política do *Big Stick* e a animosidade contra a atuação dos governos americanos foram mais importantes do que a influência comunista na mobilização dos povos, na América Latina, contra a intervenção militar em Cuba, que Kennedy pretendeu promover, sob a cobertura da OEA, após a invasão da Baía dos Porcos. Esta ameaça só não se consumou porque o governo americano não contou com apoio dos maiores países da América Latina, sobretudo Brasil e México, e não ousou fazê-la, unilateralmente, por temer não somente a retaliação da União Soviética em Berlim Ocidental ou no Irã ou na Turquia como também o elevadíssimo custo em vidas americanas que haveria em virtude dos armamentos recebidos do Bloco Socialista e da resistência do povo cubano, beneficiado pela revolução. A Guerra Fria, entretanto, atingiu o clímax quando a União Soviética, no curso de 1962, começou a instalar em Cuba, a 90 milhas de Miami, bases para lançamento de mísseis de médio e intermédio alcance, com ogivas nucleares, capazes de atingir as principais cidades norte-americanas, até a fronteira do Canadá. Ademais de assegurar a defesa de Cuba, o principal objetivo, *inter alia*, foi alcançar maior paridade estratégica com os Estados Unidos, que instalaram mísseis Júpiter na Turquia e na Itália, e ter poder de barganha para negociar a situação de Berlim. Cuba, que se tornara para a União Soviética importante carta estratégica, e Berlim constituíam dois versos da mesma questão, no contexto da Guerra Fria. Daí, entre outros fatores, a decisão de Kruchev de instalar em Cuba os mísseis balísticos, quando os Estados Unidos intensificaram as operações navais, no mar do Caribe, entre 9 e 24 de abril de 1962, com o exercício *Lantphibex* 1-62 e mais duas manobras, nas primeiras semanas de maio, denominadas *Quick Kick*, empregando 79 navios, 300 aviões e mais de 40.000 homens, e *Whip Lash*, esta sob a supervisão do general Lansdale.

A Operação Anadyr envolvia a instalação de 140 mísseis antiaéreos SAM-75, de cinco regimentos — três com R-12 e dois com R-14 — com sessenta mísseis e quarenta rampas terrestres para o lançamento de mísseis balísticos, como parte de um agrupamento completo de forças soviéticas, incluindo quatro regimentos motorizados, dois batalhões de tanques, com os mais modernos T-55, mais de 250 carros blindados, os mais modernos aviões de caça MiG-21, aviões de bombardeios IL28, 42 bombardeiros IL-28, foguetes Luna, com cargas nucleares táticas, 12 unidades de SA-2 (com 144 rampas) e mais de 40 000 soldados[4]. O plano da União Soviética previa também a construção de uma base naval, onde 11 submarinos, dos quais sete portadores de foguetes (SLBMs) com ogivas de 1 megaton, ficariam estacionados. Em 29 de agosto, porém, um avião de espionagem da CIA, um U-2, detectou na região ocidental de Cuba oito bases de mísseis SA-2 já em fase operacional, evidenciando claramente extraordinário progresso na sua capacitação defensiva, que incluía a instalação de mais 16 outras bases de mísseis SA-2[5]. O desenvolvimento de um sistema de defesa costeira, com mísseis terra-ar, só se explicaria, evidentemente, se fosse para encobrir e proteger a introdução de mísseis balísticos terra-terra. E Kennedy, obtendo então a primeira evidência concreta da instalação dos mísseis SAM[6], decidiu fazer uma advertência a Moscou[7].

A CIA, entrementes, aumentou os vôos de reconhecimento sobre Cuba[8]. E, em 14 de outubro, o avião U-2, pilotado pelo major Richard D. Heyser, pôde tirar 928 fotografias que revelavam a construção na serra do Rosário, província de Pinar del Rio, de três bases de mísseis balísticos de médio alcance (MRBM), da família SS-4, capazes de atingir as cidades ao longo da costa oriental dos Estados Unidos[9]. Outros aviões U-2, pilotados por oficiais do Comando Aéreo Estratégico, descobriram, no dia seguinte, uma quarta base de MRBM e duas de mísseis de alcance intermédio (IRBM), em Guanajay. As fotos, analisadas pelo National Photographic Interpretation Center da CIA (NPIC) e comparadas com os documentos fornecidos aos Estados Unidos pelo coronel Oleg Penkovski, do GRU (inteligência militar soviética), confirmaram a presença daqueles foguetes e também revelaram a existência de 21 engradados com bombardeiros de médio alcance IL-28 (Beagle conforme a designação da OTAN).

Kennedy, informado sobre tais descobertas[10], resolveu deflagrar a crise internacional e organizou um grupo, conhecido como Executive Committe (Ex-Comm), do Conselho de Segurança Nacional. A presença de aviões soviéticos em Cuba, particularmente, não o preocupava, segundo declarou. Entendia que a existência de cinqüenta aviões soviéticos em Cuba não afetava o equilíbrio de poder entre os Estados Unidos e a União Soviética. A CIA, entretanto, avaliou que a instalação de mísseis estratégicos em Cuba teria forte impacto na América Latina, se os Estados Unidos não reagissem, uma vez que daria a impressão de que o equilíbrio do poder mundial realmente se rompera e que o avanço da União Soviética seria inevitável[11]. E Kennedy enveredou por um perigoso caminho, com imprevisíveis conseqüências, não porque houvesse ameaça concreta contra os Estados Unidos, mas simplesmente porque a presença de mísseis em Cuba poderia parecer que o equilíbrio de poder se havia modificado[12].

Ainda que os MRBM, instalados em Cuba, pudessem destruir várias cidades americanas, poucos participantes do Ex Comm também julgavam que eles não modificariam o equilíbrio estratégico mundial. A União Soviética possuía submarinos com capacidade de lançar mísseis balísticos e atingir Nova York, Washington e outros alvos nos Estados Unidos. Ninguém duvidava de que o principal objetivo da instalação de MRBM e IRBM em Cuba não fora dissuadir os Estados Unidos de atacá-la, mas corrigir a inferioridade estratégica, revelada pela disparidade de forças[13]. Kennedy sabia que os Estados Unidos possuíam larga vantagem em mísseis balísticos intercontinetais, tanto na terra como no mar, cerca de 400 ICBM contra aproximadamente 78 da União Soviética, significativo número de submarinos lançadores de mísseis e vasta vantagem em bombardeiros estratégicos, cerca de 1.300 contra menos do que 200 da União Soviética[14]. E a União Soviética tinha todo o direito de tentar estabelecer um equilíbrio estratégico. Não estava a violar nenhum tratado ou lei internacional. E os Estados Unidos haviam estabelecido o precedente, ao enfeixar a União Soviética com um anel de bases militares. Solução diplomática para o problema, por conseguinte, havia. Kennedy, se quisesse, poderia ter secretamente negociado com Kruchev a retirada dos mísseis de Cuba, em troca do desmantelamento das bases na Turquia e na Itália, conforme sugestão de McNamara. Ele, no entanto, preferiu levar o mundo à beira do holocausto nuclear, por motivos de política doméstica, ou seja, com o propósito de compensar a derrota na invasão da Baía dos Porcos e favorecer o Partido Democrata nas eleições para o Congresso, em novembro. E desencadeou a crise dos mísseis como um ato de propaganda eleitoral, de modo que pudesse negociar e superá-la, a partir de uma posição de força. O próprio embaixador dos Estados Unidos na Índia, John Kenneth Galbraith, reconheceu que política interna foi o fator mais importante na decisão de impor o bloqueio naval a Cuba[15].

Kennedy nem sequer interrompeu a campanha em favor do Partido Democrata, da qual participava no interior dos Estados Unidos, enquanto o Ex Comm se reunia. Somente regressou a Washington na noite de 22 de outubro, quando apareceu na televisão "com a fisionomia cansada, olheiras profundas, voz grave e ar de grande decisão", para fazer um pronunciamento à nação[16]. Depois de relatar como recebera as informações de que a União Soviética instalara mísseis balísticos em Cuba, não obstante suas advertências, anunciou que a esquadra dos Estados Unidos não mais permitiria a passagem de navios soviéticos na direção da ilha[17], sem inspeção, de modo a impedir que novos armamentos lá chegassem. E, enquanto instituía a Defense Condition (DEFCON) 3, o grau máximo do estado de alerta para todas as Forças Armadas, enviou a Kruchev uma carta, afirmando que os Estados Unidos estavam dispostos a remover do hemisfério aquela ameaça, que os mísseis soviéticos instalados em Cuba representavam, e que a quarentena era o "*minimum necessary*" para a consecução de tal objetivo[18]. Kruchev respondeu com moderação, sem indicar, contudo, que atitude a União Soviética tomaria. Apenas acentuou que a iniciativa de Kennedy ameaçava a paz e a segurança das nações, e acusou os Estados Unidos de interferirem indisfarçavelmente nos assuntos domésticos de Cuba, da União Soviética e de outros Estados, violando a Carta da ONU e as normas do direito internacional, que não permitiam estabelecer controles sobre navios em águas internacionais[19].

Por motivos táticos, Kennedy tomou algumas medidas, visando "a dar uma satisfação ao Congresso, aos reacionários da extrema direita e uma parte da opinião pública norte-americana", que não queriam compreender ou fingiam não entender o sentido exato de sua "inércia estratégica", conforme o embaixador do Brasil junto à OEA, Ilmar Penna Marinho, observou[20]. Com o propósito de dar aparente legalidade e legitimidade à quarentena, o governo americano logo convocou o Órgão de Consulta da OEA. Na tarde do dia 21, Rusk convidara os embaixadores latino-americanos a comparecerem ao Departamento de Estado e comunicara-lhes a decisão dos Estados Unidos de decretar a quarentena de Cuba, pedindo-lhes que seus respectivos governos a endossassem. Obviamente, depois que a expulsara da OEA, o governo americano contaria com os dois terços, ou seja, os 14 necessários à aprovação da medida. Guatemala, Costa Rica, Nicarágua, Honduras, El Salvador, Panamá, República Dominicana, Peru e Colômbia constituíam, entre os Estados americanos, a "extrema direita, reacionária, agressiva", que defendia inclusive a necessidade de uma intervenção militar em Cuba, "com o fito de liquidar Castro e impedir a infiltração comunista no hemisfério"[21]. Mas o Brasil, Chile, México e, provavelmente, Equador votariam contra a quarentena[22], e a Kennedy convinha obtê-la por maioria absoluta. Empenhado em que a OEA a aprovasse por unanimidade, ele escreveu uma carta ao presidente do Brasil, João Goulart, assim como aos demais chefes de Estado latino-americanos, solicitando seu apoio.

Goulart, na resposta, demonstrou com "franqueza e sinceridade" a posição do Brasil criticando a condução da crise e a manipulação da OEA pelos Estados Unidos. Ao reiterar a defesa do princípio de autodeterminação dos povos, "em sua máxima amplitude", ressaltou que repugnava à consciência do povo brasileiro qualquer forma de intervenção em um Estado americano, "inspirada na alegação de incompatibilidade com seu regime político, para impor o sistema representativo por meios coercitivos externos que lhe tiram o cunho democrático e a validade"[23].

Ademais de criticar o caráter antidemocrático e até mesmo totalitário da tentativa de impor formas de governos "por meios coercitivos externos", Goulart manifestou a "apreensão e a insatisfação" com o modo pelo qual os Estados Unidos pleitearam e alcançaram a decisão da OEA sobre a quarentena, "sem que se tivesse preliminarmente realizado ou, pelo menos, deliberado uma investigação *in loco*, e sem que se tivesse tentado, através de uma negociação", como o Brasil propusera na reunião de Punta del Este (1962), "o desarmamento de Cuba com a garantia recíproca de não invasão"[24]. "Receio que nos tenhamos abeirado sem necessidade de um risco que o povo brasileiro teme tanto como o norte-americano: da guerra nuclear" — assim Goulart criticou a atitude de Kennedy, declarando esperar que não fossem usadas contra Cuba medidas militares, "capazes de agravar o risco já desmedido da presente situação"[25]. Observação semelhante fez o jornalista Seymour M. Hersh, em *The Dark Side of Camelot*, ao salientar que "*Kennedy brought the world to the edge of a nuclear war to gain political victory: to humble an adversary who had humbled him before*"[26]. E reiterou que "*the Kennedy brothers brought the world to the edge of war in their attempts to turn the dispute into a political asset*".[27] A perspectiva que eles tinham era fortalecer o Partido Democrata para as eleições parlamentares de 6 de novembro[28].

As críticas de Goulart, porém, não se restringiram à forma como Kennedy conduzira a crise com a União Soviética, quando era possível uma solução diplomática, mediante entendimento secreto com Kruchev, como terminou por acontecer. Goulart aproveitou a oportunidade para colocar as questões mais específicas da América Latina, exprimindo "receios sobre o futuro imediato da OEA", cujas decisões perdiam autoridade na medida em que eram tomadas por "maioria mecânica, com injustificável precipitação", e com a tendência para a transformar em um "bloco ideológico intransigente", em que os "regimes de exceção de caráter reacionário" encontravam, entretanto, o "tratamento mais benigno"[29]. E, ao concluir a carta, manifestou-se contra a "aplicação abusiva" da Resolução II, de Punta del Este, que não outorgava à OEA o direito de "encomendar investigações sobre a situação interna de nenhum país", bem como a criação do Colégio Interamericano de Defesa, inaugurado no dia 12 de outubro, por julgar que seus efeitos poderiam ser negativos, se, a título de segurança interna, passasse a estudar "questões da competência privativa dos Estados", sobre os quais convinha que os militares recebessem formação e orientação puramente nacionais[30].

Apesar das críticas ao comportamento de Kennedy, Goulart demonstrou boa vontade de cooperar com os Estados Unidos, e deu instruções ao embaixador do Brasil na OEA, Ilmar Penna Marinho, no sentido de que aprovasse o bloqueio, mas somente admitindo a inspeção de navios para verificar o transporte de armamentos com poder ofensivo, e subordinasse qualquer outra ação de caráter militar à investigação preliminar por uma comissão da ONU, de forma que as provas apresentadas não pudessem sofrer qualquer contestação[31]. Também a pedido do Departamento de Estado, enviou a Havana o general Albino Silva, Chefe da Casa Militar, ao mesmo tempo em que no Itamaraty instruía o embaixador Bastian Pinto para realizar gestão imediata junto a Fidel Castro e fazer-lhe um apelo para que suspendesse a construção das plataformas de lançamento de mísseis, pois o governo brasileiro estava seguramente informado de que o governo norte-americano se preparava para usar a força armada contra Cuba, dentro de 48 horas, e a interrupção das obras afigurava-se-lhe como a única maneira de impedir a abertura das hostilidades[32]. Castro imediatamente escreveu a Kruchev e, objetivamente, sugeriu que a União Soviética fizesse um ataque preventivo contra os Estados Unidos, caso a invasão de Cuba se efetivasse. Posteriormente ele negou que fosse essa sua intenção[33], mas foi assim que Kruchev interpretou suas palavras e naturalmente se surpreendeu[34]. Castro não sabia, entretanto, que era enorme a inferioridade militar da União Soviética[35]. Ainda que ela desfechasse o primeiro ataque e destruísse 60% da capacidade nuclear dos Estados Unidos, o que restasse ainda poderia devastá-la, totalmente, conforme o embaixador Roberto Campos informara a Goulart[36].

Contudo, qualquer que fosse a superioridade que os Estados Unidos virtualmente tivessem, o risco de uma guerra nuclear estava fora das proporções do objetivo a ser alcançado. Mesmo 5% de risco eram intoleráveis quando a penalidade envolvia a completa destruição de uma sociedade — certamente, da civilização[37]. A CIA constatara que 24 plataformas de lançamento de MRBM, em Cuba, já estavam plenamente em condições operacionais. Existiam possivelmente outras, não localizadas, capazes de revidar o ataque contra Cuba[38]. Segundo as estimativas, o potencial dos mísseis, com ogivas nucleares, lá instalados representava metade da capacidade de ICBM existentes na União Soviética e as fotografias mostraram que todos estavam apontados para certas cidades dos Estados Unidos, o que acarretaria a morte de oitenta milhões de cidadãos americanos, em poucos minutos, se fossem disparados[39]. Ainda que os ataques aéreos fossem "*successful*", o general Walter Sweeney, comandante do Tactical Air Command, ressalvou que os Estados Unidos não conheciam, provavelmente, mais do que 60% do total dos mísseis existentes na ilha e o general Maxwelll Taylor, chefe do Estado-Maior Conjunto, ressaltou não seria possível destruir mais de 90% daqueles que estavam localizados[40].

Tanto o general Walter Sweeney, comandante do Tactical Air Command, quanto o general Maxwell Taylor, então assessor militar do presidente, e Robert McNamara, secretário de Defesa, entendiam que os ataques iniciais deveriam ser continuados nos dias subseqüentes e culminados com a invasão de Cuba. No entanto, a invasão de Cuba, como pretendiam vários militares e civis em Washington, não só custaria a vida a milhares de soldados americanos como tornaria inevitável a guerra nuclear. O governo cubano, que jamais descartara a hipótese da invasão, havia importado, até julho de 1962, cerca de US$ 350 milhões em munições e armamentos, entre os quais aviões de combate MiG supersônicos, tanques, trinta lanchas contratorpedeiras e canhões para a defesa do litoral, transformando suas Forças Armadas nas melhores, mais bem treinadas e mais preparadas de toda a América Latina, com um contingente de aproximadamente 300.000 milicianos (podendo chegar a 500.000) e 40.000 efetivos regulares, dos quais 35.000 no antigo Exército Rebelde[41]. Por sua vez, União Soviética haveria de decidir disparar os mísseis instalados em Cuba a permitir que os Estados Unidos deles se apossassem[42]. Essa possibilidade de uma retaliação com armamento nuclear perturbou Kennedy, profundamente[43]. Os mísseis soviéticos, com alcance de 1.100 milhas, atingiriam uma área envolvendo 92 milhões de pessoas[44]. Os americanos estariam, pela primeira vez, a ver o fogo "chovendo sobre suas cabeças"[45]. Ocorreria uma devastação, o que jamais os Estados Unidos sofreram, em nenhuma das guerras anteriores, das quais participaram. Se bem que triunfassem, pagariam altíssimo custo em vidas e propriedades. Não era esse, decerto, o espetáculo que Kennedy queria promover. Seu intuito consistia, sobretudo, em eleger a maioria do Congresso, assegurar sua reeleição em 1964 e, possivelmente, tornar Robert Kennedy seu sucessor em 1968. Daí por que ressalvou que o objetivo imediato não era a remoção de Castro, mas dos mísseis estratégicos, instalados em Cuba[46].

Da mesma forma que Kennedy, Kruchev também não se propunha a deflagrar a guerra atômica. Não aceitou as sugestões nem do embaixador soviético em Washington, Anatoly Dobrynin, nem do vice-ministro das Relações Exteriores, Vassily Kuznetsov, no sentido de adotar represálias, fechando às potências ocidentais, primeiramente, as rotas terrestres de acesso a Berlim Ocidental[47]. "Nós estamos aqui tentando sair desta *avantyura* (jogo temerário) e você nos quer empurrar em uma outra" — Kruchev respondeu a Kuznetsov[48]. E, no dia 24, determinou que os navios *Almeteevsk*, *Nicolaeev*, *Dubna* e *Divinogorsk*, que transportavam mísseis R-14 para Cuba, continuassem na rota, mas reduzissem a velocidade, a fim de não alcançarem a linha da quarentena, onde a colisão com as forças norte-americanas ocorreria, e que os demais regressassem à União Soviética. Também o *Poltava* e o *Kimovsk*, com carregamento bélico, não desafiaram a quarentena e tomaram outra direção. Kennedy, por sua vez, permitiu que um navio de passageiros da República Democrática Alemã e um petroleiro da Romênia passassem sem abordagem e revista, ao mesmo tempo em que buscou canais para negociar secretamente a solução da crise. E após treze dias de angústia, negociações conduzidas, sigilosamente, em parte por meios não oficiais[49], abriram uma saída para o impasse. De um lado, Kruchev aceitou desmontar as plataformas de lançamento e retirar os mísseis balísticos de Cuba. Do outro, Kennedy comprometeu-se a revogar a quarentena e dar garantias de que os Estados Unidos não invadiriam Cuba[50], ao mesmo tempo em que admitia a remoção dos mísseis Jupiter (cerca de trinta) instalados na Turquia[51], dentro de quatro ou cinco meses, embora não pudesse anunciá-lo publicamente, pois cindiria a OTAN e dentro do Ex Comm apenas quatro ou cinco pessoas tomaram conhecimento da barganha[52]. Kennedy contava com potenciais inimigos, como o vice-presidente Lydon B. Johnson, John McCone, diretor da CIA, e, talvez, o General Maxwell Taylor, entre outros, capazes de permitir que a informação vazasse para a imprensa e destruir sua carreira[53].

O entendimento entre Kennedy e Kruchev foi feito às expensas de Castro, que nem foi consultado sobre a remoção dos mísseis. Os planos de contingência para a invasão de Cuba foram engavetados. As atividades de sabotagem e outros atos de terrorismo, porém, continuaram. Em 3 de outubro de 1963, o Special Group do Conselho de Segurança Nacional aprovou o empreendimento de mais nove operações encobertas, muitas das quais envolviam atos de sabotagem. Em 24 de outubro de 1963, aprovou mais treze, que visavam a destruir uma planta de energia elétrica, refinarias de petróleo e usinas de açúcar. No total foram aprovados, no mesmo mês de outubro, cerca de 22 atos de terrorismo, que incluíam a destruição de uma central de energia elétrica, uma refinaria de petróleo e uma usina de açúcar, com o objetivo de desestabilizar o governo de Fidel Castro[54]. E o complô para assassinar Castro prosseguiu. No dia 28 de outubro, como representante pessoal de Robert Kennedy, Desmond Fitzgerald, chefe da Cuban Task Force W, da CIA, encontrou-se em Paris com o major Rolando Cubela Secades, antigo dirigente do Diretório Revolucionário e representante de Cuba junto à UNESCO[55], a fim de tramar o assassinato de Fidel Castro, operação esta conhecida pelo criptônimo de AM/LASH[56]. Kennedy disse ao jornalista Tad Szulc que estava a sofrer pressões por parte de alguns de seus assessores, para que ordenasse a eliminação de Fidel Castro, mas ele entendia que por "motivos morais" os Estados Unidos não deveriam participar de assassinatos[57]. Também declarou a Richard N. Goodwin, seu assessor, que "não podemos nos envolver nesse tipo de coisas ou todos nós nos transformaremos em alvo". Kennedy tentou, provavelmente, dissimular sua intenção, pois ele próprio dissera que os Estados Unidos, "*as a matter of general policy, could not condone assassination*"[58], quando a CIA articulou o golpe contra Leónidas Trujillo, na República Dominicana (1961).

Ao que tudo indicou, Kennedy jogou todas as cartas para resolver o problema com Cuba, uma vez que descartara a invasão em virtude dos custos políticos e em vidas humanas, bem como do acordo com a União Soviética. Assim, ao mesmo tempo em que a CIA perseverava no plano de assassinato, ele instruiu o embaixador William Attwood, adjunto de Adlai Stevenson na ONU, no sentido de explorar a possibilidade de uma acomodação com Castro, visando à neutralização de Cuba, mediante a retirada do restante dos militares soviéticos, que ainda lá permaneciam, e a cessação de suas atividades subversivas na América Latina[59]. Também ao jornalista francês Jean Daniel, editor internacional de *L'Express*, de passagem por Washington a caminho de Havana, solicitou que, ao entrevistar Castro, sondasse-o sobre a possibilidade de normalizar as relações entre Cuba e Estados Unidos, caso ele adotasse uma linha de não-alinhamento, como a da Iugoslávia[60]. Jean Daniel entrevistou Castro, pela primeira vez, em 19 de novembro. Dois dias depois, 22 de novembro, voltou para a segunda entrevista. Naquele mesmo dia, em que Desmond Fitzgerald, agente da CIA, entregava a Rolando Cubela Secades, em Paris, uma caneta com um dardo envenenado, para que disparasse contra Castro, Kennedy, coincidentemente, tombou, em Dallas, assassinado por Lee Harvey Oswald, vinte dias depois da execução de Ngo Dinh Diem, presidente do Vietnã do Sul, autorizada por ele. Castro almoçava com Jean Daniel, em Varadero, quando soube do acontecimento. E exclamou: "*Es una mala noticia*".

O assassinato de Kennedy, um ato de terrorismo individual, resultara, conforme todos os indícios, de um complô, com a participação da CIA e da Máfia[61]. Segundo o gângster Sam Giancana, Lee Harvey Oswald, o assassino, era agente da CIA, participara de uma série de sessões de intensivo treinamento em inteligência, quando servira como *marine*. Servira como espião dos Estados Unidos na União Soviética e tinha vínculos com a Máfia desde a juventude[62]. Pelo seu passado, era a pessoa mais apropriada para representar o papel do terrorista no complô contra Kennedy[63]. Casara-se com uma russa, Marina Prusakova, e residira alguns anos em Minsk (União Soviética), proclamava-se abertamente a favor de Fidel Castro e não apenas distribuíra material de propaganda do *Fair Play for Cuba Committee*[64] como insistira, no México, em obter visto (apesar de que este lhe fosse várias vezes negado) para visitar Havana, ao regressar à União Soviética[65]. Tinha características similares às de Marinus van der Lubbe, que fora fichado como comunista e provocara o incêndio do Reichstag na Alemanha[66], conforme planejado pelo dois próceres do nazismo, Joseph Goebbels e Hermann Goering, possibilitando que Adolf Hitler obtivesse poderes extraordinários e implantasse a ditadura, legalmente, sem revogar uma linha sequer da Constituição de Weimar. A uma conclusão similar chegaram o professor G. Robert Blakey, chefe do Conselho e diretor da equipe da House Select Committee on Assassinations, e Richard N. Billings, diretor editorial da House of Commmitte e antigo diretor de *Life*, que fizeram exaustiva investigação sobre o assassinato de Kennedy. Ao assinalarem que Lee Oswald tinha estabelecido significativas conexões com ativistas anti-Castro e o crime organizado, afirmaram que *"we concluded from our investigation that organized crime had a hand in the assassination of President Kennedy"*.[67]

Após o assassinato de Kennedy, a CIA elaborou um *memorandum* com as informações de que Lee H. Oswald, o criminoso, estivera no México, entre 23 de setembro 2 de outubro, e visitara o vice-cônsul Kostikov[68], conhecido agente do KGB, especialista em sabotagem, e previu que ele seria assassinado, a fim de que nada pudesse revelar às autoridades americanas, se estivesse realmente envolvido em uma conspiração estrangeira. E cumpriu-se a previsão. Dois dias depois, 24 de novembro, Lee H. Oswald foi executado por Jack Ruby, proprietário de cassino em Dallas e vinculado ao crime organizado de Chicago[69], havendo trabalhado para a Máfia, contrabandeando dinheiro de Cuba, ao tempo da ditadura do Sargento Fulgencio Batista, nos anos 1950. O assassinato ocorreu dentro da própria estação de polícia, sob o olhar impassível dos detetives, que seguravam Lee Oswald, como se quisessem impedir qualquer reação. Sua eliminação evidentemente visou a obstar que ele revelasse toda a trama. Os conspiradores quiseram silenciá-lo[70]. Sam Giancana revelou ao seu irmão Chuck, autor de suas memórias, que ele próprio escolhera Jack Ruby para cumprir a missão, dado que havia trabalhado com a CIA na invasão da baía dos Porcos e mantinha estreito entendimento com os policiais de Dallas[71]. Segundo Giancana, cada homem envolvido no complô para matar Kennedy recebeu US$ 50 mil, e ele, pessoalmente, ganhou milhões em petróleo, "*from the wealth right-wing Texas oilmen*"[72]. O complô, no entanto, não se restringiu aos *mobsters* Santo Trafficante, Jimmy Hoffa, Sam Giancana, Johnny Rosselli, articulados com Frank Fiorini Sturgis, que trabalhara com a CIA na invasão da baía dos Porcos e recrutara Marita Lorenz para envenenar Fidel Castro[73]. Giancana afirmou que foi "*right up to the top of the CIA*" e envolveu "*half dozen fanatical right-wing Texans, vice-president Lyndon Johnson, and the Bay of Pigs Action Officer under Eisenhower, Richard Nixon*".[74]

Todas as circunstâncias indicaram que Lee Harvey Oswald, também com íntimas conexões com o crime organizado, fora produzido para que afigurasse um agente de Fidel Castro, o que provocaria o clamor da opinião pública, compelindo os Estados Unidos a retaliar e invadir Cuba, sonho acalentado pela Máfia e pelos *Cuba Project plotters* da CIA e do Pentágono[75], que não se conformavam com a tentativa de Kennedy para alcançar uma acomodação com Fidel Castro, realizada pelo embaixador William Attwood, adjunto de Adlai Stevenson, na ONU. A viúva, Jacqueline Kennedy, estava convencida de que seu marido fora morto não pelos comunistas, como J. Edgar Hoover e outros queriam crer, mas como resultado de uma conspiração doméstica. E Robert Kennedy nada fez para descobrir a verdade por trás da morte do irmão. Também não o faria, se chegasse à presidência dos Estados Unidos em 1968.

A ninguém interessava revelar as ligações de Kennedy com a máfia, os complôs para assassinar Castro, comprometer a CIA, e Johnson, por outro lado, estava convencido de que a União Soviética e Cuba tiveram alguma participação na morte de Kennedy e temia que um inquérito mais profundo mostrasse esse envolvimento e tornasse inevitável uma guerra nuclear[76].

O General Alexander Haig, lembrando que Lyndon Johnson[77] até morrer cria que o "*obsessive desire*" de eliminar Castro, alimentado por Bob Kennedy, estava por trás do assassinato, ressaltou que a existência do grupo secreto, que tramara os assassinatos do líder cubano, não fora revelada à Comissão Warren nem à opinião pública e que "*was the seed of the real cover-up, which was designed to protect the reputation of the dead President*"[78]. O jornalista Seymour M. Hersh avaliou que o preço de uma "*full investigation*" seria "*too high*", ao tornar-se pública a verdade a respeito do Presidente Kennedy e da família Kennedy[79]. Haveria de revelar os vínculos que Kennedy tivera com Sam Giancana e Johnny Rossely e que os *mobsters* se julgavam traídos, dado o processo que Robert Kennedy lhes movia, como procurador-geral. Esta certamente foi a razão pela qual Robert Kennedy escusou-se de testemunhar perante a Warren Comission[80].

De qualquer modo, se os que tramaram o assassinato de Kennedy[81] tiveram o propósito de compelir os Estados Unidos a invadir Cuba, o plano fracassou. O Vice-Presidente Lyndon B. Johnson (1963-1968) assumiu o governo e, qualquer que fosse o motivo, não deu maior atenção ao conflito com Cuba, como o fizeram os irmãos Kennedy, que se deixaram dominar pelo compulsivo anseio de revanche, após a humilhante derrota da Brigada 2506 em Playa Girón. Em 7 de abril de 1964, ordenou à CIA que cessasse as operações de sabotagem e não mais participasse dos *raids* contra Cuba, assim como cancelou um plano elaborado durante a administração de Kennedy para uma segunda invasão, que deveria ocorrer entre março e junho de 1964[82].

Notas

1. Black, 1986, pp. 9-10.
2. Ofício no. 221, secreto, Ministro Carlos da Silveira Martins Ramos ao Chanceler Raul Fernandes, Guatemala, 26/8/1950. MD Secretos — A-K — Ofícios Recebidos — 1950-1957. AMRE-B.
3. Correspondência com o autor, 4 de junho de 2002.
4. Entrevista de Jorge Risquet Valdés, membro do Comitê Central do PC de Cuba e assessor de Raúl Castro, ao autor. Havana, dezembro de 1995. Fursenko & Naftali, 1997, p. 189. May & Zelikox, 1997, pp. 676 e 677.
5. Memorandum from the Deputy Director for Intelligence (Cline) to Acting Director of Central Intelligence Carter. Subject: Recent Soviet Military Activities in Cuba. Washington, September 3, 1962. FRUS, vol. X, 1961-1962, Cuba, pp. 1033 a 1034.
6. Walton, 1972, p. 109.
7. Schlesinger Jr., 1965, p.
8. CIA — Information Report. Subject: Possible Missile Site in Havana, 27 Sep 62; CIA — Information Report. Subject: Soviet and Rebel Army Convoy, 1 Oct 62. In Central Intelligence Agency — *The Secret Cuban Missile Crisis Document*, Brassey's (US), McLean, Virginia, 1994, pp. 38 a 40.

9. Central Intelligence Agency — Memorandum: Probable Soviet MRBM in Cuba, 16 October, 1962. Ibid, pp. 127 a 137. McNamara, 1996, pp. 338-339.
10. Detalhes vide Moniz Bandeira, 1998, pp. 425-454.
11. May & Zelikow, 1997, pp. 196 e 230. Walton, 1972, pp. 121-123.
12. Kennedy, *Public Papers*, 1962, p. 898. Vide também Walton, 1972, pp. 122-123.
13. Garthoff, 1989, pp. 45-46.
14. Gates, 1997, pp. 28-29.
15. Lechuga, 1995, p. 70.
16. Relato de Afonso Arinos de Melo Franco, que, em Nova York, como chefe da Delegação do Brasil na ONU, assistiu ao pronunciamento de Kennedy na televisão. Melo Franco, 1968, p. 254.
17. Radio-TV Address of the President to the Nation from the White House — October 22, 1962, in Chang & Kornbluh, 1992, pp. 150 a 154.
18. Letter from President Kennedy to Chairman Khrushchev, Washington, October 22, 1962. FRUS, vol. VI, Kennedy — Khrushchev Exchanges, 1961 — 1963, pp. 165 e 166.
19. Telegram nº 1042 from the Embassy in the Soviet Union to the Department of State, Moscow, October 23, 1962 — 5 p. M.. Ibid., pp. 166 e 167
20. Telegrama nº 469, confidencial, da Delegação do Brasil junto à OEA — Washington (Ilmar Penna Marinho), 28/28.9.1962 — 15h30. 961 — Organização dos Estados Americanos — 1961a 1963. Ibid.
21. Telegrama nº 457, confidencial, da Delegação do Brasil junto à OEA — Washington (Ilmar Penna Marinho), 22/23.11.1962. 600 (24h) Situação Política — Cuba — Abril a Setembro de 1962 — 6221. Ibid.
22. May & Zelikow, 1997, p. 146.
23. Carta do presidente Goulart ao presidente Kennedy, Brasília, 24/10/1962, Secreto MRE/SSE/124/920.(42)(22), Cópia. Anexo único, AHMRE-B, 600.(24h), Situação Política — Outubro de 1962. Uma cópia da carta bem como a minuta elaborada por San Tiago Dantas encontram-se em AN-ASTD-AP 47(36) pac. 03. As anotações iniciais, do próprio punho de Goulart, estão na DJG, com o Autor.
24. Carta do presidente João Goulart ao Presidente John Kennedy, Brasília , 24/10/1962. AP47 — APFCSD — SDP — AN.
25. Ibid.
26. Hersh, 1997, p. 345.
27. Id., ibid., p. 369.
28. O Partido Democrata ganhou quatro cadeiras no Senado e perdeu seis na House of Representatives, o melhor desempenho desde 1934. Um dos vencedores foi Edward Kennedy, que se tornou o senador mais jovem, eleito por Massachusetts; um dos

perdedores foi o Senador Homem Capehart, do Partido Republicano (Indiana), que passara seu tempo criticando Kennedy por ser muito brando com Castro.

29. Carta do presidente João Goulart ao presidente John Kennedy, Brasília , 24/10/1962. AP47 — APFCSD — SDP — AN.
30. Ibid. Outros detalhes sobre a questão da OEA vide Moniz-Bandeira, 1998, pp. 462-465. Moniz Bandeira, 2001, pp. 87-93.
31. Íntegra das instruções com o próprio punho de Goulart in Lima, 1974, p. 269.
32. Telegrama n° 169, secreto — urgentíssimo, do Itamaraty para a Embaixada do Brasil em Havana, 26.10.1962. Telegramas — Expedidos — Havana — 1962. AHMRE-B.
33. Entrevista de Fidel Castro a Maria Shriver de la NBC in Castro, 1993, pp. 51 a 53.
34. Khruchtchev, 1990, pp. 224 e 225.
35. Entrevista a Fidel Castro a Maria Shriver de la NBC in Castro, 1993, pp. 59 a 61.
36. Campos, 1994, p. 495.
37. Kissinger, 1994, p. 586.
38. Central Intelligence Agency Memorandum, "The Crisis USSR/Cuba, , 27 Oct. 1962, prepared for the Executive Committee of National Security Council; Supplement 8 to Joint Evaluation of Soviet Missile Threat in Cuba, 28 Oct. 1962, prepared by Guided Missile and Astronautics Intelligence Committee — Joint Atomic Energy Intelligence Commitee — National Photographic Interpretation Center. In *The Secret Cuban Missile Crisis Documents*, Central Intelligence Agency, Brassey's (US), 1994, pp. 327 a 329 e 337 a 340.
39. Kennedy, 1969, pp. 35 e 36.
40. May & Zelikow, 1997, pp. 205 e 206.
41. Ofício n° 239, secreto, Bastian Pinto ao Embaixador Carlos Alfredo Bernardes, Ministro de Estado (Interino) das Relações Exteriores, Havana, 15/9/1962. 600 (24h) — Situação Política — Outubro — 1962. AHMRE-B.
42. McNamara, 1996, pp. 340-341.
43. Bamford, 2002, p. 115.
44. Id., ibid., p. 115.
45. Khruchtchev, 1991, pp. 222 e 223.
46. May & Zelikow, 1997, pp. p. 476.
47. Zubok & Pleshakov, 1996, p. 260.
48. Id., ibid., pp. 260 e 261.
49. Vide detalhes in Moniz Bandeira, 1998, pp. 455-492.
50. Telegram n° 1050 from the Department of State to the Embassy in Soviet Union, Washington, October 27, 1962 — 8:05 p. m.. FRUS, vol. VI, Kennedy — Khrushchev Exchanges, 1961 — 1963, pp. 81 e 182. Texto também transcrito in May & Zelikow, 1997, pp. 603 e 604.
51. Kennedy, 1969, pp. 101 e 102. Nash, 1997, p. 136.

52. Id., ibid., 107 a 109. McNamara, 1996, p. 96. Dobrynin, 1995, pp. 89 a 91. Nash, 1997, pp. 141 a 142. Moniz Bandeira, 1998, pp. 468-475.
53. Thompson, 1992, pp. 329 e 330.
54. Ibid., pp. 173-176.
55. Rolando Cubela era um médico, que chefiara o contingente guerrilheiro do Diretório Revolucionário, nas montanhas da região central de Cuba, durante a campanha contra Batista. Ele desfrutava da confiança do governo cubano e fora nomeado representante especial de Cuba junto à UNESCO, em Paris. A CIA recrutou-o em 1961. A conspiração prosseguiu mesmo após a morte de Kennedy. Szulc, 1987, pp. 59 e 60. Garthoff, 1989, p. 138.
56. U.S. Senate — *Alleged Assassination Plots Involving Foreign Leaders*, pp. 174 a 180. Powers, 1979, pp. 191 a 194. Hersh, 1997, pp. 440, 447 e 448.
57. Segundo o jornalista Tad Szulc, o projeto AM/LASH fora tão sigilosamente mantido pela CIA que nem mesmo Kennedy soubera de sua existência. Por sua vez, tanto Dean Rusk, secretário de estado, quanto McGeorges Bundy, ao prestarem, posteriormente, depoimento perante o Senado, julgaram difícil conceber que Kennedy permitisse o uso de um estratagema para assassinar Fidel Castro, enquanto o embaixador William Atwood realizava gestões, a fim de normalizar as relações entre Cuba e os Estados Unidos. U.S. Senate — *Alleged Assassination Plots Involving Foreign Leaders*, pp. 205, 173-176.
58. Ibid., p. 205.
59. Memorandum by William Attwood, Washington, September 18, 1963; Memorandum for the Record. Subject: Minutes of the Special Meeting of the Special Group, 5 November 1963. Washington, November 5, 1963; Memorandum from William Attwood to Gordon Chase of the National Security Council Staff, New York, November 8, 1963. Ibid. pp. 868 a 870, 878 e 879 .
60. Schlesinger Jr., 1965, pp. 998-1000. U.S. Senate — *Alleged Assassination Plots Involving Foreign Leaders*, pp. 173 e 176.
61. Ibid., pp. 173, 174 e 176. Schlesinger Jr., 1965, p. 1029.
62. Giancana & Giancana, 1992, pp. 330-333.
63. Sam Giancana explicou que Oswald nunca foi simpatizante de Castro, porém "CIA all the way", um fuzileiro naval treinado para falar russo e infiltrar-se na União Soviética. Hinckle & Turner, 1992, pp. 271 e 272.
64. Movimento em favor de Cuba existente no Estados Unidos, sustentado em grande parte pelos militantes do Socialist Works Party (trotskista) e também pelo Partido Comunista, com apoio financeiro, ao que tudo indicava, do governo de Havana.
65. Hinckle & Turner, 1992, p. 241. Dobrynin, 1995, pp. 112.
66. Em 1933, agentes da Gestapo induziram Marinus van der Lubbe, doente mental e fichado como comunista, a empreender o incêndio do Reichstag (Parlamento

alemão), conforme a idéia de dois próceres do nazismo, Joseph Goebbels e Hermann Goering. Esse que permitiu a Adolf Hitler obter poderes extraordinários e implantar a ditadura, legalmente, sem revogar uma linha sequer da Constituição de Weimar.

67. Blakey & Billings, 1981, pp. 177-180.
68. U.S. Senate — *The Investigation of the Assassination of President John F. Kennedy: Performance of the Intelligence Agencies*, Book V, Final Report of the Select Committee to Study Governmental Operations withe Respect to Intelligence Activities, April 23, 1976, pp. 91 e 92.
69. Hersh., 1997, pp. 450 e 451. Hinckle & Turner, 1992, p. 246.
70. Vide Bakley & Billings, 1981, p. 279.
71. Giancana & Giancana, 1992, pp. 330-333.
72. Id., ibid., p. 332.
73. Frank Fiorini Sturgis foi um dos cinco que arrombaram o Comitê Nacional do Partido Democrata, no complexo hoteleiro de Watergate, em 1962.
74. Giancana & Giancana, 1991, p. 333.
75. Hinckle & Turner, 1992, p. 239.
76. Trento, 2001, pp. 265-270.
77. Johnson, após o assassinato de Kennedy, comentou: "*Kennedy tried to get Castro, but Castro got Kennedy first*". Haig, 1992, 114.
78. Id., ibid., p. 115.
79. Hersh, 1997, p. 456.
80. A Warren Commission on the Assassination of President Kennedy foi criada por uma ordem do executivo do Presidente Johnson. Seus trabalhos foram presididos por Earl Warren, chefe da Justiça da Suprema Corte. Sua conclusão de que o assassinato de Kennedy resultou de um ato individual de Lee H. Oswald não convenceu e as controvérsias sempre existiram.
81. Lee Oswald foi morto dias depois, na frente dos policiais, por Jack Ruby. Porém, o FBI concluiu que tanto Lee Oswald quanto Jack Ruby agiram isoladamente e que não houve conspiração, quer doméstica quer internacional. Esse resultado, que a Comissão Warren endossou, jamais convenceu Johnson, que continuou a indagar qual o motivo de Lee Oswald para matar Kennedy, nem Kruchev, para quem a versão oficial afigurou-se falsa. Se o povo norte-americano houvesse sabido, nas últimas semanas de 1963, que a CIA cooperara com a Máfia no esforço de assassinar Fidel Castro e o esquema poderia haver culminado na morte do presidente — Michael Beschloss comentou — haveria demandas para que ela fosse despedaçada em mil partes e espalhada pela janela. Beschloss, 1997, p. 687.
82. Essa decisão Johnson tomou, não porque respeitasse a soberania de Cuba, e sim porque Robert Kennedy, a quem odiava, era o mentor do projeto.

Capítulo XIV

ESTADOS UNIDOS, CUBA E A QUESTÃO DE BERLIM • A PREOCUPAÇÃO DE KENNEDY COM A GUERRA DE GUERRILHAS • AS GUERRAS DE LIBERTAÇÃO NACIONAL COMO PARTE DA GUERRA FRIA • A GUERRA NO LAOS • O ENVOLVIMENTO NO VIETNÃ • A CIA E O ASSASSINATO DE NGO DINH DIÊM • JOHNSON E A ESCALADA DA GUERRA NO VIETNÃ • AS PROVOCAÇÕES CONTRA O VIETNÃ DO NORTE • O INCIDENTE NO GOLFO DE TONKIN

Da mesma forma que a União Soviética não conseguira que os Estados Unidos, Grã-Bretanha e França abandonassem Berlim Ocidental, cravada cerca de 110 milhas dentro do território da antiga Zona de Ocupação Soviética, transformada em República Democrática Alemã, os Estados Unidos não tiveram condições de empreender, unilateralmente, uma *full-fledged invasion* de Cuba, ilha que sempre pretenderam anexar, desde Thomas Jefferson e John Quincy Adams, por considerá-la parte integrante do continente, sua "fronteira natural" e indispensável à sua segurança no golfo do México[1]. Três fatores fundamentais contiveram Kennedy, impedindo-o de ceder às pressões do Pentágono e da CIA: a falta de cobertura legal da OEA, devido à oposição, sobretudo, do Brasil, México e Chile; o receio de que a União Soviética fizesse represália contra Berlim e/ou a Turquia, caso a invasão se caracterizasse como iniciativa unilateral, sem o endosso da OEA; e o incalculável custo em vidas americanas, em virtude da resistência do povo cubano, beneficiado pelas conquistas da revolução, e dos armamentos que já recebera. Assim, o conflito em torno de Berlim, que resultou na construção de um muro, dividindo a cidade, em 13 de agosto de 1961, e a crise dos mísseis, em outubro de 1962, evidenciaram os estreitos limites políticos do enorme poderio militar das duas superpotências e constituíram o ponto culminante da Guerra Fria, que a partir de então começou a arrefecer. O regime revolucionário em Cuba constituía um fato consumado. Mas Washington necessitava de novos espectros, novas ameaças, para mobilizar a América profunda em favor da manutenção e ampliação do orçamento de defesa, que beneficiava o Pentágono e a indústria de material bélico. E suas atenções mais e mais se transferiram de Cuba para o Vietnã. Desde que Kennedy assumiu esse portfólio, as autoridades do Pentágono estiveram "*already pushing for a big show and a big war*", segundo revelou William R. Corson, coronel do Marine Corps, que serviu na guerra da Coréia e no Vietnã[2].

Kennedy, havia muito tempo, entendia que o avanço da União Soviética e da China não se processaria por meio de ação bélica convencional, ou nuclear, mas através da guerra de guerrilha e que por mais poderoso que fosse o poderio estratégico dos Estados Unidos ele poderia ser corroído "*by forces of subversion, infiltration, intimidation, indirect or non-overt agression, internal revolution, diplomatic blackmail, guerilla warfare*", ameaças que, finalmente, só poderiam ser superadas por meio de reforma social e política, capacitando as vítimas em potencial a se defenderem[3]. Sabia que a guerra de guerrilha era essencialmente uma guerra política. Percebeu a competição com a União Soviética e as guerras de libertação nacional como dois campos de batalha da Guerra Fria. E, desde que assumiu o governo, tratou de implementar uma estratégia tanto terapêutica quanto profilática, no combate ao comunismo, dando-lhe uma outra dimensão militar, com o objetivo de melhorar a habilidade dos Estados Unidos para enfrentar conflitos de baixa intensidade, inclusive guerras locais ou sub-limitadas, do tipo de guerrilhas, que constituíam "*the most familiar threats to the Free World since 1945*"[4]. De fato, o desenvolvimento tecnológico alcançara tal poder de destruição que produzira um impasse e praticamente inviabilizara o confronto armado entre as duas superpotências, tornara-o *unthinkable*, na opinião de McNamara. A Guerra Fria, em conseqüência, assumira outras características, como guerras de baixa intensidade, guerras intestinas, i.e., as guerras de libertação nacional, que representavam uma reação ao colonialismo, embora os comunistas as encorajassem e/ou liderassem, no interior de cada país. Segundo Richard

J. Walton, Kennedy embarcou em uma cruzada anticomunista muito mais perigosa do que qualquer política de Eisenhower houvera permitido[5]. Destarte, atuou *vis-à-vis* da questão de Cuba e aprofundou o "*overcommitment*" dos Estados Unidos no sudeste da Ásia, onde tentavam tornar o Laos seu peão na Guerra Fria, violando os acordos de Genebra e destinando-lhe, desde 1954, mais de US$ 300 milhões em armamentos, a maior ajuda militar *per capita* no mundo[6].

No curso de 1960, a administração de Eisenhower fizera crer ao povo americano que os comunistas haviam invadido o Laos, quando o general Kong Le deu um golpe contra o general Boun Oum-Phoumi Nosavan, que os Estados Unidos financiavam, e convocou o príncipe Souvana Phouma, fora do poder desde 1958, para formar um governo neutralista. A partir daí a CIA se envolveu ainda mais no país, não só abastecendo as tribos contrárias ao príncipe Souvana Phouma, como penetrando no território do Vietnã do Norte, com a missão de cometer atos de terrorismo, sabotagens e assassinatos. O apoio dos Estados Unidos ao general Boun Oum-Phoumi Nosavan, aquartelado em Vientiane, levou, porém, o general Kong Le e o governo neutralista de Souvanna Phouma a se aliarem ao Pathet Lao[7], que o Vietnã do Norte e a União Soviética respaldavam. O equilíbrio de forças rompeu-se em favor dos comunistas. E, quando Kennedy assumiu a presidência em 20 de janeiro de 1961, tudo indicava que só a intervenção direta das tropas americanas poderia impedir que o Pathet Lao ocupasse o Vientiane e o vale do rio Mekong, limites do Laos com a Tailândia, onde uma *secret war* já se estava a travar. A derrota das forças do general Phoumi em Nam Tha levou-o a concordar em participar de um governo de coalizão com as duas outras facções (Souvana Phouma, Pathet Lao) e a declaração de neutralidade do Laos, assinada por quatorze nações, inclusive o Vietnã do Norte e os Estados Unidos, estagnou o conflito, porém, apenas temporariamente. Nem o Vietnã do Norte nem os Estados Unidos cumpriram os compromissos assumidos em Genebra. O Vietnã do Norte não retirou os 7 mil soldados estacionados no Laos[8]. E, ademais do suporte ao Reino do Laos dado pelos Estados Unidos, a CIA, a partir da base de Udon Thani, na Tailândia, continuou a financiar e organizar a *Armée Clandestine*, um Exército secreto de 30 mil a 36 mil irregulares[9], inclusive 9 mil guerrilheiros da tribo Hmong, treinados pelos *Green Berets* e sob o comando do general Vang Pão. Também aviadores tailandeses foram recrutados e pagos pela CIA para pilotar aviões-bombardeiros obsoletos T-28, pintados com o emblema de Laos Air Force, e atacar alvos no país.

Os *police-makers* na administração de Kennedy chegaram à conclusão de que o Laos não parecia apresentar maior valor estratégico para a contenção do comunismo. E os Estados Unidos alcançaram um acordo com a União Soviética, em Genebra, reconhecendo independência e neutralidade do Laos, sob o governo de Souvanna Phouma, após haverem gasto US$ 500 milhões com as forças de direita. O problema mais complicado configurava-se no Vietnã do Sul. Os Estados Unidos haviam assumido o compromisso de desenvolver e manter a República do Vietnã (Vietnã do Sul), como "*a strong state, capable of resisting attempted subversion or aggression through military means*"[10]. Ela era uma criação sua. A administração de Eisenhower não assinara os acordos de Genebra e, desde 1955, sustentou o governo despótico e corrupto do general Ngo Dinh Diem, financiando-o e ajudando-o a organizar seu próprio Exército. Essa tarefa fora entregue ao general Edward Landsdale, especialista em contra-insurgência, que logo recrutou um bando de agentes secretos para fustigar, prender e matar os opositores do regime[11], enquanto especialistas americanos, concentrados na Embaixada em Saigon, formavam policiais locais, instruindo-os em "*controlling crowds, checking passaports, and interrogating suspicious characters*"[12].

Todo o trabalho de "*nation building*", a que os Estados Unidos se propuseram no Vietnã do Sul, não impediu que a insurreição contra o governo repressivo de Ngo Dinh Diem recrescesse. Em 1961, a guerra de guerrilhas empreendida pela Frente de Libertação Nacional (FLN), cujos militantes se celebrizaram como Viet Cong (abreviatura de Cong-san, comunistas)[13], já atingia um nível de violência que dificultava a sua consolidação, apesar de que os Estados Unidos já houvessem gasto na Indochina, mais do que US$ 7 bilhões em ajuda econômica e militar, entre 1955 a 1962[14]. E Kennedy, segundo Arthur M. Schlesinger Jr., não teve alternativa senão operar dentro das condições que herdara e dar continuidade à política de Eisenhower, traçada em 1954, com a criação da SEATO[15]. Em 28 de janeiro de 1961, pouco depois de assumir a presidência, aprovou o *Counterinsurgency Plan* (CIP), mediante o qual, expandindo a assistência militar dos Estados Unidos ao Vietnã do Sul, ofereceu ao governo de Ngo Dinh Diem recursos da ordem de US$ 40 milhões, para o combate às guerrilhas. E pretendeu enviar 10.000 soldados para combater as guerrilhas no Vietnã[16].

O General Maxwell Taylor, chefe do Estado-Maior Conjunto a partir de outubro de 1962, cria que o Vietnã era um excelente lugar para testar as forças especiais, os *Green Berets* (Boinas Verdes), treinadas em contra-insurgência e capacitadas para realizar sabotagens e ações de terrorismo. O número de militares americanos, no Vietnã do Sul, perto de novecentos, quando Kennedy inaugurou sua administração, em janeiro de 1961, saltou então para 3.164, ao fim do ano, e chegou a 16.263, ao tempo em que ele foi assassinado, 22 de novembro de 1963[17]. O número de americanos mortos subiu de cinco, em 1960, para 16, em 1961, e 123, em 1963[18]. Pilotos americanos bombardeavam então as áreas dominadas pelos Viet Congs, realizavam operações de desfolhamento, enquanto outros militares, intitulados assessores, participavam de combates e da remoção da população civil para as "aldeias estratégicas", bem como supervisionavam as incursões no Vietnã do Norte.

A crescente participação dos soldados americanos não modificou, no entanto, a situação no Vietnã do Sul, onde a luta armada dos Viet Congs contava cada vez mais com amplo apoio popular. Diante da impopularidade de Ngo Dinh Diem, desafiado por uma campanha de desobediência civil e o suicídio dos monges budistas, que se queimavam nas ruas de Saigon, por volta de agosto de 1963, um grupo do Departamento de Estado — Averrel Harriman, Roger Hilsman e Michael Forrestall — chegou à conclusão de que se devia pensar em uma alternativa para o governo de Diem, cujas forças de segurança, sob o comando de seu irmão, Ngo Dinh Nhu, haviam disparado contra os monges budistas, que marchavam pelas ruas de Saigon, celebrando o 2.527° aniversário de nascimento de Buda, em maio de 1963. O vice-presidente Lyndon Johnson, John McCone, diretor da CIA, e outros julgavam Diem insubstituível[19]. William Colby, então chefe da Divisão de Extremo Oriente da CIA, e responsável direto pelas atividades no Vietnã, considerava-o melhor do que qualquer outro e que o interesse dos Estados Unidos não era afetar a estrutura política de Saigon[20]. Kennedy, porém, percebeu que ele não mais tinha condições de continuar à frente do governo do Vietnã do Sul, em virtude do seu enorme desgaste e, inclusive, sua incapacidade de conciliação com os generais dissidentes[21].

Em realidade, o que determinou fundamentalmente a decisão de derrubar Diem e seu irmão Ngo Dinh Nhu, do governo do Vietnã do Sul, foi o fato de que eles, através do embaixador da França, Roger Lalouette, e do diplomata polonês Mieczyslaw Maneli, membro da International Controll Commission (ICC)[22] em Saigon, exploravam secretamente a possibilidade de uma solução pacífica para a guerra, mediante um entendimento com o Vietnã do Norte. O presidente Charles de Gaulle havia anunciado seu apoio à neutralização do Vietnã do Sul e a uma eventual reunificação do país, o que muito irritou os Estados Unidos, e Mieczyslaw Maneli, conforme revelou em artigo publicado pelo *New York Times*[23], chegou a manter conversações com os dirigentes do Vietnã do Norte, inclusive Ho Chi Minh e o Primeiro-Ministro Pham Van Đong, que em meados de 1963 se manifestaram em favor de um acordo. Maneli, em suas memórias, contou que Pham Van Đong, em presença de Ho Chi Minh, admitiu a possibilidade de uma federação com o Vietnã do Sul ou de alguma espécie de governo de coalizão, ao declarar que "qualquer coisa era negociável na base da independência e soberania do Vietnã"[24]. As relações com o Vietnã do Sul seriam desenvolvidas ao nível postal, econômico e cultural e o Vietnã do Norte não pressionaria por uma rápida reunificação, mas, sim, pela formação de um governo de coalizão, com a participação de Diem e Nhu Diem[25]. Mas nenhuma tropa estrangeira, nem soviética nem chinesa, tampouco americana, seria autorizada a permanecer no Vietnã. Os dirigentes de Hanói sabiam do desentendimento de Diem e Nhu com os Estados Unidos, que os queriam remover porque já não estavam a servir aos seus interesses. Segundo Maneli, Ngo Dinh Nhu, ardente nacionalista, emitia conceitos favoráveis ao socialismo, perante diplomatas de alto nível do Bloco Ocidental[26], nunca tentara esconder sua xenofobia e seu desgosto com respeito aos ocidentais, em particular os americanos[27], e queria limitar o papel e a influência dos Estados Unidos no Vietnã.

O embaixador dos Estados Unidos em Saigon, Frederick Nolting, era favorável a Diem, razão pela qual Kennedy o substituiu por Henry Cabot Lodge, que confirmou ao jornalista Seymour M. Hersh que o "*major motive*" para o apoio dos Estados Unidos ao golpe militar foi o de que "*Diem was trying to make a deal*" para estabelecer a neutralidade do Vietnã do Sul[28], o que o governo americano não aceitava, pois, com sua *Weltannschauung* maniqueísta, neutralismo equivalia a um sinônimo de comunismo. Diem suspeitou que a missão de Cabot Lodge em Saigon seria removê-lo do governo. E, com efeito, acertou. A idéia fora do próprio Kennedy[29], não obstante as objeções da CIA. E, a pretexto de salvar o regime implantado no Vietnã do Sul, mediante algumas reformas, Cabot Lodge, pessoalmente, e Lucien Conein, responsável pela estação da CIA em Saigon, autorizaram e encorajaram o golpe militar, desfechado em 1° de novembro de 1963, pelo general Duong Van Minh, que recebeu pistolas, granadas de mão e uma quantia (em dinheiro vietnamita) equivalente a US$ 42.000[30]. Ngo Dinh Diem, deposto do governo do Vietnã do Sul, foi executado, no dia seguinte, juntamente com seu irmão Ngo Dinh Nhu, depois que deixou de convir aos interesses dos Estados Unidos[31]. O jornalista Seymour M. Hersh ressaltou que a responsabilidade pessoal de Kennedy pelo golpe de 2 de novembro de 1963 e a execução de Diem e do seu irmão Nhu havia sido obscurecida pelas mentiras dos homens que trabalharam para ele, e pelas mentiras do seu sempre leal irmão Bob[32]. Arthur M. Schlesinger Jr. foi um dos que tentaram eximi-lo, dizendo que o golpe de 1° de novembro, no Vietnã do Sul, fora inteiramente planejado e executado pelos vietnamistas. "*Neither the American Embassy nor the CIA were involved in instigation or execution*", acrescentou[33]. Mas, conforme Seymour M. Hersh escreveu, "*Ngo Dinh Diem was killed because he wanted to do something in 1963 — get the Americans out of Vietnam — that Kennedy wanted to do only after the election*"[34]. De fato, Kennedy já estaria a excogitar a retirada das tropas americanas do Vietnã, se reeleito em 1964[35]. Ele entendia que a luta contra o comunismo devia ser empreendida fundamentalmente pelas forças do Vietnã do Sul, que os Estados Unidos estavam a sustentar e robustecer. Mas o calendário eleitoral, como sempre, condicionou as decisões de caráter bélico. Kennedy não queria ser acusado de apaziguamento com os comunistas. E assim manteve o envolvimento dos Estados Unidos no Vietnã mais por expediente eleitoral, ou seja, para assegurar sua reeleição em 1964, conforme assinalou Seymour Hersh[36]. Mas já realizara que o Vietnã era o grande fracasso na política exterior dos Estados Unidos e ao qual ele nunca realmente dera sua completa atenção[37].

O sucessor de Kennedy, o presidente Lyndon B. Johnson, aprofundou, no entanto, a intervenção dos Estados Unidos no Vitenã, onde os 16.263 soldados para lá enviados já estavam a custar aos contribuintes americanos o montante de US$ 1,5 milhão por dia[38], e o número de americanos mortos ultrapassava a casa dos duzentos, sem conter o recrudescimento das guerrilhas. Esses gastos foram feitos secretamente, em parte porque violavam os acordos de Genebra, que os Estados Unidos não haviam assinado, e em parte para enganar a opinião pública americana[39]. Mas o complexo industrial-militar, que se alimentava da guerra, pressionava no sentido da escalada[40], enquanto o Pentágono e a CIA, desde os primeiros meses de 1964, intensificavam diversas operações clandestinas, contra o Vietnã do Norte. A Operation Haylift era executada pela Aviation Investors, uma agência fictícia da CIA associada à Vietnam Air Transport, que operava aviões C-54 e, pois, C-123s, sem insígnias, para lançar operativos paramilitares no Vietnã do Norte, com a missão de realizar sabotagens, explodir estradas, ferrovias, pontes, etc.[41] Paramilitares da CIA e oficiais da Marinha tornaram-se passageiros nos vôos da Vietnam Air Transport, de Saigon para Da Nang, de onde partiam para executar suas missões acima da zona desmilitarizada.

Também as operações clandestinas, denominadas OPLAN 34-Alpha ou 34-A, iniciadas em 1° de fevereiro de 1964, consistiam em introduzir no Vietnã do Norte agentes equipados com rádio, para efetuar atos de sabotagem e terrorismo, e coletar inteligência, bem como atacar suas praias e instalações com barcos de alta velocidade, conduzidos por sul-vietnamitas ou mercenários[42], a pretexto de compelir o governo de Hanói a cessar a ajuda aos Viet Congs. Elas eram dirigidas diretamente pelo presidente Johnson e pelo secretário de Defesa, McNamara, através de uma seção do Estado-Maior, denominada Office of the Special Assistant for Counterinsurgency and Special Activities[43]. E os ataques eram inteiramente financiados e organizados pela CIA, e o Vietnã do Sul, essencialmente, não tinha nenhuma participação, embora os agentes fossem geralmente mercenários sul-vietnamitas ou de outras nacionalidades. Essas operações contra o Vietnã do Norte começaram em 1961, quando Kennedy despachou integrantes das Special Forces como assessores em contra-insurgência, e intensificaram-se depois que o Presidente Johnson, em dezembro de 1963, criou o Vietnam Working Group, sob a chefia de William H. Sullivan, com o objetivo de colaborar na condução da guerra e no seu planejamento estratégico. E uma de suas sugestões foi a de que jatos supersônicos, sem as insígnias dos Estados Unidos e pilotados por sul-vietnamitas, realizassem vôos noturnos rasantes (*sonic boom*) sobre Hanói, Haifong e outras grandes cidades, de modo que os dirigentes comunistas e a população não pudessem dormir. Outrossim, o Vietnam Working Group recomendou o bloqueio do porto de Haifong e, se necessário, o uso da força para impedir a entrada de navios soviéticos, bem como a realização de ataques por navios-torpedeiros sul-vietnamitas contra ilhas e instalações costeiras no Vietnã do Norte.

Tais ataques eram consistentes com o desejo do general Nguyen Khanh, chefe da junta militar que depusera Ngo Dinh Diem e pretendia expandir a guerra até o Vietnã do Norte. E entre março e junho de 1964, efetivos das Special Forces, em coordenação com a CIA, começaram a empreender o Projeto Delta, organizando equipes para infiltrar no Laos por via aérea, com a missão de reconhecimento e coleta de inteligência sobre a trilha Ho Chi Minh, e treinando soldados sul-vietnamitas, a fim de lá estabelecer bases permanentes de guerrilhas. As equipes eram constituídas por dois *Green Berets* e quatro sul-vietnamitas. Mas, às vésperas da eleição presidencial de 1964, a participação dos americanos foi suspensa, porque poderiam ser capturados e embaraçar a posição de Johnson na campanha. O sargento Donald Duncan, que estava escalado para integrar a equipe, compreendeu então que *"the denial of American participation was not based on whether it was right or wrong for us to be going to Laos. The primary concern was the possible embarrassment to President Johnson during an election campaign. Towards this end we sent people on a mission that had little or no chance of success".*[44]

De fato, a missão não teve sucesso, como tantas outras. Dos quarenta voluntários sul-vietnamitas, seis apenas retornaram. Os demais foram mortos ou capturados. E, em 6 de agosto de 1964, a Rádio Hanói Internacional noticiou a conclusão do julgamento de comandos de espiões, que foram lançados em Quy Chau, distrito da província de Nghe Na, em 19 de maio. O chefe da equipe, Nguyen Ngoc Binh, foi condenado à prisão perpétua, o chefe-adjunto Nguyen Van Sinh, porque resistiu, foi condenado à morte, os demais a penas de 20 anos de prisão[45].

Ao mesmo tempo em que essas operações se sucediam, a Marinha dos Estados Unidos estava a realizar patrulhas, conhecidas como DeSoto Patrols, destinadas à *eletronic intelligence* (ELINT)[46], i.e., a captar sinais eletrônicos, que emanavam de estações no litoral ou periferia dos países comunistas, localizar radares, mas, no caso do Vietnã do Norte, a dar também cobertura à execução das atividadades da OPLAN 34-A, com evidente propósito de provocação. E, em 30 de julho de 1964, quatro barcos do Vietnã do Sul (*PTF-2*, *PTF-3*, *PTF-5* e *PTF-6*), que partiram de Da Nang, para executar operações 34-A, por ordem do general William Westmoreland[47], atacaram duas ilhas no golfo de Tonkin[48] — Hon Nieu, a 4 quilômetros da costa da província de Thanh Hoa, e Ho Me, a 12 quilômetros da província de Thanh Hoa — pertencentes ao Vietnã do Norte[49]. O governo de Hanói, em 31 de julho, enviou um telegrama à Comissão Internacional de Controle protestando formalmente contra essa "*extremely serious violation*" dos acordos de Genebra[50]. E, na manhã seguinte, apareceu nas proximidades das ilhas o destróier americano *USS Maddox* (DD-731), engajado em missão de espionagem eletrônica e provocação[51]. Foi atacado, segundo informou, por torpedeiros do Vietnã do Norte, sem que houvesse vítimas ou avarias[52]. Mas quatro jatos do porta-aviões *USS Ticonderoga* partiram em sua defesa, sob o comando do contra-almirante James

B. Stockdale, e afundaram um torpedeiro norte-vietnamita e danificaram outros. E o presidente Johnson, ao receber a notícia, comentou: "*There have been some covert operations in that area that we have been carrying on — blowing up bridges and things that kind, roads and so forth. So a imagine they wanted to put a stop to it*"[53].

Johnson, embora em suas memórias ele buscasse eludir a questão[54], estava consciente de que a reação fora em legítima defesa, em virtude das *covert operations*, que a CIA executava. Mas ele buscava uma "razão propagandística" para levar abertamente a guerra ao Vitenã do Norte, bombardear Haiphong, Hanói e outras cidades, e tanto isto é certo que, em 25 de maio de 1964, seu assessor William Bundy, funcionário da CIA, já escrevera o esboço da resolução a ser submetida ao Congresso[55]. Por volta de 10 de junho, toda engrenagem do governo, que formulava a política exterior, apoiava firmemente o projeto de submeter a resolução à aprovação do Congresso, não obstante algumas dúvidas e discrepâncias, e William Bundy, no dia 12, escreveu um *memorandum* para o segundo encontro entre as agências, recomendando que a administração requeresse a resolução do Congresso, imediatamente, como "*a continuing demonstration of the U.S. firmness and for complete flexibility in the hands of the executive in the coming political months*"[56]. Assim, de modo a persistir na provocação, o Pentágono, por determinação de Johnson, ordenou que o *USS Maddox*, que permanecera nas imediações do Vietnã do Norte, e o destróier *C Turner Joy* (DD-951)[57] entrassem outra vez no golfo de Tonkin, a pretexto de garantir o direito de liberdade nos mares[58]. E os Estados Unidos prepararam-se para retaliar. O porta-aviões *USS Constellation*, estacionado no porto de Hong Kong, recebeu ordem de unir-se ao *USS Ticonderoga*, no sul do mar da China. Mais bombardeiros foram despachados para o Vietnã do Sul e Tailândia, que não era campo de batalha, mas servia como base para a U.S. Seventh Air Force. E o almirante Ulisses Grant Sharp, comandante da esquadra americana no Pacífico, pontilhou no mapa do Vietnã do Norte os alvos que deveriam ser bombardeados.

As operações clandestinas 34-A, entrementes, prosseguiram. No dia 3, quatro navios *PTF-1*, *PTF-2*, *PTF-5* e *PTF-6* (*Nasty Class*) partiram de

Da Nang, no Vietnã do Sul, e bombardearam a instalação de radar em Vinh Son e um posto de segurança perto do rio Ron, cerca de 90 milhas ao norte da zona desmilitarizada (DMZ). E, em 4 de agosto, o capitão John J. Herrick, comandante do *USS Maddox*, captou comunicações de rádio do Vietnã do Norte, e enviou mensagem à Sétima Frota, comunicando a possibilidade de "*hostile action*" por dois navios não identificados. O porta-aviões *USS Ticonderoga* (CVA-14) despachou aparelhos para dar assistência aos dois navios, que logo abriram fogo contra inexistentes PT Boats vietnamitas. John McCone, diretor da CIA, supôs que Hanói estava reagindo às incursões 34-A, quando o *USS Maddox* foi atacado. E, na noite de 4 agosto, quando Johnson lhe perguntou, durante reunião na Casa Branca, por que os norte-vietnamitas atacaram navios americanos em meio do golfo de Tonkin, ele respondeu: "*No. The North Vietnamese are reacting defensively to our attacks on their offshore islands. . . . The attack is a signal to us that the North Vietnamese have the will and determination to continue the war*"[59].

Mas o fato foi que nenhum ataque correu na noite de 4 de agosto. O contra-almirante James B. Stockdale, que outra vez voou sobre o local, afirmou que não houve incidente, ao voltar ao *USS Ticonderoga*. O piloto do Esquadrão 56, do comandante Wesley L. McDonald, também declarou que nada viu exceto o *USS Maddox* e o *USS Turner Joy*[60]. E McNamara, em suas memórias, ressalvou que nuvens baixas e tempestade com trovões, em uma noite sem luar, tornaram a visibilidade extremamente difícil. De qualquer forma, o rumor foi veiculado pelas agências de notícias americanas United Press e Associated Press, como se realmente houvesse ocorrido um segundo ataque ao *USS Maddox* e ao *USS Turner Joy*. E o que Johnson, em seguida, declarou à imprensa foi simples fruto da imaginação. Conforme McNamara sugeriu, ele deveria relatar que

> "*during the night... the two destroyers were attacked by the patrol boats. The attack was driven off. No casualties or damage to the destroyers. We believe several of the patrol boats were sunk. Details won't be available till daylight*"[61].

Em suas memórias, McNamara admitiu a falsidade da notícia, ao colocar em dúvida o incidente. "*In any event, the president agreed that a second attack, if confirmed, required a swift and firm retaliatory strike*", escreveu, acrescentando: "*The question then became: Did a second attack actually occur?*"[62]. Mas o próprio Johnson, em 1965, comentou com um assistente que "*for all I know, our Navy was shooting at whales out there*"[63].

O segundo ataque, de fato, não aconteceu[64]. Não houve confirmação. Hanói negou que houvesse ocorrido qualquer ataque contra o *USS Maddox* em 4 de agosto, qualificando-o como "impudente fabricação"[65]. Mesmo assim a imprensa americana, inspirada pelas autoridades do Pentágono, dramatizou o imaginado incidente[66]. E, uma vez que nos Estados Unidos o calendário eleitoral quase sempre condicionou as iniciativas guerreiras de Washington, Johnson especulou com o potencial efeito da crise na política doméstica, com o propósito de robustecer sua posição contra o candidato do Partido Republicano, senador Barry Goldwater, na eleição presidencial que se realizaria em novembro de 1964. A despeito da falta de evidência, ordenou um "*swift and firm retaliatory strike*", i.e., o bombardeio do Vietnã do Norte. Em 5 de agosto, os jatos A-1H Skyraider e A-4E Skyhawk dos porta-aviões *Ticonderoga* e *Constellation* realizaram sessenta surtidas contra quatro bases, destruindo 25 PT boats, e instalações de petróleo, no Vietnã do Norte. E Johnson, rapidamente, se apressou em solicitar ao Congresso a resolução, cujo projeto fora elaborado antes do suposto ataque ao *USS Maddox*. E a Tonkin Gulf Resolution (H.J. RES 1145) foi aprovada em 7 de agosto de 1964 pela House of Representatives por 416 votos a 0, bem como pelo Senado, por 88 votos a 2[67], autorizando-o a tomar todas as medidas necessárias, inclusive o uso de força, em respaldo a qualquer membro da SEATO que requeresse assistência "*in defense of its freedom*"[68]. Os senadores Wayne Morse, de Oregon, e Ernest Gruening, do Alaska, foram os dois únicos que votaram contra.

Kissinger, posteriormente, reconheceu a fraude que permitiu a Johnson induzir o Congresso a aprovar essa Resolução, que equivaleu a um cheque em branco para escalar a guerra do Vietnã, ao salientar que "*the Tonkin Resolution was not based on a full presentation of the facts, even allowing for the confusion of combat*"[69]. Segundo Kissinger, nem as táticas de Johnson nem sua franqueza foram significantemente diferentes das de Franklin Delano Roosevelt, quando gradualmente forçou o envolvimento dos Estados Unidos na Segunda Guerra Mundial — por exemplo, o relato de Roosevelt não foi exatamente franco a respeito do torpedeamento do destróier *Greer*, pretexto usado para o engajar os Estados Unidos na guerra naval no Atlântico, em 1941[70]. Kissinger não mencionou o bombardeio de Pearl Harbor, que Roosevelt provocou e esperou, para entrar abertamente na guerra a Alemanha, aliada do Japão. Mas o fato foi que nem Johnson, nem McNamara, nem Cyrus Vance, secretário-adjunto de Defesa, revelaram que os Estados Unidos estavam a agredir e provocar o Vietnã do Norte promovendo as operações da OPLAN 34-A.

Johnson agiu da mesma forma que Hitler e Roosevelt. Forjou a "razão propagandística" e usou a televisão, eficientemente, com o fito de enganar o Congresso e mobilizar a opinião pública americana em apoio à ampliação da guerra, necessária ao complexo industrial-militar, para o consumo da produção, e à sua eleição para a presidência dos Estados Unidos, em novembro de 1964. E, em fevereiro de 1965, um ataque dos Viet Congs às barracas de soldados americanos serviu como justificativa para que os Estados Unidos empreendessem a *Rolling Thunder*, uma campanha sistemática de bombardeamento do Vietnã do Norte, decisão, aliás, tomada em outubro de 1964, antes de sua eleição, conforme admitiria para o jornalista Charles Roberts, da *Newsweek*[71]. Ao mesmo tempo ele despachou 75 mil soldados para o Vietnã do Sul[72], embora durante a campanha eleitoral assegurasse que "*we don't want our American boys to do fighting for Asian boys*"[73], como Roosevelt fizera em 1940. E, em julho, enviou mais 125 mil[74]. No entanto, os Viet Congs já controlavam ou tinham influência predominante sobre 40% do território do Vietnã do Sul[75]. A derrubada o General Ngo Dinh Diem também não concorreu para melhorar a situação. O governo de Saigon tornara-se instável. O general Duong Van Minh, que comandara o golpe de 1° de novembro de 1963, foi também deposto pelo general Nguyên Khanh, em 30 de janeiro de 1964. Porém, Nguyên Khan não permaneceu muito tempo como primeiro-ministro. Em 1965, foi exilado para a França e substituído pelo general Nguyên Cao Ky, que governou o Vietnã do Sul até a eleição do general Nguyên Van Thieu em 1967. Não obstante Johnson haver declarado, em 1965, que aquela guerra era fácil para a maioria dos americanos, porque "*prosperity rises, abundance increases, the Nation flourish*"[76], McNamara, em 1967, começou a convencer-se de que todo o esforço dos Estados Unidos no Vietnã era um "*failure*". Começou a duvidar da moralidade do bombardeamento e pediu a um assistente, Leslie Gelb, para compilar toda a documentação histórica sobre o envolvimento dos Estados Unidos no conflito[77]. Os documentos, enfeixados na coleção "*History of the United States Decision-Making Process on Viet Nam Policy*", com cerca de 7 mil páginas, evidenciaram o contraste entre as decisões militares secretas e as posições assumidas publicamente pela administração, as fraudes cometidas para ludibriar a opinião pública. Crescentemente relutante em aprovar mais envio de tropas terrestres para o Vietnã, McNamara, em novembro de 1967, recomendou a paralisação dos bombardeios, que se mostravam inúteis (desde março a força aérea americana já havia realizado 10 mil sortidas por mês contra o Vietnã do Norte[78]), e, uma vez que Johnson rejeitou sua proposta, renunciou ao cargo de secretário da Defesa em 29 de novembro de 1997. Mas os generais americanos, conforme o próprio Johnson queixou-se a um assessor, só conheciam duas palavras: "*bomb and spend*"[79]. Com efeito, quando os bombardeios contra o Vietnã do Norte começaram, o orçamento de defesa dos Estados Unidos, que aumentara de US$ 49,6 bilhões, em 1961, para US$ 50,6 bilhões, em 1965, saltou para US$ 58 bilhões, em 1966, e US$ 81,9, em 1968[80].

Notas

1. Weinberg, 1963, pp. 65 e 67.
2. Apud Trento, 2002, p. 327.
3. Kennedy's Special Message to Congress on Defence Policies and Principles, March 28, 1961, in *Kennedy Papers 1961*, 1961 vol. (1962), pp. 229ff, apud Kissinger, 1954, p. 653. Schlesinger Jr., 1965, p. 540-541.
4. Ibid.
5. Walton, 1972, p. 10.
6. Id., ibid., pp. 21-22.
7. O partido chamava-se Neo Lao Hac Sat, que significava Frente Patriótica do Laos. Porém os comunistas eram comumente chamados Pathet Lao (Terra do Lao).
8. Colby, 1978, p. 192.
9. Id., ibid., pp. 197-199.
10. Schlesinger Jr., 1965, pp. 536-537.
11. Schulzinger, 1994, pp. 238-239.
12. Id., ibid., p. p. 239
13. A Frente de Libertação Nacional e o Partido Revolucionário do Povo (comunista) eram organizações distintas. O Partido Revolucionário do Povo (PRP) fora fundado sob a direção do La Dang, o partido comunista do Vietnã do Norte, e desenvolveu-se, aparentemente, como outro partido. Integrou a FLN. E desde 1956 a imprensa do Vietnã do Sul começou a referir-se aos comunistas como Viet Cong, termo que tanto pode significar os militantes individuais como a insurgência da FLN. Todos os comunistas no Vietnã do Sul eram Viet Congs. Mas nem todos os Viet Congs eram comunistas.
14. McNamara, 1996, p. 31.
15. Schlesinger Jr., 1965, pp. 538-539.
16. Haig, 1992, p. 130.
17. Kissinger, 1954, p. 653. Segundo Walton, quando Kennedy assumiu, havia apenas 600 militares americanos, como assessores, no Vietnã. E esse número se elevou a 25 mil, ao tempo em que ele foi assassinado. Walton, 1972, p. 201.
18. Id., ibid., p. 653.
19. Powers, 1979, pp. 207-208.
20. Colby, 1978, p. 216.
21. Karnow, 1997, pp. 293-294.
22. A International Controll Comission (ICC) foi criada para supervisionar o acordo de Genebra de 1954.
23. Maneli, Mieczyslaw. "Vietnam, '63 and now", in *The New York Times*, 27/01/1975, apud Hersh, 1997, pp. 20-422.

24. Maneli, 1971, pp. 128-130.
25. Id., ibid., p. 121.
26. Id., ibid., p. 118-121.
27. Corson, 1968, p. 48.
28. Hersh, 1997, pp. 422-423.
29. "Kennedy's personal responsibility for the November 2, 1963, overthrow and murder of Ngo Dihn Diem (...) has been obscured by the lies of the men who worked for him and the lies of his ever-loyal brother Bobby". Id., ibid., p. 412.
30. Department of State, Memorandum William P. Bundy-Bill Moyers, *"Discussions Concerning the Diem Regime in August-October 1963,"* — Memorandum for Mr. Moeyer — Eyes only. Subject: Discussion Concerning the Diem Regime in August-October 1963. Lyndon B. Johnson Library: Lyndon B. Johnson Papers, National Security File, Country File Vietnam, box 263, folder: Hilsman, Roger (Diem 1963) National Security Archive. Anderson, 1979, 207-208. Em declaração à imprensa, Cabot Lodge recorreu à *plausible denial*: *"The overthrow... of the Diem regime was purely a Vietnamese affair. We never participated in the planning. We never gave advice. We had nothing whatever to do with it"*. Mas, particularmente, remeteu ao Departamento de Estado um telegrama, em 6 de novembro de 1963, quatro dias depois da execução de Diem: *"It is equally certain the ground in which the coup seed grew into a robust plant was prepared by us, and that the coup would not have happened (as) it did without our preparation"*. Apud Karnow, 1997, p. 311. Sobre o golpe contra Diem vide também Beschloss, 1991, pp. 650-657.
31. U.S. Senate — *Alleged Assassination Plots Involving Foreign Leaders*, pp.p. 5, 49-64, 217-223 e 261- 262. Powers, 1979, pp. 184-185, 324-326. Karnow, 1997, pp. 314-327. Frey, 2004, pp. 160-161. Russo, 1998, p. 49. Schulsinger, 1994, pp. 270-271. Hersh, 1997, p. 412.
32. Id., ibid., p. 412.
33. Schlesinger Jr., 1965, p. 997.
34. Hersh, 1997, p. 430.
35. Hersh, 1997, pp. 429-431.
36. Id., ibid., p. 30.
37. Schlesinger Jr., 1965, p. 997.
38. Bamford, 2002, p. 291.
39. Karnow, 1997, p. 270.
40. O termo "*escalation*" foi usado pelos estrategistas acadêmicos do Office of Operations Research, do Pentágono, para significar que o gradual aumento de força "*would exceed the enemy's threshold of pain*".
41. Goulden, 1969, pp. 84-85.

42. McNamara, 1996, p.129. As incursões no Vietnã do Norte começaram sob a coordenação da CIA, em 1961, mas em janeiro de 1964, o programa foi transferido para o Departamento de Defesa, sob o controle da organização secreta, denominada Studies and Observations Group (SOG). Para as operações marítimas encobertas, os navios, PTF (Patrol Torpedo Fast) Nasty Class eram comprados silenciosamente na Noruega, a fim de dar a ilusão de que os Estados Unidos não estavam envolvidos.
43. *Pentagon Papers*, 1971, p. 238.
44. Apud Goulden, 1969, p. 92.
45. Id., ibid., p. 92.
46. A espionagem eletrônica está nominalmente a cargo da Marinha, mas quem realmente a coordena é a National Security Agency (NSA), a maior, a mais rica e menos conhecida das agências de inteligência dos Estados Unidos, criada por uma ordem executiva do presidente Truman, em 4 de novembro de 1952. Essa ordem executiva nunca foi publicada e durante cinco anos o governo americano não reconheceu publicamente a existência da NSA.
47. *Pentagon Papers*, 1971, p. 259.
48. O golfo de Tonkin está situado entre a costa leste do Vietnã do Norte e a costa ocidental da ilha de Hainan.
49. Segundo o governo de Hanói, os navios americanos e sul-vietnamitas entraram nas águas territoriais do Vietnã do Norte na noite de 30 de julho, e bombardearam as duas ilhas. Vide também, Goulden, 1969, pp. 127-128.
50. Id., ibid., pp 25-26.
51. Bamford, 2002, pp. 294-295.
52. Hanói apresentou queixa à International Control Commission (ICC), criada em 1954 para supervisionar o cumprimento dos acordos de Genebra. Os Estados Unidos negaram seu envolvimento, e o Vietnã do Norte, em resposta, intensificou sua presença no litoral das duas ilhas.
53. Beschloss (ed.), 1997, p. 493.
54. Johnson, 1971, pp. 112-115.
55. *Pentagon Papers*, 1971, p. 249.
56. Ibid., p. 257.
57. O navio tinha o nome do almirante Charles Turner Joy, que chefiou a delegação dos Estados Unidos à Conferência do Armistício na Coréia, em 1951-52.
58. Os Estados Unidos, posteriormente, alegaram ignorar que Hanói estabelecera em 12 milhas o limite do mar territorial.
59. Summary Notes of the 538th Meeting of the NSC, 4 August 1964, 6:15-6:40 p.m., FRUS 1964-1968, vol. 1, Vietnam 1964 (Washington, DC: U.S. Government Printing Office, 1992), p. 611.
60. Karnow, 1997, pp. 381-387.

61. *"McNamara — Mr. President, the story has broken on the AP and the UP.*
"LBJ: Yeah, I see it.
"McNamara: "...Any, it's broken. It seems to me... we... ought to agree now on a statement that could be made by one of the departments — I presume the Pentagon... The statement the we would make... we would simply say that "during the night... the two destroyers were attacked by the patrol boats. The attacks was driven off. No casualties or damage to the destroyers. We believe several of the patrol boats were sunk. Details won't be available till daylight". Transcrição da conversa telefônica in Beschloss (ed), 1997, p. 500.
62. McNamara, 1996, p. 133.
63. Apud Goulden, 1969, p. 160.
64. *"Subsequent research by both official and unofficial investigators has indicated with almost total certainty that the second Communist attack never happened. It had not been deliberately faked, but Johnson and his staff, desperately seeking a pretext to act vigorously, had seized upon a fuzzy set of circumstances to fulfil a contingency plan"*. Karnow, 1997, p. 389.
65. Goulden, 1969, p. 80.
66. Karnow, 1997, p. 386.
67. Os senadores Wayne Morse, de Oregon, e Ernest Gruening, do Alaska, foram os dois únicos que votaram contra.
68. Joint Resolution of Congress (H.J. RES 1145 August 7, 1964)
Resolved by the Senate and House of Representatives of the United States of America in Congress assembled, that the Congress approves and supports the determination of the President, as Commander in Chief, to take all necessary measures to repel any armed attack against the forces of the United States and to prevent further aggression.
Section 2. The United States regards as vital to its national interest and to world peace the maintenance of international peace and security in southeast Asia. Consonant with the Constitution of the United States and the Charter of the United Nations and in accordance with its obligations under the Southeast Asia Collective Defense Treaty, the United States is, therefore, prepared, as the President determines, to take all necessary steps, including the use of armed force, to assist any member or protocol state of the Southeast Asia Collective Defense Treaty requesting assistance in defense of its freedom.
Section 3. This resolution shall expire when the President shall determine that the peace and security of the area is reasonably assured by international conditions created by action of the United Nations or otherwise, except that it may be terminated earlier by concurrent resolution of the Congress.

69. Kissinger, 1994, pp. 658-659. Eisenhower e Foster Dulles haviam obtido do Congresso dois cheques em branco: um, em 1954, dando ao Presidente amplos poderes para usar a força a fim de proteger Formosa e Pescadores; outro, em 1958, para o Oriente Médio.
70. Id., ibid., p. 659.
71. Apud Corson, 1968, p. 63.
72. Cohen & Tucker, 1994, p. 34.
73. Discurso na campanha eleitoral em 25 de setembro de 1964. Apud Goulden, 1969, p. 164. Haig, 1992, p. 147.
74. Cohen & Tucker, 1994, p. 34.
75. Karnow, 1997, pp. 357-358.
76. Apud LaFeber, Walter. "Johnson, Vietnam and Tocqueville", in Cohen & Tucker, 1994, p. 35.
77. Schulzinger, 1994, p. 281.
78. McNamara, 1995, p. 291.
79. Schulzinger, 1994, p. 276.
80. Historical Tables, Budget of the United States Government, Fiscal Year, 1999, pp. 42-49.

Capítulo XV

GOLPE MILITAR NO BRASIL E INTERVENÇÃO NA REPÚBLICA DOMINICANA • MANIFESTAÇÕES NOS ESTADOS UNIDOS CONTRA A GUERRA NO VIETNÃ • A OPOSIÇÃO DA FRANÇA E GRÃ-BRETANHA • OS MASSACRES NO VIETNÃ • INCIDENTE COM A CORÉIA DO NORTE • A CRISE DA ECONOMIA AMERICANA • O ASSASSINATO DE MARTIN LUTHER KING E ROBERT KENNEDY • REVOLTAS NOS ESTADOS UNIDOS • HO CHI MINH

A escalada na guerra do Vietnã não impediu que os Estados Unidos tratassem de reafirmar seu predomínio na América Latina, como sua área de influência. Quatro meses após assumir a presidência dos Estados Unidos, Johnson dera o sinal verde para a intervenção militar no Brasil (Operação *Brother Sam*), em apoio ao golpe militar, articulado pela CIA, contra o governo trabalhista de João Goulart[1]. O Embaixador dos Estados Unidos no Brasil, Lincoln Gordon, além de recomendar "*a clandestine delivery of arms*" para ser usada por forças-tarefas[2] e operações encobertas, bem como suprimentos de gás e petróleo (*Operation Brother Sam*), instara a administração de Johnson que se preparasse sem demora para a contingência de uma "*overt intervention at a second stage*"[3]. Johnson, em conferência com o subsecretário de Estado, George Ball, e o secretário de Estado Assistente para a América Latina, ordenou então "*to take every step that we can, be prepared to do everything that we need to do*"[4]. Mas Goulart não teve condições de resistir. E Lincoln Gordon, posteriormente, pode dizer que estava "muito feliz", com a vitória da sublevação, deflagrada em Minas Gerais, "porque evitou uma coisa muito desagradável, que seria a necessidade de intervenção militar americana no Brasil"[5].

No ano seguinte, Johnson, violando os artigos 15 e 17 da OEA[6], determinou unilateral e ilegalmente que 21.000 *marines* invadissem a República Dominicana, onde ocorrera um levante militar, sob o comando do Coronel Francisco Caamaño Deno, que pretendia devolver o governo ao ex-presidente Juan Bosch, intelectual de esquerda, eleito em 1963 e seis meses depois destituído por um golpe de Estado, sob a acusação de ter simpatia por Fidel Castro e possuir idéias comunistas. A invasão ocorreu em 28 de abril de 1965[7]. E somente depois do *fait accompli* os Estados Unidos convocaram a X Reunião de Consulta dos chanceleres Americanos, durante a qual o embaixador Ellsworth Bunker, chefe de sua delegação, alegou que não houvera tempo para consultas porque o objetivo da invasão fora o de salvar vidas, não só de cidadãos norte-americanos como também de outras nacionalidades[8]. Esta foi a justificativa.[9] Porém, Johnson, no dia seguinte, declarou que ordenara o desembarque de *marines* na República Dominicana porque as nações americanas "não podem, não devem e não permitirão o estabelecimento de outro governo comunista" no hemisfério ocidental[10]. "*Nobody's going to believe Johnson's story of another Cuba-style revolution in the making*", comentou no seu diário o então agente da CIA Philip Agee[11]. E dias depois acentuou: "*The movement was put down not because it was communist but because it was nationalist*"[12]. Em suas memórias, Johnson alegou que havia risco de que os comunistas tomassem o poder, na República Dominicana, pois entre os 4.000 a 5.000 insurretos havia cerca de 1.500 comunistas ou simpatizantes, ameaçando a paz e a segurança do hemisfério e dos Estados Unidos.[13] Mas, segundo o politólogo americano Brady Tyson, Johnson, diante da perspectiva de eleições para o Congresso, naquele ano, não agiu com base nos riscos e/ou possíveis ameaças à segurança nacional e ao sistema interamericano e sim por medo de uma reação negativa da opinião pública nos Estados Unidos, cuja "instabilidade e imaturidade", ou seja, "seu potencial de histeria", fora agravada pela "paranóia do Pentágono" e o "complexo castrista"[14].

A X Reunião de Consulta da OEA serviu apenas para legalizar e legitimar uma ação unilateral, mediante a multilaterização, a fim de permitir que os Estados Unidos sustentassem a própria auto-imagem e rebatessem a acusação de que cometeram uma injustificável agressão contra um pequeno país, ao mesmo tempo em que excluíam o hemisfério, uma vez mais, da jurisdição da ONU[15]. O governo de Johnson prometeu que aquela seria a última intervenção que os Estados Unidos, isoladamente, promoveriam, se as demais repúblicas partilhassem das responsabilidades e participassem das tarefas de segurança coletiva. E voltou a insistir na criação de um aparelho militar da OEA, a chamada Força Interamericana de Paz (FIP), à qual transfeririam o poder de polícia regional, o *big stick*, exonerando-se do encargo de aplicar unilateralmente o corolário da Doutrina Monroe, em sua dimensão contra-revolucionária. O Brasil enviou então à República Dominicana um contingente de 1.100 soldados para compor a FIP, que contou com tropas de El Salvador, Costa Rica, Nicarágua e Honduras, além dos Estados Unidos, sob o comando do general brasileiro Hugo Penasco Alvim.

O governo do marechal Humberto Castelo Branco, instalado no Brasil pelo golpe militar de 1964, tornara-se, na América Latina, o veículo de propagação das diretrizes estratégicas do Pentágono[16]. Passara a defender a reformulação do conceito de soberania, que não mais se fundaria em limites e fronteiras geográficas dos Estados, mas no caráter político e ideológico dos regimes, o que permitiria aos Estados americanos intervir, coletivamente, em qualquer outro, quando algum governo aceito como democrático estivesse ameaçado por movimento supostamente comunista ou de natureza semelhante. De acordo com essa doutrina, tornava-se necessária a criação de uma espécie de *stand-by force*, a chamada Força Interamericana de Paz, integrada por contingentes de diversas nacionalidades do hemisfério e posto à disposição da OEA, pronta para intervir, em defesa das fronteiras ideológicas, onde quer que a ameaça de subversão se manifestasse. Conforme Castelo Branco sustentou, a preservação da independência (em relação ao comunismo) pressupunha "a aceitação de certo grau de interdependência", tanto econômica quanto política e militar[17], naquele contexto em que o conflito político e ideológico bipolar deslocara-se para o interior de cada país e assumira a forma de subversão, de luta revolucionária, dado que o desenvolvimento das armas nucleares e de sua capacidade de destruição não apenas superara a guerra convencional como inviabilizara praticamente a confrontação militar entre os Estados Unidos e a União Soviética. O envio de um contingente para coadjuvar os Estados Unidos na ocupação da República Dominicana desgastara imensamente o governo de Castelo Branco. Até o presidente do Congresso Nacional, deputado Francisco H. Bilac Pinto, um dos líderes da União Democrática Nacional (UDN) e intimamente vinculado aos militares, condenou-o em veemente nota de protesto, na qual também denunciou os preparativos de uma força expedicionária para participar da guerra no Vietnã. As próprias Forças Armadas brasileiras efetivamente se opuseram à criação da *stand-by force* multinacional, posta à disposição da OEA, para a defesa coletiva, dado que não admitiam a cessão de poderes soberanos a um órgão supranacional, com a conseqüente limitação de suas funções à manutenção da ordem interna e da sua capacidade bélica.

A doutrina das fronteiras ideológicas refletiu a tendência para a internacionalização da política, ao exprimir e racionalizar os interesses do ultra-imperialismo, geridos, predominantemente, pelos Estados Unidos, cujos capitais, desbordando os estreitos limites dos Estados nacionais, espraiavam-se por todo o sistema capitalista. O próprio Johnson, em seu discurso de posse, declarou que os compromissos dos Estados Unidos no exterior, resultantes de seu sistema democrático de governo, haviam apagado, conjuntamente, a distinção entre as responsabilidades domésticas e internacionais. "*Terrific dangers and troubles that we once called 'foreign' now constantly live among us*", asseverou Johnson, acrecentando: "*If American lives must end, and American treasure be spilled, in countries we barely know, that is the price that change has demanded of conviction and of our enduring covenant*"[18].

Os Estados Unidos, destarte, arrogaram-se, claramente, o direito de intervir nos assuntos internos de outros países. E o espectro da subversão configurou a nova ameaça com que Washington tratou de manter a coesão do sistema capitalista, sob sua hegemonia, e fomentar o militarismo, para atender à demanda da indústria bélica dos Estados Unidos, sustentando ditaduras de direita que defendiam os interesses de suas corporações.

A hegemonia, contudo, não eliminava as contradições entre os interesses dos Estados nacionais, enquanto instância superior de organização e comando de suas respectivas sociedades, e os interesses dos Estados Unidos, como cabeça do cartel. Os mais importantes sócios, como a Grã-Bretanha, França e República Federal da Alemanha, recusaram o envio de tropas, conforme Johnson pretendera, o que muito o irritou. Mas a interdependência dos Estados Unidos e seus aliados era tão profunda que não permitia aos chefes de governo da Europa Ocidental assumirem uma posição uniforme com respeito à guerra no Vietnã, que era altamente impopular em toda a Europa. Johnson pretendeu que a República Federal da Alemanha fornecesse 2 mil soldados. Ludwig Erhard, chefe do governo, não pode atender à solicitação, porque a Grundgesetz (Lei Fundamental), aprovada em 1948, não permitia o envio de tropas para o exterior, mas comprometeu-se em dar suporte financeiro ao governo do Vietnã do Sul[19]. Por outro lado, Charles de Gaulle, presidente da França, manifestou claramente sua oposição à guerra, assim como o primeiro-ministro da Grã-Bretanha, Harold Wilson, que se ofereceu como mediador. O apoio financeiro, concedido aos Estados Unidos, acelerou, entretanto, a queda do governo de Ludwig Erhard e a ascensão do social-democrata Willy Brandt ao governo da República Federal da Alemanha. E Johnson não conseguiu sequer que o Brasil, sob a ditadura militar do general Humberto Castelo Branco, enviasse algum contingente. Pressionado pelas correntes nacionalistas das Forças Armadas, Castelo Branco não respondeu ao pedido[20] e, depois, se negou a atendê-lo, por entender que a guerra no Vietnã não afetava o interesse nacional, mas apenas o dos Estados Unidos, enquanto potência mundial. Havia já declarado que não se devia dar prévia adesão às atitudes de qualquer das grandes potências — "nem mesmo às potências guardiãs do mundo ocidental", pois era necessário distinguir os interesses básicos da preservação do sistema ocidental e os interesses de uma grande potência[21]. O Brasil enviou apenas um avião com medicamentos, pois, conforme reconheceu o então chanceler, general Juracy Magalhães, "não havia clima no país que justificasse uma participação de nossas tropas numa luta que se desenvolvia num teatro de operações tão longínquo"[22].

A guerra no Vietnã havia gerado, em todos os países, desconfiança e antagonismo em relação aos Estados Unidos, em cujas cidades, em 1967, as manifestações contra a política de Johnson já se intensificavam, ao mesmo tempo em que sangrentos distúrbios raciais ocorriam em Newark e Detroit, com um saldo de 43 mortos, 2 mil feridos e US$ 50 milhões de prejuízos. O Congresso também se rebelou, sobretudo após evidenciar-se, em fins de 1967, que não ocorrera o segundo ataque ao *USS Maddox* no golfo de Tonkin, conforme Johnson e McNamara anunciaram[23]. E, em 31 de janeiro de 1968, o primeiro dia do Tet (Ano Novo lunar no Vietnã) os Viet Congs e soldados do Vietnã do Norte lançaram grande ofensiva, ocupando cerca de 23 cidades do Vietnã do Sul, inclusive Saigon, onde cercaram a Embaixada dos Estados Unidos. Esse feito surpreendeu a CIA, que julgava Saigon como o único lugar que os Viet Congs não podiam atacar. E, conquanto os Viet Congs sofressem cerca de 10 mil baixas e tivessem de retroceder, a ofensiva do Tet demonstrou à opinião pública americana que os Estados Unidos, longe de ganhar, estavam a perder a guerra. Cerca de um mês e meio depois, em 16 de março, os soldados da Charlie Company, 11th Brigade, sob o comando do tenente William Calley e do sargento David Mitchell, entraram na vila de My Lai, no sul do Vietnã, com a missão de *search and destroy*, ordenada pelo general William C. Westmoreland, e massacraram trezentos camponeses desarmados, inclusive mulheres, crianças e velhos. Vários foram mortos a baioneta, outros com um tiro na nuca, e as jovens, violadas[24]. William Colby, diretor da CIA, admitiu que entre 1968 e 1971 os Estados Unidos e o governo do Vietnã do Sul mataram cerca de 20.587 suspeitos, civis supostamente colaboradores dos Viet Congs[25]. O governo do Vietnã do Sul creditou ao programa Phoenix estabelecido pela CIA a morte de 40.994 suspeitos. De acordo com os informes oficiais dos Estados Unidos, a "*intelligence-military-police*" conseguiu "*neutralizing*" cerca de "*84.000 Viet Cong infrastructure*" com 21.000 mortos[26]. Os funcionários locais sul-vienamitas decidiram matar 80% dos suspeitos, mas os assessores americanos os convenceram a reconhecer publicamente que apenas 50% haviam sido executados. Um assessor de inteligência dos Estados Unidos declarou que quando chegou ao delta do Mekong lhe foi dada uma lista com duzentos nomes de pessoas a serem mortas. Seis meses depois, quando partiu, 260 tinham sido assassinadas, mas nenhum cujo nome estivesse na lista dos suspeitos. Essas execuções concorreram ainda mais para alienar entre a massa camponesa qualquer possibilidade de apoio ao governo de Thieu. O programa Phoenix, como parte de um sistema para reprimir os Viet Congs, produziu, entretanto, mais inimigos do regime de Saigon que conseguira eliminar.

A situação política doméstica nos Estados Unidos estava também a deteriorar-se cada vez mais. Havia forte turbulência interna. As explosões de violência, contra a discriminação racial, que recrudesceram, desde 1964, abalando Los Angeles (1965), Chicago (1966), e outras cidades, atingiram a culminância, quando, nos primeiros nove meses de 1967, ocorreram mais de 160 revoltas em cerca de 128 cidades americanas, desencadeadas, no mais das vezes, pela brutalidade da polícia contra os negros. Os levantes em Newark e Detroit, durante o verão de 1967, foram os mais graves. O de Detroit deixou 43 mortos, 2.000 feridos, 5.000 pessoas desabrigadas, como conseqüência dos incêndios, e cerca de US$ 50 milhões de prejuízos. Esses acontecimentos levaram Johnson a emitir, em 29 de julho de 1967, a Executive Order 11365, criando a National Advisory Commission on Civil Disorders, sob a direção do general Otto Kerner, então governador de Illinois, para investigar as causas das desordens civis e a influência, se existia, de organizações ou indivíduos dedicados à incitação ou encorajamento da violência. A Kerner Commission, como se tornou conhecida, ao fim de vários meses de trabalho, apresentou seu relatório, em 1° de março de 1968, concluindo que os Estados Unidos "*moving toward two societies, one black, one white — separate and unequal*". Uma de suas sugestões, *inter alia*, foi a de que os órgãos de inteligência militar, juntamente com o FBI e as polícias dos Estados e dos condados, assumissem as operações para a coleta de inteligência dentro do país. Um curso para controle de distúrbio civil foi instituído na Academia de Polícia Militar, na Georgia, forças de segurança do Exército e das polícias locais foram treinadas para implementar planos de contingência, os quais foram preparados para todas as cidades no país, onde havia potencial para revoltas de estudantes. As manifestações, entretanto, prosseguiam e, em outubro e novembro de 1967, o movimento contra a guerra levou a Washington milhares de manifestantes, como jamais havia acontecido nos Estados Unidos. Milhares de pessoas, procedentes de vários Estados, marcharam em frente do Pentágono, em Washington, protestando contra a guerra no Vietnã.

Os Estados Unidos, internamente fraturados e externamente chafurdados na Indochina, defrontaram-se com outro problema internacional. Em 23 de janeiro de 1968, 4 torpedeiros, um caça-submarino e jatos MiG, da Coréia do Norte, atacaram o navio *USS Pueblo*, que realizava uma atividade de ELINT (espionagem eletrônica) — Operation Clickbeetle — nas proximidades do seu litoral. A tripulação foi capturada e o navio levado para o porto de Wonson como troféu de guerra. O governo americano logo interpretou o fato como um intento de Pyongyang (inspirado por Peking) de ajudar Hanói, no sentido de desviar a atenção dos Estados Unidos, concentrada no Vietnã, e desencorajar o governo de Seul a não envolver-se na guerra[27]. Johnson excogitou o envio de 12 aviões F-105, ou 3 destróieres e um contingente de *marines* para resgatar o navio e os prisioneiros. O governo da Coréia do Sul insistiu em que os Estados Unidos adotassem uma atitude agressiva. O governo de Pyongyang, dirigido por Kim Il Sung, respondeu que a qualquer retaliação por parte dos Estados Unidos, responderia com outra retaliação, e a uma guerra total com uma guerra total. E a situação tornou-se extremamente tensa. Os Estados Unidos, entretanto, não tinham condições políticas, internas e externas, de envolver-se em outro conflito militar, cujas conseqüências eram imprevisíveis. Johnson cria que a caputura do *USS Pueblo* fora premeditada, não fora um incidente isolado, e a Coréia do Norte estava tentando desviar as forças americanas do Vietnã do Sul e levar a Coréia do Sul a fazer regressar as duas divisões que lá mantinha[28]. Em tais circunstâncias, Johnson preferiu a via diplomática, ao concluir que nenhum dos planos de contingência conseguiria resgatar vivos os tripulantes, dos quais um já havia morrido, o marinheiro Duane Hodges, e vários outros estavam feridos. Ao que tudo indicou, o comandante Lloyd M. Bucher e os demais tripulantes, marinheiros e pessoal de inteligência, foram espancados e torturados. Mas o fato foi que deram entrevistas à imprensa, confessando publicamente que o *USS Pueblo* estava em águas territoriais da Coréia do

Norte, dentro de 12 milhas[29], e assinaram uma declaração com o mesmo teor, entregue em 4 de março à Comissão do Armistício pelo governo de Pyongyang. A diferença das reações, ante o suposto incidente com *USS Maddox* e o ataque real ao *USS Pueblo*, evidenciou que, no caso do golfo de Tonkin, o governo de Johnson produzira efetivamente uma "razão propagandística" para atacar Hanói e justificar a ampliação da guerra ao Vietnã do Norte[30].

A crise econômica nos Estados Unidos, ao agravar-se, afetou então a posição de Johnson. Durante as duas primeiras semanas de março, começou a corrida ao ouro, ameaçando a estabilidade do dólar e os alicerces de todo o sistema monetário internacional[31]. Johnson percebeu que, se não tomasse medidas para fazer o ajuste fiscal e baixasse a inflação, a confiança no dólar continuaria a declinar e havia o risco de que se repetisse a crise monetária de 1931. Mas ainda continuava incapaz de superar a oposição do Congresso ao aumento de impostos. Apenas conseguiu, em 14 de março, a aprovação de uma medida de urgência, para a liberação de US$ 10,4 bilhões em ouro, que lastreavam as notas do Federal Reserve Bank, para atender a demanda[32]. E dois dias depois, 16 de março, os Estados Unidos alcançaram um entendimento com as sete nações da Europa Ocidental (Alemanha Ocidental, França, Bélgica, Itália, Países Baixos, Grã-Bretanha e Suíça), que controlavam o *pool* do ouro, e elas concordaram em suprir o mercado de ouro com mais US$ 1,5 bilhão, a fim de baixar a "*gold fever*". Essa iniciativa, porém, não restaurou a estabilidade do dólar.

A situação política doméstica, igualmente, complicou-se ainda mais e Johnson, percebendo que não tinha condições de conter a crescente oposição interna, também em confronto com o Congresso, nem de vencer a guerra na Indochina, anunciou, em 31 de março de 1968, a cessação parcial dos bombardeios contra o Vietnã do Norte, a fim de que pudesse avançar nas negociações de paz, ao mesmo tempo em que retirava sua candidatura à reeleição para a presidência dos Estados Unidos. A reabertura do inquérito sobre o suposto incidente com o *USS Maddox*, no golfo de Tonkin, contribuiu enormemente para que ele tomasse tais decisões[33] e buscasse a via diplomática para resolver a crise com a Coréia do Norte a respeito do ataque e captura do *USS Pueblo*. Este incidente constituiu para

Johnson o primeiro elo em uma cadeia de acontecimentos — crise, tragédia, e desapontamento — que contribuiu para um dos "*most agonizing years*" que qualquer presidente passara na Casa Branca, segundo confessara[34]. Ele estava desacreditado. Também sentia que seu estado de saúde estava a agravar-se. Desde que entrara na Branca, fora duas vezes hospitalizado e submetido a operações. Estava apreensivo. Ressentia-se do ataque cardíaco que sofrera em 1955. Sua esposa, Lady Bird, não queria que ele disputasse um segundo mandato. E, além dos problemas pessoais, Johnson não apenas percebia que a questão do Vietnã criara divisões e hostilidades entre os americanos como previa que novos distúrbios e motins fossem ocorrer no verão de 1968. Estas razões levaram-no a desistir de disputar as eleições de 1968[35]. "*I wanted to heal some wounds and restore unity to the nation*", alegou em suas memórias[36].

Em 4 de abril, poucos dias após Johnson supender o bombardeamento do Vietnã do Norte e renunciar à sua candidatura à presidência, o assassinato de Martin Luther King, líder dos direitos civis e do movimento pela igualdade racial, provocou a erupção de revoltas nos bairros negros de dezenove cidades nos Estados Unidos, e deixaram cerca de cinqüenta mortos[37]. Uma onda de manifestações contra a segregação racial, com saques e violências, assustou as classes dirigentes americanas. Nessa ocasião sete brigadas de infantaria, totalizando 21.000 soldados, estavam prontas para intervir e um centro de computação, altamente sofisticado, fornecia informações à Army Task Force, que dera assistência à Kerner Commission e depois se constituiu como Directorate of Civil Disturbance Planning and Operations, ou Directorate of Military Support (DMS), instalado na cave do Pentágono. A um custo de U$ 2,7 milhões, esse *domestic war room* possuía cerca 150 funcionários, que monitoravam dia e noite as desordens civis, em todas as grandes cidades, além de tropas que poderiam ser deslocadas, se necessário fosse, para qualquer Estado. Mas, enquanto o Pentágno tratava de monitorar os distúrbios civis, o terrorismo individual continuava nos Estados Unidos.

Em em 5 de junho de 1968, exatamente dois meses depois da morte de Martin Luther King, o senador Robert F. Kennedy, irmão do presidente assassinado, em 1963, foi vítima de outro atentado terrorista, no

Ambassador Hotel, em Los Angeles, ao sair de uma entrevista à imprensa, após vencer na Califórnia a primária do Partido Democrata, para a eleição presidencial de 1968. Apesar da prisão em flagrante do palestino Sirhan Sirhan, os depoimentos e a autópsia demonstraram, no entanto, que ele não havia disparado três balas, o que robusteceu a suspeita de que o crime, nunca devidamente esclarecido, resultou também de uma conspiração e houve um *cover-up* no inquérito. Robert Kennedy, com a colaboração do corretor de seguros Donald Reynolds e Burkett Van Kirk, do conselho do Rules and Administration Commmittee do Senado, estava então a acumular, secretamente, evidências de suborno contra Johnson, homem sem escrúpulo[38], e seu antigo assessor Robert (Bobby) Baker[39]. Don B. Reynolds, amigo de Baker, informara ao senador Benjamin Everett Jordan, presidente do Rules Committee do Senado, que Johnson demandara comissões ilícitas como compensação pelos negócios em que colaborara, incluindo um Magnavox stereo de US$ 585,00 e mais US$ 1.200 pela inserção de propaganda da companhia, situada em Maryland, em seu canal de televisão, o KTBC, em Austin, 1.500 milhas distante. Também declarou que vira na pasta de Baker uma quantia equivalente a US$ 100.000 para pagar a Johnson comissão, por seu papel em assegurar o contrato com a Fort Worth TFX.

Baker mantinha vínculos com o *mobster* Ed Levinson, irmão de outro gângster, Louis "Sleep-Out-Louie" Levenson, que fora gerente do cassino de Meyer Lansky, no Havana Riviera (Cuba) e passara à dirigir o Fremont, em Las Vegas, secretamente de propriedade de Tony Accardo, Sam Giancana e Paul Ricca. E esteve envolvido em um escândalo com a Intercontinental Hotel Corporation, proprietária da Pan American Airlines e que estava considerando expandir seus cassinos (já possuía 23) no Caribe, especialmente na República Dominicana, ele atuou junto com Johnson no Capitol Hill e na Casa Branca para relaxar as normas de regulamentação. O testemunho de Don B. Reynolds foi paralisado, depois do assassinato de John Kennedy. Porém, durante décadas, suspeitou-se em Washington da forma como Johnson, um servidor público durante toda a vida, acumulara uma fortuna, que incluía estações de rádio e televisão, considerável patrimônio, inclusive um rancho com 414 acres no Texas, enorme faixa de terra, dois aviões, e um total de US$ 15 milhões em valores bancários. Seus negócios, aparentemente, estavam vinculados a Billie Sol Estes, grande contribuinte do Partido Democrata do Texas, que fora preso em 1962 pelo FBI, sob a acusação de participar de uma negociata multimilionária, envolvendo tanques de armazenamento, falsos processos de seleção e distribuição de algodão, o que poderia levar à demissão de vários funcionários do Departamento de Agricultura. O que transpirou para o público foi que Estes e Johnson eram sócios e este tentou bloquear as investigações do FBI, atuando junto a J. Edgar Hoover, e o dossiê foi destruído após o assassinato de Robert Kennedy. E Chuck Giancana atribuiu ao seu irmão, o gângster Sam Giancana, a responsabilidade pela articulação do assassinato e

> *"wondered whether the same people were responsible, whether the CIA was involved. Certainly the lack of any real investigation into Bobby's murder seemed suspiciously similar to what had occurred in the wake of Jack's (Kennedy) death"*[40].

O assassinato de Robert Kennedy, muitos clamaram, não foi devidamente investigado. Ao que tudo indicou, ocorreu realmente outro *cover-up* porque não convinha à elite dirigente dos Estados Unidos revelar os fios do complô, a fim de não abalar a aparência das instituições e a imagem dos Estados Unidos. No entanto, resultasse ou não o crime de uma conspiração, havia, decerto, poderosos interesses que se opunham à candidatura de Robert Kennedy à presidência dos Estados Unidos, cujas primárias ele estava a disputar e sua vitória se afigurava inevitável. E Johnson, quaisquer que fossem as razões, detestava-o e tornara-se seu acérrimo inimigo, desde o tempo em que John Kennedy era presidente. Suas relações sempre foram extremamente tensas e risco havia de que ele aprofundasse as investigações e revelasse as negociatas com as quais Johnson estava comprometido. Era a guerra das *famiglias*.

Àquele tempo, entretanto, o Departamento de Defesa estava a gastar mais fundos em preparativos contra a agitação urbana do que o Departamento de Justiça, onde grande parte dos funcionários sabia que os militares se dispunham a intervir maciçamente, se necessário, para reprimir ou controlar as revoltas e distúrbios que eventualmente ocorressem. A elite conservadora dos Estados Unidos temia uma insurreição. Os líderes que impulsavam o movimento pela paz e pelos direitos civis eram percebidos como conspiradores, manipulados por agentes estrangeiros. Em mensagem de 20 de outubro de 1967, o general William P. Yarborough, Assistant Chief of Staff for Intelligence (ACSI) do Exército, requereu ao general Marshall Carter, diretor da NSA, informações sobre se havia ou não evidência de qualquer ação estrangeira para controlar as demonstrações domésticas contra a guerra no Vietnã ou outras, ou se "*foreign governments or individuals and organizations acting as agents of foreign governments are controlling or attempting to control or influence the activities of us "peace" groups and "black power" organizations*"[41].

A procura de influência estrangeira nos movimentos contra a guerra ou pelos direitos civis tornara-se obsessiva. A CIA tinha *watch lists*, com requerimentos sobre viagem internacional, influência forânea e apoio estrangeiro de supostos extremistas e terroristas, abrangendo cerca de trinta cidadãos americanos e setecentos indivíduos e grupos estrangeiros. A DIA tinha igualmente uma *watch list* sobre o possível controle, ou influência sobre as manifestações contra a guerra no Vietnã.

Em meio de um clima de revoltas urbanas, levantes raciais e maciças demonstrações contra a guerra, confrontando a polícia, transcorreu a campanha para a presidência dos Estados Unidos. Com a desistência de Johnson, o Partido Democrata, enfraquecido em virtude do conflito no Vietnã, lançou a candidatura do vice-presidente Hubert Humphrey. Porém, venceu o candidato do Partido Republicano, Richard Nixon, que fora escorraçado na América Latina, por onde passara, como vice-presidente de Eisenhower, dez anos antes. Ele prometera terminar rapidamente a guerra. Sua plataforma — *Peace with Honor* — consistia em retirar as tropas americanas da Indochina e e *vietnamizar* o conflito, i.e., deixar a guerra a cargo dos próprios soldados do Vietnã do Sul. Mas Nixon não cumpriu a promessa. O número de soldados americanos na Indochina atingiu o pico 543 mil, no início de 1969[42], quando o moral das tropas já entrara em decomposição. Cerca de um terço dos soldados viviam à base de drogas, outros desobedeciam aos seus superiores ou mesmo os matavam, usando granadas de fragmentação, prática conhecida como *fragging*[43]. E desde 1966 até 1970 cerca de 1.403 americanos desertaram do serviço militar e fugiram para o estrangeiro. A CIA, para obter informações, entrara em conluio com os traficantes de heroína e ópio do Laos, que se opunham ao Vietnã do Norte e ao Pathet Lao, e seus agentes se corrompiam[44].

As manifestações de protesto nas principais cidades americanas não cessaram. A revelação do massacre de My Lai, feita, em novembro de 1969, pelo famoso jornalista Seymour Hersh, contribuiu para aumentar ainda mais a indignação com uma guerra sem sentido e abalar internacionalmente a imagem dos Estados Unidos. Nixon, porém, considerava humilhação nacional retirar as tropas dos Estados Unidos e entregar o Vietnã do Sul aos Viet Congs. Forneceu ao general Nguyên Van Thieu, que desde 1967 governava o Vietnã do Sul, cerca de US$ 2 bilhões de material bélico, procedente de Taiwan, Coréia do Sul e Filipinas, que receberiam em troca os mais modernos armamentos, e tratou de transformar sua força aérea na quarta mais poderosa do mundo. E não superou o impasse nas conversações, retomadas em maio de 1971, em torno, fundamentalmente, da libertação dos prisioneiros de guerra (POW)[45] pelo Vietnã do Norte e do *status* de Saigon. Assim, os soldados americanos continuaram a morrer, para defender uma nação fictícia, uma situação insustentável, enquanto Henry Kissinger, assessor de Segurança Nacional de Nixon, mantinha conversações com as autoridades do Vietnã do Norte, buscando salvar os Estados Unidos do pântano em que chafurdavam. A guerra já abrangia, praticamente, toda a península — Vietnã do Sul e do Norte, Laos e Camboja, bem como a Tailândia, que servia como base de operações — e os Estados Unidos, sem condições de vencê-la, gastavam por dia US$ 60 milhões (cerca de US$ 50 bilhões por ano)[46], lançando quatrocentas toneladas de bombas e de outros petrechos bélicos contra o Vietnã do Norte, os Viet Congs, o Pathet Lao (Laos) e o Khmer Rouge (Camboja).

Enquanto queimavam o excedente econômico dos Estados Unidos, esvaziavam os arsenais, para permitir novas encomendas à indústria armamentista, Johnson, McNamara *et caterva* pretenderam arrasar a economia do Vietnã do Norte e compelir Ho Chi Minh a ajoelhar-se. Mas o Vietnã do Norte era tão pobre que os setecentos aviões americanos, lá abatidos entre 1965 e 1968, custaram mais caro, cerca de US$ 900 milhões, do que os prejuízos causados pelo bombardeamento, da ordem de US$ 300 milhões[47]. O próprio Kissinger confirmou que as operações aéreas, destinadas a danificar a economia do Vietnã do Norte, resultaram inconclusivas, porque o sistema de transporte lá existente era tão rudimentar que não servia como alvo neurálgico[48]. Os mísseis disparados contra a trilha Ho Chi Minh, em quatrocentas sortidas, somente destruíram 15% dos objetivos e os aviões F-15 não puderam ver sequer um caminhão.[49] Entrementes, os Viet Congs e os soldados do Vietnã do Norte, sem os recursos dos americanos, recorreram a todos os métodos de luta, desde as emboscadas e armadilhas, contra as tropas americanas, aos atentados com bombas, matando funcionários e representantes do governo de Saigon, uma campanha que a máquina de guerra dos Estados Unidos não tinha condições de enfrentar com mísseis e aviões. Em 1966, de acordo com dados fragmentários, os Estados Unidos gastaram cerca de US$ 2 bilhões e só conseguiram matar pouco mais de cem Viet Congs durante todo o ano. Entretanto 27.000 toneladas de bombas e outros projéteis, que falharam e não explodiram, puderam ser transformadas pelos Viet Congs em minas e armadilhas que mataram mais de 1.000 americanos, à mesma época[50]. Também de acordo com informações do Pentágono, os Estados Unidos, em 1969, usaram 128 mil toneladas de munições, por mês (75.600 tonealadas de bombas e o resto em munições para a guerra terrestre), enquanto os Viet Congs e o Vietnã do Norte, até 1972, somente gastaram 1.000 toneladas, ou seja, menos do que 1% do que os Estados Unidos[51].

Os Estados Unidos não tiveram outro objetivo senão infligir baixas, destruir e matar Viet Congs e soldados do Vietnã do Norte, esperando que os bombardeios pelos B-52 e helicópteros fortemente armados quebrantassem a sua vontade de continuar a guerra. Essa foi a estratégia. Entretanto, embora fossem militarmente mais fortes, possuíssem devastador poderio militar convencional, sem paralelo na história, e ilimitado suprimento de armas, munições e petróleo, os Estados Unidos estavam condenados a perder a guerra, porque também havia mais vietnamitas do que americanos preparados para morrer e lutar tanto tempo fosse necessário para os expulsar do Vietnã, conforme o primeiro-ministro do Vietnã do Norte, Phan Van Dong, em 1966, disse ao jornalista Harrison Salisbury, do *New York Times*[52]. Kissinger reconheceu que os vietnamitas viveram através dos séculos sob o domínio da China, bem como da França, sem perder a identidade, e seu nacionalismo tornou-se o açoite tanto dos invasores quanto dos vizinhos, uma vez que sempre estiveram mais preparados para morrer do que os estrangeiros[53]. Também William Colby, responsável pelas operações da CIA na Indochina, ressaltou que, embora a União Soviética nunca o dissesse, era óbvio que ela tinha pouca influência sobre o Vietnã do Norte, cujo governo insistia em continuar e manter suas decisões[54], com o objetivo de expandir o controle sobre o Laos, tanto no delta do Rio Vermelho, área mais próxima de Hanói, quanto na trilha Ho Chi Minh, que cortava o Laos e o Camboja, através da qual enviava para o Vietnã do Sul armas, munições e outros suprimentos bélicos, bem como milhares de soldados[55]. De fato, a União Soviética não tinha o controle sobre os acontecimentos no Vietnã[56].

Tanto os norte-vietnamitas como os Viet Congs, além do acentuado sentido de identidade e independência, não apenas tinham engenhosidade e coragem como podiam viver com os recursos que a natureza lhes fornecia, dentro das selvas. Sabiam por que estavam a lutar e a morrer. Os americanos, não. O povo no Vietnã do Sul não os considerava como sócios e salvadores, mas como imperialistas e, de fato, eles tratavam o país como se fosse colônia dos Estados Unidos[57]. Por outro lado, o bombardeamento sistemático, efetuado pelos Estados Unidos, não abateu o moral, o ânimo do Vietnã do Norte, da mesma forma que não servira para quebrantar os alemães, durante a Segunda Guerra Mundial. O senador J. William Fulbright, um dos opositores da guerra, juntamente com o senador Eugene McCarthy, ambos do Partido Democrata, ressaltou que o coração da tragédia no Vietnã se achava no fato de que o movimento nacionalista mais poderoso desse país era também comunista. Os Viet Congs não eram instrumentos do expansionismo chinês, no sudeste da Ásia, como Johnson e seus aliados entendiam[58]. Nem Ho Chi Minh era um simples agente da

China, como se imaginava nos Estados Unidos[59]. Era um "revolucionário nacionalista puro", que dirigira a rebelião contra o colonialismo francês, e o fato de ser também comunista constituía a razão essencial para que fosse considerado inimigo dos Estados Unidos[60]. A busca de uma solução para a guerra do Vietnã, conforme argumentou, devia partir do fato de que o nacionalismo era a força mais poderosa que operava no mundo e do fato concreto de que, no Vietnã, o movimento nacionalista mais eficiente estava controlado pelos comunistas[61].

Notas

1. Detalhes sobre a participação dos Estados Unidos no golpe militar de 1964, no Brasil, vide Moniz Bandeira, 2001, pp. 127-184.
2. Sobre a infiltração de Green Berets no Brasil, vide Moniz Bandeira, 2001, pp. 134-138.
3. State Department, Top Secret Cable from Rio de Janeiro, March 27, 1964; State Department, Top Secret Cable from Amb. Lincoln Gordon, March 29, 1964. Lyndon B. Johnson Library, National Security Archive.
4. White House Conference Call White House Audio Tape, President Lyndon B. Johnson discussing the impending coup in Brazil with Undersecretary of State George Ball, March 31, 1964. Windows Media Audio — High bandwidth (7.11 MB). National Security Archive Files
5. "As confissões de Lacerda", in *Jornal da Tarde*, São Paulo, 6/6/1977, p. 20.
   "Friday, April 3, 1964 — 12:06 p.m.
   Thomas Mann: I hope you're as happy about Brazil as I am.
   Lyndon B. Johnson: I am.
   Thomas Mann: I think that's the most thing that's happened in the hemisphere in three years.
   Lyndon B. Johnson: I hope they give us some credit, instead of hell". O diálogo foi extraído das gravações publicadas por Beschloss, Michael (edit). *Taking Charge*: the Johnson White House Tapes, 1963-1964. New York: Simon & Schuster, 1997, p. 306.
6. O art. 15, da Carta da OEA, declarava: "Nenhum Estado ou grupo de Estados tem o direito de intervir, direta ou indiretamente, seja qual for o motivo, nos assuntos internos e externos de qualquer outro. Este princípio exclui, não somente a força

armada, mas também qualquer outra forma de intervenção ou tendência atentatória à personalidade do Estado e dos elementos políticos, econômicos e culturais que o constituem". O art. 17 reiterava: "O território de um Estado é inviolável; não pode ser objeto de ocupação militar, nem de outras medidas de força, tomadas por outro Estado, direta ou indiretamente, qualquer que seja o motivo, embora de maneira temporária. Não se reconhecerão as aquisições territoriais ou as vantagens especiais, obtidas pela força ou por outro qualquer meio de coação".

7. Foi a primeira intervenção militar em país da América Latina desde 1927.
8. Connell-Smith, 1966, p. 336.
9. Johnson, 1971, pp. 195-197.
10. Connell-Smith, 1966, pp. 337-338.
11. Agee, 1975, p. 419.
12. Id., ibid., p. 421.
13. Johnson, 1971, pp. 200-201.
14. Tyson, Brady. "O sistema Interamericano depois de São Domingos", in *Política Externa Independente*, Rio de Janeiro, Editora Civilização Brasileira, Ano I, n. 3, janeiro 1966, pp. 83-108
15. Connell-Smith, 1966, p. 341.
16. Sobre o governo do marechal Castelo Branco, vide Moniz Bandeira, 1999, vol. II, pp. 87-109. Cervo & Bueno, 2002, pp. 267-280.
17. Discurso de Castelo Branco no Palácio do Itamaraty, por ocasião da entrega de diplomas aos candidatos aprovados para a carreira de diplomata, em 31/07/1964 Ministério das Relações Exteriores, A Política Exterior da Revolução Brasileira (Discursos), Seção de Publicações, 1968, pp. 12-13.
18. Inaugural Adress, January 20, 1965, in *Public Papers of the Presidente of the United States*: Lyndon *Johnson*, 1965 vol. (Washington, D.C.: Government Printing Office, 1966), p. 72, apud Kissinger, 1994, p.
19. Letter From the German Charge d'Affaires (Lilienfeld) to President Johnson Washington, February 25, 1966. /1/Source: Johnson Library, Bator Papers, Non-Proliferation, August 3, 1965-July 29, 1966, Box 30. Secret, in FRUS, 1964-1968, Volume XI. Arms Control and Disarmament Department of State, pp. 347-349.
20. Memorandum from the President's Special Assistant for National Security Affairs (Bundy) to President Johnson/1/ Washington, January 3, 1966, 11:45 a.m. /1/ Source: Johnson Library, National Security File, Memos to the President— McGeorge Bundy, vol. 18. Secret. The source text is marked with an indication that the President saw the memorandum. FRUS — 1964-1968. Volume IV. Vietnam, 1966. Department of State. 1998. pp. 753-755.
21. Discurso de Castelo Branco, no Palácio Itamaraty, por ocasião da entrega de diplomas aos candidatos aprovados para a carreira diplomática, em 31/7/1964, in Mi-

nistério das Relações Exteriores. A Política Exterior da Revolução Brasileira (Discursos). Seção de Publicações, 1968, pp. 12-13,

22. Magalhães, 1982, p. 183.
23. Apud LaFeber, Walter. "Johnson, Vietnam and Tocqueville", in Cohen & Tucker, 1994, p. 49.
24. Frey, 2004, p. 166. Karnow, 1997, pp. 31, 543 e 615. O tenente William Calley foi condenado à prisão perpétua, mas libertado em 1974.
25. Powers, 1979, pp. 230-232.
26. Vide também Isaacs, 1984, p. 108-109.
27. Cohen & Tucker, 1994, p. 101.
28. Johnson, 1971, pp. 532-537.
29. Os Estados Unidos insistiam em não reconhecer o mar territorial de 12 milhas, conforme estabelecido pela Coréia do Norte e pelo Vietnã do Norte.
30. O governo dos Estados Unidos emitiu um pedido de desculpas do qual se retratou, após obter a libertação dos prisioneiros, em dezembro de 1968.
31. Id., ibid., p. 537.
32. Id., ibid., p. 537.
33. Goulden, 1969, p. 242.
34. Johnson, 1971, p. 520.
35. Id., ibid., pp. 425-427.
36. Id., ibid. p.427.
37. Martin Luther King Jr. era percebido como ameaça para os interesses do *establishment* americano, em virtude de seu poder de mobilização popular. O suposto assassino, James Earl Ray, foi preso 6 meses depois, mas tudo indicou que ele serviu como instrumento de uma conspiração.
38. Johnson, 2002, p. 736.
39. Seymour, 1997, p. 446.
40. Giancana & Giancana, 1992, pp. 345-347.
41. Intelligence Activities Senate Resolution 21 Hearings before the Select Committee To Study Governmental Operations with Respect to Intelligence Activities of the United States Senate — Ninety-Four Congress — First Session — The National Security Agency and Fourth Amendment Rights, October 29 and November 6, 1975, Volume 5, Washington: U.S. Government Printing Office, 1975, pp. 145-149.
42. Kissinger, 1994, p. 658.
43. Karnow, 1997, p. 31.
44. Trento, 2001, p. 345,
45. POW: Prisoner of War.
46. Schulzinger, 1994, pp. 281-283.
47. Id., ibid., p. 65.

48. Kissinger, 1994, p. 661.
49. Declaração de Kissinger ao almirante Cesar Augusto Guzzeti, ministro da Relações Exteriores da Argentina, em 1976. Memorandum of Conversation. Santiago Chile, June 6, 1976. Secretary's Suite. 8:10 a.m. — 9:15 a.m.Participants:The United States: The Secretary, the Under Secretary Roger et alt. Argentina: Foreign Minister Guzzeti, Ambassador Carasales, Ambassador Pereyra et lat. Distribution: ARA, S/P. State Department Opens Files on Argentina's Dirty War. National Security Archive.
50. Isaacs, 1984, p. 126.
51. Id., ibid., p. 126.
52. Kissinger, 1982, p. 660.
53. Id., ibid., p. 12.
54. Colby, 1978, p. 194.
55. Essa trilha, que penetrava o sul do Laos e o nordeste do Camboja até as montanhas do Vietnã do Sul, não era um simples caminho, mas uma complexa cadeia de veredas através das selvas. Nada era discernível pelos aviões e helicópteros americanos, mesmo em vôos baixos. Tribos aborígines que habitaram a região, caçando tigres e elefantes ou outros animais selvagens, haviam talhado sendas em seu fluxo migratório, e por muitos séculos elas serviram para os comerciantes e caravanas de coolies transportarem ouro e opium da China para o sudeste da Ásia. Karnow, 1984, pp. 346-348.
56. Isaacs, 1984, p. 29.
57. Trento, 2001, p. 339.
58. Clinton, 2004, p. 100.
59. Fulbright, 1982, p. 145.
60. Id., ibid., p. 145.
61. Id., ibid., p. 145.

Capítulo XVI

OS LIMITES DO PODERIO MILITAR • O CAMBOJA DEVASTADO • GUERRA QUÍMICA E BACTERIOLÓGICA EMPREENDIDA PELOS ESTADOS UNIDOS • OS LUCROS DO *AGRO-BUSINESS* E DAS GRANDES CORPORAÇÕES COM A GUERRA NO VIETNÃ • O ATAQUE ÀS LIBERDADES E DIREITOS INDIVIDUAIS • REVELAÇÃO DOS *PENTAGON PAPERS* • A CRISE ECONÔMICA • A CORRIDA AO OURO E A RUPTURA DOS ACORDOS DE BRETTON WOODS

A guerra no Vietnã comprovou de forma contundente e dramática que o poder militar dos Estados Unidos, por maior que fosse, tornara-se praticamente inútil para alcançar seus objetivos políticos. O acesso à mais moderna tecnologia, armas eletrônicas e outros sofisticados e misteriosos petrechos militares, era importante, dava-lhes ilimitada capacidade de destruição, mas não bastava para garantir o triunfo sobre forças que viviam na mais perfeita simbiose com a natureza e sobreviviam nas condições mais primitivas, combatiam extremamente bem, com eficiência e recebiam o mais amplo suporte da população, em todos os lugarejos do Vietnã do Sul. Os Estados Unidos, evidentemente, poderiam devastar o país, com sua força aérea, armas nucleares etc. E Johnson, ao final, poderia dizer, da mesma forma que um médico: "A operação foi um sucesso, mas o paciente morreu". O paciente, no caso, talvez não fosse apenas o Vietnã, mas também os Estados Unidos, conforme o coronel William R. Corson ironicamente comentou[1]. E previu:

> *"Bigger and bigger "victories" not only hasten the total destruction of South Vietnamese society, but some time in the predictable future the quest for victory will produce a grievous military defeat for American forces"*[2].

A vitória seria uma derrota. Mas o *business* do complexo industrial-militar era a guerra, que permitia o consumo dos armamentos e a renovação dos estoques, a reprodução do capital. Nos quatro anos da administração de Johnson, os Estados Unidos lançaram mais bombas na Indochina que no Japão e na Alemanha, durante a Segunda Guerra Mundial. E, nos três anos da administração de Nixon, alentecendo a guerra, atiraram mais bombas que nos quatro anos de Johnson[3]. O terrorismo aéreo foi tão intenso que os aviões americanos B-52, entre 1965 e 1973, despejaram 8 milhões de toneladas de bombas no Vietnã do Norte, três vezes mais do que todas as bombas lançadas na Segunda Guerra Mundial ou o equivalente a trezentas toneladas de explosivos para cada vietnamita[4]. Cerca de 10 milhões de pessoas ficaram desabrigados. No Laos, um país do tamanho da Grã-Bretanha, com apenas 3 milhões de habitantes, foram despejadas 454.998 toneladas de bombas, até 1969, em uma campanha chamada eufemisticamente de "*armed reconnaissance*". Depois que Nixon ascendeu ao governo, a quantidade aumentou para mais 454.998, por ano. O total durante os quatro anos de sua administração, até 1973, ascendeu a 2.092.900 toneladas, quase cinco vezes mais do que em todo o período precedente[5]. O Camboja também foi devastado. Durante 11 dias, após o acordo de Paris, foi atacado pelos aviões americanos e, a partir de 9 de fevereiro, o bombardeamento prosseguiu, nos seis meses seguintes, com uma fúria sem precedente. Mais de 250.000 toneladas de bombas foram usadas na campanha de 1973, uma quantidade maior, em meio ano, do que contra o Japão em toda a Segunda Guerra Mundial[6]. A colheita de arroz no Camboja, da ordem de 3 milhões de toneladas métricas por ano, na década de 1960, chegando a alcançar 3,8 milhões de toneladas em 1969, caiu para 953.000 toneladas em 1972-1973, e 493.000, em 1974, como conseqüência dos bombardeios[7]. Metade dos animais, pertencentes aos camponeses cambojanos, inclusive os de tração, foi dizimada. Até os peixes, fonte de proteína da população, foram mortos, porque mais da metade dos rios e mananciais de água fresca situavam-se nas zonas dominadas pelos comunistas[8]. Segundo o Senador J. William Fulbright o slogan nos Estados Unidos era: "Strengh! More money for bombs! More power! We've got to be number one"[9].

Os Estados Unidos igualmente empreenderam e ampliaram a guerra química e bacteriológica, iniciada com a Operation Ranch Hand, depois denominada Research and Development (RD), em 1961, quando dois aviões C-123 realizaram seis sortidas, espargindo um total de 50.000 galões de herbicida e desfolhantes químicos no Vietnã do Sul[10]. Essas substâncias químicas para *defoliation* não apenas destruíam a folhagem das árvores e a vegetação, danificando o solo e o meio ambiente, como causavam envenenamento da população, no Vietnã do Sul[11]. Muitas pessoas morriam, crianças ficavam cegas, e o gado e os suínos eram destruídos[12]. O coronel William R. Corson, que serviu no Vietnã, denunciou corajosamente que, em fins de 1967, essa guerra química estava sendo travada em nome do *big business*. Naquele ano, os aviões da Operation Rand Ranch despejaram no Vietnã do Sul mais de 4 milhões de herbicidas e desfolhantes químicos, um volume quatro vezes maior do que a capacidade produtiva anual de "*all American companies*"[13]. E a Dow Chemical foi um dos maiores fornecedores de herbicidas químicos ao Departamento de Defesa para uso no Vietnã, enquanto outras quantidades, guardadas secretamente, provinham do cartel internacional. Essas operações de guerra química expandiram-se a um "*fantastic level, and has been continued regardless of its consequences and results*", conforme observou o Coronel Corson. Com efeito, a Força Aérea americana despejou no Vietnã 400.000 toneladas de napalm, destruiu 40% das plantações e pomares, e espargiu 12 a 15 milhões de galões de Agente Laranja, com o objetivo, presumidamente, de clarear as *jungles*, reduzir o perigo de emboscadas e reduzir os suprimentos de alimentos em áreas controladas pelos Viet Congs[14]. Essas operações de guerra química, que atingiram principalmente os idosos, crianças e mulheres grávidas, passaram a propiciar grandes lucros ao *agro-business* dos Estados Unidos. Embora, no passado, tivesse capacidade de produzir bastante arroz para alimentar sua população e ainda exportar (cerca de 300.000 toneladas foram exportadas em 1963), o Vietnã do Sul, com a intensificação da guerra química, passou importar dos Estados Unidos um montante que alcançou 1,7 milhão de toneladas 1967[15]. E os campos de refugiados encheram-se de pessoas malnutridas.

Outros negócios altamente lucrativos, lubrificados por sistêmica e endêmica corrupção, a guerra propiciou às grandes corporações dos Estados Unidos. O coronel William R. Corson observou que "*the industrial crowd, though they do not make foreign policy, have seized on Vietnam as a good thing*"[16]. E citou como exemplo que, em conexão com a barreira da zona desmilitarizada (DMZ), a Defense Supply Agency concedeu um contrato de US$ 1,9 milhão à Republic Steel Corp. para a compra de 200.000 bobinas de arame farpardo. Isto equivalia a 50.000 milhas de arame farpado, bastante para cercar mais do que mil margens através das 43 milhas de fronteira entre o Norte e o Vietnã do Sul[17]. Tais exemplos podiam ser multiplicados centenas de vezes. E coube aos *taxpayers* americanos, cujos "*boys*" morriam na guerra, pagar a conta e o custo da renovação dos contratos, com novas encomendas para substituir as perdas, como ocorreram durante a noite de 15 de julho de 1967, quando a base de Da Nang foi atacada pelos Viet Congs, destruindo aviões, munições e instalações de comunicações no valor de US$ 75 milhões[18].

Os Estados Unidos estavam a gastar entre US$ 6 bilhões e US$ 8 bilhões na guerra aérea contra o Vietnã do Norte, sem que ela produzisse maiores resultados, ou seja, sem que conseguisse parar ou diminuir o abastecimento dos Viet Congs e o fluxo de tropas comunistas para o Vietnã do Sul[19]. Segundo o coronel Corson, a verdade era que as tropas americanas estavam a sofrer mais com o bombardeio do Vietnã do Norte, devido à falta de adequado poder aéreo no sul, do que o inimigo. "*The air war in North Vietnam is a costly fraud*", Corson acusou[20]. O que um pequeno número de generais da Força Aérea e almirantes queria, sempre reclamando mais aviões, mais pilotos e mais verbas, era aumentar seu poder, às expensas do povo americano, com a consciente ou inconsciente assistência do Congresso. Quando Eisenhower advertiu sobre a ameaça que o complexo industrial-militar estava a representar para os Estados Unidos, ele não podia predizer a extensão do sistema de cumplicidade que a guerra do Vietnã construiria, possibilitando que militares de alta patente pudessem transferir-se para a indústria civil com tamanha facilidade. Inúmeros se retiraram da ativa para servirem a empresas como Douglas, Litton, General Motors e muitas outras[21]. A justificativa era de que "*what is good for*

General Motors has to be good for the United States"[22]. Os oficiais de baixa e alta patente igualmente lucravam, mesmo nos serviços burocráticos, com as viagens que faziam ao Vietnã, procedentes do Pentágono ou da base no Havaí, a pretexto de acompanhar o andamento da guerra. De acordo com os regulamentos, eles podiam deduzir US$ 500 de isenção de imposto de renda e recebiam US$ 65 como gratificação — "*combat pay*" — se permaneciam cinco dias no Vietnã. Tais viagens aconteciam duas ou mais vezes por mês, com o que obtinham, pelo menos, US$ 1.000 de isenção de imposto e US$ 130 como "*combat pay*". Os funcionários civis ganhavam a isenção de US$ 500 no imposto, mas não a gratificação[23].

A Indochina não foi, porém, o melhor lugar para os Estados Unidos comprometerem sua credibilidade, conforme o próprio general Vernon A. Walters admitiu, embora quatro presidentes sustentassem o compromisso de manter o governo de Saigon[24]. Sustentaram-no inutilmente. A arrasadora superioridade do poder aéreo dos Estados Unidos, lançando contra o Vietnã do Norte, apenas em 1972 e 1973, mais de 4 mil bombas guiadas com precisão e empregando amplo espectro de armamentos do seu arsenal convencional, não lhes assegurou a vitória. E essas bombas despejadas sobre o Vietnã do Norte, Camboja e Laos terminaram por estremecer a própria sociedade americana, tanto econômica quanto moral e politicamente. Rompeu-se o consenso nacional que havia nos Estados Unidos. Violentas demonstrações de ruas ocorreram, em 1968, durante a campanha para as eleições presidenciais, em que Nixon, do Partido Republicano, obteve 31.770.237 votos, venceu por pequena margem, menos de 1% do voto popular, o senador Hubert Humphrey, candidato do Partido Democrata e defensor dos direitos civis, com 31.270.533. Não foi uma vitória limpa. Em abril de 1968, o Pentágono anunciara o intuito de "*Vietnamization*" e, em 31 de outubro, Johnson ordenou a suspensão dos bombardeios contra o Vietnã, dizendo que o fazia para tornar frutíferas as conversações de paz em Paris. Através de Anna Chennault[25], que intermediava os contatos informais dos Estados Unidos com os países da Ásia Oriental, o coordenador da campanha de Nixon, John Mitchel, conseguiu, porém, persuadir o presidente do Vietnã do Sul, Nyguen Van Thieu, a não comparecer às reuniões. E ele atendeu à gestão. Em 2 de novembro, dias antes da eleição nos Estados Unidos, Thieu anunciou que não iria a Paris, sob a alegação de que a Frente de Libertação Nacional (Viet Cong) fora incluída e os Estados Unidos queriam forçá-lo a formar um governo de coalizão com os comunistas[26]. Os adeptos de Nixon aproveitaram-se então para acusar Johnson de pretender precipar as iniciativas de paz, apenas para favorecer a canditadura de Hubert Humphrey, do Partido Democrata, sem que tivesse alinhado todos os aspectos diplomáticos[27]. Johnson soube desse esforço para sabotar as negociações em Paris, porque o Departamento de Justiça estava a monitorar os telefones de Anna Chennault e do embaixador do Vietnã do Sul, em Washington. E aborreceu-se com Humphrey porque ele não usou a informação de que Nixon estava envolvido em uma atividade traiçoeira[28].

Humphrey perdeu a eleição. O "*conservative populism*" substituiu o "*progressive populism*", como força política dominante nos Estados Unidos[29]. Mas a desobediência civil e as demonstrações de massa a guerra no Vietnã, em meio das quais a campanha eleitoral transcorrera, não cessaram. Logo em março e abril de 1969, pouco depois da assunção de Nixon ao governo, motins estudantis irromperam em San Francisco, Cambridge e Ithaca, e os negros travaram batalha com a polícia nos guetos de Chicago. A agitação alcançou tal magnitude que começou a preocupar seriamente a Casa Branca. Assim como Johnson, Nixon chegou a imaginar que havia alguma influência estrangeira por trás das demonstrações[30]. E, diante de tais acontecimentos, Nixon, em abril de 1969, solicitou a John Ehrlichman, seu assessor, que requeresse à comunidade de inteligência a elaboração de um relatório sobre "*foreign Communist support*" às desordens ocorridas nos *campi* das universidades. Não havia evidência de conexão estrangeira. Porém, ele não estava satisfeito com as informações que recebia. Considerava-as inconclusivas. E seus assistentes, Tom Charles Huston e outros, acreditaram que melhor coleta de inteligência sobre os planos dos manifestantes permitiria a adoção de medidas decisivas contra os dissidentes propensos à violência. Eles entendiam que havia sérias deficiências na obtenção de inteligência, devido à decisão de reduzir certas técnicas de espionagem (particularmente observações e infiltrações sub-reptícias), tomada, em meados dos anos 1960, por J. Edgar Hoover, diretor do FBI.

William C. Sullivan, diretor-assistente para a Inteligência Doméstica, do FBI, apoiou a sugestão de Tom Huston no sentido de remover as restrições que Hoover estabelecera. Nixon concordou com essa revisão dos métodos de coleta de informações, dentro dos Estados Unidos, preocupado com grandes manifestações estudantis, que a invasão do Camboja reacendera, provocando sérios conflitos, particularmente, no *campus* da Kent State University, em Ohio, em que quatro estudantes foram mortos pelos homens da Guarda Nacional, e do Jackson State College, em Jackson (Mississippi), em 4 e 14/15 de maio de 1970. Em 5 de junho, ele se reuniu com os diretores dos órgãos de inteligência — J. Edgard Hoover, do Federal Beareu of Investigation (FBI), general Donald V. Bennet, do Defense Intelligence Agency (DIA), e o almirante Noel Gayler, da National Security Agency (NSA), com a finalidade de montar um órgão que coordenasse todas as atividades de inteligência e lhe fornecesse informações não apenas sobre organizações e grupos estrangeiros, como al-Fatah, mas também sobre os dissidentes americanos, entre os quais o Socialist Works Party, New Left, Black Panther e as organizações de direitos civis, estudantis e outras[31]. Ele determinou a criação do Permanent Interagency Committee, um grupo *ad hoc*, constituído pelo FBI, CIA, NSA, DIA e os órgãos de contra-inteligência militar, tendo como tarefa revisar os métodos de coleta de inteligência e investigação. E Tom Charles Huston, representante da Casa Branca no Comitê *ad hoc*, preparou para o assessor presidencial H. R. (Bob) Haldeman um *memorandum* — "Operational Restraints on Intelligence Collection" — no qual recomendou o relaxamento das restrições para a coleta de inteligência e propunha: 1) monitoramento das comunicações internacionais dos cidadãos americanos; 2) intensificação da vigilância eletrônica dos dissidentes americanos e de estabelecimentos selecionados; 3) leitura da correspondência internacional dos cidadãos americanos; 4) penetração em estabelecimentos especificados e nas residências de dissidentes americanos; 5) intensificação da vigilância eletrônica sobre os colégios e universidades[32].

Tom Huston cria que a lei devia ser posta de lado para combater as forças que pareciam ameaçar a sociedade. Nixon concordou e, em 14 de julho de 1970, Haldeman transmitiu a Huston que ele havia aprovado as opções para remover as restrições legais, anulando, praticamente, todas as garantias civis asseguradas pela Constituição. A CIA e a NSA passaram então interceptar as comunicações dos cidadãos americanos, cujos nomes constavam das *watch lists*, enviadas pelos diversos órgãos de inteligência. A CIA continuou com seu programa ilegal de abrir correspondências. O FBI baixou a idade dos informantes nos *campi* dos colégios e universidades, expandindo a vigilância sobre os estudantes. E, em dezembro de 1970, a comunidade de informações — a pedido da Casa Branca — criou um comitê permanente inter-agências — Intelligence Evaluation Committee (IEC) — para avaliar as informações coletadas. Muitas recomendações contidas no Huston Plan continuaram sem implemantação e, a 22 de março de 1971, o almirante Noel Gayler e Richard Helms instaram o procurador-geral John Mitchell a relaxar as restrições sobre algumas operações fundamentais para a coleta de informações, vetadas por Nixon, depois de alertado sobre o ilegalidade das medidas. A objeção ao Huston Plan partiu, sobretudo, do diretor de J. Edgard Hoover, que temia a crítica da imprensa, se houvesse vazamento, e supreendeu Nixon[33]. Entretanto, a NSA continuou intencionalmente a interceptar, como já fazia mesmo antes do Huston Plan, as comunicações internacionais de cidadãos americanos, com a *watch list* acrescida cada vez mais com outros nomes pelos serviços de inteligência. Como Eisenhower previra, no seu discurso de despedida, a combinação dos interesses do complexo industrial-militar estavam a "*endanger our liberties or democratic processes*". A necessidade de guerras interiorizava o sistema repressivo que o Pentágono e a CIA tratavam de exportar para os países da América Latina e de outras regiões, de modo a preservar e expandir os investimentos das grandes corporações americanas. A tolerância com os que pensavam de modo diferente estava a desaparecer. E os Estados Unidos cada vez mais se assemelhavam a um Estado totalitário, mais e mais parecido com a União Soviética.

Tais medidas contrárias aos direitos e às garantias individuais, violando a Constituição e as leis dos Estados Unidos, não impediram que as manifestações recrescessem nos anos subseqüentes. E, em 13 de junho de 1971, o *New York Times*, seguido, dias depois, pelo *Washington Post*, começou a publicar excertos dos documentos classificados como secretos, contidos na coleção sobre a "*History of the United States Decision-Making Process on Viet Nam Policy*" e que se tornaram conhecidos como *Pentagon Papers*[34]. Os documentos mostravam que Truman ignorou várias cartas de Ho Chi Minh, solicitando ajuda, ao mesmo tempo em que financiava a França com armamentos, sem que o Congresso tivesse conhecimento. Eisenhower concordou em dividir o Vietnã, sustentando um governo corrupto, e apoiou o golpe de Diem, com o adiamento das eleições. Kennedy elaborou planos para um largo envolvimento no Vietnã e autorizou a derrubada e o assassinato de Diem. E Johnson manipulou o ataque no golfo de Tonkin, que não ocorrera, para atacar o Vietnã do Norte, sem uma formal declaração de guerra.

A revelação de que todos os presidentes americanos ludibriaram o Congresso e enganaram a opinião pública, a fim de induzi-la a apoiar uma guerra não desejada, causou forte impacto na opinião pública e alarmou Nixon, dado que a comprovação da disputa e duplicidade da administração, mesmo ao tempo de Johnson, poderia abalar a fé e a confiança na sua própria liderança. Ele ficou profundamente deprimido, cria existir uma conspiração, supunha que a Embaixada da União Soviética recebera antes uma cópia dos documentos[35], e autorizou a criação de uma unidade especial e secreta, na Casa Branca, "*to stop security leaks and investigate other sensitive security matters*"[36]. O governo de Washington tentou, por meios legais, embargar sua publicação, mas perdeu a causa na Corte Suprema, por seis votos contra três. O consultório do psiquiatra de Daniel Ellsberg, dr. Lewis Fielding, foi também arrombado pelos agentes de Nixon, com o propósito coletar informações e documentos sobre os motivos e intenções de sua atitude, bem como o nome de possíveis conspiradores[37]. E o Departamento da Justiça, dirigido pelo procurador-geral John Mitchell, moveu um processo contra Daniel Ellsberg e ordenou sua prisão, sob a acusação de felonia, furto, espionagem e conspiração. Porém, ao tornar-se evidente depois do escândalo de Watergate, em 1973, que o governo de fato prevaricara, a Corte decidiu que o processo tinha o objetivo de perseguição[38].

A guerra no Vietnã também começou a infectar a economia americana, embora, a princípio, as encomendas militares e o corte dos impostos, em 1964, houvessem estimulado sua rápida expansão, desde os fins de 1965. Johnson prometera reduzir o orçamento de defesa, reconhecendo que o estoque de armas existente nos Estados estava além de suas necessidades[39], mas não o conseguiu. A participação do Departamento de Defesa no orçamento da União subiu de 41,8%, em 1964, para 43,3%, em 1968, passando a representar 9,9% do PIB contra 8,3% em 1964[40]. Os gastos com defesa aumentaram US$ 13 bilhões ou 25%, em 1966, e mais US$ 9 bilhões, em 1967, porém, o crescimento das despesas militares no exterior, subindo US$ 800 milhões, em 1967, e mais US$ 600 milhões, em 1967, produziu forte impacto sobre o balanço de pagamento dos Estados Unidos, que teve um déficit de US$ 9,8 bilhões em 1970[41]. Também durante a administração de Johnson o gasto com educação subiu de US$ 2,3 milhões para US$ 10,8 milhões, e as despesas com saúde saltaram de US$ 4,1 milhões para US$ 24,6 milhões[42]. O saldo comercial entre 1970 e 1971 desapareceu, em conseqüência do declínio das exportações, desde 1968. Outrossim, o corte de impostos e a "*unconditional war on poverty*"[43], declarada por Johnson em 1964, contribuíram para agravar o déficit fiscal, que ascendeu de US$ 3,7 bilhões, em 1966, para US$ 8,8 bilhões, em 1967, e US$ 25 bilhões em 1968[44]. A inflação, da ordem de 1,5% em 1961, saltou para 4,7,%, em 1968/69[45]. O PIB dos Estados Unidos, que se duplicara durante a Segunda Guerra Mundial e representara 34% da produção mundial até 1970, baixou para menos de 30%, em 1971. E o dólar enfraqueceu-se.

O debilitamento econômico dos Estados Unidos concorreu então para que entrasse em colapso o sistema monetário internacional, instituído pelos acordos de Bretton Woods, que até então funcionara de modo mais ou menos ordenado. Durante os anos 60, os Estados Unidos exerceram, unilateralmente, uma política monetária de modo a exportar para a Europa Ocidental, principalmente para a Alemanha Ocidental, os custos da guerra e da política de contenção da União Soviética. A estabilidade do sistema monetário passara a depender do manejo da política monetária dos Estados Unidos, o que significava o manejo de toda a sua economia. E Johnson e Nixon emitiram dólares, com absoluta liberdade, para financiar as importações dos Estados Unidos e os custos da Guerra Fria e da guerra no Vietnã, enquanto os demais países tinham de exportar mais e mais produtos a fim de obter os dólares de que necessitavam para pagar a dívida externa e acumular reservas internacionais, com que respaldavam o valor de suas próprias moedas nacionais. A demanda internacional de dólares permitia que os Estados Unidos conseguissem esguelhar as dificuldades estruturais de sua economia, mediante esse mecanismo de subsídio a que submetera os demais países desde os acordos de Bretton Woods. O déficit no balanço de pagamento dos Estados Unidos convertera-se na principal fonte de crescimento da liquidez mundial. Parecia que os Estados Unidos assumiram "um privilégio exorbitante", conforme as palavras do general Charles de Gaulle, na medida em que podiam continuar financiado seus déficits com a emissão de mais dólares, que eram postos em circulação[46]. Mas os Estados Unidos, recalcitrando em fazer os ajustes necessários, mostraram-se incapazes de continuar a manejar o sistema financeiro internacional, como haviam feito desde 1945. Os gastos com o armamentismo, a Guerra Fria e a guerra do Vietnã, que Johnson incrementara, debilitaram progressivamente a confiança no dólar. A França, desde os meados de 1960, começara a trocar por ouro as reservas em dólares que possuía. Em 1966, comprou US$ 600 milhões em ouro[47], porém muitos bancos europeus, sobretudo os alemães, continuaram ainda a sustentar a moeda americana, por algum tempo.

Em 1970, um industrial de Ohio, Edward Durrell, denunciou que se haviam reduzido, substancialmente, todas as reservas de ouro dos Estados Unidos, estocadas no Fort Knox. Somente restavam 1.000 toneladas das 8.500 que supostamente lá permaneciam depositadas. A maior parte Johnson teria embarcado para vender em Londres, por volta de 1967 e começo de 1968, em uma tentativa de manter o preço do ouro US$ 35 por onça[48]. De fato, os Estados Unidos emitiram e gastaram mais e mais, ou seja, lançaram em circulação mais dólares do que podiam lastrear com o ouro existente no Fort Knox. Em 1971, o ouro lá depositado totalizava apenas US$ 12 bilhões, ao preço oficial de US$ 35 a onça. Mas as reservas em dólar, em posse dos bancos estrangeiros, cresceram de US$ 23,8 bilhões para US$ 36 bilhões, em julho de 1971, e aumentaram, em agosto, para US$ 40 bilhões, três vezes do que os Estados Unidos necessitavam para honrar as obrigações contraídas em Bretton Woods[49]. E o nervosismo contaminou o mercado. A Alemanha, cujas reservas haviam crescido, deixou o marco flutuar, em 1971. O mesmo fizeram os Países Baixos e outros países europeus, assim como o Japão, e o Tesouro dos Estados Unidos sofreu uma hemorragia[50]. O déficit total do balanço de pagamentos — índice através do qual sempre se percebeu a saúde de uma moeda — era grande e continuava a crescer. E o desequilíbrio no balanço de pagamentos, dólar sobrevalorizado, inflação, estagnação econômica, encolhimento dos saldos comerciais e a competição internacional, principalmente com o Japão, levaram Nixon a aumentar em 10% as tarifas de importação e a suspender, em 15 de agosto de 1971, a convertibilidade do dólar em ouro, estabelecida pelos acordos de Bretton Woods. Essa decisão de "*close the window*", através da qual as reservas do Fort Knox se esvaíam, ele tomou quando o embaixador da Grã-Bretanha em Washington foi ao Departamento do Tesouro e solicitou converter US$ 3 bilhões em ouro[51]. Nixon temeu que outros países fizessem o mesmo, deflagrando a maior crise com respeito à posição econômica internacional dos Estados Unidos, que não possuíam reservas suficientes para atender à corrida. Entrariam em bancarrota. E Nixon teve de desvincular o dólar do ouro. Mas, em dezembro de 1971, um grupo de dez países, o G-10[52], tendo à frente os Estados Unidos, celebrou o Smithsonian Agreement[53], similar ao acordo de Bretton Woods, embora autorizasse maiores bandas de flutuação entre as moedas para +/– 2,25% e o aumento o valor do ouro para US$ 38 por onça. O dólar foi desvalorizado em 8% e, em 1972, a Comunidade Européia tratou de afastar-se da dependência em relação aos Estados Unidos, com o estabelecimento de um sistema de flutuação conjunta, o European Joint Float, criado pela República Federal da Alemanha, França, Itália, Países Baixos, Bélgica e Luxemburgo. Os problemas econômicos dos Estados Unidos agravaram-se, contudo, e Nixon foi compelido a proceder a nova desvalorização do dólar, em 10%, provocando o colapso tanto do Smithsonian Agreement quanto do European Joint Float, em 1973, e pavimentando o caminho para a livre flutuação das moedas. O dólar, que só os Estados Unidos podiam produzir, transformou-se na divisa fiduciária internacional.

Sob o termo dos acordos alcançados em Teerã e Trípoli, em 1971, o dólar desvalorizado significava que o preço do petróleo subiria imediatamente 5%, com a previsão de outros aumentos para compensar novas desvalorizações daquela moeda, na qual os preços do petróleo e o pagamento dos produtores eram denominados. Na prática, a Organization of Petroleum Exporting Countries (OPEC) foi autorizada a fazer significativos aumentos no preço do petróleo, ao fim de 1972, para compensar a desvalorização do dólar, que perdeu cerca de 40% em relação ao marco alemão, entre fevereiro e março de 1973[54]. O custo da energia tornou-se dramático e transformou o Oriente Médio em importante elemento do emergente sistema econômico transnacional, dado que provinham de suas reservas cerca de 60% do petróleo que abastecia os países ocidentais. Petróleo, política internacional e interesses geo-estratégicos ainda mais se entrançaram. E o Oriente Médio configurou-se igual ou mais importante do que o Extremo Oriente ou mesmo a Europa Ocidental para os interesses dos Estados Unidos. E a Arábia Saudita, entre outros países árabes, passou a integrar o FMI, o Banco Mundial e a International Finance Corporation[55]. Maior parte da receita gerada pelas vendas da OPEC foram depositadas em dólar nos bancos da Europa Ocidental e essa prática manteve o dólar forte e contribuiu para a enorme expansão do sistema financeiro transnacional, durante a década de 1970. A ruptura definitiva do padrão-ouro para a conversibilidade do dólar (sistema de Bretton Woods) e a conseqüente elevação dos preços do petróleo, durante a guerra do Yom Kippur, geraram, assim, excesso de liquidez no mercado mundial, com a circulação dos petrodólares, e concorreram para aumentar a dívida dos países em desenvolvimento — e mesmo de alguns do Bloco Socialista, tais como Polônia e República Democrática Alemã (Alemanha Oriental).

O endividamento dos países em desenvolvimento foi possibilitado pelos bancos internacionais que reciclavam os petrodólares e ofereciam créditos fáceis, a taxas significativamente baixas, encorajados pelos governos das potências industriais, Estados Unidos à frente, e endossados pelo FMI. E assim os países ricos, os Estados Unidos e outras potências industriais, consumidoras de petróleo, passaram a transferir seus déficits para os países pobres, através da reciclagem dos petrodólares, eludindo o confronto com os países produtores-exportadores de petróleo[56]. Essa movimentação de capitais, impulsada pelos bancos e empresas transnacionais, distorceu os padrões monetários, as práticas de poupança e financiamento público, e a organização bancária das nações[57]. E o capital financeiro entrou em outro ciclo de expansão, apoiado em uma estratégia de política econômica, de natureza neoliberal, que propunha a abertura dos mercados e programas de estabilização, executados em distintos níveis pelos governos militares do Chile, Argentina e Uruguai. "*Aún relativizado, lo cierto es que la realidad transnacional há venido angostando las opciones políticas e incluso el próprio desarrollo de proyectos democráticos, sobre todo en los países subdesarrollados*", escreveu o economista uruguaio Samuel Lichtensztein, acrecentando que não se tratava de assinalar a conhecida contribuição à desestabilização de governos democráticos, que afetaram interesses das corporações transnacionais, no Terceiro Mundo, mas de mostrar como a expansão transnacional — ao reclamar e estimular maior concentração de capital e de renda — tendia a identificar-se e ser mais compatível com ideologias e práticas estatais autoritárias[58].

Com a inundação de petrodólares no mercado mundial, a internacionalização da produção industrial, ocorrida após a Segunda Guerra Mundial, intensificou-se. Os investimentos diretos das corporações dos Estados Unidos no exterior, que haviam crescido para US$ 8 bilhões, em 1950 e mais de US$ 20 bilhões, saltaram, somente na Europa, para mais de US$ 60 bilhões, em 1971. A maior parte dos investimentos concentrou-se em ramos industriais, como computadores, equipamentos eletrônicos, indústria automotriz, química, farmacêutica e telecomunicações, etc., a partir do final dos anos 1940, quando as corporações americanas começaram a investir maciçamente na Europa, onde viram um rico mercado para grandes negócios, especialmente na recuperação de sua economia, bem como uma oportunidade para produzir mais barato e vender as mercadorias nos Estados Unidos. Porém, na medida em que o Estado de bem-estar social consolidou-se, particularmente na Alemanha, França e Inglaterra, os capitais passaram a emigrar para alguns países em desenvolvimento, na Ásia e na América Latina.

As grandes corporações, a fim compensar a queda da taxa de lucro, devido aos salários elevados na Europa Ocidental, onde fora instituído o Estado de bem-estar social para conter o comunismo, assim como nos Estados Unidos, intensificaram as exportações de capitais para alguns países do chamado Terceiro Mundo, onde havia estoques abundantes de força de trabalho e de matérias-primas. A descentralização e a transferência de suas plantas industriais, sobretudo de bens duráveis de consumo, para a periferia do sistema capitalista tiveram como objetivo, *inter alia*, o barateamento dos custos de produção e a recuperação da taxa média de lucro. Essa movimentação de capitais impulsionou o desenvolvimento dos *new industrializing countries*, como conseqüência da redivisão internacional do trabalho, mediante a qual os Estados Unidos e outras potências capitalistas mais adiantadas trataram de conservar o monopólio da tecnologia, a produção de bens de capital e o nervo financeiro, ao tempo em que transferiam parte da produção de bens de consumo para alguns países do Terceiro Mundo. Embora os países mais atrasados ou em desenvolvimento pudessem beneficiar-se, de algum modo, com essa expansão capitalista, suas economias eram muito vulneráveis às práticas comerciais das corporações multinacionais. Grande parte do comércio internacional, em torno de 30%[59], passara então a desenvolver-se, principalmente, intrafirma, i.e., dentro das próprias corporações multinacionais, entre as matrizes e as filiais, ou entre partes da mesma empresa, com outorga de empréstimos, fornecimento de tecnologia, serviços e outras transações, em que podiam ajustar preços de transferência, lesando os países do Terceiro Mundo onde se instalaram. Assim, as multinacionais não só adquiriram enorme capacidade para manipular os fluxos financeiros, por meio da transferência artificial de preços, como de impor aos negócios, através do comércio intrafirma, práticas restritivas, limitando a liberdade de exportação de suas filiais, atribuir os mercados entre as nações e restringir o uso de sua tecnologia ou a desenvolvida por suas filiais. Essa transnacionalização do capital caracterizou-se pela expansão de grandes corporações — cerca de duzentas sediadas nos Estados Unidos — que participavam e exerciam um controle centralizado sobre núcleos estratégicos das estruturas produtivas e de consumo, no mercado mundial, e reduziu a capacidade de decisão e manobra dos Estados nacionais, especialmente nos países do hemisfério sul, chamado Terceiro Mundo.

Os países do norte, particularmente os Estados Unidos, concentravam, porém, mais de 90% da indústria manufatureira mundial e suas corporações multinacionais não só monopolizavam a maioria das patentes e a nova tecnologia como dominavam o sistema econômico internacional, suas normas e regulamentos, as instituições monetárias e financeiras e do comércio internacional. A completa liberdade econômica, a livre concorrência, tendia, como sempre, a produzir desigualdades cada vez maiores entre as nações. Segundo os cálculos do Bureau Internacional do Trabalho, havia no Terceiro Mundo, no início dos anos 1970, cerca de 700 milhões de pessoas que viviam na mais extrema pobreza, número esse que se elevaria a 800 milhões, no curso da década, de acordo com o Banco Mundial[60]. Só na América Latina, o número dos mais pobres era estimado em 100 milhões de pessoas e, em 12 dos 23 países, pouco mais da metade da população contava com rendimentos suficientes para a aquisição de bens e serviços necessários à sustentação da família. E, em todo o hemisfério sul, cerca de 40% da população sobreviviam a duras penas, em condições de maior pobreza, com renda que mal dava para atender às necessidades mais elementares da vida[61]. E, na maioria dos países africanos, a população havia crescido de modo que sobrepassava a produção de alimentos, fator este que estava a agravar ainda mais suas condições de sobrevivência no campo[62]. Assim, o conflito entre os países em desenvolvimento do hemisfério sul, que crescentemente se endividavam, e o cartel das potências industriais do hemisfério norte, tendo à frente os Estados Unidos, aguçou-se, no curso dos anos 1970.

A perspectiva de guerras entre as potências imperialistas, conforme Lenin e os bolcheviques esperavam, já não existia na segunda metade do século XX. Elas se haviam deslocado para a periferia do sistema capitalista, para os países do Terceiro Mundo. Não mais se podia imaginar um conflito armado entre a França e a Alemanha, ou entre a Alemanha e Grã-Bretanha, ou entre algum desses países e os Estados Unidos. O que se confirmara foi a previsão de Kautsky, segundo a qual ocorreria uma exploração conjunta do mundo pelo capital financeiro[63], embora essa integração não eliminasse a competição comercial e as contradições entre as potências industriais, no mercado financeiro. Em 1975/76, a administração do sistema global efetivamente passou do Conselho de Segurança da ONU para o Grupo dos Sete, o G-7, formado pelos chefes de governo dos Estados Unidos, Japão, Alemanha, Grã-Bretanha, Itália e Canadá[64], inicialmente com o objetivo de coordenar a política financeira internacional, agenda depois ampliada com outras questões de segurança e estabilidade econômica e política. Estava consolidado o cartel das grandes potências industriais, que Kautsky previra.

Notas

1. Corson, 1968, p. 264.
2. Id., ibid., p. 286.
3. Ellsberg, 1972, p. 38.
4. Frey, 2004, p. 165. Somente entre 1965 e 1968, os aviões americanos despejaram três milhões de toneladas de bombas no Vietnã do Norte e no Sul, provocando mais explosões que na Europa e no Japão durante a Segunda Guerra Mundial. Schulzinger, 1994, p. 276.
5. Isaacs, 1984, p. 161.
6. Id., ibid., p. 217.
7. Id., ibid., p. 224.
8. Id., ibid., p. 224.
9. Fulbright, 1989, p. 133.
10. Corson, 1968, p. 76.
11. Maneli, 1971, pp. 85-86.
12. Id., ibid., pp. 85-88.
13. Corson, 1968, p. 76.
14. Id., ibid., p. 76.
15. Id., ibid., p. 77.
16. Id., ibid., pp. 81-82.
17. Id., ibid., pp.81-82.
18. Id., ibid., p. 84.
19. Id., ibid., p. 265.
20. Id., ibid., p. 265.

21. Id., ibid., pp. 251-252.
22. Id., ibid., p. 251.
23. Id., ibid., p. 259.
24. Walters, 1978, p. 478.
25. Anna Chennault (Hsiang-mei Chen), chinesa de nascimento, era viúva do general Claire Lee Chennault, que organizara a defesa aérea Chiang Kai-shek, dirigindo na China um grupo de pilotos voluntários (Flying Tigers), antes da entrada dos Estados Unidos na guerra de 1939-1945, e, depois, assumiu o comando das Forças Aéreas Aliadas no Extremo Oriente. Em 1967, ela foi convidada a ajudar Nixon em sua campanha para a presidência dos Estados Unidos e concordou porque ele prometera cessar a guerra no Vietnã. Mas Nixon não cumpriu o que prometera e pretendeu ainda continuar a guerra. E Anna Chennault comentou, decepcionada: "*Politicians are never honest*".
26. Clinton, 2004, p. 140. Wise, 1976, pp. 294-295
27. Clinton, 2004, p. 140.
28. Id., ibid., pp. 140-141, 145.
29. Id., ibid., p. 144.
30. Johnson também perguntara aos serviços de inteligência, diversas vezes, se havia alguma possibilidade de vínculo entre o movimento antibélico e influência estrangeira.Supplementary Detailed Staff Report on Intelligence Activities and The Rights of Americans. Final Report, Book III, Final Report of the Select Committee to Study Governmental Operations with Respect to Intelligence Activities U. S. Senate, 2nd Session, April 23 (under authority of the order of April 14), 1976. U.S. Government Printing Office, pp. 928-929.
31. Supplementary Detailed Staff Report on Intelligence Activities and The Rights of Americans. Final Report, Book III, Final Report of the Select Committee to Study Governmental Operations with Respect to Intelligence Activities U. S. Senate ——, 2nd Session, April 23 (under authority of the order of April 14), 1976. U.S. Government Printig Office, pp. 950-974.
32. Supplementary Detailed Staff Report on Intelligence Activities and The Rights of Americans. Final Report, Book III, Final Report of the Select Committee to Study Governmental Operations with Respect to Intelligence Activities U. S. Senate, 2nd Session, April 23 (under authority of the order of April 14), 1976. U.S. Government Printing Office, pp. 952-960.
33. Ibid., p. 957-958.
34. O estudo conhecido como Pentagon Papers, que McNamara encomendara a Leslie H. Gelb em 1967, foi completado em meados de 1967 e classificado como *top secret*. Consistia em 47 volumes, com cerca de 7 mil páginas, que incluíam aproximadamente 3 mil páginas de narrativa histórica, com 4 mil de documentos em anexo.

Somente quinze cópias foram feitas e distribuídas, duas das quais foram para a Rand Corporation, que trabalhava para o pentágono. Daniel Ellsberg, que servira no Vietnã como funcionário do Departamento de Defesa, entre 1965 e 1967, e trabalhara com Leslie H. Gelb, teve acesso a um exemplar que fora para a Rand Corporation. Convencido de que o governo não estava sendo honesto e enganava a opinião pública deixou vazar os documentos para o jornalista Neil Sheehan, do *New York Times*, que começou a publicar os documentos. Vide McNamara, 1995, pp. 280-283.

35. Nixon, 1978, p. 513.
36. Kutler (ed.), 1997, pp. 7-20.
37. Nixon, 1978, p. 514.
38. As acusações contra Ellsberg foram retiradas em 11 de maio de 1973 e o mesmo procurador-geral, John Mitchell, foi acusado de conspiração, perjúrio e obstrução da justiça.
39. Johnson, 1964, pp. 175-176.
40. Fiscal Years 1964 to 1979. Department of Defense press release, 23 January 1978.
41. Solomon, 1977, pp. 102-103.
42. Johnson, 2002, p. 739.
43. Johnson, 1964, p. 168.
44. Johnson, 2002, p. 739.
45. Nixon, 1978, p. 516.
46. *Norte-Sur*. Un programa para la supervivencia. Informe de la Comisión Independiente sobre Problemas Internacionales del Desarrollo presidida por Wylly Brandt. The Independente Comisión on Internacional Development Sigues. Bogotá: Editorial Pluma, 1980, p. 305.
47. Solomon, 1977, p. 102.
48. A denúncia foi lembrada pelo antigo banqueiro, que trabalhou no Chase Manhattan e editor de *Freemarket Gold & Money Report*, James Turk, em artigo intitulado "We Have a Right to Know," (13/12/1999), no qual relembrou a denúncia do industrial Edward Durrel (http://www.fgmr.com/right2know.htm). O Tesouro Americano, em nota de 30 de dezembro de 2001, informou que o total das reservas de ouro é de 261.5 milhões de onça (8.134 toneladas), das quais 147.3 milhões de onça (4.583 toneladas) estavam em "deep storage" no Fort Knox. (http://www.fms.treas.gov/gold/01-12.html).]) (http://www.fgmr.com/response.htm)
49. Bundy, 1998, p. 361.
50. Salomon, 1977, pp. 108-109.
51. Bundy, 1998, p. 263. Nixon, 1978, p. 518.
52. O grupo de dez países foi constituído pela Bélgica, Canadá, França, República Federal da Alemanha, Itália, Japão, Países Baixos, Suécia, Reino Unido e Estados Unidos; a Suíça, que não era sócia do FMI, se fez também representar.

53. Tornou-se assim conhecido porque a reunião dos dez países ocorreu no Smithsonian Institute, em Washington. Vide Solomon, 1977, pp. 216-219.
54. Johnson, 2002, p. 763.
55. Gerson & Birchard (eds.), 1991, p. 282.
56. Relatório da Comissão Especial do Senado Federal destinada a examinar a questão da dívida externa brasileira e avaliar as razões que levaram o governo a suspender o pagamento dos encargos financeiros dela decorrentes, nos planos externo e interno. Março/1988. Relator: Senador Fernando Henrique Cardoso. Requerimento Nº. 17, de 1987.
57. Lichtensztein, 1985, p. 8.
58. Lichtensztein, 1985, pp. 62-63.
59. *Norte-Sur*. Un programa para la supervivencia. Informe de la Comisión Independiente sobre Problemas Internacionales del Desarrollo presidida por Wylly Brandt. The Independente Comisión on Internacional Development Sigues. Bogotá: Editorial Pluma, 1980, p. 283.
60. Ibid., p. 78.
61. Ibid., pp. 78-79.
62. Ibid., p. 80.
63. *Die Neue Zeit*, 30/04/1915.
64. O Canadá juntou-se em 1976.

Capítulo XVII

A INSURGÊNCIA PALESTINA NA JORDÂNIA • NIXON, KISSINGER E A *REALPOLITIK* • O RECONHECIMENTO DA CHINA PELOS ESTADOS UNIDOS • O ENTENDIMENTO COM A UNIÃO SOVIÉTICA • A RETIRADA DAS TROPAS AMERICANAS DO VIETNÃ E OS ACORDOS DE PARIS • O *"DECENT INTERVAL"* PARA A CAPTURA DE HANÓI • OS ESTADOS UNIDOS E O GOLPE MILITAR NO CHILE • A GUERRA DO YOM KIPPUR • O CHOQUE DO PETRÓLEO

Ao mesmo tempo em que, nos anos 70, profunda mudança se operava na estrutura econômica mundial, importantes acontecimentos políticos também começaram a transformar o cenário político internacional. No Oriente Médio, a tensão recrudesceu entre o rei Hussein bin Talal, da Jordânia, e os palestinos que lá se refugiaram e passaram a constituir a maioria da população, após a invasão do West Bank, pelas forças de Israel, em 1967. No dia 1° de setembro de 1970, um militante da Frente Popular pela Libertação da Palestina (FPLP), dissidência radical da Organização para Libertação da Palestina, tentou assassiná-lo, devido à sua política pró-Ocidente e favorável a Israel, mas fracassou. E alguns dias depois, 7 e 9 de setembro, outros militantes da FPLP seqüestraram aviões da SwissAir, TWA, BOAC e British Airways, levando-os para Dawson's Field, campo de pouso distante na Jordânia, um para Amman e outro para o Cairo. O objetivo foi de propaganda política e "*to teach the Americans a lesson because of their long-standing support of Israel*". Os militantes da FPLP soltaram os passageiros, depois que o rei Hussein libertou prisioneiros palestinos, e explodiram os aviões em frente às câmaras de televisão, e declararam Irbid, a segunda maior cidade da Jordânia, uma "região libertada". Ao que tudo indicou, eles pretendiam tomar o poder, contando com o respaldo das tropas da Síria e do Iraque. E, segundo o general Alexander Haig, ninguém cria que os palestinos aceitassem o restabelecimento do governo sem luta[1]. Kissinger entendia que a manutenção do rei Hussein, que antes de assumir o trono trabalhara para a CIA, constituía a chave da paz no Oriente Médio e que o seu colapso poderia resultar em uma guerra mundial. Excogitou inclusive em instar Israel, um ativo político dos Estados Unidos na região, a entrar na Jordânia e a resgatar o Rei Hussein. Nixon julgou, entretanto, que essa solução poderia evitar a queda de Hussein, mas o enfraqueceria entre os países árabes. O interesse dos Estados Unidos era salvar o governo da Jordânia, de sorte que ele saísse da crise mais forte do que antes.

No dia 16, com o respaldo dos Estados Unidos e de Israel, o rei Hussein decretou a lei marcial e atacou com sessenta brigadas blindadas os redutos palestinos em Amman e os campos em Irbid, Salt, Sweileh e Zarqa, estando o general paquistanês Muhammad Zia-ul-Haq, chefe da missão de treinamento do exército da Jordânia, a frente da 2ª Divisão. Milhares de palestinos foram massacrados. E, no dia 18, os tanques da Síria, de fabricação soviética, entraram na Jordânia, com o apoio do Exército de Libertação da Palestina, composto por palestinos recrutados nos campos de refugiados. Aviões da Força Aérea de Israel atacaram as colunas sírias, no norte da Jordânia, e destruíram muitos tanques, enquanto Nixon ordenava o deslocamento para a região de vários porta-aviões — *Saratoga, Independence e John F. Kennedy* —, bem como de outras unidades navais, com tropas de *marines*. Os Estados Unidos, porém, alcançaram um entendimento com a União Soviética, que buscava então acercar-se do Ocidente e estabelecer um *modus vivendi* não conflitivo. No entender do general Alexander Haig, os ataques aéreos de Israel, junto com a forte diplomacia dos Estados Unidos, escorada em esmagador poderio aéreo, naval e terrestre, preservaram o regime do rei Hussein[2]. Mas os palestinos foram expulsos, refugiaram-se no Líbano e, nos seus acampamentos, floresceram organizações paramilitares, como Setembro Negro, que em 1972 promoveu o massacre dos atletas de Israel nas Olimpíadas de Munique, o *Hizbollah* (Partido de Deus) e *Harakat al-Muqawamah al-Islamiyyah* (Movimento Islâmico de Resistência), celebrizado como Hamas, cujos *fedayeen* (*fida'in*)[3] desde então mantiveram uma guerra assimétrica contra Estado de Israel, a acometê-lo intermitentemente com mísseis e atos de terrorismo, os homens-bomba.

Àquele tempo, o crônico e crescente enfraquecimento econômico da União Soviética, em contraste com o aumento do seu poderio militar, e os graves atritos com a República Popular da China induziram-na a buscar a melhoria de suas relações com o Ocidente. A remoção de Walter Ulbricht do governo da Alemanha Oriental (3/5/1971), articulada pelo Embaixador Pyotir Abrassimov, possibilitou que as negociações da União Soviética com os Estados Unidos e a República Federal da Alemanha superassem o impasse, solucionando a questão de Berlim, com o *Transitvertrag* (Tratado de Trânsito), celebrado pelas quatro potências ocupantes, em 3 de setembro de 1971. Os acordos suplementares e o Tratado Básico (*Vertrag über die Grundlagen der Beziehungen*), firmado em dezembro de 1972, permitiram que as duas Alemanhas estabelecessem relações, não ao nível de embaixadas, e sim de troca de simples representações, de acordo com a fórmula de que não eram nações estrangeiras, mas dois Estados da mesma nação, a Alemanha. Com esse entendimento, avançaram as negociações para a realização da Conferência sobre Segurança e Cooperação na Europa (CSCE), realizada em Helsinque, em 1° de agosto de 1975.

Kissinger, com o seu conhecimento histórico, sabia que a busca de uma segurança absoluta era uma utopia, dado que faria todos os demais países inseguros, e que somente se poderia alcançar uma segurança relativa reconhecendo que o cenário mundial jamais seria completamente harmonioso[4]. Ele reconheceu as limitações do poderio dos Estados Unidos. E Nixon, apesar de manter difícil relacionamento com Kissinger, não se afastou da sua *Realpolitik*, ao mesmo tempo em que continuava a travar suas guerras secretas, no Chile, Camboja e outros países[5]. Tratou de acomodar as relações com a União Soviética, com a qual os Estados Unidos firmaram, em 1972, o Strategic Arms Limitations Treaty (SALT I) e o Anti-Ballistic Missile Treaty (ABM), que contribuíram para arrefecer a Guerra Fria. E com o objetivo de evitar que a União Soviética construísse uma base de submarinos, em Cay Alcatraz, na baía de Cienfuegos, Nixon reafirmou o compromisso de que os Estados Unidos não invadiriam Cuba, após criar o que o jornalista Seymour M. Hersh denominou de uma "*false crisis*", para favorecer sua reeleição em 1972, convencido de que Kennedy manipulara a crise dos mísseis, em 1962, a fim de captar os votos dos indecisos, nas eleições legislativas a se realizarem em novembro daquele ano[6]. O Senador J. William Fulbright, do Partido Democrata e presidente do Comitê de Relações Exteriores do Senado, acusou o governo de forjar a questão da base de submarinos em Cienfuegos, enganando a opinião pública, com o propósito de induzir o Congresso a aprovar generosos recursos para o Pentágono[7]. De qualquer forma, porém, os esforços de Nixon para estabelecer a *détente* com a União Soviética foram muito importantes, conforme o próprio Fulbright reconheceu[8], embora a maioria dos membros do Congresso não estivesse preparada e disposta a reduzir o programa de defesa do orçamento, e vários projetos de armamentos, como o do submarino Trident, o bombardeiro B-1 e outros fossem mantidos.

Os Estados Unidos, entrementes, superaram também o impasse com a República Popular da China, que se negavam a reconhecer, desde 1949, quando triunfara a revolução comunista, liderada por Mao Zedong. Em 21 de fevereiro de 1972, Nixon desembarcou em Pequim. Essa iniciativa, que assinalou o retorno dos Estados Unidos ao mundo da *Realpolitik*, não decorreu de uma decisão súbita. Começara a amadurecer em 1969, quando parecia provável que a União Soviética interviesse na República Popular da China, como fizera um ano antes na Tchecoslováquia (1968), para subordiná-la às diretrizes de Moscou, de acordo com a Doutrina Brehznev. Naquele ano, Nixon manifestou a Moscou que estava "*deep concerned*" com essa contingência, o que, em linguagem diplomática, significava que os Estados Unidos, de algum modo, dariam assistência à China. Os contatos se processaram em terceiros países, primeiramente na Polônia, onde o embaixador americano Walter Stoessel e o general Vernon Walters buscaram abrir canais de comunicação[9], bem como através dos presidentes do Paquistão, Kahy Khan, e da Romênia, Nicolae Ceasescu[10]. Kissinger, em 1971, encontrou-se secretamente e conversou cerca de 17 horas com o primeiro-ministro Zhou Enlai[11], um dos dois ou três homens mais impressionantes, que ele jamais encontrara[12], e um dos mais astutos negociadores que emergiram no século XX, na opinião do coronel William R. Corson[13].

A necessidade de abrir novos mercados para suas exportações, em virtude da recessão com que se defrontavam, bem como a intenção de aprofundar a dissidência entre a República Popular da China e a União Soviética, a agravar-se desde 1969, constituíram os principais fatores que levaram os Estados Unidos a reconhecerem o governo de Mao Zedong, o que se recusavam a fazer desde a vitória da revolução comunista, em 1949. Nixon sabia que o sucesso da viagem dependia de que ele admitisse não apoiar a independência de Taiwan, ou seja, não reconhecer a existência de "*two Chinas*" nem aceitar a solução "*one China, one Taiwan*"[14]. Embora a princípio relutasse, Nixon teve de assumir, porém, vários compromissos, entre os quais não apoiar a independência de Taiwan, considerada pela China como sua província, e remover as tropas que lá ainda mantinha, após o término da guerra no Vietnã[15]. Só assim foi possível a normalização das relações diplomáticas entre a China e os Estados Unidos. Os dois países, como Kissinger admitiu, aproximaram-se, não por boa vontade abstrata, mas por uma convergência de interesses[16], entre os quais a percepção de que a União Soviética e a Índia, juntas, poderiam predominar em vasta área, de Aden até o estreito de Málaga, e daí por que os Estados Unidos buscaram um entendimento com a República Popular da China e o Paquistão[17]. O reconhecimento da República Popular da China atestou, no entanto, o fracasso da política que os Estados Unidos haviam adotado, desde a vitória da revolução comunista, em 1949, sob a liderança de Mao Zedong.

A viagem de Nixon a Pequim outrossim indicou, claramente, que o comprometimento dos Estados Unidos, no Vietnã, estava chegando ao fim. Pouco antes de partir, ele autorizara a remoção de mais 70.000 soldados do Vietnã do Sul, reduzindo de 536.000 para 69.000 os efetivos militares lá estacionados.[18] Os Estados Unidos não mais tinham condições de mantê-los, inclusive porque essa guerra tornara-se um anacronismo na política global, desde que Nixon anunciara, em 15 de julho de 1971, sua intenção de visitar a China[19]. Ademais, os problemas tanto econômicos, quanto sociais e políticos agravaram-se nos Estados Unidos, onde as manifestações de protesto recresceram após as sucessivas invasões do Laos e do Camboja, em 1970 e 1972. Em tais circunstâncias, Nixon tentou proceder à *vietnamization* do conflito, retirando, unilateral e incondicionalmente, as tropas americanas do Vietnã, as tropas terrestres, que lá ainda restavam, consciente de que a vitória era impossível e um resultado honroso, problemático[20]. Mas voltou a intensificar os bombardeios contra o Vietnã do Norte, cuja capital, Hanói, sofreu violento ataque aéreo na noite do Natal de 1972. Cerca de 20.000 toneladas de bombas foram despejadas no Vietnã do Norte, cerca de 15.000 pelos B-52S, no espaço de 11 dias[21]. Em 15 de janeiro de 1973, Nixon anunciou então o fim dessa ofensiva aérea, alegando que as negociações estavam a alcançar bom resultado e chegavam ao fim, embora ele não conseguisse extrair maiores concessões do governo de Hanói, com o bombardeio na noite de Natal[22]. O Vietnã do Norte apenas aceitava o *quid pro quo*, ou seja, a libertação dos prisioneiros de guerra, com a retirada das tropas americanas do Vietnã do Sul em sessenta dias[23]. E, em 2 de janeiro de 1973, a House of Representatives aprovou por 154 votos contra 74 o corte de todos os fundos para as operações militares no Vietnã. O senador Edward Kennedy propôs, em seguida, similar Resolução ao Senate Democratic Caucus, aprovada por 36 votos a 12[24].

Àquele tempo, os encargos da guerra na Indochina estavam a pesar demasiadamente para os Estados Unidos. No Vietnã, Laos e Camboja já haviam sido gastos, até 1970, cerca de US$ 120 bilhões (e ainda estavam a aumentar) contra US$ 150 milhões, com a intervenção na República Dominicana, e US$ 18 bilhões na guerra da Coréia[25]. E, poucos dias depois da desvalorização do dólar, no dia 15, Nixon mandou cessar totalmente os bombardeios contra o Vietnã do Norte. Em 27 de janeiro de 1973, um dia após o falecimento de Johnson, o acordo de paz (*Agreement on Ending the War and Restoring the Peace*) foi então finalmente assinado, em Paris, pelos Estados Unidos, o Vietnã do Norte e do Sul e os Viet Congs. Washington negociara-o diretamente com Hanói e os Viet Congs, apenas com o objetivo de desengajar suas tropas da guerra e obter o retorno dos prisioneiros, de modo a eludir a humilhante derrota que estava a sofrer. O cessar-fogo representou, assim, uma capitulação encoberta dos Estados Unidos, que entregaram Saigon ao seu próprio destino, aparentemente, com a condição de que o Vietnã do Norte e os Viet Congs aguardassem e só a ocupassem algum tempo depois. O "*honorable compromise*" transpareceu nitidamente no Capítulo I, art. I do acordo de Paris, no qual ficou expresso que "*the United States and all countries respect the independence, sovereignty, unity and terrorial integrity of Vietnam as recognized by the the 1954 Geneva agreements*".[26] Esta disposição entremostrou que Washington estava a abandonar o Vietnã do Sul, após fracassar a tentativa de construí-lo como um Estado separado do Vietnã do Norte, um esforço de *building-nation*, desde o golpe de Diêm em 1955. Hanói e os Viet Congs, por outro lado, não fizeram maiores concessões. Concordaram tão-somente em que Nguyen Van Thieu ainda permanecesse, por algum tempo, no governo do Vietnã do Sul, concedendo aos Estados Unidos, conforme tudo indicou, um "*decent interval*", de dois anos, até a conquista de Saigon[27]. As tropas norte-vietnamitas não foram removidas do Vietnã do Sul e os ataques de guerrilha não cessaram. Nixon buscara salvar as aparências, uma *honorable solution* para dissimular o fiasco dos Estados Unidos, pois a guerra prosseguiu. Não se parou de lutar sequer uma hora no Vietnã e no Camboja[28]. O cessar-fogo pareceu haver iniciado uma nova guerra, mais intensa e mais brutal do que a última, assim um oficial americano, na província de Lam Don, informou aos seus superiores[29]. E os Estados Unidos, entre abril e agosto, intensificaram o bombardeio do Camboja, esvaziando seus arsenais, sem conseguir deter o *Khmer Rouge*[30], cujas linhas, ao fim do ano, estavam apenas a 10 milhas de Phnom Penh, a única cidade ainda sob o governo de Lon Nol. Esse país, com menos de 3 milhões de habitantes e cerca de 2 milhões de refugiados, tresloucou-se, em meio de um furacão de violências, que os bombardeios pela Força Aérea americana estavam a provocar. Segundo o jornalista americano Arnold R. Isaacs, "*some connection can be said to exist between American actions and the savagery of the Khmer Rouge*"[31]. Os bombardeios insuflaram sua fúria e violência. E para cada um cambojano dos milhares que o *Khmer Rouge* executou, mais morreram em conseqüência das doenças e da fome do que dos bombardeios efetuados pelos americanos.

Com respeito à América Latina, a política de Nixon seguiu o mesmo padrão de Eisenhower, Kennedy e Johnson. Os países latino-americanos tinham liberdade de escolher seus governos desde que não fossem comunistas ou nacionalistas e não ameaçassem os interesses econômicos, políticos e estratégicos dos Estados Unidos. Com justa razão, o professor Chalmers Johnson ponderou que havia mais simetria entre as políticas da União Soviética e dos Estados Unidos do que os americanos desejavam reconhecer. Se no curso da Guerra Fria, a União Soviética interveio *manu militari* na Alemanha Oriental (1953), Hungria (1957) e Tchecoslováquia (1968), os Estados Unidos articularam o golpe no Irã (1953), a invasão da Guatemala (1954) e de Cuba (1961), bem como ocuparam militarmente a República Dominicana (1965) e intervieram na Coréia (1950) e no Vietnã (onde sustentaram ditaduras e mataram um número muito maior de pessoas do que a União Soviética em suas bem-sucedidas intervenções)[32]. "*Le dogme de la souveraineté du peuple*", que Aléxis de Tocqueville apontara como a essência do democracia na América[33], os governos dos Estados Unidos nunca respeitaram nem no Oriente Médio nem na América Latina. Em 1970, Salvador Allende, candidato da Unidad Popular (Partido Socialista, Partido Comunista e outras correntes de esquerda), venceu a eleição para a presidência do Chile e se dispôs a experimentar o caminho democrático-parlamentar para o socialismo. Mas Nixon decidiu que "*an Allende regime in Chile was not acceptable to the United States*"[34]. Kissinger, em *memorandum*, considerou que esse acontecimento "*poses for us one of the most serious challenges ever faced in this hemisphere*". Afirmou que Allende tentaria estabelecer um Estado socialista no Chile, eliminar a influência dos Estados Unidos e estabelecer relações estreitas com a União Soviética, Cuba e outros países socialistas. E repetiu:

> "*the consolidation of Allende in power in Chile, therefore, would pose some serious threats to our interests and position in the hemisphere, and would affect development and our relations to them elsewhere in the world*"[35].

Conforme a suposição de Kissinger, os investimentos dos Estados Unidos no Chile, totalizando cerca de US$ 1 bilhão, poderiam ser perdidos; o Chile poderia declarar o *default* na dívida externa, em torno de US$ 1,5 bilhão, emprestados pelo governo americano e bancos privados. Kissinger reconheceu, porém, que Allende foi eleito legalmente, o primeiro governante marxista a ir ao poder por meio de eleições livres, e acentuou que ele tinha "*the eyes of Chileans and most of the world; there is nothing we can do to deny him that legitimacy or claim does not have it*". E, embora a prática contradissesse o discurso, ele ponderou que os Estados Unidos sempre se manifestaram "*strongly*" em apoio à autodeterminação e ao respeito pelas eleições livres, acentuando que o próprio Nixon firmemente se pronunciara contra a intervenção nos assuntos internos de outros países do hemisfério, em favor de aceitar as nações "*as they are*". Não obstante, Kissinger argumentou, se os Estados Unidos não reagissem, sua atitude corria o risco de ser percebida na América Latina e na Europa como de "*indifference or impotence in face of clearly adverse developments in a region long considered our sphere of influence*"[36]. Ele previa que o governo de Allende provavelmente procuraria parecer "*independent*" e não um satélite soviético ou um governo comunista. Porém, um governo titoísta[37] seria ainda mais perigoso para os Estados Unidos do que era na Europa, precisamente porque poderia mover-se contra os interesses americanos, de modo mais fácil e ambíguo, e o efeito desse modelo poderia ser mais insidioso. Por essas razões, Kissinger recomendava que os Estados Unidos tudo fizessem para impedir que Allende se consolidasse no poder[38].

Nas suas memórias, Kissinger tentou justificar a atitude que tomou. Declarou haver recebido, em 1970, informações de que recursos substanciais estavam sendo canalizados de Cuba (Nixon indicou US$ 350[39]) e de outros países comunistas para Allende. E que, em tais circunstâncias, nem era moral nem politicamente injusto para os Estados Unidos apoiar as forças políticas internas que buscavam manter um contrapeso democrático a uma dominação radical[40]. Tais considerações, acrescentou, já haviam induzido as administrações anteriores a destinar ao candidato do Partido Democrata-Cristão, Eduardo Frei, mais de US$ 3 milhões[41]. De fato, Kennedy havia chegado à conclusão de que os partidos oligárquicos, como Partido Nacional, no Chile, antes de enfraquecer a esquerda, estavam a fortalecê-la, e tratou de promover e cultivar os partidos reformistas, como "*viable alternative*", para que não parecesse outro Fidel Castro na América Latina.

O Chile tornara-se um *show-case* para a Aliança para o Progresso, com que Kennedy pretendeu afastar os movimentos mediante o reforço dos partidos centristas, da classe média, como o Partido Democrata-Cristão. Arthur Schlesinger, seu assessor, escreveu-lhe, em 10 de março de 1961, que "*if the possessing classes of Latin America made the middle-class revolution impossible, they will make a 'workers-and-peasants' revolution inevitable*"[42]. A administração de Kennedy foi a primeira que iniciara as *covert actions* para bloquear, em 1964, a eleição de Salvador Allende, candidato da Frente de Ação Popular (FRAP), integrada pelos partidos Socialista e Comunista[43]. A CIA, naquele ano, investiu mais de US$ 2,6 milhões para eleger Eduardo Frei, assumiu mais da metade dos custos da campanha, por meio de intermediários[44]. A administração de Johnson dera-lhe continuidade. E para manejar a campanha eleitoral, criou-se em Washington um comitê, constituído por Thomas Mann, secretário de Estado Assistente; Desmond Fitzgerald, chefe da Divisão do Hemisfério Ocidental, da CIA; Ralph Dungan e McGeorge Bundy, da Casa Branca. A campanha de propaganda, promovida pela CIA, fora intensa e ampla, através dos jornais, programas de rádio, cartazes, etc., e possibilitou que Eduardo Frei, candidato do Partido Democrata-Cristão, obtivesse clara maioria absoluta. E entre 1962 e 1970, o Chile, com apenas 11 milhões de habitantes, recebeu mais de US$ 1,2 bilhões em subvenções e empréstimos, um montante enorme naquela época.

Em 25 março de 1970, porém, sob a presidência de Kissinger, o 40 Committee, responsável pela aprovação das operações da CIA, decidira não apoiar nenhum dos candidatos — nem Jorge Alessandri, do Partido Nacional (conservador), nem Rodomiro Tomic, da esquerda do Partido Democrata-Cristão, mas, sim, promover "*spoiling operations*" contra a Unidade Popular, que apoiava a candidatura de Allende, financiada com US$ 350 mil, de Cuba. E aprovou entre US$ 800 mil e US$ 1 milhão para a realização de *spoilings actions, covert actions* e *black propaganda*, com o objetivo de influenciar o resultado das eleições. Contou com a colaboração financeira da Telephone & International Company (ITT), cujo diretor de relações internacionais, J. D. (Jack) Neal informou a Viron P. Vaky, assessor de Kissinger para a América Latina, que Harold S. Geneen, presidente da ITT, propusera-se a ir a Washington conversar sobre a situação no Chile e oferecer uma soma até sete cifras ("*up to seven figures*") a fim de impedir a ascensão de Allende ao governo[45]. As *covert actions*, no entanto, fracassaram[46]. Allende venceu a eleição, em 4 de setembro de 1970. E Nixon disse a Richard Helms, diretor da CIA, que estava disposto a aprovar recursos no momento de US$ 10 milhões para financiar o Projeto FUBELT[47], codinome do plano que visava a impedir a ascensão de Allende ao governo[48]. A *spoiling campaign* promovida pela CIA produziu importantes e profundos efeitos. A *scare campaign*, visando a alarmar a população e o meio empresarial, contribuiu decisivamente para o provocar o pânico financeiro e a instabilidade política, de modo a forçar a ação dos militares, mesmo antes da inauguração do governo de Allende, percebido como séria ameaça aos interesses dos Estados Unidos no hemisfério[49]. E ele o era por haver sido democraticamente eleito. A preparação do golpe começou, então, e o Coronel Paul M. Wimert, adido militar junto à Embaixada dos Estados Unidos em Santiago, articulou-se com os generais Roberto Viaux e Camilo Valenzuela, que desfecharam o golpe em 22 de outubro de 1970. A intentona fracassou, mas os conspiradores, com metralhadoras fornecidas pela CIA, "*sanitezed*"[50] e enviadas para Santiago por mala diplomática, mataram o comantante-em-chefe do Exército, general René Schneider, que defendia o respeito à Constituição[51]. O general Augusto Pinochet substituiu-o no posto. O Congresso referendou o nome de Allende como presidente eleito do Chile, em 24 de outubro. O Track I, do Project FUBELT, visando a impedir essa decisão do Congresso, não teve êxito. Allende assumiu a presidência em 4 de novembro de 1970. Mas o Track II, que incluía, aparentemente, até seu assassinato[52], prosseguiu, com a preparação de outro golpe militar, para o qual a CIA se empenhou em criar as condições, fomentando caos no Chile.

Apesar de haver reconhecido que os Estados Unidos tudo fizeram para impedir a ascensão de Allende à presidência do Chile e sua consolidação no poder, Kissinger, entretanto, negou cinicamente sua participação no sangrento golpe de 11 de setembro de 1973, desfechado pelo general Augusto Pinochet. "*Our government had nothing to do with planning his (Allende) overthrow and no involvement with the plotters*", escreveu[53]. E insistiu que "*there was not American involvement in coup plotting afterward*"[54]. Suas explicações foram absolutamente incongruentes, sem consistência com a realidade dos fatos e com o que ele próprio relatou e admitiu, ao reconhecer que Nixon e seus principais assessores estavam convencidos de que Allende representava um desafio aos Estados Unidos e à estabilidade do hemisfério ocidental[55]. Se os Estados Unidos tudo fizeram para impedir a eleição de Allende e sua confirmação pelo Congresso chileno, como nada fariam para impedir a consolidação do seu governo, ou seja, para desestabilizá-lo e destruí-lo? De fato, Kissinger reconheceu que ambos, Nixon e Allende, "*were sure to reject accommodation*"[56]. E, após confessar que a decisão do Conselho de Segurança Nacional fora no sentido de evitar a consolidação do governo de Allende, confirmou que o 40 Committee (que ele dirigia, mas não disse) aprovara a concessão de US$ 1 milhão para apoiar os partidos considerados democráticos, i.e., os partidos de oposição, o Partido Democrata-Cristão e o Partido Nacional[57]. Segundo Kissinger, que acusou Allende de não pretender, nem prática nem simbolicamente, respeitar o processo democrático ou querer acomodação com os Estados Unidos, era difícil reconciliar os interesses geopolíticos dos Estados Unidos e os direitos humanos[58]. E reconheceu que seria frívolo negar que os Estados Unidos tiveram uma sensação de alívio em face do colapso de Allende, porque o novo governo chileno não assaltaria seus interesses em todos os fóruns internacionais como seu predecessor[59].

Mas não era apenas o Chile que inquietava os Estados Unidos. Também a Bolívia e o Uruguai, que tendiam a inflectir para a esquerda, constituíam objeto de preocupação de Nixon e Kissinger[60]. O General Juan José Torres, quando assumiu o poder (1970), começara a implantar na Bolívia um regime nacionalista revolucionário, de caráter socializante, semelhante ao que o General Juan Velasco Alvarado estabelecera no Peru, após um golpe de Estado em 1968. A reação, entretanto, logo sobreveio. Em 21 de agosto de 1971, o governo de Torres foi derrubado pelo general Hugo Banzer, que deu um golpe respaldado diretamente pelo governo militar do Brasil, cujos aviões militares, sem ocultar as insígnias nacionais, descarregaram fuzis, metralhadoras e munições em Santa Cruz de la Sierra, enquanto tropas do II Exército, comandado pelo general Humberto Melo, estacionavam em Mato Grosso, prontas para invadir a Bolívia, se necessário fosse. Poucos meses depois, o Uruguai, igualmente, esteve sob a ameaça do intervenção militar do Brasil. A administração de Nixon temia que ocorresse no Uruguai o mesmo que no Chile, onde Allende ganhara a eleição, e desenvolveu todos os esforços para prevenir a vitória do general Liber Seregni, candidato da Frente Amplia nas eleições presidenciais de 1971, no Uruguai[61]. Esses esforços contaram com o respaldo do governo militar do general Emílio Garrastazu Médici (1969-1974) e o próprio Nixon revelou em conversação com o primeiro-ministro da Grã-Bretanha, Edward Heath, que o Brasil havia ajudado a manipular as eleições no Uruguai"[62]. Caso, no entanto, o candidato da Frente Amplia, Líber Seregni, triunfasse, as tropas do III Exército, sediadas no Rio Grande do Sul, haveriam invadido o Uruguai, executando a Operação Trinta Horas (tempo necessário para a ocupação de todo o país)[63]. Não sem razão Nixon dissera que *"we know that as Brazil goes, so will go the rest of that Latin American continent"*[64].

A cooperação do Brasil com os golpes de Estado, na América do Sul, refletia a brutal repressão que o governo do general Médici internamente executava, para esmagar qualquer tentativa de contestação do regime autoritário. Quando os militares uruguaios, em 1973, ultimaram o processo de implantação da ditadura, com um golpe de Estado, o Brasil, que influíra direta ou indiretamente para esse desfecho, forneceu-lhes centenas de veículos, tais como caminhões e carros Volkswagen, em uma operação da ordem de US$ 815 mil, enquanto a Argentina fornecia automóveis para a Polícia, além de gasolina e querosene da Yacimientos Petrolíferos Fiscales[65]. Os atos de terrorismo fomentados pelo governo dos Estados Unidos, na América Latina, culminaram com a derrubada e a morte de Salvador Allende, presidente constitucional do Chile, em 11 de setembro de 1973, quando o general Augusto Pinochet desfechou sangrento golpe de Estado, com a colaboração da CIA, que gastara milhões de dólares para o desestabilizá-lo, e o "real apoio técnico e psicológico" do governo militar do Brasil, segundo afirmou Edward Korry, embaixador dos Estados Unidos em Santiago[66]. Dias depois, Kissinger justificou o massacre que Pinochet comandava. Quando Jack Kubisch, secretário de Estado Assistente para a América Latina, lhe disse que fora perguntado, no Senado, sobre o que estava a ocorrer no Chile, onde a revista *Newsweek* noticiara haver cerca de 2.700 cadáveres de políticos empilhados no necrotério de Santiago, ele redargüiu que

> *"I agree that we should not knock down stories that later prove to be true, nor should we be in the position of defending what they're doing in Santiago. But I think we should understand our policy — that however unpleasant they act, the government is better for us than Allende was."*[67]

A ditadura militar instituída pelo general Augusto Pinochet, implantando o "estado de sítio em tempo de guerra", baniu os partidos políticos, reprimiu os sindicatos e esmagou os dissidentes políticos. De acordo com relatório da Embaixada Americana, em Santiago, ao Departamento de Estado, cerca de 13.500 pessoas foram detidas, 320 executadas, 40 outras mortas, quando tentavam escapar, e 2.000 deportadas, entre 11 de setembro e 15 de novembro de 1973. A organização Amnesty International e o Comitê de Direitos Humanos da ONU estimaram que 250.000 chilenos foram detidos por motivos políticos até o fim de 1973. E desde 11 de setembro de 1973, o conflito social e político permeou a sociedade chilena, governada com base na doutrina de segurança nacional e no conceito de "inimigo interno", que abrangia comunistas, marxistas, socialistas, democratas ou quaisquer outros dissidentes, considerados subversivos. Durante os anos subseqüentes, o aparato repressivo do general Augusto Pinochet executou pelo menos 1.500 pessoas, exilou 15.000, e os presos, torturados, assassinados e desaparecidos somaram milhares, segundo a Comissão de Direitos Humanos do Chile[68]. Mas Nixon, embora proclamasse não gostar de ditaduras, disse que "*we must recognize the difference between Communist dictatorships and non-Communist dictatorships*"[69]. Diferença havia, sim, entre aquelas que serviam e as que não serviam aos interesses econômicos, políticos e geopolíticos dos Estados Unidos.

Menos de um mês depois do golpe no Chile, em dia 6 de outubro de 1973, quando os judeus celebravam o Yom Kippur (Dia da Expiação), seu mais importante feriado religioso, as tropas do Egito e da Síria atacaram Israel, com o objetivo de recuperar as áreas que lhes foram conquistadas na guerra de 1967. Esse acontecimento suplantou o noticiário sobre o golpe militar no Chile, que consubstanciou a denúncia feita em 21 de março de 1972 pelo jornalista Jack Anderson, segundo a qual William R. Merriam, chefe da Telephone & International Company (ITT), em Washington, oferecera, em 1970, ao antigo diretor da CIA, John McCone, o montante de U$ 1 milhão para impedir a ascensão de Allende ao governo[70]. E, apesar de Kissinger, dias antes, ter entrado em contato com os governos de Israel, Egito e União Soviética, para ver se a guerra poderia ser evitada[71], a CIA não só não previu o ataque como informou a Nixon não ser provável que ocorresse, desmerecendo a importância das maciças manobras militares e enorme movimentação de tropas realizadas no Egito. "*I was disappointed by our intelligence shortcomings, and I was stunned by the failure of Israel intelligence*", Nixon comentou em suas memórias[72].

Israel já então possuía capacidade termonuclear, com a tecnologia de água pesada[73]. Estava a fabricar secretamente algumas bombas atômicas, com a assistência da Comissão de Energia Atômica da França, na usina de Dimona, localizada no deserto de Negev, ao sul de Jerusalém, eludindo a Agência Internacional de Energia Atômica e o próprio governo dos Estados Unidos[74]. Carl Ducketts, alto funcionário da CIA, calculou que Israel, em 1968, dispunha de três bombas atômicas, fabricadas com duzentas libras de urânio enriquecido, contrabandeadas dos Estados Unidos, pelo judeu americano Zalman Shapiro[75]. O agente do Mossad Ari Ben-Menasche revelou em suas memórias que entre 1968 e 1973 Israel havia fabricado treze bombas atômicas, cada qual com um poder destrutivo três vezes maior do que as que arrasaram Hiroshima e Nagasaki[76]. Mas não queria revelar que estava a adquirir capacidade nuclear com receio de que os judeus nos Estados Unidos e em outras partes do mundo reprovassem esse esforço e diminuísse o apoio financeiro que lhe davam. Mas, quando as tropas árabes continuaram a avançar, o general Moshe Dayan, ministro da Defesa, deu o alerta nuclear e colocou em prontidão 24 bombardeiros B-52, com as 13 bombas atômicas que possuía[77]. Seu propósito não era propriamente lançá-las, mas induzir os Estados Unidos a tomarem uma atitude mais decisiva com respeito à União Soviética e forçá-la a conter a Síria e o Egito[78]. Ameaçou provocar o Armageddon.

Ao contrário de Kennedy e de Johnson, empenhados em não permitir a proliferação de armas nucleares, Nixon e Kissinger convenceram-se de que as ambições de Israel eram justificadas e compreensíveis[79]. Essa atitude permissiva da Casa Branca diante do fato de que Israel possuía uma bomba atômica ou, pelo menos, os seus componentes disponíveis influiu sobre toda a burocracia de Washington, inclusive sobre os funcionários encarregados do monitoramento de embarques de materiais sensíveis. Porém, desde 1948, todos os presidentes dos Estados Unidos debateram-se com o problema gerado pela divisão da Palestina. De um lado, não podiam deixar de compreender o nacionalismo palestino e as reivindicações dos refugiados, e tentaram estabelecer uma paz duradoura no Oriente Médio, porquanto também necessitavam um bom relacionamento com os países árabes, produtores de petróleo. Do outro, Israel constituía no Oriente Médio um baluarte contra o comunismo e a União Soviética, aliada virtual dos países árabes, e qualquer posição mais dura contra suas ambições nucleares poderia desencadear reação da comunidade judaica, que representava importante fator eleitoral nos Estados Unidos, devido à sua enorme influência econômica, financeira e política.

Nixon entendeu que a Síria e o Egito não teriam atacado Israel sem o conhecimento da União Soviética ou mesmo o seu encorajamento. Os Estados Unidos dispuseram-se a respaldá-lo. E instituíram uma ponte-aérea (*airlift*), para levar-lhe armamentos e munições. Divergências surgiram então com os aliados da Europa Ocidental, pois não consentiam que os aviões americanos sobrevoassem seus territórios[80]. Apesar da surpresa do ataque, Israel conseguiu, no entanto, recuperar-se, contra-atacou, violentamente, bombardeando Damasco, ocupando as colinas de Golan e cercando as tropas egípcias no Sinai. Durante a guerra do Yom Kippur, Israel entrou duas vezes em alerta nuclear, mas terminou por conter e repelir a ofensiva, ao derrotar as tropas da Síria e do Egito, que, aparentemente não pretenderam avançar além das fronteiras pré-1967.

Os países árabes, integrantes da OPEC[81], aproveitaram a guerra do Yom Kippur para compensar as perdas com a desvalorização do dólar, e usaram, pela primeira vez, o petróleo como arma e instrumento de pressão, suspendendo o fornecimento aos países que apoiavam Israel. O preço do barril saltou assim de US$ 2,90, em setembro, para US$ 11,65, em dezembro. Esse acontecimento abalou a economia mundial, afetando a Europa Ocidental, Japão e, particularmente os Estados Unidos, onde o consumo saltara de 3,2 milhões de barris diários, em 1970, para 6,2 milhões diários, em 1973, levando a Arábia Saudita a aumentar sua participação na exportação mundial de 13%, em 1970, para 21%, em 1972[82]. E Nixon, orientado por Kissinger, recorreu à ação diplomática, a fim de evitar irreparável ruptura com o Egito e a confrontação com a União Soviética, com a qual os Estados Unidos se uniram para aprovar na ONU uma Resolução demandando o cessar-fogo. A extrema-direita de Israel, que pretendia continuar a guerra, reagiu, porém, o General Moshe Dayan, ministro da Defesa, advertiu no Knesset (Parlamento): "*I tell you gentlemen, the tanks and ammunition our forces are firing in Egypt three weeks ago were in the United States*"[83]. E o conflito terminou sem que Israel devolvesse os territórios ocupados em 1967, quandos países árabes sofreram o seu mais grave e humilhante revés e a Jordânia perdeu o West Bank e Jerusalém, a Síria, as colinas de Golan e o Egito, o deserto do Sinai. O Egito só não sofreu derrota mais séria devido à pressão dos Estados Unidos e não por causa dos armamentos, que a União Soviética lhe fornecera. Contudo, o embargo das exportações de petróleo, ao quadruplicar o preço do barril e derrubar as bolsas de valores, impulsou a inflação em vários países, inclusive os Estados Unidos, e as potências industriais acabaram o ano de 1974 com um déficit de cerca de US$ 11 bilhões, e os subdesenvolvidos, de quase US$ 40 bilhões. Foi o mais severo choque sofrido pelo sistema monetário internacional desde a Segunda Guerra Mundial.

Kissinger, no entanto, intensificou os esforços para cooptar o presidente do Egito, Anwar Sadat, que já havia afastado os assessores soviéticos, um anos antes da guerra do Yom Kippur, desiludido com os dirigentes do Kremlin, e passara a manter, imediatamente, um bom relacionamento com Nixon[84]. E, em meados de dezembro, foi inaugurada em Genebra a conferência de paz, tendo os Estados Unidos e a União Soviética na co-presidência. Pela primeira vez na história da disputa entre os países árabes e Israel, as duas partes sentaram-se para negociar. Ao mesmo tempo, o Irã, o único entre os países muçulmanos que não paralisara as exportações de petróleo para os Estados Unidos, passara a receber, como contrapartida, mais e mais armamentos, cujo valor atingiu o montante US$ 21 bilhões, contra apenas US$ 1,2, entre 1950 e 1971[85]. O governo do Xá Reza Pahlavi, gastando cerca de 25% do orçamento em despesas militares, comprou os mais avançados aviões de guerra — 225 F-4s, 41 F-5s, 80 F-14s, 160 F-16s e 900 helicópteros. E ao Irã os Estados Unidos enviaram 5 mil assessores militares e mais 40.000 civis para operar nos campos de petróleo e refinarias, bem como construir sistemas de telefone, modernos portos e aeroportos. Eles viviam em casas de estilo rural, em colônias americanas, compravam gêneros alimentícios e utensílios importados e se recusavam a falar Farsi, o idioma do Irã, que se tornara no Oriente Médio um *pivotal country*, com o qual os Estados Unidos pretenderam conter a expansão da União Soviética na região e promover a criação de um Estado ocidentalizado por meio de um regime de força, ditatorial. Afigurava-se de enorme importância estratégica para o Ocidente em virtude de sua grande população, riquezas naturais, e posição geográfica, entre a União Soviética e os campos de petróleo e os portos do Golfo Pérsico — e do Afeganistão e Paquistão e Índia. Entretanto, embora fosse um dos três maiores produtores de petróleo, a maior parte da população do Irã vivia extremamente pobre e seguia a religião islâmica, refratária aos costumes capitalistas do Ocidente, que o xá Reza Pahlavi insistia em introduzir.

Notas

1. Haig, 1992, pp. 242-247.
2. Id., ibid., p. 251.
3. O que sacrifica sua vida por uma causa.
4. Hersh, 1983, pp. 465-480.

5. Hersh, 1983, pp. 465-480.
6. Id. Ibid., pp. 250-257.
7. Nixon, 1978, p. 488.
8. Fulbright, 1989, p. 30.
9. Memorandum for the President. White House. Information. Top Secret/Sensitive. Exclusively eyes only. From Henry Kissinger. Subject: Contact with the Chinese. 09/12/70. National Security Archive Files. Nixon, 1978, p. 554.
10. Id., ibid., p. 554.
11. Kissinger, 1979, pp. 741-755.
12. Id., ibid., p. 745.
13. Corson, 1968, p. 30. O secretário de Estado, nas negociações de Genebra sobre a guerra na Indochina, em 1954, recusara-se a apertar-lhe a mão. Os Estados Unidos não reconheciam a República Popular da China.
14. Memorandum for: The President Files. Subject: Meeting Between President Dr. Kissinger and general Haig, Thursday, July 1, Oval Office. Top Secret/Sensitive/ Exclusively Eyes Only. National Security Archive Files. Kissinger, 1979, p. 684-718.
15. Memorandum of Conversation, Sensitive/Exclusively eyes only. Tuesday, February 22, 1972 — 2:10 p.m.-6:00 p.m; Memorandum of Conversation, Wednesday, February 23, 1972 — 2:00 p.m.-6:00 p.m; Memorandum of Conversation, Thursday, February 24, 1972 — 5:15 p.m.-8:05 p.m.; Memorandum of Conversation, Friday, February 25, 1972 — 5:45 p.m.-6:45 p.m.; Memorandum of Conversation, Saturday, February 26, 1972 — 9:20 p.m.-10:05 p.m.; Memorandum of Conversation, Monday, February 28, 1972 — 8:30-9:30 a.m. National Security Archive Files. Vide também Nixon, 1978, pp. 559; Kissinger, 1979, pp. 1049-1096.
16. Id., ibid., 746.
17. Bundy, 1998, pp. 289-290.
18. Haig, 1992, p. 278.
19. Isaacs, 1984, p. 27.
20. Kissinger, 1979, pp. 271-272, 297-298.
21. Bundy, 1998, p. 361. De 1947 a 1948, o Paquistão, constituído então como Estado muçulmano, estivera em guerra contra a Índia, da qual se separara, por causa do controle de Kashimir. A guerra só terminou em janeiro de 1949, por mediação da ONU, com a promessa de que se realizaria um plebiscito em Kashimir, para decidir com qual dos dois países se integraria. A segunda guerra foi travada em 1965, mas a ONU apelou para o cessar-fogo, mas a Índia já havia tido 3 mil baixas e o Paquistão, 3.800. Mas a disputa sobre Kashimir nunca foi resolvida. E, em 1971, irrompeu outra guerra contra a Índia, decorrente da cisão entre o Paquistão Leste e o Paquistão Oeste, em conseqüência da eleição ocorrida em dezembro de 1970. O xeique Mujiber Rehman, liderando a Liga Awami, e venceu por maioria esmagadora no

Paquistão Leste (Bangladesh), enquanto Zulfikar Ali Bhuto, do Partido do Povo, triunfou no Paquistão Ocidental. Embora houvessem decidido governar juntos, o Paquistão Leste pretendeu, porém, emancipar-se do Paquistão Ocidental. A Índia apoiou o movimento separatista e em 1972 Bangladesh proclamou-se Estado independente. A China apoiava o Paquistão Ocidental e afigurou-se a Kissinger como um aliado tácito contra a expansão da influência soviética. Kissinger valorizava, sobretudo, os países com enorme extensão territorial e população.

22. Kissinger, 1979, p. 363.
23. Nixon, 1978, p. 729.
24. Id., ibid., pp. 742-743.
25. Lens, 2003, pp. 419-420.
26. Extratos do acordo de Paris in Isaacs, 1984, pp. 65-68.
27. p. 69, 333.
28. Id., ibid., pp. 12-15.
29. Id., ibid., p. 11.
30. Bundy, 1998, p. 490.
31. Isaacs, 1984, p. 232.
32. Johnson, 2001, p. 21
33. Tocqueville, 1968, pp. 52-56.
34. Memorandum for the Record: Subject: Gênesis of Prokect FUBELT. 16 September 1970. a) William V. Broe, Chief — Western Hemisphere Division, in Kornbluh (ed.), 2003, Doc. 2. CIA Memorandum, "Genesis of Project FUBELT, Sep. 16., p. 37. Vide também Dinges, 2004, pp. 19-20.
35. Memorandum for the President. Henry Kissinger. Subject NSC Meeting, November 6 — Chile. White House, November 5, 1970. Pinochet File. National Security Archive.
36. Ibid.
37. Kissinger se referia ao governo de Josip Broz Tito, da Iugoslávia, que era socialista, mas rompera com a União Soviética.
38. Memorandum for the President. Henry Kissinger. Subject NSC Meeting, November 6 — Chile. White House, November 5, 1970. Pinochet File. National Security Archive.
39. Nixon, 1978, pp. 489-490.
40. Kissinger, 1979, p. 659.
41. Id., ibid., pp. 659-661.
42. Apud Kornbluh (ed.), 2004, p. 3.
43. Id., ibid., p. 3.
44. Covert Action. Hearings before Select Committee to Study Governmental Operations with Respect to Intelligence Activities of the United States Senate. Ninety-

Fourth Congress, First Sectional, Volume 7, December 4 and 5, 1975, Washington: U.S. Government Printing Office, 1976, p. 156.

45. A denúncia foi publicada pelo jornalista americano Jack Anderson, em 21 e 22 de março de 1972. Vide Anderson, 1974, pp. 53-57, 150-151. Kissinger, 1982, pp. 389-391. Fac-símile do documento in Documentos Secretos de la ITT. Fotocopia de los originales en inglés y traducción en castellano. Santiago: Secretaría General del Bierno — Empresa Editora Nacional Quimantu, 1972.
46. A CIA gastou no Chile, entre 1963 e 1963, cerca de US$ 13,4 bilhão. Covert Action. Hearings before Select Committee to Study Governmental Operations with Respect to Intelligence Activities of the United States Senate. Ninety-Fourth Congress, First Sessional, Volume 7, December 4 and 5, 1975, Washington: U.S. Government Printing Office, 1976, p. 95. Covert Action in Chile 1963-1973. 94th Congress 1st Session Committee Print — Staff Report of the Select Committee To Study Governmental Operations with Respect to Intelligence Activities. United States Senate. December 18, 1975. Printed for the use of the Select Committee to Study Governmental Operations with Respect to Intelligence Activities. Washington: U.S. Government Printing Office 63-372. 1975. Kissinger, 1979, pp. 665-669.
47. FU era o criptônimo com que a CIA designava o Chile. BELT pareceu inferir as operações para o estrangulamento econômico e político do Chile, de modo que ele não alcançasse a presidência. Quando os documentos foram apresentados ao Church Committee em 1975, o significado do codinome permaneceu secreto. Kornbluh, 2003, n.2, p. 513.
48. Id, ibid., p. 673-374.
49. Kissinger, 1979, pp 667-670.
50. "*Sanitized*" para ocultar a origem, apagando as marcas.
51. "*According to declassified documents, the CIA provided three submachine guns to one group of plotters at 2 a.m. on the day of the kidnapping.*" Dinges, 2004, p. 20. Davis, 1985, pp. 8-10. Kornbluh, 2003, pp. 22-28. Trento, 2001, pp. 378-384. Powers, 1979, pp. 298-304. A CIA nega que o assassinato fora cometido com as metralhadoras por ela fornecidas.
52. Davis, 1985, p. 10.
53. Kissinger, 1982, p. 374.
54. Id., ibid., p. 377.
55. Id., ibid., p. 376.
56. Id., ibid., pp. 378-379.
57. Id., ibid., p. 403.
58. Id., ibid., p. 410.
59. Id., ibid., pp. 410-411.

60. Memorandum. National Security Council. Secrets/NODIS. Informatiom. Memorandum for Dr. Kissinger. From Arnold Nachmanoff. Subject: Memcon of your Meeting with President Medici of Brazil — December 8, 1971. Ibid.
61. O presidente do Brasil, Emílio Garrastazu Médici, visitou Washington entre 7 e 9 de dezembro de 1971, quando ainda não estava definido o resultado das eleições no Uruguai, realizadas em 8 de novembro daquele ano. Em vários dos memorandos sobre as conversações com Médici, Nixon referiu a colaboração do Brasil no sentido de influenciar as eleições uruguaias. Henry Kissinger remarcou o apoio de Médici à Doutrina Nixon, segundo a qual uma nação como o Brasil desempenharia o papel de potência regional, subsidiária, atuando pelos interesses dos Estados Unidos. Líderes da Frente Amplia denunciaram que os Estados Unidos e o Brasil estavam a mover uma campanha de intimidação contra seus candidatos. E após um controvertido atraso de mais de dois meses, em 15 de fevereiro de 1972, o Tribunal Eleitoral anunciou a vitória de Juan Maria Bordaberry, do Partido Colorado, com 41% dos votos.
62. "Brazilian helped rig the Uruguayan elections" — disse Nixon a Heath. Memorandum. Top Secret/Sensitive/Exclusively eyes only. White House — December 20, 1971. Memorandum. Top Memorandum the President's File. From: Henry a Kissinger. Subject: The President's Private Meeting with British Prime Minister Edward Heath on Monday, December 20, 1971, 1:30 — 5:00 p. m., in Sitting Room of Government House, Bermuda. Participants: The President, Prime Minister Heath, Henry A. Kissinger, Sir Burke Trend, Secretary of the Cabinet. National Security Archive Files.
63. Detalhes, vide em Moniz Bandeira, 2003, pp. 385-403. Roper, Christopher, "Estados Unidos y América Latina — La Política del presidente Nixon" in *Estrategia*, março/abril 1972, nº. 15, pp. 33-42.
64. Black, 1977, p. 55.
65. Sanguinetti, J. M. — "Anatomia da Crise — Bem Nacional o Golpe Uruguaio", in *O Estado de São Paulo*, São Paulo, 13.06.1974, p. 24. *La Opinión*, Buenos Aires, 13/07/1973. *O Globo*, Rio de Janeiro, 25/05/1974.
66. Korry, Edward M., "Confronting our Past in Chile" in *Los Angeles Times*, 08/03/1981, sec. 6, p. 5, apud Davis, 1985. pp. 331-332.
67. Department of State, Secret/NODIS, "Secretary's Staff Meeting, October 1, 1973. National Security File.
68. De acordo com os cálculos do Comitê Nacional de Defesa dos Direitos do Povo (CODEPU), a ditadura de Pinochet, em apenas quatro anos, ou seja, entre 1984 e 1988, foi responsável por 11.536 violações dos direitos humanos.
69. Apud Schoultz, 1987, p. 116.

70. A promiscuidade do governo americano com as grandes corporações é tão grande que John McCone, diretor da CIA na administração de Kennedy, era diretor da ITT, ao tempo do golpe militar no Chile. Anderson, 1974, pp. 152-153.
71. Nixon, 1978, p. 921.
72. Id., ibid., pp. 920-921. Kissinger, 1994, p. 739. Vide também Powers, 1979, pp. 457-458.
73. O pai da bomba atômica de Israel foi o cientista Ernst David Berman, filho de um rabino que fugira da Alemanha nazista, com o apoio do primeiro-ministro David Ben-Gurion. Esse programa nuclear foi impulsionado em meados dos anos 1950 do século XX por Shimon Peres, quando diretor-geral do Ministério de Defesa. O primeiro reator nuclear de Israel foi estabelecido perto do Mediterrâneo, em Nahal Sorek. E a França, então em guerra contra os árabes na Argélia, cedeu materiais atômicos e cientistas, que colaboraram com os israelenses. Hersh, 1991, pp. 19-46. Bem-Menasche, 1992, pp. 199-211.
74. Hersh, 1991, pp. 11, 20-25, 60-61, 68-70.
75. Id., ibid., pp. 241-242.
76. Ben-Menasche, 1992, p. 208.
77. Id., ibid., p. 208.
78. Hersh, 1991, pp. 223-231.
79. Id., ibid., pp. 209-215.
80. Kissinger, 1994, p. 537.
81. A Organization of Petroleum Exporting Countries (OPEC) foi fundada em 1960, como um cartel para coordenar as políticas de produção de petróleo dos seus membros, cuja maioria era do Oriente Médio, como Irã, Iraque, Kuwait, Arábia Saudita. Estados africanos, como Líbia, Argélia e Nigéria, assim como a Venezuela, também integraram a OPEC.
82. Unger, 2004, p. 36.
83. Apud Schulzinger, 1990, p. 306.
84. Haig, 1952, p. 459.
85. Schulzinger, 1990, p. 309.

Capítulo XVIII

A UNIDADE DOS "*PLUMBERS*" E O ARROMBAMENTO DE WATERGATE • A PRISÃO EM FLAGRANTE E A LIGAÇÃO DOS ARROMBADORES COM A CIA E A CASA BRANCA • A DENÚNCIA DO *WASHINGTON POST* • O ESCÂNDALO • A TENTATIVA DE IMPEDIR AS INVESTIGAÇÕES • EVIDENCIADA A CULPABILIDADE DE NIXON E DOS SEUS ASSESSORES • O PROCESSO DE *IMPEACHMENT* • A RENÚNCIA • O PERDÃO DO PRESIDENTE FORD

Embora quase todas as tropas americanas já houvessem sido removidas do Vietnã (o Camboja ainda estava sob intensos bombardeios), a crise política e moral nos Estados Unidos aprofundava-se, em meio dos problemas econômicos e financeiros, desde a reeleição de Nixon, em 1972. Em 4 de setembro de 1973, nove dias antes da derrubada de Allende, John Ehrlichman, principal assessor de Nixon, e George Gordon Liddy, assistente especial da Casa Branca, foram indiciados pela Justiça, em conexão com o arrombamento, sem uma ordem judicial de busca e apreensão, do consultório do psicanalista Lewis Fielding, psiquiatra de Daniel Ellsberg, que em 1971 revelara os documentos secretos do Pentágono sobre a guerra no Vietnã. O escândalo, no entanto, ia muito além do arrombamento do consultório de Lewis Fielding.

Os assessores de Nixon haviam criado na Casa Branca uma *Special Investigations Unit*, apelidada *The Plumber's Unit*, com o propósito, aparentemente, de investigar e parar o vazamento de informações sensíveis, como acontecera com a revelação dos documentos do Pentágono por Daniel Ellsberg. Organizaram, assim, o mais ambicioso aparato político de espionagem, que qualquer partido americano jamais teve. As atividades da *Plumber's Unit* eram, porém, muito mais amplas. Seus agentes invadiam arquivos particulares, punham escutas em telefones de repórteres, promoviam ataques às manifestações contra a guerra, implantavam *agents provocateurs* para instigar os radicais a cometerem ilegalidades, simulavam provas contra oponentes, usavam o Internal Revenue Service (IRS), o serviço de receita, para molestar políticos e realizavam ampla campanha de espionagem política[1]. Porém, na madrugada de 16 para 17 de junho de 1972, Frank Wills, agente de segurança do complexo imobiliário de Watergate, em Washington, chamou a polícia, às 2h30 da madrugada, ao perceber que cinco indivíduos haviam arrombado o Democratic National Committee, que lá funcionava. Dos cinco arrombadores[2], todos presos em flagrante, quatro eram cubanos exilados, que haviam trabalhado para a CIA e participado da invasão da Baía dos Porcos, em 1961[3]. Eles tinham um cheque de US$ 690, emitido por Edward Howard Hunt, agente da CIA, um dos dirigentes da *Plumber's Unit*[4]. E o quinto, um americano, James McCord, também ex-agente da CIA, era o chefe da segurança do Comitê Nacional do Partido Republicano e do Committee to Re-elect the President (CREEP). Eles integravam a Special Investigations Unit, a *Plumber's Unit* da Casa Branca. E as investigações subseqüentes descobriram que já antes haviam entrado, ilegalmente, no Comitê Nacional do Partido Democrata, logo após o Memorial Day[5], a fim de instalar aparelhos de escuta, gravadores eletrônicos e aparelhos para fotografar documentos. Um dos objetivos, *inter alia*, consistia em saber quais eram os doadores de dinheiro para a campanha de George McGovern, candidato do Partido Democrata, e conhecer os planos de campanha. Essa operação fora planejada por John N. Mitchell, antigo procurador-geral, que controlava fundos secretos do Partido Republicano para financiar uma vasta rede de inteligência, G. Gordon Liddy, ex-agente do FBI e funcionário da Casa Branca, e E. Howard Hunt, ambos dirigentes do CREEP, e aprovada por John Ehrlichman e H. R. (Bob) Haldeman, principais assessores de Nixon[6]. Eles haviam sancionado várias outras operações, ainda mais sinistras: Operation Sandwedge, Operation Diamond, Operation Ruby, Operation Crystal, Operation Sapphire, entre outras. Tais operações tinham variados propósitos, tais como coletar inteligência, monitorar, por meios eletrônicos, telefonemas e conversações dos senadores Edmund

Muskie e Edward Kennedy, assim como de outros líderes do Partido Democrata; infiltrar *agents provocateurs* entre os manifestantes contra a guerra na Indochina[7]; seqüestrar presuntivos líderes de potenciais demonstrações contra a Convenção Nacional Republicana e transportá-los para a América Central e o México; sabotar a reunião do Partido Democrata no Miami Beach Convention Center, danificando o sistema de ar condicionado e a iluminação; usar prostitutas, *high-class call girls*, para comprometer e chantagear delegados à Convenção Democrática Nacional[8], falsificar cartas e investigar vidas privadas e praticar vários outros ilícitos penais[9]. Segundo Leonard Garment, conselheiro de Nixon, o "*evil genius*" fora Charles W. Colson, Conselheiro Especial de Nixon, cujos principais assessores, H. R. Haldeman e John Ehrlichman, estavam informados da operação. "(...) *If Haldeman and Ehrlichman were involved, it was nearly inconceivable that the President had been completely ignorant*", conforme o próprio Kissinger observou[10].

Nixon não devia estar alheio a tais planos. Quando soube da prisão dos *plumbers* no Watergate, sua reação foi pragmática, "*also cynical*", conforme ele próprio a definiu, explicando que o "*cynicism*" nasceu da experiência, pois havia muito tempo estava na política e vira todas as coisas, "*from dirty tricks to vote fraud*"[11]. "*I could not muster moral outrage over political bugging*", escusou-se. E, alegando que a escuta clandestina sempre existiu desde a invenção do telefone, lembrou que um antigo membro da equipe de Adlai Stevenson, duas vezes candidato do Partido Democrata à presidência dos Estados Unidos[12], declarou publicamente que ele havia monitorado as linhas telefônicas de Kennedy, durante a convenção do Partido Democrata, em 1960[13]. Johnson também lhe disse que percebera que Kennedy mandara monitorar seus telefones, assim como Barry Goldwater sentiu que suas comunicações estavam sendo clandestinamente interceptadas, quando foi candidato do Partido Republicano, na campanha de 1964. O próprio diretor do FBI, J. Edgard Hoover, contou a Nixon que Johnson ordenara o monitoramento de seus telefones, durante a campanha de 1968[14]. A prática da espionagem, da interceptação clandestina de conversações e telefonemas, e não apenas dos candidatos na competição eleitoral, sempre foi constante na política americana. Kennedy ordenara a monitoração do quarto do hotel onde Martin Luther King se hospedava, bem como os quartos do pessoal do *lobby* do açúcar, e seu irmão Robert, como procurador-geral, ordenara a investigação das fraudes fiscais, no Internal Revenue Service (IRS), contra dezessete organizações de direita[15], bem como determinara o monitoramento do apartamento do comediante Dan Rowan, ator de filmes e programas de televisão com Dean Martin, por suspeitar que ele também tinha relações amorosas com sua amante Phyllis McGuire[16]. Também em 1961 e 1962, com autorização de Robert Kennedy, os telefones do congressista Harold D. Cooley, do Partido Democrata e presidente do Comitê de Agricultura da House of Representatives, foram monitorados no curso de uma investigação sobre o *lobby* do açúcar em favor da República Dominicana[17], bem como do jornalista Lloyd Norman, correspondente da *Newsweek* no Pentágono, para descobrir o vazamento de um documento classificado[18].

As ilegalidades e outros atos ilícitos e criminosos ou arbitrários, cometidos pelos presidentes dos Estados Unidos, no âmbito doméstico, não se restringiram, porém, a essas iniciativas de espionagem. Abraham Lincoln suspendera a ordem de *habeas corpus*, durante a Guerra Civil (1860-1864), violando a 6ª Emenda da Constituição, a pretexto de assegurar a tranqüilidade interna para salvar a União[19]. E afirmara que as ações que poderiam ser de algum modo inconstitucionais poderiam tornar-se legais se empreendidas com o propósito de preservar a Constituição e a nação. Andrew Johnson, seu sucessor, foi acusado de violar o Tenure of Office Act[20] e sofreu um processo de *impeachment*, do qual escapou apenas por um voto, no Senado. Roosevelt violou a 1ª e a 4ª Emendas, ao mandar prender em campos de concentração os americanos-japoneses, depois de Pearl Harbor, a título de segurança[21]. Tais pretextos serviam para justificar e encobrir todas as violações dos direitos civis, da *Bill of Rights*. A penetração clandestina dos *plumbers* no complexo hoteleiro de Watergate não constituiu, portanto, um caso isolado, não foi como um trovão e um raio em um céu sem nuvens. Clima havia para qualquer tipo de ilegalidade e de fraude, e até mesmo para fraudes fiscais, pois Johnson, quando presidente, deduzira milhões de dólares de seus impostos, como doações, e dissera a Nixon que ele seria tolo se não fizesse o mesmo[22].

A mesma equipe de *plumbers*, chefiada por Frank Fiorini Sturgis, já havia arrombado, semanas antes, a sede da Embaixada do Chile, em Washington[23]. A prisão em flagrante, na sede do Comitê Nacional do Partido Democrata no Watergate, gerou, porém, um escândalo, quando os jornalistas Bob Wooward e Carl Bernstein, dias depois do incidente, publicaram no *Washington Post* que um dos cinco detidos era assalariado do comitê pela reeleição de Nixon[24]. Os mesmos jornalistas noticiaram, posteriormente, que um cheque de US$ 25.000, procedente dos fundos da campanha de Nixon, fora depositado em um banco de Miami por um dos cinco presos no arrombamento do quartel-general do Partido Democrata, Bernard L. Barker, cubano que trabalhara para a CIA e participara da invasão da Baía dos Porcos[25]. A partir daí, o FBI e o General Accounty Office of Federal Elections (GAO), órgão do Congresso, encarregaram-se da investigação[26]. A auditoria realizada nas finanças da campanha de Nixon comprovou que o antigo secretário do Comércio, Maurice H. Stans, que chefiava o levantamento dos fundos, possuía ilegalmente no cofre do seu gabinete a importância de US$ 350.000,00[27]. E *The Washington Post*, em seguida, denunciou que esse montante de dinheiro — US$ 350.000,00 — era usado, em parte, para a obtenção de inteligência.

As denúncias não pararam. Carl Bernstein e Bob Woodward, crescentemente cépticos com respeito ao inquérito, decidiram então aprofundar com seus próprios meios a investigação do caso[28]. Bob Woodward tinha uma fonte no Executivo, com acesso à Casa Branca, Departamento de Justiça, FBI e CREEP, e através dela, que passou a chamar de *Deep Throat*, o título de conhecido filme pornográfico, para não identificá-la, começou a receber informações e todas as pistas relativas ao caso de Watergate[29]. Assim *The Washington Post* descobriu e denunciou que John N. Mitchell, antigo procurador-geral, controlava o fundo de espionagem ou "*secret fund*", como era chamado, para coletar inteligência a respeito do Partido Democrata[30]. E, na edição de 10 de outubro de 1972, revelou que os agentes do FBI haviam estabelecido que o incidente no Watergate Hotel, em que os cinco indivíduos foram presos instalando aparelhos de escuta e monitoração no Comitê Nacional do Partido Democrata, decorreu de intensa campanha de espionagem e sabotagem, em favor da reeleição de

Nixon, dirigida pelos funcionários da Casa Branca e do Committee for the Re-election of the President. De acordo com as informações do FBI e do Departamento de Justiça, pelos menos cinqüenta agentes secretos de Nixon estavam a viajar através do país para desorganizar e espionar a campanha do Partido Democrata[31]. Centenas de milhares de dólares, das contribuições para a campanha de Nixon, foram destinados a financiar a esforço secreto de sabotagem e espionagem, visando a desacreditar o candidato e perturbar a campanha do Partido Democrata[32].

Conquanto o inquérito prosseguisse e Bob Woodward e Carl Bernstein houvessem desvelado os fios que conduziam a trama aos porões da Casa Branca, não houve maior reação por parte do público, em face das notícias publicadas[33]. Nixon, com o slogan "*Elect Richard M. Nixon — World War II Veteran*" — apelou para o patriotismo chauvinista, como sempre os republicanos fizeram desde o fim da Guerra Civil (1860-1864), e foi reeleito, em 7 de novembro de 1972, com 60,7%, uma das mais largas margens na história política dos Estados Unidos, derrotando o senador George McGovern, candidato do Partido Democrata[34]. Pensou que tinha imenso poder. Mas a euforia durou pouco tempo. Dez dias depois que Nixon assumiu seu segundo mandato, o juiz distrital de Washington, John J. Sirica, em 30 de janeiro de 1973, condenou G. Gordon Liddy e James W. McCord, ex-agentes da CIA e do FBI, como culpados de conspiração, arrombamento e captura ilegal de conversações e comunicações[35]. E, em 7 de fevereiro, o Senado criou o Select Committee on Presidential Campaign Activities, presidido pelo Senador Sam Ervin, do Partido Democrata, para investigar o caso de Watergate. E as audiências começaram no dia 17. Confiante nos poderes quase ilimitados do presidente, Nixon enfrentou o escândalo de Watergate de forma arrogante e prepotente. Já havia tentado abafar o processo no grande júri federal. E, juntamente com H. R. Haldeman e John Ehrlichman, continuou buscando obstruir a investigação realizada pelo comitê do Senado e a Justiça, a fim de impedir que seus assessores fossem punidos. Mas não teve êxito. As confissões e revelações sucederam-se. Comprometeram mais e mais H.R. Haldeman, John D. Ehrlichman e o procurador-geral Richard G. Kleindienst, que não tiveram alternativa senão admitir sua responsabilidade e renunciar aos seus cargos no governo[36]. H. H. Haldeman era o principal substituto do presidente dos Estados Unidos. Quando ele atuava, fazia-o em nome do presidente. Dada a natureza de suas relações com Nixon, parecia improvável que ele se envolvesse em tais articulações, financiando operações clandestinas, sem a sua implícita ou explícita aprovação, especialmente no caso em que tais operações clandestinas representavam a estratégia básica da campanha pela sua reeleição[37].

Com a revelação do nome de Haldeman, Nixon perdeu a última linha de defesa. Sua culpabilidade tornou-se evidente. John W. Dean III, seu conselheiro, confessou a um dos senadores que havia conversado, pelo menos 35 vezes, com Nixon sobre a necessidade de abafar o escândalo e que lhe dissera, certa vez, que havia um câncer crescendo na Casa Branca e que, se não fosse removido, terminaria por matar o presidente[38]. E, ao testemunhar perante o comitê do Senado, confirmou que Nixon teve conhecimento prévio de todos os pagamentos para obter o silêncio dos conspiradores de Watergate e que lhes oferecera a clemência do Executivo, se eles assumissem a responsabilidade. Entrementes, os promotores da Justiça encontraram um *memorandum* endereçado a Ehrlichman, pelos funcionários da Casa Branca, David Young e Egil (Bud) Krogh, datado de 3 de setembro de 1971, descrevendo em detalhes os planos para arrombar o consultório do psiquiatra de Daniel Ellsberg[39]. E Alexander Butterfield, assessor presidencial, informou ao comitê do Senado que todas as conversações sobre o caso de Watergate foram gravadas na Casa Branca. Nixon ficou chocado. Nunca imaginara que esse sistema de gravação fosse revelado[40]. E percebeu que com a revelação da existência das fitas e sua decisão de não as destruir seu governo tinha poucas chances de sobreviver até o fim do mandato[41]. Partiu então para a maior confrontação constitucional. E a crise aprofundou-se.

Intimado, *subpoena*, pelo comitê do Senado, presidido pelo Senador Sam Ervin, a entregar as fitas com as gravações de suas conversas e telefonemas, ele se recusou a fazê-lo[42], invocando o *executive privilege*[43]. Por sua vez, o promotor especial, Archibald Cox, que havia sido nomeado para acompanhar o caso de Watergate, intimou o conselheiro presidencial J. Fred Buzhart, *subpoena*, para que respondesse perante a Corte Federal a respeito das gravações. E o Senado procedeu da mesma forma, intimando também Leonard Garment, advogado da Casa Branca. Nixon reagiu. Exonerou Cox, aboliu a função de promotor especial, e aceitou a demissão do procurador-geral Elliot L. Richardson e seu adjunto, general William D. Ruckelshaus[44]. Em seguida, por ordem da Casa Branca, agentes do FBI lacraram os gabinetes de Richardson e Ruckelshaus, no Departamento de Justiça, bem como o de Cox na K Street NW. Essa medida fortaleceu ainda mais a convicção, inclusive entre os republicanos, de que Nixon tratava realmente de ocultar alguma coisa".

Entrementes, o vice-presidente Spiro Agnew, acusado de extorsão, conspiração, suborno e fraude fiscal, quando fora chefe do executivo do condado de Baltimore e governador da Maryland, teve de renunciar em 10 de outubro, após declarar *nolo contendere*, ou seja, não contestar a acusação de que havia deixado de informar ao IRS o recebimento de US$ 29.500, em 1967. Nixon não perdeu tempo. Percebera que sua força no Congresso rapidamente se esvaia. E, com base na Section 2 da 25th Amendment da Constituição Americana[45], em 12 de outubro, nomeou Gerald Ford, líder do Partido Republicano na House of Representatives[46], para substituir Agnew como vice-presidente, pois a queda do seu governo já se lhe afigurava inevitável.

Em 23 de outubro oito resoluções, propondo o *impeachment* do presidente, foram introduzidas na House of Representatives. Nixon tentou contornar o impasse, revelando transcrições das fitas, das quais 18 1/2 minutos haviam sido eletronicamente apagados[47], fato que o General Alexander M. Haig Jr., chefe do gabinete de Nixon, não soube explicar ao comitê do Senado e atribuiu-o a "*some sinister force*"[48]. Em março de 1974, seus colaboradores, John N. Mitchel, H. R. Haldeman, John Ehrlichman, Charles Colson, Gordon Strachan, Robert Mardian, Kenneth Parkinson e cerca de 33 outros funcionários da administração foram indiciados por conspirar para impedir a investigação sobre o arrombamento de Watergate. Nixon tentou ainda salvar-se, remetendo ao comitê do Senado 1.254 páginas com as transcrições das conversas, entre setembro de 1972, através de abril de 1973. O Senado, porém, não se satisfez e a Corte Suprema, não reconhecendo o *executive privilege* como fundamento para a recusa, ordenou que Nixon entregasse os originais das 24 fitas e outros documentos[49]. Dois dias depois, em 27 de julho, o Judiciary Committee da House of Representatives aprovou por 27 votos a 11 (21 do Partido Democrata e 6 do Partido Republicano) o primeiro artigo de uma resolução, recomendando o *impeachment* de Nixon e sua remoção da presidência dos Estados Unidos, sob a acusação tentar obstruir a investigação do arrombamento de Watergate e encobrir (*cover up*) outras atividades ilegais[50]. No dia 29, foi aprovado outro artigo, que o acusava de abuso do poder. E no dia 30, mais um, argüindo a recusa de entregar, *subpoena*, as gravações ao comitê do Senado como fundamento para o *impeachment*[51]. A próxima etapa seria a votação dos artigos pelo plenário da House of Representatives, marcada para 19 de agosto.

O senador Edward W. Brooke III, republicano de Massachussetts, foi o primeiro a reclamar, pela televisão, a renúncia de Nixon. O senador Robert W. Packwood, também republicano de Oregon, declarou publicamente a Nixon que "*Watergate has destroyed your ability to inspire and lead the country*"[52]. O general Alexander Haig aconselhou-o a renunciar, antes de entregar as gravações ao Senado[53]. Sua opinião era a de que as gravações destruíram Nixon e que ele, renunciando, ainda poderia preservar sua saúde, "*some fragment of his reputation*", e a possibilidade de recuperar a boa opinião entre seus companheiros[54]. Todavia, não obstante reconhecer a inevitabilidade da renúncia[55], Nixon ainda esperou um milagre, ou seja, que a repercussão das conversas não fosse tão negativa e lhe permitisse uma acomodação com o Congresso. No dia 5 de agosto, liberou as transcrições das conversas que tivera com Haldeman, em 23 de junho de 1972, seis dias depois do arrombamento de Watergate, quando ordenara que o FBI abandonasse as investigações e pretendera que Richard Helms, diretor da CIA, e seu adjunto, general Vernon Walters, trabalhassem para frustrá-las[56]. Em seguida, liberou outras gravações, que confirmavam sua tentativa de encobrir a invasão da sede do Partido Democrata e o conhecimento de que os funcionários da Casa Branca e da CREEP estavam envolvidos no episódio[57]. A repercussão foi extremamente negativa e, no dia 7 de agosto, antigos senadores do Partido Republicano disseram-lhe que a perspectiva de evitar o *impeachment* era sombria. Alternativa não restou a Nixon senão renunciar. No dia 9 deixou a presidência dos Estados Unidos, e Gerald Ford, ao assumir o governo, proclamou que "*our long national nightmare is over*". E aduziu:

> "*Our Constitution works; our great Republic is a government of laws and not of men. Here the people rule. But there is a higher Power, by whatever name we honor Him, who ordains not only righteousness but love, not only justice but mercy*".

Não esperou muito tempo para demonstrar misericórdia. Um mês depois, concedeu Nixon o perdão por quaisquer crimes, ou outros malfeitos, que houvesse cometido, enquanto presidente.

Notas

1. Nevins & Commager, 1986, pp. 636-637.
2. Bernard Barker, Frank Fiorini Sturgis, que seria acusado de participar do assassinato de Kennedy, Virgilio Gonzalez, Eugenio Martinez, James W. McCord. Dois tinham nomes americanos: Bernard Barker, Frank Fiorini Sturgis. Assim começou a primeira notícia que saiu sobre o acontecimento: "*Five men, one of whom said he is a former employee of the Central Intelligence Agency, were arrested at 2:30 a.m. yesterday in what authorities described as an elaborate plot to bug the offices of the Democratic National Committee here. Three of the men were native-born Cubans and another was said to have trained Cuban exiles for guerrilla activity after the 1961 Bay of Pigs invasion. E. Lewis, Alfred — "5 Held in Plot to Bug Democrats' Office Here*". The Washington Post, Sunday, June 18, 1972; Page A01.
3. Kutler (ed.), 1997,
4. Id., ibid., pp. 49-53.
5. Feriado que ocorre na última segunda-feira do mês de maio, em homenagem aos homens e mulheres que tombaram nas guerras. Até 1971 era celebrado no dia 30 de maio.
6. Kutler (ed.), 1997, pp. 43-45.
7. Bernstein & Woodward, 1974, p. 20.
8. Dean III, 1976, pp. 73-88. White, 1975, p. 157. Kissinger, 1982, p. 75.
9. Bernstein & Woodward, 1974, p. 135.

10. Kissinger, 1982, p. 75.
11. Nixon, 1978, p. 628.
12. Adlai Stevenson foi candidato do Partido Democrata e perdeu para Eisenhower, nas campanhas de 1952 e 1956.
13. Nixon, 1978, pp. 628-629.
14. Id., ibid., pp. 628-629.
15. Rangell, 1980, p. 274.
16. Giancana, & Giancana, 1992, p.
17. Esse Comitê de Agricultura controlava a distribuição das cotas de açúcar estabelecidas para as exportações de outros países. Wise, 1976, pp. 296-297.
18. Id., ibid., p. 297.
19. White, 1975, pp. 136-137.
20. Andrew Johnson, do Tennessee, era do Partido Democrata, e assumiu a presidência dos Estados Unidos em virtude do assassinato de Abraham Lincoln. O Tenure of Office Act, aprovado em 1867, tirava do presidente dos Estados Unidos a faculdade de demitir funcionários, cuja nomeação dependesse de confirmação pelo Senado. O Senado é que devia aprovar a remoção. E, quando não estava em sessão, o Tenure of Office Act autorizava o presidente a suspender os funcionários, porém, se o Senado recusasse a demissão, eles deveriam ser reinvestidos no posto. Em meados de 1867, quando o Senado não estava reunido, Johnson, após instá-lo a renunciar, suspendeu o secretário da Guerra, Edwin Stanton, que Lincoln havia nomeado e estava em atrito com ele e o resto do gabinete, conspirando com os republicanos radicais, que queriam frustrar as políticas de reconstrução do sul. Em seu lugar foi nomeado o General Ullysses S. Grant. Em 3 janeiro de 1968, o novo Congresso reuniu-se e recusou a demissão de Stanton por 35 votos a 16. Johnson, no entanto, rechaçou a decisão do Senado, julgando que o Tenure of Office Act, que ele vetara, era inconstitucional por infringir o poder do Executivo. Essa sua atitude deu origem a um processo de *impeachment*, mas ele foi absolvido por apenas um voto no Senado.
21. White, 1975, pp. 137-138.
22. Rangell, 1980, p. 274.
23. Weiner, Tim. "In Tapes, Nixon Talks of Plans for Foreign Embassy Break-Ins," *New York Times*, 26/2/1999. Late Edition — Final, Section A, Page 13, Column 1. Lardner, George, Jr., and Walter Pincus, "Watergate Burglars Broke Into Chilean Embassy as Covert, Tapes Show". *Washington Post*; 26/2/1999; p. A.09. Vide também Wise, 1996, pp. 178-179.
24. Woodward, Bob & Bernstein, Carl. GOP Security Aide Among Five Arrested in Bugging Affair *The Washington Post*, 19/6/1972, p. A01. GOP significa Great Old Party, como é referido popularmente o Partido Republicano.

25. Bernstein, Carl & Woodward, Bob "Bug Suspect Got Campaign Funds". *The Washington Post*. 1/8/1972, p. A01.
26. Watergate. Chronology of a Crisis. Washington: *Congressional Quartely Inc.*, 1973, pp. 3-5.
27. Meyer, Lawrence. "Last Two Guilty in Watergate Plot". *The Washington Post*, 31/1/1973, p. A01.
28. Bernstein & Woodward, 1974, p. 69.
29. Id., ibid., p. 71.
30. Bernstein, Carl & Woodward, Bob. "Mitchell Controlled Secret GOP Fund". *The Washington Post*, 29/9/1972, p. A0.
31. Bernstein, Carl & Woodward, Bob. — " FBI Finds Nixon Aides Sabotaged Democrats", *The Washington Post*, October 10.10.1972, p. A01. Bernstein & Woodward, 1974, p. 135-136
32. Ibid. Nos artigos, que *The Washington Post* publicou, Bob Wooward e Carl Bernstein indicaram o FBI como fonte das informações, aparentemente para desviar as atenções do verdadeiro informante, que estava dentro da Casa Branca. No seu livro *All the President's Men*, publicado em 1974, eles o referiram como *Deep Throat*. Bernstein & Woodward, 1974, p. 150. Os dois jornalistas trataram de proteger a identidade do informante, cujo nome somente quatro conheciam: Woodward, Bernstein e Benjamin C. Bradlee, antigo editor do *The Washington Post*, e a proprietária Katherine Graham. Porém, a identidade de *Deep Throat* nunca foi revelada por nenhum dos quatro. Entre os suspeitos figuraram Henry Kissinger, o general Alexander Haig, os funcionários da CIA, Cord Meyee e William E. Colby, e os agentes do FBI, Patrick Gray, W. Mark Felt, Charles W. Bates e Robert Kunkel.
33. Rangell, 1980, p. 30.
34. Nixon obteve 508 no Colégio Eleitoral e 35,5 milhões na votação popular, contra 17 obtidos por George McGovern no Colégio Eleitoral e 21,5 na votação popular. Broder, David S. — "Nixon Wins Landslide Victory; Democrats Hold Senate, House" . *The Washington Post*, 8/11/1972, p. A01. Roosevelt, em 1934, venceu com 60,8% e Johnson, em 1964, com 61%. White, 1975, p. 169.
35. Meyer, Lawrence. "Last Two Guilty in Watergate Plot". *The Washington Post*. 31/1/1973, p. A01.
36. Stern, Laurence & Johnson, Haynes. "3 Top Nixon Aides, Kleindienst Out; President Accepts Full Responsibility; Richardson Will Conduct New Probe". *The Washington Post*, 1/5/1973, p. A01.
37. Berntstein & Woodward, 1974, p. 178.
38. Bernstein, Carl & Woodward, Bob. "Dean Alleges Nixon Knew of Cover-up Plan". *The Washington Post*, 3/6/1973; page A01. Essa advertência sobre "a cancer — within — close to the Presidency" ocorreu em conversação no Oval Office, em 21

de março de 1973. Está transcrita in Kutler (ed.), 1997, pp. 247-257. Vide também Rangell, 1980, p. 34.

39. Woodward, Bob & Bernstein, Carl. " Break-In Memo Sent to Ehrlichman". *The Washington Post*, 13/6/1973, p. A01.
40. Nixon, 1978, pp. 899-900.
41. Id., ibid., p. 904.
42. Kilpatrick, Carroll. "President Refuses to Turn Over Tapes; Ervin Committee, Cox Issue Subpoenas". *The Washington Post*, 24/7/1973; p. A01.
43. Nixon, 1978, pp. 902-904.
44. Kilpatrick, Carroll Nixon Forces Firing of Cox; Richardson, Ruckelshaus Quit. *The Washington Post*, 21/10/1973; p. A01.
45. A 25th Amendment, proposta pelo Congresso em 6 de julho de 1965 e sancionada em 10 de fevereiro de 1967, permitia que o presidente dos Estados Unidos nomeasse o vice, em caso de vacância do cargo.
46. A nomeação foi confirmada pelo Senado, em 27 de novembro, e pela House of Representatives, em 6 de dezembro de 1973.
47. Esse trecho, segundo indicou o diário de H. R. Haldeman, referia-se à gravação da conversa com Haldeman, em 23 de junho de 1972, na qual Nixon dissera ser necessário impedir que o FBI fosse "*beyond what's necessary in developing evidences and we can keep a lid on that*". Kutler (ed.), 1997, p. 47. No que restou da conversa gravada no dia 23 de junho de 1972, Haldeman, ao referir-se ao dinheiro manejado pela CIA para promover *covert actions*, disse (...) *CIA gets the money as we know, 'cause, I mean their money moves in a lot of a different ways*". E Nixon acrescentou: "*Can imagine what Kennedy would have done with a lot of money?*". Kutler (ed), 1997, p. 70. A gravação não prosseguiu. A secretária particular de Nixon, Rose Mary Woods, confirmou no Senado que apagou cinco minutos da fita, mas alegou que o fez casualmente.
48. Lardner Jr., George. "Haig Tells of Theories on Erasure". *The Washington Post*, 7/12/1073, p. A01.
49. MacKenzie, John P. "Court Orders Nixon to Yield Tapes; President Promises to Comply Fully Justices Reject Privilege Claim in 8-to-0 Ruling". *The Washington Post*, 25.7.1974.
50. Lyons, Richard & Chapman, William. "Judiciary Committee Approves Article to Impeach President Nixon, 27 to 11 — 6 Republicans Join Democrats to Pass Obstruction Charge". *The Washington Post*, 28.7.1974, p. A01
51. O artigo I do *impeachment* concluiu que "*Richard M. Nixon has acted in a manner contrary to his trust as President and subversive of constitutional government, to the great prejudice of the cause of law and justice and to the manifest injury of the people of the United States.* O artigo II acusou-o de atuar pessoalmente para obter

do Internal Revenue Service, "*in violation of the constitutional rights of citizens, confidential information contained in income tax returns for purposed not authorized by law", bem como manipular "the Federal Bureau of Investigation, the Secret Service, and other executive personnel, in violation or disregard of the constitutional rights of citizens, by directing or authorizing such agencies or personnel to conduct or continue electronic surveillance or other investigations for purposes unrelated to national security, the enforcement of laws, or any other lawful function of his office...)". Esse artigo foi aprovado por 28 votos a 10. E o Artigo III apresentou como fundamento para o impeachment o fato de que ele, violando seu juramento e deveres constitucionais, "has failed without lawful cause or excuse to produce papers and things as directed by duly authorized subpoenas issued by the Committee on the Judiciary of the House of Representatives on April 11, 1974, May 15, 1974, May 30, 1974, and June 24, 1974, and willfully disobeyed such subpoenas.*" Foi aprovado por 21 votos a 17.

52. Haig, 1992, p. 441.
53. Nixon, 1978, p. 1057.
54. Haig, 1992, pp. 447 e 478.
55. Nixon, 1978, p. 1064.
56. Powers, 1979, pp. 331-337.
57. Essas fitas tornaram-se conhecidas como *The Smoking Gun* no Judiciary Committee da House of Representatives, porque revelavam o envolvimento de Nixon na invasão do Watergate. Íntegra das transcrições in Kutler (ed), 1978, pp. 67-69. Sobre o episódio vide Powers, 1979, pp. 333-334.

Capítulo XIX

A LUTA POLÍTICA POR TRÁS DE WATERGATE • O ABALO DO *"NEW CONSERVATIVISM"* • O FIASCO DOS ESTADOS UNIDOS NO VIETNÃ • A VITÓRIA DO KHMER ROUGE NO CAMBOJA • A QUEDA DE SAIGON • O CHURCH COMMITTEE E A DEVASSA NA CIA, FBI, NSA E ÓRGÃOS DE INTELIGÊNCIA • A REVELAÇÃO DO ENVOLVIMENTO DA CIA NOS ASSASSINATOS DE NGO DINH DIÊM, LEÔNIDAS TRUJILLO E LUMUMBA • KENNEDY E OS GÂNGSTERES

O general Alexander Haig interpretou o episódio de Watergate como a culminação de longa e larga luta "*between Left and Right*", entre o Congresso e o Executivos, entre a *intelligentsia* e a gente comum pelo controle do governo, dos corações e mentes do povo americano. Em verdade, foi mais uma batalha entre o "*progressive populism*" e o "*conservative populism*" pela predominância nos Estados Unidos. Mas, como o recém-formado advogado pela Universidade de Yale, Bill Clinton, observou, o "*new conservativism*" foi abalado por Watergate, mas não destruído[1]. E a renúncia não acabou o pesadelo nos Estados Unidos. Conquanto Nixon houvesse concertado um cessar-fogo com o Vietnã do Norte e começasse a retirar as tropas americanas nos princípios de 1973, a guerra continuava inconclusa. Em 7 de novembro de 1973, o Congresso derrubara o veto de Nixon à resolução (*War Powers Act*), que limitava a faculdade de o presidente comprometer tropas em hostilidades ou em situação de iminentes hostilidades, no exterior, sem consultá-lo[2]. E também reduzira para US$ 700 milhões o teto de US$ 1 bilhão, aprovado por Nixon, como um dos seus últimos atos, antes de renunciar ao governo. No Vietnã do Sul[3], porém, os combates prosseguiam, sem que as forças dos Estados Unidos, que lá permaneciam, pudessem diretamente intervir. O presidente Gerald

Ford, no começo de 1975, solicitou ao Congresso um adicional de US$ 1 bilhão para assistir o Vietnã do Sul, Laos e Camboja[4]. Não o obteve. "*Congress denied first to me, and then to President Ford, the means to enforce the Paris agreement at a time when the North Vietnamese were openly violating it*", Nixon acusou nas suas memórias[5]. O embaixador dos Estados Unidos em Seul, Graham Martins, e outros asseveraram que os cortes na assistência americana impediram que o governo de Thieu resistisse efetivamente ao avanço dos comunistas. Dos fundos alocados, porém, só dois quintos foram realmente para o Vietnã: o resto fora comprometido com equipamentos que esperavam embarque ou não haviam sido despachados[6].

A questão não estava na quantidade dos recursos nem na qualidade dos armamentos. Os soldados americanos, exatamente porque detinham a mais sofisticada tecnologia e desfrutavam de todo o conforto, não puderam adaptar-se às condições bem primitivas dos pântanos e das *jungles* no Vietnã, às quais os Viet Congs e os soldados norte-vietnamitas, ademais de integrados com a população, estavam perfeitamente adaptados e aclimatados, alimentando-se com arroz e raízes e escondendo seus suprimentos em grandes depósitos subterrâneos, cavados nas montanhas e a coberto dos ataques aéreos. Não se podia esperar, portanto, que as tropas do Vietnã do Sul, desmoralizadas e mal remuneradas, derrotassem os Viet Congs, quando não o conseguiram, mesmo com o suporte de 550.000 soldados americanos, conforme observara o general e diplomata norte-vietnamita Le Duc Tho[7], quando negociava com Kissinger o cessar-fogo, em 1970[8]. E os recursos dos Estados Unidos poderiam prolongar a guerra, mas não os ajudariam a vencê-la, muitos menos ao Vietnã do Sul.

Os bombardeios efetuados pelos aviões americanos foram tão inócuos que não puderam destruir os armamentos e o petróleo, armazenados no Vietnã do Norte, e os Viet Congs e os batalhões de trabalho do Exército norte-vietnamita construíram uma estrada para transporte de tanques e veículos blindados, bem como um oleoduto, entre a província de Quangtri, no delta central do Mekong, até as proximidades de Saigon[9]. Segundo Ford informou em mensagem ao Congresso, na qual solicitara uma dotação suplementar de US$ 300 para assistência militar ao governo de Thieu, Hanói enviara para o sul, ademais de 289.000 soldados, centenas de tanques, artilharia pesada e baterias antiaéreas[10]. E a ofensiva final começou em março de 1975, quando as tropas norte-vietnamitas capturaram Hué, antiga capital do Vietnã, Da Nang, Chu Lai, Quangngai e outras cidades. Entrementes, em 17 de abril, Phnom Penh, capital do Camboja, caiu em poder do *Khmer Rouge*, e o general Lon Nol, que em 1970 derrubara o governo neutralista do príncipe Norodom Sihanouk, com o apoio dos Estados Unidos, teve de fugir para o Havaí. Ao mesmo tempo, as tropas norte-vietnamitas e os Viet Congs capturavam Xuanloc e avançavam sobre Saigon, avassalada pelo pânico e o caos, com dois milhões de refugiados e de onde os aviões e helicópteros americanos apressadamente tratavam de resgatar soldados e funcionários do governo de Thieu, que se aglomeravam na Embaixada dos Estados Unidos, desesperados. Thieu renunciou ao governo em 21 de abril, fugindo para Taiwan, e, no dia 30, após a evacuação dos últimos cinqüenta americanos, inclusive o embaixador Graham Martins, o Exército do Vietnã do Norte e os Viet Congs ocuparam Saigon, renomeada Ho Chi Minh City. Os dois anos do *decent interval* haviam passado. A guerra terminara e Ford, em 7 de maio, proclamou que "*America is no longer at war*"[11]. Estava derrotada. A "*Vietnam era*", durante a qual cerca de 2 milhões de americanos combateram e/ou operaram na Indochina[12], chegava ao fim. O balanço fora trágico. Cerca de 300.000 civis morreram no Vietnã do Sul e 65.000, no Vietnã do Norte. Os Estados Unidos sofreram 47.244 baixas, 153.329 hospitalizados, 150.375 com "feridas leves", e 2.483 desaparecidos. O Exército do Vietnã do Sul teve 223.000 baixas e 570.600 feridos, contra 660.000 mortos do Vietnã do Norte e um número desconhecido de feridos[13]. E, conforme comentou o jornalista americano Arnold R. Isaacs, que assistira à queda de Saigon, não era necessário admirar o sistema comunista para reconhecer que os Viet Congs e os norte-vietnamitas haviam escrito "*one of history's most extraordinary sagas of heroic, determined, and skilllful struggle against superior military force*"[14].

O fiasco no Vietnã, após o escândalo de Watergate e a conseqüente renúncia de Nixon, ocorreu, em meio dos trabalhos do comitê instituído no Senado americano pelo senador Frank Church[15], sobre as atividades dos serviços de inteligência dos Estados Unidos (FBI, CIA, NSA e outras agências) revelando não apenas a participação da CIA no golpe contra o governo de Allende, mas também nos assassinatos do general René Schneider, ministro da Guerra do Chile, Patrice Lumumba (Congo), Ngo Dinh Diem (Vietnã do Sul), Leônidas Trujillo (República Dominicana), as tentativas de matar Fidel Castro e os atos de terrorismo contra Cuba[16]. O Church Committee revelou que a CIA, por mais de vinte anos, estava ilegalmente engajada em vigilância dos dissidentes domésticos, infiltrara agentes nas organizações contra a guerra e outros grupos dissidentes, realizara cerca de 32 escutas telefônicas e 32 interceptações eletrônicas de comunicações, empreendera 12 arrombamentos, e abrira e examinara em torno de 28 milhões de cartas, fotografara em torno de 2,7 milhões de cartas chegadas do exterior, e abrira mais de 215.820[17]. A ASN, com a operação Shamrock, recebera cópias de literalmente milhões de telegramas recebidos e enviados, através dos Estados Unidos, ao mesmo tempo em que o FBI executava o Counterintelligence Program (CONTREIPOL), ou seja, ações de sabotagem, vigilância eletrônica sobre Martin Luther King Jr. e outros líderes da luta pelos direitos civis, bem como sobre o Communist Party, Socialist Workers Party, White Hate Group, Students for Democratic Society e Black Panther, em uma lista de 2.300 organizações, classificadas como Old Left, New Left e Right Wing[18]. Durante a Operation CHAOS, implantada em 1968 e expandida em 1969, a NSA, a CIA e o FBI puseram mais de 300.000 estudantes e outros cidadãos americanos sob vigilância; interceptaram correspondência, investigaram e infiltraram os *campi* universitários e centenas de organizações dentro dos Estados Unidos[19]. Por volta de 1976, a CIA e outras agências gastavam mais de US$ 12 bilhões em investigações oficiais, mas algumas vezes ilegais e freqüentemente sem o controle do governo. A CIA tornara-se fortemente envolvida na política doméstica, até um ponto que jamais fora imaginado pelo Congresso, ao mesmo tempo em que colocava seus agentes no exterior sob a capa de jornalistas ou outros disfarces.

O Church Committee também estava a investigar o desempenho das agências de inteligência, com respeito à morte de Kennedy, quando foram misteriosamente assassinados os gângsteres que estavam intimados a depor. Ao ser convocado, o mafioso Sam Giancana[20], relacionado com

Kennedy e colaborador da CIA, no complô contra Fidel Castro, morreu com um tiro na nuca e seis em torno da boca, em 19 de junho de 1975[21]. "*Undoubtedly, Giancana was murdered to prevent him from talking about CIA-Castro plot or any other Mafia secret*", afirmou advogado do gângster (*mob lawyer*) Frank Ragano em suas memórias[22]. Cerca de dez dias depois, em 30 de julho de 1975, o líder sindical James (Jimmy) R. Hoffa, vice-presidente da Teamsters Union, que fizera doações para a campanha de Nixon, desapareceu, misteriosamente, quando viajava para encontrar-se com o gângster Anthony Giacalone, em Detroit[23]. Ele também estava convocado para prestar depoimento no Church Committee, uma vez que seu nome aparecera vinculado ao dos gângsteres Santo Trafficante, que construíra em Cuba extensa rede de jogo antes da revolução de Fidel Castro, e Carlos Marcello, no assassinato de Kennedy. Segundo Chuck Giancana, fora seu irmão Sam Giancana que, por solicitação da CIA, articulara, antes de ser ele próprio assassinado, a execução de Hoffa, tarefa empreendida por cinco soldados: dois de Chicago, um de Boston, um de Detroit e um de Cincinnati[24].

Posteriormente, em 14 de janeiro de 1992, o *New York Post* afirmou que Hoffa, Santo Trafficante e Carlos Marcello participaram da conspiração para matar Kennedy. O *mob lawyer* Frank Ragano foi citado como havendo dito, em começo de 1963, que Hoffa lhe pedira para levar a Trafficante e Marcello mensagem relativa a um plano para assassinar Kennedy. Ragano, em suas memórias, confirmou este fato: "*The times has come for your friend and Carlos to get rid of him, kill that son-of-a-bitch John Kennedy*", disse-lhe Hoffa[25]. Quando o encontro se realizou no Royal Orleans Hotel, Ragano falou: "*You won't believe what Hoffa wants me to tell you. Jimmy wants you to kill the president*". Ambos — Trafficante e Marcello — deram-lhe a impressão de que pretendiam realmente executar essa ordem. Em sua autobiografia, publicada em 1994, Ragano contou ainda que, em julho de 1963, Hoffa lhe mandara outra vez a New Orleans, com outra mensagem sobre o assassinato de Kennedy e, após esse acontecimento, Marcello lhe disse: "*When you see Jimmy (Hoffa), you tell him he owes me and he owes me big*". Segundo Frank Ragano, Carlos Marcello, Santo Trafficante e Jimmy Hoffa desempenharam realmente um papel na morte de Kennedy[26]. Marcello fora deportado pelo FBI para a América Central. Santo Trafficante não gostava de Kennedy, porque dizia haver ele traído os cubanos anti-Castro, não lhes dando apoio aéreo durante a invasão da Baía dos Porcos, em 1961[27]. Hoffa, por diversas razões, desprezava os Kennedy[28]. E todos esperavam que Lyndon Johnson, ao assumir a presidência, demitisse Bobby Kennedy da procuradoria-geral[29], fazendo parar a investigação que ele promovia contra o crime organizado. Os cubanos anti-Castro e os *mobsters* julgavam-se traídos[30]. Os Kennedy haviam violado o compromisso assumido pelo pai, Joseph Kennedy, quando buscou seu apoio financeiro e político para a campanha do filho, John, em 1960[31]. E não havia dúvida de que alguns membros da máfia e Frank Sinatra estavam a apoiar financeiramente a campanha de Kennedy, conforme constatou um agente do FBI em New Orleans, em março de 1960[32]. Sam Giancana e os *mobsters* do nordeste, especialmente de Chicago, criam assim que eles haviam posto John Kennedy na Casa Branca e tinham direito a um *quid pro quo*[33].

Por sua vez, Marita Lorenz, recrutada pela CIA para envenenar Fidel Castro, com quem mantinha um romance, declarou ao Select Committee on Assassinations, criado pela Resolução 1540 da House of Representatives, em setembro de 1976 sob a presidência do Deputado Louis Stokes, que Frank Fiorini Sturgis, um dos presos no arrombamento do Watergate, foi um dos que atiraram contra Kennedy, em 22 de novembro de 1963. Ela contou — e reafirmou em suas memórias — que assistiu a um encontro em Miami, um mês antes do atentado, em casa de Orlando Bosch e em que estiveram presentes Pedro Luís Díaz Lanz[34] e Lee Oswald, planejando uma viagem a Dallas, para onde seguiu de carro, em 15 de novembro, juntamente com Bosch, Sturgis, Díaz Lanz, Oswald, Gerry Hemming e os irmãos Novo Sampoll. No hotel onde se hospedaram havia vários fuzis e receberam a visita de Jack Ruby[35]. Conforme entrevista que concedeu ao *New York Daily News*, publicada em 3 de novembro de 1977, Lee Oswald participava da Operation 40, um "*assassination squad*", grupo secreto de guerrilha, formado pela CIA em 1960, quando preparava a invasão da Baía dos Porcos, e do qual participavam Lee Oswald, Frank Fiorini Sturgis, um dos cinco arrombadores de Watergate, Orlando Bosch,

Pedro Díaz Lanz, e dois irmãos cubanos, cujos nomes não sabia. O Comitê não aceitou seu testemunho, por não encontrar evidências que sustentassem a acusação. Mas todos os indícios tendiam a confirmar o relato e a acusação de Marita Lorenz, que em seu livro *Lieber Fidel* acusou Lee H. Oswald de ser "evidentemente um agente do serviço secreto americano" e que, com esta função, fora mandado para a União Soviética em 1959[36].

Johnny Rosselli, que também tivera relações pessoais com Kennedy e participara do complô para assassinar Fidel Castro[37], desapareceu em julho de 1976, antes de depor perante o Church Committee. Seu corpo foi encontrado em um tambor de óleo, em Dumfoundling Bay (Miami). Dias antes, em 6 de julho de 1976, ele revelara ao jornalista Jack Anderson, do *Washington Post*, que o submundo dos conspiradores temera que Lee Oswald, quando foi preso, falasse e revelasse informações que conduzissem até eles. Carlos Gambino morreu de um ataque cardíaco em outubro de 1976. Carlos Nicoletti foi outrossim assassinado imediatamente após ser convocado para prestar depoimento perante a House Select Committee on Assassinations, em 1977, ano em que também George De Morchenchild foi morto, no dia em que também teria de depor no mesmo Select Committee sobre o assassinato de Kennedy[38]. Um dos poucos que permaneceram vivos foi Santo Trafficante, chefiando na Flórida (Tampa) o maior centro de entrada e distribuição do narcotráfico[39], suspeito de haver orquestrado o assassinato de Sam Giancana[40]. O outro gângster que sobreviveu foi Carlos Marcello (Calogero Minacore), o provável organizador do assassinato de Kennedy. Em 1981 foi condenado e permaneceu preso em condições especiais até 3 de março de 1993, quando faleceu, já sofrendo mal de Alzheimer, na penitenciária de Texarcana, perto da divisa Texas-Arkansas. Na eleição presidencial de 1960, ele entregara a Jimmy Hoffa a quantia de US$ 500.000 (*cash*), a fim de que a transferisse para os fundos da campanha de Nixon[41], contra Kennedy, candidato que ambos odiavam. E, quanto estourou o escândalo de Watergate, Martha Mitchell, esposa do antigo procurador-geral John N. Mitchell, o homem que manejava os fundos secretos da campanha e com quem ela estava em desentendimento, denunciou à agência de notícias UPI que "*Nixon is involved with the Mafia.*" A réplica foi de que ela estava mentalmente desequilibrada[42]. Porém, a acusação que Martha Mitchell fez não era desprovida de fundamento. Sam Giancana revelara ao seu irmão Chuck que ele e Carlos Marcello deram cerca de US$ 2 milhões para a campanha de Nixon, nas primárias de 1960, e acrescentou: "*Nixon isn't in my pocket like Jack'll (Kennedy) will be. A lot of bosses own piece of Nixon... we share influence*", esclareceu, acentuando, mais adiante:

> "*...Nixon's done me some favour, all right... got us some highways contracts, worked with the unions and overseas. And we've halped him and his CIA buddies out, too... he even helped my guy in Texas, (Jack) Ruby[43], get out of testifying in front of the Congress back e forty-seven*"[44].

De acordo com alguns informes, os *mobsters*, articulados por Anthony Provenzano, líder sindical (Teamster) em New Jersey, e McClellan Committee, um *caporegime* da *famiglia* genovesa La Cosa Nostra, contribuíram com US$ 500.000 para a reeleição de Nixon, como pagamento pela concessão da clemência que ele concedera a Jimmy Hoffa, em 23 de dezembro de 1971[45]. Tanto Nixon quanto Kennedy e outros presidentes dos Estados Unidos, inclusive Eisenhower[46], tiveram alguma ligação com a máfia. O historiador americano Michael R. Beschloss ressaltou que os arquivos do FBI sobre Kennedy continham "*considerable evidence*" de que ele manteve vínculos com figuras do submundo durante a campanha eleitoral de 1960[47]. Um dos informes no FBI assinalava que durante sua estada em Cal-Neva Lodge, in Lake Tahoe — Joseph Kennedy, pai de John, foi visitado por muitos *mobsters* com interesse no jogo e em cassinos[48]. E realmente os gângsteres, Sam Giancana, Johnny Rosselli, Carlos Marcello, Carlo Gambino, Santos Trafficante e Meyer Lansky colaboraram todos com a CIA, no complô para matar Fidel Castro, sem qualquer remuneração, porque não só pretendiam retomar os cassinos e o jogo em Cuba, como também que o governo americano tivesse tolerância e benevolência com as suas atividades ilegais[49]. "*The CIA's enlistment of the Mafia to kill Castro attests to the Agency's appraisal of the lethal efficiency of the mob*", comentou Frank Ragano[50]. De acordo com alguns historiadores, Kennedy, em 1960, teria feito uma espécie de "*secret unholly alliance*" com Giancana e outros chefes do crime organizado e, depois de eleito, teve de oscilar entre os compromissos com a máfia e a insistência de seu irmão Robert em perseguir os *mobsters*, apesar de que eles estivessem a colaborar com a CIA para o assassinato de Castro.

A execução de Giancana e outros gângsteres, chefes de *famiglia* da máfia, constituiu, portanto, um esforço de *cover-up* e impediu que o Church Committee ainda mais aprofundasse as investigações sobre as atividades ilegais da CIA e do FBI, que, conforme as evidências sugeriram, ambas as agências, por diferentes motivos, falharam ou evitaram executar certas responsabilidades no caso da morte de Kennedy[51]. "*...It is dificulty to discover details of any intelligence operations, since intelligence operations are designed to prevent such discovery*", ressaltou o *Final Report* do Church Committee[52]. As revelações que ocorreram foram, no entanto, suficientes para chocar grande parte do povo americano, já abalado pela guerra no Vietnã e o escândalo de Watergate. Elas evidenciaram a violação dos direitos civis pelo FBI, dentro dos Estados Unidos, bem como o conluio e a promiscuidade dos serviços de inteligência, especialmente da CIA, com o crime organizado, a prática de assassinatos e sabotagens e outros atos de terrorismo, autorizada pelos governantes americanos, na América Latina, Ásia, África e Oriente Médio. E, juntamente com o escândalo de Watergate e a derrota no Vietnã, mostraram que os Estados Unidos abalaram o neoconservadorismo e enfraqueceram seu apoio popular. Mas não o destruíram, conforme William (Bill) Clinton salientou em suas memórias[53].

Ao perceberem que os Estados Unidos eram moral e militarmente vulneráveis, os neoconservadores se realinharam e pretenderam a militarização da sociedade americana, o reforço do seu poderio bélico, a fim de restaurar sua credibilidade e defender os interesses do *Free World*, que as ditaduras no Chile, Argentina e outros países tão bem representavam. O governo de Ford, ao mesmo tempo em que pregava a austeridade fiscal, a fim de conter a inflação que já atingia a taxa de 7% a.a., relativamente pequena, mas ainda bastante alta para desencorajar os investimentos e transformar os capitais em bônus do governo americano, continuou a aumentar as despesas militares. Em 1974, através de programa de televisão, ele pediu aos americanos que "*whip inflation now*" (WIN) e, como parte desse programa, urgiu que apertassem os botões. Ao dirigir-se à nação, em 15 de janeiro de 1975, Ford, após anunciar um corte de US$ 16 bilhões nos impostos, a fim de estimular o consumo e promover investimentos, reconheceu que "*military strength alone is not sufficient*" e que uma efetiva diplomacia era essencial para evitar conflitos e construir o entendimento mundial[54]. No ano seguinte, porém, manifestou o propósito de submeter ao Congresso para o ano fiscal 1977 um substancial aumento no orçamento de defesa[55], elevando-o para US$ 105 bilhões[56], o que representou um aumento de 15% sobre os anos anteriores e propiciava ao Pentágono um real aumento no seu poder de compra. A economia dos Estados Unidos era tão dependente do complexo industrial-militar que na campanha presidencial de 1976, Ford, rebatendo as críticas de James Earl Carter, candidato do Partido Democrata, revelou que pretendera reduzir o orçamento militar entre US$ 3 bilhões e US$ 5 bilhões, em 1975, mas seu secretário de Defesa, James Schlesinger, respondeu-lhe que esse medida acarretaria um corte de 250.000 efetivos militares, cerca de 100.000 servidores civis e 100.000 empregos nos Estados Unidos, que teriam de estender a aquisição de aviões, reduzir o programa de construção naval e a pesquisa para o Exército, Força Aérea e Marinha, bem como fechar imediatamente vinte bases militares.

O sucessor de James Schlesinger como secretário de Defesa, Donald H. Rumsfeld (20/11/1975-20/01/1977), tratou também de reverter o declínio no orçamento de defesa, de modo que "*U.S. strategic forces retain a substantial credible capability to deter an all-out nuclear attack*". E em março de 1976, Ford propôs "*the largest deffence budget in the history of the country*", aumentando-o para "*US$ 112,7 billion in obligation authority and US$ 101 billion in spending*"[57]. E, no curso de 1976, requisitou mais US$ 11 milhões adicionais para os gastos militares, após vetar o Education Appropriation Act de 1976. Os historiadores americanos Allan Nevins e Henry Steele Commager observaram que o complexo industrial-militar expandiu-se, com Nixon e Ford, para o complexo industrial-militar-financeiro-operário-acadêmico, e a segurança social, que uma vez significara segurança social, passara, em 1974, a significar segurança militar[58]. Em fins de 1976, mais da metade dos 8 milhões ou mais de desempregados não recebia o seguro-desemprego; os idosos e os que tinham renda fixa perdiam a batalha contra a inflação, as grandes cidades como Nova York, Cleveland, Detroit e outras não recebiam recursos federais e o desemprego entre os jovens negros alcançava 40%[59]. "Os únicos efetivos ganhadores com o conservadorismo fiscal de Ford, além dos militares, foram os grandes conglomerados industriais", Nevins e Commager ressaltaram[60].

Notas

1 Clinton, 2004, p. 144.
2. War Powers Resolution. Public Law 93-148. 93rd Congress, H. J. Res. 542. November 7, 1973. Joint Resolution. Concerning the War Powers of Congress and the President.
3 Karnow, 1997, pp. 675-676.
4. Em 1972, o Congresso aprovara US$ 2 bilhões de ajuda ao Vietnã. Em 1973, o montante foi reduzido para US$ 1,4 bilhão, e em 1974 foi cortado pela metade. E em 1975, o crédito em discussão era de apenas US$ 600 milhões. Nixon, 1978, 697.
5. Id., ibid., p. 889.
6. Karnow, 1997, p. 676.
7. Le Duc Tho era o quinto na hierarquia de Hanói.
8. Kissinger, 1994, p. 684.
9. Id., ibid., p. 674.
10. Special Message to the Congress Requesting Supplemental Assistance for the Republic of Vietnam and Camboja. *January 28, 1975.* O suplemento de US$ 300 que ele requisitou para a assistência military ao Vietnã do Sul, representava a diferença entre US$ 1 bilhão, que haviam sido aprovados, e os US$ 700 milhões que foram apropriados no ano fiscal de 1975.
11. President Ford — Statement on Terminating the Eligibility Period for Vietnam Era Veterans Benefits. *May 7, 1975.*
12. Johnson, 2002, p. 740.
13. Id., ibid., p. 740.
14. Isaacs, 1984, p. 13.

15. O Senate Select Committee to Study Governmental Operations with Respect to Intelligence Activities, conhecido como Church Committee, conduziu ampla investigação sobre as atividades dos serviços de inteligência dos Estados Unidos. Esse comitê ouviu em público e privadamente depoimentos de centenas de pessoas, formando vários volumes com documentos do FBI, CIA, NSA, IRS e outras agências federais, e elaborou catorze informes em 1975 e 1976. Também a House of Representatives, em 19 de fevereiro de 1975, votou a criação do voted to create a House Select Intelligence Committee, o Nedzi Committee, que foi substituído cinco meses mais tarde pelo Pike Committee, dirigido pelo deputado Otis Pike.
16. Alleged Assassination Plots Involving Foreign Leaders. An Interim Report of the Select Committee to Study Governmental Operations with Respect to Intelligence Activities. U. S. Senate, together with Additional, Supplemental, and Separate Views, November 20 (legislative day, November 18) 1975, Washington: U.S. Government Printing Office, 1975, pp. 240-279.
17. Sobre o tema vide Wise, 1976, pp. 75, 399-400.
18. Maiores detalhes vide Supplementary Detailed Staff Report on Intelligence Activities and The Rights of Americans. Final Report, Book III, Final Report of the Select Committee to Study Governmental Operations with Respect to Intelligence Activities U. S. Senate, 2nd Session, April 23 (under authority of the order of April 14), 1976. U.S. Government Printig Office, pp. 787-886. Vide também Wise, 1976, pp. 148, 279-281, 311-314.
19. Algumas das organizações investigadas e infiltradas, entre centenas, foram: Students for a Democratic Society (SDS); Young Communist Workers Liberation League (YCWLL); National Mobilization Committee to End the War in Vietnam; Women's Strike for Peace; Freedomways Magazine and Freedomways Associated, Inc.; American Indian Movement (AIM); Student Non-Violent Coordinating Committee (SNCC); Draft Resistance Groups (U.S.); Cross World Books and Periodicals, Inc.; U.S. Committee to Aid the National liberation Front of South Vietnam; Grove Press, Inc.; Nation of Islam; Youth International Party (YIP); Women's Liberation Movement; Black Panther Party (BPP); Venceremos Brigade; Clergy and Laymen Concerned About Vietnam.
20. Provavelmente, desde 1960, Kennedy sabia que a CIA estava a tramar com a máfia o assassinato de Fidel Castro, pois Sam Giancana fora-lhe então apresentado por sua amante (de ambos) Judith Campbell Exner e ajudara-o durante a campanha presidencial nas eleições primárias em West Virgínia e Chicago, juntamente com outros gângsteres, entre os quais Joseph Frischetti e Meyer Lansky, a pedido de Frank Sinatra. O extraordinário entendimento com a máfia foi feito pelo pai de John Kennedy, Joseph Kennedy. E foi por intermédio de Sinatra que Kennedy conhecera Judith Campbell Exner, de Beverly Hills, em fevereiro de 1960.

Beschloss, 1991, pp. 140-142. Hinckle & Turner, 1992, pp. 136-139. Hersh, 1997, pp. 300-312.

21. Giancana & Giancana, 1992, pp. 353-354.
22. Ragano & Raab, 1994, p. 325.
23. Em 1983, Hoffa foi declarado legalmente morto.
24. Giancana & Giancana, 1992, p. 354.
25. Ragano & Raab, 1994, pp. 144-145.
26. Id., ibid., pp. 348-349.
27. Id., ibid., p. 154.
28. Dallek, 2003, p. 299.
29. Ragano & Raab, 1994, p. 359.
30. Id., ibid., p. 357.
31. Id., ibid., p. 358.
32. Dallek, 2003, p. 298.
33. Ragano & Raab, 1994, pp. 357-359.

34 O major-aviador Pedro Luís Díaz Lanz, que ajudara o Exército Rebelde na luta contra Batista e após a vitória assumira o comando da Força Aérea de Cuba, foi o primeiro dissentir publicamente de Fidel Castro e fugiu para os Estados Unidos, onde em 14 de julho prestou depoimento, em sessão secreta, perante o Subcomitê de Segurança Internacional do Senado, presidido pelo Senador James Eastland, do Mississipi, denunciando que os comunistas estavam a assumir o poder em Cuba.

35. Lorenz & Schwarz, 1994, pp. 164-179. Vide Geyer, 1993, pp. 223-226.
36. "Lee Harvey Oswald war offensichtlich Agent des amerikanischen Geheimdienste. Er ist 1959 schon in dieser Funktion in die Sowjetunion eingereist". Lorenz, 2001, p. 210.
37. Vide Alleged Assassination Plots Involving Foreing Leaders. An Interim Report of the Select Committee to Study Governmental Operations with Respect to Intelligence Activities. U. S. Senate, together with Additional, Supplemental, and Separate Views, November 20 (legislative day, November 18) 1975, Washington: U.S. Government Printing Office, 1975, pp. 72-73 e 125-129. Hersh, 1997, pp. 303 a 312.Hinckle & Turner, 1992, pp. 136 a 139. Moniz Bandeira, 1998, pp. 400-409.
38. Giancana & Giancana, 1992, pp. 353-357.
39. Id., ibid., pp. 353-355.
40. Id., ibid., p. 355.
41. Beschloss, 1991, p. 140.
42. Os assessores de Nixon tentaram abafar a reportagem, escrita pela jornalista Helen Thomas, da UPI. Vide a conversa in Kutler (ed.) , 1997, p. 614.
43. O assassino de Lee Oswald era vinculado a Sam Giancana.
44. Giancana & Giancana, 1992, pp. 285-288.

45. Bakley & Billings, 1981, pp.
46. Beschloss, 1991, p. 140.
47. Id., ibid., p. 140-141.
48. Id., ibid., p. 141. Rumores da associação de Joseph Kennedy com o crime organizado corriam desde os anos 1920 e 1930, quando ele fez sua fortuna com licor e manteve um romance com a viúva de um chefe de *famiglia* da máfia.
49. (...) *Certain underworld interests were opposed to Castro. Before his take over, Cuba had been very important to these interests, but Castro had forced the underworld out. Removal of Castro like meant these interests could return to Cuba*". The Investigation of the Assassination of President Kennedy, Final Report of the Select Committee to Study Governmental Operations with Respect to Intelligence Activities. U. S. Senate. April 23 (under authority of the order of April 14), 1976. Book V. U.S. Government Printing Office, p. 10. "*...From 1960 until 1962 the CIA met regularly with underworld figures plotting the assassination of Fidel Castro*". Ibid., p. 11.
50. Ragano & Raab, 1994, p. 457.
51. Alleged Assassination Plots Involving Foreign Leaders. An Interim Report of the Select Committee to Study Governmental Operations with Respect to Intelligence Activities. U. S. Senate, together with Additional, Supplemental, and Separate Views, November 20 (legislative day, November 18) 1975, Washington: U.S. Government Printing Office, 1975, pp. 72-73 e 125-129. p. 2.
52. Ibid., p. 10.
53. Clinton, 2004, p. 144.
54. Gerald Ford — 1st State of the Union Address — January 15, 1975 — Washington, DC. The American Presidency — Speech Archive.
55. Gerald Ford — 2nd State of the Union Address — January 19, 1976 — Washington, DC — The American Presidency — Speech Archive.
56. Blechman, Barry M. & Fried, Edward R. "Controlling the Defense Budget" . Foreign Affairs, January 1976. O Congresso em novembro de 1975 reduziu o montante em aproximadamente US$ 7,5 bilhões.
57. Remarks at a—Meeting With the Chairmen and Ranking Republican Members of the Senate Armed Services and Appropriations Committees on the Fiscal Year 1977 Defense Budget — *March 2, 1976.*
58. Nevis & Commager, 1986, p. 643.
59. Id., ibid., pp. 643-644.
60. Id., ibid., p. 644.

Capítulo XX

A INGERÊNCIA DA CIA NA AUSTRÁLIA, ITÁLIA, PORTUGAL E OUTROS PAÍSES • A REVOLUÇÃO DOS CRAVOS E A QUEDA DA DITADURA EM PORTUGAL • OS ESTADOS UNIDOS E A INVASÃO DE TIMOR LESTE • A OPOSIÇÃO DA CIA AO MPLA EM ANGOLA • O APOIO DA CIA À OPERAÇÃO CONDOR • O ASSASSINATO DE POLÍTICOS EM BUENOS AIRES • A REPRESSÃO NA ARGENTINA E A RECOMENDAÇÃO DE KISSINGER

A política internacional dos Estados Unidos, com Kissinger comandando o Departamento de Estado, manteve os mesmos parâmetros dos anos anteriores. Ainda que limitasse a função dos serviços de inteligência aos termos da Constituição americana, através da Executive Order (EO) 11905, e proibisse os assassinatos políticos, a CIA continuou a imiscuir-se nos assuntos internos de outros países. Interveio na Austrália, onde tratou de solapar e concorreu para derrubar o governo do primeiro-ministro trabalhista Edward Gough Whitlam. E o presidente Gerald Ford autorizou-a a enviar fundos para a Itália, com o objetivo de mover campanha contra o Partido Comunista, cuja vitória eleitoral se afigurava provável, bem como para Portugal, a pretexto de evitar que os comunistas capturassem o poder, após a Revolução dos Cravos (25 de abril de 1974)[1], que derrubou Marcelo Caetano, sucessor do ditador Antônio de Oliveira Salazar. O general Antônio de Spínola assumira a presidência da Junta de Salvação Nacional e tivera de renunciar, forçado pela esquerda, em setembro de 1974, quando a direita se mobilizou para derrocar as conquistas de 25 de abril. O governo americano então se alarmou e, em 17 de fevereiro de 1975, *The New York Times*, em editorial, escreveu que o "*takeover*" em Portugal, convulsionado pela agitação revolucionária, podia encorajar tendências similares na Itália e na França, e criar problemas na Grécia e na Turquia, acabando a détente com a União Soviética. Segundo o ex-agente da CIA Philip Agee, a CIA e seus aliados, coordenados pelo embaixador Frank Carlucci e seu ministro-conselheiro Herbert Okum[2], trabalharam para criar bastante caos que justificasse uma tentativa de derrubar o governo revolucionário pelos militares considerados moderados[3]. E, menos de um mês depois, 11 de março, um grupo de oficiais mais conservadores, vinculados ao general Antônio de Spínola, tentou um golpe militar contra o general Francisco da Costa Gomes, presidente da Junta de Salvação Nacional, apoiado pelo Partido Comunista e outras correntes de esquerda.

Apesar do fracasso da intentona, a direita e a extrema-direita reconquistaram seu poder, depois que os militares de tendência moderada, sob o comando do tenente-coronel Antônio dos Santos Ramalho Eanes, deram um golpe militar, em 25 de novembro de 1975, quando o Conselho da Revolução (formado após a dissolução da Junta de Salvação Nacional em março de 1975), tratou de substituir alguns comandantes militares e dissolver a base aérea de Tancos. Segundo Mário Soares, líder do Partido Socialista, o 25 de novembro foi um contragolpe, preparado e executado, conspirativamente, com o Grupo dos Nove — sobretudo o Vasco Lourenço, comandante da Região Militar de Lisboa, que teve um papel decisivo, e outros oficiais. "Várias pessoas conspiravam há alguns meses e não escondiam sua intenção de tomar o poder pela força", revelou Mário Soares, ressaltando que os esquerdistas multiplicaram as provocações e os discursos incendiários e "o Partido Comunista (PCP) ruminava o seu rancor... e esperava a primeira ocasião para reconquistar o terreno perdido"[4]. "Não houve armadilhas, nem políticas nem militares: algumas pessoas sublevaram-se para tomar o poder e, apesar dos meios imensos de que dispunham, foram vencidas", acrescentou[5]. O general Otelo Saraiva de Carvalho, chefe do Comando Operacional do Continente (COPCON), líder militar da ala esquerda e destituído pelo Conselho da Revolução em 21 de novembro, pretendera, aparentemente, assenhorear-se do poder, com respaldo de Álvaro Cunhal, secretário-geral do Partido Comunista de Portugal (PCP), após o cerco do Parlamento pelos trabalhadores (12 e

13/11/1975), em meio de manifestações de soldados e marinheiros armados, os SUVES (Soldados Unidos Vencerão), nas ruas de Lisboa. O presidente Costa Gomes, que evitou a guerra civil, declarou, *a posteriori*, que, analisando as ações passadas e, sobretudo, as reuniões levadas a efeito para se fazer face a um golpe, pareceu-lhe que o 25 de Novembro, se não foi provocado, foi pelo menos muito facilitado por alguns grupos que pretendiam realmente a definição de situações e o afastamento de determinados elementos, não apenas militares, mas também políticos que, na altura, detinham uma certa preponderância[6]. Costa Gomes permaneceu à frente da presidência até 23 de julho de 1976 e passou a presidência de Portugal a Ramalho Eanes, sendo o almirante José Pinheiro Baptista de Azevedo substituído por Mário Soares, líder do Partido Socialista, vencedor nas eleições de 27 de junho. Frank Carlucci, embaixador dos Estados Unidos, em Lisboa, e antigo agente da CIA, preferiu apoiar essa opção, que contava com o apoio da Alemanha e da França, de modo a conter o Partido Comunista e evitar uma situação em que a OTAN talvez tivesse de intervir. A CIA, segundo artigo publicado por Leslie Gelb no *New York Times*, em 25 de setembro de 1975, havia até então transferido milhões de dólares para o Partido Socialista Português, que igualmente estava a receber fundos do Partido Social-Democrata, da Alemanha Ocidental, por ser considerado uma força moderada e pluralista[7].

O Presidente Gerald Ford e Kissinger consideraram inclusive a possibilidade de expelir Portugal da OTAN e apoiar o movimento pela independência dos Açores, onde os Estados Unidos possuíam importantes instalações militares[8]. E Kissinger deu sinal verde para que o ditador da Indonésia Muhammad Suharto, obcecado por causa da vitória dos comunistas na Indochina[9], invadisse Timor Leste, também colônia portuguesa, cuja independência fora proclamada uma semana antes, 27 de novembro, pela Frente Timorense de Libertação Nacional (FRETILIN), movimento de esquerda e dirigido por Xanana Gusmão. Desde os fins de 1974, grupos militares da Indonésia, inclusive o chefe do Bakin (Badan Koordinasi Intelijens Nasional), general Yoga Sugama, já haviam deslanchado uma operação encoberta — *Operasi Komodo* — para a conquista de Timor Leste[10]. A preocupação de Kissinger, porém, era que fossem empregados, na invasão, armamentos fornecidos pelos Estados Unidos, pois só poderiam ser usados para fins defensivos, conforme dispositivo do Congresso americano. Por isso ele recomendou a Suharto que "*it is important that whatever you do succeeds quickly*"[11]. A invasão, que contou com plena aprovação dos Estados Unidos, ocorreu no dia seguinte, 7 de dezembro de 1975, sob o comando do general Ali Murtopo, com os armamentos fornecidos pelos Estados Unidos. Custou provavelmente a vida de pelo menos 100.000 pessoas, em uma população de 700.000, e cerca de 200.000 sobreviventes foram internados em campo de concentração nas mais horripilantes condições[12]. E, sete dias depois, a Indonésia anexou formalmente o Timor Leste. O Conselho de Segurança da ONU, em 22 de dezembro, aprovou a Resolução n° 384, condenando a invasão e demandando a retirada das tropas da Indonésia e, em 22 de abril de 1976, aprovou a Resolução n° 389, reconhecendo o direito de Timor Leste à autodeterminação e insistindo na retirada das tropas da Indonésia. Mas os Estados Unidos nada fizeram para que fossem cumpridas e, em 1976, Gerald Ford fez visita oficial a Jacarta e afirmou que os Estados Unidos manteriam a ajuda econômica à Indonésia. Nada disse sobre o genocídio em Timor Leste. E continuaram a fornecer-lhe, ininterruptamente, helicópteros de ataque e outros equipamentos que exterminavam as vilas e destruíam plantações[13]. A Washington o que importava era o fato de estar a Indonésia estrategicamente localizada nas cercanias de linhas vitais de navegação, e constituir significativo receptor de assistência militar do Pentágono e importante exportador de matérias-primas para os Estados Unidos, sobretudo petróleo. E grandes reservas havia no Mar de Timor (Timor Gap), que Suharto posteriormente entregou à Austrália para exploração[14], em troca do reconhecimento da anexação do Timor Leste[15]. Xanana Gusmão organizou, porém, as Forças Armadas de Libertação Nacional de Timor Leste (FALINTIL) e comandou a resistência, mediante a guerra de guerrilhas e, conseguindo o respaldo de populações de regiões estratégicas, resistiu aos ataques da Indonésia.

A situação em Angola, que obtivera a independência juntamente com as demais colônias portuguesas — Moçambique, Cabo Verde e Guiné-

Bissau—, após a Revolução dos Cravos, tornou-se, também, muito difícil. A CIA, que desde 1963-1964 sustentara com armas e dinheiro, juntamente com a China, a Frente Nacional de Libertação de Angola (FNLA), dirigida por Holden Roberto, passou a apoiar a União pela Independência Total de Angola (UNITA), chefiada por Jonas Savimbi, fomentando a guerra civil, com o objetivo de impedir que o Movimento pela Libertação de Angola (MPLA), de forte tendência nacionalista, e liderado por Antônio Agostinho Neto, se consolidasse no poder. "Em Angola, eles estiveram insuflando a guerra", disse o general Ernesto Geisel, então presidente do Brasil (1974-1979), referindo-se aos Estados Unidos. E acrescentou: "Falam tanto em paz mas insuflam a guerra. O que é a UNITA? É uma tribo de Angola que faz a guerra contra o governo angolano, apoiada com armas, com dinheiro, com técnicas, com tudo, pelos americanos"[16].

O general Geisel ainda contou, em suas memórias que, quando o Brasil reconheceu o governo do MPLA, logo lhe disseram: "É um país comunista, os Estados Unidos estão subsidiando a revolução contra o governo de Angola, e nós somos solidários com os Estados Unidos". E ele prontamente redargüiu: "Não, nesse ponto eu não sou solidário. Acho que os Estados Unidos não têm o direito de fomentar a revolução em outro país". E acrescentou que, se o governo de Agostinho Neto era comunista, a UNITA era subsidiada pelos Estados Unidos "em armamentos, em munição, em dinheiro e tudo mais"[17]. E perguntou:

> "Que têm os Estados Unidos de intervir no país e lá provocar uma revolução? Não temos nada com isso, não temos nada com a UNITA. No passado sempre transacionamos com Angola e agora temos interesse em trazer o petróleo de lá"[18].

A criatura voltara-se contra o criador. O regime autoritário, cuja implantação no Brasil os Estados Unidos haviam encorajado e apoiado, em 1964, insubordinara-se, desde que, a partir de 1967/1968, começara a atender os interesses nacionais de desenvolvimento, de modo a legitimar-se e não sucumbir em meio dos movimentos de contestação, inclusive entre os militares da direita nacionalista. A União Soviética, porém, desconfiava do MPLA e viu com desconfiança o reconhecimento do governo de Agostinho Neto. Uma fonte soviética declarou que Arquimedes Columbié, a maior autoridade civil de Cuba na África durante a guerra de Angola, que não se podia "*descartar que detrás de Brasil está la dirección del imperialismo, que conoce que para estos les resultaria relativamente fácil trabajar la dirección angolana del MPLA*", havendo "*necesidad de seguir muy cerca el trabajo de los brasileños em Luanda*[19]. Por outro lado, os Estados Unidos, cujo cônsul se retirara de Luanda às vésperas da independência, espantaram-se quando o Brasil reconheceu o governo do MPLA. Kissinger irritou-se[20]. Da mesma forma que o Presidente Ford, percebia o MPLA como instrumento de expansão geopolítica da União Soviética, conquanto Cuba, sem sequer informar a Moscou, houvesse decidido em 4 de novembro de 1975 enviar tropas para defender o governo de Agostinho Neto, contra as forças da África do Sul, que invadiram Angola com o conhecimento e encorajadas pelos Estados Unidos[21]. Kissinger fazia distinção entre "*agressive totalitarianism and other governments that, with all their imperfections, are trying to resist foreign pressure or subversion and that thereby help preserve the balance of power in behalf of all free peoples*"[22]. Os governos, "*with all their imperfeccions*", eram as ditaduras militares, cuja implantação os Estados Unidos encorajavam, para preservar o equilíbrio de poder em favor de "*all free peoples*", embora esses povos não fossem livres, como no caso do Chile, mas, sim, a comunidade dos homens de negócios americanos e seus associados, de outras nacionalidades.

Tal argumentação levou Kissinger não só a tolerar como a encorajar a sangrenta repressão na Argentina. Apesar de que a CIA, cujas atividades no Chile o Church Committee investigava, mantivesse, aparentemente, certa distância do golpe de Estado, que derrubou o governo de Maria Estela Martinez de Perón (Isabelita), em 24 de março de 1976[23], o Departamento de Estado estava perfeitamente informado sobre a conspiração e não tomou nenhuma iniciativa para abortá-la. Sabia que o Congresso argentino seria fechado e que "*the military government would be conservative one and would have as its most urgent goals the crushing of terrorism, the elimination of corruption from the government and the labor movement*"[24].

Esperava que o governo militar na Argentina fosse "*friendly toward the United States*" e previu que, com a intensificação da luta contra as guerrilhas ele "*would be almost certain to engage in human right violations*", provocando "*internacional criticism*", e gerando na opinião pública dos Estados Unidos pressões que "*would complicate our relation with the new regime*"[25]. Por fim, o *report* do Bureau of Inter-American Affairs observou que o reconhecimento do novo regime não apresentaria nenhum problema para os Estados Unidos, que poderia fazê-lo, de acordo com suas normas, após receber uma nota do governo militar argentino e reconhecê-lo "*preferably after several Latin American states had done so*"[26].

Como o Bureau of Inter-American Affairs antecipara, as execuções não só de argentinos, mas também de dissidentes políticos exilados — chilenos, uruguaios, bolivianos, brasileiros e paraguaios — recrudesceram na Argentina depois da queda de Isabelita Perón. Até duas cidadãs americanas, Gwenda Loken Lopez e Mercedes Naveiro Bender, residentes em Buenos Aires, foram capturadas e selvagemente torturadas. E, em 19/20 de maio, foram asssassinados dois parlamentares uruguaios, o senador Zelmar Michelini e o deputado Héctor Gutiérrez Ruiz. Tais fatos repercutiram nos Estados Unidos, onde as revelações do Church Committee sobre o papel da CIA no golpe do Chile e os assassinatos de líderes políticos estavam a chocar a consciência democrática de grande parte da população. Robert Hill, embaixador americano em Buenos Aires, transmitiu então ao subsecretário da Presidência da Argentina, Ricardo Yofre, as preocupações existentes nos Estados Unidos com respeito à violação dos direitos humanos que lá estavam a correr. Yofre declarou que o general Jorge Rafael Videla, presidente da Junta Militar, também ficara chocado com o seqüestro e o assassinato, mas explicou que a Argentina estava envolvida in "*an all-out war against subversion*" e que, no calor da batalha, haveria "*inevitably be some violations of human rights*". Acrescentou que o governo tinha planos de incrementar drasticamente a campanha "*against the terrorists very shortly*"[27]. E ponderou que o problema ainda era mais complicado, porquanto havia numerosos grupos operando, sem seu controle, e que provavelmente foram esses que raptaram e assassinaram o senador

Zelmar Michelini e o deputado Héctor Gutiérrez Ruiz[28]. Na definição do general Videla, porém, "*el terrorista no sólo es considerado tal por matar com uma arma o colocar uma bomba, sono también por activar a través de ideas contraria a nuestra civilización ocidental y cristiana*"[29].

Poucos dias depois após a conversação do embaixador Robert Hill com o subsecretário da Presidência, a situação agravou-se ainda mais, quando outra cidadã americana, Elida Beatriz Messina, coordenadora em Buenos Aires da Fulbright Commission, foi raptada e torturada pelas forças de segurança da Argentina[30]. O embaixador Hill teve de fazer *démarche* junto ao Ministro de Relações Exteriores da Argentina, almirante César Augusto Guzzetti. As violências, porém, prosseguiram, cada vez com maior intensidade. Em 3 de junho o cadáver do general Juan José Torres, que fora deposto do governo na Bolívia[31], apareceu. O Embaixador Hill informou ao Departamento de Estado que havia "*considerable circumstantial evidence*" que as forças de segurança da Argentina haviam executado os parlamentares uruguaios Michelini e Gutiérrez, assim como o general boliviano Juan José Torres, e em outro telegrama acentuou que "*(1) that Armed forces and intelligence services of all these countries cooperate to some extent, (2) That all these governments are capable of covert killing.*"[32]

À mesma época, com o conhecimento da CIA, os serviços de inteligência do Chile, Argentina, Brasil, Paraguai e Uruguai reuniram-se em Santiago do Chile, e criaram um sistema computadorizado, com o codinome de Condor, e concertaram estabelecer uma rede internacional de comunicações e expandi-la, inclusive na Europa. E decidiram também empreender uma série de ações conjuntas, em várias fases, visando a coordenar a repressão e eliminar os adversários dos regimes ditatoriais existentes nos países do Cone Sul. A terceira fase e a mais secreta da Operação Condor, segundo o documento desclassificado pelo Defense Intelligence Agency (DIA), do Exército americano, consistiu em formar equipes especiais dos países membros a fim de que viajassem por todo o mundo e executassem sanções, que incluíam até assassinatos, contra supostos terroristas ou que apoiassem suas organizações, ou seja, contra adversários políticos dos regimes militares instalados no Cone Sul. Esses adversários não eram apenas os que recorriam à luta armada, indistintamente acusados de serem "terroristas", mas também os que se opunham politicamente à ditadura. Se um adversário político ou um que apoiasse a organização adversa estivesse na Europa, uma equipe especial da Operação Condor seria enviada para o localizar e vigiá-lo. Quando culminasse a localização e a vigilância, uma segunda equipe de Operação Condor seria enviada para aplicar a sanção efetiva contra aquele adversário. Um país proveria de documentação falsa a equipe de assassinos, formada por agentes de um outro país. E uma das primeiras vítimas foi o general chileno, Carlos Prats, que se voltara contra o golpe de Pinochet e estava exilado em Buenos Aires. Na madrugada de 7 de setembro de 1974, quando saía do automóvel em que ele e a esposa viajaram, uma bomba explodiu, matando os dois.

Os documentos desclassificados nos Estados Unidos evidenciaram que a CIA e outros serviços de inteligência encorajaram e apoiaram a integração das forças de segurança do Chile, Argentina, Brasil, Uruguai, Paraguai e Bolívia, iniciativa aplaudida em Washington e percebida como necessária para contrapor-se ao "*international terrorism*", representadas pelas organizações políticas de esquerda, que apelaram para a luta armada contra os regimes militares e formaram a Junta Coordinadora Revolucionaria em 1974[33]. "*The political tragedy of this story is that the military leaders who carried out the assassinations and mass murders looked to the United States for technical assistance e strategic leadership*", escreveu o jornalista americano John Dinges[34]. Os diplomatas, agentes dos serviços de inteligência e militares americanos estiveram intimamente associados com as instituições que executavam a repressão. Os serviços de inteligência dos Estados Unidos proporcionaram treinamento, material de apoio, informações e sistema de comunicações aos agentes da Operação Condor e disseminaram inteligência sobre seqüestros e torturas, que eles executavam[35]. Tanto a CIA quanto o Departamento de Estado tinham bastantes informações, mas nada fizeram para desencorajar e impedir as sistemáticas violações dos direitos humanos e frustrar os planos de assassinato da Operação Condor[36]. O próprio contra-almirante Cesar Augusto Guzzetti[37], ministro de Relações Exteriores da Argentina, que havia referido, em Santiago do Chile, a necessidade de coordenar das atividades dos diversos serviços de segurança, disse a Kissinger, em dia 10 de junho de 1976, que o "*main problem in Argentina is terrorism*" e liquidá-lo era a prioridade do governo. Depois ressaltou que o problema do terrorismo era geral em todo o Cone Sul e que o governo da Argentina estava a apoiar esforços conjuntos, para integrar os países vizinhos[38]. Kissinger, por sua vez, declarou-lhe que a situação política nos Estados Unidos era "*crazy*", estava claro que James Eearl Carter seria o candidato do Partido Democrata à sucessão de Ford e que havia fortes pressões domésticas para que se fizesse alguma coisa sobre os direitos humanos. "*A curious time, when political, criminal, and terrorist activities tend to merge without any clear separations* — comentou[39]. E, complacentemente, observou que "*if there are things that have to be done, you should be done, you should do them quickly*", para voltar rapidamente aos "*normal procedures.*" *Kissinger explicou que, nos Estados Unidos, havia pressões por causa dos direitos humanos, e reconfortou Guzzeti, dizendo: "We want you to succeed. We do not want to harass [sic] you. I will do what I can*"[40].

Dado que as constantes violações dos direitos humanos na Argentina, inclusive por causa da prisão e tortura de três cidadãs americanas, estavam a repercutir na opinião pública dos Estados Unidos, o embaixador Hill, em 17 setembro de 1976, voltou a falar sobre o assunto com o Almirante Guzzetti e este lhe retrucou, dizendo que Kissinger esperava que o governo da Argentina terminasse "*as quickly as possible*" o problema dos terroristas, assim chamados os que resistiam e se insurgiam contra o regime militar[41]. O governo militar argentino entendia que Kissinger lhes dava pleno apoio. E estava certo. Cerca de algumas semanas após a conversa do embaixador Hill com Guzzetii e o assassinato de Orlando Letelier, ex-embaixador do Chile (governo de Allende) nos Estados Unidos, e sua secretária, Ronni Moffit (21 de setembro), na terceira fase da Operação Condor[42], o subsecretário de Estado, Charles W. Robinson, acompanhado pelo secretário de Estado-Assistente para os Assuntos Interamericanos, Harry Shlaudeman, recebeu, em Washington, o almirante Cesar Augusto Guzzetti e disse que era possível entender que o governo argentino fosse duro, a princípio, mas era importante avançar para uma postura moderada, que os Estados Unidos eram "*an idealistic and moral country*", cujos cidadãos tinham grande dificuldade em compreender a espécie de problema que a Argentina estava a enfrentar. Acrescentou que a tendência era aplicar "*our moral standards*" e a Argentina devia entender a reação do Congresso com respeito aos empréstimos e assistência militar. Segundo Robinson, o povo Americano, "*right or wrong*", tinha a percepção de que havia na Argentina "*a pattern of gross violations of human rights*", e sob a legislação vigente a administração poderia ser impedida de votar a favor de financiamentos no Banco Interamericano de Desenvolvimento. "*The government is placed in a difficult position*", acentuou, apontando ainda motivos, entre outros, o fato de que "*many well meaning people in the United States, though perhaps somewhat naïve, who indiscriminately take the side of those imprisoned in Argentina*". Esse pensamento era reforçado quando o governo argentino negava pronto acesso a consultar os seus cidadãos presos[43].

Kissinger enviou às Embaixadas sinais de que a defesa dos direitos humanos era de baixa prioridade, subordinada aos objetivos estratégicos dos Estados Unidos, e desencorajou os informes sobre as violências e abusos cometidos pelos regimes militares, nos países da América do Sul. Queria evitar que os protestos recrescessem em Washington. E, ao receber o almirante Guzzetti em uma suíte de Waldorf Astoria Hotel (7 de outubro), em Nova York, recomendou que o governo argentino se apressasse para terminar a *dirty war* antes que o Congresso americano se reunisse e cortasse a ajuda militar. De acordo com Memorandum of Conversation, desclassificado por requerimento do National Security Archive, Kissinger disse-lhe:

> *"Look, our basic attitude is that we would like you to succeed. I have an old-fashioned view that friends ought to be supported. What is not understood in the United States is that you have a civil war. We read about human rights problems but not the context. The quicker you succeed the better... The human rights problem is a growing one. Your Ambassador*

> *can apprise you. We want a stable situation. We won't cause you unnecessary difficulties. If you can finish before Congress gets back, the better. Whatever freedoms you could restore would help*"[44].

O almirante Guzzetti informou que as "*terrorist organizations*" seriam desmanteladas e que, se assim continuasse, o perigo estaria contornado por volta do fim do ano, embora pudessem ocorrer isolados atentados. E Kissinger insistiu: "*When will they be overcome? Next Spring?*" Guzzeti esclareceu que por volta do fim daquele ano, 1976, e Kissinger manifestou mais uma vez a sua compreensão e apoio ao que ocorria na Argentina. Essa "guerra suja" contra a "subversão" e o "terrorismo", à qual Kissinger e outras autoridades da administração de Gerald Ford deram o seu beneplácito, deixou, entre 1976 e 1983, pelo menos 8.960 argentinos "desaparecidos", em grande maioria trabalhadores (30,2%) e estudantes (21%)[45], que foram seqüestrados, torturados, clandestinamente executados, muitos dos quais atirados vivos no meio do Rio da Prata, enquanto cerca de 8.625 pessoas permaneceram presas por longos anos, durante o regime militar[46]. O número de mortos, segundo alguns cálculos, chegaria perto de 30 mil, contando os guerrilheiros do Ejército Popular del Pueblo (de origem trotskista) e das Formaciones Especiales da Juventud Peronista (*Montoneros*), mortos no interior da Argentina.

Notas

1. Revolução dos Cravos, assim chamada, porque o povo nas ruas confraternizou-se, com os soldados, comandados pelo capitães do Movimento das Forças Armadas (MFA), que derrubaram o regime, e colocou cravos (flor nacional) na boca dos fuzis que eles portavam.
2. Herbert Okum, que fora cônsul-geral dos Estados Unidos em Minas Gerais, participou da articulação do golpe militar no Brasil, em 1964.
3. Agee & Wolf (eds.), 1978, pp. 65-68.
4. Soares, 1984, pp. 200-201.
5. Id. Ibid., p. 202.

6. Costa Gomes, Francisco da. Experiência na Presidência da República. http://www.presidenciarepublica.pt/pt/palacio/presidentes/costa_gomes_exp.html.
7. Agee & Wolf (eds.), 1978, pp. 74-75.
8. Benedict R. Andersen, "East Timor and Indonesia: Some Implications", in Peter Carey and G. Carter Bentley, eds., *East Timor at the Crossroads: The Forging of a Nation* (Honolulu, University of Hawaii Press, 1995), pp. 138-39, apud East Timor Revisited Ford, Kissinger and the Indonesian Invasion, 1975-76 Ford and Kissinger Gave Green Light to Indonesia's Invasion of East Timor, 1975: New Documents Detail Conversations with Suharto National Security Archive Electronic Briefing Book No. 62. Edited by William Burr and Michael L. Evans December 6, 2001.
9. Carey & Bentley, 1995, p. 62.
10. Id., ibid., p. 62.
11. Embassy Jakarta Telegram 1579 to Secretary State, 6 December 1975 [Text of Ford-Kissinger-Suharto Discussion], Secret/Nodis. Source: Gerald R. Ford Library, Kissinger-Scowcroft Temporary Parallel File, Box A3, Country File, Far East-Indonesia, State Department Telegrams 4/1/75-9/22/76. National Security Archive.
12. Carey & Bentley, 1995, p. 63. Hertsgaard, Mark "The secret life of Henry Kissinger; minutes of a 1975 meeting with Lawrence Eagleburger". *The Nation*, 29/10/1990.
13. Ibid.
14. O Timor Gap Treaty, assinado em 1989, dividiu o mar entre a Indonésia e a Austrália em três zonas: uma pertencente a ambos os países; uma à Indonésia e a outra à Austrália. Com esse tratado Suharto obteve o reconhecimento do Timor Leste pela Indonésia. Somente uma das três zonas, a zona pertencente a ambos os países, tem sido explorada e calcula-se que suas reservas sejam de 900 milhões de barris de petróleo. O tratado nunca foi reconhecido internacionalmente.
15. Embassy Jakarta Telegram 1579 to Secretary State, 6 December 1975 [Text of Ford-Kissinger-Suharto Discussion], Secret/Nodis(. Source: Gerald R. Ford Library, Kissinger-Scowcroft Temporary Parallel File, Box A3, Country File, Far East-Indonesia, State Department Telegrams 4/1/75-9/22/76. National Security Archive. Vide também Wood, 2003, pp. 130-131.
16. D'Araujo & Castro (orgs.), 1998, p. 344-454.
17. Id., ibid., pp. 364-365.
18. Id., ibid., pp. 364-365.
19. Telegrama de Arquimides Columbié, [Situación Política Angola]. Procedente do Congo (Documento del Centro de Informacion de la Defensa de las Fuerzas Armadas Revolucionarias, CIDFAR. 18/12/1975, Nacional Security Archive. Esses documentos foram obtidos nos arquivos de Cuba pelo historiador americano Piero Gleijeses, da Johns Hopkins School of Advanced International Studies, e diretor

do National Security Archive, na George Washington University. Estão reunidos no seu livro *Conflicting Missions: Havana, Washington, and Africa, 1959-1976*. Chapel Hill: The University of North Carolina Press, 2002.

20. *Relatório Reservado* 484, Ano IX, Rio de Janeiro, 6 a 12/1/1976.
21. The White House, Washington — Secret/Sensitive — Memorandum of Conversations: Participants: Teng Hsiao-p'ing, Vice Premier of the People's Republic of China, Ch'iao Kuan-hua, PRC Foreign Minister et alt., Gerald R. Ford, President of the United States of America, Henry A. Kissinger, Secretary of State, Brent Scowcroft, Assistant to the Presidente for National Security Affairs, George Bush, Chief of the United States Liaison Office in Peking et alt. Wednesday, December 3, 1975, 9:25 a-m — 15:55 a.m. National Security Archive.
22. *The Washington Post*, 25/9/1977. Apud Schoultz, 1987, p. 116. Dinges, 2004, p. 158.
23. Sáenz Quesada, 2003, p. 424.
24. Report. Secret. 13 February 1976. From: Bureau of Inter-American Affairs — William Rogers. To: Secretary of State — Henry Kissinger. Subject/Title: Possible Coup in Argentina. Agency: Department of State. Source: U.S. Government Chile DeClassification Project. National Security Archive.
25. Ibid.
26. Ibid.
27. Secret — EXDIS. Document Number 1976 — Buenos03460. Info — OCT-01 — ISO-000 SS-00 — 065165 — P 251156z May 76 — From Amembassy Buenos Aires to SecState WashDC — Piority 5774 — Secret — Section 1 of Buenos Aires 3460. National Security Archive.
28. Ibid.
29. Apud Sáenz Quesada, 2004, p. 659.
30. Stateman, May 27, 1976. Elida Betriz Messina to George S. Beckett, Security Officer of the U.S. Departament of State. Witnessess: Charles R. Meyer, Cultural Affairs Officer — USIS — 28/05/1976. State Department Opens Files on Argentina's Dirty War. National Security Archive. Os documentos da Argentina Dirty War foram editados pelo historiador Carlos Osório, diretor do Southern Cone Documentation Project no National Security Archive.
31. O governo de Juan José Torres, de caráter militar-nacionalista, foi derrubado em agosto de 1971 pelo general Hugo Banzer, golpe encorajado também pelo Brasil.
32. Departament of State Telegram. 7 June 1976. From Amembassy Buenos Aires Aires. Object: Possible International Implications of Violent Deaths of Political Figures Abroad. Action: Secstate, WashDC, IMMEDIATE, Buenos Aires 3741. Ref State 127156. State Department Opens Files on Argentina's Dirty War. National Security Archive.

33. Essas organizações foram Movimiento de la Izquierda Revolucionaria (Chile), Ejército Revolucionário del Pueblo (Argentina), Frente de Liberación Nacional — Tupamaros (Uruguai), Frente de Liberación Nacional de Bolívia, entre outras.
34. Dinges, 2004, p. 2.
35. Id., ibid., p. 250.
36. Id., ibid., p. 2.
37. O contra-almirante Guzzeti sofreu, posteriormente, um atentado a bomba e ficou paralisado.
38. Memorandum of Conversation. Santiago Chile, June 6, 1976. Secretary's Suite. 8:10 a.m. — 9:15 a.m.
    Participants:The United States: The Secretary, the Under Secretay Roger et alt. Argentina: Foreign Minister Guzzeti, Ambassador Carasales, Ambassador Pereyra et lat. Distribution: ARA, S/P. . State Department Opens Files on Argentina's Dirty War. National Security Archive.
39. Memorandum of Conversation. Santiago Chile, June 6, 1976. Secretary's Suite. 8:10 a.m. — 9:15 a.m.
    Participants:The United States: The Secretary, the Under Secretay Roger et alt. Argentina: Foreign Minister Guzzeti, Ambassador Carasales, Ambassador Pereyra et lat. Distribution: ARA, S/P. Ibid. O encontro de Kissinger com Guzzeti ocorreu em 10 de junho, durante uma reunião em Santiago da Chile, mas o Mememorandum of Conversation, por erro, foi datado de 6 de junho.
40. Ibid.
41. Document Number: 1976Buenos06130. Case Number: 200000044 — Buenos Aires 06130 202213Z Action SS-25 P 202115Z — From: Amembassy Buenos Aires. To: SecState WashDC Priority — 7180. Subject: Other aspects of September 17 conversations with Foreign Minister Ref: Buenos Aires 6100.
42. O general Alejandro Fretes Davalos, chefe do Estado-Maior das Forças Armadas do Paraguai, informou ao embaixador norte-americano Robert White que todos os chefes dos serviços de inteligência dos países da América do Sul na Operação Condor se mantinham em contato um com o outro através das instalações de comunicação dos Estados Unidos na Zona do Canal do Panamá que cobriam toda a América Latina. Essas instalações eram empregadas para coordenar as informações de inteligência nos países do Cone Sul. State Department Cable, U.S. Ambassador Robert White (Paraguay) to Secretary of State Cyrus Vance, Subject: Second Meeting with Chief of Staff. Letelier Case, October 20, 1978, Confidential. Esse telegrama foi descoberto pelo professor J. Patrice McSherry, da Universidade de Long Island, e publicado pelo *New York Times*, de 6 de março de 2001. http://www.gwu.edu/-nsarchiv/mews/20010306/.
43. Ibid.

44. Department of State of State — Memorandum of Conversations. Date: Oct. 7, 1976. Secret — NODIS. Subject: Secretary's Meeting with Argentine Foreign Minister Guzatti. Date, Time and Place: October 7, 1976; 5:15 P.M., Secretary's Suite Waldorf Astoria Hotel, New York. Participants: Argentina — Foreign Minister Cesar Augusto Guzzeti, Ambassador to The United States Arnaldo T. Musich, Ambassador to the United Nations Carlos Ortiz: U.S. — The Secretary, Under Secretary Philip Babib et alt.. Source: Freedom of Information Act request by the National Security Archive, released November 2003. National Security Archive. Esse Memorandum não está entre os 4700 desclassificados em agosto de 2002 pelo Argentina Declassification Project of the U.S. Department of State.
45. Informe de la Comissión Nacional sobre la Desaparición de Personas: Nunca Más, pp. 479-481. Vide também Boccia Paz et alt., 2002, p. 188. Verbitsky, 2003, p.
46. Informe de la Comissión Nacional sobre la Desaparición de Personas: Nunca Más, pp. 408-409.

Capítulo XXI

CARTER E O COMPROMISSO COM OS DIREITOS HUMANOS • A NEGOCIAÇÃO COM O PANAMÁ E OS CONTATOS COM CUBA • A VITÓRIA DOS SANDINISTAS NA NICARÁGUA • A REVOLUÇÃO ISLÂMICA NO IRÃ • CAPTURA DOS REFÉNS NA EMBAIXADA AMERICANA • INVASÃO DO AFEGANISTÃO • RECRUTAMENTO DOS *MUJAHIDIN* • BRZEZINSKI E O FOMENTO DO FUNDAMENTALISMO ISLÂMICO PARA DESINTEGRAR A UNIÃO SOVIÉTICA

Nunca os Estados Unidos haviam considerado seriamente a questão dos direitos humanos como elemento de sua política exterior. A defesa da liberdade constituía mera retórica na Guerra Fria, tanto que Nixon fazia diferença entre ditaduras comunistas e não-comunistas e Kissinger percebia "distinção moral" entre o "agressivo totalitarismo" e "outros governos", que, "com todas as suas imperfeições, tentavam resistir às pressões estrangeiras ou à subversão", ajudando a preservar o equilíbrio de poder em favor do "mundo livre". A distinção, porém, não era moral, como Kissinger disse. Era, sobretudo, econômica. Os "outros governos", com todas as suas "imperfeições", eram as piores ditaduras militares de extrema-direita, que garantiam os investimentos e o comércio das grandes corporações americanas. O "mundo livre" era o mundo dos negócios. Incluía as ditaduras fascistas existentes na Espanha e Portugal, que estavam a decompor-se, e as que foram estabelecidas com o respaldo da CIA no Irã, Coréia do Sul, Indonésia, Filipinas, Nicarágua, Guatemala, Chile, Uruguai, Argentina, Brasil e vários outros países. A derrota no Vietnã, a invasão do Watergate, compelindo Nixon à renúncia para evitar a efetivação do *impeachment*, a revelação do apoio da CIA à implantação da sangrenta ditadura militar no Chile, bem como do seu envolvimento no assassinato de líderes políticos estrangeiros, a denúncia das brutais violações dos direitos humanos institucionalizadas em países da América Latina, tais fatos evidenciaram a falta de qualquer substância ética nas atitudes dos Estados Unidos, cuja política exterior, nos anos 1970, estava a rastejar e perdera respeito, tanto interna quanto externamente, conforme George Kennan e Hans Morgenthau assinalaram[1]. Os Estados Unidos realmente estavam a perder a guerra psicológica contra a União Soviética, na medida em que encorajavam golpes de Estado e sustentavam as mais cruéis ditaduras de direita, a pretexto de defender a democracia e o "mundo livre". Foi em em tais circunstâncias que o Congresso dos Estados Unidos, chocado com os acontecimentos no Chile, votara em 1974 uma legislação, tornando o respeito aos direitos humanos condição essencial para a assistência econômica e militar aos países estrangeiros e determinando ao Departamento de Estado a apresentação anual do *Human Rights Report* e a criação de uma Divisão de Direitos Humanos e Assuntos Humanitários.

A grande maioria da população americana, possivelmente, não se sentira humilhada nem envergonhada pelas conseqüências internacionais do fiasco no Vietnã. Mas perdera a auto-estima, o auto-respeito, ao perceber que seus governantes tinham sacrificado a vida de cerca de 50.000 jovens, em uma guerra inútil e desnecessária, e violentavam os valores e virtudes que os Estados Unidos imaginavam possuir, como democracia, conforme o escândalo do Watergate e as revelações sobre os crimes e os abusos cometidos pela CIA, o FBI e outros serviços de inteligência demonstraram. E o que Jimmy Carter, como candidato do Partido Democrata à sucessão de Ford, tentou foi restaurar no povo americano esse auto-respeito e a confiança naqueles valores e virtudes sobre os quais os Estados Unidos construíram sua imagem. Ao aceitar sua candidatura à presidência, declarou que os Estados Unidos deviam falar, "*not with boasting and belligerence but with a quiet strength*" e mover-se no sentido de depender, nas questões mundiais, "*not merely on the size of arsenal but on the nobility of ideas*". E, mais adiante acrescentou que

> *"Peace is not the mere absence of war. Peace is actions to stamp out international terrorism. Peace is the unceasing effort to preserve the human rights. Peace is a combined demonstrations of strength and goodwill. We will pray for peace and we will work for peace, until we have removed from all nations for all time the threat of nuclear destruction"*[2].

Com o respaldo do movimento em favor dos direitos civis, trabalhadores e negros, e quase de todos os Estados do sul (exceto Minnesota e Texas), ele venceu a eleição presidencial de 1976. E, ao inaugurar sua administração, Carter reiterou que *"our commitment to human rights must be absolute, our laws fair, our natural beauty preserved; the powerful must not persecute the weak, and human dignity must be enhanced"*[3].

Carter realmente tornou a questão dos direitos humanos o ponto central de sua política exterior, com o propósito de demonstrar que a liderança dos Estados Unidos não somente se baseava no poderio militar, mas, igualmente, na sua força moral, contestando assim a legitimidade do regime totalitário vigente na União Soviética. Perante a Assembléia Geral da ONU, em 17 de março de 1977, ele declarou que dedicaria seus esforços a manter a paz e a reduzir a competição armamentista, bem como construir um sistema econômico internacional mais cooperativo, a trabalhar "*with potential adversaries as well as our close friends to advance the cause of human rights*". E mais adiante advertiu que todos os signatários da Carta das Nações Unidas estavam obrigados a observar eles próprios o respeito básico aos direitos humanos e, por isso, nenhum podia alegar que o mau-trato dos seus cidadãos "*is solely its own business*" nem evadir suas responsabilidades para rever e falar, quando tortura e prisões ilegais ocorressem em alguma parte do mundo. Conforme anunciou, os Estados Unidos estavam dispostos a renovar e apoiar uma proposta feita pelo governo de Costa Rica, havia 12 anos, para que fosse estabelecido na ONU um Alto Comissariado para os Direitos Humanos. E acentuou

> *"Strengthened international machinery will help us to close the gap between promise and performance in protecting human rights. When gross or widespread violation takes place-contrary to international commitments-*

> *it is of concern to all. The solemn commitments of the United Nations Charter, of the United Nations Universal Declaration for Human Rights, of the Helsinki Accords, and of many other international instruments must be taken just as seriously as commercial or security agreements".*

A advertência de que os Estados Unidos tratariam de promover e proteger os direitos humanos Carter dirigiu tanto aos *potential adversaries*, ou seja, a União Soviética e países do Bloco Socialista, quanto aos *close friends*, os países da América Latina e da Ásia. Contudo, conforme a avaliação da politóloga americana Jan K. Black, a implementação da política de direitos humanos foi tímida e inconsistente desde o começo de sua administração[4]. Realmente, a suspensão da assistência militar, em função de desrespeito aos direitos humanos, foi limitada. Atingiu o Chile, Etiópia, Paraguai, Uruguai e alguns outros países, porém, a Coréia do Sul e Filipinas foram isentadas de sanções, a pretexto de segurança nacional[5]. Em 1977 o cientista político Brady Tyson, assistente do embaixador Andrew Young[6] e subchefe da delegação americana na Comissão de Direitos Humanos da ONU, pediu desculpas pelo papel que os Estados Unidos desempenharam no golpe militar contra Allende, declarando em discurso:

> "Seríamos pouco sinceros se não expressássemos nosso mais profundo pesar pelo papel que alguns funcionários governamentais, instituições e grupos financeiros privados desempenharam na subversão contra o governo anterior do Chile, do presidente Allende, eleito democraticamente, e que foi derrocado pelo golpe militar de 11 de setembro de 1973"[7].

Essa declaração corajosa, de um homem honrado, teve efeitos limitados e custou-lhe o posto, apesar de que os representantes dos Estados Unidos nas instituições financeiras sistematicamente se opusessem a novos empréstimos ao Chile. A assistência à Guatemala e a El Salvador, embora reduzida, continuou e as missões militares americanas lá permaneceram, a título de relações profissionais, de modo a evadir a vigilância do Congresso. Joseph Mobutu, que governava o Zaire (antigo Congo Belga), na África Central, e violava sistematicamente os direitos humanos, recebeu ainda ajuda de Washington. Carter, porém, buscou melhorar a imagem dos Estados Unidos na América Latina, o que gerou atritos com os governos militares do Chile, Argentina e Brasil. E, em 1977, assinou com o presidente Omar Torrijos um tratado em que os Estados Unidos prometiam entregar o canal à soberania do Panamá, no ano 2000[8], buscando eliminar um problema nas relações entre os dois países, em virtude das constantes manifestações dos panamenhos, em confronto com tropas americanas[9]. Também Carter começou a normalizar as relações com Cuba, mediante o estabelecimento de escritórios de representação em Washington e Havana, mas o processo não avançou para o reatamento de relações diplomáticas, porque Castro se recusou a prometer que não interviria na Somália ou apoiaria qualquer outro movimento de libertação nacional[10]. E Carter completou o reconhecimento diplomático da República Popular da China, em 1979, mediante a troca de embaixadores, o que significou o fim das relações diplomáticas com Taiwan, embora os Estados Unidos, através do Taiwan Relations Act, se reservassem o direito de continuar a fornecer-lhe material bélico, vendendo-lhe armamentos, no valor de US$ 1 bilhão, em 1980[11]. Com a União Soviética, no mesmo ano de 1979, os Estados Unidos iniciaram as negociações para firmar o SALT II, novo tratado que limitava a 2.250 o número de mísseis (ICBMs, SLBMs etc.). E entre 15 e 18 de junho ocorreu em Viena um encontro de cúpula, no qual Carter declarou a Brejnev que não autorizaria nenhuma intervenção militar no Irã e no Afeganistão, onde em fevereiro de 1979 o embaixador dos Estados Unidos, Adolph Dubs, fora seqüestrado e morto, e esperava que ele procedesse da mesma forma. Carter não conseguiu, porém, dominar toda a máquina administrativa e seus esforços para implementar a política de direitos humanos sofreram muitos constrangimentos e restrições. Embora suspendesse o fornecimento de material bélico à Argentina e outros países da América Latina, em que havia violações dos direitos humanos, o Irã, Filipinas, Coréia do Sul e Zaire, onde também as ditaduras cometiam todos os tipos de abusos e tropelias, continuaram a receber armamentos em abundância, devido à sua importância estratégica para os Estados Unidos[12]. O Departamento de Estado defrontou-se com a resistência da CIA, DIA e outros serviços de inteligência, que não permitiam acesso senão a relatórios produzidos sob medida, de modo a esconder que o terrorismo de Estado e as atividades de contra-insurgência não tinham sido efetivamente controladas. Mesmo no Departamento de Estado houve muita relutância e debates sobre a forma de tratar os acontecimentos na Nicarágua, onde os guerrilheiros da Frente Sandinista de Libertação Nacional (FSLN)[13], derrotando as tropas da Guarda Nacional, terminaram por derrocar, em 17 de julho de 1979, o ditador Anastasio Somoza — que os Estados Unidos até então haviam também respaldado — e capturaram o poder. A administração de Carter patrocinou, porém, o golpe militar contra o Presidente Carlos Romero, em El Salvador, em 15 de outubro de 1979, assustada com a vitória da FSLN na Nicarágua e a recear que a Frente de Liberación Nacional Faribundo Martí terminasse por conquistar o poder. E a guerra civil intensificou-se ainda mais, com o assassinato de milhares de civis, pelos *esquadrones de la muerte*, formados pela direita.

Diversos outros acontecimentos internacionais, naquele ano, concorreram para engravescer a situação internacional e deteriorar as relações entre os Estados Unidos e a União Soviética. No Irã, a situação econômica, social e política cada ver mais se deteriorava. O ressentimento do povo contra a preeminência dos Estados Unidos fermentava, havia muito tempo, como conseqüência, inclusive, do golpe de 1953, organizado pela CIA, para reconduzir Reza Pahlavi ao poder. Em 1964, Ruhollah Khomeini[14], líder espiritual dos xiitas[15] e contrário à ocidentalização do Irã, declarou que os Estados Unidos reduziram o povo do Irã a um nível mais baixo do que um cão americano[16]. E fustigou o presidente dos Estados Unidos, "o membro mais repulsivo da raça humana", por causa da injustiça que havia imposto à nação muçulmana. Khomeini denunciou então que todos os americanos, em serviço no Irã, qualquer que fosse a condição e o trabalho, ou seja, cozinheiros, mecânicos, técnicos, tinham imunidades diplomáticas, não poderiam ser processados, se cometessem algum crime, mas os *ulama* (intérpretes do *Qu'ran* e do *Sha'ria*) eram presos e banidos[17]. Foi, aliás, o que aconteceu com ele. Em conseqüência desse discurso, alguns dias depois, 4 de novembro de 1964, o governo do xá Reza Pahlavi forçou-o a ir para o exílio.

Em 1970, no exílio, Khomeini aludiu à preeminência Estados Unidos no governo do Xá Reza Pahlavi e advertiu que "a imposição de leis estrangeiras" a uma sociedade islâmica constituía fonte de problemas e dificuldades e que o povo iraniano, desgraçado, estava subsistindo em condições de pobreza e fome[18]. O próprio Zbigniew Brzezinski, assessor de Segurança Nacional no governo de Carter, reconheceu em suas memórias que a rápida modernização de uma sociedade muito tradicional gerava instabilidades e uma dinâmica revolucionária, e requeria que o governo ampliasse a participação política e provesse válvulas seguras para a insatisfação social, de forma que as antigas crenças religiosas não fossem erradicadas sem gradual aceitação pelo povo de valores mais modernos, inclusive com alguma conexão com o passado nacional[19]. Entretanto, conforme o General Alexander Haig, que visitara o Irã em 1961, ressaltou em suas memórias, o xá vivia no esplendor, enquanto todos, exceto poucos, existiam em condições medievais de pobreza e ignorância. Também a Brzezinski o xá Reza Pahlavi afigurou-se como um dos "*Western-type nouveaux riches*", desfrutando obviamente os esplendores da riqueza e um estilo de vida ocidental, embora, ao mesmo tempo, parecesse apreciar ser um "*traditional despot accustomed to instant and total obedience from his courtiers*"[20]. Ele se afigurava um homem ambíguo, oscilando entre dois mundos. Kennedy considerava-o um homem altamente inteligente, mas inseguro, e temia que ele se inclinasse para o neutralismo, ou que ocorresse o colapso do Irã, conforme Kruchev previra, na reunião de cúpula em Viena (junho de 1961)[21]. E o Departamento de Estado recomendou a continuação da política de sustentar o regime de Reza Pahlavi, percebido como a única "*realistic alternative*", inclusive acelerando o fornecimento de US$ 20 milhões em assistência militar[22].

Segundo Ari Ben-Menasche, agente do serviço de inteligência militar de Israel, Reza Pahlavi não se interessava pela produção de alimentos, mas somente pela compra de material bélico[23]. A mesma observação fez David Kimche, funcionário do Mossad (*ha-Mossad le-Modiin ule-Tafkidim Meyuhadim*)[24] e diretor-geral do Ministério de Assuntos Estrangeiros de

Israel, ao escrever em sua obra *Last Option* que o xá tinha "*voracious appetite for high-technology weapons*", sem limites, e que o presidente Nixon, depois que o encontrou em 1972, deu ordem ao Departamento de Defesa que lhe fornecesse quaisquer armamentos (exceto nucleares) que desejasse comprar[25]. Nixon ficou muito contente em deixar que Reza Pahlavi assumisse a responsabilidade pela segurança no Golfo Pérsico. E, nos cinco anos subseqüentes, o Irã encomendou aos Estados os mais modernos armamentos, no valor de US$ 12 bilhões, e desejava ainda mais[26]. Seus gastos com defesa, em proporção ao Produto Nacional Bruto, eram maiores do que o de qualquer outro país, exceto Israel e, por volta de 1975, o Irã possuía um exército com 250.000 efetivos e mais 500.000, na reserva, era o mais poderoso e valioso aliado dos Estados Unidos, fora da OTAN[27]. E Khomeini continuou a denunciar a "sinistra influência do imperialismo", especialmente evidente no Irã, dizendo que o governo de Reza Pahlavi, ao promover a "vergonhosa e sangrenta" seqüência de mudanças intitulada de "Revolução Branca", matara com seus tanques e canhões, em um único dia, cerca de 15.000 pessoas e tornara ainda mais sombrio e escuro o destino do campesinato escravizado[28]. Conforme ressaltou, "o imperialismo de esquerda e o imperialismo de direita juntaram as mãos em seus esforços para aniquilar os povos muçulmanos e seus países", escravizando-os, para saquear seus abundantes capitais e recursos naturais[29].

Não obstante o crescente mal-estar e o descontentamento que o apoio dos Estados Unidos ao regime ditatorial de Reza Pahlavi criava, o governo de Jimmy Carter, dada a centralidade estratégica do Irã, prosseguiu com a mesma política de Nixon, autorizando as contínuas vendas de armamentos que lhe eram feitas[30]. Com o suporte dos americanos e "os infernais meios ao seu dispor", disse Khomeini, em setembro de 1978, o Xá Reza Pahlavi transformara o Irã em "vasto cemitério", as greves convulsionavam o país, e ele ameaçava implantar a lei marcial, formar um governo militar, enquanto seus "mercenários e comandos" estavam a matar jovens e velhos, homens e mulheres[31]. Entrementes, a "Revolução Branca", com que Reza Pahlavi pretendera desmantelar o sistema feudal, distribuindo as terras, destruiu a infra-estrutura sobre a qual a economia rural funcionava, pois até então os latifundiários proviam os camponeses com sementes, transporte para a produção, mercado, água etc., e não mais puderam fazê-lo ao perder suas terras. Como resultado, em 1978, a maior parte dos suprimentos era importada. Somente os ricos podiam arcar com os altos custos dos alimentos. E a classe média foi sufocada[32].

Em tais circunstâncias, as massas que se tornaram desde os meados de 1977 poderoso fator político, continuavam a insurgir-se e o regime crescentemente repressivo e altamente corrupto do Xá Reza Pahlavi já estava a balouçar. A classe média deflagrou a insurreição, mas logo os xiitas fundamentalistas se tornaram a vanguarda. Os *mullahs* e *aiatolás*, líderes religiosos dos xiitas, ou seja, de 90% da população, revoltados com a crescente introdução de hábitos e mercadorias ocidentais (moda, bebidas, cosméticos etc.), contrários às tradições e costumes islâmicos, uniram-se aos estudantes, comerciantes, à classe média desencantada, e convulsionaram continuamente as ruas de Teerã. A SAVAK (Organização Nacional para Inteligência e Segurança), a polícia secreta, intensificara a repressão. As prisões, porém, não puderam sufocar o descontentamento generalizado com um regime altamente corrupto e repressivo, sob o qual 24.000 americanos[33] — assessores, especialistas, técnicos e instrutores — treinavam os militares, construíam instalações industriais e operavam os campos de petróleo, que geravam uma receita de aproximadamente US$ 20 bilhões por ano.

Khomeini, ainda no exterior, denunciou os crimes que a América havia cometido, apesar de haver subscrito a Carta dos Direitos Humanos, e salientou que, de acordo com Carter, "todos os crimes, selvageria e práticas de repressão do xá representavam esforços para estabelecer a democracia e encontrar soluções progressistas para os problemas sociais"[34]. Em dezembro de 1978, a CIA, certamente sem o conhecimento de Carter, pleiteou que os serviços de inteligência de Israel e da SAVAK apoiassem um plano para assassinar Khomeini, que uma equipe do coronel Assaf Heftez, chefe da unidade antiterrorista de Israel, deveria executar, ao mesmo tempo em que os generais implantariam a lei marcial no Irã[35]. O plano foi apresentado a Reza Pahlavi pelo embaixador de Israel, Uri

Lubrani, em Teerã, mas ele o rejeitou, declarando que não autorizaria mais o massacre de iranianos, uma vez que a lei marcial significaria um banho de sangue nas ruas de Teerã[36].

Ao receber o embaixador William Sullivan no dia 26 de dezembro de 1978, Reza Pahlevi perguntou-lhe o que os Estados Unidos desejavam que ele fizesse, se a recomendação era empregar o punho de ferro, mesmo que tal atitude resultasse em vasto banho de sangue e falhasse em restabelecer a lei e a ordem. O embaixador respondeu que ele estava querendo que os Estados Unidos assumissem a responsabilidade por suas ações[37]. Ele já estava alquebrado, deprimido, e chorava durante os encontros com alguns dos seus assessores[38]. O embaixador de Israel, Uri Lubrani, avisou a Tel Aviv que ele não sobreviveria mais do que poucos anos, enquanto a Embaixada dos Estados Unidos informava ao Departamento de Estado que o governo tinha firmemente a situação sob controle[39] e o embaixador William Sullivan insistia em que "*our destiny is to work with the Shah*". Brzezinski posteriormente reconheceu o fracasso da inteligência política (no seu sentido mais amplo) dos Estados Unidos. Não percebeu que o xá estava mortalmente enfermo, que sua volição de poder se acabara e que seu altamente personalizado sistema político não era capaz de gerar efetivas alternativas a ele[40].

Carter até então mantivera uma atitude ambígua. Durante um jantar oferecido ao Xá Reza Pahlavi, em 31 de dezembro de 1977, ele o brindara, declarando que graças ao Xá Reza Pahlavi, o Irã era uma "*island of stability in one of the more troubled areas of the world*". E acrescentou que a causa dos direitos humanos era compartilhada por ambos os governos. Em realidade, agudas divergências ocorriam dentro de sua administração, defrontada com uma situação extremamente difícil, entre a defesa dos direitos humanos e a promoção da democracia, que ele enfatizava na sua agenda, e as brutais e seguidas transgressões cometidas pelo governo ditatorial do Irã, importante aliado militar dos Estados Unidos, *pivotal country* da estratégia de segurança no sudoeste da Ásia e no Oriente Médio. Muitos nos Estados Unidos, sobretudo no Partido Republicano, queriam a manutenção de Reza Pahlavi, por ser inimigo implacável do comunismo e obstáculo ao fundamentalismo religioso. O Departamento de Estado, sob a direção de Cyrus Vance, assumiu uma posição moderada, conquanto o embaixador em Teerã, William Sullivan, opondo-se a qualquer entendimento com o aiatolá Kohmeini, ainda julgasse que o xá Reza Pahlavi fosse o "*unique element*" que podia, de um lado, refrear os militares e, do outro, controlar a transição para um regime democrático[41]. Mas com uma preocupação essencialmente geopolítica, considerando os interesses dos Estados Unidos no petróleo do Golfo Pérsico, Zbigniew Brzezinski, assessor de Segurança Nacional, defendia irrestrito apoio ao governo do Irã, mediante, inclusive, a repressão por parte dos militares[42]. Nelson Rockfeller urgiu uma posição clara do governo americano[43]. Carter endossou sua posição. Telefonou a Reza Pahlavi e expressou-lhe verbalmente seu apoio, sem reservas, posição esta que Brzezinski, a seu pedido, reteirou dias depois. Os Estados Unidos queriam a liberalização do regime, mas depois que a ordem fosse restaurada, não importando os meios, fosse através de um governo de coalizão ou da repressão militar.

Não obstante, Reza Pahlavi tinha dúvida da real disposição de Carter, apesar de que Estados Unidos estivessem a envolver-se diretamente no Irã, visando à sustentação do seu governo. Ele estava intimamente quebrantado, fraco e indeciso, e excogitou até abdicar do trono, ao perceber que não podia controlar a crise. E, convidado a formar um novo governo, Shahpur Bakhtiar, líder da Frente Nacional, impôs como condição que Reza Pahlavi abandonasse o país e comprometeu-se com os Estados Unidos a substituir, em seguida, a monarquia por uma república[44]. O Pentágono e o Departamento de Estado elaboraram então planos de contingência, para defender os campos de petróleo. E Carter enviou a Teerã o general Robert Huyser com a missão de assistir os militares iranianos, de modo que mantivessem sua coesão, uma vez Reza Pahlavi deixasse o país, e assegurar-lhes o respaldo dos Estados Unidos na eventualidade de um *showdown*[45], i.e., um enfrentamento com o povo. Caso o governo de Bakhtiar não conseguisse abafar a crise, a "*option C*" seria implementada mediante a execução de um golpe militar, para reprimir a insurreição e restaurar a ordem[46].

Ainda na França, em meados de janeiro de 1979, ao estabelecer a moldura para a formação do Conselho da Revolução Islâmica e o estabelecimento da nova ordem, Khomeini declarou ilegal o existente parlamento iraniano e denunciou a possibilidade de que ocorresse um golpe militar e provocasse um banho de sangue[47]. Mas as greves alastravam-se, a violência recrescia e, se os operários, a classe média, os estudantes e os aiatolás fundamentalistas, liderando as massas, não queriam o regime, também Reza Pahlavi, o primeiro-ministro Shahpur Bakhtiar e as Forças Armadas, apesar de todo o respaldo dos Estados Unidos, não mais tiveram condições de sustentá-lo ao modo antigo. Parte das Forças Armadas aderiu aos insurgentes. A outra ficou imobilizada. Washington não ordenou efetivamente o golpe militar. Conquanto Brzezinski advogasse o uso da força para defender os interesses dos Estados Unidos, que estavam acima dos direitos humanos e da democracia, Carter temeu desencadear uma ação sangrenta, de resultado evidentemente incerto, e que uma violenta guerra civil no Irã beneficiasse a União Soviética[48]. E o Xá Reza Pahlavi, alquebrado e enfermo, sem meios de conter a insurreição popular, teve de abandonar o país, em 16 de janeiro de 1979. O aiatolá Ruhollah Khomeini então regressou da França onde estava exilado e o governo de Shahpur Bakhtiar, que ele declarou ilegal, não resistiu. E, em 2 de fevereiro, antes de entrar vitorioso em Teerã, acusou o xá Reza Pahlavi de haver executado reformas no campo, a pretexto de tornar os camponeses agricultores independentes, porém resultando na mais completa destruição de todas as formas de cultivo, arruinando a economia agrária e levando o país a depender de importações de trigo, arroz e frangos dos Estados Unidos e de Israel. E declarou:

> "O nosso petróleo foi entregue à América e a outros. É verdade que a América pagou o que recebeu, mas o dinheiro foi gasto comprando armas e estabelecendo bases militares para a América. Em outras palavras, primeiro nós demos nosso petróleo e estabelecemos bases militares para eles (...) Ela exportava armas para o Irã que nossos exércitos eram incapazes de usar, de modo que os assessores americanos tiveram de vir para fazer o uso delas. (...) O povo quer seu exército para ser independente, não sob as ordens de americanos e outros assessores estrangeiros".[49]

Khomeini, em seguida, assumiu o governo de Teerã, com a renúncia de Bakhtiar. Em 10 de abril de 1979, foi instituída a República Islâmica do Irã, um país do Oriente Médio, com território estrategicamente encravado entre o Golfo Pérsico e o Mar Cáspio, ao sul da União Soviética. E para o aitatolá Khomeini os Estados Unidos se configuraram como o "grande Satã".

Conquanto não sofresse qualquer influência socialista, naquele contexto do conflito Leste-Oeste, a revolução xiita assumiu acentuado caráter nacionalista, anti-americano, exprimindo uma antiga revolta, que tinha raízes na Operação Ajax, coordenada pelo serviço secreto britânico MI-6 e pela CIA, contra o governo de Muhammad Mossadeq, em 1953. A revolução no Irã configurou, destarte, a primeira grande manifestação dos povos islâmicos contra a crescente presença dos Estados Unidos, cujos interesses econômicos, políticos e militares violentavam sua cultura, costumes e aspirações, e constituiu virtualmente séria ameaça às monarquias vizinhas, associadas aos interesses do Ocidente, ao inspirar os movimentos fundamentalistas em toda a região do Oriente Médio. E o conflito aguçou-se, quando Carter autorizou o xá Reza Pahlavi, cuja extradição o aiatolá Khomeini reclamava, a fazer tratamento médico nos Estados Unidos. Em 4 de novembro de 1979, quinhentos estudantes xiitas, indignados, ocuparam a Embaixada Americana em Teerã e mantiveram como reféns noventa pessoas, entre as quais 65 norte-americanos, exigindo que o Reza Pahlavi fosse entregue ao Irã, bem como a devolução dos bilhões de dólares que supostamente ele enviara para o exterior. Carter, em conseqüência, aplicou pressões econômicas, suspendendo as importações de petróleo do Irã, e congelou seus ativos financeiros em bancos dos Estados Unidos. E ao impor então o embargo às exportações de petróleo do Irã, em 11 de novembro de 1979, declarou que "*we refuse to permit the use of terrorism, and the seizure and holding of hostages, to impose political demands*". Os acontecimentos, porém, complicaram-se ainda mais, quando, pouco tempo depois, em 27 de dezembro, tropas da União Soviética começaram a invadir o Afeganistão. Essa iniciativa foi tomada pelos dirigentes de Moscou, não apenas em decorrência da Doutrina Breznev. Entre outros motivos, eles provavelmente perceberam que a confrontação mundial tendia a deslocar-se para o Oriente Médio e a Ásia Central (soviética e não-soviética), i. e., para o Irã e o Afeganistão[50], e temeram que a instabilidade naquela região, sobretudo após a revolução islâmica, impulsionada pelo aiatolá Khomeini, pudesse contaminar as populações muçulmanas da União Soviética. Mas essa iniciativa alarmou Washington, gerando o receio de que a União Soviética pretendesse avançar até as jazidas de petróleo do Oriente Médio, região vital para a segurança dos Estados Unidos e da Europa Ocidental, principalmente no contexto da Guerra Fria. Zbigniew Brzezinski, assessor de Segurança Nacional, advertiu Carter de que a União Soviética, se viesse a ocupar o Afeganistão, estaria em condições de desmembrar o Paquistão, separando dele o Baluquistão, província com menos de 350.000 quilômetros quadrados e mais de 5 milhões de habitantes, e conquistando assim acesso ao Oceano Índico[51].

O Afeganistão, onde a CIA tencionava estabelecer instalações de SIGINT (captação de sinais eletrônicos) para substituir as que perdera no Irã[52], estava sob o governo dos comunistas, desde o golpe de Estado de 17 de abril de 1978[53], quando foi derrubado e morto o primeiro-ministro Mohammed Daoud, no poder desde 1973[54], e Noor Mohammad Taraki, da etnia Pashtun, assumiu a presidência e Hafizullah Amin, da facção Khalq (radical) e Babrak Karmal foram nomeados primeiros-ministros adjuntos. O pretexto para a intervenção, com base no art. 4° do Tratado de Amizade e Cooperação celebrado em dezembro de 1978 com a assim chamada República Democrática de Afeganistão, foi a luta interna dentro do Partido Democrático do Povo (comunista), em meio de crescente resistência das massas camponesas, muçulmanas, rebeladas contra a imposição pelo governo comunista de reformas radicais com respeito à posse da terra, abolição da peonagem e dos dotes, que desempenhavam importante papel na área rural, educação e igualdade de direitos para homens e mulheres[55]. Diversas revoltas armadas estavam a ocorrer desde os últimos meses de 1978. Em março de 1979, houve um levante na cidade de Herat. A maior parte da 17ª Divisão de Infantaria do Exército afegão amotinara-se e unira-se à rebelião. As tropas leais a Taraki ocuparam a cidade, bombardeada pela Força Aérea. Mais de 5.000 pessoas, inclusive cidadãos soviéticos, pereceram. Taraki solicitara então envio de tropas da União Soviética para sustentar o governo de Kabul, mas Brejnev, embora preocupado, recusou. Soldados e mesmo brigadas inteiras continuaram a desertar, unindo-se à resistência, e no curso de 1979 o número de efetivos do exército afegão caíra de 90.000 para 40.000. Metade do corpo de oficiais fora expurgada, executada ou havia desertado.

Em 3 de julho de 1979, Carter, atendendo à sugestão de Zbigniew Brzezinski, assinou um *finding*, autorizando a CIA a dar assistência encoberta aos *mujahidin* afegães, mediante propaganda e outras operações de guerra psicológica, possibilitando à população o acesso ao rádio, estabelecido em terceiros países, e outras provisões, de modo a sustentar a insurgência contra o governo de Kabul[56]. Entrementes, as rivalidades dentro do Partido Democrático do Povo e do governo do Afeganistão aguçaram-se e, em 14 de setembro de 1979, após escapar de uma cilada, Hafizullah Amin conseguiu dominar a situação. Taraki, que a havia preparado, foi preso e dias depois morreu estrangulado no calabouço. Amin assumiu então o poder. Ele, porém, não merecia a confiança do KGB, o serviço de inteligência da União Soviética[57], que se envolvera crescentemente nessa luta de facções[58]. Era considerado como um agente da CIA[59], capaz de pedir a ajuda dos Estados Unidos. E, em 27 de dezembro de 1979, efetivos das forças especiais (SPETSNAZ) do KGB e do Exército soviético, comandados pelo coronel Grigoriy Boyarinov e fardados como soldados afegães, assaltaram o palácio do governo. Houve combates, em que dezenas morreram, inclusive o coronel Boyarinov. Amin foi assassinado, juntamente com toda a sua família[60]. E Babrak Karmal, antigo comunista que servia ao KGB, assumiu o poder, acusou Amin de ser "agente do imperialismo americano", e anunciou sua "execução" por ordem de um tribunal revolucionário. Entrementes, apelou para a assistência da União Soviética, cujas tropas começavam a atravessar a fronteira do Afeganistão[61] e, em poucos meses, tiveram de confrontar-se com a resistência dos *mujahidin*, sustentada pelos Estados Unidos, Paquistão, Arábia Saudita, Irã e China.

Algumas unidades militares, na verdade, já haviam chegado para Kabul, por via aérea. E vários fatores, entre os quais a Doutrina Brejnev, mediante a qual a União Soviética assumira o direito de intervir no país socialista onde o regime estivesse ameaçado, induziram Moscou a tomar tal decisão, que encerrou a possibilidade de melhoria nas relações internacionais, por longo tempo, conforme Gorbachev observou, pois resultou em "nova e mais perigosa edição da Guerra Fria"[62]. O ex-embaixador Anatoly Dobrynin, em suas memórias, afirmou, porém, que Moscou, ao invadir o Afeganistão, não teve o desígnio de dar mais um passo para conquistar as jazidas de petróleo do Oriente Médio e assim ganhar a superioridade global sobre os Estados Unidos[63]. Nenhuma evidência factual que provasse essa teoria foi encontrada nos arquivos de Moscou[64]. A preocupação dos dirigentes do Kremlin consistiu, principalmente, na possibilidade de que a instabilidade no Afeganistão desbordasse suas fronteiras e contagiasse as repúblicas orientais da União Soviética, devido à ineptitude do governo de Amin e aos acontecimentos no Irã[65]. E Dimitri Ustinov, ministro de Defesa, cria que, se medidas não fossem tomadas, os Estados Unidos futuramente poderiam instalar outra base contra União Soviética, exatamente embaixo do seu ventre, atingindo as repúblicas da Ásia Central[66]. Conquanto nada comprovasse que Amin era agente da CIA, a preocupação de Ustinov tinha algum fundamento. Mas, da mesma forma que Ustinov desconfiava das intenções dos Estados Unidos, supondo que Amin era um agente da CIA, a invasão do Afeganistão alarmou a administração de Carter e adensou a suspeita de que a União Soviética buscava obter o controle do Golfo Pérsico e das jazidas de petróleo do Oriente Médio.

Os acontecimentos no Irã, sobretudo após a ocupação da Embaixada Americana e a captura dos funcionários pelos estudantes, assim como a invasão do Afeganistão pelas tropas soviéticas, reanimaram a Guerra Fria, até então travada pela administração de Carter, sob o aspecto dos direitos humanos, reforçando a posição de seu assessor de Segurança Nacional, Zbigniew Brzezinski, o cientista político que organizara a Trilateral Comission[67]. Brzezinski entendia que os Estados Unidos deviam estimular "*a more distinctive political consciousness*", entre os países islâmicos da Ásia Central, com uma população de 55 milhões de pessoas e integrantes da União Soviética, como fator de contenção, para impedir a absorção dos povos islâmicos pelo comunismo[68]. Ele julgava que a "*strongest barrier*" contra a expansão da União Soviética era o desejo político e religioso desses países de não serem dominados pelo poderoso vizinho do norte. "*No policy undertaken by the United States can substitute for this will*"[69]. E, no discurso sobre o Estado da União, pronunciado em 21 de janeiro de 1980, Carter, que logo aplicara diversas sanções econômicas contra a União Soviética, indicou que a região ameaçada pelas tropas soviéticas era de "*great strategic importance*", porque continha mais do que dois terços do petróleo exportável do mundo, e que seu esforço para conquistar o Afeganistão trouxe suas forças para dentro de 300 milhas do Oceano Índico e perto do estreito de Hormuz, através do qual fluía a maior parte do petróleo mundial. "*The Soviet Union is now attempting to consolidate a strategic position, therefore, that poses a grave threat to the free movement of Middle East oil*", declarou Carter, anunciando que

> "*An attempt by an outside force to gain control of the Persian Gulf region will be regarded as an assault on the vital interests of the United States of America, and such an assault will be repelled by any means necessary, including military force*"[70].

A importância decisiva do Oriente Médio crescera na medida em que os países industrializados do Ocidente passaram a importar mais e mais energia. Conforme Kissinger salientou em suas memórias, a margem sul da Ásia — Irã, Paquistão e Afeganistão —, uma região do mundo que podia parecer remota e estranha para os americanos, era, não obstante, "*pivotal of the world security*"[71]. Entretanto, no Oriente Médio e na Ásia Central, o islamismo e o petróleo entrelaçavam-se. E Carter tentou persuadir todos os países que os Estados Unidos consideravam vitais seus interesses no Golfo Pérsico e que recorreriam inclusive aos meios militares, se necessário, para defendê-los. Como conseqüência dessa doutrina, o Departamento de Defesa empenhou-se para estabelecer novos acertos militares com Kenia, Somália, Omã, Egito e Paquistão. Ao mesmo tempo, reforçou a base naval em Diego Garcia, território britânico no Oceano Índico, e o secretário de Defesa, Harold Brown, criou a U.S. Rapid Deployment Joint Task Force (RDJTF), estabelecida na base aérea MacDill, na Flórida, para empregar no sudoeste da Ásia e Oriente Médio, onde os Estados Unidos não possuíam forças permanentemente estacionadas. E em 1979 Carter aprovou a diretriz do National Security Council no sentido de buscar na Somália, Omã e Kenia acesso às instalações aéreas e navais para a emergência de qualquer movimentação da RDJTF na região. A presença americana no resto do Oriente Médio, no entanto, permaneceu escassa em larga medida devido ao fato de que os países na Península Arábica preferiam não aparecer aberta e diretamente vinculados a Washington[72].

O que o governo de Carter pretendeu, ao anunciar sua doutrina, foi conter a crescente influência da União Soviética e restaurar a posição dos Estados Unidos, que se estava a deteriorar em todo o chamado Terceiro Mundo, transformado no principal teatro da Guerra Fria, desde o entendimento em torno de Berlim (1973) e a debacle no Vietnã. De 1974 em diante, organizações de esquerda haviam capturado o poder em Angola, Moçambique, Guiné-Bissau, Eitiópia, Yêmen do Sul, Vietnã do Sul, Laos, Camboja, Rodésia, Afeganistão e Nicarágua; Cuba estava a enviar tropas para países da África, como Angola e Etiópia[73], onde irromperam guerras civis; tentativas de golpes ocorreram no Sudão, Somália e Egito; a Líbia aproximara-se da União Soviética; a revolução islâmica derrubara o regime do xá Reza Pahlavi, que Carter de forma ambivalente ainda tentara sustentar; tentativas de secessão ocorreram no Zaire (antigo Congo Belga)[74], onde Che Guevara dirigira guerrilha nos anos 60; o Líbano estava conflagrado, desde 1975, quando eclodiu uma guerra entre as facções religiosas, após atentado cristão que matara dezenas de palestinos e libaneses muçulmanos, e na qual a Síria e Israel se envolveram. Tais acontecimentos, ao mesmo tempo em que a economia se defrontava com sérias dificuldades — a inflação e as taxas de juros a atingir quase 20%, o desemprego aumentando, paralelamente à recessão — e o prestígio internacional dos Estados Unidos declinava, concorreram para robustecer as tendências ultraconservadoras, chauvinistas, que defendiam a militarização de suas políticas e queriam impulsionar a corrida armamentista. Para os setores ideologicamente mais radicais, os neoconservadores, a palavra *détente* significava o mesmo que aceitar a ocupação de larga parte do mundo pelos comunistas. Mais jingoístas do que internacionalistas, eram contrários à política multilateral dos Estados Unidos, defendiam o não-pagamento das contribuições à ONU, e começavam a dominar o Partido Republicano, difundindo a percepção de que Carter optara por não resistir ao "*audacious assault*" da União Soviética, que apoiava as guerras de libertação nacional, contra os interesses americanos[75].

Certamente, o julgamento dos dissidentes na União Soviética e as sanções que Carter lhe impôs, em 4 de janeiro de 1980, após a invasão do Afeganistão, contribuíram para fomentar as tensões Leste-Oeste. E, dentro da administração, Zbigniew Brzezinski desenvolveu esquemas e conceitos geoestratégicos, bem como a teoria de que a União Soviética ameaçava a "*vital sphere*" de interesses dos Estados Unidos, que se estendia desde a cordilheira de Hindu Kush, no Afeganistão e nordeste do Paquistão, e envolvia Irã, Oriente Médio até o Bosphorus[76]. Ele entendia que o reconhecimento das amplas responsabilidades políticas dos Estados Unidos, geradas tanto pela revolução islâmica no Irã quanto pelas implicações do crescente poder da União Soviética, requeria uma definição da estratégia de defesa[77]. O "*arc of crisis*", do Paquistão até a Etiópia, circundava os Estados do Oriente Médio, com suas jazidas de petróleo, região de convergência da política internacional dos Estados Unidos, as necessidades da economia mundial capitalista e os interesses das grandes corporações. Segundo Brzezinski, era necessário que os Estados Unidos delineassem "*a regional security framework*", com a construção de bases aéreas e navais em Oman, Somália e Quênia, e injetassem efetivamente seu poder na região, que se havia tornado um "*arc of crisis*"[78]. Destarte, quase sempre em divergência com o Departamento de Estado, ele contribuiu para que Carter endurecesse sua política exterior, intensificasse o programa de *covert actions*, promovendo a guerra ideológica, mediante o contrabando de material de propaganda para dentro da União Soviética com uma intensidade e determinação muito diferente de seus antecessores[79].

O ex-diretor da CIA, Robert M. Gates, asseverou em suas memórias que, através da política de direitos humanos, Carter tornou-se o primeiro presidente americano a desafiar pública e consistentemente a legitimidade do governo soviético aos olhos do seu próprio povo[80]. O general Alexander Haig, que servira na Casa Branca sob o governo de Nixon e era ligado ao Partido Republicano, reconheceu que Carter foi certamente o "*most morally consistent President the nation had known since Wilson*" e que seus ideais levaram-no a enfrentar dificuldades políticas[81]. Carter, porém, aprovou as *covert actions*, embora não de caráter letal, com o objetivo de combater a influência da União Soviética e/ou de Cuba em Granada, Jamaica, Nicarágua, El Salvador, Yêmen e Afeganistão[82]. Dentro desse contexto, Brzezinski pretendeu abrir um terceiro *front*, na Guerra Fria, ao encorajar o fundamentalismo islâmico, no sudeste da União Soviética, com o propósito de formar um *green belt*[83], i.e., implantar uma série de governos islâmicos, para conter o avanço dos *godless red*, os comunistas ateus, bloquear-lhes caminho na direção das águas quentes do Golfo Pérsico e dos campos de petróleo do Oriente Médio. Daí porque, provavelmente, Carter decidiu tolerar o governo xiita de Khomeini, que implantou a República Islâmica do Irã, apesar de seu manifesto antiamericanismo e anti-sionismo.

Brzezinski entendia que o fundamentalismo islâmico constituía importante arma ideológica não somente para impedir que a influência comunista se expandisse nas regiões do Golfo Pérsico, África e Oceano Índico, como também para incitar nas repúblicas asiáticas da União Soviética a revolta contra o governo de Moscou. Em seu livro *Game Plan*, salientou que a melhor maneira de dissuadir a União Soviética de avançar na direção do sul estava dentro de suas próprias fronteiras, onde havia cerca de 55 milhões de muçulmanos, que tinham sido subjugados — ou "sovietizados" — apenas na superfície[84]. Segundo Brzezinski, eles haviam resistido ao domínio de Moscou por mais de uma década, até começo dos anos 1930, e ainda havia considerável evidência de que o ressentimento persistia[85]. "*There is here the potential for a serious religious-ethnic challenge over Moscow's control of Soviet central Ásia*", ele observou, após ressaltar que esse fato representava uma oportunidade que os Estados Unidos haviam falhado em explorar[86]. Em face de tal conclusão, a CIA empenhou-se em manter viva a herança das minorias étnicas, infiltrando na União Soviética literatura sobre sua história e cultura[87], dado que o regime construído por Stalin implicava não apenas o despotismo, mas igualmente a dominação das outras nacionalidades pela Grã-Rússia.

Essa estratégia, delineada por Brzezinski, inspirou-se na obra *L'empire éclaté*, na qual sua autora, a politóloga francesa Hélène Carrère D'Encausse, previra a desintegração da União Soviética, como conseqüência de revoltas das populações islâmicas, nas suas repúblicas asiáticas, como Armênia, Azerbaijan, Cazaquistão e Chechênia. Ela demonstrara, nos anos 1970, que a persistência do sentimento religioso na União Soviética constituía uma realidade sociocultural, sobretudo na sua "*périphérie musulmane*"[88], com mais de cinqüenta milhões de pessoas, adeptas do Islã, que mantinham a sua identidade e haviam adotado uma atitude de resistência ao poder e ao domínio de Moscou, agarradas às suas crenças e com um sistema de valores diferente dos valores comunistas[89]. Segundo Carrère D'Encausse, os dirigentes soviéticos haviam percebido que a força do Islã, dos seus dignitários, estava em poder apelar à tradição histórica e ao sentimento nacional[90]. "(...) *La societé musulmane forme um bloc cohérent, differente du reste de l'Union Sovietique*", observou, explicando que a homogeneidade sociocultural se mantinha, a despeito de um esforço educativo, em todos os níveis, concentrado na afirmação dos traços comuns da sociedade soviética e não nas diferenças existentes em seu seio[91]. O *Homo islamicus* afirmava-se tanto no Daguestão quanto no Usbequistão, na cidade como no campo, e criava dificuldades para Moscou, apesar de mais de meio século destinado a criar o *Homo sovieticus*[92]. Aí estava a vulnerabilidade da União Soviética, agravada ainda pelo fato de ter com o Islã 2.500 quilômetros de fonteira, dentro da qual a situação estava a deteriorar-se desde 1977[93]. O surgimento de uma república islâmica no Irã só podia, portanto, inquietar os dirigentes do Kremlin. Com a queda do regime do xá Reza Pahlavi, os Estados Unidos perderam um aliado. Mas, compensando seu enfraquecimento estratégico, Moscou arriscava-se a pagar, dali por diante, um preço muito elevado: o encorajamento dado ao nacionalismo dos muçulmanos dentro da própria União Soviética e a formação de um bloco islâmico coerente na região, sobre o qual a China poderia adquirir influência[94].

Tal conclusão levou Brzezinski a formular a Doutrina Carter, segundo a qual os Estados Unidos deviam: 1 — reforçar a resistência anti-soviética em países-chaves, particularmente Paquistão e Irã, e cooperar com a China para melhorar a segurança do Paquistão; 2 — aumentar a capacidade dos Estados Unidos para responder prontamente a qualquer ataque soviético; 3 — sustentar a resistência no Afeganistão, fornecendo aos *mujahidin* dinheiro, modernos armamentos, inclusive mísseis antiaéreos, e munição, bem como provar a vontade da União Soviética em restaurar genuína neutralidade e auto-determinação daquele país; 4 — engajar a Índia nos esforços diplomáticos para a solução do problema do Afeganistão e reduzir-lhe tensões com o Paquistão; 5 — estimular uma consciência política distinta entre os muçulmanos, na União Soviética, para dissuadi-la de qualquer tentativa de absorver os povos islâmicos[95]. Brzezinski percebia que a "guerra santa" contra as tropas soviéticas no Afeganistão, a revolução fundamentalista no Irã, o forte apoio aos *mujahidin* afegães, a instituição da lei islâmica no Paquistão pelo general Zia ul-Haq[96] refletiam um fenômeno singular, i.e., um amplo despertar de uma orientação mais auto-afirmativa, baseada na etnia e na fé religiosa. E imaginava que os dirigentes de Moscou, com suposto propósito de avançar sobre a região, só se refreariam se fossem convencidos de que a agitação no Golfo Pérsico inevitavelmente repercutiria dentro da própria União Soviética[97].

Os Estados Unidos, segundo Brzezinski, deviam, entretanto, restabelecer a cooperação com o Irã, em algum grau, a despeito da hostilidade oficialmente cultivada pelo governo do aiatolá Khomeini, e evitar que Moscou tirasse vantagens do conflito árabe-israelense, para penetrar no Oriente Médio e flanquear o Golfo Pérsico[98]. Com a perspectiva de promover e impulsionar o processo de paz naquela região, Carter reuniu-se então com Anwar Sadat[99], presidente do Egito, e Menachem Begin, primeiro-ministro de Israel, em Camp David (Maryland), entre 5 e 17 de setembro de 1978. E ao fim de treze dias de tensas negociações, alcançou enorme sucesso, levando o Egito e Israel a celebraram acordos, equacionando e resolvendo suas principais divergências. Esses dois países, em 26 de março de 1979, assinaram em Washington o tratado de paz mediante os quais Israel devolveu ao Egito a pensínsula do Sinai, conquistada em 1967, desmantelou as colônias israelenses na área, e o Egito reconheceu oficialmente o direito de Israel à existência. As negociações também envolveram um acerto sobre a autonomia da população palestina, assentada no West Bank (conhecido como Judéia e Samaria) e na banda de Gaza. Carter pediu a Begin que não permitisse mais assentamentos de judeus naquelas áreas e obteve concessões de Israel, como Kissinger conseguira em 1974, oferecendo-lhe maciça ajuda econômica, que incluía transferência de recursos e tecnologia. Como contrapartida, o Egito, que se tornou o primeiro país árabe a reconhecer Israel[100], expulsou os assessores soviéticos e passou a receber dos Estados Unidos, anualmente, cerca de US$ 2,2 bilhões em assistência econômica (US$ 815 milhões) e militar (US$ 1,3 bilhão). Israel recebeu US$ 3 bilhões para construir um novo aeroporto e substituir o do Sinai e os acordos bilhões, através do ano fiscal de 1980. Desde então e, sobretudo, após a revolução islâmica no Irã, a assistência que os Estados Unidos lhe prestavam desde 1949 quadruplicou.

Ao mesmo tempo, de acordo com as diretrizes de Brzezinski, a CIA continuou a mobilização de 100 mil *mujahidin* e outros, oriundos dos países islâmicos da África do Norte e Oriente Médio, com o objetivo não só de derrubar o governo comunista de Kabul, mas também desestabilizar a própria União Soviética, na Ásia Central, a partir das suas repúblicas orientais, formadas por uma população muçulmana[101]. "*The covert action that began six months earlier funded at over half a million dollars would within a year grow to tens of millions, and most assuredly included the provision of weapons*", revelou Robert M. Gates, ex-diretor da CIA, que trabalhou na Casa Branca[102]. Ela foi executada com a colaboração dos serviços secretos do Paquistão — o Inter-Service Intelligence (ISI) — e da Arábia Saudita, e, contando ainda com recursos do comércio de drogas, arregimentou, nos países islâmicos, milhares de marginais a fim de que recebessem treinamento em campos especiais da CIA, espalhados em Peshawar, província ao norte do Paquistão. Juntamente com os Estados Unidos, a Arábia Saudita e as outras ricas monarquias do Golfo Pérsico contribuíram generosamente para financiar a *Jihad*[103] no Afeganistão[104].

O Paquistão, governado pelo general Zia ul-Haq, tinha efetivamente sob seu controle os radicais islâmicos, liderados pelos *mujahidin* Ahmad Sha Masud e Gulbuddin Hikmetyar, e já os podia conduzir à *Jihad* quando a União Soviética invadiu o Afeganistão[105]. O milionário saudita 'Usamah bin-Muhammad bin-'Awad bin-Ladin foi um dos organizadores desse recrutamento e obteve permissão de convocar 10.000 muçulmanos, entre militantes anti-ocidentais, anti-americanos, especialistas em guerrilhas, sabotagens e ações encobertas, a fim de combater as tropas soviéticas no Afeganistão, combinando a dimensão étnica e religiosa e a dimensão política. Ele, um dos 54 filhos do xeique Muhammad bin'Awad bin-Ladin, magnata saudita, empresário da construção[106], era um muçulmano *wahabbi*, que julgava ilegítimas todas as mudanças e adições feitas ao Islã, após o século III (islâmico), ou seja, o século IX, depois de Cristo[107]. Em dezembro de 1979, seu tutor, o príncipe Turki ibn Faisal as-Sa'ud (diretor do serviço secreto da Arábia Saudita entre 1977 e agosto de 2001), convidou-o para manejar os aspectos financeiros das operações encobertas da CIA, que estava a investir então US$ 3 milhões no Afeganistão. Usamahh bin-Ladin assim se uniu à resistência, para combater as forças da União Soviética, julgando ser o seu dever apoiar o Islã, e em 1984/1985 criou, juntamente com o palestino Shaykh 'Abdallah 'Azzam, a Maktab al-Khidamat (MAK) ou Mujahidin Services Center, em Peshawar (Paquistão), com a participação de muçulmanos dos mais diversos países, tais como Yêmen, Paquistão, Argélia, Egito e Sudão. Cerca de 100.000 "combatentes pela liberdade", arruaceiros e marginais de todo o mundo islâmico, oriundos dos países islâmicos da África do Norte e Oriente Médio, foram convocados e treinados para lutar contra os ateus soviéticos, uma operação que a CIA e os serviços secretos do Paquistão e da Arábia Saudita montaram, com o financiamento do tráfico de droga, o ópio cultivado no Crescente Dourado, região montanhosa no Irã, Afeganistão e Paquistão. Onde havia um desajustado na família ou no povoado, lá foi o *mujahidin* para o Hindukush, onde em troca de dinheiro do petróleo e da droga eles podiam ser úteis na guerra contra as tropas da União Soviética[108]. Calcula-se que eles, os *mujahidin*, tenham recebido cerca de US$ 10 bilhões, fornecidos pelos Estados Unidos, Arábia Saudita e outros países islâmicos e europeus[109].

Os Talibãs[110], oriundos da maioria étnica no Afeganistão, os Pashtun, (40% da população)[111], foram aliciados em uma rede de seminários islâmicos, do Paquistão, as *madrasahs*, estabelecidos pelo *Jamaiyyat Ulama al-Islam* (J.U.I.), partido islâmico extremista, que se formou com o objetivo de impor ao país um regime baseado na lei islâmica, *Our'na*, *Sunnah* e *Shari'ah*, em uma versão mais radical e extremada. Eles nada reconheciam, salvo o Islã, segundo sua própria interpretação baseada na concepção "Deobandi" dessa religião — uma doutrina do islã sunni da escola jurídico-religiosa Hanafi, cujos ideólogos foram Muhammad Qasim Nanautawi (1833-1877) e Rashid Nanautawi, fundadores da primeira *madrasah* desse ramo muçulmano em Deoband, perto de Nova Delhi[112]. Seus discípulos espalharam essas *madrasahs* Deobandi através da Índia e do Afeganistão e, em 1967, já havia cerca de 9.000, através do sul da Ásia[113]. Só no Paquistão, no principio dos anos 1990, havia cerca de 4 mil *madrasahs*, especialmente perto da fronteira com o Afeganistão, onde viviam em acampamentos 2 milhões de refugiados afeganes cujos filhos freqüentavam aqueles seminários, juntamente com filhos de famílias paquistanesas bem situadas[114].

Usamahh bin-Ladin, ligado ao general Hamid Gul, chefe do serviço de inteligência do Paquistão, e ao príncipe Turki al-Feisel, chefe do serviço secreto da Arábia Saudita, foi um dos que organizaram o recrutamento desses fundamentalistas, nas *madrasahs*, da qual uma das maiores era a Haqqania, onde nada mais se lia ou se estudava senão o Corão e o islamismo, e que constituía uma "*Jihad factory*", segundo a expressão de Jeffrey Goldberg[115]. E ele pode convocar cerca de 10.000 mercenários, entre militantes anti-ocidentais, anti-americanos, e alguns desses grupos, constituídos de bandidos, mais do que de religiosos, foram treinados em campos especiais da CIA, que por ano investiu cerca de US$ 500 milhões, com a colaboração da Arábia Saudita, para treinar e armar aqueles empobrecidos guerrilheiros *mujahidin*, como *freedom fighters*, fornecendo-lhes significativa quantidade de armamentos de alta tecnologia, inclusive mísseis *Stinger* antiaéreos, e todo o material para estabelecer campos de treinamento, arsenais e bases[116], com a assistência de militares americanos, assessores em guerrilha.

A CIA encorajou a *Jihad*, manipulando o fundamentalismo islâmico em função dos objetivos geo-estratégicos dos Estados Unidos, empenhados em conquistar o controle sobre os recursos energéticos e os corredores dos oleodutos que saíam da bacia do Mar Cáspio. E, a fim de fracionar a União Soviética, intensificou suas operações nas repúblicas da Ásia Central e do Cáucaso, bem como nos Bálcãs. O Grande Jogo do século XIX, quando as grandes potências disputaram o controle da Ásia Central, foi renovado e continuou nos anos 1980, durante a administração de Ronald Reagan. Ao longo de 1985, a CIA despejou no Afeganistão metralhadoras pesadas, mísseis portáteis terra-ar SA-7 (Strela-2), Stringer e canhões antiaéreos Oerlikon, que produziram crescentes baixas entre os soviéticos. Entre 1982 e 1992, juntaram-se aos *mujahidin* afegães cerca de 35.000 muçulmanos radicais, oriundos de 43 países islâmicos no Oriente Médio, África do Norte e oriental, Ásia Central e extremo Oriente. "*They come from Syria, Iraq, Algeria, and elsewhere, and most fought with the Islamic fundamentalist Muj groups, particularly that headed by Abdul Rasul Sayyaf*, confirmou Robert M. Gate, acrescentando que a CIA, da qual fora diretor, pretendera formar uma espécie de "*international brigade*"[117]. Dezenas de milhares de muçulmanos estrangeiros radicais foram estudar nas centenas de *madrasahs*, que o governo militar de Zia ul-Haq começara a fundar no Paquistão, ao longo da fronteira com o Afeganistão. Mais de 100 mil muçulmanos radicais foram influenciados pela *Jihad*[118]. Essa operação Brzezinski, posteriormente, considerou uma "excelente idéia"[119]. Ao confirmar que a CIA entrara no Afeganistão, mobilizando e armando *mujahidin*, antes que as tropas soviéticas cruzassem suas fronteiras, em dezembro de 1979, recordou que no dia em que esse fato ocorreu ele escrevera a Carter: "*We now have the opportunity of giving to the Soviet Union its Vietnam War*"[120]. Selig Harrison, do Woodrow Wilson International Center for Scholars, especializado em Ásia Central, advertira, porém, que os Estados Unidos estavam a criar "*a monster*" e ouviu como resposta, de uma autoridade americana, que "*these people were fanatical, and more fiercely they would fight the Soviets*"[121]. E foi o que aconteceu. O monstro foi criado. Anos mais tarde, os fundamentalistas, treinados pelos *mujahidin*, apresentaram-se em outras partes do mundo, no Oriente Médio e em Nova York, "*still fighting their Holy War*", conforme Robert M. Gates reconheceu[122].

Notas

1. Nevins & Commager, 1986, p. 657.
2. Our Nation's Past and Future. Jimmy Carter's speech in accepting the Democratic Party's nomination — Democratic National Convention meeting at Madison Square Garden in New York City on July 15, 1976.
3. Inaugural Address of President Jimmy Carter. January 20, 1977.
4. Black, 1986, p. 135.
5. O Brasil, por sua vez, denunciou o Acordo Militar com os Estados Unidos, quando o anual *Human Rights Report*, apresentado pelo Departamento de Estado ao Congresso, em 1977, mencionou a ocorrência de algumas violações, apesar do esforço do governo do presidente Geisel para promover lentamente a distensão e restabelecer as liberdades democráticas. Outros países seguiram o exemplo.
6. Andrew Young fora assistente de Martin Luther King Jr. Carter o nomeou Embaixador dos Estados Unidos na ONU.
7. Apud Drago, 1993. p. 35.
8. Também foi assinado outro tratado, em que o Panamá autorizava os Estados Unidos a defender o canal após o ano 2000. Os tratados sofreram forte oposição por parte de muitos americanos, que viam no canal uma propriedade dos Estados Unidos, mas passaram no Senado.
9. O tratado original que o Panamá assinou com os Estados Unidos, em 1903, poucos dias após separar-se da Colômbia, com o respaldo aberto do presidente Theodore Roosevelt — concedeu-lhes o direito "perpétuo" de construir, operar e defender o canal. Ao mesmo tempo, o Panamá cedeu aos Estados Unidos o controle sobre parcela do território panamenho conhecido como Zona do Canal. Em 1964, houve sérios choques entre a população panamenha e as tropas americanas. E Johnson decidiu renegociar os termos do tratado original. Mas nem ele nem Nixon e Ford levaram adiante a renegociação do tratado. A idéia de abrir mão do controle sobre a Zona do Canal feria o orgulho dos americanos, que percebiam o Canal do Panamá como sua propriedade e parte do território dos Estados Unidos.
10. Dobrynin, 1995, p. 412.
11. Haig, 1984, p. 197.
12. Higgs (ed.), 1990, p. 149.
13. Essa organização tomou o nome de Frente Sandinista de Libertação Nacional, em homenagem a Augusto César Sandino, que comandou a resistência contra a ocupação americana entre 1927 e 1932.
14. Ruhollah al-Mousavi al-Khomeini.
15. Os xiitas têm como referência histórica maior, após o profeta, o Imam Ali ibn Abi Talib, genro do profeta, marido de Fátima, filha única. Segundo eles, foi Ali que

Muhammad indicou como herdeiro. Ele foi o quarto califa e último eleito dentre os primeiros convertidos ao Islã. Mas teve de lutar pelo que considerava seus direitos e acabou assassinado. Sua cabeça estaria preservada em Kerala, cidade santa dos xiitas, situada no Iraque. Os xiitas são maioria no Iraque e no Irã, embora representem apenas 25%-30% dos muçulmanos. Os sunitas, que constituem cerca de 70% dos muçulmanos, não crêem que o profeta tivesse designado herdeiro, e trataram a escolha dos primeiros califas como um processo puramente eletivo. Mas, na essência, não existem diferenças fundamentais entre as duas correntes do islamismo, que obedecem aos ensinamentos do Qu'ran, porém possuem obrigações, assim como locais de peregrinações, parcialmente diferentes.

16. Discurso em frente de sua residência em Kum, em 27 de outubro de 1964. Khomeini, 1981, pp. 181-188.
17. Id., ibid., pp. 181-188.
18. Ayatollah Khomeini, lectures delivered to students of religion in Najaf, Iraq, January-February, advocating the application of Islamic political principles in Iran, in Hunt, 1996, p. 394-395.
19. Brzezinski, 1983, p. 397.
20. Id., ibid., pp. 360-361.
21. Haig, 1992, p. 85.
22. Id., ibid., p. 86.
23. Bem-Manasche, 1992, p. 30.
24. Instituto para Inteligência e Tarefas Especiais.
25. Kimche, 1991, p. 192.
26. Id., ibid., p. 192.
27. Id., ibid., p. 192.
28. "Message to the Pilgrims" in Khomeini, 1981, pp. 195-199.
29. "Message to the Muslim Students in North America", id., ibid., pp. 209-211.
30. Brzezinski, 1983, p. 357.
31. "Message to the Pilgrims", 27/09/1978; In Commemoration of the Martyrs of Theran", 11/10/1978, in Khomeini, 1981, pp. 237-238, 239-241.
32. Ben-Menasche, 1992, p. 30.
33. Kimche, 1991, p. 192.
34. Ayatollah Khomeini, statement delivered from exile in Najaf, Iraq, 19 February 1978, supporting anti-shah demonstrations and attacking American policy; Ayatollah Khomeini, declaration issued from exile in Paris, 11 October 1978, praising the waves of anti-shah demonstrations in Iran. Khomeini, 1981, pp. 212-213, 239-241..
35. Ben-Menasche, 1992, pp. 40-41.
36. Id., ibid., pp. 40-41.

37. Brzezinski, 1983, p. 375.
38. Sick, 1991, p. 63.
39. Id., ibid., p. 63.
40. Brzezinski, 1983, p. 397.
41. Id., ibid., 359.
42. Id., ibid., pp. 354-355.
43. Id., ibid., p. 363.
44. Haig, 1992, p. 537.
45. Brzezinski, 1983, pp. 377-378.
46. Id., ibid., pp. 382-388.
47. "Formation of the Council of the Islamic Revolution", 12/01/1979; "The Fortieth Day after 'Ashura'", 15/01/1979, in Khomeini, 1981, pp. 247-251.
48. Brzezinski, 1983 pp. 396-397.
49. "Adress at Bihisht-I Zahra", Ayatollah Khomeini, speech deliverd at the cemitery out side Tehran, 2 February 1979, indicating the shah's legacy and calling for overthrow of Bahktiar government. Khomeini, 1981, pp. 254-260..
50. Carrère D'Encausse, 1978, p. 344.
51. Brzezinski, 1983, p. 427.
52. Gates, 1997, p. 132.
53. Segundo Dobrynin, embaixador da União Soviética em Washington durante 24 anos, o envolvimento do KGB, se houve, não ficou claro. Dobrynin, 1995, p. 440.
54. Sadar Mohammed Daoud Khan, em 1973, derrubou o Rei Mohammed Zahir Shah e proclamou a república no Afeganistão, possivelmente com o respaldo do KGB. Em 1978, com a queda de Daoud, os comunistas deram ao país o nome de República Democrática do Afeganistão.
55. Por volta de 1980, metade dos estudantes eram mulheres e as mulheres constituíam 40% dos médicos, 70% dos mestres escolares e 30% dos servidores civis.
56. Gates, 1997, p. 146.
57. Abreviatura de Komittet Gosudarstvennoye Bezopasnosti, que significa Comitê para a Segurança dos Estado.
58. Dobrynin, 1995, p. 441.
59. Amin havia estudado na Columbia University, em Nova York.
60. Andrew & Gordievsky, 1990, pp. 575-576.
61. Relato dos acontecimentos em Kabul, com base na documentação de Moscou, vide Volkogonv, 1999, pp. 193-1202. Dobrynin, 1995, pp. 440-442. Andrew & Gordievsky, 1990, pp. 465, 573-577. Sudoplatov & Sudoplatov, 1995, p. 415.
62. Gorbachev, 2000, p. 177.
63. Dobrynin, 1995, pp. 446-447.
64. Id., ibid., p. 446.

65. Id., ibid., p. 446.
66. Id., ibid., p. 446.
67. Zbigniew Brzezinski, polonês de nascimento, começou a organizar, em 1970, a Trilateral Comission, a pedido de David Rockefeller, congregando cidadãos da Europa Ocidental, Japão e Estados Unidos. Sua percepção era a de que o conceito de equilíbrio do poder, com o qual Kissinger jogara, estava superado e que a questão consistia em estabelecer uma nova ordem internacional, vinculando economicamente os três lados, ou seja, Japão, Europa Ocidental e Estados Unidos, as democracias industrializadas, que assumiriam a responsabilidade pelo sistema internacional. Brzezinski foi o primeiro secretário-executivo da Trilateral Comission, a qual também Carter integrara. Robertson, 1991, p. 102.
68. Brzezinski, 1986, p. 222.
69. Id., ibid., p. 222.
70. Jimmy Carter — State of the Union Address 1980. January 21, 1980.
71. Kissinger, 1982, p. 677.
72. Brzezinski, 1986, p. 174.
73. Em 1974, o coronel Mengistu Haile Mariam derrubou o imperador Haile Selassie e, ao enfrentar a secessão da Eritréia, solicitou a assistência da União Soviética. E Cuba enviou tropas.
74. Depois o Zaire adotou o nome de República Democrática do Congo.
75. Haig, 1984, pp. 26-27.
76. Brzezinski, 1983, pp. 443-446. Dobrynin, 1995, pp. 420-422.
77. Id., ibid., pp. 454-455.
78. Id., ibid., pp. 446-447.
79. Gates, 1997, pp. 94-95.
80. Id., ibid., p. 95.
81. Haig, 1992, p. 532.
82. Gates, 1997, p.178.
83. A cor verde é simbólica da bandeira do Islã.
84. Brzezinski, 1986, p. 226.
85. Id., ibid., p. 226.
86. Id., ibid., p. 226.
87. Gates, 1997, p. 177.
88. Carrère D'Encausse, 1978, p. 282.
89. Id., ibid., pp. 283-289.
90. Id., ibid., p. 304.
91. Id., ibid., pp. 327-328.
92. Id., ibid., p. 329.
93. Id., ibid., p. 343.

94. Id., ibid., p. 349.
95. Id., ibid., pp. 222-224.
96. Para assegurar a mais longa das três ditaduras militares que houve no Paquistão, depois de sua independência, o general Zia ul-Haq tornou o islamismo uma ideologia de Estado e determinou o exame das leis existentes, de conformidades com a *chari'a*, o código penal islâmico. Sobre o tema vide Kepel, 2000, pp. 94-100.
97. Carrère D'Encausse, 1978, pp. 226-227.
98. Id., ibid., pp. 223-226.
99. Anwar Sadat foi que tomou a iniciativa de reabrir o processo de paz e em novembro de 1977 tornou-se o primeiro chefe de governo árabe a visitar Israel, implicitamente reconhecendo seu direito de existir.
100. O segundo país árabe a reconhecer oficialmente Israel foi a Jordânia, com a assinatura de um tratado de paz, em 1994.
101. Lebert, Stephan & Thomma, Norbert — "Da sind Spuren wie von einer trampelnden Elefantenherde der erste Verdacht kam ihm, da saß er im Bundestag. Geheimdienste wurden sein Thema. Andreas von Bülow traut ihnen Schlimmstes zu: eine Verwicklung in die New Yorker Anschläge". *Der Tagesspiegel — Sonntag*, Berlin, 13.01.02 — Seit S1.
102. Gates, 1997, pp. 146-147. Johnson, 2001, p. XV.
103. A palavra *jihad* provém da raiz árabe — *jahada* — que significa luta, esforço. Essencialmente ela significa uma luta interior do muçulmano, para melhorar-se a si próprio e ajudar a comunidade. Mas o Islam igualmente autoriza em certas circunstâcias a guerra, e a rebelião contra um governante injusto, seja este ou não considerado muçulmano, e à luz de certos critérios definidos pela jurisprudência religiosa — tais movimentos armados podem ser classificados e justificados como *Jihad* (é só nesses casos que a palavra pode ser aproximadamente traduzida como "Guerra Santa"). O profeta Muhammad foi o modelo de impecável conduta muçulmana e de mudança política, ele mesmo rebelado, com profunda religiosidade e repulsa moral, contra a sociedade árabe corrupta em que vivia. Rashid, 2001, pp. 87-88. *Mujahid* significa "aquele que pratica Jihad". O *Mujahid* que morre no campo de batalha durant a *Jihad* é considerado como tendo tido imediata entrada no paraíso, enquanto que seus adversários se condenam ao inferno. Os movimentos políticos recentes que se proclamam como *Jihad* ao que tudo indica tiveram sua origem no Egito, após a derrota dos países árabes na guerra contra Israel, em 1967. Uma das raízes ideológicas desses movimentos está na organização "Irmãos Muçulmanos", fundada pelo mestre-escola Hasan al-Banna com o fim de promover o estabelecimento de um estado islâmico, e dissolvida e reduzida temporariamente à clandestinidade pelo governo de Nasser (embora tenha sobrevivido a esse episódio). Mas os movimentos islamistas radicais de nossos dias derivam mais direta-

mente das idéias de pensadores mais radicais do que Hasan al-Banna, entre estes Sayyid Qutb (executado pelo governo de Nasser em 1966), cujas posições geraram controvérsia dentro da própria organização Irmãos Muçulmanos, à qual ele pertencia. Os islamistas radicais atribuíram a derrota na guerra contra Israel, em 1967, ao abandono do autêntica prática do Islam pelos governos árabes, que assim teriam cometido apostasia. Um dos principais propagandistas recentes do islamismo mais radical é o egípcio Ayman al Zawahri. Mas essa cultura da *Jihad*, e dos mártires (*shuhud*), tem-se desenvolvido simultaneamente em vários países islâmicos, não só no Egito. Na Palestina, os que morrem durante a Intifada contra a ocupação pelas tropas de Israel adquirem enorme prestígio.

104. Kepel, 2000, pp. 136-138.
105. Rashid, 2001, p. 85.
106. Ele fundou, em 1931, a companhia Saudi Bin-Ladin Group (SBG). Também constituiu uma sociedade suíça de investimentos (Saudi Investment Company), que criou filiais do National Commercial Bank, da Arábia Saudita. A SBG detinha importantes participações na General Electric, Nortel Networks e Cadbury Schweppes. É representado nos Estados Unidos por Adnan Khashoggi e suas atividades financeiras são geridas pelo Carlyle Group, para o qual pai do presidente George W. Bush, o ex-presidente George Bush, trabalhava. Meyssan, 2002, p. 110.
107. Foi Abdul Wahab (1703-1792) que iniciou o movimento para "limpar" a prática do islam pelos beduínos. A doutrina *wahabbi*, que condena o luxo e a ostentação, desenvolveu-se assim entre os árabes do deserto e tornou-se oficial na Arábia Saudita, embora os islamistas radicais hoje acusem a monarquia saudita de violar os seus preceitos.
108. Rashid, 2001, pp. 18-19.
109. Id., ibid., p. 18.
110. *Talib* é um estudante islâmico que busca conhecimento transmitido pelo *mullah*.
111. Rashid, 2001, pp. 1-2.
112. A *madrassah* foi originalmente introduzida no Egito pelo sultão Salah el-Din el-Ayyoubi (1138-1193), celebrizado como Saladin, para suprimir as seitas islâmicas não-ortodoxas. Salah al-Din Al-Ayyoubi (Saladin) assumiu o controle do Egito após a morte do califa Fatimid em 1171. Quando os Cruzados atacaram o Egito, incendiando o Cairo, Salah al-Din fortificou a cidade, resistiu e tornou-se um dos grandes heróis do Islã, por sua humildade, coragem pessoal, capacidade administrativa e militar, o que lhe permitiu derrotar os exércitos cristãos. O reinado de Salah al-Din durou 24 anos, dos quais passou 24 anos no Cairo, onde, além construir hospitais e obras de infra-estrutura, instituiu as madrasas, um tipo de instituição criada pelos turcos Seljuk , aumentou o número de mamluks, escravizando meninos e dando-lhes educação militar e islâmica, a fim de empregá-los depois no Exército e

na administração. Os mamluks (que em árabe significava "os possuídos") eram jovens turcos ou curdos cujos proprietários os tinham como escravos e os criavam segregados em barracas, onde recebiam rigorosa instrução religiosa e militar. Quando adultos, eram, porém, libertados, ganhavam um cavalo e arma, e passavam a servir com lealdade e devoção, até o fim da vida, ao seu antigo proprietário, o amir (comandante). Os mamluks, recrutados pela dinastia de Ayyubids, usurparam o poder e tiveram a capacidade de mantê-lo, por mais de 300 anos, até a conquista do Egito pelos otomanos, 1517. Esse sultanato teve sua origem com Shajrat al-Durr (Três pérolas), esposa do sultão Ayyub, que morreu de câncer e tuberculose e cujo filho, Turan Shah, fora morto por uma facção de mamluks leais aos Baybars. Ela governou o Egito entre 1249-1250 e foi a única mulher a ocupar o sultanato em toda a história do Islã e a única, no Egito, desde Cleópatra.

113. Rashid, 2001, pp. 87-91.
114. Por volta de 2001, as *madrasas* contavam com cerca de um milhão de alunos.
115. Goldberg, Jeffrey — "Inside jihad university — The Education of a Holy Warrior" — http://www.jammu-kashmir-facts.com/inside_jihad_university1.htm.
116. McFarlane, 1994, p. 69. Entre 1983 e 1997 cerca 83 mil *mujahidin* foram treinados no Afeganistão pela CIA.
117. Gates, 1997, p. 349.
118. Rashid, 2001, p. 130.
119. "Les Révelations d'um Ancien Conseiller de Carter: 'Oui, la CIA est Entrée en Afghanistan avant les Russes...'" *Le Nouvelle Observateur* , Pari, 15-21.1.1998. Apud, Johson, 2000, p. XV.
120. Ibid., p. XV.
121. Ahmed, 2002, p. 34.
122. Gates, 1997, p. 349.

Capítulo XXII

AINDA A QUESTÃO DOS REFÉNS AMERICANOS EM TEERÃ • O DESASTRE DA *OPERATION EAGLE CLAW* • AS NEGOCIAÇÕES SECRETAS COM O IRÃ • O APOIO DOS ESTADOS UNIDOS AO IRAQUE CONTRA O IRÃ • REAGAN-BUSH E A SABOTAGEM DAS NEGOCIAÇÕES DE CARTER PARA LIBERTAR OS REFÉNS • *OCTOBER SURPRISE* — A DERROTA DE CARTER • REAGAN E A CRISE NO LÍBANO • VENDA SECRETA DE ARMAS AO IRÃ ATRAVÉS DE ISRAEL

As dificuldades com o Irã, entrementes, continuaram. Os esforços diplomáticos para obter a libertação dos 52 funcionários americanos (muitos dos quais agentes da CIA), mantidos como reféns pelas milícias iranianas na Embaixada Americana em Teerã, não haviam alcançado resultado. E Carter autorizou a CIA, em 1980, a promover a *Operation Eagle Claw*, planejada como *Operation Rice Bowl* e conhecida também como Desert Storm, com o objetivo resgatá-los. A missão envolvia oito USMC RH-53 helicópteros, 12 aeroplanos e contingentes transportados do golfo do Paquistão para algum lugar perto de Teerã, onde passariam a noite para executar, na manhã seguinte, a missão de resgate. Essa operação requeria o reabastecimento dos helicópteros no deserto iraniano (*Desert One*), perto de Tabas, porém, no dia 25 de abril, alguns apresentaram falhas mecânicas e um deles colidiu com um C-130 Hercules, quando era abastecido, causando explosão, em que pereceram cinco homens da Força Aérea, três *marines* e muitos saíram feridos. A *Operation Eagle Claw* constituiu assim um fiasco, um desastre enorme. Houve, possivelmente, sabotagem dos elementos da CIA, descontentes com a política de Carter, por tentar impedir sua participação em complô para assassinato e outros crimes[1], e elementos vinculados ao Partido Republicano, tais como o general John

Singlaub, reformado porque se opusera à redução das tropas na Coréia, e o coronel Oliver North[2].

Carter, sem descartar a possibilidade de outra operação militar, decidiu buscar, pela via diplomática, entendimento com o governo do Irã, para a libertação dos reféns, em troca da liberação de US$ 12 bilhões, depositados em bancos americanos pelo governo do Xá Reza Pahlavi e congelados depois da invasão da Embaixada Americana em Teerã. As negociações foram secretamente conduzidas pelo secretário de Estado-Adjunto, Warren Christopher, através de intermediários alemães[3], mais precisamente do ministro de Relações Exteriores da Alemanha, Hans Dietrich Gensher[4], e dos irmãos Cyrus, Jamshid e Reza Hashemi[5], que diziam ser primos do prócer islâmico Hojjat El-Islam Ali Akbar Hashemi Rafsanjani e tinham contato com a alta cúpula do Irã. Mas o governo de Khomeini, além da liberação dos depósitos, demandou a liberação do embarque de armas que haviam sido encomendadas e pagas antes da vitória da revolução islâmica. Necessitava urgentemente desse material bélico, para enfrentar a invasão do Irã, em 22 setembro de 1980, por seis divisões do Iraque, cujos aviões MIG's-23 e MIG's-21, simultaneamente, atacaram suas bases aéreas, em Mehrabad e Doshen-Tappen (ambas perto de Teerã), assim como também Tabriz, Bakhtaran, Ahvaz, Dezful, Urmia, Hamadan, Sanandaj, e Abadan. Saddam Hussein ('Abd al-Majid al-Tikriti), da seita Sunni, adversária dos xiitas[6], deflagrou esse conflito, sob a alegação de que era ilegal a presença iraniana no canal de Shatt-al-Arab, o estuário formado pela confluência dos rios Tigre e Eufrates, mas seu objetivo, *inter alia*, era apoderar-se da província do Kuzistão, onde estavam localizadas grandes reservas de petróleo, no sudeste do Irã, sobre o Golfo Pérsico[7].

Ao que se sabe, Saddam Hussein tomou a iniciativa de agredir o Irã, após encontrar-se secretamente com agentes americanos em Amã (Jordânia), em 1979, e solicitar suporte econômico e militar dos Estados Unidos, assegurando-lhes que em três semanas invadiria Teerã, onde imaginava provocar um clima de descontentamento e acarretar queda do governo de Khomeini. Zbigniew Brzezinski estimulou o ataque, dado que os Estados Unidos não queriam que o Irã, após a queda do Xá Reza Pahlavi, continuasse com o domínio do estratégico canal de Shatt-al-Arab, onde havia abundantes jazidas de petróleo[8]. Essa guerra, porém, não decorria apenas da disputa fronteiriça, mas também da rivalidade entre ideologias e seitas religiosas[9], i.e., o nacionalismo árabe, representado pelo governo sunita de Saddam Hussein, e o fundamentalismo pan-islâmico da revolução vitoriosa no Irã, onde o xiismo (Shi'ism) se tornara religião oficial, desde que o Xá Ismail (1502-1524) fundara a dinastia Safavid, no século XVI[10].

Diante dos ataques efetuados pelo Irã contra os embarques de petróleo do Iraque, através do Golfo Pérsico, o Kuwait, alarmado, solicitou a proteção da Grã-Bretanha e, como esta a recusasse, apelou para a União Soviética, que se dispôs a atendê-lo. Os Estados Unidos, no entanto, advertiram-na para que se mantivesse fora do Golfo Pérsico e anunciou que registraria os petroleiros do Kuwait sob sua bandeira e lhes daria proteção naval. A posição tomada por Washington significou, na prática, o fim de sua neutralidade e seu alinhamento com o Iraque, a qual salvou de um ataque sobre seu ponto mais vulnerável, fornecendo-lhe informações obtidas pela CIA, via satélite, sobre a concentração de forças do Irã. Esse ataque, se efetivado, possibilitaria às forças do Irã romper as linhas de defesa do Iraque e, ante essa perspectiva de um desastre, a CIA discretamente avisou a Saddam Husseim, permitindo que ele agrupasse suas tropas, a fim de evitá-lo. "*This action, which was by no means unique, underline inclination of the Pentagon, strongly backed by the State Department, to support throughout the war*", revelou em suas memórias David Kimche, agente do Mossad e diretor-geral do Ministério do Exterior de Israel, acrescentando:

> "*This parciality was plain to us since the beginning. Iraq's invasion, though an obvious violation of the sovereignity of another country, was not denounced by the United States or by the United Nations Security Council, which had always been so quick to condemn quite minor border forays by Israel.*"[11]

A decisão dos Estados Unidos de enviar seus navios para o Golfo, a fim de proteger os navios do Kuwait e de outros países, configurando uma quebra de neutralidade, resultou não apenas da necessidade de garantir os suprimentos de petróleo, oriundos daquela região, mas também de um desejo do Pentágono de favorecer o Iraque, a única potência militar de médio porte, naquela região estratégica[12], capaz de contrapor-se ao Irã. Não obstante, Carter estava preparado para liberar os armamentos, entre os quais sete AWCS (Airborne Warning and Control Sytems)[13], que haviam sido comprados pelo Irã e já estavam pagos, bem como descongelar os depósitos nos bancos americanos[14], atendendo às demandas do governo de Khomeini, como um *quid pro quo* para a libertação dos reféns. Porém não se manifestou disposto a aprovar novas compras de armamentos para o Irã, através de Israel, cujo primeiro-ministro Menachen Begin lhe havia sugerido fazer em abril de 1980[15]. Israel, que considerava o Iraque como a principal ameaça à sua segurança, dado o empenho de Saddam Hussein em conseguir o domínio da tecnologia nuclear, havia restaurado reservadamente contatos com o Irã, através dos círculos militares, e em abril de 1980 fornecera-lhe pneus para os aviões F-4[16].

A equipe de Ronald Reagan, candidato do Partido Republicano à presidência dos Estados Unidos, organizara, entrementes, extensiva e sofisticada rede de operações de inteligência, nas agências do governo, principalmente na CIA, com a colaboração de Miles Copeland e outros funcionários insatisfeitos com a política de Carter, que em 1977 reduzira de 1.200 para 400 o pessoal dedicado às ações encobertas, inclusive manipulação de eleições[17]. George Bush, candidato a vice, fora diretor da CIA, da qual William J. Casey, gerente da campanha de Ronald Reagan, era alto funcionário[18], um mestre de espionagem, que durante a Segunda Guerra Mundial, como agente da OSS, dirigira operações secretas por trás das linhas alemães. Ambos tinham enorme influência na CIA, cuja maioria dos funcionários e agentes queria desesperadamente a vitória do Partido Republicano nas eleições para a presidência dos Estados Unidos[19]. Cerca de 120 assessores de política exterior e segurança nacional, que trabalhavam na campanha de Reagan-Bush, tinham *background* no Pentágono e na comunidade de inteligência[20]. E, ao tomar conhecimento, por meio de *inside information*, de que o secretário de Estado-Adjunto, Warren Christopher, secretamente se encontrara em Bonn, com Sadegh Tabatabai, representante de Khomeini, para a libertação dos reféns, Richard B.

Wirthlin, estrategista da campanha de Ronald Reagan, e seu assistente, Richard Beal, promoveram pesquisa de opinião e projeções através do Political Information System (PINS), sofisticado programa de computador. O resultado indicou que, se os reféns fossem libertados antes das eleições de 4 de novembro, esse acontecimento asseguraria a vitória de Carter.

Esta seria a "*October Surprise*" a que se referiu George Bush, candidato a vice-presidente na chapa de Reagan. Segundo Richard Allen, assessor de política exterior de Reagan, a idéia de estabelecer entendimento com um emissário iraniano, a fim de abortar as negociações realizadas secretamente por Warren Christopher, partira do oficial do Marine Corps, Robert (Bud) McFarlane, então assessor do senador John Tower (Partido Republicano — Texas), presidente do Senate Armed Services Committee, e o encontro ocorreu no L'Enfant Plaza Hotel, em Washington. Nas suas memórias, McFarlene não abordou a questão da *October Surprise*. Mas o fato foi que William J. Casey, em março de 1980, encontrou-se com Sayeed Mehdi Kashani, filho do prócer islâmico Abol Qassem Kashani, e Ahmed Omshei, ajudante do Ministro da Defesa, no Hotel Ritz, em Madri. Fora acompanhado por McFarlane, e Donald Gregg, funcionário da CIA, especialista em Oriente Médio e assessor de Carter no Conselho de Segurança Nacional, ligado também a George Bush, fato este desconhecido de seus colegas na Casa Branca[21]. E, em maio, reuniu-se, também no Ritz Hotel, com Hojjat ol-Eslam Mehdi Karrubi, membro do Conselho Supremo do Irã e encarregado de relações exteriores, ligado ao aitatolá Khomeini[22]. Desta vez fora acompanhado por outro homem da CIA, Robert M. Gates, representante de George Bush.

Os encontros secretos entre os "*CIA renegades*" e os republicanos, de um lado, e os iranianos, do outro, prosseguiram, enquanto "*the president of the United States — and, of course, the American people — would kept in the dark*", conforme comentou Ariel Bem-Menashe, judeu iraniano, agente do serviço de inteligência da Força de Defesa de Israel (Israel Defense Force-IDF)[23], que promoveu a articulação[24]. Um desses encontros ocorreu em setembro, desta vez no Hotel Marriot, em Amsterdã, com a participação de David Kimche, diretor-geral do Ministério de Assuntos Estrangeiros, Uri Simchoni e outro elemento da Força de Defesa de Israel,

Shmuel Morih, do SHABAK (acrônimo Sherut Bitahon Klali, o serviço de segurança interna de Israel), e Ari Bem-Menaschen, agente do Mossad, do lado de Israel, Syeed Mehdi Kashani, Ahmed Khomeini, filho do aiatolá Khomeini, Kohosro Fakhrieh, ajudante do aiatolá Ali Reza Hashemi, membro do Conselho Supremo, e Ahmed Omshei, ajudante do ministro da Defesa. Os representantes dos Estados Unidos foram Robert McFarlane, *mole* (espião dormente) do Mossad[25], Richard Allen, que servia na Casa Branca mas secretamente negociara sua permanência com Reagan[26], James Baker III, gerente da campanha de Bush, e Lawrence Silberman, também amigo íntimo do candidato a vice.

O primeiro-ministro de Israel, Menachen Begin, havia aprovado a intermediação. Ele se dispôs a ajudar o governo de Khomeini para que morressem soldados do Irã, e não de Israel, o Iraque se desgastasse, e não só desviar as atenções da questão da Palestina, como drenar os recursos dos países árabes. Do ponto de vista do Likud, o partido de Menachen Begin, Israel, no Oriente Médio, perdera sua vantagem como ativo estratégico para os Estados Unidos que, desde os acordos de Camp David, se entendiam com os países árabes "moderados", tais como Egito, Arábia Saudita e Jordânia[27]. Israel sentia-se crescentemente isolado e temia que os Estados Unidos terminassem por apoiar abertamente o Iraque para conter o fundamentalista xiita representado pelo Irã. Menachen Begin preferia a vitória do Partido Republicano, tanto assim que, sem pedir permissão a Carter, um avião carregado de armamentos partiu para Teerã. E também queria, por meio da venda de armamentos, comprar a saída de cerca de 50 mil judeus que viviam no Irã e posteriormente emigraram para Israel[28].

Os Estados Unidos estavam então a reter cerca de US$ 240 milhões em equipamentos militares, encomendados pelo Irã, ao tempo de Reza Pahlavi. E, através do General Hosain Fardust, diretor do SAVAMA, o serviço de inteligência do Irã, Carter enviou mensagem oficial ao governo de Khomeini, datada de 11 de outubro, oferecendo a liberação imediata de US$ 150 milhões, em armamentos, US$ 10 milhões a menos do que fora discutido[29]. A essa altura, Casey, em nome de Reagan-Bush, ofereceu aos aiatolás Muhammad Beheshti e Hashemi Rafsanjani mais vantagens[30]. O Irã, então, suspendeu o acerto com o governo de Carter, por entender que seus interesses seriam melhor servidos se negociasse com a equipe de Reagan, que lhe prometia o fornecimento de mais armamentos, através de Israel, se procrastinasse a libertação dos reféns até depois das eleições nos Estados Unidos. Essa ruptura ocorreu entre 18 e 20 de outubro, quando o primeiro-ministro do Irã, Muhammad Ali Rajai, em visita à ONU, deixou Nova York, recusando-se a encontrar-se com o secretário de Estado, Edmund Muskie[31]. O fato de que Menachen Begin despachara armamentos para Teerã sem a autorização de Carter concorreu para essa decisão. O Irã quis, porém, uma garantia direta de alguém do mais alto nível do futuro governo republicano. E o Presidente Abolhassan Bani-Sadr e o prócer islâmico Karrubi viajaram a Paris para os acertos definitivos, deixando claro que qualquer cooperação com Israel não significava que o governo islâmico do Irã estava a reconhecê-lo como Estado[32].

O *Service de Documentation Extérieure et du Contre-Espionnage* (SDECE), o serviço de inteligência da França, subordinado ao primeiro-ministro, acompanhou toda a movimentação. Segundo diversas fontes, não só William Casey, Robert M. Gates, Richard Allen e Donald Gregg, como o próprio candidato a vice, George Bush, foram a Paris, onde se reuniram clandestinamente com Karrubi, representante do aiatolá Muhammad Beheshti, em 19 de outubro, um domingo, para a consumação do acordo[33]. O presidente do Irã, Abolhassan Bani-Sadr, exilado depois em Paris, confirmou a realização do encontro[34]. E, como aviador, vinculado ao Office of Naval Intelligence (ONI), o capitão Gunther Karl Russbacher[35] alegou haver conduzido Bush em um avião da família real da Arábia Saudita (BAC-111), que partiu da Andrews Air Force Base e foi abastecido em Newfoundland, e que o levou de volta aos Estados Unidos, algumas horas depois, em um SR-71, avião-espião conhecido como *Blackbird*, capaz de voar com uma velocidade acima de Mach 3.2, a 85.000 pés de altitude. E Bush, para não ser reconhecido pela imprensa, teria desembarcado na parte militar do aeroporto de Orly. Segundo o piloto Heinrich (Harry) Rupp, suíço naturalizado americano, que trabalhara para a CIA, Bush e os demais viajaram em um jato Grumman Gulfstream II, da Standard Oil Company of California (Unocal), reabastecido no aeroporto de Le Bourget, com cartão de crédito de Adnan Khashoggi[36]. Provavelmente, também viajou como co-piloto Jack Tolliver, homem de confiança de Felix Rodríguez, operador da CIA, intimamente vinculado a Bush[37].

O *swap* fechado em Paris, com ou sem a sua participação, consistiu na garantia do fornecimento de mais armas ao Irã, além das que já haviam sido encomendadas e pagas, o que Carter se recusara a fazer, liberar seus ativos financeiros congelados nos bancos americanos, entregar US$ 52 milhões, em troca de que o governo do aiatolá Khomeini retardasse a libertação dos reféns, até depois das eleições nos Estados Unidos. Brzezinski percebeu que, apesar dos acertos feitos com Warren Christopher e seus intermediários, os reféns não seriam libertados enquanto Carter ainda fosse presidente dos Estados Unidos[38]. Com efeito, só às 12h30 de 20 de janeiro de 1981, meia-hora após a investidura de Reagan na presidência[39], dois aviões partiram do aeroporto Mehrabad, em Teerã, levando para os Estados Unidos os reféns, após 444 dias de crise[40]. E poucos dias depois, os armamentos foram despachados para o Irã, através de Israel, por ordem do primeiro-ministro Menachen Begin, pertencente ao Likud, o partido da direita. O negociante de armas sueco Sven Klang informou a Pierre Salinger, correspondente da *ABC News*, que a administração Reagan-Bush despachou secretamente para o Irã, logo depois de sua inauguração em 1981, aviões de caça F-4, dos depósitos da OTAN, na Bélgica.

Dois meses ainda não haviam transcorrido, desde a inauguração do seu governo, quando, em 30 de março de 1981, o presidente Ronald Reagan, ao sair do Hilton Hotel, em Washington, sofreu um atentado a bala[41], cometido por John W. Hinckley Jr., irmão de Scott Hinckley, vice-presidente da empresa petrolífera Vanderbilt Energy Co., que dera larga contribuição financeira para a campanha de George Bush[42]. Alexander Haig, ao receber a notícia, correu para a Casa Branca, sem saber "*whether the President's assailant had acted alone or whether he was part of conspiracy*"[43]. Porém, antes de concluída qualquer investigação pelo FBI, um grupo do gabinete correu a descartar a hipótese de conspiração e o secretário de Defesa, Casper Weinberg, logo deu o alerta máximo de prontidão militar, causando estranheza ao secretário de Estado, que lhe perguntou: "*Why would we our alert our military forces if a alone psychotic had been responsible*?[44] Houve suspeita de envolvimento de algum membro da família Bush. Talvez qualquer semelhança fosse mera coincidência, mas o fato foi que o filho mais moço de George Bush, Neil Bush, da Standard Oil of Indiana, tinha ligações com Scott Hinckley, irmão de John W. Hinckley Jr., com quem iria jantar no dia seguinte ao atentado, conforme *The Houston Post* revelou[45], possivelmente para algum acerto sobre a multa que a companhia da família, Vanderbilt Energy Co., iria receber do Departamento de Energia por prática de irregularidades nos preços da gasolina. A doutrina oficial da Casa Branca, no entanto, foi de "*no conspiracy*", apesar de indícios contrários, e John W. Hinckley, levado a julgamento, em 1982, foi absolvido, sob a justificativa de insanidade mental, justificativa esta usada nos Estados Unidos em menos de 2% dos casos e rejeitada em quase 80%. Ele podia não ser mentalmente são, ter fixação no filme *Tax Driver*, com Robert de Niro e Jody Foster, mas provavelmente algum motivo mais profundo (ou foi instigado) a tentar o assassinato de Reagan. *Cui prodest scelus, is fecit*[46].

Só Bush poderia tirar proveito desse crime. Tornar-se-ia ele o presidente, com a morte de Reagan, com quem competira ferozmente pela indicação do Partido Republicano, no início dos anos 1980. Depois, desistindo, aceitara ser candidato a vice-presidente de Ronald Reagan. Montara, entretanto, sua rede de informações, inclusive no gabinete de Carter, onde contava com a assistência de Donald Gregg, funcionário da CIA, especializado em Oriente Médio, e membro do Conselho de Segurança Nacional, que participou das negociações com o Irã. Ninguém na Casa da Branca sabia de sua conexão com Bush, conforme ressaltou Gary Sick, oficial de Marinha e também assessor de Carter para os assuntos do Oriente Médio, no Conselho de Segurança Nacional[47]. "*The Reagan campaign mounted a professionally organized intelligence operation to subvert the American democratic process*", escreveu Sick[48]. Quem a montara foi, principalmente, George Bush, que fora diretor da CIA (1976-1977). E o comandante Gary Sick, "*a serious and thoughtful analyst*", segundo Zbigniew Brzezinsk, de quem fora o principal assistente no caso dos reféns[49], suspeitou, na época, de que havia uma conspiração para impedir a possível reeleição de Carter. Chegou-lhe também ao conhecimento a informação de que o Irã estava a receber armamentos de Israel, cujo embaixador em

Washington, Moshe Arens, em outubro de 1982, confirmou, em entrevista ao *Boston Globe*, explicando que os embarques foram coordenados "*at almost the highest of levels with the U.S. Government*", com o objetivo de buscar áreas de contato com os militares iranianos moderados e pragmáticos e explorar a possibilidade de derrubar o regime de Khomeini[50]. Desde 1981, os Estados Unidos enviaram não milhões, mas bilhões de dólares em equipamentos bélicos para o Irã[51].

O escândalo, porém, só estourou depois que uma revista de Beirute, *Ash-Shiraa*, publicou em 3 de novembro de 1986 que Roberrt C. Mc Farlane, antigo assessor de Segurança Nacional da Casa Branca (1983-1985), visitara secretamente Teerã, como enviado do presidente Reagan, com a missão de fornecer armas ao Irã, através de Israel, de modo que o governo de Kohmeini usasse sua influência para obter a libertação de sete americanos, entre eles o chefe da estação da CIA no Líbano, William Buckley[52], capturados e mantidos como reféns, no Líbano, pelas milícias xiitas Afwaj al-Mugawama al-Lubnaniya (Destacamentos da Resistência Libanesa), popularmente conhecidas pelo acrônimo Amal (esperança). O responsável pelo vazamento da informação para a imprensa provavelmente fora o agente israelense Ari Bem-Menasche, talvez porque soubesse que a administração de Reagan também estava a ajudar o Iraque, que Israel considerava a pior ameaça à sua segurança, tanto que seus jatos de fabricação americana, com base em fotos de satélites fornecidas pela CIA, bombardearam o reator Tammuz-1 (Osirak) —, de 70MW, localizado cerca de 14 quilômetros de Bagdá, em 7 de junho de 1981[53], depois de deflagrada a guerra com o Irã.

A ambivalência e a hipocrisia dos Estados Unidos evidenciaram-se nesse episódio. Israel violara compromissos, ao efetuar o *raid* sem dar-lhe aviso prévio, valendo-se de fotografias de satélite, conhecido com KH-11, e empregando aviões F-16, que lhe foram fornecidos com a condição de somente serem usados em caso de defesa. O vice-presidente George Bush e James A. Baker III, seu chefe de gabinete, defenderam a aplicação de sanções contra Israel. Reagan vacilou, pois ficara "*delighted... very satisfied*" por haver Israel, país pelo qual tinha a maior simpatia, tomado aquela iniciativa de bombardear o reator do Iraque[54]. "*It showed that the*

Israelis had claws, a sense of strategy, and were able to take care of the problem before they developed", disse ele[55]. De qualquer forma, os Estados Unidos não podiam deixar de condenar publicamente o *raid*, principalmente por causa da repercussão nos países árabes, e anunciar a suspensão da entrega de mais quatro F-16s, como continuação das vendas efetuadas em 1975. E Reagan, em sua autobiografia, confessou que, embora os Estados Unidos tivessem de criticar publicamente Israel, pelo rompimento dos compromissos, ele simpatizava com as motivações do primeiro-ministro Menachen Begin, pois não duvidava de que o Iraque estivesse tentando desenvolver armamento nuclear[56]. Dois meses depois, silenciosamente, a suspensão foi levantada e os aviões despachados para Israel[57].

A seqüência de seqüestros de cidadãos americanos no Líbano, ocorrida em 1984, refletira a exacerbação da hostilidade aos Estados Unidos, devido à sua política de intervenção no Oriente Médio e ao irrestrito suporte dado a Israel. Em 1982, o governo de Reagan acendera, tacitamente, a *green light* para que sete divisões da Força de Defesa israelense, com 78.000 homens e mais de 1.200 tanques, invadissem outra vez o Líbano e atacassem os acampamentos da Organização pela Libertação da Palestina (OLP). Reagan também autorizara a assistência secreta de US$ 10 milhões à Falange, dirigida por Bashir Gemayel, um homem da CIA, eleito presidente do Líbano e assassinado em 14 de setembro de 1982. Dois dias depois do atentado, o exército de Israel, sob o comando do general Ariel Sharon[58], isolou os acampamentos de Sabra e Chatila, disparou foguetes para iluminar o céu, durante a noite, e autorizou a entrada das milícias cristãs do Kataeb (partido fundado em 1936 pelo xeique Pierre Gemayel e conhecido como Falange), as quais assassinaram mais do que 2.000 palestinos[59]. Os cadáveres de bebês com fraldas foram empilhados juntamente com outros, de pessoas idosas. Nem cavalos nem cães nem gatos se salvaram da carnificina[60]. Os Estados Unidos condenaram o massacre, mas não insistiram para que Israel se retirasse do Líbano. Reagan, em seguida, enviou para o Líbano oitocentos efetivos da 32d Marine Amphibious Unit (MAU), a título de "*peace keeping*", a fim de apoiar as tropas de Israel e assistir à evacuação das forças de OLP. E assim os Estados Unidos intervieram na guerra civil do Líbano, não apenas treinando e armando o exército do presidente cristão Amin Gemayel, que substitui seu irmão Bashir, assassinado, mas respaldando militarmente as milícias da Falange cristã no combate aos muçulmanos.

O envolvimento em uma guerra civil, que matou cerca de 30.000 pessoas, devastou Beirute e deixou mais de 500.000 pessoas desabrigadas, permitindo ainda que Israel continuasse a ocupar o sul do Líbano a despeito da resolução do Conselho de Segurança da ONU, destruiu a pequena credibilidade[61] ainda desfrutada pelos Estados Unidos no Oriente Médio, e daí o recrudescimento da *Jihad* contra os próprios governos considerados corruptos e contra os "infiéis", i.e., os estrangeiros que ocupavam territórios muçulmanos: os israelitas na Palestina, os soviéticos no Afeganistão, e daí também a sucessão de atentados terroristas, contra os norte-americanos. Em 18 de abril de 1983, um carro-bomba, dirigido por um suicida da *Jihad*, investiu contra a Embaixada Americana em Beirute e explodiu, matando 63 pessoas, inclusive o diretor da CIA para o Oriente Médio. Alguns meses depois, 23 de outubro, o Hizballah fez explodir um caminhão-bomba no quartel da 24th Marine Amphibious Unit, dos Estados Unidos, matando cerca de 241 americanos, enquanto outra bomba explodia na base militar francesa, onde morreram 58 soldados. Como represália, logo em seguida, o *USS New Jersey*, um dos navios de guerra americanos estacionados em frente ao litoral do Líbano, disparou dezenas de bombas de 40 milímetros contra as populações muçulmanas Druze e Shia, nas montanhas em torno de Beirute, destruindo vilas e aldeias. Reagan, porém, alternativa não teve senão retirar a tropa para bordo dos navios, dado que a situação de segurança no Líbano estava cada vez mais a deteriorar-se.

A idéia de vender armas ao Irã, através de Israel, para resgatar os cidadãos americanos seqüestrados pelos xiitas no Líbano, partiu, ao que tudo indicou, do diretor da CIA, William Casey, o artífice da exitosa negociação com o governo de Khomeini, em 1980, visando a retardar até depois das eleições nos Estados Unidos a libertação dos reféns, presos na Embaixada Americana em Teerã. Robert McFarlan contou, porém, que David Kimche, agente do Mossad e então diretor do Ministério de Relações

Exteriores de Israel, foi que o procurou na Casa Branca, em 3 de julho de 1985, e propôs o negócio, preocupado com a possibilidade de que os 100.000 soldados soviéticos, no Afeganistão, pudessem avançar sobre o Irã e alcançar o Golfo Pérsico, a avenida que literalmente constituía "*a global lifeline*", porquanto através dela se processava o fluxo do petróleo para o Ocidente[62]. De acordo com sua versão, conquanto rejeitasse a idéia de Kimche no sentido de "acelerar" a morte de Khomein, i. e., assassiná-lo, ele, McFarlane, submeteu a Reagan a sugestão do negócio das armas, com o propósito de ganhar a simpatia dos moderados no governo xiita, e encontrou receptividade. A idéia agradou a Reagan e ele se mostrou de fato interessado ante a chance de fomentar um elemento de oposição que pudesse mudar as políticas e mesmo o governo do Irã. Além do mais, segundo a opinião de McFarlane, Reagan era "*a very sentimental man*", e estava preocupado com a situação dos reféns, inclusive porque fizera parcialmente a campanha para a presidência e derrotara Carter, denunciando sua inabilidade de negociar com os estudantes que seqüestraram os funcionários da Embaixada dos Estados Unidos em Teerã, em 1979[63].

Em tais circunstâncias, Robert McFarlane, com a autorização de Reagan e o apoio de Bush[64], restabeleceu a triangulação — Estados Unidos, Israel, Irã — intermediada por David Kimche, diretor-geral do Ministério do Exterior de Israel, bem como, posteriormente, por Amiram Nir, assessor de antiterrorismo do primeiro-ministro Shimon Peres, do Partido Trabalhista, através de Adnan Khashoggi[65], comerciante saudita de armamentos, que tinha acesso direto ao governo de Teerã[66]. Amiran Nir, em 29 de julho de 1986, encontrou-se com o vice-presidente George Bush, no King David Hotel, em Jerusalém, para informá-lo sobre as vendas de armas ao Irã, através de Israel, e ao que se sabe gravou secretamente toda a conversação[67]. A *rationale* para esse negócio era a possibilidade de que o Irã, necessitando de apoio na guerra contra o Iraque, caísse na dependência da União Soviética, o que constituiria um desastre para o Terceiro Mundo e o maior desafio para os Estados Unidos[68]. Em *The Last Option*, David Kimche justificou sua cooperação no empreendimento, alegando que McFarlane lhe garantira que estava a conversar com ele, com plena autorização do presidente Reagan[69]. Diversos encontros depois ocorreram, com a participação de Manucher Ghorbanifar, que tinha contatos estreitos no governo do Irã, e Michael Ledeen, assessor do Conselho de Segurança Nacional, representando McFarlane.

A autorização de Reagan a tais entendimentos era inquestionável. Em meados de julho de 1985, ele assinara um *finding*[70], aprovando "*in principle*" a venda de mísseis antitanque TOW ao Irã[71], apesar de classificado como "*terrorist nation*", sem mesmo respeitar o Arms Export Control Act (AECA) ou acordos firmados com Israel[72], o país que servira como intermediário da transação. Mais remessas de mísseis TOW e HAWK, promovidas pelo mercador de armas iraniano Manucher Ghorbanifar, suposto informante da SAVAK (polícia secreta do Xá Reza Pahlavi, substituída pela SAVAMA) e relacionado com o Mossad, realizaram-se, em setembro e novembro de 1985, e outra vez no início de 1986, com autorização de Reagan, que assinara em 17 de janeiro outro *finding*[73], embora os secretários de Defesa, Casper W. Weinberg, e de Estado, George P. Shultz, bem como o procurador-geral Edwin Meese III advertissem de que tal operação violava o Arms Export Control Act e o National Security Act of 1947[74]. Já estava previsto que Israel, em 10 de fevereiro, depositaria os fundos no Credit Suisse Bank e a CIA, no dia seguinte, transferiria US$ 21 milhões para a Conta do Departamento de Defesa pela compra de 3508 TOWs[75].

Os armamentos, que a CIA adquiria do Departamento de Defesa e os remetia para o agente em Israel[76], eram vendidos a preços bastante elevados, razão pela qual, ao perceber o sobrefaturamento, o Irã interrompeu as compras[77]. O lucro excedente era desviado para financiar a guerrilha dos *contra* (contra-revolucionários), na Nicarágua, uma vez que o Congresso limitara os recursos orçamentários apropriados pela CIA, responsável pela guerra secreta nos países da América Central, e proibira ajuda com o propósito de derrubar o governo sandinista. Essas transações, com as quais o tenente-coronel Olliver L. North, do Conselho de Segurança Nacional, esperava obter US$ 12 milhões, elevando em 200% o preço dos armamentos[78], infringiam as leis e a política dos Estados Unidos, que em 1979, quando triunfou a revolução islâmica, embargaram a venda de armas ao Irã, proibiam qualquer sorte de resgate de prisioneiros, assim como o financiamento aos *contra*, acima dos limites estabelecidos pelo Congresso, de conformidade com a emenda proposta em 1982 pelo congressista Edward Boland (Democrata-Massachusetts) à House of Representatives.

As vendas de armas ao Irã e transferência dos recursos para os *contra* na Nicarágua eram realizadas pela *Enterprise* — denominada também *Operation Yellowfruit* ou *Project Democracy* — uma organização privada, que funcionava como braço secreto do Conselho de Segurança Nacional[79]. Ela possuía seus próprios aeroplanos, pilotos, campos de pouso, operativos, navio, seguro, aparelhos de comunicação e contas secretas em bancos da Suíça. Quem a dirigia era o tenente-coronel Oliver L. North, do Conselho de Segurança Nacional, com todo o apoio de William Casey, que promoveu o conceito de "*an extra-legal covert organization*", para evadir a responsabilidade da CIA, em face da proibição do Congresso[80], embora ele tivesse o Congresso em baixa consideração e julgasse que a CIA estava por cima da lei, quando se tratasse de proteger a segurança Nacional[81]. E derrubar o governo sandinista da Nicarágua afigurava-se-lhe uma questão de segurança nacional.

Além dos recursos provenientes das transações com o Irã, o grupo do Conselho de Segurança Nacional e da CIA, do qual Oliver North participava, já conseguira, desde meados de 1984, que a Arábia Saudita também destinasse mensalmente aos *contra* o montante de US$ 1 milhão, montante este duplicado, após um encontro de Reagan com o Rei Fahd bin Abdul Aziz, no início de 1985. Ao todo, o Príncipe Bin Sultan Bin Abdul Aziz Bandar, embaixador da Arábia Saudita, amigo íntimo de Casper Weinberg, fornecera US$ 25 milhões para os *contra*, através do esquema construído por Oliver North, McFarlene e outros[82]. E, segundo Theodore Drapper, a contribuição total de terceiros países atingiu o montante de US$ 34 milhões[83].

Este esquema de operações, ocultado do Congresso americano, só foi descoberto depois que as armas para os *contra*, compradas com tais recursos, chegaram por via área à Nicarágua, onde o elemento de ligação era o agente da CIA, Felix Rodriguez[84], com o codinome Max Gómez, homem ligado a George Bush e a Donald Gregg, assessor de segurança nacional da vice-presidência, cargo obtido como recompensa pelo trabalho de infiltração no gabinete do ex-presidente Carter. E o tenente-coronel Oliver North e outros membros do Conselho de Segurança Nacional, quando o escândalo irrompeu, começaram a destruir documentos que os comprometiam, inclusive com outras contravenções.

Reagan, sem dúvida, sabia e apoiou todas as transações ilegais. Julgava que o presidente, como chefe do Executivo, devia ter mais poderes que o Congresso, por ser sua a principal responsabilidade pela segurança do povo e da nação, mas se sentia-se impedido e molestado por uma série da iniciativas que limitavam a sua autoridade, em questões de comércio, direitos humanos, vendas de armas, assistência a países estrangeiros, operações de inteligência e envio de tropas para o exterior[85]. E, na entrevista à imprensa em 19 de novembro de 1986, Reagan mentiu ao declarar que apenas uma pequena quantidade de armas defensivas fora embarcada e que caberia em um simples avião de carga. Reagan também falseou a verdade, ao insistir que nenhum outro país estava envolvido nas transações, conquanto fossem realizadas através de Israel, o que depois tentou corrigir, e que foram enviados apenas mil mísseis TOW para o Irã, quando, realmente, foram vendidos 2.004, o que não poderia caber em um simples avião. Reconheceu que intentara uma iniciativa diplomática com o Irã. "*It showed no real change in the bunker mentality that appeared to have settled over the White House, and was just this side of an outright lie*", comentou McFarlane, que considerou frustrante sua declaração, pois julgava que uma das opções seria assumir a responsabilidade pela operação, com a justificativa que convinha aos interesses estratégicos dos Estados Unidos[86]. Reagan admitiu que "*several top officials*" se opuseram à venda de armas ao Irã e que o *quid pro quo* das armas pelos reféns fora uma "*mistaken perception*", mas decidiu eliminá-la, ordenando que "*no further sales of arms of any sales of arms of any kind to be sent*"[87]. Negou que os Estados Unidos estivessem envolvidos em outros embarques de armas ocorridos antes do *finding* de 17 de janeiro, mas contraditoriamente afirmou: "*I'm saying nothing, but the missiles we sold*"[88]. Essa entrevista foi a "*most desastrous*", na sua presidência, segundo a opinião do famoso jornalista a escritor Thedore Drapper, do *The New York Times*[89]. Bárbara Honegger, que trabalhara na campanha de Reagan e na Casa Branca, como pesquisadora e analista política, em seu livro *October Surprise*, comentou que o próprio Reagan inventou e embelezou "*facts*", mudou seu depoimento pelo menos três vezes e essencialmente viveu em "*a world to make-believe*"[90], enquanto Bush, como ex-diretor da CIA (1976-1977), percebia "*one of its primary function to be to lie, to mislead and to spin carefully constructed webs of 'plausible deniability'*"[91].

Poucos dias depois da entrevista de Reagan, 25 de novembro de 1986, o procurador-geral dos Estados Unidos, Edwin Meese III, teve de admitir que Reagan sabia do embarque de armas de novembro de 1985 e que os lucros das vendas ao Irã foram ilegalmente desviados para financiar as guerrilhas então empreendidas pelos *contra*, visando à derrubada do governo da Frente Sandinista de Libertação Nacional, na Nicarágua. E, no dia seguinte, Reagan, alegando que não tinha sido informado da operação, não teve alternativa senão anunciar que o senador John Tower, o antigo secretário de Estado Edmund Muskie, e o ex-assessor de Segurança Nacional Brent Scowcroft comporiam uma comissão especial (*Special Review Board*) para apurar a questão. O senador John Tower fora exatamente o chefe de McFarlane, quando ocorreram as primeiras negociações para o *swap* dos reféns por armamentos, em 1980, e a sua cumplicidade no *affair* Irã-Contra é que ele fora encarregado de investigar. Na sua autobiografia, justificou-se, argumentando que considerava necessária a sobrevivência dos *contra* como "*democratic resistance force*" na Nicarágua, e admitiu que esteve "*firmly behind*" da iniciativa de Israel posto que seu objetivo era libertar os reféns e iniciar conversações com futuros líderes do Irã. Porém, ele explicou, até a revelação do *memorandum* de Oliver North a Edward Meese não tinha ouvido nenhum rumor sobre o desvio de fundos das vendas de armas ao Irã para financiar os *contra* e não teria aprovado se lhe fosse sugerido[92]. "*For the first time in my life, people didn't believe me. I had told the thruth, but they still didn't believe me*" — lamentou Reagan[93].

A Divisão Especial da Corte de Apelação do Distrito de Colúmbia, em 19 de dezembro, designou o promotor Lawrence E. Walsh para formar um *Independent Counsel* e encarregou-o de investigar a venda direta ou indireta, embarque ou transferência de material bélico, armamentos ou fundos para o governo, organizações, entidades ou pessoas no Irã, em ou por volta de 1984, até aquela data, bem como o desvio de quaisquer daqueles itens para outro país estrangeiro, inclusive, mas não se limitando a Nicarágua. Outrossim a House of Representatives e o Senado americano, em 1987, criaram comitês seletos para investigar o escândalo, sob a presidência do congressista Lee H. Hamilton (Democrata-Indiana) e do Senador Daniel K. Inouye, (Democrata — Hawaii). E o Senador John Kerry, presidente do Foreign Relations Subcommittee, on Narcotics, Terrorism and International empenhou-se entrementes em investigar a vinculação da CIA com o tráfico de drogas, em conexão com o apoio aos "*contra*", na Nicarágua. Durante o programa de televisão Frontline, da PBS, declarou:

> *"From what we have learned these past months, our declaration on war against drugs seems to have produced a war of words and not action. (...) Our borders are inundated with more narcotics than in any time ever before. It seems as though stopping drug trafficking in the United States has been a secondary U.S. foreign policy objective, sacrificed repeatedly for other political and institutional goals such as changing the government of Nicaragua, supporting the government of Panama, using drug-running organizations as intelligence assets, and protecting military and intelligence sources from possible compromise through involvement in drug trafficking."*[94]

De acordo com o Report of the Congressional Committees Investigating the Iran-Contra Affair, a venda de armas dos Estados Unidos ao Irã começou em meados de 1985, depois de receber a aprovação do presidente Reagan. O relatório demonstrou que o envolvimento de Israel foi encorajado pelo mercador de armas iraniano Manucher Ghorbanifar, e o primeiro-ministro de Israel, Shimon Peres, concordou em vender projéteis de artilharia e outros armamentos, "*but would do so only if it received U.S. approval*", ou seja, desde que contasse com a aprovação de Reagan[95]. Reagan aprovou a venda, primeiro em meados de 1985, e outra vez, em novembro, deu a autorização, demandada pelo ministro de Defesa de Israel, Yitzhak Rabin. E, em 6 de janeiro de 1986, assinou um *finding*, autorizando mais embarques de armas, em troca dos reféns, não obstante as objeções do secretário de Defesa, Caspar W. Weinberger, e do secretário de Estado, George Shultz, que consideravam essa operação como apoio ao "*international terrorism*"[96]. Longe de ser um observador distante, ou um supervisor desatento, conforme a conclusão da Tower Commission, Reagan desempenhou papel muito ativo desde o começo das operações de venda de armas ao Irã, para o financiamento dos *contra* na Nicarágua, e interveio, entre o fim de 1985 e começo de 1986, insistindo para que elas continuassem, apesar das objeções dos secretários de Estado e de Defesa[97]. Michael Ledeen, consultor do Conselho de Segurança Nacional e um dos envolvidos no escândalo do Irã-Contra, confirmou em suas memórias que as políticas básicas foram aquelas que o presidente "*strongly desired*" e foram efetuadas por causa de sua formal aprovação[98].

Os comitês de investigação do Congresso concluíram que "*in fact, however, the Israeli sales, including the HAWK were implemented with knowledge and approval of the President and his top advisers*" e que, enquanto Reagan estava negando a ilegalidade, seus subordinados "*were engaging in a coverup*"[99]. "*The common ingredients of the Iran and Contra policies were secrecy, deception, and disdain for the law*, avaliaram os comitês do Congresso, demonstrando que os Estados Unidos estavam a desenvolver duas políticas exteriores contraditórias: uma pública e outra secreta[100]. Enquanto a administração de Reagan publicamente proclamava observar em "*letter and spirit*" a proscrição da assistência militar para derrubar o governo sandinista da Nicarágua, estabelecida pela Boland Amendment, o Conselho de Segurança Nacional estava clandestinamente a assumir a direção e o financiamento das atividades militares dos *contra*, com seus membros operando e usando agentes privados, não-responsáveis, para engajá-los em atividades encobertas[101]. A política exterior também consistia, publicamente, em não fazer qualquer concessão para a libertação dos reféns, de modo a não encorajar mais seqüestros e em proibir a venda de armas ao Irã, bem como em melhorar as relações com o Iraque. Entretanto, ao mesmo tempo em que respaldavam o Iraque, os Estados Unidos vendiam, secretamente, mísseis sofisticados ao Irã, com o qual também repartiam inteligência militar, apesar de perceberem o fundamentalismo xiita e seu apoio a ações terroristas como a principal ameaça aos seus interesses americanos no Oriente Médio.

Notas

1. Id., ibid., p. 137.
2. Bem-Menasche, 1992, p. 59.
3. Brzezinski, 1983, p. 504.
4. Honegger, 1989, p. 13.
5. Eram naturalizados cidadãos americanos.
6. Após a morte do profeta Muhammad, desenvolveu-se em Medina um movimento que dizia haver ele apontado Ali b Abi Talib, seu primo direto e genro (casado com sua filha Fátima), como sucessor e o melhor qualificado que qualquer outro, inclusive Abu Bakr, para o suceder. Esse movimento tornou-se conhecido como Shi'at Ali (partido de Ali) e depois simplesmente como Shi'a. Os shi'a acreditam que o imane de direito tem inspiração divina e autoridade de Alá para acrescentar à mensagem do Alcorão. Não obstante a divergência, os primeiros quatro califas (al-Culafa'al-Rashidun, ou "califas guiados por direito") foram considerados os mantenedores ortodoxos de toda a regulamentação do Islã, conforme expressa no Corão. E essa corrente ortodoxa constituiu o Islã Suni, que considera o Corão a autoridade fundamental, sob o argumento de que não houve outra revelação depois das que fez Muhammad. O nome Islã vem do árabe e significa "submissão a Deus". O princípio fundamental do Islã é o tawhid (tomar um, unificar), a unidade absoluta com Deus, ou Alá, o criador universal, supremo e onipotente. Essa crença é expressa na shahadah, a profissão de fé mulçumana: "Não há outro Deus senão Alá e Muhammad é o seu profeta". A autoridade na revelação da lei divina é atribuída a uma sucessão de profetas; os mais conhecidos são Noé, Abraão (o patriarca bíblico, também considerado pelos mulçumanos como "o pai do Islã"), Moisés e Jesus, com Muhammad culminando a série e a fechando.
7. Em 17 de setembro de 1980, Saddan Hussein denunciou o Acordo de Argel, de 1975, que fizera a partilha das águas do Chatt-el-Arab, canal de acesso do petróleo iraquiano e, em 22 de setembro, suas tropas invadiram o Irã. A disputa em torno do Chatt-el-Arab foi mero pretexto que encobriu diversos fatores, tais como, entre outros, o separatismo curdo, a preocupação de Saddam Hussein com a possi-

bilidade de um levante dos xiitas no Iraque, a reconquista dos territórios tomados pelo Irã em 1975.

8. Ritter & Pitt, 2002, p. 14. A Petrobras, em 1973, descobrira, no delta dos rios Tigre e Eufrates, quiçá o maior campo petrolífero do mundo, o Manjnoon, cujas reservas eram estimadas em 10 bilhões de barris, no valor de US$ 10 bilhões e com o mais baixo custo de extração, mas teve de abandoná-lo, em 1979, devido à guerra com o Irã. Em 1979, a Embaixada do Brasil em Teerã foi avisada de que o Irã não reconhecia aquela região como pertencente ao Iraque e a Petrobras não quis investir mais US$ 2,5 bilhões naquele campo, que logo seria palco de combates. O Iraque pagou então ao Brasil US$ 300 milhões como indenização dos gastos nas pesquisas geológicas, além de dar-lhe um contrato de fornecimento de 150 mil barris/dia por 15 anos, em condições altamente favoráveis.
9. O Iraque alegava que, em abril de 1980, os iranianos apoiaram o grupo el-Da'wah (xiita) no complô para assassinar o ministro do Negócios Estrangeiros Tariq Aziz. Pouco depois do ataque falhado com granada contra Tariq Aziz, el-Da'wah foi acusado da tentativa de assassinato do ministro da Cultura e Informação do Iraque, Latif Nayyif Jasim. Como represália, Saddam Hussein ordenou a captura de todos os membros e simpatizantes de Ad Dawah e deportou para o Irã milhares de sunitas de origem iraniana. E, em meados de 1980, ele ordenou a execução do líder da Ad Dawah Ayatollah Sayyid Muhammad Baqr e a sua irmã Sadr.
10. O governo do Irã apoiava no sul do Iraque o Sh'i el-Da'wa, partido proscrito por Saddam Husseim, que por sua vez encorajava a Frente Árabe de Libertação, no Khuzistão.
11. Kimche, 1991, p. 206.
12. von Bülow, 2002, pp. 97-98.
13. Higgs (ed.), 1990, p. 149.
14. Sick, 1991, pp. 189-191.
15. Id., ibid., pp. 12-13, 70-73.
16. Id., ibid., pp. 70-73.
17. Esse corte de pessoal, com a demissão de centenas de agentes, tornou-se conhecido na CIA como o Halloween Massacre. Sick, 1991, p. 23.
18. William J. Casey foi depois designado diretor da CIA no governo de Ronald Reagan.
19. Honegger, 1989, pp. 10-11.
20. Id., ibid., p. 11.
21. Sick, 1991, pp. 34-35.
22. Os irmãos Cyrus, Jamshid e Reza Hashemi eram agentes do serviço de inteligência do Irã e ligados a negócio de armas.
23. Sick, 1991, pp. 66-69.
24. Bem Menasche, 1992, p. 60.

25. Id., ibid., p. 176.
26. Id., ibid., p. 71.
27. Id., ibid., p. 78.
28. Haig, 1992, pp. 551-552. Honegger, 1989, p. 56.
29. Id., ibid., p. 55.
30. Id., ibid., pp. 56-59.
31. Id., ibid., p. 55.
32. Bem Menasche, 1992, p.74.
33. Sick, 1991, p. 225. Bem-Menasche, 1992, pp. 74-76.
34. Honegger, 1989, pp. 59-61.
35. Na certidão de nascimento seu nome aparece como Gunther Karl, Baron von Russbach, Count von Esterhazy, nascido em 1° de julho de 1942, em Salzberg, Áustria. Posteriormente, Russbacher foi condenado e preso por uso indevido e apropriação de propriedades do governo, uso indevido de jatos, e uso indevido de ordens do governo para a compra de gasolina. Como agente do Office of Naval Intelligence, trabalhando também com a CIA, usava também o codinome de Robert A. Walker e em Roma trabalhou para infiltrar a organização terrorista Brigade Rosso. Ele foi o segundo membro do vôo a testemunhar sobre a alegada ida de Bush a Paris, em 19 de outubro de 1980.
36. Honegger, 1989, pp. 63-65.
37. Drapper, 1991, p. 575.
38. Brzezinski, 1983, pp. 507-509.
39. Woodward, 1987, p. 102. Ben-Menasche, 1992, p. 75.
40. "Chris (Warren Christopher) had negotiated the release of hour hostages in Iran. Sadly, their release was delayed until the day of President Reagan's inauguration, proof that all leaders play politics, even in a theocracy". Clinton, 2004, p. 410.
41. Foram também feridos o secretário de imprensa James Brady, o policial Thomas Delahanty e o agente do serviço secreto Timothy J. McCarthy.
42. Tarpley & Chaitkin, 1992, pp. 370-374.
43. Haig, 1984, p. 151.
44. Id., ibid., p. 156.
45. Terça-feira, 31 de março, *The Houston Post* noticiou o jantar e o seu cancelamento, sob o título "Bush's Son Was to Dine With Suspect's Brother", assinado por Arthur Wiese and Margarte Downing."
46. O autor do delito é quem lhe tira o proveito.
47. Bem-Menasche, 1992, pp. 59, 74-75. Sick, 1991, 34-35, 83, 149, 210-212. 217.
48. Id., ibid., p. 226.
49. "He (Gary Sick) proved himself to be a man of keen insight, and, as I said in early 1981, when awarding him the Defense Senior Medal: "Probably neither the Ameri-

can hostages nor their families realize what enormous personal debt they owe to Gary Sick for the hostages eventual liberty". Brzezinski, 1983, p. 359.

50. *Boston Globe*, October 21, 1982, p. 1. Apud Mitchell & Schoeffel, 2002, p. 9.
51. Honegger, 1989, p. 170.
52. Além de William Buckley, chefe da estação da CIA, posteriormente assassinado, haviam sido capturados, em 1974, os reverendos Benjamin Weir e Kawrence M. Jenco, Terry Anderson, da Associated Press, Peter Kilburn, David P. Jacobsen e Thomas M. Sutherland, da American University em Beirute.
53. O ataque durou 80 segundos e foram lançadas 13 bombas. O reator Tammuz-2, menor, de 600w, não sofreu danos.
54. Woodward, 1987, p. 189.
55. Hersh, 1991, pp.8-13. "*Israel has never had a great friend in the White House than Ronald Reagan*". Haig, 1984, pp. 167, 183-184.
56. Hersh, 1991, p. 9.
57. Apud Hersh, 1991, p. 9.
58. Id., ibid., p. 9.
59. Ariel Sharon nasceu na região da Alemanha, anexada Polônia após a Segunda Guerra Mundial. Seu o nome era Ariel Scheinermann.
60. O serviço de informações de Israel calculou que o número de vítimas foi de setecentos a oitocentos palestinos.
61. Woodward, 1987, p. 258.
62. Em 1958, o presidente Dwight D. Eisenhower despachou uma unidade de marines para respaldar o governo do presidente Camille Shamun (1952-1958), contra os muçulmanos, sobre o pretexto de que eles contavam com o auxílio da Síria e estavam a receber armas da União Soviética. Essa intervenção concorreu para acicatar os muçulmanos contra os Estados Unidos.
63. McFarlane, 1994, pp. 17-21.
64. Id., ibid., pp. 22-24.
65. Id., ibid., p. 33-35.
66. Adnan Khassoggi era tio de Dodi al-Fayed, falecido em Paris em acidente de tráfico, junto com a Princesa Diana, da Inglaterra, em 1997.
67. Kimche, 1991, pp. 214-220.
68. Document 67: Craig Fuller Memorandum, "The Vice-President's meeting with Mr. Nir", July 29, 1986.The Iran-Contra Scandal: The Declassified History. Edited by Peter Kornbluh and Malcolm Byrne. A National Security Archive Documents Reader. New York: New York Press, 1993. Walsh, 1997, pp. 111, 155, 456. Drapper, 1991, p. 389.
69. Kimche, 1991, pp. 208-209.
70. Id., ibid., p. 212.

71. Autorização dada pelo presidente dos Estados Unidos, quase sempre por escrito, na qual ele acha (*find*) que uma operação encoberta (*covert action*) é importante para a segurança nacional. O *finding* é o mais secreto entre os documentos do governo americano.
72. Detalhes sobre essas transações vide também von Bülow, 2002, pp. 113-14.
73. *Report of the Congressional Committee Investigating the Iran-Contra Affair* with Minority Views, p. 358.
74. Document 64: John Poindexter, Memorandum for the Presidente, "Covert Action Finding Regarding Iran", with Signed Finding Attached, January, 17, 1986, in The Iran-Contra Scandal: The Declassified History. Edited by Peter Kornbluh and Malcolm Byrne. A National Security Archive Documents Reader. New York: New York Press, 1993, pp. 232-235. Walsh, 1997, p. 44.
75. *Report of the Congressional Committee Investigating the Iran-Contra Affair* with Minority Views, p. 239.
76. Document 79: Oliver North, Action Memorandum for John Poindexter,"Operation Recovery", (Notional timeline for major events in Operation Recovery), January 24, 1986, in The Iran-Contra Scandal: The Declassified History. Edited by Peter Kornbluh and Malcolm Byrne. A National Security Archive Documents Reader. New York: New York Press, 1993, pp. 286-291.
77. Document 64: John Poindexter, Memorandum for the President, "Covert Action Finding Regarding Iran", with Signed Finding Attached, January, 17, 1986, pp. 232-235. Ibid.
78. Walsh, 1997, p. 155.
79. *Report of the Congressional Committee Investigating the Iran-Contra Affair* with Minority Views, p. 246.
80. Ibid, pp. 13, 62-68.
81. Ibid., p. 33.
82. Mahle, 2004, pp. 18-19.
83. Walsh, 1997, pp. 19, 80, 391-392.
84. Drapper, 1991, p. 91.
85. Reagan, 1990, pp. 483-484.
86. Walsh, 1997, pp. 21-22, 105-106.
87. McFarlane, 1994, pp. 94-95.
88. Apud Drapper, 1991, p. 482.
89. *Report of the Congressional Committee Investigating the Iran-Contra Affair* with Minority Views, pp. 19-20.
90. Drapper, 1991, p. 482.
91. Honegger, 1989, p. 3.
92. Reagan, 1990, p. 542.

93. Id., ibid., p. 3.
94. Frontline: An investigation of the CIA and its role in international drug dealing. Guns, Drugs, and the CIA #613 Original Air Date: May 17, 1988. Produced and Written by Andrew and Leslie Cockburn. Directed by Leslie Cockburn http://www.pbs.org/wgbh/pages/frontline/shows/drugs/archive/gunsdrugscia.html. Vide também Bainerman, 1994, pp. 184-185, 203.
95. *Report of the Congressional Committee Investigating the Iran-Contra Affair* with Minority Views, p. 20.
96. Ledeen, 1988, pp. 277-278
97. Id. Ibid., p. 278.
98. Ibid., p. 15.
99. Ibid., p. 20.
100. Ibid., p. 21.
101. Ibid., pp. 22-25.

Capítulo XXIII

A ESPERANÇA DE REAGAN EM SADDAM HUSSEIN • O APOIO AO IRAQUE CONTRA O IRÃ • DONALD RUMSFELD E SADDAM HUSSEIN • A DUPLICIDADE DA POLÍTICA EXTERIOR DOS ESTADOS UNIDOS • O ESCÂNDALO DO IRÃ-CONTRA • A RESPONSABILIDADE DE REAGAN E O *COVER UP* • A CIA E O TRÁFICO DE DROGAS • OS ESTADOS UNIDOS E A GUERRA DAS MALVINAS • A INTERVENÇÃO EM GRANADA

A administração de Reagan, desde 1981, percebia Saddam Hussein como um forte líder, que poderia preencher o vácuo deixado pela queda do Xá Reza Pahlavi e ser cooptado para defender os interesses americanos no Oriente Médio, apesar de seus vínculos com a União Soviética[1]. Ele já havia colaborado com a CIA, contratado para assassinar o presidente do Iraque, General Abdul Karim Qassim, que em 1958 comandara o golpe militar contra a monarquia no Iraque, durante o qual o rei Faisal II fora assassinado, juntamente com o príncipe-regente Abd al-Illah[2]. A tentativa de assassinato fracassou, em outubro de 1959, e Saddam Hussein teve de fugir do Iraque, juntamente com outros membros do Partido Ba'ath adversos a Abdul Karim Qassim. Porém, a CIA continuou a fomentar a oposição, devido ao fato de que Karim Qassim nacionalizara a Iraq Petroleum Company (IPC), consórcio formado em 1920 pelo empresário Calouste Gulbenkian com a participação da Standard Oil of New Jersey e da Socony-Vacuum[2]. E em 1963 coordenou uma segunda tentativa de assassinato, sob alegação de influência comunista no governo de Karim Qassim, que foi finalmente deposto e executado em 9 de fevereiro de 1963[3]. O Partido Ba'sth perdeu o governo para uma facção pro-Nasser, liderada por Abd al-Salam 'Arif. Saddam Hussein, que retornara do exílio, começou a organizar o *Al-Jihaz al-Khans*, conhecido popularmente como *Jihaz Hannen*, um serviço de inteligência, que procedeu à prisão e execução em massa de comunistas, de acordo com as listas fornecidas pela CIA[4]. O mesmo ocorreu, em 1968, quando outro golpe militar, sob o comando do general Ahmad Hassan al-Bakr, levou outra vez ao poder o Partido Ba'ath, que era secular, nacionalista, pan-árabe, com uma ideologia similar ao fascismo.

A revolução no Irã, em 1979, mudou, porém, a configuração política e estratégica no Oriente Médio e representou o mais forte abalo sofrido pelos Estados Unidos desde o fiasco no Vietnã. E Washington voltou-se para Saddam Hussein, que naquele ano se tornara presidente do Iraque, e buscaram levá-lo a preencher o *vacuum* de liderança deixado pela queda do Xá Reza Pahlavi, apesar de julgá-lo radical[5]. Estancar o espraiamento do fundamentalismo e impedir que a influência do Irã se estendesse aos outros estados do Golfo Pérsico, produtores de petróleo, constituiu o principal objetivo da política dos Estados Unidos, alarmados com a possibilidade de que os xiitas (60% da população) derrubassem o governo laico de Saddam Hussein, um sunita, e se alinhasse com os *mullahs* de Teerã[6]. Saddam Hussein afigurou-se, assim, um mal menor para os *policy-makers* de Washington. A Arábia Saudita também viu no Iraque um baluarte contra o avanço do fundamentalismo xiita e, juntamente com o Kuwait, proveram Saddam Hussein com recursos financeiros e uma rota para o transporte de armamentos.

Em 1982, o Departamento de Estado, sem consultar o Congresso, entrou em entendimento com o Iraque e em 1983 retirou-o da lista dos países patrocinadores do "*international terrorism*", após Saddam Hussein haver expulsado do seu território Abu Nidal (codinome do palestino Sabri al-Banna), dissidente da Organização pela Libertação da Palestina. Foram vendidos então ao Iraque seiscentos helicópteros Hughes 300C e 500D, que iriam espargir substâncias químicas contra os civis. E em julho de 1983 a Empresa Estatal do Iraque para a Produção de Pesticidas recebeu cinco toneladas de thiodiglycol, um componente de gás de mostarda, fornecidas pela KBS Holland BV, subsidiária da Philipss Petroleum. Depois recebeu mais quinhentos toneladas de thiodiglycol, duzentas toneladas de fluorido de potassium, comprados à KBS, no fim de 1983, depois que o Iraque já estava a usar gás de mostarda contra os iranianos[7]. Àquela época, dezembro de 1983, com a principal missão de estabelecer "*direct contact between an envoy of President Reagan and President Saddam Hussein*", Donald Rumsfeld, ex-secretário de Defesa no governo de Gerald Ford e diretor executivo da G.D. Searle & Co. (fabricante de aspartame e outros produtos químicos), viajou para o Oriente Médio[8] e reuniu-se com Saddam Hussein, durante noventa minutos, no dia 20 de dezembro. Durante a conversação foram abordadas várias questões, entre as quais a guerra civil no Líbano, o conflito com Israel na Palestina, o receio da escalada na guerra do Golfo e o seu fechamento às exportações de petróleo. Rumsfeld disse a Suddam Hussein que os Estados Unidos estavam "*encouraging other not to sell weapons to Iran and will continue to do so*"[9]. E acrescentou que cria haver Washington fechado, com sucesso, as exportações para o Irã de equipamentos controlados pelos Estados Unidos, oportunidade em que Saddam Hussein assinalou que a Líbia e a Síria foram intermediárias nessas transações. Rumsfeld afirmou então que as nações que exportavam terrorismo e extremismo deviam ser reconhecidas como tal, acentuando que "*the people should know that terrorism has home — in Iran, Syria and Lybia*" e que a União Soviética, no passado e ainda àquela época, contribuía para fomentá-lo[10].

Na longa conversação com Tariq Aziz, primeiro-ministro e ministro das Relações Exteriores do Iraque, tratou de "*many common interests*", entre os quais diminuir a influência do Irã e da Síria no Golfo Pérsico, afirmando que a administração de Reagan estava "*willingness to do more*" a fazer mais pelo Iraque, porém "*our efforts to assist were inhibited by certain things that made it difficult for us, citing the use of chemical weapons, possible escalation in the Gulf, and human rights*"[11]. E, em 26 de novembro de 1984, oito meses antes de Reagan autorizar a venda de mísseis ao Irã, os Estados Unidos restauraram as relações diplomáticas com o Iraque, cujo primeiro-ministro-adjunto Tariq Aziz visitou Washington e, durante a conversa com o secretário de Estado George Shultz, disse que seu país estava satisfeito com a análise de Washington sobre a ameaça que a guerra no Golfo Pérsico representava para a estabilidade regional, ao mesmo tempo em que agradecia os esforços dos Estados Unidos para cortar as vendas internacionais de armas ao Irã[12].

O governo de Washington estava plenamente informado das torturas e execuções em massa, que ocorriam no Iraque, bem como dos massacres dos insurgentes curdos[13], cujo separatismo tanto a CIA quanto o Mossad encorajavam, desde os anos 1970[14]. E, embora condenasse oficialmente o uso de armas químicas, e soubesse que as forças do Iraque, com substâncias adquiridas de firmas americanas, estavam a usá-las, diariamente, contra o Irã, bem como contra os insurgentes curdos[15], o entendimento de Rumsfeld com Saddam Hussein teve proveitosas conseqüências práticas. A Casa Branca e o Departamento de Estado pressionaram o Export-Import Bank (Eximbank) para fornecer ao Iraque crédito e apoiá-lo para obter financiamento de outras fontes. Em 1984, Reagan instou-o a conceder um financiamento de US$ 485 milhões para construção no Iraque de um oleoduto até Aqaba[16], na Jordânia, pela Saudi Bechtel Co., subsidiária da Bechtel, corporação da qual o secretário de Defesa, George Shultz, e o secretário de Defesa, Caspar Weinberg, haviam sido executivos, e à qual a família Bush, inclusive Prescott Bush Jr., estava vinculada[17]. Do negócio participaram o príncipe Bandar bin Sultan bin Abdul Aziz, embaixador da Arábia Saudita em Washington, e Edwin Meese III, secretário de Justiça, que se encarregou de conseguir, através do seu amigo Bruce Rapoport, uma "*confort letter*" do primeiro-ministro Shimon Peres, para a Overseas Private Investment Co., garantindo que Israel não bombardearia o oleoduto[18]. Ao mesmo tempo, o general Edwin Meese III e o príncipe Bandar estavam envolvidos com o coronel Oliver North nas vendas de armas ao Irã através de Israel. Também, em 1985, o governo de Reagan autorizou a venda de 26 helicópteros McDonald Douglas MD-530MF, no valor de US$27,4 milhões, e, em 1986, de 17 helicópteros Bell 214ST, parte de uma encomenda de um total de 45 aeronaves[19]. Essas e outras vendas foram negociadas pelo mercador libanês Sarkis Soghanalian, assistidos pela Global Research International, companhia sediada em Washington e operada pelo coronel John V. Brennan, que fora assessor militar de Nixon, e seu sócio John Mitchell, ex-procurador-geral, também na administração de Nixon[20].

Saddam Hussein ainda recebeu dos Estados Unidos um crédito anual de US$ 200 milhões, para a compra de produtos agrícolas (arroz, trigo e outros grãos), através da Commodity Credit Corporation (CCC), montante esse que se elevou para US$ 500 milhões, nos anos subseqüentes[21]. Aproximadamente 23% da produção de arroz dos Estados Unidos foram destinados ao Iraque, para onde também foi exportado, anualmente, 1 milhão de toneladas de trigo. Os *lobbies* das indústrias e do *agro-business* não permitiram que sanções fossem aprovadas pelo Congresso. Outrossim, apesar de que se declarassem neutros em face da guerra Irã-Iraque, os Estados Unidos forneceram inteligência e apoio militar a Saddam Hussein, de conformidade com as diretrizes de Reagan, cuja principal preocupação consistia em defender as instalações de petróleo, no Golfo Pérsico, e não permitir o fechamento do estreito de Hormuz à navegação, dado que produziria real e psicológico impacto sobre o sistema econômico internacional[22].

O Iraque recebeu não apenas ajuda econômica e inteligência militar. O governo americano, entre 1985 e 1990, forneceu-lhe cerca de U$1,5 bilhão em armas e tecnologias, munições, e mesmo em tanques de guerra e outros armamentos, através do Egito[23]. E a CIA também lhe propiciou todas as informações, inclusive fotografias de satélite, sobre a concentração de tropas do Irã. E Saddam Hussein ainda pôde adquirir entre 2.000 e 4.000 toneladas de agentes químicos letais, que começou a usar contra as forças do Irã. O Departamento de Comércio, entre 1985 e 1989, aprovou setenta exportações de material biológico, inclusive antrax, gás de mostarda e botulin, para o Iraque. Entre 1983, ano em que Rumsfeld visitou Bagdá, e 1987 Saddam Hussein usou 195 vezes armas químicas, matando cerca de 50.000 pessoas, entre as quais muitos civis[24]. E desde então, o governo dos Estados Unidos garantiu ao Iraque créditos no total de US$ 5 bilhões, que permitiram a Saddam Hussein modernizar o acervo de suas forças armadas, inclusive os estoques de armas químicas, não obstante saber que gás de mostarda e gás dos nervos estavam sendo utilizados contra as tropas do Irã e os insurgentes curdos. Essa assistência a Saddam Hussein foi, no entanto, prestada, ao mesmo tempo em que Reagan e seus colaboradores, o secretário de Estado George P. Shultz, o secretário de Defesa Frank C. Carlucci, e o general Colin L. Powell, então assessor de segurança, estavam, publicamente, a condenar o Iraque por empregar gás venenoso, ao atacar os curdos, em Halabja, em março de 1988[25].

A condenação não passou de *lip service*. De 1985 até novembro de 1989, empresas americanas exportaram para o Iraque, com licença do Departamento de Comércio, bactérias e outros ingredientes biológicos, como o *Bacillus anthracis* (anthrax) e muitos outros[26], e não obstante saber do seu emprego na guerra contra os curdos e o Irã, a política oficial dos Estados Unidos continuou cordial e favorável a Saddam Hussein, que se lhes servia como âncora da estabilidade regional[27]. Sua *rationale*, assim como para o fortalecimento dos laços com a Arábia Saudita, foi proteger o petróleo e conter a militância islâmica, representada pelo Irã[28].

Em 1989, ao dar boas-vindas na inauguração do pavilhão dos Estados Unidos em Bagdá, a embaixadora April Glaspie escreveu que a Embaixada "*places the highest priority on promoting commerce and friendship between the two nations*"[29]. As grandes corporações americanas, entre as quais AT&R International, General Motors, Xerox, Westinghouse e Wabg Laboratorieys, participaram do evento e outras trabalharam para constituir o Iraq Business Forum, que instaram Washington a promover vínculos comerciais com o Iraque. Em 2 de outubro de 1989, um ano após 60.000 curdos haverem fugido para a Turquia em conseqüência dos ataques de gás, o presidente George Bush assinou a National Security Directive 26 (NSD-26), a qual, salientando que o "*access to Persian Gulf oil and the security of key friendly states in the area*", concluía que "*normal relations between United States and Iraq would serve our longer-term interests and promote stability in both the Gulf and the Middle East*", razão pela qual a administração "*would pursue, and seek to facilitate, opportunities for U.S. firms to participate in the reconstruccion of Iraq economy*"[30]. E, em janeiro de 1990, Bush, atropelando a oposição no Congresso, assinou uma diretiva autorizando o Export-Import Bank (Eximbank) a conceder ao Iraque um crédito de US$ 200 milhões. Tais medidas teriam aberto a porta para enorme fluxo de financiamentos, bem como assistência militar, e rendido grandes lucros às grandes corporações americanas, que se engajariam nos trabalhos de reconstrução, nas cidades do Iraque devastadas pelos bombardeios do Irã, não fossem o escândalo da Banca Nazionale del Lavoro (BNL), em agosto de 1989, e a ameaça de Saddam Hussein a Israel[31]. Até então o Iraque, durante dez anos, substituíra o Irã como um dos dois pilares da estratégia dos Estados Unidos no Golfo Pérsico, não obstante Washington ter pleno conhecimento das atrocidades que Saddam Hussein praticava. Entretanto, desde 1980, Israel identificava o Iraque como seu mortal inimigo e não só bombardeara o reator nuclear de Osirak, como respaldara desavergonhadamente o Irã na guerra que os dois países travaram até 1988. E o CENTCOM J-2 (United States Central Command), responsável por todas as atividades militares, na região, que se estendia entre o Egito, Kenia e o Paquistão, previu, em 1989, que o Iraque, após a guerra contra o Irã e o declínio da União Soviética, constituiria, provavelmente, a próxima ameaça para os interesses americanos no Oriente Médio, sobretudo por causa do desenvolvimento de sua capacidade militar.

A duplicidade da política exterior dos Estados Unidos foi, assim, muito além dos vários exemplos apontados pelos comitês da House of Representatives, ao ressaltar que "*the Iran-Contra Affair was characterized by pervasive dishonesty and inordinate secrecy*" e substancial porção dos lucros das vendas ilícitas ao Irã terminou nas contas pessoais de indivíduos que as executaram[32]. No entanto, apesar de que houvesse ampla evidência contra Reagan, os comitês bipartidários do Congresso, mesmo sob a presidência de membros do Partido Democrata, decidiram não avançar na investigação, que tornaria inevitável seu impeachment, já em metade do segundo mandato. O *cover-up* visou a preservar a *majesty of Office* e a imagem dos Estados Unidos, bem como atender às várias pressões, inclusive do *lobby* israelense, como o American Israel Public Affairs (AIPAC), que canalizou dinheiro do fundo de reserva (*slush fund*) do Mossad para os políticos americanos, inclusive os do Partido Democrata, integrantes dos comitês bipartidários[33]. O congressista Richard Cheney, representante do Partido Republicano no House Select Committee to Investigate Covert Arms Transactions with Iran, ajudou a esvaziar o resultado da investigação. Não só Reagan, também George Bush foi totalmente exonerado, e raras vezes mencionado. E em fins da década de 1980, em uma entrevista à televisão, no programa PBS Frontline, Lee H. Hamilton, presidente do House Select Committee, disse que julgara que não seria "*good for the country*" promover outro julgamento de *impeachment* e que seria melhor manter o público no escuro do que trazer à luz outro processo, como o do Watergate, com todas as suas implicações. Mas o Subcommittee on Narcotics, Terrorism and International Operations, dirigido pelo senador John Kerry (democrata-Massachussets), empenhou-se em aprofundar a investigação sobre o tráfico de droga e à assistência aos *contra*, e concluiu, em 1988, que vários indivíduos, entre os quais os agentes da CIA, envolvidos em tal operação, mantinham vínculos com os negócios de droga, em conexão com Bank of Commerce and Credit International (BCCI), utilizado para lavagem do dinheiro dos narcotraficantes e mercadores de armas[34]. O relatório do Kerry Committee comprovou que o Departamento de Estado efetuara pagamentos aos traficantes de drogas, com fundos autorizados pelo Congresso para assistência humanitária, em conexão com as atividades dos "contra", não só na Nicarágua como em Costa Rica e Honduras. E concluiu que "*senior U.S. policy makers were not immune to the idea that drug money was a perfect solution to the Contras' funding problems*". Em novembro de 1981, depois que o Congresso aprovara a venda dos AWCS, o príncipe Fahd, depois rei da Arábia Saudita, disse ao banqueiro Samuel Bamieh, ligado ao BCCI: "*We will help you guys fight anti-communist movements*". Com efeito, dois anos mais tarde, as autoridades da Arábia Saudita, com a anuência de William Casey, então diretor da CIA, solicitaram-lhe que canalizasse recursos para financiar o treinamento dos guerrilheiros da UNITA, que lutavam contra o governo de Angola[35].

O *Independente Counsel*, dirigido pelo promotor Lawrence E. Walsh, continuou, por sua vez, a investigação e assinalou que, além de violar o Arms Export Control Act e a Boland Amendment, que proibia ajuda às atividades militares na Nicarágua, a ignorância do acontecimento, alegada pelo presidente Reagan e seus assessores do Conselho de Segurança Nacional, de nenhum modo "*absolves them of responsibility for the underlying Iran and Contra operations*". E comprovou que as operações com o Irã, através de Israel, para ajudar os *contra* na Nicarágua, foram executadas com o conhecimento, entre outros, do presidente Reagan, do vice-presidente George Bush, do secretário de Estado George P. Shultz, do secretário de Defesa, Caspar W. Weinberger, do diretor da CIA, William J. Casey, e dos assessores de segurança nacional, Robert C. McFarlane e John M. Poindexter. De todos, somente Weinberger e Shultz dissentiram da decisão. "*President Reagan's conduct fell well short of criminality which could be successfully prosecuted*", concluiu o procurador Lawrence E. Walsh. E, após ressaltar que os assessores e os membros do gabinete no Conselho de Segurança Nacional elaboraram a estratégia de forma a tornar McFarlane, Poindexter e North bodes expiatórios (*scapegoats*), cujo sacrifício protegeria Reagan, nos dois anos restantes do seu mandato, acusou:

> "*Working in a climate of extreme secrecy and operating without accountability, National Security Adviser John M. Poindexter, Lt. Col. Oliver L. North of the National Security Council staff and others associated with the initiative invited criminal acts including profiteering on the Iranian arms sales, the diversion of some of those proceeds to aid the contras, destroying documents, and lying to Congress to cover up their criminal activities.*"[36]

Em dezembro de 1986, o procurador Lawrence E. Walsh denunciou à Justiça 14 pessoas, acusadas de cometer ilícitos penais. O processo durou vários anos e houve 11 condenações, mas duas foram sustadas em virtude de apelação. Duas, porém, haviam sido perdoadas antes do julgamento e um caso foi arquivado quando a administração do presidente George Bush, que sucedeu a Reagan em 1999, recusou-se a desclassificar a informação necessária para o julgamento. Oliver L. North, indiciado em 16 de março 1988, foi acusado de 16 crimes.

Em 1989, Barbara Honegger, que trabalhara dois anos na Casa Branca como assessora política de Reagan, publicou um livro, intitulado *October Surprise*, no qual revelou toda a história de traição, chantagem e sabotagem, ocorrida durante a campanha eleitoral de 1980, com a participação pessoal de George Bush nos entendimentos com o Irã, para retardar até depois das eleições a libertação dos reféns capturados na Embaixada Americana, pelos estudantes iranianos. Em 1991, Gary Sick publicou outra obra sobre o mesmo tema e com o mesmo título, *October Surprise*, na qual contou como os entendimentos se processaram, embora ponderasse que havia pouca razão para que o candidato a vice de Reagan, Bush, tomasse "*such an extreme risk*", no auge da campanha eleitoral[37]. Mas o fato foi que Bush não conseguiu provar, em processo na Justiça, que Richard Brenneke, agente da CIA, que fizera essa revelação, estava mentindo[38]. Brenneke foi absolvido de perjúrio. O capitão Gunther Karl Russbacher, piloto do avião, confirmou a viagem de Bush. De fato, possivelmente ele fora a Paris, porque os dirigentes do Irã exigiram o compromisso de alguém do mais alto escalão do futuro governo dos Estados Unidos. E, em 1991, tanto a House of Representatives quanto o Senado iniciaram a investigar o caso da *October Suprise*. A comissão especial, presidida pela senador John Tower, concluiu que "*Mr. Bush was in the United during the October 18-22 time, and that therefore did not travel to Paris, France, to participate in the alleged meeting*". Contudo, Ben-Menache confirmou, em seu livro de memórias, que Bush estivera presente no encontro em Paris, em 19 de outubro. Em 1° de junho de 1992, ele reiterou a informação, em testemunho sob juramento, perante o Senate Foreign Relations Committee[39].

Apesar do *smoking gun*, os crimes e ilícitos penais como sempre foram acobertados. William Casey, um dos mais poderosos diretores da CIA e personagem central tanto no *October Surprise* quanto no *affair* Irã-Contra, sofreu um derrame e morreu na manhã em que iria prestar depoimento, sub juramento, perante o Senate Intelligence Commitee. Amiram Nir morreu em 30 de novembro de 1988, em um misterioso acidente, no México, com o avião Cessna T210. Segundo Ari Ben-Menasche, o Mossad sempre acreditou que ele fora executado em uma operação da CIA, para impedir que revelasse os entendimentos entre Shimon Peres, Reagan e Bush, como testemunha no processo contra Oliver North[40], que assumira o papel de "*superstar and scapegoat*"[41] e foi condenado, em 4 de maio de 1989, após 12 meses de julgamento. John M. Poindexter, acusado de sete crimes, foi também indiciado e condenado, em de 7 abril de 1990, por haver obstruído o inquérito, prestar falsa declaração e destruir documentos. Nenhum deles, porém, chegou a cumprir as sentenças, que conseguiram evadir por meio de recurso aos tribunais. Bush, que fora diretor da CIA, dentro da qual era muito popular, já então se tornara presidente dos

Estados Unidos (1989-1993). Logo depois de suceder a Reagan, nomeou John Tower secretário de Defesa, como *payoff* por inocentá-lo da acusação de que estivera em Paris negociando com os iranianos, nomeação esta que o Congresso não aprovou, devido aos vínculos que tinha como muitas empresas empreiteiras e fornecedoras (*contractors*). E, em 24 de dezembro de 1992, menos de um mês antes de deixar o governo, Bush perdoou Robert C. McFarlane, assessor de Segurança Nacional, na administração de Reagan, o ex-secretário de Estado Elliott Abrams, os funcionários da CIA Alan D. Fiers, Jr., Clair E. George e Duane R. Clarridge, bem como o ex-secretário de Defesa, Carper Weinberger, antes do julgamento por mentir perante o Congresso[42]. Mais uma vez ocorreu outro *cover-up*, articulado por duas administrações na Casa Branca, com o objetivo de ocultar os atos ilícitos do presidente e do vice-presidente, preservando a *majesty of Office* e a imagem do Estados Unidos, e impedir que a lei fosse aplicada contra os que perpetraram atividades criminosas de dimensão constitucional.

O escândalo celebrizado como Irã-Contra evidenciou o esforço que o governo dos Estados Unidos estava a desenvolver para derrubar o governo sandinista da Nicarágua, país considerado de estratégica importância, desde a abertura do Canal do Panamá em agosto de 1914. Esse esforço começara, porém, seis meses após a vitória da revolução, que derrubou o ditador Anastácio Somoza. O próprio Carter, com uma política exterior ambivalente, assinara durante sua gestão um *finding* ultra-secreto, autorizando a CIA a dar apoio político aos adversários dos sandinistas — dinheiro e assistência — assim como recursos para manter o funcionamento do jornal *La Prensa*. Depois concedeu à Nicarágua uma ajuda de emergência, no montante de US$ 39 milhões, para a compra de alimentos. A CIA, porém, constatou que o governo sandinista continuava a apoiar os insurgentes da Frente de Libertação Nacional Faribundo Marti, em El Salvador, onde a violência recrescera, desde a eleição, em 1977, do general Carlos H. Romero, deposto por uma junta militar em 1979. E Carter suspendeu então toda a ajuda à Nicarágua. Essa medida Reagan não só manteve, ao condicionar qualquer assistência ao restabelecimento da democracia[43], como expandiu a intervenção na América Central, com a colaboração do governo militar da Argentina, cujos especialistas em *guerra sucia* colaboraram com a resistência anti-sandinista, treinando cerca de cerca de 1.000 *contras*, em Honduras, na fronteira norte com a Nicarágua desde antes da administração do Ronald Reagan. Honduras, país percebido como estável, recebera dos Estados Unidos, entre 1978 e 1980, um montante de US$ 127,9 milhões em assistência, mais do que qualquer outro país da América Central, e tornou-se, nos anos seguintes, sua principal área de treinamento para as operações militares na região, uma base estratégica contra a revolução na Nicarágua e em El Salvador[44]. Essas operações eram consistentes com a estratégia dos Estados Unidos, desenvolvida desde o fim da guerra no Vietnã e centrada na "*low-intensity conflict*" (LIC), que incluía contra-insurgência, pró-insurgência, ataques antiterroristas, ações antidrogas, resgate de reféns e outras ações sem chegar ao nível da guerra convencional. A nova doutrina militar previa rápido deslocamento de tropas e a capacidade de usar esmagador poder militar para enfrentar ameaças aos interesses dos Estados Unidos, em qualquer parte do mundo.

A cooperação da Argentina na *guerra sucia*, promovida pelos Estados Unidos na Nicarágua e em El Salvador, gerou, entretanto, conseqüências internacionais muito dramáticas. A colaboração da Argentina no treinamento das guerrilhas anti-sandinistas durou até 1983 e só cessou após a derrota na guerra das Malvinas. Uma vez que a influência do Brasil se estava a estender à África Ocidental, especialmente em Angola, Guiné-Bissau e Cabo Verde, onde contribuía para sustentar regimes de esquerda, em tácita aliança com a União Soviética e Cuba, a administração de Reagan logo tratou de impedir a ampliação e o robustecimento de sua posição estratégica, no Atlântico Sul, manobrando para romper a entente que alcançara com a Argentina desde 1979. Poucos meses depois de assumir a Secretaria de Estado, general Alexander Haig, até então presidente e chefe de operações da indústria bélica United Technologies Corporation, suspendeu as sanções, entre as quais o embargo à venda de armas, que Carter impusera à Argentina, sob o pretexto de violação dos direitos humanos, e lhe fez o convite para integrar a Força da Paz no Sinai. O trabalho de seduzir os militares argentinos intensificou-se no curso de 1981 e início de 1982. O general Vernon Walters, na condição de embaixador especial do presidente Reagan, visitou várias vezes Buenos Aires. Sua missão, respaldada pela embaixadora Jeane Kirkpatrick, chefe da Legação Estados Unidos na ONU, e Roger Fontaine, do Conselho de Segurança Nacional[45], consistiu em influenciar a Junta Militar a rever as diretrizes de sua política exterior, oferecendo armamentos à Argentina, que gastara entre 1978 e 1982 cerca de US$ 16,7 bilhões, quase metade de sua dívida externa, com aquisição de material bélico, inclusive da Grã-Bretanha[46], e a canalização dos negócios para a *holding* da indústria bélica americana, United Technologies Corporations, com a qual Alexander Haig seguia vinculado[47].

A manobra produziu resultado. Em fins de 1981, a Junta Militar, como não conseguisse que o general Roberto Viola renunciasse à presidência, e se negasse a fazê-lo, derrubou-o e substituiu-o pelo general Leopoldo F. Galtieri. O general Vernon Walters foi a *éminence grise*, que desempenhara "*an instrumental, behind-the-scenes, role, from the beginning to the end*", conforme reconheceu Richard C. Thornton, professor da George Washington University[48]. A limitada abertura política, iniciada por Viola, terminou e o general Galtieri restabeleceu as diretrizes econômicas neoliberais, ao mesmo tempo em que alinhava a Argentina incondicionalmente aos Estados Unidos. Desde então, as compras de armamentos concentraram-se rapidamente nos provedores americanos, representados pelos generais Vernon Walters e Alexander Haig, da United Technologies Corporation[49]. A Junta Militar entendeu que a Argentina podia aproveitar o entendimento com os Estados Unidos e servir como intermediária das diretrizes estratégicas dos Estados Unidos, razão pela qual reativou a proposta, inspirada pelo Departamento de Estado, para o estabelecimento de um pacto político-militar no Atlântico Sul, envolvendo a África do Sul, e começou a cooperar estreitamente com a política de Reagan na América Central, enviando assessores em contra-insurreição e agentes dos seus serviços de inteligência, a fim de treinarem as tropas de El Salvador no combate às guerrilhas da Frente de Liberación Nacional Faribundo Marti e participarem de operações secretas contra o regime sandinista da Nicarágua[50]. E desta relação carnal, a Junta Militar inferiu, correta ou incorretamente, que os Estados Unidos estariam também interessados em uma solução favorável à Argentina, no litígio sobre as Malvinas/Falklands, porquanto, em tais circunstâncias, a Grã-Bretanha não podia concordar com o projeto de instalar uma base militar naquele arquipélago[51]. Esta base militar seria conjugada com a montagem de outra, na Patagônia, junto ao Estreito de Magalhães, conforme os americanos pretendiam, desde a Segunda Guerra Mundial, com o objetivo de fortalecer a estrutura defensiva no Atlântico Sul e, globalizando a segurança continental, enfrentar e deter a expansão da União Soviética[52]. O arquipélago das Falklands/Malvinas poderia constituir um posto avançado para o controle ao redor do Cabo Horn, com a instalação de bases americanas, que funcionariam como uma chave do Atlântico Sul, permitindo aos Estados Unidos fiscalizar o transporte do petróleo originário do Oriente e vedando qualquer pretensão que o Brasil pudesse ter em relação à Antártida[53]. E também as explorações geológicas haviam revelado que as Malvinas/Falklands estavam situadas sobre um largo lençol submarino de petróleo. E alguns assessores de Reagan sugeriram que a disputa poderia ser resolvida mediante um entendimento sobre os direitos de exploração[54].

Quaisquer que fossem as razões, os Estados Unidos tinham igualmente interesse naquele arquipélago e a administração de Reagan, em maior ou menor grau, induziu a Junta Militar, presidida pelo general Galtieri, a crer que Washington assistiria à Argentina ou manteria a neutralidade, em caso de invasão das Falklands/Malvinas[55]. A Junta Militar imaginou que os Estados Unidos, por interesse próprio e como contrapartida pela colaboração da Argentina na América Central, evitassem uma reação armada da Grã-Bretanha e esta se limitasse a protestos verbais. O presidente Reagan, em suas memórias, confirmou que Galtieri imaginara que

> "*we would side Argentina because we were neighbors in the Américas and because we had requested the junta help's in fighting Comnnism in the hemisphere. It was true that I had placed high priority on improving relations with our Latin neighbors, and Argentina was one of the countries where we had been hardest to bring about democratic reforms*".[56]

Seu secretário de Estado, Alexander Haig, afirmando que não havia qualquer base para esse erro de interpretação e de cálculo, confirmou igualmente que "*it has been suggested that the Argentinian believed that the United States would tolerate their aggression*"[57]. Ele asseverou, porém, que, de fato, o general Galtieri havia sugerido ao embaixador Harry W. Schlaudeman que Washington devia concordar com a invasão das Malvinas/Falklands como um *quid pro quo* pelo apoio da Argentina aos Estados Unidos no hemisfério sul[58]. Tal perspectiva, segundo se soube, foi insinuada pelo general Vernon Walters, pela embaixadora Jeane Kirkpatrick, chefe da Delegação dos Estados Unidos na ONU, e por Roger Fontaine, assessor de Segurança Nacional, todos com acesso direto a Reagan. E Galtieri sentiu-se autorizado a ordenar a invasão das Malvinas/Falklands, onde as tropas da Argentina desembarcaram no dia 2 de abril de 1982 e ocuparam, no dia seguinte, a South Georgia. Ao contrário, porém, do que a Junta Militar esperava, a Grã-Bretanha reagiu e despachou uma esquadra na direção do Atlântico Sul.

Nunca houve dúvida de que a Argentina empreendeu a aventura, invadindo as Malvinas/Falklands, com algum respaldo em Washington, pelo menos de alguns setores da administração de Reagan. O próprio Reagan referiu-se em suas memórias a "*some resistance*" de Jeane Kirkpatrick à sua decisão de alinhar-se com a Grã-Bretanha[59]. E Haig relatou que a embaixadora Jeane Kirckpatrick "*vehemently*" se opôs a que os Estados Unidos assumissem uma posição que condenasse a Argentina e apoiasse a Grã-Bretanha, com base na lei internacional[60]. Ela disse a Reagan que tal posição custaria aos Estados Unidos "*a hundred years of animosity in Latin America.*"[61] A conexão secreta da CIA com os argentinos, financiando o treinamento dos contra, criou problemas para Haig, que temeu uma retaliação por parte da Junta Militar de Buenos Aires, suspendendo sua colaboração na luta contra o regime sandinistas. Não obstante, Reagan e Casey optaram por apoiar a posição de Margareth Tatcher, primeiro-ministro da Grã-Bretanha[62]. E os Estados Unidos, após o fracasso dos seus bons-ofícios, visando a solucionar pacificamente o conflito, não tiveram alternativa senão apoiar abertamente a Grã-Bretanha, fornecendo-lhe todo o respaldo logístico nas operações militares para a recuperação das Malvinas/Falklands. Seus compromissos com a OTAN eram mais fortes e importantes que o Tratado Inter-Americano de Assistência Recíproca (TIAR), conhecido como Tratado do Rio de Janeiro. Contudo, mesmo depois que Reagan definira sua política, Jeane Kirckpatrick disse ao embaixador da Argentina na ONU que se seu país continuasse a apoiar os Estados Unidos na Nicarágua, "*there would be no American criticism in the United Nations on the landing in the Falklands*"[63]. De qualquer forma, a Argentina perdeu a guerra. Cerca de dois meses e meio após a invasão do arquipélago, suas forças, em 14 de junho, renderam-se. E aos militares argentinos só restou rangerem os dentes, sem ocultarem o rancor, enquanto Galtieri, um "*comic dictator in a gaudy uniform*", segundo a expressão de Alexander Haig[64], declarava, publicamente, estar "surpreendido" com a "traição de Washington"[65].

Outra grave crise, logo em seguida, quase ocorreu na América do Sul. Reagan pretendeu intervir no Suriname, ao norte do Brasil. Assinou um *finding* e alocou várias centenas de milhares de dólares para o envio de uma equipe da CIA a Paramaribo, com a missão de coletar inteligência, visando a preparar um golpe de Estado, contra o presidente Desi Bouterse, que tendia levar o país, com apenas 350.000 habitantes, para a órbita de Cuba[66]. Em dezembro de 1982, o diretor da CIA, William Casey, deu ciência desse projeto aos comitês de inteligência da House of Representatives e ao Senado, mas houve enorme resistência do Congresso, onde até o senador do Partido Republicano, Barry Goldwater, irritado, chegou a declarar: "Esta é a idéia mais imbecil que já ouvi na minha vida"[67]. A invasão do Suriname estava programada para ocorrer em 1º de julho de 1983, com mercenários americanos e outros. Mas os senadores recusaram-se a dar apoio ao projeto, que foi ridicularizado, e o presidente do Brasil, general João Batista Figueiredo (1979-1985), não apenas se recusou a fornecer um batalhão de pára-quedistas, com a missão de ocupar, juntamente com os soldados norte-americanos, o aeroporto de Paramaribo, como também se manifestou contra a intervenção no Suriname, porquanto, não obstante não querer um regime esquerdista na fronteira, não lhe convinha que os Estados Unidos empreendessem ações militares na América do Sul e se intrometessem na Amazônia[68]. E assumiu a responsabilidade de solucionar pacificamente o problema. Em outubro de 1983, porém, Reagan decidiu a invasão de Granada, quando o primeiro-ministro Maurice

Bishop, cujo governo, percebido como comunista, recebia assistência de Cuba, foi assassinado e assumiu o poder uma facção mais radical do movimento New Jewel (Joint Endeavor for Welfare Education and Liberation), liderado por Bernard Coard. Ele queria fazer uma demonstração de força, de modo a superar o que chamou de "*post-Vietnam syndrome*", ou seja, a resistência de grande parte do Congresso a apoiar intervenção militar em qualquer outro país, por causa do fiasco na Indochina[69]. E ordenou então que o porta-aviões *Independence*, que seguia para o Líbano, regressasse ao Caribe. E, nas primeiras horas do dia 25 de outubro, o Marine Medium Helicopter Squadron-261 (HMM-261), conhecido com Raging Bulls, transportado pelo *USS Guam*, e o Air Combat Element (ACE) da 22nd Marine Amphibious Unit (MAU) efetuaram a *Operation Urgent Fury*, i. e., invadir aquela minúscula ilha no Caribe, com 120 milhas quadradas e 110.000 habitantes. Essa operação de guerra, ridícula, constituiu uma iniciativa unilateral de Reagan, que custou a vida de 18 americanos, 110 granadenses e 80 cubanos[70], teve como objetivo, *inter alia*, fazer uma demonstração de força, apagando a lembrança do fiasco no Vietnã, e de que não se dispunha a tolerar nenhum outro governo de esquerda, na *backward* dos Estados Unidos. E ele considerava imperdoável perder El Salvador para a Frente de Libertação Nacional Faribundo Marti, como acontecera com a vitória da revolução da Nicarágua, durante o governo de Carter.

Notas

1. Ben-Menasche, 1992, pp. 170-171.
2. Unger, 2004, pp. 79-80. Darwish & Alexander, 1991, pp. 20-25.
3. Yergin, 1993, pp. 420-423, 554, 608 e 677.
4. Darwish & Alexander, 1991, pp. 20-25.
5. Id., ibid., pp. 25-26, 203.
6. Kissinger, 1982, pp. 669 e 674.
7. Em 1980 os xiitas (Shi'ites) do Iraque, inspirados pela revolução no Irã, tentaram assassinar membros do governo. Saddam Hussein reagiu e ordenou a deportação para o Irã de milhares de xiitas e a execução do líder da oposição.

8. Darwish & Alexander, 1991, p. 105.
9. Department of State. AM: 0830735-0522. Page 01 — Baghdad 03079 1010582. Info Oct-00 A05-00 550-00 (AS-01 CIAE-00 NSCE-00)/025w. Confidential. Baghdad 3079. EXDIS. For Amb Rumsfeld from Eagleton. Ed 12356 DECL: OADR. Tags: OVIP (Rumsfeld, Don) Prel. Subj: Rumsfeld Visit do Iraq. Ref Baghdad 3074 (Notal) . National Security Archive.
10. Departament of State. Telegram. Secret AN: 0830753-0374. Department Pass s/ SN — Tom Miller E. -0. 12356: Decl: 12/21/13 Tags: Prel, IQ, US, XF. Subject Rumsfeld Mission: December 20 Meeting with Iraqi. Saddam Hussein. Ibid.
11. Ibid.
12. United States Embassy in the United Kingdom Cable from Charles H. Price II to the Department of State. "Rumsfeld One-on-One Meeting with Iraqi Deputy Prime Minister", December 21, 1983. Ibid.
13. Department of State. Telegram. AN: 0840762-0936 . State 352124. Origin SS-25 — Info Oct-00 Copy-01 ADS-00 550-00 /026 R. From SecState WashDC — To AMEBASSY Baghdad Immediate — Info Gulf War Collective Immediate. E.O. 12356: Decl: OADR- TAGS: Prel. US, 12. Subject: Memcon: Secretary's Meeting with Iraqi Depprimmin Tariq Aziz, November 16, 1984, 10:00 a.m. Ibid.
14. *Memorandum* interno no Departamento de Estado apenas comentou que "human rights and chemical weapons use aside, in many respects our political and economic interests run parallel with those of Iraq". "Overview of U.S. –Iraq Relations and Political Pressure Points", p. 1, apud Power, 2002, p. 221.
15. Kimche, 1991, p. 194.
16. U.S. Departament of State. Washington, D.C. 20520 — 1983, Nov — 1 P5:23. Information Memorandum. To: The Secretary of State; From: PM — Jonathan T. Howe. Subject: Iraq Use of Chemical Weapons; Department of State. 8335709. Nov — 21 — 1983. Action Memorandum. To Lawrence S. Ragleburger; From: PM — Jonathan T. Howe; NEA — Richard W. Murphy. Subject: Iraqi Use of Chemical Weapons. Issue for decision: Whether to instruct USINT Baghdad to raise issue of Iraqui CW use and urge cessation. National Security Archive. http://www2.gwu.edu/~nsarchiv/
17. Aqaba é o único porto da Jordânia com acesso direto ao mar Vermelho e permanecia como entreposto do Iraque. Esse porto existia pelo menos desde 1000 a.C., e era o lugar de comércio entre a Palestina e a Síria, ocupado posteriormente pelos romanos, que construíram uma grande estrada, ligando Damasco ao Egito, na época do imperador Trajano. Ocupado e fortificado pelos Cruzados, em 1115, Aqaba foi reconquistada em 1187 pelo sultão Salah el-Din el-Ayyoubi (1138-1193), celebrizado como Saladin. Durante o século XIX, a cidade tornou-se importante centro na rota de peregrinação para Mecca. T. E. Lawrence (Lawrence of Arabia),

Primeira Guerra Mundial, capturou Aqaba para os Aliados e ela mais tarde se tornou parte do Hejaz, porém foi cedida à Transjordânia em 1924.

18. Irmão mais moço do Vice-Presidente George Bush.
19. Ben-Menasche, 1992, pp. 172-173. UNger, 2004, pp. 76-78.
20. Darwish & Alexander, 1991, p. 153.
21. Id., ibid., p. 153.
22. Power, 2002, pp. 176-177.
23. The White House, Washington, Nov. 26, 1983. National Security Decision Directive 114. U.S. Policy Toward Iran-Iraq War. Ibid.
24. Dickey, Christopher & Thomas, Evan — "How Saddam Happened" Newsweek, September 17, 2002 .
25. Power, 2002, p. 178.
26. Tyler, Patrick E. — "Officers Say U.S. Aided Iraq in War Despite Use of Gas", *The New York Times,* 18.08.2002.
27. Blum, 2001, pp. 112-123.
28. Tirman, 1997, p. 111.
29. Id., ibid., p. 168.
30. Apud Power, 2002, p. 234.
31. Id., ibid., p. 234. Tirman, 1997, p. 171.
32. Id., ibid., p. 171.
33. *Report of the Congressional Committee Investigating the Iran-Contra Affair with Minority Views*, p. 23.
34. Ben-Menasche, 1992, pp. 118-119.
35. O primeiro-ministro de Bahrain, o xeique Khalifah bin-Sulman al-Khalifah, era o maior investidor no Bank of Commerce and Credit International, que funcionou primeiramente como mecanismo para obter influência, usando os dólares provenientes dos negócios de petróleo no Oriente Médio, e foi utilizado para a lavagem de dinheiro pelos traficantes de droga e mercadores de armas. Esse banco comprou o First American Bank por meio de Kamal Adham, referido no relatório do Kerry Committee sobre o BCCI como tendo sido "the CIA's principal liaison for the entire Middle East from the mid-1960's through 1979", havendo estado à frente da inteligência para a Arábia Saudita, durante o tempo em que George Bush foi diretor da CIA. O xeique Abdullah Bahksh, da Arábia Saudita, era co-investidor no BCCI, uma empresa criminosa. Também possuía 16% das ações Harken Energy, na qual era representado por um palestino, nascido em Chigado e que servia com George W. Bush na direção da firma. Othman fez ao menos três visitas à Casa Branca para discutir com George Bush as questões do Oriente Médio.

36. *The BCCI Affair. A Report to the Committee on Foreign Relations.* United States Senate by Senator John Kerry and Senator Hank Brown. December 1992 102d Congress 2d Session Senate Print, pp. 102-140.
37. *Report of the Congressional Committee Investigating the Iran-Contra Affair with Minority Views*, p. 23.
38. Sick, 1991, p. 223.
39. Id., ibid., p. 224.
40. Ben-Menasche, 1992, pp. 68-74, 343-345.
41. Ben-Menasche, 1992, pp. 288-291. Thomas, 1999, pp. 329-335.
42. Walsh, 1997, p. 23.
43. Sob a Constituição dos Estados Unidos, o presidente tem o poder absoluto de perdoar, decisão que não pode ser revista. Nos primeiros anos da República, o perdão fora dado algumas vezes antes do julgamento, para induzir alguém a testemunhar no processo. O perdão, porém, nunca fora concedido para impedir que fatos embaraçantes viessem a público em um julgamento, mas somente depois que o acusado sofrera condenação. Nunca houve precedente de uma pessoa ser perdoada antes do julgamento, como aconteceu com o ex-secretário de Defesa, Casper Winberger. Walsh, 1997, pp. 507-531.
44. Woodward, 1987, p. 131. *Report of the Congressional Committee Investigating the Iran-Contra Affair* with Minority Views, pp. 37-38.
45. Gerson & Birchard (eds.), 1991, pp. 311-318.
46. Roett, Riordan & Wiegand, Gunnar — "The Role of Argentina and Brazil — A View from the United States", SAIS, Center of Brazilian Studies, John Hopkins School of Advanced International Studies, Washington, D.C., p. 2-3. Cardoso, R. Kirschbaum, & Van Der Kooy — 1983, pp. 22-27.
47. Thornton, 1998, p. xv. "*Los vendedores de armas hicieron gigantescos negocios con la Argentina cuando se elevaba la temperatura del conflicto con el Chile, que no llegó a estallar, y no dejaron de hacerlos en los años seguientes*". Garcia Lupo, 1983, p. 124.
48. Id., ibid., pp. 113-124.
49. Thornton, 1998, p. 62. Quando adido militar no Brasil, o general Walter, que depois foi a diretor adjunto da CIA, coordenou o golpe de estado que derrubou governo de João Goulart em 1964.
50. Garcia Lupo, 1983, p. 124.
51. Id., ibid., pp. 180-183.
52. Id., ibid., pp. 10, 43, 51 e 53.
53. Carlos, Newton — "Definindo o Papel dos Estados Unidos na Crise", in *Folha de São Paulo*, São Paulo, 07/05/1982, p. 8. Sobre a pretensão dos Estados Unidos de estabelecer bases na Patagônia, desde a Segunda Guerra Mundial, Scenna, 1970, p. 231. Peterson, 1970, p. 562.

54. Opinião do embaixador Álvaro Teixeira Soares, ex-diretor do Departamento Político-Diplomático do Ministério das Relações Exteriores do Brasil. *O Globo*, 14/5/1982. Mais detalhes sobre a Guerra das Malvinas vide Moniz Bandeira, 2003, pp. 30.
55. Haig, 1984, p. 268.
56. Reagan, 1990, p. 358.
57. Thornton, 1998, p. xx.
58. Haig, 1984, p. 296.
59. Reagan, 1990, p. 358.
60. Id., ibid., p. 275.
61. Haig, 1984., pp. 268-269.
62. Ledeen, 1988, pp. 28-29.
63. Id., ibid., pp. 268-269.
64. Haig, 1984, p. 269.
65. Id., ibid., p. 266.
66. Garcia Lupo, 1983, p. 71.
67. Woodward, 1987, p. 283.
68. Id., ibid., pp. 283-284.
69. Depoimento do general Octavio Aguiar de Medeiros, ex-chefe do SNI (1979-1985), in *Veja*, São Paulo. Mais detalhes vide Moniz Bandeira, 2003, pp. 458-459. O escritor americano William Blum contou que a descoberta dos preparativos da operação pelo serviço secreto dos Países Baixos, antigo poder colonial no Suriname, concorreu para que não fosse realizada. Blum, 2001, p. 152.
70. Musicant, 1990, p. 389.

Capítulo XXIV

REAGAN COLE O *"EVIL EMPIRE"* • O FOMENTO DO ARMAMENTISMO • A AMEAÇA DO IRÃ E A COLABORAÇÃO COM SADDAM HUSSEIN • A IMPORTÂNCIA ECONÔMICA E POLÍTICA DA COMUNIDADE JUDAICA NOS ESTADOS UNIDOS • O ANTIAMERICANISMO NO ORIENTE MÉDIO • A QUESTÃO COM A LÍBIA • OS ESTADOS UNIDOS COMO *SPONSOR* DO TERRORISMO • O COLAPSO DA UNIÃO SOVIÉTICA • A REFORMA ECONÔMICA NA CHINA

Apesar do esforço para derrubar o governo sandinista, na Nicarágua, e conter a expansão das guerrilhas, em El Salvador, Reagan buscou fomentar as tensões com a União Soviética, a denominá-la como "*evil empire*"[1], "*the fows of evil in the modern world*", e arriscou um confronto nuclear, em uma conjuntura mundial bastante grave, devido ao segundo choque do petróleo (1979), cujo preço do barril saltara de US$ 9,8, em 1974, para US$ 17,3, em 1979, e atingira US$ 33,6, em 1982. Entre 1980 e 1982, as taxas de inflação, nos países membros do Organisation for Economic Cooperation and Development (OECD), haviam alcançado a média anual de 10,5%, enquanto a taxa de crescimento de suas economias declinara de 3,3%, em 1979, para 1,2%, em 1980-81, e -0,5%, em 1982, ano em que a recessão se acentuou nos Estados Unidos. Da mesma forma que Margareth Tatcher, chefe do governo na Grã-Bretanha, Reagan considerava a si próprio um radical da direita e, como parte de uma política econômica neoliberal conservadora (*Reaganomic*), determinou, a fim de atrair capitais para os Estados Unidos, violenta alta nas taxas de juros, que afetou os países na periferia do sistema capitalista, particularmente os da América Latina, todos altamente endividados. O México, em 1982, entrou em colapso financeiro. E a crise da dívida externa contaminou todos os países em desenvolvimento e atingiu até mesmo os do Bloco Socialista, como a Polônia e a República Democrática Alemã (Alemanha Oriental), enquanto Reagan perguntava aos chefes do Estado Maior Conjunto de que armas novas necessitavam para alcançar a superioridade militar sobre os inimigos dos Estados Unidos. Se a questão fosse escolher entre a segurança nacional e o déficit orçamentário, disse ele, inclinar-se-ia para o déficit orçamentário[2].

Dentro desse contexto, em que procurou renovar a Guerra Fria, a administração de Reagan (ele mesmo não era capacitado em questões internacionais nem prestava muita atenção a detalhes de política exterior[3]) voltou-se para Oriente Médio e a Ásia Central, onde, desde os anos 1970, os Estados Unidos se preparavam militarmente para protagonizar um papel hegemônico na região e desenvolveram uma estratégia para contrapor-se a vasta variedade de ameaças. A preocupação fundamental de Washington era defender as fontes de petróleo, contra a expansão do nacionalismo islâmico fundamentalista, que eclodira no Irã, derrubando um dos seus pilares estratégicos na região (o outro era Israel), e rompera praticamente o isolamento da Líbia. O Irã configurou a principal ameaça aos interesses dos Estados Unidos, no Oriente Médio, razão pela qual, *inter alia*, o governo de Reagan, inicialmente, favoreceu Saddam Hussein, apesar de que o julgasse radical[4], dado que nacionalizara o petróleo, no Iraque (1972), cerca de quatro anos após a revolução que levara o Partido Bath ao poder, sob o comando do general Ahmed Hassan Bakr. Na década de 1980, destinou cerca de US$ 1 bilhão a um programa de construção, para desenvolver o acesso a um amplo aparato de instalações militares, em doze nações, através do norte da África, Oriente Médio e sudeste da Ásia, e a sete aeroportos nas imediações do Golfo Pérsico, permitindo o apoio da base naval instalada na ilha de Diego Garcia, 1.900 milhas ao sul do estreito de Ormuz, no meio do oceano Índico. Em 1986, estava completada essa preparação militar, com a construção da rede de bases aéreas e navais, que davam aos Estados Unidos maior capacidade de intervenção no Oriente Médio[5]. A justificativa estratégica, porém, modificara-se. Não consistia mais em defender as jazidas de petróleo contra uma eventual invasão do Irã e de outros países do Golfo Pérsico pela União Soviética, mas protegê-las contra a própria ameaça do Irã islâmico, nacionalista, aos países árabes aliados dos Estados Unidos — Arábia Saudita, Kuwait, Emirados Árabes Unidos, Oman, Qatar e Bahrain. As teorias sobre o "*international terrorism*", propagadas pelo Departamento de Estado, Pentágono, CIA e outras agências de Washington focalizavam a Líbia, Síria, Yemen do Sul e as organizações palestinas radicais[6].

Os Estados Unidos, visando a confrontar a variedade de ameaças econômicas, políticas e militares, tanto internas quanto externas, no Oriente Médio, desenvolveram uma estratégia, com base na doutrina do *low-intensity conflict*, e constituíram, em 1981, o Gulf Cooperation Council, com os países do Golfo Pérsico, seus aliados, para a construção de extensivo sistema de defesa aérea integrado. E, em 1983, formaram a Gulf Rapid Deployment Force, com tropas da Arábia Saudita, Emirados Árabes Unidos, Kuwait e Oman. Nos anos 1980, os Estados Unidos adquiriram acesso à ilha de Masirah, na costa leste do Sultanato de Oman, cerca do Golfo Pérsico, com o apoio de outras bases em Berbera, Mombasa e Ras Banas, no sudeste do Egito. As despesas militares dos Estados Unidos saltaram então de US$ 143,9 bilhões, em 1980, para US$ 294,7 bilhões, em 1985. E, em 1986, o ápice da preparação militar do governo de Reagan, elas somaram US$ 273 bilhões, o que representou um aumento de 48% sobre 1980, em dólares constantes[7].

Ao mesmo tempo, Reagan também deu prosseguimento à política traçada por Brzezinski, na administração de Carter, com o objetivo de formar um *green belt*, i. e., um cinturão islâmico contra o comunismo, a partir do Afeganistão. Os Estados Unidos, com a colaboração do Paquistão e da Arábia Saudita, continuaram a mobilizar as facções fundamentalistas de todas as partes do Oriente Médio, de modo a combater os "comunistas ateus", no Afeganistão, e desestabilizar a própria União Soviética, encorajando insurreições nas repúblicas, predominantemente muçulmanas, da Ásia Central. O fundamentalismo islâmico, entretanto, opunha-se, por motivos religiosos, à civilização capitalista, cujos costumes e produtos os muçulmanos sempre perceberam como pecado, contrários aos princípios éticos do Corão, e essa foi uma das razões, *inter alia*, pelas quais eles ressentiam e recalcitravam contra a presença dos Estados Unidos, percebido como o principal sustentáculo do Estado de Israel no Oriente Médio.

Desde 1973, quando a OPEP impôs o embargo às exportações de petróleo para o Ocidente, desencadeando a crise de energia, os Estados Unidos sentiram a necessidade de melhorar suas relações com os países árabes, a fim de resguardar seus interesses estratégicos, que consistiam em defender as reservas de petróleo e impedir que a influência da União Soviética recrescesse no Oriente Médio. Os muçulmanos entendiam, porém, que a maior ameaça não provinha da União Soviética e sim de Israel, cuja superioridade militar qualitativa sobre todos os países árabes os Estados Unidos sempre procuraram preservar. Washington, ao que tudo indicou, estava consciente de que esse íntimo vínculo com Israel afetava seus esforços no sentido de estabelecer certo nível de entendimento estratégico, mesmo com os países árabes moderados, a começar pela Arábia Saudita. Mas não podia rompê-lo, ou mesmo esgarçá-lo, na medida em que Israel representava um ativo militar, no Oriente Médio, e um sério fator de política interna, devido ao fato, *inter alia*, de que a comunidade judaica nos Estados Unidos, além de constituir poderosa força eleitoral, controlava grande parte do seu sistema econômico e financeiro, e mesmo administrativo. Embora os 6 milhões de judeus, nos anos 1970, representassem apenas 3% da população dos Estados Unidos, sua influência qualitativa era enormemente dramática. Segundo o diplomata americano David Nes, com a possível exceção do Senador Edward Kennedy, nenhum outro político do Partido Democrata recebia, àquele tempo, menos de 50% da comunidade judaica para o financiamento de suas campanhas[8]. Porém, posteriormente, a comunidade judaica, cuja contribuição para o Partido Democrata, na campanha de 1970, alcançara a cifra de US$ 64 milhões[9], percebeu que a causa sionista seria melhor servida pelo Partido Republicano. De um modo ou de outro, os Estados Unidos e Israel afiguravam-se como duas faces da mesma moeda, o que levou o presidente do Egito, Anwar Sadat, a dizer "que o modo pelo qual os políticos americanos competiam para agradar a Israel afigurava-se cômico, talvez trágico"[10].

O anti-americanismo tornou-se assim decisivo fator político no Oriente Médio e até países como Egito, Arábia Saudita e Oman receavam provocar a população muçulmana, estabelecendo abertamente vínculos mais estreitos com os Estados Unidos. E, da mesma forma que no Irã com a revolução xiita, o anti-americanismo manifestou-se na Líbia, onde em 1° de setembro de 1969 o coronel Mu'ammar al-Qadhafi derrubara o rei Muhammad "Idris I" al-Saousi e pretendia organizar o que chamou de *Jamhiriyat* (estado de massas), uma espécie de democracia direta, baseada no poder do povo, "sem substituto nem representação"[11], pois considerava o partido político a "máquina de governar da ditadura contemporânea"[12]. "A sociedade governada por um partido único é, sob todos os aspectos, semelhante à governada por uma só tribo ou uma só seita, porque o partido, como já foi dito, é a expressão das concepções, dos interesses, das ideologias e das origens de um só grupo da sociedade", al-Qadhafi proclamou no *Livro Verde*[13]. Al-Qadhafi, que tomara por modelo o coronel Gamal Abdel Nasser (1918-1970), não era nem fundamentalista islâmico nem comunista. Considerava o marxismo e o capitalismo como "duas faces da mesma moeda"[14] e fundiu o socialismo com o islamismo no que chamou de Terceira Teoria Universal. A nacionalização das companhias de petróleo e dos bancos, promovida por ele, a partir de 1970, bem como o respaldo financeiro dado aos diversos movimentos de insurgência e organizações terroristas, em várias partes do mundo, levaram, porém, a Líbia a confrontar-se com os interesses dos Estados Unidos, que passaram a hostilizá-la.

Poucos meses depois de assumir o governo dos Estados Unidos, Reagan, em 6 de maio de 1981, fechou a missão da Líbia em Washington e expulsou seus diplomatas, com base em informes do serviço de inteligência, segundo os quais al-Qadhafi tinha planos para assassinar diplomatas americanos em Roma e Paris. Seu secretário de Estado, o general Alexander Haig, imaginava que al-Qadhafi estava armando uma "*international conspiracy de leftists cutthroats*", com armas e explosivos da União Soviética, e estava a ameaçar o Chad e o Sudão com seu poderio militar[15]. Algum tempo depois, Reagan ordenou que os jatos da Marinha americana, como provocação, transpusessem a *line of death* (criada por al-Qadhafi para demarcar as águas territoriais da Líbia estendidas a mais de 100 milhas)[16] e dois aviões SU-22, da Força Aérea da Líbia, foram derrubados sobre o Golfo de Sirte, a 60 milhas da costa. Quase à mesma época, com o provável apoio da CIA e do serviço de inteligência da França, ocorreu e fracassou a terceira tentativa de derrubar al-Qadhafi do poder. Mas em 6 de outubro, durante um desfile militar, um militar egípcio fundamentalista, membro do grupo *Jamat al-Jihad*,[17] metralhou Muhammad Anwar al-Sadat[18], o primeiro governante árabe a fazer a paz com Israel, com o qual firmara os acordos de Camp David, em 1978, e oferecera aos Estados Unidos completo acesso às bases militares em Ras Banas, Qena e Cairo Ocidental.[19] Sadat sentia mais medo dos fundamentalistas que dos comunistas.

O terrorismo até então apresentava-se como um fenômeno nacional, gerado pelas condições internas de cada país. Nos Estados Unidos, em 1969, uma dissidência do movimento *Students for a Democratic Society* (SDS) formou a *Weather Underground Organization*, com radicais da esquerda, que cometeram atentados contra o Capitol, o Pentágono, edifícios de polícia e prisão bem como outros alvos. Entre 1974 e 1977, 49 atentados a bomba foram atribuídos às Fuerzas Armadas de Liberación Nacional (FALN), de Puerto Rico, onde atuava também o Ejército Popular Boricua, os *Macheteros*, que promoveram vários atentados e assaltos, tanto na ilha como no território continental dos Estados Unidos. E os mais graves atos de terrorismo contra norte-americanos ocorreram dentro do próprio território dos Estados Unidos. Em dezembro de 1975, uma bomba explodira no aeroporto de La Guardia (Nova York), matando 11 pessoas e ferindo 58. Raros foram os ataques na Europa e no Oriente Médio. E, em 16 de maio de 1981, uma bomba explodiu no sanitário do terminal da Pan Am, no Aeroporto John F. Kennedy, atentado este atribuído às FALN, de Puerto Rico.

Além da captura dos funcionários na Embaixada Americana, em Teerã (1979), e de peregrinos estrangeiros que visitavam a grande mesquita, em Meca, onde cerca de 250 pessoas morreram e 600 ficaram feridas, durante a operação de resgate pelas forças da França e da Arábia Saudita, também em 1979, houve dois atentados, na Alemanha, onde a organização terrorista Rot-Armée Fraktion (Fração do Exército Vermelho), explodiu em 1981 uma bomba no estacionamento de carros da U.S. Air Force, na base de Ramstein, ferindo vinte pessoas, e também disparou, sem sucesso, um foguete contra o automóvel do general Fred Kroesen, comandante do exército americano, naquele país. Pouco tempo depois, o general Alexander Haig, secretário de Estado, acusou a União Soviética de patrocinar o "terrorismo internacional" e anunciou que o combate a essas atividades substituiria, na agenda dos Estados Unidos, a promoção e defesa dos direitos humanos, priorizada na gestão de Carter. E, em 10 de abril de 1982, Reagan firmou a National Security Decision — Directive Nº 30, criando grupos de trabalho para coordenar e supervisionar o combate ao terrorismo[20].

A CIA, entretanto, elaborou um relatório, evidenciando que Alexander Haig havia exagerado o papel da União Soviética, que desaprovava o terrorismo, desencorajava o assassinato de inocentes pelos grupos que ela treinava, e não apoiava nem auxiliava terroristas *free-lance*.[21] O relatório ressaltava que a União Soviética diferenciava as organizações que lutavam pela libertação nacional dos grupos envolvidos em puro e simples terrorismo, como o de Abu Nidal, Brigate Rosse e RAF. Mas William Casey, diretor da CIA, não se satisfez e a Defense Intelligence Agency (DIA) lhe enviou outra estimativa, sobre o qual se elaborou outro texto de conciliação, aceito pelas duas agências, sobre "*The Soviet Role in Revoluctionary Violence*", reconhecendo que a União Soviética estava profundamente engajada em apoiar a "*revolutionary violence*" em todo o mundo, com o objetivo de enfraquecer "*friendly societies, destabilize hostile regimes, and advance Soviet interests*", e lhe era indiferente se as táticas usadas eram terroristas ou não.[22]

O combate ao terrorismo, todavia, não se relacionava apenas com possíveis ataques a cidadãos ou instalações militares dos Estados Unidos na Europa. O que estava no centro de suas preocupações era a ameaça às fontes de petróleo no Oriente Médio. E daí por que o governo norte-americano acusou alguns Estados daquela região de patrocinar o terrorismo (*state-sponsored terrorism*) e relegou para um segundo plano as organizações que promoviam os atentados. Em 3 de abril de 1984, Reagan assinou outra National Security Decision, a Directive 138 — Preemptive Strikes Against Suspected Terrorists, na qual se mostrou disposto a aplicar sanções, inclusive militares, contra os Estados que supostamente apoiavam ou exportavam o terrorismo, conforme indicou o extrato de um documento elaborado pelo Conselho de Segurança Nacional, com algumas de suas provisões: "*States that practice terrorism and actively support it will not be allowed to do so without consequence*". Nessa ordem secreta (nunca totalmente desclassificada), promulgada após o seqüestro de William Buckley, chefe da estação da CIA em Beirute (16 de março de 1984), Reagan acentuou que os Estados Unidos "*will resist the use of terrorism by all legal means available*" e que os "*state-sponsored terrorist activity or directed threats of such action are considered to be hostile acts*"[23]. E, ao que tudo indica, autorizou (em partes ainda não desclassificadas) a CIA e o FBI a realizarem, preventivamente ou como retaliação, *covert actions* e outras operações militares especiais, do tipo guerrilha, para combater "*hostile*" guerrilhas, matando guerrilheiros, e a promover sabotagens e ataques aéreos contra os *state-sponsor* do terrorismo, identificados como Irã, Líbia Síria, Cuba, Coréia do Norte, bem como a Nicarágua e a União Soviética. Em outras palavras, Reagan autorizou a CIA e o FBI a praticarem o terrorismo, não mais permitido desde que o Select Committee, instituído no Senado americano, sob a presidência do senador Frank Church, revelara, em 1975/1976, que a CIA, a partir de 1970, não apenas começara a organizar o golpe de Estado no Chile, contra o presidente Salvador Allende e assassinara o comandante do Exército, o general René Schneider, que defendia o respeito à Constituição[24], como participara, nos anos 1960, dos assassinatos de Leónidas Trujillo (República Dominicana), Patrice Lumumba (Congo), general Ngo Dinh Diem e de seu irmão (Vietnã do Sul), bem como de pelo menos oito complôs para matar Fidel Castro, entre 1960 e 1965[25].

A CIA tinha, efetivamente, enorme *know-how* em terrorismo, definido pelo próprio FBI como

> *"the unlawful use of force or violence committed by a group or individual, who has some connection to a foreign power or whose activities transcend national boundaries, against persons or property to intimidate or coerce a government, the civilian population, or any segment thereof, in furtherance of political or social objectives".*

Esta definição, conquanto procurasse descrever apenas atos de terror dirigidos contra os Estados Unidos, caracterizava exatamente os próprios atos de terror praticados pela CIA, uma agência do Estado americano, que possuía vasta experiência em "*extrajudicial execution*" e operações de "*targeted killing*", ou seja, em assassinatos, atentados à bomba, sabotagem, guerra química e biológica, tortura, etc, praticados na Ásia, África e América Latina, especialmente contra Cuba, durante os anos 60 e 70. E, conforme Arno Mayer, professor *emeritus* da University Princeton, ressaltou, os Estados Unidos, desde 1947, tornaram-se "*chief and pioneering perpetrator of preemptive state terror*", exclusivamente no Terceiro Mundo, e por isso mesmo ocultado, promovendo a subversão e a derrubada de governantes, assassinatos políticos, esquadrões da morte e terroristas, impropriamente chamados de *freedom fighters*, em síntese, praticando "*rogue actions*", que agravaram as condições econômicas e políticas de diversos países, juntamente com inescrupulosos bloqueios, embargos, intervenções militares, ataques aéreos (mísseis) punitivos, e raptos, sempre em nome da democracia, liberdade e justiça[26].

Para Reagan, no entanto, não bastava apenas autorizar a CIA e o FBI a retomar as práticas terroristas, como "*extrajudicial executions*" e "*targeted killing*"[27], como suporte à política exterior dos Estados Unidos e/ou com o objetivo de sufocar as tentativas de insurgência nos mais diversos países do Terceiro Mundo. Além de reanimar a corrida armamentista com a União Soviética, ele ampliou a dimensão da ameaça terrorista, vinculando-a, em parte, ao tráfico de drogas, às guerrilhas e aos governos de esquerda, especialmente em Cuba e na Nicarágua. Essa conjunção possibilitou que o aparelho de segurança nacional dos Estados Unidos (Pentágono, CIA, DEA[28], os serviços de inteligência militar e o Conselho de Segurança Nacional), deslocando o foco da Guerra Fria para a guerra contra as drogas e o terrorismo, racionalizasse a manutenção dos enormes gastos militares, e permitiu que a administração de Reagan, na década de 1980, promovesse um aumento nas despesas militares, sem precedente em tempos de paz, apesar de que a Guerra Fria se desvanecesse. Essas despesas e os programas internacionais saltaram de US$ 146,7 bilhões, em 1980, para US$ 293,6 bilhões em 1987 (dólar corrente), o que significou que, em termos reais, o orçamento militar da administração de

Reagan, para 1987, representou mais do que os Estados Unidos tinham previamente gasto em qualquer ano, mesmo quando intensificaram a guerra no Vietnã[29]. No ano fiscal 1989, as despesas militares ascenderam a US$ 376 bilhões, o que representou um incremento de 25% sobre os gastos nos anos de paz, da ordem US$ 275 bilhões aproximadamente, ao longo da Guerra da Fria[30]. E durante a presidência de Reagan a dívida nacional dos Estados triplicou para US$ 3 trilhões, ao mesmo tempo em que aumentaram as diferenças entre as classes sociais.[31]

A fim de justificar o gasto de bilhões de dólares com a fabricação de armas nucleares, mísseis Minuteman, aviões F16, F111, A10 e U2 (de espionagem) e outros armamentos o governo de Reagan deslocou o alvo das organizações, consideradas responsáveis diretas pelos atentados, para os Estados, que supostamente ou não apoiavam o terrorismo. Em 1984, o secretário de Estado, George Shultz, declarou que os Estados que apoiavam ou patrocinavam as ações terroristas estavam a cooptar e manejar esse fenômeno em função de seus próprios objetivos estratégicos, usando para "*to shake the West's self-confidence and sap its will to resist aggression and intimidation*". E assim emergiram os novos inimigos, apresentados como *rogue states* (estados irresponsáveis), tais como a Líbia e o Irã.

Alguns atentados foram instigados pelos próprios serviços de inteligência, como a CIA e o Mossad, com vários objetivos políticos, inclusive de propaganda. Sempre houve enorme promiscuidade entre a comunidade de inteligência, terroristas e traficantes de droga e de armas. Anthony Pearson, diretor da companhia Strategic Intelligence Services, sediada em Londres, adquiria para o Mossad informações sobre as organizações palestinas, através do Coronel jordaniano Muhammad Radi Abdullah, que adquiria armas da Iugoslávia, através da Dynavest Limited e de outro traficante na Inglaterra, e as vendia para a organização de Abu Nidal e outros grupos terroristas. E, assim, ele obtinha informação sobre onde seriam usadas e a repassava para o Mossad. O agente do Mossad, Ari Ben-Menasche, revelou em suas memórias que a captura do navio-cruzeiro *Achille Lauro*, com quatrocentos turistas a bordo, por Muhammad Abbas[32] e outros militantes da Frente de Libertação da Palestina, uma facção da OLP, em 7 de outubro de 1985, constituiu, em realidade, uma "*black operation*" de Israel, para incompatibilizar os que demandavam a libertação de cinqüenta palestinos mantidos prisioneiros em Israel, em troca dos reféns, e terminaram por matar um judeu americano, de 69 anos, Leon Klinghoffer. Segundo Ben-Menasche,

> *"(...) the slush fund helped finance the intelligence comunity's "black" operations around the world. These included funding Israeli-controlled "Palestinian terrorists" who would commit crimes in name of the Palestinian revolution but were actually pulling them off, usually unwittingly, as part of the Israeli propaganda maschine".*[33]

Pouco tempo depois da captura do *Achille Lauro*, ocorreram ataques terroristas contra os escritórios da companhia aérea israelense El Al, em Roma e Viena (dezembro de 1985) e a explosão de uma bomba na discoteca La Belle, em Berlim Ocidental (05/04/1986), matando três pessoas, entre as quais dois soldados americanos, e ferindo mais de duzentas. Esses atentados serviram como pretexto para que os Estados Unidos responsabilizassem a Líbia e retaliassem, com o bombardeio de Trípoli e Benghazi (14/4/1986), que resultou na morte de mais de 15 pessoas, inclusive da filha menor de Mu'ammar al-Qadhafi. Fosse a Líbia culpada ou não, os Estados Unidos já se haviam preparado para atacá-la. Cerca de cem aviões F111 e mísseis de três porta-aviões da Força Tarefa da Sexta Frota foram estacionados no Gulf of Sidra *Operation El Dorado Canyon*[34]. Porém, não obstante a reação de Reagan, atacando a Líbia, os atentados não diminuíram, antes recresceram, e alcançaram o ápice entre 1985 e 1988, quando a média anual foi de 630, atingindo, sobretudo, cidadãos norte-americanos, no exterior[35]. Somente em 1987, houve 665 atentados[36]. E, nesse mesmo ano, dois mísseis Exocet, disparados acidentalmente (segundo se supôs) pelo Iraque, que era aliado dos Estados Unidos, atingiram a fragata *USS Stark* e mataram 37 pessoas, o que colocou Washington em situação difícil, ao ter de proteger seus interesses na região não apenas contra os inimigos, mas também contra os supostos aliados. Os atentados, porém, não se restringiram aos países do Oriente Médio. Em 1988 um Boeing 747, da PanAm, explodiu sobre Lockerbie, na Escócia, ao voar de Londres para Nova York, matando 259 passageiros e 11 pessoas no solo. Tudo indicou que esse atentado, atribuído ao agente do serviço de inteligência da Líbia, Abdul Basset al-Megrahi, constitui uma retaliação, por causa do bombardeio efetuado pela Força Aérea americana contra Trípoli e Benghazi. E outro atentado ainda ocorreu, 1989, com a explosão sobre a Nigéria de um aparelho da companhia aérea francesa UTA, incidente em que morreram 171 pessoas, inclusive seis americanos[37]. O número de atentados terroristas, que atingira o ápice entre 1986 e 1987, declinou, sensivelmente, após a administração de Reagan.

O panorama internacional, marcado pelo conflito Leste-Oeste, estava, entretanto, a passar pela mais profunda transformação, desde o fim da Segunda Guerra Mundial. Os regimes comunistas na Hungria, Tchechoslovakia, Bulgária e Romênia, após mais de meio século de vigência, desmoronaram, sucessivamente, em poucos meses de 1989. Os Estados do Mar Báltico (Lituânia, Letônia e Estônia), que integravam a União Soviética, declararam sua independência. A derrubada do Muro de Berlim, naquele mesmo ano, possibilitou a reunificação da Alemanha, em 1990. E em 1991 ocorreu o esbarrondamento da União Soviética, ao mesmo tempo em que a Iugoslávia se desintegrava[38], com a deflagração de uma guerra de secessão pelas minorias étnicas da Eslovênia e da Croácia, que se constituíram como Estados estrangeiros, logo reconhecidos pelo governo da Alemanha. Em outubro de 1992 a Bósnia-Herzegovina (63% islâmicos, 35% sérvios ortodoxos e 18% croatas católicos) também proclamou a independência, mas a Sérvia e o Montenegro optaram em plebiscito pela manutenção da federação, criando uma pequena Iugoslávia, sob a liderança de Slobodan Milosevic, presidente do Partido Socialista da Sérvia (antiga Liga Comunista), e intensificaram a guerra nos Bálcãs[39]. A Macedônia separou-se pacificamente e formou uma nova república. O que mais preocupava Bush e o Secretário de Estado, James Baker, era, no entanto, a ameaça de secessão das antigas partes da Rússia[40].

Incidentes terroristas internacionais

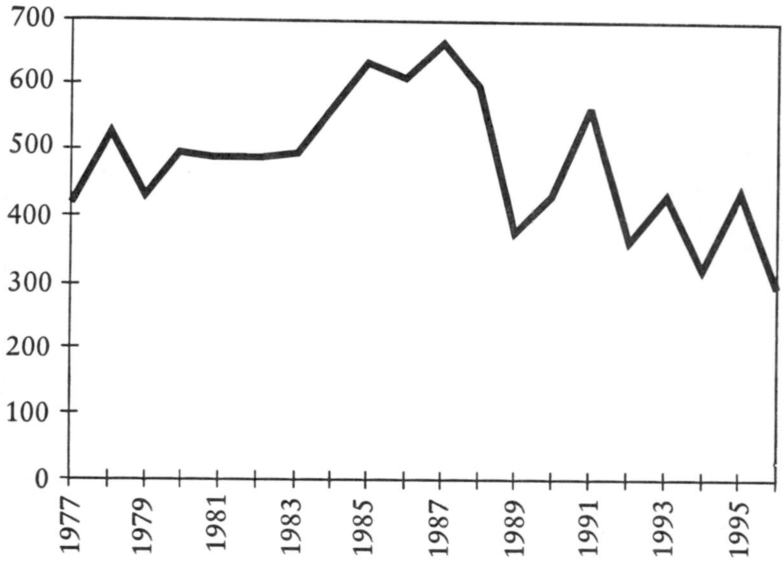

Departamento de Estado Americano © 2001 por Wm. Robert Johnson

O desmoronamento da União Soviética, contudo, não assinalou o "fim da história", como pretendeu o politólogo americano Francis Fukuyama, mas o fim de uma era, inaugurada com a Primeira Guerra Mundial (1914-1918) e a Revolução Bolchevique, na Rússia (1917). Não devia surpreender. De certo modo, era previsível que o esbarrondamento da União Soviética, como modelo da teoria stalinista do "socialismo em um só país", viesse a ocorrer, mais cedo ou mais tarde. Por volta de 1935, ao mostrar a inviabilidade da construção do "socialismo em um só país", Trotsky observara que o ponto fraco da economia na União Soviética, além do seu retardamento, herdado do passado, consistia no seu isolamento, uma vez que ela não podia aproveitar os recursos da economia mundial, nem de acordo com os princípios socialistas, nem mesmo de acordo com os princípios capitalistas, sob a forma de crédito internacional normal, do financiamento, cuja importância era decisiva para os países atrasados[41]. As crises agudas da economia soviética, Trotsky ponderou, lembravam que as forças produtivas, criadas pelo capitalismo, não podiam adaptar-se à moldura nacional e só podiam ser coordenadas e harmonizadas, de forma socialista, em um plano internacional. Essas crises, segundo ele, representavam "alguma coisa de infinitamente mais grave que as moléstias infantis ou de crescimento": elas constituíam "severas advertências" do mercado internacional, ao qual a União Soviética estava subordinada e ligada e do qual não podia separar-se[42]. Conforme a previsão de Trotsky, se uma revolução política não houvesse e a democracia não fosse estabelecida na União Soviética, com plena liberdade dos sindicatos e dos partidos políticos, tornar-se-ia ali inevitável a restauração da propriedade privada dos meios de produção e a nova classe possuidora, para as quais as condições estavam criadas, encontraria seus servidores entre os burocratas, técnicos e dirigentes, em geral, do Partido Comunista[43].

Não obstante os imensos danos que lhe causara, a Segunda Grande Guerra aliviara, em certa medida, as dificuldades da União Soviética, ao possibilitar que ela incorporasse ao seu espaço econômico os países do Leste Europeu e se impusesse como potência política e militar, à frente do chamado Bloco Socialista, começando a transformar-se em uma sociedade de consumo[44]. O objetivo de Stalin não consistiu então em expandir o socialismo, mas o domínio da União Soviética sobre a Polônia e dos Bálcãs, a fim de que pudesse construir um sistema de defesa e segurança, a partir do restabelecimento das fronteiras e das posições estratégicas, conquistadas mediante o pacto com Hitler de 1939. O que o orientou, acima de quaisquer considerações revolucionárias e internacionalistas, foi o próprio interesse nacional da Grã-Rússia, que a União Soviética estava a representar. Sem considerar que o proletariado alemão sofrera, igualmente, as terríveis conseqüências da guerra, a União Soviética manifestou apenas seu imenso egoísmo nacional, com a voracidade maior do que dos Estados Unidos ou da Grã-Bretanha. O Exército Vermelho, o primeiro a entrar em Berlim, empreendera, rapidamente, a pilhagem do seu parque industrial. Em 12 de julho de 1945, quando as tropas dos Estados Unidos e da Grã-Bretanha lá chegaram, o Exército Vermelho já havia removido pelo menos 50% da maquinaria pesada das fábricas existentes em Berlim[45]. Da fábrica Allgemeine Elektrizitätsgesellschaft e da Henningsdorf, que empregava 8.500 trabalhadores, removera para a União Soviética cerca de 98% da maquinaria em operação. E não apenas saqueara a Rheinmetall-Borsie, a fábrica de radares e outras, como havia retirado cerca de quatrocentas máquinas, além de máquinas de escrever, aparelhos de telefone, etc., da fábrica de motores de avião Daimler-Benz[46]. Somente em dois meses após o término da guerra, ou seja, entre maio e junho de 1945, cerca de 460 empresas de Berlim foram desmontadas e transferidas para a União Soviética[47]. E, durante a Conferência de Potsdam, Stalin ocupou grande parte das negociações com Churchill e Truman, com a exigência de reparações, também das zonas ocidentais.

A União Soviética, em 1949, criou, o Conselho para a Ajuda Econômica Mútua (CAEM), conhecido como COMECON, juntamente com a Tchecoslováquia, Hungria, Polônia, Romênia e Bulgária, que também incorporou a República Democrática Alemã (Alemanha Oriental), a partir de 1950, e, posteriormente, Mongólia, Vietnã e Cuba[48]. Estes países instituíram seu próprio sistema monetário e o comércio foi submetido a acordos de longo prazo, de conformidade com os planos qüinqüenais. A tentativa de implantar o socialismo, com a estatização dos meios de produção e a planificação da economia, em países industrialmente atrasados ou onde riqueza não havia para distribuir, estava, porém, destinada ao fracasso, em virtude de suas contradições internas e externas. A burocratização do sistema produtivo e a equalização social empeciam a acumulação de capital necessário ao esforço de desenvolvimento econômico. E, apesar de constituírem o COMECON, os países do chamado Bloco Socialista nunca se libertaram do mercado mundial, que funcionava segundo as leis do capitalismo. O acoplamento dos países do Leste europeu à sua economia permitiu que União Soviética, nos anos 1960, alcançasse certo nível de crescimento. Mas devido à sua inserção no mercado mundial, era inevitável que abalo sofrido pelo Ocidente, na primeira metade dos anos 1970, afetasse mais ainda a União Soviética e os países do chamado Bloco Socialista, como conseqüência da alta de preços das matérias-primas, sobretudo o petróleo. Na medida em que passara a importar do Ocidente, a custos cada vez mais elevados, a União Soviética não mais pôde manter os subsídios às suas exportações, dentro do COMECON. E em 1974 começou a orientar-se no sentido de implementar certos ajustes nas relações comerciais com os países do próprio Bloco Socialista[49].

A crise econômica e financeira da União Soviética, cujos gastos com defesa ultrapassavam mais de 14-16% do Produto Nacional Bruto[50], deteriorou-se mais e mais, devido aos custos da guerra no Afeganistão, e seus recursos já não permitiam que ela sustentasse a competição armamentista com os Estados Unidos, sobretudo quando Reagan anunciava sua pretensão de construir o sistema da Strategic Defense Initiative (SDI), celebrizado como Guerra nas Estrelas. Os Estados Unidos também estavam com dificuldades na consecução de tal projeto, sem abalar ainda mais sua economia, cujo déficit orçamentário, no Ano Fiscal 1985-1986, alcançara a soma de US$ 220 bilhões e o déficit comercial situara-se em torno de US$ 170 bilhões, aumentando sua dívida externa para US$ 263 bilhões. Porém, ao contrário da União Soviética, os Estados Unidos não apenas possuíam uma economia muito maior e mais dinâmica como podiam recorrer ao mercado mundial de capitais, tanto que o Federal Reserve Board, a partir de 1979 e, principalmente, depois de 1981, implementou brutal elevação dos juros, permitindo aos Estados Unidos atrair capitais e captar outras poupanças do exterior, que contribuíram para financiar seu programa de armamentos, sem maiores pressões inflacionárias e sem prejuízo para o consumo interno de bens e serviços, embora agravando o pagamento das obrigações financeiras pelos países do Terceiro Mundo. A União Soviética, sem contar com as mesmas vantagens, defrontou-se com uma situação muito mais difícil. Se bem que não haja dados mais exatos, há indicações de que seu déficit orçamentário estava a atingir uma soma equivalente a 7,2% (20%, segundo outras fontes soviéticas) do PNB, enquanto o dos Estados Unidos não ultrapassava 3%[51]. E o déficit comercial acumulado elevara a US$ 40 bilhões sua dívida externa[52], que, conquanto inferior à dos Estados Unidos, representava para a União Soviética encargo muito maior, porquanto nem o rublo nem as demais moedas do Bloco Socialista eram conversíveis e o atraso tecnológico (fora do setor militar) bem como a conseqüente falta de competitividade limitavam-lhe a capacidade de exportação de manufaturados para o Ocidente, sem que ela dispusesse de outras fontes de divisas. Esses fatores, *inter alia*, provocaram o declínio de seu ritmo anual de crescimento, da ordem de 6,5% entre 1961 e 1965, para somente 2%, no período de 1976 a 1985[53].

Mikhail Sergeyevich Gorbachev, que assumira o governo da União Soviética em 1985, começou então a introduzir profundas reformas econômicas e políticas, a fim de melhorar os padrões de consumo e de conforto de sua população, bem como evitar seu desmembramento, instaurando certo nível de democracia. Ele, ao concluir que uma parcial introdução da economia de mercado poderia facilitar a modernização da indústria, na União Soviética, tomou por modelo a Nova Economia Política (NEP), implantada por Lenin, em 1922, após a guerra civil, encerrando a política do comunismo militar, vigente desde que os bolcheviques se assenhorearam do poder, em 1917. E impulsionou a *glasnost* (transparência), mediante a liberalização política do regime, e a *perestroika* (reestruturação), que consistia na reabilitação do mercado, com uma reforma monetária, de modo que o rublo se tornasse moeda conversível, e no reconhecimento de várias formas de propriedade como fundamento da eficiência econômica[54]. Valentin Falin, chefe do Departamento Internacional do Comitê Central do Partido Comunista da União Soviética (PCUS) e um dos assessores de Gorbachev, havia compreendido que "não havia responsabilidade onde o monopólio do Estado operava" e que não existia alternativa para a *perestroika*[55]. O êxito dessas reformas — a *glasnost* e a *perestroika* — dependiam, entretanto, do relaxamento das tensões internacionais, mediante entendimento com os Estados Unidos, o que Gorbachev tratou de estabelecer, em 1987, com o propósito de chegar a acordos sobre desarmamento e controle de armas, reduzir os gastos militares da União Soviética, estimados em 70 bilhões de rublos, ou seja, em 15% do seu PNB[56]. Com essa perspectiva, o Pacto de Varsóvia, ao rever, em 1987, sua doutrina militar, mudou da estratégia de "defesa ofensiva" para a "defesa defensiva"[57]. E Gorbachev revogou a Doutrina Brejnev, abdicando da pretensão de intervir nos outros Estados do Bloco Socialista que eventualmente se afastassem daquele modelo de socialismo até então imposto. Assim, não somente os liberou como também os induziu a abrirem e a reajustarem suas estruturas econômicas e políticas, na medida em que se dispunha a eliminar todos os subsídios, que, entre 1980 e 1988, alcançaram o montante de 37 bilhões de rublos (5% do PNB), concedidos pela União Soviética[58].

Os dirigentes da China, já nos anos 1970, haviam percebido que não podiam manter o mesmo modelo de socialismo, implantado por Stalin na União Soviética, a partir de 1927, quando acabara com a NEP. E, dois anos após a morte de Mao Zedong (1976), Deng Xiaoping[59] começou a empreender reformas econômicas, autorizando os chineses a realizar empreendimentos comerciais, privados, e abrindo o país aos investimentos estrangeiros. O Estado deixou de ser o único dono dos meios de produção. E Deng Xiaoping, visando a revitalizar a economia a partir das zonas rurais, instituiu o estabelecimento de contratos de produção com agricultores individuais e o desenvolvimento de empresas rurais, do mesmo modo que, no setor urbano, concedeu autonomia de gestão às empresas estatais e promoveu a descentralização regional, investimentos e desregulamentação dos preços. Esse modelo de "economia socialista de mercado", implementado por Deng Xiaoping, inspirou-se nas diretrizes da NEP, implementada por Lenin, não como tática, e sim como estratégia de desenvolvimento das forças produtivas, por meio do capitalismo de Estado, i.e., por meio do capitalismo privado, sob o controle do Estado, e não por meio da estatização das empresas, como Stalin ulteriormente pretendeu organizar o socialismo, em uma União Soviética atrasada e isolada, dentro de uma economia mundial de mercado. Jiang Zemin e Li Peng, sucedendo a Deng Xiaoping, impulsionaram a reorganização institucional no governo e no Partido Comunista da China, e empreenderam a reforma do sistema financeiro, reforma fiscal, e estabeleceram o regime empresarial. Tais reformas possibilitaram o extraordinário crescimento econômico[60], cuja taxa subira de 4,5%, na década de 1960-1970, para 5,8%, entre 1970 e 1980, e saltara para 8,5%, na década de 1980-1990, enquanto a taxa de crescimento dos Estados Unidos declinava de 3,8%, na década de 1960-1970, para 2,7%, entre 1970 e 1980, e 2,8%, na década de 1980-1990, baixando para 0,7%, em 1991, ano em que a própria União Soviética se desintegrou, após a dissolução do Bloco Socialista. A China, em termos estratégicos, tornou-se para os Estados

Unidos, o mais importante país do mundo, no último quartel do século XX, e começou a receber enorme influxo de homens de negócios das potências capitalistas do Ocidente.

Notas

1. "America's Spiritual Reawakening", Remarks to the Annual Convention of the National Association of Evangelicals, Orlando (Flórida), 8 March, 1983, in Reagan, 1988, pp. 49-57. Reagan usou pela primeira vez a expressão, "evil empire", em 8 de junho de 1982, ao falar na House of Commons, na Inglaterra.
2. Johnson, 2002, p. 771.
3. Ledeen, 1988, p. 6.
4. Kissinger, 1982, pp. 669 e 674.
5. Gerson & Birchard (eds.), 1991, pp. 275-277.
6. Id., ibid., p. 295.
7. Trubowitz, 1998, p. 225.
8. Arakie, 1973, pp. 166-167.
9. Id., ibid., p. 167.
10. Id., ibid., p. 166.
11. al-Qadhafi, s.d., p. 24.
12. Id., ibid., p. 12.
13. Id., ibid., p. 16.
14. Socialist People's Libyan Arab Jamahiriya. Commentary on the Green Book. Tripoli: World Center for Researches and Studies of the Green Book, vol. 1, p. 15.
15. Haig, 1984, p. 31.
16. O Brasil, em 1970/71, estendeu o mar territorial a 200 milhas. Os Estados Unidos e outras nações somente reconheciam 12 milhas.
17. Esse grupo formou-se no Egito, em 1978, sob a liderança de Abdal al'Salem Faraj. Para seus seguidores o sangue e o sacrifício dos mártires eventualmente poderiam restaurar a pureza da fé, mediante a eliminação de todos os corruptos, fossem muçulmanos ou considerados infiéis. Wheatcroft, 2003, pp. 319-321.
18. Anwar Saddat, que sucedeu a Nasser no governo do Egito, viajara a Jerusalém, em 1977, com propostas de paz e o Presidente Jimmy Carter intermediou os acordos de Camp David, celebrados em 1978, o que levou vários países muçulmanos, que não aceitavam o reconhecimento de Israel, a romper relações diplomáticas com o

Egito. O atentado contra Saddat resultou na morte de mais sete pessoas, que o acompanhavam, e deixou 28 feridos.

19. Os Estados Unidos, segundo se informou, estabeleceram no Egito uma base secreta, com pessoal da Força Aérea e milhões em suprimentos militares que podiam ser usados pelos aviões de reconhecimento AWAC (Airbone Warning and Control), e apoiar esquadrões de caça, em certas contingências.
20. National Security Decision — Directive Number 30 — Managing Terrorist Incidents, a) Ronald Reagan — Federation of American Scientists — Intelligence Resource Program — http://www.fas.org/irp/threat/terror.htm.
21. Gates, 1997, p. 204.
22. Id., ibid., p. 205.
23. Extract of NSDD 138, April 1984. National Security Archive.
24. U.S. Senate — Alleged Assassination Plots Involving Foreign Leaders, pp. 225 a 254.
25. Em 1975, Castro entregou ao Senador George McGovern uma lista com 24 tentativas de assassiná-lo, nas quais a CIA esteve envolvida. A CIA negou envolvimento em quinze. Ibid., p. 71n.
26. Mayer, Arno — "Untimely Reflections", in *Theory & Event* — Volume 5, Issue 4, 2002.
27. *Targeted killing* é uma normativa internacional, que permite o propósito de atingir e matar um membro da cadeia de comando da força inimiga, em tempo de guerra.
28. Drug Enforcment Agency.
29. Gerlach, Jeffrey R. "Pentagon Myths and Global Realities: *The 1993 Military Budget*" — Policy Analysis Nº 171 — May 24, 1992 — Cato Institute.
30. Military Spending Working Group — Military Spending Situation Assessment http://www.fas.org/pub/gen/mswg/situatn.htm.
31. Bem-Menasche, 1992, pp. 120-121.
32. Abbas foi capturado pelas tropas americanas no Iraque, em 1º de abril de 2003. Morreu em 9 de março de 2004. A causa verdadeira não se soube. Suspeita-se de que morrera por maus-tratos e/ou fora assassinado na prisão.
33. Id., ibid., p. 120.
34. Três porta-aviões da Força Tarefa da Sexta Frota, com 225 aviões, já estavam estacionados ao largo da Líbia, para manobras, em março de 1986. Houve choques com navios da Líbia, contra os quais foram lançados cinco ataques no dia 26 de março.
35. Center for Data Analysis — The Heritage Foundation — http://www.heritage.org.
36. 1996 Patterns of Global Terrorism Report — Archive Site for State Department information prior to January 20, 2001. http://www.state.gov/www/global/terrorism/1996Report/1996index.html. Segundo The New York Times, 774 incidentes terroristas ocorreram em 1986 e aumentaram para 832, em 1987, um aumento de 6% devido principalmente ao incremento das explosões de bomba no Paquistão, atribuídas à polícia secreta do Afeganistão. Johnson, Julie — "Abduction Renews Hostage Policy Debate in U.S." — *The New York Times, 28.02.1989.*

37. Em março de 1999, a Corte de Justiça da França condenou agentes do governo da Líbia, inclusive cunhados de al-Qadhafi, acusados de terem promovido a explosão do avião UTA sobre a Nigéria. Quatro meses mais tarde, a Líbia pagou 211 milhões de francos franceses (US$ 33 milhões) à França como indenização para os parentes das vítimas, reconhecendo assim sua responsabilidade pelo atentado.
38. Antes de 1991, a Iugoslávia era constituída por seis repúblicas.
39. Com a desintegração da Iugoslávia, os sérvios nacionalistas pretenderam restaurar a chamada Grande Sérvia, formada pela Sérvia e Montenegro, parte da Croácia e quase toda a Bósnia. Porém, quando a Bósnia-Herzegóvina, em 1992, proclamou sua independência, os sérvios não aceitaram, e a guerra civil irrompeu entre as minorias étnicas.
40. Halberstam, 2001, p. 139.
41. Trotsky, 1936, p. 11.
42. Id. ibid., p. 12.
43. Id. Ibid, pp. 285, 286, 306, 324 e 325.
44. Kagarlitsky, 1993, p. 36.
45. *Jornal do Comércio*, Rio de Janeiro, 16/17.7.1945, p. 1.
46. Id., p. 1.
47. Dennis, 1988, p. 128.
48. A Albânia, que também entrara no COMECOM, abandonou-o, porém, ao entrar em atritos com a União Soviética.
49. McCauley, 1979, p. 185. Dennis, 1988, pp. 131-138.
50. Gates, 1997, pp. 318-319.
51. White et alter, 1990. p. 163.
52. Id., ibid., p. 181.
53. Id., ibid., p. 161.
54. Falin, 1999, p. 43
55. Id., ibid., pp. 60 e 84.
56. White et alter, 1990. p. 181.
57. Falin, 1999, pp. 146-155.
58. Id., ibid., p. 163. 6. Entrevista de Günter Schabowski, membro do Politburo do Socialistche Einheit Partei Deutschland (SED), ao Autor, Berlim, 25.1.1991.
59. Deng Xiaoping tentou implementar as reformas econômicas nos anos 1960. Porém, Mao Zedong entendeu que elas restauravam o capitalismo e os Guardas Vermelhos deflagraram a Revolução Cultural, na qual Deng Xiaoping submergiu e somente recuperou o cargo de vice-presidente do Partido Comunista da China em 1975, mas voltou a perdê-lo, após a morte de Zhou Enlai, em 1976. Após o falecimento de Mao, Deng Xiaoping ressurgiu e se consolidou no poder.
60. Na China, o setor privado passou a representar 39% do PIB, o setor público, 36%, sendo os 25% restantes creditados à produção das áreas rurais e às cooperativas.

Capítulo XXV

O TERRORISMO E O NARCOTRÁFICO COMO "NOVAS AMEAÇAS" • A *RATIONALE* PARA MANTER E AMPLIAR O ORÇAMENTO DE DEFESA • O MILITARISMO DOS ESTADOS UNIDOS • O "TERRORISMO INTERNACIONAL" NA RETÓRICA AMERICANA • O "PERIGO VERDE" COMO SUBSTITUTO DO "PERIGO VERMELHO" • O TERRORISMO NA HISTÓRIA, COMO MÉTODO DE INSURGÊNCIA • A CONDENAÇÃO DE MARX E ENGELS AO TERRORISMO

Não foi a União Soviética derrotada na Guerra Fria. O que ocorreu foi a implosão, o colapso de um sistema econômico e político, estatal, cuja inviabilidade se podia prever, com base na própria teoria de Marx e Engels, que jamais conceberam o socialismo como via de desenvolvimento ou modelo alternativo para o capitalismo, mas como processo de distribuição de riqueza, somente possível em condições de elevado nível de progresso das forças produtivas do próprio capitalismo[1], o que a Rússia não havia alcançado. No início dos anos 1950, o próprio Lavrenti P. Beria, chefe do MGB (Ministério para Segurança do Estado) e do NKVD (Comissariado do Povo para os Assuntos Internos), que controlavam os serviços de inteligência e a polícia secreta, dispunha de todas as informações sobre as dificuldades da União Soviética e induzira Stalin, de quem era íntimo colaborador, a voltar-se para o consumo e a aceitar a discussão sobre algumas reformas na agricultura, pois os soldados, ao retornarem da guerra, ficaram revoltados com seu *standard* de vida, quando o compararam com o que viram no Oeste da Europa[2]. A CIA, no fim da década de 1960, percebera que a União Soviética estava a enfrentar crônicas dificuldades econômicas, dificuldades estas que nos anos 1970 se entrançaram com problemas sociais, gerando o descontentamento popular, erosão ideológica, frustração material e agitação étnica[3]. Em agosto de 1979, a CIA avaliou que o "*Soviet consumer discontent is growing and will cause the regime of the 1980s serious economic and political problems*"[4]. Especialistas nos Estados Unidos calculavam que o orçamento militar da União Soviética, se continuasse a crescer, terminaria por consumir quase todo o seu Produto Interno Bruto[5]. Mesmo dentro do Comitê Central do Partido Comunista havia mal-estar, alimentado pela corrupção, violência criminal, privações econômicas e erosão da disciplina na sociedade, com a eclosão de pequenas greves, em meio de crescente criticismo das instituições e do regime vigente na União Soviética. Dentro do KGB havia forte sentimento de que algo tinha de ser feito e este fato foi percebido pela CIA, que previu que "*to embark on reform in any circunstances would be to court disaster*"[6]. Com efeito, a crise na União Soviética, conquanto engravescida pela conjuntura, era sistêmica, eventualmente terminal. E assim o *real existierender Sozialismus*, o socialismo real, como Erich Honecker conceituou o regime comunista nos países do Bloco Socialista, dissolveu-se, houve um *desmerengamiento*, na expressão de Fidel Castro.

A Rússia tornou-se a sucessora jurídica da União Soviética e conservou quase todo seu poderio militar. Mas, abalada ainda por uma profunda crise, emergiu dos escombros do Bloco Socialista sem motivação ideológica, econômica e politicamente fragilizada, sem meios de acompanhar o desenvolvimento tecnológico, e perdera o domínio não só sobre os Estados do Leste-Europeu como, também, sobre várias outras repúblicas, inclusive as do Báltico e da Ásia Central, que antes integravam a extinta União Soviética. De qualquer forma, com o fim da Guerra Fria, os Estados Unidos necessitavam de uma *rationale* para manter e expandir a vasta estrutura militar, que começaram a construir, desde 1947, mediante alianças com outros países, a pretexto de conter a União Soviética e o que se convencionou chamar de "comunismo internacional". Essa estrutura militar justificara enormes gastos com defesa, cabendo ao Pentágono, anualmente, cerca de 23% do orçamento do total dos Estados Unidos, ou seja, o montante de U$ 300 bilhões, em 1989, quando caiu o Muro de Berlim e o Bloco Socialista se desintegrou. Ao longo desse período — 1947-1989 — o Congresso destinou em torno de US$ 11,5 trilhões à sustentação da máquina de guerra americana, mais alguns bilhões à fabricação de armas nucleares, assistência militar a outros países, coleta de inteligência, preparação de defesa civil e pesquisa militar.

O militarismo, sob o aspecto meramente econômico, constituiu uma forma especial para a realização da mais-valia (*Mehrwert*), i.e., um campo de acumulação, e, conforme Rosa Luxemburg salientou, desempenhara importante função na expansão do capitalismo, ao permitir-lhe assimilar, através da política colonial e mundial, os meios de produção e a força de trabalho nos países não-capitalistas[7]. Os Estados Unidos, da mesma forma que a Alemanha nazista durante os anos 30, encontraram no militarismo, sobretudo com a Segunda Guerra Mundial, um meio de permitir ao Estado sustentar a prosperidade das empresas privadas e reduzir o número de desempregados, consignando-lhes a encomenda de armamentos e outros grandes projetos militares. O *military buildup*, que Ronald Reagan acelerou nos anos 80, criou milhares de novos postos de trabalho. Em meados da década, cerca de 7 milhões de trabalhadores estavam empregados, direta ou indiretamente, na indústria de defesa, dedicada à construção de mísseis, aviões de guerra e outros armamentos. A rivalidade com a União Soviética servira como pano de fundo da política americana no Oriente Médio e de justificativa para a exportação de enormes quantidades de armamentos[8], sob o pretexto de manter o mundo "*safe for democracy*", mas na verdade para defender um sistema de Estados-clientes contra qualquer resistência popular aos interesses das grandes corporações americanas.

Uma vez terminada a Guerra Fria, tais gastos poderiam ser naturalmente reduzidos à metade, ao longo de cinco anos, segundo declarou Robert McNamara, antigo secretário de Defesa dos Estados Unidos, nos governo de Kennedy e Johnson, perante o Budget Committee Senate, em 1989. Entretanto, a fim de não perder tão vultosos recursos, o Pentágono, à frente do complexo industrial-militar, tratou de identificar novas ameaças, e buscar pretexto para intervenção armada, porquanto já não mais havia outro Estado ou bloco de Estados com capacidade de desafiar os Estados Unidos e pôr em risco seu sistema econômico, social e político[9]. O senador Al Gore (Democrata-Tennessee) introduziu na agenda a questão do meio ambiente global, como ameaça à segurança nacional dos Estados Unidos, e propôs uma equivalência ambiental para a Strategic Defense Initiative, a Strategic Environment Initiative. "(...) *We also know that just as the world has been living with the possibility of made-man disaster in the form of nuclear war, so it now lives with gowing threat of made-man disaster in the form of catastrophic environment failure*", disse Al Gore, em 1989, perante a National Academy of Sciences[10].

O "narcotráfico internacional" apareceu como nova ameaça e constituiu o pretexto para o presidente Bush ordenar, em 20 de dezembro de 1989, a Operation Blue Spoon (depois denominada Operation Just Cause pelo Secretário de Defesa, Dick Cheney), ordenar a maior mobilização de tropas no exterior (cerca de 25 mil soldados), desde a guerra no Vietnã, para intervir no Panamá. O objetivo foi testar, em um cenário contemporâneo, o planejamento e a execução conjunta de operações de contingência em países menos desenvolvidos, embora visasse, oficialmente, a prender o chefe de governo do Panamá, o General Manuel Antônio Noriega (que também fora criatura e agente da CIA), acusado de tráfico de droga, a fim de julgá-lo em tribunal de Miami, nos Estados Unidos. Curiosamente, as acusações, exceto uma, eram relacionadas a atividades anteriores a 1984, quando ele trabalhava para a CIA, na guerra contra o governo sandinista da Nicarágua, roubando eleições com a aprovação dos Estados Unidos e servindo satisfatoriamente aos interesses americanos. E após a *full-scale invasion*, que custou a vida de 23 militares americanos (323 feridos), 297 soldados panamenhos (123 feridos) e cerca de 300 civis, devido aos bombadeios[11], Bush anunciou a concessão ao Panamá de US$ 1 bilhão, dos quais US$ 400 milhões para importação de produtos americanos, US$ 150 milhões para liquidar dívidas bancárias e US$ 65 milhões como empréstimos ao setor privado e garantia para os investidores americanos. Aproximadamente a metade dos recursos foram transferidos dos pagadores de impostos americanos para os homens de negócios americanos.

O "terrorismo internacional", que após a revolução islâmica no Irã começara a configurar-se, no discurso dos governantes americanos, como o novo inimigo, outra nova ameaça, substituiu o "comunismo internacional". E, a fim de justificar o alto nível dos gastos com defesa, e ainda os aumentar, o aparelho de segurança dos Estados Unidos tratou de enfatizar ainda mais essa *new threat*: o "perigo verde", representado pelo fundamentalismo islâmico, substituiu o "perigo vermelho", o comunismo internacional, que a União Soviética e o Bloco Socialista haviam configurado. Os burocratas do Pentágono, os *neocons*, CIA e outros órgãos de segurança desenvolveram então a nova demonologia, adensada pelo conceito de *rogue states* (Estados irresponsáveis), os novos entes malignos, e começaram a produzir vasta literatura sobre o "terrorismo internacional".

O terrorismo, porém, sempre ocorrera ao longo da história, desde a formação do Estado, ou seja, do *dominium* que exercia *imperium* (poder) sobre os homens, quer sob a forma de república quer como principado (monarquia), conforme o conceito amplo de Niccolò Machiavelli (1469-1527)[12]. Configurara, de modo geral, um ato político, de natureza instrumental[13], um método de guerra e/ou um crime político[14], e fora praticado tanto por organizações revolucionárias ou contra-revolucionárias, pelos radicais de esquerda ou de direita, ou fundamentalistas religiosos e grupos étnicos, como pelos serviços de inteligência de quase todos os Estados, nem sempre com objetivo militar, em tempo de guerra. De terrorismo, conceito amplo e realmente indefinido, foram acusados todos os que se rebelavam, de armas na mão, contra regimes de força ou ocupação estrangeira. Mas o terrorista, autor do crime político, foi invariavelmente o vencido. Quando vitorioso, tornou-se herói, governante, como Menachen Begin e outros estadistas judeus, que praticaram atentados terroristas, lutando contra a presença da Grã-Bretanha na Palestina, até a proclamação do Estado de Israel, em 1947. Como ressaltou o politólogo português Antônio de Sousa Lara, o terrorismo sempre foi "uma arma de quem não tem outros meios, legítimos, desde logo, mas também subversivos, para impor rapidamente sua vontade"[15]. Com efeito, no curso da história, o terrorismo serviu como a arma dos mais fracos, com o objetivo de quebrar o monopólio da violência exercido pelo Estado e, no mais das vezes, identificou-se com a insurgência, o método de guerrilha. E os meios utilizados acompanharam o avanço da teconologia, passando da adaga, da flecha e do fogo, na Antigüidade e na Idade Média, para a pistola, com a utilização da pólvora, e, no século XIX, para as bombas, os petardos, com a descoberta da dinamite.

Na Judéia, na medida em que o jugo de Roma se fez mais opressivo, aumentando o desespero do povo, os zelotes, uma seita judaica, empreenderam, no ano 48 a.C., uma campanha terrorista para encorajar a insurreição, mediante o assassinato de legionários romanos e de judeus colaboradores, por *sicarii*, que se infiltravam nas cidades e os apunhalavam com a *sica* (adaga curva)[16], ou seqüestravam membros da guarda do Templo para pedir resgate, ou usavam veneno em larga escala[17]. Jesus Cristo provavelmente fora um zelote, pois tanto a morte na cruz, forma usada pelos romanos para executar os rebeldes, quanto a inscrição I.N.R.I. (*Iesus Nazarenus Rex Iudaeorum*)[18], indicaram sua condenação por crime de *perduellio*, i.e., sedição contra Roma, *species atrocissima criminis laesa majestatis*, ao proclamar-se Messias, Rei dos Judeus, e defender o não pagamento de tributo ao César. Durante o século XX, os movimentos de libertação, nos países da África e da Ásia, ou de oposição a ditaduras, na América Latina, apelaram muitas vezes para o terrorismo, assim como os governos aos quais eles se opunham e pretendiam derrubar. E os membros da resistência à ocupação de seus países, como a França e a Itália, pelas tropas da Alemanha também foram considerados terroristas pelo governo de Hitler[19]. Essa acusação foi igualmente feita pelos governos militares, na América Latina, sustentados pelos Estados Unidos, contra os que no Brasil, Argentina, Uruguai e outros países se insurgiram e recorreram à luta armada para combatê-los.

Terror, como expressão, sempre significou, de modo vago, o recurso à violência como arma política, quer com objetivo revolucionário ou de repressão, visando a gerar sentimentos de pavor e atemorizar os adversários. Essa expressão somente se difundiu, a partir da Revolução Francesa, quando o líder dos jacobinos, Maximilian Robespierre (1758-1794), instalou o *régime de la terreur*, durante o qual o *Tribunal Révolutionnaire*, entre 17 de abril de 1793, data de sua fundação, até 22 de *Pradial* e 9 de *Thermidor* (27 de julho de 1794), ou seja, em 15 meses, mandou executar cerca de 3.964 pessoas[20]. O político e publicista Edmund Burke (1729-97) foi que a popularizou na Grã-Bretanha, ao criticar a Revolução Francesa, referindo-se a Robespierre e aos jacobinos, em carta ao Earl William Fitzwilliam, como "*those hell-hounds called Terrorists [who] are let loose on the people*"[21]. O terrorismo, não obstante, não cessou. Em pleno *régime de la terreur*, 13 de julho de 1793, a jovem aristocrata Marie-Anne Charlotte de Corday d'Armont (1768-1793) apunhalou Jean Paul Marat (1743-1793), um dos líderes da revolução e editor do jornal *l'Ami du Peuple*. Ela se tornara republicana, porém, chocada com a proscrição dos girondinos (*la Proscription des Girondins — 2 juin 1793*), considerava que Marat, todo dia a reclamar mais cabeças para a guilhotina, era responsável, em larga medida, pelo sofrimento do povo francês. E decidiu eliminá-lo[22]. Guilhotinada quatro dias depois, em 17 de julho, ela se tornou uma heroína para o povo francês. Porém, a repressão recresceu ainda mais, ao ponto de tornar a república odiosa e *la terreur* deixar de aterrorizar[23], possibilitando *le coup d'Etat de 8 Thermidor* (26 de julho de 1794), que derrubou *la dictature* de Robespierre, condenado pelo *Tribunal Révolutionnaire* e guilhotinado *le 10 Thermidor* (28 julho de 1794), cerca de um ano depois de Charlotte de Corday.

No transcurso do século XIX, com atentados contra autoridades, capitalistas e aristocratas, destruição de máquinas nas fábricas, sabotagens e outros atos de violência política, o terrorismo assumiu, na Europa, contornos de doutrina, configurando uma estratégia insurrecional para os movimentos nacionalistas e republicanos, tais como os Carbonari[24], na Itália, os Fenianos[25], na Irlanda, e outros, assim como para certos setores da emergente classe operária, na Grã-Bretanha e na França, desesperados com as condições de vida geradas pelo desenvolvimento do capitalismo industrial. Carlo Pisacane (1818-1857)[26], um dos líderes da luta pela reunificação da Itália, ao tempo do *Risorgimento*, defendeu a violência como método de ação política, com objetivo didático, porém, Karl Marx e Friedrich Engels opuseram-se a qualquer procedimento que pudesse implicar terrorismo, criticando-o, quando, em 18 de setembro de 1867, um grupo de Fenianos, em Manchester, assaltou um carro da polícia, libertou seus correligionários presos, após matar a tiros os agentes, que os escoltavam. Os autores da operação não foram descobertos, mas o governo encarcerou enorme número de Fenianos, acusou-os do crime e executou três, apesar de que não pudesse produzir nenhuma prova concludente contra eles. Como represália, promovendo o pânico em toda a Inglaterra, os Fenianos lançaram uma bomba diante dos muros do presídio de Clerkenwell, bairro de Londres, habitado por gente simples e proletária, o que resultou na morte de alguns homens e deixou mais de cem feridos[27]. Embora simpatizasse com o movimento pela libertação da Irlanda, Marx condenou o atentado. Em carta a Engels disse que "*dieser letzte Fenianexploit in Clerkenwell ist eine große Dummheit*"[28], i.e., a explosão de Clerkenwell fora "uma grande estupidez". Na sua opinião, esse atentado prejudicaria, sobretudo, os próprios Fenianos, arrefecendo ou mesmo liquidando a simpatia dos operários ingleses pela causa irlandesa. Engels, dias depois, respondeu a Marx e, ao considerar a "*Clerkenwell Dummheit*" como obra de "*Spezialfanatiker*" (gente particularmente fanática), observou que o azar de todas as conspirações era conduzir a tal estupidez[29]. Segundo Engels, muito ruído se fez na América[30] em torno desse tema — explosão e incêndio — e então vieram "alguns asnos e promoveram tal idiotice". "*Diese Menschenfresser sind dabei meist die größten Feiglinge*" (Esses canibais são no mais das vezes os maiores covardes), Engels asseverou. E, após observar que William Phillip Allen, executado por causa do assalto ao camburão da polícia, parecia ter confessado, disse ironicamente que nisso estava a idéia de incendiar uma alfaiataria em Londres para libertar a Irlanda[31].

Marx e Engels igualmente condenaram os atentados (fracassados), que o funileiro Emil Heinrich Max Hödel e o intelectual Karl Edward Nobiling cometeram contra a vida do imperador da Alemanha, Wilhelm I, permitindo a Otto von Bismarck, chefe do governo do Reich, reprimir o movimento operário, e o Reichstag aprovar uma lei, proscrevendo a social-democracia, constituída como partido em 1869[32]. Engels comparou a *Dummheit* (estupidez) de Hödel e Nobiling com os atentados cometidos pelos Fenianos, no parque Phönix (Irlanda), que qualificou não só como "*bloße Dummheit*" (mera estupidez), mas como "*pure bakunistische, renommistische, zwecklose 'propagande par le fait'*"[33]. Dentro da Associação Internacional dos Trabalhadores (I Internacional), eles se opuseram às atividades e idéias de Michael Bakunin (1814-1876) e Serguei Guennádievich Netchayev (1847-1882)[34], ideólogos do anarquismo. Suspeitavam que Netchayev[35] fosse um "*russischer agent provocateur*"[36], e, em 1873, publicaram uma brochura — *La Alliance de la Démocratie Socialiste et la Association Internationale des Travailleurs*[37], criticando acerbamente os escritos a ele atribuídos, como *Der Revolutionskateschismus* (O Catecismo da Revolução)[38], segundo o qual "um revolucionário (...) não conhece senão uma só ciência: a da destruição"; e "para ele, o que é moral, é o que favorece o triunfo da Revolução, o que é imoral e criminoso, é o que a contraria".

Fiodor Dostoiévski (1821-1881) inspirou-se em Netchayev, ao escrever *Crime e Castigo*, a fim de expor a questão em forma de novela e dar uma resposta clara à pergunta: como, na sociedade russa, que atravessava um período de transição, podiam aparecer não apenas um Netchayev, mas vários Netchayevs, e de como podiam esses Netchayevs recrutar adeptos? De fato, Netchayev e Bakunin fizeram escola. Eles, por entenderem que os revolucionários não deviam ensinar ao povo, mas agitá-lo, consideravam o ladrão russo "o verdadeiro e único revolucionário", o revolucionário sem frase, sem a retórica retirada dos livros. E o médico francês Paul Brousse (1844-1912) caiu sob sua influência, no início da década 1870, e tornou-se um dos expoentes da corrente anarquista, ao defender a *propagande par le fait*[39], ou seja, a propaganda através da ação, da criação de fatos, com atos de violência, adotando o assassinato como principal procedimento. Os atentados começaram então na França, primeiro para vingar os 20.000 mortos, entre os quais centenas de anarquistas, na brutal repressão da Comuna de Paris; e, depois, com o propósito de encorajar o povo a rebelar-se, mostrando-lhe que os governantes e os burgueses podiam ser destruídos. E um congresso anarquista, realizado em La Chaux-de-Fonds (Suíça), em 1879, aprovou finalmente essa estratégia, e o terrorismo individual, acompanhando o desenvolvimento tecnológico, ampliou seu poder de destruição, com a dinamite, inventada em 1868 por Alfred Nobel e empregada em várias indústrias. François Claudius Kœnigstein, ou Ravachol (1859-1892), chamado a "voz da dinamite", foi quem então personificou, na França, o revolucionário idealizado por Netchayev, que rechaçava toda a moralidade como preconceito burguês e não admitia limites para a ação revolucionária.

Conquanto nem todas as correntes anarquistas defendessem a propaganda através do fato e/ou praticassem o terrorismo[40], a ação direta constituiu, geralmente, seu principal método de luta, visando a destruir a sociedade capitalista e o Estado. Ela implicava manifestações de massa, greves, boicotes, sabotagens ou, até mesmo, o assassinato e a bomba, e afigurou-se como a forma de ensinar aos trabalhadores a agir, solidariamente, na luta por melhores condições de trabalho, e a conhecer através da própria experiência as necessidades da revolução. A destruição de máquinas, o incêndio de fábricas ou o assassinato de seus proprietários, o atentado contra governantes eram, geralmente, aceitáveis para os anarcosindicalistas (anarquistas vinculados ao movimento operário) e poucos consideravam tais feitos como terrorismo[41]. Entretanto, o terrorismo, promovido por um pequeno número de anarquistas, que atuavam, isoladamente, com o propósito de desencadear a revolução social e destruir o Estado, não floresceu somente na França. Estendeu-se a diversos países, sobretudo Alemanha, Itália, Espanha, Portugal, Estados Unidos e Rússia, e uma série de atentados, como o assassinato de membros da realeza, homens de governo e explosões a bomba, nem todos, decerto, cometidos por anarquistas, ocorreram, entre os anos 70 do século XIX e a primeira década do século XX.

Na Rússia, o castigo infligido aos presos políticos foi que impeliu Vera Ivanovna Zasulich (1849-1919), em 1878, a atentar contra a vida do general Theodore Trepov, governador militar e chefe da polícia de St. Petersburg, exprimindo um sentimento geral de indignação contra o governo do czar Alexandre II. Seu exemplo inspirou os círculos da *intelligentsia* revolucionária, que não contavam com apoio de massa. E o terrorismo individual, começando como ato de simples vingança, tornou-se método de luta política, constituiu um sistema e, ao contrário do que ocorreu nos países da Europa Ocidental e nos Estados Unidos[42], assumiu forma organizada, entre 1879 e 1781, com a cisão do movimento populista — *Narodnichestvo* — que imaginava poder a Rússia saltar diretamente do feudalismo para o socialismo, sem passar pelo purgatório capitalista[43]. Uma de suas correntes criou a *Narodnaya Volya* (Vontade do Povo), com a intenção expressa de assassinar o czar Alexandre II (1855-1881)[44], mediante incessantes esforços para executar essa decisão. Sua estratégia consistiu na realização de atentados contra os representantes da autocracia, a fim de despertar as massas populares para a revolução ou, ao menos, estimular os liberais na luta contra o czar Alexandre II. Toda a sua força se concentrava num comitê executivo, que se compunha de 28 pessoas e, até 1881, não possuiu mais de 37 militantes. Todos viviam na clandestinidade, sem qualquer relação social e familiar, devotados, exclusivamente, à causa revolucionária, conforme os mandamentos do *Der Revolutionskateschismus* (O Catecismo da Revolução), atribuído a Netchayev, dispostos a sacrificar suas vidas, não tendo "negócios ou interesses pessoais, nem sentimentos ou afeições, nem propriedade, nem mesmo um nome, absorvidos por um só interesse exclusivo, um só pensamento, uma só paixão: a revolução". Demonstraram extraordinário talento de organização, mas seu isolamento propiciou o êxito da repressão policial. De agosto de 1878 a dezembro de 1879, para cada duas vítimas dos atentados, entre o pessoal do governo, dezessete revolucionários morreram na forca. Contudo, Alexandre II finalmente tombou com a explosão de uma bomba, em 1° de março de 1881, ano em que o presidente James A. Garfield também foi assassinado nos Estados Unidos[45]. Seu filho, Alexandre III, ascendeu ao trono e, longe de ceder, não apenas derrogou muitas das reformas[46] empreendidas pelo pai como intensificou ainda mais a repressão. E nenhuma organização podia sobreviver, na clandestinidade, sem apoio efetivo da população. Em 1885, a *Narodnaya Volia* estava praticamente liquidada.

Mas a social-democracia internacional — Leon Trotsky ressaltou em 1911 — sempre se opôs "da maneira mais irreconciliável" a essa classe de terrorismo, o terrorismo individual, considerando-o "inadmissível" precisamente porque apequenava "o papel das massas em sua própria consciência", induzi-as a aceitar sua impotência e voltar os olhos para "o grande vingador e libertador que algum dia virá cumprir sua missão"[47]. Segundo Trotsky, o terrorismo individual, como método para a revolução política, representava o aporte "nacional russo", pois, embora o assassinato de tiranos fosse quase tão antigo quanto a instituição da tirania, o terror sistemático, que assumiu a tarefa de eliminar sátrapa atrás de sátrapa, ministro atrás de ministro, monarca atrás de monarca — "Sashka atrás de Sashka"[48] — ajustava-se à hierarquia burocrática do absolutismo e criava sua própria burocracia revolucionária, fora "produto dos singulares poderes criadores da intelectualidade russa"[49]. Porém, não somente o terrorismo individual, como método para a revolução política, fora produto desses "singulares poderes criadores da intelectualidade russa".

Lenin, embora aderisse à social-democracia, ao contrário do seu irmão Alexandre Ulianov, e condenasse o terrorismo individual como inútil e inconveniente[50], admirava a combatividade e a organização da *Narodnaya Volia*. Nunca deixara de olhar com respeito e veneração aqueles revolucionários que, recorrendo ao terrorismo, tombaram na luta contra a autocracia. Seu irmão, Alexander, fora um deles. E essa admiração Lenin extravasou, ao relembrar que muitos dos social-democratas, dirigentes do movimento operário, começaram a pensar, revolucionariamente, como *narodovoltsi*. "Quase todos rendiam em sua mocidade um culto entusiasta aos heróis do terror, e muito lhes custou renunciar à impressão sedutora dessa tradição heróica", ele escreveu[51]. Nadezda Krupskaia, em suas memórias, considerou esse parágrafo como um pedaço da biografia de Lenin. Com efeito, Lenin valorizou a vontade como fator revolucionário, entendendo que, nas condições da Rússia, não podia haver movimento revolucionário sólido sem uma organização clandestina de dirigentes estáveis, entregues profissionalmente às atividades revolucionárias, a fim de dificultar a repressão policial[52]. E concebeu um modelo de partido político — o do partido bolchevique, fração do Partido Operário Social-Democrata — com base na organização da *Narodnaya Volia*, dirigida por um *Zhelyabov*, um Comitê Executivo clandestino, e cujo erro — Lenin julgava — fora não ligar suas atividades ao movimento de massas, à luta de classes, às greves e aos combates de rua.

Esse modelo de organização, concebido por Lenin, para "preparar, fixar e levar na prática a insurreição de todo o povo"[53], era o mesmo que o populista russo Piotr Nikititsch Tkatschow (1844-1885) preconizara, em 1875, em uma brochura, intitulada *Nabat* (A campanha de alarme) e publicada em Genebra, defendo a teoria de que a revolução na Rússia somente poderia ser desencadeada, por um pequeno grupo disciplinado e submetido, hierarquicamente, a uma direção centralizada, que viesse a capturar o poder político, por meio de uma conspiração. Essa concepção era similar à do revolucionário francês Louis-Auguste Blanqui (1805-1881)[54], segundo a qual uma pequena minoria bem organizada poderia, em determinado momento, efetuar *un coup de main révolutionnaire* e conduzir as massas a uma revolução vitoriosa, concepção esta duramente criticada por Marx, bem como por Engels, que, respondendo a Tkatschow, qualificou como falsa a afirmativa de que para os revolucionários russos nenhum outro meio havia senão a pura conspiração"[55]. Entretanto, conquanto Trotsky, rebatendo as críticas de Kautsky, defendesse o terror imposto pelo Poder Soviético contra seus adversários[56], a Internacional Comunista ou III Internacional, a corrente que se dissociara da Internacional Socialista ou II Internacional (social-democracia) continuou a condenar o terrorismo individual. Um dos seus dirigentes, Georgi Dimitroff, que os nazistas trataram de envolver no processo contra Marinus van der Lubbe, com o propósito de responsabilizar os comunistas pelo incêndio do Reichstag, declarou peremptoriamente perante o tribunal: *"As Kommunist, als Mitglied des Kommunistischen Partei Bulgariens und der Kommunistschen Internationale bin ich prinzipiell gegen den individuellen Terror."*[57]

Essa declaração, durante o processo, ele reiterou várias vezes, condenando o incêndio do Reichstag, e negou que Marinus van der Lubbe fosse comunista, ou mesmo anarquista, e sim um desclassificado.[58] Mas Stalin, nos anos 30, usou amplamente o terror, como política do Estado, acusando de "terroristas" e executando os que se opunham à sua tirania ou apenas a criticavam, o que significou a morte de milhões de pessoas dentro da União Soviética, enquanto o serviço de segurança do Estado — *Ob'edinennoe Gosudarstvennoe Politicheskoe Upravlenie* (OGPU)[59] — empreendia, em vários países, ações de terrorismo, como o assassinato de Trotsky, no México, em 20 de agosto de 1940. As ações terroristas continuaram após a Segunda Guerra Mundial, como parte da Guerra Fria, e foram praticadas por vários movimentos de insurgência ou contra-revolucionários, contando ou não com o encorajamento tanto do KGB quanto da CIA e do Mossad e outros serviços de inteligência, nos países do Terceiro Mundo, principalmente na América Latina, onde o terror do Estado gerou um estado de terror e a brutal repressão e as guerrilhas urbanas e rurais se realimentaram.

Durante a década de 1950 e início dos anos 60, o Front de Libération Nationale (FLN), que lutava pela emancipação da Argélia, perpetrou vários atos de terrorismo, da mesma forma que a Organisation Armée Secrète (O.A.S.), constituída pelo general Raoul Salan e outros militares de direita, adversos à política do presidente Charles de Gaule, fizeram explodir bombas, em Paris, além de cometer outras violências. O terrorismo empreendido pela FLN, segundo a professora Martha Crenshaw, da Wsleyan University, foi inicialmente uma forma de colocar a luta nacionalista na agenda nacional e internacional, como símbolo da intensidade da resistência, e como a tática na guerra de atrito, como parte de prolongada insurreição[60]. E em 1963, após o término da guerra pela libertação da Argélia com a retirada da França, a campanha contra a presença da Grã-Bretanha, na Península Arábica, recresceu. Em 10 de dezembro de 1963, uma granada explodiu no aeroporto de Aden, matando Sir Kennedy Trevaskis, seu alto comissário na Federação da Arábia do Sul e várias outras pessoas. Foi o primeiro de uma série de atentados terroristas contra alvos tanto militares quanto civis, cometidos pela Frente de Libertação do Iêmen do Sul Ocupado (FLOSY), pela Frente de Libertação Nacional (FLN), com o apoio do Egito. Os atentados com violência cada vez maior recresceram até a retirada completa da Grã-Bretanha, em 1967.

No caso da Irlanda, foram basicamente os católicos que recorreram ao terrorismo, em seus esforços para modificar uma relação política com os protestantes e a Grã-Bretanha. Desde 1969 recrudesceram contra o domínio da Inglaterra ataques terroristas perpetrados pelo Irish Republican Army (IRA), braço armado do partido político Sinn Fein. Esses ataques, que abalaram a Irlanda do Norte e várias vezes atingiram o centro de Londres e de Manchester, constituíram atos de guerra civil, decorrentes de um conflito político entre a minoria católica, lutando pela sua identidade nacional, e a maioria protestante, detentora do poder e aliada à Grã-

Bretanha. Porém, ao longo de mais de 30 anos, nem o IRA, respaldado pela minoria católica, conseguiu modificar a situação, pelas armas, nem a Grã-Bretanha conseguiu liquidá-lo por meios policiais e militares e estancar os ataques terroristas. Tony Blair e seus antecessores não podiam ordenar o bombardeio do Ulster, atacando a população, como os Estados Unidos e a Grã-Bretanha desde 8 de outubro passaram a fazer contra o Afeganistão. O conflito somente se podia resolver através de árduas negociações políticas. Assim, de modo a romper o impasse e assegurar o êxito do processo de paz, o IRA anunciou a decisão de destruir seus arsenais clandestinos, depois de vender muitos armamentos para as Forças Armadas Revolucionárias da Colômbia (FARC). Como resposta ao gesto do IRA, a Grã-Bretanha começou o desmantelamento de suas instalações militares no Ulster. O Sinn Finn, braço político do IRA, dispôs-se a disputar o poder pela via democrática das eleições.

Nas décadas de 70 e 80, as ações terroristas igualmente aumentaram na Espanha, praticadas pela Euskadi ta Askatasuna[61] (ETA), organização separatista do País Basco responsável pelo assassinato do almirante Luís Carrero Blanco, candidato à sucessão do ditador da Espanha, generalíssimo Francisco Franco (1939-1975). Essas erupções de violência, tanto na Irlanda quanto na Espanha, tinham raízes históricas e o caráter étnico e/ou étnico-religioso confundia-se com objetivos políticos. Em outros países, as organizações que apelaram para o terrorismo emergiram das frustrações da insurreição estudantil que marcou o ano de 1968. A Rote Armée-Fraktion (RAF) estreou em 1968, na República Federal da Alemanha (Alemanha Ocidental), sob a direção de Andreas Baader e Gudrun Ensslin, fazendo explodir a loja de departamentos Schneider, em Frankfurt. A eles posteriormente se juntou Ulrike Meinhof e formaram o grupo conhecido como Baader-Meinhof[62], que realizou diversas ações de terror, inclusive assalto a banco e assassinatos[63], no curso dos anos 1970. As Brigate Rosse (Brigadas Vermelhas) surgiram na Itália, onde empreenderam ações de propaganda armada e operações de guerrilha urbana. Elas mataram o primeiro-ministro Aldo Moro, em 1978, raptaram o general James Dozier, do Exército dos Estados Unidos, em 1981, e assumiram o assassinato do diplomata americano Leamon Hunt, comandante da Sinai Multinational

Force and Observer Group, em 1984; outrossim, no Japão, uma organização denominada Exército Vermelho, que surgiu em 1971 sob a liderança de Fusako Shigenobu, seqüestrou um avião da Japan Air Lines, levou-o para Dacca, Bangladesh, e obrigou o governo de Tóquio a pagar US$ 6 milhões para libertar os reféns. Tais organizações, como a RAF e as Brigate Rosse e o Exército Vermelho Japonês foram constituídas, em grande parte, por estudantes, que Erich Honecker qualificara como "*verirrte Idealisten*" (idealistas perdidos), "*die Kinder des Bürgertums*" (os filhos do burguesia) insatisfeitos com as relações sociais na Alemanha[64]. De fato, formaram-nas, em sua grande maioria, jovens da classe média, que se radicalizaram, inconformados a com a opção da União Soviética e dos partidos comunistas pelo caminho pacífico, e reivindicaram o marxismo-leninismo, sem que, decerto, jamais houvessem lido as obras de Marx ou mesmo as de Lenin.

As ditaduras militares e o surto de guerrilhas urbanas e rurais na América Latina, o sacrifício de Che Guevara na Bolívia, o exemplo de Cuba, a guerra no Vietnã, a questão do petróleo no Oriente Médio, o suporte dado a Israel pelos Estados Unidos, a invasão da Tchecoslováquia pela União Soviética e outros acontecimentos, em meio da rápida expansão do capital financeiro multinacional, inspiraram e fomentaram amplamente o antiamericanismo. E aquelas organizações que não tinham raízes profundas nas condições sociais e políticas da Europa ou do Japão solidarizaram-se e identificaram-se com os movimentos de insurgência na Palestina, na hostilidade ao *statu quo* internacional, e recorreram aos mesmos métodos condenados por Marx e Engels, e, também, por Lenin e Trotsky. Essa solidariedade e identidade com a luta dos palestinos manifestou-se, sobretudo, na Alemanha Ocidental, onde militantes da RAF, em 1972, deram suporte logístico ao grupo conhecido como Setembro Negro, braço do al Fatah, a principal facção da Organização para a Libertação da Palestina (OLP), responsável pelo massacre de 11 atletas israelenses nas Olimpíadas de Munique[65]; eles se uniram aos palestinos, em 1975, para capturar os ministros da OPEC, reunidos em Viena; seqüestrar o avião da Air France, levando-o para Entebbe (Uganda), em 1976, e o vôo da Lufthansa, para a Somália, em 1977. A RAF também se aliou à Action Direct, na França, bem como às Cellules Communistes Combattantes (CCC), na Bélgica, e às Brigate Rosse, na Itália, organizações de extrema esquerda que, voltando a apelar para as táticas anarquistas, pretenderam criar uma rede internacional de resistência anti-imperialista, ou seja, de resistência aos Estados Unidos, razão pela qual passaram a colaborar, inclusive, com o Partido dos Trabalhadores do Kurdistão (PKK), o IRA e a ETA, com apoio ou não da Líbia[66], enquanto o Exército Vermelho Japonês se vinculava intimamente a *al-Jabhah al-Sha'biyyah Li-Tahrir Filastin* (Frente Popular pela Libertação da Palestina — FPLP)[67]. Nos anos 80, depois que a onda da extrema esquerda, adepta do terrorismo, havia praticamente cessado na Europa, a insurgência islâmica floresceu, com o aparecimento de várias organizações, entre as quais o *Hizballah* (Partido de Deus), sustentado pelo Irã e estabelecido no sul do Líbano, e o *Hamas* (acrônimo de *Harakat al-Muqawamah al-Islamiyyah*), que apelou para o método suicida dos homens-bomba, na guerra assimétrica contra Israel.

Notas

1. Engels, F. "*Soziales aus Russland*" in Engels, F. "Soziales aus Rußland", in Marx. & Engels, v. 18, 1976, pp. 556-559.
2. Sobre o tema, vide Moniz Bandeira, 2001, 2a. ed., pp. 97-99. Knight, 1997, pp. 234-246.
3. Gates, 1997, p. 173.
4. Id., ibid., p. 173.
5. Haig, 1984, p.
6. Gates, 1997. p. 188.
7. Luxemburg, Band 5 (Öconomische Schriften), 1990, pp. 398-411.
8. Tirman, 1997, p. 6.
9. Guimarães, Samuel Pinheiro — "Esperanças e Ameaças: notas preliminares". 23.10.1995. Original. Rio de Janeiro:
10. U.S. Senator Al Gore, remarks presented at the National Academy of Sciences, May 1, 1989.
11. Musicant, 1990, 417. Chomsky, 2003, p. 156.

12. "*Tutti gli stati, tutti i' dominii che hanno avuto e hanno imperio sopra gli uomini sono stati e sono o repubbliche o principati*". Machiavelli, 1986, p. 9.
13. Sousa Lara, 1987, p. 271. Sousa Lara, 2002, pp. 48 e 132.
14. Segundo os objetivos existem algumas espécies de terrorismo, como o religioso, racial, etc.
15. Sousa Lara, 2002, p. 49.
16. Kautsky, 1922 pp. 316-322.
17. Os zelotas alegavam que o assassinato de outros judeus visava a demonstrar as conseqüências da imoralidade da colaboração com os invasores e que os romanos não tinham condições de protegê-los. O recurso ao terror, porém, resultou somente no prolongamento do conflito, aumentando os sofrimentos e agravando a raiva do vencedor final, até as piores atrocidades, conforme Karl Kautsky observou. Id. ibid., pp. 316-322.
18. Jesus, o nazareno, rei dos judeus.
19. Hoffman, 1998, pp. 31-32.
20. Kropotkin, 1955, vol. II, p. 287.
21. Edmund Burke é autor de várias obras, entre as quais a célebre *Reflections on the Revolution in France, and on the proceedings in certain societies in London relative to that event (November 1790)*. Esta obra circulou em toda a Europa, encorajando os governantes a hostilizar Revolução Francesa.
22. No dia 13 de julho, ela comprou uma faca de açougue e procurou Marat na sua residência, 30, rue des Cordeliers, fingindo-se simpatizante dos jacobinos que desejava denunciar alguns girondinos. Quando entrou, viu Marat na banheira, onde passava muito tempo devido a uma doença de pele. Após dizer nomes de alguns girondinos, que ele anotou, ela o esfaqueou. Presa em seguida, foi condenada pelo Tribunal Revolucionário e guilhotinada em 17 de julho de 1793. Charlotte de Corday era descendente do dramaturgo francês Pierre Corneille.
23. Uma vez que os ricos conseguiam escapar para a Inglaterra ou outros países, a guilhotina cada vez mais atingia os pobres. Dos 2.750 guilhotinados que Louis Blanqui encontrou no estado, somente 650 pertenciam às classes abastadas. Kropotkin, Pedro. A Grande Revolução (1789-1793), Salvador: Livraria Progresso Editora, 1955, vol. II, pp. 287-288.
24. Sociedade secreta que surgiu na Itália meridional, entre 1807 e 1816, provavelmente de uma cisão na Maçonaria. Estendeu-se depois à Espanha e França e foi responsável, em larga medida, pelos levantes de 1820 (Espanha e Nápoles) e 1821 (Piemonte). Após 1830, os Carbonari italianos gradualmente foram absorvidos pelo *Risorgimento*.
25. No final dos anos 1960 do século XIX, o movimento nacionalista para libertar a Irlanda do domínio da Inglaterra reacendeu-se e dividiu-se então em duas tendên-

cias. Uma corrente optou pela propaganda, agitação e trabalho no Parlamento. A outra, a partir de 1863, voltou-se para a luta armada, proposta pelos The Fenians, os Fenianos, de James Stephans e John O'Mahony, que em 1858 fundaram essa sociedade secreta, também conhecida como Irish Republican Brotherhood (IRB), em Dublin e Nova York. Eles se aproveitaram do clima da Guerra Civil nos Estados Unidos, e em 1866 uma incursão no Canadá, com o objetivo de dar um golpe na Inglaterra. O nome *Fenian* vem do gaélico *Fianna*, um grupo de guerreiros comandado por Finn MacCool, uma das grandes figuras heróicas da mitologia irlandesa, juntamente com CuChulainn. O filho de Finn MacCool foi Oisin (Isheen), um dos poucos mortais a ser convidado para visitar Tir Nan Og, região mitológica para onde os gnomos irlandeses fugiram quando suas terras foram tomadas pelos Milesians. Lá eles passavam os dias festejando, fazendo amor, jogando e ouvindo música.

26. Carlo Pisacane (1818-1857) foi um revolucionário e patriota italiano. Após fugir de Nápoles, em 1847, viveu em Marsiglia, Londres, Paris e Argélia, onde se alistou na Legião Estrangeira. Mas, ao irromper a insurreição em Milão, regressou à Itália e, em 1849, participou da Comissão de Guerra e foi o chefe do estado-maior das forças que defendiam a República romana. Suas posições políticas eram por vezes bastante radicais, com tendências socialistas, e, por volta de 1855, reaproximou-se de Giuseppe Mazzini, fundador da Giovine Italia, movimento revolucionário, republicano e nacionalista, que lutava pela reunificação da Itália. Seu plano foi deflagrar a luta armada no Sul da península. Pisacane não teve condições de efetivá-lo. Em 25 de junho de 1857, tentou outra vez, desembarcando na ilha de Ponza, com vinte e quatro companheiros, e libertando todos os prisioneiros, dos quais algumas centenas o acompanharam a Sapri, para começar a insurreição. Pisacane derrotado e ferido, suicidou-se.
27. Mehring, 1985, pp. 393- 394.
28. "Esta explosão feniana em Clerkenwell é uma grande estupidez". Marx an Engels, in Manchester, London, 14.12.1867, in Marx & Engels, 1974, Band 31, p. 409.
29. Engels an Marx, in London, Manchester, 19.12.1867, id., ibid., p. 413.
30. A alusão de Engels à América decorre do fato de que a Irish Republican Brotherhood, que promoveu o movimento Feniano, foi fundada pelos irlandeses nos Estados Unidos, com o objetivo de dar um golpe na Inglaterra, invadindo o Canadá.
31. "*Diese Menschenfresser sind dabei meist die größten Feiglinge, wie auch der p.p. Allen bereits queen evidence (Kronzeuge) geworden zu sein scheint. Dabei die Idee, Irland zu befeien, indem man einen Londoner Schneiderladen in Brand steckt*". Engels an Marx, in London, Manchester, 19.12.1867, id., ibid., p. 414.
32. Marx, Karl — "Konspekt der Reichstasdebatte" — Geschrieben Ende September 1878)), in Marx & Engels, 1976, Band 34, pp. 491-500.

33. "... pura bakuninista, fanfarronesca, inútil 'propaganda pelo fato'".
34. Serguei Netchayev era um jovem de 20 anos, filho de servos russos que o senhor permitiu cursar um seminário para tornar-se mestre escolar. Ele chegou a Genebra, em março de 1969, apresentando-se como delegado de um suposto comitê de estudantes de St. Petersburg e fugitivo da prisão. Mehring, Karl. Karl Marx: Geschichte seines Lebens. Berlin: Dietz Verlag, 1985, p. 466. Wheen, Francis. Karl Marx. London: Fourth Estate, 1999, pp. 345-346. Marx, Karl & Engels, Friedrich. Ein Komplot gegen de Internationale Arbeiterassociation — Im Auftrage des Haager Congresses verfaßter Bericht über das Treiben Bakunin's und der Alianz der socialistischen Democratie, in Marx & Engels, Band 18, 1976, p. 398.
35. Netchayev retornou a Moscou e constituiu um grupo — A Vingança do Povo — com estudantes do Colégio de Agronomia, porém, um dos integrantes, Ivan Ivanovitch Ivanow, pretendeu afastar-se, ao perceber a fraude, e Netchayev, denunciando-o como espião, assassinou-o com um tiro na nuca. Descoberto o cadáver, os militantes de A Vingança do Povo foram julgados e condenados às penas de trabalhos forçados e exílio. Netchayeve conseguiu fugir, mas foi preso na Suíça e extraditado. Morreu em 1882, aos 35 anos, na Fortaleza de S. Pedro e S.Paulo.
36. Engels a Theodor Cuno in Mailand, London, 24.1.1972, in Marx & Engels,1976, Band 33, pp. 393.
37. Essa brochura foi escrita em francês e traduzida e publicada na Alemanha, em 1874, sob o título *Ein Komplot gegen die Internationale Arbeiterassociation*. Id. ibid., pp. 327-469.
38. O *Der Revolutionskateschismus* é dividido em 4 capítulos, com 26 itens. Alguns autores atribuem erroneamente sua autoria a Bakunin. De qualquer modo, porém, se Bakunin não o escreveu, ele o leu e aprovou. Cole, 1958, v. II, p. 187.
39. Paul Brousse, em 1875, publicou um panfleto em que condenou o sufrágio eleitoral, como instrumento de dominação da burguesia, porém, desiludiu-se, posteriormente, com o anarquismo e as táticas de terror e fundou na França o Partido Socialista Possibilista.
40. Os anarquistas dividiam-se em várias correntes e adotavam distintos métodos de luta. Havia os partidários da transformação da sociedade por meios pacíficos, da ação direta não-violenta e a desobediência civil, como o Príncipe Peter Kropotkin, que recomendava o não-pagamento de impostos, o repúdio ao serviço militar e a recusa ao reconhecimento dos tribunais de justiça. E havia os que apregoavam a violência, o terrorismo individual. Eram todos, porém, individualistas, defendiam a descentralização, o federalismo e a autonomia, bem como a liberdade, a igualdade e o consenso, opondo-se à hierarquia, ao mando e à autoridade. Também entendiam que as mudanças deviam ocorrer primeiro, na consciência do indivíduo, e, depois, na sociedade.

41. "A defesa da violência individual — em certos casos coletiva — é tônica bastante freqüente para eles (anarquistas)". Carone, Edgard. *Socialismo e Anarquismo no início do século*. Petrópolis: Editora Vozes, 1996, p. 145.
42. A mais importante fonte psicológica do terrorismo individual quase sempre foi o sentimento de vingança, em busca de uma resposta para a opressão. Os atentados cometidos pelos anarquistas na Europa Ocidental e nos Estados Unidos freqüentemente ocorreram depois de alguma violência do governo contra trabalhadores em greve ou execução de presos políticos.
43. Os *narodniki* (populistas) manifestavam profunda hostilidade ao capitalismo industrial, cujas fábricas e minas estavam a gerar, no Ocidente, as terríveis condições de miséria em que o proletariado, àquele tempo, ainda vivia. Eles defendiam uma espécie de socialismo camponês, imaginando organizar a sociedade, com base na comuna rural (*mir*), em torno da qual pequenas indústrias funcionariam, e pretendiam substituir o Estado por uma confederação. Os *narodniki* tornaram-se ativos a partir de 1860, influenciados pelos escritos de Alexander Herzen. Em 1874, tentaram difundir sua doutrina entre os camponeses e em 1876 formaram a sociedade secreta *Zemlia i Volia* (Terra e Liberdade), com o objetivo de promover a insurreição. Reprimidos pela polícia, uma corrente organizou a *Narodnaia Volya* e recorreu ao terrorismo. Depois do assassinato de Alexandre II, suas atividades declinaram, em virtude da repressão, e em 1901 os remanescentes do movimento narodniki fundaram o Partido Socialista Revolucionário. A social-democracia russa originou-se de uma outra corrente da Zemlia i Volia, chamada *Tcherny Perediel* (Partilha Negra), que procurou conservar a pureza do socialismo narodniki, da revolução camponesa. Seus dirigentes, que a princípio procuravam preservar o mir contra a industrialização, passaram a defender a industrialização contra o mir. Coube a George Vlantinovitch Plekhanov, líder do *Tcherny Perediel*, fundar em 1883 o primeiro núcleo da social-democracia russa, denominado Grupo de Emancipação do Trabalho.
44. Alexandre II (1818–81), filho e sucessor de Nicholas I, ascendeu ao trono durante a Guerra da Criméia (1853-56) e foi czar da Rússia entre 1855 e 1881.
45. Antes da explosão, que o matou em 1º de março de 1881, Alexandre II sofreu dois atentados. O primeiro foi uma bomba lançada contra o trem imperial, perto de Moscou, em 19 de novembro de 1879, mas Alexandre II viajava em outro vagão. O outro atentado foi perpetrado em 5 de fevereiro de 1880, com uma bomba lançada no Palácio de Inverno. Onze pessoas morreram, mais de 50, sobretudo soldados, saíram feridas, e Alexandre II escapou ileso porque ainda não havia alcançado o salão de jantar onde a explosão ocorreu. Dezesseis pessoas — homens e mulheres — foram responsabilizadas por esses dois atentados, submetidas à Corte Marcial em St. Petersburg (6/11/1880) e duas receberam pena de morte. Foram

enforcadas na fortaleza de São Pedro e São Paulo. O terceiro atentado, no entanto, teve êxito. Em 1° de março de 1881, quando Alexandre II retornava ao Palácio de Inverno, duas bombas foram lançadas contra a sua carruagem. A primeira falhou, mas a segunda atingiu o objetivo. Tirou a vida de Alexandre II.

46. A mais importante reforma foi a emancipação dos servos (1861). O czar Alexandre II, porém, falhou porque não teve condições de promover a reforma agrária, distribuindo terras para os novos camponeses, libertos da servidão, o que criou muitos novos problemas. Em 1864, ele introduziu um limitado sistema de autogoverno e parcialmente ocidentalizou o sistema judicial.

47. Trotsky, L. — "La posición marxista acerca del terrorismo individual", in Trotsky, 1978, pp. 16-18.

48. Diminutivo de Alexandre, nome dos dois czares russos, Alexandre II e Alexandre III.

49. Trotsky, Leon — "La bancarrota del terrorismo", in Trotsky, 1978, p. 24.

50. Lenin — *¿Que hacer?*, in Lenin, Tomo I, 1948, pp. 250-253 e 294-295.

51. Id., ibid., pp. 349-350.

52. Id., ibid., p. 297.

53. Lenin — *¿Que hacer?*, in Lenin, Tomo I, 1948, p. 348.

54. Louis-Auguste Blanqui seguiu a tradição de François Noël (Gracchus) Babeuf (1760-1797), que em 1796 liderou, na França, a *conspiration des égaux*, com o propósito de fazer triunfar "*la religion de l'égalité et de la démocratie*", e foi guilhotinado em Paris em 25 de maio de 1797. Blanqui liderou uma tentativa de golpe de Estado em 1839 e foi um dos chefes da Comuna de Paris (1871). Ao longo de sua vida, passou 36 anos na prisão.

55. "*... Ist es falsch, daß den russischen Revolutionären kein anderes Mittel bleibt als die reine Verschwörung*". Engels, Friedrich — "Flüchtlingsliteratur — Programm der blanquistischen Kommuneflüchtlinge" — IV, in Marx & Engels, 1976, Band 18, pp. 548-554.

56. "A guerra como a revolução baseia-se na intimidação. Uma guerra vitoriosa só extermina, regra geral, uma parte ínfima do exército vencido mas desmoraliza as restantes e domina a sua vontade. A revolução age do mesmo modo: mata umas tantas pessoas, aterroriza milhares. Neste sentido, o terror vermelho não se diferencia em princípio da insurreição armada, da qual é apenas a continuação". Trotsky, 1969, p. 60.

57. "Como comunista, como membro do Partido Comunista da Bulgária e da Internacional Comunista sou principalmente contra o terror individual." Dimitroff, 1946, pp. 4-5.

58. Id., ibid., pp. 36, 57, 138-19, 150.

59. O Comitê Extraordinário Pan-Russo para Combater a Contra-revolução e a Sabotagem, conhecido como Cheka, foi criado em 1917, quando os contra-revolucio-

nários começaram a empreender ações terroristas contra o Poder Soviético. Em 1922 ele se tornou o Diretório da Política do Estado (GPU), uma seção do Ministério dos Assuntos Internos (NKVD), e posteriormente mudou de nome para OGPU e, em 1934, para Principal Diretório de Segurança do Estado (GUGB) e o Comissariado de Segurança Nacional (NKGB) assumiu as funções de polícia secreta. Em 1946, os comissariados foram rebatizados como ministérios, o NKVD tornou-se o Ministério dos Assuntos Internos (MVD) e em 1954, após o expurgo e liquidação de Lavrenti Beria, tornou-se o *Komitet Gosudarstvennoy Bezopasnosti* (KGB), ou seja, Comitê de Segurança do Estado.

60. Apud Kupchan, 2002, p. 227.
61. "Pátria Basca e Liberdade".
62. Ao contrário do que se imagina, a principal dirigente feminina não foi Ulrike Meinhof, mas Gudrun Ensslin. Ulrike Meinhof aparentemente se suicidou na prisão, em 1976, mas acredita-se que tenha sido um crime do Estado. O mesmo aconteceu com Andreas Baader e Gudrun Ensslin, que em 1977 aparentemente se suicidaram, segundo a versão oficial, embora se suponha que tenham sido também assassinados.
63. O rico empresário alemão Hans Martin Schleyer foi raptado e morto pela RAF em 1977.
64. Alguns de seus membros, depois que o SED perdera o poder, foram presos no território da RDA, onde residiam, oficialmente, sob os auspícios do seu serviço secreto, a STASI (Ministerium für Staatssicherheit). Honecker negou que tivesse conhecimento desse fato, sobre o qual Mielke nunca lhe fornecera qualquer informação. Mas, segundo Günter Schabowski, um dos dirigentes Sozialistischen Einheitspartei Deutschlands (SED), da Alemanha Oriental, Erich Honecker via os terroristas da RAF como "*verirrte Idealisten*" (idealistas perdidos), "*die Kinder des Bürgertums*" (os filhos do burguesia) insatisfeitos com as relações sociais na RFA, e quiçá admirasse, no fundo, o fato de ainda existirem jovens que se dispunham a viver na ilegalidade e arriscar a vida por uma causa. Por esta razão, ele poderia até mesmo autorizar Mielke a dar guarida aos membros da RAF, mas provavelmente não admitiria, se soubesse, que eles utilizassem o território da extinta República Democrática Alemã (RDA), como base de operações de terror, dado seu interesse em manter o bom relacionamento com a República Federal da Alemanha (RFA). Vide Moniz Bandeira, 2ª. ed., 2001, pp. 189-191.
65. Aust, 1998, pp. 272- 274.
66. Segundo Bodansky a Líbia foi por muito tempo o suporte do IRA. Bodansky, 1993, pp. 265-268.
67. A Frente Popular pela Libertação da Palestina foi criada após a guerra árabe-israelense em 1967.

Capítulo XXVI

A QUESTÃO DO TERRORISMO INTERNACIONAL • O PREÇO DO PETRÓLEO E A INVASÃO DO KUWAIT • ARÁBIA SAUDITA E ESTADOS UNIDOS • A OPERATION DESERT STORM • A EXPULSÃO DAS FORÇAS DO IRAQUE • OS "FALCÕES" DO PENTÁGONO E O DEFENSE PLANNING GUIDANCE • OS ESTADOS UNIDOS COMO *GLOBAL COP* • A RENEGOCIAÇÃO DA DÍVIDA EXTERNA DO TERCEIRO MUNDO E O CONSENSO DE WASHINGTON

Yonah Alexander, professor de Estudos Internacionais da Universidade de Nova York (Oneonta), observou que os terroristas modernos, em contradição com os precedentes, introduziram nova espécie de armas, em termos de tecnologia, para produzir vítimas, ameaça e resposta, enquanto no passado as armas à disposição eram punhais, pistolas, ou granadas, capazes de inflectir danos limitados ao objetivo colimado. Novos meios tecnológicos sofisticados estavam ao seu dispor e havia possibilidade futura de que os terroristas pudessem utilizar armas nucleares e biológicas, o que representava claro perigo para a própria existência da civilização[1]. Yonah Alexander, porém, inverteu os termos da questão. O terrorismo não é uma ideologia, sempre constituiu tática de guerra e/ou expressão de revolta, e os meios empregados evoluíram ao longo da história de acordo com o avanço da própria tecnologia militar. Quem desenvolveu as armas nucleares e biológicas não foram os terroristas, mas os cientistas das potências industriais, sobretudo dos Estados Unidos, o primeiro e único país a empregar a bomba atômica como instrumento de terror, ao bombardear as cidades no Japão, Hiroshima e Nagasaki, em 1945. Não seria concebível que os militantes da ETA ou do IRA utilizassem armas nucleares contra os governos da Espanha ou da Grã-Bretanha, porque os meios aí excederiam os fins almejados, ou seja, a independência do País Basco e da Irlanda do Norte. Entretanto, seria perfeitamente imaginável que muçulmanos pudessem usar contra cidades americanas armas nucleares ou biológicas, se as obtivessem, porque o surgimento e recrudescimento do terrorismo islâmico, como fenômeno internacional, foi gerado pela própria expansão econômica, política e militar dos Estados Unidos, o "grande Satã", como um império global, avassalando outras regiões, sobretudo aquelas produtoras de gás e petróleo, mais especificamente o Oriente Médio.

Bruce Hoffman, diretor da Rand Corporation e ex-diretor do Centre for the Study of Terrorism and Political Violence, na Escócia, escreveu que o advento do que se considerava moderno, o "terrorismo internacional", ocorrera em 22 de julho de 1968, quando militantes da Frente Popular pela Libertação da Palestina, na rota de Roma para Tel Aviv, seqüestraram um avião da El Al (israelense) e o levaram para Argel, onde os 21 passageiros e 11 tripulantes permaneceram retidos 39 dias, até 31 de agosto[2]. Outrossim, assinalou que o "*state-sponsored terrorism*", o terrorismo patrocinado pelo Estado, emergiu quando os estudantes muçulmanos capturaram a Embaixada Americana em Teerã, com todos os seus funcionários, em 1979[3]. Omitiu ele o fato de que a CIA, a partir dos anos 50, tornara-se a maior promotora do "terrorismo internacional" e "*state-sponsored terrorism*", i.e., o terrorismo patrocinado diretamente pelos Estados Unidos, ao recrutar, financiar, treinar e armar terroristas, que atuaram na Guatemala, Cuba, Nicarágua, Brasil, Chile, Afeganistão, Congo e outros países da América Latina, Ásia e África, praticando a subversão, atentados a bomba, sabotagens e assassinatos.

A retórica sobre o "terrorismo internacional" e o "*state-sponsored terrorism*", apresentados, desde os anos 80, como a nova ameaça, visou a encobrir, sobretudo, a questão do petróleo no Oriente Médio e as profundas contradições dos Estados Unidos com alguns Estados muçulmanos, onde o nacionalismo e o islamismo se fundiram, como forma de reação à sua preeminência, e ao irrestrito apoio que freqüentemente deram a Israel. O conflito Leste-Oeste, comunismo *versus* democracia, fora substituído pela teoria do *clash of civilizations*, cristianismo *versus* islamismo nacionalista, designado evasivamente como "terrorismo internacional" e/ ou "*state-sponsored terrorism*". E o conflito agravou-se no Oriente Médio, onde os Estados Unidos, para promover seus interesses econômicos, políticos e estratégicos, forjaram vínculos estreitos com os regimes mais impopulares e antidemocráticos da região. Saddam Hussein, que até então contara com o beneplácito de Washington, apesar das desconfianças, acusou o Kuwait, responsável por 10% da produção mundial de petróleo, de aumentar sua produção para baixar o preço e prejudicar ainda mais a economia do Iraque, e ordenou a invasão do seu território, em 2 de agosto de 1990. De fato, o Kuwait e os Emirados Árabes Unidos haviam aumentado suas cotas, fomentando uma superprodução de petróleo e fazendo o preço do barril cair para US$ 18,00, enquanto a cota do Iraque continuava limitada a 2,64 milhões de barris por dia (bpd). Provavelmente, ao perceber a vulnerabilidade econômica do Iraque, que estava a enfrentar sérios problemas, sobretudo depois da desmobilização de 200.000 soldados, finda a guerra com o Irã, o Kuwait escolheu o petróleo como forma de pressionar Saddam Hussein a resolver um problema de limites, exigindo que pagasse empréstimos, feitos durante da guerra, da ordem de US$ 12 bilhões a US$ 14 bilhões[4].

Essa iniciativa aparentemente foi tomada de acordo com os Estados Unidos. Em *memorandum* para o ministro do interior do Kuwait, Salim al Salim al Sabah, o Brigadeiro Saad al Fahd al Sabah, diretor do serviço de segurança do Estado daquele país, comunicou o entendimento alcançado com William Webster, em Langley (Virgínia), dizendo que trocariam informações sobre os armamentos e as estruturas políticas do Iraque, e que era importante aproveitar a vantagem da deterioração da sua situação econômica, para pôr pressão no sentido de delinear as fronteiras entre os dois países[5]. Esse documento teria sido encontrado no Kuwait, durante a ocupação pelo Iraque, mas a CIA negou sua autenticidade. De qualquer modo, os Estados Unidos estiveram ativos e sua embaixadora em Bagdá, April Glaspie, conversou com Saddam Hussein e o seu primeiro-ministro, Tariq Aziz, em 25 de julho de 1990, i. e., oito dias antes da invasão. No início da audiência, Saddam lembrou-lhe que o Iraque havia protegido os interesses dos Estados Unidos contra o Irã, cujo avanço sobre o Golfo as tropas americanas não teriam condições de conter. "*Yours is a society which cannot accept ten thousand dead in one battle in one week, then thousand next week*", disse-lhe[6]. Ele explicou sua urgente necessidade de dinheiro, além dos US$ 35 bilhões devidos à Arábia Saudita e Kuwait, e mais cerca de US$ 3 bilhões ao Egito, e que o Iraque saíra da guerra com uma dívida de mais de US$ 40 bilhões, excluindo a ajuda dada pelos países árabes. Acrescentou em seguida que considerava a política de petróleo do Kuwait e da União de Emirados Árabes uma agressão econômica. E, aludindo à Arábia Saudita, Kuwait e Emirados Árabes Unidos, comentou:

> *"People who live in luxury and economic security can reach an understanding with the United States on what are legitimate joint interests. But the starved and economically deprived cannot reach the same understanding."*[7]

Saddam Hussein disse à embaixadora April Glaspie saber que os Estados Unidos estavam a manobrar e o Departamento de Estado encorajara o Kuwait e os Emirados Árabes Unidos a desconsiderar os direitos do Iraque. E ponderou que não pedia que os Estados Unidos resolvessem seus problemas, porém não encorajassem qualquer um a tomar atitudes maiores do que seu status permitia. April Glaspie respondeu então que "*we have no opinion on the Arab-Arab conflicts*", sempre fora esta a instrução que recebera do Departamento de Estado, e esperava que a solução fosse encaminhada por métodos convenientes, através dos bons ofícios de Chadli Klibi, secretário da Liga Árabe, ou do presidente do Egito, Hosny Mubarak[8].

Saddam Hussein, ao que tudo indicou, entendeu as palavras da embaixadora April Catherine Glaspie, como um sinal de que os Estados Unidos, que o haviam apoiado na guerra contra o Irã, não interviriam no conflito e aprovariam seu domínio sobre o mundo árabe, a começar pela anexação do Kuwait, que antes de 1918, como parte do Império Otomano, pertencera à província de Basra e, conseqüentemente, ao Iraque, apesar de que sua independência fosse reconhecida em 1961[9]. O Iraque, em 1990, possuía um arsenal de mísseis balísticos (na guerra contra o Irã havia disparado 350 mísseis de todos os tipos, principalmente o SCUD), e uma força aérea com capacidade de penetrar profundamente no território de seus inimigos; possuía cerca de 28 plataformas fixas, no lado ocidental, ameaçando Israel, de acordo com o relatório *Conduct of the Persian Gulf War* (1992), do Departamento de Defesa americano.

Segundo revelação do *Washington Post*, na edição de 20 de outubro de 1990, o Presidente Bush, em 28 de julho, enviou mensagem a Saddam Hussein, acentuando o compromisso dos Estados Unidos com seus amigos na região e que o uso da força contra o Kuwait era inconcebível[10]. Os Estados Unidos temeram que Saddam Hussein, desenfreado, avançasse contra a Arábia Saudita e se colocasse em posição de controlar o preço do petróleo no Oriente Médio, uma vez que as reservas naqueles três países (Iraque, Kuwait e Arábia Saudita) representavam cerca de 60% das existentes em todo o mundo. E a Arábia Saudita, ademais, representava um papel central na estratégia dos Estados Unidos, que sempre mantiveram estreitas relações com a família real[11], desde 1938, quando ocorreu a descoberta de petróleo em quantidade comercial, perto de Dharan, e lá estabeleceram missão militar em Riyadh, durante a Segunda Guerra Mundial. Os Estados Unidos e a Grã-Bretanha, de cuja fraqueza se aproveitaram, negociaram a região: os Estados Unidos ficariam com a Arábia Saudita, deixando a Pérsia para a Grã-Bretanha, enquanto o Iraque e o Kuwait seriam repartidos entre as duas potências[12]. O modelo das relações dos Estados Unidos com a Arábia Saudita foi sempre na base de dinheiro e armas para a família real em troca das concessões de petróleo e bases militares para os americanos. E a *joint venture* Arabian-American Oil Co. (ARAMCO), formada pelas companhias petrolíferas Socal e Texaco, tornou-se o canal dos rendimentos para a família real.

Durante a Segunda Guerra Mundial, Roosevelt, sob pressão das companhias petrolíferas, proclamara que a defesa da Arábia Saudita era vital para a defesa dos Estados Unidos, e o secretário de Estado John Foster Dulles, ao visitá-la em 1953, ficou tão impressionado com a abundância de petróleo e outros recursos naturais que declarou ser aquele país "*vital to our welfare*"[13]. De fato, a partir de 1948, as importações de petróleo bruto e de outros produtos pelos Estados Unidos superaram suas exportações e o país passou a depender crescentemente do Oriente Médio. Uma base aérea foi construída em Dharan, na Arábia Saudita. Os grupos nacionalistas, adversários da família real, agastaram-se, mas a base tornou-se tão importante para os Estados Unidos que, em 1961, o príncipe Talal ibn Abdel foi demitido do cargo de ministro das Finanças, quando propôs seu fechamento e a ab-rogação do tratado, que permitira sua construção, e posteriormente teve seu passaporte retirado, os bens confiscados e alguns de seus partidários foram presos.

No início dos anos 70, durante a administração de Nixon, os Estados Unidos estabeleceram com a Arábia Saudita, através do mecanismo "*arms-for-oil*", o mesmo padrão de relacionamento, que mantinham com o Irã. Desde então lhe forneceram mais de US$ 100 bilhões em material bélico e peças de reposição e apoio técnico, desde os aviões AWACs aos tanques Abrams M-1, navios de guerra e outros armamentos. O dinheiro pago pelo petróleo voltava assim para a economia dos Estados Unidos, dos quais a Arábia Saudita se tornou o maior consumidor de armamentos e sistemas bélicos avançados, inclusive de reconhecimento eletrônico, depois da revolução xiita no Irã, ao mesmo tempo em que a família Sa'ud cada vez mais enriquecia. Para cada compra de armamentos havia comissão; e para cada comissão havia um membro da família Sa'ud esperando por trás da cortina, como observou o ex-agente da CIA Robert Baer na sua obra *Sleeping with the Devil*[14]. O príncipe Bandar bin Sultan, embaixador da Arábia Saudita em Washington desde 1983, revelou ao correspondente Lowell Bergman, no programa Frontline, da televisão PBS, que nos últimos trinta anos seu país havia implementado um programa de desenvolvimento no valor aproximado de US$ 400 bilhões, dos quais "*we misused or got corrupted with $50 billion*"[15]. E justificou: "*We did not invent corruption (...). This happened since Adam and Eve. ... I mean, this is human nature.*"[16] A Arábia Saudita, decerto, não inventou a corrupção. Ela era inerente ao capitalismo, particularmente nos Estados Unidos, e o sistema de corrupção só podia existir porque funcionava nos dois sentidos, tanto passivo quanto ativo. Para cada corrupto na Arábia Saudita, ou também no Irã, sob o regime de Reza Pahlavi, havia uma corporação dos Estados Unidos, que corrompia para vender armamentos, e um elemento em Washington que também ganhava a comissão por intermediar e facilitar o negócio. Tinha razão o publicista Eduardo Prado, ao ressaltar, em 1893, que "a corrupção política e administrativa é a própria essência do governo americano"[17].

Desde que os Estados Unidos, no início dos anos 70, deixaram de ter excedente de produção, após um quarto de século, e converteram-se em importador líquido de petróleo, as importações saltando de 3,2 milhões bpd, em 1970, para 6,2 milhões bpd, em 1973[18], a Arábia Saudita tornou-se vital para a sua economia (petróleo e armamentos). E a significação estratégica e geopolítica que ela adquirira e se entrançava com sua importância econômica levou o General Paul X. Kelley, comandante do Marine Corps, a declarar, em 1981, que ela era "*quite likely second to no other nation on the face of the earth in its importantce to the future well-being of the Free World*"[19]. Sem dúvida, a Arábia Saudita passara a constituir decisivo ponto de apoio para os objetivos militares dos Estados Unidos no Oriente Médio, não somente devido às jazidas de petróleo e à sua localização, mas também por causa da extensiva rede de bases militares ali construídas, sob a supervisão do Army Corp of Engineers e outros contratados, em Hasa, Qasim, King Khaled e Asad, Kharmis al-Mushayt, Tabuk e Sharura, ao longo da fronteira, assim como bases navais em Jubail e Dammam, sobre o Golfo Pérsico, e Jeddah, no Mar Vermelho[20].

Os interesses dos Estados Unidos ali eram vitais, tão amplos e profundos que qualquer ameaça à Arábia Saudita configurava um *casus bellum*, não obstante estar sob um regime dos mais despóticos e corruptos do Oriente Médio, onde as mulheres não tinham praticamente direito algum, ocorria o maior número de decapitações e não havia diferença entre o setor público e o privado. A família Saud, que governava o país, era proprietária da indústria petrolífera e, orientada pelo fundamentalismo *wahabbi*, percebia Saddam Hussein como um governante laico, que queria destruir o Islã. Com ela o presidente Bush possuía laços íntimos, assim como com o emir do Kuwait, o xeique Jaber al-Ahmad, da família al-Sabah, reinante desde 1752. E mobilizou 100.000 soldados, para expulsar do Kuwait as tropas do Iraque e, eventualmente, defender monarquia na Arábia Saudita. Os Estados Unidos realizaram primeiro a *Operation Desert Shield*. E, esgotado o *ultimatum* da ONU para que Saddam Hussein retirasse suas forças do Kuwait, desencadearam a *Operation Desert Storm*, no dia 15 de janeiro de 1991, com a participação da Grã-Bretanha, Itália e França, e assentimento da União Soviética e da Liga Árabe[21]. Essa foi a primeira vez que os Estados Unidos moveram uma guerra, sem propagar que estavam a defender a democracia. Nem podiam fazê-lo. Quando chegou a dominar a Arábia Saudita, a família real Saud, que aniquilara várias tribos rivais entre 1918 e 1928, há havia promovido cerca de 45.000 execuções públicas e amputado a mão de 350.000 pessoas acusadas de roubo, em uma população de 4 milhões de habitantes[22]. O Kuwait, da mesma forma que a Arábia Saudita, não era um modelo de democracia. Somente 65.000 pessoas, em uma população de cerca de 2 milhões, tinham o direito a voto. As mulheres não tinham absolutamente qualquer direito político. E o poder estava nas mãos do emir, escolhido pela família governante, al-Sabah, entre seus próprios membros. Essa guerra, conquanto a opinião pública americana estivesse dividida quanto à sua necessidade e a Resolução autorizando-a só fosse aprovada no Congresso pela maioria de cinco votos, evidenciou que a política do petróleo e a segurança internacional se entreteciam, e que os interesses econômicos determinavam a política externa e militar dos Estados Unidos. A atividade militar no exterior constituía um imperativo não apenas de caráter geo-estratégico, mas, sobretudo, de seu crescimento econômico.

Com efeito, a guerra, que durou cerca de seis semanas, teve como objetivo, exclusivamente, defender os interesses econômicos, políticos e estratégicos dos Estados Unidos, que aproveitaram a oportunidade para instalar bases na Arábia Saudita e promover a venda de armamentos no valor de bilhões de dólares, ao mês, nos anos subseqüentes[23]. Quando se retiraram da Arábia Saudita e do Kuwait, as tropas americanas deixaram consignados armamentos no valor de US$ 10 bilhões. Saddam Hussein, derrotado, teve de abandonar o Kuwait. Porém continuou vivo e manteve o poder no Iraque. O presidente George Bush não quis extrapolar o mandato que a ONU concedera aos Estados Unidos. Percebera que, se o fizesse, invadindo Bagdá, não contaria com o apoio dos demais países, sobretudo dos árabes, que apoiaram a *Operation Desert Storm*, mas não estavam dispostos a atacar outro país árabe. A continuação da guerra somente agravaria os problemas na região. Bush agiu com moderação, tanto que, durante o conflito, despachara o secretário de Estado-Adjunto, Lawrence Eagleburger, com a missão de pedir a Tel Aviv que não retaliasse os mísseis que o Iraque havia disparado contra Israel. E, após o término da guerra, ordenou a CIA tentar por meios encobertos a derrubada do regime de Saddam Hussein. Cerca de US$ 20 milhões foram gastos em propaganda anti-Saddam e pelo menos US$ 11 milhões foram destinados ao Congresso Nacional Iraquiano, organização dirigida, em Londres, por Ahmed Chalab e que abrigava diversos grupos de oposição iraquiana e kurda[24].

Os "falcões" do Pentágono não se conformaram com a decisão tomada por Bush de não avançar no Iraque e derrocar o regime de Saddam Hussein. Esses "falcões", os mais belicosos, os mais ferozes, não eram propriamente os militares e sim alguns funcionários civis que trabalhavam no Pentágono, os *neocons*[25], a extrema-direita radical, que representava os interesses das indústrias especializadas em armamentos com tecnologia intensiva de capital, localizadas no *sunbelt* (Texas, Missouri, Flórida, Maryland e Virgínia), a região nos Estados Unidos mais beneficiada pela Guerra Fria, e para onde se deslocara seu centro de gravidade tanto demográfico quanto econômico[26]. Eram eles Richard (Dick) Cheney, então secretário de Defesa, e alguns teóricos conservadores, entre os quais o professor Paul D. Wolfowitz, I. Lewis "Scooter" Lybby e Richard Perle, que defendiam a antecipação de ataques com base na presunção do que o inimigo poderia fazer ("*preemptive attacks*"), pressionavam a administração no sentido de alargar a função das armas nucleares, a fim de garantir a superioridade militar dos Estados Unidos e exercer influência econômica, política e estratégica em todo o mundo. Julgavam que os Estados Unidos deviam usar o poderio bélico e impor pelas armas seu *way of life*, tanto econômico quanto político, a todos os países, inclusive ou principalmente ao mundo islâmico, porquanto não mais havia a União Soviética para contrapor-se.

Em 1992, Dick Cheney emitiu um documento — *Defense Planning Guidance* (DPG) — elaborado, em grande parte, por Paul. D. Wolfowitz, seu subsecretário, no qual definia que o principal objetivo político e militar dos Estados Unidos, após a Guerra Fria, consistia em "*prevent the re-emergence of a new rival*", bem como impedir que "*any hostile power from dominating a region whose resources would, under consolidated control, be sufficient to generate global power*". Essas regiões incluíam a Europa Ocidental, Ásia Oriental, o território da antiga União Soviética, e o sudeste da Ásia. Também os Estados Unidos deveriam manter a necessária liderança para estabelecer e proteger a nova ordem contra eventuais competidores, que aspirassem a um maior papel ou mantivessem agressiva postura diante dos interesses americanos. Ao preconizar que os Estados Unidos deviam dissuadir as nações industriais de desafiar sua liderança ou buscar subverter a ordem econômica e política, a *Defense Planning Guidance* dizia que os Estados Unidos "*must maintain the mechanisms for deterring potential competitors from even aspiring to a larger regional or global role*" e deveriam intervir nas fontes de conflitos regionais e instabilidade, com o propósito de promover o respeito à lei internacional, limitar a violência internacional, promovendo a expansão das formas democráticas de governo e sistemas econômicos abertos. Os objetivos eram impedir a proliferação de armas de destruição em massa, as ameaças do terrorismo contra cidadãos americanos, em conflito regional ou local, e a ameaça do narcotráfico à sociedade americana, bem como defender o acesso às fontes de matérias-primas, primeiramente no Golfo Pérsico[27], cuja proteção absorvia anualmente US$ 50 bilhões do orçamento de defesa, um montante cinco vezes maior do que o custo do petróleo importado daquela região. A *Defense Planning Guidance* previa alguns cenários de conflito, principalmente com o Iraque e a Coréia do Norte[28].

Wolfowitz sustentava que a estratégia política e militar, baseada nos princípios da *deterrence* e *containment*, estava superada, representava uma reminiscência da Guerra Fria, e que os Estados Unidos deviam proclamar, abertamente, sua hegemonia, manejar o *big stick*, como um *global cop*, e usar seu poderio bélico para impedir a proliferação de armas de destruição em massa. Os especialistas estavam divididos quanto ao papel que os Estados Unidos deveriam desempenhar no pós-Guerra Fria. Os militares também se mostraram muito cautelosos. Amargavam ainda o fiasco no Vietnã[29], apesar de que a vitória na Guerra do Golfo, com a experimentação de armamentos de alta tecnologia, houvesse levantado o moral do Exército. Mas os *neocons* do Pentágono, entusiasmados, pretenderam que os Estados Unidos também interviessem na Iugoslávia e usassem seu poder aéreo contra a Sérvia. E eles começavam a dominar o Partido Republicano, cuja base geográfica se deslocara do norte para o sul, principalmente para os Estados do *sunbelt*, onde os evangélicos batistas, muitos dos quais pertenciam à Southern Baptist Convention (SBC), extremamente conservadores, passaram a constituir seu principal eleitorado, deslocando os episcopalianos, metodistas e presbiterianos.

George Bush julgava que a América, com a vitória no Kuwait sobre as forças de Saddam Hussein, havia recuperado a credibilidade[30]. "*By God we've kicked the Vietnam Syndrome once and for all*", exclamou. Não acolheu a idéia de instituir, oficialmente, a *Defense Planning Guidance*, defendida pelos *neo-conservatives*, que desejavam tornar os Estados Unidos um *global cop*, em "*time of troubles*", e instituir a *Pax Americana*, pela força das armas, inclusive nucleares, se necessário. Era um conservador ao velho estilo e estava mais ao centro, dentro do Partido Republicano, mais para o lado dos "*Trilateralists*" e conservadores tradicionais, que favoreciam a formação de blocos econômicos regionais, como o NAFTA e a implantação da *New World Order*. Eles entendiam que os Estados Unidos deviam continuar a liderar o clube das nações ricas e poderosas, ou seja, o cartel das potências industriais, usando e dominando a ONU, a OEA, o Banco Mundial e o FMI, e potencialmente desempenhar o "*world policeman role*", i.e., usar a força armada para manter o *status quo* na América Central, Caribe e Oriente Médio.

Ao elaborar, em 1992, as diretrizes da Military Strategy of the United States, o general Collin Powell, chefe do Estado-Maior, defendeu a doutrina de que os Estados Unidos deviam recorrer à força militar, em coalizões *ad hoc*, embora admitisse que "*must also retain the capability to operate independently, as our interests dictate*"[31] e, em caso de necessidade, aplicar a força decisiva para esmagar o adversário e terminar rapidamente o conflito, "*with a minimum loss of life*"[32]. Powell, entretanto, permaneceu imune aos apelos dos que queriam a intervenção dos Estados Unidos na guerra de secessão nos Bálcãs, onde os sérvios da Bósnia-Herzegóvina empreendiam a chamada limpeza étnica, mediante expulsão dos não-sérvios, e de outras etnias, prendendo e massacrando a população civil. Entendia que ninguém em Washington estava disposto a pagar o preço que tal iniciativa podia demandar e que os intervencionistas (Paul Wolfowitz e os *neocons*) estavam a falar com base em esperança e não na realidade, uma esperança de que os efeitos fossem mínimos, sem baixas americanas, com a aplicação do poder aéreo[33]. Dick Cheney concordou com Powell sobre a inconveniência de envolver nos Bálcãs tropas terrestres. Mas Wolfowitz considerava o embargo de armas ineficaz, pois deixava a Bósnia mais vulnerável, e advogou que os Estados Unidos não deviam pretender evitar, mas envolver-se no conflito[34].

As indústrias de material bélico, cujos interesses os "falcões" defendiam, necessitavam de mais encomendas de armamentos. George Bush, cuja posição era ambígua, anunciou que os Estados Unidos deviam manter intacta sua estrutura militar e pretendeu destinar ao Pentágono, para o ano fiscal de 1993, um montante de US$ 281 bilhões, que foi reduzido pelo Congresso para US$ 275 bilhões, redução esta que significou apenas o retorno aos níveis normais de despesas militares, durante a Guerra Fria, apesar da desintegração do Bloco Soviético, o principal antagonista dos Estados Unidos, por mais de quatro décadas. Conforme Jeffrey R. Gerlach, analista político internacional do Cato Institute, observou, "*it is ludicrous for the United States, in the post-Cold War era, to continue to spend significantly more on defense than all of its G-7 allies combined*"[35]. A estratégia para manter a preeminência dos Estados Unidos, proposta pelo presidente George Bush, após a Guerra do Golfo, implicava gastos militares da ordem de US$ 290 bilhões a US$ 300 bilhões (o equivalente a 3,5% do PIB)[36] e uma força com 1,6 milhão de efetivos. Somente nas forças da OTAN os Estados Unidos deveriam investir entre US$ 90 bilhões e US$ 100 bilhões, em 1993, alegando o compromisso de defender a Europa. Mas defendê-la contra quem, se o comunismo havia desaparecido e a Rússia nem tinha condições sequer de promover um ataque convencional para restabelecer o domínio sobre as repúblicas que antes integraram a União Soviética?

A Rússia, ao esbarrondar-se o regime comunista, não representava ameaça aos interesses americanos. Pelo contrário. O desaparecimento do Bloco Socialista, conjugado com a abertura da China, deu extraordinário impulso à expansão do capitalismo, com a conquista dos mercados de Estados não-capitalistas, ao permitir às grandes corporações dos Estados Unidos e da Europa Ocidental investir seu excedente econômico e apropriar-se da força de trabalho barata, para o seu sistema de assalariado, e de outros fatores de produção. A dissolução das economias não-capitalistas do Leste Europeu alimentou ainda mais a acumulação do capital e novos capitalistas, que se apropriaram das empresas estatais da extinta União Soviética e dos demais países do Bloco Socialista, emergiram das próprias fileiras dos partidos comunistas, como Trotsky previra. O processo de internacionalização da economia, que se intensificara, assumiu uma dimensão efetivamente global, ao ganhar maior velocidade, em conseqüência do desenvolvimento da tecnologica da informação e da microeletrônica, dos meios de transportes e dos meios de comunicação. E, em meio desse processo de globalização, os governos perderam ainda mais a capacidade de manejar suas economias, de conformidade com as diretrizes keynesianas, e o capital financeiro tratou de socavar as bases do Estado de bem-estar social, e avançar o neoliberalismo e o monetarismo, uma vez que a União Soviética e a ameaça do comunismo haviam desaparecido.

A crise da América Latina, desencadeada pelo *default* do México em 1982, estava a restringir sua capacidade de importar e atender ao serviço da dívida externa, devido à crescente fuga de capitais tanto estrangeiros quanto nacionais, gerando incontrolável processo inflacionário e a estagnação econômica. Essa situação começara a afetar seriamente os interesses dos Estados Unidos, prejudicando suas exportações, e o secretário do Tesouro dos Estados Unidos, Nicholas Brady[37], apresentou, em março de 1989, um plano[38], com o objetivo de promover a redução no valor da dívida externa, mediante a diminuição do principal ou das taxas de juros, a extensão dos prazos de pagamento e a substituição de obrigações com taxas de juros flutuantes, por títulos com taxas fixas. No entanto, a redução da dívida só seria assegurada aos países que se submetessem às condicionalidades estabelecidas, i.e., realizassem "reformas estruturais", de caráter neo-liberal[39]. Suas políticas macroeconômicas deveriam, portanto, ajustar-se à *debt strategy* dos credores externos, definidas de conformidade com as condições assinaladas para a renegociação da dívida pelo FMI e Banco Mundial.

O economista inglês John Williamson, residente em Washington, apresentou, àquela mesma época, em conferência convocada pelo Institute for International Economic[40], um documento com dez recomendações para a reforma econômica, sobre as quais havia amplo consenso em Washington, tanto entre os membros do Congresso e da Administração quanto entre os tecnocratas das instituições financeiras internacionais, agências econômicas do governo norte-americano, Federal Reserve Board, Banco Mundial, Fundo Monetário Internacional (FMI) e *think tanks*[41]. Essas recomendações, que visavam à estabilização monetária e ao pleno restabelecimento das leis de mercado, consistiam em: 1 — disciplina fiscal; 2 — mudanças das prioridades no gasto público; 3 — reforma tributária; 4 — taxas de juros positivas; 5 — taxas de câmbio de acordo com as leis do mercado; 6 — liberalização do comércio; 7 — fim das restrições aos investimentos estrangeiros; 8 — privatização das empresas públicas; 9 — desregulamentação das atividades econômicas (sobretudo do mercado de trabalho); 10 — garantia dos direitos de propriedade[42]. Tanto os países do sul quanto os do Leste Europeu foram forçados pelo FMI e pelo Banco Mundial a empreender eles mesmos ajustes estruturais, em base permanente, enquanto as potências industriais poderiam fazê-lo voluntariamente. Era o modelo no estilo da *Reaganomic*, a política que Reagan e Margareth Tatcher implementaram nos anos 80, com a liberalização e desregulamentação das atividades econômicas (telefonia, linhas áreas, etc.), enquanto se empenhavam em quebrantar a força dos sindicatos e desmontar o Estado de bem-estar social, sobretudo na Grã-Bretanha.

A disciplina fiscal, uma política de austeridade, de modo a conter o processo inflacionário, praticamente já fora do controle, constituía, de fato uma necessidade, para que os países da América Latina pudessem retomar o crescimento econômico auto-sustentável. As medidas recomendadas pelo que se convencionou chamar de *Washington Consensus*, rejuvenescendo e encorajando os princípios do liberalismo/libertarianismo econômico, sobretudo a privatização das empresas estatais, a desregulamentação da economia e a liberalização unilateral do comércio exterior, eram similares às que governos militares, nos anos 1960, tentaram aplicar, ou aplicaram, sem sucesso, nos países da América Latina, favorecidos e apoiados pelos Estados Unidos, e somente no Chile, com enorme custo social e total desconsideração dos direitos humanos, obtiveram relativo êxito, sob a orientação dos Chicago's Boys[43]. Elas se tornaram, porém, condição fundamental para que os países tanto do sul (América Latina, África e Ásia) quanto do Leste Europeu pudessem renegociar a dívida externa e receber qualquer assistência ou recurso do FMI e do Banco Mundial, instituições criadas na Conferência de Bretton Woods, e nas quais os Estados Unidos desde então foram o único país a ter efetivamente o poder de veto[44]. Essas instituições financeiras gêmeas, controladas pelos Estados Unidos, à frente do cartel das potências industriais, que o Japão, Alemanha, França e Grã-Bretanha integravam[45], passaram então modelar a nova ordem econômica mundial, ditando aos países devedores as medidas estabelecidas pelo *Washinhgton Consensus*, e através de tal condicionalidade solaparam significativamente a soberania nacional dos países da América Latina e de outras regiões, conforme reconheceu Joseph Stiglitz, ex-diretor do Banco Mundial e prêmio Nobel de Economia (2001)[46]. Esses países perderam, eventualmente, a capacidade de controlar sua economia, determinar seu futuro e formular políticas de acordo com a sua própria realidade social.

Essa crise da dívida externa, que atingira não apenas a América Latina, mas também a África e a Ásia, na década de 1980, tornou o FMI e o Banco Mundial dois colossos, com capacidade de impor imperiosamente suas receitas aos países devedores[47], inclusive do Leste Europeu, que tiveram de cumprir suas recomendações, a fim de receber assistênccia, empréstimos e financiamentos para a execução de obras públicas, e sujeitar suas respectivas políticas econômicas e decisões de investimentos à fiscalização internacional. Michael Hudson, professor de economia na Universidade de Kansas (USA), observou que governo dos Estados Unidos, o FMI e o Banco Mundial usaram a necessidade de financiamento dos países do Terceiro Mundo para forçá-los a adotar as reformas propugnadas pelo *Washington Consensus*[48]. Ele previu que a tendência do *Washington Consensus* era "*to retard world development by loading down the economies of almost every country with dollar-denominated debt, and to require own dollar debts at the medium to settle payments imbalances in every region*"[49]. Tal condicionalidade[50] afetara, inclusive, a política de defesa, ao fixar limites para os gastos militares, e os países latino-americanos, entre outras políticas, tiveram de liberalizar unilateralmente seu comércio exterior, reduzir as barreiras alfandegárias, possibilitando que os Estados Unidos, sem privilegiar os interesses do setor bancário na questão da dívida externa, atendessem à pressão dos exportadores americanos e transformassem em superávit seu déficit comercial com a região.

A estratégia dos Estados Unidos, no âmbito multilateral, consistiu em vincular a renegociação da dívida externa à adoção de programas de *structural adjustment*, i.e. à aceitação da condicionalidade, que implicava a abertura dos mercados para bens, serviços e capitais, privatização das empresas estatais e desregulamentação da economia, supervisionadas pelo FMI e pelo Banco Mundial[51]. Esse elenco de reformas, que representava, em realidade, o consenso existente entre o Departamento do Tesouro dos Estados Unidos, o FMI e o Banco Mundial, resumia-se na recomendação de que o Estado se retirasse da economia, quer como empresário quer como regulador das transações domésticas e internacionais, de modo que toda a América Latina e o resto do Terceiro Mundo se submetessem às forças do mercado, ou seja, das 51 maiores corporações, a maior parte americanas, transformadas em virtuais Estados transnacionais. A redução do papel do Estado, o Estado-mínimo, significava, em meio do processo de globalização do capital, a redução da própria soberania dos Estados nacionais, transferindo todo o poder econômico para as corporações transnacionais, a maioria das quais norte-americanas, que se assenhoreavam das empresas estatais, postas à venda pelos governos, sob o signo da privatização. O processo de privatização das empresas estatais configurou, em realidade, um processo de estrangeirização das empresas nacionais, na medida em que as tornou vulneráveis ao assalto pelas companhias baseadas nos maiores países capitalistas[52]. O objetivo consistiu em criar um mundo sem fronteiras, transformá-lo em uma zona livre, abrindo o mercado mundial à competição e dando às corporações transnacionais e aos investidores e banqueiros a liberdade de movimentar capitais, bens, plantas industriais, lucros e tecnologia, sem que os governos nacionais pudessem criar obstáculos. Esse era o modelo de relações internacionais, concebido pelo economista Jacob Viner, da Universidade de Chicago, que julgava ser o Estado nacional "*automatically patriotic*", enquanto a corporação transnacional, privada, sem a influência do poder nacional, era "*normally unpatriotic*", constituindo a razão do lucro a melhor garantia contra o desperdício e a destruição em conflitos internacionais[53]. Contudo, um "*economically stateless world*" não poderia garantir a ordem e a estabilidade requeridas pelos riscos e complexidade do capital financeiro global e necessárias aos investidores transnacionais[54].

O anúncio da *Enterprise of the Americas Initiative* (EAI), pelo presidente Bush, em 27 de junho de 1990, inseriu-se na moldura da globalização, incentivada pelas corporações americanas, não obstante a oposição de vários setores, inclusive sindicais, dentro dos Estados Unidos. Com a instituição de uma zona de livre comércio, desde Anchorage, no Alaska, até a Terra do Fogo, os Estados Unidos, no contexto das dificuldades para reduzir o desequilíbrio de sua balança comercial, poderiam aumentar ainda mais exportações de mercadorias para os países da América Latina sem a necessidade de negociar com seus governos e fazer outras concessões, bem como eliminar a concorrência da Europa e do Japão, na América Latina, e compensar seu déficit comercial com outras regiões. Com esse propósito, Bush tratou de negociar uma série de acordos de comércio, a começar pelo controvertido North American Free Trade Agreement (NAFTA), com México, sob o governo de Carlos Salinas de Gortari, e Canadá, ao mesmo tempo em que pretendia estabelecer um fundo de US$ 1,5 milhão, em apoio à implementação de programas de investimentos. Com essa área de livre comércio, no hemisfério, as corporações transnacionais obteriam o máximo de liberdade para movimentar bens e outros fatores de produção (exceto força de trabalho), ao mesmo tempo em que os Estados Unidos restringiam o acesso ao seu próprio mercado interno, quando lhes conviesse, sob os mais variados pretextos, como competição desleal, riscos sanitários, segurança nacional, etc.[55] O NAFTA, proposto e apoiado pelas corporações transnacionais, contou, porém, com forte oposição, tanto nos Estados Unidos quanto no Canadá, por parte, sobretudo, dos sindicatos de trabalhadores, ante a possibilidade de que os empregos fossem exportados para o México, onde os salários eram mais baixos.

Os Estados Unidos, após conseguirem determinar a redução das tarifas e a liberalização do comércio internacional, com as negociações da Rodada Kennedy (1962-1967), usaram seu poder para fazer avançar os tratados de comércio, como o NAFTA, e impulsionar a Rodada Uruguai (1987-1994), que culminou com diversos acordos e a transformação do General Agreement on Tariffs and Trade (GATT) em Organização Mundial do Comércio (OMC), em que prevaleceram os interesses do cartel das potências industriais, que constituíam mercados maiores entre si, tornando-se indispensáveis umas para as outras, apesar das contradições, agravadas após a aprovação do Tratado de Maastricht, em 1991, criando a União Européia e a moeda única[56], como outro passo para a formação de um Estado europeu. Os países signatários dos acordos do GATT obrigaram-se a rebaixar as tarifas em quase 40%, reduzir medidas protecionistas nos setores têxteis e agrícolas, cortar e diminuir subsídios e adaptar-se às novas regras e regulamentos, envolvendo serviços, investimentos, cotas e direito de propriedade intelectual "(...) *The reductions of tariffs achieved in the Kennedy Round and in subsequent "rounds" owed much to American pressures such as the "condicionality" attached to loans from Washington-based International Monetary Fund*", admitiu o professor Niall Ferguson, em sua obra *Colossus — The Price of the American Empire*[57]. O objetivo da Rodada Uruguai fora remover as barreiras para o livre fluxo de bens, capitais e lucros, obstando a adoção de políticas e normas econômicas e sociais, de conformidade com as suas próprias necessidades, pelos países signatários dos acordos, e promover os interesses dos investidores financeiros e das grandes corporações, que dominavam o mercado mundial, de modo que pudessem transferir os lucros do comércio para os Estados Unidos. A OMC tornou-se outro pilar da ordem econômica mundial e conformou com o FMI e o Banco Mundial a trindade, destinada a supervisionar e fazer cumprir as normas do sistema de governo ultra-imperial, exercido basicamente pelo cartel das potências industriais, sede de cerca sessenta grandes corporações, sufocando a autonomia e erodindo a soberania dos Estados nacionais, por meio da globalização[58]. Os Estados Unidos, por trás da cena, criaram as regras e passaram a manobrar na OMC, como já o faziam nos diversos organismos e instituições, o G-7, Conselho de Segurança da ONU, OTAN, OEA, FMI, Banco Mundial e Asia-Pacific Economic Cooperation (APEC)[59].

Notas

1. Alexander (ed.) , 1976, p. vi e xv.
2. Hoffman, 1998, p. 67.
3. Id., ibid., p. 186.
4. Kimche, 1996, pp. 332-334.
5. Hiro, 2003, pp. 224-225.
6. Darwish & Alexander, 1991, p. 230.
7. Id., ibid., pp. 267-268.
8. Hiro, 2003., p. 34. Tirman, 1997, p. 171. Camacho, 2004, pp. 25-27. Darwish & Alexander, 1991, pp. 267-270. April Glaspie Transcript — http://www.whatreallyhappened.com/ARTICLE5/april.html.
9. Posteriormente, em abril 1991, ao testemunhar perante o Foreign Relations Committee do Senado, a embaixadora April Glaspie declarou que repetidamente advertira Saddam Hussein contra o uso de força para acertar a disputa com o Kuwait e que se admirava haver ele interpretado suas palavras como aprovação implícita ao seu plano de invasão. "*We foolishly did not realize he [Saddam] was stupid.*"
10. Apud Darwish & Alexander, 1991, p. 270.
11. A história da dinastia Saud remonta a 1744, quando o xeique Muhammad Ibn Abdul Wahab se estabeleceu em Diriyah e o Príncipe Prince Muhammad Ibn Saud concordou em apoiá-lo e sustentar sua causa, visando a limpar a fé islâmica de suas distorções. Em 1824, Turki Ibn Andullah capturou a cidade de Riyadh, liberando Najd dos exércitos de Muhammad Ali Pasha. E em 1902, o Rei Abdul Aziz Ibn Abdul Rahman al Saud conquistou Riyad e criou assim o embrião do futuro reino da Arábia Saudita.
12. Ferguson, 2004, p. 109.
13. Id., ibid., p. 109.
14. Baer, 2003, pp. 152-153.
15. Frontline interviews Prince Bandar bin Sultan, dean of the Diplomatic Corps in Washington, D.C., who asserts that while U.S. policies in the Middle East are flawed, America cannot be blamed for the 9/11 attacks. http://www.pbs.org/wgbh/pages/frontline /shows/terrorism/interviews/bandar.html. Vide também Baer, 2003, p. 154.

16. Frontline interviews Prince Bandar bin Sultan, dean of the Diplomatic Corps in Washington, D.C., who asserts that while U.S. policies in the Middle East are flawed, America cannot be blamed for the 9/11 attacks. http://www.pbs.org/wgbh/pages/frontline /shows/terrorism/interviews/bandar.html.
17. Prado, 2001, p. 163.
18. Unger, 2004, p. 36.
19. Gerson & Birchard, 1991, p.291.
20. Essas bases, na Arábia Saudita, permitiram aos Estados Unidos, em 1979, abastecer de armas, rapidamente, o Yêmen do Norte, i. e., a República Árabe do Yêmen, pró-Ocidente, na guerra contra a República Democrática do Yêmen, o Yêmen do Sul, governado por Abd al-Fattah Isma'il, dirigente do Partido Socialista, que contava com o apoio da União Soviética.
21. Shellum, Brian — "A Chronology of Defense Intelligence in the Gulf War: a Research Aid for Analyst". July 1977. Defense Intelligence Agency History Office — National Security Archive.
22. Unger, 2004, pp. 103-104.
23. Tirman, 1997, p. 178.
24. Mahle, 2004, p. 215.
25. Abreviatura usada nos Estados Unidos para os chamados *neoconservatives*.
26. Trubowitz, 1998, pp. 226-227. Johnson, 2002, p. 765.
27. Excertos do "Defense Planning Guidance "U.S. Strategy Plan Calls for Insuring No Rivals Develop", publicado in *The New York Times*: 8.3.1992. Vide também Tyler, Patrick E. . "Lone Superpower Plan: Ammunition for Critics". *The New York Times*. 10.3.1992. Gellman, Barton "Keeping the U.S. First: Pentagon Would Preclude a Rival Superpower". *The Washington Post*, 11.3.1992
28. Johnson, 2001, p. 87.
29. Halberstam, 2003, pp. 59-60 e 146-147.
30. Power, 2002, p. 161.
31. Powell, Colin L — The Military Strategy of the United States. Washington: U.S. Government Printing Office, 1992.
32. Id., ibid.
33. Halberstam, 2001, p. 141.
34. Id., ibid., pp. 141-142.
35. Gerlach, Jeffrey R. Pentagon Myths And Global Realities: *The 1993 Military Budget*. Policy Analysis No. 171 — May 24, 1992. Cato Institute. http://www.cato.org/pubs/pas/pa-171.html.
36. O declínio das despesas militares em relação ao PIB refletiu o imenso crescimento da economia Americana desde 1960. O PIB dos Estados Unidos, da ordem de US$ 1.655,3 bilhões (dólar constante), em 1960, saltou para US $4.117,7 bilhões em

1989. Diante de tal crescimento, é natural que a percentagem dos gastos militares tenha caído.

37. Depois da reunião contra o narcotráfico em Cartagena (15/2/1990) o Presidente Bush encomendou a um grupo de assessores e ao secretário do Tesouro, Nicholas Brady, uma revisão da política econômica para a América Latina e daí a elaboração do plano para o reescalonamento da dívida externa dos países da região. Essa política ele consubstanciou em The Enterprise for the Americas Initiative, em 27 de junho de 1990, após o que, em pleno conflito do Golfo Pérsico, empreendeu uma viagem ao Brasil, Argentina, Uruguai, Chile e Venezuela.
38. O Plano Brady foi inspirado em uma idéia que o professor Luiz Carlos Bresser-Pereira, ao assumir o Ministério da Fazenda, em abril de 1987, propôs ao secretário do Tesouro, James Baker. Tratava-se de conseguir o "*debt relief*" para o Brasil, o que equivalia à "securitização" da dívida. James Baker, porém, não aceitou a proposta, negando-se a desvincular de um entendimento com o FMI o esquema voluntário de redução de dívidas privadas.
39. Bresser-Pereira, Luiz Carlos — "O Plano Brady", in *IstoÉ-Senhor*, 22/3/1989.
40. O Institute for International Economics fora criado em 1981, com recursos do German Marshall Funds e mantido com doações da Ford Foundation, William and Flora Hewlett Foundation e Alfred P. Sloan Foundation.
41. Sobre o tema vide Williamson, 1990, pp. 9 e 10.
42. Id. Ibid., pp. 10 a 33.
43. Os *Chicago's boys* pertenciam à Chicago School, cujos expoentes, os economistas Milton Friedman e George J. Stigler (Prêmio Nobel, 1982), do Departamento de Economia da Universidade de Chicago, defendiam uma versão moderna da Manchester School, o mais absoluto liberalismo/libertarianismo, com a privatização de empresas e serviços governamentais, inclusive da seguridade social, restrição dos financiamentos, desregulamentação dos negócios, nenhum controle sobre as importações e exportações, nenhum controle sobre os preços ou sobre os salários, entregando todo o poder ao mercado. Em 1970, 20% da população do Chile viviam na pobreza. Em 1990, quando o general Augusto Pinochet deixou o governo, o número tinha duplicado para 40%, em conseqüência de tais políticas.
44. Stiglitz, 2003, p. 167. Em 1990, apenas sete países controlavam 45% do total dos votos no Banco Mundial e os Estados Unidos, sozinhos, controlavam 17%. Id., ibid., p. 166.
45. Em 1990, apenas sete países controlavam cerca de 45% do total de votos, dos quais os Estados Unidos detinham 17%. Hanahoe, 2003, pp. 166-167.
46. Stiglitz, 2003, p. 9.
47. Hanahoe, 2003, p. 181.
48. Hudson, 2003, p. x.

49. Id., ibid., p. 32.
50. "*Conditionality' refers to more forceful conditions, ones that often turn the loan into a policy tool. If the IMF wanted a nation to liberalize its financial markets, for instance, it might pay out the loan in installments, tying subsequent installment to verifiable steps toward liberalization*". Stiglitz, 2002, p. 44.
51. Pinheiro Guimarães, 1999, p. 90.
52. Wood, 2003, pp. 133-134.
53. Viner, Jacob. "International Relations between State-Controlled National Economies", in *The American Economic Review 34* (Suppl. March 1944) p. 315, apud Hudson, 2003, p. 8.
54. Panitch & Leys (eds)., 1999, pp. 3-14.
55. Pinheiro Guimarães, Samuel — "Market Access in a ALCA", *paper* apresentado durante a mesa-redonda do Fifth Colloquium of the Project IDB/ECLAC, "Support to the Process of Hemispheric Trade Liberalization", realizado em 28/29 de setembro de 1992 pelo Banco Interamericano de Desenvolvimento e pela Comissão Econômica das Nações Unidas para a América Latina e o Caribe (ECLAC). Original.
56. O Tratado de Maastricht entrou em vigor em 1993 e a moeda única, o euro, em 2002.
57. Ferguson, 2004, p. 9.
58. Hananoe, 2003, p. 25.
59. A APEC, fundada em 1989, compõe-se dos seguintes países: Austrália. Brunei, Canadá, Chile, República Popular China, Hong Kong, Taiwan, Indonésia, Japão, República da Coréia, Malásia, México, Nova Zelândia, Papua Nova Guiné, Peru, Filipinas, Federação Russa, Cingapura; Taipei, Tailândia, Estados Unidos, Vietnã.

Capítulo XXVII

A CRISE ECONÔMICA DOS ESTADOS UNIDOS • A ELEIÇÃO DE BILL CLINTON • OS GASTOS COM DEFESA E OS INTERESSES DAS INDÚSTRIAS BÉLICAS • INTERVENÇÕES HUMANITÁRIAS E OBJETIVOS IMPERIALISTAS • BASES MILITARES AMERICANAS NO EXTERIOR • O FIASCO DA INTERVENÇÃO NA SOMÁLIA • A *JIHAD* NOS ESTADOS UNIDOS • A EXPLOSÃO DO WTC • A QUESTÃO DO IRAQUE E A CONSPIRAÇÃO CONTRA SADDAM HUSSEIN

O sucesso de Bush, expulsando do Kuwait as forças de Saddam Hussein, não favoreceu sua reeleição em 1992. A crise econômica em que os Estados Unidos continuavam a debater-se, embora não tão grave quanto a da extinta União Soviética, pesou mais no voto do eleitorado que o êxito na guerra contra o Iraque. Seu sucessor, William J. Clinton (1993-1997 e 1997-2001), do Partido Democrata, defrontou-se com enorme déficit fiscal, no montante de US$ 290 bilhões, em 1992, e o Congressional Budget Office projetou seu crescimento para US$ 455 bilhões por volta do ano 2000. Grande parte do déficit decorria dos gastos com defesa. A estrutura militar, construída durante a Guerra Fria, justificara essas despesas. Porém, com o desmoronamento do Bloco Socialista, elas poderiam ser naturalmente reduzidas à metade, ao longo de cinco anos, segundo Robert McNamara, antigo secretário de Defesa dos Estados Unidos, nos governos de John Kennedy (1961-1963) e Lyndon Johnson (1963-1969), declarou, 1989, perante o Budget Committee Senate.

Conquanto o orçamento destinado à defesa houvesse declinado, ligeiramente, antes de sua eleição, e os *lobbies* das indústrias armamentistas alegassem que a rápida "*demilitarization*" provocaria deslocamentos maciços e problemas econômicos para algumas comunidades, Bill Clinton percebia que os gastos militares, determinados pela Guerra Fria, privaram o governo de fundos para programas domésticos, distorcendo a economia para projetos não produtivos, e pretendeu reduzi-los, através de nova política. O Bottom-Up Review Report, liberado em setembro de 1993, previu a conservação de uma força armada menor e mais barata, mas uma "*strong peacetime presence of U.S. forces around the world*", de modo que os Estados Unidos tivessem capacidade de executar limitadas operações militares, incluindo *peacekeeping*, e lutar simultaneamente e vencer em duas "*major regional contingencies*" (MRCs), ou seja, dois grandes conflitos regionais. A administração de Clinton igualmente planejou converter parte da indústria bélica para a produção civil, gastando em cinco anos o montante de US$ 20 bilhões, dos quais US$ 10 bilhões se destinariam a investimentos do governo em tecnologias, US$ 4 bilhões em programas para os trabalhadores desempregados, e US$ 1 milhão para assistência às comunidades afetadas pelos cortes, e US$ 5 bilhões à produção de tecnologia de uso dual, civil e militar.

Conforme o próprio Clinton reconheceu, com o desaparecimento da União Soviética, cerca de um terço dos gastos militares dos Estados Unidos poderia ser cortado, em 1997, sem enfraquecer a segurança nacional. Por sua vez, Leslie (Les) Aspin, secretário de Defesa, apontou a "*poor economic performance*", causada parcialmente pelos excessivos gastos com defesa, como própria a ameaça à segurança nacional dos Estados Unidos. "*The danger here*", disse ele, acrescentando que "*is the failure to see our national security interests in a way that includes our economic success. Economic well-being is vital to our security*". Aspin propôs o fechamento de 31 grandes instalações militares e a diminuição, ou a consolidação de 131 outras, a fim de poupar US$ 3 bilhões por ano, a começar do ano 2000. Quanto à Strategic Defense Initiative, que Reagan defendera, ele anunciou que havia chegado "*the end of the Star Wars era*", explicando que com o colapso da União Soviética esse projeto perdera a sua finalidade, e mudou a sua denominação para Ballistic Missile Defense Organization (BMDO). Realmente, a idéia de construir à Strategic Defense Initiative, que Reagan acalentara, foi arquivada. Mas era muito difícil converter realmente a indústria bélica para fins civis, sem acarretar profundas implicações políticas, na medida em que aumentaria o número de desempregados e abalaria as atividades econômicas de diversas regiões, especialmente no *sunbelt*.

A administração de Clinton, entendendo que a segurança nacional se tornava "*increasingly dependent*" de estruturas internacionais, continuou, porém, a orientar a estratégia dos Estados Unidos pelo princípio de que "*economic and security interests are increasingly inseparable*" e que "*we simply cannot be successful in advancing our interests-political, military and economic without active engagement in world affairs*"[1]. E pouco fez para diminuir a presença militar dos Estados Unidos nos países estrangeiros e continuou a sustentar, ao redor do mundo, extensa rede de bases, em grande parte montada durante a Segunda Guerra Mundial, ao substituir a Grã-Bretanha como potência hegemônica, sem mais a rivalidade da Alemanha ou de qualquer outra potência industrial. O próprio presidente Truman havia declarado, durante a Conferência de Potsdam (7/8/1945), que os Estados Unidos iriam manter, nos mais diversos países, as bases militares "*necessary for the complete protection of our interests and of world peace*"[2]. Nos anos 1990, além de 6.000 bases instaladas no seu território e possessões, como Guam, Havaí, ou San Diego, das 794 bases, que possuíam no exterior (vide tabela), por volta de 1988, os Estados Unidos ainda mantinham 702, em cerca de 130 países, onde estavam estacionados em torno de 253.288 militares, fora seus dependentes, os funcionários civis do Departamento de Defesa, e um adicional de 44.446 empregados locais. Essas bases dispunham de 44.870 quartéis, *hangars*, hospitais e outros edifícios, e arrendavam mais 4.844. Mas havia também instalações secretas, que abrigavam os serviços da National Security Agency (NSA), encarregada da espionagem eletrônica, e do National Reconnaissance Office (NRO), outra das 14 agências da comunidade de inteligência americana, criada em 1960, dentro do Departamento de Defesa (DoD), com a missão de vigilância e controle do espaço aéreo, através dos satélites de reconhecimento, a fim de manter a superioridade dos Estados Unidos.

Bases dos Estados Unidos no Exterior, 1947-1988

	1947	1949	1953	1957	1967	1975	1988
Europa, Canadá, & Atlântico Norte	506	258	446	566	673	633	627
Pacífico & Sudeste da Ásia	343	235	291	256	271	183	121
América Latina & Caribe	113	59	61	46	55	40	39
Ásia do Sul	103	2	0	0	0	0	0
TOTAL	1.139	582	815	883	1.014	865	794

Fonte: James R. Blaker, *United States Overseas Basing*, Table 1.2[3]

James Blaker III, antigo assessor sênior do vice-chefe do Estado-Maior Conjunto, ressaltou, orgulhosamente, que "*next to the U.S. nuclear monopoly, there was no more universally recognized symbol of the nation's superpower status than its overseas basing system*". Com efeito, o aparato imperial dos Estados Unidos estendia-se desde a Coréia, Japão, Tailândia, Austrália, Arábia Saudita, Turquia até o território dos países europeus, como Grécia, Itália, Espanha, Portugal, Alemanha, Grã-Bretanha e Islândia, convertidos eventualmente em vassalos. E, no correr dos anos 1990, Clinton tratou de ampliar os alicerces da ditadura militar planetária, mediante o assentamento de outros comandos regionais, na América Latina (SOUTHCOM), Pacífico (PACOM), Europa (EUCOM), além do já existente no Oriente Médio (CENTCOM), que Reagan criara em 1983. Seus comandantes-em-chefe (CINC), generais e almirantes semi-autônomos, passaram a ter maior influência do que os embaixadores e tinham inclusive a missão de promover a diplomacia militar, i. e., cultivando as relações íntimas com os exércitos nacionais da região[4]. Assumiram, virtualmente, as funções de pro-cônsul. E, na segunda metade dos anos 90, havia pelo menos 7.000 soldados das Special Forces, espalhados em 150 países, com a tarefa de treinar os militares locais na chamada "*foreign internal defense*"

(FID), em muitos casos, mero eufemismo para técnicas de terrorismo e contra-insurgência[5].

O Pentágono, a fim de economizar recursos, começara a aplicar uma nova estratégia, com respeito à instalação de bases militares, ao redor do mundo. Pistas de aviação, quartéis, estoques de carburante e equipamento etc., mas sem que as Special Forces ocupassem permanentemente essas bases, apenas assegurando que elas fossem mantidas em bom estado e em condições de serem utilizadas sem demora, instantaneamente, no momento em que alguma intervenção militar direta fosse considerada necessária. O objetivo fora reduzir os custos econômicos e o pessoal militar. Essas bases, por outro lado, poderiam ser periodicamente utilizadas como ponto de partida e de apoio para exercícios (a) de treinamento de tropas americanas, e (b) de treinamento, e doutrinação anti-terrorista, bem como a familiarização com equipamentos militares americanos, criando condições para futuras vendas, armando tropas locais pertencentes aos países em que foram plantadas essas bases intermitentes. Essas bases começaram a ser instaladas na América do Sul, em países como Colômbia, Equador, Bolívia e Paraguai, bem como na África, na Mauritânia, no Mali, e provavelmente em outros países.

O treinamento de militares de outros países constituía um componente da política de segurança nacional e da política exterior dos Estados Unidos e era propiciado através do International Military Education and Training Program (IMET), do Departamento de Estado e da Defense Security Cooperation Agency (DSCA), do Departamento de Defesa (DoD). Além de servir também para a coleta de inteligência, constituía um meio de promoção de vendas de material bélico — armamentos e munições, um comércio dirigido pelo Pentágono, embora as companhias pudessem fazê-lo, diretamente, quando licenciadas pelo Defense Trade Controls, do Departamento de Estado. O Estados Unidos foram responsáveis por mais de 70% das exportações de armamentos para o Terceiro Mundo e suas vendas países em desenvolvimento alcançaram, entre 1997 e 2000, o montante de US$ 31,5 bilhões[6], (37.2% de todos os negócios realizados no mundo). Os países em desenvolvimento continuaram a ser o maior mercado para as vendas de armamentos e outros petrechos militares. Durante os anos de 1993-2000, o valor dos acordos para a venda de material bélico a esses países atingiu 67% de todos os acordos. Em 2000, os Estados Unidos continuavam como o maior fornecedor de armamentos aos países em desenvolvimento, que se tornaram seu principal mercado e com os quais os acordos totalizaram US$ 12 bilhões, o equivalente a 49,7% do total, enquanto a Rússia ficou em segundo lugar, com US$ 7,4 bilhões, ou seja, 29,1% desses acordos[7].

Ao fim dos anos 90, as bases dos Estados Unidos, na Europa Ocidental, aquartelavam mais de 110.000 soldados[8], dos quais 73.600 se concentravam na Alemanha, juntamente com 95.000 familiares, a maior parte nos Estados ocidentais de Rheinland-Pfalz, Baden-Württemberg e Bavaria, não obstante o fim da Guerra Fria e a retirada das tropas da União Soviética. Suas 95 instalações militares, na Alemanha, incluíam bases de infantaria, campos de aviação, hospitais, centros de administração e vastas áreas para exercícios militares, e os americanos gozavam de vários privilégios, inclusive não emplacavam os automóveis na Alemanha e não pagavam imposto nas compras que faziam. No Japão, os Estados Unidos possuíam 39 bases militares, aquartelando cerca de 48.000 soldados, dos quais 26.000, integrantes da 3rd Marine Expeditionary Force (Futenma Marine Corps Air Station), em Okinawa, onde também se situavam a Kadena Air Base e a Sobe Communications Facility, e o restante em outras partes, nas ilhas Ryukyu and Bonin, e Tóquio arcava com metade dos custos, da ordem de US$ 8 bilhões, por ano, apesar de que oficialmente a ocupação houvesse terminado em 1952[9].

Em 1995, Joseph Nye, secretário de Defesa Assistente para os Assuntos de Segurança Nacional, anunciou a East Asia Strategy Initiative[10], conhecida como Nye Initiative, assegurando que os Estados Unidos não retirariam além de 100.000 soldados da região da Ásia Oriental e Pacífico. Essa notícia chocou a população japonesa, irritada com as tropas americanas, cujos soldados causavam diversos acidentes e cometiam até mesmo crimes[11]. O mesmo ocorreu na Coréia do Sul, onde desde a assinatura da trégua, em 1953, permaneceram entre 37.000 e 38.000 soldados, em 96 bases, que se estendiam por 65.000 acres do seu território, e o secretário de Defesa, William Cohen declarou em 1997 que os Estados Unidos não os pretendiam retirar, mesmo que o país se reunificasse com a Coréia do Norte[12]. As bases dos Estados Unidos ainda se espalhavam por países da América do Sul, Central e Caribe, África e Oriente Médio, onde após a guerra contra o Iraque permaneceram 35.000 soldados, causando profundo mal-estar aos muçulmanos, que os percebiam como "infiéis", ocupando um solo sagrado da Arábia Saudita. A monarquia saudita apoiara e também financiara a *Operation Desert Storm*, mas grande parte do povo se sentiu traumatizada, vendo seu país colonizado, com a presença de milhares de americanos não-muçulmanos, em contradição total com as regras intransigentes do *wahhabismo*[13].

Tanto por motivos geo-estratégicos quanto por interesses econômicos e comerciais, sobretudo da indústria bélica, os Estados Unidos também continuaram a envolver-se nos conflitos regionais, que haviam começado a irromper, em meio da desordem internacional, do vácuo deixado pelo esbarrondamento de um dos pólos do poder mundial. O rótulo de "*humanitarian intervention*" acolchoou os objetivos imperialistas e constituiu a *rationale* freqüentemente usada para as suas ações militares, que violando os princípios de não-intervenção e respeito à soberania nacional provocavam, por vezes, morticínio maior do que os gerados pelo conflito doméstico ou guerra civil. O pretexto para tais intervenções sempre foi proteger seus cidadãos ou os cidadãos de outra nação. Mas, na verdade, elas nunca foram determinadas por considerações realmente humanitárias e sim por outros motivos, como ocorreu quando a Alemanha ocupou a Bohemia e a Moravia, em 1939, e Hitler justificou a iniciativa como intervenção humanitária para proteger as minorias alemães e os nazistas sufocaram implacavelmente toda tentativa de resistência, inclusive aniquilando totalmente a aldeia de Lidice, em 1942. A imposição da paz passou também a representar um sinônimo para a intervenção militar, visando não a conter um conflito entre dois Estados, mas a intervir em guerras intestinas entre facções e minorias étnicas, ou clãs. E intervenção militar invariavelmente significava um ato de guerra, na medida em que o uso de força, em uma questão de política internacional, sempre teve como objetivo impor o domínio de um Estado sobre outro ou de um Estado sobre parte da população, em uma contenda civil.

Na Somália, onde ocorria desde 1991 uma guerra entre as forças do então presidente Ali Mahdi Muhammad, apoiado pelos fundamentalistas islâmicos, e clãs leais ao general Muhammad Farah Aidib, os Estados Unidos começaram imiscuir-se, em 1992, despejando alimentos por via área, durante vários meses, a pretexto de ajuda humanitária. Essa guerra refletia, em larga medida, o conflito de interesses econômicos e comerciais de duas empresas multinacionais, a Sombana, fornecedora da Dole Fresh Fruit, sediada nos Estados Unidos, disputando com a Somalfruit, uma *joint venture* entre capitais italianos (grupo De Nadai), o Estado somali e plantadores locais[14], o controle da produção e exportação mensal de 200.000 caixas de bananas para a Europa. E em 3 de dezembro, o Congresso aprovou a Security Resolution 794, autorizando os Estados Unidos a usar "*all necessary means to establish a secure environment for humanitarian relief operations in Somalia as soon as possible.*" George Bush, de acordo com Clinton que estava para inaugurar seu governo[15], desencadeou então a *Operation Restore Hope* e enviou àquele país 25.000 soldados, aos quais se juntaram mais 20.000, *como peacekeeping*, enviados pela ONU.

Essa *Operation Restore Hope*, modelo do "*assertive multilateralism*" americano, entendido como intervenções militares multinacionais, sob o comando dos Estados Unidos, obedeceu, entretanto, a outros objetivos, que pouco ou nada tinham a ver com a ajuda humanitária. Além de demonstrar ao Congresso a necessidade de não cortar o orçamento do Pentágono, ela visou a pôr fim à anarquia e restaurar a segurança na Somália, onde as pesquisas indicavam a existência de grandes reservas de gás natural e de petróleo, sobretudo no nordeste, e dois terços do seu território (14,9 milhões de acres) haviam sido alocados para exploração por quatro grandes corporações americanas[16], Conoco, Amoco, Chevron e Phillips Petroleum, no final dos anos 1980, antes da derrubada do presidente Muhammad Siad Barre, em janeiro de 1991. Em tais circunstâncias, tornava-se também necessário controlar a entrada do Golfo de Áden, passagem para o Mar Vermelho e o Canal de Suez, que ligava o Mar Mediterrâneo ao Oceano Índico, rota de importância estratégica, por onde trafegavam os petroleiros que abasteciam os Estados Unidos, Europa e Japão, sob a jurisdição do U.S. Central Command (CentCom). E as tropas americanas, como um esforço de *nation-building*, i.e., de organizar um Estado e um governo favorável aos seus interesses, voltaram-se contra a facção do general Muhammad Farah Aidid.

O envolvimento em uma guerra doméstica levou grande parte da população somali — não apenas o clã de Aidid — a tornar-se hostil às forças da ONU (UNOSOM II), que passaram a sofrer severas baixas. Em conseqüência, depois que atribuíram ao General Aidid a morte de 24 *peacekeepers* do Paquistão, os *rangers* da Joint Special Operations Task Force (JSOTF), sob o comando do General William Garrison, tentaram capturá-lo em Mogadíscio, para entregá-lo às forças da UNOSOM II e submetê-lo a julgamento. Apesar dos raids aéreos dos AC-130 e dos ataques, por terra, das forças da UNOSOM II, o assalto efetuado, em 3 de outubro de 1993, pela Task Force (TF) Ranger fracassou. Dois helicópteros MH-60 Black Hawk, que transportavam os *rangers*, foram abatidos. A Rapid Deployment Force, comandada pelo general Thomas Montgomery, entrou em ação. E durante a batalha, que se prolongou até o dia 4, morreram cerca de quinhentos somalis e mais de mil ficaram feridos. Porém, 19 soldados americanos foram mortos e 83, feridos. Os mortos foram arrastados em júbilo pelas ruas de Mogadíscio. O número de baixas e o espetáculo tétrico alarmaram Washington. Foi a pior derrota sofrida pelos Estados Unidos, desde a guerra no Vietnã. O senador Robert C. Byrd (Partido Democrata) exortou Clinton a pôr um fim àquelas "*cops-and-robbers operations*" e o senador John McCain (Partido Republicano), ex-prisioneiro de guerra no Vietnã do Norte, clamou: "*Clinton's got to bring them home*"[17]. A Clinton não restou alternativa senão encerrar a fracassada "*humanitarian intervention*" e ordenar a total retirada das tropas americanas da Somália em 31 de março de 1994. Mas, pretendendo responsabilizar a ONU pelo que tinha sido inteiramente um desastre dos Estados Unidos, acusou-a de atribuir às tropas americanas a "*police function*"[18]. O senador Mitch McConnel, republicano de Kentucky logo declarou que "*Multilateralism is dead, killed... in alleys of Mogadishu*" e o *New York Times*, na edição de 18 de outubro de 1993, publicou a manchete: "*After supporting hunt for Aidid, U.S. now blames U.N. for battle losses*".[19]

Washington incriminou Usamah bin-Ladin de haver fornecido treinamento e assistência às tribos que se opunham à intervenção da ONU na Somália[20] e atacaram a US Task Forte (Task Force Ranger). E o governo da Arábia Saudita, após retirar-lhe a cidadania, em 1994, expulsou-o do seu território, para onde ele voltara, a fim de continuar a *Jihad* contra a monarquia "infiel". Bin-Ladin estabeleceu-se então no Sudão[21], de onde, não obstante os investimentos e as obras que lá fizera, foi expulso, em 1996, por pressão do Egito, acusado de fomentar uma conspiração para assassinar o presidente Hosni Mubarak e responsabilizado pelo atentado à base militar de Khobar, na Arábia Saudita. Mas o governo da Arábia Saudita, que lhe retirara a nacionalidade em 1994, embora secretamente continuasse a usar o dinheiro do petróleo na propagação do islamismo, na versão *Wahhabi*, não o aceitou de volta, porque temeu que sua prisão pudesse incitar um levante popular em virtude do prestígio que ele desfrutava, como fator de atração para todos os que se opunham à monarquia[22]. E bin-Ladin regressou ao Afeganistão, onde os campos de treinamento dos *mujahidin* continuavam a operar. De lá saíram vários mercenários, veteranos da guerra contra a União Soviética, para combater na Somália, Bósnia, Kosovo e Chechênia, onde a sublevação, segundo Yossef Bodansky, diretor da Task Force on Terrorism and Unconventional Warfare do Congresso americano, foi planejada durante uma reunião da Hizballah, em Mogadíscio (1996), com a participação de Usamahh bin-Ladin e altos oficiais de inteligência do Irã e do Paquistão, o ISI, que não apenas forneceu armas, mas também as diretrizes estratégicas aos separatistas islâmicos[23].

Desde 1987 até 1998, a formação de combatentes de al-Qa'ida permanecera sob a supervisão de um oficial egípcio, Ali Muhammad, que ensinava simultaneamente na John Kennedy Special Warfare Center and School, treinando agentes da rede clandestina e oficiais das forças especiais dos Estados Unidos. No início de 1998, quando Ali Muhammad foi preso, bin-Ladin, com a participação das organizações egípcias *al-Gama'a al-Islãiyya* e *Egyptian al-Jihad*, liderada por Ayman al-Zawahiri, e do Grupo Islâmico, chefiado por Rifa'i Ahmad Taha, formou a Frente Mundial Islâmica para combater os judeus e os Cruzados *(Al-Jabhah al-Islãiyyah al-'Alamiyyah li-Qital al-Yahud wal-Salibiyyin)*. E, em 23 fevereiro, ele emitiu uma *fatwah*[24], na qual denunciava que "por mais de sete anos, os Estados Unidos têm ocupado as terras do Islã, nos lugares mais sagrados, a Península Arábica, pilhando suas riquezas, ditando normas, humilhando o povo, aterrorizando seus vizinhos e transformando suas bases em ponta-de-lança para lutar contra os povos muçulmanos vizinhos". No mesmo documento, bin-Ladin ressaltou que a melhor prova do que ele estava a afirmar era o fato de que os Estados Unidos continuavam a agredir o povo do Iraque, utilizando como base na Península Arábica, e, não obstante a grande devastação infligida ao seu povo e do grande número de mortos, mais de 1 milhão, estavam tentando repetir o massacre, como se não estivessem contentes com o bloqueio imposto após a Guerra do Golfo[25]. "Assim eles vêm para aniquilar o que resta desse povo e humilhar os vizinhos muçulmanos", acrescentou.

Com respeito ao Oriente Médio, Clinton não alterou essencialmente as linhas gerais da política internacional dos Estados Unidos, sobre as quais havia consenso bipartidário. O embargo decretado contra o Iraque, após a Guerra do Golfo, continuou através da década de 1990 e concorreu para que cerca de 500.000 iraquianos civis morressem de má nutrição, enfermidades e falta de medicamentos adequados, sem que produzisse a queda de Saddam Hussein[26]. Samuel R. (Sandy) Berger, assessor de Segurança Nacional no governo de Clinton, proclamou orgulhosamente que esse bloqueio havia sido "*unprecedented for its severity in the whole world world history*"[27]. A política de sanções contra outras países, bem como as intervenções militares e/ou as operações encobertas, mais cedo ou mais tarde, quase sempre se reverteram contra os Estados Unidos. "*America's position in the world invites attack simply because of its presence*" — observou um estudo elaborado pelo Pentágono, em 1997, salientando que "*historical data show a strong correlations between U.S. involvement in international situations and an increase in terrorists attacks against the United States*", razão pela qual "*the military asymmetry that denies nation states the ability to engage in overt attacks against the United States drives the use of transnational actors*"[28]. Com toda razão o professor emérito da Universidade da Califórnia, Chalmers Johnson, interpretou os atentados terroristas contra americanos inocentes e indefesos como represália, um *blowback*, dado que soldados e marinheiros americanos disparavam mísseis de navios ou sentados em bombardeiros B-52, de extremamente elevadas altitudes, inalcançáveis, e sustentavam regimes brutais e repressivos no Oriente Médio[29].

As conseqüências da política internacional de Washington, implementada com o emprego da CIA e de suas Forças Armadas, em golpes militares e guerras estrangeiras, em quase todos os países do chamado Terceiro Mundo, começaram a ressurtir, violentamente, no âmbito doméstico dos Estados Unidos[30]. Em 25 de janeiro de 1993, cinco dias após a investidura de Clinton no governo, o paquistanês Mir Aimal Kasi, antigo *mujahidin*, que combatera os soviéticos no Afeganistão, parou o automóvel em frente ao quartel-geral da CIA, em Langley (Virgínia), e matou dois funcionários, Frank Darling e Lansing Bennett, e feriu vários outros, com um rifle de assalto AK-47[31]. Preso posteriormente no Paquistão (1997) e levado para os Estados Unidos, confessou ao FBI que queria punir o governo dos Estados Unidos pelo bombardeio do Iraque, por seu papel no assassinato de paquistaneses e porque a CIA estava profundamente envolvida nos assuntos internos dos países islâmicos.

Um mês depois do assassinato dos funcionários da CIA, 26 de fevereiro, uma bomba explodiu na garagem subterrânea do Trade World Center, abalando a estrutura de suas torres, matando seis e ferindo milhares de pessoas. Quatro dias após o acontecimento, *The New York Times* recebeu uma carta, na qual um tal Liberation Army exigia que os Estados Unidos cessassem o apoio a Israel e advertia que

> *"The terrorism that Israel practices (which is supported by America) must be faced with a similar one. The dictatorship and terrorism (also supported by America) that some countries are practicing against their own people must also be faced with terrorism"*[32].

A bomba na garagem do World Trade Center fora plantada por *mujahidin*, muçulmanos de várias nacionalidades, principalmente egípcios, treinados para combaterem as tropas da União Soviética, pelo Inter-Sevices Intelligence (ISI, do Paquistão, nos campos do Afeganistão, montados com financiamento da CIA[33]. Três meses depois, quando os terroristas foram presos[34], descobriu-se que o chefe, Ramzi Yousef, entrara nos Estados Unidos com falso passaporte do Iraque e a identidade de Abdul Basit Mahmud Abdul Karim, e que Emad Salem, o que detonara a bomba, era informante do FBI e tinha vínculos com o serviço de inteligência do Egito. Quase todos, a começar pelo egípcio Mahamud Abouhalima, motorista de táxi e organizador do atentado, eram antigos *mujahidin*, que haviam lutado no Afeganistão contra as tropas da União Soviética, com recursos, armas e treinamento propiciados pela CIA, para os quais a Guerra Fria podia haver acabado, mas a Guerra Santa, a *Jihad*, não.[35] Deslocara-se para o território dos Estados Unidos, onde em 5 de novembro de 1990 o egípcio El Sayyid Nosair, um dos que articularam a explosão do World Trade Center, matara o rabino Meir David Kahane, judeu ortodoxo, fundamentalista, fundador da *Jewish Defense League* (JDL), organização racista, que defendia a deportação de todos os árabes de Israel, inclusive da faixa de Gaza e do West Bank[36]. Começara a nova etapa da *Jihad* e o mentor foi o xeique Omar Abdel-Rahman, clérico islâmico cego e líder do movimento fundamentalista *Gama al-Islamiya*, que pretendia derrubar o presidente do Egito, Hosni Mubarak, acusando-o de ser um "obediente cão do Ocidente". Ele constituíra "*valuable asset*" da CIA, como excelente pregador, e recrutara muitos dos 20.000 *mujahidin*, inclusive Mahamud Abouhalima, para lutar contra as tropas da União Soviética no Afeganistão[37]. Mas detestava o materialismo da cultura ocidental e, após transferir-se para os Estados Unidos, com visto autorizado pela CIA[38], urgiu que seus seguidores destruíssem os "edifícios do capitalismo"[39].

"*I was disturbed to note that some Afghan groups that have had close affiliation with Pakistani Intelligence are believed to have been involved in the New York World Trade Center bombings*", declarou o congressista Peter Deutsch (Partido Democrata — Flórida), na House of Representatives, em 7 de outubro de 1994[40]. Seu espanto foi naturalmente motivado porque o ISI, o serviço de inteligência do Paquistão, era subsidiado pela CIA. E o plano de Mahamud Abouhalima, El Sayyid Nosair, Ibrahim El-Gabrowny, Abdul Rahman Yasin (americano)[41] e outros militantes era deflagrar brutal guerra de terror nos Estados Unidos, a começar por Nova

York, destruindo pontes, túneis e edifícios simbólicos, como o prédio da ONU. Emad Salem, o informante do FBI, sabia de tudo. Durante o interrogatório, alegou que, em 6 de fevereiro de 1992, informara ao FBI sobre o complô[42]. E o FBI nada fez para impedir o atentado, apesar de que mantivesse esses muçulmanos sobre vigilância. Suspeitas ocorreram de que o Iraque houvesse colaborado com os terroristas, como represália por causa do brutal bloqueio a que fora submetido. O fato de que Ramzi Yousef entrara nos Estados Unidos, em 1° de setembro de 1992, com passaporte do Iraque, sem visto, e depois de obter asilo, hospedar-se no apartamento de Musab Yasin, um iraquiano poderia configurar um pretexto e induzir os Estados Unidos a intervir militarmente contra o regime de Saddam Hussein, conforme os *neocons* do Partido Republicano estavam a defender. Mas nada foi provado, nem foi esclarecido o papel do FBI, a razão pela qual nada fez para impedir o atentado. Apenas ficou evidenciado, durante o processo, que os terroristas eram *mujahidin*, haviam sido treinados nos campos do Afeganistão, como "*freedom fighters*", tinham conexões com o ISI e os traficantes de heroína, sócios da CIA. Os Estados Unidos estavam a colher o que haviam plantado[43].

Clinton, que durante a campanha para a presidência atacara Bush por "*failed to learn from its appeasement of Saddam Hussein*" e deixar que os curdos e xiitas continuassem oprimidos[44], declarou que não estava "*obsessed*" com Sadam Hussein e, em entrevista à revista *Time*, publicada em 13 de janeiro de 1993, admitiu poderia imaginar-se mantendo com ele uma relação normal. "*All he has to do is change his behaviour*", disse Clinton[45]. O governo do Kuwait, ao que tudo indicou, temeu que Clinton pudesse abandoná-lo em favor de melhores relações com Saddam Hussein. E, em 13 de abril, prendeu cerca de doze iraquianos, no deserto, e acusou-os de tramarem o assassinato do ex-Presidente George Bush, que visitava o Kuwait, como hóspede do Emir Shaikh Jaber III al Sabah, para comemorar o segundo aniversário da expulsão das tropas de Saddam Hussein. Quatro dias depois, um deles, Wali al-Ghazali, confessou, sob torturas, que eles tinham sido enviados pelo serviço de inteligência do Iraque. Um outro, Ra'ad al-Assadi, declarou que conhecia o veículo que transportava a bomba, uma Toyota Land Cruiser.

O governo americano reconheceu que o longo tempo (quatro dias) entre a prisão e a descoberta do suposto carro-bomba, dava peso à possibilidade da duplicidade do Kuwait, como já acontecera várias vezes no passado. Contudo, sob o pretexto de que Bagdá instigara o complô para assassinar George Bush, Clinton pediu ao Pentágono que recomendasse o curso da ação e o general Collin Powell, chefe do Estado-Maior Conjunto, sugeriu um ataque contra o quartel-general do serviço de inteligência do Iraque, como a resposta adequada para conter e dissuadir o governo de Saddam Hussein a não promover o terrorismo, em vez de lançar bombas sobre palácios, que provavelmente não matariam Saddam Hussein, mas atingiriam pessoas inocentes[46]. Clinton aceitou a sugestão e ordenou o ataque. Em 26 de junho, 23 mísseis Tomahawk foram disparados pelos navios americanos, estacionados no Golfo Pérsico e no Mar Vermelho, contra o complexo do Departamento Geral de Inteligência do Iraque (*Da'irat al Mukhabarat al Amah* — GID). Quatro (ou mais), porém, desviaram-se do alvo e destruíram várias residências na vizinhança, matando oito civis, pessoas inocentes, entre as quais a renomada pintora Layla al-Attar, seu marido e filhos, enquanto dormiam[47].

Anthony Lake, assessor de Segurança Nacional, declarou que o bombardeio de Bagdá era uma ação que potencialmente salvaria a vida de muitos muçulmanos e não-muçulmanos, no Oriente Médio e em outras partes. Seymour Hersh, ressaltando que essa declaração lembrava as do tempo da guerra no Vietnã, comentou que "*it is no longer quite permissible to speak of destroying villages in order to save them, but maintenance men and cleanup crews had better beware*". Cinicamente, Anthony Lake também alegou que a "*retaliation*" fora na linha do art. 51 do Capítulo VII, da Carta das Nações Unidas, que dava aos membros o direito de responder em autodefesa no caso de um ataque armado por outro Estado. No entanto, o art. 51 não se aplicava ao caso[48]. Não justificava nenhuma iniciativa de autodefesa individual ou coletiva, porquanto não ocorrera nenhum ataque armado, por parte do Iraque, mas apenas a suposição de um complô contra um ex-presidente. O *assertive multeralism* não passava de retórica. E o complô, aparentemente, constituiu outra provocação. O jornalista Seymour Hersh desmontou a acusação do Kuwait, em artigo publicado no *New Yorker*, revelando que longe de haver uma única assinatura, vinculando ao Iraque o suposto carro-bomba, uma Toyota Land Cruiser, apresentado na corte do Kuwait, as fotos que a embaixadora Madaleine Albright exibira no Conselho de Segurança mostraram "*mass-produced itens, commonly used for walkie-talks and modela ir-planes* (...) *most likely made in Taiwan or Japan or South Korea*"[49]. Segundo ele, o alegado complô para assassinar Bush durante sua visita cerimonial ao Kuwait tinha "*something of an Abbott-and-Costello quality*"[50], a dupla de comediantes que começara realizar espetáculos burlescos e jogralescos nos anos 30.

Quaisquer que fossem os pretextos, o fato é que nos *inner* círculos de Washington havia efetivamente o propósito de derrubar o governo de Saddam Hussein. Após a Guerra do Golfo (1991), o Conselho de Segurança da ONU, como fachada dos Estados Unidos, transformara o Iraque em um virtual protetorado, onde passaram a funcionar diversos dos seus organismos, tais como United Nations Office of Humanitarian Coordinatos (UNOHIC), Bagdá Monitoring and Verifications Center (BMVC), e United States Iraq-Kuwait Observation Mission (UNIKOM). O Conselho de Segurança da ONU aprovou a Resolução 687 (1991), Section C, determinando que o Iraque deveria aceitar incondicionalmente, sob supervisão internacional, a destruição, remoção das armas de destruição em massa ou mísseis balísticos com alcance acima de 150 quilômetros, bem como as instlações e equipamentos relacionados com a sua produção. E também impôs as mais severas e abrangentes sanções, permitidas pelo Capítulo VII da Carta das Nações Unidas, o que não fizeram após a invasão do Irã, em 1980, porque os Estados Unidos queriam destruir o regime islâmico do aiatolá Khomeini e a União Soviética respaldava Saddam Hussein. As exportações de petróleo passaram a ser controladas pela ONU, dentro do programa "óleo por alimentos", a fim de evitar que o governo de Saddam Hussein se beneficiasse dos lucros. Os Estados Unidos, Grã-Bretanha e França proclamaram então *no-fly zones* (NFZs), a pretexto de proteger os curdos, ao norte, e os muçulmanos xiitas, no sul, patrulhada por aviões americanos e britânicos, sob a alegação de que estavam autorizados pela Resolução 688, que "condena a repressão à população civil iraquiana em muitas partes do Iraque". A soberania do Iraque foi assim mutilada. E os conflitos ocorreram, quando Saddam Hussein começou a restringir algumas inspeções intrusivas, com evidente objetivo de provocação, pretendidas pela United Nations Special Commission (UNSCOM) e a International Atomic Energy Agency (IAEA), cujos inspetores de nacionalidade americana, em grande proporção, estavam engajados em trabalho de espionagem.

Mapa do Iraque com a *no-fly zones*[51]

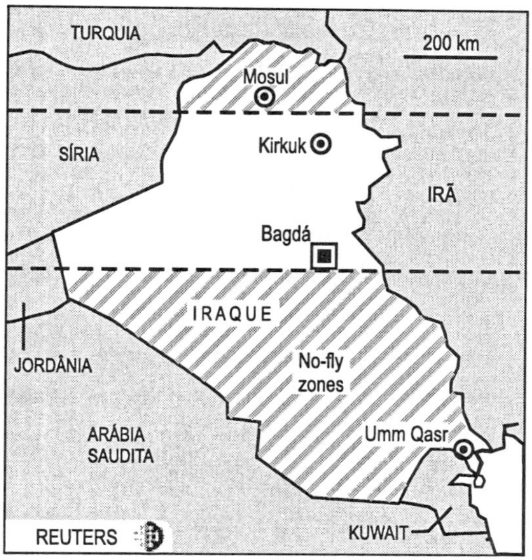

Gráfico Reuters News

Ao mesmo tempo em que o regime de inspeção, montado pela ONU, servia como instrumento de espionagem e subversão, com agentes de inteligência e técnicos em comunicações eletrônicas e organização logística, a CIA tratava de coordenar golpes e sublevações no Iraque, estimulando a oposição dos curdos e xiitas, oprimidos pelo governo de Saddam Hussein. Em agosto de 1993, o Vice-Presidente Al Gore reafirmou o "*solid commitment*" dos Estados Unidos com a luta do Congresso Nacional Iraquiano, uma fachada montada pela CIA para abrigar as organizações que se opunham ao regime de Saddam Hussein, entre as quais a União Patriótica do Kurdistão (*Jalal Talabani*), o Partido Democrático do Kurdistão, e o Acordo National Iraquiano (*Al Wifaq Al Watan Al Iraqi*), mais conhecido como *al Wifaq* (o Acordo), dirigido por Iyad Alawi[52] e Tahseen Mualla and Sallah Al Sheikhly, ambos dissidentes, antigos ativistas do Partido Ba'ath e colaboradores do Diretório Geral de Inteligência (*Da'irat al-Mukhabarat al-Amah*) do Iraque. Esse movimento, que em 1992 promovera uma campanha terrorista, com atentados a bomba, em Bagdá, era financiado pela CIA, pelo MI-6, da Grã-Bretanha, e pelos serviços secretos da Arábia Saudita e da Jordânia. E o plano de um golpe militar contra o governo de Saddam Hussein, coordenado pela CIA, recebeu enorme impulso quando o general Wafiq Jassim al Samarrai, chefe do serviço de inteligência militar do Iraque, passou para a oposição e se aliou a Ahmad Chalabi, um homem de negócios xiita, que vivia em Londres. Tanto o vice-presidente Al Gore como o secretário de Estado Warren Christopher, e o assessor de Segurança Nacional Anthony Lake, prometeram-lhe milhões de dólares e a assistência da CIA, para ofensiva a ser lançada em 4 de março de 1995[53].

Já então, desde 1994, os Estados Unidos estavam a concentrar forças militares no Golfo Pérsico. Contudo, Clinton temeu envolver os Estados Unidos em uma grande confrontação armada com o Iraque e, após consultar Anthoy Lake e o Departamento de Estado, ordenou abruptamente que a CIA retirasse o seu apoio e avisou aos líderes curdos que não apoiaria essa operação, nem militarmente nem de qualquer outro modo[54]. O Partido Democrático do Kurdistão retirou-se do projeto, mas o Congresso Nacional Iraquiano e a União Patriótica do Kurdistão decidiram levá-lo adiante e suas forças se alçaram na data prevista. Mas os levantes populares, em Mosul e Kirkuk, não ocorreram nem houve deserções nas Forças Armadas ou qualquer outro movimento subversivo na região de Bagdá. E a sublevação foi contida. Até então a CIA já tentara derrubar Saddam Hussein em duas ocasiões. Em 1972, enviara para os curdos cerca de US$ 16 milhões em armamentos, com o objetivo de favorecer o Irã na disputa fronteiriça com o Iraque, atendendo a pedido do Xá Reza Pahlavi feito a Nixon e a Kissinger. A operação continuou até março de 1975, quando Saddam Hussein chegou a um acordo com Reza Pahlavi, em torno do canal Shat-al-Arab, deixando o canal com o Irã, e os curdos, ao se insurgirem, não receberam a ajuda que esperavam dos Estados Unidos. A segunda revolta ocorrera durante a Guerra do Golfo, quando os Estados Unidos, em janeiro 1991, atacaram o Iraque, mas Saddam Hussein conseguiu esmagá-la, matando milhares de curdos. Desde aquele tempo, a CIA gastara por ano na campanha contra Saddam Hussein cerca de US$ 20 milhões, a maior parte na construção de forças paramilitares, até 1996, quando outra tentativa de golpe foi empreendida, com o respaldo dos serviços de inteligência da Arábia Saudita, Kuwait e Jordânia, onde, em agosto de 1995, os genros de Saddam Hussein, Hussein Kamel e Saddam Kamel se haviam asilado e passado a colaborar com Rolf Ekeus, diretor da UNSCOM, a CIA e o MI6[55]. A data marcada foi 26 de junho e os agentes da CIA, sob a capa do Baghdad Monitoring and Verification Center (BMVC) e da UNSCOM, fariam o contato com os conspiradores nos batalhões da Guarda Republicana e da Guarda Especial Republicana.

À frente do plano estavam o Congresso Nacional Iraquiano, dirigido por Ahmed Chalabi, e o Acordo Nacional Iraquiano, de Iyad Alawi, que recebera da CIA US$ 5 milhões, em 1995, e US$ 6 milhões, em 1996, permitindo-lhe financiar inclusive um vasto *lobby* em Washington. Ambos os movimentos, porém, foram infiltrados pelo serviço de inteligência de Saddam Hussein, que, informado sobre a conspiração, negou acesso a alguns quartéis, demandado pelo americano Goran Wallen, chefe da equipe do BMVC, e William Scott Ritter, antigo oficial de inteligência do Marine Corp, chefe da equipe da UNSCOM[56], da qual participavam nove agentes da CIA. Segundo revelou posteriormente o próprio Scott Ritter, ele e um agente sênior da CIA, operando sob o nome de Moe Dobbs, planejaram uma das mais amplas e complexas operações assumidas pela ONU, cuja equipe, a UNSCOM, incluía "*CIA paramilitary covert operatives.*" Também confirmou que o golpe contra Saddam Hussein, em junho de 1996, estava programado para coincidir com a presença dos inspetores da UNSCOM. Daí o atrito que ocorreu quando Saddam Hussein restringiu suas inspeções, não permitindo que eles entrassem nos quartéis da Guarda Republicana e da Guarda Especial da República. O Conselho da ONU então aprovou a Resolução 1060, demandando que o Iraque cooperasse com a UNSCOM e autorizasse o acesso irrestrito e incondicional dos inspetores a todas as suas instalações, inclusive o Diretório Geral de Inteligência do Iraque, e lhes permitisse entrevistar todos os oficiais. Saddam Hussein continuou resistindo. Os inspetores se retiraram. E o golpe, codificado pela CIA com o criptônimo de DBACHILLES[57], foi abortado. Saddam Hussein mandou prender 120 conspiradores, muitos dos quais foram executados, e esmagou outra sublevação dos curdos, incentivada pela CIA. A CIA havia gasto cerca de US$ 100 milhões ao longo de 5 anos e essa foi a terceira vez que o golpe militar por ela planejado e coordenado abortou. E, em 3 e 4 de setembro, os Estados Unidos, com o respaldo da Grã-Bretanha, lançaram contra as instalações de defesa do Iraque 44 mísseis, a um custo superior a US$ 44 milhões.

Clinton, entretanto, foi prudente, ao não invadir o Iraque, e dois ideólógos dos *neocons*, Lawrence F. Kaplan e William Kristol, criticaram a sua decisão, diagnosticando que o problema da política dos Estados Unidos foi "*simply ambivalence about the use of force as an instrument of policy*"[58]. Clinton julgou que o *raid* contra *al-Mukhabarat*, o Departamento Geral de Inteligência do Iraque, da mesma forma que o bombardeio da Líbia, em 1986, havia demonstrado que o "*American power*" poderia deter Estados que estivessem diretamente envolvidos em ataques terroristas contra os Estados Unidos[59]. Embora reconhecesse que o terror era mais do que uma forma de crime internacional organizado, porque tais grupos terroristas desfrutavam, freqüentemente, de patrocínio estatal e apoio popular[60], Clinton, como os demais governantes dos Estados Unidos, tendeu a imaginar que o terrorismo, no Oriente Médio, necessitava do respaldo de algum Estado, como ocorria com o terrorismo que a CIA sempre empreendera nos países da América Latina, mormente contra Cuba, na primeira metade dos anos 60. E suas atenções concentraram-se nos meios repressivos, para impedir os ataques ou fazer retaliação, sem cuidar de suas causas, que fortemente se relacionavam com envolvimento dos Estados Unidos nas crises internacionais[61] e sua forte presença, não só econômica como política e militar, nas mais diversas regiões do mundo.

Após uma onda de explosões de bombas, por suicidas palestinos que mataram dúzias de pessoas em Israel, Clinton, em 13 de março de 1996, reuniu, no Egito, 27 líderes mundiais para uma conferência "antiterror". Na ocasião, ele declarou que devia deixar bem claro que os Estados Unidos condenavam quem recorria ao terror e que no Oriente Médio não haveria lugar para a violência. E, em 4 de abril de 1996, sancionou o Antiterrorism and Effective Death Penalty Act[62], que os defensores dos direitos civis no Congresso certamente repulsariam, não fosse a explosão do Alfred P. Murrah Federal Building, em Okalahoma, por Timothy McVeigh, um sargento do Exército americano, honrado e condecorado por sua *outstanding performance* durante a Operation Desert Storm[63], contra o Iraque (1990-91). Esse episódio brutal foi comparado por muitos americanos com o incêndio do Reichstag, na Alemanha (27/2/1933), que permitira a Hitler obter poderes discricionários, inclusive porque, segundo os indícios, o governo federal teve prévio conhecimento de que o atentado ocorreria[64]. Não obstante Clinton implementar uma estratégia para combater o terrorismo[65], a própria CIA, àquele tempo, gastava no Iraque milhões de dólares, com a organização Iraqi National Accord, que usava carros-bombas e promovia explosões em Bagdá e em outras cidades, matando centenas de civis[66], a fim de desestabilizar o governo de Saddam Hussein[67]. E Clinton não aceitou a proposta de uma conferência internacional para combater o terrorismo, apresentada por 119 Estados do Movimento dos Não-Alinhados, porque não lhe interessava discutir duas questões, ou seja, o terrorismo de Estado (bombardeios atingindo populações civis) e a distinção entre terroristas e combatentes da liberdade (*freedom fighter*), conceito em que o Hizbollah e o Hamas se enquadravam, por lutarem contra o domínio de Israel[68].

A verdade é que nunca cicatrizaram as feridas provocadas pelas intervenções que os Estados Unidos direta e/ou indiretamente realizaram no Oriente Médio. Continuaram a sangrar, porquanto Washington sempre sustentara governos ditatoriais, corruptos e impopulares, na Arábia Saudita, no Kuwait e em outros países árabes, mediante o recurso à força militar, a utilização de mísseis, sem respeitar soberania e o nacionalismo dos demais povos, e afrontando inclusive os sentimentos religiosos dos muçulmanos. Na Arábia Saudita, grande parte da população jamais se conformara com a presença de "infiéis", as forças "*pre-positioned*" dos Estados Unidos, nas cercanias de Makkah al-Mukarramah (Mecca), local da casa de Allah (a mesquita Ka'bah) e de nascimento do Imame Ali ibn Abi Taalib, marido de Fátima (filha de Muhammad), bem como de Al-Madina al-Munawwarah (Medina) e outros lugares sagrados do islamismo, presença esta permitida após a Guerra do Golfo pelo Rei Fahd bin Abdul Aziz, em 1991. Como conseqüência, em 25 de junho de 1996, dissidentes sauditas fizeram explodir, com um caminhão-bomba, o complexo residencial Khobar Towers, perto de Dhahran, matando dezenove americanos da Força Aérea e quase trezentos outros[69]. Depois desse atentado, o jornalista William Pfaff, colunista do *International Herald Tribune*, predisse que, se os Estados Unidos e a Arábia Saudita persistissem na mesma política, a monarquia Saudi seria derrubada, dentro de 15 anos, e um governo radical, antiamericano, instalar-se-ia em Riad[70].

Notas

1. Report of the Defense Science Board Task Force on Information Warfare — Defense (IW-D) Office of the Under Secretary of Defense for Acquisition & Technology. Washington, D.C. 20301 — 3140.
2. O sistema de bases que os Estados Unidos possuíam ao fim da Segunda Guerra Mundial consistia de 30 mil instalações localizadas em 2 mil sítios, em torno de cem países, estendendo-se do Ártico à Antártica. Essas bases espalhavam-se por todos os continentes e ilhas. O Brasil, onde os Estados Unidos haviam construído várias bases, não permitiu que elas permanecessem, após a Segunda Guerra Mundial.
3. A pesquisa de James Blaker foi apoiada pelo gabinete do secretário de Defesa. Ele define como base militar um sítio "*routinely used*" pelas Forças Armadas. Todas as instalações dentro de um raio de 25 milhas são classificadas como parte de uma única base, associada com a vila ou cidade mais próxima; instalações que estão mais de 25 milhas distantes são consideradas bases diferentes.
4. Johnson, 2004, pp. 124-125.
5. Id., ibid., 124.
6. Em dólares constantes de 2000. No período de 1997 a 2000, somente os Emirados Árabes Unidos concluíram acordos para a compra de armas dos Estados Unidos da ordem de US$ 14 bilhões, secundados pela Índia, com US$ 7,6 bilhões, e o Egito, com US$ 6,9 bilhões.

7. CRR Report of the Congress. Conventional Arms Transfers to Developing Nations — 1993-2000. August 16 2001. By Richard F. Grimmet, specialist in National Defense, Foreign Affairs, Defense, and Trade Division. Congressional Research Service. The Library of Congress.
8. Até o fim da Guerra Fria os Estados Unidos tiveram na Europa Ocidental um exército com mais de 300 mil soldados, 5 mil tanques, 700 aviões de guerra, 6 mil carros de combate e 2.500 peças de artilharia, a maior parte na República Federal da Alemanha. Ademais, haviam instalado milhares de armas nucleares táticas e uma grande força naval. Aproximadamente a metade do orçamento do Departamento de Defesa destinava-se à defesa da Europa Ocidental, onde o contingente militar e civil dos Estados Unidos somava mais de 1 milhão de pessoas. Sweedler, Alan. U.S. Security Policy in the Post Cold-War Era. Paper prepared for seminar sponsored by the NEST — Núcleo de Estudos Estratégicos da Universidade Federal Fluminense, Rio de Janeiro, Niterói, Brazil, May 14-15, 1992. Alan Swwdler era co-diretor do Institute for International Security and Conflict Resolution na San Diego State University, San Diego, California, Estados Unidos.
9. A ocupação de Okinawa terminou oficialmente em 1972.
10. U.S. Department of Defense. East Asia Strategy Report. New Releases Reference Number: No. 092-95. http://www.defenselink.mil/releases/1995/b022795_bt092-95.html.
11. Em setembro de 1995, o rapto e estupro de uma menina de 12 anos em Okinawa por dois *marines* americanos criou sério problema com o Japão e levou 85 mil pessoas às ruas pedindo a retirada da base americana.
12. Johnson, 2001, pp. 103 e 128.
13. Brisard & Dasquié, 2001, pp. 102-103.
14. Entre os anos de 1984 e 1990, o cultivo da banana alcançou seu máximo desenvolvimento na Somália, com uma produção anual de 90 mil a 100 mil toneladas. Uma parte dessa produção (51.921 toneladas no ano de 1988, 59.388 toneladas no ano de 1989 e 57.785 toneladas no ano de 1990) foi importada pela Europa e, em particular, pela Itália, (45.130 toneladas em 1990), através da Camar, empresa fundada em 1983 pelo grupo italiano De Nadai.
15. Clinton, 2004, p. 550.
16. Blum, 2001, p. 158.
17. Id., ibid., p.551.
18. Boutros-Ghali, 1999, pp. 104-105.
19. Id., ibid., p. 107.
20. Em 1992, o então presidente George Bush, com mandato da ONU (UNOSOM II), ordenou a operação Restore Hope, enviando um contingente de 2 marines, como

peacekeeping, com a missão supervisionar a distribuição de alimentos à população e, restaurando a ordem, criar um ambiente para a reconciliação política.

21. Bin-Ladin estabeleceu, no Sudão, fábricas e fazendas, bem como campos de treinamento para os veteranos afegães, desenvolveu diversos empreendimentos comerciais. Ele era proprietário da empresa de construção el-Hijrah for Construction and Development Ltd., em sociedade com a Frente Nacional Islâmica e o Exército sudanês. Essa firma construiu o novo aeroporto, em Port Sudan, bem como a autoestrada de 1200 quilômetros que liga essa cidade a Khartoum. Outra companhia, cuja propriedade se atribuía a bin-Ladin era a Wadi al-Aqiq Company, uma firma de exportação, sendo também um dos acionistas de Taba Investment Company Ltd. e do el-Shamal Islamic Bank, em Khartoum, em sociedade com a Frente Nacional Islâmica e no qual segundo consta ele investira US $50 milhões.
22. Baer, 2003, p. 20.
23. *Bodansky, Yossef — "Some Call It Peace — Waiting For War In the Balkans", http://members.tripod.com/Balkania/resources/geostrategy/bodansky_peace/bp_part3.html.*
24. Text of Fatwah Urging Jihad Against Americans published in Al-Quds al-'Arabi on Febuary 23, 1998
    Statement signed by Sheikh Usamah Bin-Muhammad Bin-Ladin; Ayman al-Zawahiri, leader of the Jihad Group in Egypt; Abu- Yasir Rifa'i Ahmad Taha, a leader of the Islamic Group; Sheikh Mir Hamzah, secretary of the Jamiat-ul-Ulema-e-Pakistan; and Fazlul Rahman, leader of the Jihad Movement in Bangladesh.
25. Transcript of Usamah Bin-Ladin, the Destruction of the Base — Interview with Usamah Bin-Ladin presented by Salah Najm. Conducted by Jamal Isma'il in an unspecified location in Afghanistan. Aired 10 June 1999 — The Terrorism Reseach Center.
26. Tirman, 1997, p. 220. Johnson, 2000, p. 8.
27. Johnson, 2001, p. 9.
28. Defense Science Board, *The Defense Science Board 1997 Summer Study Task Force on DoD Responses to Transnational Threats* (Washington: U.S. Department of Defense, October 1997), vol. 1, Final Report, p. 15. Apud Eland, Ivan. *Protecting the Homeland*: The Best Defense is to give no Offense. Cato Policy Analysis No. 306. May 5, 1998. http://www.cato.org/pubs/pas/pa-306.html. Defense Science Board, *The Defense Science Board 1997 Summer Study Task Force on DoD Responses to Transnational Threats* (Washington: U.S. Department of Defense, October 1997), vol. 1, Final Report, p. 15.
29. Johnson, 2001, p. 9.
30. Clinton, 2004, p. 497.
31. Mahle, 2004, pp. 101-102. Mir Aimal Kansi foi preso posteriormente no Paquistão, julgado nos Estados Unidos e sentenciado à morte. Antes de sua execução, com injeção letal, gritou: "*There is no God but Allah.*"

32. Apud Dwyer et al., pp. 243-244
33. von Below, 2003, pp. 23-24. Johnson, 2001, pp. 9 e 13.
34. Os terroristas islâmicos presos foram Ramzi Yousef, a.k.a. Abdul Basit Karim, o homem-chave, suspeito de ser agente do Iraque; o egípcio El Sayid Nosair; Emad Salem, informante do FBI e vinculado ao serviço de inteligência do Egito, de cujo exército fora oficial; Muhammad Salameh, palestino fundamentalista; Nosair, cúmplice e, ao que tudo indicou, vinculado ao Iraque; Musab Yasin, iraquiano, com apartamento em New Jersey; Abdul Rahman Yasin, irmão de Musab, nascido em Indiana, nos Estados Unidos, foi liberado pelo FBI, depois de interrogado, e fugiu para Bagdá, onde foi preso; Nidal Ayyad, palestino fundamentalista; Mahmud Abu Halim, egípcio fundamentalista; e Eyyad Ismail, palestino da Jordânia, motorista da van, que explodiu.
35. Dwyer et alt., 1994, pp. 2-6.
36. Noysair foi preso. Em seu apartamento foram encontradas dezenas de manuais de fabricação de bombas e documentos relacionados com complôs terroristas, em árabe, mas não foram traduzidos para o inglês. Absolvido no caso do assassinato do rabino Meir Kahane, cumpriu pena por assalto e porte do rifle. Mesmo na prisão, passou a tramar, juntamente com os outros, a explosão do World Trade Center.
37. Dwyer *et al.*, pp. 180-181.
38. Id., ibid., p. 258.
39. Id., ibid., p. 170.
40. "Pakistan's Links With Fundamentalism And International Terrorism". Hon. Peter Deutsch (Florida). The House of Representatives. Friday, October 7, 1994. http://www.fas.org/irp/congress/1994_cr/pd_cong_speech.html.
41. Abdul Rahman Yasin chegou a ser preso pelo FBI e, após interrogatório, foi liberado. Fugiu então para o Iraque, onde foi preso.
42. Blumenthal, Ralph. "Tapes Depict Proposal to Thwart Bomb Used in Trade Center Blast". *The New York Times*. October 28, 1993; Page A1
43. O xeique Omar Abdel-Rahman e mais nove foram condenados, sob a acusação de conspirar para destruir importantes monumentos de Nova York, tais como a sede da ONU e o edifício do FBI.
44. Kaplan & Kristol, 2003, pp. 50-51.
45. Apud Hersh, Seymour M. "A Case Not Closed". *The New Yorker*, Issue of 1993-11-01. Hiro, 2002, p. 63.
46. Clinton, 2004, pp. 525-526.
47. Clinton, em suas memórias, confirmou o número de vítimas civis inocentes e declarou que "*it was stark reminder that no matter how careful the planning and how accurate the weapons, when that find of firepower is unleashed, there are usually*

unintended consequences". Id., ibid., p. 526. Hersh, Seymour M. "A Case Not Closed". *The New Yorker*, Issue of 1993-11-01. Hiro, 2002, p. 63.

48. O art. 51, do Capítulo VII da Carta das Nações Unidas, declara: "Nada na presente Carta diminuirá o direito inerente à autodefesa individual ou coletiva, se um ataque armado ocorre contra um membro das Nações Unidas, até que o Conselho de Segurança tenha tomado as medidas necessárias para manter a paz internacional e a segurança".
49. Hersh, Seymour M. "A Case Not Closed". *The New Yorker*, Issue of 1993-11-01. Hiro, 2002, p. 63.
50. Abbott & Costello é o nome de uma legendária dupla de comediantes, interpretada por Bud Abbott e Lou Costello.
51. As linhas pontilhadas eram patrulhadas pela força aérea dos Estados Unidos e Grã-Bratanha.
52. Ele fora presidente da União dos Estudantes do Iraque na Europa e trabalhava para o serviço de inteligência de Saddam Hussein, do qual desertou em 1975 e se ligou ao British Intelligence Service, em 1975. Posteriormente, 1978, sofreu um atentado em um subúrbio de Londres. Saiu Ferido.
53. Kaplan & Kristol, 2003, p. 50.
54. Id., ibid., p. 50. Hiro, 2003, p. 81.
55. Os dois genros, Saddam Kamel e Hussein Kamel, e suas respectivas esposas regressaram a Bagdá, em fevereiro de 1996, após Saddam Hussein haver prometido anistiá-los. Porém, ao chegarem, foram presos, acusados de traição e executados, juntamente com vários outros parentes. O fato foi apresentado pela imprensa do Iraque como justiça tribal.
56. William Scott Ritter era também acusado de ser espião de Israel.
57. Ignatius, David "The CIA And the Coup That Wasn't". *The Washington Post*, 16/5/2003, p. A29
58. Kaplan & Kristol, 2003, pp. 50-51.
59. Clinton, 2004, p. 717.
60. Id., ibid., p. 718.
61. Defense Science Board. *The Defense Science Board 1997 Summer Study Task Force on DoD Responses to Transnational Threats* (Washington: U.S. Department of Defense, October 1997), vol. 1, Final Report, p. 15. Apud Ivan Eland — "Does U.S. Intervention Overseas Breed Terrorism: The Historical Record — The Historical Record", Foreign Policy Briefing , Cato Institute, December 17, 1998. Cato Foreign Policy Briefing No. 50
62. A lei proposta por Bill Clinton violava a Constituição dos Estados Unidos (*Bill of Rights*), ao conceder ao presidente dos Estados Unidos ós mais amplos poderes, inclusive o de ter acesso às informações sobre as contas bancárias pessoais, sem

ordem judicial, de designar certas organizações como "terroristas" e ter acesso aos seus ativos financeiros, bem como prender cidadãos norte-americanos e deportar estrangeiros, sem processo judicial. Ela ainda autorizava o governo a invocar a "secret evidence", que os estrangeiros e seus advogados não podiam examinar por causa da segurança nacional etc., e lhe dava outros poderes, atentando contra a 6ª Emenda, que garantia ao acusado, fosse americano ou estrangeiro, o direito de defesa.

63. Timothy McVeigh recebera a Bronze Star e a Combat Infantry Badge. Condenado à morte, foi executado em 11 junho de 2001, na prisão de Indiana, com uma injeção da gás letal. Seu cúmplice, Terry Nichols, foi condenado a prisão perpétua.
64. Final Report Reviews And Details — Current Review — World Net Daily Article — Final Report on the Bombing of the Alfred P. Murrah Building April 19, 1995.
65. Clinton, 2004, pp. 771-718.
66. Essas bombas, segundo as estimativas, mataram mais de cem civis, apenas em Bagdá, no curso dos anos seguintes.
67. Blum, 2001, pp. 31-32.
68. Id., ibid., p. 32.
69. Clinton, 2004, pp. 716-717.
70. Johnson, 2001, pp. xvii e 92-93.

Capítulo XXVIII

O BOMBARDEIO DA IUGOSLÁVIA E A INVASÃO DO HAITI • A POLÍTICA EXTERIOR DE CLINTON • OS ESTADOS UNIDOS E A ONU • O CONFLITO ENTRE O GOVERNO DE CLINTON E O SECRETÁRIO-GERAL BOUTROS-GHALI • OS ESTADOS UNIDOS COMO *"INDISPENSABLE NATION"* • A GLOBALIZAÇÃO DA ECONOMIA • ESPIONAGEM INDUSTRIAL E PROMOÇÃO COMERCIAL DOS ESTADOS UNIDOS • CLINTON E A CRISE FINANCEIRA INTERNACIONAL

O desaparecimento do Bloco Socialista e, conseqüentemente, o murchamento do movimento comunista internacional não favoreceram tanto a democracia e o multilateralismo quanto se podia imaginar. Pelo contrário. As elites financeiras, políticas e militares nos Estados Unidos acreditaram, como o politólogo Francis Fukuyama, que a história havia chegado ao fim, e pretenderam construir um sistema de dominação unilateral, incontrastável, por cima do cartel econômico e político conformado com as outras potências industriais. A extrema-direita não mais viu qualquer utilidade na ONU, que até então funcionara como *Aufhebung* (negação/conservação) das contradições dos Estados Unidos com a União Soviética, nem nas outras instituições multilaterais. Congressistas do Partido Republicano diziam que havia uma conspiração global na ONU para roubar a soberania e assumir o controle dos Estados Unidos[1].

Embora esse fator condicionasse sua atuação, Clinton não alterou, essencialmente, a política internacional, desenvolvida por George Bush, e optou pelo *assertive multilateralism*, i.e., o uso da força armada pelos Estados Unidos, caso a diplomacia coercitiva não obtivesse resultado, mas em concertação com outros países, dentro da ONU, considerada pelos *neocons* como simples "*collections of sovereign states*", dentro da qual as tiranias e regimes democráticos não se diferenciavam[2]. De acordo com tal diretriz, os Estados Unidos, liderando outros sócios da OTAN, efetuaram o bombadeio contra as forças da Sérvia, na Iugoslávia, em 1994 e 1995. E Clinton ordenou, em setembro de 1994, a *Operation Uphold Democracy*, invadindo o Haiti, após o Conselho de Segurança da ONU aprovar (31/7/1994) para o uso de "*all necessary means*", a pretexto de restaurar a ordem democrática naquele país, intervenção esta de importância estratégica, baseada na U. S. National Strategy of Engagement and Enlargement[3]. Ele nunca descartou a possibilidade de uma intervenção unilateral, caso os Estados Unidos sentissem seus interesses ameaçados. Ao inaugurar seu segundo mandato, Clinton declarou que "*America stands alone as the world's indispensable nation*".[4] No *State of Union*, poucos dias depois, ele voltou a dizer: "*Now let us do the same. Let us do what it takes to remain the indispensable nation — to keep America strong, secure and prosperous for another 50 years*".[5] E Madeleine Albright, como secretária de Estado, repetiu: "*If we have to use force, it is because we are America. We are the indispensable nation.*" Com essa percepção, Clinton e Madeleine Albright como secretária de Estado trataram de solapar a ONU e contrapor-se à atuação do secretário-geral, o diplomata egípcio Boutros-Ghali, que buscava dar à entidade maior autonomia, e vetaram, em 1997, sua reeleição para o cargo. Essa foi a primeira vez que semelhante fato ocorrera. Madeleine Albright alegou em suas memórias que Boutros-Ghali se tornara cada vez mais crítico aos Estados Unidos[6]. Ele realizara que

> *"the United States sees little need for diplomacy; power is enough. Only the weak rely on diplomacy. This is why the weak are so deeply concerned with democratic principles of the sovereign equality of states, as a means to providing some small measure of equality for that which is not equal in fact".*

O Império Romano não necessitou de diplomacia. Nem os Estados Unidos, comentou Boutros-Ghali, assinalando que "*diplomacy is perceived by an imperial power as a waste of time and prestige and sign of weakness*"[7]. Na condição de "*lone superpower*", aos Estados Unidos desagradava a idéia do multilateralismo. E as tensões e as diferenças com a ONU apareceram. A ausência da União Soviética e a superação do comunismo, como real ameaça, aviventaram a arrogância dos Estados Unidos e lhes permitiram desembaraçar-se da cobertura democrática e moral com que sempre encapara a sua política exterior, conquanto ainda mantivesse a retórica. E, quaisquer que fossem as teorias — "*indispensable nation*", "*lone superpower*" ou "*soft power*", o que Clinton pretendeu foi racionalizar o *status* supra-imperial dos Estados Unidos e fazer avançar seus interesses não só políticos e geopolíticos, por meio de intervenções militares, sob o rótulo de "humanitárias", que tendiam a modificar o conceito de soberania nacional, relativizá-la e desligá-la do Estado-nação, ressuscitando, sob outra capa e em outras circunstâncias, a antiga doutrina das "fronteiras ideológicas", elaborada nos anos 1960. O intervencionismo, porém, era de fato unilateral, uma vez que somente os Estados Unidos e as potências industriais, o cartel supra-imperialista, dispunham de meios e recursos para intervir nos assuntos internos de outros Estados, a pretexto de ajuda humanitária.

Ao mesmo tempo em que abertamente ampliou, sob a cobertura da ONU, o grau de intervencionismo dos Estados Unidos, Clinton também intensificou os esforços no sentido de estabelecer acordos econômicos e comerciais, de modo que sua balança comercial pudesse obter superávits e compensar os enormes déficits nas transações com a Europa, China e Japão. Com tal propósito, não obstante a preocupação com o terrorismo e os conflitos na África e nos Bálcãs, ele enfatizou, acima de tudo, o processo de globalização, o que significava, em realidade, um esforço de americanização da economia mundial. Apesar das controvérsias, dentro do Partido Democrata, ele endossou o NAFTA[8] e considerou, em suas memórias, que voltara um pouco de "*sanity*" à política nos Estados Unidos, quando o Congresso, por ampla maioria de votos dos dois partidos, aprovou em dezembro de 1994 os acordos do GATT, acarretando uma enorme rebaixa nas tarifas, em todo o mundo, da ordem de US$ 740 bilhões, "*opening previously closed markets to American produces and services* (...)"[9]. Entre vários outros fatores, os compromissos assumidos com o Comitê dos Bancos Credores e o Clube de Paris e os numerosos acordos resultantes da Rodada Uruguai, concluída em 1994, no âmbito do GATT, com a criação da Organização Mundial do Comércio (OMC), concorreram para liberalização do comércio, desregulamentação da economia e abolição ou flexibilização dos monopólios estatais. E, entre 9 e 11 de dezembro de 1994, realizou-se em Miami a Cúpula das Américas, para a qual Clinton convocara todos os chefes de Estado do continente. A fim de assegurar aos Estados Unidos a obtenção de enormes saldos comerciais para compensar o déficit comercial com outras regiões e pagamento de sua dívida externa, retomou então a idéia de Bush, a *The Enterprise for the Americas Initiative*, lançada em 1989, e conseguiu dos chefes de Estado do continente o compromisso de conduzirem seus países à formação da Área de Livre Comércio das Américas (ALCA), até o ano 2000. Mas dez dias depois, o peso — a moeda nacional do México — entrou em colapso e a taxa de câmbio sofreu uma desvalorização de 90% até março de 1995, o que obrigou o presidente Clinton, a fim de salvar a situação do sócio dos Estados Unidos no NAFTA, a intermediar uma ajuda de US$ 50 bilhões.

Ao mesmo tempo em que se empenhava em expandir o comércio dos Estados Unidos, por meio de tratados, Clinton recorreu amplamente aos serviços de inteligência para promover os interesses das corporações americanas. Em setembro de 1993, pediu à CIA que espionasse os fabricantes japoneses, que projetavam a fabricação de automóveis com zero-emissão de gás, e transmitiu a informação para a Ford, General Motors e Chrysler. Também ordenou que a NSA e o FBI, em 1993, espionassem a conferência da Asia-Pacific Economic Cooperation (APEC), Seattle, onde aparelhos foram instalados secretamente em todos os quartos do hotel, visando a obter informação relacionada com negócios para a construção no Vietnã, na província de Gia Lai, a hidrelétrica Yaly, com capacidade de produzir 720 megawats (MW), suprindo 3,68 bilhões de kilowats-hora (kWh) de eletricidade à potência da rede que servia ao centro do país e às regiões montanhosas. Essa seria a segunda maior hidroelétrica do Vietnã (a maior era a de Hoa Binh, no rio Da). As informações foram passadas para os contribuintes de alto nível do Partido Democrata. A espionagem industrial não apenas prejudicou as companhias estrangeiras. Companhias americanas também. Quando o Vietnã mostrou-se interessado em adquirir dois aviões de carga 737 de um homem de negócios, nos Estados Unidos, o secretário de Comércio, Ronald Brown, informado pelos serviços de inteligência, prejudicou a venda, tratando de conseguir um financiamento favorável para a aquisição de dois aparelhos novos da Boeing.

A comunidade de inteligência dedicou-se assim a colaborar mais ativamente com a promoção comercial, que Clinton tratava de impulsionar, com o objetivo de incrementar as exportações dos Estados Unidos. As corporações industriais dedicadas ao desenvolvimento de tecnologia, como Lockheed, Boeing, Loral, TRW, e Raytheon, receberam comumente importantes informações comerciais, interceptadas pelos serviços de inteligência, através do ECHELON, sistema de vigilância altamente informatizado para o processamento de Communication Intelligence (COMINT)[10]. Esse sistema tivera inicialmente o objetivo de captar mensagens e comunicações diplomáticas entre os governos estrangeiros e suas embaixadas e missões no exterior. Com o desenvolvimento da tecnologia, ampliou-se a sua utilização, ao ser usado para interceptar comunicações internacionais via satélite, tais como telefonemas, faxes, mensagens através da Internet, por meio de equipamentos instalados em Elmendorf (Alaska), Yakima (Estado de Washington), Sugar Grove (Virgínia ocidental), Porto Rico e Guam (Oceano Pacífico), bem como nas embaixadas e bases aéreas militares. Desde os fins dos anos 60, a coleta de inteligência econômica e informações sobre o desenvolvimento científico e tecnológico tornou-se crescentemente um dos mais importantes objetivos da COMINT, operado pela National Security Agency (NSA), dos Estados Unidos, e pelo Government Communications Headquarters (GCHQ), da Grã-Bretanha, que em 1948 haviam firmado um pacto secreto, conhecido como UKUSA (UK-USA) — Signals Intelligence (SIGINT)[11], formando um pool para interceptação de mensagens da União Soviética e demais países do Bloco Socialista. À UKUSA, a primeira grande aliança de serviços de inteligência em tempo de paz[12], aderiram, posteriormente, agências de outros países: Communications Security Establishment (CSE), do Canadá, Defense Security Directorate (DSD), da Austrália, e o General Communications Security Bureau (GCSB), da Nova Zelândia.

Os serviços de inteligência dos Estados Unidos tentaram várias vezes negar que colaborassem com as corporações industriais, e canalizavam suas informações, através de seus aliados estrangeiros ou de agências, como o Trade Promotion Co-ordinating Committee (TPCC), uma agência intergovernamental criada em 1992 pelo Export Enhancement Act e dirigida pelo Departamento de Comércio, com o objetivo de unificar e coordenar as atividades de exportação e financiamento do governo americano, e desenvolver ampla estratégia visando a desenvolver esses programas. O Advocacy Center, dentro do TPCC, constituiu o núcleo fundamental da National Export Strategy[13], elaborada na administração de Clinton, e não restringiu suas atividades a corromper, com propinas, fazer *lobby* junto aos governos estrangeiros, em favor das companhias americanas. Funcionou junto com o Office of Executive Support (antigo Office of Intelligence Liaison), agência de alta segurança dentro do Departamento de Comércio, integrada por funcionários da CIA, com a mais alta autorização para acesso a segredos e equipamentos de vinculação com os serviços com o objetivo de acomodar a necessidade de inteligência de caráter econômico, e Clinton, pouco depois de inaugurar seu governo, fundara o National Economic Council, para alimentar as corporações americanas com informações captadas pelos serviços de inteligência.

Em 1994, o governo de Washington dedicou-se a assegurar advocacia a mais de 1970 transações que envolviam exportações, no valor de mais de US$ 20 bilhões, e criariam mais de 300.000 postos de trabalho nos Estados Unidos. E, segundo os jornalistas Duncan Campbell e Paul Lashmar, NSA, em 1994, não só interceptou faxes e chamadas telefônicas entre o consórcio europeu Airbus e o governo da Arábia Saudita, permitindo ao governo americano intervir em favor da Boeing Co., como a "*US intelligence played a decisive role*" na concorrência para a montagem do SIVAM (Sistema de Vigilância da Amazônia), pelo Brasil, e assegurou a vitória da Raytheon, a companhia encarregada da manutenção e serviços de engenharia da estação de interceptação de satélites do sistema ECHELON, em Sugar Grove[14]. E próprio Ronald Brown, em 6 de janeiro de 1995, declarou, perante o Committee on Science, da House of Representatives, que a agência intergovernamental Trade Promotion Co-ordinating Committee havia elaborado, em 1993, a National Export Strategy, que consistia, claramente, em "*to help U.S. companies — small, medium and large — realize their full export potential*"[15]. E proclamou, "*our advocacy, and that of President Clinton, on behalf of U.S. businesses competing for foreign government procurements is beginning to bear fruit*". Nesse mesmo ano, 1995, *The New York Times* noticiou que as estações da NSA e da CIA, em Tóquio, estavam encarregadas fornecer o detalhadas informações à equipe do USTR Mickey Kantor, para enfrentar os negociadores japoneses, em Genebra, em uma disputa comercial sobre automóveis. E o jornal japonês *Mainichi* acusou a NSA de monitorar as companhias japoneses, através do ECHELON, a fim de favorecer as companhias americanas.

Clinton, ao iniciar, em 1997, seu segundo mandato como presidente, prosseguiu com a mesma política, voltada para a expansão do comércio e insistiu em forçar maior abertura dos mercados para os bens e serviços norte-americanos, através tanto da ALCA, prevista para 2005, quanto da APEC (*Asia-Pacif Economic Cooperation*), por volta de 2020. O objetivo era possibilitar que os Estados Unidos se tornassem o centro mais dinâmico da economia global no século XXI, conforme a Secretária de Estado, Madeleine K. Albright, proclamou, afirmando que "(...) *we must continue shaping a global economic system that works for America*"[16]. Ela também deixou claro que a "*primary obligation*" do governo dos Estados Unidos era para com seu próprios cidadãos e não era "*a charity or a fire department*"[17]. "*We will defend firmly our own vital interests*", reiterou perante o Senado, evocando uma frase de Clinton, segundo a qual "*the United States cannot and should not try to solve every problem, but where our interests are clear, our values are at stake, (and) where we can make a difference, we must act and we must lead*"[18].

Ao declarar que o objetivo da política de Clinton era "modelar o sistema econômico global", de modo que trabalhasse para a América, i.e., os Estados Unidos, e enfatizar que "a obrigação primária" do governo era para com seus próprios cidadãos, Madeleine Albright evidenciou o projeto imperial a ser implementado através da ALCA e da APEC, bem como da rede de mais de duzentos acordos comerciais, entre os quais os da

Rodada Uruguai, que permitiram um incremento de 34% nas exportações norte-americanas e a criação de 1,6 milhão de novos empregos, desde 1993[19]. O comércio tornara-se responsável por mais de 11 milhões de empregos nos Estados Unidos e 30% do seu PIB, o equivalente a cerca de US$ 2,3 trilhões, mais do que duplicando, quando comparado com a sua participação, da ordem de apenas 13%, em 1970, mas a continuidade do seu crescimento, do qual um quarto nos últimos quatro anos decorrera das exportações, dependia da conquista de novos mercados[20]. A conformação da ALCA tornava-se, assim, fundamental, pois a América Latina era a segunda região do mundo que apresentava mais rápido crescimento e, segundo as estimativas, estaria a absorver mais exportações norte-americanas, por volta do ano 2010, do que a Europa e o Japão juntos[21].

Outrossim a embaixadora Charlene Barshefsky, confirmada como USTR, exortou o subcomitê da House of Representative a aprovar o *fast track*, a fim de que Clinton pudesse negociar outros acordos comerciais sem que o Congresso depois os pudesse modificar, mas apenas aprovar ou rejeitar, e declarou que os governos dos países, com mercados em rápido crescimento na Ásia e na América Latina, estavam a fazer entendimentos em volta dos Estados Unidos, antes do que com os Estados Unidos, e estabeleciam novas e exclusivas alianças comerciais em "*potential detriment of U.S. prosperity and leadership*"[22]. Segundo Charlene Barshefsky, cujo pronunciamento, como o de Madeleine Albright, exalava *assertive nationalism*, as alianças comerciais desempenhariam papel crescentemente importante na definição do relacionamento entre as nações, no século XXI, do mesmo modo que os pactos militares, no século XX, modelaram o sentido essencial das relações globais[23]. Embora o princípio subjacente da política comercial, pretendida por Charlene Barshefsky, fosse explicitamente "*to support U.S. prosperity, U.S. jobs and the health of the U.S. companies*", conforme suas próprias palavras[24], ela não conseguiu, entretanto, induzir o Congresso no Estados Unidos a conceder o *fast track*, uma vez que, além da oposição de setores do Partido Democrata e dos sindicatos, senadores e deputados, da mesma forma que outros responsáveis pela formulação da política exterior americana, sempre tiveram dos países da América Latina uma percepção negativa e estereotipada, na medida em que todos eles se lhes afiguravam dependentes, fracos, inferiores, ineptos, ineficientes e inclinados à corrupção[25]. A grave crise financeira, que estremecera o México e o modelo econômico implementado pelo presidente Carlos Salinas de Gortari, revitalizou essa percepção, ao gerar grave transtorno para os Estados Unidos, seu sócio no NAFTA, logo após a Cúpula de Miami, e contribuiu para aumentar a resistência à renovação do mandato que autorizaria Clinton a negociar com outros países da América Latina acordos de comércio, sem que o Congresso depois os pudesse emendar.

O colapso do peso mexicano, em 1994/95, constituiu, entretanto, a primeira manifestação dramática de uma grave crise, que em 1997 irrompeu na Tailândia, infectou a Indonésia, Coréia do Sul e Malásia, derrubando as bolsas de valores e ameaçando provocar o caos no mercado financeiro mundial. Esse abalo não se restringiu aos países do sudeste da Ásia. Em meados de 1998 demoliu a economia da Rússia e derrubou a bolsa de Nova York (31/8/1998), quando o índice Dow Jones despencou 554 pontos, a segunda maior queda na história do New York Stock Exchange. E, entre 6 e 14 de janeiro de 1999, um ataque especulativo levou o Brasil a perder para os especuladores e investidores mais de US$ 6,8 bilhões e compeliu o presidente Fernando Henrique Cardoso a liberar o câmbio e deixar o dólar flutuar ao sabor do mercado. Clinton, percebendo que a crise ameaçava contaminar a economia americana, exortou o presidente do FED, Alan Greenspan, a explorar com o FMI e os colegas do G-7 a possibilidade de criar um mecanismo e planos de contingência para evitar que a crise financeira global continuasse a contagiar outros países[26]. E, em 6 de outubro, ao instalar o encontro anual do Banco Mundial/FMI, advertiu que *"The global economy simply cannot live with the kinds of vast and systemic disruptions that have occurred over the past year"*.[27]

Clinton tinha idéia bastante clara sobre a interdependência da economia internacional e, assinalando que o sucesso de cada nação dependia do sucesso das outras nações, advertiu que "*this crisis poses a challenge not to any one nation, but to every nation*" e que "*none of us — none of us — will be unaffected if we fail to act*"[28]. Com essa compreensão, ele recomendou a construção de uma genuína arquitetura financeira internacional, um sistema que fosse aberto, estável e próspero, capaz de respaldar um mercado global, com fluxos globais de capital, para o qual se evoluía. E o FMI criou novo tipo de pacote de empréstimos, uma Linha de Crédito Contingente (CCL), para prevenir o alastramento das crises financeiras, em vez de esperar que elas contagiassem outros países, em meio de ataques especulativos. O próprio Clinton empenhou-se, pessoalmente, para evitar que a crise financeira, deflagrada nos países do Sudeste da Ásia, após passar pela Rússia, atingisse o Brasil, cujo déficit orçamentário alcançava o montante de US$ 6 bilhões, o equivalente a 8% do PIB, ao mesmo tempo em que suas reservas caíam de US$ 75 bilhões para US$ 45 bilhões, em agosto e setembro de 1998[29].

Notas

1. Boutros-Ghali, 1999, p. 4.
2. Kaplan & Kristol, 2003, pp. 52-59 e 90-91.
3. O Haiti, desde o início do século XIX, sempre fora estrategicamente importante para os Estados Unidos, devido à sua localização geográfica no Caribe. Posteriormente, no início do século XX, passara a hospedar investimentos americanos, e o presidente Woodrow Wilson, para protegê-los, ordenou em 1915 a invasão da ilha, fabricando a ameaça de que a Alemanha lá pretendia construir uma base de submarinos e a França interviria (ameaças que nunca existiram). A ocupação durou de 1915 a 1934.
4. The Second Inaugural Address of President William J. Clinton. The University of Oklahoma Law Center
5. The 1997 State of the Union Address of President William J. Clinton, February 4, 1997. Ibid.
6. Albright, 2003, p. 207.
7. Boutros-Ghali, 1999, p. 195.
8. Clinton, 2004, p. 432.
9. Id., ibid., p. 636.
10. Através da Communications Intelligence (COMINT), a NSA coleta informações derivadas de comunicações do estrangeiro. É o principal componente da Signals Intelligence (SIGINT), que inclui a captação de "non-communications signals", tais como as emissões de radar. Comint acompanha o desenvolvimento da alta capacidade dos sistemas de telecomunicações civis e é utilizado em larga escala na

espionagem industrial, empregando técnicos altamente capacitados e utilizando excepcionalmente alto grau de automação.

11. Bamford, 2002, pp. 397-398. O pacto conhecido como UKUSA só se tornou publicamente conhecido em março de 1999, quando o governo australiano confirmou que o Defence Signals Directorate (DSD), sua organização de SIGINT, devia "co-operate with counterpart signals intelligence organisations overseas under the UKUSA relationship".1996 Intelligence Online report on UKUSA cooperation: http://www.blythe.org/Intelligence/readme/brits-usa.int45;1997 Daily Telegraph report "Spies Like US" on Mentwith Hill (with aerial photo) and other commentary: http://www.accessone.com/%7Erivero/POLITICS/ECHELON/echelon.html; 1998 Nicky Hager, Covert Action Quarterly article on ECHELON: http://jya.com/echelon.htm;1998 European Parliament, STOA report, Assessment of the Technologies of Political Control: http://jya.com/stoa-atpc.htm.
12. Johnson, 1996, pp. 122-144.
13. Levelling the playing field around the world — Trade Promotion Coordinating Committee 27/05/2001 Annexe 2-1: Function Statement of U.S. government Advocacy Center — http://www.heise.de/tp/deutsch/special/ech/7743/1.html
14. Campbell, Duncan & Lashmar, Paul — "USA: Spying for Free Trade", London — *The Independent*, 2.7. 2000.
15. Prepared Testimony of Secretary Ron Brown, U.S. Department Of Commerce On Science And Technology — Preparing For Changes In The Year 2015 before The Committee On Science U.S. House Of Representatives, January 6, 1995. http://clinton3.nara.gov/WH/EOP/OSTP/other/tsdoc1.html.
16. Secretary of State-Designate Madeleine K. Albright. Prepared statement before the Senate Foreign Relations Committee, as released by the Office of the Spokesman, Department of State, Washington, D.D., January 8, 1997. http://www.secretary.state.gov/statements/970108a.html
17. Secretary of State-Designate Madeleine K. Albright prepared statement before the Senate Foreign Relations Committee. Washington, D.C., January 8, 1997. As released by the Office of the Spokesman, Department of State. http://usinfo.org/USIA/usinfo.state.gov/regional/ea/easec/albrt108.htm.
18. Secretary of State-Designated Madeleine K. Albright, prepared statement before the Senate Foreign Relation Committee, January 8, 1997, http://www.secretary.state.gov/statements/970108a.html.
19. Id., ibid.
20. U.S.T.R. Charlene Barshefsky Testimony to Senate Finance Committee. *U.S. Information and Texts* N° 005 — Z12481 B, United States Information Service, February 5, 1997, pp. 5 a 10.

21. Id. Ibid. Charlene Barshefsky statement before House Trade Panel. *U.S. Information and Texts* N° 011 — Z12481 B, United States Information Service, March 2O, 1997, pp. 38 a 45.
22. Barshefsky statement before House Trade Panel 3/18. *U.S. Information and Texts* N° 011, USIS, March 20, 1997, p. 38.
23. Barshefsky testimony to Senate Finance Committee, *U.S. Information and Texts*, N° 5, February 5, 1997, p. 8.
24. Barshefsky statement before House Trade Panel 3/18, *U.S. Information and Texts*, N° 011, March 20, 1997, p. 42.
25. Cottam, M. L., op. cit., pp. 21, 23 e 31.
26. The White House at Work — Friday, October 2, 1998 — President Clinton: Leadership in the global economy — http://clinton3.nara.gov/WH/Work/100298.html.
27. The White House — Office of the Press Secretary — October 6, 1998 — Remarks by the President Bill Clinton to opening ceremony of the 1998 International Monetary Fund/World Bank Annual Meeting — Marriott Wardman Park Hotel Washington, D.C..
28. Blustein, 2002, pp. 326-327.
29. Id., ibid., p. 332.

Capítulo XXIX

A EXPANSÃO DA OTAN AOS PAÍSES DO LESTE EUROPEU • O COMÉRCIO INTERNACIONAL DE ARMAMENTOS • INSATISFAÇÃO DA INDÚSTRIA BÉLICA COM A POLÍTICA DE CLINTON • A DIREITA E O *PROJECT FOR THE NEW AMERICAN CENTURY* • A *"VAST RIGHT-WING CONSPIRACY"* • O MOSSAD E MONICA LEWINSKI • O FRACASSO DO *IMPEACHMENT* DE CLINTON • A INTERVENÇÃO NO KOSOVO E O *EAST-WEST CORRIDOR*

Paralelamente aos acordos comerciais, Clinton tratou de expandir os interesses militares e geopolíticos dos Estados Unidos, determinado a evitar que a coesão da aliança atlântica desaparecesse, como conseqüência do colapso do Bloco Soviético, e a Europa viesse a construir seu próprio sistema de defesa. A expansão da OTAN na direção do Leste Europeu, impulsada por Clinton, visou a justificar a sua existência e a manutenção da presença dos Estados Unidos na Europa. Em 1994, David Gompert, vice-presidente da Rand Corporation e Diretor para Europa e Eurásia no Conselho Nacional de Segurança, no governo de George Bush, lembrou que "*we cannot evade the larger truth: the United States promised to stay in Europe after the Cold War in order to help keep peace and sustain the democratic revolution*[1]. E, no *State of the Union*, em janeiro de 1997, Clinton declarou que "*our first task is to help to build, for the first time, an undivided, democratic Europe*", e impulsionou a expansão da OTAN aos países que antes integravam o Pacto de Varsóvia. Os Estados Unidos queriam manter a sua preeminência na Europa e para tanto tornava-se necessário dar outro sentido e ampliar a OTAN, como forma de demonstrar a sua importância para garantir a paz e a segurança. E, em uma primeira etapa, a Polônia, República Tcheca e Hungria foram convidadas a ingressar na organização e firmaram os protocolos com os 16 Aliados, em junho de 1997, na Cúpula de Madrid. A adesão consumou-se em 12 de março de 1999 e o projeto de Clinton era estender a OTAN até o Mar Báltico e o Mar Negro, mediante a incorporação de todos os países da Europa Central e do Leste, entre os quais a Letônia, Lituânia e Estônia.

A ampliação da OTAN, naturalmente, implicaria custos adicionais para os Estados Unidos, de US$ 2,1 bilhões a US$ 2,7 bilhões, por ano, para um montante de US$ 27-35 bilhões[2], mas não apenas daria segurança aos seus investimentos através da Europa, como propiciaria enormes negócios às indústrias de material bélico dos Estados Unidos, que em 1995 exportaram armamentos novos no valor de US$ 16 bilhões a mais do que todos os demais países do mundo juntos e buscavam restaurar a segurança para o capital financeiro. E a pretexto de objetivos humanitários, as guerras constituíam grande negócio não só das indústrias bélicas americanas como também do próprio Departamento de Defesa, que exportou, na primeira metade dos anos 90, cerca de US$ 53,1 bilhões, montante aproximadamente maior do que as vendas efetuadas para outros países, diretamente, pelas indústrias bélicas. Só no ano fiscal de 1996, o Departamento de Defesa exportou armamentos, no montante de US$ 536 milhões (valor original), através do programa Excess Defense Articles (EDA), administrado pela Defense Security Cooperation Agency, e arrendou a vinte exércitos estrangeiros equipamentos bélicos, no valor de US$ 695 milhões, bem como abriu o programa Defense Export Loan Guarantee (DELG) estabelecido pelo Defense Authorization Act, que o autorizou a garantir até US$ 15 bilhões em empréstimos do setor privado para a venda ou arrendamento (comercial ou negociado pelo governo) de material bélico americano ou serviços relativos a determinadas nações estrangeiras.

Valor dos embarques de armamentos, 1991-1995 (US$ milhões)

	1991	*1992*	*1993*	*1994*	*1995*	*Total*
Estados Unidos: exportações do governo	$9.360	$10.713	$10.685	$9.842	$12.549	$53.149
Estados Unidos: exportações da indústria	$5.166	$2.667	$3.808	$2.099	$3.620	$17.360
Rússia	$6.200	$2.500	$3.100	$1.500	$3.100	$16.400
França	$2.200	$1.800	$1.100	$1.400	$2.200	$8.700
Reino Unido	$4.700	$4.700	$4.600	$5.200	$4.900	$24.100
China	$1.400	$1.000	$1.200	$700	$600	$4.900
Alemanha	$2.400	$1.100	$1.700	$1.400	$1.200	$7.800
Itália	$300	$400	$400	$100	$0	$1.200
Outros países da Europa	$1.800	$3.000	$1.500	$1.300	$1.000	$8.600
Todos os outros	$1.900	$1.700	$2.000	$2.400	$2.700	$10.700
Total	$34.426	$29.580	$30.093	$25.941	$31.869	$152.909

Dólares correntes. Informação baseada no calendário anual, exceto para os Estados Unidos, cujas vendas tomaram como base o ano fiscal. Fontes: Congressional Research Service (CRS), 1988-1995; Defense Security Assistance Administration (DSAA), 1995.

Com a reputação fortalecida pela Guerra do Golfo e o respaldo de Washington, a indústria bélica americana aumentou sua predominância no mercado mundial. Em setembro de 1992, a administração de Bush e o Congresso aprovaram a exportação para a Arábia Saudita de 48 McDonnell Douglas (MD) F-15E Strike Eagle, bombardeiros de múltipla utilização, em quaisquer condições de tempo, usados pela força aérea dos Estados Unidos na Guerra do Golfo, atacando os lançadores do foguete SCUD. Essa foi a primeira vez que tais aviões, os mais sofisticados aviões de combate, foram exportados para qualquer nação, até que, um ano e meio depois, Clinton e o Congresso aprovaram a venda de 21 bombardeiros F-15E a Israel, com o objetivo de manter sua superioridade qualitativa sobre a Arábia Saudita. Os Estados Unidos também se empenharam para vender entre 20 e 80 F-15E Strike Eagle, de longo alcance à União dos Emirados Árabes, que exigiu fossem eles equipados com o mais avançado míssil ar-ar, de longo alcance (AMRAAM).

Através de tais vendas, os Estados Unidos aumentaram largamente os padrões dos aviões de combate e munições dos seus aliados no Oriente Médio. Mas a militarização da área não se realizou meramente por motivos geopolíticos, visando a conter o Irã e o Iraque, mas em favor das indústrias bélicas, que pressionaram, persuadiram, subornaram e exortaram os líderes políticos americanos a fomentar o comércio de armamentos[3]. A *rationale* para as exportações de material bélico de alta e sofisticada tecnologia foi a manutenção dos empregos da indústria, embora visasse a assegurar a predominância dos Estádios Unidos no mercado de armamentos, que se tornara extremamente competitivo, após o colapso da União Soviética. Um informe da CIA, em 1995, assinalou que as pressões das indústrias bélicas recresceriam, no sentido de aumentar as exportações de armamentos convencionais avançados e de alta tecnologia, a fim de que pudessem permanecer competitivas no mercado mundial. E os órgãos de defesa e os serviços de inteligência justificavam o desenvolvimento e a produção de novas gerações de armamentos, com base no argumento de que estavam sendo adquiridos pelos países do Terceiro Mundo. E a Lockheed Martin Co. instava o Congresso a aprovar fundos para a produção dos caças F-22 Raptor, citando a ampla proliferação de outros aviões de combate, como MiG-29, da Rússia, e os F-15 e F-16, de fabricação americana.

Os gastos com defesa, durante a administração de Clinton, permaneceram assim em níveis elevados. Se em 1986 o orçamento militar dos Estados Unidos foi dois terços maior do que a soma dos orçamentos de todos dos outros Estados que àquela época representavam potencial ameaça, ou seja, o Pacto de Varsóvia, China, Cuba, Irã, Iraque, Coréia do Norte, Líbia, Síria e Vietnã, em 1995 representaram cerca de 76% a mais[4]. E Clinton ainda propôs ao Congresso um aumento de mais US$ 12 bilhões para o ano fiscal em 1999, e um total de US$ 110 bilhões ao longo dos seis anos seguintes, isto é, até 2005. Este aumento de US$ 110 bilhões, para os seis anos seguintes, era maior do que a soma dos orçamentos militares da Rússia e da China, que previam gastos de US$ 50 bilhões, cada um, e elevaria as despesas militares dos Estados Unidos a um montante de US$ 290,6 bilhões, o maior aumento desde 1984, auge do *military build-up* que Reagan havia promovido, superando a soma dos orçamentos militares dos países da OTAN, Rússia, China e Japão.

Mesmo assim o complexo industrial-militar não se satisfez. Os *lobbies* (Munitions Industrial Base Task Force, The Heritage Foundation e outros) e os "falcões" do Pentágono, que exprimiam os interesses da indústria bélica, acusaram Clinton de desmantelar sistematicamente a defesa nacional, que Reagan reconstruíra nos anos 1980, e que a força militar por ele proposta era muito pequena para defender os interesses dos Estados Unidos. E, em 3 de junho de 1997, um grupo composto por Jeb Bush, governador da Flórida e irmão de George W. Bush, governador do Texas, Dick Cheney, Francis Fukuyama, o teórico do fim da história, I. Lewis Libby, Paul Wolfowitz, Donald Rumsfeld e mais alguns *neocons*, vinculados ao American Enterprise Institute, Hudson Institute e outros *think tanks*, lançou o *Project for the New American Century* (PNAC). Seu programa consistia em aumentar os gastos com defesa, fortalecer os vínculos democráticos e desafiar os "regimes hostis aos interesses e valores" americanos, promover a "liberdade política" em todo o mundo, e aceitar para os Estados Unidos o papel exclusivo em "preservar e estender uma ordem internacional amigável (*friendly*) à nossa segurança, nossa prosperidade e nossos princípios"[5]. Tais propostas expressavam, nitidamente, os poderosos interesses econômicos e políticos do complexo industrial-militar.

Entrementes, enquanto era arquivado o processo que Paula Jones movera contra Clinton, acusando-o de assédio sexual, estourou a denúncia em torno de seu relacionamento com uma estagiária na Casa Branca, Monica Lewinski, cujas conversações foram gravadas por Linda Tripp, funcionária do Pentágono a quem ela confidenciara por telefone o seu caso amoroso. O escândalo teve evidente objetivo político. O promotor independente (*Independent Counsel*) Kenneth Starr, responsável pela investigação de supostas irregularidades nas operações do fracassado loteamento Whitewater, em Arkansas, do qual Clinton e sua esposa Hillary foram sócios, no fim dos anos 1970, ampliou a ofensiva para destituí-lo da presidência dos Estados Unidos. Sobre ser advogado de quatro grandes companhias de tabaco, em contenda com a administração por causa da propaganda de cigarro para *teenagers*, Starr era intimamente ligado à direita do Partido

Republicano no Congresso[6]. Estava obsedado. "*What really rocked Starr was all heat he got from the Republican right and the three or four reporters who were deeply vested in finding something we'd done wrong, or at least on continuing the torment*", escreveu Clinton em suas memórias.

Em 27 de janeiro de 1998, Hillary Clinton apareceu em um programa de televisão — *The Today Show* — durante o qual denunciou a existência de "*vast right-wing conspiracy*", que começara contra seu marido desde o dia em que ele anunciou sua candidatura à presidência[7]. Os círculos do Partido Democrata e outros identificavam o bilionário ultraconservador Richard Mellon Scaife, que dera enormes contribuições aos *think tanks*, da direita e ao Partido Republicano como o principal sustentáculo financeiro da conspiração. Ele doara milhões de dólares para a American Enterprise Institute, Hoover Institution, Cato Institute, Citizens for a Sound Economy, The Free Congress Foundation, entre outros *think tanks*, organizações de direita e órgãos de imprensa, como *The American Spectator*, que moveram a campanha contra Clinton[8]. A "*vast right-wing conspiracy*", impulsionada pelos republicanos, para derrubar Clinton, conforme Hillary Clinton denunciara, tinha, entretanto, implicações mais profundas. O escândalo do relacionamento sexual com Monika Levinsky afigurou-se, possivelmente, um golpe armado com a cooperação do Mossad, serviço secreto de Israel, porquanto os círculos extremistas do Likud, aos quais pertencia o Primeiro-Ministro Binyamin (Bibi) Netanyahu, se opunham ao aprofundamento das negociações de paz, sobretudo à retirada das tropas israelenses da cidade de Hebron, no West Bank, prometida a Yasser Arafat[9], presidente da Autoridade Palestina, pelo Secretário de Estado Warren Christopher. Clinton, em suas memórias, referiu-se ao problema de Binyamin Netanyahu, constrangido entre sua pressão para ceder mais do que Hebron aos palestinos, i.e., abrir a passagem entre Gaza e o West Bank, aeroporto, porto, libertação de prisioneiros etc., e a oposição doméstica dos "*hard liners*" da coalizão conservadora e expansionista, robustecida com a imigração de cerca de 1 milhão de judeus russos, após o desmoronamento do regime soviético. Essa constituía a base governo que se formara no Knesset (Parlamento de Israel)[10]. E o escândalo do relacionamento de Clinton com Monika Levinsky ocorreu em meio das negociações do processo de paz na Palestina, no quadro dos acordos de Oslo, aos quais se opunham os elementos da extrema-direita, como o judeu russo, ex-dissidente da União Soviética[11], Natan Sharansky, dirigente do partido *Yisrael Ba'aliyah* e ministro da Indústria e Comércio[12].

Segundo o autor inglês Gordan Thomas, através de um *katsa* (agente em hebreu), Danny Yaton, *hard-liner* nomeado diretor do Mossad por Netanyahu, soube do *affair* de Clinton e enviou a Washington uma equipe de *yahalomin* (especialistas em monitoramento de chamadas telefônicas), que interceptou o aparelho de Monika Levinsky, no complexo de Watergate, e conseguiu 30 horas de gravações das suas conversas com Clinton sobre sexo. O Mossad provavelmente obteve a cooperação de Linda Tripp, funcionária do Pentágono e confidente de Monica Lewinski. E Clinton, no dia 27 de março, convidou Monica Lewinski ao Salão Oval e lhe revelou crer que seu telefone estava sendo monitorado. Não lhe deu maiores detalhes, mas logo depois o *affair* terminou. Em seu depoimento, em 30 de julho de 1998, Monika Levinsky referiu-se ligeiramente a essa informação que Clinton lhe dera, conforme o promotor Kenneth Starr registrou no seu relatório:

> *"According to Ms. Lewinsky, she and the President had a lengthy conversation that day. He told her that he suspected that a foreign embassy (he did not specify which one) was tapping his telephones, and he proposed cover stories. If ever questioned, she should say that the two of them were just friends. If anyone ever asked about their phone sex, she should say that they knew their calls were being monitored all along, and the phone sex was just a put-on."*[13]

A embaixada estrangeira a que ele aludiu só podia ser a de Israel, o único país com interesse e capacidade de adotar esse procedimento nos Estados Unidos. O governo de Tel Aviv sempre quis confrontar Clinton, desde o primeiro dia de sua administração, em 1993, obrigando os Estados Unidos a vetarem as sanções, se fossem aprovadas, por não cumprimento da Resolução 799, do Conselho de Segurança da ONU, que o acusara de violar a Convenção de Viena e determinara o retorno imediato a Israel dos palestinos deportados[14]. Apesar de que Clinton sempre cedesse, as tensões entre Tel Aviv e Washington não haviam desaparecido. E o objetivo do Mossad, possivelmente, fora fazer chantagem, a fim de levar Clinton a impedir que o FBI continuasse a investigar a existência, na Casa Branca, de um *mole*, i. e., um espião adormecido, identificado apenas como Mega, que vazava informações altamente sensíveis para Tel Aviv[15]. O *mole* talvez fosse Rahm Emanuel, então assessor sênior da Casa Branca. Mas o caso assumiu a dimensão de escândalo ainda maior, visando a destruir o governo de Clinton, quando Linda Tripp entregou as gravações ao *Independente Counsel* Kenneth Starr.

Nunca se pôde desvendar claramente os fios da "*vast right-wing conspiracy*", os vínculos do Likud e da direita do Partido Republicano, porque esse tipo de atividade raramente produziu qualquer documento que pudesse ser desclassificado. A suspeita fora de que o Mossad instrumentalizara Monica Lewinski[16], razão pela qual, induzida ou não por Linda Tripp, ela havia guardado um vestido com a mancha de esperma, a fim de apresentá-lo como prova ao Congresso, além de calendários, com datas marcadas de quando encontrou ou conversou com Clinton por telefone, em 1996 e 1997[17]. Essa hipótese não se podia descartar. Ninguém confidenciaria por telefone a uma colega um caso amoroso com o presidente nem guardaria um vestido com mancha de esperma, durante alguns anos, se não tivesse alguma intenção malévola. Entretanto, o pai de Monika Levinsky, dr. Bernard Lewinsky, um rico oncologista judeu, rompeu o silêncio e acusou o promotor Kenneth Starr de estar promovendo uma investigação como na "*McCarthy-era*", em entrevista à televisão ABC. De fato, nem Reagan nem Bush, envolvidos em um escândalo muito mais grave, o Irã-Contra, sofreram tanta perseguição.

Em suas memórias, Clinton explicou que sua "*struggle with the New Right Republicans was about power*".[18] Conforme sua avaliação, desde que Truman, Kennedy e Johnson começaram a defender a causa dos direitos civis, os conservadores do sul migraram para o Partido Republicano, o qual, no começo de 1970, firmou uma aliança com o emergente movimento religioso de extrema direita. E, quando os *New Right Republicans* dominaram o Congresso, em 1975, Clinton bloqueou seus mais extremos desígnios e fez ulterior progresso em questões econômicas, sociais e de justiça ambiental. Ele queria um país em que os benefícios fossem repartidos, também as responsabilidades, e igual participação em uma comunidade democrática. Os *New Right Republicans*, por sua vez, queriam um país onde "*wealth and power were concentrated in the hands of the 'right' people*", que mantivesse o apoio majoritário por meio da demonização das minorias, cujas demandas por inclusão ameaçavam seu poder[19]. A tentativa de destituir Clinton, porém, fracassou. Embora a House of Representatives, em 19 de dezembro de 1998, houvesse aprovado o *impeachment*, sob a acusação de perjúrio e obstrução da justiça[20], ele foi absolvido, depois de julgado no Senado, em fevereiro de 1999, a fim de terminar o seu o mandato.

Um dia após, 13 de fevereiro, Clinton convocou os líderes do Congresso para discutir possível intervenção militar da OTAN no Kosovo, liderada pelos Estados Unidos, caso fracassassem as negociações am Rambouillet (França), onde o Grupo de Contato (Estados Unidos, Rússia, França Itália, Alemanha e Grã-Bretanha) tentava levar o presidente Slobodan Milosevic, sob a ameaça de bombardeio de alvos militares (Sérvia e Montenegro), a aceitar um acordo de paz com os os separatistas do Exército de Liberação de Kosovo (ELK), formado pelos albaneses étnicos que viviam naquela província da Iugoslávia. A ONU e a OTAN, expressando os interesses das potências industriais do Ocidente, queriam que Kosovo tivesse autonomia política, de que desfrutara sob a Constituição da Iugoslávia, entre 1974 e 1989. Mas a tentativa de impor um acordo preparado inteiramente por chancelarias estrangeiras, por meio de ameaças de bombardeios aéreos, apenas exacerbou a crise.

Os sérvios continuaram a rejeitar categoricamente a entrada de 30 mil *peacekeepers* da OTAN e rechaçaram a possibilidade de um plebiscito sobre o estatuto de Kosovo, a província separatista, onde 90% da população de 2 milhões de habitantes eram de origem albanesa e muçulmanos, pois decerto venceria a proposta em favor da independência. Por sua vez, a coalizão de partidos kosovares, o Movimento Democrático Unificado (LBD) e o Exército de Libertação do Kosovo (ELK), que antes rejeitaram o acordo, porque não queriam apenas a autonomia da província, mas a independência, terminaram por aceitá-lo, a fim de deixar que os ataques da OTAN fossem desfechados contra a Sérvia. A força aérea dos Estados Unidos já havia tomado posição, em Aviano (Itália) e outras bases na Europa, pronta para atacar o governo de Solobodan Milosevic. E, no dia 24 de março, a Operation Allied Force e 112 aviões americanos e 102 dos aliados da OTAN (19 nações), voando em altas altitudes, sem correr riscos, começaram a bombardear os alvos na Iugoslávia, i.e., a promover o terrorismo aéreo, destruindo a sua infra-estrutura, atingindo casas, escolas e hospitais, matando quinhentos civis e ferindo, desabrigando, e danificando o meio ambiente, com as bombas DU.

"Como se pode falar de paz no dia da Páscoa, quando o céu é sacudido pelo estrondo da guerra, quando sobre as casas iugoslavas ecoa o barulho dos projéteis e reina o fogo?", perguntou o papa João Paulo II condenando os bombardeios dos Estados Unidos contra a Iugoslávia, na abertura da tradicional missa do domingo de Páscoa, na praça de São Pedro, em Roma, no Vaticano. E, no dia 29 de março, disse perante a Assemblea Parlamentare del Consiglio d'Europa, que "*in risposta alla violenza, un'ulteriore violenza non è mai una via futura per uscire da una crisi*". E *L'Osservatore Romano* denunciou a inutilidade e o drama da "*duplice guerra, quella che* [...] *insanguina il Kosovo e quella cominciata dalla NATO*". A OTAN não tinha autoridade para atacar a Iugoslávia, um país soberano, por mais que alegasse motivos humanitários. Somente o Conselho de Segurança da ONU poderia autorizar os bombardeios, mas nem consultado foi, porque os Estados Unidos sabiam que nem a Rússia nem a China o aprovariam. E, sete dias após o início da guerra, já havia 125.000 refugiados, que escapavam dos ataques aéreos e não da perseguição étnica ou religiosa. Clinton em suas memórias justificou candidamente os bombardeios, alegando, entre outros motivos, que o emprego de tropas terrestres teria causado provavelmente um desastre, maiores baixas civis, do que "*errant bombs*"[21].

A intervenção militar foi executada com uma intensidade feroz e, em junho, quebrou a resistência de Milosevic. Porém, agravou ainda mais a crise humanitária na região. Cerca de 25.000 bombas de urânio empobrecido (*depleted uranium- DU*), para aumentar o efeito da explosão, foram despejadas sobre a Iugoslávia, contaminando a população com elementos radioativos, tóxicos e carcinogênicos. O biólogo britânico Roger Coghill previu que os ataques aéreos contra a Sérvia pela Força Aérea dos Estados Unidos, com bombas de urânio empobrecido, desencadeariam provavelmente uma epidemia de câncer nos Bálcãs causando, a morte de 10.150 pessoas, não só nas áreas diretamente atingidas, mas também em toda a redondeza. Ele calculou que os aviões A-10 lançaram mais de 500.000 bombas, das quais metade detonou. Na radiação da Sérvia, a radioatividade medida foi trinta vezes superior ao normal e, mesmo no norte da Grécia, mais de 100 quilômetros da área de conflito, ela aumentou 25%[22]. E os bombardeios não visaram apenas a alvos militares, mas também se dirigiram contra outras instalações, incluindo pontes, refinarias de petróleo, plantas de energia elétrica e comunicações.

Impedir a limpeza étnica não passou de pretexto para a imissão da OTAN em um conflito secular, com raízes históricas nas contradições políticas, religiosas e étnicas, entre os impérios Otomano e Austríaco, entre o islamismo e o cristianismo, e entre os nacionalismos sérvio e albanês. Naturalmente tornava-se necessário ao complexo industrial-militar testar os novos mísseis com maior precisão do que os usados na Guerra do Golfo[23], as bombas DU, esvaziando os arsenais para possibilitar novas encomendas, e a tática adotada foi fazer a guerra desde as altitudes, sem empregar tropas terrestres, de modo que seus *boys* não morressem e as baixas não provocassem protestos domésticos, como acontecera durante a guerra no Vietnã. Mas outros fatores econômicos e políticos induziram os Estados Unidos a instrumentalizarem a OTAN para atacar a Sérvia. A região dos Bálcãs sempre se revestiu de importância econômica e estratégica, para a proteção dos interesses do Ocidente, por constituir a rota para a Palestina, Iraque, Irã, o Mar Cáspio e a Transcaucásia, onde existiam vastas jazidas de petróleo, que as corporações americanas desejavam explorar. Daí por que aos Estados Unidos, particularmente, interessava expandir o papel e o alcance da OTAN, bem como acabar com os conflitos e dominar essas áreas — Bósnia-Herzegóvina e Kosovo — mediante o estabelecimento de um regime político, que desse segurança à exploração e ao transporte do petróleo, sustentado pela presença militar das tropas de *peace keeping*, novo método para a criação de protetorados e exercício de suserania. A intervenção da OTAN, atacando a Iugoslávia, tinha objetivo que ia além de Kosovo, vizinha da Macedônia[24], situada em uma zona de rotas tradicionais, norte-sul, leste-oeste, importantes para os corredores de petróleo. Esse objetivo foi evidenciado pelo general britânico, Sir Michael Jackson, comandante das forças da OTAN no Kosovo, ao declarar que "*we will certainly stay here for a long time in order to guarantee the safety of the energy corridors which cross Macedonia*".

Esses corredores de energia, a que o general Sir Michael Jackson se referiu, estavam realmente sendo planejados. Em 1996, a United States Trade Agency (USTDA), aprovara um financiamento de US$200.000 e a corporação americana Bechtel International investiu mais US$ 100.000, para um estudo, visando à construção de um *East-West Corridor*, mediante a melhoria da infra estrutura e das conexões de transporte a Albânia, Macedônia e Bulgária, países abrangidos pelo South Balkan Initiative Program[25], com investimento de US$30 milhões, anunciado por Clinton em 1995. Os principais elementos do corredor Este-Oeste incluíam o acabamento da linha ferroviária entre o porto de Durres, na Albânia, sobre a costa do Adriático, e Burgas e Varna, na Bulgária, à margem do mar Negro; a construção de uma auto-estrada paralela; modernização dos portos de Durres, Vlore, Burgas e Varna, e construção de instalações intermodais. A USTDA também aprovara o montante de US$ 450.000,00 para o estudo de praticabilidade de desenvolver a instalação intermodal de carga para o corredor Sarajevo-Ploce, região já ocupada e policiada pela United Nations Mission in Bosnia and Herzegovina (UNMIBH), sucessora da United Nations Police Task Force, e pela Multinational Implementation Force (IFOR), da OTAN. E em 1998, quando se agravou a crise no Kosovo e a ONU impôs o embargo de armas para a Sérvia, a Bechtel International já havia terminado estudo para o desenvolvimento do East-West Corridor, que incluía a construção de um oleoduto pela Albania-Macedonia-Bulganian Oil Corporation (AMBO), companhia sediada em Pound Ridge, Nova York, dentro da qual tratavam de operar as grandes corporações petrolíferas dos Estados Unidos e de outras potências do Ocidente, tais como Texaco, Chevron, Exxon, Mobil, AMCO, BP (Grã-Bretanha), Agip (subsidiária da Eni, S.p.A., Itália) e TotalElFina (França).

O presidente da AMBO era Edward L. Ferguson, executivo da Brown & Root, subsidiária da corporação americana Halliburton, empresa presidida por Dick Chenney, ex-secretário de Defesa de George Bush[26]. Essa empresa, a Brown & Root Energy Services, foi que completou, com o apoio da USTDA, o estudo de viabilidade do projeto para o oleoduto Trans-Balkan, no Corridor 8, cuja infra-estrutura incluía a construção de auto-estradas, ferrovias, gás e telecomunicações com fibras óticas. Esse oleoduto propiciaria "*significant new income flows*", proveria os governos com oportunidades de investimentos diretos em sua economia e "*it should advance the privatization aspirations of the U.S. government in the region by providing work opportunities for new industries in support of the maintenance of the pipeline and the downstream industries of oil refining*".[27]

O projeto fora aprovado pelos ministros dos Transportes da União Européia, em abril de 1995, e apoiado agressivamente pelo governo dos Estados Unidos, através do South Balkan Development Initiative (SBDI). Adicional apoio foi dado pela União Européia, através do programa Phare, criado em 1989 para assistir aos países do Leste Europeu, e pelos governos da Grã-Bretanha, França e Alemanha. O corredor Este-Oeste começaria nos portos de Varma e Bourgas, sobre o Mar Negro, atravessaria a Bulgária, Macedônia e Albânia, para terminar nos portos de Durres e Vlore. E as companhias operando na região do mar Cáspio, a um custo menor, poderiam transportar, através desse oleoduto, com 36 polegadas de diâmetro e 890 quilômetros, 750 mil bpd de óleo cru, extraídos da Ásia Central, para navios-tanque (VLCC), em águas profundas, todo o tempo, no porto de Vlore, dando aos países da Europa e às refinarias americanas uma fonte alternativa e consistente de óleo cru. E, além de permitir aos governos na região do Mar Cáspio fazer um planejamento de longo prazo para explorar o potencial econômico dos novos campos de petróleo, "*it will provide American companies with a key role in developing the vital East-West corridor*".

Só no Kazaquistão e Azerbaijão as reservas de petróleo comprovadas eram da ordem de 20 bilhões de barris, pouco mais que as do Mar do

Norte e ligeiramente menor que as dos Estados Unidos. E a possibilidade era de que fossem significantemente muito maiores.[28] As exportações da região, da ordem de 800 mil bpd em 2001, poderiam ser aumentadas para 1,8 bilhão bpd. Até 2005 os Estados Unidos, com as companhias privadas, pretendiam desenvolver rotas viáveis de exportação, tais como os oleodutos da Baku-Tibilisi-Ceythan, com 1.091 milhas de extensão, (BTC) e o Caspian Pipeline Consortium. A administração de Clinton apoiava entusiasticamente a construção do oleoduto que começaria em Baku e, atravessando o Azerbaijão e a Geórgia, terminaria nos portos de Batumi, no Mar Negro, e de Ceythan, na Turquia, à margem do Mediterrâneo. E enviou forças militares para a Ásia Central, com a missão de treinar tropas do Kazaquistão, Uzbequistão e Quirguistão, de modo que elas pudessem defender os oleodutos, naquela região.

Mapa do oleoduto da Iugoslávia ao tempo dos bombardeios

Fonte: BBC[29].

Ao mesmo tempo, em que tratava de iniciar os trabalhos do oleoduto e de outros complementos do Corridor East-West, logo após o término dos ataques aéreos à Iugoslávia, em junho de 1999, a Halliburton — Brown & Root recebeu contrato de cinco anos para construir instalações militares na Hungria, Croácia e Bósnia, bem como a base Camp Bondsteell, com 360.000 metros quadrados, no Kosovo, perto da municipalidade de Ferizaj/Urosevac, 33 quilômetos distante de Pristina. Os Estados Unidos, com as forças da OTAN (KAFOR), começaram a realizar exercícios navais no mar Negro, em torno da área de defesa dos oleodutos da Trans-Caucasian Transportation Corridor (TRACECA). A função das tropas de *peace keeping* era justamente proteger os investimentos da AMBO e da USTDA na construção do oleoduto Trans-Nalkan, ao longo de toda a sua extensão, até o Adriático. Não sem algum fundamento, o escritor libertário Justin Raimond, autor de várias obras e militante antibélico, levantou a suspeita de que a CIA provavelmente havia soltado seu "*Albanian mad dog*", para criar condições de desestabilização que justificassem a intervenção dos Estados Unidos, com a ONU e a OTAN.

A guerra nos Bálcãs visou, precisamente, a dar segurança à zona em torno da construção desse oleoduto, que passaria através da Iugoslávia, conforme avaliou o jornalista George Monbiot, em artigo publicado por *The Guardian*, de Londres, em 15 de fevereiro de 2001, comentando o trabalho da pesquisadora Keith Fisher, publicado pela USTDA[30]. Em 1993, antes mesmo da aprovação do projeto do oleoduto, os Estados Unidos já haviam enviado para os Bálcãs tropas de *peacekeeping*, que se aquartelaram não nas zonas em que civis eram presos e assassinados, mas no norte, na fronteira da Mecedônia. Tornava-se então necessário, para obter o consentimento da Albânia, que a OTAN mantivesse o sérvios fora de Kosovo, sem o que não haveria a pacificação. E sem a pacificação dos Bálcãs não haveria possibilidade de assegurar o financiamento para a construção do oleoduto, a um custo estimado em US$1,2 bilhão, por várias instituições financeiras, como a OPIC, EximBank, Banco Mundial, Citibank e CFS Boston.

Notas

1. Gompert, David. "How to Defeat Serbia" , Foreign Affairs, July/August 1994.
2. Report to the Congress on the Enlargement of the North Atlantic Treaty Organization: Rationale, Benefits, Costs and Implications. Released by the Bureau of European and Canadian Affairs, U.S. Department of State, February 24, 1997.
3. Tirman, 1997, p. 282.
4. Conetta, Carl & Knight, Charles — "Inventing Threats", in Bullentin of Atomic Scientists March/April 1998 Vol. 54, No. 2.
5. A declaração, lançando The Project for the New American Century (PNAC), estabelecia como princípios: "*1- We need to increase defense spending significantly if we are to carry out our global responsibilities today and modernize our armed forces for the future; 2- we need to strengthen our ties to democratic allies and to challenge regimes hostile to our interests and values; 3 — we need to promote the cause of political and economic freedom abroad; 4 — we need to accept responsibility for America's unique role in preserving and extending an international order friendly to our security, our prosperity, and our principles*".
6. Clinton, 2004, p. 708-710.
7. Id., ibid., p. 776.
8. "*The Arkansas Project was funded by the ultra-conservative billionaire Richard Mellon Scaife from Pitsburgh, who had also pumped money into The American Spectator to fund its negative stories on Hillary and me*". Id., ibid., p. 711.
9. O nome completo de Yasser Arafat era Muhammad 'Abd-al-Rauf Arafat al-Quduwa. Ele nasceu em 1929 e cresceu no Egito, onde se unira à Irmandade Muçulmana.
10. Id., ibid., pp. 747-748, 752-753, 775-776, 815-816, 817-820
11. Seu nome russo era Anatoly Shcharansky. Ele fora preso em 1978, acusado de ser espião dos Estados Unidos, e condenado a 13 anos de prisão, 9 dos quais passou em um Gulag, na Sibéria. Em 1986 foi trocado por um espião soviético e emigrou para Israel, onde adotou o prenome Natan.
12. Sharansky, 2004, 148-161.
13. Referral to the United States House of Representatives pursuant to Title 28, United States Code, § 595(c) . Submitted by the Office of the Independent Counsel. September 9, 1998. Lewinsky 7/30/98 Int. at 16.
14. Boutros-Ghali, 1999, pp. 193-197.
15. Thomas, 1999, pp. 105-112.
16. Id., ibid., pp. 108-109.
17. Clinton, quando estava sob juramento, negou que tivera intercurso sexual com Monika Levinsky. Porém, Monika Levinsky, que revelara ter feito sexo oral com

ele, apresentou um vestido azul, com mancha de esperma, o que o levou a pedir desculpas ao povo americano por não haver falado a verdade.

18. Clinton, 2004, p. 862.
19. Id., ibid., p. 863.
20. O Senado iniciou o julgamento, em 7 de janeiro de 1999, e absolveu-o da acusação de perjúrio, por 55 votos contra 54. Quanto à obstrução da justiça, 50 senadores votaram a favor e cinqüenta contra, mas seriam necessários 67 votos para condenar o Presidente com a penalidade do *impeachment*.
21. Clinton, 2004, pp. 851 e 859.
22. BBC Online Network Friday, July 30, 1999 Published at 18:50 GMT 19:50 UK. http://news.bbc.co.uk/1/hi/sci/tech/408122.stm.
23. Clinton, 2004, p. 859.
24. A República Federal da Macedônia desmembrara-se da Iugoslávia em 1991 e logo fora reconhecida pelas potências ocidentais.
25. USTDA Library. SBDI South Balkan East-West Corridor. Nº 199672A — 1998-04-01. Bechtel International, Inc. Europe Regional. Transportation. http://search.yahoo.com/search?p=Burgas&sm=Yahoo%21+Search&fr=FP-tab-web-t&toggle=1&ei=UTF-8
26. Em 1992, Dick Chenney, como secretário de Defesa, concedera à Halliburton, cuja presidência assumiu, posteriormente, em 1995, contrato para prover apoio a todas as operações globais do Exército americano. Naquele ano, a Brown & Root, subsidiária da Halliburton, ganhou US$ 62 milhões para a manutenção da base militar na Somália. E, em 1994, construiu bases e sistemas de apoio para os 18 mil soldados americanos no Haiti.
27. U.S. Trade and Development Agency. Executive Summary — Albania-Macedonian-Bulgarian Oil Pipeline Corporation (Trans-Balkan Pipeline Project). May 1, 2002. U.S. Firm: AMBO LLC. Project Sponser: Bulgarian Prime Minister of Regional Development and Public Works. TDA Active Number:.99-70008A. NTIS Number: PB2000106974. Sector: Mining & Natural Resources. Region: Europe. Country: Europe Regional.
28. White House. Reliable, Affordable, and Environmentally Sound Energy for America's Future. Chapetre Eight. Strengthenin Global Alliances. Enhancing National Energy Security and International Relationships. Report of the National Energy Policy Development Group. 2001.
29. "World: Europe Analysis: Turning off Serbia's oil supply" BBC Online Network, Thursday, April 29, 1999 Published at 13:48 GMT 14:48 UK Thursday, April 29, 1999 Published at 13:48 GMT 14:48 UK
30. Monbiot, Georg. "A discreet deal in the pipeline. Nato mocked those who claimed there was a plan for Caspian oil". London: *The Guardian*, February 15, 2001.

Capítulo XXX

OS INTERESSES GEO-ESTRATÉGICOS DOS ESTADOS UNIDOS NA ÁSIA CENTRAL E NO MAR CÁSPIO • PAQUISTÃO, ARÁBIA SAUDITA E FUNDAMENTALISMO ISLÂMICO • ATENTADOS TERRORISTAS CONTRA EMBAIXADAS AMERICANAS • OS INSPETORES DA ONU NO IRAQUE E ESPIÕES DA CIA • PRESSÕES DA DIREITA SOBRE CLINTON • PREPARATIVOS PARA GUERRA NA COLÔMBIA

Apenas a imposição da paz armada nos Bálcãs não bastava para a execução projeto energético dos Estados Unidos e de seus sócios da Europa Ocidental, que conformavam o cartel das potências industriais. Tornava-se necessário igualmente estabelecer o controle sobre a Ásia Central, onde o problema se configurou mais complexo, pois, mesmo com a retirada das tropas soviéticas, a guerra no Afeganistão não terminara. Os serviços secretos da Arábia Saudita e do Paquistão continuaram a encorajar a *Jihad*, por motivos econômicos e religiosos, com o respaldo da CIA, que manipulava o fundamentalismo islâmico em função dos interesses geo-estratégicos dos Estados Unidos, e estendera suas operações às repúblicas da Ásia Central (Kazaquistão, Quirgistão, Tadjiquistão, Uzbequistão, Turcmenistão) e do Cáucaso, bem como aos Bálcãs, visando a controlar os recursos energéticos e os corredores dos oleodutos, que saíam da bacia do Mar Cáspio. De acordo com fontes russas, em 1993, cerca de 4.000 a 5.000 *mujahidin* do Tajiquistão passaram através da fronteira nordeste do Afeganistão, para as antigas repúblicas soviéticas da Ásia Central, a fim de lutar contra os governos seculares[1]. Uzbekistão, Turcmenistão, Tadjiquistão e Kazaquistão[2], à margem oriental da baía do mar Cáspio, eram as repúblicas mais pobres da extinta União Soviética, e os Estados Unidos, havia longo tempo, tratavam de subtraí-las da influência da Rússia e conquistar suas vastas reservas de petróleo, iguais ou maiores do que as da Arábia Saudita, e as mais ricas reservas de gás natural do mundo, comprovadamente mais de 236 trilhões de metros cúbicos, praticamente fechadas, e o total das reservas de petróleo de toda a região poderia ultrapassar a casa de 60 bilhões de barris, chegando a atingir 200 bilhões, conforme revelou John J. Maresca, vice-presidente de relações internacionais da Unocal Corporation, em depoimento prestado ao Subcommittee on Asia and Pacific e ao Committee on International Relations da House of Representatives, em 12 de fevereiro de 1998, acrescentando que as companhias ocidentais tinham condições de aumentar em mais de 500% a produção, da ordem de apenas 870.000 barris em 1995, até 4,5 milhões, em 2010, o equivalente a 5% da produção mundial de petróleo[3].

Os Estados Unidos temiam, no entanto, que os fundamentalistas derrubassem o governo militar no Paquistão e não só passassem a dominar um país com capacidade de produzir armas nucleares como se assenhoreassem, igualmente, das jazidas de petróleo (dois terços das reservas mundiais até então conhecidas), se a monarquia na Arábia Saudita também caísse. E a fim de conter a influência regional do Irã, julgaram que seria mais vantajoso ajudar os Talibãs, que não consideravam os xiitas como verdadeiros muçulmanos, a dominar o Afeganistão. A guerra civil assim continuou no Paquistão, e eles, os Talibãs, capturaram Kabul, em 1996, com o suporte logístico do Paquistão e da Arábia Saudita, cujas companhias petrolíferas Delta e Ningarcho estavam envolvidas em projetos de oleoduto e gasoduto, que atravessariam o Afeganistão, a partir do Turcomenistão. E a vitória dos Talibãs convinha à política dos Estados Unidos de isolar o Irã, a fim de estabelecer na sua fronteira firme barreira sunita, um Estado-tampão, que potencialmente proveria segurança às rotas de comércio e oleodutos[4].

A partir de 1996, os Talibãs, ao implantarem um regime islâmico fundamentalista na maior parte do Afeganistão, uniram-se aos membros da seita saudita *Wahhabi* e aos militantes do *Jamaiyyat Ulama al-Islam* e passaram a treinar guerrilheiros e terroristas, com o objetivo de que atuassem nos Bálcãs — Bósnia, Kosovo e Macedônia — bem como na Chechênia e Daguestão, por onde passava o principal oleoduto da Federação Russa, que sucedera à União Soviética, após a sua fragmentação em 1991. A questão do petróleo aí se revestiu da maior importância. A atuação dos *mujahidin*, nos Bálcãs, interessava então aos Estados Unidos, porque possibilitava a fragmentação ainda maior da Iugoslávia, e criaria as condições para a intervenção da OTAN. E a estabilidade do Afeganistão, mesmo sob a égide dos Talibãs, permitiria a concretização dos projetos da indústria petrolífera.

Dois grandes consórcios, àquela época, disputavam a simpatia dos Talibãs, com a participação dos sauditas, visando a obter o contrato para tal empreendimento. De um lado, estava a companhia Bridas, do empresário argentino Carlos Bulgheroni, que formara um consórcio com a Ningarcho, saudita, ligada ao príncipe Turki al-Feisal. Do outro, estava a Unocal (Union Oil Company of California), uma corporação americana, com a proposta de construir um gasoduto a partir do Uzbequistão, atravessando o Afeganistão até o mar no Paquistão, e um oleoduto, através Afeganistão e o Paquistão até o oceano Índico, e de um oleoduto, o Central Asian Oil Pipeline Project (CAOPP), com 1.050 milhas, a partir de Chardzou, no Turcomenistão, no território da Turquia, evitando que passasse pela Rússia o petróleo do Arzebaijão, onde havia imensas jazidas não exploradas.

Em 27 de outubro de 1997, seis das maiores companhias de energia, lideradas pela Unocal e com a participação da saudita Dental Oil, celebraram em Ashkhabad um acordo, criando o consórcio Central Asia Gas Pipeline, Ltd. (CentGas)[5], para construir um *pipeline*, com 1.272 quilômetros de extensão, no valor de US$ 2 bilhões, para o transporte de 1,9 bilhões de metros cúbicos de gás natural, por dia (20 bilhões de metros cúbicos por ano), do campo de Dauletabad, fronteira do Turkmenistão com o Afeganistão, através de Herat e Kandahar, até Multan, no Paquistão, onde se conectaria com outro, que se estenderia a Nova Delhi. Na mesma época, uma delegação dos Talibãs visitou Ashkhabad e concordou em formar uma comissão tripartite com o Paquistão e o Turkmenistão para supervisionar a execução do projeto. E em janeiro de 1998, os Talibãs firmaram com a Unocal um acordo, autorizando a construção do *pipeline*.

Oleodutos existentes e projetos na Ásia Central e região do Mar Cáspio

Fonte: *Military Review*

Diversas grandes corporações de petróleo estavam a pesquisar a construção de oleodutos a partir da Ásia Central, através de Herat e Kandha, no Afeganistão, e Quetta e Karachi, no Paquistão, a um custo de US$ 1,9 bilhão. A distância era relativamente curta para levar o petróleo ao mercado da Índia (Rota 8). Mas todas, inclusive a Unocal, a principal interessada, abandonaram essas intenções, dado que a guerra civil no Afeganistão não terminava. Também a orla do Pacífico e a China constituíam potencialmente amplos mercados para o petróleo do Mar Cáspio e da Ásia Central. Algumas companhias consideravam a construção de um oleoduto do Kazaquistão, através da China, para servir ao próprio mercado da China, bem como ao do Japão e da Coréia (Rota 9). Mais do que 40 projetos no Kazaquistão e Azerbaijão envolvia 11 corporações americanas, 24 de outras potências ocidentais e 2 da Rússia. O valor total excedia US$ 100 bilhões e algumas corporações, como Exxon, Amoco, Mobil e Chevron negociavam contratos regionais com aqueles países. Contudo, a instabilidade política da região e as políticas dos Estados Unidos *vis-à-vis* do Azerbaijão reduziram o andamento ou paralisaram muitos desses projetos, que haviam alcançado o ápice em 1998[6].

Os Talibãs, aos quais os membros da al-Qa'ida se aliaram, não eram, no entanto, menos radicais e extremistas do que os fundamentalistas xiitas. Logo que tomaram o poder, no Afeganistão, eles impingiram pela força a versão reacionária *Wahhabi* do Islã, adotada na Arábia Saudita e da qual bin-Ladin se tornara o mais radical intérprete. Essa doutrina, que surgira nos meados do século XIX, rejeitava a civilização ocidental, percebida como decadente, voraz e externamente opressiva, e pretendia impor o Islã purificado aos regimes muçulmanos, que se haviam corrompido. Ela constituiu a essência da *Islamic Resurgence*, comparada por Samuel Huntington com a reforma protestante, de Martin Luther e Jean Calvin, no século XVI. Esses movimentos — a *Islamic Resurgence* e a reforma protestante — configuraram, segundo Huntington reconheceu, uma reação à estagnação e à corrupção existentes nas instituições, intentando o retorno à mais pura e exigente forma de sua religião, com o trabalho de prédica, ordem e disciplina.

Mais radicais ainda, os Talibãs pretenderam recriar a situação existente na Arábia, no século VII, mediante a implantação de um regime similar ao do califado dos *Rashidun*, os quatro sucessores do profeta Muhammad (570-632 CE[7]), que eram considerados homens pios[8]. Essa restauração implicava uma série de restrições, principalmente para as mulheres, proibindo-as de estudar ou trabalhar, inclusive sair de casa, salvo em condições definidas e de modo muito estrito, bem como escutar música ou dedicar-se às atividades artísticas. O fundamentalismo, tanto Sunni (sunita) como Shi'a (xiita), tornou-se assim contrário à civilização capitalista, na medida em que se contrapôs, por motivo religioso, à introdução dos hábitos do Ocidente e à difusão de seus produtos industriais, tais como áudio-visual, moda, bebidas e serviços financeiros considerados profanos[9]. Essa tendência recresceu em todo o mundo árabe-islâmico, favorecida pelo empobrecimento e desespero das massas populares, que o desenvolvimento do capitalismo desarraigou, ao desintegrar a economia natural ou a economia simples de mercado, em que antes viviam, sem lhes propiciar, entretanto, melhores condições de vida, e marginalizando-as, como aconteceu em todo o chamado Terceiro Mundo.

O fundamentalismo islâmico assumiu uma dimensão essencialmente nacionalista, que se entrançou com o pan-islamismo e recrudesceu como movimento político, visando à derrubada dos regimes autocráticos e corruptos, existentes no Egito, Argélia, Arábia Saudita e Tunísia, entre outros. A conquista do poder afigurou-se, então, mais importante do que a afirmação da fé no Islã[10]. E uma vez que não conseguiram derrubar aqueles regimes corruptos, despóticos e impopulares, nem na Arábia Saudita nem no Egito nem em outros países muçulmanos, os movimentos fundamentalistas, desesperados, partiram para atacar diretamente o inimigo, "o grande Satã", i.e., os Estados Unidos, que os sustentavam, exerciam uma hegemonia mundial, mais absoluta do que a da Grã-Bretanha e demais potências imperialistas, entre 1870 e 1914, e afiguravam-se como os principais responsáveis pelo drama da Palestina. Em 7 de agosto de 1998 uma bomba explodiu na Embaixada dos Estados Unidos em Nairobi (Kenya) matando 12 americanos e 32 outros funcionários locais, além de ferir cerca de 247 outras pessoas. Quase que simultaneamente outra bomba detonou na Embaixada dos Estados Unidos em Dar es Salaam (Tanzânia), matando dez pessoas e ferindo mais de setenta. Após esses ataques, que destruíram essas duas embaixadas, na África Oriental, e deixaram um saldo de 224 mortos, Clinton, como represália, ordenou em 19 de agosto que navios e submarinos da Marinha americana, no Mar Vermelho e no mar da Arábia, bombardeassem o Afeganistão e o Sudão, a fim de liquidar Usamah bin-Ladin. Cerca de oitenta mísseis Tomahawk, teleguiados por satélite, atingiram os dois países, em dois continentes, distantes um do outro cerca de 4 mil quilômetros, destruindo alguns campos de treinamento para guerrilheiros e terroristas, que supostamente bin-Ladin mantinha em Khost e Jalalabad, no leste do Afeganistão, e uma indústria farmacêutica — El Shifa — nos subúrbios de Cartum (Sudão), como se fosse uma planta de armas químicas, mas nenhum infligiu sequer um arranhão a bin-Ladin. Nessa operação os Estados Unidos gastaram "*US$ 75 million dollars worth* *of missiles flying against the two poorest Islamic countries in the world, Afghanistan and Sudan*", comentou Milton Bearden, ex-chefe da estação da CIA em Cartum, nos anos 80[11]. E, através de uma rede de rádio clandestina, bin-Ladin comemorou: "Graças a Allah, estou vivo!".

Clinton, no dia seguinte, emitiu a Executive Order 13099[12], "*prohibiting transactions with terrorists who threaten to disrupt the Middle East Peace Process*", especificamente com Usamah bin Muhammad bin Awad bin-Ladin (a.k.a. Usamah bin-Ladin), e congelou seus bens e acervos bancários, assim como de mais dois suspeitos, antigo oficial egípcio Abu Hafs al-Masri e Rifa'i Ahmad Taha Musa. Ao mesmo tempo, assinou diversos *Memoranda of Notification*, autorizando a CIA a usar "*lethal force*" contra bin-Ladin[13]. A partir daí, os Estados deixaram de apoiar os Talibãs, que se recusaram a entregar bin-Ladin, apesar das gestões do Príncipe Turki ibn Faisal para obter a lista dos implicados nos ataques terroristas às Embaixadas dos Estados Unidos em Nairobi e Dar es Salaam. Depois de usados contra as tropas da União Soviética, no Afeganistão, e na tentativa de isolar o regime xiita de Teerã, os Estados Unidos, que sempre criaram monstros, trataram de exorcizá-los. O general Hamid Gul, articulador da resistência dos *mujahidin* às tropas soviéticas quando chefiara o ISI paquistanês entre 1987 e 1989, explicou que o islamismo não permitia entregar um homem àqueles que o queriam matar, que o condenaram, sem antes apresentar as evidências. E o fato foi que a CIA não pôde encontrar bin-Ladin, ocultado possivelmente nas cavernas do Afeganistão ou do Paquistão, cujo povo, na fronteira, era da etnia Pashtun e se solidarizava com os Talibãs.

Desde 1995, os Talibãs, ao implantarem um regime islâmico fundamentalista na maior parte do Afeganistão, estavam aliados aos membros da seita *Wahhabi*, da Arábia Saudita, cuja monarquia os apoiava, e aos militantes do *Jamaiyyat Ulama al-Islam*. Guerrilheiros e terroristas, com o objetivo de que atuassem nos Bálcãs — Bósnia, Kosovo e Macedônia — bem como na Chechenia e Daguestão, por onde passava o principal oleoduto da Federação Russa, que sucedera à URSS, após a sua fragmentação em 1991, estabeleceram-se em seus campos de treinamento. Tudo indica, porém, que bin-Ladin não fez qualquer acordo para receber o suporte material, financeiro e logístico dos Estados Unidos, que ele odiava, pois nos anos 1980, já apregoava Hejaz e Najd e necessidade de boicotar as mercadorias americanas e atacar a economia dos Estados Unidos. Em entrevista à TV *A-Jizirah*, em 26 de setembro de 2001, negou que os Estados Unidos houvessem cooperado com ele e os *mujahidin* no Afeganistão e desafiou-os a produzir qualquer evidência. "Não houve qualquer acordo", disse, acrescentando, que os mujahidin estavam a cumprir seu dever de apoiar o Islã, "embora esse dever cruzasse com os interesses dos Estados Unidos, sem a nossa aprovação". Bin-Ladin citou como exemplo os muçulmanos, que se alinharam com os persas para combater os romanos, ressaltando que os interesses então coincidiram, mas nenhuma pessoa de bom senso podia dizer que os muçulmanos lutaram contra romanos na batalha de Mu'tah porque eram agentes dos persas. Somente os interesses se entrelaçaram[14]. Segundo ele, os muçulmanos combateram os romanos como parte do seu dever, embora isto agradasse aos persas. Porém, uma vez que eles terminaram com os romanos, os muçulmanos voltaram-se contra os persas. "O entrelaçamento de interesses sem qualquer acordo não significa vínculo ou subserviência", bin-Ladin justificou[15].

Contudo, mesmo depois de 1998, a CIA, ao que tudo indicou, teria continuado a recorrer aos seus serviços, a fim de atrair forasteiros e militantes islâmicos do ramo *Wahhabi* para lutar ao lado dos rebeldes na Chechênia, contra o domínio da Rússia, como antes fizera contra a União Soviética, no Afeganistão[16]. Contudo, bin-Ladin jamais aceitou a aliança da monarquia saudita, percebida por ele como corrupta e infiel, com os Estados Unidos, principalmente por considerar que a permanência das tropas norte-americanas na Arábia Saudita, profanando os lugares santos entre os quais os dois santuários (*Haramain*) principais, as mesquitas em Meca (Mahassab) e em Medina (al-Masjid al Nabawi)[17], constituía um sacrilégio e uma ofensa a Alah. E estabeleceu, na *fatwah* de 23 de fevereiro de 1998, que matar "americanos e seus aliados, civis e militares", constituía um "dever individual para todo muçulmano", que o pudesse fazer, em qualquer país, a fim de libertar a mesquita de al-Aqsa, em Jerusalém, bem como a mesquita sagrada, e expulsar seus exércitos das terras santas do Islã[18]. Talvez bin-Ladin tivesse como objetivo, eliminando a presença dos Estados Unidos e de outras potências ocidentais nos países islâmicos, usar o regime dos Talibãs como ponta-de-lança para desestabilizar o Paquistão e assenhorear-se do governo de um Estado com capacidade nuclear que poderia projetar o poder islâmico, derrubar o regime na Arábia Saudita e assim assumir o controle da produção mundial de petróleo. Ele se aliou ao serviço secreto e às Forças Armadas do Paquistão para demonstrar que os muçulmanos tinham condições de controlar o petróleo da Arábia Saudita e custodiar os lugares santos, principalmente Meca. De qualquer forma, impregnado pelo fundamentalismo, bin-Ladin passou a representar as forças oposicionistas, subterrâneas no mundo islâmico e que se espraiavam por todo o Oriente Médio até o Uzbequistão. Mas, conforme Milton Bearden, ex-chefe da estação da CIA no Sudão, ponderou, além de "*disservice and an oversimplification*", era um insulto à maioria dos americanos atribuir a bin-Ladin todos os atentados terroristas ocorridos na última década[19].

A Unocal estava, então, a receber fortes críticas dentro dos Estados Unidos, dos grupos feministas e outros, acusando-a de sustentar o regime talibã, que oprimia as mulheres e as excluía de todos as atividades da vida social, ao mesmo tempo em que cruelmente aniquilava as minorias no Afeganistão. E em agosto de 1998, por causa do bombardeio dos campos da al-Qa'ida, ordenado por Clinton, após os ataques às embaixadas dos Estados Unidos em Nairobi e Dar es Salaam (Tanzânia), a Unocal alegou que os baixos preços do petróleo e a turbulência no Afeganistão, assustando os investidores, tornavam o *pipeline* um projeto anti-econômico e bastante arriscado, e suspendeu a participação da CentGas no consórcio responsável pela sua construção. Conforme anunciou, em 21 de agosto, a Unocal somente participaria da construção do Central Asia Gas Pipeline, "*when and if Afghanistan achieves the peace and stability necessary to obtain financing from international lending agencies for this project and an established government is recognized by the United Nations and the United States*"[20].

A crise no Oriente Médio também se agravara. Um judeu fundamentalista, ultra-ortodoxo, Yigal Amir, havia assassinado, em 1995, o Primeiro-Ministro de Israel Yitzhak Rabin, do Partido Trabalhista, que em maio de 1994 firmara com Yasser Arafat, dirigente da Organização para Libertação da Palestina, a Declaração de Princípios, conhecida como os Acordos de Oslo (Oslo I), mediante os quais Israel, por um lado, aceitou devolver os territórios ocupados e libertar prisioneiros palestinos, e a Autoridade Palestina (AP), por outro, comprometeu-se a combater o terrorismo e a suprimir da Carta Nacional da OLP a clásula que pregava a destruição de Israel. Com este *quid pro quo*, visando a normalizar a situação na Palestina, Clinton tentou retomar o processo de paz com o Primeiro-Ministro Benjamin Netanyahu, do Likud, embora ele houvesse revogado o decreto que proibia a expansão de Israel na Cisjordânia, e fechado o escritório da OLP em Jerusalém, após vencer os trabalhistas nas eleições de 1996 e assumir o governo. Mas a coalizão de direira, liderada pelo Likud, era, segundo a expressão do próprio Clinton, "*much harder crew to convince*"[21] e recalcitrava em aceitar um entendimento com a Autoridade Palestina, criada pelos Acordos Oslo. Em 1997, concluiu um acordo sobre a retirada das tropas israelenses de Hebron, com a exceção das áreas habitadas por colonos judeus. Mas o Likud não aceitava que fosse entregue à Autoridade Palestina parte do controle sobre a banda de Gaza e o West Bank, conforme acertado nos Acordos de Oslo.

Entrementes, em meio do processo de *impeachment* contra Clinton, gerado pelo *affair* com Monica Lewinski, recresceram as pressões domésticas da direita para que ele invadisse o Iraque e acabasse com o regime de Saddam Hussein. Em 26 de janeiro de 1998, Donald Rumsfeld, Paul Wolfowitz, John Bolton, Robert B. Zoellick, Robert Kagan, Francis Fukuyama, William Kristol, Richard L. Armitage, William J. Bennett, Jeffrey Bergner, Paula Dobriansky e Zalmay Khalilzad, a súcia do *Project for The New American Century*, enviaram carta a Clinton, na qual o instaram a fazer a guerra ao Iraque, afirmando que

> *"The only acceptable strategy is one that eliminates the possibility that Iraq will be able to use or threaten to use weapons of mass destruction. In the near term, this means a willingness to undertake military action as diplomacy is clearly failing. In the long term, it means removing Saddam Hussein and his regime from power. That now needs to become the aim of American foreign policy"*[22].

Clinton, relutantemente, assinou então a lei autorizando o Pentágono a fornecer em bens e serviços ao Congresso Nacional Iraquiano o montante de U$ 97 milhões, dos quais a oposição recebeu apenas US$ 20 mil, o custo de apenas duas semanas de curso para três iraquianos, e mais US$ 64 mil em ajuda econômica direta, para o aluguel e pagamento da equipe no escritório de Londres. Excluiu o fornecimento de armas.[23] Mas a equipe da UNSCOM, dirigida desde 1997 pelo australiano Richard Butler, especialista em desarmamento, prosseguia com as suas atividades, especialmente através das Special Information Collection Missions (SICMs), cujas demandas assumiam o caráter de provocação, buscando efetivamente um atrito, que justificasse novos ataques dos Estados Unidos e da Grã-Bretanha[24]. As informações obtidas eram compatilhadas com Mossad, que cedera *scanners* de alta-freqüência e gravadores digitais para gravar comunicações codificadas dos mais sensíveis órgãos militares e de segurança do Iraque, como o Conselho de Segurança Nacional (*al-Majlis al-Amn al-Qawmi*) o Diretório Geral de Inteligência (*Al-Mukhabarat al-'Iraqiyya*), o Diretório Especial de Segurança (*al-Amn al-Khas*), a Inteligência Militar (*al-Istikhbarat*) e a Segurança Militar (*al-Amn al-'Askari*), entre outros.

Em 26 de agosto de 1998, o major William Scott Ritter abandonou a UNSCOM, da qual era o chefe, alegando que o governo dos Estados Unidos e o Conselho de Segurança da ONU não davam o devido respaldo à sua tarefa. "*I resigned my position out of frustration that the United Nations Security Council, and the United States as its most significant supporter, was failing to enforce the post-Gulf War resolutions designed to disarm Iraq*", disse ele, em 3 setembro de 1998, ao prestar depoimento perante os comitês de Serviços Armados e Relações Exteriores do Senado. Segundo declarou,

> *"the inspections of presidential sites in Iraq were a farce from the beginning and actually represented one of the setbacks of the special commission. It is part of a continuing cycle of confrontation with Iraq in which Iraq gets concessions from the world body, to include the United States and the Security Council".*

Ritter explicou que a UNSCOM não tinha a intenção de inspecionar os chamados "sítios presidenciais", "*sensitive sites*", mas, quando o governo do Iraque negou-lhe o acesso, os Estados Unidos e o Conselho de Segurança da ONU tranformaram esse ponto em uma questão, o resultado foi uma confrontação. A justificativa oficial do governo do Iraque fora a de que os Estados Unidos e a Grã-Bretanha estavam a dominar o processo de inspeção e que a UNSCOM intentava inspecionar sítios vitais para a soberania e a segurança nacional do Iraque, incluindo os chamados "sítios presidenciais". Saddam Hussein não queria quarenta agentes da CIA rondando esses lugares[25]. Em face do prévio episódio de intransigência, os Estados Unidos ameaçaram desfechar uma ação militar. Mas, em 23 fevereiro de 1998, o secretário-geral da ONU, Kofi Annan, conseguiu evitá-lo, mediante um *Memorandum of Understanding* alcançado com Saddam Hussein[26]. "*Iraq today is not disarmed, and remains an ugly threat to its neighbors and to world peace*", disse Scott Ritter, acusando a administração de Clinton de interferir no trabalho da UNSCOM, enfraquecendo sua capacidade de promover o desarmamento, de sorte que "*neither we nor Iraq's neighbours in the Middle East will be threatened by Saddam Hussein's nuclear, chemical or biological weapons or long-range ballistic missiles capable of delivering such weapons*"[27]. E acrescentou: "*Iraq is not disarmed*"[28].

O major Scott Ritter percebeu que o primeiro objetivo da política dos Estados Unidos no Golfo Pérsico tornara-se a contenção do Iraque, através das sanções, e não necessariamente o seu desarmamento. E acusou a França, a Rússia e a China de protegerem o Iraque e o governo de Clinton de intervir diretamente para impedir as inspeções de surpresa, pelo menos seis vezes, desde novembro de 1996 até agosto de 1998. Segundo observou, os Estados Unidos estavam completamente comprometidos com a política (embora não declarada) de contenção do Iraque, através de sanções econômicas e ampla presença militar no Golfo Pérsico, enquanto evitava caras e debilitantes confrontações entre a UNSCOM e o governo de Saddam Hussein. A equipe de segurança nacional de Clinton sabia que não havia meio mais rápido de provocar o não-cumprimento das determinações do Conselho de Segurança da ONU do que através dos esforços da UNSCOM para inspecionar os mais sagrados recônditos de Saddam Hussein, os "*sensitive sites*", que ofendiam ainda mais a soberania e a dignidade do Iraque, sem considerar a natureza da evidência apresentada. E receoso de provocar uma resposta, especialmente sem saber o que o Iraque estava a esconder, Clinton optou por uma "*no-endgame strategy of containment*", através de sanções de indefinida duração, que acarretaram a morte de mais de 1 milhão de civis, principalmente crianças (cerca de 500 mil segundo o relatório da Organização Mundial da Saúde, em 1997)[29], desde que foram impostas em 1991, devido à má nutrição, porquanto o Iraque importava cerca de 70% dos alimentos que consumia[30].

Em realidade, Clinton estava dividido entre a pressão do Partido Republicano, (inclusive de alguns do Partido Democrata, como o senador John Kerry), que defendia o ataque ao Iraque, e a relutância em ter de responder a qualquer confrontação com força militar, razão pela qual julgou mais oportuno postergar as inspeções da UNSCOM. Em outubro, porém, agravou-se a situação quando o primeiro-ministro Tariq Aziz declarou ao Conselho de Segurança da ONU que o governo de Bagdá não mais aceitaria americanos na equipe do UNSCOM, uma vez que eram leais aos Estados Unidos e não à ONU, e demandou que cessassem os vôos do aviões espiões U-2 para monitorar se o Iraque havia cumprido a determinação de eliminar as armas de destruição em massa. Outrossim requereu que a UNSCOM, dirigida por um novo Bureau Executivo, com o presidente escolhido com base na rotatividade, fosse constituído na mesma proporção dos membros de Segurança da ONU, e que seu quartel-general fosse removido de Nova York para Genebra ou Viena. Em 1998, o Congresso americano aprovou lei, autorizando o governo a aumentar até US$ 97 milhões a assistência militar às forças de oposição, com o objetivo de "*to remove the regime headed by Saddam Hussein*" e "*promote the emergence of a democratic government*"[31]. E, em 21 de outubro de 1998, Clinton assinou a Omnibus Consolidated and Emergency Supplemental Appropriations Act, 1999, que tornava disponível o montante de US$ 8 milhões para assistência à "*Iraqi democratic opposition*". E, dez dias depois, 31 de outubro, confirmou a política de *regime change* no Iraque, ao sancionar a lei H.R. 4655, o *Iraq Liberation Act of 1998*, anunciando que o Congresso dos Estados Unidos apoiaria todos aqueles elementos da oposição que advogasse "*a very different future for Iraq than the bitter reality of internal repression and external aggression that the current regime in Baghdad now offers*"[32].

Os Estados Unidos sempre desrespeitaram, quando conveniente para seus interesses econômicos, políticos e estratégicos, os dois princípios fundamentais em que o Direito Internacional se baseara desde o século XVII: soberania nacional e igualdade jurídica das nações. E, ao sancionar o *Iraq Liberation Act*, Clinton tornou oficialmente essa tendência unilateralista em política exterior dos Estados Unidos, afrontando, sem qualquer máscara ou disfarce, os princípios de soberania nacional, autodeterminação e não-intervenção, que, ao longo de três séculos, representaram os pilares da frágil estrutura do Direito e dos tratados internacionais. Clinton demonstrou que o seu objetivo era o mesmo dos *neocons* do *Project of the New American Century*, i.e., exportar a democracia para o Oriente Médio, embora por meio de *covert actions* e/ou de uma intervenção armada multilateral, se encontrasse apoio. Talvez fosse essa a diferença entre sua tática e a dos *neocons*, defensores de uma intervenção unilateral, qualquer que fosse o custo.

A disposição de atacar o Iraque, não porque lá ainda pudessem existir armas de destruição em massa, mas para derrubar o governo de Saddam Hussein e substituir por um regime mais dócil aos interesses dos Estados Unidos, evidenciou-se no *Iraq Liberation Act*. E a confrontação com a UNSCOM ocorreu, em dezembro, quando uma equipe de inspetores pretendeu inspecionar a sede do Partido Ba'ath, com visível propósito de provocação. Foi permitida a entrada de seis inspetores, de conformidade com o acordo *Modalities for Sensitive Site Inspections*, firmado com o governo do Iraque por Rolf Ekeus, o diplomata sueco que dirigira o programa de inspeção da UNSCOM de 1991 a 1997. O chefe da equipe, desprezando esse acordo, quis, no entanto, que todos os inspetores entrassem no edifício. Como não foi permitido, criou-se o impasse. Richard Butler, o diplomata australiano que substituíra Rolf Ekeus, comunicou ao Conselho de Segurança que o governo de Saddam Hussein não estava a acatar suas Resoluções, após reunir-se com Samuel Berger, assessor de Segurança Nacional de Clinton. Os Estados Unidos necessitavam de uma justificativa para bombardear o Iraque. E, no dia 15 de dezembro, sem sequer comunicar ao Conselho de Segurança, Peter Burleigh, embaixador dos Estados Unidos na ONU, avisou a Richard Butler para retirar imediatamente de Bagdá os inspetores, monitores e pessoal de apoio da UNSCOM.

Sem consultar o Conselho de Segurança da ONU, dentro do qual a Rússia, França e China se opunham às ações militares contra Saddam Hussein, Clinton ordenou a *Operation Desert Fox*, às vésperas do julgamento do seu *impeachment* pela House of Representative, provavelmente como tentativa de evitar sua aprovação. E, entre 16 e 18 de dezembro de 1998, durante quatro dias, cruzadores e aviões B52, dos Estados Unidos, e Tornados, da Grã-Bretanha, empreenderam 650 surtidas sobre o Iraque e desfecharam quatrocentos mísseis Tomahawk e outros, contra alvos militares e de segurança em Bagdá, também atingindo áreas residenciais (inclusive a casa da filha de Saddam Hussein), hospitais, laboratórios da Universidade de Bagdá, ferindo e matando centenas de civis. Em termos políticos e diplomáticos foi um desastre para os Estados Unidos. Mas, como se o trabalho da UNSCOM, durante oito anos, nada houvesse conseguido, Clinton, em suas memórias, declarou não saber quanto material proscrito havia sido destruído, mas a capacidade do Iraque de produzir e deslocar a "*dangerous weapons*" fora destroçada.

Com a *Operation Desert Fox*, o governo de Clinton evoluiu da política de *containment*, por meio de inspeções, para a política de *containment plus*, o que significava, efetivamente, a política de *regime change*, i.e. a remoção de Saddam Hussein. Richard Butler, chefe UNSCOM, comentou em suas memórias que a secretária de Estado, Madeleine Albright, deu a Saddam Hussein uma arma de propaganda ao dizer que os Estados Unidos, mesmo se o Iraque efetuasse o desarmamento, não apoiariam o levantamento das sanções até que ocorresse a mudança do regime[33]. Koffi Anan privadamente reprovou essa declaração porque o afastamento de Saddam Hussein do governo não constava dos objetivos da ONU[34]. De qualquer modo, a *Operation Desert Fox* fez desmoronar muitas paredes, mas nada indicou que dentro delas houvesse realmente substância ou algum armamento de destruição em massa. A Rússia protestou contra o bombardeio e retirou seu embaixador em Washington. Também a França e a China protestaram e, juntamente com a Rússia, clamaram pelo levantamento do embargo imposto ao Iraque havia oito anos. A coalização no Conselho de Segurança da ONU desintegrou-se. As inspeções da UNSCOM cessaram. O Major Scott Ritter, em artigo publicado no *The New Republic*, dois dias após o término da *Operation Desert Fox*, escreveu "*even today, Iraq is not nearly disarmed*", convencido de que os Estados Unidos estavam comprometidos com uma "*open-ended policy of containment*". E alguns meses depois, Robert Scott publicou o livro *Endgame*, no qual revelou que a UNSCOM era um ninho de espiões da CIA e acusou o governo dos Estados Unidos de estabelecer deliberadamente novos critérios de desarmamento para manter as sanções da ONU e justificar os contínuos bombardeios. Segundo Scott Ritter, os agentes da CIA, na qualidade de inspetores, abusavam nas vistorias, ao aproveitarem o trabalho para a coleta de inteligência não relacionada com o desarmamento do Iraque, determinado pelo Conselho de Segurança da ONU. Os programas de inspeção, entre 1996 e 1998, foram organizados "*for the sole purpose of spying Saddam*", escreveu Scott Ritter, esclarecendo que várias vezes reclamara, pois desacreditava as inspeções, e essa fora uma das principais razões de sua renúncia[35].

A CIA estava a desempenhar um papel crescentemente dominante na UNSCOM, dentro de cujas equipes, já 1992, colocara nove agentes, e entrara em atritos com Scott Ritter. Os atritos, ao que tudo indicou, decorreram, em larga medida, da iniciativa que Ritter tomou, buscando canais de cooperação com Israel, ao obter do Mossad alguns aparelhos para inspeção, tais como radio *scanners* e outros, a fim de libertar-se da preponderência e dependência em relação à CIA. E o FBI, desde 1996, colocou-o sob observação, como suposto agente de Israel. Entretanto, o major Scott Ritter, que lutara na Guerra do Golfo (1991), era "*card-carrying Republican*", votara em Bush na eleição de 2000, e havia declarado, durante a reunião conjunta dos comitês do Senado, "*that threat of force is essential and must remain*" e que "*the use of force must be a credibly viable option*"[36]. Convocado pelo House National Security Committee on Iraq, o professor Paul Wolfowitz, um *neocon*, decano da Nitze School of Advanced International Studies da Johns Hopkins University, ex-subsecretário de Defesa e um dos participantes do *Project for the New American Century*, elogiou-o como "*a public servant of exceptional integrity and moral courage, one of those individuals who is not afraid to speak the truth*"[37].

Scott Ritter, oficial de inteligência, era, por conseguinte, insuspeito e tinha autoridade e todas as credenciais para revelar as manobras do governo americano, assim como papel subversivo da CIA, que coordenara o complô para o golpe militar, em 1996, e o caráter de espionagem do programa de inspeções da UNSCOM, particularmente entre 1996 e 1998, quando o Iraque já havia destruído 90-95% das suas instalações e programas para a produção de armas de destruição em massa, embora Saddam Hussein não houvesse cumprido todas as obrigações impostas pelo Conselho de Segurança da ONU. "*We have to remember that this missing 5-10% doens't necessarily constitute a threat*", ponderou Scott Ritter, acentuando: "*It doesn't even constitute a weapons program*[38]. Quando ele se retirou do Iraque, em 1998, e o programa de inspeções terminou, com a retirada da UNSCOM, Scottt Ritter ressaltou que já haviam sido eliminadas cerca de 100% da estrutura e das instalações para a produção dos armamentos condenado pelo Conselho de Segurança da ONU. Realmente, conforme declaração de Rolf Ekeus, dos meados de 1996 até os meados de 1997, 95% dos programas do Iraque já haviam acabado e que esse (95%) representava um bom nível de desarmamento, posto que todas as fábricas haviam sido identificadas e eliminados os armamentos, bem como os equipamentos de produção de armas de destruição em massa. Richard Butler, que substituiu Rolf Ekeus como chefe da UNSCOM, soube que, no começou de 1991, o Iraque havia destruído "*significant quantities of prohibited weapons in total secrecy*"[39]. Em caráter privado, Tariq Aziz, vice-presidente do Iraque, confirmou a destruição de tais armas para os inspetores da UNSCOM, dizendo que a decisão fora tomada unilateralmente, a fim de não revelar o tamanho e o alcance do programa de armamento[40]. E, os inspetores da UNSCOM (e a CIA), que de de 1994 a 1998 submeteram o Iraque a exaustivo programa de contínuo monitoramento de suas instalações de pesquisa e industriais, puderam fazer uma completa avaliação da capacidade presente e futura da infra-estrutura industrial do Iraque.

Apesar dos atritos freqüentes entre (UNSCOM) e Saddam Hussein, Clinton não cedeu, porém, às pressões dos *neocons* do Partido Republicano, para invadir, unilateramente, o Iraque, não obstante ordenar intermitentes bombardeios das instalações militares, ao longo das divisas das *no-fly zones*. Com receio de isolar ainda mais os Estados Unidos e envolver tropas americanas, com conseqüências imprevisíveis, ele pretendeu formar uma ampla coalizão para que pudesse realizar uma intervenção multilateral. Em janeiro de 1999, a secretária de Estado, Madeleine Albright visitou diversos países árabes, com o fito de buscar apoio para a política de *regime change* no Iraque, a derrubada do governo de Saddam Hussein, que os Estados Unidos insistiam em promover. Mas suas gestões não alcançaram êxito. No Egito, ela não encontrou a menor receptividade por parte do Presidente Hosni Mubarak, que após o anúncio do *Iraq Liberation Act*, comentara *"these projects won't get anywhere. Anyone who knows Iraq knows no action will be succeeded if isn't led from inside, by people living inside"*[41].

Em Riad, o príncipe Abdullah ibn Abdulaziz as-Saud, regente efetivo da Arábia Saudita, desde que o rei Fahd adoecera em fins de 1995, disse a Madeleine Albright que não permitiria o uso das instalações, que os Estados Unidos lá mantinham desde a guerra do Golfo, para atacar o Iraque. E perguntou-lhe por que os Estados Unidos pretendiam aplicar a força contra o Iraque, enquanto Israel não só violava impunemente as Resoluções do Conselho de Segurança ONU como se recusava a cumprir os compromissos garantidos por tratado aos palestinos. O presidente dos Emirados Árabes Unidos, o xeique Zaid ibn Sultan al Nahyan, também se manifestou contra um ataque ao Iraque, e Madeleine Albright sentiu a oposição em todos os demais países árabes. Sem o consenso dos cinco membros do Conselho de Segurança da ONU, dentro do qual a Rússia, a França e a China se opunham à intervenção militar no Iraque, e o respaldo dos países árabes, sobretudo da Arábia Saudita, cuja monarquia receava um levante popular, Clinton vacilou. Percebeu que não havia condições políticas para a guerra contra Saddam Hussein.

Enquanto Madeleine Albright visitava os países do Oriente Médio, em busca de suporte contra o Iraque, setores da administração dos Estados

Unidos também excogitavam a intervenção militar na Colômbia, a pretexto de combater o narcotráfico, que se tornara a maior fonte de financiamento da guerra de guerrilhas empreendida pelas Fuerzas Armadas de Libertación da Colômbia (FARC) e pelo Exército de Libertação Nacional (ELN), Valdomiro Montesinos[42], diretor do Servicio de Inteligencia Nacional (SIN) do Peru, e cujo codinome na CIA era Mr. Fix[43], revelou a Genaro Delgado Parker, proprietário da cadeia Global Televisión, que os Estados Unidos articulavam essa intervenção e que a conferência pronunciada pelo presidente Fujimori no Colégio Interamericano de Defesa, em 4 de fevereiro de 1999, fora coordenada com os americanos, visando a apresentar ao mundo o conflito como um perigo para a sub-região. Ele igualmente anunciou aos generais peruanos que os preparativos para a invasão da Colômbia estavam em andamento e que ela se realizaria com duas divisões aerotransportadas, duas forças especiais de terra, três divisões de marinha e 2 mil aviões C-45 e C-141, mobilizando cerca de 120.000 soldados. Em um período de 45 a 60 dias, apoiados por duas divisões aerotransportadas, duas forças especiais do Exército, três divisões de *marines* e 200 aviões C-5 y C-141. A intervenção seria executada por tropas de outros países da América do Sul (evidentemente para poupar baixas de americanos), ou seja, por uma força militar interamericana proposta, durante reunião dos chefes militares do hemisfério, no Panamá (1999), inicialmente, sem o envolvimento direto dos Estados Unidos, que lhe daria, no entanto, suporte financeiro de US$ 1,5 bilhão, treinamento, armamentos e apoio logístico.

Em junho de 1999, perante o Comitê de Relações Exteriores do Senado americano, o general Charles E. Wilhelm, então comandante-em-chefe do Southern Command (USSOUTHCOM), confirmou, virtualmente, a informação de Valdomimo Montesinos, ao declarar que o Pentágono estava elaborando um plano de contingência para intervir no Panamá, se necessário, e invadir a Colômbia "*either cooperatively with the Panamanians or unilaterally if the conditions dictate*", i.e., se as guerrilhas colombianas chegassem ao Canal do Panamá. Também general Barry McCaffrey[44], diretor da National Drug Policy Control Office dos Estados Unidos, informou ao Committee on Government Reform, Subcommittee on Criminal Justice, Drug Policy, and Human Resources, em 6 de agosto de 1999, que as guerrilhas das FARC encontravam santuários no Panamá e também cruzavam as fronteiras do Equador, Venezuela e Peru, de modo que a insurgência, que fora mais um problema interno da Colômbia, estava recebendo combustível com os negócios de droga e ganhando significação para a segurança regional[45]. E, poucas semanas depois, viajou para a América do Sul, onde visitou o Brasil, Bolívia, Peru e Argentina e, apresentando dramaticamente a situação na Colômbia, urgiu que os quatro países empreendessem uma intervenção multinacional contra as FARC. McCaffrey ponderou que para os Estados Unidos seria “uma loucura” intervir militarmente na Colômbia, razão pela qual era necessário buscar o apoio da região para solucionar o problema.

O plano sugerido pelo general McCaffrey consistia em desencadear uma ofensiva com cinco batalhões colombianos, que Special Forces dos Estados Unidos estavam treinando e equipando, e, caso elas não conseguissem sufocar as guerrilhas, realizar a intervenção militar multilateral. O prazo para que as negociações com a FARC concluíssem um acordo era janeiro de 2000, quando Andrés Pastrana declararia o estado de guerra interna na Colômbia, caso não alcançasse com acordo de paz, e requeria assistência dos países sul-americanos, como Peru, Equador e Brasil, cujas forças se uniriam aos cinco batalhões treinados por assessores americanos, enquanto navios de guerra dos Estados Unidos, na costa da Colômbia, sustentariam a intervenção com mísseis e ataques aéreos. O controle da região tornava-se necessário, a fim de assegurar a exploração de petróleo, realizada por várias companhias, entre as quais, a Occidental British Petroleum e Texas Petroleum, bem como proteger os oleodutos lá existentes, que levavam a produção dos campos de Cupiagua, Cusiana, Guaduas e Orito, e do Equador, para os portos de Coveñas e Tumaco, no Pacífico, e as guerrilhas das FARC incessantemente estavam a atacar. A Colômbia possuía vastas e inexploradas reservas de petróleo, já se tornara o 6° fornecedor dos Estados Unidos e suas exportações, somadas às do Equador e Venezuela, já superavam as do Golfo Pérsico.

O National Energy Report, de 2001, apresentado pelo Policy Development Group ressaltou que a "*Colombia has become an important supplier of oil to the United States*"[46]. A embaixadora dos Estados Unidos em Bogotá, Anne Patterson, declarou que a segurança do petróleo na Colômbia tornara-se a prioridade dos Estados Unidos, que estavam dispostos a proteger não apenas o oleoduto de Caño Limon — Coveñas, mas também trezentos pontos críticos, pois o petróleo tornara-se "*an increasing priority*" Colombia, conforme declarou Adam Isacson, analista do Center for International Policy[47]. Também um estudo do *think-tank* conservador RAND Corporation ressaltou a importância estratégica da Colômbia, devido ao fato de ser um dos quatro maiores países da região, com a segunda maior população, possuir litoral em ambos os oceanos, o Pacífico e o Atlântico, ser contígua à Venezuela, bacia do Caribe, ao Canal do Panamá e à América Central, e aos seus campos de petróleo. E acrescentou: "*Colômbia also has some of the largest untapped reserves in Western Hemisphere*"[48].

O combate ao narcotráfico constituía, na realidade, um objetivo secundário e a intervenção na Colômbia, prevista para o ano 2000, permitiria também aos Estados Unidos provar sua capacidade de coordenação das três novas bases, as Forward Operating Locations, ou FOLs[49], localizadas no Equador, Aruba-Curação e El Salvador, assim como experimentar novos armamentos e o desenvolvimento de novas estratégias. A intervenção multinacional na Colômbia e a intervenção no Iraque constituíam as duas faces da mesma moeda, visando a atender aos interesses tanto das corporações de petróleo quanto do complexo-industrial militar. O Brasil e a Venezuela, porém, recusaram-se até mesmo a permitir que aviões americanos e contingentes de soldados estacionassem nos respectivos territórios para atacar as FARC na Colômbia. Clinton não conseguiu apoio para intervir nem no Iraque nem na Colômbia. E em 31 de agosto de 2000, em Cartágena de las Indias, anunciou o lançamento do Plano Colômbia[50], que previa um investimento de US$7,5 bilhão[51], em cinco anos, a pretexto de combater o narcotráfico, fomentar o desenvolvimento econômico do país e financiar culturas alternativas em substituição às plantações de coca. Essa iniciativa afigurou-se uma estratégia, visando a redesenhar o mapa da América do Sul, e o senador José Sarney e vários militares, entenderam que o Plano Colômbia, legitimando a presença dos militares americanos na Amazônia, representava o começo de sua internacionalização.

Notas

1. Blum, 2001, p. 36.
2. Armênia, Arzebaijão e Geórgia localizam-se no sul do Cáucaso, região integrada à extinta União Soviética. Essa região faz fronteira com a Turquia e o Irã, estendendo-se ao longo do mar Negro e do mar Cáspio, até as montanhas do Cáucaso, na Rússia. Historicamente, os Estados situados no sul do Cáucaso serviram como rota de ligação entre a Europa, o Oriente Médio e a Ásia. A Armênia e a Geórgia desfrutaram período de autonomia, mas o Arzebaijão não se tornou independente antes de século XX. Esses Estados declararam-se independentes, logo depois da revolução de 1917, mas o Exército Vermelho reconquistou-os em 1921. Eles outra vez se emanciparam, com o colapso da URSS, e começaram a atrair os interesses estrangeiros, devido às de petróleo e gás natural ali existentes.
3. Apud Ahmed, 2002, pp. 305-307.
4. Rashid, 2001, pp. 166-167. "*For much of the 1990s the United States supported the Taliban's rise to power, both by encouraging the involvement of US oil companies, and by implicitly tolerating Pakistan and Saudi Arabia, two of its key regional allies, in their direct financial and military support for the Taliban. The Taliban, which is committed to a particularly primitive vision of Sunni Islam, had the added advantage for the US of being deeply hostile to Shia Muslims in neighboring Irã (as well as within Afghanistan). A crucial condition for building the pipelines is political stability in Afghanistan, and for a time the US believed the Taliban could provide just that. Had it not been for the Taliban's apparent tolerance of the former US-supported Usamah Bin-Ladin, and the Taliban's highly visible extremely repressive attitude to women and other social issues, the US would most likely have continued its support for the Taliban, and the construction of the pipelines would have got underway in the late 90s.*" Tanter, Richard — "Pipeline Politics: Oil, gas and the US interest in Afghanistan". http://www.zmag.org/tanteroil.htm
5. A Unocal participaria com 46,5 %, Delta Oil, da Arábia Saudita, com 15%, a companhia nacional de gás do Turkmenistão com 7%, Itochu Oil, do Japão, com 6,5%,

Inpex, também do Japão, com 6,5%, Hyundai Engineering, da Coréia do Sul, com 5,5%, e Crescent Group, do Paquistão,com 3,5%. A RAO Gazprom (Rússia) indicou o interesse de participar futuramente do consórcio com 10%.

6. Foreign Military Studies Office. Hydrocarbons and a New Strategic Region: The Caspian Sea and Central Asia by Mr. Lester W. Grau, Foreign Military Studies Office, Fort Leavenworth, KS. *Military Review*. May-June 2001
7. Common Era.
8. Quando o Muhammad faleceu em 632 C.E., a liderança da comunidade muçulmana passou para os quartos rashidun khulafaa, que mantiveram o poder em Makka.
9. Guimarães, Samuel Pinheiro — "Esperanças e Ameaças: notas preliminares", outubro 23, 1995. Original.
10. Touraine, Alain — "La hegemonía de EE.UU y la guerra islamista", in *El País*, Madrid, 13/07/2001.
11. "Hunting bin Laden" — Frontline — PBS, 2001http://www.pbs.org/wgbh/pages/frontline/shows/binladen/interviews/bearden.html.
12. Clinton, 2004, p. 804.
13. Id., ibid., p. 804.
14. osint] Al-Jazirah TV Broadcasts Usama Bin Ladin's 1998 Interview by Daniel Pinéu — 26 September 2001 13:29 UTC.
15. Ibid.
16. Wines, Michael — "War on Terror Casts Chechen Conflict in a New Light", *The New York Times*, 9/12/2001, Late Edition — Final, Section 1A, Page 6, Column 3.
17. O mais importante lugar sagrado para os muçulmanos é Al-Masjid al-Haram, em Meca, seguido por Al-Masjid al Nabawi em Medina. A famosa mesquita de Al Aqsa, em Jerusalém, é considerada o terceiro lugar mais sagrado no Islam.
18. Text of Fatwah Urging Jihad Against Americans published in Al-Quds al-'Arabi on Febuary 23, 1998.
    Statement signed by Sheikh Usamah Bin-Muhammad Bin-Ladin; Ayman al-Zawahiri, leader of the Jihad Group in Egypt; Abu- Yasir Rifa'i Ahmad Taha, a leader of the Islamic Group; Sheikh Mir Hamzah, secretary of the Jamiat-ul-Ulema-e-Pakistan; and Fazlul Rahman, leader of the Jihad Movement in Bangladesh .
19. "Hunting bin Laden" — Frontline — PBS, 2001http://www.pbs.org/wgbh/pages/frontline/shows/binladen/interviews/bearden.html.
20. A nota da Unocal, distribuída como *press release*, é a seguinte:
    Unocal Statement: Suspension of activities related to proposed natural gas pipeline across Afghanistan El Segundo, Calif., Aug. 21, 1998 — As a result of sharply deteriorating political conditions in the region, Unocal, which serves as the development manager for the Central Asia Gas (CentGas) pipeline consortium, has suspended all activities involving the proposed pipeline project in Afghanistan. We are discussing

this suspension with the other members of the consortium. This decision to suspend activities is consistent with Unocal's long-held position concerning its involvement in the project. For the past several months, Unocal has been reviewing this project with CentGas participants. We have consistently informed the other participants that unless and until the United Nations and the United States government recognize a legitimate government in Afghanistan, Unocal would not invest capital in the project. Contrary to some published reports, Unocal has not — and will not — become a party to a commercial agreement with any individual Afghanistan faction. Unocal was instrumental in proposing the Central Asia gas pipeline project in 1995 and in forming the seven-member CentGas consortium in October 1997. The consortium was formed to evaluate and, if appropriate, to participate in the future construction of a gas pipeline from Turkmenistan through Afghanistan to natural gas markets in Pakistan and, potentially, India. Unocal will only participate in construction of the proposed Central Asia Gas Pipeline when and if Afghanistan achieves the peace and stability necessary to obtain financing from international lending agencies for this project and an established government is recognized by the United Nations and the United States. For this reason, we strongly support the United Nations conflict resolution process underway in this and other regions.
We believe that the CentGas pipeline would benefit the entire region by providing vitally needed energy infrastructure, employment and training, as well as hard currency revenues to the several countries involved. The proposed pipeline is an example of a large-scale project that may, after the appropriate conditions are met, help Afghanistan move from its present devastation toward economic reconstruction. Since the pipeline project was first proposed, there have been a number of complex issues that Unocal has taken very seriously. Unocal recognizes the legitimate concerns regarding the treatment of women in Afghanistan. Consistent with our core values and business principles, Unocal is currently providing humanitarian support and skills training to Afghanistan through CARE and the University of Nebraska at Omaha. Neither program is designed to provide pipeline construction skills training. These programs meet or exceed UN guidelines for doing fieldwork in Afghanistan. They include basic job skills training and education for both men and women, and elementary education for boys and girls. Unocal has also contributed relief assistance for victims of the recent earthquakes through the Red Cross and the United Nations.

21. Clinton, 2004, p. 832.
22. The Honorable William J. Clinton, President of the United States, Washington, DC January 26, 1998
    Project The New American Century http://www.newamericancentury.org/iraqclintonletter.htm.

23. Kaplan & Kristol, 2003, p. 50. Lancaster, John — "In Saddam's Future, A Harder U.S. Line". The Washington Post , 3.6. 2000.
24. Hiro, 2003, pp.
25. Ritter & Pitt, 2002, p.
26. Ritter, Scott. "Saddam's Trap". *The New Republic*. 21/12/1998.
27. 1998 Congressional Hearings Special Weapons Nuclear, Chemical, Biological and Missile. Statement of Scott Ritter, September 3, 1998 at United States Senate Joint Legislative Hearing of the Committees on Armed Services and Foreign Affairs — 216 Hart Office Building, Washington, DC.
28. Ibid.
29. Hiro, 2003, p. 143. De acordo com o Ministério da Saúde do Iraque, o número foi muito maior.
30. Ritter & Pitt, 2002, pp. 17-19.
31. Woodward, 2004, p. 10.
32. Butler, 2001, p. 49.
33. Id. ibid., p. 41.
34. The Iraq Liberation Act. October 31, 1998. Statement by the President. The White House. Office of the Press Secretary. For Immediate Release. October 31, 199.
35. Ritter & Pitt, 2002, p. 51.
36. 1998 Congressional Hearings Special Weapons Nuclear, Chemical, Biological and Missile. Statement of Scott Ritter, September 3, 1998 at United States Senate Joint Legislative Hearing of the Committees on Armed Services and Foreign Affairs — 216 Hart Office Building, Washington, DC.
37. Statement of Paul Wolfowitz, Dean of The Paul H. Nitze School pf Advanced International Studies of the Johns Hopkins University for the House National Security Committee Hearings on Iraq. September 16, 1998.
38. Butler, 2001, pp. 51-52.
39. Id. ibid., pp. 51-52.
40. Ritter & Pitt, 2002, p. 24.
41. *The Washington Post*, 23/11/1998. *International Herald Tribune*, 30/11/1998, apud Hiro, 2003, p. 145.
42. Em 1999, Valdomiro Montesinos, mandou comprar armas na Jordânia, intermediada por Sarkis Soghanalian Kopelian, membro de uma família armênia de traficantes e antigo colaborador da CIA, também conhecido como "O Mercador da Morte", para fornecê-las à FARC, com a finalidade de provocação, ou seja, justificar a intervenção militar na Colômbia, segundo se aventou. A revelação desse fato, provocando um escândalo e agravando a crise política no Peru, ocorreu em meados de 2000 e concorreu para a queda do Presidente Alberto Fujimori.

43. Páez, Angel Montesinos era conocido por la CIA como "Mr. Fix". La República, Lima, 22.1.2004.
44. Seymour Hersh, vencedor do prêmio Pulitzer, repórter veterano do periódico *New Yorker*, revelou que o General Barry McCaffrey, que lutara na guerra do Vietnã, dirigiu em 1991 o massacre de centenas de soldados do Iraque dois dias depois do cessar-fogo e terminar a Guerra do Golfo.
45. Statement by General Barry R. McCaffrey, Director, Office of National Drug Control Policy before the House Committee on Government Reform, Subcommittee on Criminal Justice, Drug Policy, and Human Resources -The Evolving Drug Threat in Colombia and other South American Source Zone Nations, August 6, 1999.
46. White House. National Energy Report. Chapeter Eight. Strengthen in Global Alliances. Enhancing National Energy Security and International Relationships. 8-10. National Energy Policy Development Group. May 2001.
47. Van Dongen, Rachel. "US focus in Colombia expands from drugs to oil. American troops arrived recently to train local soldiers in how to guard pipelines." *The Christian Science Monitor.* 05/02/ 2003.
48. RAND. "The Colombian Labyrinth: The Synergy of Drugs and Insurgency and its Implications for Regional Stability." Angel Rabasa and Peter Chalk. 2001. http://www.rand.org/publications/MR/MR1339/ .
49. As Forward Operating Locations, ou FOLs, permitiam que os aviões americanos de reconhecimento e monitoramento tivessem acesso a aeroportos ou bases estrangeiras. As instalações dos aeroportos e bases eram de propriedade e operadas pelos países hospedeiros e nelas ficava estacionado um pequeno número de militares, de agentes do DEA (Drug Enforcement Agency), da Guarda Costeira e da alfândega para apoiar os aviões norte-americanos e coordenar comunicações e coleta de inteligência.
50. Em 3 de agosto de 1998, três dias antes de assumir o governo, Andrés Pastrana esteve em Washington e sugeriu a Clinton que o governo norte-americano e os bancos financiassem uma espécie de Plano Marshall para a Colômbia, visando a recuperar as zonas dedicadas ao cultivo de coca e possibilitar aos camponeses uma economia alternativa e rentável. Esta, aparentemente, foi a origem do Plano Colômbia, que tomou forma em setembro de 1999, obedecendo às linhas do Plan de Desarrollo, de Pastrana, e incorporando as diversas exigências norte-americanas, tanto políticas como econômico e militares, bem como o conteúdo do acordo com o FMI.
51. O Plano Colômbia previa um investimento de US$7,5 bilhões, dos quais os Estados Unidos forneceriam U$1,3 bilhão (incluindo U$47 milhões como ajuda ao Equador), US$4 bilhões seriam providos pelo governo da Colômbia, US$1,9 bilhão pela Europa e algumas instituições.

Capítulo XXXI

A GUERRA CIVIL NA COLÔMBIA E A SITUAÇÃO DA AMÉRICA LATINA • EXPANSÃO ECONÔMICA E DESIGUALDADE SOCIAL NOS ESTADOS UNIDOS • AS DIFÍCEIS NEGOCIAÇÕES SOBRE A PALESTINA • INTIFADA DE AL-AQSA • AMBIVALÊNCIA DE CLINTON ANTE A FORÇA MILITAR • DECADÊNCIA DO SISTEMA POLÍTICO • O CARLYLE GROUP • O PODER ECONÔMICO, O GOLPE JUDICIAL E A ASCENSÃO DE GEORGE W. BUSH À PRESIDÊNCIA

A Colômbia, havia mais de 40 anos, convertera-se em teatro de sangrenta e interminável guerra civil. Os guerrilheiros da FARC e do Exército do Povo (EP), desde 1997, controlavam pelo menos mais de 622 das 1.071 municipalidades, i.e., quase a metade do território nacional. A escalada de violência no interior, promovida pelas FARC-ELN, pelos paramilitares, e as forças de segurança do governo, com a cooperação das Special Operation Forces, dos Estados Unidos[1], compelira mais de 700.000 pessoas a abandonar seus lares, nos últimos anos, elevando para mais de 1,5 milhão o total de refugiados, número muito superior ao de albaneses étnicos, que fugiram de Kosovo, e o terceiro do mundo, depois dos refugiados do Sudão e de Angola. Legiões de camponeses — entre os quais quase 1 milhão de mulheres e crianças — empobrecidos formaram cinturões da miséria em torno de Bogotá e outras grandes cidades, ao tempo em que a Colômbia, em 1998, debatia-se na pior recessão de sua história, que reduziu seu PIB, da ordem de US$ 98,0 bilhões, em 1998, para US$ 94,2, em 1999, enquanto a dívida externa, ordem de US$ 17,8 bilhões, em 1990, mais do que duplicara em dez anos, passando a representar quase 50% do seu PIB.

A situação em que a Colômbia se debatia, embora enormemente aguçada pela guerra civil, constituía parte da crise, com que todos os demais países na América do Sul se defrontavam, em maior ou menor grau, ao fim dos anos 90. Ela decorria, em larga medida, das políticas neoliberais, implementadas com base no *Washington Consensus*. Em depoimento no Caucus on International Narcotics Control do Senado americano, o General Charles E. Wilhelm, comandante-em-chefe do Southern Command (SOUTHCOM), dos Estados Unidos, admitiu que, no Equador (laboratório para a experiência das políticas neoliberais), como em outras nações situadas na sua área de responsabilidade, a América do Sul, "*democracy and free market reforms are not delivering tangible results to the people*". Muitas nações estavam pior economicamente do que antes da restauração da democracia, conforme ele afirmou, perguntando: "*Can democracy survive without an economic system that produces adequate subsistence and services for the majority of its citizens?*"[2].

Essa crise não começou, decerto, com a execução do programa neoliberal do *Washington Consensus*. Ela pré-existia. Mas as condições econômicas, sociais e políticas, que nos anos 60 e 70 haviam gerado os movimentos de insurgência, agravaram-se ainda mais, ao fim de uma década de políticas econômicas neoliberais, executadas por governos democraticamente eleitos. A dívida externa continuou como um problema para toda a América Latina. Alcançara, no ano 2000, a alarmante cifra de US$ 754 bilhões, e sua tendência era crescer, acercar-se dos US$ 800 bilhões, segundo o informe "América Latina y el Caribe: Cómo Cierra la Economía en 2001", elaborado pela secretaria permanente do Sistema Económico Latinoamericano (SELA)[3]. Por outro lado, ao longo da década de 1990, quase todos os países da América do Sul (a Argentina, desde 1992, e o Brasil, a partir de 1994) passaram a ter déficit na sua balança comercial[4], em conseqüência, sobretudo, da desregulamentação da economia e da abertura unilateral dos mercados, intensificada com os acordos resultantes da Rodada Uruguai do GATT, sem que barreiras não-tarifárias (quotas, técnicas, sanitárias etc.) fossem instituídas, dificultando as importações, como faziam os Estados Unidos e outros integrantes da OECD (Organization for Economic Cooperation and Development). Em tais circunstâncias, tornou-se cada vez mais difícil para os países da América do Sul atender ao serviço da dívida externa, até então feito, em parte, com o saldo positivo da balança comercial, e às remessas de lucros, *royalties* e transferências clandestinas, que recresceram, em conseqüência da desnacionalização das empresas, sobretudo estatais, ao passarem para o controle de capitais estrangeiros.

Ao contrário do que ocorreu com os países da América Latina, a economia dos Estados Unidos, que saíra de um período de recessão, expandiu-se continuamente, durante os oito anos do mandato de Clinton. Aumentou 50%, em termos reais, impulsada principalmente pela eletrônica, base do que se passou a denominar de "novo mercado", em que os investimentos em novas tecnologias de informação garantiam extraordinário crescimento da produtividade, e sustentaram um mercado meramente financeiro, sem vinculação com o mercado de bens e serviços e que dispunha de vinte a cinqüenta vezes mais moeda do que o necessário para o comércio internacional de mercadorias. O PIB dos Estados Unidos saltou então para cerca de US$ 10 trilhões, o equivalente a um quarto da produção mundial. Esse crescimento gerou mais de 20 milhões de postos de trabalho[5], reduzindo a taxa de desemprego para 4% (a menor desde os anos 60), o número de greves foi reduzido, os juros baixaram e o mercado de ações (o Dow Jones alcançando quase 12.000 pontos e o Nasdaq rompeu a barreira dos 5.000) aumentou mais de três vezes, criando milionários entre acionistas da classe média. Somente no Silicon Valley, área nobre localizada em San Francisco (Califórnia), nas imediações da Stanford University, surgiam 64 novos milionários a cada dia. E, entre 1985 e 2000, apareceram mais bilionários americanos do que em qualquer época da história do país, porém apenas 189 (mais de 12 vezes maior do que em 1982), tinham riqueza avaliada em US$ 3 trilhões, quase um terço do PIB nacional.[6]

Contudo, a riqueza não foi bem distribuída. No ano 2000, os Estados Unidos apresentavam a mais alta taxa de desigualdade social entre as potências industriais e os casos de bancarrota haviam aumentado em 70% desde 1995. De acordo com as estatísticas do U.S. Census Bureau[7], apenas 1% da população controlava 40% dos ativos da nação, enquanto cerca de 32 milhões de pessoas, ou seja, 12% do total da população do país, viviam abaixo da linha de pobreza. Os salários de 20% das famílias mais

Crescimento americano 1988-1999
Produto Interno Bruto real

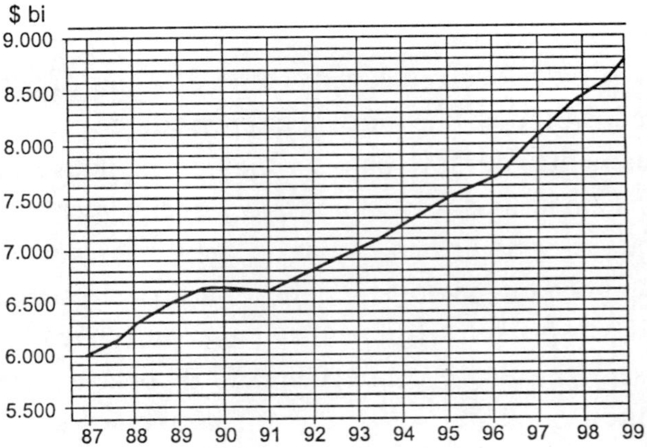

Fonte: Departamento de Comércio americano

pobres haviam aumentado apenas 1%, entre 1988 e 1998, e em 15% para os das um quinto das famílias mais ricas. Os salários dos executivos das maiores companhias americanas, que em 1992 eram 100 vezes maiores do que os dos simples trabalhadores, tornaram-se maiores 475 vezes em 2000[8]. Grande número de americanos sofriam de pobreza e fome. Cerca de 46 milhões de americanos não tinham seguro social contra 30 milhões, oito anos passados. E o número de pessoas sem seguro médico subiu de 12,3% em, em 1980, para 15,8%, em 1999/2000, o que equivalia a um em cada seis americanos. Uma pesquisa dos Departamento da Agricultura dos Estados Unidos, em março de 2000, mostrou que 9,7% das famílias americanas não tinham comida suficiente e que ao menos 10% das famílias, em 18 estados em Washington, sofriam freqüentemente de fome e má nutrição[9]. Em 1998, uma em cinco crianças americanas, ou seja, um total de 14,5 milhões de crianças, viviam em famílias que caíram abaixo do nível de pobreza. Cerca de 11,3 milhões viviam sem seguro de saúde e a cada dia 1.827 bebês nasciam nos Estados Unidos sem essa cobertura. Segundo o relatório da UNICEF, enquanto nos países nórdicos menos de 5% das crianças viviam na pobreza, definida em termos relativos (família com rendimento abaixo de 50% da média da renda nacional), mais do um quinto dos moços nos Estados Unidos eram classificados como pobres. O *ranking* em percentagem de crianças vivendo abaixo da linha de pobreza na Dinamarca era de 2,5; na Suíça, de 7,5%; na Alemanha, de 10%; na Grã-Bretanha, de 15%; em Portugal e na Irlanda, de 16%; Itália, de 17%; e nos Estados Unidos, de 22%; pouco abaixo do México, com 28%[10].

Clinton, em seus oito anos de mandato, reduziu o déficit fiscal dos Estados Unidos, no montante de US$ 290 bilhões, em 1994, para um superávit da ordem de US$ 124 bilhões em 1999, mediante uma política de contenção de despesas. E a inflação declinou de uma taxa de 4,6% a.a. para 2,5% a.a.. Mas durante a década de 1990, sob a administração de Clinton, os Estados Unidos gastaram US$ 35 bilhões por ano, o equivalente a US$ 96 milhões por dia, com o sistema de armas nucleares, acordos sobre controle de armamentos e pesquisa nas defesas de mísseis balísticos. Nas últimas décadas, os gastos dos Estados Unidos com armamentos nucleares excederam o total da soma das despesas com educação, treinamento, emprego e serviços sociais, agricultura, recursos naturais, ciência em geral e pesquisa espacial, desenvolvimento de comunidades e regional, aplicação da lei e produção de energia. Cerca de 8% dos gastos foram para o deslocamento ofensivo e defensivo dos armamentos, bem como construção e manutenção da infra-estrutura de comando para as 70.000 ogivas nucleares. E Clinton, cedendo ainda mais à pressão do complexo industrial-militar, elevou a US$ 276 bilhões o orçamento do Pentágono para o ano 2000, montante superior à soma das despesas militares de todos os países da OTAN, Rússia, China e Japão, e que deveria subir, anualmente, para US$ 296 bilhões, por volta de 2005. Foi o maior aumento desde 1986[11].

Outrossim, a administração de Clinton firmou trezentos acordos de comércio, abrindo mercados para os produtos americanos. As exportações de bens e serviços pelos Estados Unidos, que contribuíram para criar mais de 1,4 milhão de novos empregos, cresceram entre 1992 e 2000 cerca de 74%, quase US$ 500 bilhões. A Arábia Saudita, à qual George Bush em meados de 1992 autorizara o fornecimento de 72 jatos F-15, no valor de US$ 9 bilhões, comprou, em 1995, 23 aviões Boeing 777-200, cinco de passageiros 747-400, quatro aviões de carga MD-11F, bem como de produtos da General Electric e da International Aero Engines, num total de US$ 7 bilhões. Esses negócios concorreram para criar 400.000 empregos nos Estados Unidos[12]. E, como sempre, envolveram comissões, propinas, suborno, roubo, espionagem, corrupção, e continuaram a dar enormes lucros às corporações do complexo industrial-militar.

Clinton também induziu o governo do Presidente Fernando Henrique Cardoso (1995-1999 e 1999-2003), no Brasil, a firmar o contrato no valor de US$ 1,4 bilhão com a Raytheon, empresa do complexo industrial-militar, para instalar o Sistema de Vigilância da Amazônia (SIVAM), montando 13 estações de radar, 6 radares móveis, 8 sensores aerotransportados e 800 antenas remotas e computadores portáteis, não obstante todas as denúncias de irregularidades. Não conseguiu, porém, que o Congresso aprovasse o *fast track*, para negociar os acordos da ALCA nem transformar o Pacífico em uma área de livre comércio, com a eleminação de todas as barreiras comerciais, conforme pretendera no Fórum de Cooperação Econômica Ásia-Pacífico (APEC). E o déficit na balança comercial dos Estados Unidos, não obstante todos os acordos firmados, alcançou a cifra de US$ 369,7 bilhões, no ano 2000, 39,5% mais alto do que em 1999, da ordem de US$ 265 bilhões. Somente com a China, o déficit foi da ordem de US$ 83,8bilhões e a tendência era aumentar[13]. O déficit comercial foi financiado principalmente pelos investimentos estrangeiros no mercado americano, investimentos estes incentivados pela valorização do dólar, que também ajudou a manter a inflação em baixa. E a economia americana tornou-se ainda mais vulnerável. O governo dos Estados Unidos perdera as condições de cobrir suas obrigações internacionais. Fez promessas a longo prazo que não estava em condições de cumprir. O volume de dólares, em mãos dos bancos estrangeiros e/ou circulando no mercado mundial, alcançava um montante de US$ 44,2 trilhões[14], i. e., mais de quatro vezes maior do que o PIB dos Estados Unidos, da ordem de US$ 10 trilhões e maior do que o total da riqueza familiar, no montante de US$ 39 trilhões[15]. O *gap* tornara-se enorme. O déficit fiscal dos Estados Unidos era 35% maior do que o PIB mundial e, se todos esses valores retornassem ao país, o resultado seria enorme inflação, de conseqüências imprevisíveis para a economia mundial. Os Estados Unidos dependiam não apenas das importações de petróleo, mas também de investimentos forâneos e das transferências de lucros, juros, royalties e dividendos, das suas companhias ao redor do mundo, para cobrir o déficit do balanço de pagamentos e sustentar o valor do dólar.

Ao nível político, Clinton tentou avançar o processo de paz na Palestina, consolidando e ampliando os Acordos de Oslo, que muitos árabes, inclusive o Príncipe Abdallah bin Abdul Aziz al Sa'ud, herdeiro do trono e regente da Arábia Saudita, consideravam um engodo, dado que não havia sido desmantelado nenhum dos assentamentos de Israel no West Bank e na faixa de Gaza, onde os judeus já constituíam uma população de 250.000 a 300.000 e apenas 5.000 judeus no vale do Jordão consumiam 75% da água, deixando apenas 25% para os 2 milhões de palestinos que lá habitavam[16]. Em 1998, em Wye Plantation (Estados Unidos), Israel concordou em retirar-se de mais 13% da Cisjordânia e libertar prisioneiros palestinos, devendo a Autoridade Nacional Palestina (ANP) comprometer-se a tirar da Carta Nacional da OLP a cláusula que pregava a destruição de Israel e a combater o terrorismo. Netanyahu interrompeu, porém, o cronograma de retirada em dezembro, dado que a corrente ultraconservadora do governo não aceitava a devolução de territórios. As eleições para o Knesset foram então antecipadas para maio de 1999 e o líder trabalhista Ehud Barak venceu o Likud com 56% dos votos, prometendo cumprir o acordo de Wye Plantation e terminar à ocupação do sul do Líbano, iniciativa que grande maioria dos israelenses estava a rejeitar.

Clinton convidou Ehud Barak, como primeiro ministro de Israel sucessor de Netanyahu, e Yasser Arafat para uma reunião de cúpula, em 11 de julho de 2000, a fim de prosseguir com os entendimentos e negociar algumas questões muito difíceis, como o status de Jerusalém, segurança, fronteiras e retorno dos refugiados palestinos[17]. Barak fez concessões substanciais, como a retirada de 95% das forças de Israel do West Bank e 100% de Gaza, remoção dos assentamentos israelenses e devolução das terras aos palestinos, entrega do controle de Jerusalém à Autoridade Palestina, a criação de um Estado palestino e soberania religiosa para a colina do Templo (*Haram al-Sharif*, para os árabes), que juntamente com o Kotel Ha'maaravi (Muro das Lamentações) as tropas do *Tzahal* (Forças de Defesa de Israel) haviam conquistado, na guerra de 1967. Clinton chegou a intermediar a devolução de 91% do West Bank; um *swap* simbólico de terra perto de Gaza e do West Bank; capital do Estado palestino em Jerusalém Leste; soberania sobre os quarteirões muçulmanos e cristãos da Cidade Velha e as vizinhanças de Jerusalém Leste; e custódia, mas não soberania sobre a colina do Templo. Em troca, Arafat deveria declarar o fim do conflito, pôr fim à violência e comprometer-se a não fazer futuras reivindicações[18]. Arafat queria continuar as negociações, mas desejava a soberania sobre a montanha do Templo e insistia no retorno dos palestinos refugiados. E Barak hesitou, não conseguiu convencer o Likud da necessidade de devolver mesmo parte do West Bank e Gaza à Autoridade Palestina, embora houvesse demonstrado, segundo Clinton, "*particular courage, vision, and an understanding of the historical importance of this moment*"[19].

O conflito na Palestina era muito mais complexo, porque envolvia aspectos religiosos, em torno dos lugares sagrados tanto para os árabes quanto para os judeus, além da questão territorial, com suas implicações econômicas e políticas, tais como a dissolução dos assentamentos nos territórios conquistados por Israel, permitindo o retorno de mais de 1 milhão de refugiados. Clinton chegou a recomendar que os árabes tivessem a soberania sobre a colina do Templo/*Haram*, e Israel sobre o muro ocidental — Muro das Lamentações — e o espaço sagrado, permitindo o retorno dos refugiados para o Estado palestino, a ser criado, desmilitarizado. Arafat nunca disse não[20], mas continuou vacilando, no estilo de bazar do Oriente Médio, de modo a obter mais concessões. Clinton apenas não conseguiu levá-lo a dizer sim. Porém, as concessões que Barak admitira fazer enfraqueceram-no politicamente diante de Ariel Sharon, o general responsável pelo massacre de 2 mil palestinos nos acampamentos de Sabra e Chatila (1982). Sua derrota nas eleições para o *Knesset* (Parlamento) afigurou-se inevitável. A situação econômica, social e política em Israel modificara-se substancialmente nos anos 90, com a imigração de cerca de 1 milhão de judeus da União Soviética, que necessitavam de empregos, terras e habitações, e tendiam a favorecer o Likud[21]. Eram contrários à entrega de Golan, conforme compromisso assumido por Yitzhak Rabin e reafirmado por Shimon Peres. Não criam que a Síria constituísse ameaça, pois Israel poderia facilmente derrotá-la. Um dos seus expoentes era o judeu russo Natan Sharansky, que se opunha a qualquer entendimento com Yasser Arafat[22]. E 180.000 colonos, assentados em West Bank e Gaza, constituíam formidável força em Israel.

Uma vez que Arafat hesitara em aceitar as propostas de Barak, durante as negociações de Camp David II, Sharon, candidato do Likud e contrário aos Acordos de Oslo, decidiu provocar os palestinos, ao que tudo indicou com a anuência de Barak e, quiçá, o beneplácito de Clinton, que o elogiara, publicamente, logo depois do fracasso da reunião de Camp David II, insinuando implicitamente que cabia a Arafat a responsabilidade pelo fracasso das negociações. Em 28 de outubro de 2000, com o propósito de irritar os palestinos, ele visitou o coração de Jerusalém, a colina do Templo/*Haram al-Sharif* (Nobre Santuário), onde se situavam a Cúpula do Rochedo e a mesquisa de al-Aqsa, o terceiro lugar mais sagrado do Islã e sobre o qual os palestinos reinvindicavam a soberania[23]. Cerca de mil policiais israelenses, tropas para controle de distúrbios, cercaram o local, e os palestinos, revoltados, reagiram, atirando pedras, garrafas, cadeiras e outros objetos. Assim começou outra Intifada (*Intifadah*)[24], novo levante dos palestinos, que serviu como pretexto para Israel ocupar militarmente a Cisjordânia. Os Acordos de Oslo foram rasgados e o clima de violência propiciou o revigoramento da *Hamas* e da *Jihad* Islâmica e as ações de terror, com os homens-bomba, recresceram.

Nos Estados Unidos, desde 1996, os *neocons* do Partido Republicano, entre os quais judeus fundamentalistas, como Paul Wolfowitz e Richard Perle, ambos funcionários civis do Pentágono e estreitamente vinculados com a direita de Israel, o Likud, consideravam caducos os Acordos de Oslo, acusavam Saddam Hussein de apoiar financeiramente as famílias dos homens-bomba, e entendiam que um acerto durável da questão no Oriente Médio passava pela eliminação no Iraque do Partido Ba'ath do regime e sua substituição por uma democracia parlamentar pró-ocidental, único meio de quebrar a resistência dos árabes a Israel[25]. Era o mesmo pensamento de Natan Sharansky, um dissidente do regime soviético, que emigrara para Israel, contrário à devolução para os árabes de Golan e de outros territórios conquistados desde a guerra de 1967. Porém, Clinton, conforme posteriormente demonstrou, considerava que nos últimos cinqüenta anos, ou seja, na segunda metade do século XX, todas as guerras em que os Estados Unidos se meteram foram fracassos a curto, médio e longo prazos[26]. Daí porque, provavelmente, não quis envolver os Estados Unidos em uma guerra com o Iraque e não implementou a intervenção na Colômbia, em virtude de não contar com a cooperação nem do Brasil nem da Venezuela, e da crise no Peru, cujo governo se desestabilizou, em meio do escândalo com Vladimiro Montesinos, chefe do Servicio Nacional de Inteligência (SIN)[27], envolvendo o Presidente Alberto Fujimori, que o Congresso destituiu por "incapacidade moral", em novembro de 2000, cerca de cinco meses depois que ele se reelegera fraudulentamente para um terceiro mandato (22 de maio de 2000).

Ivan Eland, diretor do Center on Peace & Liberty at the Independent Institute, em Oakland, Califórnia, qualificou a administração de Clinton como a mais intervencionista dos últimos anos, durante a qual a OTAN, de uma aliança com missão defensiva, criada para contrapor-se à União Soviética, transformou-se em uma aliança ofensiva e passou a intervir em conflitos fora de sua órbita, como ocorreu na Bósnia e no Kosovo[28]. Clinton, entetanto, preferia fazer intervenções militares, dando-lhe um caráter multilateral, sob pretexto humanitário. E sua prudência descontentou poderosos setores, vinculados aos interesses do complexo industrial-militar, principalmente as indústrias do *sunbelt* (Texas, Missouri, Florida, Maryland e Virginia), especializadas em armamentos de tecnologia intensiva e interessadas experimentá-los em guerras reais, ao mesmo tempo em que o Pentágono necessitava esvaziar os arsenais, para permitir novas encomendas, que geravam comissões e dividendos. Os *lobbies* (Munitions Industrial Base Task Force, The Heritage Foundation e outros) acusaram Clinton de continuar o desmantelamento sistemático da defesa nacional, reconstruída pelo presidente Reagan, nos anos 80, alegando que a força militar, como ele pretendia, era muito pequena para defender os interesses dos Estados Unidos. E, extrema-direita do Partido Republicano, os *neocons* da promotores do *Project for the New American Century*, passaram a denunciar sua ambivalência ante o uso da força como instrumento de política exterior. Havia para eles a necessidade de uma guerra, de atacar o Iraque e dominar o Oriente Médio.

Essa insatisfação logo se manifestou na campanha para a presidência dos Estados Unidos, em que o governador do Texas, George W. Bush, filho do ex-presidente Bush, disputava, como candidato do Partido Republicano, contra Albert Gore Jr., candidato do Partido Democrata. O *Financial Times*, em sua edição de 25 de outubro de 2000, observou que o sistema político nos Estados Unidos estava a decair ao ponto onde os eleitores americanos podiam "*smell the stink of money*". E acrescentou: "*The election made it clear that American democracy could be sold to the highest bidders.*"[29] Com efeito, os méritos reais do candidato, suas idéias e seu *background* tornaram-se irrelevantes. Antes dos primeiros votos nas eleições primárias, para a escolha dos candidatos, já havia sido realizado um *referendum* privado entre as elites financeiras dos Estados Unidos sobre o nome a ser indicado. De acordo com Charles Lewis, do *Center for Public Integrity*,

> *"the dirty secret of American presidential politics is that the nation's wealthiest interests largely determine who will be the next President of the United States, in the year before the elections. (...) Without exception, in every election since 1976, the candidate who has raised the most money by the end of the year preceding the election, and has been eligible for federal matching funds, has become his party's nominee for President"*[30].

O *promoter* Archibald Cox, que atuara contra Nixon em 1973/1974, declarou, no ano 2000, que os abusos financeiros da campanha eleitoral eram "*far worse today*" do que no tempo de Watergate[31]. Os abusos eram maiores porque havia mais dinheiro e mais pressão sobre os que recebiam esses recursos para atender aos desejos daqueles que os doavam. A mútua dependência entre os políticos e seus patronos, que não era nada novo, aumentara e assumira dimensões inauditas. Sempre que um novo presidente se instalava na Casa Branca, poderosos políticos da antiga administração tornavam ou retornavam à condição de homens de negócios, em diretorias de empresas, grupos de pressão ou escritórios de advocacia, onde ganhavam em torno de US$ 500.000 por ano, e outros homens de negócios passavam a ocupar os mais diversos cargos, em todos os escalões do novo governo. Nos Estados, já não havia homens públicos. Mas homens privados que faziam do governo um grande negócio. Washington converteu-se no lugar onde as pessoas iam ou permaneciam para beneficiar-se financeiramente do serviço governamental e a única preocupação era com dinheiro. O próprio Aléxis de Tocqueville, em *De la Démocratie en Amérique*, publicada em 1840, já percebera essa tendência, ao observar que nos regimes aristocráticos os governantes eram raramente accessíveis à corrupção e tinham menos desejo de dinheiro, enquanto era o reverso nas nações democráticas, no caso, a América, onde os estadistas eram pobres e tinham de fazer suas fortunas[32]. Com o correr do tempo, entretanto, os políticos nos Estados Unidos quanto mais ganharam dinheiro mais quiseram aumentar suas fortunas e a corrupção foi praticamente institucionalizada. Elizabeth Drew, correspondente de *The New Yorker*, escreveu que

> *"Striving for and obtaining money has become the predominant activity- and not in electoral politics — and its effects are pernicious. The culture of money dominant in Washington as never before; money now rivals or even exceeds power as the predominant goal. It affects the issues raised and their outcome; it has changed employment patterns in Washington; it has transformed politics; and it has subverted values. (...) Private interests have tried to influence legislative and administrative outcomes through the use of money for a long time"*[33].

Conforme a jornalista Elizabeth Drew observou, em 1999, a qualidade dos políticos em Washington havia declinado durante os 25 anos passados, e a taxa do declínio estava a acelerar-se[34]. Ao mesmo tempo, o Partido Republicano, de uma organização centro-direita, conservadora, com o poder localizado no leste dos Estados Unidos, transformou-se em uma organização de ultra-direitta, mais enraizada nos Estados do sul e do oeste, tendência esta que começara em 1964, com o movimento do senador Barry Goldwater, e se acentuara com a ascensão de Reagan ao governo, em 1971. Em tais circunstâncias, sem qualquer posição política conhecida, sem qualquer visão do futuro e sem qualquer experiência no governo federal, enquanto vivia em Austin, George W. Bush, governador do Texas e filho do ex-presidente George Bush — suas únicas credenciais — emergiu como canditado à presidência dos Estados Unidos e gastou para sua indicação uma soma sem precedentes, da ordem de US$ 67 milhões, mais do que seus rivais, através de dezembro de 1999[35]. E, em apenas quatro meses do ano 2000, levantou US$ 37 milhões mais do que qualquer candidato à Casa Branca conseguira, nas eleições anteriores, dez vezes mais do que o conjunto de todos os seus rivais dentro do Partido Republicano, e mais do que Clinton ou Robert Dole (candidato republicano) angariaram para as suas respectivas campanhas no inteiro período de 1995-1996[36]. Clinton apenas captara US$ 26 milhões em sete meses entre 1995 e 1996. Mas George W. Bush recebeu em contribuições, para sua campanha, no ano 2000, a espantosa soma de US$ 310.748 por dia, o equivalente a US$ 12.947 por hora[37]. Sua indicação baseou-se na poderosa rede de doadores de dinheiro e no seu nome de família[38]. De acordo com o Center for Responsive Politics, dos cerca de US$ 427.000,00 doados pelo Carlyle Group aos candidatos, na eleição de 2000, 80% destinaram-se ao Partido Republicano. E George W. Bush recebeu mais de US$ 129.000 dos *contractors*, empreiteiros e fornecedores do Pentágono, mais de US$ 190.000, quatro vezes mais do que o montante doado a Al Gore, candidato do Partido Democrata[39].

Ademais de tantos recursos financeiro, George W. Bush ganhou a presidência dos Estados Unidos, na eleição 7 de novembro de 2000, mediante um golpe judicial, articulado por James Baker III, conselheiro sênior do Carlyle Group e ex-secretário de Estado do velho Bush, e desfechado pela Suprema Corte, que decidiu em seu favor por 5-4, não obstante a duvidosa legalidade e as denúncias de fraude a contenda com Albert Gore Jr. O magistrado John Paul Stevens, da Suprema Corte, justificou então o fato de que o povo americano não tinha o direito constitucional de participar da eleição do presidente[40], dizendo que, de modo geral, a interpretação dos princípios constitucionais "*must not be too literal*", pois a máquina do governo não funcionaria, "*if it were not allowed a little play in its joints*". E admitiu, explicitamente, que

> "*Although we may never know with complete certainty the identity of the winner of this year's Presidential election, the identity of the loser is perfectly clear. It is the Nation's confidence in the judge as an impartial guardian of the rule of law*"[41].

O jornalista Dan Briody, da revista *Forbes*, atribuiu ao Carlyle Group papel decisivo para a vitória de George W. Bush, escolhido pela Suprema Corte, em que os republicanos predominavam, de conformidade com sua linha ideológica[42]. E ele, o "*serial killer*", conforme o qualificou Susan Sontag[43], recebeu a missão de implementar o *Project for the New American Century*. E, no dia 20 de janeiro de 2001, assumiu a presidência dos Estados Unidos, com menos de 1% dos votos, um presidente minoritário, com 500.000 votos populares a menos que seu rival, Albert Gore Jr.[44], e sem que fosse reconhecida sua legitimidade por grande parte da população.

Sua família ao longo do século XX construíra uma base de poder nos corredores obscuros do complexo industrial-militar, associada às comunidades de inteligência e de segurança nacional, que se robusteceram no curso da Guerra Fria. As conexões familiares e o *crony capitalism*, conforme a expressão de Kevin Phillips, o capitalismo de compadrio, constituíram seu sustentáculo econômico, com ênfase nas recompensas do mundo financeiro e na fidelidade política instintiva ao mundo dos negócios, muitas vezes representado por empresas financiadas pela CIA[45]. O velho George H. W. Bush, após deixar a presidência dos Estados Unidos, tornara-se conselheiro do poderoso Carlyle Group, com sede em Washington, do qual participavam não apenas seu antigo secretário de Estado James A. Baker III, o antigo secretário de Defesa e diretor da CIA, Frank Carlucci[46], o diretor do Office of Manegement and Budget (1989-1993), Richard G. Darman, mas também vários membros da família real da Arábia Saudita, entre os quais o príncipe Bandar bin Sultan Abdul Aziz, e a milionária família bin-Ladin, o Saudi Binladin Group, que recebera contratos para a construção das bases militares dos Estados Unidos na Arábia Saudita e para a reconstrução do Kuwait, após a Guerra do Golfo.

O Carlyle Group, fundado em 1987 por iniciativa de David Rubenstein, ex-assessor do Presidente Carter para Assuntos de Política Interior, congregou o mesmo grupo — o ex-Presidente George Bush, James A. Baker III, Frank Carlucci e Richard G. Darman — que havia contribuído, durante a administração de Reagan/Bush, para que a Arábia Saudita fechasse com a Betchel Co. o contrato de compra de aviões de reconhecimento AWACS e se comprometesse a financiar os grupos guerrilheiros anticomunistas no Afeganistão, Angola e Nicarágua, executando as operações encobertas, proibidas pelo Congresso dos Estados Unidos. Outrossim, o Carlyle Group cooptou antigos chefes de governo, como John Major, ex-primeiro-ministro da Grã-Bretanha, Fidel Ramos, ex-presidente das Filipinas, Anand Panyarachun, ex-primeiro-ministro da Tailândia, e Park Tae Joon, antigo primeiro-ministro da Coréia do Sul, bem como Caspar Weinberger, ex-secretário de Defesa, o general Collin Powell, ex-chefe do Estado-Maior Conjunto das Forças Armadas, Karl Otto Pöhl, ex-presidente do Bundesbank, e Alice Albright, filha da embaixadora Madeleine Albright, chefe da Delegação dos Estados Unidos na ONU e depois secretária de Estado no segundo mandato de Clinton. E também empregou outros embaixadores, presidentes de organismos governamentais reguladores, entre as quais a Comissão Federal de Comunicações e a Comissão do Mercado de Valores, e diretores de agências de valores e similares, e pavimentou o caminho, em 1991, para que o príncipe saudita al-Waalid bin Talal comprasse cerca de US$ 600 milhões do estoque de ações do Citicorp, do qual se convertera no maior acionista individual, e se tornasse um dos seis homens mais ricos do mundo, em 2001, com ativos no valor de US$ 20 bilhões, segundo a revista Forbes[47]. O Carlyle Group assessorou a família real Sa'ud no Economic Offset Program, que visava a encorajar investimentos da Arábia Saudita.

Suas conexões políticas eram altamente valiosas e significativas, podiam induzir com antecipação os resultados das gestões, obter contratos do Pentágono e possibilitar o acesso aos setores decisivos da administração e da Casa Branca etc. Constituíam, por conseguinte, formidável ativo econômico. E o Carlyle Group, como companhia de investimentos, especializou-se em comprar ações em baixa para revendê-las quando elas subiam, após receber novos negócios do governo, e começou a criar fundos de absorção de empresas, de capital imobiliário, na Ásia, Europa e América do Norte, de alto risco e rendimento. E passou a controlar cerca de 165 empresas, no valor de US$ 18 bilhões, com trezentos corretores de investimentos e 70.000 empregados em 14 países. Entre essas empresas, havia aquelas que fabricavam equipamentos, veículos e munições para o Exército americano, tais como United Defense, fabricante de mísseis, empresas de força e energia, telecomunicações, mídia, indústria aeroespacial, e as celebridades empregadas pelo Carlyle Group serviam para um propósito dual, encorajar investimentos e amaciar o caminho para as firmas de defesa sob seu controle.

O Carlyle Group, em 1990, comprou a BDM International, proprietária da Vinnell Corporation, empresa contratada pelo Departamento de Defesa, do qual recebia anualmente US$ 50 milhões, para treinar 75.000 homens da Guarda Nacional da Arábia Saudita (GNAS), e adquiriu, em 1992, a Vought Aircraft, fabricante de componentes para bombadeiros B-2 e aviões de transporte, e a divisão eletrônica de General Dynamics, (GDE), bem como a divisão de eletrônica militar da Philips. Essa empresa, desde 1975, contratava mercenários a fim treinar soldados sauditas a usar equipamentos de combate, comprados nos Estados Unidos, para defender os campos de petróleo. E assim, o Pentágono evadia as restrições do Congresso ao envolvimento de tropas americanas em outros países, aprovadas após o fiasco no Vietnã. A Vinnell, cujos mercenários se envolveram na tentativa de golpe contra o primeiro-ministro Maurice Bishop, em Granada, servira durante muito tempo de cobertura para as atividades de inteligência da CIA. E, ao longo dos anos 1990, além de 5.000 servidores militares na Arábia Saudita, ela e a Braddock, Dunn, McDonald (BDM) mantinham na Arábia Saudita cerca de 2.000 empregados[48].

Além da Vinnell e outras empresas, o Carlyle Group assumiu, em 1997, o controle a United Defense, a grande indústria de veículos militares, e, no ano 2000, da unidade de componentes de aviação de Northrop Grumman[49]. E o próprio George H. W. Bush, depois que deixou a presidência, viajou à Arábia Saudita, para encontrar-se privadamente com o príncipe Abddallah e diretores do Binladin Group, entre os quais o irmão mais velho de Usamah bin-Ladin, o xeique Bakr bin-Ladin, que havia investido US$ 2 milhões nos fundos Carlyle Parters, um portofólio que incluía a United Defense e outras corporações do ramo de defesa e aeroespacial. Ele ganhava entre US$ 80.000 e US$ 100.000 para dar conferências e atrair investidores para o Carlyle Group. Seu filho, George W. Bush, em 1990, fora designado para o conselho de administração de uma das subsidiárias do Carlyle Group, a Caterair, uma companhia fornecedora de alimentos para linhas aéreas, função essa que deixou quando se elegeu governador do Texas, em 1992. Pouco tempo depois de assumir o cargo, ele indicou diversos membros para a diretoria do fundo de pensão dos professores do Estado — Texas Teachers Retirement System [TRS] — que decidiu investir US$ 100 milhões de dinheiro público no Carlyle Group[50].

George W. Bush, como toda a sua família, era um homem ligado aos magnatas com de petróleo, no Texas. Começou com direitos de exploração mineral. Mais tarde negociou com minerais e *royalties*, investiu em estruturas de prospecção e, por volta de 1978, fundou sua própria companhia de gás e petróleo — Arbusto Energy (tradução de Bush para o espanhol), divida em duas empresas (Arbusto 79 Ltd. e Arbusto 80 Ltd.), tomando US$ 17.000 do seu fundo de educação. Um dos seus sócios era James Bath, empresário texano, representante dos interesses do xeique Salim bin-Ladin, pai de Usamah, e elemento ligado à CIA, que entrara com um capital de US$ 80.000, nos anos 1970[51]. Essa companhia atravessou tempos difíceis, quando o preço do petróleo caiu, e ele tentou reviver seu negócio, mudando primeiramente o nome da companhia, que foi dividida em duas, e fundindo-a, depois, com outras empresas. Em 1983, o Júnior, como George W. Bush era chamado quando criança, tornou-se executivo da Spectrum 7 Energy Corporation, pequena firma de William DeWitt e Mercer Reynolds, que adquiriu a sua empresa, evitando a sua bancarrota. E, em 1986, a Harken Energy Corporation comprou a Spectrum, que havia perdido US$ 400.000. Na transação, Bush e seus sócios ganharam mais de US$ 2 milhões do estoque de ações e ele se tornou consultor da Harken, que lhe deu mais US$ 600.000 em ações, pagando-lhe ainda entre US$ 42.000 e US$ 120.000 por ano.

A Harken, em 1987, entrou em dificuldades financeiras e Bush e seus colegas conseguiram que Jackson Stephens, diretor da Stephens Inc., proprietário de um banco de investimento em Little Rock, arranjasse que a Union Bank of Swizerland (UBS) provesse a sua companhia com US$ 20 milhões, em troca de ações da Harken. Como parte do negócio, o xeique Abdullah Bakhsh, magnata saudita, tornou-se o maior investidor e membro da diretoria da Harken. Ele representava o banqueiro saudita Khaled bin-Mahfouz, suspeito de haver feito doações para associações vinculadas a Usamah bin-Ladin, e dono de 20% das ações do BCCI, em cujo escândalo esteve envolvido, juntamente com Jackson Stephens[52]. A família bin-Mahfouz, muito ligada à família Bush, era um dos grandes investidores nos campos de petróleo de Azerbaijão e a Harken Energy obteve uma concessão para explorar petróleo em Barhain. Em 22 de junho de 1990, George W. Bush, que em 1988 havia comprado o time de *baseball* Texas Rangers, vendeu, porém, dois terços do seu estoque por US$ 848,560,00, com um lucro líquido de 200%. Uma semana depois, Harken anunciou um prejuízo de US$ 23,2 milhões, suas ações despencaram 60% do seu valor, nos seis meses subseqüentes. E, em 2 de agosto de 1990, as tropas de Saddam Hussein invadiram o Kuwait.

George W. Bush estava comprometido com diversas outras empresas de energia e de material bélico, entre as quais a Enron, do mesmo modo seu vice-presidente Richard (Dick) Cheney, que após ser secretário de Defesa do velho Bush se tornara presidente da Halliburton (petróleo, defesa, construção), cargo que exerceu até a eleição. Sua esposa, Lynn Cheney, era vice-presidente e diretora da firma Lockheed Martin, outra corporação, como a Halliburton, beneficiara de multimilionários contratos com o Pentágno. Com essa dupla — George W. Bush e Dick Cheney — assomaram ao governo Donald Rumsfeld, Paul Wolfowitz, John Bolton, Robert B. Zoellick, Abram Shulsky, Richard Perle, Elliott Abrams, e os escritores Robert Kagan, William Kristol, toda a caterva do *Project for the New American Century*, funcionários civis do Pentágono, fundamentalistas judeus e cristãos evangélicos fundamentalistas, negocistas e traficantes de influência, comprometidos com as corporações do complexo industrial-petrolífero[53] e politicamente alinhados na extrema-direita do Partido Republicano e vinculados ao Likud, de Israel[54]. Collin Powell, o novo secretário de Estado, trabalhara para o Carlyle Group e era acionista da General Dynamics; Donald H. Rumsfeld, secretário de Defesa, era diretor de Gilead Sciences (biotecnologia); Paul Wolfowitz, secretário-adjunto de Defesa, era co-presidente da *task force* de Nunn-Wolfowitz, Hughes Electronics; Dov Zakheim, subsecretário de Defesa, era vice-presidente de Systems Planning Corporation (firma de consultoria na área de defesa); o US Trade Representative, Robert Zoellick, integrava o Conselho Consultivo da Enron; e Condoleezza Rice, assessora de Segurança Nacional, pertencia à direção da Chevron.

Com essa equipe, a fina flor da extrema-direita do Partido Republicano e da comunidade dos homens de negócios, George W. Bush tinha a sua missão definida, a de implantar "*global Pax Americana*". Os fundadores do *think-tank The New American Century*, Dick Cheney (vice-presidente), Donald Rumsfeld (secretário de Defesa), Paul Wolfowitz (secretário-adjunto de Defesa), John R. Bolton, subsecretário para Controle de Armamentos e Segurança Internacional, Jeb Bush, irmão mais moço de George W., e J. Lewis Libby (chefe de gabinete de Cheney), já haviam elaborado, em setembro de 2000, antes da eleição, um documento secreto, com cerca de 78 páginas e intitulado *Rebuilding America's Defenses: Strategies, Forces and Resources for a New Century*, no qual diziam que os "*America's adversaries will continue to resist the building of the American peace*" e que, após oito anos de "*no-fly-zone operations*", não havia razão para diminuir significativamente a presença aérea dos Estados Unidos na região, "*as long as Saddam Hussein remains in power*" e que "*over the long term, Iran may well prove as large a threat to U.S. interests in the Gulf as Iraq has*". O documento, citando a CIA como fonte, acrescentava que um número de regimes "*deeply hostile to America — North Korea, Iraq, Iran, Libya and Syria — 'already have or are developing ballistic missiles' that could threaten U.S allies and forces abroad*"[55].

O propósito manifesto dos *neocons* que formaram o governo de George W. Bush era o de desenvolver uma política de "*regime change*", a começar pelo Iraque, com a remoção do governo de Saddam Hussein, e consolidar o controle militar dos Estados Unidos sobre o Golfo Pérsico, aumentando substancialmente a sua força militar na região. Já em 19 de maio de 2000, em um foro patrocinado pelo Institute for Near East Policy, Robert B. Zoellick, coordenador da campanha eleitoral de George W. Bush e por ele nomeado para o cargo de USTR, avançara o propósito dos Estados Unidos de "*eventually*" solapar a posição de Saddam Hussein, dentro do seu próprio país, "*slowly taking away pieces of his territory*". E aduziu:

> "*We have started to do that in the north. I believe we could do that in the south. I believe that in part this involves [American] air power. It might involve more*".[56]

A consolidação do domínio dos Estados Unidos sobre as fontes de petróleo no Golfo Pérsico e no Mar Cáspio, bem como do espaço aéreo, afigurava-se necessária à execução do *Rebuilding America's Defenses: Strategies, Forces and Resources for a New Century*, de modo a impedir a emergência de outro grande poder rival e modelar a segurança da ordem internacional, "*in line with American principles and interests.*" Esse estudo, ao acentuar que "*the challenge for the coming century is to preserve and enhance this 'American peace'*", recomendou que o Departamento de Defesa agisse

> "*more aggressively to experiment with new technologies and operational concepts, and seek to exploit the emerging revolution in military affairs. Information technologies, in particular, are becoming more prevalent and significant components of modern military systems*"[57].

No *Rebuilding America's Defenses: Strategies, Forces and Resources for a New Century* — documento com um caráter essencialmente militarista e imperialista — os *neocons* delinearam as linhas sobre as quais o governo de George W. Bush devia pautar sua política internacional, concluindo desde logo o "*unresolved conflict with Iraq*" e incrementando ainda mais o poderio militar dos Estados Unidos, de modo que pudessem combater e decisivamente triunfar em "*multiple, simultaneous major theater wars*"[58]. O objetivo dos *neocons*, quer se afigurassem como *democratic imperialists* ou *assertive nationalists*, era o mesmo: estabelecer uma ditadura global, a serviço e em benefício das grandes corporações transnacionais, a maior parte dos Estados Unidos.

Esse propósito não tardou a evidenciar-se. Em janeiro de 2001, o vice-presidente-eleito, Dick Cheney, solicitou a William S. Cohen, republicano que fora secretário de Defesa no governo de Bill Clinton, uma informação completa sobre o Iraque e diferentes opções[59]. E dez dias após a inauguração do governo, 30 de janeiro de 2001, o tópico "*Mideast Policy*" constituiu o primeiro ponto da agenda, na reunião do National Security Council, segundo o ex-secretário do Tesouro de George W. Bush, Paul H. O'Neill, revelou a Lesley Stahl, no programa 60 Minutes, da CBS News[60]. Condollezza Rice, como assessora de Segurança Nacional, declarou que o Iraque estava desestabilizando a região, que a CIA tinha fotos que talvez fossem de uma planta para produzir ou materiais químicos ou biológicos para manufaturar armas e que a remoção do regime de Saddam Hussein podia ser a chave para reformar o Oriente Médio[61]. George Tenet, diretor da CIA, especulou com a possibilidade de que ele tivesse armas de destruição em massa e disse ter informação de que Saddam Hussein estava financiando as famílias de alguns homens-bomba no West Bank e em Gaza. E, na reunião seguinte, dois dias depois, o secretário de Defesa Donald Rumsfeld defendeu a remoção do regime de Saddam Hussein, argumentando que tal iniciativa demonstraria que os Estados Unidos se dispunham a tudo para transformar o Oriente Médio. Conforme acentuou, a remoção de Saddam Hussein poderia ser útil como "*demonstration model of America's new, unilateral resolve*" e "*dissuade*" outros países de engajar-se em "*asymetrical challenges*" para os Estados Unidos[62]. "*Sanctions are fine. But what we really want to think about is going after Saddam*", afirmou Rumsfeld. E, sonhando com os campos de petróleo, as obras de reconstrução da economia do país, acrescentou, deslumbrado:

> *"Imagine what the region would look like without Saddam and with a regime that's aligned with the U.S. interests. It would change everything in the region and beyond. It would demonstrate that U.S. policy is all about."*[63]

Falah Aljibury, consultor da indústria de petróleo, revelou à BBC News que, pouco depois de George W. Bush assumir a presidência, ele participara de reuniões, na Califórnia e no Oriente Médio, com os "*Big Oil executives*" e os "*pragmatists*" do Pentágono, em que foram discutidos os planos para a privatização do petróleo no Iraque[64]. De fato, em 2001, sob o patrocínio do James A. Baker III Institute for Public Policy of Rice University e o Council on Foreign Relations, Edward L. Morse e Amy Meyers Jaffe elaboraram o estudo — *Strategic Energy Policy: Challenges for the 21st Century* — no qual demonstraram que o Iraque era vital para o fluxo do petróleo do Oriente Médio, porque se assentava sobre segunda reserva mundial (em volume), da qual os Estados Unidos necessitavam por motivos de segurança econômica, mas não podiam permitir que Saddam Hussein a explorasse por motivos de segurança militar. E daí a necessidade de mudar o regime no Iraque para a segurança energética dos Estados Unidos[65]. "*Iraq has become a key 'swing' producer, posing a difficult situation for the U.S. government*", o estudo observou[66], ressaltando que o governo de Saddam Hussein permanecia como "*destabilizing influence*" para os Estados Unidos, bem como para a ordem regional e global, e os fluxos de petróleo do Oriente Médio, na medida em que ameaçava usá-lo como arma para manipular os mercados internacionais. Se ele assim o fizesse, tal iniciativa aumentaria seu poder pessoal, fortaleceria sua imagem como "*Pan-Arab leader*", apoiando os palestinos contra sanções contra seu regime — observou a *task-force* do James A. Baker III Institute for Public Policy of Rice University e do Council on Foreign Relations, presidida por Edward L. Morse, urgindo que "*the United States should conduct an immediate policy review toward Iraq, including military, energy, economic, and political/diplomatic assessment*"[67], porquanto Saddam Hussein "*could be a greater security threat to U.S. allies in the region if weapons of mass destruction (WMD) sanctions, weapons regimes, and the coalition against him are not strengthened*".

Notas

1. Human Rights Watch. Colombia — The Ties That Bind: Colombia and Military-Paramilitary Links February 2000. Vol. 12, No. 1 (B).
2. Statement of General Charles E. Wilhelm, commander-in-chief, U.S. Southern Command, Before the Senate Caucus on International Narcotics Control, March 23, 2000.
3. Secretaría Permanente del SELA (Sistema Económico Latinoamericano). "Informe de Conyuntura América Latina y el Caribe: Cómo Cierra la Economía en 2001"
4. Somente os Estados Unidos acumularam, com quase todos os países da América do Sul, um superávit comercial alcançou o total de US$ 55,0 bilhões, entre 1995 e 2001 (seis meses).
5. Clinton, 2004, p. 880, 911.
6. Lewis & Center for Public Integrity, 2000, p. 10.
7. U.S. Census Bureau. http://www.census.gov/. http://www.census.gov/prod/2003pubs/p60-222.pdf.
8. US Human Rights Record in 2000 Released by the February 27, 2001 Information Office of the State Council. http://www3.itu.int/MISSIONS/China/humanrights/usrec2000e.htm.
9. Ibid.
10. *The Economist*. 5/3/2005, p. 104.
11. Entre 1980 e 1985, as despesas militares dos Estados Unidos saltaram de US$ 143,9 bilhões para US$ 294,7 bilhões. Em 1986, o ápice da preparação militar do governo de Reagan, as despesas militares somaram US$ 273, bilhões, o que representou um aumento de 48% sobre 1980, em dólares constantes. Trubowitz, 1998, p. 225.
12. Baer, 2003, p. 155.
13. Fonte: U.S. Census Bureau, Foreign Trade Division, Data Dissemination Branch, Washignton, D.C. 20233 .
14. O montante de US$ 45 trilhões resultou de cálculos feitos por analistas do orçamento do Departamento do Tesouro. O estudo foi ordenado pelo secretário do Tesouro, Paul O'Neil, em 2002, e a equipe foi chefiada por Jagadeesh Gokhale, então assessor econômico sênior do Federal Reserve Bank e pesquisador sênior do Cato Institute, e Kent Smetters, então assistente-adjunto do secretário para a Política Econômica, no Departamento do Tesouro. Quando Paul O'Neil foi demitido pelo Presidente George W. Bush, em 2003, o estudo foi censurado, mas os economistas Gokhale e Smetters tomaram a iniciativa de publicá-lo. A Casa Branca e o Departamento do Tesouro alegaram que nunca tinham ouvido falar desse estudo. Vide Gokhale, Jagadeesh, & Smetters, 2003, p. 2.

15. Littlefield, Nathan. "State of the Union: The $45 Trillion Problem". The Atlantic Monthly | January/February 2004. http://www.theatlantic.com/doc/prem/200401/littlefield.
16. Baer, 2003, p. 185.
17. Clinton, 2004, p. 911-916.
18. Id., ibid., p. 915.
19. Id., ibid., pp. 815-816.
20. Id., ibid., p. 944.
21. Id., ibid., p. 883.
22. Sharansky, 2004, p. 146-161.
23. A Cúpula de Ouro, a Cúpula do Rochedo, é a que cobre o lugar sobre o qual Abraão deitou seu o primogênito com o propósito de sacrificá-lo a Deus para provar sua fé. Os muçulmanos afirmam que o primogênito foi Ismael, o filho de Agar, a escrava de Sara, a esposa que não lhe podia dar filhos. Daí os árabes serem ismaelitas. Os judeus, por outro lado, dizem que foi Izaak o primogênito, como consta do Velho Testamento. No local onde está a Cúpula do Rochedo teria aparecido o cordeiro que o anjo indicou a Abraão para ser o sacrificado. Abrão, o mesmo da Torah e do Velho Testamento, é o patriarca das três religiões: judaísmo, cristianismo, islamismo. E a mesquita de al-Aqsa foi construída ao tempo do califado de Abd al-Malik ibn Marwan (646-705), da dinastia Omíada (*Umayyad*), por volta de 690 e 691.
24. Celebrizada como Intifada de al-Aqsa, como referência à mesquita. A primeira Intifada, a "revolta das pedras", ocorrera em dezembro de 1987.
25. Kepel, 2004, p. 27.
26. Ekaizer, Ernesto (Enviado Especial) — Davos — "Clinton asegura que el presidente Bush no sabe lo que quiere. El ex-mandatario de Estados Unidos considera a su sucesor una figura errática". *El País* | *Internacional* — 28-01-2003.
27. O Presidente Alberto Fujimori foi acusado de violações dos direitos humanos, de malversação financeira e de constantes perseguições à imprensa e a jornalistas. Montesinos, filho de um comunista que lhe deu o nome de Vladimiro Illich em homenagem a Lenin, estivera preso durante o regime do General Juan Velasco Alvadaro (1968-1974) porque vendera segredos militares à CIA e fora expulso do Exército como traidor. Esteve envolvido com negócio de drogas e contrabando. Em 1996, o narcotraficante Demetrio Chávez, conhecido como Vaticano, declarou ante os juízes que pagava suborno mensal de US$ 50 mil a Montesinos para que lhe deixasse operar na selva. Segundo se revelou em Lima, contas secretas de Montesinos mostravam renda mensal de uns US$ 250 mil dólares.
28. Eland, 2004, p. 18.
29. Apud Government Document — US Human Rights Record in 2000 Released by the Information Office of the State Council February 27, 2001 http://www3.itu.int/MISSIONS/China/humanrights/usrec2000e.htm.

30. Lewis & The Center for Public Integrity, 2000, p. 3.
31. Id., ibid., p. 5.
32. Tocqueville, 1968, pp. 119-130.
33. Drew, 2000, p. 61.
34. Id., ibid., p. 19.
35. Id., ibid., pp. 275-276.
36. Lewis & The Center for Public Integrity, 2000, p. 8.
37. Id., ibid., p. 8.
38. Phillips, 2004, p. 16.
39. Briody, 2003, pp. 91-92.
40. Philips, 2004, p. 97. A eleição para presidente dos Estados Unidos é indireta. O eleitor vota em uma lista de delegados para o Colégio Eleitoral, composto de 538 delegados, que deverão escolher o presidente da república. E, em 7 de novembro de 2000, mais de 100 milhões americanos foram às urnas para votar nos delegados. Em seguida, porém, as redes de televisão divulgaram notícias contraditórias em que os dois candidatos, o republicano George W. Bush, governador do Texas, e o democrata Al Gore, vice-presidente, proclamavam vitória. Mas até o dia 12 de novembro, a população americana ainda não sabia quem seria o futuro presidente. Houve suspeitas de que ocorreu fraude no Estado da Flórida, governado por Jeb Bush, irmão do candidato republicano. Assim, com base em lei estadual que exige a recontagem dos votos quando a diferença for inferior a 0,5%, o Partido Democrata, no dia 13 de novembro, pediu a recontagem manual em cinco condados da Flórida, incluindo Palm Beach, onde o comitê eleitoral anunciou que iria recontar manualmente os 462.657 votos. A decisão foi tomada após a recontagem de 1% das cédulas, na qual o comitê acrescentou 33 votos a Al Gore e 14 a George W. Bush. Se a proporção fosse estendida para o total de cédulas do condado, o democrata Gore venceria a eleição. As autoridades locais concluíram que isso podia alterar os resultados do Estado. E os republicanos pediram a suspensão da recontagem na Justiça Federal. Assim, George W. Bush chegou ao governo dos Estados Unidos.
41. "Stevens Dissents From Majority Decision, Says Confidence In Judges Will Be Undermined". December 12, 2000 australianpolitics.com — http://www.americanpolitics.info/news/2000/00-12-12.shtml.
42. Daalder, Ivo H. & Lindsay, James N., 2003, p. 50.
43. Susan Sontag chamou George W. Bush durante a entrega do prêmio Príncipe das Astúrias de literatura, em 2003. "Chamo-o de *serial killer*, de uma forma sarcástica, não devido à invasão do Iraque. Falo do que fez quando era governador do Texas. O Texas executou mais pessoas do que qualquer outro Estado. Mais de trezentos pessoas foram mortas durante o tempo de Bush no governo do Estado. O Estado que tem o segundo maior número de aplicações da pena capital é a Flórida, Estado governado por Jeb Bush, seu irmão". *O Globo*, Rio de Janeiro, 1/6/2003.

44. Woodward, 2004, p. 28.
45. Phillips, 2004, pp. 9-10, 49, 123 e 129.
46. Frank Carlucci foi assessor de Segurança Nacional e o último secretário de Defesa na administração de Reagan.
47. Baer, 2003, p. 48.
48. Briody, 2003, pp. 62-67.
49. Unger, 2004, p.187.
50. Baer, 2003, p. 51.
51. Brisard & Dasquié, 2001, p. 298.
52. Id., ibid., pp. 182 e 217.
53. Vide Phillips, 2004, pp. 150-165.
54. Todd, 2002, p. 136.
55. "Rebuilding America's Defenses Strategy, Forces and Resources For a New Century" — A Report of The Project for the New American Century — September 2000. http://www.newamericancentury.org/RebuildingAmericasDefenses.pdf.
56. Lancaster, John — "In Saddam's Future, A Harder U.S. Line". The Washington Post , 3.6. 2000.
57. "Rebuilding America's Defenses Strategy, Forces and Resources For a New Century" — A Report of The Project for the New American Century — September 2000. http://www.newamericancentury.org/RebuildingAmericasDefenses.pdf.
58. Ibid.
59. Woodward, 2002, p. 9.
60. Allen, Mike — "O'Neill: Plan to Hit Iraq Began Pre-9/11". *Washington Post*, 11.1. 2004, p. A13. Stevenson , Richard W — "Bush Sought to Oust Hussein From Start, Ex-Official Says", *The New York Time*, 12.1.2004.
61. Suskind, 2004, pp. 72-74.
62. Id., ibid., pp. 86-96.
63. Id., ibid., pp. 72-75, 82-87, 96, 129.
64. Palast, Greg. "Secret US plans for Iraq's oil" . BBC News — World Edition — Last Updated: Thursday, 17 March, 2005, 15:41 GMT - http://news.bbc.co.uk/2/hi/programmes/newsnight/4354269.stm
65. Strategic Energy Policy Challenges for the 21st Century. Report of an Independent Task Force Sponsored by the James A. Baker III Institute for Public Policy of Rice University and the Council on Foreign Relations. Edward L. Morse, Chair Amy Myers Jaffe, Project Director. http://www.informationclearinghouse.info/article3535.htm.
66. Suskind, 2004, p. 13.
67. Ibid., p. 46.

Capítulo XXXII

OS ATENTADOS DE 11 DE SETEMBRO • A "RAZÃO PROPAGANDÍSTICA" PARA A GUERRA CONTRA O TERROR • O FUNDAMENTALISMO ISLÂMICO, AL-QA'IDA, BIN-LADIN • O PROJETO BOJINKA E OS ATENTADOS DE 11 DE SETEMBRO • IRAQUE NA AGENDA DOS NEOCONSERVADORES • O ATAQUE AO AFEGANISTÃO • O *PATRIOT ACT* • BUSH SOUBE QUE BIN-LADIN IA ATACAR OS ESTADOS UNIDOS • A PREVISIBILIDADE DOS ATENTADOS

Em 1999, os senadores Gary Hart (democrata) e Warren Rudman (republicano), co-presidentes da U.S. Commission on National Security/21st Century, manifestaram a opinião de que os Estados Unidos permaneceriam como a principal força econômica política e cultural, no mundo, e manteriam sua preeminência militar global, pelo menos durante os próximos 25 anos. Contudo, criam que o desenvolvimento de estratégias assimétricas para atacar seus interesses e dos seus aliados causaria real problema, a despeito de sua superioridade militar. Algumas tecnologias, benignas para a maioria, tinham efeitos niveladores, possibilitando que crescente número de Estados, e mesmo pequenos grupos hostis e fanáticos, pudessem infringir enormes danos a populações civis, inclusive a americana. O relatório da comissão prognosticou que a influência dos Estados Unidos seria, ao mesmo tempo, crescentemente aceita e detestada, na medida em que o poder político, econômico e cultural dos Estados Unidos persistisse e talvez se espraiasse. E previu que "*States, terrorists, and other disaffected groups will acquire weapons of mass destruction and mass disruption, and some will use them. Americans will likely die on American soil, possibly in large numbers.*"[1]

A previsão da U.S. Commission on National Security/21st de certo modo confirmou-se. No dia 11 de setembro de 2001, nove meses após a inauguração do governo de George W. Bush, terroristas islâmicos, como não dispunham de outras armas, seqüestraram aviões de passageiros, que partiram de aeroportos nos Estados Unidos, e converteram-nos em mísseis, arremetendo-os contra as duas torres gêmeas de World Trade Center, em Nova York, e contra o Pentágono, em Washington. O presidente George W. Bush recebeu a notícia impassivelmente, quando lia sobre educação para os alunos da Emma E. Booker Elementary School, e sua primeira reação, como se não se surpreendesse, foi dizer que "*the incident must have been caused by pilot error*"[2]. A brutalidade do acontecimento, que resultou na morte de quase 3.000 pessoas, modificou, no entanto, a situação internacional, que se anuviou. George W. Bush, que saíra da escola e voara no Air Force One sem saber aonde deveria ir, proclamou, em seguida, que os Estados Unidos tinham sofrido uma agressão. E declarou guerra, sem saber contra quem. Era a guerra do bem contra o mal, "sem campos de batalhas ou cabeças de praia", segundo as palavras de Bush. E a mídia americana — rede de televisão CNN e *The Washington Post* — passou a noticiar os acontecimentos sempre sob o título "*America at War*".

Ainda que não estivesse previsto na normativa internacional de guerra, o múltiplo ataque contra as torres gêmeas do World Trade Center e o Pentágono configurou realmente uma ação bélica. Contudo, não partira de nenhum outro Estado nacional, como Pearl Harbor (1941), que permitira a Roosevelt levar os Estados Unidos à guerra na Europa, pela *back door*, i. e., através do Japão. O múltiplo ataque contra o World Trade Center e o Pentágono fora executado por árabes sauditas e de outras nacionalidades, membros de vasta rede multinacional, com o mais amplo alcance, conectando diversos grupos radicais dos movimentos islâmicos, espalhados pelos mais diversos países do mundo. Tratava-se, portanto, de um inimigo difuso, disperso, que recorreu ao terrorismo, mesmo à custa da própria vida, suicidando-se, porque não dispunha de mísseis e outras armas para atacar os Estados Unidos, cujo governo, como se já previsse e aguardasse aquele feito, logo identificou os 19 seqüestradores, dos quais 15 eram sauditas, e acusou o milionário saudita, Usamah bin-Ladin, dirigente da al-Qa'ida, de ser o *mastermind* da operação. E, conforme observou o escritor americano Eliot Weinberg, a administração de George W. Bush converteu "um pequeno grupo de criminosos em um inimigo de grande envergadura", a fim de justificar uma escalada e uma intervenção militares.

Os atentados contra o World Trade Center e o Pentágono, em 11 de setembro de 2001, não foram, na realidade, contingentes. Nem surpreendentes. Foram convenientes. Configuraram a "razão propagandística", que George W. Bush, como Adolf Hitler, urgia para legitimar-se no poder, deflagar a guerra sem fim, a guerra permanente, e executar os objetivos do *Project for the New American Century*, i.e.,

> *"to increase defense spending significantly (...); to challenge regimes hostile to our interests and values; (...) to promote the cause of political and economic freedom abroad; (...) to accept responsibility for America's unique role in preserving and extending an international order friendly to our security, our prosperity, and our principles"*[3].

Não sem razão George W. Bush anotou no seu diário, na noite do dia 11: "*The Pearl Harbor of the 21st century took place today*"[4]. Era o pretexto de que ele precisava para desatar o programa prescrito pelo *Rebuilding America's Defences: Strategies, Forces and Resources for a New Century*. E daí que tratou de apresentar o múltiplo ataque ao World Trade Center e ao Pentágono, como "*an act of war... in a monumental strugle between good and evil*"[5].

George W. Bush não declarou a guerra contra o terrorismo por causa dos atentados de 11 de setembro, dos quais ele foi o único beneficiário, pois lhe permitiram, inclusive, legitimar-se como presidente, após uma eleição duvidosa e contestada, e robustecer-se no poder. Pelo contrário, a intenção de desencadear a guerra contra o terrorismo, para implantar a *full spectrum dominance* do capital financeiro, a ditadura ultra-imperial, foi que levou o governo dos Estados Unidos a criar as condições e permitir que os atentados de 11 de setembro se consumassem. Era necessário criar um estado de guerra global, uma guerra infinita e indefinida, contra um inimigo abstrato. Aos atentados contra as torres gêmeas do World Trade Center e o Pentágono seguiu-se dispersão, através de correspondência e outros meios, do *Bacillus anthracis*, usado como arma bactereológica, cuja origem nunca se desvendou. Tornava-se necessário fomentar o pânico, chocar a opinião pública mundial, lançá-la contra os árabes, com o objetivo de apresentar o islamismo como o novo inimigo, no sentido do *clash of civilizations*[6], tal como Samuel P. Huntington conceituara, ao apontar a "*bellicosity and violence*" dos muçulmanos, anotando que eles sempre mantiveram relações antagônicas com povos de outras civilizações, em todas as partes do mundo[7]. De acordo com Samuel P. Hungtington, as relações entre o Islã e a cristandade, ortodoxa e ocidental, foram freqüentemente violentas, diante das quais o conflito entre a liberal democracia e o marxismo-leninismo afigurou-se um fenômeno histórico fugaz e superficial[8]. E de modo a preservar a civilização ocidental, ele considerava necessário, entre outras iniciativas, "*to restrain the development of the conventional and unconventional military power of Islamic and Sinic countries*"[9].

A guerra contra o terrorismo, declarada por George W. Bush, servia, em realidade, como *rationale* para atacar o Afeganistão, Iraque e Irã e outros países mulçulmanos, a fim de assegurar o controle sobre todas as fontes de petróleo, bloqueando o acesso, sobretudo, da China, através do livre mercado. Paul D. Wolfowitz, o téorico da *Defense Planning Guidance* e um dos fundadores do *Project for the New American Century*, evidenciou esse propósito, logo após o atentado de 11 de setembro de 2001, ao defender a tese de que não bastava capturar e prender os Talibãs, e que era preciso remover os sistemas de apoio do inimigo, "*ending states which sponsor terrorism*", e apontou o Iraque como primeiro alvo, com o argumento de que a campanha seria mais fácil do que no Afeganistão[10]. Não foi por mera coincidência que o mapa da guerra contra o terrorismo era o mapa do Oriente Médio e da Ásia Central, o mesmo mapa do gás e do petróleo. Entretanto, segundo os dados do *think-tank* conservador *The Heritage Foundation*, não fora no Oriente Médio e sim na América Latina que entre 1995 e 2000 ocorrera o maior número de ataques terroristas, cerca de 729 (média de 122 por ano), contra 608 na Europa e apenas

15 nos Estados Unidos. No ano 2000, 86% dos ataques terroristas contra os Estados Unidos, ou seja, um recorde de 193 (121, em 1999), aconteceram na América Latina contra 45%, na Ásia, 3,5% na Europa Ocidental, 3% na África e apenas 1% no Oriente Médio. Eles ocorreram apenas na Colômbia e no Equador, países que empresas petrolíferas e forças militares dos Estados Unidos estavam virtualmente a ocupar[11]. A maior parte dos ataques, em todas as regiões, foi com bombas (90%) e as empresas constituíram o principal alvo, cerca de 87%, enquanto apenas 3% atingiram estabelecimentos e instalações militares[12].

A guerra contra o terrorismo, proclamada por George W. Bush, era, portanto, contra os países do Oriente Médio, que não aceitavam a sua hegemonia, e implicava realmente um *clash of civilizations*, porquanto o fundamentalismo islâmico se opunha à civilização capitalista, conforme transpareceu, nitidamente, no pronunciamento de bin-Ladin, divulgado através da TV Al-Jazirah[13], após os atentados de 11 de setembro. Ele acusou o Ocidente em geral, liderado pelos Estados Unidos, de empreender "uma indescritível cruzada insultuosa contra o Islã"[14], ao promover a guerra no Afeganistão. Negou a participação dos *mujahidin* nos ataques terroristas contra o WTC e o Pentágono, por ser "irracional" pensar que eles, que abandonaram trabalho, universidades, famílias, parentes e deixaram seus países, havia 20 anos, "para satisfazer a Deus e ao campeão da religião de Deus"[15], fossem matar pessoas inocentes. Entretanto, aplaudiu os atentados com que 19 estudantes feriram profundamente a maior potência militar e abalaram a economia dos Estados Unidos, causando a Nova York e outros mercados perdas de mais de US$ 1 trilhão e demonstrando que "essa execrável economia internacional, usurária", que os Estados Unidos usavam para impor, com seu poder militar, "infidelidade e humilhação aos povos fracos", podia facilmente entrar em colapso[16].

O islamismo radical, fundamentalista, na medida em que se opunha aos interesses dos Estados Unidos, passara a representar ameaça igual ou maior do que o comunismo, na Guerra Fria. E os *neocons* trataram de reconstruí-lo à imagem e semelhança do seu último inimigo, o "*evil empire*", i.e., a União Soviética, e projetaram a al-Qa'aida como sinistra cadeia de terror dirigida por Usamah bin-Ladin, dos recônditos do

Afeganistão. Não sem fundamento "*The Power of Nightmares: The Rise of the Politics of Fear*", levado ao ar pelo canal *BBC* Two, da Grã-Bretanha, expôs que a maior parte do que se disse ao público sobre os perigos do terrorismo internacional não passava de simples fantasia, exagerada e deformada pelos *neocons*, uma ilusão que se difundiu sem oposição através dos governos de todo o mundo, os serviços de segurança e os meios de comunicação:

> *"A fantasy that politicians then found restored their power and authority in a disillusioned age. Those with the darkest fears became the most powerful. The rise of the politics of fear begins in 1949 with two men whose radical ideas would inspire the attack of 9/11 and influence the neo-conservative movement that dominates Washington. Both these men believed that modern liberal freedoms were eroding the bonds that held society together. The two movements they inspired set out, in their different ways, to rescue their societies from this decay. But in an age of growing disillusion with politics, the neo-conservatives turned to fear in order to pursue their vision. They would create a hidden network of evil run by the Soviet Union that only they could see. The Islamists were faced by the refusal of the masses to follow their dream and began to turn to terror to force the people to "see the truth."*[17]

Os atentados de 11 de setembro possibilitaram que os *neocons*, a manejar George W. Bush como um boneco de engonços, retomassen a tática desenvolvida durante a Guerra Fria, em que a União Soviética foi apresentada como o "*evil empire*", cujo propósito era destruir o *way of life* dos Estados Unidos, sua sociedade, a democracia, e escravizar seu povo. A al-Qa'ida e Usamah bin-Ladin, como se fossem as únicas fontes do terrorismo islâmico, configuraram a nova ameaça, o terrorismo, e serviram para fomentar o clima de medo e exacerbar o nacionalismo. A atmosfera de medo foi amplificada e adensada com o misterioso aparecimento, em vários lugares, em correspondência e até no Senado, da substância com o *bacillus anthracis*, anthrax, como se estivesse a ocorrer um ataque terrorista com arma química, cuja responsabilidade nunca foi descoberta e tudo indicou tratar-se de outra manobra para justificar a repressão e a guerra, principalmente contra o Iraque. Assim, a administração de George W. Bush tinha justificativa para promover significativo aumento das despesas militares, desrespeitar os princípios do Direito Internacional, sobretudo o conceito de soberania nacional, afrontar os regimes supostamente hostis aos interesses e valores americanos, despargir em outros países o que eles entendiam como liberdade política e econômica, e dar aos Estados Unidos o papel de estender e preservar uma ordem internacional "*friendly to our security, our prosperity, and our principles*"[18].

O secretário de Defesa, Donald Rumsfeld, e o secretário-adjunto de Defesa, Paul Wolfowitz, quiseram aproveitar a tragédia de 11 de setembro para promover sua agenda, atacando o Iraque, conforme pretendiam desde o início da administração[19]. O próprio George W. Bush instou Richard A. Clarke, coordenador para Segurança, Proteção da Estrutura e Contra-terrorismo do governo americano, no sentido de vincular, de algum modo, o Iraque aos atentados contra o WTC e o Pentágono[20]. O general Wesley K. Clark, comandante supremo da OTAN na Europa, revelou que, em 11 de setembro, recebeu telefonema de "*people around the White House*", urgindo que ele vinculasse os atentados a Saddam Hussein, para justificar um ataque ao Iraque. A revelação feita pelo general Wesley Clark corroborou a informação veiculada, em 4 de setembro de 2002, pelo National Security Correspondent David Martin, CBS Evening News, segundo a qual cerca de 5 horas depois que o avião da American Airlines explodira contra o edifício do Pentágono, em 11 de setembro de 2001, Rumsfeld dissera aos seus assessores que começassem a pensar em vincular aqueles atentados terroristas a Saddam Hussein, ainda que não houvesse qualquer evidência. De acordo com a CBS, notas tomadas por funcionários do Pentágono registraram que Rumsfeld solicitara "*best info fast*" para "*judge whether good enough to hit SH* (Saddam Hussein) *at the same time, not only UBL* (Usamah bin-Ladin)". As notas citavam Rumsfeld dizendo "*go massive... sweep it all up, things related and not*"[21].

Durante as reuniões, que seguiram aos atentados, Rumsfeld, que durante muito anos criticara o velho Bush por não haver derrubado Saddam Hussein em 1991[22], levantou a questão: "*Why shouldn't we go against Iraq, not just al-Qa'ida?*" Argüiu que se podia aproveitar a vantagem da oportunidade oferecida pelos atentados terroristas "*to go after Saddam immediately*"[23]. E, em novembro de 2001, ordenou ao general Tommy Franks, do Central Command (CENTCOM), que desenvolvesse e impulsionasse o OP Plan 1003, delineando a invasão do Iraque e a derrubada do governo de Saddam Hussein[24]. Na sua opinião, lá existiam "*decent targets*" para bombardear, o que não havia no Afeganistão[25].

Por sua vez, Paul D. Wolfowitz, refletindo também as precupações e interesses de Israel, pretendeu fazer do Iraque o principal alvo do primeiro *round* da guerra contra o terrorismo[26]. Argumentou que era mais fácil atacá-lo do que o Afeganistão[27]. E o vice-presidente Dick Cheney sugeriu que os Estados Unidos deviam definir amplamente seus objetivos e logo acometessem os Estados que patrocinavam, nutriam e exportavam o terrorismo (*state sponsoship of terrorism*) , argumentando que eram alvos mais fáceis do que "*shadowy terrorists*"[28]. E o próprio George W. Bush insistiu com Richard Clarke, coordenador para Segurança, Proteção da Infra-estrutura e Contra-terrorismo, para que ele encontrasse qualquer "*shred*" vinculando os atentados de 11 de setembro ao Iraque[29]. Collin Powell, mais moderado, mostrou-se cauteloso, diante dos *hard-liners* Cheney, Rumsfeld e Wolfowitz, que já planejavam a guerra contra o Iraque e o formato do país pós-Saddam Hussein[30]. Estava surpreso com o fato de que se abandonasse a questão da Palestina e se focalizasse primeiramente o Iraque. E o general Hugh Shelton, chefe do Estado-Maior Conjunto, opôs-se a que se colocasse o Iraque na primeira etapa da equação militar, sem clara evidência que o vinculasse aos atentados de 11 de setembro[31].

Em tais circunstâncias, George W. Bush decidiu inicialmente não atacar Saddam Hussein, embora parecesse crer que estivesse envolvido com os ataques. Seis dias depois, em 17 de setembro, assinou um documento de duas páginas e meia, classificado como *Top Secre*t, no qual não apenas delineou a campanha contra os Talibãs, no Afeganistão, como ordenou ao Pentágono que iniciasse o planejamento de opções militares para a invasão do Iraque. Em seguida, obteve do Congresso poderes para fazer a guerra contra o terrorismo, personificado por bin-Ladin, e deu um *ultimatum* aos Talibãs para que o entregassem. Os Talibãs não se intimidaram com isso, nem podiam entregar bin-Ladin, se ele lá estivesse, inclusive porque tal atitude contrariava seus princípios morais. George W. Bush, em 6 de outubro, anunciou então o lançamento da campanha global contra o terror: "*this crusade, this war on terrorism is going to take a while*", e declarou que os Estados Unidos estavam a apresentar a todas as nações uma clara opção: "*Stand with the civilized world, or stand with the terrorists*". Aquelas que não o fizessem — o que para ele significava estar com os terroristas — pagariam "*a heavy price*", ameaçou[32]. E, no dia seguinte, 7 de outubro, os Estados Unidos juntamente com a Grã-Bretanha começaram a bombardear, de altas altitudes, os campos de treinamento e as instalações da al-Qa'ida no Afeganistão[33], cuja construção a CIA e a Arábia Saudita financiaram, juntamente com o serviço de inteligência do Paquistão, devastando um país já arruinado por duas décadas de guerras. Esses ataques aéreos mataram cerca de 5 mil civis afegãs, quase o dobro das vítimas dos atentados contra WTC e o Pentágono, e atingiram sobretudo instalações civis[34].

Segundo George W. Bush, aquela era "*a war against terrorism and evil, not against Islam*"[35]. Era o que denominou de *Operation Enduring Freedom* ou *Operation Infinite Justice*. Porém, pouco mais de um mês após o começo dos ataques aéreos ao Afeganistão, Elliot Cohen, da John Hopkins School of Advanced International Studies, membro do conselho assessor do Pentágono e participante do *Project for the New American Century*, escreveu, em artigo publicado no *Wall Street Journal*, que "*the enemy in this war is not 'terrorism' ... but militant Islam*"[36]. Para o governo de Bush, reconheceu Cohen, era politicamente inconveniente e "*deeply uncomfortable*" dizer tais coisas, porque ninguém gostaria de pensar que a maior religião do mundo tinha um vezo "*deeply aggressive and dangerous*". "*But uttering uncomfortable and unpleasant truths is one of the things that defines leadership*", ele acrescentou[37]. Por sua vez, Tony Blair, primeiro-ministro da Grã-Bretanha, adiantou, em conferência do Labour Party, que a campanha no Afeganistão constituía parte de um largo projeto de "*reordering our world*"[38].

Da mesma forma que o incêndio do Reichstag, em 1933, permitira que Hitler obtivesse o *Ermächtigungsgesetz* (Lei de Autorização) e iniciasse legalmente a implantação de um Estado totalitário, os atentados de 11 de setembro deram a George W. Bush a oportunidade de investir contra os direitos civis nos Estados Unidos e menos de uma semana depois a primeira versão do que se tornaria *The Patriot Act* (oficialmente *USA Patriot Act*)[39] começou a tomar forma[40]. Destarte, ao mesmo tempo em que bombardeava o Afeganistão, a malta de *neocons*, *democratic imperialists* e *assertive nationalists* tratou de montar um sistema repressivo, assestando golpes contra as liberdades dos cidadãos americanos e de outras nacionalidades, especialmente contra o direito à privacidade nas suas comunicações e atividades. O *USA Patriot Act*, aprovado essencialmente intacto pelo Congresso[41], sete semanas após o 11 de setembro, não somente expandiu a aplicação do poder federal no monitoramento eletrônicos dos cidadãos como definiu o novo crime de "*domestic terrorism*" tão amplamente que poderia ser usado contra qualquer tendência política que praticasse a desobediência civil. Era uma contravenção direta da Constituição dos Estados Unidos, conforme observou o congressista Dennis Kucinich (democrata, Ohio). E Francis A. Boyle, professor de Direito Internacional da Universidade de Illinos, declarou que desde 11 de setembro o que os americanos viram foi um golpe trás outro contra a Constituição[42]. Estavam sendo criadas assim as condições para o estabelecimento na América de um Estado policial, com traços similares aos da Alemanha nazista, mediante a restrição dos direitos civis e das garantias individuais, coarctação das liberdades públicas, adensados pela crença na superioridade racial dos americanos e na invencibilidade de suas armas, por arrogante patriotismo e nacionalismo de grande potência.

Com um *Weltanschauung* maniqueísta — "*anyone who is not with us is against us*", como dissera ao deflagrar a "*crusade*" contra o terrorismo, acometendo o Afeganistão, George W. Bush começou, realmente, a instituir no país um Estado policial — totalitário, uma espécie de ditadura revestida com a capa da democracia. Essa concepção totalitária ele evidenciou ao dizer para os cadetes de West Point, em 1º de junho de 2002: "*We are in a conflict between good and evil. And America will call evil by its name*". Dentro da moldura do *USA Patriot Act*, os direitos humanos e direitos civis foram violentados, no âmbito doméstico, com detenções sem acusação prévia ou julgamento. Mais de 1.200 estrangeiros foram presos e deportados dos Estados Unidos, por meio de procedimentos secretos, sem que sequer seus nomes fossem revelados. As liberdades individuais sofreram graves restrições dentro dos Estados Unidos. Milhares de imigrantes de todas as nacionalidades, lá residentes, ou portadores de *green card*, poderiam ser presos, indefinidamente, sem acusações formais, conforme decisão da Suprema Corte e do Departamento da Justiça. Se condenados, mesmo após cumprir a totalidade das penas, poderiam ainda permanecer detidos pelo Immigration Naturalization Service (INS), até decisão sobre se deveriam ser ou não deportados. O procurador-geral, John Ashcroft, decidiu, igualmente, determinar a detenção por tempo indeterminado, sem considerar as circunstâncias de cada um, dos estrangeiros que chegassem ilegalmente aos Estados Unidos. Essa medida agravou a iniciativa do governo americano, logo após o início da guerra contra o Iraque, quando determinou a prisão, por tempo indeterminado, de pessoas oriundas de países islâmicos, que pleiteavam asilo político nos Estados Unidos. E, de maio a outubro de 2003, cerca de 130 mil imigrantes e visitantes de países islâmicos tiveram de se deixar fotografar e registrar suas impressões digitais, para que pudessem permanecer nos Estados Unidos. Com essa operação, uma das maiores em décadas, 2.300 imigrantes ilegais foram detidos, e outros oitocentos suspeitos de terem cometido crimes, presos. Os Estados Unidos anunciaram haver prendido também 11 pessoas suspeitas de atividades terroristas. E os registros, que começaram em outubro de 2003, com visitantes da Síria, do Sudão, da Líbia, do Irã e do Iraque, foram estendidos para pessoas de mais de 25 países, a maioria islâmicos[43].

O jornalista William Safire, em artigo publicado por *The New York Times*, acusou George W. Bush de estar "*seizeing dictatorial power*", para prender e executar estrangeiros, bem como substituir a "*American rule of law with military kangaroo courts*", ou seja, substituir o domínio da lei pelos tribunais constituídos ilegalmente, e desprezar os princípios da lei e as regras da evidência, que sempre sustentaram o sistema de justiça nos Estados Unidos[44]. Richard Clarke, coordenador para Segurança, Proteção da Infra-estrutura e Contra-terrorismo, que dissentiu do governo de

George W. Bush, não exagerou ao acusar de ser "*actually the begining of fascism*" o esforço do procurador-geral John Ashcroft no sen.ıdo de convencer a maioria do povo da necessidade de introduzir as reformas do *USA Patriot Act*, aproveitamdo a "guerra contra o terrorismo" para atacar as liberdades civis, em vez de protegê-las[45]. A perversão da democracia americana estava a processar-se de modo parecido com o que ocorrera, na Alemanha, em 1933, quando Hitler destruiu a democracia, sem sequer derrogar a Constituição de Weimar. As forças econômicas e sociais que levaram George W. Bush à presidência dos Estados Unidos e às quais seu governo servia, as grandes corporações do complexo .ıdustrial-militar, eram virtualmente similares às que catapultaram Hitler e seus sequazes para o governo da Alemanha.

Os atentados de 11 de setembro ocorreram não por falha dos órgãos de segurança e inteligência dos Estados Unidos. Eram necessários à formação de um clima favorável ao lançamento do *Rebuilding America's Defenses: Strategies, Forces and Resources for a New Century* e do *USA Patriot Act*, para consolidar o poder dos *neocons*, *democratic imperialists* ou *assertive nationalists*, em suma, da extrema-direita do Partido Republicano. O Pentágono, a CIA, o FBI e demais órgãos de segurança também precisavam de justificativa para não pagar o "*peace dividend*", i.e., a redução do número de empregados e um corte nos recursos que lhes eram alocados. A Guerra do Golfo (1991) removera significativa ameaça para Israel e os países árabes aliados dos Estados Unidos. E em 1994 o Senador Daniel Patrick Moynihan (democrata, Nova York) reclamou publicamente a dissolução da CIA, que crescera 35%, durante as administrações Reagan-Bush, e se afigurava para muitos como um "*rogue elephant*", um dinossauro, relíquia da Guerra Fria[46]. O Congresso, em 1945, formou inclusive uma comissão para estudar os papéis e missões no pós-Guerra Fria e, inclusive, se a CIA devia ou não ser mantida. Desde 1997, o Congresso pretendia reduzir seu orçamento e James R. Woolsey, diretor da CIA e sócio da Paladin Capital, empresa privada, com investimento em companhias especializadas em produtos contra ataques terroristas[47], alcançou um acordo em torno de 22%, o que implicava um corte de 700 funcionários do Diretório de Operações, encarregado das ações encobertas, mais 1.000

analistas e 1.700 funcionários de apoio, bem como um corte de 26% do pessoal no Diretório de Ciência e Tecnologia[48]. Além do mais, o FBI começara a expandir-se, instalando inclusive diversas agências em outros países (dez novas apenas em 1996), sobretudo no Leste Europeu, a pretexto de combater o tráfico de drogas e o crime organizado, enquanto a CIA tinha de fechar muitas de suas estações. Era necessário, portanto, inventar novas missões, novas tarefas para a CIA, que tratou então a dedicar-se à espionagem econômica e coletar inteligência em apoio das negociações bilaterais e multilaterais dos Estados Unidos[49]. Porém, nada melhor havia do que a guerra contra o terror, uma guerra indefinida, no espaço e no tempo, em que jamais as tropas dos Estados Unidos poderiam desfilar vitoriosas pelas ruas de Nova York.

Interesses vários entrelaçaram-se para deixar que os atentados de 11 de setembro acontecessem. Tanto o FBI quanto a CIA e a Federal Aviation Administration (FAA) possuíam detalhadas informações sobre a possibilidade de seqüestro de aviões para ataques suicidas, por terroristas conectados com bin-Ladin. *The New York Times*, na edição de 3 outubro de 2001, revelou que, em 1994, dois jatos já haviam sido seqüestrados por pessoas, uma das quais militante de um grupo islâmico, que os queriam arremeter contra edifícios, mas a tripulação conseguira dominá-los[50]. Desde 1995, a CIA e o FBI tinham conhecimento do Projeto Bojinka[51], desenvolvido em Manila (Filipinas), por Ramzi Yousef, que participara do atentado contra o WTC em 1953, Khalid Shaikh Muhammad e outros membros da al-Qa'ida, com o objetivo de promover vários atos de terrorismo, entre os quais atingir com um foguete o automóvel de Clinton, durante sua visita às Filipinas, contra o Papa João Paulo II, e o seqüestro e uso de aviões em ataques suicidas, inclusive contra o quartel-general da CIA, em Langley (Virgínia), e outros grandes edifícios do governo em Washington e Nova York, tais como o WTC e a Sears Tower. Esse projeto abortou, porque um dos conspiradores, Abdul Hakim Ali Hashim Murad, ao misturar ingredientes químicos para a confecção de uma bomba, provocou um incêndio no apartamento, onde a polícia encontrou, além de vários materiais químicos, nitroglicerina etc., um *laptop* Toshiba, pertencente a Ramzi Yousef, e vários disquetes com os planos, contendo o programa de vôos, cálculos sobre o tempo de detonação etc. Rafael M. Garcia, presidente do Mega Group of Computer Companies, nas Filipinas e colaborador do National Bureau of Investigation (NBI), foi que decodificou os documentos existentes no computador de Ramzi Yousef[52].

Um dos planos, encontrados no computador, visava ao seqüestro de 11 aviões, da United Airlines, Northwest Airlines e Delta, sobre o Pacífico, em 48 horas, e lançá-los contra o quartel-general da CIA, em Langley (Virgínia); o WTC, em Nova York; a Sears Tower em Chicago; a Transamerica Tower em San Francisco; a Casa Branca em Washington e outras[53]. Os terroristas pretendiam também atingir as instalações nucleares dos Estados Unidos e diziam que todas as pessoas que apoiassem sua política exterior e Israel seriam alvo de atentados. Abdul Hakim Ali Hashim Murad, um paquistanês que treinara como piloto na Carolina do Norte, fora logo preso e, torturado pela polícia das Filipinas com a assistência de agentes da CIA e do Mossad, confessou que ele fora escalado para seqüestar um avião pequeno, de preferência um Cessna, e lançá-lo contra o prédio da CIA. Ramzi Yousef foi posteriormente preso e, submetido a julgamento nos Estados Unidos, ele e Abdul Hakim Ali Hashim Murad receberam pena de prisão perpétua, em 5 de setembro de 1956. A ex-funcionária da CIA Melissa Boyle Mahle comentou que se Khalid Shaikh Muhammad houvesse sido capturado em 1996, ele, que imaginara o uso de aviões em ataques múltiplos, não teria assumido uma posição de liderança nos atentados de 11 de setembro[54]. Sua prisão só ocorreu em 2003, em uma operação conjunta da CIA-ISI, no Paquistão.

O Projeto Bojinka constituíra o prelúdio do que posteriormente ocorreria em 11 de setembro, e tanto a CIA quanto o FBI, a U.S. Joint Task Force on Terrorism, tinham a informação de que o seu financiamento provinha de Usamah bin-Ladin e de Riduan Isamudin, terrorista filipino conhecido como Hambali, e de organizações operadas por Muhammad Jamal Khalifa, saudita, casado com uma das irmãs de bin-Ladin, e Wali Khan Amin Shah, um *mujahidin* afegão, que lutara contra as tropas soviéticas no Afeganistão. Também sabiam que al-Qa'ida estava a treinar pilotos nos Estados Unidos e em outras regiões do mundo[55]. Em março de 1999, o *Bundesnachrichtendienst* (BND), o serviço de inteligência da Alemanha, forneceu à CIA o nome e o telefone de Marwan al-Shehhi, o terrorista que tomou o controle do vôo 175 da United Airlines e arremeteu o aparelho contra o edifício do World Trade Center. Eles foram obtidos através do monitoramento do telefone de Muhammad Heidar Zammar, um militante islâmico, residente em Hamburgo e intimamente vinculado aos conspiradores do al-Qa'ida, na articulação dos ataques de 11 de setembro[56]. Alguns terroristas, como Zacarias Moussaoui, Ahmed Ressam, Khalid Almihdhar, Nawaf al-Hazmi, Salim al-Hazmi e outros, já haviam sido detidos pelo Immigration and Naturalization Service (INS) e estavam sob observação da CIA e do FBI[57]. Não era segredo nem para a CIA nem para o FBI que Zacarias Moussaoui tomava aulas de vôo na Airman Flight School, em Norman (Okalahoma) e na Pan Am Boeing 747[58]. Um agente do FBI, que manejou o caso de Zacarias Moussaoui juntamente com o representante da Minneapolis Joint Terrorism Tark Force, percebeu rapidamente que Moussaoui possuía "*jihadist beliefs*" e suspeitou que ele estivesse planejando seqüestrar um avião e treinando para um potencial ataque[59]. Também Muhammad Atta estivera sob vigilância da CIA, entre maio e junho de 2001, quando tomava lições de vôo em Frankfurt/Main, na Alemanha, mas estranhamente nada foi informado ao INS e lhe foi permitido entrar nos Estados Unidos e treinar como piloto, inclusive, na Maxwell Air Force Base, Alabama[60]. A Muhammad Atta também foi permitido entrar no país, depois de uma viagem à Alemanha, a despeito da violação do status do seu visto[61].

A partir do primeiro semestre e até meados de 2001, a comunidade de inteligência dos Estados Unidos havia detectado indicações de iminente ataque terrorista, embora não soubesse onde, nem quando ou nem como ocorreria. Mas também tinha acumulado informações, indicando que terroristas internacionais estavam a excogitar seriamente o uso de aviões como arma em suas operações[62]. O sistema ECHELON, manejado pela National Security Agency, estivera também a monitorar comunicações de bin-Ladin e de al-Qa'ida[63]. Cinco meses antes de 11 de setembro, o próprio governo americano avisara a companhias aéreas de que terroristas do Oriente Médio poderiam tentar seqüestrar aviões do Estados Unidos[64]. "*The sytem was blinking red*", reconheceu George Tenet, diretor da CIA[65]. A luz vermelha acendera. A NSA interceptara cerca de 34 comunicações específicas entre bin-Ladin e seus associados, com declarações tais como "Zero hora é amanhã" ou "Alguma coisa espetacular está vindo"[66]. A possibilidade de que os terroristas seqüestrassem algum avião foi comunicada ao Presidente George W. Bush, nos primeiros dias de agosto de 2001, tanto pela CIA quanto pelo FBI[67]. No dia 6 de agosto de 2001, ele recebeu o *top-secret Presidential Daily Brief memorandum*, intitulado "*Bin-Ladin Determined to Strike in U.S*", com a informação do agente Phoenix (Kenneth Williams[68]), dizendo que

> *"We have not been able to corroborate some of the more sensational threat reporting, such as that from a ... (redacted portion) ... service in 1998 saying that Bin Ladin wanted to hijack a US aircraft to gain the release of "Blind Shaykh" 'Umar 'Abd al-Rahman and other US-held extremists. Nevertheless, FBI information since that time indicates patterns of suspicious activity in this country consistent with preparations for hijackings or other types of attacks, including recent surveillance of federal buildings in New York"*[69].

Em 15 de agosto, o Minneapolis FBI Fiel Office iniciou a investigação em torno de Moussaoui, marroquino de nacionalidade francesa, solicitou ao seu *attaché* em Paris, e a informação foi que ele tinha conexões com o líder rebelde da Chechênia, Ibn al-Khattab. E, em 23 de agosto, George Tenet recebeu um *memorandum*, intitulado "*Islamic Extremist Learns to Fly*", segundo o qual Moussaoui queria aprender a pilotar um avião 747, pagara à vista o treinamento, e estava interessado fazer um vôo simulado de Londres para Nova York e saber como as portas não abriam durante o vôo.[70] E, em 24 de agosto, a CIA enviou telegrama a Londres e a Paris com respeito a "*subjects involved in suspicious 747 flight*", no qual descrevia Moussaoui, como um "*suicide hijacker*"[71]. O presidente do Egito, Hosni Mubarak, declarou ao *As-Safir*, do Líbano, que 12 dias antes do ataque informou aos americanos que "*something was going to happen and informed the Americans*"[72]. O autor iraniano Salman Rushide, que vivia em Londres protegido pela Scotland Yard e cujos planos de viagem eram aprovados pelo M15 e M16, devido às ameaças de morte que recebera de Teerã, declarou a *The Times* crer que os Estados Unidos sabiam de um iminente ataque terrorista, porque em 3 de setembro a Federal Aviation Authority avisou de que não viajasse, a menos que a companhia cumprisse com todas as medidas de segurança[73]. E os jornalistas Evan Thomas e Mark Hosenball revelaram, na revista *Newsweek*, que um dia antes dos atentados, ou seja, em 10 de setembro, altos oficiais do Pentágno subitamente cancelaram planos de viagem para a manhã seguinte, aparentemente por causa de segurança[74]. O estado de alerta já havia sido dado durante as duas semanas passadas e um aviso urgente foi recebido pelo Pentágono na noite anterior a 11 de setembro, o que levou "*a group of top Pentagon officials*" a suspender seus planos de viagem. Ao que tudo indicou, eles souberem não apenas da ameaça iminente, mas do *timing*, e trataram de proteger-se eles mesmos. Segundo *Newsweek*, os altos níveis da comunidade de inteligência militar dos Estados Unidos souberam de alguma coisa e consideraram seriamente a informação[75].

Todas as peças do quebra-cabeça — essas e muitas outras informações — estavam sobre as mesas da CIA e do FBI, do Pentágono e do Presidente George W. Bush. Mas Ari Fleischer, porta-voz da Casa Branca, e Condoleezza Rice, assessora de segurança nacional, alegaram que ninguém imaginou "*the use of an airplane as a missile*"[76]. Outros funcionários da Casa Branca explicaram que Bush não levou o aviso muito a sério por falta de informações mais recentes. E o tenente-general da Força Aérea, Michael V. Hayden, diretor da National Security Agency (NSA), justificou, dizendo que não havia nenhuma indicação de que al-Qa'ida tivesse como alvo Nova York e Washington, ou mesmo que estivesse planejando um ataque em solo dos Estados Unidos[77]. Entretanto, Eleanor Hill, antiga Inspetora Geral do Departamento de Defesa e chefe da equipe formada pelo comitê do Congresso para investigar as falhas que permitiram os atentados de 11 de setembro, revelou que, de 1998 até agosto de 2001, a CIA, o FBI e outros serviços de inteligência dos Estados Unidos receberam repetidamente informes sobre o interesse de al-Qa'ida em atacar Washington e Nova York, ou com aviões ou outros meios[78].

Em 1993, Yossef Bodansky, diretor da House of Representatives Task Force, relatou, em seu livro *Target America & the West: Terrorism Today*, que terroristas desde o início de 1980 estavam a fazer treinamento para seqüestrar e pilotar aviões de transporte, como parte da *Jihad*, e que as primeiras instalações foram erguidas em Wakilabad, perto da localidade conhecida como o lugar do martírio — Mashhad (Mah-shahd) — a leste de Teerã, e que "*trained air crews from among the terrorists would crash the airliner with its passengers into a selected objective*"[79]. Em meados de 1980, em Dowshan Tappeh, base aérea perto de Teerã, alguns PC-7 já estavam prontos para missão suicida, contra os palácios dos chefes de Estado dos países do Golfo Pérsico[80]. No mesmo ano, em uma conferência na Base Aérea de Langley, organizada pelo coronel Doug Menarchik, do Office of Special Operations and Low-Intensity Conflict, vários participantes discutiram "*the possibility of a commercial airliner being deliberately flown into a public building in the nation's capital*"[81]. E, em 1994, a televisão CBS, nos Estados Unidos, levou ao ar um documentário, durante o qual seu produtor, o repórter Steven Emerson, apresentou um documento, encontrado com um dos terroristas que explodiram uma bomba na garage do WTC, em 1973, no qual havia detalhadas instruções para atacar aviões, apregoando que os muçulmanos deviam desmoralizar os inimigos de Deus, por todos os meios, "destruindo e explodindo as torres que constituem pilares de sua civilização tais como as atrações turísticas e os altos edifícios de que são orgulhosos".[82]

A possibilidade de que radicais islâmicos, suicidas, seqüestrassem aviões comerciais e os arremetessem contra os mais altos edifícios, nos Estados Unidos, era prevista, pelo menos, desde 1994. E oito anos depois, estranhamente, ninguém em Washington imaginou "*the use of an airplane as a missile*". Entretanto, um agente do FBI, cuja identidade foi mantida em sigilo, informou ao comitê do Congresso americano que seus superiores, no dia 29 de agosto de 2001, ou seja, duas semanas antes de 11 de setembro, negaram seu pedido para deter Khalid al-Midhar, um dos que seqüestraram o avião AA77, lançado contra o Pentágono, embora a CIA já o houvesse vigiado, quando participou de uma reunião da al-Qa'ida, na

Malásia, 18 meses antes dos atentados[83]. A CIA e o Mossad tinham informações e seu nome constava da lista de passageiros[84]. A CIA e o FBI igualmente dispunham de informações sobre Nawaq Alhazmi, outro que participou do seqüestro[85]. E, durante o acompanhamento desses terroristas, houve numerosas oportunidades em que a CIA poderia ter alertado o FBI e outras autoridades sobre a probabilidade de que eles cedo entrassem nos Estados Unidos e isto não foi feito, conforme Eleanor Hill ressaltou[86]. Stella Rimington, ex-diretora-geral do MI5, serviço de inteligência da Grã-Bretanha, escreveu em suas memórias que o FBI e outros serviços de inteligência americanos, informados de que grande número de estudantes islâmicos estavam a cursar escolas de aviação nos Estados Unidos, deviam rever, *inter alia*, as medidas de proteção nos aeroportos domésticos[87]. "*Could we have stopped the September 11 attack? It would be facile to say yes*", escreveu, peremptoriamente, Richard Clarke, Coordenador Nacional para Segurança, Proteção da Infra-estrutura, e Contra-terrorismo, durante os governos de Clinton e George W. Bush[88]. E acusou especialmente George W. Bush de nada fazer antes de 11 de setembro, ante a ameaça de al-Qa'ida, a despeito de repetidos avisos[89].

Antes mesmo de que a imprensa americana revelasse que o agente do FBI, Kenneth Williams, com o codinome Phoenix, advertira o governo Americano, em *memorandum* datado de 10 de julho de 2001, sobre a possibilidade de que terroristas executassem atentados e que membros de al-Qa'ida estavam cursando escolas de aviação nos EUA, o social-democrata alemão Andreas von Bülow, ex-secretário de Estado do Ministério da Defesa (1976) e ex-ministro da Pesquisa e Tecnologia (1980-1982) no governo de Helmut Schmidt, que supervisionara, como deputado, as atividades do serviço de inteligência da República Federal da Alemanha, o *Bundesnarichtendienst* (BND)[90], manifestou, publicamente, a estranheza de que os serviços de inteligência americanos, advertidos pelo DST (*Direction de la Sécurité du Territoire*), o serviço secreto francês, e pelo Mossad[91], nada fizessem para impedir a ocorrência dos atentados e logo depois, em 48 horas, já atribuíssem a responsabilidade a Usamah bin-Ladin e a al-Qa'ida.

O advogado Stanley Hilton, de San Francisco (Califórnia), ex-assessor do Senador Bob Dole (Partido Republicano) e representante de 44 famílias de vítimas dos atentados de 11 de setembro, entrou na Justiça com um processo contra George W. Bush, Dick Cheney, Condoleezza Rice, Donald Rumsfeld e Norman Mineta, secretário do Transporte, acusando-os não apenas de permitir que ocorressem como também de planejá-los e ordená-los, com o propósito de estabelecer nos Estados Unidos uma ditadura, usando uma contrafação como a de Pearl Habor. Segundo ele, os seqüestradores eram agentes duplos, pagos pelo FBI e pela CIA para espionar os grupos árabes nos Estados Unidos. Eram controlados. "*Bush personally signed the order*, (...) *authorized the attacks*", acusou Stanley Hilton, reclamando uma indenização de US$ 7 bilhões para as 14 famílias. E acrescentou: "*He is guilty of treason and mass murder*"[92].

Essa acusação se afigurou um exagero, mas não se podia descartá-la. Alexandra Richard publicou no jornal francês *Le Figaro* que um representante da CIA visitara bin-Ladin em um hospital americano, em Dubaï (um dos sete da federação dos Emirados Árabes Unidos), onde, segundo a informação, ele estivera internado para tratamento dos rins, entre 4 e 14 de julho de 2001, ou seja, dois meses antes dos atentados contra o World Trade Center e o Pentágono[93]. *Le Figaro* sugeriu que bin-Ladin provavelmente fornecera à CIA alguma indicação de que haveria os ataques terroristas e a *Radio France International* adiantou outros detalhes, inclusive a data do encontro (12 de julho) e o nome do agente, Larry Mitchell, um conhecedor do mundo árabe e especialista na Península Arábica, cujo cartão o identificava como "*consular agent*". A direção do hospital americano, evidentemente, negou que bin-Ladin estivesse lá internado, para tratamento dos rins, e a CIA desmentiu o encontro como uma "*total absurdity*", porém o médico, chefe do departamento de urologia do hospital, recusou-se a responder perguntas sobre o caso.

Contudo, por mais que tais hipóteses pudessem parecer ou ser absurdas, o fato foi que, não obstante gastar US$ 30 bilhões por ano com inteligência, o governo americano, estranhamente, nada fez para abortar uma conspiração que levou cerca de quatro anos, até a consumação dos atentados de 11 de setembro de 2001, cujo planejamento começara, em 1998, logo após os ataques contra as embaixadas dos Estados Unidos na África Oriental[94], conforme George J. Tenet, diretor da CIA, Robert S. Mueller III, diretor do FBI, e o tenente-geral Michael V. Hayden, da Força Aérea, diretor da National Security Agency, informaram ao comitê conjunto do Congresso. Esse fato foi confirmado pelo promotor Kay Nehm, no julgamento do marroquino Mounir al-Motassadeq, de 28 anos, acusado de pertencer à mesma célula e colaborar com Muhammad Atta, Marwan al-Shehhi e Ziad Jarrah, três dos seqüestradores que lançaram os aviões contra o WTC e o Pentágono[95].

Não era de estranhar nem de surpreender, portanto, que a administração Bush, apesar de dispor de tantas informações, não ordenasse a prisão dos suspeitos, reconhecidamente terroristas, e deixasse que os atentados ocorressem. A fim de executar operações clandestinas e promover os interesses nacionais dos Estados Unidos, nada podia ser mais normal para a CIA do que a fabricação de *dirty tricks*. Richard Bissel, antigo chefe dos serviços clandestinos da CIA, admitiu pela televisão, em 1965, que muitas vezes seus agentes haviam executado ações contrárias aos preceitos morais[96]. Já acontecera que certa vez a CIA fora informada sobre a preparação de um seqüestro de avião e nada fizera para impedi-lo. Dois agentes americanos, Victor Marchetti e John D. Marks, contaram, no livro *The CIA and the Cult of Intelligence*, que no começo de outubro de 1969, a CIA recebera a informação de que um grupo de radicais, no Brasil, estava a planejar o seqüestro de um avião e escapar para Cuba. Essa informação foi retransmitida, com a recomendação "*eyes only*", para o secretário de Estado, Henry Kissinger, a Casa Branca e os altos escalões do Departamento de Defesa. No dia 8 de outubro, os mesmos radicais, identificados pela CIA, efetivaram o seqüestro do avião, com 49 pessoas a bordo, e forçaram o piloto a seguir com destino a Havana, após uma escala na Guiana, para reabastecimento do aparelho. Nem a CIA nem outra qualquer agência do governo americano nada fizeram para evitar a consumação do seqüestro, embora a política oficial dos Estados Unidos, conforme enunciada pelo presidente Richard Nixon, fosse combater por todos os meios a pirataria aérea. Questionada pelo Departamento de Estado sobre os motivos pelos quais não tomara qualquer medida preventiva, a CIA demorou mais de um mês para responder. E só depois do assassinato do líder revolucionário brasileiro Carlos Marighela, em 4 de novembro de

1969, a CIA informalmente informou ao Departamento de Estado que não tratou de impedir o seqüestro, porque, se o fizesse, sua infiltração na Aliança Libertadora Nacional (ALN) teria sido exposta e as chances de destruir a organização diminuiriam[97]. "*To the CIA's clandestine operators, the end — wiping out the Brazilian radical movement — apparently had justified the means, thus permitting the hijacking to take place and needlessly endangering forty-nine innocent lives in the process*", Victor Marchetti e John D. Marks comentaram[98].

Não foi sem razão que os especialistas em serviços de inteligência, na Europa, perceberam a "*war on terrorism*" de George W. Bush como uma fraude e descortinaram a *Realpolitik* por trás do ataque ao Afeganistão. Na Alemanha, onde os seqüestradores dos aviões viviam e estudavam e onde desde julho de 2001 já se discutiam os planos para o Afeganistão, os especialistas em inteligência jamais acreditaram que os ataques ao WTC e ao Pentágono foram executados sem o suporte de algum serviço secreto. Eckehardt Werthebach, antigo presidente do serviço secreto interno da Alemanha — *Bundesamt für Verfassungsschutz*[99] — declarou à *American Free Press* que a "precisão mortal" e "a magnitude do planejamento" evidenciavam que a preparação dos atentados de 11 de setembro necessitou de vários anos e requereu a estrutura fixa de uma organização de inteligência de algum Estado, estrutura inexistente nos grupos terroristas como o de Muhammad Atta. Horst Ehmke[100], que fora chefe de gabinete de Willy Brandt (1969-1972) e coordenara o serviço secreto alemão como ministro para *besondere Aufgaben* (missões especiais), quando viu as imagens dos atentados de 11 de setembro pela televisão, disse que elas pareciam como "*eine Hollywood-Produktion*". De acordo com a sua opinião, os terroristas não poderiam executar tal operação, com quatro aviões seqüestrados, se não contassem com o suporte de algum serviço secreto[101].

Agentes dos serviços de inteligência e terroristas freqüentemente se mesclaram e muitas vezes representaram duplo papel, e essa confusão amigo-inimigo, que Andreas von Bülow ressaltou, sempre constituiu um problema para o combate ao terrorismo em si[102]. Todos os indícios foram de que certos interesses nos Estados Unidos permitiram e/ou desejaram os atentados da 11 de setembro. E o jornalista francês Thierry Meyssan, no seu livro *11 Septembre 2001 — L'effroyable imposture*, chegou a levantar a hipótese de que a legenda de bin-Ladin não era mais que "*une couverture fabrique de toute pièces para la CIA*"[103]. Essa hipótese não era totalmente improvável, uma vez que em 1962, com o objetivo de justificar a intervenção militar em Cuba, o Pentágono havia elaborado uma série de pretextos, entre os quais a criação de um "*incident which will demonstrate covincingly that a Cuban aircraft has attacked and shot down a chartered civil airlines enrout from the United States to Jamaica, Guatemala, Panama or Venezuela*", cabendo à CIA, através de rádio, acionar a sua explosão com um "*group of college students off a holiday or any grouping of persons with common interest to support chartering a non scheduled flight*"[104]. A *Operation Northwoods*, ou *Operation Mongoose*, codinome da série de sabotagens propostas para justificar a intervenção em Cuba, visava a projetar a imagem internacional do governo cubano como "*rash and irresponsible, as an alarming and unpredictable threat to the peace of the Westen Hemisphere*". Era o que pretendia o Estado-Maior Conjunto do Pentágono. E, como James Bamford acentuou, seria efetuada uma guerra em que "*many patriotic Americans and innocent Cubans would die senselesse deaths*"[105].

A CIA, da mesma forma que o Mossad, tinha longa história de operações encobertas, em que manipularam a opinião pública, através de ações de guerra psicológica e manobras sujas, para possibilitar que os Estados Unidos e/ou Israel executassem suas políticas[106]. E, segundo Andreas von Bülow admitiu, em entrevista à Agência France Press, o Mossad esteve provavelmente por trás dos atentados de 11 de setembro, cujo objetivo fora levantar a opinião pública mundial contra os árabes, pois nada podia ser melhor para fins de propaganda no Ocidente do que configurar o islamismo como o novo inimigo, no sentido do *clash of civilizations*. Em 26 de junho de 2001, um repórter escreveu para *Public Affairs Magazine* (indiareacts.com) que a Índia e o Irã facilitariam aos Estados Unidos e à Rússia planos para "*limited military action*" contra os Talibãs, se as sanções contra o seu regime não os vergassem[107]. E Jim Miklaszewski, correspondente da NBC News, revelou em 16 de maio, que George W. Bush, dois dias antes dos atentados contra o WTC e o Pentágono, já estava para assinar uma National Security Presidential Directive, com o plano detalhado — "*Game plan to remove al-Qaida from the face of the Earth*" — para desfechar a guerra contra al-Qa'ida[108]. Esse plano fora encaminhado a Condoleezza Rice, assessora de Segurança Nacional, e previa também um *ultimatum* aos Talibãs para que entregassem bin-Ladin aos Estados Unidos, com a previsão do recurso à força militar, caso eles não o fizessem[109].

Conforme a publicação *Alexander's Gas & Oil Connections* revelou na edição de 21 fevereiro de 2002, a guerra no Afeganistão fora decidida antes dos atentados contra as torres do WTC e o Pentágono. Planos para destruir os Talibãs já haviam sido objeto de discussões internacionais, diplomáticas e não diplomáticas, meses antes do 11 de setembro e em maio de 2001 reuniram-se funcionários do Departamento de Estado em Genebra com representantes do Irã, Alemanha e Itália e o tópico principal foi a estratégia para derrubar o regime dos Talibãs e substituí-lo por um governo com uma base mais ampla, de união, sob a égide do rei Muhammad Sahir Shah, deposto em 1973 e exilado em Roma[110]. E o mesmo assunto entrou na agenda do Grupo dos Oito (G-8), cerca de dois meses depois, julho de 2001, em Genebra[111]. A administração de Bush, decerto, esperava que algo acontecesse. De qualquer modo, ainda que provavelmente, não avaliasse a dimensão que os atentados em 11 de setembro de 2001 tomariam, a verdade foi que, dispondo de informações, nada fez para impedi-los[112]. O terrorismo serviria como pretexto para deflagrar a guerra contra o Iraque e outros países, a começar pela destruição dos Talibãs e ocupação do Afeganistão, havia muito tempo planejada, por causa do petróleo na região do Mar Cáspio e da construção do oleoduto e do gasoduto que por lá deviam passar[113]. "(...) *The conquest of Afghanistan had nothing to do with Usamah*", observou Gore Vidal, enfatizando que Usamah bin-Ladin "*was a simple pretext for replacing the Taliban with a relatively stable government that would allow Union Oil of California to lay its pipeline for the profit of, among others, the Cheney-Bush junta*"[114].

Notas

1. New World Coming: American Security in the 21st Century. Major Themes and Implications. The Phase 1 Report on the Emerging Global Security for the First Quarter of the 21st Century. September 15, 1999.U.S. Commission on National Security/21st Century. http://www.fas.org/man/docs/nwc/nwc.htm.
2. The 9/11 Comission Report. Final Report of the National Comission on Terrorist Attacks Upon the United States.
3. The Project for the New American Century. http://www.newamericancentury.org/.
4. Woodward, 2002, p. 37.
5. Id., ibid., p. 45. Suskind, 2004, p. 184.
6. Lebert, Stephan & Thomma, Norbert . "Da sind Spuren wie von einer trampelnden Elefantenherde Der erste Verdacht kam ihm, da saß er im Bundestag. Geheimdienste wurden sein Thema. Andreas von Bülow traut ihnen Schlimmstes zu: eine Verwicklung in die New Yorker Anschläge. Der Tagesspiegel — Sonntag, Berlin, 13.01.02 — Seit S1. Segundo se soube, Muhammad Atta, um dos terroristas suicidas, recebeu instrução e recursos do serviço secreto do Paquistão (ISI), ao qual a CIA fornecia enormes fundos, com o propósito de alimentar os grupos militantes no Paquistão.
7. Huntington, 1997, pp. 256-258 e 262-265.
8. Id., ibid., p. 209.
9. Id. Ibid., pp. 311-312.
10. Woodward, 2002, p. 60.
11. U.S. Department of State. Latin America Overview — Patterns of Global Terrorism — 2000. Released by the Office of the Coordinator for Counterterrorism. April 30, 2001.
12. Ibid.. Ingram, Dexter. Facts and Figures About Terrorism. WebMemo #36. September 14, 2001. The Heritage Foundation. Policiy Research & Analysis. Research — National Security. http://www.heritage.org/Research/NationalSecurity/WM36.cfm
13. Televisão árabe, financiada pelo governo de Catari.
14. Transcript. Tome: 2001 12/27 19-38 GMT. Ref: Afghanistan: Part 1 of 8: Al-Jazirah TV Broadcast Bin Ladin — Recorded Statement Statement 27 Dec (2) GMP20011227000227 Doha Al-Jazirah Satellite Chanel Television Arabic 1835 GMT 27 Dec. 01.
15. Ibid.
16. Ibid.
17. O programa "The Power of Nightmares" foi levado ao ar em três noites, 18 a 20 de janeiro de 2005, às 23h20 GMT pelo canal de televisão BBC Two. Broadcast —

BBC 2 — 10/27/04 — Written and produced by Adam Curtis. BBC News UK Edition — Last Updated: Friday, 14 January, 2005, 12:07 GMT

18. The Project for the New American Century. http://www.newamericancentury.org/.
19. Clarke, 2004, pp. 30-31.
20. Id., ibid., pp. 32-33.
21. CBS News — "Plans for Iraq Attack Began on 9/11". Washington, Sept. 4, 2002. http://www.cbsnews.com/stories/2002/09/04/september11/printable520830.shtml. Vide também Krugman, Paul — "Pattern of Corruption". The New York Times, 15.7.2003.
22. Daalder & Lindsay, 2003, p. 54.
23. Woodward, 2002, p. 49.
24. Id., ibid., pp. 8, 35-37 e 40-41.
25. Clarke, 2004, p. 31.
26. Woodaward, 2004, pp. 60-61.
27. Id., ibid., p. 84.
28. Id., ibid., pp. 43-49.
29. Clarke, 2004, p. 32.
30. Suskind, 2004, pp. 96-97.
31. Woodward, 2002, p. 63.
32. President Bush's Radio Address To The Nation, October 6, 2001. The White House — Office Of The Press Secretary — October 6, 2001.
33. President Bush Announces Military Strikes In Afghanistan — The White House — Office of the Press Secretary, October 7, 2001
34. Ahmed, 2002, pp. 17 e 249.
35. Remarks by the President during March of Dimes Volunteer Leadership Conference -The Omni Shoreham Hotel Washington, D.C. — The White House — Office Of The Press Secretary, October 12, 2001.
36. Cohen, Eliot A. — "World War IV". *The Wall Street Journal*, 20.11.2001.
37. Milbank, Dana — "Conservatives Dispute Bush Portrayal of Islam as Peaceful - Critics, Include Some Policy Advisers, Call Stance Political. *Washington Post*, 30.11.2002; Page A04.
38. Wood, 2003, p. 146.
39. Uniting and Strengthening America by Providing Appropriate Tools Required to Intercept and Obstruct Terrorism (USA Patriot Act) Act of 2001'- HR 3162 RDS — 107th Congress1st Session — H. R. 3162 — In the Senate of the United States October 24, 2001.
40. The 9/11 Comission Report. Final Report of the National Comission on Terrorist Attacks Upon the United States, p. 328.

41. O *Patriot Act* foi aprovado por 98 votos contra 1, no Senado, e por 357 contra 66 na House of Representatives.
42. Ahmed, 2002, pp. 266-269.
43. Canzian, Fernando — "Novas decisões, tomadas em nome da segurança, facilitam prisão de imigrantes; alvos são principalmente islâmicos — Estados Unidos limitam ainda mais os direitos civis". Folha de S.Paulo. 4/5/2003
44. Safire, William. "From the Right — Seizing Dictatorial Power", *New York Times*, 15/11/2001.
45. Clarke, 2004, pp. 256 e 286.
46. Mahle, 2004, pp. 147-150.
47. Phillips, 2004, p. 274.
48. Mahle, 2004, p. 123.
49. Id., ibid., pp. 97, 147.153.
50. Ahmed, 2002, pp. 82-83.
51. Id., ibid., pp. 82-91. Mahle, 2004, p. 247.
52. Ahmed, 2002, pp. 83-84.
53. Id., ibid., p. 84.
54. Mahle, 2004, p. 248.
55. Shenon, Philip "F.B.I. Knew for Years About Terror Pilot Training", *The New York Times*,18/05/2002.
56. Risen, James & Lichtblau, Eric. "C.I.A. Was Given Data on Hijacker Long Before 9/11". The New York Times, 24/02/2004.
57. The 9/11 Comission Report. Final Report of the National Comission on Terrorist Attacks Upon the United States, p. 273
58. Ibid., p. 273.
59. Ibid., p. 273. von Bülow, 2003, pp. 47-60.
60. Rising, David. "Key Suspect Had Been Under German Surveillance." Associated Press, 29 Sept 2001.
61. Ahmed, 2002, p. 95.
62. "The Intelligence Community's Knowledge of the September 11 Hijackers Prior to September 11, 2001". Eleanor Hill, Staff Director, Joint Inquiry Staff — Congressional Intelligence Committee September 20, 2002 — http://intelligence.senate.gov/0209hrg/020920/witness.htm.
63. Ahmed, 2002, pp. 88-89.
64. The Associated Press — "Airlines Warned of Terrorist Threats", The New York Times, 19/05/2002
65. The 9/11 Comission Report. Final Report of the National Comission on Terrorist Attacks Upon the United States, p. 254.
66. Woodward, 2002, pp. 24-25.

67. Sanger, David E. "Bush Was Warned Bin-Ladin Wanted to Hijack Planes", The New York Times, 16.05.2002. The New York Times, 18.05.2002. La Nacion, Buenos Aires, 19.05.200
68. Miller Bill & Eggen, Dan FBI — "Memo Author Did Not Envision Sept. 11", *The Washington Post*, 23.05.2002.
69. "Aug. Memo Focused on Attacks in U.S". Woodward, Bob & Eggen, Dan — Washington Post, May 19.5. 2002; Page A01 O texto do "*top-secret briefing memo*", desclassificado em 10 April 2004 e aprovado pelo governo de George da W. Bush, sob pressãao do Congresso americano, é o seguinte:
"*Bin Ladin Determined to Strike in US*
Clandestine, foreign government, and media reports indicate Bin Ladin since 1997 has wanted to conduct terrorist attacks in the US. Bin Ladin implied in US television interviews in 1997 and 1998 that his followers would follow the example of World Trade Center bomber Ramzi Yousef and "bring the fighting to America."
After US missile strikes on his base in Afghanistan in 1998, Bin Ladin told followers he wanted to retaliate in Washington, according to a ...(redacted portion) ... service. An Egyptian Islamic Jihad (EIJ) operative told an ... (redacted portion) ... service at the same time that Bin Ladin was planning to exploit the operative's access to the US to mount a terrorist strike.
The millennium plotting in Canada in 1999 may have been part of Bin Ladin's first serious attempt to implement a terrorist strike in the US. Convicted plotter Ahmed Ressam has told the FBI that he conceived the idea to attack Los Angeles International Airport himself, but that Bin Ladin lieutenant Abu Zubaydah encouraged him and helped facilitate the operation. Ressam also said that in 1998 Abu Zubaydah was planning his own US attack.
Ressam says Bin Ladin was aware of the Los Angeles operation.
Although Bin Ladin has not succeeded, his attacks against the US Embassies in Kenya and Tanzania in 1998 demonstrate that he prepares operations years in advance and is not deterred by setbacks. Bin Ladin associates surveilled our Embassies in Nairobi and Dar es Salaam as early as 1993, and some members of the Nairobi cell planning the bombings were arrested and deported in 1997.
Al-Qa'ida members — including some who are US citizens — have resided in or traveled to the US for years, and the group apparently maintains a support structure that could aid attacks. Two al-Qa'ida members found guilty in the conspiracy to bomb our Embassies in East Africa were US citizens, and a senior EIJ member lived in California in the mid-1990s.
A clandestine source said in 1998 that a Bin Ladin cell in New York was recruiting Muslim-American youth for attacks".

We have not been able to corroborate some of the more sensational threat reporting, such as that from a ... (redacted portion) ... service in 1998 saying that Bin Ladin wanted to hijack a US aircraft to gain the release of "Blind Shaykh" 'Umar 'Abd al-Rahman and other US-held extremists.
Nevertheless, FBI information since that time indicates patterns of suspicious activity in this country consistent with preparations for hijackings or other types of attacks, including recent surveillance of federal buildings in New York.
The FBI is conducting approximately 70 full field investigations throughout the US that it considers Bin Ladin-related. CIA and the FBI are investigating a call to our Embassy in the UAE in May saying that a group of Bin Ladin supporters was in the US planning attacks with explosives". "Text: President's Daily Brief on Aug. 6, 2001", in The 9/11 Comission Report. Final Report of the National Comission on Terrorist Attacks Upon the United States, pp. 261-262. Vide também Washington Post, 10/04/2004; 7:24 PM

70. The 9/11 Comission Report. Final Report of the National Comission on Terrorist Attacks Upon the United States, p. 275
71. Ibid., pp. 273-274.
72. Panossian, Joe. "Egypt Leader Says He Warned America" Associated Press, December 7, 2001, 12:56 PM ET http://dailynews.yahoo.com/h/ap/20011207/wl/attacks_mubarak_1.html
73. Doran, James Bin Laden's trail Rushdie's air ban. *The Times*, 27/09/2001.
74. Hirsh, Michael, "We have hit the targets" *Newsweek*, 13/09/2001. Thomas, Evan & Hosenball Mark, Bush: "`We're At War' As the deadliest attack on American soil in history opens a scary new kind of conflict, the manhunt begins." *Newsweek*, 24/09/2001.
75. Ibid. Vide também Ahmed, 2002, pp. 124-
76. Sanger, David E. & Bumiller, Elisabeth — "No Hint of Sept. 11 in Report in August, White House Says, But Congress Seeks Inquiry", The New York Times,16.05.2002.
77. Woodward, 2004, pp. 214-215.
78. Risen, James — "U.S. Failed to Act on Warnings in '98 of a Plane Attack", The New York Times, 19.09.2002; Priest, Dana (The Washington Post), "U.S. received warnings of 'airplanes as weapons", International Herald Tribune, 18.09.2002.
79. Bodansky, 1993, pp. 10-17. Cuddy, 2002, pp. 9-10.
80. Bodansky, 1993, p. 14.
81. Warrick, Joby & Stephens, Joe. "Before Attack, U.S. Expected Different Hit. Chemical, Germ Agents Focus of Preparations". *Washington Post*, October 2, 2001; Page A01
82. Apud Cuddy, 2002, pp. 9-10.
83. "FBI Agent Urged Search For Hijacker — Request Was Turned Down Before At-

tacks, Panel Is Told". The Washington Post, 21.09.2002

84. von Bülow, 2003, pp. 56-76 e 222.
85. **Id.**, ibid., pp. 56-107.
86. Ibid.
87. Rimington, 2002, pp. xvii-xix.
88. Clarke, 2004, p. 238.
89. Id., ibid., p. x.
90. Serviço Federal de Informações.
91. O quartel-geral do Mossad é em Tel Aviv. No fim dos anos 1990 estava a empregar mais de 35.000 agentes, espalhados no mundo, sendo 20 ativos e 15.000, na categoria de adormecidos.
92. Kiefer, David. "S.F. Attorney: Bush Allowed 9/11". *San Francisco Examiner,* 11/ 06/ 2002, http://www.ratical.org/ratville/CAH/Hilton.html.
93. Richard, Alexandra — "La CIA aurait rencontré Ben Laden en juillet ", Paris, *Le Figaro*, 31/1/2001, p. 2.
94. Risen, James — "The hearings — al'Qaeda Attack Was in Works for 3 Years, Officials Say", *The New York Times*, 19/06/2002
95. "11. September — Erste Anklage in Deutschland", *Frankfurter Allgemeine* Zeitung, 30/08/2002.
96. Marchetti & Marks, 1974, pp. 250-251,
97. Id., ibid., p. 252.
98. Id., ibid., p. 251.
99. Departamento Federal para a Proteção da Constituição.
100. Horst Ehmke, na sua novela *Himmelsfackeln* (Frankfurt: Verlag Eichborn, 2001), previu um ataque terrorista similar, em que fundamentalistas turcos arremeteriam aviões seqüestrados contra Berlim.
101. Bollyn, Christopher "European Spooks Say Mideast Terrorists Needed State Support", American Free Press — http://www.americanfreepress.net/Mideast/ Fox_News_Special_Report_Confir/fox_news_special_report_confir.html. Wer sind die Masterminds? http://www.ceiberweiber.at/wahl1/9dezember.htm
102. von Bülow, Andreas. In Namen des Staates: CIA, BND und de kriminellen Menchenschaften der Geheimdienste, München, 2002, p. 267.
103. Meyssan, 2002, pp. 118-119.
104. Top Secret Special Handling, Memorandum for the Secretary of Defense, 13.3.1962; Subject: Justification for US Military Intervention in Cuba (TS), L. L. Lemnitzer, Chairman, Joint Chief of Staff. 1 Enclosure — Memo for the Chief of Operations, Cuba Project. National Security Archives — http://www.gwu.edu/ ~nsarchiv/news/20010430/doc1.pdf.
105. Bamford, 2002, pp. 79-83.

106. von Bülow, 2003, p. 214.
107. Public Affairs Magazine. News Insight. http://www.indiareacts.com. Cuddy, 2002, p. 6.
108. Id. Ibid., p. 7. Jim Miklaszewski — NBC News May 16, 2002. http://www.msnbc.msn.com/id/4587368.
109. Ibid. Brisard & Dasquié, 2001, pp. 68-79.
110. Id., ibid., pp. 78-79.
111. "Pipelineistan:The Rules of the Game". *Alexander's Gas & Oil Connections.* volume 7, issue #4 — Thursday, February 21, 2002.
112. *"The Sept. 11 attacks were preventable, but the plot went undetected because of communications lapses between the F.B.I. and C.I.A., which failed to share intelligence related to two hijackers, a Congressional report to be released on Thursday says.The report, by a joint committee of the House and Senate intelligence panels, found that for nearly two years before the attacks, the Central Intelligence Agency knew about the terror connections between the two men, Khalid al-Midhar and Nawaq Alhazmi, who in 2000 moved to San Diego, frequenting Muslim circles that the Federal Bureau of Investigation had infiltrated.Some people who have seen the report said its central finding was that if the intelligence agency had shared its information and that if the F.B.I. had used its informants more aggressively, the presence of Mr. Midhar and Mr. Alhazmi in San Diego offered "the best chance to unravel the Sept. 11 plot".* David, Johnston — *"9/11 Study Faults F.B.I.-C.I.A. Lapses". The New York Times, 24.7. 2003.*
113. Vidal, 2002, pp. 16-18 e 30-33. "(...) Agora que somos governados por uma junta de homens do petróleo e do Pentágono. A maior parte deles é do ramo do petróleo — ambos os Bushes, (Dick) Cheney, Rumsfeld e assim por diante. Eles estão no poder, e este é o último grande golpe que irá beneficiá-los pessoalmente e, como estou certo de que eles sejam suficientemente patrióticos para acreditar, também vai beneficiar os Estados Unidos: que o país tenha acesso a esse imenso manancial de óleo da Ásia Central, através de diversos oleodutos.(...) Estamos e estávamos desesperadamente tentando instalar um oleoduto atravessando o Afeganistão, o Paquistão, indo até Karachi e chegando ao oceano Índico. Durante muito tempo tratamos com o Taleban, mas seus homens se tinham tornado doidos e desmiolados demais, a ponto de tornar-se impossível tratar com eles. Então entramos no país para tentar estabilizar a situação, para que a Unocal (empresa americana de energia) possa construir um oleoduto". Gore Vidal a Gary Kamiya. "Para o escritor americano, o Congresso dos Estados Unidos deveria investigar se o governo sabia sobre atentado ao WTC — "Petróleo motiva guerra afegã", diz Gore Vidal, *Folha de S.Paulo*,12/05/2002.
114. Vidal, 2002, p. 40.

Capítulo XXXIII

CONQUISTA DO AFEGANISTÃO • O *"AXIS OF EVIL"* • O ATAQUE AO DIREITO INTERNACIONAL • CAMPO DE CONCENTRAÇÃO EM GUANTÁNAMO • TENTATIVA DE GOLPE NA VENEZUELA • A INVESTIDA CONTRA A OPAC E AS ORGANIZAÇÕES MULTILATERAIS • O *ROAD MAP* E A PALESTINA • A ESTRATÉGIA DE *PREEMPTIVE ATTACKS* • O AUMENTO DOS GASTOS COM DEFESA • A SÍNDROME DA GUERRA DO GOLFO

Não foi difícil para George W. Bush, antes de atacar os Talibãs, conseguir o apoio de outros países e dos Estados da Ásia Central, limítrofes do Afeganistão, tais como a China (76 quilômetros), Irã (936 quilômetros), Paquistão 2,430 quilômetros, Tadjiquistão (1,206 quilômetros), Turquemenistão (744 quilômetros), e Uzbequistão (137 quilômetros). A todos também interessava conter o fundamentalismo islâmico, que se convertera em veículo da política e se espraiava inclusive pelo sul da Federação Russa, onde Presidente Vladimir Putin tratava de reprimir a rebelião nacionalista da Chechênia, cujos principais líderes, Shamil Basayev e Al Khattab, receberam intensivo treinamento em guerrilha, no acampamento Amir Muawia, instalado pela CIA e o ISI paquistanês, na província de Khost (Afeganistão), em princípio dos anos 1980. Essa ampla coalizão internacional contra o terrorismo, promovida pelos Estados Unidos, desdobrou-se na conferência de Pertersberg (cercanias de Bonn — Alemanha), em dezembro de 2001, visando a assentar as bases para a formação de um governo provisório e multi-étnico, no Afeganistão, de modo a superar os vícios de sua política, até então caracterizada pela disputa entre os senhores da guerra (*warlords*), à frente dos diversos grupos étnicos — Pashtun (38%), Tadjik (25%), Hazara (19%), além de outros menores, tais como Aimaks, Turkmen, Baloch, que somavam 12%, e Uzbek, 6%. E a escolha de Hamid Karzai, um *mujahidin* que lutara contra as tropas da União Soviética, para o cargo de primeiro-ministro do governo provisório do Afeganistão, não se deveu tanto à sua liderança sobre a tribo Pashtun Durrani, a mais numerosa, ou ser do mesmo clã que o ex-rei Zahir Shah, porém, ao fato de que fora consultor da Union Oil of California (Unocal) e mantivera estreito contato com William Casey, diretor da CIA, e o ISI paquistanês.

As iniciativas políticas e militares que os atentados contra o WTC e o Pentágono ensejaram tiveram alcance e profundidade muito maior do que se podia imaginar. Não se tratara apenas de invadir o Afeganistão e substituir o regime dos Talibãs por um outro relativamente estável para facilitar a construção do oleoduto projetado pela Unocal. O que os *neocons* pretenderam, manipulando a tragédia de 11 de setembro, foi assestar um golpe na estrutura jurídica doméstica e internacional, com o fito de instituir uma ditadura planetária do capital financeiro, das grandes corporações às quais estavam a servir. Com o *USA Patriot Act* a junta Cheney-Bush conformou a moldura para o estabelecimento nos Estados Unidos de um Estado policial-militar, com características similares às do nazi-fascismo. E o Pentágono voltou-se para as atividades políticas internas, denominadas "*civilian disorder condition*" (CIDICON), desrespeitando o Posse Comitatus Act de 1878, que proibia as Forças Armadas de engajar-se em atividades políticas internas, sem autorização do Congresso ou do presidente. Sob a alegação de que as Forças Armadas estariam em melhor condição de responder às ameaças terroristas e impedir a entrada de armas químicas, biológicas e nucleares, no território nacional, foi criado então o Northen Command, instalado na Peterson Air Force Base (Colorado Springs), com jurisdição sobre os Estados Unidos, Canadá, México e Cuba. Nem o Canadá nem o México, muito menos Cuba, foram consultados sobre se aceitariam tal controle.

George W. Bush, no discurso sobre o Estado da União, em janeiro de 2002, demonstrou que pretendia instaurar e envolver o mundo em um estado de guerra permanente, implantar a ditadura global dos Estados Unidos. Ao delinear as diretrizes de sua política exterior, denunciou o Iraque,

Irã e Coréia do Norte, dizendo que "*states like these and their terrorist allies, constitute an axis of evil, arming to threaten the peace of the world*"[1]. Foi um discurso de inspiração religiosa, ameaçando uma série de Estado soberanos, um intento de imitar Reagan, que qualificara a União Soviética como o "*evil empire*". Seu objetivo consistiu em fomentar o clima de medo e de pavor, para justificar o programa de guerra permanente, a guerra infinita, e a *rationale* foi a de que tais Estados buscavam fabricar armas químicas, biológicas e nucleares ("*weapons of mass destruction*"). Segundo Bush, "*thousands of dangerous killers, schooled in the methods of murder, often supported by outlaw regimes*". Contudo não havia conexão alguma entre o Iraque, o Irã e a Coréia do Norte nem eles tinham qualquer relação com os atentados de 11 de setembro. Os Estados Unidos eram, no caso, o único o país que se portava como *outlaw*, ao demonstrar a intenção de impor uma tirania global e completo desrespeito pelos tratados internacionais, bem como pelas instituições multilaterais, que contribuíram para criar, para evitar exatamente o recursos às ações unilaterais por parte dos países.

A administração de George W. Bush, com a guerra no Afeganistão, começou igualmente a solapar a frágil estrutura do Direito Internacional, violentando a Convenção de Genebra, ao introduzir a figura de "*illegal belligerent*" ou "*illegal non-combatants*", e ao negar qualquer assistência jurídica, os mais elementares direitos de defesa, aos Talibãs capturados e aprisionados indefinidamente, sem provas de acusação, em campos de concentração, na base de Guantánamo, em Cuba, para que nem sequer pudessem recorrer à Justiça nos Estados Unidos. E, em 19 de junho de 2002, em artigo publicado em *The Times*, de Londres, Kenneth Roth, diretor da organização Human Rights Watch, acusou a administração de abandonar esses prisioneiros feitos no Afeganistão em um "*legal black hole*"[2]. Em 19 de junho de 2002, representantes do Pentágono, em nome de Donald Rumsfeld, estabeleceram na *Court of Appeals for the Fourth Circuit* que

> "*(...) It is well-settled that the military has the authority to capture and detain individuals whom it has determined are enemy combatants in*

> *connection with hostilities in which the Nation is engaged, including enemy combatants claiming American citizenship. Such combatants, moreover, have no right of access to counsel to challenge their detention*"[3].

Essa decisão equivalia a estabelecer internacionalmente uma ditadura militar, como todas as que os Estados Unidos ajudaram a implantar na América Latina e alhures. O fato de que a administração de George W. Bush também não tinha a menor consideração pelo regime democrático, como, aliás, quase todas as anteriores, democratas ou republicanas, evidenciou-se na Venezuela. Os Estados Unidos canalizaram centenas de milhares de dólares para os grupos americanos e venezuelanos adversos ao presidente Hugo Chávez, inclusive a Central de los Trabajadores de Venezuela (CTV), através da National Endowment for Democracy, agência criada pelo Congresso, que elevou seu orçamento para a Venezuela a mais de US$877.000[4] e quadruplicou as doações assim que as condições em Caracas se agravaram. E os agentes da CIA e da DIA[5] atuaram junto aos militares venezuelanos, aos dirigentes da Fedecámaras (Federación de Cámaras y Asociaciones de Comercio e Producción de Venezuela), a mais importante organização empresarial, e aos líderes sindicais, a fim de converter uma pequena greve em uma demonstração de protesto contra nomes designados por Hugo Chávez para integrar o corpo de diretores da companhia estatal de petróleo (PDVSA), e desestabilizar o governo, paralisando a produção de petróleo, responsável por cerca de 80% das exportações do país e por quase 15% das importações de petróleo dos Estados Unidos.

Os Estados Unidos não apenas apoiaram e financiaram o golpe de Estado, que alguns militares desfecharam contra Chávez, na noite de 11 para 12 de abril de 2002. Militares americanos colaboraram diretamente com a sua execução. Na noite de 11 para 12 de abril, o coronel Ronald MacCammon, adido militar dos Estados Unidos na Venezuela, e seu assistente, tenente-coronel James Rogers, permaneceram dentro da Comandacia del Ejército, no Fuerte Tiuna — principal unidade militar da capital — assessorando os generais que desobedeceram a Chávez e o destituíram da presidência da Venezuela[6]. E o envolvimento dos Estados Unidos logo transpareceu. Seu embaixador em Caracas, Charles Shapiro, no posto desde 9 de março, reconheceu implicitamente o novo governo, reconhecendo-o, ao visitar o empresário Pedro Carmona, presidente da Fedecámaras, que assumira a presidência da Venezuela. Também o FMI, logo no dia 12 de abril, anunciou que dispunha de recursos financeiros para ajudar a Venezuela, se fosse necessário. E o secretário de imprensa da Casa Branca, Ari Fleischer, disse à imprensa que os detalhes não eram muito claros, porém "*we know that the action encouraged by the Chávez government provoked this crisis*", quando tentou reprimir uma demonstração pacífica[7]. Ao invés de condenar a destituição de um presidente democraticamente eleito, ele tratou de negar que ocorrera um golpe militar na Venezuela e insistiu em responsabilizar Chávez pela sua própria queda[8]. Ari Fleischer, entretanto, não pôde negar que altos funcionários da administração americana mantiveram encontros com vários personagens da oposição a Chávez, mas tentou justificá-los como "*a normal part of what diplomats do*"[9]. Uma fonte do Pentágono também confirmou que até o próprio chefe do Estado-Maior do Exército da Venezuela, general Lucas Romero Rincón, que se recusara a enviar tanques para proteger o Palácio Miraflores e anunciara a renúncia de Chávez, estivera reunido com o adjunto do secretário de Defesa Assistente, Roger Pardo-Maurer, em 18 de dezembro, e ouvira que os Estados Unidos "*unequivocally*" não aceitariam "*coups or unconstitutional actions*"[10]. Também, no mesmo dia, 12 de abril, Otto J. Reich, secretário-assistente de Estado para os Assuntos do Hemisfério, telefonou para Pedro Carmona, indicando-lhe que o "*early and urgent*" interesse da administração de Bush era vê-lo substituir Chavez e "*maintain the appearance of democratic continuity*"[11]. O golpe de estado, portanto, devia manter-se dentro do quadro constitucional, razão pela qual foi montada a farsa da renúncia de Chávez, de modo a permitir a "*plausible denial*", i.e., negar convincentemente a cumplicidade dos Estados Unidos. E funcionários da administração de Bush logo comunicaram ao Congresso americano que Chávez renunciara à presidência da Venezuela e, em vez de condenar a ruptura da ordem constitucional, saudaram o acontecimento como vitória da democracia.

Otto J. Reich, cubano naturalizado americano, estava certamente por trás da *dirty trick.*[12] Contudo, uma vez que a Carta Democrática Interamericana, adotada pela Organização dos Estados Americanos (OEA), condenava qualquer ruptura da legalidade, Phillip Chicola, funcionário do Departamento de Estado, pediu aos golpistas, no dia 12, que a transição se processasse de acordo com as normas constitucionais, devendo a Assembléia Nacional e a Corte Suprema aprovar a renúncia de Chávez[13], substituído por Pedro Carmona, e convocar novas eleições, com observadores da OEA, dentro de um prazo razoável[14]. No entanto, sob a influência dos setores mais conservadores e radicais do Opus Dei, representados pelo o contra-almirante Carlos Molina Tamayo e o multimilionário Isaac Peréz Recau[15], Pedro Carmona firmou, um decreto, com que se reservou a faculdade de destituir governadores e prefeitos eleitos, derrogou a Constituição aprovada em *referendum*, em dezembro de 2000, e, dissolvendo a Assembléia Nacional, prometeu convocar eleições "*libres y democráticas*", dentro de um ano. Outrossim, nas poucas horas em que permaneceu no governo, anulou as leis econômicas e sociais aprovadas legalmente pelo governo de Chávez e prontamente ordenou a interrupção do fornecimento de petróleo a Cuba, atendendo ao interesse do Otto Juan Reich, cuja equipe fora constituída com extremistas cubano-americanos residentes em Miami[16]. Informado então do fechamento da Assembléia Nacional, da Suprema Corte, do Tribunal Eleitoral, entre outras medidas, Otto J. Reich instruiu o embaixador Charles Shapiro, no sentido de que manifestasse a Pedro Carmona sua preocupação com tais "*unconstitutional actions*", que caracterizavam abertamente o golpe de estado[17] e telefonou-lhe, recomendando que não dissolvesse a Assembléia Nacional, porque seria "a stupid thing to do" e provocaria o clamor[18].

Pedro Carmona precipitou-se, instigado pelos elementos mais extremistas da oposição a Chávez, e rasgou o manto da legalidade, com que os Estados Unidos pretenderam camuflar o golpe de Estado. A radicalização alarmou o chefe das Forças Armadas, General Efraín Vásquez, que ordenara a detenção de Chávez, e ele retirou o apoio dos quartéis. "*Me salgo de la jugada*", disse a Luis Miquilena, ex-ministro do Interior e Justiça, reconhecendo que fora um erro deixar-se levar por uma pessoa que ia conduzir o país a um banho de sangue[19]. A CTV, que não havia sido consultada a respeito de tais medidas, sentiu-se traída, e seu secretário-geral, Carlos Ortega declarou que elas atentavam contra "*el derecho y la libertad del movimiento obrero*". Assim se desfez a aliança da CTV e com a Fedecámaras. E, ao mesmo tempo em que as camadas mais pobres da população, favoráveis a Chávez, ocupavam as ruas de Caracas, saqueando as lojas e a agitação expandia-se pelas cidades de Guarenas, Los Teques, Coro e Maracay, a brigada de pára-quedistas, sob o comando do general Raúl Baudel, e outros regimentos sublevaram-se contra o governo *de facto* de Pedro Carmona. E William Lara, líder da Assembléia Nacional da Venezuela, anunciou, dentro do palácio Miraflores, que o vice-presidente Diosdado Cabello assumiria até o retorno de Chávez.

A coalizão empresarial-militar não pôde sustentar o governo de Pedro Carmona, porque, se era representativa da classe empresarial, não o era das Forças Armadas. E o golpe de 10/11 de abril de 2002, apoiado apenas pelas classes médias e altas, malogrou, inclusive porque, apesar do respaldo dos Estados Unidos, a reação internacional foi fortemente adversa ao seu reconhecimento. O Grupo do Rio, formado pelos países da América Latina e cujos presidentes estavam reunidos em Costa Rica, condenou imediatamente a ruptura da ordem constitucional na Venezuela e requereu ao Embaixador César Gavíria, secretário-geral da OEA a convocação urgente do Conselho Permanente, de acordo com o Art. 20 da Carta Democrática Interamericana[20], aprovada na sessão plenária de 11 de setembro de 2001, incorporando a resolução AG/RES. 1080 (XXI-O/91)[21]. E seus embaixadores na OEA aprovaram uma resolução, condenando "a alteração da ordem constitucional na Venezuela". Só assim, diante da reação de todos os países da região, inclusive México e Canadá, a delegação dos Estados Unidos na OEA resignou-se a subscrever a moção que exprobrava a violação da legalidade e a quebra da ordem constitucional na Venezuela. E só o fez no sábado, 13 de abril, quando as manifestações de massa haviam compelido Carmona a renunciar e Chávez retornou ao poder[22].

Os Estados Unidos, conquanto houvessem avalizado o golpe militar na Venezuela, não tiveram nem meios nem condições de legitimá-lo. E a BBC informou que "*President Chávez's comeback has... left Washington looking rather stupid*". O fiasco da intentona golpista em Caracas levou a administração de George W. Bush a perder até a noção do ridículo. Condoleezza Rice, cinicamente, advertiu que Chávez deveria respeitar os processos constitucionais e recebesse a mensagem que o povo lhe enviou, ou seja, que "*that his own policies are not working for the Venezuelan people, that he has dealt with them in a high-handed fashion*"[23]. O que ela quis dizer foi que o golpe abortado servisse como advertência para Chávez, porque suas políticas desagradavam os Estados Unidos. E, alguns dias depois, o próprio George W. Bush, também declarou que Chávez devia aprender lições sobre democracia[24], ou seja, que democracia era somente aquela que os Estados Unidos reconheciam como tal. "Os Estados Unidos não podem escolher quais democracias apóiam e quais não apóiam", assim o professor Riordan Roett, especialista em América Latina da Universidade Johns Hopkins, em Washington, criticou a atitude de George W. Bush e de sua administração. E aduziu: "Ou se apóia a democracia, ou não se apóia". Paul Krugman, jornalista no *The New York Times*, observou, igualmente, que o elemento mais negativo desse episódio foi a traição dos princípios democráticos americanos, pois a conceituação "do povo, pelo povo, para o povo" não deveria ser acompanhada pelas palavras "enquanto for adequado aos interesses dos Estados Unidos"[25]. A política exterior dos Estados Unidos, vis-à-vis da América Latina, nunca fora, porém, consistente com os alegados princípios democráticos, que sempre constituíram um elemento marginal, para efeito de retórica. O respaldo tácito ao golpe de Estado na Venezuela demonstrou mais uma vez que Washington somente admitira e respeitara os regimes democráticos nos países da América Latina, enquanto funcionaram em favor dos seus interesses econômicos, políticos e estratégicos.

Os Estados Unidos provavelmente recuaram da tentativa de depor Hugo Chávez por meio de um golpe militar, com receio de que pudesse ocorrer uma guerra civil na Venezuela, que era um dos seus principais fornecedores de petróleo, e não convinha agravar condições que poderiam afetar a sua produção, no momento que em estavam a preparar a guerra contra o Iraque. Em face de um conflito armado nos dois países, o preço do petróleo poderia disparar ainda, no mercado internacional, e afetar os consumidores americanos. Àquele tempo, com metade do Afeganistão sob o domínio da Aliança Norte, formada pelas tribos que se opunham aos Talibãs, e das tropas americanas, a CIA, com milhões de dólares e antigos contatos entre os curdos, e os comandos das Special Forces já estavam a operar no Iraque, enquanto a força aérea dos Estados Unidos, usando bombardeiros B-2 (não-detectáveis) e B-1, criados durante a Guerra Fria para voar fora do alcance dos radares, prosseguiam com os ataques de precisão, juntamente com os aviões da Grã-Bretanha, a fim de destruir suas instalações militares, degradar o sistema aéreo e as comunicações, ao longo das *no-fly-zone*. E o governo de George W. Bush, com o apoio da mídia, da imprensa escrita e falada, continuou a satanização de Saddam Hussein, a manipular a opinião pública, com o objetivo de criar o clima favorável à deflagração da guerra contra o Iraque havia muito tempo desejada e programada.

A alegação era de que Saddam Hussein possuía estoques de armas químicas e biológicas, de destruição em massa, e não acatava as resoluções do Conselho de Segurança, não permitindo as inspeções intrusivas da UNMOVIC (United Nations Monitoring, Verification and Inspection Commission) da ONU, desde 1998, quando expulsou de Bagdá integrantes da UNSCOM, por serem em grande número espiões da CIA. Quando, porém, o embaixador brasileiro José Maurício Bustani, diretor da OPAQ (Organização para a Proibição de Armas Químicas)[26], pretendeu superar o impasse, empenhando-se em convencer o Iraque a aderir à Convenção sobre a Proibição do Desenvolvimento, Estocagem, Produção e Uso de Armas Químicas e sobre sua Destruição, e levá-lo a aceitar uma equipe de inspetores independentes, Washington acusou-o de interferir indevidamente nas negociações entre ONU e o Iraque e de ignorar a colaboração dos Estados Unidos na redação de um documento relativo aos atentados terroristas de 11 de setembro. E, com o beneplácito do chanceler brasileiro Celso Lafer, conseguiu de destituí-lo, ilegalmente, do cargo, para o qual fora reeleito em 2000 e tinha ainda um mandato a cumprir.

A OPAC, segundo a opinião de Hans Blix, chefe da UNMOVIC, possuía "*a large staff of skilled chemical weapons inspectors, no other international organizations have trained inspectors in the field of biological weapons and missiles*"[27]. Mas não convinha à administração de George W. Bush, evidentemente, uma inspeção séria no Iraque nem uma solução diplomática para o impasse com o governo de Saddam Hussein. Eliminaria o principal pretexto para a guerra contra o Iraque, já sob constante bombardeio, realizado regularmente e ilegalmente pelos Estados Unidos e pela Grã-Bretanha, cujos aviões, na década de 1990, violaram seu espaço aéreo 150.000 vezes[28]. A destituição do embaixador José Maurício Bustani constituiu, entretanto, parte da ofensiva que a administração de George W. Bush decidira promover contras as organizações multilaterais e submetê-las ao seu controle, de modo que não tivessem autonomia e conformassem simples agências a serviço dos seus interesses, após anunciar que denunciaria o Tratado ABM com a Rússia, retirar a assinatura dos Estados Unidos, com o neologismo "*unsigning*", do Tratado que criava a Corte Penal Internacional, para os crimes de guerra, e denunciar o Acordo de Kyoto. E, ao fazê-lo, a administração de Bush também se opôs à permanência do cientista Robert Watson, como chefe do Intergovernmental Panel on Climate Change (IPCC), órgão independente, criado pela United Nation Environment Programme (UNEP) e pela World Metreological Organization (WMO), para avaliar as informações científicas, técnicas e socioeconômicas, relevantes para a compreensão da mudança do clima, seu potencial impacto e opções para adaptação e mitigação. Os Estados Unidos forçaram sua substituição pelo economista Rajendra Pachauri, da Índia[29], em 19 de abril, três dias antes da derrubada de Bustani, atendendo à demanda da ExxonMobil, porque George W. Bush rechaçara a conclusão a que ele chegara, segundo a qual a humanidade era o maior responsável pelo aquecimento da Terra. E, em 13 de setembro de 2002, os Estados Unidos apoiaram a indicação do brasileiro Sérgio Vieira de Mello para substituir Mary Robinson no cargo de Alto Comissário da ONU para os Direitos Humanos, porque ela fizera críticas à situação dos prisioneiros de guerra no campo de concentração em Guantánamo.

O assalto à OPAC, ao Alto Comissariado da ONU para os Direitos Humanos e a outras organizações multilaterais constituiu parte da ofensiva dos Estados Unidos para impor seus interesses e consolidar sua hegemonia, refletindo a tendência para o unilateralismo, latente na sua política internacional. Essa tendência se acentuou após a desintegração da União Soviética, quando os Estados Unidos entenderam que dentro de um sistema unipolar já não necessitavam mais de aliados e sim de vassalos, e Clinton acobertou-a sob o manto do *assertive multilaterialism*. George W. Bush, condicionado pelo triunfalismo dos neocons, optou pelo *assertive nationalism*, o unilateralismo global[30], julgando que os Estados Unidos, como a única superpotência, deviam assumir e exercer, com exclusividade e isoladamente, o poder internacional de decisão. Conforme Robert Kagan, fundador e participante do Project for the New American Century, pesquisador associado da Carnegie Endowment for International Peace e diretor do U.S. Leadership Project, reconheceu que os Estados Unidos, no pós-Guerra Fria, tornaram-se mais unilateração em suas atitudes em relação ao resto do mundo, ao contrário da Europa, que se empenhou em construir um sistema legal internacional mais abrangente, precisamente para conter o unilateralismo[31]. "*America did not change on September 11. It only became more itself*" — confessou Kagan[32].

O que ocorreu foi que a tragédia de 11 de setembro catalisou o *assertive nationalism* de Dick Cheney e Condoleezza Rice e o neo-conservadorismo, da direita evangélica e do fundamentalismo judaico, representado por Paul Wolfowitz e Richard Perle, que desde o começo dos anos defendiam que os Estados Unidos, sem o óbice da União Soviética, deviam impor pelas armas seu *way of life*, tanto econômico quanto político, a todos os países, inclusive ou sobretudo ao mundo islâmico. Não foi por anti-semitismo que o ex-ministro de Defesa da Alemanha, Rudolf Sharping, social-democrata, esclareceu, em setembro de 2002, que Bush estava a preparar a guerra contra o Iraque, a fim de agradar a "poderoso, talvez bastante poderoso, *lobby* judaico"[33]. A importante articulista de *The New York Times* Maureen Dowd escreveu que George W. Bush pensou que libertar Iraque de Saddam Hussein "*would be the first step toward the Middle East road map for peace, as well as a guarantee of greater security for Israel*"[34]. A interpretação era correta. Paul Wolfowitz e Richard Perle, os que mais instigaram a guerra, eram representantes do lobby judaico e refletiam os interesses de Israel, que sempre percebera o Iraque como seu pior inimigo, ameaçando a sua supremacia no Oriente médio. E a eleição do General Ariel Sharon, do

Likud, para o cargo de primeiro-ministro estreitou a aliança entre Tel Aviv e Washington. Ele apoiou entusiasticamente a guerra contra o terrorismo, como justificativa para reprimir brutalmente os palestinos, ante o recrudescimento da nova Intifada, com as explosões causadas pelos "homens-bomba". George W. Bush, por outro lado, respaldou-o, esposou sua aversão a Yasser Arafat, descartando-o como "irrelevante". Os dois deram-se as mãos. Washington, porém, estava comprometido com o *Road Map to Peace*, o plano que consubstanciava as etapas de negociação e as medidas a serem tomadas pela Autoridade Palestina e Israel, a fim de estabelecer a paz e criar o Estado Palestino, plano este formulado pelos Estados Unidos, União Européia, Rússia e ONU, grupo de mediadores celebrizado como o Quarteto. Natan Sharansky implorou a Sharon para rejeitá-lo[35], sob o fundamento de que estava em conflito com a posição do próprio George W. Bush, que em 24 de junho de 2002 acusara as autoridades palestinas (Arafat) de encorajar o terrorismo e exortara "*the Palestinian people to elect new leaders, leaders not compromised by terror*" e "*to build a practicing democracy, based on tolerance and liberty*"[36]. "*The Road Map was the voice of Bush but the hands of Oslo*" — escreveu Sharansky[37]. Mas o gabinete de Sharon, de unidade nacional com os trabalhistas, entendeu que não havia razão de criar tensões com a administração de George W. Bush sobre o projeto preliminar, uma vez que o *Road Map* podia morrer por si mesmo[38]. De fato, nem a extrema-direita de Israel, que Sharansky tão bem representava, nem as organizações radicais da Palestina, como a Hamas, tinham interesse em qualquer acordo que implicasse concessões das duas partes. E, conforme observou Maureen Dowd, o *Road Map* explodiu, Israel parecia estar longe de alcançar a paz com os árabes, e os Estados Unidos passaram a pateticamente a apelar para que Yasser Arafat usasse seu poder em favor da negociação, após passar mais de um ano pretendendo que ele não existia[39].

A doutrina, formulada pelos *neocons* e adotada por George W. Bush baseou-se nos princípios do *Defense Planning Guidance* (DPG), expressou a arrogância e a prepotência imperialista dos Estados Unidos, radicalizando políticas que tinham raízes no passado, na sua história, desde, pelos menos, os anos 40 do século XIX, quando invadiram o México e se apossaram de metade do seu território. Os Estados Unidos não se dispunham a tolerar o surgimento de qualquer rival, globalmente ou em qualquer região, e teriam o direito de antecipar-se e acometer militarmente qualquer país que supostamente os ameaçasse (*preemptive attacks*). Só a soberania dos Estados Unidos, portanto, era sacrossanta e isenta de qualquer constrangimento imposto pelo direito internacional. Mas a soberania de todos os outros países estaria sujeita aos *preemptive attacks* dos Estados Unidos[40]. George W. Bush, homem primário, sem o refinamento de Clinton, não hesitou em ignorar ou violar, abertamente, as normas e convenções do Direito Internacional[41]. Com a cultura do *far-west*, onde o uso da pistola e da espingarda, para resolver contendas, estava enraizado na filosofia legal da região, ele, um texano mais autêntico do que seu pai, não hesitou em levar os Estados Unidos, inquestionavelmente, à condição de "*rogue superpower*"[42], uma potência supra-imperial, fora da lei e irresponsável. Ao dirigir-se aos cadetes de West Point, em 1º de junho de 2002, anunciou a mudança na estratégia de segurança nacional dos Estados Unidos, com a substituição da doutrina de "*containment and deterrence*" pela de "*preemptive attacks*", ou seja, de ataques antecipados e, se necessário, unilaterais, contra grupos terroristas ou países percebidos como ameaça.

Essa doutrina derrubava um dos fundamentos do moderno Direito Internacional, segundo o qual o emprego da força só seria permitido em defesa própria, para enfrentar ameaças reais, não potenciais, mas não como ação preventiva e antecipada. Mas George W. Bush, declarando "*the war on terror will not be won on the defensive*"[43], revelou sua intenção de mover uma guerra permanente, a fim de manter, ampliar e consolidar a hegemonia dos Estados Unidos, sobre todas as regiões, e impor a *pax americana*, encorajando "*free and open societies on every continent*"[44]. E, sem qualquer ambigüidade, aduziu: "*The requirements of freedom apply fully to Africa and Latin America and the entire Islamic world*"[45].

Os Estados Unidos, sob o governo dos *neocons, assertive nationalists* ou *democratic imperialists*, fosse qual fosse a designação que quisessem assumir, decidiram assim derrogar unilateralmente os princípios da soberania nacional e da não-intervenção nos assuntos internos de outros países, acordados no Tratado de Westphalia, de 1648. E George W. Bush, com o objetivo de racionalizar as guerras, que pretendia desencadear, oficializou a doutrina dos "*preemptive attacks*", em documento de 33 páginas — *The National Security Strategy of the United States of America*[46] — divulgado em 17 de setembro de 2002.

A muitos na Europa como em outras partes do mundo surpreendeu e assustou a estratégia de segurança nacional anunciada por George W. Bush. Robert Kagan, um dos teóricos do neo-conservadorismo, teve razão, pelo menos em parte, ao assinalar que ele nada mais fez do que reiterar as políticas que havia meio século os Estados Unidos estavam a empreender, visando a promover a democracia, e que outros presidentes, como Harry Truman, John F. Kennedy e Ronald Reagan, não houvessem proclamado com menos fervor[47]. A declaração de que a intenção dos Estados Unidos era permanecer como potência dominante e bastante forte para desencorajar qualquer desafio à sua preeminência foi meramente a expressão pública de uma premissa não falada no planejamento estratégico, com as despesas de defesa e capacidade militar. De acordo com Kagan, as políticas da administração de Clinton e de Bush, bem ou mal, partiam da suposição comum de que os Estados Unidos eram a "*indispensable nation*"[48]. Os americanos procuravam defender uma "*liberal international order*", porém, "*the only stable and successful order*" que os americanos podiam imaginar era aquela que tivesse os Estados Unidos como seu centro. "*Nor American conceive of an international order that is not defended by power, and specifically by American power*", escreveu Kagan, acrescentando: "*If this is arrogance, at least it is not a new arrogance*"[49].

A arrogância realmente nova não era. Nem a pretensão. Woodrow Wilson pretendera fazer o mundo "*safe for democracy*" ou ensinar aos povos da América Central a eleger "*good men*". Outros presidentes, tais como Kennedy, Johnson, Nixon e Reagan, disseram o mesmo, ao tempo em que promoviam guerras, *covert actions*, *state-sponsered terrorism*, e instituíam e respaldavam ditaduras militares no chamado Terceiro Mundo. Nenhum presidente, porém, ousou declarar que os Estados Unidos pretendiam implantar militarmente uma ditadura planetária, assumir sua condição ultra-imperialista, conquanto os Estados Unidos fossem o único país, cuja força militar se tornara, a partir do fim da Segunda Guerra Mundial, a única no mundo a ter como principal missão, não a defesa, mas a ofensiva, não a de guardar as fronteiras nacionais, mas a de projetar seu poder sobre todos os continentes. Tampouco nenhum ousou defender *preemptive attacks* para não dar motivo a que União Soviética também se julgasse no mesmo direito. Em tais circunstâncias, a estratégia de segurança nacional dos Estados Unidos evoluiu da política de "*massive retaliatory power*", de Eisenhower e John Foster Dulles, para a política de *deterrence* e *containment*, inaugurada por Kennedy, que decidiu não bombardear Cuba, durante a crise dos mísseis, em 1962, porque tal iniciativa certamente romperia a Aliança Atlântica, e certeza não havia, nem na CIA nem no Pentágono, de que o bombardeio pudesse destruir todo o potencial de retaliação lá existente. Um só foguete que restasse poderia ser disparado contra os Estados Unidos e desencadear a guerra atômica[50]. Esse risco Kennedy não quis assumir. Por menor que fosse, os Estados Unidos não podiam suportar, porquanto implicava a completa destruição da sociedade e, conseqüentemente, da civilização[51].

O que George W. Bush, pretendeu com a estratégia de segurança nacional, baseada na doutrina de *preemptive attacks* foi racionalizar a "*full spectrum dominance*" dos Estados Unidos, de modo a superar a contradição fundamental na internacionalização ou globalização do capitalismo, i.e., superar a contradição entre a dimensão mundial de sua economia e os estreitos limites geográficos de múltiplos Estados nacionais, com soberania sobre determinados territórios. Os interesses nacionais dos Estados Unidos, ao longo do século XX, entrançaram-se cada vez mais com o mercado mundial, do qual seu processo produtivo e a manutenção do bem-estar de sua sociedade passaram a depender, por meio das correntes de exportação e importação, sobretudo de petróleo (cerca de 50% do seu consumo diário), sofrendo crônico déficit comercial, da ordem aproximada de US$ 400 bilhões, financiados pelos fluxos financeiros, ou seja, pelo ingresso de capitais estrangeiros e o recebimento de juros, lucros, royalties e amortizações, remetidos pelas corporações americanas no exterior e pelos investimentos que lá se faziam. Em tais circunstâncias, a extrema direita, que se apossou do governo com George W. Bush, pretendeu tornar os Estados Unidos um Estado global, sem fronteiras, exercer uma ditadura planetária — *full spectrum dominance* — com o objetivo de modelar e dominar um sistema de múltiplos Estados, alguns não confiáveis, denominados *rogue states*, e garantir que nenhum deles ousasse desafiar seu poderio, emergindo como potência global ou regional. Essa estratégia ultra-imperial gerou a doutrina da *war on terrorism*, a denominada *Operation Infinite Justice*, *war on end*, i.e., uma guerra sem limites no tempo e nos seus objetivos[52], uma "*perpetuall war*", conforme a expressão de Thomas Hobbes, para quem "*a generall inclination of all mankind, a perpetuall and restelesse disire of Power after power, that ceseath onely in Death*"[53].

O estado de guerra perpétua, a guerra sem fim, constituía uma necessidade vital para os Estados Unidos, não apenas econômica, mas também política. Sua economia passara a depender, em grande proporção, das indústrias de material bélico e de alta tecnologia, eletrônica e digital, cujo maior consumidor era o governo americano. Havia uma simbiose entre essas indústrias e o Estado americano. Os imensos recursos financeiros, do orçamento de defesa, destinavam-se a mantê-las em funcionamento, mediante a renovação de encomendas, tais como aviões, mísseis, tanques, canhões, fuzis, metralhadoras, granadas, munições e outros petrechos bélicos ou de utilidade dual. E tornava-se necessário queimar os excedentes da produção. As guerras, portanto, decorriam de uma necessidade tanto econômica quanto política dos Estados Unidos, ajudavam o seu metabolismo, assim como as exportações de material bélico, realizadas para os mais diversos países, como forma também de influir e assegurar sua preeminência econômica, política e militar, criando Estados clientes, vassalos, eventuais fornecedores de tropas, eventuais sipaios, para poupar a vida dos *boys* americanos. Assim como Roosevelt e Johnson prometeram que não os enviariam para as suas guerras, George W. Bush, em 11 de março de 2002, proclamou: "*We will not send American troops to every battle, but America will actively prepare other nations for the battle ahead.*"[54]

George W. Bush aproveitou o trauma provocado pelos atentados de 11 de setembro para pressionar o Congresso a aumentar ainda mais o orçamento do Pentágono, que saltou US$ 331 bilhões para US$ 378,6 bilhões no ano fiscal de 2003, que começava em 1° de outubro de 2002, e passando a gastar cerca de U$ 1,8 bilhões por mês na sua guerra contra o terrorismo. As despesas militares, entretanto, não se cingiam apenas às do Pentágono, uma vez que foram mais US$ 16,4 bilhões destinados ao programa de armas nucleares, do Departamento de Energia, US$ 1,4 bilhões para as atividades militares relacionadas de outras agências, e US$ 3,8 bilhões, para assistência externa militar e treinamento em outros países, o que perfazia a soma US$ 400,2 bilhões, o equivalente a cerca 19% do orçamento total, da ordem de US$ 2,1 trilhões, proposto para o ano de 2003.

Orçamento de Defesa para o ano fiscal de 2003
US$ bilhões

Departamento de Defesa	US$ 378,6
Departamento de Energia (programa de armas nucleares)	US$ 16,4
Atividades militares relacionadas com outras agências	US$ 1,4
Assistência externa militar e treinamento	US$ 3,8
Total	US$ 400,2

Fonte: Departamento de Defesa

Assim os gastos com defesa saltaram de US$ 329,9 bilhões, em 2000, para US$ 346,4 bilhões, em 2001, US$ 358,5 bilhões, em 2002, e US$ 396,8 bilhões, em 2003, sem contar as despesas com assistência militar externa. O valor solicitado por George W. Bush para o ano fiscal de 2003 equivalia a mais ou menos 75% do total do custo da Segunda Guerra Mundial[55].

Custo de algumas guerras travadas pelos Estados Unidos[56]
US$ 560 bilhões

Guerra do Vietnã	US$ 121,5 bilhões
Guerra Civil	US$ 8 bilhões
Guerra da Independência	US$ 124 milhões
Guerra da Coréia	US$ 70 milhões
1ª Guerra Mundial	US$ 66 milhões

Toda razão tivera Eisenhower quando alertou os Estados Unidos para a influência injustificada do complexo industrial-militar, cujo potencial para o crescimento desastroso do poder já existia e tenderia a persistir, e exortou os americanos a não permitirem que o peso dessa combinação pusesse em perigo as suas liberdades e processos democráticos[57]. Sua advertência, porém, de nada servira. Os homens de negócio e negocistas sentaram praça no Departamento de Defesa. Os Estados Unidos encontraram nas guerras um remédio para os males de sua economia. Aprofundaram as fórmulas que Roosevelt e Hitler utilizaram para superar a crise econômica na década de 1930. E, como se todo o seu poderio militar não bastasse, o Pentágono desenvolveu planos de contingência para o emprego preventivo de armas atômicas contra pelos menos sete Estados — China, Rússia, Iraque, Coréia do Norte, Irã, Líbia e Síria[58] — cinco dos quais não possuíam armas nucleares[59]. Se outro qualquer país estivesse a planejar o desenvolvimento de novas armas nucleares e contemplando a possibilidade de ataques preventivos contra uma lista de Estados não-nucleares — *The New York Times* comentou — Washington com certeza qualificá-lo-ia como "*dangerous rogue state*"[60]. Por essa razão, alertando que o tempo corria e que o futuro da humanidade e da vida estava em risco, David Krieger, presidente da Nuclear Age Peace Foundation, conclamou todas as nações e todos os povos a deter esse "*rogue superpower*"[61].

Os Estados Unidos, com George W. Bush e a caterva de *neocons*, falcões e abutres, passaram a configurar o exemplo mais perfeito de um *rogue superpower*, conforme a expressão também usada por Samuel Huntington[62], ou melhor, um *outlaw superpower*, a violar as leis internacionais, tendência esta que recrescera sob a administração de Clinton e acelerou-se com George W. Bush, ao desrespeitar os tratados, inclusive o de Não-Proliferação das Armas Nucleares (TNP), segundo estudo publicado em abril de 2002 pelo Institute for Energy and Environmental Research e o Lawyers' Committee on Nuclear Policy[63], e empregando no Afeganistão armas letais, banidas por Convenções específicas, tais como a superbomba de mil libras, capaz de queimar o oxigênio, em uma vasta área, e matar todos os seres vivos dentro do perímetro, bombas DU (*Depleted Uranium*), i.e., urânio empobrecido, e outras para destruir as cavernas, com enormes prejuízos para o meio ambiente[64].

O cuidado em evitar baixas em suas tropas não se devia tanto à preocupação com a vida dos soldados quanto ao receio de que as perdas de vida pudessem causar o clamor da opinião pública, dentro dos Estados Unidos, tal como acontecera durante a guerra no Vietnã. Entretanto, não só milhares de civis inocentes, mas também os próprios soldados americanos sofreram as conseqüências da utilização de bombas DU, devido à contaminação do meio ambiente pela radiotividade. Dos 580.400 soldados americanos, que participaram da Guerra do Golfo (1991), 11.000 morreram posteriormente, envenenados pelo urânio empobrecido que os contagiou. O número de soldados com incapacidade médica permanente *(Permanent Medical Disability)* já se situava em torno de 325.000 no ano 2000, ou seja, 56%, contra 5% na Segunda Guerra Mundial e de 10% na guerra do Vietnã.

Arthur N. Bernklau, diretor executivo da organização Veterans for Constitutional Law, em Nova York, declarou, em *Preventive Psychiatry E-Newsletter* N° 169, que o eminente cientista Leuren Moret apontou o *depleted uranium*, empregado nas munições das tropas americanas, como causa definitiva da "Gulf War Syndrome". Acentuou ele que a doença, que milhares de soldados passaram a sofrer e morreram, tinha sido identificada e revelada[65]. O emprego criminoso desse tipo de munição pelas forças armadas dos Estados Unidos provocou igualmente efeitos irreversíveis no meio ambiente, tanto ao nível químico, como radiológico e mutagênico[66]. As toneladas de urânio empobrecido despejadas no Iraque, durante a Primeira Guerra do Golfo, na Iugoslávia, no Afeganistão e outra vez no Iraque, na invasão de 2003 e contra a resistência, produziram tanta irradiação quanto uma guerra atômica. E a intenção manifestada por George W. Bush de reiniciar os testes nucleares e desenvolver nova geração de pequenos artefatos com o objetivo de usá-los de forma "cirúrgica", até mesmo contra países não-nucleares, reforçou ainda mais a percepção de que os Estados Unidos, sob seu governo, se converteram na maior ameaça à paz e à segurança mundial.

Notas

1. The President's State of the Union Address — The United States Capitol — Washington.
2. Kenneth, Roth . "America's Guilt: the Prisoners in a Legal", *The Times*, 21/11/2003.
3. No. 02-6895. In The United States Court Of Appeals. For The Fourth Circuit Yaser Esam Hamdi, et al., Petitioners-Appellees v. Donald Rumsfeld, et al., Respondents-Appellants. On Appeal from the United States District Court for the Eastern District of Virginia — Brief for Respondents-Appellants Paul J. McNulty, United States Attorney; Paul D. Clement, Deputy Solicitor General; Alice S. Fisher, Deputy Assistant Attorney General; Gregory G. Garre, Assistant to the Solicitor General; Lawrence R. Leonard, Managing Assistant United States Attorney. United States Departmento of Justice. 950 Pennsylvania Avenue, N.W. Washington, D.C. 20530-0001. Vide também Johnson, 2004, p. 293.
4. Marquis, Christopher — "U.S. Bankrolling Is Under Scrutiny for Ties to Chávez Ouster" , *The New York Times*, New York, 25.04.2002. Mahajan, 2003, pp. 70-71.
5. A DIA (Defense Inteligence Agency) é o serviço de inteligência do exército dos EUA.
6. "Denúncia liga EUA a golpistas — Adido acusado de articulação anti-Chávez", *Jornal do Brasil*, Rio de Janeiro, 19.04. 2002. "La crisis en Venezuela: revelación en Caracas — Implican a oficiales de EE.UU. en el golpe contra Chávez", *La Nación*, Buenos Aires, 23.04.2002. Campbell, Duncan — "American navy 'helped Venezuelan coup'", *The Guardian*, Londres, 29.04.2002
7. Forero, Juan — "Venezuela's Chief Forced to Resign; Civilian Installed" , *The New York Times*, New York, 13/04/2002.
8. "We explicitly told opposition leaders that the United States would not support a coup. Many of these conversations took place at repeated numbers of levels throughout the State Department and the NSC, as well in conversations that newly appointed Ambassador Charles Shapiro and former Ambassador Hrinak had with officials in Venezuela" — *Embassy of the United States, Caracas, Venezuela — Public Affairs Office* — Press Release — White House Report: Venezuela (White House Press Secretary Ari Fleischer briefed midday), 16 April 2002. "El prolongado resentimiento que causó en algunos venezolanos el régimen cada vez más antidemocrático de Chávez movió a centenares de miles de manifestantes desarmados a reunirse en la capital venezolana el 11 de abril para llevar a cabo una protesta pacífica". *Embajada de los Estados Unidos, Caracas, Venezuela, Oficina Informativa y Cultural* — Boletín de Prensa- " Respuesta de E.U.A. a crisis Venezuela fue apropiada, dicen altos funcionarios (Respuesta inicial se basó en la mejor información disponible). Por Lauren Monsen, Redactora del Servicio Noticioso desde Washington 19 de abril de 2002.

9. DeYoung, Karen — "U.S. Details Talks With Opposition — Administration Insists It Did Not Encourage a Coup", *The Washington Post*, 17/04/2002.
10. Ibid.
11. Marquis, Christopher — "U.S. Cautioned Leader of Plot Against Chávez" , *The New York Times*, 17.04.2002
12. "Venezuelan President Hugo Chavez is Restored" — Analysis by Alex Volberding and Larry Birns, COHA research group.
13. Na mesma sexta-feira, 12 de abril, os advogados do Departamento de Estado, estudando a constituição da Venezuela, notaram que a renúncia do presidente da República não era válida até que fosse aceita pela Assembléia Nacional, que tinha o poder de instalar um novo chefe de governo.
14. Dossier Documental Crisis En Venezuela — El Golpe Que No Tumbó A Chávez - http://www.elpais.es/temas/dossieres/crisisvenezuela/posturaeeuu.html
15. O multimillonário Isaac Pérez Recao, de 32 anos, foi, ao que tudo indicou, a *éminence grise* que indicou a Pedro Carmona os nomes de todos os ministros, escolhidos entre gerentes Venoco e militantes do Opus Dei, com algum representante de negócios a ele associado. Pérez Recao era sobrino de Juan Pablo Pérez Alfonso, um dos criadores da Organização dos Países Exportadores de Petróleo (OPEP) e principal acionista da petroquímica Venoco, que perdeu vários contratos desde que Chávez assumiu o poder em 1999.
16. Otto J. Reich, nomeado pelo presidente George W. Bush secretário-assistente de Estado para Assuntos do Hemisfério Ocidental, tornou-se assim o principal coordenador da política externa dos EUA para a América Latina. Exilado cubano, naturalizado americano, exerceu entre 1983 e 1986 a função de diretor do Office of Public Diplomacy for Latin America and the Caribbean (S/LPD), órgão encarregado do programa secreto do governo Ronald Reagan de apoio aos Contras, na campanha para derrubar o regime sandinista da Nicarágua, havendo então cometido inúmeras irregularidades. Posteriormente, durante o governo de George Bush (pai), entre 1989 e 1994, Reich foi embaixador dos EUA na Venezuela, onde continuou a manter estreitos contatos. Lino Gutierrez, subsecretário-assistente de Estado para Assuntos do Hemisfério Ocidental, é outro cubano-americano. Foi embaixador dos EUA na Nicarágua. Também Emílio González, vice-diretor do Conselho de Segurança Nacional, é cubano-americano e a ele coube cuidar das questões do Caribe, entre as quais a de Cuba. Igualmente, outro cubano-americano, José Cardenas, foi encarregado de tratar dos assuntos da América Latina para a equipe do Partido Republicano na Comissão de Relações Exteriores do Senado, junto à qual já atuou como antigo membro da Fundação Nacional Cubano-Americana, cuja missão consistia em fazer pressões a favor da manutenção das sanções comerciais contra Cuba. Rogelio Pardo-Maurer, secretário-adjunto de Defesa e responsável pelos assuntos

da América Latina no Pentágono, e representou o governo de Violeta Chamorro como embaixador da Nicarágua em Washington, onde entre 1986 e 1989 chefiara a equipe dos Contra, o grupo que fazia guerrilhas contra o regime sandinista com recursos fornecidos secretamente pelo governo Ronald Reagan.

17. DeYoung, Karen — "Bush Officials Defend Their Actions on Venezuela", *The Washington Post*, 18/04/2002
18. Marquis, Christopher — "U.S. Cautioned Leader of Plot Against Chávez" , *The New York Times*, 17/04/2002
19. Aznárez, Juan Jesús — "Crisis en Venezuela : por qué fracasó el golpe", *El País*, Madrid, 18/04/2002.
20. O Art. 20 da Carta Democrática Interamericana dispõe que, "caso num Estado membro ocorra uma alteração da ordem constitucional que afete gravemente sua ordem democrática, qualquer Estado membro ou o secretário-geral poderá solicitar a convocação imediata do Conselho Permanente para realizar uma avaliação coletiva da situação e adotar as decisões que julgar conveniente".
21. Consejo Permanente de la Organización de los Estados Americanos, Acta de la Sesión Extraordinaria celebrada el 21 de Enero de 2000. A OEA, mediante a resolução AG/RES. 1080 (XXI-O/91), estabelecera um mecanismo para ajudar a restabelecer a democracia representativa onde ela sofresse uma interrupção. Essa resolução foi aprovada na quinta sessão plenária da OEA, ocorrida em 5 de junho de 1991.
22. Marquis, Christopher — "U.S. Cautioned Leader of Plot Against Chávez" , *The New York Times*, 17/04/2002.
23. Thompson, Ginger & Forero, Juan — "Ardent Populists Reinstate Leader to Run Venezuela", *The New York Times*, New York, 15/04/2002.
24. Bush disse que "*very important for [Chavez] to embrace those institutions which are fundamental to democracy, including freedom of the press and freedom for the opposition to speak out. And if there's lessons to be learned, it's important that he learn them*". DeYoung, Karen — "Chavez Must 'Embrace' Democracy, Bush Says", *The Washington Post* — 19/04/2002.
25. "*Surely the worst thing about this episode is the betrayal of our democratic principles 'of the people, by the people, for the people' isn't supposed to be followed by the words 'as long as it suits U.S. interests'.*" Krugman, Paul — "Losing Latin America", *The New York Times*, 16/04/2002.
26. A OPAQ é uma organização internacional, criada em 1997 e afiliada à ONU, com o objetivo de implementar a Convenção sobre a Proibição do Desenvolvimento, Estocagem, Produção e Uso de Armas Químicas e sobre sua Destruição. Não é assimétrica. As potências militares, como os Estados Unidos, têm as mesmas obrigações que os demais países, com respeito ao desarmamento e não-proliferação de armas de destruição em massa (nucleares, químicas, bacteriológicas e seus vetores). Sua

sede é em Haia, A OPAQ realizava inspeções periódicas nos 145 países signatários da Convenção de Armas Químicas das Nações Unidas, durante as quais se examinavam as fábricas de produtos químicos, para verificar se são para fins pacíficos. Mas os inspetores da OPAQ eram impedidos de trabalhar em determinados setores da produção, nos Estados Unidos, que alegavam proteção de segredo industrial. E quando o embaixador José Maurício Bustani insistia em realizá-las, os atritos com os americanos irrompiam.

27. UNITED NATIONS — UNMOVIC — United Nations Monitoring, Verifications and Inspections Commission. Introduction of the draft UNMOVIC Work Programme, 19 March 2003. Executive Chairman Dr. Hans Blix. Security Council 19 March 2003
28. Woodward, 2004, 10.
29. "The panel's work had come to a consensus, not shared by the Bush administration, that human activity is a factor in climate change. A leaked memo from ExxonMobil had previously asked the White House, "Can Watson be replaced now at the request of the U.S.?". The memo goes on to recommend that the administration "restructure the U.S. attendance at upcoming IPCC meetings to assure none of the Clinton/Gore proponents are involved in any decisional activities". Apparently, the administration heeded ExxonMobil's recommendation. Pachauri himself attributes his selection to being the developing world candidate, but environmental NGOs ascribe it to U.S. lobbying". O memorando, assinado por Arthur G. Randol III, conselheiro da ExxonMobil, foi dirigido a John Howard, Council on Environmental Quality, da Casa Branca . Esse documento foi obtido com base no the Freedom of Information Act (FOIA) e liberado pelo Natural Resources Defense Council (NRDC), em 2001. Sugeria a substituição do cientista Robert Watson por alguém mais simpático à indústria. "Why do they hate Exxon?" — The Daily Telegraph — 19.05.2002. BBC News — Friday, 19 April, 2002, 16:36 GMT 17:36 UK.Vide também Williams, Ian — "The U.S. Hit List at the United Nations" — Foreign Policy In Focus | Global Affairs Commentary — April 30, 2002 . Bennis, 2003, p. 198.
30. Kupchan, 2002, pp. 15-16.
31. Kagan, 2003, pp. 14-16.
32. Id., ibid. p. 85.
33. Safire, William. "The German Problem". *The New York Times*, 19/9/2002
34. Dowd, Maureen "Empire of Novices", *The New York Times*, 3/9/2003.
35. Sharansky, 2004, pp. 242-241.
36. President Bush Calls for New Palestinian Leadership The Rose Garden3:47 P.M. For Immediate Release. Office of the Press Secretary June 24, 2002
37. Sharansky, 2004, pp. 252-253.
38. Id., ibid., p. 252.

39. Dowd, Maureen "Empire of Novices", *The New York Times*, 3/9/2003.
40. Soros, George — "The Bubble of American Supremacy" — Carnegie Endowment for International Peace, January 2004. http://www.ciaonet.org/wps/sog01/.
41. Batista Jr. Paulo Nogueira — "Tempestade de Aço", in *Folha de S.Paulo*, 20/3/2003.
42. "America as Nuclear Rogue", *The New York Times*, 12/3/2002.
43. Allen, Mike &DeYoung, Karen. "Bush: U.S. Will Strike First at Enemies", in *The Washington Post*, 2/6/2002.
44. Ibid.
45. Ibid.
46. The White House — President George W. Bush. The National Security Strategy of the United States of America. 17 September 2002. http://www.whitehouse.gov/nsc/nss.html.
47. Kagan, 2003, p. 3.
48. Id., ibid., pp. 93-94.
49. Id., ibid., p. 94.
50. May & Zelikow, 1997, pp. 196, 205- 206, 230, 261- 262. Moniz Bandeira, 1998, pp. 453-456.
51. Kissinger, 1994, p. 586.
52. Sobre o tema vide Wood, 2003, pp. 159-163.
53. Hobbes, 2002, pp. 70 e 149. A ortografia é mantida como no original, o inglês do século XVII.
54. Apud Jonson, 2004, p. 133.
55. National Defense Budget Estimates for FY 2003. Office of the Under Secretary of Defense (Comptroller), March 2002. http://www.defenselink.mil/comptroller/defbudget/fy2003/fy2003_greenbook.pdf.
56. A tabela acima não inclui os custos da guerra contra a Espanha (1898) e da guerra nas Filipinas (1898-1906).
57. President Dwight D. Eisenhower — Farewell Address, January 17, 1961.
58. Schweid, Barry — "Pentagon Details Nuclear Plans", *Los Angeles Times*, 09/03/2002.
59. "Bush Developing Military Policy Of Striking First — New Doctrine Addresses Terrorism", The Washington Post, Monday, 10.06.2002
60. "America as Nuclear Rogue", *The New York Times*, 12/03/2002, Late Edition — Final, Section A, Page 26, Column 1.
61. Krieger, David — "Stopping a Rogue Superpower: Time Is Running Out" — Nuclear Age Peace Foundation. http://www.wagingpeace.org/articles/02.03/0315kriegerstopping.htm.
62. Huntington, Samuel — *Foreign Affairs* — March-April 1999, apud Chomsky, 2000, p. 47.

63. Deller, Nicole, Arjun Makhijani & John Burroughs — "Rule of Power or the Rule of Law? An Assessment of U.S. Polices and Actions Regarding Security-Related Treaties", published by the Institute for Energy and Environmental Research and the Lawyers'Committee on Nuclear Policy. April 4, 2002. html http://www.ieer.org/reports/treaties/fullrpt.pdf
64. "*In the previous contexts of Iraq and Yugoslavia, it is also possible to recall that NATO attackers eventually targeted pure civilian targets as industries, broadcaster center and bridges in order to undermine national moral and resistance capacity from the opponents. The use, against Yugoslavia, of new-developed graphite bombs to jam electricity distribution was also extremely discussible under International Law*". Macieira, Flávio Helmold — "The role of public international law in the following events: — The terrorist attacks of 11th September; — The current War in Afghanistan; and — Ireland's Presidency of the United Nations Security Council. Manuscript.
65. Nichols, Bob. "11,000 US Soldiers Now Dead From DU Poisoning Heads roll at Veterans Administration Mushrooming depleted uranium (DU) scandal blamed". Project Censored Award Winner — SF Bay View Global Research.ca 2-28-5 http://www.rense.com/general63/11.htm.
66. Ibid.

Capítulo XXXIV

A REAÇÃO DA CORÉIA DO NORTE À AMEAÇA DE BUSH • OS OBJETIVOS DA GUERRA CONTRA O IRAQUE • A MÍDIA E A MANIPULAÇÃO DA OPINIÃO PÚBLICA • REAÇÃO DA ONU E AS FRAUDES DE BUSH • REPULSA MUNDIAL À GUERRA CONTRA O IRAQUE • OCUPAÇÃO DE BAGDÁ • NÃO ENCONTRADAS AS ARMAS DE DESTRUIÇÃO EM MASSA • TORTURA DE PRISIONEIROS EM ABU GHRAIB

A Coréia do Norte, acusada por George W. Bush de constituir com o Iraque e o Irã o *axis of evil*, sentiu-se desde logo ameaçada e decidiu, portanto, desenvolver seu programa para a obtenção de armas de modo que pudesse dispor de um elemento dissuasório contra qualquer possível ataque dos Estados Unidos. Segundo Washington, "altos funcionários" do governo de Pyongyang revelaram, em conversa particular, que ela iria retomar seu programa atômico para fins militares. E George W. Bush aproveitou a oportunidade e suspendeu o acordo, intermediado, em 1994, por Jimmy Carter, que permitira a Clinton conseguir, diplomaticamente, que Kim Jong-il, o ditador da Coréia do Norte, interrompesse seu programa nuclear, em troca do fornecimento anual de 500.000 toneladas de óleo, por ano, e da ajuda à construção de dois reatores nucleares de água-leve, para fins pacíficos, compromisso, aliás, não cumprido pelos Estados Unidos[1]. Àquele tempo, a Coréia do Norte já havia conseguido produzir seu primeiro carregamento de urânio frio, graças ao reator de 5 megavolts, em Yongbyon, e tinha condições para fabricar uma ou duas bombas nucleares, se possuísse as primeiras barras de combustível[2]. E a decisão de George W. Bush de acabar o acordo alcançado na administração de Clinton reacendeu as tensões na região e interrompeu o processo de paz entre a Coréia do Norte e a Coréia do Sul, cujos presidentes Kim Jong-il, da Coréia do Norte, e Kim Dae-jung, da Coréia do Sul, encontraram-se em Pyongyang, reunião histórica, que aproximou os dois Estados e abriu a perspectiva de gradual reunificação, com a tomada de medidas concretas, possibilitando a reunião de famílias e alguns investimentos, bem como projetos de abertura de rodovia e ferrovia através da fronteira.

Como resposta à iniciativa de George W. Bush, o governo de Pyongyang anunciou, oficialmente, o propósito de reativar a usina atômica de Yongbyon, a 100 quilômetros ao norte Pyongyang, paralisada desde 1994, alegando a necessidade de produzir energia[3]. E, de acordo com *The New York Times* de 10 de junho de 2001, o velho George Bush teve de intervir junto ao filho, que estava "*unduly*" influenciado pelo Pentágono, admoestando-o a agir com moderação e reabrir o diálogo com a Coréia do Norte[4]. O problema era que a perspectiva de uma guerra, ao gerar a instabilidade econômica na região, ameaçava o valor dos imensos investimentos, que o Carlyle Group fizera na Coréia do Sul, da ordem de US$ 1 bilhão, entre os quais o controle do KorAm Bank e da Mando Machinery Corporation, produtora de acessórios e autopeças[5]. O endurecimento com a Coréia do Norte estava a solapar o governo de Kim Dae-jung, presidente da Coréia do Sul, e, em conseqüência os interesses dos Estados Unidos[6]. Em julho de 2001, porém, *The New York Times* noticiou que o velho George Bush telefonara ao Príncipe Abdullah, herdeiro da coroa da Arábia Saudita, dizendo-lhe que seu filho tinha o coração no lugar certo e que estava "*going to do the right thing*"[7].

Os preparativos para desencadear a guerra contra o Iraque já estavam então bastante adiantados. A política de "*regime change*", colimada pela malta do *Project for the New American Century*, no documento *Rebuilding America's Defences: Strategies, Forces And Resources For A New Century*, visava a fazer do Iraque, com a derrubada de Saddam Hussein, um *guinea-pig* (cobaia), com a instituição de um simulacro de democracia, de fácil manipulação por meio do controle de seu processo eleitoral, estável e próspera, um verdadeiro modelo para todo o mundo islâmico. O objetivo da administração de George W. Bush era redefinir o quadro estratégico do

Oriente Médio, o que implicava o controle das reservas de petróleo do Iraque, e evitar que a OPEP, nas transações internacionais, abandonasse o padrão dólar e adotasse o padrão euro, mudança já efetuada pelo governo de Saddam Hussein, em novembro de 2000, quando o euro valia cerca de 80 centavos de dólar, não sofrendo, portanto, prejuízos, com a desvalorização da moeda americana, da ordem de 15 % frente à moeda comum da União Européia, no ano 2002. E, após o Iraque, seria a vez da Síria e, em seguida, do Irã[8], da Líbia, países nos quais os Estados Unidos se dispunham a intervir, de um modo ou de outro, com o propósito de consolidar sua predominância no mundo islâmico, dar maior segurança a Israel, e propiciar grandes negócios às corporações americanas. E, a fim de justificar e legitimar o ataque contra o regime de Saddam Hussein, George W. Bush, em 12 de setembro, compareceu à abertura da Assembléia Geral da ONU, e acusou Saddam Hussein de tentar produzir armas de destruição em massa. E argumentou que

> *"The conduct of the Iraqi regime is a threat to the authority of the United Nations, and a threat to peace. Iraq has answered a decade of U.N. demands with a decade of defiance. All the world now faces a test, and the United Nations a difficult and defining moment. Are Security Council resolutions to be honored and enforced, or cast aside without consequence? Will the United Nations serve the purpose of its founding, or will it be irrelevant?"*[9]

George W. Bush recorreu a falsidades e sofismas. Seu objetivo, ao pressionar, com arrogância e insolência, o Conselho de Segurança no sentido de que apoiasse a guerra contra o Iraque, foi efetivamente desmoralizar a ONU, como irrelevante, colocando os Estados Unidos acima do direito internacional e da ordem. Sua atitude, ao ameaçar agir, unilateralmente, caso o Conselho de Segurança não votasse outra Resolução, autorizando a guerra, refletiu o pensamento da extrema-direita americana, que o considerava como "*pale approximation of a genuine multilateral order*"[10] e desprezava a ONU, como um organismo sem consistência, deteriorado pela disparidade de objetivos e dedicado a apaziguar ao invés de pôr fim às ameaças à paz e à segurança[11]. Para a malta de *neocons* "*the only stable order Americans can imagine is one that has the United States at its center*"[12].

Cerca de um mês depois, em 10 de outubro de 2002, o Congresso americano, influenciado pela manipulação da opinião pública, que a mídia estava a promover, em cumplicidade com o governo, aprovou a Resolução H.J. 114, autorizando o "*the use of United States Armed Forces against Iraq*"[13], sob a alegação de que Saddam Hussein possuía armas de destruição maciça e ameaçava a paz. "*If you want to keep the peace, you've got to have the authorization to use force*", dissera George W. Bush ao Congresso. A ele não importou se era plausível ou não o pretexto. Também devia pensar, como Hitler, que "ao vencedor não se pergunta depois se ele disse ou não a verdade". Não sem razão, em setembro de 2002, Herta Däuber-Gmelin, ministra da Justiça no governo de Gerhard Schröder, havia comparado seus métodos com os que Hitler usou, nos anos 1930, antes de deflagrar a Segunda Guerra Mundial. Evidentemente, o contexto era outro, a retórica, diferente, mas a essência era a mesma. E o Congresso americano uma vez mais aprovou uma resolução "*not based on a full presentations of facts*", como a que endossara o bombardeio do Vietnã, apesar de que Kissinger avaliasse, em suas memórias, que o método usado para obtê-la "*would not be possible today, and American democracy is better for it*"[14].

Entretanto, ante os preparativos dos Estados Unidos para atacar o Iraque, usando como pretexto a suposição de que Saddam Husseim buscava obter armas de destruição em massa, Kim Jong-il inferiu que a Coréia do Norte, como de parte do "*axis of evil*", seria a próxima vítima. Entendeu que nem mesmo desarmando-se, renunciando ao projeto de produzir armas nucleares e permitindo a entrada dos inspetores da AIEA, evitaria a guerra. Os Estados Unidos não eram um país confiável, pois nem os tratados respeitavam. E desafiou Washington e escalou a confrontação, com iniciativas concretas. Entre janeiro e março de 2003, Kim Jong-il denunciou o Tratado de Não-Proliferação de Armas Nucleares (TNP) e, na seqüência, expeliu os inspetores internacionais, removeu as câmaras e outros aparelhos de monitoramento da Agência Internacional de Energia Atômica (AIEA), que remeteu então o problema para o Conselho de Segurança da ONU. E o Exército do Povo da Coréia do Norte ameaçou abandonar o armistício de 1953, se os Estados Unidos continuassem a concentrar armamentos da região, como bombardeiros B-1 e B-2 na base de Guam, e testou mísseis terra-mar, no mar entre a Península da Coréia, ao leste da Coréia do Sul, e o mar do Japão. Kim Jong-il preparou-se para defender-se no único modo que o governo de Washington poderia entender: com a guerra total. E as tensões entre a Coréia do Norte e os Estados Unidos recrudesceram. Kim Dae-jung, presidente da Coréia do Sul, alarmou-se e voltou-se para a União Européia, pedindo auxílio para preencher o *gap* que George W. Bush havia criado no processo de paz com a Coréia do Norte. E seu sucessor Roh Moo-hyun, ao que se soube, disse a George W. Bush que antes preferia coexistir com uma Coréia do Norte nuclearizada do que juntar-se aos Estados Unidos em uma outra guerra[15]. A opinião pública, na Coréia do Sul, havia radicalmente mudado, com respeito à Coréia do Norte. Não mais a temia, se ela não fosse acossada pelos Estados Unidos. Estava agastada com os problemas criados por militares americanos, ao longo de 50 anos de ocupação, e não queria ver a riqueza, que produzira, destruída pela jactância de um *bully* distante, resguardado na Casa Branca.

George W. Bush, evidentemente, não aceitou o repto de Kim Jong-il. Tinha fortes razões para não fazê-lo, além dos interesses do Carlyle Group na Coréia do Sul, que seriam inevitavelmente afetados. Diferentemente do Iraque, onde ele efetivamente sabia não existir armas de destruição em massa, a via militar não se afigurou a melhor opção para tratar com a Coréia do Norte. O vice-almirante Edmund P. Giambastiani, comandante de submarino nuclear e assessor militar senior de Rumsfeld, ao apresentar-lhe o *Op Plan 5027*, *top secret* plano de contingência para a Coréia do Norte, observou que não havia solução intermediária, senão a diplomacia ou a guerra total, e os Estados Unidos teriam de transportar sua estrutura e capacidade logística ou para a Ásia ou para o Oriente Médio, e por muitos meses[16]. O Pentágono tinha também informação de que a Coréia do Norte possuía algo em torno seis ogivas nucleares, e entre 175 e 200 mísseis Rodong, com alcance de 1.300 quilômetros, capazes de atingir o Japão, e entre 650 a 800 mísseis Scud, de alcance intermédio, estocados em armazéns subterrâneos[17]. E, à parte da possibilidade de que a Coréia do Norte poderia ir à guerra nuclear, em resposta a um ataque dos Estados Unidos, seu exército contava com mais de 1 milhão de homens em arma e centenas de peças de artilharia, que poderiam atingir Seul, uma cidade com cerca de 10,8 milhões de habitantes. Desde 1993-1994, a Coréia do Norte ameaçava lançar um "mar de fogo" sobre a Coréia do Sul e o Japão, caso fosse atacada[18]. E os Estados Unidos tinham na Coréia do Sul 101 instalações militares, entre as quais a Osan Air Base, Kunsan Air Base e a Yongsan Army Garrison, 37.605 soldados, 2.875 civis trabalhando para o Exército, e 7.027 residentes dependentes, além de 38 bases em Okinawa e em várias cidades do Japão[19]. O poder militar da Coréia do Norte dissuadiu os Estados Unidos do ataque. A guerra não ocorreu porque Kim Jong-il tinha meios e condições de defender-se, ainda que custasse o fim do seu regime. E não restou alternativa a George W. Bush senão declarar que permanecia convencido de que podia haver solução diplomática para o impasse[20]. A questão, ao seu ver, tornou-se "regional", que melhor poderia ser tratada nos fóruns multilaterais, no Conselho de Segurança e na AIEA, e que cabia à China convencer Pyongyang a renunciar ao seu programa atômico.

Entrementes, a mídia americana, orquestrada pelo Departamento de Estado e pelo Pentágono, continuava a demonização de Saddam Hussein, iludindo a opinião pública e levando-a até crer que ele tinha relação com os atentados de 11 de setembro. No dia 17 de março, dirigindo-se à nação, George W. Bush declarou enfaticamente:

> *"Intelligence gathered by this and other governments leaves no doubt that the Iraq regime continues to possess and conceal some of the most lethal weapons ever devised. This regime has already used weapons of mass destruction against Iraq's neighbours and against Iraq's people."*[21]

George W. Bush afirmou que o regime de Saddam Hussein "*has aided, trained and harbored terrorists, including operatives of al-Qa'ida*". Em seguida, alarmou ainda mais o povo Americano, ao dizer que havia claro perigo de que, usando armas químicas, biológicas ou, um dia, nucleares, "*obtained with the help of Iraq*", os terroristas pudessem realizar suas ambições, matando milhares ou centenas de milhares de inocentes nos Estados Unidos. Mais adiante, afirmou que os Estados Unidos "has the sovereign authority to use force in assuring its own national security." E, após dizer que "the United Nations Security Council has not lived up to its responsibilities, so we will rise to ours", deu o *ultimatum*:

> *"All the decades of deceit and cruelty have now reached an end. Saddam Hussein and his sons must leave Iraq within 48 hours. Their refusal to do so will result in military conflict, commenced at a time of our choosing. For their own safety, all foreign nationals — including journalists and inspectors — should leave Iraq immediately."*

E insistiu:

> *"If Saddam Hussein attempts to cling to power, he will remain a deadly foe until the end. In desperation, he and terrorists groups might try to conduct terrorist operations against the American people and our friends. These attacks are not inevitable. They are, however, possible. And this very fact underscores the reason we cannot live under the threat of blackmail. The terrorist threat to America and the world will be diminished the moment that Saddam Hussein is disarmed. (...)Terrorists and terror states do not reveal these threats with fair notice, in formal declarations — and responding to such enemies only after they have struck first is not self-defense, it is suicide. The security of the world requires disarming Saddam Hussein now."*[22]

O pronunciamento de George W. Bush configurou uma falácia, uma fraude, uma impostura. Sua estratégia para desencadear a guerra contra o Iraque baseou-se em construir um imaginário e fictício vínculo entre Saddam Hussein e os atentados de 11 de setembro[23]. O governo americano, mancomunado com a mídia, promoveu "*massive desinformation*". "*It was the power of lie*" — comentou James Bamford[24]. O Iraque não tinha relação com os terroristas de al-Qa'ida, uma organização religiosa, expressão do radicalismo *Wahhabi*, que também se opunha ao regime laico do Partido

Ba'ath e considerava Saddam Hussein um apóstata. Foram os sauditas, sobretudo, e alguns egípcios que participaram dos atentados de 11 de setembro. A CIA nunca acreditou que houvesse ligação entre o Iraque e os atentados de 11 de setembro, apesar de que Chenney, Donald Rumsfeld, Douglas J. Feith e Richard Perle pretendessem estabelecê-la para justificar o ataque contra Saddam Hussein. A CIA não julgava provável que um regime secular como o existente no Iraque tivesse qualquer relação com a al-Qa'ida e duvidava de que Saddam Hussein suprisse terroristas. Daniel Benjamin, ex-assessor para terrorismo no Conselho de Segurança Nacional dos Estados Unidos, disse à CBS News que, embora pudesse haver algum contato, não existia cooperação entre al-Qa'ida e o regime secular e nacionalista de Saddam Hussein, que recusava a lei religiosa da Shari'a. Usamah bin-Ladin era um inimigo natural de Saddam Hussein, odiava-o e considerava-o um "infiel", porque ele não abraçava o fundamentalismo islâmico, conforme também salientou Bari Atwan, editor do jornal árabe *Al Quds*, publicado em Londres[25]. Só um homem ignorante, como George W. Bush, com má-fé e propósitos escusos de empulhamento, podia fazer semelhante afirmação.

Era óbvio também que Saddam Hussein não possuía armas de destruição em massa, tanto que não as usara contra as tropas americanas, na Guerra do Golfo, em 1991. E com tal acusação George W. Bush apenas oferecera à nação a "razão propagandística" para atacar o Iraque, como parte da guerra permanente contra o terror, e começar a impor a todos os países, em todos os continentes, inclusive o "*Islamic world*", conforme ressaltara para os cadetes de West Point, o que chamou "*free and open societies*", i.e., regimes dóceis e favoráveis aos interesses econômicos e políticos dos Estados Unidos. Mas tanto na Alemanha como na França, como nos demais países da Europa Ocidental, era evidente que George W. Bush estava a mentir, que o Iraque não representava qualquer ameaça política e militar. O social-democrata Gerhard Schröder, chefe do governo alemão, e o conservador Jacques Chirac, presidente da França, aliaram-se na oposição à guerra. E, diante da atitude que tomaram, Donald Rumsfeld, com a maior arrogância, disse aos jornalistas: "*You're thinking of Europe as Germany and France. I don't. I think that's old Europe*"[26]. A nova Europa, para Rumsfeld, eram os países que se desagregaram do Bloco Soviético, como a Polônia, Bulgária, Romênia e Ucrânia. E sua declaração somente agravou o desentendimento. Se os Estados Unidos entendiam que não mais necessitavam de aliados, e sim de vassalos, em uma ordem internacional unipolar, de caráter feudal, a dissolução da União Soviética e o fim da Guerra Fria afrouxaram, por outro lado, a coesão no cartel das potências industriais do Ocidente, que não mais temiam o comunismo, antes corporizado por um bloco de Estados e partidos organizados, legal ou ilegalmente, em quase todos os países. O chamado "terrorismo internacional" não estava a assustar nem a Alemanha nem a França, onde viviam milhões de muçulmanos. Constituía um fenômeno decorrente da sufocante presença dos Estados Unidos no Oriente Médio, e de sua identificação com Israel na questão da Palestina. E assim se dilataram as contradições já existentes entre os Estados Unidos e os dois principais países da União Européia — Alemanha e França — geradas pelas políticas de George W. Bush, unilaterais e afrontosas, ao rechaçar o Tratado de Kyoto (de redução das emissões de gases venenosos) e o Tribunal Penal Internacional, para julgar crimes de guerra e outras violações dos direitos humanos. E os Estados Unidos não conseguiram sequer o aval da OTAN para a sua aventura.

Cerca 64% dos europeus condenaram a guerra. A Turquia resistiu às ofertas de dinheiro, não se deixou corromper e não permitiu o estacionamento de tropas americanas no seu território. Mesmo assim, não obstante as multitudinárias manifestações de repulsa à guerra, nas mais diversas capitais e outras grandes cidades do mundo, e a oposição da França, Rússia, China, Alemanha e outros países, sem obter autorização do Conselho de Segurança da ONU, ou o consenso da OTAN, os Estados Unidos, acompanhados pela Grã-Bretanha, Espanha, Itália, Polônia e alguns outros países menores e dependentes do Leste Europeu, subornados com favores, desfecharam os ataques aéreos contra Bagdá, em 19 de março de 2003. Richard N. Perle[27], membro do conselho do Jewish Institute for National Security Affairs e presidente do Defence Policy Board do Pentágono, um dos principais assessores do secretário de Defesa, Donald Rumsfeld, publicou então um artigo, intitulado "*Thank God for the death of the UN*", no qual disse que o regime de terror de Saddam Hussein estava perto do fim, iria rapidamente, "*but not alone: in a parting irony, he will take the UN down with him*"[28]. Richard N. Perle, apelidado o *Prince of Darkness*, era uma espécie de "*exotic superhawk*", como o qualificou Hans Blix[29]. Representava o *lobby* judaico, era vinculado aos interesses da indústria bélica de Israel e dos Estados Unidos, e sócio da Trireme Partners L.P., registrada em Delaware em 2001, logo após os atentados de 11 de setembro, a fim de investir em tecnologia, bens e serviços relacionados com a defesa nacional, conforme carta enviada ao comerciante de armas Adnan Khashoggi[30], bem como Autonomy Corporation, especializada em equipamentos de inteligência. Mas, dias depois do artigo agradecendo a Deus pela morte da ONU, juntamente com a derrocada do regime de Saddam Hussein, teve de renunciar ao cargo de presidente do Defence Policy Board, envolvido em um escândalo, quando a *Global Crossings* mostrou aos tribunais documentos sobre uma promessa de comissão para Perle de US$ 725.000, caso ele obtivesse a permissão do Pentágono para a companhia buscar investidores na Ásia, permissão esta que lhe fora negada, uma vez que o negócio seria feito com a empresa Hutchison Whampoa Ltd., de Hong Kong, ligada à China[31].

Ao contrário da previsão do *Prince of Darkness*, a ONU, porém, não se esboroou nem se enfraqueceu com a decisão dos Estados Unidos de fazer a guerra contra o Iraque, sem a autorização do Conselho de Segurança. Os Estados Unidos, sim, sofreram sua primeira grande derrota política e moral, depois de uma década de vitórias, em que conseguira aprovação para todas as suas políticas, sem mais contar com a oposição da Rússia e da China. Esse fiasco no Conselho de Segurança da ONU evidenciou que George W. Bush não contava com o respaldo da comunidade das nações para as suas aventuras bélicas e o curso dos acontecimentos demonstrou que os Estados Unidos tinham meios militares de destruir o regime de Saddam Hussein, mas não dispunham de condições políticas de levar adiante seu projeto de impor pelas armas a *Pax Americana*. Ele, inculto, não sabia que o príncipe Charles Maurice de Talleyrand-Périgord, diplomata francês e ministro dos Assuntos Estrangeiros de Napoleão Bonaparte, advertira, certa vez, que "*on peu tout faire avec les bayonnettes excepté s'y asseoir*". Tudo George W. Bush podia fazer com os mísseis teleguiados, exceto sentar-se sobre eles.

Efetivamente, as tropas dos Estados Unidos ocuparam Bagdá, em 9 de abril, após intensos ataques aéreos, com mísseis teleguiados e bombas DU, matando milhares de civis, causando danos ecológicos e destruindo sítios históricos. Durante a ofensiva, a sociedade americana foi sistematicamente colocada diante de uma realidade artificial, criada pela mídia, que dava ao leitor ou ao telespectador fatos fragmentados e empulhados pelo oficialismo, ou seja, de conformidade com a fonte do Pentágono e dos comandantes militares no Iraque. A imprensa e as redes de televisão dos Estados Unidos, com exceção de alguns articulistas mais independentes, foram, de modo geral, coniventes com o governo e, ao contrário do que ocorrera durante a guerra no Vietnã, ocultaram os fatos e iludiram a opinião pública, contribuindo não para informá-la, mas, sim, para desinformá-la. E, em 1° de maio de 2003; George W. Bush, fantasiado de militar, proclamou, a bordo do porta-aviões *USS Abraham Lincoln*, que os "*major combat operations in Iraq have ended*" e que "*the United States and our allies have prevailed*".

A rapidez com que as tropas americanas evoluíram no Iraque e ocuparam Bagdá, em apenas 21 dias, demonstrou claramente que o exército do Iraque estava bastante enfraquecido, após dez anos de sanções ditadas pelo Conselho de Segurança da ONU, bem como pelos constantes e ilegais bombardeios de suas defesas aéreas, efetuados previamente pelos Estados Unidos e Grã-Bretanha. Somente em um ano, 2002, os aviões e ingleses e americanos violaram 10.000 vezes o espaço aéreo do Iraque para bombardear suas bases militares sem que um único piloto morresse[32]. E Saddam Hussein, inclusive, começara a destruir, em 3 de março, os mísseis al-Samoud, atendendo às exigências de Hans Blix, chefe do UNMOVIC, que retornara Bagdad em novembro de 2002[33]. A verdade, que se evidenciou, foi a de que o Iraque não possuía as armas químicas e biológicas, alegadas por George W. Bush, uma vez que as poderia haver usado para conter as tropas americanas. E Muhammad ElBaradei, diretor da AIEA, havia afirmado não haver encontrado "*plausible indication*" de que o Iraque houvesse revivido seu programa nuclear[34].

Com efeito, as armas de destruição em massa, que Bush usara como "razão propagantística" para atacar o Iraque, nunca foram encontradas. Simplesmente não mais existiam. O próprio secretário-adjunto de Defesa, Paul Wolfowitz, confessara em entrevista à imprensa, em 28 de maio de 2003, que por "*bureaucratic reasons*" a questão das armas de destruição em massa fora selecionada para justificar a invasão do Iraque, dado ser a única com a qual todos — dentro e fora dos Estados Unidos — poderiam concordar[35]. Outros interesses e motivos havia. E o governo americano somente atacou o Iraque porque sabia que não mais possuía as tais armas de destruição em massa. O general Hussein Kamel Hassan al-Maji, genro de Saddam Hussein e que desertara para a Jordânia em 1995, já havia informado aos funcionários da CIA e do Intelligence Service, e ao inspetores da UNSCOM, que ele mesmo, como chefe do programa, ordenara a destruição de todas as armas químicas e biológicas, e os mísseis, logo após a Guerra do Golfo, em 1991, conforme a revista *Newsweek* revelara na edição de 3 de março de 2003, cerca de 15 dias antes de George W. Bush ordenar o início da guerra[36]. Com efeito, três meses após a ocupação do Iraque pelas tropas americanas e britânicas, a equipe de 1.400 inspetores do Iraq Survey Group, chefiada pelo Major-General Keith Dayton, não encontrou as alegadas armas de destruição em massa, conforme o principal inspetor David Kay informou às comissões do Congresso americano[37], em outubro de 2003. Posteriormente, ele admitiu que Saddam Hussein nem mesmo possuía tais armas, antes da guerra. "*We led this search to find the truth, not to find the weapons*", declarou no programa Weekend Edition, da National Public Radio, em 25 de janeiro de 2004. E acrescentou: "*The fact that we found so far the weapons do not exist, we've got to deal with that difference and understand why.*"[38] O próprio Collin Powell, na mesma ocasião, teve de reconhecer que Saddam Hussein nem mais possuía essas armas, quando a guerra foi desencadeada[39].

O relatório liberado, em 6 de outubro de 2004, por Charles Duelfer, chefe do Iraq Survey Group (ISG), formado por 1.200 inspetores, sob a direção da CIA, igualmente confirmou que não havia no Iraque programa para a produção de armas de destruição em massa, quer químicas e bactereológicas quer nucleares, após 15 meses de exaustiva investigação, desde a derrubada de Saddam Hussein[40]. O fato de que essas armas nunca foram encontradas e de que todas as investigações chegaram à mesma conclusão de que elas não existiam evidenciou que George W. Bush mentira, falseara as informações, e o mesmo fizera seu escudeiro Tony Blair, na Grã-Bretanha. O que restava da credibilidade do governo dos Estados Unidos, ao nível internacional, esvaiu-se[41]. Mesmo nos Estados Unidos, a maioria dos americanos percebeu que George W. Bush mentira ou deliberadamente exagerara a informação de que o Iraque possuía armas de destruição em massa, a fim de justificar a guerra, conforme demonstrou pesquisa efetuada por *The Washington Post-ABC News*[42]. A jornalista Maureen Dowd acusou George W. Bush e sua equipe de mentir, ao lançar sobre a inteligência a culpa pela falsa informação de que havia no Iraque armas de destruição maciça. "*The president and Condi Rice can shuffle the shells and blame George Tenet, but it smells of mendacity*", ela escreveu, dizendo que enganar com a alegação de ataques preventivos era patológico, dados os duzentos norte-americanos mortos (até início de julho de 2003) mais de mil feridos, além de inumeráveis iraquianos[43]. George Tenet, diretor da CIA, tergiversou e, esquivando-se da responsabilidade, declarou, em conferência na Georgetown University, em Washington, que os analistas tinham várias opiniões sobre a existência ou não de armas químicas, biológicas ou nucleares e "*they never said there was an imminent threat*", conforme George W. Bush afirmara para justificar a guerra[44]. Ex-analistas da CIA revelaram que, jamais na história dos Estados Unidos, informações haviam sido tão sistematicamente fraudadas, a fim de enganar os congressistas e a opinião pública. A essa tarefa dedicou-se o Office of Strategic Influence (OSI), criado, sigilosamente, por Donald Rumsfeld e o subsecretário de Defesa, Douglas Feith, dentro do Pentágono, com a tarefa divulgar falsas informações, e promover *psychological operations* (PSYOP), a pretexto de servir à causa dos Estados Unidos. O objetivo era o mesmo do Ministerium für Propaganda und Volksaufklärung, dirigido por Joseph Goebbels, durante o Terceiro Reich. Importantes jornais e redes de televisão americanos transformaram-se em agências de propaganda bélica da Casa Branca, apoiando a farsa classificada como "o pior escândalo da história política dos Estados Unidos", segundo o professor Paul Krugman.

Entretanto, o House Permanent Select Committee on Intelligence, após examinar, durante 4 meses, 19 volumes de documentação oficial secreta, entre a qual uma National Intelligence Estimate (NIE), que George W. Bush utilizou para justificar a guerra contra o Iraque, concluiu, que havia "*significant deficiences*", na forma com que os serviços de inteligência recolheram os dados, considerando a ausência de provas de que as armas químicas e biológicas e seus programas de desenvolvimento haviam sido destruídas como prova de que continuavam a existir. Segundo os congressistas, a comunidade de inteligência dos Estados Unidos havia largamente usado informação superada, "*circumstantial*" e "*fragmentary*", com "*too many uncertainties*", para concluir que o Iraque tinha armas de destruição em massa e laços com al-Qa'aida[45], fato que o próprio George W. Bush, bem como Collin Powell e Donald Rumsfeld, foram forçados a reconhecer, publicamente[46]. Uma vez mais, porém, o Congresso americano, como no caso dos atentados de 11 de setembro, optou pelo *cover-up*, tratando de encobrir a trapaça, com que George W. Bush engodara o ânimo do povo americano, e atribuiu a uma falha dos serviços de inteligência a inexistência no Iraque de armas de destruição em massa. Em realidade, a razão para a guerra contra o Iraque fora uma fraude, "*made up in Texas*", conforme o Senador Edward Kennedy denunciou em entrevista à Associated Press[47].

Como se não bastasse a comprovação da impostura a das armas de destruição em massa, a revelação de que os prisioneiros em Guantánamo e em Abu Ghraib, no Iraque, eram torturados, brutalizados e humilhados, acabou com o resto, se ainda havia, da respeitabilidade internacional da administração de George W. Bush. Cerca de 680 muçulmanos, oriundos de 42 países (cerca de 150, da Arábia Saudita, 80 do Iêmen, e 50 do Paquistão[48]) e capturados no Afeganistão, continuavam presos no Camp Delta, na Base Naval de Guantánamo (Cuba), havia mais de dois anos após a ocupação do Afeganistão, sem acusação formal, sem julgamento, sem quaisquer direitos, proibidos de receber visitas e assessoria jurídica, apenas classificados, vagamente, como "*enemy combattants*"[49]. Entre eles havia, um adolescente de 16 anos e um velho, com 105 anos, mas os militares americanos diziam que ele tinha "apenas" 95. A Base Naval de Guantánamo transformou-se em campo de concentração, um gulag, e, como não era considerada território americano, os prisioneiros não podiam ser julgados de acordo com as leis dos Estados Unidos nem serem levados a tribunais internacionais, uma vez que não tinham o *status* de prisioneiros de guerra. Ficavam à mercê do arbítrio do secretário-adjunto de Defesa, Paul Wolfowitz, submetidos a torturas físicas e psicológicas e recebendo injeções e pílulas antes dos interrogatórios[50]. E, assim como Kenneth Roth, diretor da organização *Human Rights Watch*, Ben Jealous, diretor do programa para os Estados Unidos de Direitos Humanos Domésticos da *Amnesty International*, acusou também o governo de Washington de criar um "buraco negro"[51], com respeito aos direitos humanos, em várias de suas bases militares, particularmente no Iraque, onde até setembro de 2003 mantinham milhares de prisioneiros, e em Guantánamo.

A revelação de que os soldados americanos estavam brutalizando, torturando e humilhando os prisioneiros amontoados em Abru Ghraib — cárcere situado a 20 milhas a oeste de Bagdá — foi feita pelo importante jornalista Seymour M. Hersh, um dos mais sérios e independentes dos Estados Unidos[52], o mesmo que denunciou o massacre de My Lai, ao tempo da guerra no Vietnã. Ele obteve um documento confidencial de 53 páginas, escrito pelo General Antonio M. Taguba em fevereiro de 2004, relatando que entre outubro e dezembro de 2003 os prisioneiros iraquianos foram submetidos sistematicamente a "*sadistic, blatant, and wanton criminal abuses*", em Abu Ghraib, pelos soldados do 372nd Military Police Company, e pelos membros da comunidade de inteligência dos Estados Unidos. Algumas das torturas consistiam em quebrar lâmpadas e despejar o fósforo líquido sobre o corpo dos detidos, mergulhá-los em água gelada, bater neles com cabo de vassoura e cadeiras, ameaçá-los de estupro, sodomizá-los com cabos de vassoura, atemorizá-los com cães de guerra e, em última instância, deixar que os mordessem, etc.

Entretanto, ao começar a guerra contra o Iraque, George W. Bush dissera, em 23 de março de 2003, que "*we expect them to be treated humanely, just like we'll treat any prisoners of theirs that we capture huma-*

nely... If not, the people who mistreat the prisoners will be treated as war criminals".[53] Também Donald Rumsfeld advertiu que, de acordo com a Geneva Convention, "*it's not permitted to photograph and embarrass or humiliate prisoners of war, and if they do happen to be American or coalition ground forces that have been captured, the Geneva Convention indicates how they should be treated*"[54]. A divulgação de fotos obscenas e vídeos, comprovando as torturas, humilhações sexuais e outros abusos e violações dos direitos humanos a que, por instrução do Pentágono e da CIA, os prisioneiros iraquianos eram submetidos na prisão de Abu Ghraib (como os presos na base de Guantánamo), em desrespeito à Geneva Convention, tornou ainda mais evidente a bancarrota moral dos Estados Unidos tanto que a revista *Stern*, da Alemanha, na capa da edição de 19 de maio de 2004, usou essa expressão "*Moralisch Bankrott*" como título, sobre o retrato de George W. Bush[55].

Tais métodos de tortura (*stress and duress techniques*)[56], desrespeitando os direitos humanos e as normas estabelecidas pela *Geneva Convention*, foram aprovadas diretamente pelo próprio secretário de Defesa, Donald Rumsfeld, com o conhecimento de George W. Bush[57]. Seymour M. Hersh revelou que os abusos e torturas na prisão de Abu Ghraib não decorreram de inclinações criminosas de alguns poucos soldados do Exército americano, mas de uma decisão aprovada pelo secretário de Defesa, Donald Rumsfeld, visando a extrair dos prisioneiros mais informações sobre al-Qa'ida e insurgência no Iraque[58]. Também o Departamento de Justiça, em agosto de 2002, admitiu em *memorandum* à Casa Branca que torturar terroristas de al'Qa'ida, no exterior, "*may be justified*," e que as leis internacionais contra tortura "*may be unconstitutional if applied to interrogations*" conduzidas durante a guerra contra o terrorismo proclamada por George W. Bush, acrescentando que a necesidade de autodefesa "*could provide justifications that would eliminate any criminal liability*"[59]. E, ao que tudo indicou, foi prevendo o emprego de tais métodos que a administração de George W. Bush retirou sua assinatura do tratado que criava a Corte Penal Internacional, para os crimes de guerra e contra os direitos humanos, e fez intensa campanha, por meio de pressões e chantagem, sobre outros países, a fim não entregar os soldados americanos ao seu julgamento, privilégio que nenhuma outra nação procurou obter.

Os métodos de tortura empregados em Guantánamo e em Abu Ghraib eram similares aos consubstanciados no manual de treinamento "*KUBARK — Counterintelligence Interrogation — July 1963*", elaborado para o Vietnã, e em outro manual — "*Human Resource Exploitation Training Manual — 1983*", que se destinara a ensinar aos serviços de segurança da América Central — Nicarágua, El Salvador e Honduras — a extrair informações dos suspeitos de subversão[60].

Esse manual foi usado em numerosos países latino-americanos como instrumento de instrução pela CIA e pelos *Green Beret*, entre 1983 e 1987, e tornou-se objeto de críticas no Senate Intelligence Committee, em 1988, devido aos abusos e violação dos direitos humanos cometidos pelos militares de Honduras, treinados pelos americanos. Em março de 1992, foi enviado ao então secretário de Defesa, Dick Cheney, um relatório, após nove meses de investigação, realizada internamente no Pentágono, sobre os manuais de contra-inteligência e interrogatório usados pelo Southern Command (SOUTHCOM), através da América Latina e que afiguravam conter material "*objectionable*". Os investigadores traçaram as origens das instruções sobre o uso de espancamento, confinamento, execuções simuladas e aplicação do soro da verdade até o *Project X*, um programa executado pelas unidades da *Army Foreign Intelligence*, na década de 1960. Os oficiais latino-americanos que cursaram a Escola das Américas, entre 1966 e 1976, foram treinados de acordo com o programa do *Project X*, apresentado "*training package to provide counterinsurgency techniques learned in Vietnam to Latin American countries*". Esse treinamento foi suspendido em virtude da comissão de inquérito no Congresso americano e também por temer a administração de Carter que contribuísse para a violação dos direitos humanos. Porém, foi restaurado, em 1982, pela administração de Ronald Reagan[61].

Diante da repercussão altamente negativa que os escândalos de Abu Ghraib alcançaram em todo o mundo, a CIA anunciou a suspensão das técnicas *stress and duress* de interrogatório, i.e., das técnicas de tortura, aprovadas novamente pela Casa Branca[62] e que resultaram na morte de prisioneiros[63]. E o escândalo foi abafado, outra vez houve um *cover-up*, com a condenação de alguns soldados a penas leves, sem alcançar os maiores responsáveis na cadeia de comando. Contudo, a general Janis Karpinski, responsável pela prisão de Abu Ghraib, disse à BBC, de Londres, depois de afastada do cargo, que ouviu de um comandante de inteligência militar, general Geoffrey Miller, que os prisioneiros deveriam ser tratados "*like dogs*", e alegou que ela e seus soldados estavam a servir como "*scapegoats*" para abusos ordenados por outros[64]. Mas os prisioneiros continuaram enclausurados, sem qualquer acusação e julgamento, limitado até o acesso da Cruz Vermelha, tanto em Guantánamo como em Abu Ghraib e quartéis em outros países, para onde sigilosamente foram levados.

Segundo informações correntes, a CIA mantinha prisões na Tailândia, Qatar e Afeganistão, entre outros países, e escondeu da Cruz Vermelha centenas de prisioneiros por ordem pessoal do próprio Donald Rumsfeld[65]. Durante a audiência de confirmação, o procurador-geral Alberto Gonzalez confirmou que a CIA não estava proibida de usar tortura ou qualquer método desumano, desde que fosse fora dos Estados Unidos. Muitos prisioneiros foram entregues a outros países, como o Egito, Síria, Arábia Saudita, Jordânia e Paquistão, de conformidade com o programa de "*rendition*", aprovado pela Casa Branca, a fim de que fossem torturados, para a CIA receber depois as informações. O professor Scott Horton, especialista em Direito Internacional da New York University Law School, membro da New York City Bar Association, estimou que cerca de 150 pessoas tenham sido transferidas para outros países e torturadas, desde 2001. E Ed Markey (democrata, Massachusetts), da House of Representatives, e membro do Select Committee on Homeland Security, disse que um número mais preciso era difícil de obter e que a CIA se recusava a informar[66]. Nem a Convention Against Torture (CAT), ratificada pelos Estados Unidos, em 1994, nem as leis internas, a administração de George W. Bush respeitava.

Notas

1. Clinton, 2004, pp. 602-604, 624-625. Mahajan, 2003, p. 139.
2. Clark, 2003, p. 112.
3. A Usina Nuclear em Pyongyang contava com uma equipe de duas mil pessoas, conforme as estimativas. Suas instalações incluíam um reator de pesquisa de 5 megawatt, um maior de 50 megawatt, que estava em construção, e uma usina para o reprocessamento de plutonium, ademais de Laboratório e Instituto de Radio-química, e a planta para estoque de combustível nuclear.
4. Briody, 2003, pp. 115-117.
5. O Carlyle Group comprara, em 2000, 47,7% do KorAm Bank por US$ 450 milhões.
6. Id., ibid., pp. 116-117.
7. Id., ibid., pp. 118-19.
8. Daalder, Ivo H & Lindsay, James M, 2003, pp. 173-187.
9. Remarks by the President in Address to the United Nations General Assembly New York, New York, Office of the Press Secretary, September 12, 2002. The White House — President George W. Bush.
10. Kagan, 2003, p. 40.
11. Clark, 2003, pp. 23-24.
12. Kagan, 2003, p. 94.
13. 107th Congress H. J. Res. 114 — To authorize the Use of United States Armed Forces against Iraq.
14. Kissinger, 1994, pp. 658-657.
15. Johnson, 2004, p. 93.
16. Woodward, 204, pp. 31, 33.
17. Johnson, 2004, p. 91.
18. Daalder & Lindsay, 2003, pp. 180-182. Johnson, 2004, pp. 89-91.
19. Id., ibid., p. 91-92.
20. King, John U.S.: N. Korea 'reckless' but diplomacy still best option Fighters flew within 50 feet of Air Force surveillance jet. CNN Tuesday, March 4, 2003 Posted: 11:02 AM EST (1602 GMT)
21. "President Says Saddam Hussein Must Leave Iraq Within 48 Hours". Remarks by the President in Address to the Nation For Immediate Release Office of the Press Secretary. March 17, 2003 The Cross Hall 8:01 P.M. EST
22. "President Says Saddam Hussein Must Leave Iraq Within 48 Hours".Remarks by the President in Address to the Nation For Immediate Release Office of the Press Secretary. March 17, 2003 The Cross Hall 8:01 P.M. EST
23. Halpen, 2004, p. 192.

24. Bamford, 2004, pp. 240-241.
25. CBS News — "Experts doubt Iraq, al-Qaeda terror link" — Last Updated Fri, 01 Nov 2002 22:16:17.
26. BBC — Outrage at 'old Europe' remarks. Thursday, 23 January, 2003, 18:15 GMT. CNN.com./World. 'Old Europe' hits back at Rumsfeld. Friday, January 24, 2003 Posted: 1:12 PM EST (1812 GMT)
27. Quando Gerhard Schröder, chefe do governo da Alemanha, opôs-se publicamente à guerra contra o Iraque, em 2002, Richard N. Perle disse ao jornal alemão, *Handelsblatt*, que "it would be better for the chancellor to resign". Esqueceu-se de que Schröder fora eleito e estava a exprimir os interesses de seu povo. Richard Perle, posteriormente, foi submetido a investigação pelo Departamento de Justiça, que comprovou haver ele violado as leis americanas, transmitindo a Israel informações secretas.
28. Perle, Richard — "Thank God for the death of the UN", London, The Guardian, 21/03/2003.
29. Hersh, Seymour M., "Lunch with the Chairman". The New Yorker, 17/03/2003.
30. Com um orçamento de US$ 75 bilhões e um multi-bilionário plano de reconstrução do Iraque os "falcões", integrantes do Defense Advisory Board Perle, podiam obter enormes ganhos, fazendo o lobby de várias indústrias. Com outros membros do Defense Advisory Board, já havia montado uma joint-venture — Trireme Partners — para investir em companhias de defesa e na segurança interna. Charles Lewis, diretor da entidade não-lucrativa Center for Public Integrity, comentou: "We're waging war, and a number of the people serving on these bodies stand to make money from it." "Richard Perle is Not Alone" — BusinessWeek, 7.4.2003.
31. Blix, 2005, pp. 188-190.
32. Id. Ibid., pp. 228, 234-236.
33. Id., ibid., p. 266.
34. Woodward, 2004, 10.
35. Barry, John "Exclusive: The Defector's Secrets". Newsweek, 03/03/2003Mahajan, 2003, p. 119.
36. Statement by David Kay on The Interim Progress Report on The Activities of the Iraq Survey Group (Isg)Before the House Permanent Select Committee on Intelligence, the House Committee on Appropriations, Subcommittee on Defense, and the Senate Select Committee on Intelligence, October 2, 2003
37. Pfleger, Katherine. "Kay Says Iraq Likely Had No Banned Arms". Associated Press. 25.1.2004. Risen, James — "Ex-Inspector Says C.I.A. Missed Disarray in Iraqi Arms Program". The New York Times, 26.1. 2004.
38. Slevin, Peter — "Powell Voices Doubts About Iraqi Weapons". The Washington Post, 25.1.2004; Page A14

39. Comprehensive Report of the Special Advisor to the DCI on Iraq's WMD — 30 September 2004. http://www.cia.gov/cia/reports/iraq_wmd_2004/.
40. Kessler, Glenn — "Arms Issue Seen as Hurting U.S. Credibility Abroad". Washington Post, 19/01/2004, p. A01
41. Morin, Richard & Milbank, Dana. "Most Think Truth Was Stretched to Justify Iraq War". The Washington Post, 13/02/2004, p. A01
42. *Dowd, Maureen. "National House of Waffles". The New York Times, 13./07/2003.*
43. Pfleger, Katherine CIA Boss: Iraq Not Called Imminent Threat . Associated Press, 02/05/2004. *The Washington Post*, 05/02/2004.
44. La Tercera, Santiago do Chile, 28/9/2003. Priest, Dana "House Probes Conclude Iraq War Data Was Weak". *The Washington Post*, 28/09/2003.
45. Clarke, 2004, pp. 268-269.
46. LeBlanc, Steve. "Kennedy Says Case for War Built on 'Fraud". Associated Press — *The Washington Post*, 19.9. 2003, p. A02
47. Campbell, Duncan "Isolated, strictly supervised and deprived of rights: how Camp Delta treats inmates — Depression and suicide attempts are reported from Guantanamo Bay". *The Guardian*, 5.7.2003
48. Ibid.
49. *"The men said that for the first few months, they were kept in small wire-mesh cells, about 6 1/2 feet by 8 feet , in blocks of 10 or 20. The cells were covered by a wooden roof, but open at the sides to the elements. "We slept, ate, prayed and went to the toilet in that small space," Mr. Shah said. Each man had two blankets and a prayer mat and slept and ate on the ground, he said. The prisoners were taken out only once a week for a one-minute shower. "After four and a half months we complained and people stopped eating, so they said we could shower for five minutes and exercise once a week," Mr. Shah said. After that, he said, prisoners got to exercise for 10 minutes a week, walking around the inside of a cage 30 feet long. In interviews at their homes, weeks after being released, he and the freed Pakistani detainee talked of what they said was the overwhelming feeling of injustice among the approximately 680 men detained indefinitely at Guantánamo Bay. "I was trying to kill myself," said Shah Muhammad, 20, a Pakistani who was captured in northern Afghanistan in November 2001, handed over to American soldiers and flown to Guantánamo in January 2002. "I tried four times, because I was disgusted with my life. "It is against Islam to commit suicide," he continued, "but it was very difficult to live there. A lot of people did it. They treated me as guilty, but I was innocent."* Gall, Carlotta & Lewis, Neil A. — "Inmates Released from Guantánamo Tell Tales of Despair". *The New York Times*, 17/6/2003.
51. " 'Para muitos, este não é um país livre', diz Anistia" — Folha de S.Paulo, 4.5.2003.

52. Hersh, Seymour M. "Torture at Abu Ghraib. American soldiers brutalized Iraqis. How far up does the responsibility go?" *The New Yorker*, 10/05/2004.
53. President Bush Discusses Military Operation. White House. 23 March 2003.
54. Entrevista de Rumsfeld a Bob Schieffer e David Martin, CBS Face The Nation, 23/03/2003.
55. Stern, Nr. 22, 19.5.2004.
56. *"Since 9/11, the Defense Department has openly adopted stress and duress techniques," said Kenneth Roth, executive director of Human Rights Watch. "We have learned from the Army that there is a 72-point matrix of stress that the Pentagon has adopted to guide interrogators. It outlines different forms of coercion that can be applied. It includes everything from different amounts of sleep deprivation and sensory deprivation, to sensory overload, stripping, hooding, binding detainees in various positions — essentially everything we have seen in these pictures short of the sexual humiliation."* Vedantam, Shankar. "The Psychology of Torture — Past Incidents Show Abusers Think Ends Justify the Means" — *The Washington Post*, 11.5.2004
57. *"The notion that Arabs are particularly vulnerable to sexual humiliation became a talking point among pro-war Washington conservatives in the months before the March, 2003, invasion of Iraq"*. Hersh, Seymour M. "The Gray Zone How a secret Pentagon program came to Abu Ghraib". *The New Yorker*, 16.5.2004. Barry, John, Hirsh Michael & Isikoff, Michael — "The Roots of Torture. The road to Abu Ghraib began after 9/11, when Washington wrote new rules to fight a new kind of war". *Newsweek*, 16.5.2004. Jehl, Douglas & Schmitt, Eric "Dogs and Other Harsh Tactics Linked to Military Intelligence". *The New York Times*, 22/05/2004.
58. Hersh, Seymour M. ."The Gray Zone. How a secret Pentagon program came to Abu Ghraib." *The New Yorker*, 24/05/2004.
59. Priest, Dana &R. Smith, Jeffrey "Memo Offered Justification for Use of Torture Justice Dept. Gave Advice in 2002". *The Washington Post*, 08/06/2004.
60. Cohn, Gary, Thompson, Ginger & Matthews, Mark. "Torture was taught by CIA; Declassified manual details the methods used in Honduras; Agency denials refuted" in *The Baltimore Sun*, 27.1. 1997, Final Edition.
61. Blanton, Thomas & Kornbluh, Peter. Prisoner Abuse: Patterns from the Past — National Security Archive Electronic Briefing Book No. 122. Cold War U.S. Interrogation Manuals Counseled "Coercive Techniques". Cheney Informed of "Objectionable" Interrogation Guides in 1992 "Inconsistent with U.S. Government Policy". National Security Archive Posts CIA Training Manuals from 60s, 80s, and Investigative memos on earlier controversy on human rights abuses. National Security Archive. http://www.gwu.edu/~nsarchiv/NSAEBB/NSAEBB122/#kubark.

62. Priest, Dana. "CIA Puts Harsh Tactics On Hold Memo on Methods Of Interrogation Had Wide Review" *The Washington Post*, 27/062004 Page A01.
63. E uma das vítimas das torturas, Manadel al Jamadi, que apareceu nas fotos, morrera quando era interrogado pela CIA com métodos não-convencionais: "forca palestina". Segundo documentos obtidos pela agência de notícias Associated Press, o prisioneiro era suspenso pelas mãos, amarradas atrás das costas, o que começava a sufocá-lo conforme o corpo fosse esticado.
64. Lawless Jill, Abu Ghraib General Says She's a Scapegoat. Associated Press Jun 15, 9:30 AM. "General dos EUA diz que ordens eram para tratar presos iraquianos 'como cães' Reuters. O Globo, 15/06/2004
65. Mayer, Jane. "Outsourcing Torture. The secret history of America's "extraordinary rendition" program. *The New Yorker*, 14/02/2005.
66. Ibid. Jehl, Douglas & Johnston, David. "Rule Change Lets C.I.A. Freely Send Suspects Abroad to Jails". *The New York Times*, 06/03/2005.

Capítulo XXXV

OS NEGÓCIOS DAS CORPORAÇÕES COM A GUERRA CONTRA O IRAQUE • A GEOPOLÍTICA DO PETRÓLEO • ESCÂNDALOS FINANCEIROS DE EMPRESAS LIGADAS A BUSH • A TERCEIRIZAÇÃO DAS FUNÇÕES MILITARES • CONTRATAÇÃO E EMPREGO DE MERCENÁRIOS PELAS EMPRESAS EMPREITEIRAS DO PENTÁGONO • PRIVATIZAÇÃO DA GUERRA NA COLÔMBIA • A RESISTÊNCIA NO IRAQUE E AS BAIXAS NAS TROPAS AMERICANAS

A degradação moral dos Estados Unidos, sob a administração de George W. Bush, atingiu tal nível que, enquanto os soldados americanos, como os algozes de Saddam Hussein, seviciavam e executavam torturas pornográficas, sadicamente registradas em fotos e vídeos, as corporações do complexo industrial-militar-petrolífero, tais como Halliburton, KBR, Betchel Group Inc Bechtel, MCI e outras, todas vinculadas a Bush, Cheney et caterva, locupletavam-se com as obras de reconstrução do país cuja destruição as próprias Forças Armadas promoveram. George Soros, arquimilionário homem de finanças e famoso como especulador nas bolsas de valores, qualificou como a "*bubble*" a tentativa da administração de George W. Bush de implantar a supremacia americana, e, advertindo que "*the nexus between big businesses and the military can corrupt both*", acusou a existência de "*undeniable two way reflexive connection*" entre os *neocons* e os interesses monetários[1]. A guerra contra o Iraque constituiu de fato excelente negócio para George W. Bush e demais *neocons*, bem como para os *contractors*, as firmas empreiteiras e fornecedores do Pentágono, e da CIA, às quais estavam associados. Permitiu a transferência para essas corporações de volumosos recursos públicos, por meio de contratos para a prestação de serviços, realização de obras, e renovação do material bélico. Os esforços de reconstrução do Iraque, que configuraram um fiasco, foram feitos dentro de uma "*Wild West atmosphere*", conforme comentou Gordon Adams, especialista em questões militares na George Washington University. A Halliburton, empresa da qual vice-presidente Dick Cheney até 2000 fora presidente, após deixar o Departamento de Defesa, em 1993, recebeu do governo americano, sem concorrência, contratos multibilionários, no valor de US$ 18,6 bilhões e mais US$ 1,2 bilhão para restaurar as instalações de petróleo, continuando as obras da KBR (Kellog, Brown & Root), uma de suas subsidiárias, já contemplada com US$ 2,2 bilhões[2]. Quando as ações de sabotagem dos guerrilheiros dificultara a produção e o abastecimento de petróleo, a Halliburton ainda sobrefaturou em US$ 61 milhões com a venda de gasolina, importada do Kuwait, para o Army Corps of Engineers, no Iraque, cobrando preços muito superiores aos locais do mercado, da ordem de US$ 2,64 por galão, cerca de US$ 0,70 cents por litro. Um dos seus empregados foi subornado com US$ 6,3 milhões e o Departamento de Justiça teve de abrir inquérito e investigar sua falcatrua, com o objetivo de conseguir contratos para construir uma planta de gás natural, na Nigéria, ao tempo em que Dick Chenney era ainda seu presidente[3].

A *joint-venture* Pasadena-Based Parsons — o Parsons Energy and Chemicals Group Inc., no Iraque, ganhou igualmente um contrato de US$ 800 milhões[4]. E a Betchel Group Inc recebeu da USAID um contrato no valor de US$ 34,6 milhões, com a perspectiva de aumentar até US$ 680 milhões para a reconstrução das instalações e redes de energia elétrica, aeroportos etc. Ao mesmo tempo, gerente da campanha eleitoral de George W. Bush em 2000 e diretor da Federal Emergency Management Agency, J. M. Allbaugh, intimamente ligado à sua família e à administração, formou com um grupo de homens de negócios uma firma de consultoria, a New Bridge Strategies, com o objetivo de orientar companhias na obtenção de contratos para projetos de reconstrução e outros serviços, no Iraque, financiados com recursos públicos. Quando o Congresso aprovou a importância de US$ 20,3 bilhões para a reconstrução do Iraque, parte do pacote de US$ 87 bilhões para despesas militares e outras no Iraque e no Afeganistão, a New Bridge Strategies publicou no seu Website na internet:

"The opportunities evolving in Iraq today are of such an unprecedented nature and scope that no other existing firm has the necessary skills and experience to be effective both in Washington, D.C., and on the ground in Iraq."[5]

Edward M. Rogers Jr., vice-presidente, e Lanny Griffith, também diretores dessa firma, eram *lobbyistas* e haviam dado assistência a George Bush, o velho, quando presidente, e novamente estreitaram seus vínculos com a Casa Branca[6]. A organização Transparency International (TI) advertiu, no Global Corruption Report 2005, liberado em Londres para a imprensa, que medidas urgentes deviam ser tomadas para evitar que a reconstrução do Iraque se tornasse "*world's biggest corruption in history*".[7] O estudo, elaborado por Reinoud Leenders, analista do Oriente Médio e Justin Alexander, dirigentes do Jubilee Iraq, denunciou que "*many U.S .contractors in Iraq have been wasteful and have taken what many would see as excessive profits*"[8].

A administração de George W. Bush, tanto no Iraque como no Afeganistão, opulentou as corporações do complexo industrial-militar-petrolífero, as empresas nas quais o Carlyle Group tinha investimentos, e outras, com vultosos negócios, à custa dos recursos públicos, dos *taxpayers* americanos. Em Bagdá, o embaixador americano L. Paulo Bremer III, dirigindo a Coalition Provisional Authority, expediu a *Order 39*, em 19 de setembro de 2003, colocando à venda, para privatização, duzentas companhias estatais do Iraque, e estabeleceu que as empresas estrangeiras poderiam reter 100% da propriedade dos bancos, minas e fábricas e transferir 100% dos seus lucros para o exterior, em clara violação da *Hague Regulations* de 1907 e da *Geneva Convention* de 1949, ambas ratificadas pelos Estados Unidos, e do próprio código de guerra do Exército americano. Toda a riqueza do Iraque foi virtualmente privatizada, entregue às corporações americanas, ao mesmo tempo em que o ministro do petróleo, Ibrahim Bahr al-Uloum, declarava que a prioridade seria dada às companhias americanas e "*and European companies, probably*", mas as companhias russas, em particular, teriam dificuldades em fazer cumprir os contratos firmados com o governo de Saddam Hussein[9]. Havia um plano para a privatização da indústria de petróleo, elaborado antes da invasão em 2003, pelos *neocons* com o objetivo destruir o cartel da OPEP, através do aumento da produção por cima das cotas estabelecidas, conforme revelou à BBC News Robert Ebel, membro do Center for Strategic and International Studies, em Washington, e que participou da reunião a convite do Departamento de Estado[10]. Os "*big oil executives*", entretanto, não o aprovaram e optaram pela criação de uma companhia estatal, sob o controle da indústria petrolífera americana, por temer que se repetisse o que ocorreu com a companhia russa, que fora privatizada. Coube a Amy Jaffe, do James Baker Institute, no Texas, a elaboração dos novos planos, obtidos pela BBC Newsnight, com base no Freedom of Information Act[11].

A corrupção tinha profundas raízes políticas e culturais, nos Estados Unidos, onde interesses privados e interesses públicos sempre se entreteceram e os negócios de empresas transformavam-se em razões de Estado. Mas a corrupção endêmica atingiu o paroxismo com a ascensão ao governo de George W. Bush, um homem inescrupuloso e, como seu pai, profundamente comprometido com a indústria bélica, de tecnologia de ponta e digital, com as companhias de petróleo e de petroquímica, bem como com o capital financeiro. Ele tratou a política doméstica e internacional como simples questão de negócio e submeteu os interesses públicos à iniciativa privada e ao mercado[12]. Sua administração enfatizou a geopolítica do petróleo, privilegiando os interesses das grandes corporações, sobretudo da Unocal, Chevron, Saudi Bechtel, Halliburton, e Enron, a maior *trading* de energia americana, que entrou em bancarrota em 2001, a maior na história dos Estados Unidos, em meio da revelação de fraudes contábeis para ocultar dívidas e inflar lucros, dentro de vasto e transcendental esquema de corrupção, prejudicando numerosos pensionistas e pequenos investidores. George W. Bush dissimulou, por muito tempo, seus contatos com a Enron e, alguns dias antes da última eclosão do escândalo, demonstrou-se predisposto a enfraquecer as leis contra a poluição nas usinas de energia, anunciando depois a decisão de prosseguir com o controverso plano de armazenar lixo radioativo em Nevada, com o que favoreceu um grande doador político do setor de energia. Cada uma dessas decisões valeu bilhões de dólares para um pequeno grupo de homens de negócios, com grande influência sobre George W. Bush e outros membros do governo, que tudo faziam para mudar as leis de acordo com seus interesses econômicos. Mas a mídia, que tanto alardeara os escândalos durante a administração de Bill Clinton, emudeceu, depois dos atentados de 11 de setembro, e tornou-se, conforme o professor Paul Krugman observou, "*highly protective of the majesty of the Office*"[13]. O Congresso também. Nenhum dos políticos americanos, quer do Partido Republicano quer do Partido Democrata, ousou seriamente intentar um inquérito em torno dos negócios e negociatas propiciados pela administração de George W. Bush, porque todos, em maior ou menos grau, passaram a depender, mais do que nunca, dos *contractors* do complexo industrial-militar petrolífero, como *sponsors* das campanhas eleitorais.

O escândalo da Enron, empresa com a qual George W. Bush sempre tivera íntimas ligações, não foi o único que então ocorreu, logo no início de sua administração, e ele não teve condições de abafar. Outra *trading* de energia, a Dynegy, que buscara uma fusão com a Enron, foi alvo de diversos inquéritos federais sobre supostas operações falsas, com objetivo elevar artificialmente sua receita e volume de operações. A Andersen [Andr.UL], empresa de auditoria, responsável pelas contas da Enron, foi condenada por obstruir a investigação. A empresa de telefonia WorldCom cometeu uma fraude contábil da ordem de US$ 3,85 bilhões, o que lhe permitiu reportar lucro líquido de US$ 1,38 bilhão em 2001. E o grupo de telecomunicações Global Crossing enfrentou investigações do FBI e da autoridade reguladora do mercado de capitais por causa de suas práticas contábeis e seu envolvimento em trocas de capacidade de rede com outras empresas de telecomunicações, visando a inflar sua receita. A Reliant Resources, por sua vez, eliminou US$ 7,9 bilhões em receitas registradas entre 1999 e 2002, com operações falsas, visando a inflar seu volume de transações de energia e seu faturamento, enquanto a Xerox resolveu por meio de acordo extrajudicial as acusações de que usara "truques contábeis", visando a iludir os investidores, anunciou que corrigiria os resultados de cinco anos para reclassificar mais de US$ 6 bilhões em receitas. A Tyco Internacional esteve sob investigação, sob a suspeita de que seus executivos usaram fundos da empresa para adquirir casas e obras de arte, sonegando impostos da ordem de US$ 1 milhão. A Merrill Lynch, maior corretora de valores dos EUA, pagou multa de US$ 100 milhões, a fim de encerrar um inquérito em que era acusada de manipular as recomendações de ações com o propósito de conquistar clientes para sua divisão de investimentos. O mesmo fez a Computer Associates, que pagou multa de US$ 638.000 para encerrar o inquérito do Departamento da Justiça sobre sua violação das regras de fusão, devido ao anúncio antecipado de que adquiriria a Platinum Technology. A Medco, divisão de serviços de saúde da Merck, registrou uma receita de US$ 14 bilhões, que o grupo jamais tivera, prática contábil cuja revelação causou forte abalo nos mercados mundiais de câmbio e ações. Um comitê do Congresso americano passou a investigar a Imclone Systems, de modo a verificar se essa empresa de biotecnologia informara corretamente aos investidores que as autoridades negaram autorização para testes de um medicamento de combate ao câncer. E Samuel Waksal, ex-presidente-executivo do grupo, foi detido sob acusação de uso indevido de informações privilegiadas.

Não obstante as fraudes perpetradas pelas grandes corporações, a administração de George W. Bush incrementou a privatização das funções militares e de inteligência[14]. Foram as *private military companies*, ou PMCs[15], formadas por mercenários, que receberam amplas atribuições no Iraque, respondendo por 20% a 30% dos serviços essenciais prestados aos militares e elas estavam ativas em todo o país. Esses sistemas militares privatizados, *contractors*, dividiam-se em três categorias, i.e., "*provider firms*" (a mais conhecida, organizada como *Executive Outcomes*) que ofereciam assistência direta, assistência de táticas militares, desde os programas de treinamento aos programas burocráticos na linha de frente; "*consulting firms*", como a Military Professional Resources Inc., apoiada em oficiais reformados, que proviam capacitação estratégica e administrativa, com base em contratos; e "*support firms*", como Brown & Root (KBR), fornecedoras de serviços de logística e manutenção às Forças Armadas. A Halliburton era incomparavelmente a maior das cerca de doze corporações, que se enquadravam na categoria de *private military companies*, encarregadas de prover serviços de tecnologia militar, inclusive comunicações e inteligência, apoio logístico, treinamento e planejamento em campo de batalha[16]. E A KBR, a unidade de serviços petrolíferos da Halliburton (Dick Cheney), converteu-se visceralmente em parte do poder militar dos Estados Unidos no Oriente Médio[17]. P. W. Singer, pesquisador da Brookings Institution e autor de *Corporate Warriors*, comentou que não seria exagero dizer que desde o início dos anos 90 a Brown & Root, Kellog e outras *private military corporates* sempre acompanharam as Forças Armadas americanas onde quer que elas interviessem[18], o que lhes permitiu reduzir enormemente os efetivos militares, empregados tanto na Bósnia quanto em Kosovo[19].

Não só o Pentágono cada vez mais entregou funções militares às companhias privadas. Também os órgãos de inteligência. Além de 4.000 analistas, pertencentes aos quadros da CIA, o governo americano contratava o serviço de companhias privadas de inteligência, que empregavam mais de 40.000 analistas[20]. Algumas dessas companhias eram controladas pelo Carlyle Group e entre elas a U.S. Investigations Services, Vinnell e Federal Data Corporation. A terceirização (*outsourcing*) das funções militares e de inteligência intensificou-se na década de 1990, durante a administração de Clinton, como forma de subtrair as atividades militares do controle e fiscalização, do público e do Congresso e desenvolver uma política exterior sem impedimento[21]. Contratar mercenários visou a evadir as responsabilidades e ignorar as conseqüências. A fim de burlar as restrições do Congresso, o Pentágono, desde o início dos anos 90, encarregara grande parte das operações contra o narcotráfico, na Colômbia, Peru e Bolívia, em regiões fronteiriças com o Brasil, a empresas privadas militares e de segurança, multinacionais americanas, que contratavam mercenários[22], porquanto o regulamento aprovado pelo Congresso dos Estados Unidos, além de limitar a quinhentos o número de soldados na Colômbia (posteriormente, elevou para oitocentos), proibia-os de participar de combates, e tais restrições não se aplicavam às companhias militares privadas[23] e eles podiam operar fora dos parâmetros legais[24]. Kevin Phillips, autor de *American Dynasty*, salientou que "*by using for-profit 'soldiers' the executive branch could evade congressional limitations on troops strength*"[25]. A condição necessária para a contratação dos mercenários era, entretanto, a de que fosse "ex" militar — "ex-*Green Beret*, ex-*Paratrooper*, ex-General"[26].

Sua contratação "*as a substitute for official action gives a cover of plausible deniability that official forces now lack*", comentou P. W. Singer[27]. O extensivo envolvimento das *private military firms* na Colômbia, assim como no Peru, Equador e Bolívia, aumentou ainda mais sob a administração de George W. Bush.

A privatização da guerra na Colômbia intensificara-se a partir de 1997, sem qualquer notificação ao Congresso americano e, muito menos, sua aprovação. As companhias privadas (*contractors*), empreiteiras e fornecedoras do Pentágono, assumiram o manejo de sistemas de comunicação e radares, fumigação de plantações de coca, a investigação do movimento de pessoas e armamentos, inclusive outras tarefas de inteligência. A DynCorp, a companhia que obteve mais contratos na América do Sul, levou para a Colômbia 80 pilotos e mecânicos e 50 helicópteros, bem como 22 pilotos e 14 helicópteros para o Peru , na base de Pucalipa, controlando os vales de Huallaga e Apurimar. Outras companhias militares, privadas começaram, igualmente, a operar na Amazônia e, entre elas, a Aviacion Development Corp., formada por ex-pilotos e estabelecida na fronteira Brasil-Peru; a AirScan de Rockledge, Flórida, especializada em vôos noturnos com Cessna 337 Skymasters; e a MPRI Corp., de Alexandria, Virgínia, desmembrada da Military Professional Resources Inc., encarregada do treinamento da polícia secreta e organizar comandos especiais das Forças Armadas colombianas. E o envolvimento dessas *private military corporations*, usadas para burlar a legislação do Congresso americano, ameaçava radicalizar as linhas do conflito, tanto no lado do Exército colombiano quanto das FARC.

Embora a América do Sul não estivesse entre as prioridades da administração de George W. Bush, cerca de 6.300 militares americanos (sem contar, naturalmente, os mercenários) estiveram baseados ou realizaram operações na região da Amazônia, entre 2001 e 2002, segundo estudos realizados no Centro de Inteligência do Exército (CIE) brasileiro. Os três estudos, realizados em 2002, comprovaram que os militares americanos construíram pistas de pouso em cidades próximas do Brasil, no Paraguai e na Bolívia, instalaram radares e bases aéreas em nove localidades do Peru, montaram destacamentos e inscreveram dezenas de soldados em cursos preparatórios para combate em selva e contra o narcotráfico em diversos países do subcontinente[28]. As diversas instalações de radar e de comunicações, na Bolívia, estavam inseridas no sistema de comando e controle (C2) do SOUTHCOM e formalmente se destinavam a rastrear vôos clandestinos e a coordenar as atividades de combate ao narcotráfico, e às *private military corporations* cabia a tarefa de manutenção e reparo desses sistemas[29].

A maior presença de contingentes militares americanos ocorreu, em 2002, na Bolívia, cujo governo então alcançara um acordo com o consórcio internacional Pacific LNG, para um investimento da ordem de US$ 6 bilhões, visando à exportação de gás natural para os Estados Unidos. De acordo com os relatórios do CIE, pelo menos cerca de 5.000 efetivos dos Estados Unidos atuaram naquele ano na Bolívia, onde havia em torno de novecentos funcionários na Embaixada dos Estados Unidos, e soldados das *Special Operation Forces* (SOF) procuravam descobrir, sobretudo nas regiões cocaleiras de Chapare e Yungas, possíveis focos de grupos armados que pudessem resistir às ações contra o narcotráfico. Era o que pelo menos alegavam, embora a maior preocupação fosse, na verdade, com a possibilidade de um levante indígena, chefiado por Evo Morales, levante esse que terminou por acontecer em fevereiro de 2003, quando os camponeses, com o apoio dos mineiros e da Central Obrera Boliviana (COB), bloquearam as estradas, em protesto contra as exportações de gás, compelindo o Gonzalo Sanchez de Lozada a suspendê-las e, após sangrentos choques, a renunciar, sem meios de conter os distúrbios. Desde 1999, as SOF já haviam treinado mais de 6.000 militares bolivianos e havia interesse em encorajar o sentimento separatista de Santa Cruz de la Sierra, um vasto território muito rico, geograficamente localizado na malha hídrica da América do Sul e sustentáculo econômico da Bolívia. Mas, segundo políticos bolivianos, a pressão pela autonomia da região, a partir de então desencadeada, não correspondeu ao tradicional sentimento separatista, que lá sempre existiu, mas resultava de uma operação metodicamente montada pelas companhias de petróleo depois da aprovação da nova Ley de Hidrocarburos — gás e petróleo — aprovada no plebiscito de 2004 e que ainda devia ser regulamentada pelo governo do presidente Carlos Mesa.

Em agosto de 2003, exatamente quando a situação na Bolívia se agravara, as atenções da administração de George W. Bush se concentravam no Oriente Médio, onde não apenas a situação se complicara na Palestina, como se tornava cada vez mais difícil manter a ocupação do Iraque. A guerra, de fato, não havia terminado, nem havia sido vencida. Manter a ocupação do Iraque tornava-se cada vez mais custoso e difícil para os Estados Unidos, apesar de que George W. Bush relutasse em reconhecê-lo e sua administração imaginasse que poderia debelar a resistência, transplantando para Abu Ghraib as técnicas de torturas usadas em Guantánamo. O caos envolvera Bagdá, Nassiriah e demais cidades do Iraque, amplamente arruinadas, a infra-estrutura destruída, os serviços básicos interrompidos, oleodutos freqüentemente paralisados por sabotagens, em meio de assaltos e pilhagem, a mais completa anarquia, enquanto as tropas anglo-americanas continuavam a sofrer seguidos e crescentes ataques de guerrilhas. A resistência, longe de diminuir, estava a recrescer, os atentados se sucediam e se multiplicavam, com a participação de *jihadistas* oriundos de outros países árabes, gerando um clima de total instabilidade e insegurança. Uma explosão ocorreu na Embaixada da Jordânia e a ONU, que aceitara colaborar na reorganização do Iraque, teve de retirar-se, depois que poderosa bomba em 19 de agosto de 2003 destruiu o prédio, onde instalara o escritório, matando 43 pessoas, entre os quais seu representante Sérgio Vieira de Mello[30].

Os Estados Unidos não podiam sentar-se sobre mísseis. A resistência, que os jornais e as televisões dos Estados Unidos deliberaram chamar de insurgência, para mistificar a opinião pública, prosseguiu, cada vez mais recrudesceu, com a adesão de *jihadistas* de outras nacionalidades, e as baixas nas tropas da coalizão liderada pelos Estados Unidos dia a dia aumentaram. Diversos generais haviam previsto que a manutenção da ordem e da lei no Iraque seria uma tarefa bem mais árdua do que a simples eliminação de Saddam, a guerrilha urbana seria horrível e o número de mortos e feridos aumentaria. Nem Bush-Cheney nem Rumsfeld-Wolfowitz lhes deram a maior atenção. Em 42 dias de guerra, i.e., entre 20 de março e 1° de maio de 2003, quando George W. Bush, com pompa e circunstância, proclamou o fim dos principais combates, as tropas da coalizão lideradas pelos Estados Unidos perderam 172 soldados da coalizão anglo-americana, dos quais 139 foram americanos. O número, porém, duplicou nos meses subseqüentes e até dezembro (245 dias) foram abatidos 406 soldados da coalizão (346 americanos), cerca de 1 a 2 soldados por dia[31]. No início de novembro de 2003, George W. Bush recebeu uma sombria avaliação do chefe da estação da CIA em Bagdá, conhecido internamente apenas como Ardwolf, segundo o qual a maioria da população estava a crer que podia derrotar a ocupação, cada vez mais passava a apoiar a resistência[32], e nenhuma instituição política ou líderes haviam demonstrado habilidade de governar o país, assegurar as eleições e elaborar o projeto de Constituição. Ehud Barak, ex-primeiro-ministro de Israel, que apoiara a guerra contra o governo de Saddam Husseim, também advertiu privadamente ao vice-presidente Dick Cheney que a "*America had lost in Iraq*". De acordo com revelação feita ao jornalista americano Seymour M. Hersh, ele disse que Israel aprendera que não há modo de uma ocupação triunfar. A única questão, Barak acrescentou, "*was choosing the size of your humiliation.*" Cheney não respondeu[33].

Após a morte de seus filhos Uday e Qussay, em Mossul (julho), Saddam Hussein foi preso pelas tropas americanas, em dezembro de 2003, nas proximidades da cidade de Tikrit, sua cidade natal. Mas a resistência não diminuiu. Pelo contrário, intensificou-se. Violentos combates ocorreram entre soldados americanos e as milícias, conhecidas como Jaish-i-Mahdi, do líder xiita Muqtada al-Sadr (filho do imã Ayat Allah Muhammad Sadiq al-Sadr), em Kufa, cidade a 11 quilômetros de Najaf (região central do Iraque), e em Sadr City, bairro xiita de Bagdá, relativamente autônomo, antes denominado Saddam City e Al Thawra. E havia a possibilidade de que a revolta se espraiasse por todo o Iraque e o Oriente Médio, sem que as tropas americanas e inglesas tivessem condições de conter. As milícias Mahdi estavam armadas com AK-Kalashnikov, fuzis de assalto, granadas, mísseis etc., e não entregaram todos os armamentos, apesar da trégua negociada pelo grande aiatolá Ali al-Sistani, em troca de que não haveria prisões e represálias por parte das tropas de ocupação. Outras dificuldades concomitantemente surgiram ao nível internacional. Os Estados Unidos perderam um aliado, depois que, em 11 de março de 2004, uma série de explosões atingiu trens e estações nas proximidades de Madri, matando mais de duzentas pessoas e deixando centenas de feridos. Esse atentado terrorista, como represália pelo apoio do governo conservador de José Maria Aznar, devido ao seu apoio a George W. Bush, concorreu decisivamente para que José Luis Rodríguez Zapatero, do Partido Socialista Obrero Español (PSOE), ganhasse as eleições gerais, três dias depois, 14 de março, e logo anunciasse que até junho retiraria no Iraque cerca de 1.300 soldados da Espanha.

Os atentados, seqüestros, decapitação e assassinato de dezenas de estrangeiros não cessaram. Multidão de iraquianos matou e mutilou trabalhadores americanos, empregados pelas empreiteiras, e arrastou os restos pelas ruas de Fallujah, cidade a oeste de Bagdá, integrante do triângulo sunita (Bagdá, Fallujah-Ramadi). Milícias xiitas, comandados pelo clérigo Muktada al-Sadr empreenderam, coordenadamente, uma série de ataques nas cidades de Kufa, Karbala, Najaf, al-Kut, e Sadr City. Pesquisa conduzida pela Coalition Provisional Authority, em maio de 2004, demonstrou que 92% dos iraquianos percebiam os Estados Unidos, como ocupantes, enquanto apenas 3% os viam como "*peacekeepers*" e apenas 2%, como libertadores. E George W. Bush, sem condições de estabelecer efetivo controle sobre a situação, aquiesceu com a proposta da ONU e encenou a devolução da soberania ao Iraque. Após o fazimento e promulgação solene de uma Constituição provisória, para entrar em vigor no dia 1° de julho, um Conselho Interino de Governo, composto por 33 iraquianos, incluindo sunitas, xiitas, curdos e cristãos, foi instalado em 28 de junho de 2004, sob a presidência do sunita Ghazi Mashal Ajil al-Yawer. O neurocirurgião xiita, Iyad Allawi, informante da CIA, antigo colaborador do Mukhabarat, o serviço de inteligência de Saddam Hussein, e envolvido na liquidação dos dissidentes do Partido Ba'ath, exilados em Londres, assumiu o cargo de primeiro-ministro[34], com a tarefa de promover eleições para um novo governo em 30 de janeiro de 2005. E o pró-cônsul americano Paul Bremer III dissolveu a Coalition Provisional Authority, que durante 14 meses de existência gastara 85%, dos cerca de US$ 2,26 bilhões obtidos com as exportações de petróleo iraquiano, com o pagamento de contratos concedidos sem concorrência a empresas americanas, segundo levantamento do Center for American Progress, dos Estados Unidos. Cerca de US$ 1,66 bilhão foi pago à subsidiária da Halliburton, a KBR, já favorecida pelo Pentágono com um contrato de US$ 7 bilhões, para vários serviços, entre os quais o fornecimento de alimentação aos 110.000 soldados dos Estados Unidos e da coalizão, diariamente, ao custo de US$ 28,00 per capita[35].

Sangrentos combates prosseguiram em várias cidades, entre as quais Nassiriyah e Fallujah, praticamente destruída pelos ataques aéreos que os Estados Unidos desfecharam para esmagar a resistência, arrasando escolas e residências, matando mais de seiscentos iraquianos civis, inocentes, a maioria mulheres, crianças e idosos, conforme o diretor do hospital, Rafle al-Issawi, informou à organização humanitária Iraq Body Count, além de mais de setecentos insurretos[36]. Desde o começo da guerra, morreram em conseqüência dos ataques aéreos perpetrados pelas forças anglo-americanas mais de 100.000 iraquianos, metade dos quais mulheres e crianças, conforme a investigação realizada, no Iraque, sob a chefia de Les Roberts, da Johns Hopkins Bloomberg School of Public Health, em Baltimore, publicado no periódico médico *Lancet* e noticiada por *The Guardian*, de Londres, em 29 de outubro de 2004[37]. Indagado sobre o assunto, o general Tommy Franks, comandante das forças americanas respondeu: "*We don't do body counts*". Além de tantas mortes, a maior parte produzida pelos bombardeios, as crianças nas zonas urbanas morriam em grande número, em conseqüência de diarréia, infecções respiratórias, e outras causas. Tinham de beber água impura, comer alimentos apodrecidos por falta de refrigeração e os hospitais careciam de medicinas básicas e de sangue[38]. Entrementes, as baixas da coalizão duplicaram. Em 2004, em 366 dias, tombaram 906 soldados, dos quais 848 americanos, o equivalente cerca de 2 a 3 por dia[39]. Também cerca de 207 civis americanos e de outras nacionalidades, que trabalhavam para as empreiteiras, como Halliburton, KBR, DynCorp, e outras, foram executados ou mortos em atentados, no mesmo período[40]. Desde o início da guerra até fevereiro de 2005, segundo as estimativas, além dos feridos em combate, mais 12.000 soldados americanos haviam sido internados por doenças e ferimentos fora de combate e outros, devido ao clima do Iraque, sobretudo as tempestades de areia[41].

Baixas americanas no Iraque[42]
(19/03/2003 — 08/02/2005)

Data	Total	Em combate
Americanos mortos		
Desde o começo da guerra (19/03/03):	1650	1295
Desde "Mission Accomplished" (01/05/03):	1513	1186
Desde a captura de Saddam (13/12/03):	1183	990
Desde a entrega do governo (29/06/04):	784	662
Americanos feridos	218	189
Total de feridos:	Oficial	Estimado
	12350	15000-38000

A fim de evitar maiores baixas, os Estados Unidos, como no Vietnã, pretenderam reprimir resistência e impor a paz por meio do terrorismo aéreo, do "*air power*", bombardeando bairros de Bagdá e outras cidades. Não obstante, o número de mortos, relativamente pequeno, indicava as dificuldades com que as forças dos Estados Unidos, Grã-Bretanha, Itália, Polônia e outros Estados se defrontavam para controlar a situação no Iraque. Os *jihadistas*, entrementes, passaram a atingir, letalmente, com ataques suicidas, os próprios iraquianos que os Estados Unidos tratavam de recrutar e para formar a Guarda Nacional do Iraque. A promoção dos atentados foi atribuída pelo governo americano a Abu Musab al-Zarqawi, um jordaniano, suposto aliado de bin-Ladin, como se fosse uma única pessoa responsável pela resistência. Era outra forma de iludir a opinião pública sobre a real situação do Iraque.

Não eram essas, porém, as únicas dificuldades que tornavam a ocupação cada vez mais penosa. A possibilidade de ataques e seqüestros atrasava enormemente o abastecimento das tropas americanas, que dependiam de provisão originária dos países vizinhos ao Iraque. As empreiteiras e as fornecedoras contratadas pelo Pentágono para transportar os suprimentos enfrentavam grandes dificuldades em conseguir quem quisesse colaborar com as forças de ocupação, não obstante o comboio militar. A viagem, desde o porto de Aqaba, na Jordânia, não tinha a menor segurança depois que entrava no Iraque. Os grupos integrantes da resistência armavam emboscadas, principalmente na região de Al Anbar, por onde passava a estrada de Amã para Bagdá. Também na região de Kirkuk, 290 quilômetros ao norte de Bagdá, os *jihadistas* atuavam intensamente. E sem peças de reposição e equipamentos adequados para a manutenção dos veículos militares, as tropas americanas começaram a ressentir-se e constatar a dimensão do atoleiro em que George W. Bush metera os Estados Unidos.

Notas

1. Soros, 2004, pp. 179-180.
2. Krugman, Paul — "Patriots and Profits". *The New York Times*, 16/12/2003. Spinner, Jackie — "Halliburton Gets More Iraq Work". *The Washington Post*, 17/1/2004, p. E01. Janofsky, Michael — "Halliburton Turns Over $6.3 Million to Government". The New York Times, 2/1/2004.
3. "Another Halliburton Probe" — *Newsweek*, 4/2/2004.
4. Janofsky, Michael — "Halliburton Turns Over $6.3 Million to Government". *The New York Times*, 2/1/2004.
5. "*New Bridge Strategies, LLC is a unique company that was created specifically with the aim of assisting clients to evaluate and take advantage of business opportunities in the Middle East following the conclusion of the U.S.-led war in Iraq. Its activities will seek to expedite the creation of free and fair markets and new economic growth in Iraq, consistent with the policies of United States Government. We have created New Bridge Strategies and brought together the knowledge of American business professionals with over 25 years of experience in Iraq and throughout the Middle East and the political experience of some of the most successful governmental and political professionals in Washington, D.C., and London to provide a complete package of business services offering: assistance to companies engaging the U.S. Government process to develop post war opportunities; identification of market opportunities and potential partners; on-the-ground support in Iraq; Legal, technical, cultural and potentially financial support for ventures*". www.newbridgestrategies.com
6. Jehl, Douglas. "Washington Insiders' New Firm Consults on Contracts in Iraq". *New York Times*, 30/9/2003.
7. Iraq Reconstruction "Rife with Corruption". Agence France Presse March 16, 2005 http://www.globalpolicy.org/security/issues/iraq/reconstruct/2005/0316corruption.htm.

8. Ibid.
9. Pelham, Nicolas — "Iraqi Minister Sees Oil Privatization Obstacles". Financial Times, 5.9.2003
10. Palast, Greg. "Secret US plans for Iraq's oil". BBC News — World Edition — Last Updated: Thursday, 17 March, 2005, 15:41 GMT - http://news.bbc.co.uk/2/hi/programmes/newsnight/4354269.stm.
11. Ibid.
12. Birnbaum, Norman. "Aux racines du nationalisme américain". Le Monde diplomatique, Octobre 2002.
13. Krugman, Paul — "Pattern of Corruption". *The New York Times*, 15/7/2003.
14. Phillips, 2004, p. 176.
15. São três categorias de sistemas militares privatizados: "*provider firms*" (a mais conhecida organizada como Executive Outcomes) oferece assistência direta, assistência de táticas militares, desde os programas de treinamento aos programas burocráticos na linha de frente; "consulting firms", como a Military Professional Resources Inc., apoiada em oficiais reformados, que provêem capacitação estratégica e administrativa, com base em contratos; e "support firms", como Brown & Root (KBR), provêem serviços de logística e manutenção às Forças Armadas.
16. Phillips, 2004, pp. 172-173.
17. BusinessWeek, 15/9/2003.
18. Ibid. Singer, 2004, pp. 138-139.
19. Id., ibid., pp. 145-146.
20. Phillips, 2004, pp. 274-275.
21. Singer, 2003, pp. 213-215.
22. Bütner, 2003, pp. 13-14.
23. Singer, 2004, p. 208.
24. Id., ibid., p. 41-42.
25. Phillips, 2004, p. 173.
26. Singer, 2003, p. 76.
27. Id., ibid., pp. 109-211.
28. Trechos e dados dos relatórios do CIE — um deles intitulado "Presença dos Estados Unidos na América do Sul" — constituem a base do trabalho do coronel de infantaria José Alberto da Costa Abreu, apresentado em novembro de 2002 na Escola de Comando e Estado Maior do Exército (Eceme), no Rio de Janeiro, para conclusão do curso de especialização em Política Estratégia e Alta Administração Militar. Segundo o coronel, "os principais reflexos para o Brasil da expressiva presença norte-americana nos países da América do Sul são: diminuição da capacidade brasileira de projetar poder em âmbito regional e a existência de um "cinturão" de instalações norte-americanas próximas às fronteiras brasileiras, principalmente

na região amazônica". Apud Valente, Rubens Brasil perde capacidade de projetar poder na região, diz relatório. Estudo do Exército detecta "cinturão" militar dos Estados Unidos *Folha de São Paulo* 2/1/2005.

29. Ibid.
30. Sérgio Vieira de Mello não era diplomata dos quadros do Itamaraty. Era funcionário da ONU, onde fizera sua carreira.
31. Fonte: http://www.icasualties.org.
32. Landay, Jonathan S. CIA: Iraq outlook bleak. Leaked Report Warns U.S. Must Change Tack. Mercury News, 12/11/2003
33. Hersh, Seymour M. Plan B. "As June 30th approaches, Israel looks to the Kurds". The New Yorker, 28/06/2004.
34. Hersh, Seymour M. Plan B. "As June 30th approaches, Israel looks to the Kurds". The New Yorker, 28/06/2004.
35. http://www.americanprogress.org/site/pp.asp?c=biJRJ8OVF&b=130039.
36. Iraq Body Count Falluja Archive. http://www.iraqbodycount.net/resources/falluja/
37. "War raised Iraqi death rate by 100,000". Staff and agencies. The Guardian, 28/10/2004.. Boseley, Sarah. "100.000 Iraqi civilians dead, says study". The Guardian, 29/10/2004. A organização humanitária Iraq Body Count somente contabiliza um número entre 16.121 e 18.393, de conformidade com as notícias publicadas pelos meios de comunicação. Não faz estimativas nem projeções. Iraq Body Count Press Releases PR10: Monday 7th November 2004. IBC response to the Lancet study estimating "100,000" Iraqi deaths. http://www.iraqbodycount.net/press/index.php#pr9.
38. Sachs, Jeffrey D. "Iraq's civilian dead get no hearing in the United States". Daily Star , 02/12/2004. Id. "Iraq's silent death". BusinessWorld Internet Edition. 03/01.2005.
39. Hersh, Seymour M. Plan B. "As June 30th approaches, Israel looks to the Kurds". The New Yorker, 28/06/2004.
40. AntiWar.Com. http://www.antiwar.com/casualties/
41. Ibid.
42. Editado por Michael Ewens . AntiWar.Com. http://www.antiwar.com/casualties/.

Capítulo XXXVI

A ILEGALIDADE DA GUERRA CONTRA O IRAQUE • RECRUDESCIMENTO DO TERRORISMO • O FIASCO DA OCUPAÇÃO DO AFEGANISTÃO E DO IRAQUE • O AFEGANISTÃO COMO UM NARCO-ESTADO • AUMENTO DA PRODUÇÃO DE DROGAS • ALIANÇA ENTRE FUNDAMENTALISTAS EVANGÉLICOS E JUDAICOS E A REELEIÇÃO DE BUSH • A DIREITA RADICALIZADA • A DÍVIDA EXTERNA E OS DÉFICITS-GÊMEOS DOS ESTADOS UNIDOS

A ex-operadora da CIA, Melissa Boyle Mahle, considerou um "*grave mistake*" a decisão de George W. Bush de ocupar o Iraque como parte da guerra contra o terrorismo. Prejudicou a longo prazo os interesses estratégicos dos Estados Unidos, ao confirmar entre os árabes a suspeita das intenções neo-imperialistas dos Estados Unidos, e fortaleceu os grupos islâmicos mais radicais[1]. Jonathan Stevenson, do International Institute for Strategic Studies (IISS), instituição com influência sobre o governo de Londres, também declarou que, invadindo o Iraque, os Estados Unidos prejudicaram a guerra contra o terror e que, sem dúvida, mais do que enfraquecer, fortaleceu al-Qa'ida. "*The lawlessness and looting that greeted the liberation of Baghdad on 9 April 2003 was replaced by widespread criminality, violence and instability*", acentuou, acrescentando que, um ano depois da invasão, as tropas dos Estados Unidos estavam a enfrentar uma insurgência, que se tornava um obstáculo à reconstrução do país e à sua evolução para a democracia e a estabilidade[2]. Com efeito, o secretário-geral da ONU, Kofi Annan, após ressaltar que as armas de destruição em massa não foram descobertas no Iraque e que a guerra para derrubar o regime de Saddam Hussein fora "*illegal*", declarou à rede de televisão ITV, da Grã-Bretanha: "*I cannot say the world is safer when you consider the violence around us, when you look around you and see the terrorist attacks around the world and you see what is going on in Iraq*"[3]. As palavras de Kofi Annan representaram severa crítica à política de George W. Bush, em plena campanha para as eleições em que ele disputava com o senador John Kerry, candidato do Partido Democrata, a presidência dos Estados Unidos. Mas, posteriormente, o próprio diretor da CIA, Porter J. Goss, disse ao Senate Select Committee on Intelligence, que "*the Iraq conflict, while not a cause of extremism, has become a cause for extremists*", e os fundamentalistas islâmicos estavam a explorar o conflito para recrutar novos *jihadistas* contra os Estados Unidos[4]. O vice-almirante Lowell E. Jacoby, diretor da Defense Intelligence Agency (DIA), também disse durante a audiência no Senado americano que "*our policies in the Middle East fuel Islamic resentment*" e adiantou que a maioria esmagadora em Marrocos, Jordânia e Arábia Saudita acreditava que os Estados Unidos tinham uma política negativa para o mundo árabe".

No Afeganistão, onde Hamid Karzai, apoiado pelos Estados Unidos, vencera as eleições em 9 de outubro de 2004, a situação não era, igualmente, das mais tranqüilas, tão rósea quanto George W. Bush pretendera pintar, ao dizer, em outubro de 2004, que "*Taliban no longer is in existence*"[5]. Mentira. A guerra no Afeganistão não acabara. Desde meados de 2003, a situação do país já estava deteriorada. As tropas americanas continuavam engajadas em combate com os Talibãs e as milícias de al-Qa'ida e Hezb-e Islami, que se reorganizavam, fomentavam a guerra de guerrilhas, em diversas áreas do país, como na cidade de Herat, como Kabul e Kunar, e já haviam efetuado ataques em grande escala contra o governo, a polícia e as vanguardas militares[6]. Conforme relatório de Robert O. Boortins e Minas Galic, do *Center for American Progress*, os ataques recrudesciam, os *warlords* continuavam a dominar quase todo o país, mais de 21% dos afegãos necessitavam de alimentos e assistência, e metade da população sofria de crônica má nutrição, de acordo com o United Nations World Food Programme[7]. A Human Rights Research and Advocacy Consortium denunciou que os afegãos permaneciam expostos a toda sorte de humilhação e abuso nas mãos das facções armadas, não havia lei no país e a impunidade predominava.

Ainda que com menos ou nenhum destaque dado pelas agências de notícias e pela imprensa em geral, inclusive porque os combates ocorriam nas montanhas do interior, um quadro similar ao do Iraque se reproduzia no Afeganistão. Os Talibãs declararam que tanto os soldados quanto os civis estrangeiros, bem como os afegãos que colaborassem com a administração de Hamid Karzai seriam alvo de atentados e seqüestros. As tropas dos Estados Unidos, cerca de 20.000 efetivos militares, e dos outros países da coalizão já haviam perdido 171 soldados, dos quais 153 americanos. E Hamid Karzai reclamou ajuda internacional para lutar contra "terroristas estrangeiros", i. e., *jihadistas*, que entravam no Afeganistão para juntar-se aos Talibãs[8]. A autoridade de Hamid Karzai, fora de Kabul, era praticamente nula, tornando-se ele virtual prisioneiro no palácio de governo, por motivos de segurança, pois até de atentado já se salvara. As milícias particulares afiguravam-se-lhe ameaça maior do que os Talibãs[9]. Mas seu próprio governo estava implicado em sérios desmandos e abusos, particularmente no sul do país, e se beneficiava politicamente da repressão que os comandantes de facções militares praticavam em outras áreas. Mais do que aos Talibãs, o povo temia esses *jangsalaran*, palavra *pashtun* para designar os *warlords*, os comandantes das facções militares, que passaram a dominar o governo e as instituições, inclusive o exército, a polícia e os serviços de inteligência[10]. Hamid Karzai nomeou alguns para o seu ministério, em uma tentativa de evitar uma guerra civil aberta. E o *Loya Jirgas* (grande conselho) simplesmente confirmou sua influência[11]. Apesar de certa melhoria dos direitos humanos, com a libertação de centenas de prisioneiros, as condições das prisões, piores que as de campos de concentração, permaneciam terríveis.

De acordo com o United Nations Drug Control and Crime Prevention Office, o Afeganistão, após a derrocada dos Talibãs, voltara a ser o maior produtor mundial de ópio, substância básica para a fabricação de heroína, e a elevação do nível de cultura da papoula foi possibilitada pela ausência de autoridade no país, pelo *vacuum* de poder, uma vez que o governo de Hamid Karzai realmente só controlava a capital, Kabul, onde se aquartelara o comando da OTAN, com 5.000 soldados, para garantir a segurança do governo[12]. A produção que fora apenas de 185 toneladas, em 2001, uma vez que os Talibãs reprimiam essa atividade por contrariar as leis islâmicas, saltou, em 2003, para cerca de 3.600 toneladas, a maior parte oriunda do nordeste do Afeganistão, controlado pela Aliança Nordeste, com a qual as tropas dos Estados Unidos se haviam aliado, para a invasão do país, em 2001[13]. Victor Voytenko, membro da Duma da Federação Russa, informou ao Comitê Econômico e Segurança da Assembléia Parlamentar da OTAN, em novembro de 2003, que os especialistas da ONU constataram que as áreas de cultivo da papoula, de onde se extraía o ópio, aumentaram desde 2001, particularmente no norte do país, cerca de 47%, e nas províncias vizinhas do Tajiquistão. Estavam a funcionar mais de quatrocentos laboratórios de drogas, das quais 70% de ópio e 100% de heroína eram contrabandeadas do Afeganistão para a Europa, através da Rússia, bem como do Irã, Paquistão e outros Estados da Ásia Central[14], movimentando bilhões de dólares, cerca de US$ 2,3 bilhões, em 2003, contra US$ 1,3 bilhão em 2002, de acordo com cálculo do Banco Mundial[15]. A perspectiva era de que a produção ascendesse para 3.600 ou 4.000 toneladas, a maior colheita desde 1999, e gerasse US$ 36 bilhões[16]. O embaixador dos Estados Unidos em Kabul, Zalmay Khalilzad, chegou a advertir que o Afeganistão estava a

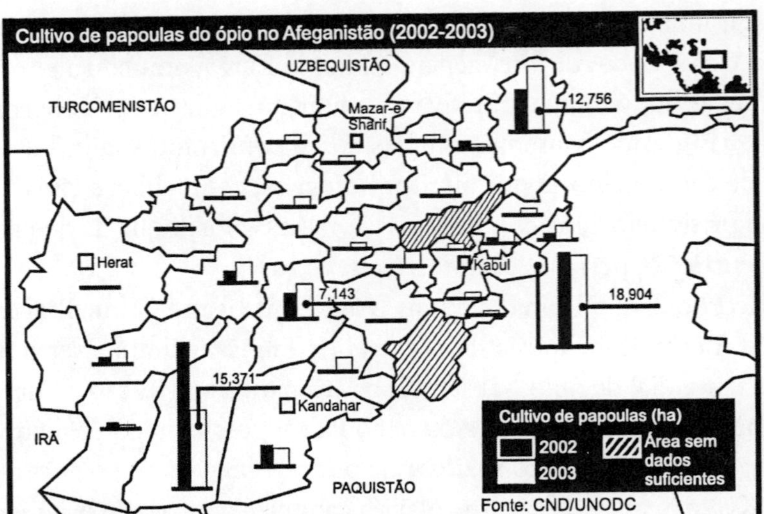

Fonte: CND/UNODC.

transformar-se em uma espécie de "*narco-state*", onde os barões da droga tinham mais poder que o governo e o crime organizado se instalara, fazendo a produção do ópio evoluir para a heroína[17].

O que se vislumbrava tanto no Afeganistão quanto no Iraque era uma derrota política dos Estados Unidos, em conseqüência da dificuldade, senão impossibilidade, de impor pelas armas seu projeto político, o de criar um simulacro de democracia, com a instalação de um governo relativamente estável, por meio de eleições, duvidosamente livres. Os Estados Unidos, estrategicamente, já haviam perdido o que George W. Bush chamou de guerra contra o terror. Contudo, não obstante o estado de inquietação e angústia, em que lançara o mundo, atacando o Afeganistão e o Iraque e ameaçando outros países, ele derrotou o candidato do Partido Democrata, senador John Kerry, com o apoio de 29 Estados, 274 votos eleitorais, e 52% do voto popular, o que evidenciou um eleitorado profundamente dividido e polarizado, não apenas pela guerra contra o Iraque, mas por questões morais e religiosas. A vitória de George W. Bush não era de estranhar em um país em que 100 milhões de pessoas, de um total de 290 milhões, definiam a si próprias como evangélicas[18] e, não obstante a existência de uma elite acadêmica e cultural muito lúcida, bem informada e culta, com o maior progresso científico e tecnológico, a religião ainda se opunha à ciência, o evolucionismo de Charles Darwin era rechaçado por uma parcela da população para o ensino escolar e, segundo pesquisa efetuada pelo Instituto Gallup, 34% dos entrevistados responderam que a Bíblia devia ser tomada literalmente, 48% disseram que sua inspiração era divina, mas não devia sempre ser tomada literalmente, enquanto apenas 15% a consideravam uma coleção de fábulas etc., e 3% não expressaram opinião[19]. George W. Bush manipulou o temor dos americanos, criando um clima de insegurança, mediante constantes alertas (amarelo, vermelho) de supostos iminentes ataques e triunfou sobre John Kerry, ao apelar para valores morais e religiosos, fomentando o fundamentalismo evangélico, como se fosse o eleito de Deus, como se ele e a nação se identificassem, como se fosse mais América do que todos os demais, seus oponentes, e continuou a explorar o nacionalismo com propósito imperialista[20].

Anatol Lieven, pesquisador sênior da Carnegie Endowment, observou que a "*fundamentalist religiosity has become an integral part of the radicalization of the right in the US and of the tendency to demonize political opponents as traitors and enemies of God and America*"[21]. Segundo ele, de importância fundamental para que esse fenômeno ocorresse foi a crescente aliança "*between the Christian Right — closely linked to the old White South — and Israel lobby, or at least its hardline Likud element's*"[22]. O Velho Testamento havia contribuído para que se desenvolvesse nos fundamentalistas cristãos a simpatia pelo judaísmo e a influência do pensamento milenarinista foi igualmente importante na conformação do apoio a Israel, visto como o prelúdio necessário à chegada do Anticristo, o Apocalipse e a vitória de Cristo e de seus Santos. O fato de partilharem dos mesmos ódios, avaliou Anatol Lieven, concorreu possivelmente para a união entre a *hardline* do sionismo e a direita fundamentalista cristã, que parcialmente apoiada em fundamentos nacionalistas sempre odiou a ONU, por causa do bizarro temor de que o mundo viesse a ser governado pelo Anticristo[23]. Também o jornalista Bill Moyers, ex-assessor de Kennedy, escreveu em artigo publicado por *The New York Review of Books*, que os fundamentalistas evangélicos constituíam "*large and powerful proportion*" do Partido Republicano, bem como "*a significant force in the coalition*" detentora do monopólio do poder, em Washington, a qual em uma geração inflectira rapidamente para a direita e para as suas mais extremas variantes , financiadas pelas corporações. "*I have know idea what President Bush thinks of the fundamentalists' fantastical theology, but he would not be president without them*" — afirmou Bill Moyers[24]. O professor Andrew J. Bacevich, diretor do Centro da Relações Internacionais da Universidade de Boston, chegou igualmente à conclusão de que os *Christian Zionists* — a direita religiosa — tinham profunda afinidade com os *hard liners* de Israel e se identificavam com o seu estilo estratégico, i.e., o modo pelo qual Israel concebia e usava o poder militar. "*The American suport for Israel created loopholes in the just-war tradition*", ressaltou Bacevich[25].

George W. Bush elegeu-se como o contraponto evangélico de bin-Ladin. Durante os 21 minutos de duração do discurso com que inaugurou seu novo mandato, em 20 de janeiro de 2005, usando 49 vezes as palavras "*free*", "*freedom*" ou "*liberty*", disse que "*all who live in tyranny and hopelessness can know the United States will not ignore your oppression or excuse your oppressors*", e acrescentou, como se estivesse a fazer o Sermão da Montanha: "*When you stand for your liberty, we will stand with you.*"[26] Quem o inspirava, como guia espiritual e mentor, era o judeu russo de extrema-direita, Natan Sharansky, ministro sem pasta e segundo homem no gabinete de Ariel Sharon, defensor da tese de que "*freedom anywhere will make the world safer everywhere*" e que as nações democráticas, lideradas pelos Estados Unidos, "*have a critical role to play in expanding freedom around the globe*"[27]. Essa tese claramente coincidia com a pretensão do *Project for The American Century* e George W. Bush, no discurso *State of the Union*, voltou a reiterar que os Estados Unidos se manteriam com os aliados da liberdade para apoiar os movimentos democráticos " *in the Middle East and beyond, with the ultimate goal of ending tyranny in our world*". Mas em seguida declarou, cinicamente, que "*the United States has no right, no desire, and no intention to impose our form of government on anyone else*" e que esta era a principal diferença com os seus inimigos. Mais adiante, George W. Bush acusou a Síria de autorizar a utilização do seu território, e parte do Líbano, pelos terroristas que buscavam destruir a paz na região, razão pela qual o Congresso americano havia aprovado a *Syrian Accountability Act*[28], impondo-lhe uma série de sanções. Também acusou o Irã de permanecer como "*the world's primary state sponsor of terror*", e insistir na produção de armas nucleares, enquanto privava o povo da liberdade que buscava e merecia. Outra vez encarnando o Messias, dirigiu-se diretamente aos iranianos, a instigá-los contra o regime xiita: "*And to the Iranian people, I say tonight: As you stand for your own liberty, America stands with you*"[29]. E, após reiterar seu "*generational commitment to the advance of freedom, especially in the Middle East*", que, segundo ele, estava sendo honrado e testado no Iraque, George W. Bush disse que este país se tornara um "*vital front*" da guerra contra o terror e os soldados americanos lá estavam a lutar contra os terroristas para não os ter de enfrentar "*at home*".

George W. Bush comemorou, como vitória de seu projeto de exportar a democracia pelas armas, a realização das eleições no Iraque, em 30 de janeiro de 2005, data que ele insistiu em manter, apesar da instabilidade da situação, não apenas devido à pressão dos xiitas, mas também com o intento de legitimar a guerra e a ocupação do país pelos Estados Unidos. Era evidente que aos xiitas convinha a realização do pleito, pois constituíam a maioria da população do Iraque e assim teriam condições de assumir o governo, após décadas de predominância sunita. Assim, dos 14,2 milhões de eleitores inscritos votaram 8.456.266 (cerca de 59%), o que significou que houve grande abstenção (40,1%). A Aliança Unificada Iraquiana, apoiada pelo grande aiatolá Sayyid Ali Husaini Sistani, nascido no Irã, venceu as eleições legislativas com 48,1% dos votos. Em segundo lugar, a Aliança Curda — reunindo a União Patriótica do Curdistão e o Partido Democrático do Curdistão — ficou com 25,4%. E a lista do primeiro-ministro Iyad Allawi, um xiita laico apoiado pelos Estados Unidos, apenas obteve 13,8% do total, e o presidente Ghazi al-Yawar do Conselho Interino de Governo, não recebeu mais do que 1,7% dos votos. O resultado, porém, não era o que Washington desejava, embora previsto, dado que os xiitas formavam cerca de 60% da população. Mas não restava alternativa senão aceitá-lo. De qualquer forma, essas eleições, segundo o periódico *al-Ahram Weekly*, editado no Cairo, não foram nem legítimas nem confiáveis ou democráticas, porque realizadas sob um regime de ocupação, sem a presença de observadores internacionais[30]. Em três das 18 províncias - Salah Eddin, Mosul e al-Anbar, predominantemente sunitas - não houve comparecimento às urnas, devido ao boicote do Partido Islâmico. Houve irregularidades graves em Mosul e na região do Curdistão. E al-Sharif Ali Ibn al-Hussein, do Movimento pela Monarquia, declarou que "desafortunadamente as eleições não foram justas nem livres"[31].

Em uma sociedade extremamente polarizada e dividida, a perspectiva era a de que o resultado das eleições agravasse ainda mais a turbulência no Oriente Médio, com conseqüências imprevisíveis[32]. Uma democracia secular, como os Estados Unidos pretendiam impor, afigurava-se bastante difícil. Era incompatível com a hierocracia xiita, inspirada pelo grande aiatolá Ali al-Sistani, à frente da *marja'iyya*, corpo de clérigos, fonte infalível de autoridade, reunida na *hawza*, o seminário religioso de Najaf[33]. O jovem imã xiita Muqtada al-Sadr, líder de uma revolta armada contra as forças de ocupação, que só cessou devido à intermediação do aitatolá al-Sistani, opusera-se ao envolvimento da ONU e sempre quis uma Constituição islâmica. Não se podia descartar a hipótese de uma "libanização" do Iraque, conforme anteviu *al-Ahram Weekly*, se ele conseguisse suficiente base de apoio popular e passasse a liderar a *hawza* de Najaf, de modo a estabelecer uma república islâmica, alinhada com o Irã[34]. E, sem que cessassem os atentados, o derramamento de sangue, o futuro do Iraque, depois das eleições, continuou tão incerto quanto antes. Certo era mais uma vez o fracasso da política de *building nation* que os Estados Unidos empreenderam. Os Estados Unidos deviam haver aprendido, no Vietnã, que a disponibilidade de alta tecnologia e de sofisticados armamentos, os mais modernos, não significava garantia de êxito. Conforme ponderou o professor Lars Schoultz, da Universidade de Carolina do Norte, a ironia consistia no fato de que os meios do poderio militar dos Estados Unidos cresceram, enormemente, mas por isso mesmo se tornaram quase inúteis. Podiam destruir, mas não alcançar seus objetivos, salvo em países diminutos, postos avançados, como Granada[35]. "*No Nation that aspires to lead the West can afford the image of a neighborhood bully, of a crude nation that solves its problem by force*" — Schoultz observou em 1987, acrescentando: "*Rambo is a movie, not a foreign policy*"[36].

Por sua vez, em artigo intitulado "Apocalypse Soon", na revista *Foreign Policy*, o ex-secretário de Defesa no governo de John Kennedy, Robert McNamara, previu a possibiliade de uma catástrofe nuclear e admoestou os Estados Unidos a cessarem seu estilo de Guerra Fria, confiando nas armas nucleares como instrumento de política exterior. "*At the risk of appearing simplistic and provocative, I would characterize current U.S. nuclear weapons policy as inmoral, illegal, military unnecessary, and dreadfully dangerous*" — escreveu. E acentuou que o risco de um lançamento acidental ou inadvertido de um artefato nuclear era inaceitavelmente alto e que a administração de Bush, ao sinalizar o propósito de manter o arsenal nuclear como o principal suporte de seu poder militar, estava a erodir as normas internacionais que haviam limitado a proliferação das armas nucleares e materiais físseis por 50 anos[37]. Segundo McNamara, lançar artefatos nucleares contra inimigos que também os possuem seria suicídio, e contra inimigos que não dispusessem de tais armamentos seria "*militarily unnecessary, morally repugnant, and politically indefensible*". De acordo com sua própria experiência, ele sabia que a política nuclear dos Estados Unidos estava então a criar riscos para as outras nações e para a própria nação americana[38].

Com sua política internacional, *Rambo-like*, ameaçando usar armamentos nucleares, George W. Bush realmente assustou os outros países, que passaram a definir seus próprios interesses nacionais. Alguns, como a Coréia do Norte e o Irã, trataram de adquirir a capacidade de produzir também ogivas atômicas. Outros repulsaram a liderança unilateral dos Estados Unidos. E o antiamericanismo recrudesceu, em todas as regiões do mundo. Se eleições realmente democráticas fossem realizadas na Arábia Saudita e em outros países árabes, principalmente na Arábia Saudita e na Jordânia, os fundamentalistas islâmicos, senão o próprio bin-Ladin, seriam provavelmente os eleitos. Também no Egito, onde a secretária de Estado Condoleezza Rice pressionou o presidente Hosni Mubarak a anunciar eleições, sem que ele seja candidato único, a Irmandande Muçulmana fundamentalista foi que sempre representou a oposição. Também no Paquistão os simpatizantes de bin-Ladin poderiam ganhar as eleições e o arsenal atômico cair em suas mãos. Em 1997, o então presidente da Argélia, general Lamine Zéroual, anulou as eleições quando parecia iminente a vitória dos candidatos fundamentalistas islâmicos e inúmeros atentados ocorreram, matando cerca de 1.850 pessoas. O que continuava a predominar, amplamente, entre os povos de todos os países muçulmanos, e se acentuou após a guerra contra o Iraque, era o sentimento nacionalista, antiamericano, antiglobalização, e muitos apoiavam al-Qa'ida e outras organizações classificadas como terroristas pelos Estados Unidos. A repulsa a George W. Bush tornou-se tão imensa que afetava profundamente sua segurança nas viagens internacionais. Ele não podia permanecer mais de 8 horas em um lugar, mais de 16 horas em outro, não passar mais de 30 minutos no caminho do aeroporto, mais nenhuma entrevista à imprensa nem contato com o povo durante suas viagens internacionais[39].

Homens-bomba são justificáveis?

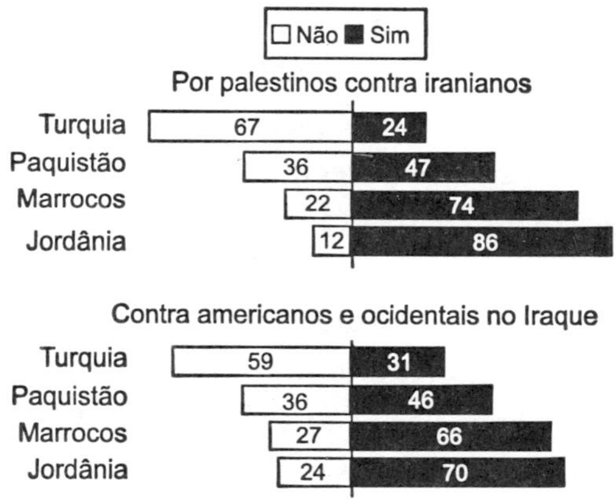

Fonte: Pew Research Center.

Pesquisa de opinião realizada no âmbito do Pew Global Attitudes Project, no início de 2004, revelou que bin Ladin era um dos três homens em que os povos da Indonésia, Jordânia, Marrocos, Paquistão e Autoridade Palestina mais confiavam que pudessem fazer as coisas certas nas questões mundiais. Ele era visto favoravelmente por largas percentagens da população no Paquistão (65%), Jordânia (55%) e Marrocos (45%), e mesmo na Turquia cerca de 31% disseram que os ataques contra os americanos e outros ocidentais no Iraque eram justificáveis[40]. A maioria em todas as quatro nações islâmicas duvidava da sinceridade da guerra contra o terrorismo e julgava que os esforços dos Estados Unidos visavam a controlar o petróleo do Oriente Médio e dominar o mundo. Na Europa, um ano após a invasão do Iraque, o descontentamento com os Estados Unidos e suas políticas se havia intensificado, não diminuído. A opinião sobre os Estados Unidos, na França e na Alemanha, bem como na própria Grã-Bretanha, era tão negativa quanto sobre a conclusão da guerra com o Iraque. De acordo com o Pew Global Attitudes Project, "*perceptions of American unilateralism remain widespread in European and Muslim nations, and the war in Iraq has undermined America's credibility abroad.*" Muito bem percebeu o general Wesley K. Clark, ex-comandante da OTAN durante a guerra no Kosovo, que não se tratava de inquietude antes os valores americanos nem pelo seu *way of life*, mas por causa do comportamento dos Estados Unidos no exterior[41]. As dúvidas sobre os motivos por trás da guerra contra o terrorismo eram abundantes e grande percentagem dos europeus queriam uma política exterior e acordos de segurança independentes dos Estados Unidos e queriam que a União Européia se convertesse em potência militar[42]. E, como na pesquisa realizada no ano anterior, a ruptura entre americanos e europeus não diminuiu.

A maior ameaça com que os Estados Unidos se defrontavam não partia de qualquer outro país nem dos terroristas, mas, sim, da sua crescente vulnerabilidade econômica e financeira. Desde 1999, as estimativas indicavam que a sua dívida externa era insustentável. Da ordem de US$ 1,72 trilhão, em 1998, a previsão era de que aumentasse para US$ 2,02 trilhões, em 1999, US$ 2,34 trilhões em 2000, e saltasse em 2005 para US$$ 4,36 trilhões, o equivalente a 36,4% do seu PIB[43]. Em 2002, os economistas na Goldman, Sachs & previram que o débito líquido dos Estados Unidos alcançaria aproximadamente o valor de US$ 5,8 trilhões, no fim de 2006, o que representaria 46% do PIB[44]. Mas, de acordo com os dados do Departamento do Tesouro dos Estados Unidos, em 30 junho de 2003, a dívida externa dos Estados Unidos em mãos de governos estrangeiros, bancos centrais, bancos privados e outros investidores, já era de US$ 6,357 trilhões, o equivalente a 58,8% do PIB, da ordem de US$ 10,803 trilhões, e saltou para US$ 6,946 trilhões, em 31 de dezembro do mesmo ano, e em setembro de 2004 atingiu o montante de US$ 7,869 trilhões[45].

Estados Unidos — Posição da Dívida Externa Bruta: 30/09/2004
Composição das Moedas da Dívida Externa Bruta (US$ milhões)

Moeda estrangeira		
	Curto termo	91.890
	Longo termo	560.350
	Total	652.241
Moeda nacional (dólar)		
	Curto termo	2.692.131
	Longo termo	3.433.234
	Total	6.125.365
Desconhecida[46]		1.091.020
Dívida externa bruta		7.868.626

Fonte: U.S. Department of Treasury. Office of International Affairs. www.treas.gov/tic/debt904.html

A magnitude dessa dívida externa, da ordem de US$ 7,8 trilhões, tornava os Estados Unidos dependentes de investimentos externos, que tendiam a cair, em virtude do enfraquecimento do dólar, e do crescimento dos déficits orçamentário e comercial. O FMI, no World Economic Outlook, apontou a ameaça que corria a economia americana como decorrência do desequilíbrio externo, em níveis "*almost never seen in industrial countries in the postwar period*"[47], o que poderia repentinamente provocar um ajuste nas taxas de câmbio e gerar o pânico nos investidores, muitos do quais, perdendo a confiança na economia dos Estados Unidos, estavam a converter em euro muitos fundos até então aplicados em dólar. Em janeiro de 2004, o FMI deu outro alerta, ao reconhecer, publicamente, que o "*large U.S. fiscal deficits also pose significant risks for the rest of the world*" e que "*the emergence of twin fiscal and current account deficits has given rise to renewed concern*"[48]. O FMI previu que os Estados Unidos tendiam a aumentar suas obrigações externas em 20% do PIB, dentro de poucos anos, o que considerou "*an unprecedented level of external debt for a large industrial country*"[49]. O déficit comercial também pulou de US$ 496,5 bilhões, em 2003, para um nível recorde em 2004, da ordem de US$ 617 bilhões, dos quais cerca de US$ 162 bilhões apenas com a China[50]. Esse déficit estava a prejudicar a economia americana, sua capacidade de produzir bens e serviços, e casava-se com o déficit fiscal, que havia disparado para US$ 412 bilhões, no ano fiscal de 2004, que terminara em setembro, sem contar dezenas de bilhões de dólares gastos com a ocupação e reconstrução do Iraque.

Conta Corrente do Balanço de Pagamentos e Balança Comercial
US$ bilhões

	1997	1998	1999	2000	2001	2002	2003	2004
Conta corrente	–136	–210	–297	–413	–386	–474	–531	–556
% em relação ao PNB	–1,6	–2,4	–3,2	–4,2	–3,8	–4,5	–4,8	–4.7
Balança comercial	–108,178	–164,868	–263,252	–378,344	–362,692	–421,735	–496,508	–617,725

Fonte: Fundo Monetário Internacional e U.S. Census Bureau, Foreign Trade Division[51].

A vantagem dos Estados Unidos em aumentar os déficits fiscal e comercial (déficits-gêmeos) e a dívida externa fora até então a de permitir que o Estado assim como o setor privado e os domicílios — os três atores econômicos — sustentassem, por um período relativamente longo, um padrão de vida muito acima de suas possibilidades, consumindo mais do que ganhavam, enquanto o governo investia pesadamente em pesquisa de tecnologia de ponta, a fim de manter o país na vanguarda do desenvolvimento tanto na área industrial quanto nas comunicações, bem como no conhecimento, indispensável à reprodução capitalista do complexo industrial-militar, em meio de crescente desigualdade social, com cerca de 35,9 milhões de pessoas, em 2003, vivendo na pobreza, cerca de 1,3 milhão a mais que em 2002[52]. Com seus déficits-gêmeos e enorme dívida externa, mais de dois terços do PIB, os Estados Unidos, no entanto, só não entravam em bancarrota, porque o dólar era a moeda de circulação mundial, moeda de reserva, em que a maioria dos negócios de petróleo se expressava e que servia de base para cerca de 67% das demais trocas no mercado mundial, ao passo que somente 13% se realizavam em euros e o resto (20%) em libras, yen etc.

A seus maiores credores — governos estrangeiros, bancos centrais de outros países e bancos particulares — não convinha igualmente o colapso dos Estados Unidos, o *default*, dado ser o capitalismo um sistema econômico mundial, um todo e não uma soma de economias nacionais, e todos os países, inclusive os credores, seriam, de um modo ou de outro, profundamente abalados. Haveria enorme retratação de demanda no mercado americano, nos mercados fornecedores e a inflação corroeria a economia mundial. Esse constituía, *inter alia*, o principal fator pelo qual os investidores ainda mantinham confiança nos Estados Unidos, confiança, entretanto, solapada cada vez mais pelo crescimento dos déficits-gêmeos e de sua dívida externa. E os bancos centrais, como os da China, Taiwan e Japão, começaram a converter em euro e em outras divisas as reservas que antes haviam acumulado em dólar, cujo valor cada vez mais se deteriorava, gerando, como contrapartida, a elevação do preço do petróleo. A elevação do preço do petróleo, por sua vez, tendia a agravar o déficit na balança comercial dos Estados Unidos e formar um círculo vicioso de dificuldades crescentes.

A perspectiva era de que as assimetrias estruturais nos componentes do equilíbrio interno e externo dos Estados Unidos, tanto quanto a percepção política e a sensibilidade do mercado em face do crescimento dos déficits, desencadeariam forças que terminariam por escavar sua sustentabilidade. Por essa razão, ao falar para os presidentes dos bancos centrais europeus, em 19 de novembro de 2004, Alan Greenspan, presidente do Federal Reserve Board, ressaltou que o desequilíbrio na conta corrente do balanço de pagamentos, *per se*, não era necessariamente um problema, mas, sim, os déficits cumulativos, que resultavam no declínio da posição internacional líquida de investimentos, como estava a ocorrer com os Estados Unidos, onde o déficit da conta corrente do balanço de pagamentos se havia alçado a cerca de US$ 600 bilhões, mais de 5% do PIB[53].

Apesar das advertências do FMI e do próprio Alan Greenspan, a Casa Branca anunciou que o déficit orçamentário esperado para o ano fiscal de

2005 era de US$ 427 bilhões, contra o recorde de US$ 412 bilhões no ano fiscal de 2005, e tal valor não incluía os US$ 80 bilhões de emergência, requisitados por George W. Bush para financiar a guerra no Iraque[54]. O Congressional Budget Office notou que se ele conseguisse que o Congresso aprovasse a lei, tornando o corte de impostos permanente, prioridade de sua administração, o déficit atingiria US$ 2 trilhões, nos próximos dez anos. E mesmo que os custos da guerra no Iraque e no Afeganistão gradualmente diminuíssem, assim mesmo o déficit ainda seria da ordem aproximada de US$ 600 bilhões[55]. Em 2 de março de 2005, Alan Greenspan, presidente do Federal Reserve Bank, declarou ao Budget Committee da House of Representatives que os orçamentos unificados estavam a apresentar um déficit de 3,2% do PIB e que, de acordo com as projeções da administração e do Congressional Budget Office, "*our budget position is unlike to improve substantially in the coming years, unless major deficit-reducing actions are taken*"[56]. Greenspan salientou que, no ano fiscal de 2004, os dispêndios com a seguridade social, Medicare e Medicaid totalizaram 8% do PIB e que as projeções do Office of Management and Budget sugeriam que se elevariam a 9-1/2% em 2015 e a cerca de 13% por volta de 2030. E advertiu que se esses custos continuassem a crescer mais rápido do que a economia como um todo, os recursos adicionais para tais programas exerceriam pressão sobre o orçamento "*that seems increasingly like to make current fiscal policy unsustainable*"[57]. A probabilidade de uma escalada dos déficits do orçamento unificado causava grande preocupação porque drenaria inexoravelmente crescente volume de reais recursos da formação de capital privado e lançaria uma "*ever-larger shadow over the growth of living standards*"[58].

O problema, porém, não consistia só ou principalmente nos gastos com a seguridade social, Medicare e Medicaid. O próprio orçamento do Pentágono — para o ano fiscal 2006, a começar em setembro de 2005, apresentou um montante de US$ 419 bilhões, na autoridade orçamentária, mas não incluía os custos com a produção de ogivas nucleares, produzidas pelo Departamento de Energia; as atividades relacionadas com defesa do Departamento de Estado, como "financiamento militar estrangeiro"; os serviços militares passados que eram compensados mediante os benefícios propiciados através do Departamento de Assuntos dos Veteranos; as atividades vinculadas com a defesa do Departamento de Segurança Interior, tais como as atividades de defesa da Guarda Costeira; as distintas atividades relacionadas com a defesa de vários outros departamentos federais; os custos com os juros das atividades militares previamente financiadas com endividamento. A estimativa era, portanto, de que o total de tais dispêndios relacionados com as Forças Armadas e a defesa deveria alcançar a cifra aproximada de US$ 840 bilhões, i.e. cerca de um terço do orçamento total da ordem de US$ 2,57 trilhões, conforme previsto[59].

Orçamento de Defesa
US$ bilhões

	1997	1998	1999	2000	2001	2002	2003	2004
Defesa	271,7	270,2	275,5	295,0	306,1	348,9	404,9	454
% em relação ao PNB	3,3	3,1	3,0	3,0	3,0	3,4	3,8	3,9

Fonte: Congressional Budget Office.

A situação financeira que se delineava afigurava-se das mais sombrias. Conquanto houvesse desprezado a ONU e Ronald Rumsfeld, arrogantemente, chamasse a França e a Alemanha de "*old Europe*", George W. Bush aparentemente compreendeu, se é que haja compreendido alguma coisa, que o unilateralismo dos Estados Unidos tinha fortes limites e que os custos das guerras no Afeganistão e no Iraque, tanto em termos financeiros quanto humanos, eram bem mais altos do que ele e os *neocons* imaginaram. Com os Estados Unidos atolados no Iraque, sem uma perspectiva de êxito real na estabilização do país, apesar da propaganda em torno das eleições, George W. Bush, que antes apelara para o suporte da ONU, empreendeu uma viagem à França, Alemanha e outros países da Europa, logo após a inauguração de seu segundo mandato, em busca de reconciliação, intentando fazer com que fossem esquecidas as divergências do passado. Não teve muito sucesso. As "*photos opportunity*" de George W. Bush com Gerhardt Schröder e Jacques Chirac, os sorrisos, os apertos de mãos não puderam apagar as diferenças.

Em virtude do fiasco na ocupação do Afeganistão e no Iraque, que a propaganda do Pentágono, através da mídia, procurava encobrir, George W. Bush não mais tinha condições de lançar os Estados Unidos em outra aventura, contra o Irã e/ou a Síria, a despeito de sua imensa supremacia econômica, militar e tecnológica. As forças destacadas no Iraque equivaliam a mais da metade das forças do exército americano susceptíveis de serem mobilizadas[60]. Além dos 153.000 soldados no Iraque e no Kuwait, os Estados Unidos mantinham tropas no Afeganistão, Coréia do Sul, Balcãs, Península do Sinai, e em diversos outros países. De aproximadamente 640.000 soldados servindo na ativa, cerca de 315.000 estavam aquartelados em bases no exterior, em mais de 120 países, para apoiar as operações no Iraque, Afeganistão e outros teatros de guerra (vide quadro), e mais uma força de trabalho civil, da ordem de 250.000, reforçada pelos *contractors* (mercenários contratados *private militay corporates*), para mobilizar, empregar e sustentar as forças operacionais, internamente e no exterior.[61]

Soldados dos Estados Unidos no exterior (fevereiro de 2005)

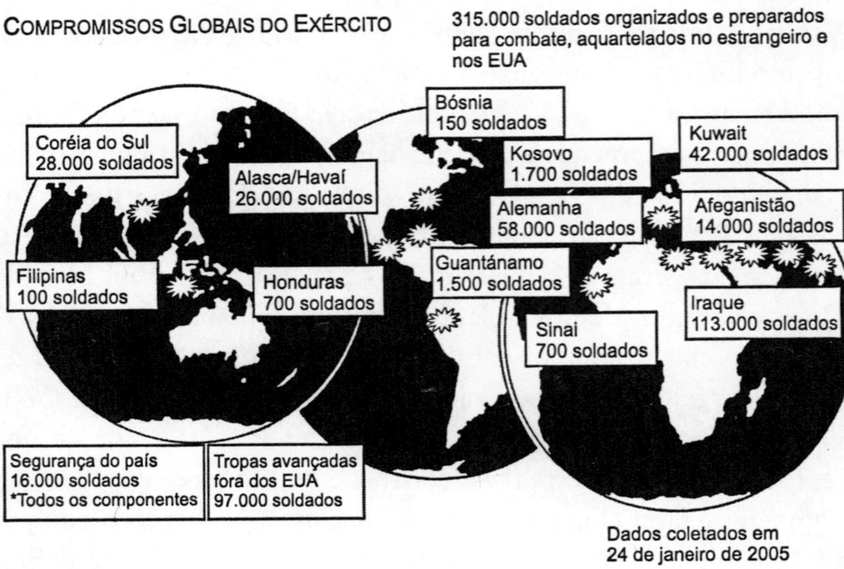

Fonte: Office of the Chief of Staff, U.S. Army, Executive Office of the Headquarters Staff Group[62]

Os maiores combates e a estabilidade das operações no Iraque e no Afeganistão estavam, entretanto, a apresentar "*tremendous demands on our equipment and our soldiers*", conforme o general Francis J. Harvey, secretário do Exército, declarou perante os comitês e subcomitês do Senado e da House of Representatives[63]. E o povo americano provavelmente não aceitaria a convocação de reservistas. Desde o início da guerra contra o Iraque, até fevereiro de 2005, já cerca de 8.000 rapazes haviam desertado, muitos emigrando para o Canadá. Em fevereiro de 2005, o recrutamento pelo Exército dos Estados Unidos, para o serviço ativo, caiu 27% e foi a primeira vez, em quase 5 anos, que não atingiu a sua meta de incorporação. Somente conseguiu 5.144 recrutas, menos 1.936 dos 7.050 de que necessitava. E a perspectiva era de que dificilmente conseguiria alistar 80.000 novos recrutas até o fim de 2005. Segundo Doug Smith, porta-voz do U.S. Army Recruiting Command em Fort Knox (Kentucky), atribuiu esse problema, em parte à competição da economia, que estava a melhorar, e ao medo dos pais de que seus filhos fossem feridos ou mortos no Iraque[64]. Dois anos depois, derrubado o regime de Saddam Hussein, o general da Força-Aérea, Richard B. Myers, chefe do Estado-Maior Conjunto, informou ao Congresso que as Forças Armadas dos Estados Unidos estavam "*at significant risk*" de serem incapazes de executar apropriadamente missões no exterior e prevalecer contra inimigos no exterior, devido ao seu envolvimento no Iraque, que estava a custar mais vidas e dinheiro do que haviam previsto.[65]

O atrito com a Coréia do Norte fora discretamente tirado da agenda. E com o Irã, ainda que George W. Bush o acusasse de ser o "*primary state sponsor of terror*" no mundo, o litígio em torno de seu projeto de enriquecimento de urânio dificilmente evoluiria para uma guerra, em virtude das implicações econômicas e militares para os Estados Unidos. Ademais de ter condições de atacar as tropas americanas, estacionadas no Iraque e já nas suas fronteiras, o Irã ameaçou recorrer à arma do petróleo. Hassan Rowhani, secretário do Supremo Conselho Nacional, advertiu que os Estados Unidos estavam a brincar com fogo e que o Oriente Médio se tornaria mais instável se o governo de George W. Bush solicitasse ao Conselho de Segurança da ONU para impor sanções contra o Irã. "O primeiro a sofrer as conseqüências da crise seria a América", disse ele, aludindo ao impacto negativo que a elevação dos preços do petróleo teria sobre as economias do Ocidente[66].

O espectro do terrorismo, com que a administração de George W. Bush acenava, não constituía um fator de coesão do Ocidente, sob a liderança dos Estados Unidos, como outrora fora o comunismo, quando ainda a União Soviética existia. Nem a Alemanha nem a França nem outras nações da Europa se sentiam realmente ameaçadas pelo Irã ou ou pela Síria, como não se sentiram ameaçadas pela Coréia do Norte ou pelo Iraque. Cada vez mais isolados na opinião pública mundial, sem credibilidade, sem moral, os Estados Unidos estavam a perder a liderança das potências industriais e, conseqüentemente, as condições de exercer hegemonia, dada a repulsão que sua beligerância estava a provocar. A alegação de que os Estados Unidos estavam a defender a democracia tinha substância e fazia certo sentido, pelo menos para os povos da Europa Ocidental, durante a Guerra Fria, em face do regime totalitário vigente na União Soviética. Porém, proclamada por George W. Bush, não convencia. Sua retórica contra a tirania etc., animada por Natan Sharansky, afigurava-se vazia, oca, hipócrita, ridícula, quando sua própria administração não respeitava as convenções internacionais e restringia as liberdades civis nos Estados Unidos, com o *Patriot Act* I e II, além de manter campos de concentração, como o de Guantanamo Bay em Cuba ou a prisão de Abu Ghraib no Iraque, enquanto a CIA entregava presos para serem torturados em outros países. As *realen Machtverhältnisse* (reais relações de poder) possibilitavam que os Estados Unidos assim procedessem, abusando do seu poderio. Nenhuma outra potência estava a rivalizá-los no cenário internacional.

A grandeza imoderada, que Edward Gibbon apontou como a conseqüência natural e inevitável do declínio de Roma, estava, contudo, a determinar que os Estados Unidos tivessem um destino similar. Como aconteceu com o Império Romano, a prosperidade fez com que amadurecesse o princípio da decadência e "as causas da destruição se multiplicaram com a extensão das conquistas; e, tão logo os acidentes removeram os sustentáculos artificiais, a estupenda estrutura desabou sob seu próprio peso"[67]. E, como o historiador Niall Ferguson admitiu, o declínio e a queda do império não-declarado da América podiam ocorrer, devido não aos terroristas às suas portas ou a "*rogue regimes*" que os patrocinassem, "*but to a fiscal crisis of the welfare state at home*"[68]. Sem dúvida, as imensas dificuldades econômicas e financeiras dos Estados Unidos, entre outros fatores, tornavam cada vez mais difícil a sustentação do império, por mais de poucas décadas[69]. Eles se tornaram uma superpotência altamente vulnerável, dependente de outros países tanto para o seu abastecimento energético, petróleo e. g., quanto do influxo capitais para o financiamento de seus déficits e de sua dívida externa. E possivelmente até o ano 2020, conforme as previsões, seriam ultrapassados pela China, como a maior economia mundial, em termos da paridade do poder de compra[70]. A perspectiva delineada era de que seu declínio seria tão vertiginoso e violento quanto a sua ascensão ao status de *lonely power*, de potência hegemônica, chefe e guia de um sistema ultra-imperial de alianças, que desde a guerra contra o Iraque começara visivelmente a esgarçar e partir. Bem Henry Kissinger, que desenvolvera, como secretário de Estado, uma política exterior bastante realista, advertiu, em 2001, que não importava como a América percebesse seus objetivos, uma "*explicit insistence on predominance*" uniria gradualmente o mundo contra ela, forçando-a a imposições que eventualmente levariam ao seu isolamento e esgotamento[71].

Notas

1. Mahle, 2004, p. 350.
2. Sengupta, Kim. International Institute of Strategic Studies (IISS). Iraq Occupation Made World Less Safe, Pro-War Institute Says Studies. The Independent, (UK) 26/05/04.
3. ABC News - http://abcnews.go.com/International/wireStory?id=178561.
4. Priest, Dana & White, Josh "War Helps Recruit Terrorists, Hill Told Intelligence Officials Talk Of Growing Insurgency. The Washington Post, 17/02/2005, p. A01.

5. Boorstin, Robert & Galic, Mina. Afghanistan in Crisis — Facts and Figures. Center for American Progress. October 4, 2004. http://www.americanprogress.org/site/pp.asp?c=biJRJ8OVF&b=202861&printmode=1.
6. Clark, 2003, p. 153.
7. Boorstin, Robert & Galic, Mina. Afghanistan in Crisis — Facts and Figures. Center for American Progress. October 4, 2004. http://www.americanprogress.org/site/pp.asp?c=biJRJ8OVF&b=202861&printmode=1.
8. AntiWar.Com. http://www.antiwar.com/casualties/.
9. Gall, Carlotta & Rohde, David "Afghan President Describes Militias as the Top Threat". The New York Times, 12/07/2004. Late Edition - Final , Section A , p. 1.
10. "The Rule of the Gun. Human Rights Abuses and Political Repression in the Run-up to Afghanistan's Presidential Election". A Human Right Watch Briefing Paper. September 2004
11. Ibid.
12. Clark, 2003, p. 152.
13. BBC News. The drugs threat to Afghanistan. Last Updated: Tuesday, 10 February, 2004, 16:11 GMT
14. Pravda Online. http://english.pravda.ru/main/2002/10/29/38853_.html. Opium Production Soars in Post-Taleban Afghanistan. NATO Parliamentary Assembly Press Release.
http://www.globalsecurity.org/military/library/news/2003/11/mil-031109-nato-pa02.htm
15. BBC News. The drugs threat to Afghanistan. Last Updated: Tuesday, 10 February, 2004, 16:11 GMT. McGirk, Tim (Kabul). "Terrorism's Harvest . How al-Qaeda is tapping into the opium trade to finance its operations and destabilize Afghanistan". Time Ásia. August 9, 2004 / Vol. 164. No. 6.
16. Ibid.
17. Burnett, Victoria (Kabul). "Crackdown on Afghanistan's cash crop looms". *Boston Globe*, 18/09/2004.
18. Bacevich, 2005, p. 123.
19. National Center for Science Education. "Public view of creationism and evolution unchanged, says Gallup" http://www.ncseweb.org/resources/news/2004/US/724_public_view_of_creationism_and_11_19_2004.asp
20. Lieven, 2004, p. 20.
21. Id., ibid., p. 20.
22. Lieven, Anatol "The Push for War". *London Review of Books*. Vol. 24 No. 19 dated 3 October 2002.
23. Ibid.

24. Moyers, Bill. "Welcome to Doomsday". *The New York Review of Books*. Volume 52, Number 5. March 24, 2005
25. Bacevich, 2005, pp. 132-134.
26. White House — Presidente George W. Bush - President Sworn-In to Second Term For Immediate Release. Office of the Press Secretary. January 20, 2005. Baker, Peter & Fletcher, Michael A. "Bush Pledges to Spread Freedom Global Focus On Rights Would Be a Shift in Policy". *The Washington Post*. 21/01/2005.
27. Sharansky, 2004, p. 17.
28. 108th Congress 1st Session. S. 982. Syria Accountability Act of 2003' . To halt Syrian support for terrorism, end its occupation of Lebanon, stop its development of weapons of mass destruction, cease its illegal importation of Iraqi oil, and hold Syria accountable for its role in the Middle East, and for other purposes. In the Senate of The United States May 1, 2003
29. White House — Presidente George W. Bush - President Sworn-In to Second Term For Immediate Release. Office of the Press Secretary. January 20, 2005.
30. "Empty promises: Caught between a political process of questionable legitimacy and a dire security situation, Iraqis go to the polls on Sunday." al-Ahram Weekly, 28/01/2005.
31. "Post-election doldrums". al-Ahram Weekley. 24 February - 2 March 2005. Issue No. 731
32. Kepel, 2004, p. 274.
33. Id., ibid., p. 278.
34. "Lebanonising Iraq", al-Ahram. 29 January - 4 February 2004. Issue No. 675
35. Schoultz, 1987, p. 289.
36. Id., ibid., pp. 323-324.
37. McNamara, Robert. Apocalypse Soon. Foreign Policy, May/June 2005. http://www.foreignpolicy.com.
38. Ibid.
39. Halpen, 2004, p. 311.
40. Pew Research Center - A Year After Iraq War Mistrust of America in Europe Ever Higher, Muslim Anger Persists. Released: March 16, 2004. http://people-press.org/reports/display.php3?ReportID=206
41. Clark, 2003, p. 179.
42. Pew Research Center — A Year After Iraq War Mistrust of America in Europe Ever Higher, Muslim Anger Persists. Released: March 16, 2004. http://people-press.org/reports/display.php3?ReportID=206
43. Blecker, Robert A. "The Ticking Debt Bomb. Why the U.S. International Financial Position Is Not Sustainable." June 1999 *Briefing Paper*. Economic Policy Institute.
44. Coy, Peter. "Deeper Debt For Uncle Sam." *Business Week*, 18/03/2002.

45. U.S. Department of Treasury. Office of International Affairs. U.S. External Debt Treasury International Capital System. http://www.treas.gov/tic/external-debt.html. "US gross external debt more than $6 trillion-Trsy". Reuters, 10.08.03, 7:40 PM ET. Forbes.Com http://www.forbes.com/home_asia/newswire/2003/10/08/rtr1103708.html
46. A composição das moedas é desconhecida para empréstimos no âmbito de investimentos diretos, outras obrigações do governo e porções menores de empréstimos a outros setores.
47. International Monetary Fund - World Economic Outlook. Chapter II - Essays on Trade and Finance, p. 66. http://www.imf.org/external/pubs/ft/weo/2002/02/pdf/chapter2.pdf.
48. International Monetary Fund - "U.S. Fiscal Policies and Priorities for Long-Run Sustainability" - Martin Mühleisen and Christopher Towe, Editors. January 7, 2004.
49. Ibid.
50. U.S. Census Büreau. Foreign Trade Statistics. U.S. International Trade in Goods and Services Highlights February 10, 2005.
51. United States: 2004 Article IV Consultation—Staff Report; Staff Supplement; and Public Information Notice on the Executive Board Discussion July 30, 2004.
52. U:S. Census Bureau. Income, Poverty, and Health Insurance Coverage in the United States 2003. Current Population Reports. Issued August 2004. by Carmen DaNava-Walt, Bernadette D. Proctor & Robert j. Mils. http://www.census.gov/hhes/poverty/poverty03/pov03hi.html. U.S. Census Bureau, Current Population Survey, 2003 Annual Social and Economic Supplement.
http://www.census.gov/hhes/www/poverty.html
53. Federal Reserve Board. "Remarks by Chairman Alan Greenspan At the European Banking Congress 2004, Frankfurt, Germany, November 19, 2004. Panel discussion: Euro in Wider Circles.
54. Andrews, Edmund L. "Bush Aides Say Budget Deficit Will Rise Again", *The New York Times*, 26/01/2005, Weisman, Jonathan. "Record '05 Deficit Forecast. War Costs to Raise Total to $427 Billion". *The Washington Post*. 26/01/2005, p. A01.
55. Ibid.
56. Statement of Alan Greenspan, Chairman of Board of Governor of the Federal Reserve System, before the Committee on the Budget. U.S. House of Representatives, March 2, 2005.
57. Ibid.
58. Ibid.
59. Department of Defense Budget for FY 2006. Office of the Under Secretary of Defense (Comptroller), February, 2005. National Defense Budget Estimates for FY

2005. Departmente of Defense. Office of the Under Secretary of Defense (Comptroller), March, 2004.

60. Clark, 2003, p. 162.
61. United States Senate and the House of Representatives. First Session, 109th Congress. The annual Army Posture Statement is an unclassified summary of Army roles, missions, accomplishments, plans and programs. Designed to reinforce the Secretary of the Army and Chief of Staff, Army's posture and budget testimony before Congress, the Army Posture Statement serves a broad audience as a basic reference on the state of the Army. Office of the Chief of Staff, U.S. Army, Executive Office of the Headquarters Staff Group www.army.mil/aps
62. Defense Subcommittee Hearing on FY 2006 Army Budget Overview: A Statement on the Posture of the Army (The Honorable Francis J. Harvey and General Peter J. Schoomaker) . www.army.mil/aps
63. Ibid.
64. Moniz, Dave. "Army misses recruiting goal". USA Today. 02/03/2005
65. Mazzetti, Mark. "Military at Risk, Congress Warned". *Los Angeles Times*, 03/05/2005. Tyson, Ann Scott "Two Years Later, Iraq War Drains Military - Heavy Demands Offset Combat Experience". *Washington Post*, 19/03/2005.
66. Siamdoust, Nahid "Iran Says It Will Resume Enrichment if EU Talks Fail". *Los Angeles Times*, 06/03/2005.
67. Gibbon, 1994, v. 2, p. 509.
68. Ferguson, 2004, p. 279.
69. Trubowitz, 1998, 244.
70. Eland, 2004, p. 109.
71. Kissinger, 2001, p. 468.

Conclusões

"Of all the enemy of public liberty war is perhaps the most to be dreaded, because it comprises and develops the germen of every other. War is the parent of armies. (...) No Nation could preserve its freedom in the midst of continual warfare."

James Madison, 1795.[1]

"Overgrown military establishments which, under any form of government, are inauspicious to liberty, and which are to be regarded as particularly hostile to republican liberty."

George Washington, 1796.[2]

Em 1893, Friedrich Engels, escrevendo a N. F. Danielson, rebateu a teoria de que as piores conseqüências do capitalismo seriam mais facilmente superadas na Rússia que nos Estados Unidos, teoria esta defendida pelo economista J. P. Struve (1870-1944). Struve esquecia, Engels assinalou, que os Estados Unidos eram, "por sua própria origem, um país moderno, burguês, fundado por pequenos burgueses e camponeses, que haviam fugido do feudalismo europeu, para criar uma sociedade puramente burguesa"[3], enquanto na Rússia existia um fundamento de caráter comunista primitivo, uma *Gentilgesellschaft*[4], anterior à civilização, que, embora estivesse a destroçar-se, servia, porém, como a base material, com que a revolução capitalista (pois se tratava realmente de uma revolução social) atuava e operava. Na América, havia mais de um século, já estava implantada uma *Geldwirtschaft*[5], enquanto que na Rússia a *Naturwirtschaft*, quase sem exceção, predominava em toda parte[6]. Daí porque Engels aduziu, era compreensível que "a mudança na Rússia será muito mais violenta, muito mais e radical, e acompanhada por imensos sofrimentos que na América"[7].

A guerra pela independência das treze colônias, que constituíram os Estados Unidos, desdobrou na América a Revolução Inglesa de 1648. Para lá emigraram os elementos mais radicais do exército de Oliver Cromwell, os puritanos, bem como os quacres da Inglaterra, morávios, schwenkefelders, inspiracionalistas e menonitas da Alemanha meridional e da Suíça, calvinistas holandeses, discípulos de Jean de Labardie, os protestantes, refugiados de quase todos os países da Europa onde ocorriam as lutas religiosas que assinalaram o fim do feudalismo e a ascensão da burguesia. "*Every spot of the old world is overrun with oppression. Freedom hat been hunted round the globe. Asia and Africa have long expelled her*", escreveu Thomas Paine, em *Common Sense*, acrescentando: "*Europe regards her a strange, and England hath given her warning to depart. O! receive the fugitive, and prepare in time an asylum for mankind*"[8]. Segundo Thomas Paine, a independência da América, considerada meramente como separação da Inglaterra, teria sido de pouca importância, não fosse ela acompanhada pela revolução nos princípios e práticas de governo[9]. A América erguia um pedestal, não somente para ela, mas para o mundo, e mirava além das vantagens que podia receber[10]. E a aspiração de disseminar a liberdade, por meio da revolução democrática, transparecia nitidamente nas palavras de Thomas Paine.

A Revolução Americana, configurada pela guerra de independência de 1776-1783, foi concluída com a Guerra de Secessão (1861-1865), durante a qual cerca 600.000 americanos perderam a vida. O poder central robusteceu-se e consolidou-se, permitindo que os Estados industrializados do norte integrassem à sua economia o sul agrícola, devastado, e eliminassem, juntamente com a escravidão, as relações pré-capitalistas e as normas jurídicas, que obstaculizavam o desenvolvimento das forças produtivas do capitalismo. Mediante o estabelecimento de tarifas protecionistas, o que antes não fora possível devido aos interesses dos plantadores de algodão, os Estados Unidos alcançaram então extraordinário nível de desenvolvimento industrial e de urbanização. A construção de estradas de ferro acompanhou a especulação com as terras. Os congressistas freqüentemente desconheceram a linha divisória entre o dever público e interesses privados. Através dos peculatos, eles próprios usufruíram das empresas que criavam. O povo constatou, tristemente, que a honra e o decoro não se mantiveram intangíveis[11]. Mas a rede ferroviária, que, em 1860, alcançava 50.000 km, predominantemente no norte, aumentou para 85.000 km, em 1870, e 150.000 km, em 1880[12], e não apenas barateou o custo do transporte como facilitou a circulação de mercadorias. Entre 1865 e 1895, a malha ferroviária, nos Estados Unidos, multiplicou-se quatro ou cinco vezes, e ao final do século XIX, a própria indústria americana, não mais a da Inglaterra, estava cada vez mais a fornecer os equipamentos necessário à sua construção.

Em 1902, Karl Kautsky, legatário de Marx e principal teórico da Internacional Socialista, considerou os Estados Unidos como o mais importante e interessante entre todos os países civilizados. Segundo sua opinião, não era a Inglaterra, mas a América do Norte que mostrava o futuro da Alemanha, tanto quanto um país podia mostrar o futuro de um outro, uma vez que cada um tinha seu modo peculiar de desenvolvimento. O capitalismo, ele salientou, havia feito enorme progresso na América, lá reinava com a "mais ilimitada brutalidade" e tendia levar ao clímax os antagonismos de classe, tendência esta acentuada pela competição[13]. Esta brutal competição estendeu-se ao nível internacional e o maior rival dos Estados Unidos não foi a Grã-Bretanha, mas a Alemanha, cuja extraordinária expansão das forças produtivas chocou-se com a relativa estreiteza do seu espaço econômico, em meio de tensões sociais e políticas domésticas, e resultou na guerra de 1914-1918, a solução violenta que Rudolf Hilferding havia previsto[14].

Ao contrário do que os comunistas criam e esperavam, a história mostrou que não foi Lenin e sim Kautsky, chamado por ele de "renegado", que tinha razão, quando prognosticou, em 1914, que as potências industriais, da mesma forma que as empresas no mercado, terminariam por unir-se, para formar uma espécie de cartel, deixando de competir pelas armas, e as guerras, para o consumo do material bélico, passariam a ocorrer somente com ou nos países mais atrasados, na periferia do sistema capitalista. A partir da Primeira Guerra Mundial, em virtude do enfraquecimento econômico da França e da Grã-Bretanha, os Estados Unidos começaram a emergir como potência hegemônica e consolidaram essa posição, com a derrota da Alemanha, na Segunda Guerra Mundial, e modelaram o sistema econômico internacional, de conformidade com seus interesses e princípios, sob a égide das instituições — Banco Mundial e FMI — criadas pelos Acordos de Bretton Woods, e o GATT. A ONU, que o presidente Franklin D. Roosevelt se esforçara para criar, configurou uma reprodução, mais bem sucedida, da Liga das Nações e tornou-se a *Aufhebung* (negação/conservação) das contradições entre os Estados Unidos e a União Soviética.

Durante a Guerra Fria, a liberdade pela qual os *Founding Fathers* se bateram e que Thomas Paine defendera, identificou-se mais e mais com o capitalismo de consumo, a *free-enterprise*. A *free-enterprise*, observou Eric Foner, professor da Columbia University, assumiu o lugar da principal liberdade nos Estados Unidos, parte da definição do *American way of life*[15]. O *Free World* era, portanto, o mundo da *free-enterprise*, do *free-market*. E os Estados Unidos trataram de disseminar os princípios do liberalismo econômico, tais como livre circulação de bens e capitais, câmbio livre e comércio multilateral. Sua expansão econômica e comercial, e não apenas a dilatação do seu território até o litoral do Pacífico, fora, porém, acompanhada pelo militarismo, em todas as suas fases históricas. Em 1854, o comodoro Matthew Perry, com a esquadra estacionada em frente ao porto de Uraga, perto de Edo (atualmente Tóquio), forçou o Japão a assinar a Kanagawa Convention, que abriu os portos de Shimoda e Hakodate aos navios americanos.

O presidente Abraham Lincoln (1861—1865) dissera certa vez que a segurança da nação não estava nas suas esquadras e nos seus exércitos, ou nas fortalezas, mas no espírito que prezava a liberdade, como herança de todos os homens, em todas as terras, em toda parte, e advertiu os americanos de que eles não podiam destruir esse espírito sem plantar as sementes do despotismo em suas próprias portas. As sementes do despotismo estavam, porém, na "*imperial presidency*", e o próprio Lincoln exacerbou seus poderes de guerra e paz como nunca antes ocorrera[16]. O jurista americano Benjamin R. Curtis, que fora membro da Suprema Corte dos Estados Unidos, acusou-o de instituir "*a military despotism*", durante a Guerra de Secessão (1860-1864), quando ele se comportou como "*unlimited despot*", segundo a expressão do abolicionista Wendell Phillips. Sem considerar o Congresso, Lincoln exerceu discricionariamente o poder. Durante a Guerra Civil, sem que houvesse declaração, proclamou a lei marcial por trás das linhas de frente, mandou prender pessoas sem autorização da justiça, confiscou propriedades e, além de tomar outras medidas arbitrárias, suas ordens executivas invadiram o domínio que até então pertencera ao Legislativo. E o militarismo acentuou-se, a partir da Guerra de Secessão, no curso da segunda metade do século XIX, quando também se converteu em campo privilegiado para a realização do excedente econômico, convertendo-se a guerra em uma necessidade da grande indústria, cujo mercado se encontrava na demanda de material bélico pelo Estado. E em 1898, os Estados Unidos, sob a presidência de William McKinley (1897-1901), assumiram a condição de país imperialista, equiparando-se às potências da Europa, ao entrar em guerra contra a Espanha, sob o pretexto de defender a independência de Cuba, mas com o objetivo de conquistar-lhe o espólio colonial, tanto no Caribe como no Pacífico.

A Constituição dos Estados Unidos, art. 1°, § 8, estabelecera que cabia ao Congresso declarar a guerra, armar e manter exército, providenciar e manter esquadra, ratificar tratados e controlar o orçamento. Porém, ajustada ao molde da monarquia constitucional ainda existente na Inglaterra ao tempo da guerra da independência (1776-1783)[17], a Constituição não apenas atribuíra o poder executivo ao presidente dos Estados Unidos, como o designara (art. 2°, § 2) comandante-em-chefe do Exército e da Marinha. O presidente dos Estados Unidos tinha os mesmos poderes de um rei, conquanto eleito e temporário. Os modos aristocráticos do próprio George Washington, que gostava de usar a palavra "império" e estava orgulhoso do Império Britânico[18], com o tempo tornaram-se régios, tanto que ele nem apertava a mão de outras pessoas, as quais cumprimentava apenas com ligeira inclinação da cabeça[19]. William H. Seward, secretário de Estado durante a administração de Lincoln, declarou a um jornalista inglês: "*We elect a king for four years and give him absolute power within certain limits, which after all he can interpret for himself.*"[20] E Henry Jones Ford, professor e cientista político americano, escreveu, em 1898, que a "*American democracy has revived the oldest political institution of the race, the elective kigship*", com a república presidencialista, forma de governo atrasada em relação à monarquia parlamentar, para a qual a Inglaterra evoluíra a partir de 1832[21]. Hanna Arendt relevou que a herança histórica da Revolução Americana foi uma "monarquia limitada" e ponderou que nada era mais natural do que uma revolução seja predeterminada pelo tipo de governo que ela derruba[22]. O novo, a república, engendrada pela monarquia como sua negação, tinha algo em comum com ela. Destarte, com a república presidencialista, projetada nos moldes da monarquia constitucional existente ainda Inglaterra do século XVIII, o que se implantou na América do Norte foi uma "*république impériale*", como Raymond Aron definiu os Estados Unidos, com o chefe de governo a exercer a "*imperial presidency*", expressão usada por Arthur Schlesinger Jr.. Com razão Michael Novak, que fora a professor da State University of New York e consultor da Rockfeller Foundation, comentou que "*every four years, Americans elect a King — but not only a king, also a high priest and a prophet*"[23].

> "*(...) He is king — king in the sense of symbolic, decisive focal point of our power and destiny. He is prophet — prophet in the sense of chief interpreter of our national self-understanding, establishing the terms of national discourse. He is priest — priest in the sense of incarnating our self-image, our values, our aspirations, and expressing these through every action he selects, every action he avoids.*"[24]

Dai o *cover-up* dos malfeitos e ilícitos cometidos pelos presidentes dos Estados Unidos, de suas ligações perigosas, como as de Kennedy com a máfia, daí sempre atribuir-se a falhas dos serviços de inteligência a responsabilidade por acontecimentos como o bombardeio de Pearl Harbor e os atentados de 11 de setembro, daí porque sempre se protegeu e se procurou preservar, tanto quanto possível, a *majesty of Office*. E, embora Thomas Paine dissesse que "*the American Constitution were to Liberty what a grammar is to language*", pois definia as partes dos discursos e construía a sintaxe[25], o fato é que ela foi freqüentemente desrespeitada ou eludida, pelos presidentes, sobretudo com referência à promoção de guerras e à política exterior dos Estados Unidos. A lei deixara de ser "*the King*", como Thomas Paine pretendera[26].

Thomas Jefferson, um dos *Founding Fathers*, observara, em 1798, que o Executivo era o ramo do poder "*most interested in war and most prone to it*"[27]. James Madison, o 4º presidente dos Estados Unidos (1809-1817), acentuara que "*the management of foreign relations appears to be the most susceptible of abuse of all the trusts to a Government*"[28]. Ele entendia que o Congresso tinha inclusive o direito de julgar se os Estados Unidos estavam ou não obrigados a declarar guerra, embora Alexander Hamilton (1755-1804), o principal autor dos *Federalist Papers*, considerasse que a política exterior era função do Executivo, ao qual, desde os primórdios, o Congresso fornecera fundos para criação e manejo do serviço de inteligência. E a fim de criar as condições para justificar e induzir o Congresso a aprovar a declaração de guerra, as provocações constituíram uma constante na política exterior dos Estados Unidos, desde o século XIX.

O pretexto para a guerra contra o México (1846-1848), que culminou com a conquista da Califórnia, foi manufaturado pelo presidente James K. Polk (1845-1849). O próprio general Ulysses Grant, posteriormente presidente dos Estados Unidos, reconheceu em suas memórias que a presença dos Estados Unidos na borda do território disputado, mas distante dos assentamentos mexicanos, não era suficiente para provocar as hostilidades. E aduziu:

> *"We were sent to provoke a fight, but it was essential that Mexico should commence it. It was very doubtful whether Congress would declare war; but if Mexico should attack our troops, the Executive could announce, 'Whereas, war exists by the acts of etc.,' and prosecute the contest with vigor. Once initiated there were but few public men who would have the courage to oppose it. Experience proves that the man who obstructs a war*

> *in which his nation is engaged, no matter whether right or wrong, occupies no enviable place in life or history. Better for him, individually, to advocate 'war, pestilence, and famine', than to act as obstructionist to a war already begun."*[29]

Assim, de modo a provocar o México, o presidente James K. Polk, em 1846, ordenou que o general Zachary Taylor atravessasse o Nueces River, no Texas, e invadisse seu território, na direção do Rio Grande, perto de Matamoras, onde começou a construção do Fort Brown, ignorando as demandas do governo mexicano para que retirasse suas tropas. O conflito foi então desencadeado quando a cavalaria do México capturou um dos destacamentos americanos, que invadiram seu território. E após entreveros em Palo Alto e Resaca de la Palma, Polk enviou mensagem ao Congresso, declarando a guerra, sob a alegação de que o México havia "*invaded our territory and shed American blood upon American soil*". O grande estadista americano, ex-secretário de Estado e presidente dos Estados Unidos, John Quincy Adams, foi, como congressista, o mais eloqüente e apaixonado adversário dessa política de agressão. Também Abraham Lincoln, em discurso no Congresso, denunciou que "*the war with Mexico was unnecessarily and unconstitutionally commenced by the President* (James K Polk)[30]. O general Ulysses Grant, por sua vez, não hesitou em dizer que "*the Mexican war was a political war, and the administration conducting it desired to make party capital out of it*"[31]. E acrescentou que a administração de Polk tinha um "*embarrassing problem*" a resolver, pois estava engajada em "*a war of conquest*", que necessitava lavar até o sucesso ou o objetivo político não seria alcançado"[32].

Em 1849, diante do que ocorrera com México, o diplomata Sérgio Teixeira de Macedo, ministro plenipotenciário em Washington, advertiu o ministro dos Negócios Estrangeiros do Brasil, Paulino José Soares de Sousa, que a abertura do Amazonas à navegação, pretendida pelos Estados Unidos, "iria abrir a porta à formação de estabelecimentos americanos, a uma grande imigração deles e, por conseguinte, à manobra com que se verificou a usurpação do Texas". Seu receio era de que americanos realizassem contra o Brasil as "manobras, com que provocam a guerra e, portanto o direito de fazer a conquista da ilha de Marajó, ou as outras manobras, com que se podem por em comoção essas províncias (do Norte), destacá-las do Império, firmar nelas repúblicas da ordem da Nicarágua, para delas obterem quanto queiram". Sérgio Teixeira de Macedo não acreditava que houvesse "um só país civilizado onde a idéia de provocações e de guerras seja tão popular como nos Estados Unidos"[33]. Conforme percebeu, a "democracia", orgulhosa do seu desenvolvimento, só pensava em conquista, intervenção e guerra estrangeira, e preparava, de um lado, a anexação de toda a América do Norte e, do outro, uma política de influência sobre a América do Sul, que se confundia com suserania.

Em 1893, as tropas americanas conquistaram o Havaí, pretensamente "*to secure the safety of American life and property*", se bem que não houvesse nenhum tumulto nas ruas nem qualquer ameaça à vida ou propriedade de cidadãos americanos, e em 1898 o Congresso americano, após alguma resistência, terminou por aprovar sua anexação formal aos Estados Unidos como "*first outpost of a Greater America*". Nesse mesmo ano, 1898, a explosão do navio de guerra americano *Maine*, que desnecessariamente fora despachado para o porto de Havana, configurou outra provocação, com o objetivo de lançar os Estados Unidos contra a Espanha e conquistar o que restava de seu império colonial, tanto que a mensagem, solicitando autorização para intervir em Cuba, só foi enviada ao Congresso em 11 de abril de 1898, dois dias depois que o governo de Madri atendera a quase todas as suas exigências e ordenara a cessação das hostilidades. A partir daí os Estados Unidos começaram a constituir um império informal, salvo poucas colônias[34], e dilataram seu domínio desde Cuba e Porto Rico, no Caribe, até Tutuila, no arquipélago de Samoa, e Guam, ao sul do Pacífico, quinze milhas a Leste das Filipinas, mediante a instalação de bases e depósitos de carvão, para o abastecimento dos navios, em uma extensa cadeias de ilhas, de conformidade com a doutrina do comandante Alfred T. Mahan, segundo a qual a grandeza de uma nação dependia do seu comércio no além-mar, o comércio no além-mar dependia do poder marítimo, e o poder marítimo, da existência de colônias.

Ao contrário do que julgou Foster Rhea Dulles, o avanço territorial dos Estados Unidos até a costa da Ásia não foi uma "*dramatic break*" com seu passado e um novo e surpreendente ponto de partido na sua política exterior[35]. Ocorreu intermitentemente desde que as treze colônias se emanciparam da Inglaterra. Após comprar da França a Lousiania, os Estados Unidos, em 1819, forçaram a Espanha a ceder-lhe a Flórida, depois de ocupá-la militarmente, e sua expansão, seu *Manifest Destiny*, continuou com a anexação do Texas e a conquista da Califórnia, em 1846-1848[36]. Walt Whitman foi o seu poeta e aventou a idéia de um Império Americano no Pacífico, ao escrever, em 1860, *A Broadway Pageant*, celebrando a chegada da primeira embaixada do Japão em Nova York:

> *"I chant the new empire, grander than any before, as in a vision it comes to me;*
> *I chant America, the Mistress, I chant a greater supremacy;*
> *I chant, projected, a thousand blooming cities yet, in time, on those groups of sea-islands;*
> *My sail-ships and-steam ships threading the archipelagos,*
> *My stars and stripes fluttering in the wind,*
> *Commerce opening, the sleep of ages having done its work- races, reborn, refresh'd....."*[37]

O "*imperialism of righteousness*", que ganhou seu *momentum* nos anos 90 do século XIX e implantou a *star and stripes* no Hawaí, Guam, Samoa e Filipinas, foi mais um surto, em outra etapa histórica, desse movimento conhecido como *Manifest Destiny*, já projetar-se na direção da Ásia. E a imprensa religiosa, sobretudo a presbiteriana, deu-lhe a justificativa ideológica, enfatizando a responsabilidade do povo anglo-saxão "*to extend the area of religious and civil liberty*"[38], embora Lincoln houvesse advertido de que, quando o homem branco governava a si próprio, era auto-governo, mas quando governava a si próprio e também a outros povos, não era mais auto-governo, era despotismo[39].

Diversas vezes, os presidentes dos Estados Unidos nem sequer cuidaram de fabricar o pretexto a fim de obter a aprovação do Congresso para as suas iniciativas internacionais, com implicações militares. Não solicitaram qualquer declaração de guerra ou autorização para o emprego de tropas no exterior, de modo a evitar a *accountability* perante o Congresso. Andrew Jackson, 17º presidente dos Estados Unidos (1829-1837), anexou a Flórida, arrancando-a da Espanha, sem solicitar qualquer autorização ao Congresso. Também, sem obter a aprovação do Congresso, o presidente McKinley, em 1900, enviou 5.000 soldados para ajudar as outras potências imperialistas a reprimir a rebelião dos Boxers, na China[40]. E, em 1911, Theodore Roosevelt, 26º presidente dos Estados Unidos (1901-1909) ufanou-se: "*I took the Canal Zone (Panamá) and let the Congress debate, and while the debate goes on the canal does too.*"[41] Posteriormente, o presidente Woodrow Wilson (1913-1921) pretendeu ter mãos livres nos assuntos internacionais, pois, como dissera em 1907, a iniciativa em política exterior, a qual o presidente possuía sem qualquer restrição, era "*virtually the power to control them absolutely*"[42]. Com essa concepção, ele enviou tropas para a Sibéria, em 1919, ao tempo da guerra civil na Rússia, e assinou o Tratado de Versailles, depois rejeitado pelo Senado. Franklin D. Roosevelt (1933-1945) empurrou os Estados Unidos para o conflito com a Alemanha e, sem aprovação do Congresso, negociou o fornecimento de *destroyers* a Grã-Bretanha em troca de algumas bases navais, o que objetivamente equivalia a uma declaração de guerra. Ao mesmo tempo, ele provocou o Japão e, conforme a documentação conhecida comprovou, permitiu que o ataque a Pearl Harbor acontecesse, em 7 de dezembro de 1941. Quando Roosevelt, em conseqüência, determinou o rompimento das relações com as potências do Eixo e compeliu os países da América Latina a também fazê-lo, Hitler precipitou-se e declarou a guerra aos Estados Unidos. Também Lyndon B. Johnson confeccionou o pretexto para escalar a guerra contra o Vietnã do Norte, o bombardeio Haiphong, Hanói e outras cidades, tanto assim que desde 25 de maio de 1964, cinco dias antes dos supostos incidentes no Golfo de Tonkin, em 30 e 31 de julho de 1964, o esboço da resolução a ser submetida ao Congresso, solicitando a autorização, já havia sido elaborado pelo seu assessor William Bundy[43]. E a clara indicação de que as armas de destruição em massa representaram simples pretexto da para a guerra contra o Iraque havia longo tempo planejada foi o fato de que nenhuma National Intelligence

Estimate revisada foi produzida antes de George W. Bush requerer a resolução ao Congresso[44].

Os Estados Unidos não só empregaram ardis para justificar declaração de guerra ou outras ações militares como articularam, financiaram e sustentaram, por meio de subterfúgios, golpes de Estado e práticas terroristas, em países com os quais mantinham relações diplomáticas normais. A CIA, desde que Harry Truman a criara em 1947, como sucessora do Office of Strategic Services (OSS), não se dedicou somente à coleta de inteligência. Ela desenvolveu principalmente a técnica da subversão, através de *covert actions*, manejadas como instrumento de política exterior dos Estados Unidos, e aprimorou vários tipos de operações de guerra psicológica e paramilitares, conhecidas como PP ou KUKAGE, que jamais deveriam ser a ela atribuídas ou ao governo dos Estados Unidos e sim a outras pessoas ou organizações[45]. O ex-agente da CIA, Philip Agee, reconheceu, em *Inside the Company: CIA Diary*, que essas operações eram arriscadas porque freqüentemente implicaram intervenção em outro Estado, e a técnica consistia essencialmente na "*penetration*"[46], em buscar aliados na oposição interna e nos meios militares, cooptá-los e financiá-los, visando a influenciar, por meios encobertos, sua política doméstica e sua política exterior. Daí que a regra mais importante na sua execução sempre foi a possibilidade de "*plausible denial*", i.e., negar convincentemente a responsabilidade e a cumplicidade dos Estados Unidos com o golpe de Estado, ou qualquer operação terrorista, porquanto, se seu patrocínio fosse descoberto, as conseqüências no campo diplomático seriam graves. A *plausible deniability*, com o fito de eludir acusações de intromissão nos assuntos internos de outros países, tornou-se assim uma característica essencial da diplomacia dos Estados Unidos, confirmando *in fraganti* o que os alemães consideravam a *Heuchelei* (hipocrisia) nas virtudes americanas[47].

Durante a Guerra Fria, tanto o Pentágono quanto a CIA adquiriram enorme relevância, quiçá maior ou às vezes em conflito com o Departamento de Estado, na formulação e execução da política exterior dos Estados Unidos. Encorajou e patrocinou tanto golpes militares quanto assassinatos, sabotagens e as mais diversas atividades terroristas[48]. As *covert operations* — meio-termo entre a diplomacia e a ação de guerra — constituíram uma das principais ferramentas para a consecução dos objetivos táticos e estratégicos dos Estados Unidos. Allen Dulles, seu diretor, manobrou desde o início para que a guerra contra a União Soviética fosse baseada em "*deception and lies*". Em 1963, o ex-presidente Harry Truman, percebendo que criara um monstro, não escondeu que ficava perturbado, ao ver que a CIA se desviara das funções de coleta de inteligência e se tornara às vezes "*a policy-making arm of the Government*", o que causava aborrecimentos e podia provocar dificuldades em diversas áreas[49]. E acrescentou que nunca havia pensado que ela seria injetada "*into peacetime cloak and dagger operations*", ensejando que seu papel fosse interpretado como "*a symbol of sinister and mysterious foreign intrigue—and a subject for cold war enemy propaganda*"[50]. E concluiu:

> *"With all the nonsense put out by Communist propaganda about 'Yankee imperialism', 'exploitive capitalism', 'war-mongering', 'monopolists', in their name-calling assault on the West, the last thing we needed was for the CIA to be seized upon as something akin to a subverting influence in the affairs of other people. (...) We have grown up as a nation, respected for our free institutions and for our ability to maintain a free and open society. There is something about the way the CIA has been functioning that is casting a shadow over our historic position and I feel that we need to correct it."*[51]

Truman esquecera que as "*cloak and dagger operations*" começaram durante sua administração e Eisenhower e Kennedy as utilizaram como o principal instrumento de intervenção em outros países. Era tarde para controlar o monstro. O Pentágono, a CIA e as grandes corporações empreiteiras e fornecedoras de material bélico (*contractors*), o capital financeiro e a mídia, por ele sustentada e alimentada, já então configuravam os fatores reais do poder, as *tatsächlichen Machtverhältinesse* (relações reais de poder), que regiam os Estados Unidos, sua *wirkliche Verfassung* (real Constituição), conforme o conceito de Ferdinand Lassale, porquanto a Constituição de 15 de dezembro de 1791, a folha de papel, era interpretada e adaptada conforme a conjuntura e as conveniências das classes dirigentes. O complexo industrial-militar convertera-se no poder de fato e "*le principe de la souverainité du peuple*" efetivamente não funcionava. A América descrita por Aléxis de Tocqueville já não mais existia. O povo não mais reinava sobre o mundo político americano como Deus sobre o universo, de acordo com a observação de Tocqueville[52]. O povo não era mais "*la cause et la fin de toutes choyse; tout en sorte et tout s'y absorbe*"[53]. Eram as grandes corporações do complexo industrial-militar. E o povo votava, sim, mas nos candidatos previamente por elas escolhidos e financiados, dentro em um sistema bipartidário, sem maiores opções. A causa imediata da perda da liberdade, *desideratum* da Revolução Americana, foi o desenvolvimento de uma classe dominante de homens ricos e chefes militares, associados no complexo industrial-militar e aos quais o povo abandonou a direção exclusiva do Estado, conquanto muitos, como Martin Luther King, buscassem, na segunda metade do século XX, "*redeem the soul of América*" e recapturar o *American Dream*, em meio de um turbulento período da história, um doméstico "*time of troubles.*"

Após o término da Segunda Guerra Mundial, o Bloco Socialista, tendo à frente a União Soviética, havia conformado, por algum tempo, o contraponto do cartel das potências capitalistas, liderado pelos Estados Unidos, cuja expressão militar fora a OTAN. Contudo, não teve condições de subsistir, apesar do nível de industrialização alcançado pela União Soviética, uma vez que continuara dentro de uma economia mundial de mercado, submetida às leis do capitalismo. Seu colapso era previsível, inclusive com base nas concepções de Marx e Engels, segundo as quais o socialismo não constituía modelo alternativo para o capitalismo, mas uma conseqüência da expansão das próprias forças produtivas do capitalismo. A divisão mundial do trabalho, a subordinação da indústria soviética à técnica estrangeira, ocidental, a dependência das forças produtivas em relação a matérias-primas no exterior e outros fatores tornaram impossível, depois de certo tempo, a continuidade da União Soviética, como sociedade socialista, autônoma, ainda que houvesse acoplado à sua economia os países do Leste Europeu e procurado organizar seus próprio sistema econômico, o Conselho para a Ajuda Econômica Mútua (CAEM), conhecido como COMECON.

O esforço de Iosif (Joseph) V. Stalin para construir o "socialismo em um só país", i. é., na União Soviética, acabando a Nova Economia Política (NEP), inaugurada por Lenin em 1922, e instituindo o Plano Qüinqüenal, refletiu as teorias de J. P. Struve e dos *narodiniki* (populistas), como Piotir Tkatschow, que acreditavam ter a Rússia condições de saltar da economia camponesa e da propriedade comunal, o *mir*, para o socialismo, sem que fosse necessário o pleno desenvolvimento das forças produtivas do capitalismo. No entanto, em 1894, Engels reiterou o que escrevera em "*Soziales aus Rußland*", publicado em *Der Volkstaat*, de 16 de abril de 1875[54], ao afirmar que as baixas formas de propriedade comunal, representadas pelo *mir* russo, não habilitavam a futura sociedade socialista, que seria o "próprio e último produto do capitalismo", de si gerado[55].

A "ameaça soviética", como Ivan Eland salientou, fora magnificada pelo aparato diplomático dos Estados Unidos com o objetivo de obter apoio e justificar a intervenção política e militar nos assuntos internos de outras nações e as excessivas dotações orçamentárias, a título de defesa[56]. Com a desintegração da União Soviética e o fim da Guerra Fria, o Pentágono, a CIA e demais serviços de inteligência, uma vez que já não mais havia outro Estado ou bloco de Estados com capacidade de desafiar os Estados Unidos e por em risco seu sistema econômico, social e político[57], trataram de identificar novas ameaças, tais como o terrorismo e o narcotráfico, para fundamentar a continuidade dos vultosos recursos, até então destinados ao complexo industrial-militar. O senador J. William Fulbright qualificou os "*Reagan years*" como uma "*irresponsible era*" e advertiu que os Estados Unidos estavam a emergir de um desastroso período, a culminação de antigas tendências para a militarização de ambas, a política e a economia[58]. E aduziu:

> *"The aura of patriotism stops debate: you're not a really patriot if you are not all for 'defence' — or, more exactly, defence spending for overpriced, technologically sophisticated often redundant and sometime simply uneed weapons systems."*[59]

Como sempre, com muita lucidez, o senador Fulbright denunciou que a economia dos Estados Unidos se tornara militarizada e, proliferado pelo global envolvimento militar do país, o complexo industrial-militar converteu-se em poderosa força para a perpetuação da corrida armamentista, da qual tirava grandes lucros. "*Violence has become the nation's leading industry*" — denunciou[60].

Fulbright advertiu que a militarização da economia estava a solapar internamente os Estados Unidos, porque os armamentos não eram reprodutivos[61]. A mesma advertência fez Paul Kennedy, na sua obra *The Rise and Fall of the Great Powers*, ao assinalar que, dedicando larga participação do "*manufacturing power*" às despesas de "*unproductive armaments*", os Estados Unidos estavam a correr o risco de erodir a base econômica nacional, especialmente *vis-à-vis* dos Estados que concentravam maior participação de sua receita em investimentos produtivos a longo prazo[62]. O governo de Bill Clinton tentou reverter a tendência para a crescente militarização da economia, mas não o conseguiu. Foi acusado de desmantelar a defesa dos Estados Unidos. O desenvolvimento científico e de novas tecnologias, nas últimas décadas do século XX, estimulou um relacionamento mais estreito entre as indústrias bélicas e o Pentágono, fora das normas do "*free market*". E o GOP (Grand Old Party), como era cognominado o Partido Republicano, identificou-se ainda mais com a comunidade dos homens de negócios, o complexo industrial-militar, e contou com o suporte tanto das grandes corporações quanto das pequenas e médias empresas, das quais financeiramente dependia. As íntimas relações com os *lobbystas* influíram crescentemente sobre suas políticas com respeito ao controle de armamentos, meio ambiente e às questões de seguro de saúde, ao mesmo tempo em que grande parte dos seus congressistas, levada pelo isolacionismo e o unilateralismo, passou a opor-se à ONU, à OMC, à Corte Internacional de Justiça etc.[63] A natureza particular do capitalismo americano, um capitalismo radical porque, segundo Anatol Lieven, fora poupado das horríveis consequências provocadas pelo seu excesso, refletiu-se mais e mais no caráter contemporâneo do Partido Republicano[64]. E, partir de 1995, quando assumiu o controle das duas casas do Congresso, seus líderes começaram a punir as firmas que haviam feito doações ao Partido Democrata. E a campanha contra o presidente Bill Clinton e sua esposa Hilary transcendeu a oposição meramente política e configurou-se como ódio pessoal, fomentado por Trent Lott, no Senado, e Newt Gingrich, na House of Representatives[65].

O candidato do Partido Republicano, na eleição presidencial de 2000, foi George W. Bush, representante da extrema-direita, estreitamente vinculado aos altos negócios de petróleo e do complexo industrial-militar. A decisão da Corte Suprema em seu favor, contra Al Gore, candidato do Partido Democrata, representou um golpe judicial, em que prevaleceu a noção da estabilidade sobre qualquer preocupação com a democracia[66]. Não foi uma decisão jurídica. Foi política, obtida por James A Baker III, conselheiro *senior* do Carlyle Group, desde 1993, quando deixou a chefia do gabinete do presidente George Bush, o velho. Sua presença em Tallahassee, na Flórida, indicou claramente que o Partido Republicano ganharia o poder, completamente, "*without hesitation or worries about democratic niceties*", comentou o jornalista Sidney Blumenthal, da equipe de Bill Clinton, aduzindo: "*Bush became president with the only vote that counted: 5-4* (da Suprema Corte). *He was installed, not elected.*"[67]

A escolha de George W. Bush para governar os Estados Unidos confirmou nitidamente a observação do professor Charles Kupchan, da Georgetown University, que a "*American democracy (...) has in recent decades begun to falter and show signs of losing its momentum and direction*"[68]. Uma vez na presidência, ele se empenhou em contemplar inteiramente os interesses do complexo industrial-militar, dos grupos petrolíferos, e os conservadores que doaram dinheiro para sua campanha[69]. Os atentados de 11 de setembro de 2001, conforme o professor Andrew J. Bacevich ressaltou, não configuraram um *turning point* na política exterior dos Estados Unidos. Apenas deram ímpeto a tendências que sempre existiram nos Estados Unidos. George W. Bush "*ought to be seen as a player reciting his lines rather than as playwright drafting an entirely new script*"[70]. E foi na condição de bonifrate dos *neocons* que ele manipulou os atentados de 11 de setembro de 2001, como "razão propagandística", para declarar uma guerra infinita, no espaço e no tempo, entre o bem e o mal, na verdade, uma guerra extemporânea, um tanto defasada, contra o chamado terrorismo internacional, uma vez que sua afloração ocorrera nos anos 70 e ressurtira em 1987 (vide tabela), a partir de quando começara a declinar (vide gráfico).

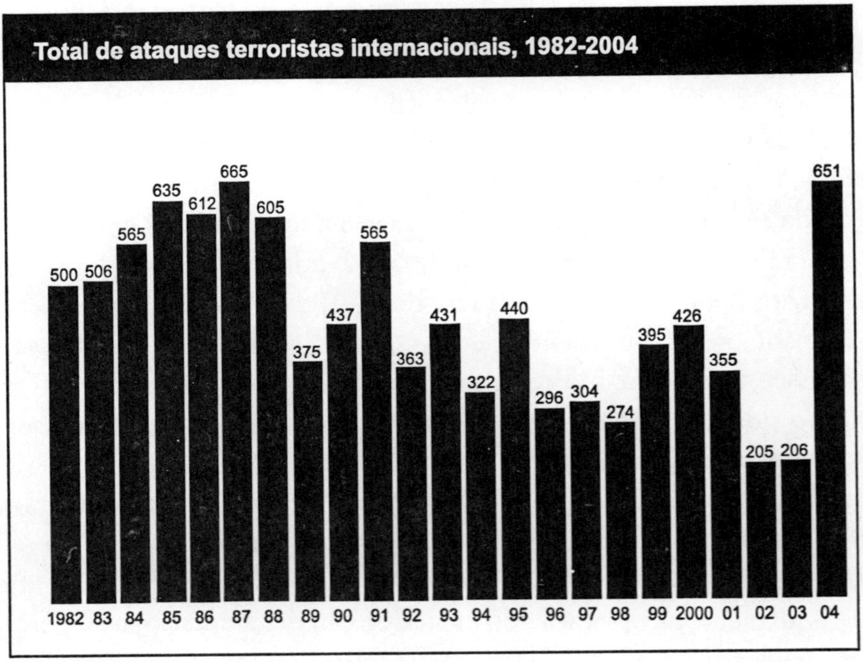

Fonte: Department of State e U.S. National Counter Terrorism Center[71].

Entretanto, após a invasão do Iraque, março de 2003, o terrorismo islâmico, que estava a declinar, recresceu. Conforme John Brennan, diretor do Terrorism Threat Integration Center (TTIC) e U.S. National Counter Terrorism Center, dependência da CIA, teve de revelar, sob pressão do Congresso, o número de atentados e vítimas mortais em todo o mundo triplicou em 2004, quando ocorreram cerca de 651 ataques terroristas, contra apenas 206 em 2003[72]. Um total de 1.907 pessoas morreram em conseqüência dos atentados e 6.704 resultaram feridas, contra 625 vítimas mortais e 3.646 feridos em 2003. O maior incremento registrou-se no Iraque, onde o número de ataques saltou de 22, em 2003, para 198 em 2004, convertendo o país na segunda zona mais perigosa do mundo, depois da fronteira entre a Índia e o Paquistão, onde foram perpetrados 250 ataques, embora de menor intensidade. Tais cifras, a fim de escamotear a realidade do público americano, não incluíam os ataques contra soldados americanos, porque, explicou John Brennan, diretor do TTIC, somente foram contabilizados atentados contra não combatentes[73]. "O incremento na quantidade de atentados foi real e não se pode explicar ou subestimar com uma simples ferramenta metodológica" — criticou Henry Waxman, do Partido Democrata, na House of Representatives[74]. Com toda razão, o professor Arthur Schlesinger Jr. observou que, longe de desfechar um golpe contra o terrorismo, a vitória de George W. Bush sobre Saddam Hussein "*has produced new generation of terrorists*"[75].

Os Estados Unidos, com a cumplicidade do Paquistão e da Arábia Saudita, cujos governos estavam penetrados por al-Qa'ida[76], foram largamente responsáveis pela emergência e espraiamento do terrorismo islâmico ou terrorismo internacional. Desde 1979, o Afeganistão tornou-se o laboratório para as visões políticas e militares, concebidas no exterior, sem considerar a realidade do país[77]. E a CIA não apenas o encorajou e patrocinou o terrorismo contra as forças da União Soviética, como seus agentes arregimentaram fundamentalistas e marginais no Oriente Médio e na África do Norte, denominados "*freedom fighters*", misto de fanáticos, marginais e mercenários, para combater as tropas soviéticas, que invadiram o Afeganistão, em 1979. Especialistas em terrorismo haviam advertido o Departamento de Estado e o Departamento de Justiça de que a vitória dos extremistas islâmicos sobre a União Soviética, no Afeganistão, unira os fundamentalistas, em novo fervor[78]. O Afeganistão fora apenas o começo. A paixão pela *Jihad* tinha produzido nova e possivelmente mais perigosa espécie de terroristas — membros da sociedade, com papel de cidadania e aparentemente um defensor do sonho americano[79]. De fato, os *mujahidin* que mataram os funcionários da CIA, em frente de sua sede, em 1993, fizeram explodir o WTC, no mesmo ano, e cometeram os atentados de 11 de setembro de 2001 viviam e/ou entravam e saiam livremente dos Estados Unidos.

Os *mujahidin* provieram de vários os países. Apenas em três anos, entre 1986 e 1989, a Embaixada do Paquistão em Argel havia concedido 2.800 vistos a argelinos, muitos recrutados pela organização pan-islâmica *Jamaat al-Tabligh*, para que se dirigissem ao Paquistão e entrassem no Afeganistão[80]. Desses fundamentalistas, cerca de 600 a 1.000, ou viajando oficialmente com a ajuda de bin-Ladin e de outros patrocinadores da *Jihad* ou atravessando os desertos de Marrocos e da Tunísia, retornaram à Argélia, onde constituíram o núcleo fundamental do movimento terrorista[81]. O general Muhammad Zia al-Haq, presidente do Paquistão, e o príncipe Turqui bin Faisal, chefe do serviço de inteligência da Arábia Saudita, tinham estreitas vinculações com Usamah bin-Ladin e serviram como intermediários do financiamento da CIA aos *mujahidin* mobilizados para combater as tropas da União Soviética no Afeganistão[82]. A *Jihad*, para a qual os *mujahidin* foram convocados, não terminou, no entanto, com a expulsão das tropas soviéticas do Afeganistão. Alastrou-se a outros países, inclusive os Estados Unidos. Como sempre, a CIA criou as bruxas e depois não as pôde conter e dominar.

Com o término da Guerra Fria, sem os constrangimentos de outra superpotência, como fora a União Soviética, que tinha motivação ideológica e interesses antagônicos, na ausência de limites antepostos por qualquer outro Estado ou qualquer outra coisa, os Estados Unidos, desde a administração do presidente Bill Clinton, começaram a atuar, sem *accountability*, como se eles próprios possuíssem uma espécie de cheque em branco em seu *McWorld*, conforme observação feita pela importante revista alemã *Der Spiegel*, em 1999[83], ou, em outras palavras, pretenderam a *McDonaldisierung* (McDonaldização) do mundo. E não obstante haverem concorrido decisivamente para a criação da ONU, sempre se julgaram por cima de suas decisões e no mais das vezes agiram unilateralmente, sem respeitar a soberania de outros Estados. Mas, conquanto tomassem a iniciativa da ação militar, os Estados Unidos, freqüentemente, pretenderam legitimá-la e demandaram o apoio de outros países, inclusive para que fornecessem recursos financeiros e tropas, como o fizeram na Guerra do Golfo, em 1991, e no ataque ao Afeganistão, em 2001, a pretexto de retaliar os atentados de 11 de setembro. Outras vezes nem cuidaram de dar às suas intervenções militares o verniz da legalidade. Nem Lyndon B. Johnson nem Ronald Reagan nem George Bush, o pai, pediram autorização à ONU para invadir a República Dominicana, Granada e Panamá. Simplesmente quiseram fazer uma demonstração de força, atacando países mais fracos, que não tinham a menor condição de defesa.

Essa tendência, latente no comportamento dos Estados Unidos, George W. Bush e a malta da extrema-direita, *neocons*, *assertive nationalists* ou *democratic imperialists*, como quer que se classificassem, exacerbaram, radicalmente, da mesma forma que Hitler e a clique nazista procederam na Alemanha, agravando o militarismo até ao seu máximo grau, ao ponto da paranóia. Institucionalizaram o culto da guerra e a cultura da violência. A intervenção no Afeganistão, havia muito planejada, teve objetivos mais amplos, que não o combate ao terrorismo. O que os Estados Unidos pretenderam, *inter alia*, foi principalmente conquistar e consolidar uma posição geo-estratégica, para controlar os recursos energéticos e os corredores dos oleodutos, que saíam da bacia do Mar Cáspio, interpor-se entre a Rússia e a China, e dominar os mercados que os países da bacia do Pacífico potencialmente representavam. E a invasão do Iraque, como escreveu o analista da CIA Michael Scheuer, não podia ser sequer classificada como *preemption*. Assim como a guerra contra o México (1846-1848), Scheuer salientou, ela foi "*an avaricious, premeditated, unprovoked war*" contra um inimigo que não representava ameaça imediata, "*but whose defeat did offer economic advantages*"[84].

Essa guerra, entre outros motivos, visou a evitar que a Rússia, União Européia, Japão e, principalmente, a China passassem a explorar as reservas de petróleo existentes no Iraque, para garantir seu próprio abastecimento, o que os Estados Unidos e Grã-Bretanha só poderiam fazê-lo mediante a ocupação militar. Ela configurou uma tentativa de re-colonização do Iraque, que possuía, fora da Rússia e da Arábia Saudita, as maiores reservas de petróleo (em parte descobertas pela empresa brasileira, Braspetro, subsidiária da Petrobrás). Os Estados Unidos, coadjuvados pela Grã-Bretanha, trataram de capturá-las, dado que as reservas de petróleo estavam a secar no seu território continental, no Alaska, México, Venezuela e Mar do Norte. E era necessário bloquear a China, com sua crescente necessidade de energia e em acelerado desenvolvimento, o que não poderia ser feito facilmente através da competição no *free market*, se nele ela entrasse como um competidor poderoso. Em tais circunstâncias, os *neocons* do *Project for the New American Century*, alojados no Pentágono, entenderam, provavelmente, que era preciso usar a força militar, preventivamente, para dominar as fontes de petróleo e distorcer o jogo do mercado futuro, através da implantação de um modelo neo-colonial.

Também o fato de que Saddam Hussein substituíra o dólar pelo euro como petro-moeda constituiu, aparentemente, um dos fatores que determinaram a guerra contra o Iraque. Todavia, conforme Bill Clinton comentou, algumas pessoas na administração de George W. Bush, entre as quais Paul Wolfowitz, acreditavam que depois da guerra contra o Iraque todos os problemas seriam resolvidos no Oriente Médio. Essa era uma idéia *naïf*, disse ele, salientando que, nos últimos 50 anos, todas as guerras que os Estados Unidos promoveram ou nas quais se envolveram resultaram em fracassos a curto, médio e longo prazos[85]. Com efeito, embora durante a guerra da Coréia o general Douglas MacArthur afirmasse que "*there is no substitute for victory*", os Estados Unidos não a venceram. Perderam a guerra contra Cuba, sim, porque a invasão da Baía dos Porcos, em 1961, foi planejada e comandada pela CIA e pelos americanos, que treinaram os exilados cubanos e lhes forneceram as armas e todos os equipamentos para a sua realização. O bloqueio de Cuba não conseguiu derrubar Fidel Castro, que continuou no poder por mais de 45 anos. E do Vietnã os soldados americanos tiveram de fugir, derrotados, apesar de todos os seus recursos bélicos, da mais alta e sofisticada tecnologia. Nem a guerra do Golfo, em 1991/92, os Estados Unidos venceram. Apenas expulsaram as forças do Iraque que haviam invadido o Kuwait. O presidente George Bush, o velho, percebeu que havia limites políticos para o poderio militar e não avançou até Bagdá. Arthur Schlesinger Jr. considerou-o como um presidente moderado, que não feriu notavelmente a república[86].

Entretanto, mediante a guerra ao terrorismo, o que seu filho George W. Bush procurou, completando a militarização da política exterior dos Estados Unidos, foi implementar a doutrina de segurança nacional, baseada na ameaça de *preemptive attacks*, de modo a desencorajar potencial contestação de sua hegemonia e manter o controle de muitos Estados nacionais, alguns dos quais considerados *rogue states*, por não se submeterem aos seus desígnios. Esse controle parecia necessário à segurança da ordem econômica global, sobretudo em um cenário de declínio, em que os Estados Unidos se tornavam cada vez mais dependentes de recursos externos (petróleo, matérias-primas e capitais) e, conseqüentemente, da força militar para garanti-los. E a doutrina de segurança nacional, com a ameaça de *preemptive attacks*, desenvolvia o *Defense Planning Guidance* (DPG), de 1992, e o *Rebuilding America's Defenses: Strategies, Forces and Resources for a New Century*, de 2000, como base para a realização do *Project for the New American Century*, visando a superar a contradição fundamental entre a dimensão econômica do capital, que se globalizara, e a estreita dimensão territorial dos Estados nacionais, e atribuir aos Estado Unidos o papel de um Estado ultra-imperial, com a função de *global cop*, empunhando o *big stick* não mais apenas para a América Latina, mas ao nível planetário. Daí a necessidade da guerra perpétua, infinita e ilimitada nos seus objetivos, a necessidade de fomentar um clima de permanente tensão e intimidação, com a finalidade de controlar um sistema de múltiplos Estados e submeter todos os países aos ditames do mercado global, sob a preeminência das corporações americanas. Com toda a razão, Ellen Meiksins Wood salientou que "*boundless domination of a global economy, and the multiple states that administer it, requires military action, without end, in purpose or time*"[87].

A doutrina de segurança nacional, com o objetivo de promover uma guerra perpétua, foi reiterada no documento "*The National Defense Strategy — 2005*", divulgado pelo Pentágono em março desse ano, 2005, ao proclamar, logo no início, que "*America is a nation at war*"[88]. Uma nação, uma superpotência, em guerra contra "*a complex network of ideologically driven by extremist actors*", i. e., contra um inimigo difuso, disperso, indefinido, contra ameaças emanadas "*from relatively weak states and ungoverned areas*", guerra permanente "*to preserve and extend peace, freedom; and prosperity throughout the world*", segundo o texto da *National Defense Strategy*[89]. Essa estratégia de segurança, fundada na guerra e na ameaça de guerra para preservar a paz, a liberdade e a prosperidade, seria ridícula, se não fosse patética, sinistra, se essa guerra ao terrorismo não ameaçasse a civilização com o terrorismo da guerra, se não aterrorizasse a terra, o mar e o mundo, assumindo a administração de Washington o direito de manufaturar subterfúgios e inventar mentiras, como no caso do Iraque, para atacar qualquer nação, em que os Estados Unidos tivessem algum interesse econômico, como petróleo e/ou propiciar grandes negócios, com recursos públicos, às corporações empreiteiras e fornecedoras (*contractors*) do Pentágono. E, com cinismo proverbial, o documento *The National Defense Strategy — 2005*, assinado por Donald Rumsfeld, afirmou que, no Iraque, o esforço liderado pelos Estados Unidos derrubou o regime de Saddam Hussein, "*a tyrant who used WMD*[90], *supported terrorists, terrorized his population, and threatened his neighbors*"[91]. Outro documento, "*The National Military Strategy — 2004*", após anunciar que "*our first line of defense is abroad*", referiu a existência de um "*arc of instability*", que se estendia do hemisfério ocidental, através da África e do Oriente Médio, até a África[92]. E tanto *The National Defense Strategy - 2005* quanto "*The National Military Strategy — 2004*", os dois documentos, reiteraram o propósito dos Estados Unidos de agir unilateralmente, isoladamente, para exercer o direito de autodefesa, de forma preventiva, contra os regimes adversários, classificados como "*rogue states*", e destruir as ameaças antes que elas alcançassem suas fronteiras. Os Estado Unidos, como um *outlaw power*, arrogaram-se assim o monopólio da violência internacional.

A devastadora força militar, que tudo podia destruir e permitiu aos Estados Unidos derrubar o regime de Saddam Hussein, em algumas semanas de 2003, revelou-se, porém, mais uma vez inútil, tanto no Afeganistão quanto no Iraque. Durante o século XX, desde 1900, os Estados Unidos promoveram mais de 200 intervenções militares, 16 das quais (8%) como tentativa de *nation-building*, através da promoção ou imposição de instituições democráticas, tal como desejadas pelos americanos[93]. O objetivo primário, quando decidiram mudar ou sustentar regimes em países estrangeiros, foi, no entanto, defender seus interesses econômicos e estratégicos, de segurança, e não construir uma democracia, segundo os cientistas políticos Minxin Pei e Sara Kasper, da Carnegie Endowment for

International Peace, avaliaram[94]. E tais esforços de *nation-building*, empreendidos pelos Estados Unidos, fracassaram, ao longo da história, e somente alcançaram algum resultado em apenas dois casos, Granada e Panamá, países com uma população muito menor do que a do Afeganistão e do Iraque. "*What is most notable about the use of interim surrogate regime in nation building is its record of complete failure*" — Minxin Pei e Sara Kasper afirmaram e, a argumentar que essas intervenções em outros países "*can produce disastrous consequences for its citizens*", advertiram que

> "*repeating these mistakes in Iraq, especially after President Bush's declaration of American resolve to build democracy there, would be a tragedy for the Iraq people and a travesty of American democratic ideals*"[95].

O aiatolá Sayyid Muhammad Baqir al-Sadr, que chefiara uma rebelião em Najaf (Iraque) e foi executado, em 1980, pelo governo de Saddam Hussein, enfatizou certa vez que o mundo modelado pelo Ocidente era inaceitável para o Islã[96]. Leis, impostas pelas forças de ocupação aos países islâmicos, como Afeganistão e Iraque, não teriam condições de modificar tradições e mitos, arraigados na cultura de seus povos, divididos em tribos, seitas e etnias e para o qual as leis provinham de Deus, já reveladas no Qu'ran e na Shariah, e os homens não as podiam modificar. Eles jamais aceitaram a separação entre a religião e o Estado, apesar de que no Iraque existisse uma intelectualidade secular. A impopularidade dos Estados Unidos entre as massas árabes tornava extremamente difícil para o governo americano conduzir uma política de longo termo coerente no Oriente Médio[97]. E, no primeiro semestre de 2004, já se evidenciava que os Estados Unidos, conquanto houvessem destruído não apenas o regime dos Talibãs, no Afeganistão, mas também o do partido Ba'ath, no Iraque, e capturado Saddam Hussein, não tinham conseguido vencer nenhuma das duas guerras. Pelo contrário, estrategicamente as haviam perdido. Não podiam conquistar a paz nem controlar e estabilizar o Afeganistão e o Iraque, onde a resistência, com métodos de guerrilha e terror, continuou a abater, diariamente, seus soldados e colaboradores afegãos e iraquianos, e a sabotar os oleodutos. A resistência podia não vencer, mas impediria os Estados Unidos de alcançar seus objetivos. Conforme comentou Michael Scheuer, alto funcionário da CIA, que dirigiu o Counterterrorist Center, entre 1996 e 1999, a guerra dos Estados Unidos no Afeganistão estava "*still in its infancy*" e "*only begining*" no Iraque[98].

De acordo com o relatório sobre International Narcotics Control Strategy Report — 2005, publicado pelo Departamento de Estados, a situação do narcotráfico continuava a piorar no Afeganistão. Como resultado da profunda destruição e interrupção da vida normal, produzida por mais de 25 anos de guerra, a falta de fluxos de rendimentos legítimos e a limitada capacidade do governo de Hamid Karzai para reprimir, a área dedicada ao cultivo de papoula bateu novo recorde em 2004, ao abranger 206.700 hectares, mais do que três vezes a área de cultivo em 2003, e a produção da pasta de ópio foi da ordem de 4.950 toneladas métricas, superando 17 vezes a de Burma, que ocupava o segunda lugar com 292 toneladas métricas[99]. A produção de ópio/heroína pelo Afeganistão passara a representar "*an enormous threat to world stability*", advertiu o relatório do Departamento de Estado, concluindo que, com 40% a 60% do seu PIB dependente das drogas, segundo as estimativas do FMI, aquele país estava "*on the verge of becoming a narcotics state*"[100].

Por sua vez, o diretor da CIA, Porter J. Goss, após reconhecer perante o Senate Select Committee on Intelligence que o governo de Hamid Karzai estava ainda a enfrentar um "*low-level of insurgence*", que tinha como objetivo desestabilizar o país, aumentar os custos da reconstrução e compelir as forças da Coalizão a abandoná-lo, acentuou que al-Qa'ida era apenas uma faceta de amplo movimento de *Jihad* , empreendida pelos sunitas, e que "*the Iraq conflict, while not cause of extremism, has become a cause for extremists*"[101]. Segundo comentou, a resistência estava a atrasar os esforços de reconstrução do Iraque, cuja auto-determinação dependia da capacidade das forças iraquianas, que estavam sendo organizadas, para garantir a segurança. Em realidade, como o professor Andrew J. Bacevich, da Universidade de Boston, observou em fevereiro de 2005, "*today the Bush administration's aim is not to win but to relieve itself of responsibility for waging a war that it began but cannot finish*"[102]. O debate nos círculos de segurança dos Estados Unidos não mais focalizavam o emprego de tecnologias ou novas táticas para vencer a guerra, mas como livrar-se de uma guerra, que começara, mas não podia terminar, e sair do Iraque antes de que suas forças, exaustas, sofressem um dano irreparável[103].

A tal guerra contra o terrorismo estava igualmente perdida. Com razão, Zbiginew Brzezinski advertira que a vitória contra o terrorismo jamais seria registrada em um ato formal de rendição e que qualquer outro ataque contra os americanos constituiria dolorosa lembrança de que a guerra não fora vencida[104]. Colocada em "*semireligious terms*", a política beligerante de George W. Bush, como Brzezinski previra, levou os Estados Unidos a "*dangerous isolation*" e uma "*isolated America*" tinha de enfrentar mais ameaças dos "*vengeful terrorists who have decided to blame*"[105]. O problema consistia na relutância dos Estados Unidos em focalizar as raízes políticas dos atentados de 11 de setembro de 2001. Não se davam conta de que enfrentavam realmente uma vasta insurgência islâmica, uma ampla *Jihad*, provocada, exatamente, pela ingerência nos assuntos de outros países, sobretudo no Oriente Médio, onde a presença de suas tropas, particularmente na Arábia Saudita, significava para os muçulmanos uma profanação dos lugares santos.

Antes das eleições de 2004, em que George W. Bush venceu o senador John Kerry, bin-Ladin, em mensagem ao povo americano, transmitida pela televisão árabe Al-Jazirah, advertiu que ninguém, exceto um "*dumb thief*", podia brincar com a segurança dos outros e crer que assim ele se faria seguro. "*Whereas thinking people, when disaster strikes, make it their priority to look for its causes, in order to prevent it happening again*" — admoestou os Estados Unidos, dizendo que já se haviam passado quarto anos após os acontecimentos de 11 de setembro, mas George W. Bush continuava ainda engajado "*in distortion, deception and hiding from you the real causes and thus the reasons are still there for a repeat of what occurred*"[106]. Segundo bin-Ladin, ele começou a pensar no ataque às torres do WTC, quando se tornou insuportável a "opressão e tirania" da coalizão americana/israelense contra o povo da Palestina e o Líbano, após os Estados Unidos permitirem que as forças de Israel invadissem o Líbano, em 1982, e a Sexta Frota as auxiliasse, bombardeando os acampamentos palestinos, durante o massacre de Sabra e Chatila. E, ao recomendar ao povo americano que meditasse sobre os erros que autorizaram a Casa Branca a cometer, com suas políticas agressivas contra os fracos, bin-Ladin declarou: "*Your security is in your own hands. And every state that doesn't play with our security has automatically guaranteed its own security.*"[107]

A segurança dos Estados Unidos não estava realmente garantida, e não seria garantida, se a administração de George W. Bush não respeitava a segurança de outros povos, ameaçava atacá-los e insuflava um estado de guerra permanente. O intervencionismo, destinado a manter o informal Império Americano, constituía a principal razão do terrorismo, que os afetava os Estados Unidos mais do que a qualquer outra nação industrializada[108]. O que os incessantes atentados no Oriente Médio, Ásia Central e em outras regiões representavam era efetivamente uma ampla insurgência islâmica, disseminada por várias países, e não havia possibilidade de fazê-la murchar e fenecer enquanto os Estados Unidos não reformulassem suas políticas. Não era provável, entretanto, que o fizessem, sobretudo com a extrema-direita no governo, devido tanto a interesses econômicos, relacionados com o controle das fontes de energia, quanto a fatores militares e estratégicos. A prepotência e beligerância da administração de George W. Bush só fizeram agravar a situação, como se podia inferir do próprio depoimento de Porter J. Goss, perante o Senate Select Committee on Intelligence, ao informar que os fundamentalistas islâmicos continuavam a atacar os interesses dos Estados Unidos tanto no Paquistão quanto na Arábia Saudita. Na Ásia Central, o Islamic Jihad Group (IJG), uma cisão do Movimento Islâmico do Uzbequistão, tornara-se ameaça ainda maior aos interesses dos Estados Unidos e aos governos locais. No sudeste da Ásia, Indonésia e Filipinas, o Jemash Islamiyaj (JI) e o Abu Sayyaf Group, bem como na Europa, ameaçavam também e planejavam atentados contra os interesses dos Estados Unidos. Segundo Peter J. Goss, a captura de bin-Ladin e de seu adjunto Aiman al-Zawahiri não eliminaria o problema e os jihadistas estavam a explorar o conflito no Iraque para recrutar novos jihadistas que, com experiência em terrorismo urbano, representavam "*a potential pool of contacts to build transnational terrorist cells, groups and networks in Saudi Arabia, Jordan and other countries*"[109]. De acordo com um relatório de 119 páginas, liberado pelo National Intelligence

Council (NIC), órgão da CIA, o Iraque substituíra o Afeganistão como campo de treinamento "*for the next generation of professionalized terrorists*"[110].

Até a autoridade política e moral os Estados Unidos perderam ainda mais com as iniciativas da administração de George W. Bush. Além de afrontar todos os princípios do Direito Internacional, a auto-determinação e a soberania de outros povos, com a doutrina de segurança fundada em *preemptive attacks*, os Estados Unidos instituíram oficialmente a violação dos direitos humanos e a prática de torturas, como política de Estado, o que se evidenciou com os escândalos nos campos de concentração em Guantanamo Bay, em Cuba, e Abu Ghraib, no Iraque. O *2004 Human Rights Reports*, submetido ao Congresso pelo Departamento de Estado, em 28 de fevereiro de 2005, assinalou, no entanto, que a *Universal Declaration of Human Rights*, incluía "(...) *freedom from torture or other cruel, inhuman or degrading treatment or punishment, from prolonged detention without charges, from disappearance or clandestine detention, and from other flagrant violations of the right to life, liberty and the security of the person*"[111]. Estes, exatamente estes, eram os direitos que os militares e oficiais de inteligência dos Estados Unidos estavam a violentar, por determinação do secretário de Defesa, Donald Rumsfeld, e aprovação do próprio George W. Bush, nas prisões de Guantanamo e Abu Ghraib, além da prática de "*rendition*", a terceirização (*outsourcing*) da tortura, i.e., a entrega de prisioneiros para que fossem torturados em outros países, tais como Egito, Arábia Saudita, Kuwait e Jordânia. Com toda razão o relatório da Amnesty International Report 2005, após salientar a "*war on terror*" estava a solapar os direitos humanos em nome da segurança, a despeito da crescente indignação internacional ante a evidência de crimes de guerra, inclusive torturas contra os detidos, cometidos pelos americanos, acentuou que essa insolente violação dos direitos humanos e das leis humanitárias internacional continuavam "*to make a mockery of President George Bush's claims that the USA was the global champion of human rights*"[112].

George W. Bush havia justificado a guerra contra o Iraque, alegando que Saddam Hussein não respeitava as resoluções da ONU, possuía armas de destruição em massa, e era um tirano, que violava os direitos humanos. George W. Bush, porém, não respeitou a ONU, ao atacar unilateralmente o Iraque, mentiu pois lá não havia armas de destruição em massa, nem tinha ligações com al-Qa'ida, e a revelação das torturas praticadas nos campos de concentração de Guantanamo e Abu Ghraib, afrontando tanto a *Geneve Convention* quanto a própria a *Universal Declaration of Human Rights*, acabou até com a desculpa de que atacou o Iraque para libertar o povo da tirania de Saddam Hussein. Saddam Hussein era efetivamente um tirano, mas um tirano local, enquanto a pretensão de George W. Bush, cumprindo os objetivos do *Project for the New American Century*, sempre foi implantar, atropelando as instituições multilaterais, uma tirania global, na qual só aos Estados Unidos caberia decidir que leis e tratados deviam ou não acatar, ao mesmo tempo em que estendiam sua jurisdição a outros países e ditava o que outros governos deviam ou não fazer, sem considerar suas culturas, crenças e ambições, seus interesses nacionais. Sua administração até inventou a categoria de "*enemy combatant*" para denegar justiça e manter indefinidamente 520 prisioneiros em Guantánamo e milhares de outros no Iraque, sem o mais elementar direito, sequer o direito humano, sujeitos a tribunais militares, que secretamente funcionavam.

Ao invés de um *empire of liberty*, idéia germinada no século XIX com base no pensamento de Thomas Paine, o que os Estados Unidos pretenderam, sob o governo de George W. Bush, foi impor a *liberty of empire*, i.e., estabelecer uma ditadura global, sobreposta ao Direito Internacional. Essa *liberty* ou *freedom* significava, propriamente, a ausência de oposição, entendida como impedimentos externos à sua atuação, como no conceito de Hobbes[113]. A América, sob a administração de George W. Bush, não era sequer uma sombra da que fora idealizada por Thomas Paine, mas uma configuração exatamente do que ele criticara, ao dizer que "*all the monarchical Governments are military, war is their trade, plunder and revenue their objects*"[114]. E a situação permitia imaginar que seu governo, "*be it what it may, will immediately degenerate into a military democracy, a species of political monster, which has always ended by devouring those who have produced it*", confirmando o que Edmund Burke escrevera, em 1790, sobre a Revolução Francesa[115]. Não era de estranhar que tal hipótese pudesse materializar-se, dado serem os Estados Unidos uma sociedade complexa, contraditória, em que tendências militaristas, chauvinistas, racistas, totalitárias, extremamente intolerantes, coexistiam com uma profunda consciência democrática e liberal, preservada por significativos setores da população, sobretudo nas grandes cidades, como New York, nos meios artísticos e intelectuais, e nos círculos acadêmicos. Joseph Patouillet, em sua tese de doutorado na Faculdade de Direito da Universidade de Dijon, em 1904, assinalou que os democratas nos Estados Unidos haviam advertido, quando da reeleição do presidente William McKinley[116], do Partido Republicano, em 1900, "*qu'aucune nation ne peut longtemps rester à la fois republique et empire et (...) que l'impérialisme à l'exterieur conduira promptement et inévitablement au despotisme à l'interieur*"[117].

Em começo de 2004, um trabalho intitulado "*The Origins of the American Military Coup of 2012*", escrito no início dos anos 90 pelo tenente-coronel Charles Dunlap, estava a circular entre os estrategistas militares dos Estados Unidos, conforme o jornalista Sidney Blumenthal, que fora assessor do presidente Clinton, revelou em artigo publicado em *The Guardian*, de Londres[118]. Esse ensaio de ficção política, que ganhou o prêmio *Strategy Essay Competition*, conferido em 1992 pelo general Collin Powell, então chefe do Estado-Maior Conjunto, no National War College, descrevia uma situação em que um imaginário general Thomas E. T. Brutus, após a morte do presidente, no ano 2012, deu um golpe de Estado, autoproclamou-se comandante-em-chefe das Forças Armadas, e ocupou a Casa Branca como plenipotenciário militar, posição ratificada pelo Congresso, ao aprovar um *Referendum Act*, apesar de desordens isoladas. Prisões então ocorreram, por atos de sedição, e um alto oficial das Forças Armadas, conhecido simplesmente como Prisioneiro 222305759, foi condenado à morte, em corte marcial, por contrapor-se ao golpe. Antes da execução, porém, ele conseguira contrabandear para um antigo colega do War College o texto sobre "*Origins of the American Military Coup of 2012*", no qual argüia que o golpe militar resultara de tendências visíveis, que estavam a aumentar demasiadamente desde 1992, devido, entre outros fatores, ao desvio das Forças Armadas para usos civis, à sua monolítica unificação e à insularidade da comunidade militar. E concluiu a carta, advertindo que *"The catastrophe that occurred on our watch took place because we failed to speak out against policies we knew were wrong. It's too late for me to do any more. But it's not for you"*[119].

Um golpe militar, nos Estados Unidos, afigurava-se difícil, senão impossível, uma vez que a cultura democrática sempre teve, tradicionalmente, profundas raízes na massa popular. No entanto, essa massa popular por vezes deixou-se apossar por espasmos de histeria, como ocorrera em 1692, quando centenas de pessoas foram presas e condenadas, e 14 mulheres e cinco homens, enforcados, sob a acusação de feitiçaria, perto de Salem Village, ou durante a caça aos comunistas, no início dos anos 50, comandada pelo senador Joseph McCarthy. Os atentados de 11 de setembro de 2001 produziram uma reação similar. A caça aos terroristas revezou a caça às feiticeiras e a caça aos comunistas. E continuou a poluir o ambiente político nos Estados Unidos, cujo regime político Anatol Lieven qualificou como "*imperfectly democracy*"[120], onde o processo eleitoral, para a escolha do presidente, fora corrompido, pervertido e dominado pelo poder econômico das grandes corporações, e o espectro do terrorismo, animado pelas autoridades da administração de George W. Bush, ensejava-lhes o pretexto para que insistissem em exercer "*wartime*" prerrogativas, expandindo os poderes policiais do Estado, em detrimento das garantias constitucionais. Bem o presidente James Madison, em 1795, advertira que "*no Nation could preserve its freedom in the midst of continual warfare*"[121]. Segundo Madison

> *"A standing military force, with an overgrown Executive will not long be safe companions to liberty. The means of defence agains. foreign danger, have been always the instruments of tyranny at home. Among the Romans it was a standing maxim to excite a war, whenever a revolt was apprehended. Throughout all Europe, the armies kept up under the pretext of defending, have enslaved the people."*

A ameaça que se descortinava nos Estados Unidos consistia exatamente na implantação de uma ditadura, sustentada pelo complexo industrial-militar, mediante a contínua disseminação do medo, *making fears*, e a manipulação de permanente estado de guerra, a guerra sem fim contra o espectro do terrorismo, como *rationale* para crescente restrição das liberdades e dos direitos civis, dentro dos próprios marcos da Constituição, como começou a acontecer com o estabelecimento do *USA Patriot Act*. Foi assim que Hitler, a manipular, igualmente, o espectro do terrorismo, o incêndio do Reichstag, instituiu o III Reich, a mais cruel tirania, só comparável à de Stalin na União Soviética, sem revogar sequer uma linha da Constituição de Weimar.

St. Leon (Alemanha), inverno de 2004-2005.

Notas

1. James Madison — " Political observation", April 20, 1795, apud Bacevich, 2005, p. 7. James Madison foi o 4° presidente dos Estados Unidos, co-autor dos *Federalists Paper*, juntamente com John Jay e Alexander Hamilton, e é considerado o pai da Constituição americana.
2. George Washington's Farwell Address, 1796.
3. " (...) Die USA von allem Anfang an modern, bourgeois waren; daß sie von Kleinbürgern und Bauern gegründet wurden, die dem europäischen Feudalismus entflohen, um eine Gesellschaft zu errichten". Engels an Nicolai Fanzewitsch Danielson, London, 17. Oktober 1893, in Marx & Engels, Band 39, 1978, pp. 148-150.
4. Sociedade gentílica.
5. Economia monetária.
6. "In Amerika gibt es seit mehr als einem Jahrhundert Geldwirtschaft, in Rußland war fast ausnahmslos Naturwirtschaft die Regel." Engels an Nicolai Fanzewitsch Danielson, London, 17. Oktober 1893, in Marx & Engels, Band 39, 1978, pp. 148-150.
7. "Deshalb ist es selbstverständlich, daß die Umwälzung in Rußland weit heftiger, weit einschneidender und von unermeßlich größern Leiden begleitet sein muß als in Amerika". Id. Ibid., pp. 148-150.

8. Paine, 1997, p. 13.
9. Paine, 1996, p. 117.
10. Id., ibid., p. 117.
11. Taussig, 1890, p. 164. Vide também Luxemburg, 1990, pp. 346-347.
12. Luxemburg, 1990, Band 5, p. 371.
13. Kautsky, "*Bauernagitation in Amerika*". Die Neue Zeit, Vol. XX, No.2 (1902), pp. 453 e seg..
14. Hilferding, 1974, Band II, p. 452.
15. Foner, 1998, pp. 262-263.
16. Schlesinger, 1973, p. 285.
17. A Inglaterra evoluiu da monarquia constitucional, em que o rei detinha ainda o poder executivo, para a monarquia parlamentar, em que o governo passou para as mãos do primeiro-ministro, a partir da Reform Bill, de 1832.
18. Johnson, 2002, p. 128.
19. Id., ibid., p. 134.
20. Apud Novak, 1974, p. 23.
21. Id., ibid.,p. 19.
22. Arendt, 1990, p. 155.
23. Novak, 1974, p. 3
24. Id., ibid., p. 52.
25. Paine, 1996, p. 58.
26. "(...) In America the law is King. For as in absolute governments the King is law, so in free countries the law ought to be the King; and there to be no other". Paine, 1997, pp. 31-32.
27. Apud Schlesinger, 1973, p. 5.
28. Id., ibid, p. 15.
29. Grant, 1995, pp. 21-22. Vide também McFeely, 1981, pp. 30-31.
30. Lincoln, 1953, v. 1, pp. 431-442.
31. Grant, 1995, p. 41. Vide também McFeely, 1981, pp. 30-31.
32. Grant, 1995, p.42.
33. "Política externa dos Estados Unidos e o perigo que ela representa para o Brasil", Ofícios, Sérgio Teixeira de Macedo ao Visconde de Olinda, Washington, 06.08.1849. Arquivo Histórico do Itamaraty — 233/3/5.
34. Ferguson, 2004, p. 12.
35. Dulles, 1965, p. 203.
36. Vide Moniz Bandeira, 1998, pp. 13-40.
37. Whitman, s/d, pp. 198-201.
38. Dulles, 1965, p. 191.
39. Apud Patouillet, 1904, p. 272.

40. Eland, 2004, p. 4.
41. LaFeber, Walter. The Panama Canal, Oxford, 1978, p. 61, apud Drapper, 1991, p. 589.
42. Wilson, Woodrow. Constitutional Government in the United Sates, Columbia University Press, 1908, p. 7, apud Drapper, 1991, p.
43. Pentagon Papers, 1971, p. 249.
44. Bamford, 2004, p. 360.
45. Agee, 1975, pp. 69-70.
46. Marchetti, & Marks, 1974, pp. 36-37.
47. Weber, 1988, v. 1, p. 35
48. Agee, 1975, pp. 69-86.
49. Truman, Harry. "Limit CIA Role to Intelligence". The Washington Post, 22/12/1963.
50. Ibid. Vide também Schlesinger, 1973, p. 317.
51. Truman, Harry. "Limit CIA Role to Intelligence". The Washington Post, 22/12/1963.
52. Tocqueville, 1968, pp. 53-56.
53. Id., ibid., p. 56.
54. "*Diesen Entwicklungsgrad haben de Produtiktivkräfte aber erst erhalten in den Händen der Bourgeoisie. Die Bourgeoisie ist demnach auch nach dieser Seite hin eine ebenso notwendige Vorbedingung der sozialistchen Revolution wie das Proletariat selbst*". Engels, F. "Soziales aus Rußland", in Marx & Engels, Band 18, 1976, pp. 556-557.
55. Engels, F. — "Nachwort (1894) [zu "Soziales aus Rußland"], in Marx & Engels, Band 22, 1977, pp 421-435.
56. Eland, 2004, p. 14.
57. Guimarães, Samuel Pinheiro — "Esperanças e Ameaças: notas preliminares". 23.10.1995. Manuscrito. Rio de Janeiro:
58. Fulbright, 1989, p. 131.
59. Id., ibid., p. 131
60. Id., ibid., pp. 136-137.
61. Id., ibid., p. 137.
62. Kennedy, 1987, pp 442-444, 539.
63. Gould, 2003, pp. 456-457.
64. Lieven, 2004, p. 31.
65. Gould, 2003. pp. 458-462. Blumenthal, 2003, pp. 124-136.
66. Id, ibid, pp. 764-767.
67. Id., ibid., p. 767-771.
68. Kupchan, 2002, p. 320.
69. Id., ibid., p. 326.
70. Bacevich, 2005, pp. 4-5.

71. http://www.state.gov/s/ct/rls/pgtrpt/2003/33777.htm.
72. U.S. National Counter Terrorism Center. A Chronology of Significant Internacional Terrorism for 2004. 29 April 2005. http://counterterror.typepad.com/the_counterterrorism_blog/files/NCTC%20Chronology%202004.pdf *Nación*, Buenos Aires, 28/04/2005.
73. A fim de sonegar a informação sobre o alto incremento dos atentados terroristas, após a invasão do Iraque, em 2003, o Departamento de Estado modificou o enfoque do informe que anualmente apresentava ao Congresso, cujo nome mudou de *Patterns of Global Terrorism* para *Country Reports on Terrorism: Assessing Countries and Providing Information on Terrorist Groups*, deixando o resto a cargo do National Counterterrorism Center, que nunca teve a mesma obrigação e só revelou os dados relativos a 2004, assim mesmo omitindo os atentados contra soldados americanos, devido às pressões do Partido Democrata. Remarks on Release of «Country Reports on Terrorism» for 2004. Philip Zelikow, Counselor of the Department; John Brennan, National Counterterrorism Center Interim Director. Washington, DC. April 27, 2005. Sobre o número de atentados, vide A Chronology of Significant International Terrorism for 2004. 29 April 2005. http://counterterror.typepad.com/the_counterterrorism_blog/files/NCTC%20Chronology%202004.pdf
74. *La Nación*, Buenos Aires, 28/04/2005. http://counterterror.typepad.com/the_counterterrorism_blog/files/NCTC%20Chronology%202004.pdf.
75. Schlesinger Jr., 2004, p. 31
76. Coll, 2004, p. 571.
77. Id., ibid., p. 569.
78. Dwyer, Kocieniewski & Tyre, 1994, p. 245.
79. Id., ibid., p. 245.
80. Cooley, 2000, p. 203.
81. Id., ibid., p. 203.
82. Id., ibid., p. 225-226.
83. Schumann, Harald. "Die Globalisierung. Revolution des Kapitals, Das Jahrhundert des Kapitalismus: Harald Schumann über die Auswirkungen der Globalisierung". Der Spiegel, Nr. 25, 19. Juni 1999.
84. Anonymous, 2004, pp. xvi-xvii.
85. El País , Madrid, 28-01-2003.
86. chlesinger, 2004, p. 31.
87. Wood, 2003, P: !$$:
88. The National Defense Strategy of The United States of America — March 2005. http://www.defenselink.mil/news/Mar2005/d20050318nds1.pdf
89. Ibid.

90. World Mass Destruction.
91. The National Defense Strategy of The United States of America — March 2005. http://www.defenselink.mil/news/Mar2005/d20050318nds1.pdf.
92. The National Military Strategy of The United States of America — A Strategy for Today; a Vision for Tomorrow. Joint Chiefs of Staff. http://www.defenselink.mil/news/Mar2005/d20050318nms.pdf
93. Pei, Minxin & Kasper, Sara — "Lessons from the Past: The American Record on Nation Building" — Policy Brief , N° 24, May 2003. Carnegie Endowment for International Peace.
94. Ibid.
95. Ibid.
96. Apud Bodansky, 1993, pp. 1-2.
97. Kennedy, 1987, p. 516.
98. Anonimous, 2004, pp. 181-183.
99. Department of State. International Narcotics Control Strategy Report -2005. Released by the Bureau for International Narcotics and Law Enforcement Affairs. March 2005. http://www.state.gov/g/inl/rls/nrcrpt/2005/vol1/html/42366.htm.
100. Ibid.
101. U. S. Senate Committee on Intelligence. Statement - Porter J. Goss, Director of Central Intelligence. Central Intelligence Agency on Current and Projected National Security Threats to the United States10:00 a.m., Tuesday, February 16, 2005. http://intelligence.senate.gov/0502hrg/050216/witness.htm.
102. Bacevich, Andrew J. "We Aren't Fighting to Win Anymore; U.S. troops in Iraq are only trying to buy time". Los Angeles Times. 20/02/2005. p. M.5.
103. Ibid.
104. Brzezinski, Zbigniew — "Confronting Anti-American Grievances". The New York Times, 1.9.2002.
105. Ibid.
106. Full transcript of bin Ladin's speech Saturday 30 October 2004 11:28 AM GMT http://english.aljazeera.net/NR/exeres/79C6AF22-98FB-4A1C-B21F-2BC36E87F61F.htm
107. Ibid.
108. Eland, 2004, p. 200.
109. U. S. Senate Committee on Intelligence. Statement - Porter J. Goss, Director of Central Intelligence. Central Intelligence Agency on Current and Projected National Security Threats to the United States10:00 a.m., Tuesday, February 16, 2005. http://intelligence.senate.gov/0502hrg/050216/witness.htm.
110. Priest, Dana & White, Josh. "War Helps Recruit Terrorists, Hill Told Intelligence Officials Talk Of Growing Insurgency". The Washington Post. 17/02/2005, p. A01

Priest, Dana. "Iraq New Terror Breeding Ground War Created Haven, CIA Advisers Report". The Washington Post, 14/01/2005, p. A01.

111. Department of Stat. Overview and Acknowledgements. Country Reports on Human Rights Practices — 2004. Released by the Bureau of Democracy, Human Rights, and Labor. February 28, 2005. http://www.state.gov/g/drl/rls/hrrpt/2004/
112. Amnesty International Report 2005 http://web.amnesty.org/web/web.nsf/print/36F832815378BDCCC1256FDB003713A4.
113. Hobbes, 1996, p. 145.
114. Paine, 1996, p. 119.
115. Burke, 1986, pp. 332-333.
116. O presidente William McKInley foi abatido a tiros, por um anarquista, em 2001, no início do seu segundo mandato.
117. Patouillet, 1904, p. 272.
118. Blumenthal, Sidney. "America's military coup Donald Rumsfeld has a new war on his hands - the US officer corps has turned on the government." The Guardian, 13/05/2004.
119. Dunlap, Jr., Charles J. "The Origins of the American Military Coup of 2012". Parameters, US Army War College Quarterly The United States Army's Senior Professional Journal. Winter 1992-93, pp. 2-20. http://carlisle-www.army.mil/usawc/Parameters/1992/dunlap.htm
120. Lieven, 2004, p. 3.
121. Bacevich, 2005, pp. 175-176.

Referências Bibliográficas

ABENDROTH, Wolfgang. *A história social do movimento trabalhista europeu*. Rio de Janeiro: Paz e Terra, 1977.

AGEE, Philip. *Inside the Company*: CIA diary. Londres: Allan Lane; Penguin Books, 1975.

——. WOLF, Louis (Eds.). *Dirty Work: the CIA in Western Europe*. Londres: Zed Books, 1978.

AHMED, Nafeez Mosaddeq. *The War on Freedom. How and Why America was Attacked September 11, 2001*. Londres: Media Messenger Book- Media Monitors Net-Work, Nova York-Londres: 2002.

ALBRIGHT, Madeleine. *Madam Secretary*. A memoir. New York: Pan Books, 2003

ALEXANDER, Yonah. *International Terrorism. National, Regional, and Global Perspectives*. Nova York: Ames Press, Inc., 1976.

ALI, Tariq. *Bush in Babylon*. The Recolonization of Iraq. London-New York: Verso, 2003.

ALI, Tariq. *Confrontos de Fundamentalismos. Cruzadas, Jihads e Modernidade*. Rio de Janeiro: Record, 2002.

ALLEMANN, Fritz René. *Macht und Ohnmacht der Guerrilla*. München: Piper Verlag, 1974.

ALLEN, Mike — "O'Neill: Plan to Hit Iraq Began Pre-9/11". *The Washington Post*, 11/1/2004, p. A13.

—— &DeYOUNG, Karen. "Bush: U.S. Will Strike First at Enemies", in The *Washington Post*, 2/6/2002.

ALLISON, Graham & TREVERTON, Gregory (Edts.). *Rethinking America's Security. Beyond Cold War to New Order Global*. Nova York: W. W. Norton & Company, 1992.

al-QADHAFI, Muammar. *O Livro Verde*. Trípoli (Líbia): Empresa Pública de Edição, s.d.

ALTERMAN, Eric. *When Presidents Lie*.

ALVAREZ, David. *Secret Messages: Codebreaking and American Diplomacy, 1930-1945*. Lawrence (Ka.): University of Kansas Press, 2000.

AMBROSE, Stephen E. *Rise to Globalism: American foreign policy since 1938*. Nova York: Penguin Books, 1985.

AMERICAN imperialism's intervention in Vietnam. Hanoi: Foreign Language Publ. House, 1955. [Discurso do Ministro das Relações Exteriores do Vietnã do Norte na Conferência de Genebra].

ANDERSON, Frederick (Ed.). *A Pen Warmed-up in Hell: Mark Twain in protest*. Nova York: Harper & Row, 1973.

ANDERSON, Jack. *The Anderson Papers*. Nova York: Ballantine Books, 1974.

ANDREW, Christopher; DILKS, David (Eds.). *The Missing Dimension: governments and intelligence communities in the Twentieth Century*. Chicago: University of Illinois Press, 1984.

——. GORDIEVSKY, Oleg. *KGB: the inside story*. Nova York: Harper Perennial, 1991.

ANONIMOUS (Michael Scheuer). *Imperial Hubris. Why the West is Loosing the War on Terror*. Washington, D.C.: Brassey's Inc., 2004.

APTHEKER, Herbert. *Uma nova história dos Estados Unidos. A era colonial*. Rio de Janeiro: Civilização Brasileira, 1967.

——. *Uma nova história dos Estados Unidos. A Revolução Americana*. Rio de Janeiro: Civilização Brasileira, 1969.

ARAKIE, Margaret. *The Broken Sword of Justice: America, Israel and the Palestine tragedy*. Londres: Quartet Books, 1973.

ARAUJO, Maria Celina d'; CASTRO, Celso. *Ernesto Geisel*. 5ª ed. Rio de Janeiro: FGV, 1998.

ARENDT, Hanna. *On Revolution*. Londres: Penguin Books, 1990.

ARON, Raymond. *Republique Imperiale: les Etats-Unis dans le monde*. Paris: Calman-Lévy, 1973.

AUST, Stefan. *Der Baader Meinhof Komplex*. München: Goldman Verlag, 1998.

AUTORENKELLEKTIV Der Zweite Weltkrieg, 1939-1945: Kurze Geschichte. Berlim: Dietz Verlag, 1985.

BACEVICH, Andrew J. "We Aren't Fighting to Win Anymore; U.S. troops in Iraq are only trying to buy time". *Los Angeles Times*. 20/02/2005.

BACEVICH, Andrew J.. *The New American Militarism*. How Americans Are Seduced by War. Oxford-New York: Osford University Press, 2005.

BAER, Robert. See no Evil. *The True Story of a Ground Soldier in the CIA War on Terrorismo*. Nova York: Crown Publishers, 2002.

——. *Sleeping with the Devil. How Washington Sold Our Soul for the Saudi Crude*. Nova York: Crown Publishers, 2003.

BAINERMAN, Joel. *Inside the Covert Operations of the CIA & Israel's Mossad. Undercover with the Spymasters of America & Israel*. Nova York: S.P.I. Books/Shapolsky Publishers, Inc.,1994.

BAKER, Peter & FLETCHER, Michael A. "Bush Pledges to Spread Freedom Global Focus On Rights Would Be a Shift in Policy". *The Washington Post*. 21/1/2005.

BAMFORD, James. *A Pretext for War*. 9/11, Iraq, and the Abuse of America's Intelligence Agencies. New York: Doubleday, 2004.

BAMFORD, James. *Body of Secrets: anatomy of the ultra-secret National Security Agency*. Nova York: Anchor Books, 2002.

BARBOSA, Ruy. *O divórcio e o anarquismo*. Rio de Janeiro: Ed. Guanabara [s.d.].

BARNES, Harry Elmer. *Pearl Harbor After a Quarter of a Century*. Torrance (Ca.): Institute for Historical Review, 1968.

BARNETT, Thomas P. M.. *The Pentagon's New Map*. War and Peace in the Twenty-First Century. New York: G.P. Putnam's Sons, 2004.

BARRY, John "Exclusive: The Defector's Secrets". *Newsweek*, 3/3/2003.

——. HIRSH Michael & ISIKOFF, Michael — "The Roots of Torture. The road to Abu Ghraib began after 9/11, when Washington wrote new rules to fight a new kind of war". *Newsweek*, 16/5/2004.

BARTLETT, C. J. *The Global Conflict: the international rivalry of the great powers*. Londres: Longman, 1984.

BAUTISTA, Veltisezar. *The Filipino Americans: from 1763 to the present*. Naperville (Ill.): Bookhaus, 1998.

BEARD, Charles A. *President Roosevelt and the Coming of the War, 1941: a study in appearances and realities*. New Haven: Yale University Press, 1948.

BEEVOR, Anthony. *Stalingrad: fateful siege, 1942-1943*. Londres: Penguin Books, 1999.

——. *Berlim 1945. A queda*. Rio de Janeiro: Editora Record, 2004.

BELL, Roger J.. *Last among Equals: Hawaiian Statehood and American Politics*. Honolulu: University of Hawaii Press, 1984.

BELLO, Walden. *Dilemmas of Domination*. The Unmaking of the American Empire. Metropolitan Books-Henry Holt and Company, 2005.

BENJAMIN, Daniel & SIMON, Steven. *The Age of Sacred Terror*. New York: Randon House, 2002.

BEN-MENASHE, Ari. *Profits of War: Inside the Secret U.S.-Israeli Arms Network*. Nova York: Sheridan Square Press, 1992.

BESCHLOSS, Michael. *The Conquerors: Roosevelt, Truman and the destruction of Hitler's Germany, 1941-1945*. Nova York: Simon & Schuster, 2002.

——. *Kennedy v. Khrushchev: the crisis years, 1960-1963*. Londres: Faber & Faber, 1991.

——. (Ed.). *Taking Charge: the Johnson White House tapes, 1963-1964*. Nova York: Simon & Schuster, 1997.

BIRNBAUM, Norman. "Aux racines du nationalisme américain". Le Monde diplomatique, outubro, 2002.

BLAKER James R. *United States Overseas Basing. An Anatomy of the Dilemma*. Nova York: Praeger Publisher, 1990.

BLAKEY, G. Robert & BILLINGS, Richard N. *The Plot to Kill the President. Organized Crime Assassinated J.F.K.* Nova York: Quadrangle/The New York Times Book Co., 1981.

BLASIER, Cole. *The Giant's Rival: the URSS and Latin America*. Pittsburgh: Pittsburgh University Press, 1987.

——. *The Hovering Giant: U.S. responses to revolutionary change in Latin America, 1910-1989*. Pittsburgh: Pittsburgh University Press, 1989.
BLECHMAN, Barry; FRIED, Edward R. *Controlling the Defense Budget. Foreign Affairs*, Nova York, Jan. 1976.
BLECKER, Robert A. "The Ticking Debt Bomo. Why the U.S. International Financial Position Is Not Sustainable". Junho 1999 Briefing Paper. Economic Policy Institute.
BLIGHT, James G.; KORNBLUH, Peter. *Politics of Illusion: the Bay of Pigs reexamined*. Londres: L. Rienner, 1998.
BLIX, Hans. *Disarming Iraq*. The Search for Weapons of Mass Destruction. (Updated with a New Chapter). London: Bloomsbury, 2005.
BLUM, William. *Killing Hope. Monroe (Me.): Common Courage Press*, 1995.
——. Rogue State. *A Guide to the World's Only Superpower*. Londres. Zed Books, 2001.
BLUMENTHAL, Sidney. *The Clinton Wars*. Nova York: A Plume Books (Penguin Group), 2003.
——. "America's military coup Donald Rumsfeld has a new war on his hands — the US officer corps has turned on the government." *The Guardian*, 13/5/2004.
BLUSTEIN, Paul. *Vexame*. Rio de Janeiro: Record, 2002.
BOCCIA PAZ, Alfredo et alii. *En los sótanos de los generales: los documentos ocultos del Operativo Condor*. Asunción: Expolibro-Servilibro, 2002.
BODANSKY, Yossef. *Target America. Terrorism in the U.S. Today*. Nova York: S.P.I Books/ Shapolsky Publishers, 1993.
BONN, M. J.; Palyi, M. (Orgs). *Wirtschaftswissenschaft nach dem Kriege: Festgabe für Lujo Brentano zum 80 Geburstag. Leipzig*: Duncker & Humblot, 1925. v. 2.
BONNET, Gabriel. *Guerrilhas e revoluções*. Rio de Janeiro: Civilização Brasileira, 1963.
BOORSTIN, Robert & GALIC, Mina. *Afghanistan in Crisis — Facts and Figures. 04 de outubro de 2004*. Center for American Progress. http://www.americanprogress.org/ site/pp.asp?c=biJRJ8OVF&b=202861&printmode=1.
BORG, Dorothy; SHUMPEI, Okamoto (Eds.). *Pearl Harbor as History: Japanese-American relations, 1931-1941*. Nova York: Columbia University Press, 1973.
BORKIN, Joseph. *The Crime and Punishment of I.G. Farben: startling account of the unholy alliance of Adolf Hitler and Germany's great chemical combine*. Londres: Free Press, 1978.
BOSELEY, Sarah. "100.000 Iraqi civilians dead, says study". *The Guardian*, 29/10/2004.
BOUKHARINE, N. *L'économie mondiale et l'impérialisme*. Paris: Ed. Sociales Internationales, 1928.
BOUTROS-GHALI, Boutros. *Unvanquished. A U.S. — U.N. Saga*. Nova York: Random House, 1999.
BOVARD, James. *Terrorismo y Tiranía. Limitar la libertad, cercenar la justicia y alterar la paz..., ¿para liberar el mundo del mal?*. Buenos Aires: Editorial El Ateneo, 2003.
BRESSER-PEREIRA, Luiz Carlos — "O Plano Brady". *IstoÉ-Senhor*, 22/3/1989.
BRIODY, Dan. *The Iron Triangle: Inside the Secret World of the Carlyle Group*. New Jersey: John Wiley Sons, 2003.

BRISARD; Jean-Charles & DAQUIÉ; Guillaume. *Ben Laden. La Vérité Interdite.* Paris: Éditions Denoel, 2001.

BRODER, David S. *Democracy Derailed.* Initiative Campaigns and the Power of Money. San-Diego-New York-London: Harcourt Inc., 2000..

BRUNN, Gerhard. *Deutschland und Brasilien: 1889-1914.* Köll: Bölau Verlag, 1971.

BRZEZINSKI, Zbigniew. *Game Plan: how to conduct the US — Soviet contest.* Nova York: Atlantic Monthly, 1986.

——. *Power and Principle. Memoirs of the National Security Adviser 1977 — 1981.* Nova York: Farrar, Straus, Giroux, 1983.

——. "Confronting Anti-American Grievances". *The New York Times*, 1/9/2002.

BUDIANSKY, Stephen. *Battle of Wits: the complete story of codebreaking in World War II.* Nova York: Free Press, 2000.

BÜLOW, Andreas von. *Im Namen des Staates: CIA, BND und die kriminellen Manchenschften der Geheimdienste.* München: Piper, 2002.

——. *Die CIA und der 11. September. Internationaler Terror und Die Rolle der Geheimdienste.* München: Piper, 2003.

BUNDY, William. *A Tangled Web: the making of foreign policy in the Nixon presidency.* Nova York: Hill and Wang — Farrar, Straus and Giroux, 1998.

BURKE, Edmund. *Reflections on the Revolution in France.* Londres: Penguin Books, 1986.

BURNETT, Victoria (Kabul). "Crackdown on Afghanistan's cash crop looms. *Boston Globe*, 18/9/2004.

BURR, William. *The Kissinger Transcripts: the top secret talks with Beijing and Moscow; a National Security Archive document reader.* Nova York: New Press, 1999.

BUTLER, Richard. *The Greatest Threat.* Iraq, Weapons of Mass Destruction, and the Growing Crisis of Global Security. New York: PublicAffairs, 2000.

BÜTTNER, Annette. *Private Security Corporations al Sicherheitspolitische Akteure in Entwicklungsländer: Risiken uns Chancen des Einsatzes privat Sicherheitsunternehmen.* Nr. 111/2003 — Sankt Augustin: Konrad-Adenauer-Stiftung e. V., Juni 2003.

BYRON, Lord George Gordon. *Poems.* Londres: J. M. Dent, 1948. v. 3.

CAMACHO, Santiago. *Las cloacas del imperio. Lo que Estados Unidos oculta al mundo.* Buenos Aires: Editorial El Ateneo, 2004.

CAMPBELL, Duncan — "American navy 'helped Venezuelan coup'", *The Guardian*, Londres, 29/4/2002.

CAMPOS, Roberto. *A lanterna na popa: memórias.* Rio de Janeiro: Topbook, 1994.

CANZIAN, Fernando — "Novas decisões, tomadas em nome da segurança, facilitam prisão de imigrantes; alvos são principalmente islâmicos — Estados Unidos limitam ainda mais os direitos civis". *Folha de S.Paulo*, 4/5/2003.

CARDOSO, Oscar Raul; KIRSCHBAUM, Eduardo Van der Kooy. *Malvinas: la trama secreta.* Buenos Aires: Sudamericana — Planeta, 1983.

CAREY, Meter & BENTLEY, G Cater (eds.). *East Timor at the Crossroads. The Forging of a Nation.* Hinolulu (Hawai'i): University of Hawai'I Press, 1995.

CARLOS, Newton. *Bush e a doutrina das guerras sem fim*. Rio de Janeiro: Editora Revan, 2003.

——. "Definindo o Papel dos EUA na Crise", in *Folha de S. Paulo*, São Paulo, 07.05.1982.

CARONE, Edgard. *Socialismo e Anarquismo no início do século*. Petrópolis: Editora Vozes, 1996.

CARRÈRE D'ENCAUSSE, Hélène. *L'Empire éclaté. La révoltes des nations em URSS*. Paris: Flamarion, 1978.

CARVALHO, Delgado de. *História diplomática do Brasil*. São Paulo: Ed. Nacional, 1959.

CASTRO, Fidel. *Misiles en el Caribe. Entrevista por Maria Shriver*. Habana: Ed. Política, 1993.

——. DORTICÓS, Oswaldo; ROA, Raúl. *Así se derrotó al imperialismo*. 2. ed. México: Siglo XXI, 1981.

CATTON, Philip E. *Diem's Final Failure: prelude to America's war in Vietnam*. Lawrence (Ka.): University of Kansas Press, 2002.

CERVO, Amado Luiz; BUENO, Clodoaldo. *História da política exterior do Brasil*. Brasília, DF: Universidade de Brasília; Instituto Brasileiro de Relações Internacionais, 2002.

CHANG, Laurence; KORNBLUH; Peter (Eds.). *The Cuban Missile Crisis 1962: a national security archive documents reader*. Nova York: New Press, 1992.

CHILCOTE, Ronald H. *The Brazilian Communist Party. Conflict and Integration, 1922-1972*. Nova York: Oxford University Press, 1974.

CHOMSKY, Noam. *Hegemony or Survival*. America's quest for global dominance. New York: Owl Book Edition-Henry Holt and Company, 2004.

CHOMSKY; Noam. *Rogue States: the rule of force in Worlds Affairs*. Cambridge (Canadá): South End Press, 2000.

——. *Hegemonía o supervivencia. El dominio mundial de EE.UU*. Buenos Aires: Editorial Norma, 2003.

——. 9-11. *New York: Seven Stories Press*, 2002.

——. & HERMAN, Edward S. *The Washington Connection and the Third World Fascism. The Political Economy of Human Rights*. Vol. I. Boston: South End Press, 1979.

CHURCHILL, Sir Winston Spencer. *Memórias da Segunda Guerra*. Rio de Janeiro: Nova Fronteira, 1995.

——. *The Second World War: the grand alliance*. Londres: Guild Publ., 1987. v. 3.

CLARK, General Wesley K. *¿Qué ha fallado en Irak?. La Guerra, el Terrorismo y el Imperio Americano*. Barcelona: Crítica, 2003.

CLARKE, Richard. *Against all Enemies. Inside America's War on Terror*. Nova York: Free Press, 2004.

CLUTTERBUCK, Richard. *Terrorismus ohne Chance. Analyse und Bakämpfung eines internationalem Phänomens*. Stuttgart: Seewald Verlag, 1975.

COCKBURN, Andrew & COCKBURN, Patrick. *Out of the Ashes. The Resurrection of Saddam Hussein*. Nova York: HarperPerennial, 1999.

COHEN, Eliot A. — "World War IV". *The Wall Street Journal*, 20/11/2001.

COHEN, Warren I.; TUCKER, Nancy Bernkopf. *Lyndon Johnson Confronts the World: American foreign policy, 1963-1968*. Cambridge: Cambridge University Press, 1994.

COHN, Gary, THOMPSON, Ginger & MATTHEWS, Mark. "Torture was taught by CIA; Declassified manual details the methods used in Honduras; Agency denials refuted". *The Baltimore Sun*, 27/01/1997, Final Edition.

COLBY, William. *Honorable Men: my life in the CIA*. Nova York: Simon & Schuster, 1978.

COLE, G.H.D. *História del pensamiento socialista: Marxismo y Anarquismo — 1850-1890*. México-Buenos Aires: Fondo de Cultura Económica, 1958, v. II.

COLL, Steve. *Ghost Wars*. The Secret History of the CIA, Afghanistan, and bin Laden, from the Soviet Invasion to September 10, 2001. New York: Penguin Press, 2004.

CONETTA, Carl & KNIGHT, Charles — "Inventing Threats". *Bullentin of Atomic Scientists*. Vol. 54, No. 2. Março/Abril 1998. http://www.thebulletin.org/

CONNELL-SMITH, Gordon. *The Inter-American System*. London-New York: Oxford University Press, 1966.

CONNEL-SMITH, Gordon. *The Inter-American System*. Oxford: Oxford University Press, 1966.

COOK, Fred J. *O estado militarista*. Rio de Janeiro: Civilização Brasileira, 1964.

COOLEY, John K. *Unholy Wars. Afghanistan, America and International Terrorism*. Londres: Pluto Press, 2000.

COPELAND, Miles. *The Game Player: confessions of the CIA's original political operative*. Londres: Aurum Press, 1989.

CORSON, William R. *The Betrayal*. Nova York: W.W. Norton, 1968.

COTTAM, Martha L. *Images and Intervention: U.S. policies in Latin America*. Pittsburgh: University Press, 1994.

CROCE, Benedetto. *La historia como hazaña de la libertad*. México: Fondo de Cultura Económica, 1942.

CUDDY; Denis Laurence. *September 11 Prior Knowledge. Waiting for the next shoe to drop*. Okalahoma Cit: Hearthstone Publishing, 2002.

CURRENT, Richard N. *Secretary Stimson: a study in statecraft*. New Brunswick: Rutgers University Press, 1954.

DAALDER, Ivo H. & LINDSAY, James M. *America Unbound. The Bush Revolution in Foreign Policy*. Washington: Brookings Institution Press, 2003.

DALLEK, Robert. J. F. Kennedy. *Una vida inacabada*. Barcelona: Ediciones Península, 2003.

DANNER, Mark. *Torture and Truth*. America, Abu Ghraib and the War on Terror. London: Granta Books, 2004.

DARWISH, Adel & ALEXANDER, Gregory. *Unholy Babylon. The Secret History od Saddam's War*. Nova York: St. Martin Press, 1991.

DAVIS, Nathaniel. *The Last Two Years of Salvador Allende*. Ithaca: Cornell University Press, 1985.

DENNIS, Mike. *German Democratic Republic: politics, economics and society*. Londres: Pinter Publ., 1988.

DEUTSCHER, I. *Trotsky: o profeta desarmado*. Rio de Janeiro: Civilização Brasileira, 1968.

DeYOUNG, Karen — "U.S. Details Talks With Opposition — Administration Insists It Did Not Encourage a Coup", *The Washington Post*, 17/04/2002.

——. "Bush Officials Defend Their Actions on Venezuela", *The Washington Post*, 18/04/2002

DI EUGENIO, James; PEASE, Lisa (Eds.). *The Assassinations: Probe Magazine on JFK, MLK, RFK and Malcolm X*. Los Angeles: Feral House, 2002.

DIMITROFF; Georgi. *Reichstagsbrandproceß*. Berlin: Verlag Newer Weg GmbH, 1946.

DINGES, John. *The Condor Years. How Pinochet and His Allies Brought Terrorism to Three Continents*. Nova York-Londres: The New Press, 2004.

DOBRYNIN, Anatole. *In confidence: Moscow's ambassador to America's six cold war president*, 1962-1986. Nova York: Times Books; Random House, 1995.

DOWD, Maureen. "National House of Waffles". *The New York Times, 13/07/2003.*

——. "Empire of Novices", The New York Times, 03/09/2003.

DOWD, Maureen. *Bush World*. Enter at your own risk. New York: Berkley Books, 2004.

DRAGO, Tito: *Chile, un doble secuestro*. Madri: Complutense, 1993.

DRAKE,.Richard. *The Revolutionary Mystique and Terrorism in Contemporary Italy*. Bloomington, (Indiana):Indiana University: 1989.

DRAPPER, Theodore. *A Very Thin Line. The Iran-Contra Affairs*. Nova York: Hill and Wang, 1991.

DREW, Elizabeth. *The Corruption of American Politics. What Went Wrong and Why*. Nova York: The Overlook Press, 2000.

DUCROT, Victor Ego. *Bush & ben Laden S.A.. La primera guerra global de las corporaciones financieras*. Buenos Aires: Editorial Norma, 2001.

DULLES, Foster Rhea. *Prelude to World Power*. An American Diplomatic History, 1860-1900. New York: MacMillan Company, 1965.

DUNLAP, Jr., Charles J. "The Origins of the American Military Coup of 2012". Parameters, US Army War College Quarterly The United States Army's Senior Professional Journal. Winter 1992-93, pp. 2-20. http://carlisle-www.army.mil/usawc/Parameters/1992/dunlap.htm

DWYER, Jim, KOCIENIEWSKI, David, MURPHY, Deidre & TYRE, Peg. *Two Seconds Under the World. Terror Comes to America — The Conspiracy Behind the World Trade Center Bombing*. Nova York: Ballantine Books, 1994.

EHMKE, Horst. *Himmelsfackeln*. Frankfurt/M.: Eichborn, 2001.

EISENHOWER, Dwight D. *The White House Years: mandate for change, 1953-1956*. Nova York: Doubleday, 1963.

ELAND, Ivan. Protecting the Homeland: The Best Defense is to Give no Offense. Cato Policy Analysis No. 306. May 5, 1998. http://www.cato.org/pubs/pas/pa-306.html.

ELAND, Ivan. *The Empire Has No Clothes*. U.S. Foreign Policy Exposed. Oakland (California): The Independent Institute, 2004.

ELLSBERG, Daniel. *Papers of the War*. Nova York: Pocket Books, 1972.

ENGELBRECHT, H. C.; HANIGHEN, F. C. *Merchant of death*. Nova York: Dodd, Mead, 1934.

ERHARD, Ludwig. Gedanken aus fünf Jahrzehnten: Reden und Schriften von Karl Hohmann. Düsseldorf: Econ Verlag, 1988.

ESCALANTE FON, Fabian. *Cuba: la guerra secreta de la CIA*. Habana: Ed. Capitán San Luis, 1993.

EVAN, Thomas, & HOSENBALL, Mark, "Bush: We're At War' As the deadliest attack on American soil in history opens a scary new kind of conflict, the manhunt begins." *Newsweek*, 24/09/2001.

FALCÃO, João. *O partido comunista que eu conheci: 20 anos de clandestinidade*. Rio de Janeiro: Civilização Brasileira, 1988.

FALIN, Valentin. Politische Erinnerungen, München: Knaur, 1995.

——. Konflikte im Kreml. Zur Vorgeschichrte der deutschen Einheit und Auflösung der Sowjetunion, München: Siedler, 1999.

FALL, Bernard B. *Anatomy of a Crisis: the Laotian crisis of 1960-1961*. Nova York: Doubleday, 1969.

FAYA, Ana Julia; RODRÍGUEZ, Pedro Pablo. *El despliegue de un conflicto: la política norteamericana hacia Cuba, 1959-1961*. Havana: Ed. de Ciencias Sociales, 1996.

FERGUSON, Niall. *Colossus: the price of America's empire*. Nova York: Penguin Press, 2004.

FEST, Joachim C. *The Face of the Third Reich*. Londres: Penguin Books, 1979.

——. Hitler. Londres: Penguin Books, 1974.

FIDLER, Stephen & HUBAND, Mark — "Bush foreign policy'is creating risks for US companies". *Financial Times*, 11.11.2003.

FIRESTONE, David. "Dizzying Dive to Red Ink Poses Stark Choices for Washington". *The New York Times*, 14/09/2003.

FISCHER, Louis. *A vida de Lenin*. Rio de Janeiro: Civilização Brasileira, 1967. 2 v.

FLEMING, Thomas. *New Dealers' War: FDR and the war within World War II*. Nova York: Basic Books, 2002.

FLYNN, John T. *The Final Secret of Pearl Harbor*. 2. ed. rev. Nova York: The Devin-Adair Co., 1945.

FONER, Eric. *Story of American Freedom*. Nova York: W.W. Norton & Company, 1998.

FONER, Philip S. *A History of Cuba and its Relations with the United States*. Nova York: International Publ., 1963.

——. *Mark Twain: social critic. 2nd. ed.* Nova York: International Publ., 1966.

FORERO, Juan — "Venezuela's Chief Forced to Resign; Civilian Installed", *The New York Times*, 13/04/2002.

FREY, Eric. *Schwarzbuch USA*. Frankfurt: Eichborn, 2004.

FRIEDRICH, Jörg. *Der Brand: Deutschland im Bombenkrieg, 1940-1945*. München: Propyläen Verlag, 2002.

FUKUYAMA, Francis. *The End of History and the Last Man*. Londres: Pinguin Books, 1992.

FULBRIGHT, J. William. *La arrogancia del poder*. México: Fondo de Cultura Económica, 1982.

——. TILLMAN, S. P. *The Price of Empire*. Nova York: Pantheon Books, 1989.

FULLBRIGHT, J. William. (With Seth Pitillman). *The Price of Empire*. New York, Pantheon Books, 1989.

FUNKE, Manfred (Hgs.). *Terrorismus. Untersuchungen zur Strategie und Struktur revolutionärer Gewaltpolitik*. Bonn: Bundeszentrale für politsche Bildung, 1977.

FURET, François. *Le passé d'une illusion: essai sur l'idée communiste au XXe siècle*. Paris: R. Laffont; Calmann-Lévy, 1995.

FURSENKO, Aleksandr; NAFTALI, Timothy. *One Hell of a Gamble: Khruschev, Castro and Kennedy, 1958- 1964*. Nova York: W. W. Norton, 1997.

GADDIS, John Lewis. *We Now Know: rethinking Cold War history*. Oxford: Clarendon Press, 1997.

GALL, Carlotta & LEWIS, Neil A. — "Inmates Released from Guantánamo Tell Tales of Despair". *The New York Times*, 17.6.2003

——. & ROHDE, David "Afghan President Describes Militias as the Top Threat". *The New York Times*, 12/07/2004.

GARCIA LUPO, Rogelio. *Diplomacia secreta y rendición incondicional*. Buenos Aires: Legasa, 1983.

GARCIA, Eugênio Vargas. *O Brasil e a Liga das Nações: 1919-1926*. Porto Alegre: UFRGS; Brasília, DF: Fundação Alexandre de Gusmão, 2000.

——. *Cronologia das relações internacionais do Brasil*. São Paulo: Alfa-Omega, 2000.

GARTHOFF, Raymond L. *Reflections on the Cuban Missile Crisis*. Rev. ed. Washington: Brookings Institution, 1989.

GATES, Robert M.. *From the Shadows. The Ultimate Isider's Story of Five Presidents and How They Won the Cold War*. Nova York: Touchstone Editon-Simon & Schuster, 1997.

GEBHARDT; Hermann. *Guerrillas: Schicksals-frage für den Westen. Die lateinamerikanische Revolutionsbewegung*. Stuttgart: Seewald Verlag, 1971.

GEISMAR, Maxwell. *Mark Twain*: an American Prophet. New York

GELLMAN, Barton. "Keeping the U.S. First: Pentagon Would Preclude a Rival Superpower". *The Washington Post*, 11/03/1992.

GERLACH, Jeffrey R. *Pentagon Myths And Global Realities: The 1993 Military Budget*. Policy Analysis No. 171 — May 24, 1992. Cato Institute. http://www.cato.org/pubs/pas/pa-171.html.

GERSON, Joseph; BIRCHARD, Bruce (Eds.). *The Sun Never Sets: confronting the network of foreign US military bases*. Boston: South End Press, 1991.

GESCHICHTE der Deutschen Demokratischen Republik. Berlim: VEB Deustscher Verlag der Wissenschaften, 1981.

GESCHICHTE der Sowjetischen Außenpolitik. Berlim: Staatsverlag der Deutschen Demokratischen Republik, 1969-1971. 2 v. (v. 1: 1917-1945; v.2: 1945-1970).

GEYER, Georgie Anne. *Guerrilla Prince: the unfold story of Fidel Castro*. Zansas City: Andrews & McMeel, 1995.

GIANCANA, Sam; GIANCANA, Chuck. *Doble Cross: the explosive inside story of the mobster who controlled America*. Nova York: Warner Books, 1992.

GIBBON, Edward. *Declínio e queda do Império Romano*. (Edição Abreviada). São Paulo: Companhia das Letras, 1989.

GIBBON, Edward. *The History of the Decline and Fall of the Roman Empire*. London: Penguin Books, 3 v., 1994.

GILBERT, Isidoro. *El oro de Moscú: história secreta de las relaciones argentino-soviéticas*. Buenos Aires: Planeta, 1994.

GILLES, Kepel. Fitna. *Guerre au cœr d'Islam*. Paris: Gallimard, 2004.

——. *Jihad. Expansion et Déclin de l'Islamisme*. Paris: Gallimard: 2000.

GIRAULT, René. *Diplomatie européenne: nations et impérialismes, 1871-1914*. Paris: A. Colin, 1997.

GISEVIUS, Hans B. *To the Bitter End. Boston: H. Mifflin*; Cambridge: Riverside Press, 1947.

GLEIJESES, Piero. *Conflicting Missions: Havana, Washington and Africa, 1959-1976*. Chapel Hill: University of North Carolina Press, 2002.

——. *Shatered hope: the Guatemalan revolution and the United States, 1944-1954*. New Jersey: Princenton University Press, 1991.

GOKHALE, Jagadeesh, & SMETTERS, Kent. *Fiscal and Generational Imbalances. New Budget Measures for New Budget Priorities*. Washington: The AEI Press. Publisher for The American Enterprise Institute, 2003.

GOLDNER, Loren. *Ubu Saved From Drowing: worker insurgency and statist containment in Portugal and Spain, 1974-1977*. Cambridge: Queequeg Publ., 2000.

GOMPERT, David. "How to Defeat Serbia", Foreign Affairs, July/August 1994.

GORBACHEV, Mikhail. *On My country and the World*. Nova York: Columbia University Press, 1999.

——. *Perestroika: novas idéias para o meu país e o mundo*. São Paulo: Ed. Best Seller, 1987.

GORODETSKY, Gabriel. *Grand Delusion: Stalin and the German invasion of Russia*. New Haven: Yale University Press, 1999.

GOULD, Lewis L. *Grand Old Party*. A History of Republicans. New York: Random House, 2003.

GOULDEN, Joseph C. *Truth is the First Casualty: the Gulf of Tonkin affair, illusion and reality*. Chicago: R. McNally, 1969.

GOUTHIER, Hugo. *Presença*. Rio de Janeiro: Record, 1982.

GOWAN, Peter. *US — UN. New Left Review*. Londres, Nov. — Dec. , 2003.

GRANT, Ulysses S. *Personal Memoirs of U. S. Grant*. Edited by James M. McPherson. Nova York: Viking Penguin, 1999.

GRANT, Ulysses Simpson Grant. *Personal Memoirs of U. S. Grant*. New York: Dover Publications, Inc., 1995.

GROMYKO, Andrei. *Memoirs*. New York: Doubleday, 1989.

GUÉRIN, Daniel & MANDEL, Ernst. *La concentración económica en Estados Unidos*. Buenos Aires: Amorrortu Editores, 1973.

GUEVARA, Ernesto Che. *Obras escogidas: 1957-1967*. Havana: Ed. de Ciencias Sociales, 1991. 2 v.

HAFFNER, Sebastian. *Von Bismarck zu Hitler*. München: Knaur, 1989.

HAIG JR., Alexander M..Caveat: Realism, Reagan and Foreign Policy. Nova York: MacMillan Publishing Company, 1984.

——. Inner Circles. *How America Changed the World. A Memoir*. Nova York: Warner Books — A Time Warner Company,1992.

HAINES, Gerald K. *The Americanization of Brazil: a study of US cold war diplomacy in the Third World, 1945-1954*. Wilmington (De.): Scholarly Resource, 1989.

HALBERSTAM, David. *War in a Time of Peace. Bush, Clinton and the Generals*. Londres: Bloomsbury, 2003.

HALL, John Whitney. *Das japanische Kaiserreich*. Frankfurt: Fischer Taschenbuch Verlag, 1997.

HALLIN Daniel C. *The "uncensored war": the media and Vietnam*. Berkeley: University of California Press, 1989.

HALPER, Stefan & CLARKE, Jonathan. *America Alone*. The Neoconservatives and the Global Order. Cambridge: Cambridge University Press, 2004.

HAMILTON, Nigel. *Bill Clinton*. An American Journey. Great Expectations. London, Arrow Books, 2004.

HANAHOE, Tom. *America Rules: U.S. foreign policy, globalization and corporate USA*. Dublin: Brandon, 2003.

HANSEN, Joseph. *Dynamics of the Cuban Revolution: a Marxist appreciation*. Nova York: Pathfinder, 1994.

HEGEL, G. W. F. *Phänomenologie des Geistes*. Frankfurt: Suhrkamp, 1986.

——. Vorlesungen über die Philosophie der Weltgeschichte, Band 1 (Die Vernunft in der Geschichte), Hamburg, Felix Mainer Verlag, 1994, p. 19.

HEITZER, Heinz. DDR — Geschichtlicher Überblick. Berlim: Dietz Verlag, 1987.

HERSH, Seymour M. *The Dark Side of Camelot*. Boston: Little, Brown, 1997.

——. *The Samson Option. Israel's Nuclear Arsenal and American Foreign Policy*. Nova York: Random House, 1991.

——. *The Price of Power. Kissinger in the Nixon White House*. Nova York: Summit Books, 1983.

——. "A Case Not Closed". *The New Yorker*, Issue of 1993-11-01.

——. "Plan B — As June 30th approaches, Israel looks to the Kurds." *The New Yorker*, 28/06/2004.

——. "Torture at Abu Ghraib. American Soldiers Brutalized Iraqis. How far up does the responsibility go?". *The New Yorker*, 10/05/2004.

——. "The Gray Zone. How a secret Pentagon program came to Abu Ghraib." The New Yorker, 24/05/2004.

——. "Lunch with the Chairman". *The New Yorker*, 17/03/2003.

HERTSGAARD, Mark "The Secret Life of Henry Kissinger; minutes of a 1975 meeting with Lawrence Eagleburger". *The Nation*, 29/10/1990.

HICKS, John D. *A Short History of American Democracy*. Boston: Houghton Mifflin Company-Riverside Press, 1943.

HIGGS, Robert (Ed.). *Arms, Politics, and the Economy: historical and contemporary perspectives*. Nova York: Holmes & Meier, 1990.

HILFERDING, Rudolf. *Das Finanzkapital*. Frankfurt: Europäische Verlaganstalt, 1968. 2 v.

HILTON, Stanley E. *O Brasil e as grandes potências: os aspectos políticos da rivalidade comercial*. Rio de Janeiro: Civilização Brasileira,1977.

HINCKLE, Warren; TURNER, William. *Deadly Secrets: the CIA-Mafia war against Castro and the assassination of JFK*. Nova York: Thunder's, 1992.

——. Der großdeutsche Freiheitskampf, 1943: reden Adolf Hitler vom 16 März 1941 bis 15 März 1942. München: Zentralverlag der NSDAP, 1943.

HIRO, Dilip. Iraq. *A Report from Inside*. Londres: Granta Books, 2002.

HIRSH, Michael, "We have hit the targets". *Newsweek*, 13/09/2001.

HITLER, Adolf. *Mein Kampf* (zwei Bände in einem Band); 1. Eine Abrechnung; 2. Die nationalsozialistische Bewegung. München: Eher, 1941.

HITLER, Adolf. *My Battle*. (*Mein Kampf*). Boston/NY: Houghton Mifflin (1933).

HOANG Van Chi. *From Colonialism to Communism. A Case History of North Vietnã*. Londres: Pall Mall Press, 1964.

HOBBES, Thomas. *Leviathan*. Cambridge: University Press, 2002.

HOBSBAWM, Eric J. *The Age of Extremes: the short twentieth century, 1914-1991*. Londres: Abacus, 1996.

——. *A era dos impérios, 1875-1914*. Rio de Janeiro: Paz e Terra, 1988.

HOFFMAN, Bruce. *Inside Terrorism*. Nova York: Columbia University Press, 1998.

HOMBERG, Octave. *L'Impérialisme Américain*. Paris: Librairie Plon, 1929.

HONEGGER, Barbara. *October Surprise. Did the Reagan-Bush election campaign sabotage President Carter's attempts to free the American hostages in Iran?*. Nova York-Los Angeles: Tudor Publishing Company, 1989.

HORNE, Alistair. *Return to Power: a report on the new Germany*. Nova York: F. A. Praeger, 1956.

HUBERMAN, Leo & SWEEZY, Paul: *Capitalismo e Imperialismo Norteamericano*. Buenos Aires: Merayo Editor, 1973.

HUDSON, Michael. *Super Imperialism: the origin and fundamentals of U.S. world dominance*. Londres: Pluto Press, 2003.

HULL, Cordell. *The memoirs*. 2. ed. Nova York: Macmillan, 1948.

HUNT, Michael H. *Crises in US Foreign Policy: an international history reader*. Nova Haven: Yale University Press, 1996.

HUNTINGTON, Samuel P. *The Clash of Civilizations and the Remaking of World Order*. Nova York: Touchstone; Simon & Shuster, 1997.

HUSSEIN, Solomon. *Towards the 21st Century: a new global security agenda?* Washington: Institute for Defence Policy, 1996. (Occasional Paper, 6)

IAKOVLEV, Aleksandr. *Ce que nous voulons faire de l'Union Soviétique: entretien avec Lilly Marcou*. Paris: Ed. du Seuil, 1991.

——. *Socialismo: do sonho à realidade*. Moscou: Novosti, 1990. (Intervenção durante o encontro realizado na Universidade Lomonóssov de Moscovo, a 12 de fevereiro de 1990).

IMMERMAN, Richard H. *The CIA in Guatemala: the foreign policy of intervention*. Austin: University of Texas Press, 1982.

INGRAM, Dexter. *Facts and Figures About Terrorism*. WebMemo #36. September 14, 2001 The Heritage Foundation. Policiy Research & Analysis. Research — National Security. http://www.heritage.org/Research/NationalSecurity/WM36.cfm.

ISAACSON, Walter. *Kissinger: a biography*. Nova York: Simon and Schuster, 1992.

JAMES, Lawrence. *The Golden Warrior: the life and legend of Lawrence of Arabia*. Londres: Little, Brown, 1995.

JANOFSKY, Michael. "Halliburton Turns Over $6.3 Million to Government". *The New York Times*, 2/1/2004.

JEHL, Douglas. "Washington Insiders' New Firm Consults on Contracts in Iraq". *The New York Times*, 30/9/2003.

——. & SCHMITT, Eric "Dogs and Other Harsh Tactics Linked to Military Intelligence". *The New York Times*, 22/05/2004.

——. & JOHNSTON, David. "Rule Change Lets C.I.A. Freely Send Suspects Abroad to Jails". *The New York Times*, 06/03/2005.

JENKS, Leland Hamilton. *Our Cuban Colony: a study in sugar; studies in American imperialism*. Nova York: Vanguard Press, 1928.

JOHNSON, Loch K. *Secret Agencies: U.S. intelligence in a hostile world*. New Haven: Yale University. Press, 1996.

JOHNSON, Lyndon Baines. *The Vantage Point: perspectives of the presidency, 1963-1969*. Nova York: Holt, Rinehart & Winston, 1971.

JOHNSON, Paul. *Estados Unidos. La história*. Buenos Aires: Javier Vergara Editor, 2002.

JOHNSON; Chalmers. Blowback. *The Costs and Consequences do American Empire*. Nova York: Henry Holt & Company, 2001.

——. *The Sorrows of Empire. Militarism, Secrecy, and the End of the Republic*. Nova York: Metropolitan Books — Henry Holt & Company, 2004.

KAGAN, Robert. *Paradise & Power: America and Europe in the New World Order*. Londres: Atlantic Books, 2003.

KAGARLITSKY, Boris. *A desintegração do monólito*. São Paulo: Editora da UNESP, 1993

KAHN, David. *The Codebreakers*. Nova York: Simon & Schuster, 1996.

KAKAR, M. Hassan. *Afghanistan: the Soviet invasion and the Afghan response, 1979-1982*. Berkeley: University of California Press, 1995.

KAPLAN, Lawrence F.; KRISTOL, William. *The War over Iraq: Saddam's tyranny and America's mission*. San Francisco: Encounter Books, 2003.

KAUTSKY, Karl. *Bauernagitation in Amerika*. Die Neue Zeit, Stuttgart, v. 20, n. 2, 1902.

——. *Le bolchevisme dans l'impasse*. Paris: F. Alcan, 1931.

——. *Die Diktatur des Proletariats*. Berlim: Dietz Verlag, 1990. v. 1.

——. *Der Imperialismus*. Die Neue Zeit, Stuttgart, v. 2, p. 909-922, Sept. 11, 1914.

——. *Nationalstaat: imperialistischer Staat und Staatbund*. Nürenberg: Fräntischen Verlagsanstalt & Buchdruckerei GmbH, 1915.

——. *Terrorismus und Kommunismus*. Berlim: Dietz Verlag, 1990. v. 1.

——. *Von der Demokratie zur Staatssklaverei*. Berlim: Dietz Verlag, 1990. v. 2.

——. *Zwei Schriften zum Umlernen*. Die Neue Zeit, Stuttgart, v. 2, p. 33-42, 71-80, 107-116, Apr. 09-30, 1914.

——. *Der Ursprung des Christientums*. Sttugart: J. H. M Dietz Nachfolger. Zwölfe Auflage, 1922.

KELF-COHEN, R. *Twenty Years of Nationalization: the Britsh expierience*. Londres: Macmillan, 1971.

KELLENBENZ, Hermann. "Os mercadores alemães de Lisboa por volta de 1530". *Revista Portuguesa de História*, Coimbra, v. 4, 1961.

KENNAN, George F. *The Cloud Danger*. Current Realities of American Foreign Policy. Boston: Little, Brown & Company, 1977.

——. *Realities of American Foreign Policy*. New York: W. W. Norton Company, 1966.

——. *The Decision to Intervene*. The Prelude to Allied Intervention in the Bolshevik Revolution: New Jersey: Princeton University Press, 1958.

KENNEDY, John F. *Strategy of Peace*. Nova York: Harper, 1960.

KENNEDY, Paul. *The Rise and Fall of the Great Powers*. Economic Change and Military Conflict from 1500 to 2000. New York: Random House, 1987.

KENNEDY, Robert F. *Thirteen Days: a memoir of the Cuban crisis*. Nova York: Mentor Book, 1969.

KENNETH, Roth. "America´s Guilt: the Prisoners in a Legal", *The Times*, 21/11/2003.

KEPEL, Gilles. *Jihad. Expansion et Déclin de L'Islamisme*. Paris: Gallimard, 2000.

——. Fitna. *La Guerre au Cœur d'Islam*. Paris: Gallimard, 2004.

KESSLER, Glenn. "Arms Issue Seen as Hurting U.S. Credibility Abroad". *The Washington Post*, 19/01/2004, p. A01.

KHOMEINI, Imam. *Islam and Revolution. Writings and Declarations of Imam Khomeini*. Berkeley: Mizam Press, 1981.

KHRUCHTCHEV, Nikita S. *As fitas da Glasnost: memórias*. São Paulo: Siciliano, 1991.

KIEFER, David. "S.F. Attorney: Bush Allowed 9/11". San Francisco Examiner, 11/06/2002, http://www.ratical.org/ratville/CAH/Hilton.html.

KILPATRICK, Carroll. "President refuses to turn over tapes; Ervin committee, Cox issue subpoenas. *Washington Post*, Washington, 24/07/1973.

KIMCHE, David. *The Last Option: After Nasser, Arafat, and Saddam Hussein. The quest for peace in the Middle East*. Nova York: Charles Scribner's Sons — Macmillan Publishing Co., 1991

KINDLEBERG, Charles. *Marshall Plan Days*. Boston: Allen & Unwin, 1987.

KISSINGER, Henry. *Diplomacy*. Nova York: Touchstone, 1994.

——. *Does America Needs a Foreign Policy? Toward a diplomacy for the 21st*. Century. Nova York: Simon & Schuster, 2001.

——. *White House Years*. Nova York: Little, Brown, 1979.

——. *Years of Upheaval*. Londres: Wedenfeld, Nicholson, M. Joseph, 1982.

KNIGHT, Amy. *Beria. O lugar-tentente de Stalin*. Rio de Janeiro: Record, 1997.

KNOWLTON, Brian. "U.S. Cites Array of Rights Abuses by the Iraqi Government in 2004", *The New York Times*, 01/03/2005.

KOENEN; Gerd. *Das rote Jahrzehnt. Unsere kleine deutsche Kulturrevolution — 1967-1977*. Frankfurt/Main: Fischer Taschenbuch Verlag, 2001.

KORNBLUH, Peter & Byrne, Malcolm. *The Iran-Contra Scandal: The Declassified History*. Nova York: A National Security Archive Documents Reader, 1993.

——. (ed.) *The Pinochet File: A Declassified Dossier on Atrocity and Accountability*. Nova York-Londres: The New Press, 2003.

KORRY, Edward M. *Confronting our Past in Chile. Los Angeles Times*, Los Angeles, 08/03/1981. p. 5.

KRIPPENDORFF, Ekkehart. *Internationale Politik: Geschichte und Theorie*. Frankfurt: Campus Verlag, 1987.

KROENEN, Gerd. *Der rote Jahrzehnt. Unsere Kulturrevolution — 1967-1977*. Frankfurt/Main: Fischer Verlag, 2002.

KROPOTKIN, Pedro. *A Grande Revolução (1789-1793)*. 2 v. Salvador: Livraria Progresso Editora, 1955.

KRUGMAN, Paul — "Pattern of Corruption". *The New York Times*, 15/07/2003.

——. "Losing Latin America", *The New York Times*, 16/04/2002.

——. "Pattern of Corruption". *The New York Times*, 15.7.2003.

——. "Patriots and Profits". *The New York Times*, 16.12.2003 .

KUBITSCHEK, Juscelino. *50 anos em 5: meu caminho para Brasília*. Rio de Janeiro: Bloch , 1978. v. 3.

KUPCHAN, Charles A. *The End of the American Era. U.S. Foreign Policy and the Geopolitics of the Twenty-First Century*. Nova York: Alfred A. Knopf, 2002.

KUTLER, Stanley (Ed.). *Abuse of Power: the Nixon tapes*. Nova York: Free Press, 1997.

LANGGUTH, A. J. *Hidden Terrors: the truth about U.S. police operations in Latin America*. Nova York: Pantheon Books, 1978.

LARDNER JR., George; PINCUS, Walter. "*Watergate burglars broke into Chilean embassy as cover, tapes show*". *Washington Post*, Washington, 26/02/1999.

LAWRENCE, T. E. *Os sete pilares da sabedoria*. 3ª ed. Rio de Janeiro: Record [s.d.].

LEARY, William M. (Ed.). *The Central Intelligence Agency: history and documents*. Tuscaloosa: University of Alabama Press, 1985.

LeBLANC, Steve. "Kennedy Says Case for War Built on 'Fraud". Associated Press — *Washington Post*, 19/9/2003, p. A02.

LECHUGA, Carlos. *Eye of the Storm: Castro, Khrushchev, Kennedy and the missile crisis.* Melbourne: Ocean Press, 1995.

LEDEEN, Michal A. *Perilous Statecraft.* An Insider's Account of the Iran-Contra Affair. New York: Charles Scribner's Sons, 1988.

LEDERER, William J.; BURDICK, Eugene. *A Nation of Sheep.* Nova York: W.W. Norton, 1961.

LENIN, V. I. *Obras escogidas.* Moscou: Ed. Lenguas Extranjeras, 1948. v. 1-2.

LENS, Sidney. *The Forging of the American Empire from the Revolution to Vietnam: a history of U.S. imperialism.* Londres: Pluto Press; Chicago: Haymarket Books, 2003.

LERNER, Mitchell B. *The Pueblo Incident: a spy ship and the failure of American foreign policy; modern war studies.* Lawrence: University of Kansas Press, 2003.

LÉVESQUE, Jacques. *The USSR and the Cuban Revolution: Soviet ideological and strategical perspectives, 1959-1977.* Nova York: Praeger Publ., 1978.

LEWIS, Charles & The Center for Public Integrity. *Buying of the President 2000. The Authoritative Guide to the Big-Money Interests Behind this Year's Presidential Candidates.* Nova York: Avon Books, 2000.

LEWIS, Neil A. "Geneva Conventions — Justice Memos Explained How to Skip Prisoner Rights". *The New York Times*, 21/05/2004.

LICHTENSZTEIN, Samuel. *Capital financiero, deuda externa y políticas económicas en América Latina.* Montevidéu: Ediciones de la Banda Oriental, 1985.

LIEBKNECHT, Karl. *Militarism and Anti-militarism.* Cambridge: Rivers Press, 1973.

LIEVEN, Anatol. *America Right or Wrong.* An Anatomy of American Nationalism. Oxford-New York: Oxford University Press, 2004.

LIEVEN, Anatol. *America Right Or Wrong: An Anatomy Of American Nationalism.* Oxford: Oxford University Press, 2004.

——. "The Push for War". London Review of Books. Vol. 24 No. 19 dated 3 October 2002 .

LIMA, Hermes. *Travessia: memória.* Rio de Janeiro: J. Olympio, 1974.

LINCOLN, Abraham. *The Collected Works of Abraham Lincoln*, v. 1, Edited by Roy P. Basler. New Brunswich (New Jersey): Rutgers University Presss, 1953.

LLOYD, Henry Demarest. *Wealth Against Commonwealth.* New York: Prentice-Hall, Inc., 1963.

LORENZ, Marita. *Lieber Fidel: mein Leben, meine Liebe, mein Verrat.* München: E. Ullstein, 2001.

——. SCHWARZ, Ted. *Zwischen Liebe und Spionage: die geliebte Castro und agentin Kennedy berichtet aus ihrem schillernden Leben.* München: Goldmann, 1990.

LUDENDORFF, Erich. *Meine Kriegserinnerungen, 1914-1918.* Berlin: E.S. Mittler, 1919.

LUXEMBURG, Rosa. *La cuestión nacional y la autonomia.* México, DF: Ed. Pasado y Presente, 1979.

——. *Gesammelte Werke*. Berlin: Dietz Verlag, 1990. v. 5: August 1914 bis Januar 1919.

MACHIAVELLI, Niccolò. *Il Príncipe (Der Fürst)*. Stuttgart: Philipp Reclam Jun., 1986.

MACIEIRA, Flávio Helmold. "The role of public international law in the following events: — The terrorist attacks of 11th September —; The current War in Afghanistan; and — Ireland's Presidency of the United Nations Security Council." Original.

MACKAY, Neil. "Bush planned Iraq 'regime change' before becoming President". *Sunday Herald* — 15/09/2002.

MACKEY, Chris & MILLER, Greg. *Interrogator's War*. Inside the Secret War against al Qaeda. London: John Murray Publishers, 2004.

MAGALHÃES, Juracy. *Minhas memórias provisórias: depoimento prestado ao CPDOC*. Rio de Janeiro: Civilização Brasileira, 1982.

MAGDOFF, Harry. "Imperialism: from the Colonial Age to the Present". Nova York: Monthly Review Press, 1978.

MAHAJAN, Rahul. *Full Spectrum Dominance. U.S. Power in Iraq and Beyond*. Nova York-Toronto: 2003.

MAHLE, Melissa Boyle. *Denial and Deception. An Insider's View of the CIA from Iran-Contra to 9/11*. Nova York: Nation Books,

MALAPARTE, Curzio. *Tecnica del colpo di stato*. Roma: O. Mondadori, 2002.

MANCHESTER, William. *The Arms of Krupp: 1587-1968*. Boston: Little, Brown, 1968.

MANDEL, Ernst. *El Mercado Común Europeo y la Competencia Europa-Estados Unidos*. La Havana: Editorial Ciencias Sociales, 1970.

MANELI, Mieczyslaw. *War of the vanquished*. Nova York: Harper & Row, 1971.

MANN, Golo. *The History of Germany since 1789*. Londres: Penguin Books, 1990.

MARCHETTI, Victor; MARKS, John. D. *The CIA and the cult of intelligence*. Nova York: A. A. Knopf, 1974.

MARQUIS, Christopher — "U.S. Bankrolling Is Under Scrutiny for Ties to Chávez Ouster", *The New York Times*, Nova York, 25/04/2002.

——. "U.S. Cautioned Leader of Plot Against Chávez", *The New York Times*, 17/04/2002.

——. "U.S. Cautioned Leader of Plot Against Chávez", *The New York Times*, 17/04/2002.

MARX, Karl; ENGELS, Friedrich. Werke. Berlin: Dietz Verlag, 1974, 1976, 1980, 1981, 1982, 1978, v. 1, 4, 13, 18, 21, 23-25, 29- 31, 33, 34, 39.

MASER, Werner. *Adolf Hitlers Mein Kampf. Geschichte-Auszüge-Kommentare*. EEsslingen: Bechtle Verlage, 1981.

MATHEW, K. S. *Indo-Portuguese trade and the Fuggers of Germans: sixteenth century*. Nova Delhi: Manohar Publishers, 1997.

MAUROIS, André. *História da Inglaterra*. Rio de Janeiro: Pongetti [s.d.].

MAY, Ernest & ZELIKOW, Philip D. *The Kennedy Tapes: Inside de White House during the Cuban Missile Crisis*, The Belknap Press of Harvard University Press, Cambridge — Londres, 1997.

MAY, Ernest; ZELIKOW, Philip D. *The Kennedy Tapes: inside de White House during the Cuban missile crisis*. Cambridge: Harvard University Press, 1997.

MAYER, Arno — "Untimely Reflections" , in Theory & Event — Volume 5, Issue 4, 2002.

MAYER, Jane. "Outsourcing Torture. The secret history of America's 'extraordinary rendition' program". *The New Yorker*, 14/02/2005.

McCAULEY, Martin. *Marxism-leninism in the German Democratic Republic: the Socialist Unit Party (SED)*. Londres: School of Slavonic and East European Studies, 1979.

McCLINTOCK, Michael. *Instruments of Statecraft: US guerilla warfare, counter-insurgency, counter-terrorism, 1949-1990*. Nova York: Random House; Pantheon Books, 1992.

McFARLANE, Robert C. & SMARDZ, Zofia. *Special Trust*. New York: Cadell & Davies, 1994.

McFEELY, William. *Grant*. A Biography. New York: W. W. Norton & Company, 1981.

McGIRK, Tim (Kabul). "Terrorism's Harvest. How al-Qaeda is tapping into the opium trade to finance its operations and destabilize Afghanistan." *Time asia*. 09/08/2004 / Vol. 164. No. 6.

McMILLAN, James & HARRIS, Bernard. *A invasão econômica americana*. Rio de Janeiro: Editora Expressão e Cultura, 1968.

McNAMARA, Robert S. *In Retrospect: the tragedy and lessons of Vietnam*. Nova York: Vintage Books, 1996.

McNAMARA, Robert. Apocalypse Soon. *Foreign Policy*, May/June 2005. http://www.foreignpolicy.com.

MEHRING, Karl. *Karl Marx: Geschichte seines Lebens*. Berlim: Dietz Verlag, 1985,

MELANSON, Philip H. *The Robert F. Kennedy Assassination: new revelations on the conspiracy and cover-up, 1968-1991*. Nova York: Shapolsky, 1991.

MELO FRANCO, Afonso Arinos de. *Planalto: memórias*. Rio de Janeiro: J. Olympio, 1968.

MELVILLE, Herman. *White-Jacket or the World in a Man-of-War*. Boston: L. C. Page & Company, Publishers, 1950.

MEYSSAN, Thierry. *11 septembre 2001. L'effroyable imposture*. Paris: Editions Carnot, 2002.

MILBANK, Dana — "Conservatives Dispute Bush Portrayal of Islam as Peaceful -Critics, Include Some Policy Advisers, Call Stance Political. Washington Post, 30/11/2002.

MILLER, Bill & EGGEN, Dan. "FBI — "Memo Author Did Not Envision Sept. 11", *The Washington Post*, 23/05/2002.

MIRANDA BRAVO, Olga. *Cuba/USA: nacionalizaciones y bloqueo*. Havana: Ed. de Ciencias Sociales, 1996.

MITCHELL, Peter R. & Schoeffel, John (Eds). *Understanding Power: The Indispensable Chomsky*. Nova York: The New Press, 2002.

MONBIOT, Georg. "A discreet deal in the pipeline. Nato mocked those who claimed there was a plan for Caspian oil", Londres: *The Guardian*, 15/02/2001.

MONIZ BANDEIRA, Luiz Alberto. *De Marti a Fidel: a revolução cubana e a América Latina*. Rio de Janeiro: Civilização Brasileira, 1998.

——. *O governo João Goulart: as lutas sociais no Brasil, 1961-1964*. 7ª ed. Rio de Janeiro: Revan; Brasília, DF: Universidade de Brasília, 2001.

——. *O milagre alemão e o desenvolvimento do Brasil: as relações da Alemanha com o Brasil e a América Latina, 1949-1994*. São Paulo: Ed. Ensaio, 1994.

——. *A reunificação da Alemanha: do ideal socialista ao socialismo real*. 2ª ed. rev. e aum. São Paulo: Ed. Global; Brasília, DF: Ed. da UnB, 2001.

MONIZ DE ARAGÃO, Antônio Ferrão. *Classificação methodica e encyclopedica dos conhecimentos humanos. Introdução ao catalogo de obras da Biblioteca Pública*. s/e, 1878.

——. *Elementos de Mathemáticas*. Bahia: Typ. e Livraria Pedroza, 1858.

MONTOYA, Roberto. *El imperio global. George W. Bush, de Presidente dudosamente electo a aspirante a César del Siglo XXI*. Buenos Aires: Editorial El Ateneo, 2003.

MORIN, Richard & MILBANK, Dana. "Most Think Truth Was Stretched to Justify Iraq War". *The Washington Post*, 13/02/2004, p. A01.

MORRIS, Richard B. *Documentos básicos da história dos Estados Unidos*. Rio de Janeiro: Fundo de Cultura, 1964.

MOYERS, Bill. "Welcome to Doomsday". *The New York Review of Books*. Volume 52, Number 5 March 24, 2005

MUSICANT, Ivan. *The Banana Wars: a history of United States intervention in Latin America from the Spanish war to the invasion of Panama*. Nova York: MacMillan, 1990.

NAIMARK, Norman M. *The Russians in Germany: a history of the Soviet occupation*, 1945-1949. Cambridge: Harvard University Press, 1997.

NASH, Philip. *The other missiles of October : Eisenhower, Kennedy and the Jupiters*, 1957-1963. Chapel Hill: University of North Corolina Press, 1997.

NEEDLER, Martin C.. *The United States and the Latin American revolution*. Los Angeles: University of California Press, 1977.

NEVINS, Allan; COMMAGER, Henry Steele. *Breve história dos Estados Unidos*. São Paulo: Ed. Alfa-Omega, 1986.

NIEMAYER, Waldir. *O Brasil e seu mercado interno*. [S.l., s.n., s.d.]. Apêndice: Brasil-EUA.

NIXON, Richard M. *Memoirs*. Nova York.: Grosset & Dunlap, 1978.

——. *The memoirs*. Nova York: Warner Books, 1979. 2v.

NORTE-SUR: un programa para la sobrevivencia. Informe de la Comisión Independiente sobre Problemas Internacionales del Desarrollo, presidida por Willy Brandt. Bogotá: Ed. Pluma, 1980.

NOVAK, Michael. *Choosing our King. Powerful Symbols in Presidential Politics*. Nova York: MacMillan Publishing Co., 1974.

OGILVY, David. *Blood, Brains & Beer: autobiography*. Nova York: Atheneum, 1978.

PAINE, Thomas. *Right of Man*. Chatham (Kent): Wordsworth Editions, 1996.

——. *Common Sense*. Mineola-Nova York: Dover Publications, Inc. 1997.

PARKER, Frederick D. *Pearl Harbor revisited: United States Navy Communications Intelligence, 1924-1941*. Washington: Center for Cryptologic History; National Security Agency, 1994.

PARRY, Robert. *Trick or Treason: The October Surprise Mystery*. Nova York: Sheridan Square Press, 1993

PATOUILLET, Joseph. *L'Impérialisme Américain*. These pour le Doctorat. Dijon: Imprimerie du Petit Gourguignon , 1904.

PAYNE, Stanley G. *A History of Fascismo: 1914-1945*. Londres: UCL Press, 1995.

PEI, Minxin & KASPER, Sara. "Lessons from the Past: The American Record on Nation Building" — Policy Brief , Nº 24, May 2003. Carnegie Endowment for International Peace.

PELHAM, Nicolas — "Iraqi Minister Sees Oil Privatization Obstacles". Financial Times, 5/9/2003.

PEPPER, William. *Orders to Kill: the truth about the murder of Martin Luther King*. Nova York: Avalon Publ., 1995.

PERALVA, Oswaldo. *O retrato*. Belo Horizonte: Ed. Itatiaia, 1960.

PEREIRA, Osny Duarte. "*Antinomia do "acordo militar Brasil-Estados Unidos*". Conferência pronunciada na Associação Brasileira de Imprensa, Rio de Janeiro, em 15 de abril de 1953. (s/ed., s/d.)

PERKINS, Dexter. *A History of the Monroe Doctrine*. Boston: Little, Brown & Company, 1963.

PERLE, Richard — "Thank God for the death of the UN", Londres, *The Guardian*, 21.3.2003.

PETERSON, Harold F. *La Argentina y los EUA: 1819-1960*. Buenos Aires, Ed. Universitária, 1970.

PFLEGER, Katherine. "Kay Says Iraq Likely Had No Banned Arms". *Associated Press*. 25/1/2004.

PHILLIPS, Kevin. *American Dynasty: Aristocracy, Fortune, and the Politics of Deceit in the House of Bush*. Nova York: Viking Press, 2004.

PINHEIRO GUIMARÃES, Samuel. *Quinhentos anos de periferia*. Porto Alegre: UFRGS; Rio de Janeiro: Ed. Contraponto, 1999.

——. Market access in a ALCA. *In*: COLLOQUIUM OF THE PROJECT IDB/ECLAC, 5 — Support to the Process of Hemispheric Trade Liberalization. Washington, 28-29/09/1992.

——. "Esperanças e Ameaças: notas preliminares". 23/10/1995. Original. Rio de Janeiro.

POWELL, Colin. L. *The Military Strategy of the United States*. Washington: U.S. Government Printing Office, 1992.

POWER, Samanta. "A Problem from Hell". America and the Age of Genocide. Londres: Flamingo, 2003.

POWERS, Thomas. *The Man Who Kept the Secrets: Richard Helms and the CIA*. Nova York: Simon & Schuster, 1981.

PRADO, Eduardo. *A ilusão americana.* 6ª ed. São Paulo, Ed. Alfa-Omega, 2001.

PRADOS, John. *President's Secret Wars: CIA and Pentagon; Covert Actions since World War Second.* Nova York: W. Morrow, 1986.

——. (Ed.). *White House Tapes: eavesdropping on the president.* Nova York: New Press, 2003.

PRATT, Julius W. *A History of United States Foreign Policy.* Nova Jersey: Prentice-Hall, 1955.

PRIEST, Dana House Probers Conclude Iraq War Data Was Weak. *The Washington Post,* 28/09/2003.

PRIEST, Dana. "CIA Puts Harsh Tactics On Hold Memo on Methods Of Interrogation Had Wide Review" *The Washington Post,* 27/06/2004 Page A01.

——. & SMITH, Jeffrey R. "Memo Offered Justification for Use of Torture Justice Dept. Gave Advice in 2002". *The Washington Post,* 08/06/2004.

——. "Iraq New Terror Breeding Ground War Created Haven, CIA Advisers Report". *The Washington Post,* 14/01/2005.

——. & White, Josh "War Helps Recruit Terrorists, Hill Told Intelligence Officials Talk Of Growing Insurgency. *The Washington Post,* 17/02/2005, p. A01.

PULIDO, João Paulo Nunes Garcia & FONSECA, Pedro Miguel Moreira da. *O Petróleo e Portugal. O mundo do petróleo e o seu impacto no nosso país.* Lisboa: Tribuna da História, 2004.

RABE, Stephen G.. *The Most Dangerous Area in the World. John F. Kennedy Confronts Communist Revolution in Latin America.* Chapel Hill-Londres: University of North Carolina Press, 1999.

RAGANO, Frank; RAAB, Selwyn. *Mob Lawyer.* Nova York: Simon & Schuster, 1994.

RANGELL, Leo. *The Mind of Watergate: an exploration of the compromise of integrity.* Nova York: Norton, 1980.

RASHID, Ahmed. Jihad. *The Rise of Militant Islam in Central Asia.* Londres: Yale Nota Bene, 2003.

——. *Taliban. The Story of the Afghan Warlords.* Chatham (Kent): Pan Books, 2000.

RATNER, Michael; SMITH, Michael Stevens. *Che Guevara and the FBI: the U. S. political police dossier on the Latin American revolutionary.* Nova York: Ocean Press, 1997.

RAY, Ellen & SCHAAP, William H. (Edt.) *Covert Action.* The Roots of Terrorism. Melbourne-New York: Ocean Press, 2003.

READ, Anthony; FISHER, David. *The Deadly Embrace: Hitler, Stalin and the Nazi-Soviet pact, 1939-1941.* Nova York: W.W. Norton, 1988.

——. *The fall of Berlin.* Nova York: Capo Press, 1995.

REAGAN, Ronald. *An American Life.* The Autobiography. New York: Simon & Schuster, 1990.

——. *The Quest for Peace, The Cause of Freedom.* Selected Speeches on the United States and the World. Washington, D.C.: The U.S. Information Agency, 1988.

REED, Terry & CUMMINGS, John. *Compromised: Clinton, Bush and the CIA.* Kew Gardens (NY): Clandestine Publishing, 1995.

RENOUVIN, Pierre; DUROSELLE, Jean-Baptiste. *Introduction to the History of International Relations*. Nova York: F. A. Praeger, 1967.

REXIN, Manfred. *Die Jahre 1945-1946 Hannover*: Verlag für Literatur und Zeitgeschehen GmbH, 1962.

RIBEIRO, Darcy. *As Américas e a civilização*. Rio de Janeiro: Civilização Brasileira, 1970.

RICHARD, Alexandra. "La CIA aurait rencontré Ben Laden en juillet", Paris, *Le Figaro*, 31/01/2001.

RIMINGTON, Stella. *Open Secret: the autobiography of the former director-general of MI5*. Londres: Arrow Books, 2002.

RISEN, James. "*Secrets of History: the CIA in Iran*". *The New York Times*, Nova York, 16/04/2000.

——. & LICHTBLAU, Eric. "C.I.A. Was Given Data on Hijacker Long Before 9/11". *The New York Times*. 24/02/2004.

——. "Ex-Inspector Says C.I.A. Missed Disarray in Iraqi Arms Program". The New York Times, 26/1/2004.

RITTER, Scott & PITT; William Rivers. *War on Iraq. What Team Bush Doesn't Want You to Know*. Londres: Profile Books, 2002.

ROBERTSON, Pat. *The new world order*. Dallas: World Publ., 1991.

ROBINSON, Greg. *By Order of the President: FDR and the Internment of Japanese Americans* Cambridge, MA: Harvard University Press, 2003.

ROBINSON, Joan. *Economía de la competencia perfecta*. Barcelona: Martínez Roca, 1969.

ROOSEVELT, Kermit. *Countercoup: struggle for control of Iran*. Nova York: McGraw-Hill, 1979.

ROOSEVELT, Theodore. *An Autobiography*. Nova York: Da Capo Paperback, 1985.

ROTHKOPF, David. *Running the World*. Inside Story of the National Security Council and the Architects of American Power. New York: PublicAffairs, 2005.

ROVAN, Joseph. *Histoire de l'Allemagne: des origenes à nos jours*. Paris: Éd. du Seuil, 1994.

RUSSO, Gus. *Live by Sword: the secret war against Castro and the death of JFK*. Baltimore: Bancroft Press, 1998.

RYMOND, Jack. *O poder do Pentágono*. Rio de Janeiro: Editora Saga, 1965.

SAAR, Erik & NOVAK, Viveca. *Inside the Wire*. A Military Intelligence Soldier's Eyewitness Account of Life at Guantanamo. New York: Penguin Press, 2005.

SÁENZ QUESADA, Maria. *Isabel Perón*. Buenos Aires: Planeta, 2003.

——. *La Argentina. Historia del País y de Su Gente*. Buenos Aires: Editorial Sudamericana, 3ª. Ed, 2004.

SAFIRE, William. "From the Right — Seizing Dictatorial Power", *New York Times*, 15/11/2001.

SAFIRE, William. "From the Right — Seizing Dictatorial Power", *The New York Times*, 15/11/2001.

SANGER, David E. "Bush Was Warned Bin-Ladin Wanted to Hijack Planes", *The New York Times*, 16/05/2002. *The New York Times*, 18/05/2002. *La Nacion*, Buenos Aires, 19/05/2002.

SARDAR, Ziauddin; DAVIES, Merry Wyn. *Pourquoi le monde déteste-t-il l'Amérique?* Paris: Fyard, 2002.

SCENNA, Miguel Angel. *Como fueron las relaciones argentino-norte americanas*. Buenos Aires: Plus Ultra, 1970.

SCHIRER, William L. *The Rise and Fall of the Third Reich*. Nova York: Fawcett Crest, 1992.

SCHIRMER, Daniel B. *Republic or Empire American: resistance to the Philippine war*. Boston: Schenkman, 1972.

SCHLESINGER, Arthur M. *A Thousand Days: John F. Kennedy in the White House*. Boston: Houghton, Mifflin, 1965.

——. *The Imperial Presidency*. Boston: Houghton Mifflin Company, 1973.

SCHLESINGER, JR., Arthur M. *War and the American Presidency*. New York: W. W. Norton & Company, 2004.

SCHMIDT-EENBOOM, Erich. *Schnüffler ohne Nase: Der BND die unheimiliche Macht im Staate*. Düsseldorf: Econ Verlag, 1993.

SCHMIED, Jürgen Peter. *Hitlers Amerikabild vor der Machtergreifung. Geschichte in Wissenschaft und Unterricht*. Stuttgart, v. 3, n. 12, p. 714-724, Dez. 2002.

SCHOULTZ, Lars. *Beneath the United States: a history of U.S. policy toward Latin America*. Cambridge: Harvard University Press, 1998.

——. *National security and United States policy toward Latin America*. Nova Jersey: Princenton University Press, 1987.

SCHULZE-GAEVERNITZ. *Amerikas Überimperialismus*. In: BONN, M. J. ; PALYI, M. (Orgs). Wirtschaftswissenschaft nach dem Kriege: Festgabe für Lujo Brentano zum 80 Geburstag. München: Duncker & Humblot, 1925. v. 1.

SCHULZINGER, Robert D. *American Diplomacy in the Twentieth Century*. Oxford: Oxford University Press, 1994.

SCHWARTZ, Stephen I. (ed.). Atomic Audit: The Costs and Consequences of U. S. Nuclear Weapons since 1940- Washington: Brookings Institution Press, 1998.

SCHWEID, Barry — "Pentagon Details Nuclear Plans", *Los Angeles Times*, 09/03/2002.

SENGUPTA, Kim. "International Institute of Strategic Studies (IISS) . Iraq Occupation Made World Less Safe, Pro-War Institute Says Studies". *The Independent*, (UK) 26/05/04.

SERGUÉEV, Fiodor. *La CIA sin máscara*. Moscou: Ed. Progreso, 1983.

SHAKESPEARE, William. *Complete works*. Nova York: Gramercy Books, 1990.

SHARANSKY, Natan & DERMER, Ron. *The Case for Democracy. The Power of Freedom to Overcome Tyranny & Terror*. Nova York: Public Affairs, 2004.

SHEEHAN, Smith; KENWORTHY, Butterfield. *The Pentagon papers*. Nova York: Bantam Books, 1971.

SHENON, Philip. "F.B.I. Knew for Years About Terror Pilot Training", *The New York Times*,18/05/2002

SIAMDOUST, Nahid "Iran Says It Will Resume Enrichment if EU Talks Fail". *Los Angeles Times*, 06/03/2005.

SICK, Gary G. *October Surprise: America's Hostages in Iran and the Election of Ronald Reagan*. Nova York: Times Book/Random House, 1991.

SINGER, Peter Warren. *Corporate Wariors: rise of the privatized military industry*. Nova York: Cornell University Press, 2004.

SKED, Alan; COOK, Chris. *Post-war Britain: a political history*. Middlesex: Penguin Books, 1979.

SLEVIN, Peter — "Powell Voices Doubts About Iraqi Weapons". *The Washington Post*, 25/1/2004; Page A14.

SMITH, Joseph. *The Cold War: 1945-1992*. 2. ed. Oxford: Blackwell, 1998.

SMYSER, W. R. *From Yalta to Berlin: the cold war struggle over Germany*. Nova York: St. Martin's Press, 1999.

SOARES, Mário. *Portugal, que revolução? Diálogo com Dominique Pouchin*. Lisboa: Perspectivas & Realidades, 1976.

Socialist People's Libyan Arab Jamahiriya. Commentary on the Green Book. Tripoli: World Center for Researches and Studies of the Green Book, vol. 1.

SOLOMON, Robert. *The international monetary system, 1945-1976: an insider's view*. Nova York: Harper & Row, 1977.

SOROS, George. "The Bubble of American Supremacy" — Carnegie Endowment for International Peace, janeiro 2004. http://www.ciaonet.org/wps/sog01/

SOROS, George. *The Bubble of American Supremacy*. London: Phoenix, 2004.

SOUSA LARA, Antônio. *A subversão do Estado*. Lisboa: Universidade Técnica de Lisboa — Instituto Superior de Ciências Sociais e Políticas, 1987.

——. Imperialismo, *Descolonização, Subversão e Independência*. Lisboa: Universidade Técnica de Lisboa — Instituto Superior de Ciências Sociais e Política, 2002.

SPINNER, Jackie — "Halliburton Gets More Iraq Work". *The Washington Post*, 17/1/2004, p. E01.

STETTINIUS Jr., Edward. *Roosevelt and the Russians*: the Yalta Conference. New York: Doubleday & Company, 1949.

STEVENSON , Richard W. "Bush Sought to Oust Hussein From Start, Ex-Official Says", *The New York Time*, 12/1/2004.

STIGLITZ, Joseph. *Globalization and its Descontents*. Londres: Pinguin Books, 2002.

STINNETT, Robert B. *Day of Deceit: the truth about FDR and Pearl Harbor*. Nova York: The Free Press, 2000.

SUDOPLATOV, Pavel; SUDAPLATOV, Anatoli. *Special Tasks: the memoirs of an unwanted witness; a Soviet spymaster*. Boston: Little, Brown, 1995.

SUSKIND, Ron. *The Price of Loyalty: George W. Bush, the White House, and the education of Paul O'Neill*. Nova York: Simon & Schuster, 2004.

SWEEDLER, Alan. "US security policy in the post cold-war era". In: Seminário do Núcleo de Estudos Estratégicos da Universidade Federal Fluminense. Niterói, maio 1992.

SZULC, Tad. *Fidel: um retrato crítico*. 3ª ed. São Paulo: Ed. Best Seller, 1986.

SZYLIOWICZ, Joseph & O'NEIL, Bard (eds.) *The Energy Crisis and the U.S. Foreign Policy*. New York: Praeger Publishers, 1975.

TARPLEY, Webster G.; CHAITKIN, Antin; Wertz, Marianna (ed.). *George Bush: The Unauthorized Biography*. Washington,: Executive Intelligence Review, 1992.

TAUSSIG, F.W. *The Tariff History of the United States*. Nova York — Londres: G.P. Putnam's Sons, 1890.

THE ASSOCIATED PRESS — "Airlines Warned of Terrorist Threats", *The New York Times*, 19/05/2002.

THEOBALD, Robert A. *The Final Secret of Pearl Harbor: the Washington contribution to the Japanese attack*. Nova York: Devin-Adair, 1954.

THOMAS, Gordon. *The Gideon's Spies: the secret history of the Mossad*. Nova York: T. Dunne, 1999.

THOMAS, Hugh S.; FAURIOL, Georges A.; WEIS, Juan Carlos. *The Cuban Revolution: 25 years later*. Londres: Westview Press, 1984.

THOMPSON, Ginger & FORERO, Juan. "Ardent Populists Reinstate Leader to Run Venezuela", *The New York Times*, 15/04/2002

THOMPSON, Robert Smith. *The Missiles of October*. Nova York: Simon & Schuster, 1992.

THORTON, Richard C. *The Falklands Sting: Reagan, Tatcher, and Argentina's bomb*. Washington: Brassey, 1998.

TIBI, Bassam. *Kreuzzug und Djihad. Der Islam und de cristiliche Welt*. München: Wilhelm Goldman Verlag, 1999.

TIRMAN, John. *Spoils of War: the human cost of América's trade arms*. Nova York: Free Press — Simon & Shuster, 1997.

TOCQUEVILLE, Alexis. *De la Démocratie en Amérique*. Paris: Éditions Gallimard, 1968.

TODD, Emmanuel. *Après l'empire: essai sur la décomposition du système américain*. Paris: Gallimard, 2002.

TOLAND, John. *Infamy: Pearl Harbor and its aftermath*. Nova York: Berkley Books, 1983.

TOURAINE, Alain. "La hegemonía de EE.UU y la guerra islamista", in *El País*, Madrid, 13.07.2001.

TOYNBEE, Arnold J. *America and the World Revolution*. Londres: Oxford University Press, 1962

TRENTO, Joseph J. *The Secret History of CIA*. California: Forum/Prima, 2001.

TREVOR-ROPER, Hugh. *The Last Days of Hitler*. 6ª ed. Chicago: Chicago University Press, 1992.

TROTSKY, Leon. *Europe et Amérique*. Paris: Libr. de l'Humanité, 1926.

——. *A história da revolução russa*. 2ª ed. Rio de Janeiro: Paz e Terra, 1977. 3v.

——. *Revolução e contra-revolução na Alemanha*. São Paulo: Ed. Ciências Humanas, 1979.

——. *A revolução permanente*. São Paulo: Ed. Ciências Humanas, 1979.

——. *La révolution trahie*. Paris: B. Grasset, 1936.

——. *Contra el terrorismo*. Bogotá: Editorial Pluma Ltda., 1978.

TRUBOWITZ, Peter. *Defining the National Interest: conflict and change in American foreign policy*. Chicago: University of Chicago Press, 1998.

TRUMAN, Harry S. Memoirs. *Years of Decision*. Nova York: Doubleday, 1955, 1. v.

——. *Memoirs. Years of Trial and Hope*. Nova York: Doubleday, 1955-1956. 2 v.

TURNER JR., Henry Ashby. *German big business & the rise of Hitler*. Oxford: Oxford University Press, 1985.

TWAIN, Mark (Samuel L. Clemens and Charles Dudley Warner). *Gilded Age*. 2 v. New York: Harper & Brothers Publishers, 1977.

TYLER, Patrick E. . "Lone Superpower Plan: Ammunition for Critics". *The New York* Times. 10/03/1992.

TYSON, Brady. *O sistema interamericano depois de São Domingos. Política Externa Independente*, Rio de Janeiro, v. 1, n. 3, p. 83-108, jan. 1966.

UNGER, Craig. *Los Bush y los Saud. La relación secreta entre la dos dinastías más poderosas del mundo*. Buenos Aires: Grupo Editorial Planeta, 2004.

VALENTE, Rubens. "Brasil perde capacidade de projetar poder na região, diz relatório. Estudo do Exército detecta 'cinturão' militar dos EUA". *Folha de São Paulo*. 02/01/200.

VAN CHI, Hoang. *From Colonialism to Communism: a case history of North Vietnam*. Londres: Pall Mall Press, 1964.

VARGAS, Getúlio. *A política trabalhista no Brasil*. Rio de Janeiro: Livraria José Olympio Editora, 1950.

VAUCHER, Robert. *L'enfer bolchevik*. Paris: Libr. Perrin, 1920.

VEDANTAM, Shankar. "The Psychology of Torture — Past Incidents Show Abusers Think Ends Justify the Means" — The Washington Post, 11/5/2004.

VERBITSKY, Horacio. *Civiles y Militares: memoria secreta de la transición*. Buenos Aires: Planeta, 2003.

VIDAL, Gore. *Dreaming War: blood for oil and the Cheney-Bush junta*. Nova York: Nation Books, 2002.

——. *The Golden Age*. Nova York: Vintage International, 2000.

VLADIMIROV, L. *A diplomacia do dólar*. Rio de Janeiro: Ed. Vitória, 1960.

VOLKOGONOV, Dmitri. *Lenin: a new biography*. 4ª ed. Nova York: Free Press, 1994.

——. *The Rise and Fall of the Soviet Empire: political leaders from Lenin to Gorbachev*. Londres: Harper-Collins, 1999.

——. *Stalin: triumph and tragedy*. Rocklin (Ca.): Prima Publ. Forum, 1996.

WALSH, Lawrence E. *Final Report of the Independent Counsel for Iran/Contra Matters*. Volume I Investigatıons and Prosecutions. Lawrence E. Walsh, Independent Counsel United States Court of Appeals Washington 1993.

——. *Final Report of the Independent Counsel for Iran/Contra Matters*. Vol. II: Indictments, Plea Agreements, Interim Reports to the Congress, and Administrative Matters. U.S. Court of Appeals for the District of Columbia Circuit: Washington, 1993.

——. *Firewall : The Iran-Contra Conspiracy and Cover-Up*. Nova York: W. W. Norton & Company, Incorporated, 1997.

WALTERS, Vernon A. *Silent missions*. Nova York: Doubleday, 1978.

WALTON, Richard J. *Cold War and Counter-revolution: the foreign policy of J. F. Kennedy*. Nova York: Viking Press, 1972.

WARRICK, Joby & STEPHENS, Joe. "Before Attack, U.S. Expected Different Hit. Chemical, Germ Agents Focus of Preparations". *Washington Post*, 2/10/2001.

WATERGATE: chronology of a crisis. Washington, DC: Congressional Quartely, 1973.

WEBER, Max. *Gesammelte Ausätze zur Religionssoziologie*. Tübingen: J. C.B. Mohr Verlag, 1988. v. 1.

WEDEMEYER, Albert C. *Wedemeyer Reports*. 4. ed. Nova York: H. Holt, 1958.

WEHLER, Hans-Ulrich. *The German Empire: 1871-1918*. Oxford: Berg Publ., 1993.

WEINBERG, Albert K. *Manifest Destiny: a study of nationalist expansionism in American history*. Chicago: Quadrangle Books, 1963.

WEINBERG, Eliot. *12 de septiembre. Cartas de Nueava York*. Chicago: Ediciones Era, 2003.

WEINER, Tim. *In tapes, Nixon Talks of Plans for Foreign Embassy Break-ins. New York Times*, Nova York, Feb. 2, 1999. Late ed., sec. A, p. 13.

WEIS, W. Michael. *Cold Warriors & Coup d'Etat. Brazilian-American Relations, 1954-1964*. Albuquerque: University of New Mexico. 1993.

WEISMAN, Jonathan. "Budget Deficit May Surpass $450 Billion". *The Washington Post*, 15/7/2003, p. A01.

WELCH JR., Richard E. *Response to Revolution: the United States and the Cuban revolution, 1959-1961*. Chapel Hill: University of North Carolina Press, 1985.

WESTPHAL, Wilfried. *Geschichte der deutschen Kolonien*. Bindlach: Gondrom Verlag, 1991.

WHEATCROFT, Andrew. *Infidels. The Conflict between Christendom and Islam (638-2002)*. Londres: Viking-Penguin Books, 2003.

WHITE, Mark J. *The Cuban Missile Crisis*. Londres: Macmillan, 1996.

WHITE, Stephen et alt. *Developments in Soviet Politics*. Londres: MacMillan, 1990.

WHITMAN, Walt. *Leaves of Grass*. New York: Modern Library, s/d.

WIARDA, Howard J. *Foreign Policy Without Illusion*. Glenview (Illinois)-Londres: Scott, Foresman/Little, Brown Higher Education, 1990.

WILLIAM, William Appleman. *The Tragedy of American Diplomacy*. New York: Delta Book, 1972.

WILLIAMSON, John. *The Progress of Policy Reform in Latin America*. Washington: Institute for International Economics, janeiro, 1990,

WISE, David. *The American Police State: the government against the people*. Nova York: Random House, 1976.

——. ROSS, Thomas. *O governo invisível*. Rio de Janeiro: Civilização Brasileira, 1965.

WOHLSTETTER, Roberta. *Pearl Harbor: warning and decision*. Stanford: Stanford University Press, 1962.

WOOD, Ellen Meikins: *Empire of Capital*. Londres: Verso, 2003.

WOODWARD, Bob. *Veil: as guerras secretas da CIA, 1981-1987*. São Paulo: Ed. Best Sellers, 1987.

——. *Bush at War*. Nova York: Simon & Schuster, 2002.

——. *Plan of Attack*. Nova York: Simon Schuster, 2004.

——. BERNSTEIN, Carl. *All the President's Men*. Nova York: Simon & Schuster, 1974.

——. "*Break-in Memo Sent to Ehrlichman*". *Washington Post*, Washington, June 13, 1973.

——. "Bug suspect got campaign funds". *Washington Post*, Washington, 1/08/1972.

——-. "Dean alleges Nixon knew of cover-up plan". *Washington Post*, Washington, 10/10/1973.

——. "FBI finds Nixon aides sabotaged democrats". *Washington Post*, Washington, 10/10/1982.

——. "GOP security aids among five arrested in bugging affair". *Washington Post*, Washington, 19/06/1972.

——. Mitchell controlled secret GOP fund. *Washington Post*, Washington, 29/09/1972.

X (George F. Kennan). *The Sources of Soviet Conduct*. *Foreign Affairs*, Nova York, v. 25, p. 566-582, July 1947.

YERGIN, Daniel. O *petróleo. Uma história de ganância, dinheiro e poder*. São Paulo: Scritta Editorial — Editora Página Aberta, 1993.

ZIMMERMANN, Warren. *First Great Triumph: how five Americans made their country a world power*. Nova York: Farrar, Straus and Giroux, 2002.

ZUBOK, Vladislav; PLESHAKOV, Constantine. *Inside the Kremlin's Cold War: from Stalin to Khrushchev*. Cambridge: Harvard University Press, 1996.

Fontes Impressas

ARGENTINA. Comisión Nacional por la Desaparición de Personas. Nunca más. 6. ed. Buenos Aires: Eudeba, 2003.

BRASIL. Ministério das Relações Exteriores. A política exterior da revolução brasileira: discursos. Brasília, DF, 1968.

CHILE. Secretaria General Del Gobierno. Documentos secretos de la ITT. Santiago: Ed. Nacional Quimantu, 1972. Traducción de los originales en inglés.

ESTADOS UNIDOS. Central Intelligency Agency. The secret Cuban missile crisis documents. Washington: Brassey, 1994.

——. The 9/11 Comission Report. Final Report of the National Comission on Terrorist Attacks Upon the United States. Authorized Edition. Nova York: W.W. Norton & Company, 1st Edition, 2004.

——. Congress (83th. 2nd. session: 1954). House of Representatives. Select Committee on Communist Aggression in Latin America. Report of the Subcommittee to Investigate Communist Aggression in Latin America: under authority of H. Res. 346 and H. Res. 348. Washington: Government Printing Office, 1954.

——. Congress (1987). House of Representatives. Select Committe to Investigate Covert Arms Transactions;

——. Senate. Select Committee on Secret Military Assistance to Iran and the Nicaraguan Opposition. Report of the Congressional Committee investigating the Iran-Contra affair: with supplemental, minority, and additional views; 13/01/1987. Committed to the Committee of the Whole House on the State of the Union and ordered to be printed, 17/11/1987. Washington: Government Printing Office, 1987.

——. (94th. 1st. session: 1975). Senate. Select Committee to Study Governmental Operations with Respect to Intelligence Activities. Alleged assassination plots involving foreign leaders: an interim report; US Senate together with additional, supplemental, and separate views, legislative day, 18/11/1975. Washington: Government Printing Office, 1975.

——. Covert action. Washington: Government Printing Office, 1976. v. 7 — 4-5/12/1975.

——. Covert action in Chile, 1963-1973: staff report. Washington.

Government Printing Office, 1976. v. 7 — 18/12/1975.

——. Detailed staff reports on foreign and military intelligence. In: ——.

Final report. Washington: Government Printing Office, 1976. v. 4.

——. Federal Bureau of Investigation. Washington: Government Printing Office, 1976. v. 6 — 18-19/11/1975, 2-3, 9-11/12/1975.

——. Intelligence activities: Senate resolution 21; unauthorized storage of toxic agents. Washington, DC: Government Printing Office, 1976. v. 1 — 16-18/09/1975.

——. The investigation of the assassination of President Kennedy. In: _____. Final report. Washington: Government Printing Office, 1976. v. 5 — 23/03, under authority of the order of 14/04/1975.

——. Mail opening. Washington, DC: Government Printing Office, 1976. v. 4 — 21-22, 24/10/1975.

——. The National Security Agency and the fourth amendment rights. Washington, DC: Government Printing Office, 1976. v. 5 — October 29, November 6, 1975.

——. Supplementary detailed staff reports on foreign and military intelligence. In: —— . Final report. Washington, DC: Government Printing Office, 1976. v. 4.

——. Supplementary detailed staff reports on intelligence activities and the rights of Americans. In: ——. Final report. Washington, DC: Government Printing Office, 1976. v. 3.

——. Supplementary reports on intelligence activities. In: ——. Final report. Washington, DC: Government Printing Office, 1976. v. 6.

——. Senate. The BCCI Affair. A Report to the Committee on Foreign Relations United States Senate by Senator John Kerry and Senator Hank Brown. December 1992 102d Congress 2d Session Senate Print 102-140.

——. Foreign relations of the United States, 1947. Washington: Government Printing Office, 1972. v. 8 — The American republics.

——. Foreign relations of the United States, 1955-1957. Washington: Government Printing Office, 1987. v. 6 — American republics multilateral, Mexico, Caribbean.

——. Foreign relations of the United States, 1958-1960. Washington, DC: Government Printing Office, 1991. v. 5 — American republics; v. 6 — Cuba.

——. Foreign relations of the United States, 1961-1963. Washington: Government Printing Office, 1996-1997. v. 2 — American republics; v. 6 — Kennedy — Khrushchev exchanges; v. 10 — Cuba, 1961-1962; v. 11 — Cuban missile crisis and aftermath.

——. Foreign relations of the United States, 1964-1968. Washington: Government Printing Office, 1992-1998. v. 1 — Vietnã, 1964; v. 4 — Vietnã, 1966; v. 5 — Vietnã, 1967; v. 11 — Arms control and disarmament.

——. Foreign relations of the United States, 1969-1976. Washington: Government Printing Office, v. 3 — Foreign economic policy, 1969-1972; International monetary policy, 1969-1972.

——. National Commission on Terrorist Attacks upon the United States. The 9/11 Commission final report. Authorized ed. Nova York: W. W. Norton, 2004.

——. Government. Office of National Drug Control Policy. The evolving drug threat in Colombia and other South American source zone Nations: statement by General Barry R. McCaffrey, Director, Office of National Drug Control Policy before the House Committee on Government Reform, Subcommittee on Criminal Justice, Drug Policy, and Human Resources. Washington, 6/08/1999.

——. Report of the Congressional Committee Investigating the Iran-Contra Affair with Minority Views — Abridged Edition. Daniel K. Inouye, Charmain/ Senate Select Committee.Lee H. Hamilton, Chairman/House Select Committee — 13/11/1987. — Edited and with an Introduction by Joe Brinkley and Stephen Engelber. Nova York: Times Books, 1988.

——. President John Kennedy. A compendium of speeches, statements, remarks delivered during his service in the Congress of the United States: 88th. Congress, 2nd. Session. Washington: Government Printing Office, 1964. (Senate documents, 79).

——. Public papers of the President of the United States: 1º de Janeiro a 31 de dezembro de 1962. Washington: Government Printing Office, 1963.

——. President (1977-1981: Carter). Public papers of the President of the United States. Washington: Government Printing Office, 1977-1982.

——. President (1981-1989: Reagan). Public papers of the President of the United States: 1º de Janeiro a 2 de julho de 1982. Washington: Government Printing Office, 1983.

——. Office of the Press Secretary. A national security strategy for a new century. Washington: The White House, Jan. 2000.

——. Department of Defense. Defense Science Board. The Defense Science Board 1997 Summer Study Task Force on DoD Responses to Transnational Threats. vol. 1, Final Report. Office of the Under Secretary of Defense for Acquisition & Technology. Washington, D.C. 20301 — 3140. Washington: Outubro 1997.

——. Departament of Defense. The Defense Science Board 1997 Summer Study Task Force on DoD Responses to Transnational Threats. Vol. III. Supporting Reports. February 1998. Office of the Under Secretary of Defense for Acquisition & Technology. Washington, 20301 — 3140.

——. Department of State. Secretary of State designate Madeleine K. Albright: prepared statement before the Senate Foreign Relations as realesed by the Office of the Spokesman. Washington, 8/01/1997. Disponível em: http://www.secretary.state.gov/statements/970108a.html.

——. Departement of State. International Narcotics Control Strategy Report -2005. Released by the Bureau for International Narcotics and Law Enforcement Affairs. March 2005. http://www.state.gov/g/inl/rls/nrcrpt/2005/vol1/html/42366.htm.

——. Department of State, Patterns of Global Terrorism 2003. http://www.state.gov/s/ct/rls/pgtrpt/2003/33777.htm.

——. Report of the Defense Science Board Task Force on Information Warfare — Defense (IW-D). January 8, 1997. Office of the Under Secretary of Defense for Acquisition & Technology. Washington, D.C. 20301 — 3140.

——. Remarks by President Bill Clinton to opening ceremony of the 1998 International Monetary Fund: World Bank Annual Meeting. Washington, DC: The White House, 6 de outubro, 1998.

——. Remarks by President Bush and President Cardoso of Brazil in photo opportunity: 30 de março 2001, 2:15 P.M. EST — 2:23 P.M. EST. Washington: The White House / The Oval Office, 2001. Disponível em : http://www.whitehouse.gov/news/releases/2001/03/20010330-5.html.

——. Senate. Uniting and strengthening America by providing appropriate tools required to intercept and obstruct terrorism: USA patriot act; Act of 2001'- HR 3162 RDS — 107th Congress 1.st Session — H. R. 3162. Washinton, 24 de outubro de 2001.

——. Senate. 1998 Congressional Hearings Special Weapons Nuclear, Chemical, Biological and Missile. Statement of Scott Ritter, 3 de setembro de 1998 at United States Senate. Joint Legislative Hearing of the Committees on Armed Services and Foreign Affairs — 216 Hart Office Building, Washington.

——. Senate. Oversight Hearing on "The Treasury Department's Report to Congress on International Economic and Exchange Rate Policy." Prepared Statement of Mr. Ernest H. Preeg, Senior Fellow in Trade and Productivity, Manufacturers Alliance/MAPI Inc. 9:30 a.m., Wednesday, 1º de maior de 2002

——. Senate and the House of Representatives. First Session, 109th Congress The annual Army Posture Statement is an unclassified summary of Army roles, missions, accomplishments, plans and programs. Designed to reinforce the Secretary of the Army and Chief of Staff, Army's posture and budget testimony before Congress, the Army Posture Statement serves a broad audience as a basic reference on the state of the Army. Office of the Chief of Staff, U.S. Army, Executive Office of the Headquarters Staff Group www.army.mil/aps

——. Trade Representatives. Charlene Barshefsky statement before House Trade Panel: US Information and Texts n. 011 — Z12481 B. Washington, DC: United States Information Service, 20 de março de 1997.

——. Charlene Barshefsky testimony to Senate Finance Committee: US Information and Texts N° 005 — Z12481 B. Washington: United States Information Service, 5 de fevereiro de 1997.

——. The Pentagon Papers as published by The New York Times, based on investigative reporting by Neil Sheehan. Written by Neil Sheehan, Hedrick Smith, E. W. Kenworthy and Fox Butterfield. Articles and documents edited by Gerald Gold, Allan M. Sieagal and Samuel Abt. Nova York: Bantam Books, 1971.

——. The Iran-Contra Scandal: The Declassified History. Edited by Peter Kornbluh and Malcolm Byrne. A National Security Archive Documents Reader. Nova York: *New York Press*, 1993.

——. Prisoner Abuse: Patterns from the Past — National Security Archive Electronic Briefing Book No. 122. Cold War U.S. Interrogation Manuals Counseled "Coercive Techniques". Cheney Informed of "Objectionable" Interrogation Guides in 1992 "Inconsistent with U.S. Government Policy". National Security Archive Posts CIA Training Manuals from 60s, 80s, and Investigative memos on earlier controversy on human rights abuses. National Security Archive. Blanton, Thomas & Kornbluh, Peter (Edit.). http://www.gwu.edu/~nsarchiv/NSAEBB/NSAEBB122/#kubark.

——. White House. Reliable, Affordable, and Environmentally Sound Energy for America's Future. Report of the National Energy Policy Development Group. 2001.

——. House of Representatives. Statement by General Barry R. McCaffrey, Director, Office of National Drug Control Policy before the House Committee on Government Reform, Subcommittee on Criminal Justice, Drug Policy, and Human Resources - The Evolving Drug Threat in Colombia and other South American Source Zone Nations, 6 de agosto de 1999.

——. White House. National Energy Policy Development Group. National Energy Report. Maio de 2001.

——. The White House — President George W. Bush. The National Security Strategy of the United States of America. 17 de setembro de 2002. http://www.whitehouse.gov/nsc/nss.html.

——. "Rebuilding America's Defenses Strategy, Forces and Resources for a New Century" A Report of The Project for the New American Century — setembro de 2000 http://www.newamericancentury.org/RebuildingAmericasDefenses.pdf.

——. Strategic Energy Policy Challenges for the 21st Century. Report of an Independent Task Force Sponsored by the James A. Baker III Institute for Public Policy of Rice University and the Council on Foreign Relations. Edward L. Morse, Chair Amy Myers Jaffe, Project Director. http://www.informationclearinghouse.info/article3535.htm.

——. New World Coming: American Security in the 21st Century. Major Themes and Implications. The Phase 1 Report on the Emerging Global Security for the First

Quarter of the 21st Century. September 15, 1999.U.S. Commission on National Security/21st Century. http://www.fas.org/man/docs/nwc/nwc.htm.

——. CRR Report of the Congress. Conventional Arms Transfers to Developing Nations — 1993-2000. 16 de agosto de 2001. By Richard F. Grimmet, specialist in National Defense, Foreign Affairs, Defense, and Trade Division. Congressional Research Service. The Library of Congress.

——. Statement by David Kay on The Interim Progress Report on The Activities of the Iraq Survey Group (Isg)Before the House Permanent Select Committee on Intelligence, the House Committee on Appropriations, Subcommittee on Defense, and the Senate Select Committee on Intelligence, 2 de outubro de 2003.

——. Comprehensive Report of the Special Advisor to the DCI on Iraq's WMD — 30 de setembro de 2004. http://www.cia.gov/cia/reports/iraq_wmd_2004/.

——. Country Reports on Human Rights Practices — 2004. Released by the Bureau of Democracy, Human Rights, and Labor. 28 de fevereiro de 2005. http://www.state.gov/g/drl/rls/hrrpt/2004/index.htm.

FEDERAL RESERVE BOARD. "Remarks by Chairman Alan Greenspan At the European Banking Congress 2004", Frankfurt, Germany, 19 de novembro de 2004. Panel discussion: Euro in Wider Circles.

INTERNATIONAL MONETARY FUND. U.S. Fiscal Policies and Priorities for Long-Run Sustainability — Martin Mühleisen & Christopher Towe, Editors. January 7, 2004.

ORGANIZAÇÃO DAS NAÇÕES UNIDAS. General Assembly (A/364, 2nd. session: 1947). Official records. Nova York, 1947. v. 1. Supplement 11 — United Nations Special Committee on Palestine reports to the General Assembly, 3 de setembro de 1947.

REINO UNIDO. The white paper of 1922: the Churchill white paper; British white paper, junho de 1922.

NORTE-SUR. Un programa para la supervivencia. Informe de la Comisión Independiente sobre Problemas Internacionales del Desarrollo presidida por Wylly Brandt. The Independent Commission on International Development Issues. Bogotá: Editorial Pluma, 1980.

HUMAN RIGHTS WATCH. "The Rule of the Gun. Human Rights Abuses and Political Repression in the Run-up to Afghanistan's Presidential Election". A Human Rights Watch Briefing Paper. Setembro de 2004.

Índice Onomástico